AF670010

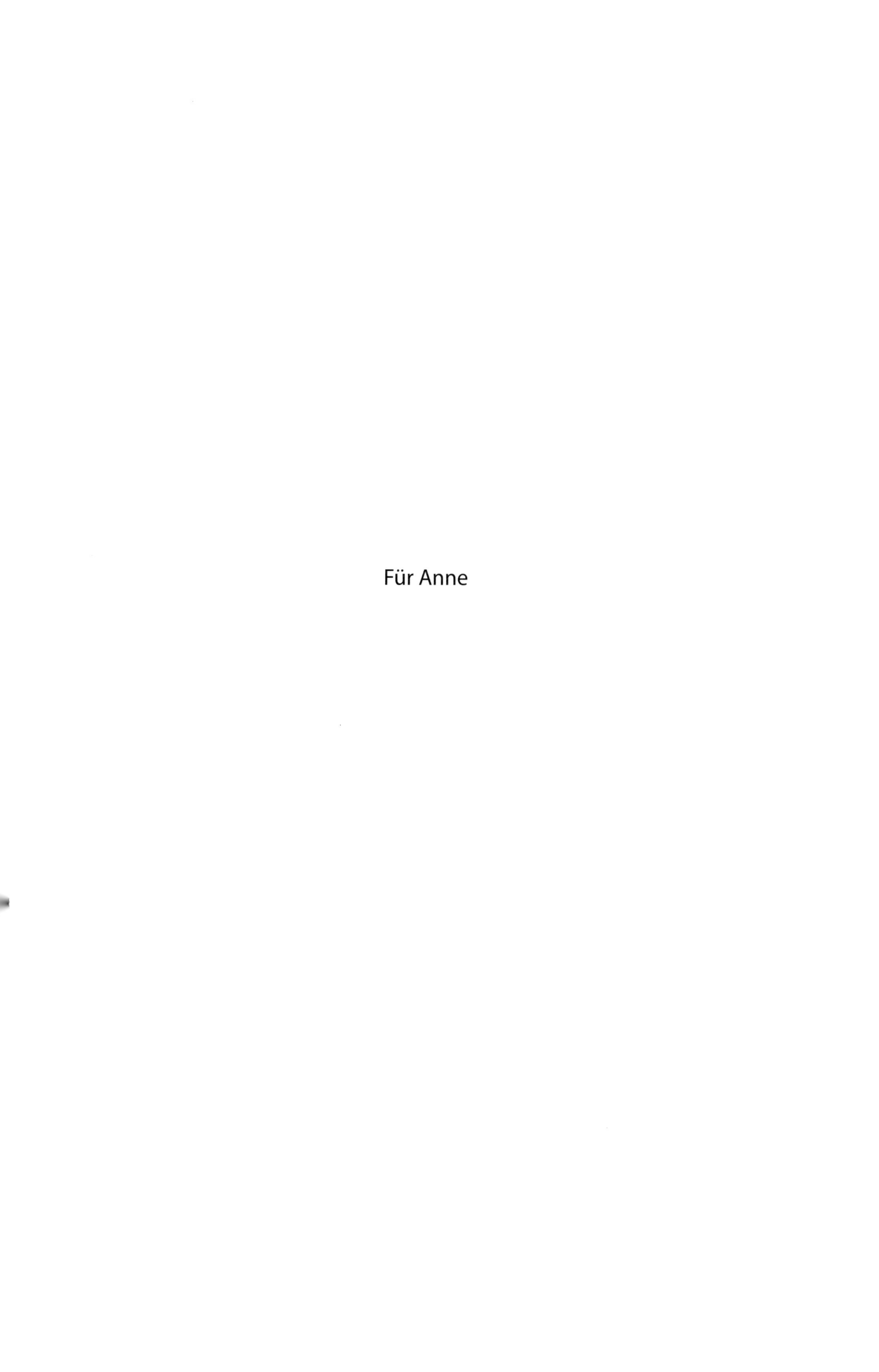

Für Anne

MODERNE STRUKTURIERTE PROGRAMMIERUNG

Objektorientiert und algorithmisch
ENTWERFEN | IMPLEMENTIEREN | TESTEN

Band 1 – Grundlagen
Gruppenverarbeitungen
Methode

Horst van Bremen

Bibliografische Information der Deutschen Nationalbibliothek:
Die Deutsche Nationalbibliothek verzeichnet diese Publikation in der Deutschen Nationalbibliografie; detaillierte bibliografische Daten sind im Internet über http://dnb.dnb.de abrufbar.

Gestaltung:	Katharina Schmitt
Titel- und Einbandgrafik:	Monika Sylvia Gomm † 1971
Englisch-Korrektorat:	David Roseveare
Verlag:	HMG® Verlags-GmbH, Neue Strasse 74, 32657 Lemgo Mail-Adresse: office@hmg-verlag.de Website: www.hmg-verlag.de
Herstellung:	BoD – Books on Demand GmbH, In de Tarpen 42, 22848 Norderstedt
Version / Datum:	Version 1.0.4 vom 2.5.2023
Literaturverzeichnis:	siehe Kapitel „18.1 Literaturverzeichnis“ auf Seite 569 ff.
Rechtliches:	siehe Kapitel „18.2 Rechtliche Hinweise“ auf Seite 571 ff.
ISBN des Paperback-Buchs:	978-3-910566-01-9
ISBN der Paperback-Buchreihe:	978-3-910566-00-2
ISBN des Hardcover-Buchs:	978-3-910566-11-8
ISBN der Hardcover-Buchreihe:	978-3-910566-10-1

Über den Autor

Horst van Bremen
Diplom 1972 an der TU Darmstadt – Elektrotechnik und Informatik
39 Berufsjahre in der IT, davon 18 als Freiberufler

IT-Systemarchitekt
Datenbankexperte

Programmiererfahrung seit 1969
Strukturierte Programmierung nach Jackson seit 1974
Freier Autor seit 2011

Vorwort

Die Informationstechnologie (IT) nimmt in den modernen Industriegesellschaften längst eine strategisch wichtige Position ein. Vom Erfolg oder Mißerfolg großer Projekte hängt seither auch ab, ob Firmen überleben und sich weiterentwickeln, oder ob sie scheitern. Regierungen, Firmen, Versorgungseinrichtungen, Verwaltungen, Kultursparten und viele weitere gesellschaftlich relevante Bereiche arbeiten mit Rechnern und sind ohne sie oftmals schon nicht mehr denkbar. Mit diesem Siegeszug der IT geht aber leider auch ein zunehmendes Störgeräusch einher, das durch scheiternde oder unerwartet teure Projekte verursacht wird. Je größer und komplexer die Projekte sind, um so eher geraten sie in diese Gefahr. Vieles, wenn nicht alles, hängt davon ab, welche Qualität die Systementwürfe besitzen und wie sie umgesetzt werden.

Anders als auf vielen anderen Gebieten, in denen Wasserfall-Projektmodelle für die Planung ausreichen, zum Beispiel beim Bauen, gibt es in der IT eine gegenseitige Abhängigkeit von Systementwurf und Realisierung. Auf den ersten Blick trivial, auf den zweiten aber durchaus keineswegs evident ist, dass nur das geplant werden kann (oder sollte), was auch realisierbar ist. Das Spektrum möglicher Implementierungen wirkt auf den Systementwurf zurück, der oftmals mehrfach verändert werden muss, bis die Ideen und die Technologie zusammenpassen. Das kommt daher, dass jede Neuentwicklung ein technologisches Potential besitzt, das öfters nicht sofort voll verstanden und konzeptionell genutzt wird. Dies unterscheidet die IT grundlegend von anderen Industrien, die ihre Planungen auf vorhandenen oder zielgerecht zu entwerfenden Produkten aufbauen.

Natürlich wird auch in der IT das Rad nicht jedes Mal neu erfunden. Eine Fülle von Technologien wurde geschaffen, um Anforderungen abzudecken, die in einer Vielzahl von Anwendungssystemen immer wieder auftreten. Ein Beispiel dafür sind die Datenbanksysteme, vor allem deren relationale Varianten, die es von relativ einfachen bis hin zu hochkomplexen Anwendungssystemen ermöglichen, die Datenhaltung zuverlässig und leistungsfähig auf elegante Weise zu organisieren. Dennoch steht und fällt bei jeder Neuentwicklung alles mit der Qualität des Systementwurfs *und* der Programmierung, denn letztere muss ersteren bestmöglich umsetzen. Leider steht es genau damit allzu häufig nicht zum Besten. Viel zu oft ist die Softwarequalität derart unterirdisch, dass auch der beste Systementwurf nichts nützt. Umgekehrt gilt jedoch für schlechte Entwürfe, dass wiederum die bestmögliche Programmierung die davon betroffenen Projekte nicht retten kann.

Diese Beobachtung hat seit Jahrzehnten die unterschiedlichsten Ansätze zur Problemlösung hervorgebracht. Davon haben sich etliche als extrem nützlich erwiesen. Vor allem jene Methoden, die sich auf die korrekte Umsetzung des Systementwurfs fokussieren, versprechen zu Recht, die allgemeine Malaise nicht nur irgendwie in den Griff zu bekommen, sondern tatsächlich den Weg in eine bessere Zukunft zu weisen. Insbesondere das **Jackson Structured Programming (JSP)** hat seit seiner Erfindung durch Michael Anthony Jackson am Anfang der siebziger Jahre des 20. Jahrhunderts zahlreiche überzeugte Anhänger gewonnen, die es immer dann einsetzen, wenn es sinnvoll ist – und das ist weit öfter der Fall, als dies auf den ersten Blick scheinen mag.

Viele von uns waren da noch gar nicht geboren, und die IT hat sich seitdem in einem historisch einmaligen – alle Prophezeiungen weit übertreffenden – Siegeslauf in damals unvorstellbarer Weise zu einem zentralen Akteur moderner Gesellschaften entwickelt. Es wäre daher nicht angemessen, das JSP in seiner Ursprungsform zu konservieren und wie den Satz des Pythagoras zur Unsterblichkeit zu erheben. Vielmehr wird es nur dann richtig gewürdigt, wenn man die ihm anhaftende Patina entfernt und es modernisiert in neuem Glanz erstrahlt. Diesem Ziel dient die **Moderne Strukturierte Programmierung (MSP)**, deren ersten Band Sie, geschätzte Leserinnen und Leser, jetzt in Händen halten. Die MSP baut auf dem JSP auf und wahrt getreulich dessen grundlegende, geniale Ideen, aber sie transzendiert es auch, um über fünfzig IT-Jahre hinweg eine Brücke in die Gegenwart zu schlagen. Lassen Sie sich hier nach und nach in JSP/MSP einführen und lernen Sie dabei, Ihr neues Wissen in Ihre Berufspraxis zu transferieren. Dabei wünsche ich Ihnen viel Erfolg!

Lemgo, den 2.5.2023

Übersichtsverzeichnis Band 1

Inhaltsverzeichnis Band 1

01/2012 Blick auf Porto Maurizio (Imperia, Ligurien) und den Golf von Genua vor den Apuanischen Alpen

Einführung

Die Fotografie als Kunst des Sichtbaren und das Programmieren als Kunst des Unsichtbaren haben im digitalen Zeitalter nur auf den ersten Blick nichts gemeinsam. Was aber hat die frühmorgendliche Aufnahme auf der linken Seite mit dem Thema dieser Buchreihe, der Modernen Strukturierten Programmierung (MSP), zu tun – abgesehen von der beliebten Metapher vom neuen Tag, der eine neue Zeit symbolisiert?

- *Die Freude über die Schönheit unseres Planeten ist nicht mehr naiv, seit wir von der Kugelgestalt der Erde wissen und berechnen können, was wir auf der anderen Seite des Golfs von Genua in circa 180 Kilometern Entfernung sehen. Wissenschaft durchdringt unsere Wahrnehmung, also längst auch die anfängliche intuitive Auffassung des Programmierens als kreativer Akt, bei dem es hauptsächlich auf Genialität ankommt.*
- *Ein durchgehend digitaler Prozess führt von diesem Foto dahin, dass Sie, geschätzte Leserinnen und Leser, jetzt diesen Band in den Händen halten. Das hätten wir uns allesamt in früheren Jahren nicht vorstellen können, als noch auf Filmen analog fotografiert wurde und Bücher im Bleisatz per Offsetdruckverfahren entstanden. Dieser epochale Umbruch ist noch ganz nahe, vor allem wenn man bedenkt, dass das analoge Fotografieren in der ersten Hälfte des 19. Jahrhunderts entwickelt wurde und bis in unser Jahrtausend dominierte.*
- *Erst die Entwicklung leistungsfähiger digitaler Kameras, schneller Computer, sowie die digitalisierte Medienproduktion machten diesen Umbruch möglich. Die dafür erforderlichen optischen, elektronischen und mechanischen Techniken wären jedoch ohne die Fortschritte der angewandten Informatik nutzlos, auf denen auch die – für diese Buchreihe verwendeten – komplexen Programme zur Bild- und Textbearbeitung beruhen. Erst das hochdisziplinierte Zusammenwirken der Hardware mit der sie steuernden Software erbringt zuverlässig die gewünschten Ergebnisse.*
- *Die Aufnahme wurde im kameraspezifischen RAW-Format gemacht, das man sich als eine pixelgenaue Aufzeichnung der Grundfarben R(ot) - G(rün) - B(lau) und der jeweiligen Helligkeiten vorstellen kann. Ein Dienstprogramm konvertierte diese Daten in das JPEG-Format, bevor das Bild mit Photoshop® bearbeitet und dann in das Manuskript eingebunden wurde. Alle diese Verarbeitungsschritte erfordern absolute Präzision, die letztlich nur durch die strukturierte Programmierung gewährleistet werden kann.*

Zuverlässigkeit ist das entscheidende Schlüsselwort, auf dem die MSP-Buchreihe aufbaut. Lange genug war der Prozess der Softwareentwicklung ein mühsamer und fehleranfälliger Vorgang, dessen bestmögliche Bewältigung allenfalls genialen Programmierer(inne)n zugetraut wurde. Alle anderen, also auch ich, der Autor, schrieben Programme, die meistens gut funktionierten, aber halt nicht immer. Der Software-Fehlerteufel plagt unsere Branche zwar nach wie vor, aber dank der Entwicklung solider, verständlicher Methoden sind sichere und hochkomplexe Systeme möglich, ohne dass es dafür Genies bräuchte.

Die nachfolgend vorgestellte Strukturierte Programmierung ist eines der Fundamente, auf denen diese Erfolge stehen. Jedefrau und jedermann, die oder der Software herstellt, sollte sie kennen und anwenden, wo immer das sinnvoll ist. Es handelt sich hier um Basiswissen der Informatik, dessen Nutzen auch noch nach Jahrzehnten immer wieder aufs Neue bestätigt wird. Dieses Wissen droht jedoch in Vergessenheit zu geraten, wird es nicht immer mal wieder auf den Stand der Zeit gebracht. Das geschieht in diesem Band und den ihm folgenden. Die MSP-Buchreihe ist für das Selbststudium konzipiert, damit niemand für das Erlernen der strukturierten Methode auf teure Kurse angewiesen ist. Daher wird alles ausführlich erklärt, und das, zusammen mit dem Anspruch, auch komplexe Beispiele zu zeigen, erklärt den erheblichen Umfang, der sich zwangsläufig auch auf die Länge dieser Einführung auswirkt. Die Buchreihe besteht daher aus drei Staffeln zu je zwei Bänden, die paarweise zusammengehören, nämlich ein Methoden-Band und ein Praxis-Band mit den zugehörigen Programmbeispielen.

Wohl jede Autorin und jeder Autor kennt die Selbstzweifel, wenn das erste eigene Buch sich der Fertigstellung nähert und sein künftiges Publikum ins Blickfeld rückt: Wird es überhaupt Leser(innen) finden? Wie werden die Kritiken lauten? War die viele Arbeit dafür sinnvoll aufgewendet? Diese Fragen beschäftigten mich um so mehr, weil ich bis heute über ein Jahrzehnt lang an diesem Buch und den fünf ihm folgenden Bänden arbeitete (und noch arbeite). Meine Freunde und Bekannten, die von dem Buchprojekt wissen, sowie meine Verwandschaft dürften mich wahlweise als verrückt, verbohrt, stur, einseitig, ungesellig, weltfremd und manches mehr angesehen haben. Zugegeben, das stimmt alles. Anders ist aber ein so großes Kaliber nicht zu bewältigen. Was mit einem konservativen Ansatz begann, nämlich die unschätzbar wertvolle Methode von Michael Anthony Jackson[1], vor dem Vergessenwerden zu bewahren, hat sich als eine Reise in Gefilde entpuppt, von denen selbst ich – auch nach Jahrzehnten der Arbeit mit seiner Methode – keinerlei Ahnung hatte.

Um so lange an einem Projekt zu arbeiten, ist ein starker und stetiger Antrieb unerlässlich. Dieser speist sich zum einen aus etwas, das ich nicht anders als Dankbarkeit nennen kann – Dank an M. A. Jackson, dessen Ideen einen großen Teil meines Berufslebens geprägt haben. Zum anderen denke ich an professionelle Programmierer(innen) und Informatiker(innen), sowie an Anfänger oder Umsteiger aus anderen Berufsfeldern, für die seine Methode sich als ähnlich wertvoll erweisen kann, die aber noch nichts davon wissen. Da ich ein technischer Autor bin, also kein Romancier, der sich in andere Personen versetzen kann, habe ich das geschrieben, was ich selbst gern gelesen hätte – in der Hoffnung, damit möglichst Viele zu erreichen.

Warum heisst die Buchreihe „Moderne Strukturierte Programmierung"? Für das erste Wort gibt es ein historisches Vorbild, und das stammt von Edward Yourdon[2] – ebenfalls ein Autor, dem ich viel verdanke. Er schrieb das 1989 erschienene Buch „Modern Structured Analysis" (MSA) [1][3], in dessen Vorwort er übrigens ebenfalls seine Selbstzweifel bekundete. Völlig zu Unrecht, meine ich, denn seine Idee des Event Partitioning, also der Strukturierung von Anwendungssystemen als Ensemble von Prozessen, die auf Ereignisse reagieren, befreite die Systemanalytiker vom Zwang der hierarchischen Zerlegung à la SADT[4], der in den späten 1970er-Jahren meinungsführend war. Yourdons MSA hat sich in der Praxis überzeugend bewährt. (Am Rande: „Modern" oder „Neu" lauten seit der Antike die Schlüsselworte ewiger Jugend, was bei technischen Büchern allerdings als kokett erscheint, weil sie doch früher oder später einer Überarbeitung bedürfen).

Das von M. A. Jackson entwickelte „Jackson Structured Programming" (JSP) erfreute sich ab der Mitte der 1970er Jahre zumindest ein Jahrzehnt lang großer Beliebtheit, und es besitzt auch heute noch eine treue Anhängerschaft. Das zeigt sich unter anderem darin, dass das JSP-Buch von Dr. Klaus Kilberth 2001 in der 8. Auflage erschien [2] und mittlerweile als e-Book erhältlich ist.

Die hier vorgelegte Buchreihe über die „Moderne Strukturierte Programmierung" (MSP) intendiert die Aktualisierung und Weiterentwicklung des JSP, das 1974 durch Jacksons Buch „Principles of Program Design" [3] erstmals einer breiten Fachöffentlichkeit bekannt wurde. Es hatte einen solch durchschlagenden Erfolg, weil es erstmals einen sowohl intuitiv einleuchtenden als auch theoretisch wohlfundierten Weg von der Aufgabenstellung zum fertigen Programmentwurf wies. Jacksons grundlegende Idee der Synchronisierung hierarchisch-grafischer Datenstrukturen anhand sogenannter Korrespondenzen und die daraus folgende Ableitung der – im selben Stil aufgebauten – Programmstrukturen löste auf Anhieb viele Probleme, die auch langerprobte professionelle Anwendungsentwickler immer wieder in Bedrängnis gebracht hatten. Der Vater der strukturierten Programmierung ist aber nicht Jackson, sondern Edsger Wybe Dijkstra[5].

Publikationen über das JSP erschienen auch in Deutschland zunächst nur in englischer Sprache. Das Informatik-Kolleg der Gesellschaft für Mathematik und Datenverarbeitung[6] (GMD) in Darmstadt übersetzte und konsolidierte diese Texte, um das JSP in die dort stattfindende Ausbildung wissenschaftlich-technischer Assistent(inn)en zu integrieren. Es bot diesen Kursus aber auch den wissenschaftlichen Mitarbeitern der GMD an. Auf diesem Weg kam ich[7] als Mitglied der TR 440[8]-Systemgruppe mit dem JSP in Berührung – voller Misstrauen gegen diese angeblich revolutionäre Neuerung, die doch nur ein Aufguss bereits bekannter, untauglicher Ansätze zur strukturierten Entwicklung von Software zu sein schien. Nach dem Kursus waren diese Vorurteile allerdings komplett beseitigt und fortan gehörte das JSP zu meinem beruflichen Grundwissen.

Endnoten: siehe Seite 14

1.1 JSP-Literatur

Die im GMD-Informatik-Kolleg tätigen Autoren R. Legde und K. Truöl erarbeiteten 1977/78 eine umfangreiche JSP-Einführung mit dem Titel „Problem- und datenorientierter Entwurf strukturierter Programme" [4]. Auf diesem äußerst nützlichen Dokument basiert die Moderne Strukturierte Programmierung in vielerlei Hinsicht. Erst 1979 erschien Jacksons Buch auf Deutsch mit dem Titel „Grundsätze des Programmentwurfs" [5]. Diese Darstellung seiner Methode erforderte unter anderem, sich mit COBOL auszukennen, war also nicht so leicht wie [4] zu lesen und zu verstehen. Heutige Leser(innen) dürften sich darüber hinaus daran stören, dass es vorwiegend die Stapelverarbeitung thematisiert, zu der schon bald danach die Transaktionsverarbeitung und in neuerer Zeit die Web-Technologien hinzugetreten sind. Auch das Thema Datenbanken sucht man darin vergeblich – kein Wunder, steckten diese doch 1974 noch in den Kinderschuhen. Es wäre daher grob ungerecht, Jacksons bahnbrechende Gedanken aus der heutigen Perspektive zu beurteilen.

Dieselben heutigen Leser(innen) haben aber vermutlich schon eine Menge IT-Literatur konsumiert, die nach dem Prinzip arbeitet, alles in kleinste Lerneinheiten zu zerlegen und so den Weg zum Ziel möglichst eben zu gestalten. Jackson mutete seinen Leser(inne)n dagegen auch steile Anstiege und jähe Kurven zu, wenn ihm das für seine Argumentation dienlich erschien. Man muss sein Buch daher sehr aufmerksam lesen, um seine Gedankengänge zu verstehen und an seinen Einsichten teilzunehmen. Vielleicht liegt es daran, dass seine Absicht, die bis dahin üblichen Programmiertechniken als verkorkst zu entlarven und ein neues Fundament für die Programmentwicklung zu legen, nicht in dem Umfang zum Tragen kam, wie es für eine weite Verbreitung des JSP notwendig und sinnvoll gewesen wäre. Bis auf den heutigen Tag belegen zahllose Code-Fragmente, die man im Internet studieren kann, dass die Grundideen Jacksons leider weithin unbekannt geblieben sind.

Wer die Geduld aufbrachte, Jacksons Beispielfällen und seiner meist zwingenden Argumentation zu folgen, der wurde reich belohnt. Immerhin war – und ist – das JSP die einzige Software-Engineering-Methode, die es ermöglicht, auf einem plausiblen Weg von den Datenstrukturen zur Programmstruktur zu gelangen. Für schnelle Leser(innen) ist das Buch jedoch leider völlig ungeeignet. Insbesondere fehlt eine übersichtliche Zusammenfassung (die für die Mitte des fünften Bands dieser Buchreihe geplant ist). Man muss sich daher die relevanten Aspekte der Methode über viele Seiten verstreut zusammensuchen und kann nicht sicher sein, alles Wesentliche wirklich erfasst zu haben. Positiv ist dagegen, dass Jackson zahlreiche Beispiele anführte, um seine Ideen zu erklären. Das JSP ist ja eine auf Abstraktion basierende Modellierung, was die Gefahr in sich birgt, sich dem Zauber des Abstrakten hinzugeben und darüber die ganz realen Programmierprobleme und -pannen aus dem Blickfeld zu verlieren.

COBOL ist ein Akronym, das am Ende der 1950er Jahre aus der Bezeichnung „Common Business-Oriented Language" gebildet wurde. Diese krude Programmiersprache war all denjenigen fremd, die – wie ich – aus der Welt von ALGOL, FORTRAN, BCPL und diverser Assemblersprachen kamen. Unglücklicherweise – für unsereinen – war dieses alte COBOL jedoch Jacksons wichtigstes Darstellungswerkzeug. Es lieferte ihm die speicherinternen Datendefinitionen und war die Grundlage für zahlreiche Codebeispiele. Erstaunlicherweise hat Jackson die von ihm entwickelte grafische Sprache, die Struktogramme, nicht so intensiv in den Vordergrund seiner Argumentation gestellt, wie sie es meines Erachtens verdient hätte. Zudem fehlt dem von ihm vorgeschlagenen Pseudocode namens Schematische Logik die erforderliche Eleganz – bei hohem Schreibaufwand. Somit hatte sein Buch aus meiner Sicht einige didaktische Mängel, was der Verbreitung des JSP ausserhalb der kommerziellen Programmierung vermutlich nicht förderlich gewesen ist. Die damaligen objektorientierten Sprachen wie zum Beispiel Simula und Smalltalk spielten in Jacksons Buch keine Rolle. Das JSP wurde vermutlich auch deshalb als eine rein algorithmische Entwurfsmethode aufgefasst, obwohl, genau genommen, das alte COBOL – heute COBOL I genannt – den damaligen algorithmischen Sprachen weit unterlegen war.

1.2 Wo stehen wir heute?

Seit Jacksons Buch sind über vierzig Jahre vergangen, in denen sich die IT weltweit zu einer der führenden Branchen entwickelt hat. Damit einher ging einerseits eine enorme Differenzierung der Plattformen und Anwendungsfelder, andererseits eine damals unvorstellbare Steigerung der Leistungsfähigkeit von Computersystemen. Jede(r) kann heute ein Vielfaches der Speicherkapazität und der Rechenleistung eines TR 440- oder IBM-System/360[9] in seinem Smartphone mit sich herumtragen – allerdings ohne damit Hunderte Benutzer gleichzeitig online zu bedienen und parallel dazu aufwendige Stapelverarbeitungen auszuführen. Der größte Teil der Smartphone-Rechenleistung wird für dessen grafische Oberfläche benötigt.

Währenddessen fand ein beeindruckender Siegeszug der Objektorientierung statt, dem der Großteil zahlreicher Innovationen zu verdanken ist, die für ihre Nutzer mittlerweile als unverzichtbare Errungenschaften gelten. Dieser Aufschwung war nur auf der Basis massiver methodischer Anstrengungen möglich, die unter den OO-Kürzeln OOA (Object-Oriented Analysis), OOD (Object-Oriented Design) und OOP (Object-Oriented Programming) zusammengefasst werden können. Ohne diese theoretische Basis konnten die heutigen komplexen OO-Systeme nicht entwickelt werden.

Die alte algorithmische Programmierung bildet zwar immer noch das Rückgrat der datenbank- und transaktionsbasierten Hochleistungssysteme, aber diese gehören überwiegend zum Gebiet der Mainframes, deren Verbreitung auf Großorganisationen beschränkt ist. In diesem Sektor der IT ist bedauerlicherweise eine erhebliche Verwilderung der guten Sitten bei der Programmentwicklung und –wartung festzustellen, wie ich es in meiner eigenen Praxis oftmals erlebt habe. Aus den Auseinandersetzungen um die „einzig wahre" Softwaretechnologie in den 1970er Jahren ging nämlich keine einzige Methode als Sieger hervor, auch das JSP nicht. Zu divergent waren schon damals die Anforderungen an eine solche „Theorie von Allem", und zu wenig flächendeckend konnte sich die strukturierte Programmierung – in welcher Ausprägung auch immer – etablieren. Die Folgen: Wildwuchs, Zynismus, Methodenaversion, Bastlermentalität, bestenfalls formale – und institutionell erzwungene – Strukturierung mittels Programmgeneratoren.

In diesen vier Dekaden versanken auch die alten Namen und Abkürzungen: Michael Jackson, das war doch ein berühmt-berüchtigter Pop-Sänger, und JSP bedeutet JavaServer Pages (alt) beziehungsweise Jakarta Server Pages® (neu), nicht wahr? Interessiert sich überhaupt noch jemand ausser einer kleinen Gruppe nostalgischer Alt-Programmierer(innen) für die strukturierte Programmierung? Ist sie nicht rettungslos dem algorithmischen Denken verpflichtet, das angesichts der Erfolge der Objektorientierung als eine verflossene Entwicklungsphase gilt, geradezu als Zeit der Programmier-Dinosaurier? Jede(r) kennt doch diese Tiere, speziell die Pflanzenfresser: massiger Körper, kleiner Kopf, folglich wenig Intelligenz. Diese beleidigende Parallele erscheint zudem als wohlverdient angesichts der Fehlschläge, die wegen der allzu leicht entstehenden Undichtigkeiten in algorithmisch aufgebauten Programmen vielerorts aufgetreten sind. Die Objektorientierung verspricht dagegen, vor allem durch die obligate Kapselung von Daten und den ihnen zugeordneten Methoden in Klassen beziehungsweise Objekten, weit besser strukturierten Code zu ermöglichen. Das ist eine gute Nachricht.

Die schlechte Nachricht lautet: Auch mit den besten objektorientierten Sprachen und Methoden ist es anscheinend immer noch eine Kunst, ein Programm so zu schreiben, dass es gut gestaltet ist und seine Aufgabe einwandfrei löst, also keinen Unfug macht und auch nicht abstürzt. Kunst kann zwar imitiert, aber nicht gelehrt werden. Jemand ist ein – werdender – Könner, oder ist es nicht. Kunst ist vor allem ein Prozess, dessen Ergebnis weder vorhersagbar noch personenunabhängig ist. Dieses Paradigma, dem der Typus des freien Programmierkünstlers entspricht, ist das exakte Gegenteil des Ingenieursgedankens, dass Programme wie andere technische Erzeugnisse konstruiert werden können. Konstruktion ist keine Kunst. Sie ist angewandte Wissenschaft.

1.3 Programme mit MSP konstruieren

Was ist also modern an der Modernen Strukturierten Programmierung? Sie baut auf dem Jackson Structured Programming auf und verfolgt dieselbe Absicht: Programme sollen nicht erfunden, sondern konstruiert werden. Hierfür integriert die MSP-Buchreihe die folgenden Aspekte:

- Durch ein Facelifting des JSP und die intensive Verwendung von Struktogrammen strebt die MSP an, diese Software-Engineering-Methode auch ausserhalb der kommerziellen Programmierung zu etablieren. Anstelle von COBOL oder Jacksons Schematischer Logik dient ein moderner Pseudocode als Beschreibungssprache, der auch eine flexible Syntax für Datendefinitionen umfasst. Neu ist auch die Nutzung der Struktogramme für die Durchlaufanalyse vor der Implementierung, mit der Entwurfsfehler schon frühzeitig aufgedeckt werden können – ein veritabler Schreibtischtest.
- An vielen, teilweise ziemlich komplexen Beispielen zeigt die MSP, dass auf der Basis von M. A. Jacksons Struktogrammen mit Operationen und Kontrollen sowohl – wie bisher – algorithmische als auch – neuerdings – objektorientierte Implementierungen hergeleitet werden können. Für letztere ist ein zusätzlicher OO-Entwurfsschritt erforderlich, dessen Verlauf durch die vorangehende JSP-Modellierung gesteuert und damit weithin vorhersagbar wird. Das eröffnet die Möglichkeit, existierende algorithmische Programme zunächst mit Struktogrammen zu modellieren und dann in objektorientierte Programme zu transformieren – eine strategisch wichtige Basis für die Migration von Altsystemen auf neue Plattformen. Zugleich werden Barrieren abgebaut, die bislang manche Entwickler(innen) davon abhielten, die jeweils beste Lösung für ein Programmierproblem sowohl auf der algorithmischen als auch auf der objektorientierten Seite zu suchen. Noch wichtiger ist mir allerdings, dass werdende professionelle Anwendungsentwickler zahlreiche Anregungen erhalten, wie sie das JSP für ihre eigene Praxis zum Tragen bringen und dabei ein hohes qualitatives Niveau erreichen können.
- Die Entwicklung der modernen, GO-TO-freien Programmiersprachen brachte es mit sich, dass es schwierig oder sogar unmöglich zu werden schien, damit Jacksons Problemlösungsverfahren „Backtracking" und „Programminversion" anzuwenden. Die MSP zeigt einen Konstruktionspfad auf, der es ermöglicht, in *jeder* modernen Programmiersprache diese beiden Verfahren anzuwenden.
- Viele Software-Engineering-Methoden scheiterten daran, dass sie nicht miteinander kompatibel waren und zudem mit dogmatischer Härte gelehrt wurden. Zwanghaftes Entwerfen, das starren Mustern verpflichtet ist, schadet jedoch der Qualität der Ergebnisse und schöpft das Potential des JSP nicht aus. Die MSP bettet Jacksons Methode daher in ein Umfeld ein, das von vielfältigen, konkurrierenden Ansätzen durchdrungen ist. Dabei geht es darum, einerseits den Kern der Methode zu verdeutlichen, andererseits das JSP so flexibel wie möglich anzuwenden. Starre Begrifflichkeiten und Regeln, die zu unnötigen Umwegen oder künstlichen Anpassungen an eine verabsolutierte Methodik führen, werden daher aufgegeben. Ein Beispiel dafür ist die Einbindung der Automatentheorie dort, wo eine JSP-konforme Ableitung des Codes – scheinbar oder tatsächlich – als krampfhafte Übung erscheint.
- Die Aktualisierung des JSP und die neuen methodischen Elemente, welche die MSP einbringt, bedeuten auch, neue grafische Elemente vorzuschlagen, die für mehr Übersichtlichkeit sorgen, Irrtümer vermeiden helfen, oder die Qualität der Dokumentation erhöhen. Durchgehend liegt der Akzent darauf, die bei jedem Entwurf anfangs noch weichen Beschreibungselemente zu festen, präzisen Definitionen weiterzuentwickeln, die den Implementierungen zugrunde gelegt werden. Das heißt, sukzessive den Interpretationsspielraum der Programmierer(innen) und damit die deutungsbedingten Irrtumsmöglichkeiten einzuschränken. In diesem Kontext verabschiedet sich die MSP auch von fragwürdigen Thesen aus der JSP-Entstehungsgeschichte, die es manchen Modellierern möglich machten, die Last ihrer Fehlentscheidungen oder ihrer Bequemlichkeit den Programmierer(inne)n aufzubürden.

- Die teilweise extreme Arbeitsteilung in der IT führt vor allem bei Neulingen zu einer verzerrten Wahrnehmung des Entwurfsprozesses. Die MSP-Buchreihe nimmt sich daher die Freiheit, anhand sorgfältig ausgewählter Beispiele den gesamten Weg von der Idee bis hin zu Implementierung und Test darzustellen. Die strukturierte Vorgehensweise wird dabei in mehreren Facetten gezeigt: als Entwicklung aus einem Guss (der traditionelle Weg), als inkrementelle Vorgehensweise, als schrittweise Weiterentwicklung, als Erstellung von Service-Modulen für nicht-JSP-basierten Code, als Revision unbefriedigender Lösungen, als Korrektur eines Irrwegs oder auch als Migration auf eine andere Programmierplattform.
- Die meisten Beispiele wurden in C oder Java® programmiert und getestet, nur eines in COBOL II. In vielen Fällen wird zunächst die algorithmische Realisierung gezeigt, und dann der Übergang zu einer objektorientierten Lösung im Detail vollzogen. Teilweise blieb es bei einer der beiden Alternativen, um den Umfang der Buchreihe nicht unnötig aufzublähen, oder um spezielle Möglichkeiten zu nutzen. Java-Programme dienen zum Beispiel dazu, Mails aufzubauen und zu versenden, oder die Verzeichnisstrukturen des File-Systems auszuwerten. Der Umfang der Beispielprogramme, die zudem nicht jeden interessieren dürften, machte die Auslagerung ihres Codes, der zugehörigen Beschreibungen und des größten Teils der Testdokumentation in den den jeweils zweiten Band der drei Buchstaffeln erforderlich. Diese Aufteilung ermöglicht es, die zusammengehörenden Bände nebeneinanderzulegen, um die Übertragung des Entwurfs in den Code zu studieren.
- Das JSP beruhte technisch auf sehr einfachen Datenorganisationen, vorwiegend auf sequentiellen Dateien. Die Entwicklung von Datenbanksystemen begann damals erst und es ist bislang kein Ende abzusehen. Dabei entstand eine enorme Vielfalt von technischen Lösungen, die bei großen und mittleren Rechnern vor allem auf die Interaktion mit Transaktionssystemen hin ausgelegt wurden. Dort treten Konkurrenz- und Konsistenzprobleme auf, die für die verlässliche Funktionalität der Anwendungssysteme zwingend gelöst werden mussten. Dagegen spielen konkurrierende Zugriffe auf Desktop-Systemen und erst recht auf portablen Rechnern keine wesentliche Rolle. Auf diesen Maschinen haben sich hauptsächlich relationale Datenbanksysteme durchgesetzt, während auf IBM®-Großrechnern neben dem relationalen DB2® auch das ältere IMS/DB® und dessen quasi-relationaler Konkurrent ADABAS® im produktiven Einsatz sind.

  Der datenorientierte Entwurf nach Jackson muss natürlich je nach Datenbanksystem adaptiert werden, um dessen Zugriffsformen aufzugreifen, die Aufteilung der bislang kontinuierlichen Verarbeitung in Segmente – Transaktions- oder COMMIT-Intervalle – zu berücksichtigen, und beispielsweise für Restarts die erforderlichen Vorkehrungen zu treffen. Einerseits ist es offensichtlich unmöglich, in dieser Buchreihe das gesamte Spektrum der modernen Datenbanksysteme auf seine JSP-Relevanz hin zu untersuchen und die Konsequenzen für die Modellierung der Daten- und Programmstrukturen zu diskutieren. Andererseits wurde wegen der hohen Bedeutung, die insbesondere die RDBMS – Relational Database Management Systems – für die heutige Anwendungsentwicklung besitzen, diese Thematik in der zweiten und dritten Staffel dieser Buchreihe aufgegriffen.

Ihr Eindruck von alledem als Leser(in) mag sein, dass Sie sich durchaus positiv angesprochen, aber vom Umfang der MSP-Buchreihe abgeschreckt fühlen. In der Tat muss ich zugeben, dass mehrere Beispiele sich als weit raumfordernder erwiesen haben, als es ursprünglich geplant und abzusehen war. Der Spitzenreiter ist sicherlich der internationale Schul-Sportwettbewerb mit dem abschließendem Versand der Ergebnisse per E-Mail. Gerade diese Fallstudie belegt jedoch nicht nur eindrucksvoll die Ausweitung des JSP auf das objektorientierte Gebiet, sondern ermöglicht auch zahlreiche Einsichten in die damit einhergehende Anpassung an die durch Java definierte Basismaschine – ein realitätsnahes Beispiel für eine Migration auf eine neue Plattform.

Alles in allem deckt die MSP-Buchreihe nicht nur den gesamten Umfang des JSP ab, wie ihn Michael A. Jackson definiert hat, sondern sie führt auch vielfältige Modifikationen und Ergänzungen ein, die zusammengenommen das Attribut „modern" rechtfertigen – von den umfangreichen Implementierungs- und Testbeispielen mal völlig abgesehen. Das heißt jedoch auch, dass viele Programmierthemen, welche die IT seit damals entdeckt hat, nicht berücksichtigt werden konnten. Es wären einfach zu viele, um sie alle zu würdigen. Ausserdem hat es sich in Jahrzehnten meiner JSP-Anwendung auf sehr verschiedenen Gebieten der Informatik gezeigt, dass das JSP deshalb keiner Erweiterung bedurfte – von den Datenbank-Aspekten mal abgesehen.

1.4 ... und die Folgen

Jede Medizin hat Risiken und Nebenwirkungen. Das gilt auch für „Medikamente gegen schlechte Software", also für alle Methoden, die darauf abzielen, den Entwurfsprozess an objektiven Kriterien statt an nebulöser Könnerschaft auszurichten. Das primäre Risiko besteht bei JSP/MSP darin, damit Probleme lösen zu wollen, für die der datenorientierte Ansatz nicht geeignet ist, zum Beispiel in der Robotik – aber das ist im Allgemeinen leicht zu erkennen. Zwar erweitert die MSP den Lösungsraum um die Modellierung von Programmstrukturen, die nicht aus Datenstrukturen abgeleitet werden (können), aber damit geht die Führungswirkung der korrespondenzgesteuerten Verschmelzung von Daten-Struktogrammen verloren. Dennoch sind solche nicht-konservativen Entwürfe der ad-hoc-Programmierung meines Erachtens durchaus vorzuziehen, weil sie es ermöglichen, die so entstandenen Programmstrukturen auf einem guten qualitativen Niveau zu untersuchen – auch und gerade um Fehler aufzudecken. Ob dieser Nutzen es rechtfertigt, den Aufwand der JSP/MSP-Modellierung zu treiben, kann nur von Fall zu Fall entschieden werden.

Damit eng verwandt ist das Risiko des Denkens in starren Kategorien. Ist man erst einmal an eine Entwurfsmethode gewöhnt, liegt es nahe, neue Probleme nur noch durch die Brille dieser Methode zu betrachten. Schlimmstenfalls wird daraus ein Prokrustesbett[10]. In diese Falle sind viele Software-Engineering-Ansätze getreten, die ihre Anhänger auf einen strikten Regelgehorsam verpflichteten und neben sich keine Konkurrenz duldeten.

Wenn JSP/MSP die richtige Methode für Ihr Programmierproblem ist, dann gibt es ein soziales Risiko: Sie könnten zum Aussenseiter werden. Solange Ihr Management bis hinab zum Projektleiter entweder andere Methoden oder gar keine favorisiert, wobei Letzteres im Bereich der algorithmischen Programmierung leider die Regel ist, fallen Sie möglicherweise als Abweichler auf. Anstatt nur die geforderten Dokumente und danach direkt den Programmcode zu produzieren, verschwenden Sie aus der Sicht Anderer, auch Ihrer Kollegen, Ihre Zeit mit Struktogrammen. Der Erfolg wird Ihnen zwar später recht geben, aber bis dahin müssen Sie mit dem Argwohn derer leben, die Ihr Vorgehen nicht verstehen oder Ihre Präferenz nicht teilen – und des Öfteren ausserdem nichts dazulernen wollen, sondern mit dem Erreichten zufrieden sind.

Auch die Nebenwirkungen sind nicht harmlos: Sie verändern sich. Anstatt sich freudig auf die Produktion von Code zu stürzen und Ihr Ego durch großartige Konstruktionen zu bestätigen, die womöglich niemand sonst richtig zu würdigen weiß, gehen Sie einen zunächst als mühsamer erscheinenden Weg. Sie zeichnen Datenstrukturen und ermitteln Korrespondenzen, bauen Programmstrukturen auf, definieren die Auswahl- und Schleifenkontrollen, erstellen die Liste der Operationen und ordnen diese den richtigen Stellen im Programm-Struktogramm zu. Wenn Sie ein OO-Programm entwerfen, schließen Sie den dafür erforderlichen Entwicklungsschritt an und runden Ihre Arbeit mit einem Klassendiagramm ab – möglicherweise, bevor Sie eine einzige Zeile Code geschrieben haben. Es ist auch ein exploratives Vorgehen denkbar, bei dem Sie die Entwurfsschritte iterativ durchlaufen und zwischendrin immer wieder programmieren, gemäß dem Motto von Grady Booch[11] „Design a little, program a little" in seinem Buch „Object-Oriented Design with Applications" [6].

Auf jeden Fall verliert das Programmieren dadurch an Reiz. Der eigentliche Entwurf findet im Vorfeld statt und das Programmieren dient „nur noch" dazu, ihn umzusetzen beziehungsweise die Umsetzbarkeit Ihrer Ideen zu prüfen. Der Suchtfaktor des Erschaffens neuer Welten als Programmierer(in) fällt dadurch – leider – weitgehend weg. Zugleich verändert das disziplinierte, methodische Vorgehen Ihre Arbeitsweise insgesamt. Wo vorher einige Skizzen und möglichst unpräzise Vorgaben Ihnen freie Hand ließen, werden Sie nun bessere Analyseergebnisse erwarten oder gegebenenfalls vorhandene Lücken selbst zu schließen versuchen, damit

Ihr Entwurf überhaupt fertiggestellt werden kann. Sie werden kritischer und sind weniger bereit, analytische Schlampereien zu akzeptieren.

Rundweg positiv ist die Nebenwirkung, dass Sie weniger Angst verspüren werden. Schon während des Entwurfs, der Programmierung und dem Test sind Sie entspannter, weil es nun nicht mehr hauptsächlich auf Ihr Können als Entwickler(in) ankommt, sondern darauf, alles richtig modelliert zu haben. Anstatt sich zu sorgen, ob Sie wirklich alle denkbaren Datenkonstellationen geprüft haben und ob sämtliche Pfade in Ihrem Programm häufig genug korrekt durchlaufen wurden, gibt Ihnen JSP/MSP die Sicherheit, alle relevanten Aspekte beachtet zu haben. Das bislang Undenkbare tritt ein: Sie geben ein Programm in Produktion und es läuft dauerhaft fehlerfrei.

Auch in der adaptiven Wartung, also der Weiterentwicklung, entfalten sich die Vorteile des strukturierten Programmierens: Anstatt im Code nach denjenigen Stellen suchen zu müssen, auf welche die neuen Anforderungen sich auswirken, und dabei auf gar keinen Fall etwas zu übersehen, greifen Sie auf die Dokumentation zurück. Sie machen sich wieder mit den Entwurfsdokumenten vertraut, identifizieren dort die Auswirkungen dieser Anforderungen, erstellen neue Versionen der Struktogramme, sowie der begleitenden Listen von Kontrollen und Operationen und ordnen diese Änderungen den korrespondierenden Code-Partien zu. Nach der Umsetzung finden die Tests auf der Basis der bisherigen beziehungsweise der erweiterten Datenkonstellationen statt. Wenn Sie bei alledem das Richtige getan haben, wird die neue Programmversion ebenso fehlerfrei wie die alte arbeiten.

„Zero defects" ist das eigentliche Ziel aller Software-Entwicklungsmethoden. Ein fehlerfreies Programm enthält nicht nur den korrekten Code, der die Anforderungen umsetzt, sondern es ist auch gut gegliedert und – intern wie extern – dokumentiert. Mit JSP/MSP steht Ihnen nun eine mächtige Zero Defects-Methode zur Verfügung, die sich nicht absolut setzt, sondern sich mit anderen Ansätzen verträgt. Aufgrund meiner jahrzehntelangen positiven Erfahrungen mit dieser Methode, die mir oftmals meine berufliche Existenz gerettet hat, wünsche ich Ihnen viel Freude beim Lernen und noch mehr Erfolg bei der Anwendung in Ihrer Praxis.

1.5 Die Buchreihe

Wie schon erwähnt, besteht die Buchreihe aus drei Staffeln zu je zwei Bänden. Was ist darin enthalten?

Im ersten Band geht es um die Grundlagen der Methode und um (Rang-)Gruppenverarbeitungen. Er beginnt mit einem sehr einfachen Beispiel und steigert sich bis zum automatischen E-Mail-Versand der Ergebnisse des fiktiven internationalen Schulsportwettbewerbs. Dabei kommen nahezu ausschließlich „traditionelle" Aspekte der Methode zur Anwendung, die allerdings zum Teil auf ungewohnte Weise dazu dienen, funktionstüchtige Programme sowohl algorithmisch als auch objektorientiert zu entwerfen. Der Übergang zwischen diesen beiden Formen wird ausführlich erklärt und demonstriert. Auch das Thema „Test" spielt darin eine große Rolle, und zwar vor *und* nach der Implementierung. Ergänzend wird eine Java-Standard-Zugriffsschicht für sequentielle Dateien entworfen.

Wer sich noch nie zuvor mit der Strukturierten Programmierung befasst hat, ist mit den späteren Kapiteln über den Schulsportwettbewerb, also die Ranggruppenverarbeitung, möglicherweise zunächst überfordert. Dann empfiehlt es sich, erst einmal die nachfolgenden Kapitel über das Mischen zu lesen, bis dort das Thema „Ranggruppen" erneut auftaucht. Dann erst ist der Rücksprung zum Schulsportwettbewerb geboten.

Der zweite Band enthält alle Beispielprogramme, mit denen die Entwürfe im ersten Band realisiert wurden. Das erste und einfachste Beispiel wurde in COBOL II, C und Java implementiert, während die anderen Beispiele meist in C und in Java – als prototypische Exponenten der algorithmischen und der objektorientierten Welt – programmiert wurden. Nur das letzte Beispiel, der E-Mail-Versand, ist allein in Java geschrieben, weil ein C-Programm doch sehr umständlich wäre und keinen Erkenntnisgewinn böte.

Im dritten Band geht es um das Mischen in vielerlei Konstellationen. Oft stehen die zu mischenden Daten keineswegs passend sortiert zur Verfügung. Dann ist deutlich mehr Kreativität als im Fall synchron sortierter Daten erforderlich, der gleichwohl ebenso detailliert erklärt wird. Mit dem Mischen von Ranggruppen und der Technik des mehrfachen Vorlesens wird der Schwierigkeitsgrad deutlich höher. Er steigt weiter mit dem Abgleich von Bilddateien, die einerseits auf Memory Chips und andererseits auf Festplatten oder ähnlichem gespeichert und in Ordnern organisiert sind. Schließlich geht es darum, im Rahmen des Copy Management ganze Ordnerhierarchien gegeneinander abzugleichen, um Differenzen zu erkennen und sie für die zielgerichtete Backup-Aktualisierung zu verwenden. Die strukturierten Hilfsmethoden des Backtracking und der Programminversion werden in diesem Band erstmals verwendet, aber noch nicht detailliert untersucht.

Der vierte Band zeigt wiederum die zu den Entwürfen gehörenden Implementierungen. Die Programme im vierten Band sind in C und in Java geschrieben, wobei die Java-Programme das relationale Datenbanksystem MySQL nutzen. Die Bände drei und vier erscheinen voraussichtlich in der ersten Hälfte des Jahres 2024.

Nun verbleiben noch drei Themenkomplexe, nämlich die bereits erwähnten Hilfsmethoden einerseits, und die spezielle Beziehung der Strukturierten Programmierung zur Datenbankprogrammierung andererseits.

Der fünfte Band geht die Themen Backtracking und Programminversion systematisch an, bevor er in Top Down-Manier den Bezug zwischen der Systemanalyse und der Datenbankprogrammierung aufbaut. Anhand einer MySQL-Implementierung der Datenbestände wird der Entwurf von Programmen für den internationalen Schulsportwettbewerb im relationalen Umfeld demonstriert, final sogar anhand einer restartfähigen Verarbeitung. Dieser Band ist definitiv nicht für Anfänger geeignet, wird aber für Fortgeschrittene und Profis – hoffentlich – von großem Nutzen sein.

Der sechste Band versammelt alle Beispielprogramme, die aus den Entwürfen im fünften Band entstanden sind. Sie sind in C *oder* in Java – also nicht in beiden Sprachen – geschrieben, wobei die Datenbankprogramme sämtlich in Java implementiert wurden. Der Grund hierfür ist, dass das C-API (Application Programming Interface) von MySQL nicht sonderlich attraktiv ist und deutlich mehr – langweiligen – Code als das Java-API erfordert. Zudem ist der Konfigurierungsaufwand für die Konnektivität beim C-API erheblich. Dieser und der fünfte Band erscheinen voraussichtlich in der ersten Hälfte des Jahres 2025.

1.6 In eigener Sache

Ich möchte nun noch einige – mir wichtige – Anmerkungen machen:

- Alles Schriftliche dient der Kommunikation. Im Fall eines Buches ist es die Kommunikation mit seinen Leser(inne)n, die kein Autor allesamt kennen und deren Vorlieben oder Abneigungen er daher nicht berücksichtigen kann. Diese Kommunikation findet im Allgemeinen indirekt mittels des Textes und der Grafiken statt, die für sich selber sprechen sollen. In etlichen Fällen erschien es mir aber als angebracht, Sie als Leserin oder Leser direkt anzusprechen. Das ist nicht als Kumpelhaftigkeit gemeint, sondern wird von mir unter anderem dann verwendet, wo es eher um Wahrnehmungen und Meinungen, als um Tatsachen geht (wobei es dazwischen eine beachtliche Grauzone gibt).

- Wie das Wort „Autor" im vorangehenden Abschnitt zeigt, verwende ich oft nur die männliche Form. Fehler werden von Programmierern gemacht, nicht von Programmiererinnen, die natürlich ebenso wenig unfehlbar sind. Die Autorin Elke Heidenreich soll einen Rundfunkbeitrag einmal folgendermaßen begonnen haben: „Liebe Zuhörer und Zuhörerinnen an den Radioapparaten und Radioapparatinnen", was ihr angeblich einen Shitstorm eintrug. Diese witzige Idee lässt sich leider nicht anhand von Fundstellen im Web belegen, ist ihr aber zuzutrauen. Sie karikierte damit vermutlich die häufig total verkrampften Bemühungen um eine geschlechtsneutrale oder zumindest nicht männlich dominierte Schreibung, was keineswegs gut ankam. Vor dem Hintergrund der weiterhin andauernden Diskussionen um dieses Thema, also um das korrekte Gendern, sind sprachverändernde Bemühungen meiner Ansicht nach zum Scheitern verdammt. Um es Ihnen zu ersparen, sich mit angeblich politisch korrekten, aber unlesbaren Bezeichnungen gequält zu fühlen, habe ich es mir ziemlich einfach gemacht. Bei allen diesbezüglich empfindlichen Seelen möchte ich mich dafür vorab entschuldigen.
- Zudem lässt sich meine kulturelle Prägung als Deutscher nicht verbergen. Warum auch? Jede(r) kann, darf und sollte auf ihre oder seine Kultur stolz sein und sie leben. Diese Prägung manifestiert sich – vielfach unabsichtlich – in Stil und Inhalt. Ebenso wenig wie im vorangehenden Abschnitt ist das als Ausschließung Anderer gemeint. Ganz im Gegenteil habe ich mehrfach internationale Aspekte einbezogen, was ich als erhebliche Bereicherung empfinde. Die Grafiken sind – bis auf eine französische Genealogie – durchgehend in englischer Sprache beschriftet, damit sie nicht bei jeder Übersetzung bearbeitet werden müssen. Das Englische ist die Lingua Franca der IT, und Michael A. Jackson ist Brite.
- Trotz extremer Sorgfalt und mehrfachen, intensiven Überprüfungen des Texts, der Grafiken und der Programme kann ein solches Monumentalwerk nicht fehlerfrei sein. Es ist möglich, dass Sie auf Dinge stoßen, die wirklich falsch und nicht bloß unverständlich sind, was auch schon schlimm genug wäre. Für Hinweise darauf habe ich immer ein offenes Ohr. Erkannte Fehler werden korrigiert und unzulängliche Beschreibungen werden verbessert, sobald ich davon weiß.
- Man kann es nicht allen recht machen. Für manche Anhänger der OO-Glaubensrichtungen (pardon!) grenzt es möglicherweise an ein Sakrileg, dass ausgerechnet auf der Basis einer längst im Treibsand der IT-Geschichte untergegangenen Methode der Versuch unternommen wird, sowohl eine Brücke zwischen der algorithmischen und der OO-Programmierung zu bauen als auch Java-Programme direkt aus JSP-Modellen herzuleiten. Programmierer(innen), die ihre Arbeit zu verlieren drohen, weil die von ihnen jahrzehntelang gewarteten Altsysteme durch neue OO-Software abgelöst werden, können diese Brücke dagegen hoffentlich als einen gangbaren Weg in eine bessere berufliche Zukunft begrüßen.
- Zwangsläufig kommen im Fließtext und in den Grafiken viele englische Worte vor. In letzteren und in den Programmen dominiert die radikale Kleinschreibung, aber im Fließtext kollidiert diese mit der deutschen Groß- und Kleinschreibung. Daher habe ich mich mit dem Englisch-Korrektor und Übersetzer David Roseveare für den Fließtext auf folgende Regeln geeinigt: a) Die englischen Namen von Strukturblöcken werden in Anführungszeichen zitiert. Abkürzungen darin werden gegebenenfalls mit Klammersetzung ausgeschrieben. b) Andere englische Worte werden wie deutsche Worte groß oder klein geschrieben. c) Englische Worte werden nicht „genitiviert" oder anderweitig an deutsche Grammatikregeln angepasst. d) Sie werden untereinander auch nicht mit Bindestrichen verbunden, ausser bei bekannten Ausnahmen wie „object-oriented". Wenn englischen Worten ein deutsches Wort folgt, das nach deutschen Regeln mit einem Bindestrich angeschlossen werden muss, dann geschieht das auch (siehe obiges Beispiel: Top Down-Manier).
- Entspannen Sie sich. Nehmen Sie alles, was Sie hier lesen, mit Humor.

1.7 Last but not least

… bin ich es Ihnen noch schuldig, die kryptische Bemerkung über die Wahrnehmung und die Wissenschaft hinsichtlich des eingangs gezeigten Fotos aufzulösen. Diese Aufnahme ist in mehrfacher Hinsicht aussergewöhnlich:

- Die darauf erkennbaren Berge sind fast immer unsichtbar, weil ein Dunstschleier über dem Golf von Genua sie verbirgt. Nur dadurch, dass kalte Luft kaum Wasserdampf aufnehmen kann, sind solche optischen Überreichweiten ausnahmsweise möglich. Zehn Tage vorher war von Porto Maurizio (Imperia) aus tagsüber auch die ungefähr 140 Kilometer entfernte nördliche Spitze von Korsika, das Cap Corse, sichtbar, wobei sogar Einzelheiten zu erkennen waren.
- Das Original dieser Aufnahme, die mit einem starken Teleobjektiv gemacht wurde, ist nicht ganz so beeindruckend, weil die untere, dunklere Partie darauf nur wenige Details zu erkennen erlaubt. Die von der Kamera gewählte Belichtung hebt zwar sehr schön das – schon ins Orange tendierende – Morgenrot hervor, aber die Tonwertspreizung im Original war zu extrem, um auch den Stadtteil im Vordergrund gut erkennen zu können. Daher wurde in Photoshop mittels des magnetischen Lassos der dunkle Bereich ausgewählt und mit der Funktion „Auto-Kontrast" aufgehellt. Erstaunlich viele Details, die zuvor im Dunkeln versunken waren, traten dadurch ans Licht. Auch dies ist ein schönes Beispiel für die digitalen Techniken, die uns erst seit nicht allzu langer Zeit zur Verfügung stehen.
- Wohl jede(r), die oder der sich einmal am Meer gefragt hat, wie weit denn der Horizont entfernt sei, wird rätseln, „wieviel Berg" es auf diesem Bild eigentlich zu sehen gibt. Es sind ja circa 180 Kilometer vom Aufnahmestandort zu den dort gezeigten Apuanischen Alpen, die erst durch Koordinatenberechnungen identifiziert werden konnten. Deren höchste Erhebung, der Monte Pisanino (1946 m) befindet sich fast ganz links in der Bergkette. Ganz rechts scheint eine Landspitze zu sein, aber das täuscht.

Die geografischen und geometrischen Aspekte sollen nun näher betrachtet werden. Zunächst geht es um die Entfernung zum Horizont. Da 180 Kilometer im Verhältnis zum Erdumfang von circa 40.000 Kilometer viel zu wenig ist, um damit eine brauchbare Grafik zu zeichnen, soll zunächst ein weit kleinerer, kugelförmiger Himmelskörper ohne Atmosphäre betrachtet werden, wobei der Kreisabschnitt zu einem Großkreis um dessen Kern gehört:

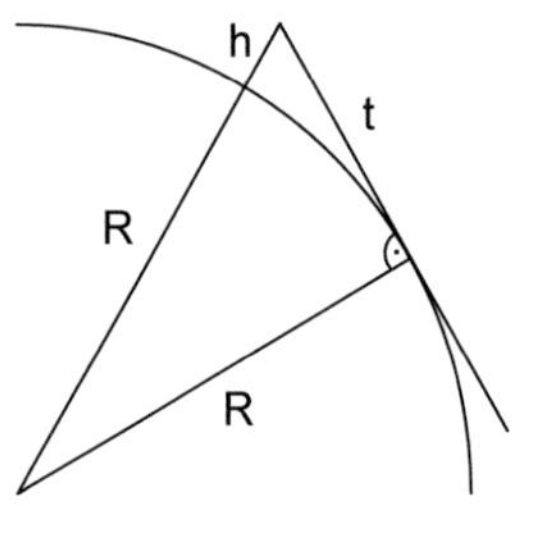

$$R^2 + t^2 = (R + h)^2$$
$$= R^2 + 2Rh + h^2$$
$$\Rightarrow \quad t^2 = 2Rh + h^2$$
$$\Rightarrow \quad t = \sqrt{2Rh + h^2}$$
$$\Rightarrow \quad t \approx \sqrt{2Rh}$$

Anmerkung: h^2 kann vernachlässigt werden, wenn $h << R$ gilt, was auf der Erde der Fall ist.

Wenn eine Person von $h = 1{,}60$ m Augenhöhe am Rand eines Meeres oder Sees steht, ergibt sich ihre Sichtweite t anhand des mittleren Erdradius R von 6.371 Kilometer zu 4,5 km, wobei der Einfluss der Atmosphäre nicht berücksichtigt ist, die bekanntlich oberflächennahe Strahlen beugt.

Aus der Höhe des Aufnahmestandorts des eingangs gezeigten Fotos, nämlich $h = 160$ m, errechnet sich somit eine Sichtweite von 45 km bis zu dem Punkt, wo die Tangente t die Wasseroberfläche streift. Diese Höhe ist zwar 100 * 1,6 m, aber wegen der Wurzelfunktion vergrößert sich die Sichtweite nur um das Zehnfache.

Abbildung 1.1: *Ableitung der Tangentenlänge t aus dem Kugelradius R und der Betrachterhöhe h*

Da die Aufnahme auch die Berge jenseits der Sichtweite t zeigt, muss die Grafik erweitert werden:

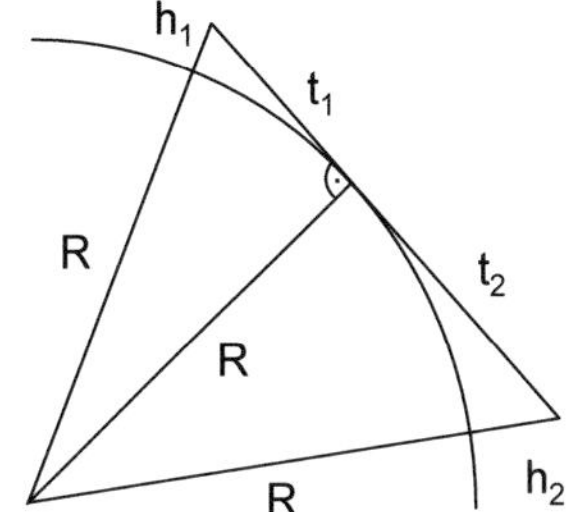

Weil t_1 = 45 km ist, muss t_2 = 135 km sein, denn $t_1 + t_2$ = 180 km. Um die Sichtweite von 45 km zu verdreifachen, muss h_2 neun mal so groß wie h_1 (160 m) sein, also 1.440 m. Auf einem Himmelskörper ohne Atmosphäre wären also vom Monte Pisanino nur 506 m zu sehen, und das auf eine so große Entfernung!

Abbildung 1.2: *Geometrische Konstellation bei Überreichweiten*

Nun kommen uns zwei Effekte zur Hilfe, der eine wirklich und der andere scheinbar. Der erste ist die terrestrische Refraktion[12]. Darunter versteht man den Effekt, der oberflächennah verlaufende Lichtstrahlen in der Atmosphäre zum Betrachter hin beugt. Genauer gesagt, handelt es sich um den Krümmungsradius der Lichtstrahlen im Verhältnis zur Erdkrümmung, der durchschnittlich circa 13% beträgt. Die Refraktion ist der Grund, warum Sonne und Mond beim Auf- oder Untergang überhaupt zu sehen sind, obwohl sie sich in dieser Zeit, geometrisch gesehen, hinter dem Horizont befinden.

Zitat aus dem genannten Wikipedia-Artikel: »Die Refraktion variiert sehr stark, sie hängt von der aktuellen Dichteschichtung der Atmosphäre ab, genauer vom Gradienten der Feuchtigkeit, der Temperatur und des Druckes der Luft.«

Da die exakten Werte dieser drei Parameter zum Zeitpunkt der Aufnahme nicht bekannt sind, können 13% als Annäherung dienen. Auf der Gesamtstrecke von 180 km beträgt die Krümmung der Erdoberfläche 160 m + 1.440 m = 1.600 m. 13% davon entsprechen 208 m. Die Apuanischen Alpen waren folglich unter dieser Annahme erst ab circa 1.230 m Höhe sichtbar. Alles darunter, also die niedrigeren Berge, sowie die Hügel und das Flachland, bleibt unsichtbar. Das erklärt den Landspitzen-Effekt rechts im Bild.

Circa 710 Meter Rest-Berghöhe des Monte Pisanino sind immer noch nicht sonderlich beeindruckend. Hier kommt der zweite Effekt ins Spiel. Er lässt Sonne und Mond in der Nähe des Horizonts für den Betrachter deutlich größer als am Zenit erscheinen, was am Aufnahmetag auch für die Apuanischen Alpen galt: Die weit entfernte Bergkette wirkte beeindruckend nahe. Hierzu gibt es unter anderem die folgende, ziemlich ernüchternde Fundstelle bei Wikipedia:

> »Die **Mondtäuschung** ist eine optische Täuschung, durch welche der Mond und die Sonne in Horizontnähe größer erscheinen als bei höherem Stand am Firmament. Für diesen insbesondere beim Aufgang des Vollmondes bekannten Effekt gibt es keine physikalische oder astronomische Erklärung. Die Ursache dieses wahrnehmungspsychologischen Phänomens ist nicht endgültig geklärt.«[13]

Die Kamera ließ sich nicht täuschen und machte daher ein Bild, das die tatsächlichen Größenverhältnisse zeigt.

Endnoten

1 **Michael Anthony Jackson** (* 1936) ist ein britischer Informatiker und arbeitet als unabhängiger Berater in London, England und bei AT&T Research, Florham Park, NJ, USA. Er ist Gastprofessor an der Open University in Großbritannien.

Jackson studierte an der Oxford University und war Kommilitone von Tony Hoare. In den 1970er Jahren entwickelte er die Softwareentwicklungsmethode Jackson Structured Programming (JSP), in den 1980er Jahren entwickelte er zusammen mit John Cameron eine Methode zur Systementwicklung (Jackson System Development (JSD)). In den 1990er Jahren entwickelte er die Problem Frames, einen Ansatz um Probleme zu zerlegen und zu strukturieren.

[Seitentitel: Michael Anthony Jackson
Herausgeber: Wikipedia – Die freie Enzyklopädie.
Autor(en): Wikipedia-Autoren, siehe Versionsgeschichte
Datum der letzten Bearbeitung: 23. Oktober 2019, 11:38 UTC
Versions-ID der Seite: 193387996
Permanentlink: https://de.wikipedia.org/w/index.php?title=Michael_Anthony_Jackson&oldid=193387996
Datum des Abrufs: 13. Juni 2022, 15:30 UTC]

2 **Edward Nash Yourdon** (April 30, 1944 – January 20, 2016) was an American software engineer, computer consultant, author and lecturer, and software engineering methodology pioneer. He was one of the lead developers of the structured analysis techniques of the 1970s and a co-developer of both the Yourdon/Whitehead method for object-oriented analysis/design in the late 1980s and the Coad/Yourdon methodology for object-oriented analysis/design in the 1990s.

[Page name: Edward Yourdon
Author: Wikipedia contributors
Publisher: Wikipedia, The Free Encyclopedia.
Date of last revision: 29 July 2022 14:41 UTC
Date retrieved: 16 August 2022 15:23 UTC
Permanent link: https://en.wikipedia.org/w/index.php?title=Edward_Yourdon&oldid=1101143734
Primary contributors: revision history statistics
Page Version ID: 1101143734]

3 Textziffern in eckigen Klammern verweisen auf das Kapitel „18.1 Literaturverzeichnis" auf Seite 569 ff.

4 Die **Structured Analysis and Design Technique** (**SADT**) ist eine Methode zur Softwareentwicklung, die 1977 von Douglas T. Ross publiziert wurde.

[...]

Basiselement der Modellierung ist die Funktion, dargestellt als Rechteck, die Eingangsgrößen (engl. Input, Pfeile von links) in die Ausgangsgrößen (engl. Output, Pfeile nach rechts) transformiert. Für die Ausführung werden Mechanismen (engl. Mechanisms, Pfeile von unten) benötigt, zum Beispiel Ressourcen. Weitere Einflüsse oder Störgrößen (Control) werden als Pfeile von oben dargestellt.

Mehrere Funktionen können hintereinander ausgeführt werden, in der eine Ausgangsgröße der einen Funktion mit der Eingangsgröße der anderen verbunden wird.

Die schrittweise Modellierung kann top-down erfolgen. Eine Funktion wird hierbei hierarchisch zerlegt, d. h. eine Funktion einer Ebene, wird in der nächsten Ebene als Verschaltung mehrerer Teilfunktion dargestellt.

[Wikipedia -Seitentitel: Structured Analysis and Design Technique
Datum der letzten Bearbeitung: 15. Juli 2019, 15:46 UTC
Versions-ID der Seite: 190456980
Permanentlink: https://de.wikipedia.org/w/index.php?title=Structured_Analysis_and_Design_Technique&oldid=190456980
Datum des Abrufs: 13. Juni 2022, 15:20 UTC]

[Hervorhebung des Autors: Die Quellen von Wikipedia-Zitaten werden ab hier ohne Herausgeber / Autor(en) aufgelistet, weil diese Angaben konstant sind. Dem Wort „Seitentitel" wird daher „Wikipedia-" vorangestellt.]

5 **Edsger Wybe Dijkstra** (* 11. Mai 1930 in Rotterdam; † 6. August 2002 in Nuenen) war ein niederländischer Informatiker. Er war der Wegbereiter der strukturierten Programmierung. 1972 erhielt er den Turing Award für grundlegende Beiträge zur Entwicklung von Programmiersprachen.

[Wikipedia-Seitentitel: Edsger W. Dijkstra
Datum der letzten Bearbeitung: 29. April 2022, 07:04 UTC
Versions-ID der Seite: 222457618
Permanentlink: https://de.wikipedia.org/w/index.php?title=Edsger_W._Dijkstra&oldid=222457618
Datum des Abrufs: 13. Juni 2022, 15:37 UTC]

6 Die **GMD – Forschungszentrum Informationstechnik GmbH** war eine zwischen 1968 und 2001 bestehende deutsche Großforschungseinrichtung für angewandte Mathematik und Informatik.

[...]

Die Gründung erfolgte am 23. April 1968 in Bonn unter dem Namen Gesellschaft für Mathematik und Datenverarbeitung (GMD). Damit sollte das Konzept der Großforschung, das sich im Bereich der Kernenergie bewährt hatte, auf die damals noch Datenverarbeitung genannte Informatik übertragen werden. Hierzu wurde das Institut für Instrumentelle Mathematik (IIM) an der mathematischen Fakultät der Universität Bonn ausgebaut als Großforschungseinrichtung des Bundes mit einer Minderheitsbeteiligung des Landes Nordrhein-Westfalen.

[...]

Im März 1995 erfolgte eine Umbenennung. Auf Initiative des Bundesministeriums für Bildung und Forschung wurde die GMD in den Jahren 2000 bis 2001 gegen den Widerstand der Mitarbeiter, die eine breite Unterstützung durch die regionale Politik erfuhren, mit der Fraunhofer-Gesellschaft fusioniert. [...] Die Einrichtung ist im Fraunhofer-Institutszentrum Schloss Birlinghoven aufgegangen.

[Wikipedia-Seitentitel: GMD-Forschungszentrum Informationstechnik
Datum der letzten Bearbeitung: 12. Mai 2021, 10:49 UTC
Versions-ID der Seite: 211872283
Permanentlink: https://de.wikipedia.org/w/index.php?title=GMD-Forschungszentrum_Informationstechnik&oldid=211872283
Datum des Abrufs: 13. Juni 2022, 15:43 UTC]

7 Damals noch unter meinem Geburtsnamen Gomm

8 **TR 440** (gesprochen: T-R-4-40) ist die Bezeichnung des von AEG-Telefunken, Fachbereich Informationstechnik, aus dem „Telefunken-Rechner TR 4" weiterentwickelten Großrechners. AEG-Telefunken lieferte 1969 den ersten TR 440 an das Deutsche Rechenzentrum. Als der TR 440 herauskam, war er der schnellste Rechner, der je in Europa entwickelt worden war. Bis im Jahr 1974 wurden insgesamt 46 Anlagen vom Typ TR 440 gebaut.

Das Gesamtsystem aus Hardware, BS 3 und Programmiersystem wurde auch unter dem Namen TNS 440 (Teilnehmer-System 440) vermarktet.

[...]

Die möglichen Nachfolgesysteme waren weit weniger benutzerfreundlich als das TNS 440; insbesondere gegen die Beschaffung von 7.700-Rechnern mit BS2000® gab es große Widerstände trotz der von Siemens angebotenen Umstellungshilfen. Die Wertschätzung für das TNS 440 bei den Nutzern ging wesentlich auf dessen Systemsoftware zurück: Das Betriebssystem bietet eine Virtuelle Speicherverwaltung mit Speicherschutz und Mehrfachzugriff, das Programmiersystem eine flexible, übersichtliche Kommandosprache, eine gute Ausstattung an Programmiersprachen (einschließlich Sprachverknüpfung) und Programmbibliotheken, sowie innovative Testhilfen für die Programmentwicklung.

[Wikipedia-Seitentitel: TR 440

Datum der letzten Bearbeitung: 20. April 2022, 08:39 UTC
Versions-ID der Seite: 222219658
Permanentlink: https://de.wikipedia.org/w/index.php?title=TR_440&oldid=222219658
Datum des Abrufs: 13. Juni 2022, 15:51 UTC]
[Hervorhebung d. A.: Das Deutsche Rechenzentrum in Darmstadt ging zum 01.01.1973 in der GMD auf.]

9 **System/360** oder kurz **S/360** bezeichnet eine Großrechnerarchitektur der Firma IBM aus dem Jahre 1964. Zuvor wurden von IBM die 700/7000 series gebaut. Dem System/360 folgte das im Jahr 1970 angekündigte System/370.

[…]

Es war eines der erfolgreichsten Computersysteme aller Zeiten. Die von IBM veröffentlichten Spezifikationen erlaubten es außerdem auch anderen Anbietern, Peripheriegeräte für das System/360 anzubieten, häufig kostengünstiger. Umgekehrt begannen andere Firmen wie Amdahl und Univac zum 360-System kompatible Computer zu entwickeln. Ebenso wie die Hardware wurde mit dem System/360 auch die Software vereinheitlicht und kompatibel gemacht.

Die Hauptarchitekten waren Frederick P. Brooks, Gerrit Blaauw, Gene Amdahl. Die Gesamtleitung hatte Bob O. Evans. Beteiligt war auch u. a. Erich Bloch. Brooks, Bloch und Evans erhielten dafür 1985 die National Medal of Technology and Innovation.

[Wikipedia-Seitentitel: System/360
Datum der letzten Bearbeitung: 2. Mai 2022, 16:31 UTC
Versions-ID der Seite: 222558995
Permanentlink: https://de.wikipedia.org/w/index.php?title=System/360&oldid=222558995
Datum des Abrufs: 13. Juni 2022, 15:57 UTC]

10 **Prokrustes** (altgriechisch Προκρούστης (..), deutsch ‚Ausstrecker') war ein Riese aus der griechischen Mythologie, Beiname des Polypemon oder Damastes, eines attischen Räubers in der Umgegend von Eleusis und Sohn des Poseidon.

[…]

In seiner Weltgeschichte berichtet der altgriechische Geschichtsschreiber Diodor (1. Jahrhundert v. Chr.) Folgendes über den Unhold und Wegelagerer Prokrustes:

Prokrustes bot Reisenden ein Bett an, aber in manchen Sagen zwang er auch Wanderer, sich auf ein Bett zu legen. Wenn sie zu groß für das Bett waren, hackte er ihnen die Füße bzw. überschüssige Gliedmaßen ab; waren sie zu klein, hämmerte und reckte er ihnen die Glieder auseinander, indem er sie auf einem Amboss streckte.

Prokrustes wurde von Theseus auf seiner Wanderung nach Athen als letzter der Bösewichte am Kephisos erschlagen.

[…]

Als Prokrustesbett oder Bett des Prokrustes bezeichnet man redensartlich eine Form oder ein Schema, wohinein etwas gezwungen wird, das dort eigentlich nicht hineinpasst.

[Wikipedia-Seitentitel: Prokrustes
Datum der letzten Bearbeitung: 4. Februar 2022, 12:37 UTC
Versions-ID der Seite: 219858623
Permanentlink: https://de.wikipedia.org/w/index.php?title=Prokrustes&oldid=219858623
Datum des Abrufs: 13. Juni 2022, 16:01 UTC]

11 **Grady Booch** (* 27. Februar 1955 in Texas) ist ein amerikanischer Informatiker. Er gilt als Pionier auf dem Gebiet des modularen und objektorientierten Softwareentwurfs und der Klassenbibliotheken (Ada, C++). 1977 schloss er als Bachelor of Science an der United States Air Force Academy ab, 1979 erlangte er den Titel Master of Science an der University of California.

Seit 1980 ist er Chief Scientist der Firma Rational Software in Santa Clara (Kalifornien). Zusammen mit Ivar Jacobson und James Rumbaugh spricht man auch von den Drei Amigos (Begründer der Unified Modeling

Language). Nach der Übernahme von Rational Software durch IBM arbeitet er bei IBM und ist seit 2003 IBM Fellow.

[Wikipedia-Seitentitel: Grady Booch
Datum der letzten Bearbeitung: 25. April 2016, 04:18 UTC
Versions-ID der Seite: 153784355
Permanentlink: https://de.wikipedia.org/w/index.php?title=Grady_Booch&oldid=153784355
Datum des Abrufs: 16. August 2022, 15:58 UTC]

12 Als **terrestrische Refraktion** (auch Strahlenbrechung oder atmosphärische Refraktion genannt) wird die Brechung eines Lichtstrahls in der untersten Erdatmosphäre bezeichnet. Diese entsteht durch die Änderung des Brechungsindexes der Luft entlang des Strahlverlaufs infolge der mit der Höhe abnehmenden Luftdichte und bewirkt eine bogenförmige Krümmung des Strahls, die bei genaueren Vermessungen oder im physikalischen Labor als Korrektion („Reduktion") an jedem gemessenen Vertikalwinkel angebracht werden muss. Diese Strahlkrümmung beträgt durchschnittlich 13 % der Erdkrümmung und erhöht die horizontale Sichtweite geringfügig.

[Wikipedia-Seitentitel: Terrestrische Refraktion
Datum der letzten Bearbeitung: 2. Mai 2022, 17:22 UTC
Versions-ID der Seite: 222560036
Permanentlink: https://de.wikipedia.org/w/index.php?title=Terrestrische_Refraktion&oldid=222560036
Datum des Abrufs: 13. Juni 2022, 16:08 UTC]

13 […]

Erste Hinweise auf das Phänomen der Mondtäuschung finden sich auf Tontafeln aus den königlichen Bibliotheken von Niniveh und Babylon (6. Jahrhundert v. Chr.). Ptolemäus (ca. 150 n. Chr.) vermutete fälschlicherweise vergrößernde Eigenschaften der Atmosphäre. Alhazen (Abu Ali al-Hasan ibn al-Haitham, 965 bis ca. 1040) stellte fest, dass der Mond sowohl am Horizont als auch im Zenit die gleiche Größe hat, und schrieb bereits vom abgeflachten Firmament […] als Ursache der Wahrnehmungstäuschung. Auch Leonardo da Vinci, Johannes Kepler und René Descartes beschäftigten sich mit der Mondtäuschung. Seit über 100 Jahren wird diese optische Täuschung von der wissenschaftlichen Wahrnehmungspsychologie untersucht. Dennoch ist das Phänomen noch immer nicht eindeutig geklärt, es bleiben Widersprüche bei den unterschiedlichen Erklärungsansätzen. Die derzeit anerkanntesten und von vielen Experimenten untermauerten Erklärungen sind die der falsch eingeschätzten Entfernung mit dem abgeflachten Firmament und das Prinzip der Vergleichsobjekte.

[Wikipedia-Seitentitel: Mondtäuschung
Datum der letzten Bearbeitung: 16. Mai 2022, 21:32 UTC
Versions-ID der Seite: 222937687
Permanentlink: https://de.wikipedia.org/w/index.php?title=Mondt%C3%A4uschung&oldid=222937687
Datum des Abrufs: 13. Juni 2022, 16:14 UTC]

06/2022 Jupiter, Merkur und Saturn am Planetenhaus in Lemgo (NRW)

JSP-Basismethode

Jahrtausendelang beobachteten astronomisch interessierte Menschen die Himmelskörper nur mit bloßem Auge, also ohne technische Hilfsmittel. Ihre Erkenntnisse ermöglichten dennoch im 3. Jahrtausend v.Chr. die ägyptische Entwicklung des 365-Tage-Kalenders, den König Ptolemaios III im Jahr 238 v.Chr. wegen der offensichtlichen Kalenderdrift um die Schalttagsregel mit einem zusätzlichen Tag nach jeweils vier Jahren ergänzte[1]. Julius Cäsar setzte diesen Kalender im Jahr 45 v.Chr. für das römische Reich in Kraft.

Im 14. Jahrhundert erkannten Astronomen erneut eine Kalenderdrift, die durch drei überflüssige Schalttage im julianischen Kalender in jeweils vier Jahrhunderten verursacht worden war. Diesen Fehler behob erst die gregorianische Kalenderreform[2] von 1582, bei der im Oktober 10 Tage ausgelassen wurden, was zu erheblicher Verwirrung in den papsttreuen Ländern und langdauernden Widerständen gegen diese Reform in den anderen Ländern führte.

Das Jahr 1576, währenddessen in Lemgo das auf der linken Seite teilweise gezeigte „Planetenhaus" erbaut wurde, lag also nur sechs Jahre vor diesem historischen Einschnitt. Auf dem Halbrelief am Giebelfuß sind die bis dahin bekannten Planeten Jupiter (JVPITER), Merkur (MERC), Saturn (SATVRN), Venus (VENVS) und Mars (MARS), sowie Sonne (SOL, Mitte) und Mond (LVNA, rechts) figürlich abgebildet. Saturn hat ein Holzbein, weil er der langsamste Planet ist. Sonne und Mond galten aufgrund der Lehre des Aristoteles (384 – 322 v. Chr.) ebenfalls als Planeten.

Rund 450 Jahre später ist die moderne Astronomie ohne Computer überhaupt nicht mehr denkbar. Jedes Gebiet der IT ist nicht nur daran, sondern auch an Raumfahrtmissionen, der Satellitennavigation, der Erderkundung und vielem mehr intensiv beteiligt. Die dadurch angestoßenen Forschungen der NASA zur Fehlererkennung und -vermeidung in der Programmierung und im Hardware-Design haben zwar neue Qualitätsstandards gesetzt, aber auch die bittere Erkenntnis zutage gefördert, dass Fehler in komplexen Systemen unausrottbar zu sein scheinen.

Das Jackson Structured Programming erhebt den Anspruch, strukturelle Fehler in Programmen von vornherein vermeiden zu können, wodurch die Fehlermöglichkeiten drastisch reduziert werden. Im folgenden Kapitel geht es darum, das grundsätzliche Vorgehen des JSP an einem einfachen Beispiel zu zeigen.

2.1 Vorbemerkungen

Programmieren lernt man durch Programmieren, so scheint es. Beginnend mit einfachen Beispielen und wenigen Sprachelementen führt ein langer Weg voller Experimente und Irrtümer nach und nach zu steigender Könnerschaft. Die Befriedigung, ein schwieriges Problem nach dem anderen erfolgreich gelöst zu haben, hilft dabei sehr über Durststrecken und die Erkenntnis der eigenen Grenzen hinweg. Solange sich alles axiomatisch zueinander fügt, also einfache, folgerichtig aufeinander aufbauende Überlegungen zum Ziel führen, scheint dieser Weg immer weiter gangbar zu sein. Früher oder später endet er jedoch vor einem undurchdringlichen Dickicht aus zunehmender Komplexität. Nun hilft auch hohe Intelligenz nicht wirklich weiter, vor allem angesichts der Risiken, die sich in großen Programmsystemen verbergen.

Dieses Vorgehen ähnelt stark dem Erwerb einer Fremdsprache auf intuitiver Basis mit ein wenig Unterricht und dem Sammeln von Erfahrungswissen. Auf diesem Weg mag eine passable Sprachbeherrschung erreicht werden, aber: schwierige Texte richtig zu verstehen, anspruchsvolle Diskussionen zu führen oder gar eine eigene literarische Tätigkeit auszuüben ist so nicht möglich. Es fehlt das Strukturwissen, das mit der Grammatik beginnt und weit darüber hinaus die Sprachen und ihre Sprecher prägt. Jede menschliche Sprache erschafft eine eigene Welt, die sich von der einer anderen Sprache durchaus wesentlich unterscheiden kann.

Obwohl Programmiersprachen gegenüber natürlichen Sprachen ausdrucksarm sind und einem begrenzten Zweck dienen, gilt für sie analog dasselbe: Ohne Strukturwissen, ohne Grammatik kann keine Meisterschaft

Endnoten: siehe Seite 49

erworben werden. Mit Grammatik ist hier nicht die mehr oder minder simple Syntax der Programmiersprachen gemeint, sondern der ihnen allen gemeinsame Hintergrund des Konstruierens von Softwareprodukten.

Konstruktion? Produkt? Ja, auch ein (un)gelernter Programmierer oder eine Programmiererin konstruiert Produkte, indem er oder sie Ursache-Wirkungsketten beachtet und somit aufeinander aufbauende Maschinen erschafft, deren Zusammenwirken tatsächlich erfolgreich die jeweilige Aufgabe löst – von der Plage der Programmierfehler mal abgesehen. Sie oder er konstruiert aber kreativ und intuitiv, was ihrem oder seinem Ego durchaus schmeichelt, so dass sich manche dieser Programmierer(innen) als Künstler bezeichnen. (Wenn das Kunst wäre, dann gute Nacht!).

Wer so arbeitet, hat kein ernstzunehmendes Strukturwissen, sondern nur eine Kombination aus Erfahrung und Bauernschläue vorzuweisen – aber das reicht bei weitem nicht aus, wenn es wirklich schwierig wird. Es kommt daher darauf an, die Grammatik der Konstruktion von Software kennenzulernen und mit ihr sinnvolle Programmprodukte zu formen. Wie beim Spracherwerb kann das nicht als Trockenkurs zum Erfolg führen. Wir lernen an Beispielen, obwohl Beispiele immer willkürliche – aber begründet ausgewählte – Ausschnitte aus einem großen Ganzen sind. Wir lernen, indem wir deren Besonderheiten von den allgemeinen Gesetzmäßigkeiten trennen, deren Wirken sich in den Beispielen ausprägt.

2.2 Das erste JSP-Beispiel

So beginnt auch diese Einführung in das JSP mit einem Beispiel. Es sieht sehr einfach aus, enthält aber dennoch die Kernelemente der Methode. Die Aufgabe besteht darin, einen Text einzulesen, darin die Zeichen und Zeilen zu zählen, und den Text mit den Zählergebnissen zusammen auszugeben. Folgende Aspekte sind dabei zu beachten:

- Leerzeichen nach den Textzeichen werden nicht mitgezählt.
- Leerzeilen enthalten 0 Zeichen, also weder Leerzeichen noch Textzeichen.
- Am Beginn der Ausgabe ist ein Titelbereich mit Spaltenüberschriften (Listenkopf) vorzusehen.
- Rechts neben den Textzeilen sind die zeilenbezogenen Zählerwerte (Leerzeichen | andere Zeichen | Zeilenlänge) auszugeben.
- Dieser Ausgabe folgen eine Trennzeile und eine Zeile, welche die Gesamtsummen der Einzelzähler enthält (Listenfuß).
- Bei einer leeren Eingabedatei sind nur Listenkopf und Listenfuß auszugeben.
- In den Eingabezeilen sind nur lesbare Zeichen und Leerzeichen zulässig, keine Tabulatoren etcetera.

Die Eingabe[3] lautet beispielsweise:

```
When, in disgrace with fortune and men's eyes,
I all alone beweep my outcast state
And trouble deaf heaven with my bootless cries
And look upon myself and curse my fate.

Wishing me like to one more rich in hope,
Featur'd like him, like him with friends possess'd,
Desiring this man's art and that man's scope,
With what I most enjoy contented least.

Yet in these thoughts myself almost despising,
Haply I think on thee, and then my state,
```

```
Like to the lark at break of day arising
From sullen earth, sings hymns at heaven's gate.

For thy sweet love remember'd such wealth brings
That then I scorn to change my state with king's.

William Shakespeare   sonnet XXIX
```

Der Eingabetext wird in einer sequentiellen Datei erwartet. Eine solche Datei enthält die Daten in Form von Sätzen, die in der angegebenen Folge abgelegt sind. Jede Zeile des Gedichts, jede Leerzeile und auch die letzte Zeile entsprechen je einem Satz in der Datei.

Die physische Implementierung dieser Datei tut hier nichts zur Sache. Das wird von den Betriebssystemen jeweils verschieden gehandhabt. Entscheidend ist allein, dass die Sätze sequentiell gelesen werden können, ohne sich damit herumschlagen zu müssen, wie sie genau gespeichert sind.

Die Ausgabe sieht zum Beispiel wie folgt aus:

```
Text                                                     chars  blanks  length

When, in disgrace with fortune and men's eyes,             39       7      46
I all alone beweep my outcast state                        29       6      35
And trouble deaf heaven with my bootless cries             39       7      46
And look upon myself and curse my fate.                    32       7      39
                                                            0       0       0
Wishing me like to one more rich in hope,                  33       8      41
Featur'd like him, like him with friends possess'd,        44       7      51
Desiring this man's art and that man's scope,              38       7      45
With what I most enjoy contented least.                    33       6      39
                                                            0       0       0
Yet in these thoughts myself almost despising,             40       6      46
Haply I think on thee, and then my state,                  33       8      41
Like to the lark at break of day arising                   32       8      40
From sullen earth, sings hymns at heaven's gate.           41       7      48
                                                            0       0       0
For thy sweet love remember'd such wealth brings           41       7      48
That then I scorn to change my state with king's.          40       9      49
                                                            0       0       0
William Shakespeare   sonnet XXIX                          28       5      33
                                                         ====    ====    ====
                                                 totals   542     105     647
```

Als Ausgabemedium kann ein Drucker, eine sequentielle Datei, eine sequentiell aufgebaute Bildschirmseite etcetera verwendet werden. Die langfristige Speicherung einer solchen Ausgabe in einer Datei dürfte die Ausnahme sein, da sie ja jederzeit aus der Eingabe erzeugt werden kann.

Operative Berichtsdateien werden aber häufig archiviert, also sequentiell abgelegt und dann auf ein billiges und langfristig zuverlässiges Medium kopiert. Daher wird in diesem Listenausgabebeispiel eine echte Dateiausgabe vorgenommen, obwohl viele Betriebssysteme einfache Ausgaben zum Beispiel per C-printf-Funktion, COBOL-DISPLAY- oder REXX-SAY-Anweisung unterstützen.

2.3 Der intuitive Ansatz

Wie würde ein Programmierer vorgehen, der die strukturierte Programmierung nicht kennt, um diese Aufgabe zu lösen? Er würde wahrscheinlich zunächst nach einem Programm suchen, das für eine ähnliche Aufgabe geschrieben wurde, um es passend abzuändern. Das ist viel bequemer und geht – angeblich – schneller, als alles neu einzugeben. Irgendein Programm mit einer einfachen Einleseschleife wird sich schon finden. Nun müssen nur noch die Details der Ein- und Ausgabe-Satzdefinitionen abgeändert und die fehlenden Anweisungen zum Zählen der Zeichen hinzugefügt, sowie alles nicht mehr Benötigte gelöscht werden, und schon kann der erste Compile stattfinden – falls es sich nicht sowieso um eine Interpretersprache handelt.

Es folgt der erste Testlauf, bei dem das neue Programm leider sofort abbricht. Irgendetwas wurde übersehen oder vergessen, das repariert werden muss, und schon beginnt der zweite Versuch. Diesmal kommt auch eine Ergebnisliste zustande, aber die Summen ganz unten stimmen nicht. Das ist wirklich sonderbar, wo das Programm doch so einfach ist. Nach einigem Nachdenken fällt die Entscheidung für ein ausführliches Ablaufprotokoll, das entweder automatisch angefordert oder mit Hilfe zusätzlicher Anweisungen erzeugt wird. Es zeigt, dass bei Leerzeilen versehentlich die Zählerwerte der ihnen vorhergehenden gefüllten Zeilen aufaddiert werden, weil die Initialisierung der zeilenbezogenen Zähler falsch plaziert ist. Das lässt sich leicht korrigieren – aber jetzt sind alle Summen gleich Null. Dies war also doch nicht die richtige Änderung. Nach erneuter Korrektur stimmen die Summen endlich. Geschafft!

Nein, nicht ganz. Der Test mit der leeren Eingabedatei fehlt noch. Das Programm bricht nun erneut ab. Warum? Ach ja, bei leerer Eingabedatei muss ein kontrollierter Aussprung aus der Hauptschleife stattfinden, damit die Fußzeilen noch gedruckt werden. Das macht einige Mühe, klappt aber dann gut. Nun noch ein letzter Test mit gefüllter Eingabedatei – aber diese Liste ist so kurz wie bei leerer Eingabe. Es ist zum Verzweifeln. Noch ein Start! … und jetzt kommt die Liste richtig heraus. Das ist merkwürdig. Mal klappt es und mal nicht. Ein intensives Studium der veränderten Schleifenende-Abfrage fördert zutage, dass sie sich jetzt auf eine nicht initialisierte Variable bezieht.

Je nachdem, was der vorhergehende Programmlauf in diesem Speicherplatz hinterlassen hat, wird die Schleife bei gefüllter Eingabe normal durchlaufen oder sofort wieder beendet. Nach einer letzten Korrektur funktioniert endlich alles. Unser Programmierer kann sich neuen Herausforderungen zuwenden.

Angenommen, es handle es sich hier nicht um ein einfaches Beispielprogramm, sondern um ein echtes Produktionsprogramm, so wird unser Programmierer bei dessen ersten Einsätzen ein gewisses Kribbeln im Bauch spüren, denn er könnte ja einen Fehler übersehen haben. Aber, so scheint es, alles ist gut. Das Programm läuft störungsfrei. Geschafft!

Monate später kommt allerdings eine E-Mail, dass dieses Programm nachts abgebrochen werden musste, weil es in einer Endlosschleife lief und darin sagenhaft viel CPU-Zeit – und somit Geld – verbrauchte. Nun beginnt eine erneute Fehlersuche und -behebung, nachdem ein Vorgesetzter sich einige unfreundliche Worte über sein unnötig belastetes Budget nicht verkneifen konnte. Die Ursache: Es wurde vergessen, das Programm mit einer Zeile zu testen, die auf der letzten Position rechts (55) ein druckbares Zeichen – kein Blank – enthält. Die Ermittlung der letzten gefüllten Zeichenposition arbeitete mit einem kleinen, aber raffinierten Trick, der leider in diesem Fall nicht funktionierte. Künstlerpech! Ein echter Mann lässt sich davon aber nicht beeindrucken und erschafft auf dieselbe Weise viele schöne Zeitbomben, die auf Dauer seinen Arbeitsplatz sichern – oder irgendwann vernichten.

Das kann Ihnen doch nicht passieren! So dumm sind Sie nicht! Schließlich haben Sie jahrelange Erfahrung und Ihre Programme laufen normalerweise problemlos. Dennoch werden Sie dieses dumpfe Gefühl nicht los, dass jede Nacht in Produktion etwas Schlimmes passieren kann, und Sie sind dann daran schuld. Das kann Sie schlimmstenfalls Ihre berufliche Existenz kosten, Sie aber mindestens zum Gespött Ihrer Kollegen machen – die es auch nicht besser können.

2.4 Konstruieren anstatt Erfinden

In dieser Buchreihe erlernen Sie eine Methode, mit der Sie sich und Anderen viel Kummer ersparen können. Wie bei allem, was man neu lernt, gibt es anfangs eine Phase der Unsicherheit und des Unwissens, die nur schwer ertragen wird. Erfolge müssen her! Nach Jahrzehnten der Anwendung dieser Methode ist jedoch klar, dass auch hier Schritt vor Schritt gesetzt werden muss.

Dieses erste, sehr einfache Beispiel dient dazu, Sie mit den Begriffen, Grafiken und Vorgehensweisen der JSP-Methode vertraut zu machen. Später kommen weitaus schwierigere Themen und Lösungsverfahren, für die Sie das hier dargestellte elementare Wissen benötigen. Lassen Sie sich Zeit und werden Sie nicht ungeduldig, wenn nicht alles hopplahopp geht. Klar, ein erfahrener Programmierer oder eine erfahrene Programmiererin schafft eine so einfache Aufgabe auch ohne JSP-Wissen problemlos, und ein Programm zur Zeichenzählung in Gedichten wird wohl kaum jemals in einen Produktionsablauf eingebunden. Ein wenig Übertreibung war aber nötig, um Ihnen zu zeigen, dass es auch ganz anders laufen kann. Bei wirklich schwierigen Programmen, zumal solchen, von denen viel abhängt (Produktion, Termineinhaltung, Geld, Reputation, Gesundheit, Leben und Tod), ist es von elementarer Bedeutung, dass es wegen vermeidbarer Entwurfs- oder Programmierfehler nicht zu Fehlfunktionen oder Abbrüchen kommt.

Sie stehen am Beginn einer Veränderung, nach der Sie nie wieder ein komplexes Programm Zeile für Zeile erfinden werden. Das heißt nicht, dass Sie ab jetzt sklavisch alles auf JSP-Weise darstellen und jedes banale Programmierproblem so lösen sollten. Diese Übertreibungen waren für eine Zeit seit etwa 1975 typisch, als neue Methoden des Software Engineering rasante Verbreitung erfuhren und die Gurus dieser zu Produkten aufgemotzten Ideen damit extrem viel Geld verdienten. Zweifel an der alleinseligmachenden Wirkung solcher Zwangsjacken wurden als unprofessionell beiseitegeschoben. So sind damals auch zahllose Diagramme gezeichnet worden, die völlig für die Katz waren.

Heute sind wir über eine solche Hybris und Methodenanbetung natürlich weit hinaus... oder etwa nicht? Doch, sind wir, allerdings nicht aus guten Gründen. Ausser in der objektorientierten Programmierung, wo es ohne eine gewisse Disziplin überhaupt nicht funktioniert und wo die Method Wars der vergangenen Jahrzehnte tobten, ist in der als veraltet geschmähten algorithmischen Programmierung ein Rückfall in die Zeiten vor Jackson zu verzeichnen. Junge Programmierer(innen) lernen die JSP-Methode nicht mehr kennen – ebenso wenig COBOL, das als uralte Sprache gilt, die nur noch von pensionsreifen Programmierer(inne)n beherrscht wird und dringend durch Java, Objective C oder irgendeine andere neuere Sprache abgelöst gehört. Diese Sprachen werden allerdings spätestens in zwei, drei Jahrzehnten auch wieder als komplett veraltet gelten...

Es ist daher an der Zeit, die Dinge wieder vom Kopf auf die Füße zu stellen und daran zu erinnern, welch ungeheure Investitionen in Programmen stecken, die in COBOL oder einer anderen Sprache der dritten Generation geschrieben wurden und werden. Im Interesse der Investitionssicherheit und Ihrer ungestörten Nachtruhe ist es daher von entscheidender Bedeutung, die algorithmische Programmierung auf der Basis einer soliden Methode anzuwenden. Auch die objektorientierte Programmierung kann davon profitieren, wie sich in den folgenden Kapiteln immer wieder erweisen wird.

Sie haben doch gewiss schon verblüfft ein bedrucktes und ein nahezu leeres Blatt – nur mit Kopf- und Fußzeile – von der Druckerablage genommen, obwohl die Ausgabe nur eine Seite lang sein sollte. Dann können Sie sicher sein: Die Programmierer(innnen) der zuständigen Ausgabemethode haben noch nie etwas von Programminversion gehört. Sie aber werden nicht nur davon lesen, sondern dieses Vorgehen auch anzuwenden lernen. Aber lassen Sie uns mit weit einfacheren Dingen beginnen.

Die folgende Darstellung führt Sie schrittweise zum Endprodukt; das ist zunächst das funktionierende algorithmische Programm. Sie werden später nicht jeden dieser Schritte durchlaufen, die ersten aber immer, wenn Sie eine schwierige Nuss zu knacken haben.

Danach wird dasselbe Problem objektorientiert gelöst, ausgehend von der letzten JSP-Entwurfsstufe, der Programmstruktur mit Operationen. Hier bestehen erheblich mehr Freiheitsgrade für die Implementierung, die erkannt und sinnvoll genutzt werden müssen.

2.5 Strukturen der Ein- und Ausgabedaten identifizieren

Das folgende Diagramm zeigt die Strukturen der Ein- und Ausgabedaten:

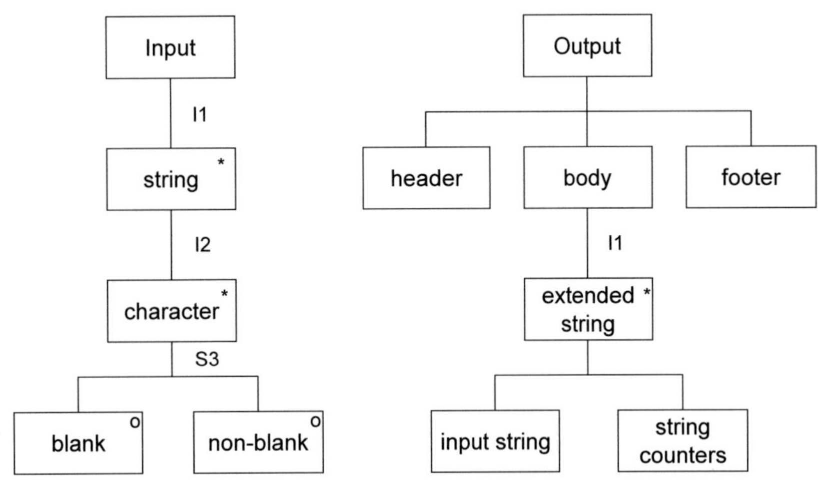

controls:

I1 end of input file
I2 end of string
S3 character is blank

Abbildung 2.1: *Datenstrukturen der Ein- und Ausgabe*

Bevor die Programmstruktur aus den Datenstrukturen abgeleitet werden kann, ist es wichtig, diese Struktogramme zu verstehen.

2.5.1 Vom konkreten Eingabebeispiel zur abstrakten Eingabestruktur

Die Grafik auf der nächsten Seite zeigt die Beziehungen zwischen den Eingabezeilen und ihren abstrakten Entsprechungen im Eingabe-Struktogramm. Es ist leicht zu erkennen, wie die konkreten Dateninhalte des Beispiel-Texts zu Begriffen generalisiert und den Strukturblöcken eindeutig zugeordnet wurden. Diese Strukturblöcke bilden eine Hierarchie, die durch die Relation „besteht aus" zusammengehalten wird, also:

- Die Eingabe (Input) besteht aus aufeinanderfolgenden Eingabezeilen.
- Jede Textzeile ist eine Zeichenkette (String), also einer Wiederholstruktur aufeinanderfolgender Zeichen (Character).
- Jedes dieser Zeichen ist entweder ein Leerzeichen (Blank) oder ein Textzeichen (Non-Blank), also ein Buchstabe, eine Zahl, oder ein Sonderzeichen, zum Beispiel ein Satzzeichen. Die Textzeichen werden nicht voneinander unterschieden, obwohl das möglich wäre. Die Kategorisierung der Eingabeelemente wird hier abgebrochen, weil die Aufgabe keine weitere Einteilung erfordert.

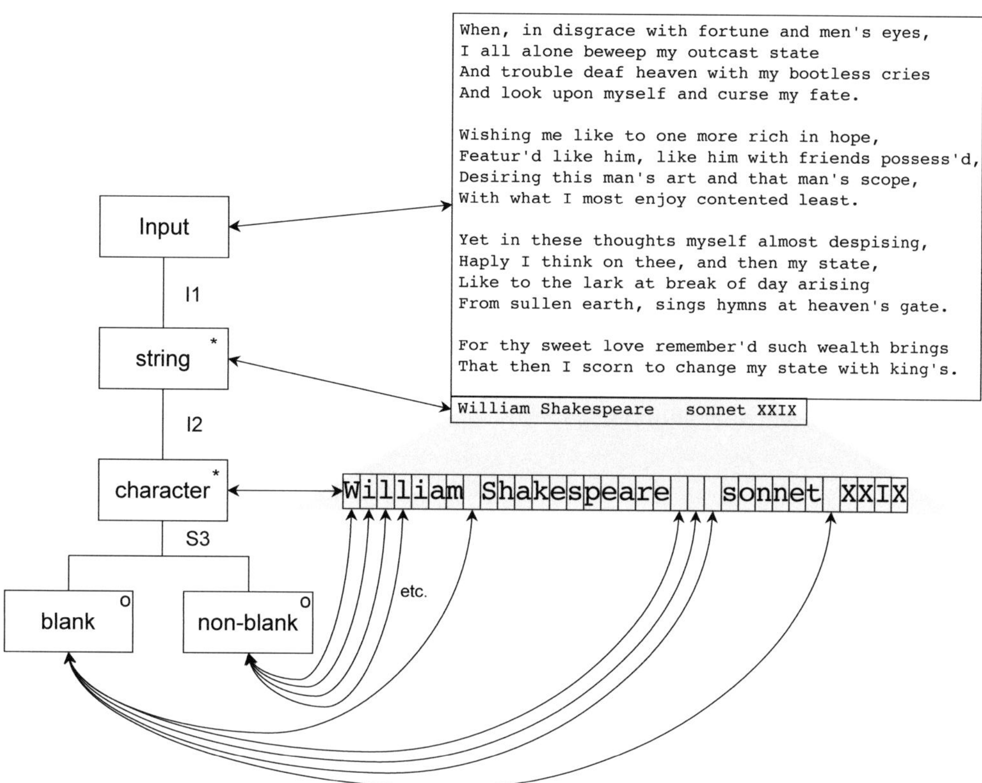

Abbildung 2.2: *Ableitung der Eingabe-Datenstruktur*

An den Verbindungslinien der Hierarchie und in den Strukturblöcken sind Symbole und Ziffern zu sehen, welche die Art der Relation präzisieren. Die an den Linien angebrachten Kürzel müssen sämtlich in der kurzen Liste „Kontrollen" wieder auftauchen, die links unter den Datenstrukturen der Ein- und Ausgabe steht.

2.5.2 I = Iteration

Das „I" bedeutet „Iteration" = Wiederholstruktur. Die 1 ist eine laufende Nummer für die Bedingung, die man wie einen Index tiefgestellt schreiben kann, aber nicht muss.

- „I1 end of input file" bedeutet, dass die Bedingung erfüllt ist, wenn anstatt der Bereitstellung der nächsten Eingabezeile der EOF-Status gesetzt wird.
- Unter einem „I" darf nur ein einziger Strukturblock stehen, der beim Programmieren dem Inneren einer Schleife – als einziges Statement oder als Compound Statement – entspricht.
- Eine Iteration darf auch leer sein, kann also 0, 1 , n >= 2 Elemente enthalten. Ihr entspricht die abweisende Schleife, also diejenige Schleife, die mit der Endeabfrage beginnt.
- In den Iterations-Strukturblöcken steht rechts oben ein Multiplikations-Zeichen (*). Das mag zunächst redundant erscheinen. Tatsächlich erlaubt Jackson aber, Iterationen zunächst ohne Endebedingung anzugeben. Daher ist der Stern auf jeden Fall erforderlich. Ausserdem schützt diese Konvention vor Irrtümern oder Versäumnissen, die beim Zeichnen der Struktogramme passieren können. Die Diagramme werden dadurch auch leichter lesbar.

- Sie sollten es sich aber zur Gewohnheit machen, zumindest das I an die Linie über dem *-Strukturblock zu schreiben und später eine laufende Nummer hinzuzufügen. Irgendwann muss ja doch eine programmierbare Endebedingung angegeben werden, woran das einsame I zusätzlich erinnert.

2.5.3 S = Selection (Auswahl)

Das „S" bedeutet „Selection" = Auswahl beziehungsweise Alternative[4]. Da die Bedingungen durchnumeriert werden, was aber nicht lückenlos geschehen muss, wurde nach I2 das Kürzel S3 vergeben. Die Bedeutung ergibt sich scheinbar von selbst, aber das in der Auswahlbedingung zuerst genannte S-Element muss im Diagramm links unter dem übergeordneten Strukturblock stehen, nach rechts gefolgt vom nächstgenannten S-Element und so weiter, wenn eine Alternative mehr als zwei S-Elemente hat. Bei einer einfachen Alternative ist nur die Bedingung für den linken Zweig anzugeben. Die Bedingung für den S-Strukturblock ganz rechts ergibt sich somit als Rest aus all jenen Bedingungen, für die sich die weiter links stehenden Strukturblöcke qualifizieren..

- Je nach Programmiersprache nennen Programmierer(innen) die multiplen Alternativen zum Beispiel „Case-Struktur" oder „Evaluate-Struktur". Hier geht es aber um Alternativen zwischen Daten(strukturen), nicht um Code-Alternativen.
- Es gibt auch den Fall, dass unter einem „S" nur ein einziger Strukturblock steht. Dann handelt es sich um einen optionalen Teil des Struktogramms. Die Bedingung ist wie bei einer einfachen Alternative anzugeben.
- In jedem Alternativ-Strukturblock steht rechts oben ein kleines „o" für „or" (oder beziehungsweise optional). Jackson erlaubt auch Alternativen ohne Angabe der Auswahlbedingung, etwa in trivialen Fällen. Daher ist das „o" immer einzutragen. Spätestens in seinem Pseudocode namens Schematische Logik verlangt Jackson aber immer, die Auswahlbedingung anzugeben. Daher sollten Sie auch stets das „S" über der Alternative notieren und später numerieren, sowie definieren.

2.5.4 Blöcke ohne S oder I

Nicht gekennzeichnete Strukturblöcke stehen für abstrakte Datenelemente oder Datengruppen, die weder wiederholt noch alternativ beziehungsweise optional auftreten. Das ist im Eingabe-Struktogramm nur beim Strukturblock „Input" gegeben. Im Ausgabe-Struktogramm sind dagegen mehrere solche Elemente enthalten, die aufeinander folgen („sequence" = Folge). Verallgemeinernd werden solche Strukturblöcke selbst dann als Folge-Elemente bezeichnet, wenn sie einzeln auftreten.

2.5.5 Heikle Ratschläge

In der JSP-Literatur findet sich auch der Rat, die Kontrollen anfangs undefiniert zu lassen und sie erst später – nach der Zuordnung der Operationen zu den Programmstrukturen – hinzuzufügen. Das hat aber zur Folge, dass unangenehme Überraschungen erst sehr, sehr spät bemerkt werden und dann irgendwie abgefangen werden müssen.

Michael A. Jackson drückte diesen Rat nicht explizit aus, sondern er verzichtete in [5] auf die Listen der Operationen und der Kontrollen, die Sie in dieser Buchreihe als Standards finden. In seinen Struktogrammen sind den Symbolen für Iteration oder Alternative keine Bedingungsterme zugeordnet; diese ergeben sich erst aus dem jeweiligen Strukturtext, den er „Schematische Logik" nannte, oder aus seinen COBOL-Beispielen. Die Operationen sind – wenn überhaupt – in seinen Grafiken nur angedeutet. Es gibt bei ihm keine Auflistungen einzelner Operationen in Kästchen unterhalb der Strukturblocke-Ebene.

Klaus Kilberth ging in [2] anders vor. Er zeichnete zunächst die Daten-Struktogramme und diskutierte damit bereits die Korrespondenzbedingungen, zu denen wir erst im folgenden Kapitel „2.6 Korrespondenzen zwischen den Datenstrukturen ermitteln" auf Seite 31 ff kommen werden, allerdings ohne sich explizit mit den Abgrenzungen zwischen den Daten-Teilmengen zu befassen, welche ja erst durch die Kontrollen definiert werden. In seinem „Textschritt", den er im Kapitel 2.5 ab Seite 94 explizit beschreibt, besteht der erste Teil darin, dass erst nach (!) der Ableitung der Programmstruktur die Kontrollen spezifiziert und ihr zugeordnet werden. Dann ist der Schaden durch nicht erkannte Strukturkonflikte wegen Ableitung einer deshalb unbrauchbaren Programmstruktur aber schon angerichtet.

In [4] haben dagegen R. Legde / K. Truöl bereits die Listen der Operationen und der Kontrollen eingeführt. Heikel ist dagegen, dass die Autoren auf der Seite 4-15 die folgende Maxime formulierten:

> »Bei der Erstellung der Programmstruktur aus den Datenstrukturen nach diesen formalen Regeln bleibt zunächst unberücksichtigt, dass eventuell die Bedingungen der Kontrollanweisungen für Auswahlen oder Wiederholungen an den entsprechenden Stellen nicht geprüft werden können, da die dafür erforderliche Information erst zu einem späteren Zeitpunkt im Programmablauf vorliegt. Diese Schwierigkeiten werden erst später bei der Codierung berücksichtigt.«

Warum ist das heikel?

Das zeigt der erste Teil des fünften Bandes anhand von Beispielen, bei denen es zu solchen „losen Enden" kam bzw. kommen kann. Um einen erheblichen Vorgriff an dieser Stelle zu vermeiden, sei nur auf das kommende Kapitel „2.6 Korrespondenzen zwischen den Datenstrukturen ermitteln" auf Seite 31 ff verwiesen. Jedesmal, wenn die dort definierten Voraussetzungen für das Verschmelzen der Datenstrukturen zu einer gemeinsamen Programmstruktur nicht existieren, sind besondere Aufwendungen erforderlich, um das Unpassende passend zu machen, falls das überhaupt möglich ist. Um einen solchen Fall überhaupt erkennen zu können, sind aber die Kontrollen zusammen mit den Hierarchien der beteiligten Strukturbäume von entscheidender Bedeutung.

Hierzu ist zu sagen:

- Jede Methode hat einen begrenzten Radius. Wendet man sie auf ein dafür ungeeignetes Problem an, oder überfordert man sich intellektuell, so kann kein brauchbares Ergebnis entstehen. Das Einführen von Denkverboten oder unnötiger Einschränkungen hat dagegen den Charakter der Sabotage und der Quälerei.
- Ist es im vorliegenden Fall nicht möglich, die Kontrollen wenigstens verbal zutreffend zu beschreiben, so handelt es sich möglicherweise um ein – mit dieser Methode oder im aktuellen Kontext ihrer Verwendung oder generell – unlösbares Problem. Falls die erforderlichen Entscheidungen zwar beschrieben, aber nicht sofort – anhand des dann vorliegenden Datenmaterials – getroffen werden können, bietet die JSP-Methode zwei Lösungswege an, nämlich das Vorauslesen und das Backtracking. Auch diese Techniken haben eine begrenzte Reichweite, aber damit lassen sich schon ziemlich harte Nüsse knacken. Es ist aber auch möglich, dass eine andere Betrachtung der Datenstrukturen oder die Zerlegung des Problems in Teilprobleme zu einem guten Ergebnis führen, das ganz ohne solche Techniken auskommt.
- Mit einiger Erfahrung gewinnen die Kontrollen einen Signalcharakter. Problemlos umsetzbare Kontrollen geben Sicherheit. Schwierige Kontrollen machen auf Komplikationen aufmerksam, die näher zu untersuchen immer lohnt. Das Risiko, etwas Wichtiges zu vergessen, sinkt durch das gewissenhafte Beschreiben der Kontrollen, denn Luftbuchungen werden dadurch rasch deutlich. Diejenigen Operationen, die nur Daten von A nach B bewegen, sind ja relativ unwichtig im Vergleich zu denjenigen, die das Material für die

Steuerung liefern. Gibt es dieses Material nicht, oder hat es nicht die gewünschten Eigenschaften, so sind die Probleme evident.

2.5.6 Sonderfall Leerzeile

Zurück zum Beispiel. In den Vorgaben steht:

- Leerzeilen enthalten 0 Zeichen, also weder Leerzeichen noch Textzeichen.

Das erlaubt es uns, Leerzeilen einfach als String-Spezialfall zu behandeln: Jeder Eingabezeile ist entweder eine Leerzeile oder eine Textzeile. Eine Leerzeile besteht aus 0 Zeichen. I2 ist dann sofort erfüllt. Andernfalls müsste im Diagramm zwischen Leerzeilen und gefüllten Zeilen unterschieden werden, was bei dieser Aufgabenstellung aber nicht nötig ist.

2.5.7 Unbemerkte Implikationen

Öfters ist es ebenso aufschlussreich, zu studieren, was ein Diagramm *nicht* aussagt, obwohl das Nichtgesagte auch wichtig sein könnte. Hier fällt unter anderem folgendes auf:

- Die physische Speicherungsform der Eingabe wird nicht genannt. Das Gedicht könnte in einer Datei, einer Datenbank, einer Tabellenkalkulations-Matrix, oder einer Interprozessnachricht enthalten, Zeichen für Zeichen an einem Eingabegerät eingetippt, oder auf einem Lochstreifen abgelocht sein. Für die zu lösende Programmieraufgabe ist das aber zunächst nebensächlich, denn die Datenstruktur der Eingabe ist davon nicht betroffen. Zu Beginn haben wir uns zwar auf eine Datei als Behälter für den Text festgelegt, aber das ist für die Struktogramme irrelevant.
- Wir haben uns daran gewöhnt, dass Texte aus Zeichen bestehen, die in Zeichensätzen organisiert sind, welche auf Byte-Inhalten aufbauen, zum Beispiel ASCII oder EBCDIC. Ein ASCII-Leerzeichen und ein EBCDIC-Leerzeichen werden nicht durch dieselbe Bitkombination eines Byte repräsentiert, und die anderen Zeichen tun das erst recht nicht.
- Ausserdem gibt es viele byteorientierte Zeichensatztabellen, die sich nur teilweise aufeinander abbilden lassen. Manche Zeichen, vor allem die diakritischen (beispielsweise â, é, ö), existieren nur in bestimmten Zeichensätzen (etwa im ASCII-Zeichensatz 850). Chinesische oder japanische Zeichensätze der Symbolschrift (Kanji) kommen jedoch nicht mit einzelnen Bytes aus, weil es viele tausend Kanji[5] gibt. Ihre Abbildung in die maschinellen Zeichen-Äquivalente ist deshalb aufwendiger als die simple Regel „ein Byte – ein Zeichen". Auch hierzu äußert sich die Eingabedatenstruktur nicht.
- Theoretisch ist die Aufgabe zwar zeichensatzunabhängig, praktisch gehen die Datenstrukturen aber davon aus, dass Zeichen um Zeichen gleich viel Platz belegt – insbesondere bei der Ausgabeformatierung, also eine Äquidistanzschrift vorliegt. Insofern blendet das Struktogramm einen durchaus relevanten Aspekt völlig aus – aber dies ist schließlich nur ein einfaches Beispiel.
- Irgendwie muss bekannt sein, wie lang jede Textzeile ohne schleppende Leerzeichen ist. Wäre das nicht der Fall, so müsste die Zeilenstruktur das widerspiegeln. Bei einer Direkteingabe oder einem Lochstreifen reicht zum Beispiel das CR-Zeichen (CR = Carriage Return = Wagenrücklauf) als Delimiter – aber auf diesen speziellen Aspekt geht das Struktogramm ebenfalls nicht ein.
- Es ist nicht klar, ob die Zeichenketten von links nach rechts oder von rechts nach links durchsucht werden sollen. Kulturell tendieren viele Menschen zur ersten Folge, aber das ist nicht selbstverständlich. Wenn schleppende Leerzeichen vorhanden sind, die bei der Zählung ignoriert werden sollen, liegt es nahe, von rechts nach links zu arbeiten – zumindest für die Suche nach dem rechten Ende der Zeichenkette, falls die

String-Länge nicht beim Lesen mitgeliefert wird. Eine sequentielle Eingabe Zeichen für Zeichen von links nach rechts erlaubt solch eine Rückwärtssuche natürlich nicht, es sei denn, die Zeichenketten würden intern zwischengespeichert.

2.5.8 Vom konkreten Ausgabebeispiel zur abstrakten Ausgabestruktur

Die „Abbildung 2.3: Ableitung der Ausgabe-Datenstruktur" auf Seite 30 zeigt die Beziehungen zwischen den Ausgabezeilen und ihren abstrakten Entsprechungen im Ausgabe-Struktogramm. Auch hier ist leicht zu erkennen, wie die konkreten Dateninhalte der Beispiel-Ausgabe generalisiert und den Strukturblöcken eindeutig zugeordnet wurden. Die Ähnlichkeit der Eingabe- und Ausgabe-Struktogramme ist keineswegs selbstverständlich, sondern entspringt den gemeinsamen Formatvorgaben, sowie der aufgabenspezifischen Sicht, die beiden Modellen zugrundeliegt. Wäre die Eingabe ein Bitstrom, der in Paketen übermittelt wird, die Ausgabe aber eine Microsoft® Excel®[6]-Matrix im herstellerspezifischen Format, so wären beide Diagramme extrem verschieden und eine direkte Aufgabenlösung nicht möglich.

Die Sicht auf die Daten ist also nur in engen Grenzen frei wählbar, die durch die physische Beschaffenheit dieser Daten bestimmt sind. „Physisch" bedeutet: Hardware, Betriebs-System-Software, sowie die sprachspezifischen Compiler- und Laufzeitroutinen definieren die bearbeitbaren Konstrukte. Diese maschinellen Komponenten werden zusammen als Basismaschine bezeichnet. Es gibt also viele verschiedene Basismaschinen, an deren Eigenschaften sich die Programmierung jeweils zwingend orientieren muss.

Auch das Ausgabe-Struktogramm thematisiert bestimmte Punkte nicht. So ist weder ausgesagt, ob zu Beginn ein Seitenvorschub stattfinden soll noch ist erkennbar, wie die Ausrichtung der Zahlenkolonnen bewirkt wird. Eingeschobene Leerzeichen zwischen dem Text und den Zahlen sind nicht modelliert. „input string" reicht bis zum Beginn der Zahlenkolonnen, obwohl eingabeseitig eine variable Länge möglich ist.

Je nach Programmiersprache ist das kein relevantes Thema, weil die Ausgabeformatierung – zum Beispiel in COBOL – automatisch stattfindet, oder es muss tatsächlich jedes Distanz-Leerzeichen im Programm erzeugt werden. Im zweiten Fall ist das Ausgabe-Struktogramm entsprechend zu erweitern, was Sie als kleine Übungsaufgabe selbst machen sollten.

Die Abfolge nicht gekennzeichneter Strukturblöcke von links nach rechts ist als Sequentialität zu lesen. Was ist damit gemeint?

- „header", „body" und „footer" folgen in der Ausgabe nacheinander: Zuerst wird der „header" ausgegeben. Ihm folgen die Sätze, die den „body" ausmachen. Danach kommt der „footer". Nach ihm kommt in dieser Datei aus Anwendungssicht nichts mehr.
- „input string" steht links von „string counters". Hier spiegelt das Diagramm zunächst lediglich die optische Anordnung der Ausgabeelemente innerhalb der Body-Zeilen wieder. Das erscheint als eine kulturell bedingte grafische Konvention.

  Programmiertechnisch besteht bei Sprachen wie COBOL tatsächlich kein Zwang, zuerst den eingelesenen String links in der Ausgabezeile zu plazieren und dann die Zählerwerte rechts davon abzulegen. Das Programm könnte genausogut zuerst die Zählerwerte für die Ausgabe formatieren, ohne dass sich am Aussehen der Ausgabe dadurch etwas ändern würde.

  Bei anderen Programmiersprachen entsteht jede Ausgabezeile sequentiell durch Aneinanderreihung der auszugebenden Zeichen oder Zeichenketten. Will man bei der Modellierung sprachneutral bleiben, dann müssen die ersten Ausgabe-Zeichen(ketten) links von den ihnen folgenden gezeichnet werden.
- Zwingende Sequentialität liegt also vor, wenn erst alle Vorgänger eines bestimmten Datenelements passiert werden müssen, bevor es verarbeitet werden kann, oder wenn beim Aufbauen einer Ausgabe eine bestimmte Reihenfolge einzuhalten ist. Kann man dagegen wahlfrei vorgehen, dann spiegelt sich in einer Sequenz lediglich eine sinnvolle Aufreihung wieder.

Im Rechner gibt es zudem kein Rechts oder Links, sondern nur auf- oder absteigende Adressfolgen. So wird die Datendeklaration in einem Programm üblicherweise die rechts stehenden Datenelemente in einer von oben nach unten verlaufenden Listendarstellung mit steigenden Adressen aneinanderreihen, während hierarchisch im Struktogramm weiter unten stehende Bestandteile als Schachtelungen von Einschüben innerhalb dieser Listendarstellung erscheinen. Das gilt für zusammenhängende Gebilde, die Sätze, Zeichenketten, Tabellen oder Matrizen etcetera genannt werden. Die grafisch plausible Zwei- oder Mehrdimensionalität dieser Datenstrukturen wird so auf die Eindimensionalität der Speicherzellenfolge abgebildet.

Die Grafik verknüpft ein konkretes Ausgabebeispiel mit der daraus abgeleiteten Datenstruktur der Ausgabe:

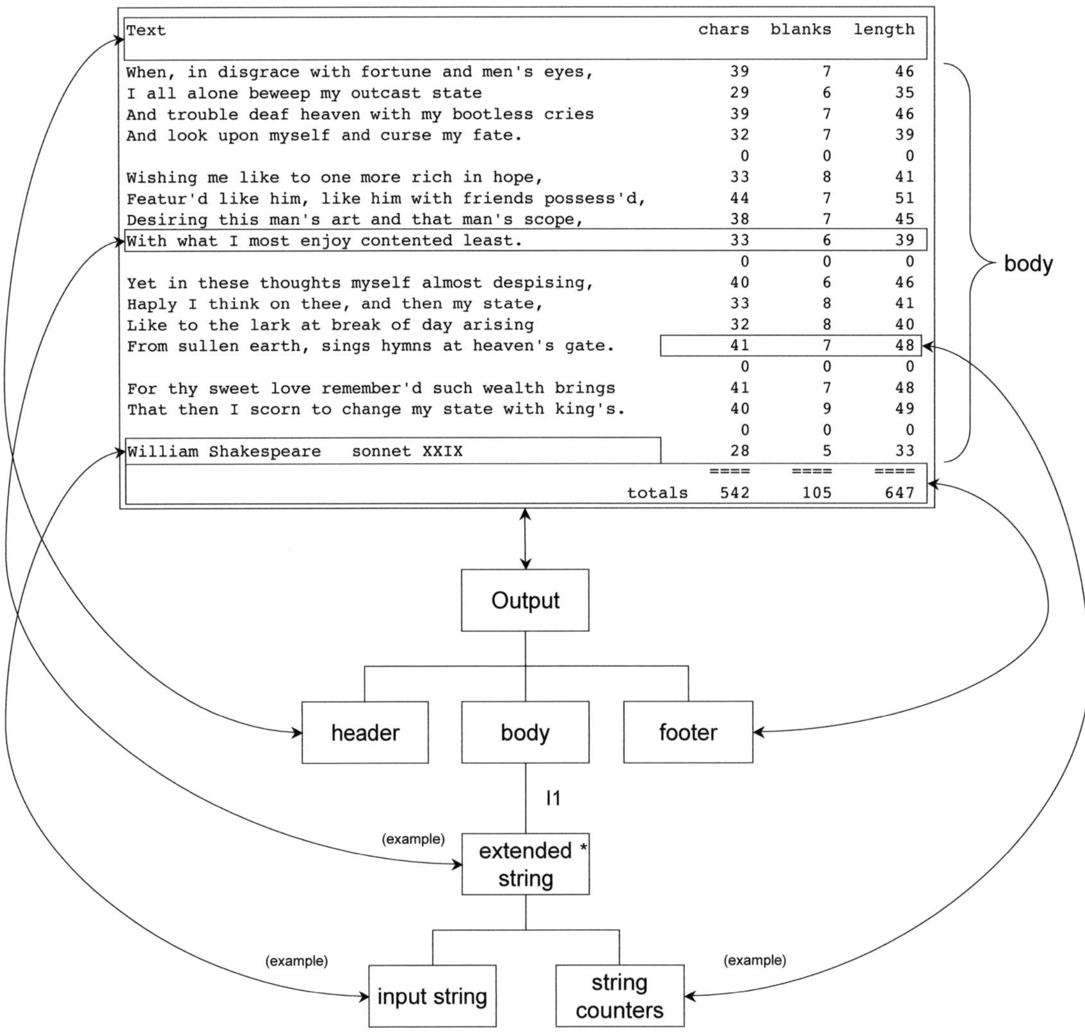

Abbildung 2.3: Ableitung der Ausgabe-Datenstruktur

Hinweis: Die Kontrolle I1 wurde vom Eingabe-Struktogramm übernommen, weil der „body" endet, wenn alle Eingabesätze verarbeitet wurden.

2.5.9 Inkompatible Strukturblöcke

Im Ausgabe-Struktogramm sind Sequenz-Elemente enthalten. Diese Strukturblöcke tragen – wie bereits beschrieben – keine Kennzeichnung. „*" und „o" und dürfen nicht gemeinsam mit Sequenz-Elementen und auch nicht beide zusammen im einem gegebenen Unterbaum auftreten. Diagramme wie das folgende sind deshalb nicht erlaubt:

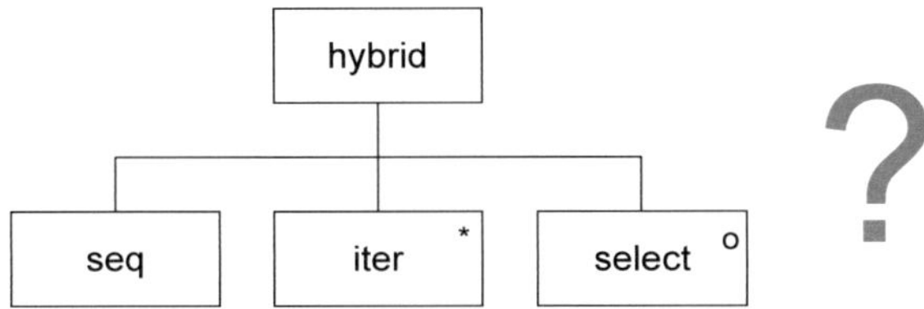

Abbildung 2.4: *Unzulässige Kombinationen von Strukturblöcken*

2.6 Korrespondenzen zwischen den Datenstrukturen ermitteln

Die Gemeinsamkeiten zwischen den Daten-Struktogrammen sind dafür entscheidend, ob daraus direkt die Programmstruktur abgeleitet werden kann. Ebenso interessant sind aber auch die Unterschiede, das heißt die nicht zusammenpassenden Elemente. Diese müssen an geeigneter Stelle in der künftigen Programmstruktur berücksichtigt werden.

Der zweite Schritt nach dem Zeichnen der Ein- und Ausgabestruktogramme besteht darin, diese einander gegenüberzustellen und nach Gemeinsamkeiten zu suchen, die Jackson „Korrespondenzen" nannte. Diese werden durch Verbindungslinien[7] markiert, wie die folgende Grafik zeigt.

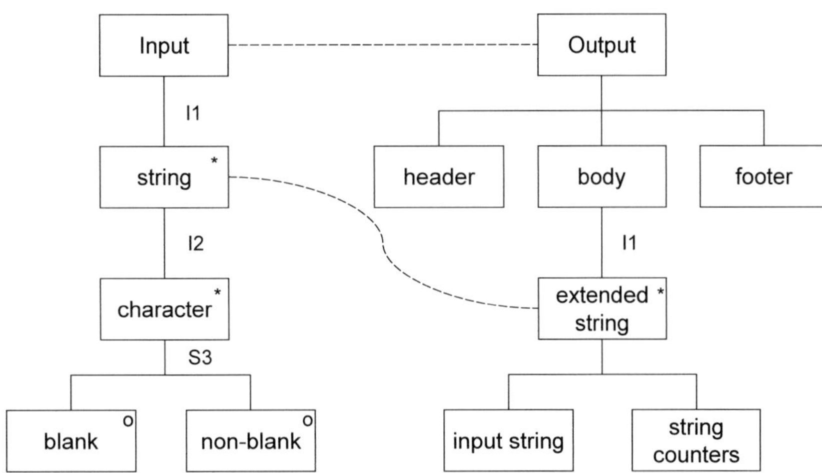

Abbildung 2.5: *Aufsuchen und Markieren der Korrespondenzen*

Hier sind nur sehr wenige Korrespondenzen zu finden, aber sie reichen aus.

Die gestrichelten Verbindungslinien zwischen den korrespondierenden Strukturblöcken sind deshalb so wichtig, weil die Programmstruktur im dritten Schritt aus den Datenstrukturen anhand der Korrespondenzen abgeleitet wird. Was ist eine Korrespondenz denn genau?

Zwei Strukturblöcke korrespondieren, wenn sie in Anzahl und Reihenfolge übereinstimmen.

Das sehen wir hier bestätigt:

- Die Eingabedatei wird in die Ausgabedatei transformiert.
- Jede Eingabezeile wird in eine Ausgabezeile umgesetzt.
- Die Reihenfolge der Eingabezeilen ist mit der Ausgabe-Reihenfolge identisch.

Da die Differenzierung der Eingabezeichen in Leerzeichen und Textzeichen sich nicht in der Ausgabestruktur widerspiegelt, kann dafür auch keine Korrespondenz angegeben werden. Es ist aber unschwer möglich, sich vorzustellen, wie aus der Einteilung der Eingabezeichen in die beiden Klassen die ausgabeseitigen Zählerwerte entstehen. Nichts fällt hier vom Himmel.

Allgemeiner ausgedrückt, handelt es sich bei den Korrespondenzen um eine Form der Synchronisation. Nur wenn Ein- und Ausgabe überall da vollständig synchronisiert sind, wo es auf die gleichzeitige Verarbeitbarkeit ankommt, kann Code geschrieben werden, der die Eingabe korrekt in die Ausgabe transformiert. Bei mehreren Eingabe- oder Ausgabe-Datenstrukturen gilt das analog.

2.7 Programmstruktur ohne Operationen ableiten

Daher können die beiden ***Daten***strukturen zur ***Programm***struktur verschmolzen werden. Das zeigt die Grafik auf der nächsten Seite.

Die korrespondierenden Strukturblöcke wurden dabei zusammengefasst. So entstanden die beiden Strukturblöcke der Programmstruktur, auf die von links und von rechts je ein Pfeil weist. Die anderen Strukturblöcke wurden in die Programmstruktur hierarchisch unverändert übernommen, wobei „Eingabe vor Ausgabe" gilt. Der formale Strukturblock „process input string" kam hinzu, um die Einheitlichkeits-Regel für Sequenzen einzuhalten. Ausserdem wurden die Kontrollen dort plaziert, wo sie entsprechend ihren Herkunftsstrukturen hingehören. Nur bei Strukturblöcken, die durch Verschmelzung entstehen, müssen die Beschreibungen der Kontrollen gegebenenfalls angepasst werden, ohne ihren Sinn zu ändern. Das war hier aber nicht nötig.

Es fällt auf, dass die Bezeichnungen der – abstrakten – Datenelemente beziehungsweise Datengruppen in Aktivitäten umgeformt wurden, die auf diese Daten wirken. Dabei kann man es sich sehr einfach machen und zum Beispiel bei Eingabedaten überall „verarbeiten" oder „process" oder „verarb." oder – noch kürzer – einfach „v." oder „pr." ergänzen, aber es lohnt sich, die Aktivitäten knapp und zutreffend mit anderen Worten zu kennzeichnen, weil das bei der Zuordnung der Operationen hilft.

Nun liegt bereits der Aufbau des Programms vor, der aber noch keine Operationen mit den Daten enthält. Er heißt daher „Programmstruktur ohne Operationen" und ist nur ein Zwischenprodukt, auf das man bei einiger Übung auch öfters verzichten kann – ein Skelett ohne Muskeln.

Dennoch darf dieser Schritt keinesfalls unterschätzt werden. Er stellt neben den Struktogrammen die zweite zentrale Idee der Methode dar: Anstatt ein Programm zu erfinden, wird sein Aufbau aus einleuchtend aufgebauten Datenstrukturen abgeleitet, also *konstruiert.*

Gelingt es nicht, hinreichend viele echte Korrespondenzen zu finden, oder widersprechen sich zwischendrin die Ordnungskriterien, so kann die Programmstruktur ohne Operationen nicht oder nicht sofort ermittelt werden. Die JSP-Methode bietet zwar einige Erweiterungen für hartnäckige Probleme an, aber sie kann auch keine Wunder vollbringen. Falsche Vorgaben oder fehlende Voraussetzungen sind durch noch so schöne Struktogramme nicht reparierbar.

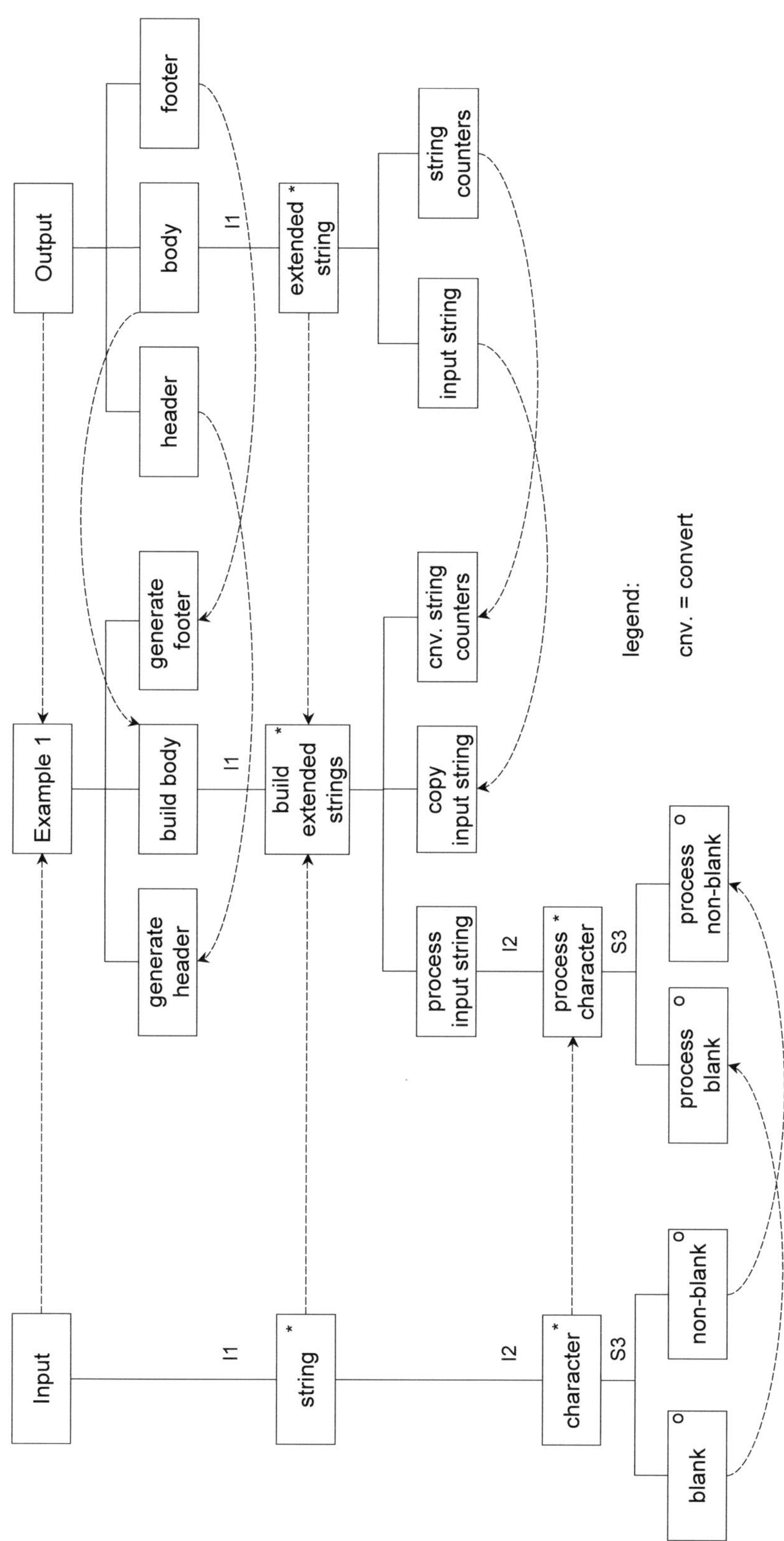

Abbildung 2.6: *Verschmelzung der korrespondierenden Datenstrukturen zur Programmstruktur*

2.8 Programmstruktur mit Operationen ergänzen

Die „Muskeln" werden hinzugefügt, indem die nötigen Operationen – also die Verrichtungen an den Daten – an den richtigen Stellen in zusätzlichen Strukturblöcken unter oder neben den vorhandenen Strukturblöcken hinzugefügt werden. Dabei müssen den Iterationen und Alternativen teilweise Sequenz-Elemente vor- und nachgestellt werden, wofür der Strukturbaum nach festen Regeln zu erweitern ist. Die neuen Strukturblöcke stehen natürlich ebenfalls in der Relation „besteht aus", das heißt, sie konkretisieren, was die Aktivitätsbezeichnungen in den abstrakten Strukturblöcken darüber eigentlich meinen.

Nach dem Einfügen der Operationskästchen und dem Einschieben des aus formalen Gründen erforderlichen zusätzlichen Strukturblocks „build extended strings" sieht die Programmstruktur zunächst so aus:

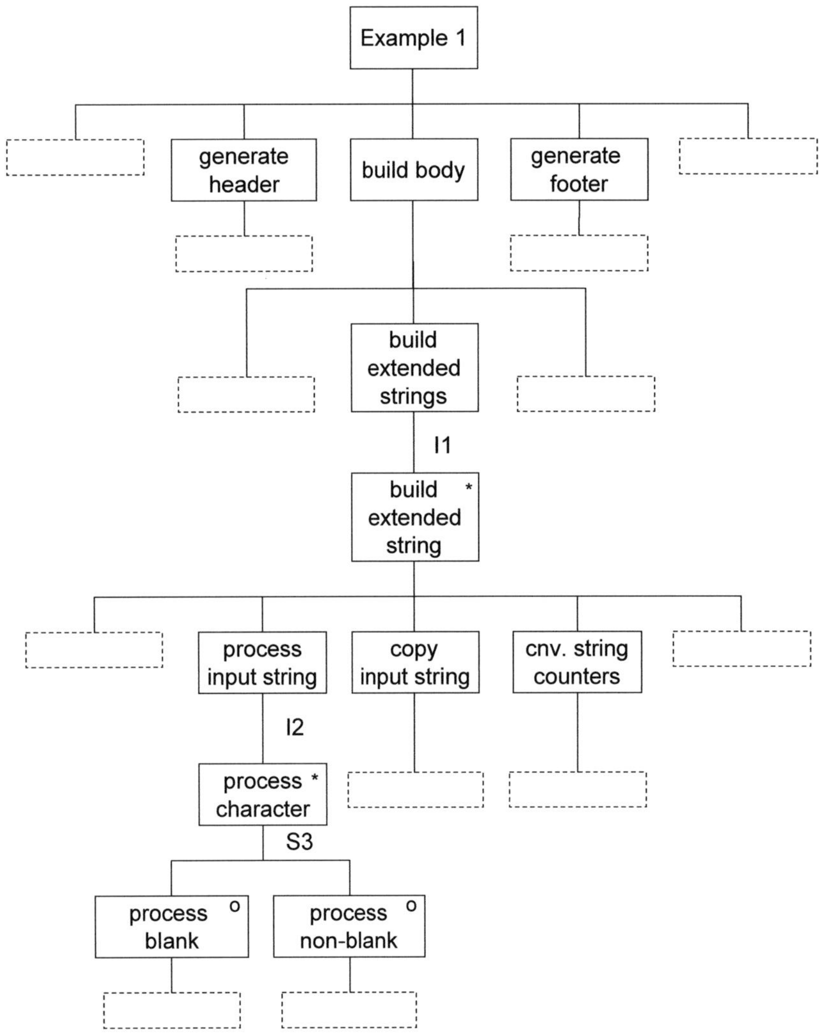

Abbildung 2.7: *Formale Ergänzungen der Programmstruktur*

Solche zusätzlichen Ebenen können zum Beispiel in den folgenden Fällen erforderlich werden:

- Vor einer Iteration ist im Allgemeinen eine Initialisierung erforderlich, die zum Beispiel einem Zähler einen Startwert zuweist. Das ist hier bei „build extended string" der Fall. Der neue Strukturblock darüber trägt die Bezeichnung „build extended strings", weil er die gesamte Schleife repräsentiert.

- Nach einer Iteration muss öfters das Ergebnis einer Summation oder ein erreichter Indexwert abgespeichert werden. Das ist hier zwar erforderlich, aber „process input string" ist bereits ein formaler Strukturblock, neben dem – rechts – solche Operationen plaziert werden können.
- Vor Alternativen ist es häufig nötig, vorhandene Speicherinhalte umzuformen, damit die Abfragen als boole'sche Ausdrücke ohne eingeschachtelte Operationen formuliert werden können. Es gibt zwar Programmiersprachen, die es erlauben, innerhalb von Abfragen Funktionen aufzurufen und Werte zuzuweisen, aber dies erfordert hohe Programmierdisziplin und stellt eine potente Fehlerquelle dar. Also sind die nötigen Umformungs-Operationen der jeweiligen Alternative sequentiell voranzustellen.
- Nach einer Alternative sind ab und zu gemeinsame Operationen anzuordnen, die sonst in den Operationskästchen zu den einzelnen Alternativfällen mehrfach rechts auftreten würden. Das nennt man Herausfaktorisieren. Auch dann ist ein weiterer Sequenz-Strukturblock nötig. Darauf wurde hier aber verzichtet.

Zusätzliche abstrakte Strukturblöcke in der Baumhierarchie sollten nahezu ebenso heißen, wie diejenigen unter ihnen, die aus der Programmstruktur ohne Operationen stammen. Bei Iterationen wird einfach aus dem Singular der Plural gemacht, während bei Alternativen eine passende Aktivitätsbezeichnung die Erweiterung zur Sequenz ausdrückt.

Nun ist die Liste der Operationen zu erstellen. Diese sieht wie folgt aus:

Op.	Bedeutung
1	open input file
2	open output file
3	close input file
4	close output file
5	stop
6	read input record = in_string
7	print „Text ..." line
8	print empty line
9	total_chars := 0
10	total_blanks := 0
11	total_len := 0
12	chars := 0
13	blanks := 0
14	len := LENGTH(in_string)
15	ind := 1
16	ind := ind + 1
17	chars := chars + 1
18	blanks := blanks + 1
19	total_chars := total_chars + chars
20	total_blanks := total_blanks + blanks
21	total_len := total_len + len
22	copy in_string to output area
23	convert string counters to counter columns
24	print copied in_string & counter columns
25	convert total counters to counter columns
26	print === line
27	print „totals" & counter columns

Die Zuweisungen sind in ALGOL-Syntax geschrieben: Links vom Zuweisungszeichen „:=" steht die Empfänger-Variable, rechts der zuzuweisende Wert. ALGOL = ALGOrithmic Language ist eine Sprache der 3. Generation, die zum Vorläufer vieler ähnlich strukturierter Sprachen wie zum Beispiel C wurde und hauptsächlich zur Lösung numerischer Aufgaben diente. Zeiger-, Zeichen- und String-Operationen fehlten dagegen in der ersten Version dieser Sprache. Dagegen waren und sind feldorientierte Anweisungen die Domäne von COBOL, dessen Sprachmittel die Numerik nur ziemlich umständlich unterstützen, und das kein so stringentes Unterprogrammkonzept wie ALGOL besitzt. Diese Einseitigkeiten haben sich bis heute in vielen Nachfolgesprachen gehalten. Auch mit der Verschiebung zu den objektorientierten Sprachen hin hat sich daran nichts gebessert. Nach wie vor ist in den modernen Programmiersprachen die Eleganz von COBOL beim Umgang mit Feldern und Formaten unerreicht.

Zurück zur Liste der Operationen. Meist ist sie nicht so ordentlich wie hier aufgebaut, weil des Öfteren einige Operationen vergessen und daher später hinzugefügt, andere als überflüssig erkannt und wieder gestrichen, oder Operationsnummern mit neuen Bedeutungen belegt werden (Vorsicht!).

Die Operationen in der Liste sind durchnumeriert, was nicht unbedingt lückenlos, aber immer eindeutig geschehen muss. In den folgenden Diagrammen sind diese Nummern in den Operationskästchen plaziert, wobei die mit Kommata aufgebauten Listen als Sequenzen zu lesen sind: Zuerst findet die Operation ganz links statt, dann die nach dem Komma rechts folgende, dann die übernächste nach rechts und so weiter. Bei einfachen Operationen ohne Abhängigkeit von vorhergehenden Operationen im selben Kästchen ist die Reihenfolge natürlich beliebig. Als Ordnungskriterium könnte dann beispielsweise die Aufeinanderfolge der Strukturelemente der Ein- oder Ausgabe dienen, weil das die Richtigkeitskontrolle erleichtert.

Beim Plazieren der Operationen kann es durchaus geschehen, dass Zuordnungen unklar oder widersprüchlich erscheinen und sich scheinbar nur durch Tricks – wie etwa das Hinzufügen von Schaltern und Schalter-Abfragen – Lösungen finden lassen. Ebenso ist es möglich, dass sich für unbedingt erforderliche Operationen kein geeigneter Platz in der Programmstruktur finden lässt. Das sind sichere Zeichen dafür, dass im bisherigen Entwurfsprozess etwas schiefgelaufen ist.

Ein relativ typischer Fall ist der, dass dem ersten Auftreten eines Strukturelements keine besondere Bedeutung beigemessen wurde und nun der Unterschied zur Behandlung weiterer solcher Strukturelemente unangenehm auffällt. Im vorliegenden Beispiel ist die Komplexität aber so gering, dass die Plazierung der Operationen ohne Schwierigkeiten stattfindet.

Zu Anfang empfiehlt es sich, die Operationen zum Öffnen, Schließen, Lesen und Stoppen einzutragen:

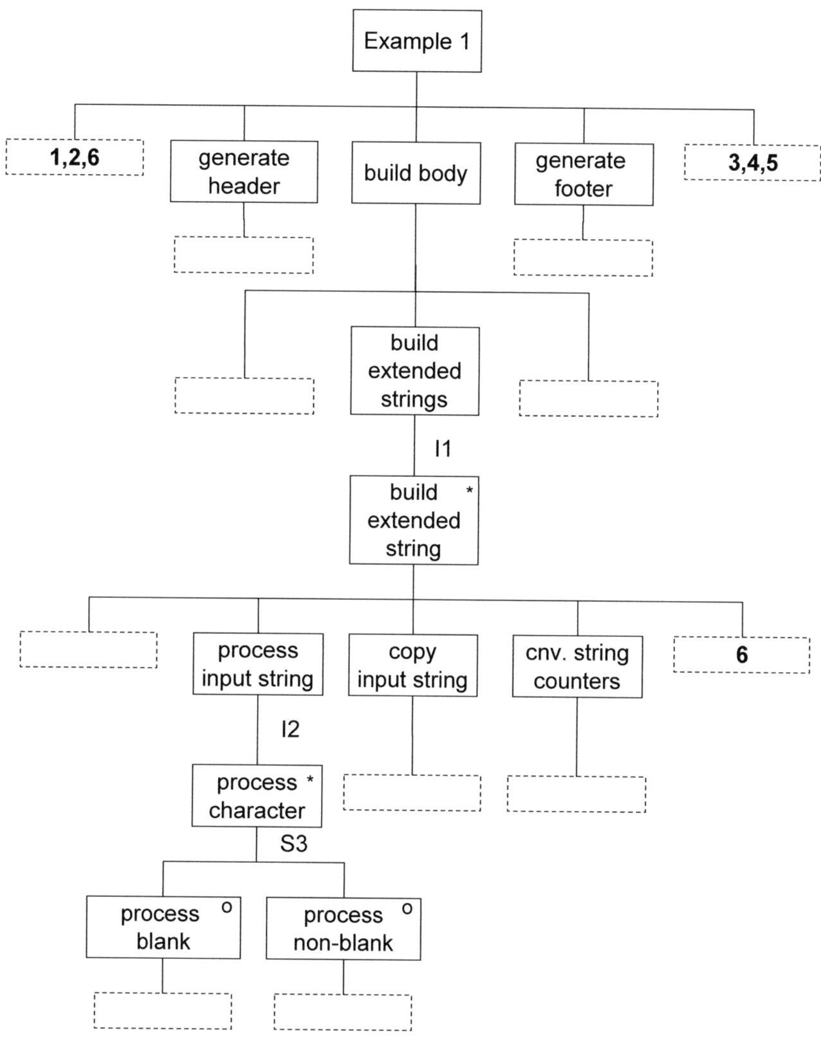

Abbildung 2.8: *Plazierung der grundlegenden Operationen*

Bei den Operationen 1, 2, 3, 4 und 5 erfordert die Plazierung kein großes Nachdenken. Dagegen verwundert zunächst die Anordnung der Operation 6 an zwei Orten.

Die Vorlese- und Nachlese-Operationen sind nämlich Jackson-typisch angeordnet:

- Das Vorlesen nach dem Öffnen der Eingabedatei stellt den ersten Input String bereit, oder es setzt den EOF-Indikator (siehe weiter unten zu I1). Des öfteren muss eine leere Eingabe mit dem Abbruch des Laufs quittiert werden. Daher ist es wichtig, dass das Vorlesen ausserhalb derjenigen Schleife erfolgt, welche die Eingabedaten verarbeitet. Nicht selten sind jedoch Schleifen anzutreffen, deren Endebedingung vor dem ersten Durchlauf – selbstverständlich – nicht erfüllt sein darf, und in denen sämtliche Leseoperationen stattfinden.

  Der Nachteil solcher Konstruktionen ist, das sie bei leerer Eingabe das Übergehen der Verarbeitung für die normalerweise vorhandenen Daten und die Beendigung der Schleife erzwingen müssen, was häufig mehr oder minder unglücklich mit geschachtelten Abfragen, Flags, Break-Anweisungen oder gar expliziten Sprüngen geschieht.
- Das Nachlesen ist dort zu plazieren, wo die zuvor gelesenen Daten verbraucht sind und neue Daten benötigt werden. Das ist im vorliegenden Beispiel spätestens dann nötig, wenn die Ausgabe zu einer

Eingabezeile vollständig erzeugt wurde. Die früheste Nachlese-Position wäre unmittelbar nach „process input string".

Es passiert durchaus mal, dass man das Nachlesen vergisst oder an falscher Stelle anordnet. Dann kann eine unendliche Schleife entstehen. Zumindest wird das Programm nicht das erwartete Verhalten zeigen.

Nun können die – bezüglich des eingelesenen Strings lokalen – Operationen 12 bis 18 zugeordnet werden, wobei 12 bis 15 nur Initialisierungen beziehungsweise Zuweisungen sind, die vor „process input string" stattfinden müssen und damit auf derselben Hierarchieebene stehen.

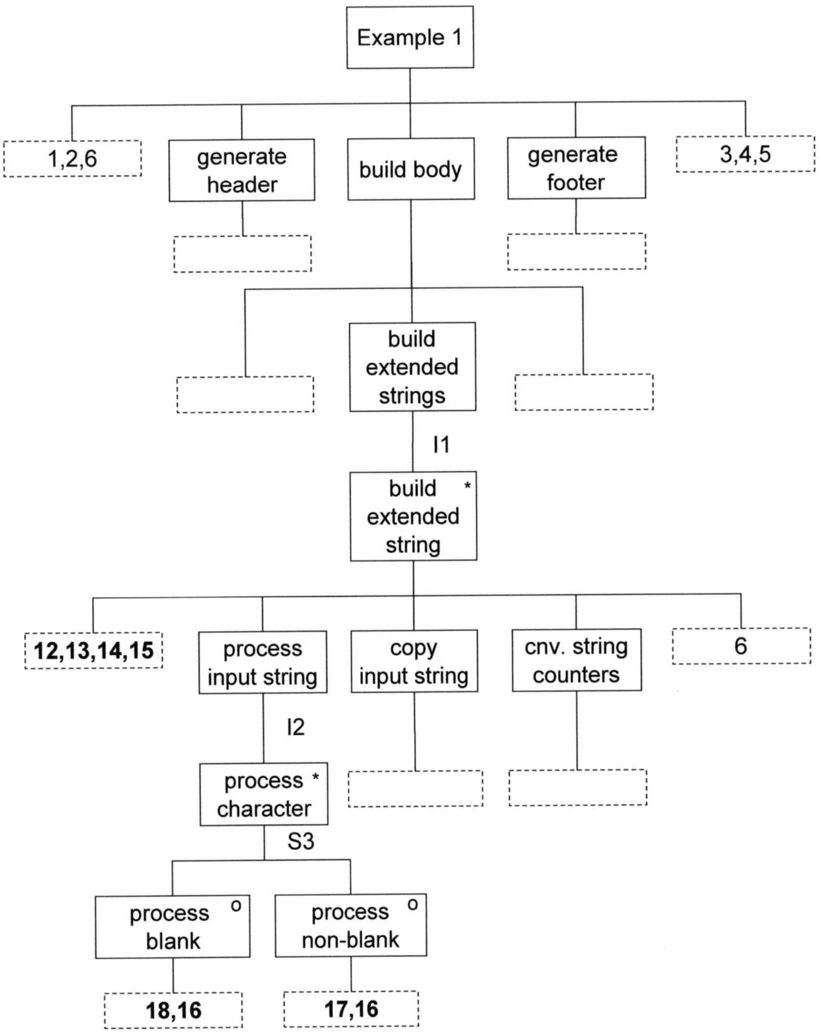

Abbildung 2.9: *Plazierung elementarer Initialisierungs- und Inkrementierungsoperationen*

Mit den Operationen 18 und 17 werden – abhängig vom Ausgang der Abfrage S3 – die Zeichen (Blank | kein Blank) gezählt. Die Operation 16 schaltet den Zeichenindex weiter. Das ist ein Zeiger auf das jeweils nächste auszuwertende Zeichen, der mit 1 initialisiert wird. Zur Realisierung von S3 folgt weiter unten ein Abschnitt.

Auch hier wird wieder das Vorlesen und Nachlesen verwendet, allerdings auf Zeichenebene. Der Sinn ist derselbe: Bereitstellen eines auswertbaren Datenelements beziehungsweise einer Datengruppe oder Setzen einer Endebedingung, sowie Fortschalten auf das nächste Datenelement oder auf die nächste Datengruppe nach der Auswertung. Die Endebedingung I2 muss erfüllt sein, wenn der Zeichenindex auf die erste Position rechts vom Eingabestring zeigt.

Nun können die Operationen 9, 10, 11, 19, 20 und 21 plaziert werden. 9, 10 und 11 sind wieder Initialisierungen, die vor dem Eintritt in die Hauptschleife „build extended strings" stattfinden müssen. Mit 19, 20 und 21 werden die lokalen Ergebnisse aufkumuliert. Sie müssen daher nach „process input string" auf derselben Ebene stehen. Dafür ist ein Einschub erforderlich, weil diese Operationen nicht „copy input string" zugeordnet werden können:

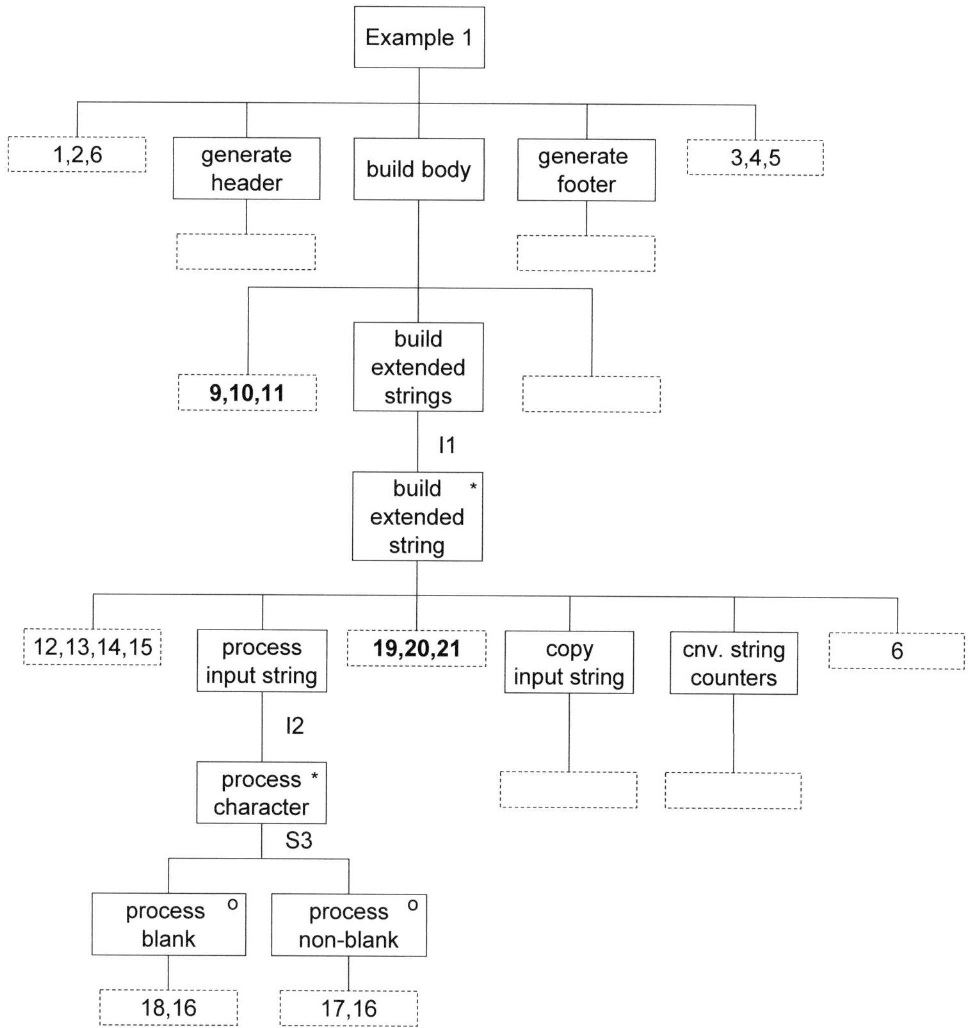

Abbildung 2.10: *Plazierung von Initialisierungs- und Kumulierungsoperationen*

Hier fällt auf, dass die Operationen 9, 10 und 11 ebensogut an den Anfang der Verarbeitung gestellt werden könnten, da sie diesem sequentiell folgen. In späteren Beispielen werden solche Initialisierungen im Allgemeinen Operationen wie 1,2 und 6 vorangestellt, weil sie häufig zusammen mit dem Anlegen der programmweit definierten Datenelemente stattfinden. Variablen mit kleinerem Gültigkeitsbereich, also lokale Variablen, werden dagegen im Moment des Anlegens fast immer zugleich initialisiert. Das Zusammentreffen von Deklaration und Initialisierung muss dokumentiert werden, damit die Umsetzung der Programmstruktur mit Operationen in den jeweiligen Programmcode vollständig überprüfbar ist.

De facto wird ein Compiler solche Operationen wie 9, 10 und 11 entweder in Vorbelegungen der beim Modul-Start – von einer Systemkomponente – zu ladenden Speichersegmente oder in initiale Zuweisungen vor dem Aktivieren des eigentlichen Programmcodes umsetzen, denn der Inhalt des Variablenbereichs eines (Unter-)Programms ist ohne explizite Startwertvorgaben in vielen Sprachen undefiniert.

Die Ausgabeoperationen 7 und 8, sowie 22 bis 27 fehlen noch. Sie werden jetzt ergänzt:

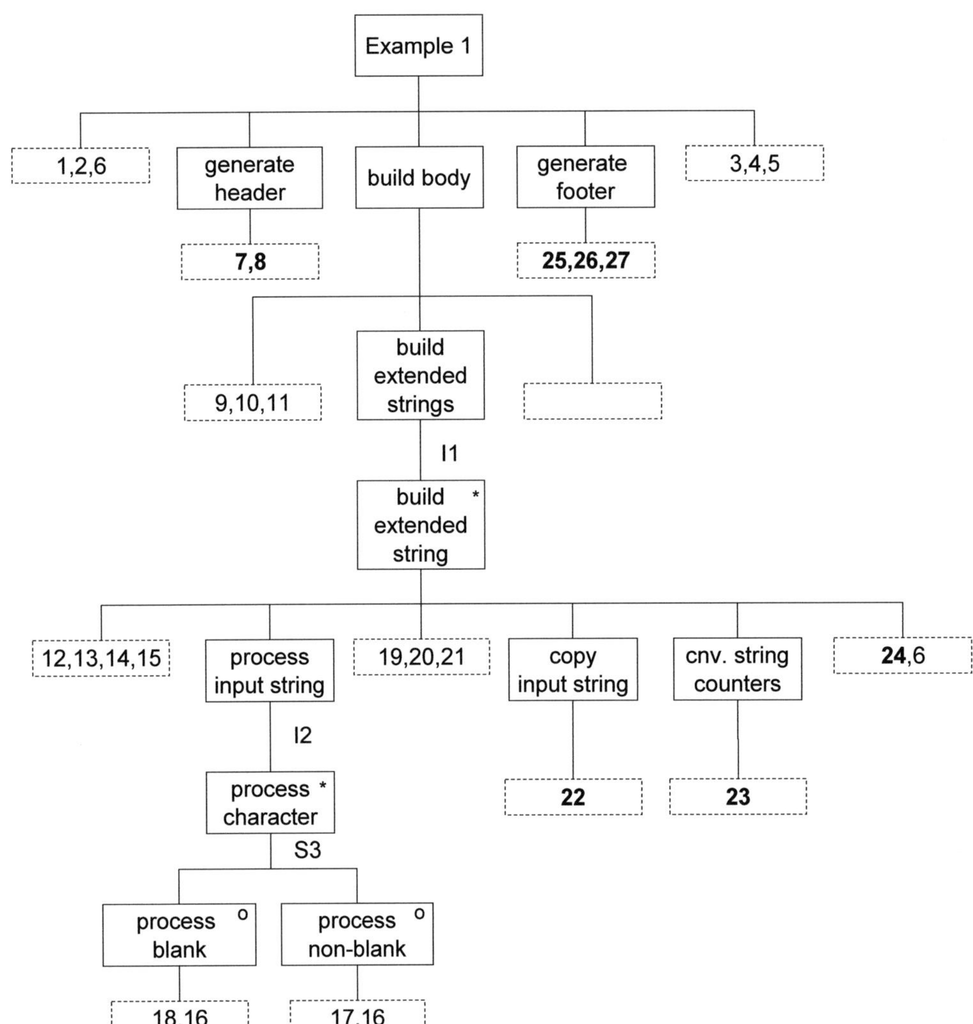

***Abbildung 2.11:** Plazierung der Ausgabeoperationen*

Nur die Operationen 22 bis 24 gehören zur Einzel-String-Ebene. Sie werden so oft durchlaufen, wie es solche Strings gibt. Die anderen Operationen sind dagegen einleitend (7 und 8) oder abschließend (25, 26 und 27) anzuordnen.

Hier lohnt es sich, ganz genau hinzusehen. Sind wirklich alle Voraussetzungen für diese Operationen vorhanden? Nur das kann ausgegeben werden, was auch eingelesen beziehungsweise speicherintern aufgebaut wurde. Es ist durchaus möglich, dass an dieser Stelle noch Versäumnisse erkannt werden. Im einfachsten Fall wurden lediglich Operationen vergessen, die nachträglich definiert und an den richtigen Stellen plaziert werden müssen. Es ist aber auch möglich, dass Fehler im Entwurf erst jetzt offenbar werden.

In solchen Fällen ist von improvisierten Lösungen dringend abzuraten, obwohl vielleicht die Zeit drängt und der Aufwand zur Überprüfung der bisherigen Entwurfsschritte als unnötig erscheint. Warum nicht – so kurz vor dem Ziel! – rasch einige Schalter definieren und mit einigen genial plazierten Zuweisungen oder Abfragen die Probleme aus der Welt schaffen? Damit wird jedoch meist alles nur noch schlimmer. Der klare Weg des Entwurfs auf der Basis der Datenstrukturen und der erkannten Korrespondenzen wird verlassen. Stattdessen gelangen „Methoden" der Spaghettiprogrammierung zur Anwendung, die das bisherige Vorgehen unterlaufen, neue und undurchsichtige Abhängigkeiten schaffen, sowie spätere Überprüfungen und Änderungen erschweren.

Schlimmer noch: Echte Entwurfsfehler werden verschleiert und schein-beseitigt, anstatt sie konsequent aufzudecken und zu beheben. Der immer anzuratende Weg der Überprüfung von Anfang an führt womöglich zur Entdeckung zentraler Irrtümer, die den „Quick and Dirty"-Scheinlösungen immer anhaften und sich irgendwann rächen werden.

Das leere Kästchen rechts neben „build extended strings" stört noch. Wurde etwas vergessen? Dort müssten Operationen nach dem Schleifenende eingetragen werden, die etwa Schleifenergebnisse auswerten. Da diese Aufgabe bereits von den Ausgabe-Operationen übernommen wird, gibt es hier nichts zu tun. Das Kästchen kann gelöscht werden:

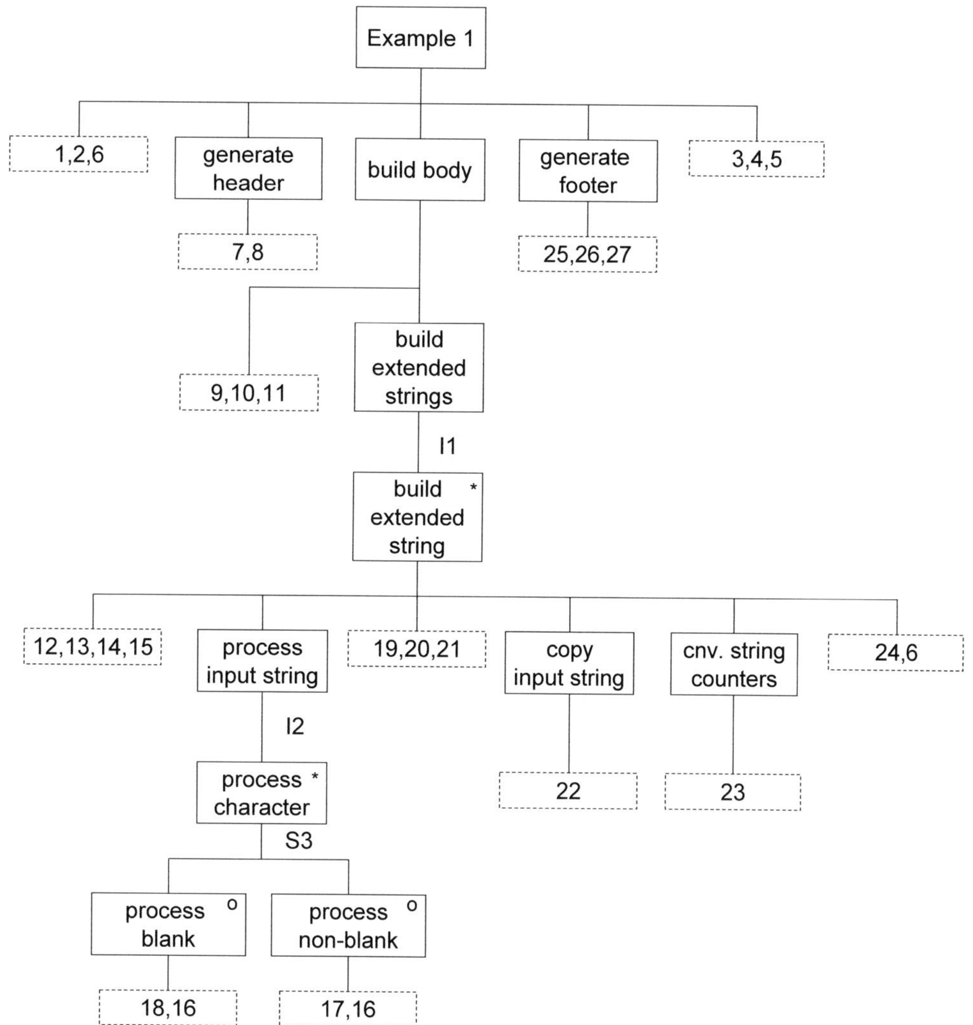

Abbildung 2.12: *Fertige Programmstruktur mit Operationen*

Damit kommt man der algorithmischen Implementierung schon ganz nahe.

Ein Hinweis zur Zeichentechnik: Die Operationen sind in gestrichelt umrandeten Kästchen aufgezählt, was hier nur aus optischen Gründen geschah. Beim Zeichnen von Hand werden die Kästchenränder durchgezogen oder es wird sogar nur die obere Linie gezeichnet. Da häufig Operationen ergänzt werden müssen, weil etwas vergessen wurde, nervt das ständige Wegradieren und erneute Zeichnen der Konturen ziemlich. Ausserdem sind die Kästchen meistens verschieden groß, was die Zeichnung unruhig macht. Daher ist es am besten, einfach zunächst jeweils die obere Linie zu ziehen und die Verbindung zum Baum herzustellen. Ob die Kästchen später geschlossen werden, ist Geschmackssache.

Das kann dann so aussehen:

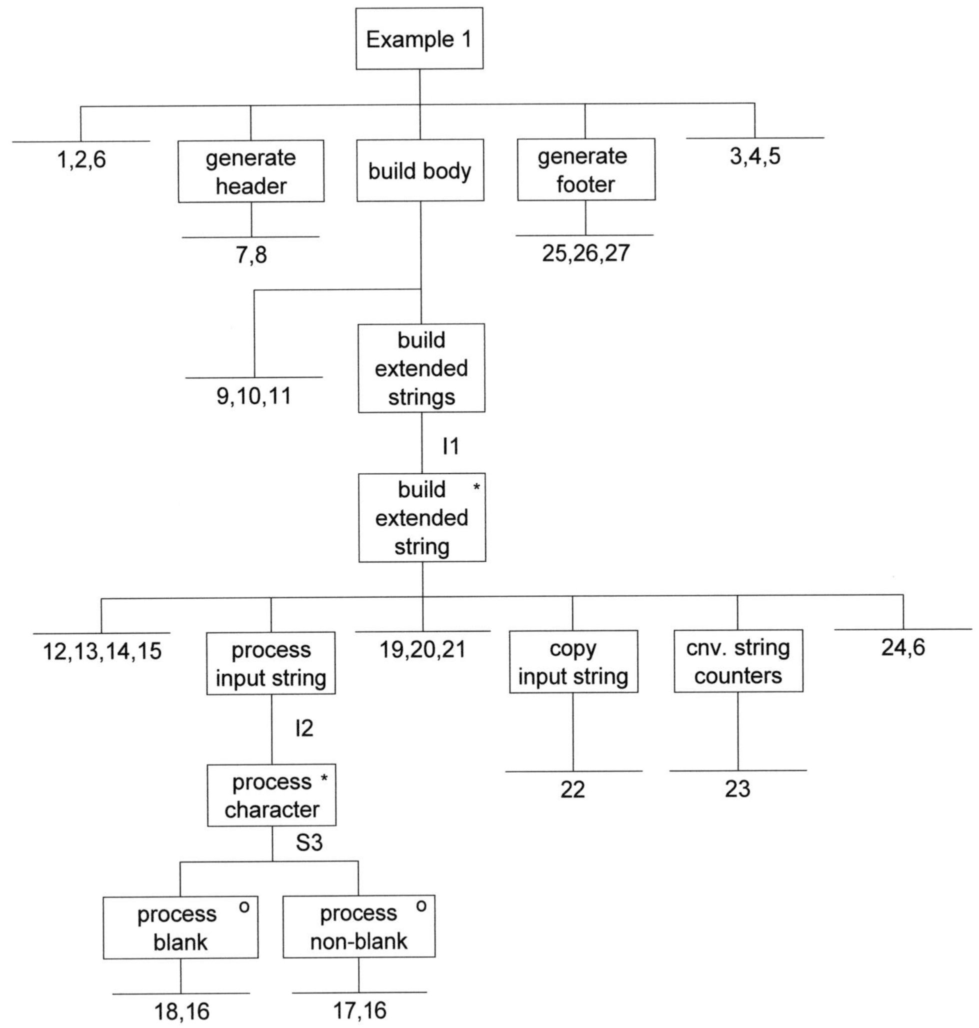

Abbildung 2.13: *Alternative Darstellung für Handzeichnungen*

Einige abschließende Hinweise zur Plazierung der Operationskästchen und zur Kontrolle:

- Operationskästchen können problemlos wie gezeigt angehängt oder eingeschoben werden, solange dies in einer Sequenzstruktur geschieht. Wenn sie unten an einen vorhandenen Strukturblock angehängt werden, sollten darin nur diejenigen Operationen aufgeführt sein, die zu dem betreffenden abstrakten Datenelement beziehungsweise der abstrakten Datengruppe gehören.
- Alle anderen Operationen sollten der Klarheit wegen in separaten Kästchen angeordnet werden. Der etwas höhere Zeichenaufwand wird dadurch belohnt, dass Fehlplazierungen solcher Operationen schneller und sicherer erkannt werden können. Die Versuchung, hier frei erfundene Dinge hinzuzufügen, ist ab und zu groß. Das muss nicht schlecht sein, aber es sollte verdeutlicht werden. Problematisch wird es natürlich, wenn so versucht wird, das methodische Vorgehen zu unterlaufen und letztlich eine Spaghettiprogrammierung hübsch einzukleiden.

Die Stellvertretung der z.T. relativ langen Operationsbeschreibungen durch die Nummern spart zwar viel Platz in den Kästchen, ist aber fehleranfällig. Daher empfiehlt es sich, diese Operationslisten anhand der Programmstruktur mit Operationen sorgfältig zu kontrollieren:

- Sind alle in der Liste definierten Operationen auch im Struktogramm vorhanden?
- Wurden Operationen vergessen? Wird etwas ohne vorherige Zuweisung verwendet?
- Sind die Voraussetzungen für jede dieser Operationen durch vorhergehende Operationen erfüllt beziehungsweise am jeweiligen Platz in Struktogramm zugesichert? Stimmt die Folge?
- Wurde jede Operation an der Stelle plaziert, wo das zugehörige abstrakte Element der Ein- oder Ausgabe sie benötigt? Jede abstrakte Datengruppe und jedes Datenelement im Struktogramm benötigen ja nicht nur Entsprechungen in der realen Datenwelt, sondern auch Operationen, welche diese Daten(gruppen) handzuhaben ermöglichen.

2.9 Nachbemerkungen zu den Operationen

In der JSP-Literatur findet sich auch der Begriff „elementare Operationen", verbunden mit der Forderung, die Modellierung solle keine Implementierung vorwegnehmen. Bei der Definition der Operationen müsse demnach höchstmögliche Allgemeinheit walten, ohne Rücksicht auf die – meist doch bereits bekannte – Zielsprache. Was ist davon zu halten?

Nun ja, Autoren sollten ihre Meinungen den Leser(inne)n nicht aufdrängen, aber auch nicht so subtil verstekken, dass diese die Manipulation nicht bemerken. Ab und zu muss aber – so wie hier – ganz deutlich gemacht werden, was für ein Krampf solche Ideen sind. Hier stehen sich doch Anforderungen an die Modellierung diametral gegenüber:

- Was letztlich als „elementar" zu bezeichnen ist, lässt sich nicht eindeutig definieren. Dem einen gilt nur ein Assemblerbefehl als elementar, auch wenn dieser eine Matrixmultiplikation per Mikrocode implementiert, dem anderen reicht ein so komplexes Konstrukt wie ein Datenbankzugriff. Bei großer Ratlosigkeit darf es auch gern ein „intelligentes Zugriffsmodul" sein, in dem das Wunder geschieht, das die Leserin / der Leser der Operationsliste gern genau verstanden hätte.
- Es ist zwar wünschenswert, sich bei der Definition der Operationen nicht allzu eng an die Zielsprache anzulehnen, aber diese bildet nun einmal das Substrat, aus dem alles Höhere erschaffen wird. Entfernt man sich zu sehr von der Zielsprache – nach „unten" durch Zerlegung ins Atomare hinein oder nach „oben" durch großzügiges Postulieren darin nicht implementierter Funktionen -, so wird die Modellierung willkürlich. Es ist also ein guter Kompromiss gefragt, der ein hinreichendes Abstraktionsniveau mit der erforderlichen Deutlichkeit verbindet. Gerade die Formulierung der Operationen in einer neutralen Art und Weise, wie sie hier verwendet wird, garantiert sowohl die Verständlichkeit als auch die Portabilität beim Übergang auf andere Zielsprachen.
- Wenn die Zielsprache sehr atomar ist, also zum Beispiel eine Assemblersprache, oder wenn sie komplexe Konstrukte auf einfache Weise zu nutzen erlaubt, also möglicherweise eine Sprache der sogenannten 4. Generation, kann es sinnvoll sein, die Operationen wie im Beispiel gezeigt zu formulieren, solange der Bezug zur geplanten Implementierung gewahrt bleibt. Eine Operationsliste aus Assemblerbefehlen wird enorm lang und nur für Experten lesbar sein. Umgekehrt kann bei 4GL-Sprachen die Liste auch aus Operationen bestehen, die in einem Komplexitätsgrad-Missverhältnis zueinander stehen.
- Worte wie „elementar" sind gefährlich. Sie lenken die Aufmerksamkeit bei der Modellierung auf Nebengleise der politischen Korrektheit. Ähnlich schlimme Wirkungen hat die willkürliche Unterscheidung in technische und fachliche Sachverhalte bei der Systemanalyse. Was technisch und was fachlich ist, lässt sich nicht sauber voneinander abgrenzen. Hier wie dort wirkt das Verdikt, die spätere Implementierung nicht bei der

Modellierung vorwegzunehmen. Im Ergebnis entstehen oft genug Luftschlösser, die zwar prima aussehen, sich aber nicht umsetzen lassen.

➢ Fazit: Lösen Sie sich vom Denken in geistigen Zwangsjacken, die von irgendwelchen selbsternannten Gurus erfunden wurden. Was methodisch sauber strukturiert und technisch korrekt implementiert ist, funktioniert – und allein darauf kommt es an.

2.10 Kontrollen überprüfen und präzisieren

Nun ist es an der Zeit, die Kontrollen anhand der Operationsliste noch einmal genau zu betrachten. Bislang lautet die kurze Liste der Kontrollen wie folgt:

I1 end of input file
I2 end of string
S3 character is blank

Da jetzt die Operationen bekannt sind, ist zu fragen, ob die Operationsergebnisse ausreichen, um die Kontrollen zu programmieren. Wie sieht das hier aus?

i1	Die Operation 6 muss zusätzlich einen EOF-Indikator setzen, wenn die Basismaschine signalisiert, dass kein weiterer Eingabesatz mehr zur Verfügung steht. I1 muss also diesen Indikator abfragen. Der Indikator soll zum Beispiel das Zeichen `'D'` (= „Data") enthalten, wenn ein Satz eingelesen wurde, sonst das Zeichen `'E'` (=„End"). Somit lautet I1 nun: EOF_indicator = `'E'`
I2	Die fiktive Funktion LENGTH soll die Länge „len" der Zeichenkette im Satz ohne nachfolgende Blanks zurückliefern, wie auch immer das funktionsintern programmiert wird. Eine Leerzeile soll das Ergebnis 0 (Null) liefern. Da der Zeichen-Zeiger „ind" am Anfang der Verarbeitung eines Strings auf 1 gesetzt wird und somit auf das 1. Zeichen ganz links zeigt, muss die Schleife mit dem Endekriterium I2 bei Leerzeilen sofort enden, bei gefüllten Zeilen aber erst nach Abarbeitung des letzten Zeichens ganz rechts. Nach Prüfung eines Zeichens wird „ind" um 1 erhöht. Also ist I2 wie folgt zu programmieren: ind > len
S3	Je nach Programmiersprache kann ein String als ein Feld (= Array) aus aufeinanderfolgenden Zeichen aufgefasst oder mit Hilfe von Zeichenfunktionen inspiziert werden. In COBOL gibt es hierfür ausserdem den Reference Modifier. Daher werden hier drei algorithmische Lösungen angeboten, um die Zeichenkette namens „in_string" zu untersuchen. Der Unterstrich ist in COBOL übrigens unzulässig; stattdessen ist der Bindestrich zu verwenden. a) Feldelement-Abfrage in_string_byte[ind] = `' '` mit „in_string_byte" als Element des Arrays „in_string" und `' '` = Leerzeichen. Ist diese Bedingung erfüllt, wird der linke Zweig gewählt, sonst der rechte. b) Zeichenfunktion SUBSTR(in_string, ind, 1) = `' '` mit SUBSTR als Funktion mit den Argumenten (str, pos, len), die eine Zeichenkette aus dem String „str" ab der Position „pos" in der Länge „len" ausschneidet und als Funktionsergebnis abliefert. c) Reference Modifier in-string(ind:1) = `' '` mit (pos:len) analog zu SUBSTR

Die konkretisierten Kontrollen lauten daher wie folgt:

I1 EOF_indicator = 'E'
I2 ind > len

und eine der folgenden Varianten (oder etwas Ähnliches je nach Zielsprache):

S3 in_string_byte[ind] = ' '
S3 SUBSTR(in_string, ind, 1) = ' '
S3 in-string(ind:1) = ' '

2.11 Ausgabe-Lösungsalternative

Die in den vorangehenden Unterkapiteln gezeigte Lösung für das erste JSP-Beispiel stammt aus der Mitte der 70er Jahre und wurde vom Autor erstmals in einem Seminar zur Programmentwicklung auf dem TR 440 vorgestellt. Danach gingen etliche Jahre ins Land, in denen kein Anlass bestand, das JSP-Beispiel an neue Möglichkeiten anzupassen – bis die Spreadsheet-Programme aufkamen und die Nutzung eines persönlichen Rechners zur Normalität wurde. Nun war es möglich, mit Sprachen wie Visual Basic® auch Datenmengen zu bearbeiten und damit die traditionelle – auch die JSP-basierte – Programmierung beiseite zu schieben. Das kann natürlich nicht die Absicht dieses Kapitels sein. Vielmehr geht es darum, eine Alternative für die Formatierung der Ausgabe vorzustellen, die erstens das Programm davon entlastet, die Ausrichtung der Ergebnisspalten selbst vornehmen zu müssen, und zweitens den Fließtext in einer anderen Schriftart als Courier – als Beispiel für einen Zeichensatz mit fester Zeichenbreite – darstellen zu können. Dafür eignen sich die CSV-Dateien[8] (csv = comma separated values) als Importformat, zum Beispiel für die Funktion Calc in Apache OpenOffice®[9]. Im konkreten Fall sähe die Ausgabe mit Semikolon als Trenner wie auf der nächsten Seite gezeigt aus.

```
Text;;chars;blanks;length
;;;;
When, in disgrace with fortune and men's eyes,;;39;7;46
I all alone beweep my outcast state;;29;6;35
And trouble deaf heaven with my bootless cries;;39;7;46
And look upon myself and curse my fate.;;32;7;39
;;0;0;0
Wishing me like to one more rich in hope,;;33;8;41
Featur'd like him, like him with friends possess'd,;;44;7;51
Desiring this man's art and that man's scope,;;38;7;45
With what I most enjoy contented least.;;33;6;39
;;0;0;0
Yet in these thoughts myself almost despising,;;40;6;46
Haply I think on thee, and then my state,;;33;8;41
Like to the lark at break of day arising;;32;8;40
From sullen earth, sings hymns at heaven's gate.;;41;7;48
;;0;0;0
For thy sweet love remember'd such wealth brings;;41;7;48
That then I scorn to change my state with king's.;;40;9;49
;;0;0;0
William Shakespeare   sonnet XXIX;;28;5;33
;;====;====;====
;totals;542;105;647
```

Das erscheint auf den ersten Blick als ziemlich fremdartig. Nun, wenn das Programm anstelle einer vollständig aufbereiteten Textdatei mit dem Suffix `'.txt'` eine Ausgabe wie die obige mit dem Suffix `'.csv'` erzeugen könnte, dann würde ihr Inhalt beispielsweise nach einem Doppelklick auf das Dateisymbol vom Spreadsheet-Programm Excel – und nach etwas Formatierungsarbeit – auf dem Bildschirm wie folgt angezeigt:

	A	B	C	D	E
1	Text		chars	blanks	length
2					
3	When, in disgrace with fortune and men's eyes,		39	7	46
4	I all alone beweep my outcast state		29	6	35
5	And trouble deaf heaven with my bootless cries		39	7	46
6	And look upon myself and curse my fate.		32	7	39
7			0	0	0
8	Wishing me like to one more rich in hope,		33	8	41
9	Featur'd like him, like him with friends possess'd,		44	7	51
10	Desiring this man's art and that man's scope,		38	7	45
11	With what I most enjoy contented least.		33	6	39
12			0	0	0
13	Yet in these thoughts myself almost despising,		40	6	46
14	Haply I think on thee, and then my state,		33	8	41
15	Like to the lark at break of day arising		32	8	40
16	From sullen earth, sings hymns at heaven's gate.		41	7	48
17			0	0	0
18	For thy sweet love remember'd such wealth brings		41	7	48
19	That then I scorn to change my state with king's.		40	9	49
20			0	0	0
21	William Shakespeare sonnet XXIX		28	5	33
22			====	====	====
23		totals	542	105	647

Abbildung 2.14: *Formatierte Excel-Darstellung des Laufergebnisses*

Die Spalten A und B, sowie die erste Zeile sind mit der Schriftart Times® und der Schriftgröße 12 Pt formatiert, der Rest der Tabelle mit der Schriftart Verdana® und 10 Pt. Ohne die Zeilen- und Spaltennamen und ohne Raster erhält man beim Drucken beziehungsweise nach der Umwandlung in ein PDF®[10]-Dokument folgendes Ergebnis:

Text	chars	blanks	length
When, in disgrace with fortune and men's eyes,	39	7	46
I all alone beweep my outcast state	29	6	35
And trouble deaf heaven with my bootless cries	39	7	46
And look upon myself and curse my fate.	32	7	39
	0	0	0
Wishing me like to one more rich in hope,	33	8	41
Featur'd like him, like him with friends possess'd,	44	7	51
Desiring this man's art and that man's scope,	38	7	45
With what I most enjoy contented least.	33	6	39
	0	0	0
Yet in these thoughts myself almost despising,	40	6	46
Haply I think on thee, and then my state,	33	8	41
Like to the lark at break of day arising	32	8	40
From sullen earth, sings hymns at heaven's gate.	41	7	48
	0	0	0
For thy sweet love remember'd such wealth brings	41	7	48
That then I scorn to change my state with king's.	40	9	49
	0	0	0
William Shakespeare sonnet XXIX	28	5	33
	====	====	====
totals	542	105	647

Abbildung 2.15: *Ergebnis im PDF-Format ohne störende Grafikelemente*

Das sieht doch schon weit besser aus…

Die Semikolon-Zeichen werden anstelle der im Text enthaltenen Kommata als Spalten-Separatoren verwendet. Es gibt auch einen Kopfdatensatz, der bis auf die Spalte B die Spaltennamen definiert. Für fünf Spalten sind vier Separatoren erforderlich und in jedem Ausgabesatz vorhanden. Somit entspricht die Datei der Norm RFC 4180.

Anpassung des bisherigen Entwurfs

Was muss an dem bisherigen Entwurfsergebnis verändert werden, um die gewünschte CSV-Datei anstelle der bisherigen Textdatei zu erzeugen? Wie wir uns rasch überzeugen können, sind die Strukturen der Ein- und Ausgabe und somit die Korrespondenzen unverändert geblieben. Der einzige relevante Unterschied liegt darin, dass das Programm die Druckaufbereitung nicht mehr selbst vornimmt, sondern für die zu erzeugenden Weissräume jeweils Separatoren einsetzt. Das lässt sich leicht durch Ergänzung beziehungsweise durch geringfügige Änderung der Liste der Operationen bewerkstelligen. Dies und die anschliessende Erstellung einer neuen Programmversion anhand der vorhandenen Lösungen im 2. Band – siehe auch die folgenden Implementierungs-Vorbereitungskapitel im 1. Band – könnte für Sie eine gute Übung sein.

Endnoten

1 **Kalenderberechnung**

[…]

Die Berechnung von Kalendern (arithmetische Kalender) setzt umfangreiche astronomische und mathematische Kenntnisse voraus. Bei der Entwicklung des frühen ägyptischen astralen Sothiskalenders waren diese Kenntnisse vorhanden. Die Einführung eines ägyptischen Verwaltungskalenders auf 365-Tage-Basis folgte spätestens im dritten Jahrtausend v. Chr. Dieser konnte jedoch das Durchwandern der Jahreszeiten nicht verhindern. Die ägyptischen Könige bemängelten die Jahreszeitenverschiebung, doch erst Ptolemaios III. unternahm 238 v. Chr. einen Versuch zur Einführung eines Schalttages. Nach seinem Tod wurde neben dem neuen Schalttageskalender jedoch wieder der alte ägyptische Verwaltungskalender benutzt. Der julianische Kalender, der 45 v. Chr. von Julius Cäsar eingeführt wurde, stützte sich gleichwohl auf die Kalenderform des Ptolemaios III.

[Wikipedia-Seitentitel: Kalender
Datum der letzten Bearbeitung: 25. April 2022, 17:07 UTC
Versions-ID der Seite: 222362914
Permanentlink: https://de.wikipedia.org/w/index.php?title=Kalender&oldid=222362914
Datum des Abrufs: 13. Juni 2022, 16:20 UTC]

2 Der **gregorianische Kalender**, auch **bürgerlicher Kalender**, ist der weltweit meistgebrauchte Kalender. Er entstand gegen Ende des 16. Jahrhunderts durch eine Reform des julianischen Kalenders. Benannt ist er nach Papst Gregor XIII., der ihn 1582 mit der päpstlichen Bulle Inter gravissimas verordnete. Der gregorianische ist wie schon der julianische Kalender ein Sonnenkalender (Solarkalender) mit einer gegenüber dem julianischen Kalender verbesserten Schaltjahresregelung durch Interkalation. Damit liegt ihm eine durchschnittliche Jahreslänge von 365,2425 Tagen zugrunde, die den etwa 365,2422 Tagen des Sonnenjahres (Tropisches Jahr) näherkommt als noch die 365,25 Tage des julianischen Kalenders. Der gregorianische Kalender löste im Laufe der Zeit sowohl den julianischen als auch zahlreiche andere Kalender ab. Auf dem gregorianischen Kalender beruht auch die Datumsdarstellung nach ISO 8601.

Der Zweck der gregorianischen Kalenderreform bestand darin, ein weiteres Auseinanderdriften von Kalender- und Sonnenjahr zu verhindern und beide besser zu synchronisieren.

[Wikipedia-Seitentitel: Gregorianischer Kalender
Datum der letzten Bearbeitung: 6. Juni 2022, 21:16 UTC
Versions-ID der Seite: 223492325
Permanentlink: https://de.wikipedia.org/w/index.php?title=Gregorianischer_Kalender&oldid=223492325
Datum des Abrufs: 13. Juni 2022, 16:22 UTC]

3 Dieses Sonett liegt in verschiedenen Schreibungen vor. Die hier gezeigte Variante verwendet der besseren Verständlichkeit halber nur wenige Worte, die seit langem ausser Gebrauch sind (zum Beispiel „thy").

4 Die 1:1-Übersetzung „Selektion" erinnert an die Nazi-Vernichtungslager und wird daher in dieser Buchreihe nicht verwendet. Das Wort „Auswahl" ist auch schwierig; so wirkt beispielsweise die Formulierung „eine Auswahl mit mehr als 2 S-Elementen" ziemlich merkwürdig. Daher wird stattdessen das Wort „Alternative" verwendet, das nicht mit „selection" rückübersetzt werden kann.

5 **Kanji** […] sind die in der japanischen Schrifttradition verwendeten Schriftzeichen chinesischen Ursprungs.

Gesamtzahl der Kanji

Die tatsächliche Anzahl der Kanji ist eine Auslegungssache. Das Daikanwa Jiten ist mit seinen rund 50.000 Schriftzeichen nahezu umfassend. Es gibt allerdings historische wie auch neuere chinesische Wörterbücher, die über 80.000 Schriftzeichen enthalten. Von vielen Schriftzeichen sind dabei seltene historische Varianten aufgeführt und einzeln gezählt. Für den Alltag ausreichende Schriftzeichenwörterbücher enthalten zwischen 4.400 (NTC's New Japanese-English Character Dictionary) und 13.000 (Super Daijirin) Schriftzeichen.

[Wikipedia-Seitentitel: Kanji
Datum der letzten Bearbeitung: 27. Mai 2022, 21:34 UTC
Versions-ID der Seite: 223217938
Permanentlink: https://de.wikipedia.org/w/index.php?title=Kanji&oldid=223217938
Datum des Abrufs: 13. Juni 2022, 16:32 UTC

6 **Microsoft Excel** (abgekürzt MS Excel) ([…]) ist das am weitesten verbreitete Tabellenkalkulationsprogramm.

[…]

Wie die meisten Tabellenkalkulationen ermöglicht Excel umfangreiche Berechnungen mit Formeln und Funktionen, unter anderem mit kaufmännischen, statistischen und Datumsfunktionen. Excel besitzt auch zahlreiche mathematische Funktionen, so dass viele Probleme der Wirtschaftsmathematik berechnet werden können. Es können Texte verkettet oder logische Berechnungen (wenn…dann) durchgeführt werden. Abhängig von Inhalten und Werten in der Tabelle kann auf Inhalte an anderer Stelle der Tabellen zugegriffen werden. Die Ergebnisse können mit Hilfe von Sortier-, Gruppier- und Filterfunktionen sowie Pivot-Tabellen ausgewertet und in Diagrammen grafisch dargestellt werden. Tabellen oder Teile davon können gegen Layout- oder Inhaltsänderungen geschützt werden.

[Wikipedia-Seitentitel: Microsoft Excel
Datum der letzten Bearbeitung: 4. April 2022, 08:21 UTC
Versions-ID der Seite: 221769502
Permanentlink: https://de.wikipedia.org/w/index.php?title=Microsoft_Excel&oldid=221769502
Datum des Abrufs: 13. Juni 2022, 17:05 UTC]

7 Alternativ können die Korrespondenzen auch durch parallele Nummerierungen der korrespondierenden Elemente markiert werden. Diese Form wird später vorgestellt.

8 Das Dateiformat **CSV** steht für englisch Comma-separated values (seltener Character-separated values) und beschreibt den Aufbau einer Textdatei zur Speicherung oder zum Austausch einfach strukturierter Daten. Die Dateinamenserweiterung lautet .csv.

Gelegentlich wird für die Trennung der Datenfelder das Tabulatorzeichen verwendet. Diese Variante nennt man TSV (englisch Tab-separated values).

Ein allgemeiner Standard für das Dateiformat CSV existiert nicht, jedoch wird es im RFC 4180 grundlegend beschrieben. Die zu verwendende Zeichenkodierung ist ebenso wenig festgelegt; 7-Bit-ASCII-Code gilt weithin als der kleinste gemeinsame Nenner.

In CSV-Dateien können Tabellen oder eine Liste unterschiedlich langer Listen abgebildet werden.

[…]

Dateiaufbau

Innerhalb der Textdatei haben einige Zeichen eine Sonderfunktion zur Strukturierung der Daten.

• Ein Zeichen wird zur **Trennung** von Datensätzen benutzt. Dies ist in der Regel der Zeilenumbruch des dateierzeugenden Betriebssystems – bei dem Betriebssystem Windows® sind es in der Praxis oft tatsächlich zwei Zeichen.

• Ein Zeichen wird zur **Trennung** von Datenfeldern (**Spalten**) innerhalb der Datensätze benutzt. Allgemein wird dafür das Komma eingesetzt. Abhängig von beteiligter Software und Benutzereinstellungen sind auch Semikolon, Doppelpunkt, Tabulatorzeichen, Leerzeichen oder andere Zeichen üblich.

• Um Sonderzeichen innerhalb der Daten nutzen zu können (z. B. Komma in Dezimalzahlwerten), wird ein **Feldbegrenzerzeichen** (auch: **Textbegrenzungszeichen**) benutzt. Normalerweise ist dieser Feldbegrenzer das Anführungszeichen ". Wenn der Feldbegrenzer selbst in den Daten enthalten ist, wird dieser im Datenfeld verdoppelt […].

Der erste Datensatz kann ein Kopfdatensatz sein, der die Spaltennamen definiert.

Jeder Datensatz sollte laut RFC 4180, Absatz 2, Punkt 4 die gleiche Anzahl Spalten enthalten – dies wird aber nicht immer eingehalten.

[Wikipedia-Seitentitel: CSV (Dateiformat)
Datum der letzten Bearbeitung: 9. Januar 2022, 12:53 UTC
Versions-ID der Seite: 218964806
Permanentlink: https://de.wikipedia.org/w/index.php?title=CSV_(Dateiformat)&oldid=218964806
Datum des Abrufs: 13. Juni 2022, 17:13 UTC]

9 **Apache OpenOffice** (vormals **OpenOffice.org**) ist ein freies Office-Paket, das aus einer Kombination verschiedener Programme zur Textverarbeitung (Writer), Tabellenkalkulation (Calc), Präsentation (Impress) und zum Zeichnen (Draw) besteht. Ein Datenbankprogramm (Base) und ein Formeleditor (Math) sind ebenfalls enthalten. Es ist für alle wichtigen Betriebssysteme verfügbar. Das quelloffene Projekt war bis zur Abspaltung von LibreOffice eines der international führenden Office-Pakete, inzwischen hat LibreOffice diese Rolle aufgrund der größeren Entwicklerzahl und häufigeren Sicherheitsupdates übernommen.

[Wikipedia-Seitentitel: Apache OpenOffice
Datum der letzten Bearbeitung: 11. Juni 2022, 10:40 UTC
Versions-ID der Seite: 223613684
Permanentlink: https://de.wikipedia.org/w/index.php?title=Apache_OpenOffice&oldid=223613684
Datum des Abrufs: 13. Juni 2022, 17:19 UTC]

10 Das **Portable Document Format** (englisch; kurz **PDF**; deutsch: (trans)portables Dokumentenformat) ist ein plattformunabhängiges Dateiformat, das 1992 vom Unternehmen Adobe® Inc.entwickelt und veröffentlicht wurde und aktuell von der PDF Association weiterentwickelt wird.

PDF ging aus dem 1991 von Adobe-Mitbegründer John Warnock initiierten "Project Camelot" hervor. Ziel war, ein Dateiformat für elektronische Schriftstücke zu schaffen, sodass diese unabhängig vom ursprünglichen Anwendungsprogramm, vom Betriebssystem oder von der Hardwareplattform originalgetreu wiedergegeben werden können. Das Ziel wurde erreicht und findet seinen Niederschlag in der ISO-Normenserie 32000 (ISO 15930 für PDF/X). Hierzu griff man wesentlich auf die Funktionsweise des PostScript-Formats zurück. Ein Leser einer PDF-Datei soll das Schriftstück immer in der Form betrachten und ausdrucken können, die der Autor festgelegt hat. Die typischen Konvertierungsprobleme (wie veränderter Seitenumbruch oder falsche Schriftarten) beim Austausch eines Schriftstückes zwischen verschiedenen Programmen entfallen dadurch.

Neben Text, Bildern und Grafik kann eine PDF-Datei auch Hilfen enthalten, die die Navigation innerhalb des Schriftstückes erleichtern. Dazu gehören zum Beispiel anklickbare Inhaltsverzeichnisse und miniaturisierte Seitenvorschauen.

[Wikipedia-Seitentitel: Portable Document Format
Datum der letzten Bearbeitung: 17. Mai 2022, 13:10 UTC
Versions-ID der Seite: 222952291
Permanentlink: https://de.wikipedia.org/w/index.php?title=Portable_Document_Format&oldid=
222952291
Datum des Abrufs: 13. Juni 2022, 17:22 UTC]

06/2022 oben / links: Rhetorica, Musica und Arithmetica an der Nordseite der Ratslaube
rechts: Ratslaube von 1565 des Lemgoer Rathauses mit 1589 aufgesetzter Kornherrenstube (NRW)

Algorithmische Implementierungsvorbereitungen

Das nebenstehende Bild zeigt die „ARITHMETICA" als Halbrelief an der Ratslaube des Lemgoer Rathauses[1]. Die Arithmetik gehört zum Quadrivium („Vierweg") der sieben freien Künste[2] seit der Antike, also zu den mathematisch ausgerichteten Studienfächern. Die anderen drei sind Geometrie, Musik (!) und Astronomie. Grammatik, Rhetorik und Dialektik bilden das Trivium („Dreiweg"). Ohne Arithmetik lässt sich in der Geometrie und der Astronomie wenig ausrichten. Ebenso verhält es sich mit der algorithmischen Programmierung, die auch dem Code in den Methoden der objektorientierten Programmierung zugrunde liegt.

Augusta Ada King-Noel, Countess of Lovelace, allgemein als Ada Lovelace[3] bekannt, erkannte bei der Mitarbeit an der von Charles Babbage[4] erfundenen „Analytical Engine" das Potential der algorithmischen Programmierung mittels Lochkarten[5], das weit über Babbage' ursprüngliche Idee eines Rechenautomaten hinausreicht. Sie schrieb darüber lt. Wikipedia folgendes in ihren „Notes":

> *»Die Grenzen der Arithmetik wurden in dem Augenblick überschritten, in dem die Idee zur Verwendung der [Programmier]Karten entstand, und die Analytical Engine hat keine Gemeinsamkeit mit schlichten Rechenmaschinen. Sie ist einmalig, und die Möglichkeiten, die sie andeutet, sind höchst interessant.«*

Die *Analytical Engine wurde zu Babbage' Lebzeiten nie fertiggestellt. Sie wäre auch auf dem damaligen Stand der Mechanik vermutlich nicht funktionsfähig gewesen. Heute dagegen verfügen wir über Universalcomputer, welche die vermutlichen Fähigkeiten der Analytical Engine in jeder Hinsicht weit übertreffen. Im folgenden Kapitel geht es um die Umsetzung des JSP-basierten Programmentwurfs in ein algorithmisches Programm, das auf einem Universalcomputer ausgeführt werden kann.*

Wie bereits angedeutet, können erfahrene Anwender der Methode das algorithmisch aufgebaute Programm unmittelbar aus der Programmstruktur mit Operationen ableiten, da diese ja schon alle erforderlichen Informationen enthält (wenn man die Listen der Kontrollen und Operationen mitzählt).

In bestimmten Fällen kann es dennoch sinnvoll sein, ein Flussdiagramm zu zeichnen oder sprachneutralen Code – Schematische Logik nach Jackson beziehungsweise einen anderen Pseudocode – zu schreiben, oder sogar beides zu tun. Ein typischer Anwendungsfall für dieses zunächst als umständlich und überflüssig erscheinende Vorgehen ist die Programminversion. Hierbei wird ein komplexes Abbildungsproblem in Teilprobleme zerlegt, die anschließend mit den JSP-Methoden gelöst und zum Beispiel mittels Unterprogrammtechnik implementiert werden. Die Programminversion ist die Königsdisziplin innerhalb der JSP-Methode, stellt also die höchsten Anforderungen an die Qualität des Entwurfs. Dann lohnt sich auch der Zusatzaufwand.

Für eine OO-Implementierung fehlen an dieser Stelle jedoch noch wesentliche Schritte, die im Kapitel „4 Objektorientierte Implementierungsvorbereitungen" auf Seite 79 ff diskutiert werden. Die COBOL-II- und C-Implementierungen von Example1 befinden sich im zweiten Band in den Kapiteln „1.1 COBOL-II-Code von Example1" auf Seite 1 ff und „1.3 C-Code von Example1" auf Seite 15 ff.

Endnoten: siehe Seite 75

3.1 Flussdiagramm erstellen

In einfachen Anwendungsfällen bedeutet ein Flussdiagramm verschwendete Zeit. Es wird hier daher nur gezeigt, um die Transformation der Programmstruktur mit Operationen zu veranschaulichen und die Brücke zu einem gewohnten Darstellungsmittel zu schlagen. Das Flussdiagramm zum Beispiel sieht wie folgt aus:

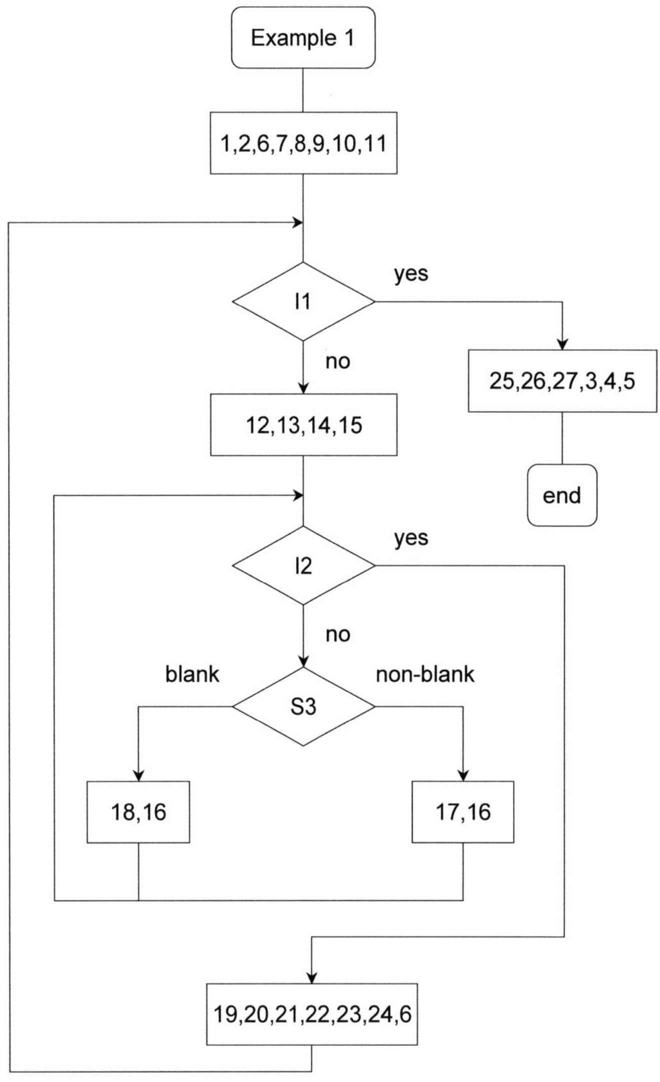

***Abbildung 3.1:** Abgeleitetes Flussdiagramm des ersten Programmbeispiels*

Wie findet die Umsetzung aus der Programmstruktur mit Operationen ins Flussdiagramm statt?

a) Sequenzen

Alle sequentiellen Operationen aus den gestrichelten Kästchen werden zusammengefasst, wenn sie in der Relation „besteht aus" direkt aufeinanderfolgen. Befindet sich aber eine Iteration oder eine Alternative unter einem Folge-Kästchen, so unterbricht das die Zusammenfassung.

Beispiel: Die kurzen Sequenzen 1,2,6 und 7,8 und 9,10,11 werden zu 1,2,6,7,8,9,10,11 zusammengefasst. Danach folgt „build extended strings", das eine Schleife repräsentiert.

b) Iterationen

Wie bereits bei der ersten Vorstellung der Iterationen gesagt, repräsentieren diese die abweisende Schleife. Daher ist die Iterations-Ende-Abfrage als Raute oben anzuordnen, in der die jeweilige Kontrolle genannt wird. Bei nicht erfüllter Endebedingung wird der Schleifenkörper ausgeführt, der seinerseits eine innere Struktur aufweisen kann, beziehungsweise aus einer oder mehreren Operationen besteht. An Ende des Schleifenkörpers führt ein Pfeil zurück zur Endeabfrage.

Bei erfüllter Endebedingung wird die Verarbeitung mit dem sequentiell nächsten Schritt fortgeführt, der bei geschachtelten Schleifen – gegebenenfalls über einige Operationen – zur nächsthöheren Schleifenebene zurückführt, also zu deren Endeabfrage. Das zeigt die Grafik mit der Schachtelung der I1- und I2-Schleifen.

Die Kommentare „yes" und „no" an den Linien sind eigentlich überflüssig, da der Schleifenkörper in Flussdiagrammen, die aus Programmstrukturen abgeleitet wurden, immer nur bei *nicht* erfüllter Endebedingung durchlaufen wird. Sie könnten daher weggelassen werden.

c) Alternativen

Auch hier wird die Raute verwendet, um eine Abfrage mit einer oder zwei Verzweigungen darzustellen. Da die Raute viel Platz beim Zeichnen benötigt, kann stattdessen das flache Zeichen für „Programmmodifikation" verwendet werden (siehe „Abbildung 3.3: Varianten für einfache und mehrfache Auswahl" auf Seite 57). Bei mehr als zwei Alternativen gibt es keine festgelegte Symbolik. Diese können als Abfolge einzelner Abfragen dargestellt werden, was schnell unübersichtlich wird, oder als Stapel. Dieser sollte immer mit demjenigen Fall enden, der übrigbleibt, wenn alle anderen Abfragen nicht zutreffen („default", „otherwise", ...).

Wichtig ist dabei, dass alle Fall-Zweige nach unten auf eine gemeinsame Linie weitergeführt werden, an die entweder eine sequentiell folgende Struktur anschließt, oder die Rückkehr zur Schleifen-Endeabfrage.

Die „Abbildung 3.2: Äquivalenzen zwischen Strukturblöcken und Flussdiagramm-Elementen" auf Seite 56 und die „Abbildung 3.3: Varianten für einfache und mehrfache Auswahl" auf Seite 57 fassen die Umsetzungen anhand von Beispielen zusammen.

Ergänzende Anmerkungen

Flussdiagramme, die aus JSP-Programmstrukturen abgeleitet wurden, sind immer kreuzungsfrei und enthalten keine Quersprünge. Jedes Konstrukt hat nur einen Eingang und nur einen Ausgang, so komplex es intern aufgebaut sein mag. Somit werden einige Probleme konsequent vermieden, die der Spaghettiprogrammierung – und den sie begleitenden Flussdiagrammen – zu Recht einen schlechten Ruf eingetragen haben.

Der Aufwand für Flussdiagramme ist allerdings relativ hoch. Änderungen, die in den Struktogrammen rasch vorgenommen werden können, erfordern möglicherweise ein mühseliges Um- oder Neuzeichnen von Flussdiagrammen. Ausserdem benötigen Flussdiagramme für denselben Informationsgehalt mehr Platz als Struktogramme, vor allem für die Verbindungslinien. Daher kann es leicht passieren, dass ein großes Struktogramm, das auf eine Seite passt, mehreren Seiten mit Flussdiagrammteilen entspricht, die durch Konnektoren zusammengehalten werden müssen, was den Zeichenaufwand und die Irrtumsmöglichkeiten gleichermaßen erhöht.

Daher sollten Flussdiagramme nur noch verwendet werden, um

- sich in die JSP-Methode einzuarbeiten und die ersten Programme damit zu konzipieren, oder
- in wirklich schwierigen Fällen als Zwischenschritt zu dienen. Für diese letzte dauerhaft verbleibende sinnvolle Verwendungsart werden weiter unten im Rahmen der Pseudocode-Darstellung nach Art der Block Definition Language Vorbereitungen getroffen.

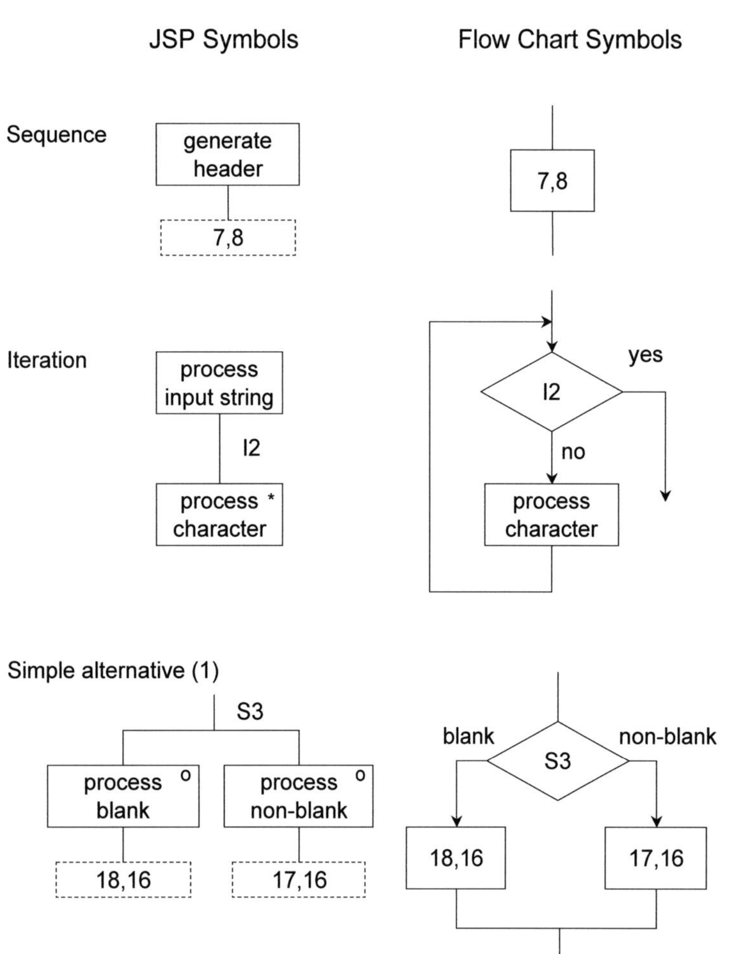

Abbildung 3.2: *Äquivalenzen zwischen Strukturblöcken und Flussdiagramm-Elementen*

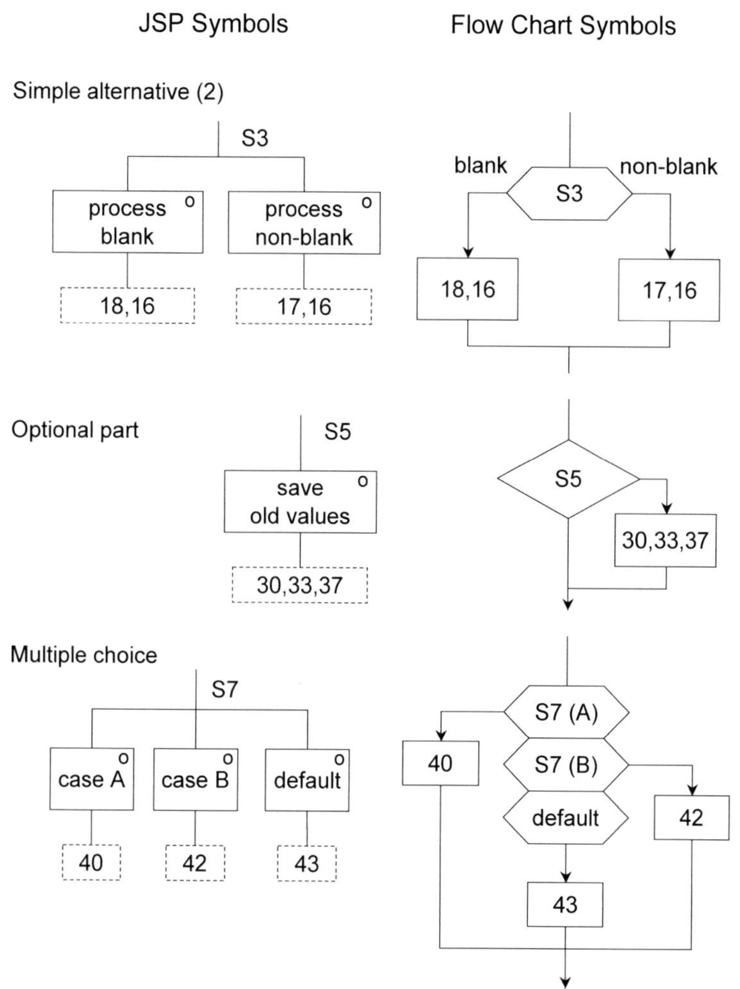

Abbildung 3.3: *Varianten für einfache und mehrfache Auswahl*

3.2 Schematische Logik oder Pseudocode schreiben

Mit etwas Übung kann aus der Programmstruktur mit Operationen direkt die Implementierung abgeleitet werden. Da der Weg zum fertigen Programm hier vollständig erklärt werden soll, bleibt uns dieser Abkürzungsweg momentan versperrt. Der folgende Teilschritt wird von erfahrenen Anwendern der Methode relativ selten benötigt, aber in schwierigen Fällen ist er unabdingbar nötig. Solche Fälle sind zum Beispiel das Backtracking und die Programminversion, die im 5. und im 6. Band ausführlich vorgestellt werden.

An die Stelle der Operationsnummern treten in der Schematischen Logik die Operationen selbst, denn diese sollen ja anschließend in der Zielsprache formuliert werden. Das allein macht diesen sprachneutralen Code schon relativ unübersichtlich. Weiter unten wird daher – und aus weiteren Gründen – ein neuerer Pseudocode vorgestellt, bei dem die Operationskästchen sogar noch zusammengefasst werden können, um den Schreibaufwand zu senken und die Übersichtlichkeit zu verbessern.

3.3 Jacksons Schematische Logik

Die von Jackson vorgeschlagene Schematische Logik mutet aus heutiger Sicht altmodisch und umständlich an. Sie wird hier dennoch gezeigt, um interessierten Leser(inne)n die Möglichkeit zum Vergleich und zugleich eine COBOL-nahe Alternative anzubieten.

Die elementaren Konstrukte Sequenz, Alternative und Iteration aus dem Struktogramm werden hier 1:1 in Code übertragen. Dafür gibt es zwei Möglichkeiten, die auch kombiniert werden können:

- die geschachtelte Darstellung, oder
- die flache Darstellung, also die Auflösung nach Struktogrammebenen.

Dabei gelten folgende Abbildungsregeln.

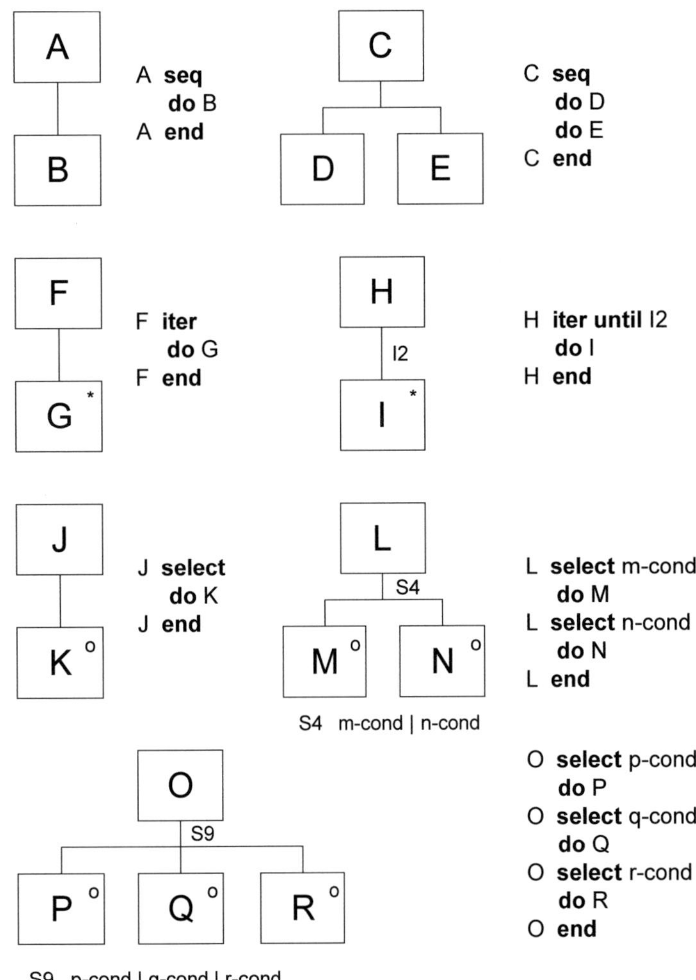

Abbildung 3.4: *Umsetzung von Strukturblöcken in schematische Logik*

Die linke Diagrammspalte zeigt zwei Fälle fehlender Kontrollen. Nur die Markierungen o oder * sind vorhanden. Das ist diagrammtechnisch vorläufig zulässig, muss aber spätestens bei der Umsetzung in die Schematische Logik spezifiziert werden.

Auf der rechten Seite fällt auf, dass Jackson verlangt, die Auswahlbedingungen für alle Zweige einzeln anzugeben. Da n-cond die Negation von m-cond sein muss, und r-cond alle Fälle umfasst, die nicht von p-cond oder q-cond abgedeckt werden, handelt es sich um eine durchaus störende Redundanz: Die übrigbleibenden Fälle – hier: n-cond beziehungsweise r-cond – müssen exakt definiert werden, obwohl sie sich aus der boole'schen Algebra als Restmengen ergeben.

Daher wurde bis auf dieses Unterkapitel durchgehend darauf verzichtet, die S-Kontrollen in Jacksons Sinn zu überspezifizieren. Es reicht völlig, die Positiv-Fälle anzugeben. Die Negativ-Fälle (ganz) rechts bleiben dann übrig. Im vorliegenden, recht einfachen Fall ist die geschachtelte Darstellung noch halbwegs übersichtlich. Sie sieht hier so aus:

```
Example1 seq
    open input file
    open output file
    read input record = in_string
    gen. header seq
        print „Text ...“ line
        print empty line
    gen. header end
    build body seq
        total_chars := 0
        total_blanks := 0
        total_len := 0
        build extended strings iter until eof_indicator = 'E'
            build extended string seq
                chars := 0
                blanks := 0
                len := length(in_string)
                ind := 1
                process input string iter until ind > len
                    process character select substr(in_string, ind, 1) = ' '
                        blanks := blanks + 1
                        ind := ind + 1
                    process character select substr(in_string, ind, 1) <> ' '
                        chars := chars + 1
                        ind := ind + 1
                    process character end
                process input string end
                total_chars := total_chars + chars
                total_blanks := total_blanks + blanks
                total_len := total_len + len
                copy input string seq
                    copy in_string to output area
                copy input string end
                cnv. string counter seq
                    convert string counters to counter columns
                cnv. string counter end
                print copied in_string & counter columns
```

```
            read input record = in_string
         build extended string end
      build extended strings end
   build body end
   gen. footer seq
      convert total counters to counter columns
      print === line
      print „totals“ & counter columns
   gen. footer end
   close input file
   close output file
   stop
Example1 end
```

Dennoch würde dieser Code keinen Audit überstehen, bei dem unter anderem überprüft wird, ob die Schachtelung mehr als drei Ebenen tief ist. Die „flache“ Darstellungsform derselben Schematischen Logik sieht wie folgt aus:

```
Example1 seq
   open input file
   open output file
   read input record = in_string
   do gen. header
   do build body
   do gen. footer
   close input file
   close output file
   stop
Example1 end

gen. header seq
   print „Text ...“ line
   print empty line
gen. header end

build body seq
   total_chars := 0
   total_blanks := 0
   total_len := 0
   do build extended strings
build body end

gen. footer seq
   convert total counters to counter columns
   print === line
   print „totals“ & counter columns
gen. footer end
```

```
build extended strings iter until eof_indicator = 'E'
    do build extended string
build extended strings end

build extended string seq
    chars := 0
    blanks := 0
    len := length(in_string)
    ind := 1
    do process input string
    total_chars := total_chars + chars
    total_blanks := total_blanks + blanks
    total_len := total_len + len
    do cnv. string counter
    print copied in_string & counter columns
    read input record = in_string
build extended string end

process input string iter until ind > len
    do process character
process input string end

process character select substr(in_string, ind, 1) = ' '
    blanks := blanks + 1
    ind := ind + 1
process character select substr(in_string, ind, 1) <> ' '
    chars := chars + 1
    ind := ind + 1
process character end

copy input string seq
    copy in_string to output area
copy input string end

cnv. string counter seq
    convert string counters to counter columns
cnv. string counter end
```

Nun scheint die Übersichtlichkeit teilweise verlorengegangen zu sein. Sinnvoller wäre wohl eine Kombination beider Darstellungformen, bei der einerseits zu tiefe Schachtelungen vermieden, andererseits nicht so viele kleine Code-Sequenzen gebildet werden.

Was fällt ausserdem an der Schematischen Logik auf?

➢ Sie verdeutlicht, dass die bislang als formal bezeichneten Strukturblöcke oberhalb der I-Kontrollen in Wirklichkeit die Schleifen selbst repräsentieren. Dort sind die Iterations-Endebedingungen anzugeben. Beispiel: Build Extended Strings mit dem Schleifenkörper „build extended string".

- Die Auslagerung von Strukturblöcken mit **do**, das in Jacksons Buch übrigens nicht fett formatiert ist, entspricht dem PERFORM-Konstrukt in COBOL. Besonders die flache Darstellungsform erinnert an COBOL I, eine Sprache, die ausser dem Punkt keine explizite Beendigung einer Anweisung anbot. Erst mit COBOL II wurden Ende-Verben eingeführt – END-IF, END-EVALUATE, END-PERFORM etcetera – und es wurden Schleifenkonstrukte eingeführt, die nicht mehr zur Auslagerung der Schleifenkörper in eigene Paragraphen zwangen. Insofern war Jacksons Schematische Logik ihrer Zeit voraus. In seinem Buch sind allerdings viele Beispiele in COBOL I zu finden, das mittlerweile völlig antiquiert anmutet, was die Lektüre für heutige Programmierer(innen) stark erschwert.
- Jede benannte Struktur beginnt mit ihrem Namen, gefolgt von **seq** oder **iter until** plus Schleifenendebedingung oder **select** plus Auswahlbedingung des ersten Strukturblocks. Sie endet mit einer Zeile, die den Namen wiederholt, gefolgt von **end**. Bei Alternativen mit zwei oder mehr Fällen sind weitere Zeilen eingeschoben, die mit demselben Namen und einem weiteren **select** beginnen, gefolgt von der Auswahlbedingung des betreffenden Strukturblocks. Dadurch wirkt die Schematische Logik aufgebläht und erfordert viel Schreibarbeit, sowie große Sorgfalt. Nachträgliche Änderungen sind sehr aufwendig, vor allem, wenn auch noch Ein- und Ausrückungen korrigiert werden müssen, die sich über viele Zeilen erstrecken.
- Diese Ein- und Ausrückungen spiegeln die Tiefe wieder, die in der Programmstruktur mit Operationen jeweils erreicht ist. Das erleichtert zwar das Lesen der Schematischen Logik, erfordert aber große Disziplin. Es ist ziemlich wahrscheinlich, dass nach einigen Änderungen diese Schachtelungen nicht mehr stimmen.
- Für S3 wurde die SUBSTR-Formulierung gewählt. Diese ist am neutralsten.
- Es gibt keine Datendeklarationen und keine Parameter. Da die Schematische Logik dem Schreiben des eigentlichen Programms unmittelbar vorangeht, in dem zum Beispiel auf JSP basierende Unterprogramme mit ganz anders entwickelten Code-Teilen zusammen auftreten können, ist diese Selbstbeschränkung fragwürdig. Das Bestreben, möglichst universell nutzbar zu sein, und das Erfordernis der Klarheit stehen sich hier im Weg.
- Die Auflösung der Operationslisten in die sequentiell angeordneten Operationstexte macht die Schematische Logik zwar lesbarer, aber zugleich bei Änderungen anfälliger. Der Austausch eines Operationstexts gegen einen anderen muss an allen Stellen stattfinden, wo sonst die zugehörige Operationsnummer stünde, also bei häufig vorkommenden Operationen vielmals. Da kann schon mal etwas übersehen werden.

Diese Mängel haben es der Schematischen Logik verwehrt, zu einer populären Darstellungsform aufzusteigen. Da geübte Anwender der Methode ihr Programm sowieso meistens direkt aus der Programmstruktur mit Operationen ableiten, könnte der Nutzen der Schematischen Logik allenfalls in besonders vertrackten Fällen zum Tragen kommen – und dort hilft er nicht wirklich weiter. Für diese Fälle folgt daher anschließend ein weiterer Pseudocode, der sich schon oft bewährt hat.

Fazit: Die von Jackson propagierte Schematische Logik ist der Zeit um 1975 geschuldet, in der das Programmieren noch unter den Paradigma von ALGOL, COBOL I und FORTRAN zu stehen schien, obwohl damals bereits die ersten objektorientierten Sprachen aufkamen und die Vorgänger moderner Sprachen entstanden. Für diese Buchreihe hat sie nur noch historische Bedeutung.

3.4 BDL-Pseudocode

Dieser Pseudocode stammt aus dem Buch „Principles of Information Systems Analysis and Design" [7] von Harlan D. Mills[6], Richard C. Linger und Alan R. Hevner, Kapitel 2.6 „Introduction to Box Description Language" ab Seite 77ff. Die Programmstruktur mit Operationen wird in einen der „Box Definition Language" (BDL) ähnlichen Pseudocode transformiert, um diesen Code anschließend zu implementieren. Das ist natürlich nur dann sinnvoll, wenn

- dieser Zwischenschritt zur Erfüllung einer Vorschrift zwingend erforderlich ist, beispielsweise dann, wenn Programmvorgaben immer in Pseudocode abzufassen sind (und Struktogramme nicht akzeptiert werden), oder
- ein besonderer Schwierigkeitsgrad vorliegt, der eine Pseudocode-Darstellung zwingend nötig macht, zum Beispiel bei Programminversionen.

Die BDL wird in dem genannten Buch genau definiert und ausgiebig verwendet. Sie passt hier auch deshalb gut hin, weil sie sich einerseits klar von fachlich orientiertem Pseudocode, andererseits von den gängigen Implementierungssprachen abgrenzt. Verwechslungen sind somit leicht vermeidbar. BDL verwendet eine einfache, ALGOL- oder C-ähnliche Syntax.

3.4.1 Exkurs zum Hintergrund von BDL

Der Ausdruck „Box" bezieht sich auf die im Buch gelehrte Methode. Diese versucht, prozessorgesteuerte Geräte, organisationsinterne Prozesse und sogar ganze Anwendungssysteme durch hierarchische Zerlegung zu analysieren und zu beschreiben. Hierfür wird eine Systemsicht eingenommen, die von dem realen Substrat – Technik, Organisation, Programme / Daten – und den damit stattfindenden physischen Prozessen abstrahiert.

Jedes solche System wird als eine Black Box aufgefasst, die auf Stimuli (S) reagiert, also zum Beispiel auf Dialogeingaben, und daraufhin Antworten = Responses (R) erzeugt:

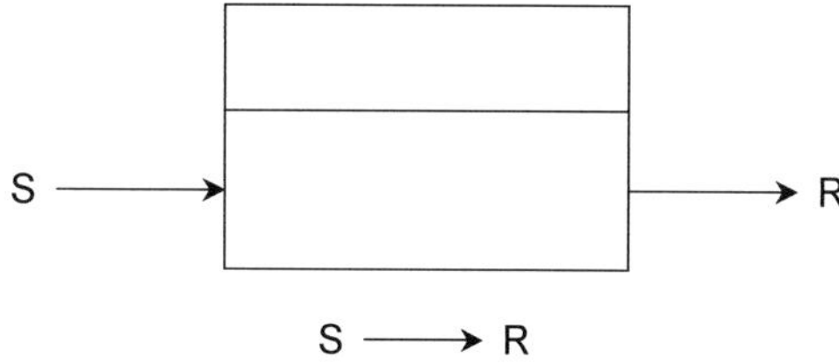

Original: Figure 2.5-1. Stimulus/Response Description of a Black Box.

Abbildung 3.5: *Systemsicht als Black Box*

Urheberrechtlicher **Hinweis**: Die Abbildungen in diesem Kapitel sind unveränderte Kopien aus [7] (Seiten 24 und 61 - 64), die mit freundlicher Genehmigung der Verlagsgesellschaft Elsevier verwendet werden. All Rights Reserved.

Das Verhalten einer solchen Black Box ist durch die Stimulus History bedingt, also durch die Geschichte aller früheren Interaktionen mit dem System. Je nachdem, welche Spuren diese Historie zurückliess und wie die inneren Bestandteile der Black Box konstruiert sind, können die Antworten auf einen wiederholten – identischen – Stimulus unterschiedlich ausfallen. Natürlich kann man in der Praxis keine beliebig weit zurückreichende Stimulus History aufbewahren und vor jeder Systemreaktion konsultieren. Daher wird diese Historie in den

Status-Vektor einer Zustandsmaschine = State Machine transformiert. Darunter kann man sich einen möglicherweise sehr komplexen Automaten vorstellen:

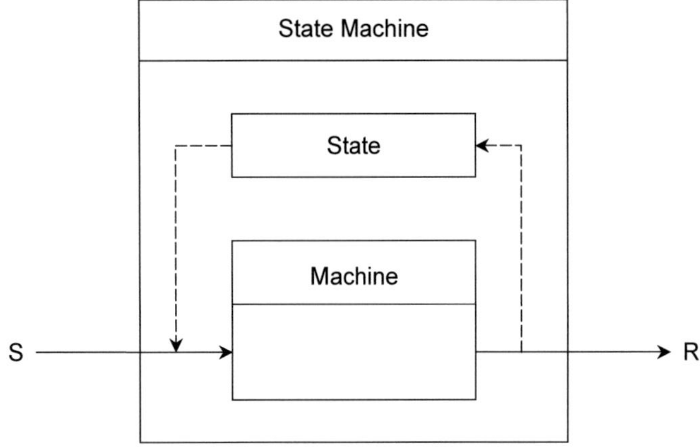

Original: Figure 3.1-1. State Machine.

Abbildung 3.6: *Diagramm der State Machine*

Die State Machine muss nun in Arrangements einfacherer Komponenten zerlegt werden. Diese sind ihrerseits Black Boxes. Sie werden durch Sequenz, Alternative, Iteration oder Parallelverarbeitung miteinander verknüpft. Diese Komponenten haben Zugang zum gemeinsamen Status-Vektor, besitzen aber auch ihre eigene Stimulus History und somit jeweils einen Status-Vektor. Sie heißen „Clear Boxes".

Die folgenden Grafiken zeigen die vier Clear Box-Arten:

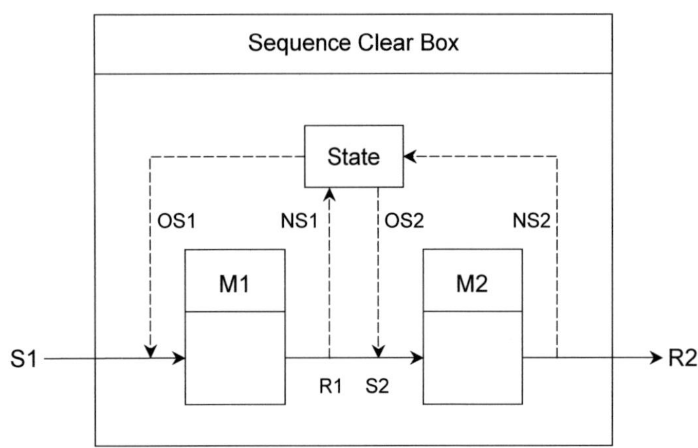

Original: Figure 4.1-2. The Sequence Clear Box Structure.

Abbildung 3.7: *Diagramm der Sequence Clear Box*

Die Abkürzungen bedeuten:

S1 = Stimulus für Machine M1
R1 = Response von M1
S2 = Stimulus für Machine M2 = R1
R2 = Response von M2
OS1 = Old State 1

NS1 = New State 1
OS2 = Old State 2
NS2 = New State 2

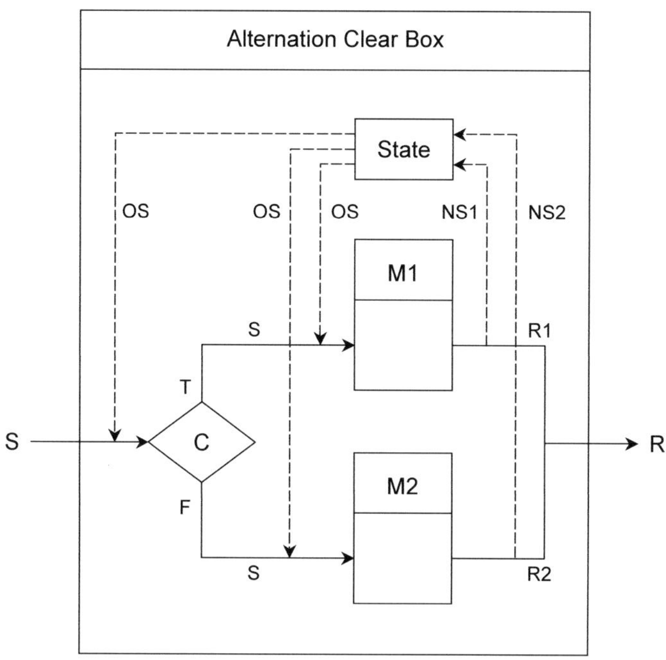

Original: Figure 4.1-3. The Alternation Clear Box Structure.

***Abbildung 3.8:** Diagramm der Alternation Clear Box*

Die neuen Abkürzungen bedeuten:

C Conditional test
T True
F False
OS Old State

Anmerkung: Es existiert zusätzlich eine „Case Clear Box Structure“, die eine Auswahl aus mehr als zwei Black Boxes trifft. Sie ist eine Generalisierung der hier gezeigten Alternation Clear Box Structure.

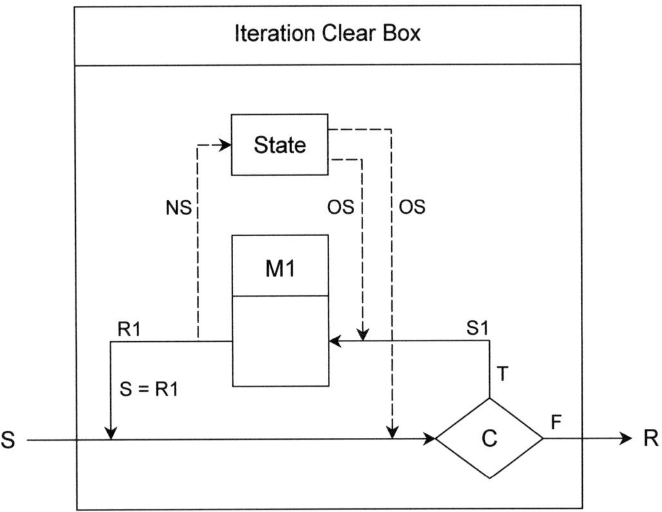

Original: Figure 4.1-5. The Iteration Clear Box Structure.

Abbildung 3.9: *Diagramm der Iteration Clear Box*

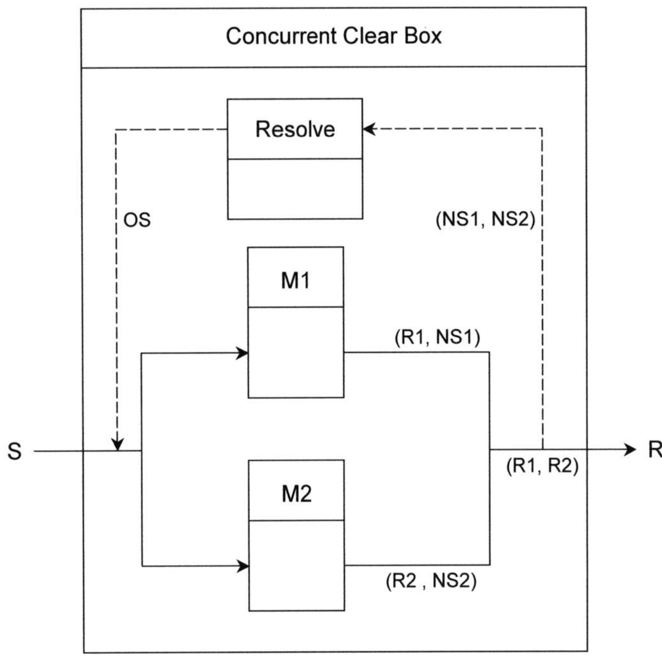

Original: Figure 4.1-5. The Concurrent Clear Box Structure.

Abbildung 3.10: *Diagramm der Parallelverarbeitungs-Clear Box*

Es ist nicht möglich und auch nicht sinnvoll, hier auf diese Strukturen detailliert einzugehen. Die Komplexität der Modellierung wird jedoch schon beim Betrachten der vielen Pfeile deutlich, denen jeweils konkrete Bedeutungen im Rahmen der zugrundeliegenden Automatentheorie zuzuordnen sind.

Durchgezogene Pfeile entsprechen Datenflüssen, die bis auf die Ebene einzelner Datenpakete heruntergebrochen werden müssen. Als Datenpaket kann beispielsweise auch der Transfer gedeutet werden, den ein einzelner Tastendruck auf einem Taschenrechner verursacht. Gestrichelte Pfeile deuten an, wie Statusinformationen auf die Behandlung der Datenflüsse oder Datenpakete einwirken. Die Grafiken implizieren, dass Statusinformationen und Aktionsdaten zusammengeführt werden, bevor diese eine Black Box oder ein Verzweigungselement erreichen. Es ist jedoch visuell unklar, wie das geschehen soll, da an diesen Stellen keine dafür zuständige Instanz erkennbar ist. Besser wäre es gewesen, die Statusinformationen an Steuereingänge der Black Boxes oder der Verzweigungselemente anzulegen beziehungsweise diese von Steuerausgängen zu entnehmen.

Der Zerlegungs- und Abbildungsvorgang Black Box ⇨ State Machine ⇨ Clear Box wird so lange wiederholt, bis die Clear Boxes einfach genug sind, um in BDL beschrieben zu werden. Dabei kann zum Beispiel folgender Zerlegungsbaum entstehen:

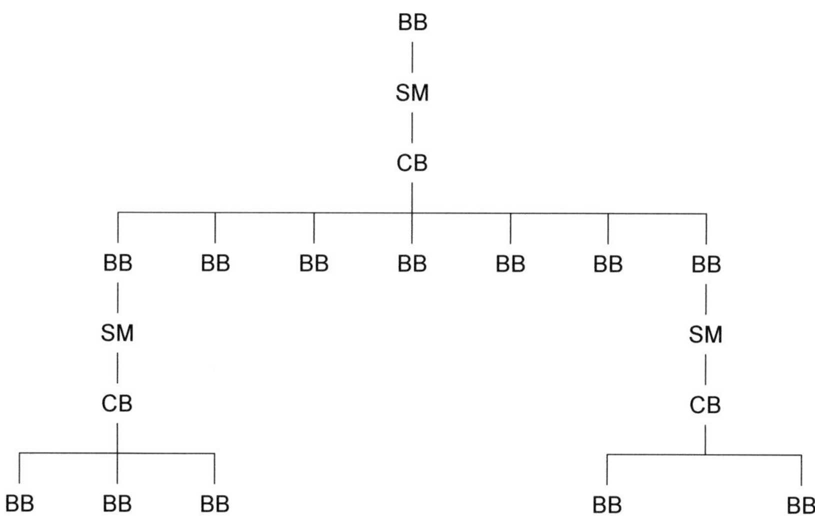

Original: Figure 1.4-1. A Box Structure Hierarchy.

Abbildung 3.11: *Eine Hierarchie Black Box (BB) – State Machine (SM) – Clear Box (CB) – Black Box etcetera*

Die Analogie zu den Jackson-Struktogrammen ergibt sich daraus, dass in beiden Fällen eine hierarchische Zerlegung stattfindet. Allerdings behandelt Jackson die Datenstrukturen und die Programmstrukturen gleich, während die Box-Methode eine rein prozedurale Sicht einnimmt. Sie kann daher auch als ereignisorientierte Analogie zur JSP-Methode aufgefasst werden, bei der allerdings die in der Abfolge der „Ereignisse" möglicherweise enthaltene Information *nicht* verwendet wird, um daraus die Programmstrukturen abzuleiten. Deshalb ähnelt sie am ehesten einem transaktionsorientierten Vorgehen.

Die Box-Methode eröffnet theoretisch die Möglichkeit, ein komplexes Anwendungssystem durch wiederholtes Anwenden derselben Partitionierungsprinzipien in seine elementaren Bestandteile zu zerlegen und diese zu implementieren. Aufgrund des Konstruktionsprinzips müsste das fertige System genau das gewünschte Verhalten aufweisen.

Dieser Ansatz ist einer der Vorgänger von Edward Yourdon's „Modern Structured Analysis" (MSA), die sich unter anderem des sogenannten Event Partitioning bedient. Die MSA ist eine äußerst nützliche Methode, mit der komplexe Anwendungssysteme auf nachvollziehbare und stringente Weise analysiert und entworfen werden können.

Das kann man von der Box-Methode leider nicht behaupten. Sie führt letztendlich zu einer unüberschaubaren Menge von Diagrammen mit den drei Strukturen, sowie des entsprechend fragwürdigen BDL-Codes. Zudem ist die Datenstrukturkomponente der Methode so unterentwickelt, dass sie etwa mit dem Entity Relationship-Ansatz bei weitem nicht mithalten kann. Es ist wohl auch eine Überforderung (und eine Hybris), kleinste Objekte wie Taschenrechner und riesige Objekte wie ganze Anwendungssysteme mit ein- und derselben Methodik beschreiben zu wollen.

Zudem ist der Ansatz, Anwendungssysteme hierarchisch zu zerlegen, oftmals gescheitert, weil er von der Annahme ausgeht, dies sei überschneidungsfrei möglich. Tatsächlich zeigt sich jedoch häufig, dass Funktionalitäten eines Zerlegungsstrangs auch in einem anderen benötigt werden, was entweder zu unerwünschter oder sogar gefährlicher Redundanz führt, oder mit einer alternativen Zerlegung zu vermeiden versucht wird. Letztlich stellt es sich nicht selten heraus, dass die eingangs gewählte Zerlegung weiter unten nicht mehr umgestossen werden kann, umgekehrt aber die auf der Detailebene neu gefundene Zerlegung nicht zur Partitionierung des Gesamtsystems taugt.

Beispiel: Ein Lagerhaltungssystem behandelt Einlagerung, Umlagerung und Auslagerung. Das sind scheinbar getrennte Funktionen, aber die Umlagerung zerfällt in eine lagerinterne Auslagerung mit nachfolgender Einlagerung. Gibt es also nur zwei Black Boxes namens Einlagerung und Auslagerung? Nein, denn eine Umlagerung unterscheidet sich von Einlagerung und Auslagerung in so vielen Punkten, dass sie darunter nicht subsumiert werden kann. Diese Unterschiede erzwingen eine eigene Modellierung, aber diese führt nach einigen Zerlegungen unumgänglich zum mehrfachen Auftreten derselben Prozesse beziehungsweise Funktionen oder Methoden in getrennten Systemteilen.

Die Ursache dieses Problems ist die unbegründete Annahme, Anwendungssysteme müssten hierarchisch zerlegbar sein. Verzichtet man auf diese Zwangsjacke, so wie es Yourdon tat, so entsteht eine natürliche Modellierung, die das Auftreten identischer Teile in unterschiedlichen Prozessen nicht als Problem, sondern als Vereinheitlichungs- oder Wiederverwendungsoption ansieht.

Folglich war die Mills-/Linger-/Hevner-Methode zwar chancenlos, aber nicht völlig nutzlos. Die von den Autoren vorgestellte Modellierungssprache „Block Definition Language" ist hinreichend modern, um Jacksons Schematische Logik abzulösen und somit den Übergang von der Modellierung zur Implementierung relativ aktuell und zugleich plattformneutral zu gestalten. Eine weitere mögliche Anwendung der BDL ist die Transformation unübersichtlicher oder problematischer Flussdiagramme in einfachere Strukturen. Sie wird von den drei Autoren im Kapitel „Deriving Clear Boxes from Natural Procedures" vorgeführt. Da die Modellierung nach Jackson stets wohlgeformte Flussdiagramme hervorbringt, ist die Anwendung dieser Transformation im Allgemeinen nicht erforderlich, ausser bei Programminversionen, beim Backtracking oder beim Restart von Programmen, die beispielsweise Datenbanken modifizieren.

3.4.2 Die BDL-Syntax

… enthält weit mehr Schlüsselworte und Formulierungsmöglichkeiten, als im Jackson-Kontext sinnvoll verwendet werden können. Die methodenspezifischen Sprachanteile, die letztlich aus der Automatentheorie stammen, sind hier nicht anwendbar. Daher wurden diejenigen Sprachmittel ausgewählt und angepasst, die einen modernen Pseudocode für JSP-Zwecke ergeben.

Folgende Regeln gelten:

- Schlüsselworte werden fett gedruckt beziehungsweise handschriftlich unterstrichen.
- Einige Schlüsselworte bilden wie folgt jeweils eine Klammer: **proc** – **corp**, **do** – **od**, **case** – **esac** und **if** – **fi**. Für ausgelagerte Sequenzen wurde die Klammer **seq** - **qes** hinzugefügt. Nach **proc** oder **seq** folgt die Bezeichnung, die im jeweils obersten Block der Programmstruktur steht.
- Eine Schleife wird wie folgt geschrieben: **until** <k> **do** … **od**, wobei <k> das Schleifenendekriterium ist. In der BDL wird die – abweisende – Schleife mit **while** codiert, was dazu zwingen würde, entgegen dem JSP-Standard die Schleifenendekontrollen zu invertieren.
- Fallkonstrukte werden mit **case** und **part** <p> geschrieben, wobei <p> das jeweilige Auswahlkriterium ist. Der letzte Fall, wenn alle expliziten Kriterien erschöpft sind, heißt **default.** **part**s können unmittelbar aufeinanderfolgen, was bedeutet, dass in all diesen Fällen dieselbe Verarbeitung auszuführen ist, die dem letzten **part** in einer solche Liste folgt. **part** und **default** eröffnen jeweils eine Klammer, die durch den nachfolgenden Term **part** | **default** | **esac** geschlossen wird.
- **proc**- oder **seq**-Inhalte, Schleifenkörper und bedingte Anweisungen werden eingerückt.
- Zuweisungen sind in ALGOL-Syntax geschrieben.
- Einfache zusammengesetzte Anweisungen werden durch Semikolon getrennt. Beispiel: a := 0; b := 1
- Wenn aus dem Kontext nicht klar ist, welche Anweisungen zusammengehören, werden sie zwischen **do** und **od** eingeschlossen. Diese Klammern können also weggelassen werden, wenn – zusammengesetzte – Anweisungen ihrerseits unmittelbar von äußeren Klammern umschlossen sind, wie zum Beispiel **if** <s> **then** … **else** … **fi**, wobei <s> die Auswahlbedingung ist.
- Ausgelagerte Pseudocode-Teile werden mit **use**„ausgeführt". Sie beginnen mit **seq** und enden mit **qes**.
- Unterprogrammaufrufe erfolgen mit **call**.
- Datendeklarationen und Parameter sind möglich. Da die BDL-Deklarationsmittel für Daten nicht präzise genug sind, wird stattdessen eine an SQL/PL angelehnte Syntax verwendet (siehe spätere Beispiele).
- Kommentare werden in Klammern geschrieben und können überall eingestreut werden, wo dies syntaktisch eindeutig möglich ist.
- Falls erforderlich oder sinnvoll, können zusammengesetzte Anweisungen als „Procedure Statements" zusammengefasst und mit PSn abgekürzt werden, wobei n eine laufende Nummer ist. Jedes Konstrukt, das nur einen Eingang und einen Ausgang hat, eignet sich für diese Abkürzung.

Die „Abbildung 3.12: Umsetzung von Strukturblöcken in Pseudocode" auf Seite 70 veranschaulicht einige dieser Regeln.

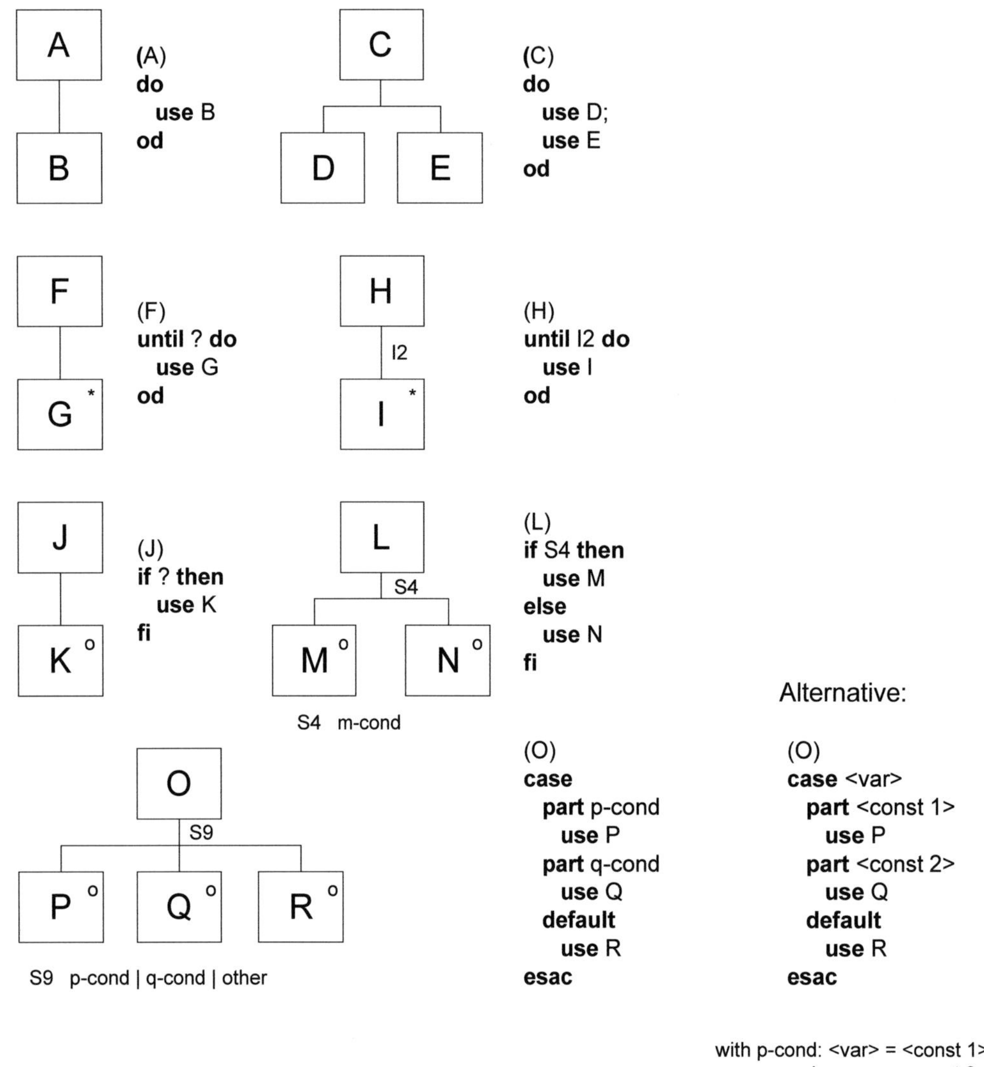

Abbildung 3.12: *Umsetzung von Strukturblöcken in Pseudocode*

Damit wird die Beispiel-Programmstruktur mit Operationen in den folgenden Pseudocode transformiert, ohne die Operationskürzel in ihre Volltexte zu expandieren:

```
proc Example1;
   1,2,6,7,8,9,10,11;
   until I1 do
      12,13,14,15;
      until I2 do
         if S3 then
            18,16
         else
            17,16
         fi
```

```
        od;
        19,20,21,22,23,24,6
    od;
    25,26,27,3,4,5
corp
```

Das folgende Flussdiagramm zeigt einen weiteren Vereinfachungsschritt

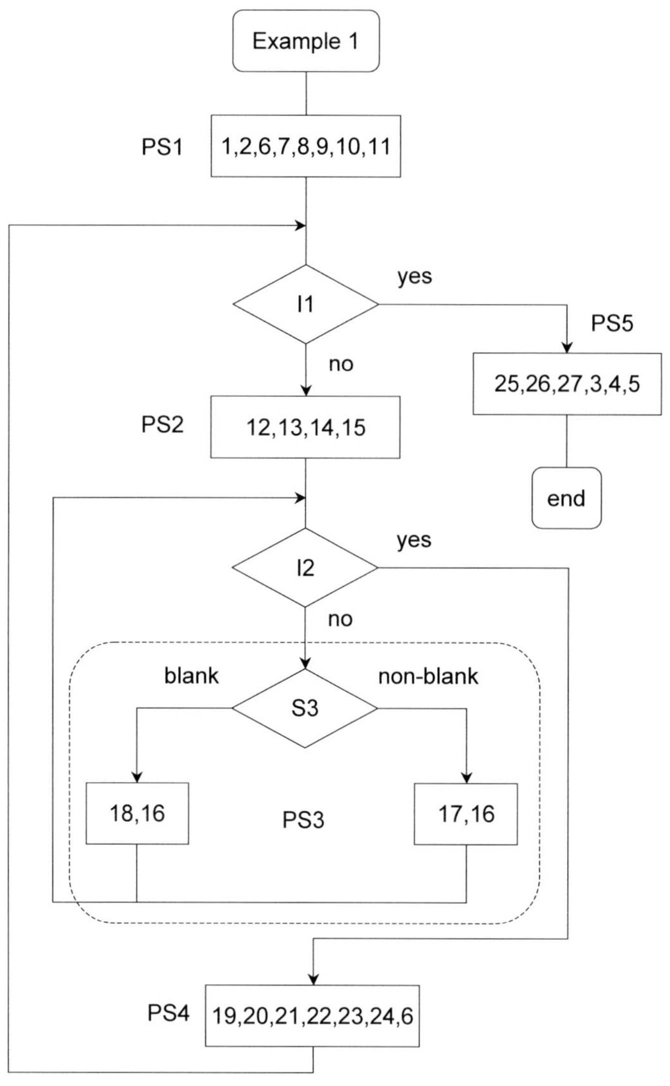

Abbildung 3.13: *Zusammenfassung von Anweisungen zu Procedure Statements*

Aus der Operationsfolge 1,2,6,7,8,9,10,11 wird PS1. Die Abfrage S3 und die nachfolgenden Operationen 18,16 beziehungsweise 17,16 werden zu PS3 zusammengefasst etcetera.

Nun könnte man noch weitergehen und beispielsweise die I2-Schleife als Procedure Statement PS6 zusammenfassen. Danach käme die I1-Schleife dran. Am Ende wäre das ganze Programm ein einziges Procedure Statement. Das ist zwar sehr übersichtlich, zugleich aber auch sinnlos. Da zumindest die Schleifen-Kontrollstrukturen und wesentliche Alternativ-Abfragen gezeigt werden sollen, wird die Zusammenfassung bei hinreichender Vergröberung abgebrochen. Was hinreichend ist, wird von Fall zu Fall entschieden.

Das vorliegende Flussdiagramm schrumpft daher zu folgendem Gebilde zusammen:

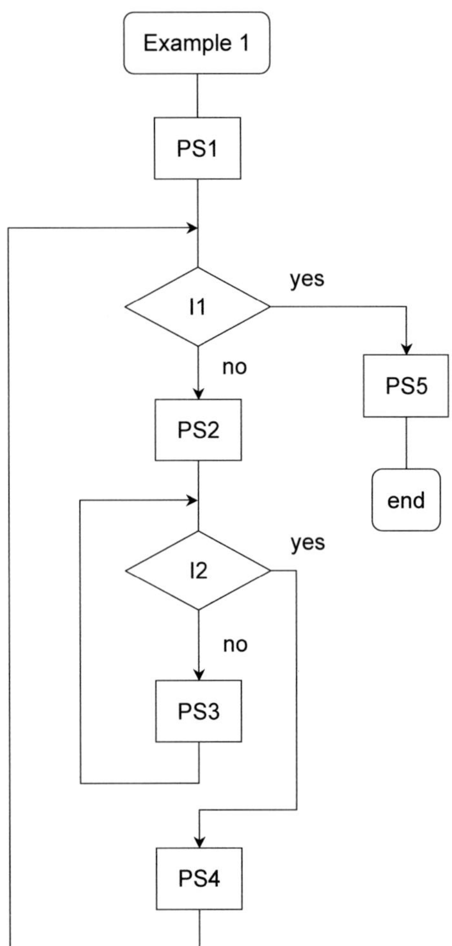

Abbildung 3.14: *Stark verdichtetes Flussdiagramm mit Procedure Statements*

Der folgende Pseudocode entspricht diesem Flussdiagramm:

```
proc Example1;
   PS1;
   until I1 do
      PS2;
      until I2 do
         PS3
      od;
      PS4
   od;
   PS5
corp
```

Kürzer geht es kaum. Beim Programmieren müssen natürlich die Procedure Statements wieder in ihre Bestandteile aufgelöst werden, was aber nicht schwierig ist. Ausserdem wird so die Redundanz vermieden, die sich in der Schematischen Logik bei Änderungen von Operationstexten so nachteilig bemerkbar macht. Der Umweg über das Flussdiagramm – und der damit verbundene Zeichenaufwand, sowie die Irrtumsmöglichkeiten – oder über einen umfangreichen BDL-ähnlichen Pseudocode können ausserdem leicht vermieden werden, wenn die Zusammenfassungen schon in der Programmstruktur mit Operationen vorgenommen werden.

Dies zeigt die folgende Grafik:

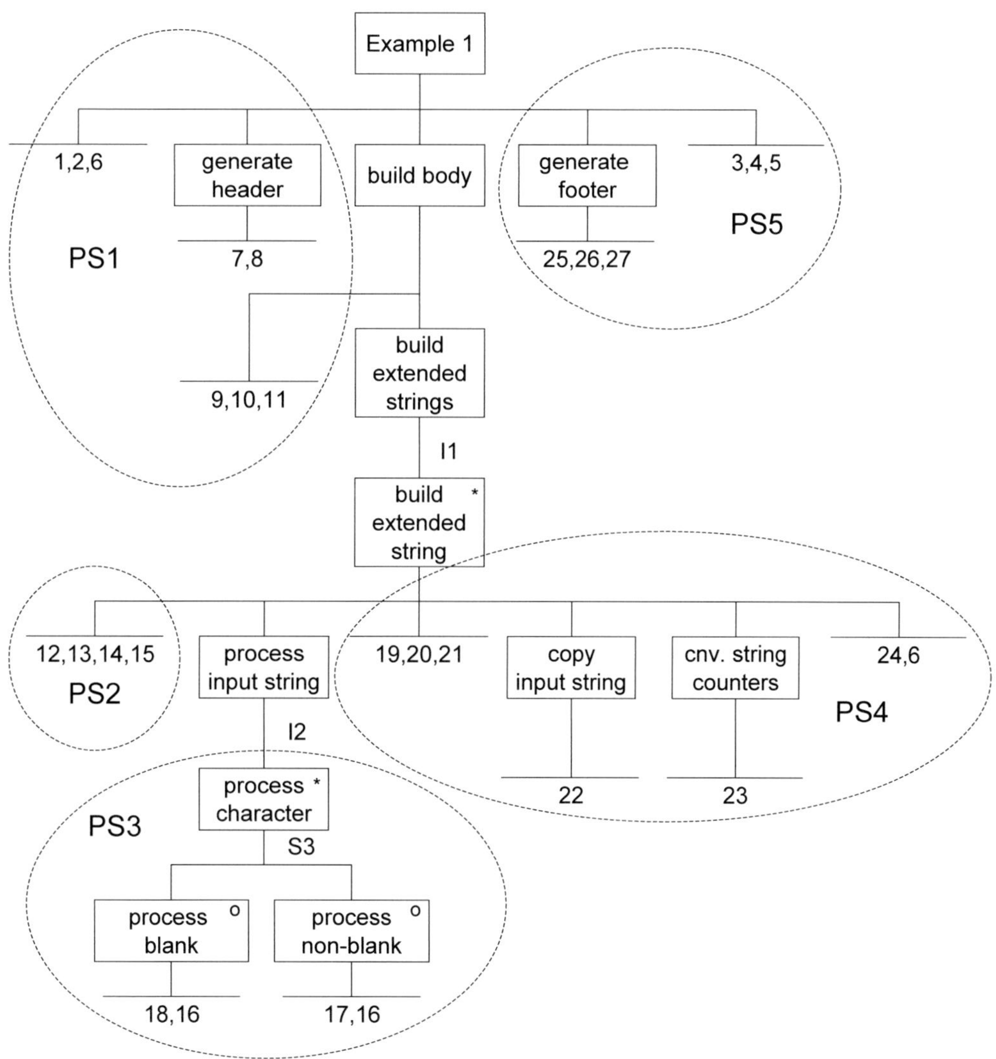

***Abbildung 3.15:** Mögliche Zusammenfassungen zu Procedure Statements in der Programmstruktur*

Auch komplexe Struktogramme können rasch in diesen Pseudocode übersetzt werden. Daher ist er als Übergang zur Programmierung der Schematischen Logik allemal vorzuziehen. Allerdings wird ab hier die Bezeichnung BDL nicht mehr verwendet, weil sie zum einen an die Top-Down-Analysemethode gebunden ist, zum anderen nach und nach weitere Pseudocode-Elemente definiert werden, die mit dem ursprünglichen Zweck der Sprache nichts mehr zu tun haben. Da Jackson die etwas fremdartige Bezeichnung „Schematische Logik" einführte, wird die an die BDL angelehnte Form ab hier einfach **Pseudocode** genannt.

3.5 Anmerkungen zum Pseudocode

Der von der BDL abstammende Pseudocode wird – ausser für die vorangehenden Zwecke – auch dazu verwendet, die Operationen und Kontrollen zu definieren. Erste Beispiele hierzu liefert die Liste der Operationen im Kapitel „2.8 Programmstruktur mit Operationen ergänzen" auf Seite 34 ff. Dort – und auch in den vielen noch folgenden Operationslisten – sind meistens einfache Zuweisungen oder arithmetische Operationen beziehungsweise String-Manipulationen zu finden. Es ist aber auch zulässig, einfache Abfragen und sogar Schleifenkonstrukte als Operationen zu formulieren, um die grafische Modellierung zu erleichtern. Das darf aber nur sehr diszipliniert verwendet werden, damit die Programm-Struktogramme nicht durch versteckte Funktionalität entwertet werden. Im geeigneten Fall kann diese Option aber dazu dienen, unnötig aufwendige Grafiken zu vermeiden.

Da die Operationen häufig zielsystem-neutral formuliert werden, sind auch Texte wie „convert string counters to counter columns" (Op. 23) zulässig – vorausgesetzt, dass die Bedeutung solcher Anweisungen andernorts exakt definiert wird. Auch das ist also Pseudocode. Die Operationen sollen zwar möglichst klar formuliert werden, aber auch dann gibt es gegebenenfalls noch Interpretationsspielräume. Daher enthalten die künftigen Operationslisten eine weitere Spalte „Kommentar", die nicht für jede Operation ausgefüllt werden muss. Diese Spalte bietet vor allem die Möglichkeit, Klarstellungen vorzunehmen oder nützliche Anmerkungen zu machen. Beispiel: Kapitel „7.6 Operationen" auf Seite 139 ff.

Am Anfang dieses Beispiel-Kapitels findet sich auch das erste Exemplar einer Array-Deklaration, das sich an den Stil von PL/SQL[7] anlehnt. Wer es unbedingt möchte oder es für erforderlich hält, kann auch einfache (nicht zusammengesetzte) Datenelemente in ähnlicher Form deklarieren. Das ist vor allem dann sinnvoll, wenn die Implementierung von Programmierer(inne)n vorgenommen werden soll, die „harte" Vorgaben benötigen. Die Herkunft der JSP-Methode macht sich bei alledem insofern bemerkbar, als es keine Deklarationsform gibt, die den OO-Klassendefinitionen entspräche. Diesen Mangel kann man aber auch insofern als Vorteil deuten, dass die Entwicklung sinnvoller Klassen zum Zeitpunkt des Erstellens von Operationslisten häufig noch als zu schwierig erscheint. Es wäre an dieser Stelle zudem verfrüht, das komplexe – im Folgekapitel „4 Objektorientierte Implementierungsvorbereitungen" auf Seite 79 ff beginnende – Thema „OO-Programmierung auf JSP-Basis" anzuschneiden.

Kontrollen können am Beginn einer Modellierung häufig nur unscharf definiert werden. Dafür ist jede geeignete verbale Form zulässig, auch wenn sie zunächst als umständlich erscheinen mag. Erst nach und nach werden die Datenelemente und Informationseinheiten (= Aggregate einfacherer Strukturen oder Datenelemente) sichtbar, auf welche sich die Kontrollen stützen. Dann kommt die Zeit, um die Kontrollen so weit zu präzisieren, wie möglich und sinnvoll. Das heisst, dass an die Stelle der verbalen Beschreibungen Ausdrücke treten, die sich auf die Daten stützen. Diese Ausdrücke müssen der boole'schen Logik folgen, also jeweils ein wohldefiniertes Ergebnis abliefern. „Fuzzy Logic" ist nicht vorgesehen. Im Verlauf dieser Präzisierung wird zwingend klar, ob die Kontrollen problemlos umsetzbar sind, also anhand des aktuell im Speicher des Programms befindlichen Datenmaterials an ihrem jeweiligen Ort sofort entschieden werden können, oder ob das nicht zutrifft. Im zweiten Fall liegt ein Problem vor, das entweder durch eine andere Modellierung desselben Sachverhalts gelöst werden kann, oder das einer speziellen Lösung bedarf. Die Stichworte hierzu lauten: Mehrfaches Vorlesen, Backtracking und Programminversion. Diese Optionen werden in künftigen Kapiteln intensiv diskutiert.

Der Pseudocode umfasst also die Operationen, die Kontrollen, die Definitionen von Datenelementen beziehungsweise Informationseinheiten, sowie – optional – die Umsetzung von Programm-Struktogrammen in Text.

Endnoten

1 Das **Rathaus von Lemgo** im Kreis Lippe ist ein epochenübergreifendes Baudenkmal von besonderer Bedeutung. Es steht auf der UNESCO-Liste 1 als Kunstwerk von europäischem Rang. Die Anfänge des Gebäudes liegen im Bau einer gotischen Markthalle, die in der mittelalterlichen Handelsstadt bald als Rathaus ausgebaut wurde, in dem verschiedene kommunale Funktionen eingerichtet wurden. Die Bauphasen liegen in der Blütezeit der Hansestadt Lemgo in Gotik und Renaissance. Die Prunkfassaden der Ratslaube und der Apothekenauslucht nehmen einen besonderen Rang in der regionalen Weserrenaissance ein.

[Wikipedia-Seitentitel: Rathaus (Lemgo)
Datum der letzten Bearbeitung: 14. Januar 2021, 09:18 UTC
Versions-ID der Seite: 207628342
Permanentlink: https://de.wikipedia.org/w/index.php?title=Rathaus_(Lemgo)&oldid=207628342
Datum des Abrufs: 13. Juni 2022, 17:28 UTC]

2 Die **sieben freien Künste** (lateinisch **septem artes liberales**, kurz auch **(sieben) artes liberales**, seltener auch studia liberalia) sind ein in der Antike entstandener Kanon von sieben Studienfächern. Aus den freien Künsten bestand traditionell die einem freien Mann ziemende Bildung, ihre Siebenzahl ist aber erst in der Spätantike bezeugt. Im mittelalterlichen Lehrwesen galten sie als Vorbereitung auf die Fakultäten Theologie, Jurisprudenz und Medizin.

[Wikipedia-Seitentitel: Sieben freie Künste
Datum der letzten Bearbeitung: 15. Mai 2022, 09:50 UTC
Versions-ID der Seite: 222890303
Permanentlink: https://de.wikipedia.org/w/index.php?title=Sieben_freie_K%C3%BCnste&oldid=222890303
Datum des Abrufs: 13. Juni 2022, 17:29 UTC]

3 **Augusta Ada King-Noel**, **Countess of Lovelace**, allgemein als **Ada Lovelace** bekannt (geborene Hon. Augusta Ada Byron; * 10. Dezember 1815 in London; † 27. November 1852 ebenda), war eine britische Mathematikerin und Gesellschaftsdame, die Tochter des Dichters Lord Byron.

Sie arbeitete mit Charles Babbage an der von ihm entwickelten Analytical Engine. Die Analytical Engine wurde zwar niemals fertig gestellt, aber Ada Lovelace erkannte das große Potential dahinter über die Verwendung als Maschine zur Berechnung mathematischer Tafeln hinaus, die ihr Erfinder Charles Babbage zunächst im Auge hatte. Dies manifestierte sich 1843 in selbst hinzugefügten Notizen zu ihrer Übersetzung eines Artikels von Luigi Federico Menabrea über die Analytical Engine, die dreimal so lang waren wie der ursprüngliche Text. Die Erkenntnis, dass die Maschine mehr als nur Zahlen verarbeiten könnte, war bahnbrechend, dies wurde jedoch zu ihrer Lebzeit nicht erkannt. Sie legte in ihren Aufzeichnungen und in der Veröffentlichung auch ein konkretes Programm für die Maschine am Beispiel der Berechnung von Bernoulli-Zahlen vor. Daher gilt sie manchen Historikern als erste Programmiererin der Welt. Dies wurde vor allem von Doron Swade, der sich intensiv mit Charles Babbages Biographie befasst, mit dem Argument kritisiert, konkrete Programmbeispiele hätten sich auch mehrere Jahre zuvor in Babbages Aufzeichnungen befunden. Das ändere nach Swade aber nichts an ihrer eigentlichen Bedeutung, visionär die weit über konkrete Rechnungen hinausgehende Bedeutung des Computers erkannt zu haben.

Die Programmiersprache Ada, die Lovelace Medal sowie der Ada Lovelace Award wurden nach ihr benannt.

[Wikipedia-Seitentitel: Ada Lovelace
Datum der letzten Bearbeitung: 22. Mai 2022, 10:33 UTC
Versions-ID der Seite: 223072265
Permanentlink: https://de.wikipedia.org/w/index.php?title=Ada_Lovelace&oldid=223072265
Datum des Abrufs: 13. Juni 2022, 17:30 UTC]

4 **Charles Babbage** (* 26. Dezember 1791 in Walworth, Grafschaft Surrey, England; † 18. Oktober 1871 in London) war ein englischer Mathematiker, Philosoph, Erfinder und Politischer Ökonom. Babbage ist vor allem

für die von ihm entwickelte Rechenmaschine Analytical Engine bekannt. Diese gilt als Vorläufer des modernen Computers. 1854 gelang ihm als Erstem die Entzifferung einer Vigenère-Chiffre. Nach Babbage sind der Asteroid (11341) Babbage und der Mondkrater Babbage benannt.

[Wikipedia-Seitentitel: Charles Babbage
Datum der letzten Bearbeitung: 6. Mai 2022, 00:09 UTC
Versions-ID der Seite: 222648767
Permanentlink: https://de.wikipedia.org/w/index.php?title=Charles_Babbage&oldid=222648767
Datum des Abrufs: 13. Juni 2022, 17:31 UTC]

5 Lovelace [...] verglich die „analytische Maschine" mit dem zu dieser Zeit hochmodernen dampfbetriebenen Jacquard-Webstuhl. Diese neuartigen Webstühle konnten per Lochkartenprogrammierung beliebig komplizierte Muster ohne direkten menschlichen Einfluss herstellen.

[Quelle: siehe Wikipedia-Artikel „Ada Lovelace" – zuvor zitiert]

6 **Harlan D. Mills** (* 14. Mai 1919 in Liberty Center, Iowa; † 8. Januar 1996) war ein amerikanischer Informatiker, bekannt für Beiträge zur Softwaretechnik und zur Strukturierten Programmierung.

Mills war im Zweiten Weltkrieg Bomberpilot und Fluglehrer und wurde 1952 an der Iowa State University in Mathematik promoviert. Er lehrte an verschiedenen Universitäten (wie der Iowa State, der Johns Hopkins University, der University of Maryland, der Princeton University und der New York University) und war von 1964 bis 1987 bei IBM, wo er 1973 den Status eines IBM Fellow erreichte und Leiter des Software Engineering sowie Mitglied des IBM Corporate Technical Committee war. Zuletzt war er Direktor des von ihm gegründeten Information Systems Institute in Vero Beach und Professor am Florida Institute of Technology.

7 **PL/SQL** (**P**rocedural **L**anguage/**S**tructured **Q**uery **L**anguage) ist eine proprietäre Programmiersprache der Firma Oracle®.

PL/SQL verbindet die Abfragesprache SQL mit einer prozeduralen Programmiersprache. Die Syntax ist stark an die Programmiersprache Ada angelehnt.

Unterstützt werden Variablen, Bedingungen, Schleifen und Ausnahmebehandlungen. Ab Version 8 des Oracle-RDBMS halten auch objektorientierte Merkmale Einzug.

[Wikipedia-Seitentitel: PL/SQL
Datum der letzten Bearbeitung: 28. Juni 2021, 14:45 UTC
Versions-ID der Seite: 213370029
Permanentlink: https://de.wikipedia.org/w/index.php?title=PL/SQL&oldid=213370029
Datum des Abrufs: 13. Juni 2022, 17:36 UTC]

06/2022 Geometria und Astrono(mia) an der Westseite der Ratslaube

Objektorientierte Implementierungsvorbereitungen

Das Bild auf der linken Seite zeigt einen anderen Ausschnitt der Darstellung der „freien Künste" an der Ratslaube des Lemgoer Rathauses. Wir sehen die „GEOMETRIA", die nicht einfach eine Weiterentwicklung der Arithmetik ist, sondern ein eigenes Gebiet der Mathematik darstellt. In der analytischen Geometrie, die beispielsweise die Berechnung von Kegelschnitten zum Thema hat, finden die beiden Gebiete zusammen. Ein anderes Beispiel zu dieser komplexen Beziehung: Der große Satz von Fermat[1] (1607 – 1665), der auf einer einfachen Exponentialgleichung beruht, konnte erst über 350 Jahre später (1994) durch Andrew Wiles und seinen Schüler Richard Taylor mit Hilfe der Theorie elliptischer Kurven bewiesen werden.

1967 entstand mit den Hypothesen von Robert Langland ein neuer Forschungszweig der Mathematik, der es sich zur Aufgabe machte, „verschiedenste Bereiche der Mathematik zusammenzuführen" – so die Ausgabe 4.22 von „Spektrum der Wissenschaft", welche diesem Forschungsthema ihre Titelseite mit der Schlagzeile „Die Weltformel der Mathematik" widmete. Zwei umfangreiche Artikel berichteten im Heft von den Fortschritten auf diesem Gebiet, die das „Spektrum" so zusammenfasste: „Nun haben zwei Forscher einen enormen Fortschritt erzielt, indem sie eine Verbindung zwischen der Zahlentheorie und der Geometrie gefunden haben"[2].

1967 – das war zwei Jahre vor der ersten Mondlandung, für deren Bahnberechnungen damals die Rechner der IBM-7040-Reihe eingesetzt wurden, von denen jeder mit 65.536 Speicherzellen à 36 Bit ausgestattet war…

Dem Verhältnis von Arithmetik und Geometrie ähnelt das Verhältnis zwischen algorithmischer und objektorientierter Programmierung. Letztere ist nicht „besser" als erstere, sondern mit eigenen Qualitäten ausgestattet. Das hat auch Ada Lovelace erkannt. Sie formulierte das so:

> *»[Die Analytical Engine] könnte auf andere Dinge als Zahlen angewandt werden, wenn man Objekte finden könnte, deren Wechselwirkungen durch die abstrakte Wissenschaft der Operationen dargestellt werden können und die sich für die Bearbeitung durch die Anweisungen und Mechanismen des Gerätes eignen.[3]«*

In diesem Satz mischen sich Algorithmik und Objektorientierung auf eine ähnliche Weise wie in dieser Buchreihe, die nicht von einem Gegensatz zwischen den unterschiedlichen Programmiermethoden, sondern von einer friedlichen Koexistenz, ja sogar von einer – begrenzten – wechselseitigen Ineinander-Umwandelbarkeit ausgeht. Das folgende Kapitel konkretisiert diesen Gedanken. Zuvor sollten wir einen Augenblick innehalten und die visionäre Kraft von Ada Lovelace bewundern, die von „Objekten", „Operationen" und „Mechanismen" schrieb, lange bevor die Informatik diese Begriffe mit Leben füllte.

4.1 JSP objektorientiert?

Sind objektorientierte und algorithmische Programmierung nicht wie Feuer und Wasser? Bei einigen Autoren könnte man tatsächlich auf diesen Gedanken kommen. Die Vorteile der objektorientierten Programmierung gegenüber der herkömmlichen algorithmischen Programmierung werden in solch glühenden Farben geschildert, dass so mancher Programmierer und Programmiererin, der oder die hauptsächlich mit den Sprachen der dritten – zum Beispiel C, COBOL II, PL/1, Pascal – und vierten Generation – etwa NATURAL® – arbeitet, sich als Dinosaurier(in) fühlt. Beruht diese Wahrnehmung auf einem tatsächlichen, nicht aufholbaren Rückstand, der letztlich eine vollständige Hinwendung zur objektorientierten Programmierung – und zu den ihr vorausgehenden beziehungsweise sie begleitenden Entwurfschritten – zur Folge haben muss, oder handelt es sich um Übertreibungen, die zu korrigieren wären?

Endnoten: siehe Seite 91

Hier ist nicht der Ort, um diese Debatte mit dem nötigen Tiefgang zu führen. Festzuhalten bleibt jedoch zunächst, dass die Menge algorithmisch konzipierter Programme immer noch kontinuierlich wächst, obwohl die objektorientierte Konkurrenz an Boden gewinnt. Es wäre kurzsichtig, dies mit beharrlicher Fortschrittsverweigerung seitens der algorithmisch arbeitenden Programmierer(innen) zu erklären. Vielmehr hat diese Entwicklungsrichtung durchaus beträchtliche Vorteile aufzuweisen, beispielsweise die folgenden:

- Rasche Erlernbarkeit und kürzere Einarbeitungszeiten, nicht nur für professionelle Anwendungsentwickler, sondern zum Beispiel auch für Wissenschaftler
- Breite Palette algorithmischer Sprachen für vielerlei Anwendungsgebiete
- Aufbauen von Programmen aus Unterprogrammen, die in unterschiedlichen Sprachen geschrieben sind
- In Jahrzehnten ausgereifte Sprachen, Werkzeuge, Compiler und Laufzeitumgebungen
- Stabilität der Entwicklung durch Normung und Rückwärtskompatibilität
- Hohe Performance bei geeigneter Programmgestaltung
- Enge Integration mit modernen Datenbanksystemen
- Weltweite Verbreitung auf zahlreichen Plattformen

Andererseits hat es sich immer wieder gezeigt, dass die anarchische interne Datenhaltung einerseits und die allzu große Bandbreite möglicher Codestrukturen - von riesigen Monolithen bis hin zu konsequenter, kleinteiliger Unterprogrammtechnik - andererseits zwei wesentliche Schwachstellen der algorithmischen Programmierung sind. Hier setzt die objektorientierte Programmierung an, die mit ihren zentralen Konzepten der Klassen, der daraus erzeugten Objekte und der Vererbung diese Schwachstellen von vornherein vermeidet. Aus der Sicht der methodisch vorgehenden Programmstrukturierung ist dies uneingeschränkt als Fortschritt zu werten. Andererseits sind Nachteile zu verzeichnen, beispielsweise folgende:

- Hoher analytischer Aufwand, um die Definitionen der zentralen Klassen, ihrer Variablen und ihres Verhaltens vor Beginn der Programmierung hinreichend gut zu erarbeiten
- Rascher Anstieg der Komplexität mit der Folge, dass die iterative Codierung bevorzugt wird, was wiederum die Steuerung und die Arbeitsteilung in umfangreichen Projekten erschwert
- Enge Bindung an die einmal zu Beginn gewählte Sprache, deren Klassenbibliothek(en) und die jeweilige Laufzeitumgebung (Framework)
- Performancenachteile wegen des Zugriffs auf interne Daten über Methoden gegenüber dem Direktzugriff innerhalb derselben Code-Einheit oder dem Zugriff über Referenz-Parameter bei algorithmischen Unterprogrammen
- Erschwerte Erlernbarkeit und wesentlich aufwendigere Einarbeitung

Auf dieser abstrakten Ebene könnten die Pros und Kontras ohne wesentlichen Nutzen und letztlich unentscheidbar weiter diskutiert werden. Es kommt uns Systemanalytiker(inne)n und Programmierer(inne)n aber hauptsächlich darauf an, was eigentlich erreicht werden soll. Unbestreitbar sind die modernen grafischen Oberflächen und vielfältige weitere Eigenschaften heutiger Desktop-Systeme, Laptops, Tablet-Computer, Smartphones etcetera ohne objektorientierte Programmierung gar nicht vorstellbar. Ebenso unbestreitbar besteht das Rückgrat der heutigen IT ganz überwiegend aus algorithmischen Programmen. Die damit umgesetzten Datenvolumina sind teilweise so groß, dass sie ohne intensives Tuning nicht in der gegebenen Zeit zu bewältigen wären.

Es bedarf daher keiner prophetischen Gabe, um vorherzusagen, dass der Anteil der objektorientierten Programmierung gegenüber der algorithmischen Programmierung einerseits weiter zunehmen, andererseits letztere weiter eine große Rolle spielen wird. Um so erfreulicher ist es, dass die JSP-Methode für beide Entwicklungsrichtungen anwendbar ist.

Diese kühne Behauptung soll anhand des ersten JSP-Beispiels erhärtet werden. Anders als bei der algorithmischen Programmierung ist der objektorientierte Code allerdings nicht anhand der Programmstruktur mit Operationen direkt ableitbar. Es ist ein weiterer Entwurfsschritt nötig, in dem zunächst die Klassen festgelegt werden und über das Anlegen, sowie die Interaktionen der darauf beruhenden Objekte entschieden wird. Dieser Schritt richtet sich allein danach, welche Anforderungen die objektorientierte Programmierung an die Qualität dieser Ergebnisse stellt. Davon ausgehend findet anschliessend die Transformation der JSP-Programmstruktur in die objektorientierte Implementierung statt. Eine solche Realisierung wird im zweiten Band im Kapitel „2 Example1 in Java" auf Seite 31 ff vorgestellt.

4.2 Klassen und Objekte bestimmen

Der Ausgangspunkt dieses neuen Entwurfsschritts ist die Erkenntnis, dass die Programmstruktur mit Operationen von ihrer Implementierung unabhängig ist. Nichts zwingt uns, sie algorithmisch umzusetzen. Sie kann genauso gut objektorientiert aufgefasst und in Code übertragen werden, denn sie sagt lediglich aus, was in welcher Reihenfolge geschehen soll. Wenn der objektorientierte Code genau dieselben Arbeiten wie der algorithmische Code in derselben Abfolge verrichtet, sind beide äquivalent.

Anders formuliert:

Jede Methodendefinition enthält algorithmischen Code. Die bei der OO-Programmausführung durchlaufene Gesamtstrecke dieses Codes - sei er an Objekte oder an statische Klassen geknüpft - muss der JSP-Programmstruktur folgen und die Daten in der dort definierten Operationsfolge verwenden, um eine im Sinn der JSP-Methode korrekte Implementierung darzustellen.

Deshalb ist es notwendig, zunächst die Operationen und die von ihnen bearbeiteten Daten zu betrachten, denn diese Daten sollen ja in Klassen – beziehungsweise in daraus generierten Objekten – gekapselt und die Operationen in Methoden transformiert beziehungsweise ebenfalls darin gekapselt werden.

Welche konkreten Daten verwendet das JSP-Beispiel?

a) Den jeweiligen Eingabe-String und seine Attribute (Länge, Anzahl Blanks, Anzahl lesbare Zeichen), sowie den für die Zählung verwendeten Index
b) Die Gesamtsummen dieser Attribute
c) Den jeweiligen Ausgabe-String, der eine Kopie des Eingabe-Strings und die aufbereiteten Attributwerte enthält
d) Starre Kopf- und Fußzeilen
e) Die letzte Fußzeile mit den aufbereiteten Gesamtsummen

Um die bei jeder Operation beteiligten Daten klarer identifizieren und Zusammengehörigkeiten besser erkennen zu können, bietet es sich an, die Liste der Operationen – mit Indexstart 0 wie bei C – hierfür zu erweitern:

Op.	Bedeutung	a)	b)	c)	d)	e)
1	open input file					
2	open output file					
3	close input file					
4	close output file					
5	stop					
6	read input record = in_string	X				
7	print "Text ..." line				X	

Op.	Bedeutung	a)	b)	c)	d)	e)
8	print empty line				X	
9	total_chars := 0		X			
10	total_blanks := 0		X			
11	total_len := 0		X			
12	chars := 0	X				
13	blanks := 0	X				
14	len := length(in_string)	X				
15	ind := 0	X				
16	ind := ind + 1	X				
17	chars := chars + 1	X				
18	blanks := blanks + 1	X				
19	total_chars := total_chars + chars	X	X			
20	total_blanks := total_blanks + blanks	X	X			
21	total_len := total_len + len	X	X			
22	copy in_string to output area	X		X		
23	convert string counters to counter columns	X		X		
24	print copied in_string & counter columns			X		
25	convert total counters to counter columns		X			X
26	print === line				X	
27	print "totals" & counter columns					X

Bis auf die Operationen 1 bis 5 liegen die Zuordnungen auf der Hand. Open, Close und Stopp haben mit den Daten a) bis e) nicht unmittelbar zu tun. Das stört aber zunächst nicht weiter, denn es ist vorstellbar, dass diese Operationen in der `main()`-Methode verwendet werden.

Bei diesem einfachen Beispiel sind die intuitiv naheliegenden Kandidaten für Klassen leicht erkennbar:

a) Zum Eingabestring und seinen Attributen gehören Methoden, um den String zu füllen, die Zähler zu initialisieren, den jeweiligen String zu durchsuchen, und die Gesamtsummen aufkumulieren zu lassen. Hierfür wird eine eigene Klasse `TextData` benötigt, von der jeweils nur ein Objekt zu existieren braucht. Das Einlesen des Strings (Op. 6) sollte dagegen in der `main()` stattfinden, um die Jackson-typische Vorlese- und Nachlese-Konstruktion offenzulegen.

b) Die Gesamtsummen bilden mit ihren Methoden drei Objekte einer weiteren Klasse namens `Total`. Ein Interface zwischen den Klassen `TextData` und `Total` wird benötigt, weil die Operationen 19, 20 und 21 beide Klassen betreffen.

c) Der Ausgabestring ist ein sehr einfach aufgebautes Objekt der Klasse `ListData`, dessen Bestandteile für die Operationen 22 und 23 von der Klasse `TextData` abgeholt werden müssen. Auch hierfür wird mindestens ein Interface benötigt. Die Ausgabe selbst (Op. 24) gehört in die `main()`.

d) Die drei starren Zeilen sind zwar pro forma als String-Objekte anzulegen, aber es sind keine eigenen Methoden für die Arbeit mit diesen Strings erforderlich. Daher liegt es nahe, die Operationen 7, 8 und 26 in der `main()` zu realisieren.

e) Auch für die letzte Fußzeile erscheint der Aufwand, dafür eine eigene Klasse anzulegen, als übertrieben. Es bietet sich an, diese Zeile analog zu den Listenkörperzeilen in der `main()` aufzubauen.

Die Zählerkonvertierungen aus der internen in die externe – druckaufbereitete – Darstellung werden für c) und e) benötigt. Hierfür sind keine eigenen Objekte erforderlich, sondern es genügen die String-Objekte, welche die Programmiersprache anzulegen ermöglicht. Die Konvertierungen ähneln Unterprogrammaufrufen und sind daher als statische Methoden zu realisieren. Hierfür ist die Klasse `Conversion` vorgesehen.

Diese intuitiv naheliegenden Zuordnungen bedürfen der Erhärtung anhand der Struktogramme. Eine mögliche Zuordnung zwischen den Ein- und Ausgabe-Struktogrammen einerseits und den beispielspezifischen Klassen – in UML®-Notation – andererseits könnte dafür nützlich sein. Konstruktoren haben übrigens dieselben Namen wie ihre Klassen. Die Parameter der Methoden sind hier und in den folgenden klassenbezogenen Diagrammen nicht angegeben, um Redundanz zu vermeiden und Platz zu sparen.

Die gestrichelten Pfeile in der nachfolgenden Grafik assoziieren die abstrakten Datenelemente der Struktogramme teilweise mit den neuen Klassen. Wegen der Relation „besteht aus" gehören I2, „character", „blank" und „non-blank" zur Klasse `TextData`, „input string" und „string counters" dagegen zur Klasse `ListData`. Die gestrichelten Linien von `Conversion` zu „footer" beziehungsweise „string counters" deuten die Herkunft der ausgegebenen Ziffern an. Die gemeinsame Verwendung von JSP- und UML-Grafikelementen soll jedoch nicht bedeuten, dass es sich hier um Korrespondenzen handelt, aus denen die objektorientierte Implementierung zwingend hervorgeht. Das trifft nicht zu, wie sich gleich anschliessend zeigen wird.

Die in der „Abbildung 4.1: Relationen zwischen Klassen und Strukturblöcken" auf Seite 84 angedeuteten Methoden der Klassen reichen nicht dafür aus, die gesamte Funktionalität des Beispiels hervorzubringen. Ein – banaler – Teil der Operationen und die Iteration I1 verbleiben in der `main()`-Klasse, weil sich dafür eine komplexere Implementierung in diesem Fall nicht lohnt.

Wie ist diese Grafik zu beurteilen? Ist das tatsächlich eine sinnvolle Lösung oder doch nur ein braver Versuch, der auf einer simplen Zuordnungsschematik beruht? Speziell bei jenen Strukturblöcken, die aus der JSP-Sicht miteinander korrespondieren, also „string" und „extended string", erscheint die gezeigte Abbildung auf Klassen als recht künstlich. Insbesondere fällt auf, dass die Klasse `ListData` fast nur aus demjenigen Code besteht, der zum Zusammenbau einer Ausgabezeile erforderlich ist. Es ist daher schon bei diesem extrem einfachen Beispiel sinnvoll, die Klassen und die aus ihnen hervorgehenden Objekte primär aus der OO-Sicht zu bestimmen und sie anschließend mit denjenigen Methoden auszustatten, welche die Programmstruktur mit Operationen erfordert. Daraus ergibt sich die „Abbildung 4.2: Vereinfachte Relationen ohne ListData" auf Seite 85.

Der Wegfall von `ListData` vereinfacht das UML-Diagramm erheblich. Es fallen etliche Methoden und Interfaces weg, die letztlich nur Daten durchreichen. Anstatt pro Eingabesatz ein eigenes `ListData`-Objekt anlegen und mit Inhalt füllen zu müssen, genügt die Erweiterung um die Override-Methode `toString()`, deren Aufgabe es ist, aus den im `TextData`-Objekt gesammelten Attributen die gewünschte Ausgabezeile zu erstellen.

Damit ist der zusätzliche Entwurfsschritt anhand der Programmstruktur mit Operationen beendet. Die Klassen konnten ohne Schwierigkeiten identifiziert und die Operationen teils auf die Methoden, teils auf die `main()` verteilt werden. Flussdiagramme oder Pseudocode für einzelne Methoden sind wegen der sehr einfachen Verarbeitungsaufgaben nicht erforderlich. Somit steht der eigentlichen Implementierung nichts mehr im Weg. Diese ist im zweiten Band im Kapitel „2.2 Java-Code von Example1" auf Seite 33 ff dargestellt und anschliessend ausführlich erläutert.

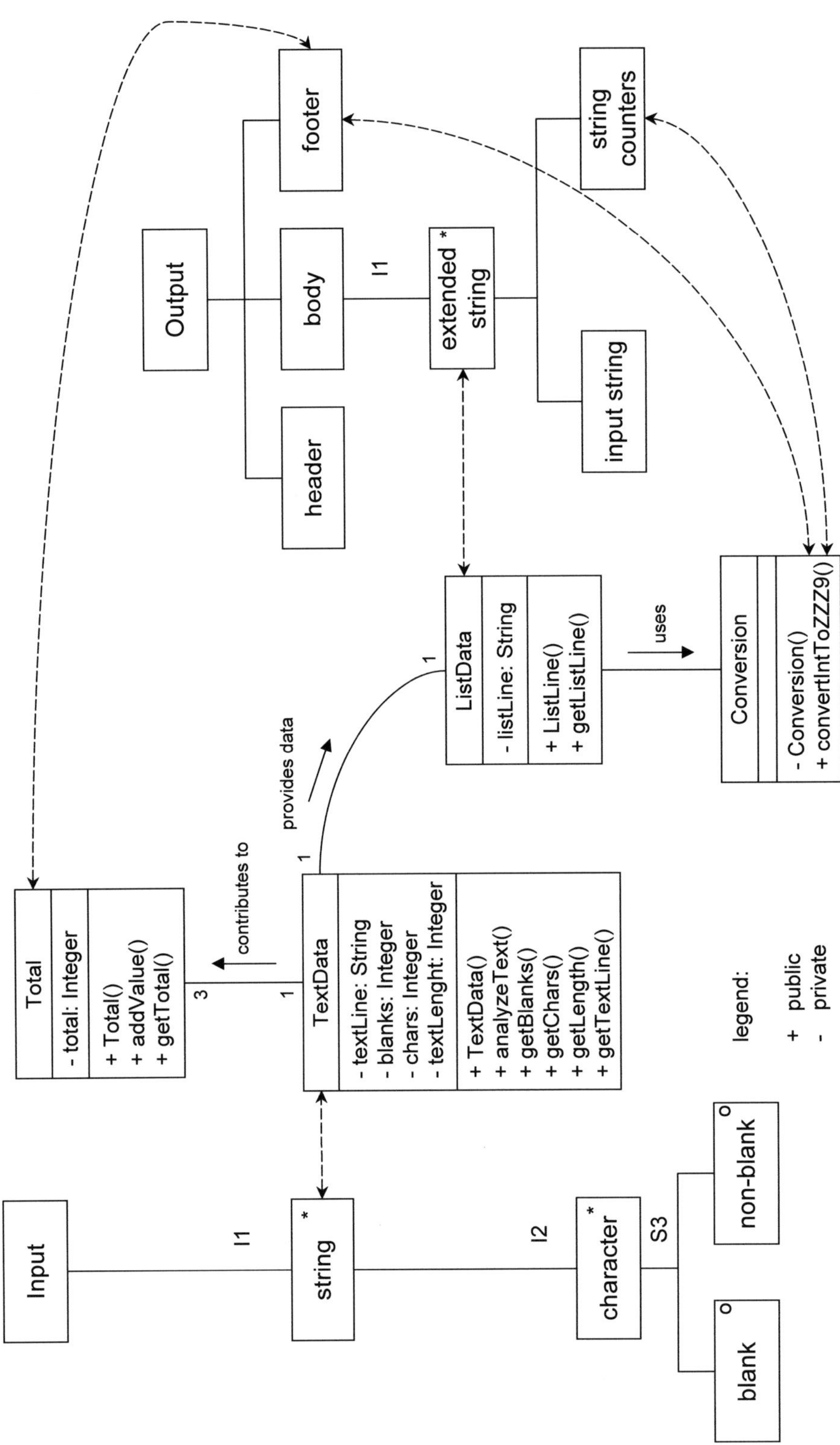

***Abbildung 4.1:** Relationen zwischen Klassen und Strukturblöcken*

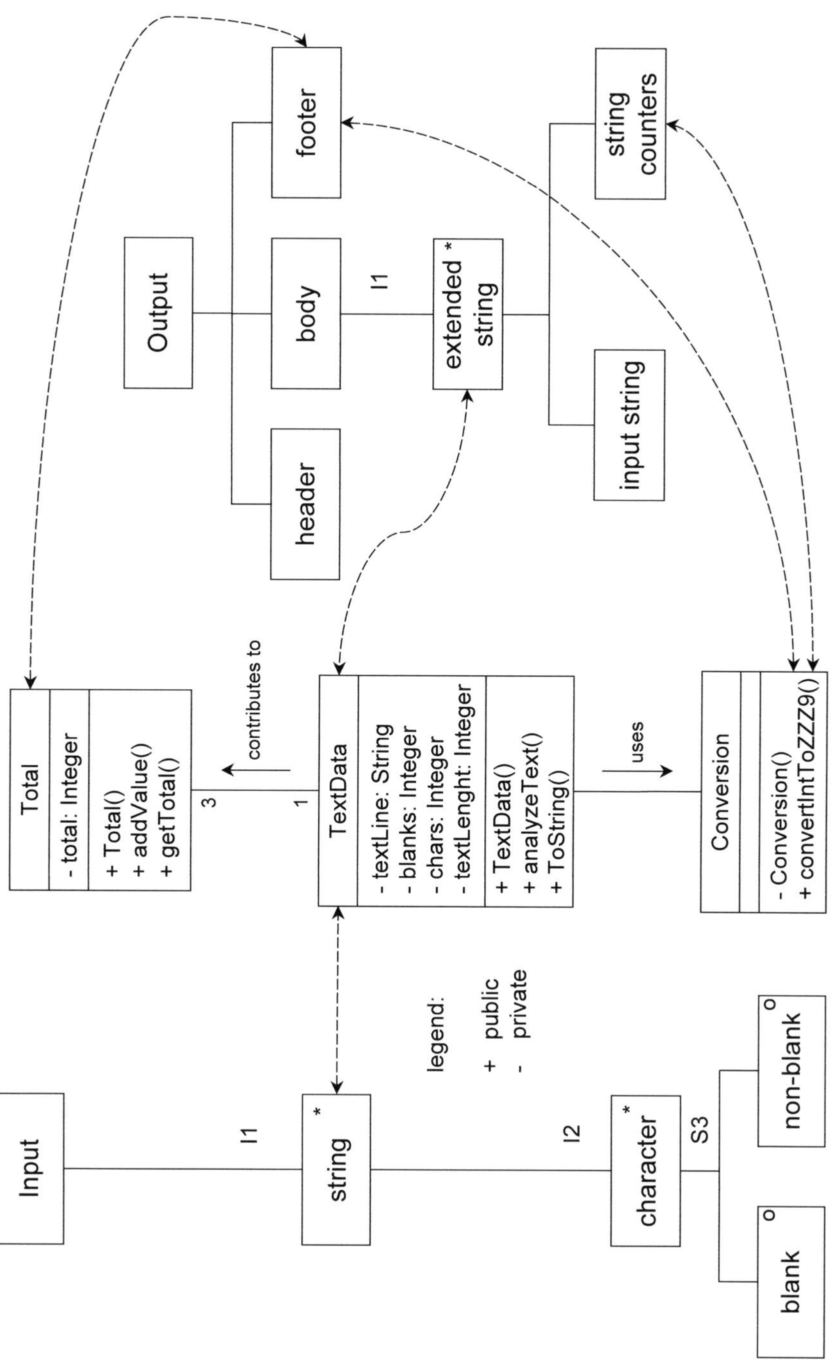

Abbildung 4.2: *Vereinfachte Relationen ohne* `ListData`

4.3 Bewertung der Ergebnisse

Die Idee, algorithmisch abgeleitete Programmstrukturen mit Operationen auf objektorientierte Weise zu implementieren, mag zunächst als befremdlich erscheinen. Diese Welten koexistieren seit vielen Jahren, sind sich aber wegen der häufigen Trennung in rein objektorientiert oder rein algorithmisch arbeitende Entwicklerteams meist nicht begegnet. Das ist bedauerlich, weil beide Seiten voneinander lernen könnten. In größeren Projekten gibt es nicht selten Bedarf für beide Richtungen. Die dafür erforderliche Kooperation scheitert jedoch an den völlig verschiedenen Entwicklungsumgebungen, Sprachen und Terminologien, wenn es niemanden gibt, der dazwischen eine Brücke zu schlagen vermag. Daher werden Aufgaben, die sich besser algorithmisch lösen liessen, von OO-Teams mühsam mit Bordmitteln bewältigt, während mancher algorithmische Programmkoloss nie entstanden wäre, hätte man das objektorientierte Potential bereits bei der Aufgabenstellung erkannt und genutzt.

Die im zweiten Band vorgestellte OO-Implementierung ist eigentlich ein Hybrid aus beiden Ansätzen. Die Beibehaltung der `main()` als traditionelle Steuerzentrale für den Kontrollfluss wurde gewählt, um erstens die Strukturen der Implementierungen in COBOL II, C und Java noch halbwegs vergleichen zu können, und zweitens, um unnötige Verrenkungen zu vermeiden.

Die Implementierung mit OO-Techniken weist also Freiheitsgrade auf, die dem algorithmischen Weg fehlen. Das lässt einerseits der Kreativität mehr Raum, führt aber andererseits tendenziell dazu, den ursprünglichen Entwurf beiseitezuschieben und völlig neue Wege zu gehen. Dann lohnt sich jedoch der JSP-Aufwand unter Umständen nicht mehr. Das ist der Grund dafür, dass die Implementierung mit Java sich an die Programmstruktur mit Operationen anschmiegt. Die Auswahl der geeigneten Methoden und Klassen, sowie das Erzeugen von Objekten sind dann – und nur dann – nicht willkürlich, sondern folgen der bereits gefundenen Programmlogik.

Es wäre aber verwegen, aus diesem einzigen Beispiel zu schliessen, dass damit schon alles zur OO-Implementierung auf JSP-Grundlage gesagt sei, und es keine Überraschungen mehr geben wird. Vielmehr ist zu erwarten, dass vor allem das Backtracking und die Programminversion sich nicht auf so einfache Weise objektorientiert umsetzen lassen werden.

4.4 Namenskonventionen

In dieser Buchreihe sind zahlreiche Code-Beispiele aus z.T. recht verschiedenen Programmiersprachen enthalten. Da Autoren in der IT nebenbei auch Vorbilder in Sachen Normsetzung / Normeinhaltung zu sein haben und es Rezensenten gibt, die Bücher über das Programmieren wegen inkonsequenter Namenshandhabung verreissen, ist irgendwann der Zeitpunkt gekommen, hierzu Farbe zu bekennen. Sie werden schon gemerkt haben, dass die Einhaltung fremder oder selbst erfundener Vorschriften in dieser Buchreihe nur dazu dient, eine sinnvolle Einheitlichkeit zu ermöglichen. Hier wird aber nicht gepredigt, welche Regeln Sie im Detail einhalten müssen, um Code in irgendeiner Sprache zu produzieren. Zu diesen Regeln gehören auch die Namenskonventionen für Variable, Konstante, Programme, Unterprogramme, Methoden, Klassen und was sonst noch in diesem großen Zoo existiert. Wie sieht es damit in der sogenannten Realität aus?

In der algorithmischen Welt haben sich solche Namenskonventionen kaum durchsetzen können. Es gibt wahrscheinlich in jeder größeren IT-Abteilung irgendwelche Namenskonventionen für die Programmierung, aber wohl kaum jemals in zwei Firmen dieselben. Das ist auch nicht weiter tragisch, es sei denn, es käme zur Fusion zweier hierin sehr konträr „aufgestellter" Firmen. Gewöhnlich wird ja bei Fusionen die IT des unterlegenen Parts kannibalisiert, aber es soll auch vorkommen, dass nicht die Macht, sondern die Vernunft siegt. Dann wird die fusionierte Firma aus beiden Programmportfolios die nützlichsten Komponenten auswählen. Anschliessend ist es zugleich nötig und sinnvoll, eine gemeinsame Namenskonvention zu entwickeln und diese schrittweise umzusetzen. Es ist allerdings ziemlich mühsam und deshalb aufwendig, bestehenden Code neuen Konventionen anzupassen. Daher ist es eher wahrscheinlich, dass ein Patchwork von Programmen entsteht, die trotz gleicher Programmiersprachen recht verschieden mit Benennungen umgehen. Größere Änderungen und Neuentwicklungen setzen dann auf den neuen Konventionen auf, wodurch eine dritte Namenswelt entsteht. Das kann ziemlich verwirrend werden, vor allem bei umfassenden Anpassungen wie etwa der Erweiterung bestehender numerischer Schlüssel in alphanumerische.

In solchen Fällen zeigt sich eine Schwäche vieler Namenskonventionen: Diese geben zwar vor, was groß oder klein, zusammen oder – durch sprachspezifische Zeichen – getrennt zu schreiben ist, welche Zeichen nicht erlaubt oder welche unbedingt zu verwenden sind, aber sie enthalten meist keine Kataloge verbindlich zu verwendender zentraler Begriffe beziehungsweise Namen. Nur selten gibt es sorgfältig gepflegte, firmenweit gültige Datenmodelle mit Attributbezeichnungen, an die sich alle Programmierer(innen), Datenbankadministrator(inn)en und Schnittstellendesigner(innen) halten müssen.

Teure Formatänderung

Vor etlichen Jahren platzte die seit Jahrzehnten numerische und 6-stellige deutsche Wertpapierkennnummer aus allen Nähten. Da die Änderung der Länge ein gigantischer Akt gewesen wäre, wurde stattdessen der Wertebereich um Großbuchstaben erweitert. Nun mussten unter anderem nahezu alle Programme, welche diesen Schlüssel verwendeten und ihn als numerisch definiert hatten, geändert werden. In manchen Fällen mag diese Umstellung für das Programm irrelevant gewesen sein; dann war eine Anpassung nicht zwingend erforderlich, aus Gründen der Konsistenz aber empfehlenswert. Das größte Problem bei einer solchen Umstellung ist, dass die umzustellenden Deklarationen innerhalb desselben Programmportfolios in vielerlei Namensvarianten auftreten können, zum Beispiel folgende:

```
WKN / W-K-N / W_K_N / WK-Num / WK_Num / WKNr
WP-KENN / WP_KENN / WPK
WertPapierKennNr
m_wpkn
GSK     (German security key)
```

Eine firmeneinheitlich vorgeschriebene Bezeichnung, die allenfalls um einen fallspezifischen Präfix oder Suffix ergänzt werden darf, hätte hier vielen Banken und Finanzinstitutionen erhebliche Aufwendungen erspart.

Wozu sind Namenskonventionen dann überhaupt da?

Bevor wir uns den objektorientierten Sprachen zuwenden, sei die Frage gestattet, wozu es überhaupt Namenskonventionen gibt, wenn sie ein solches Durcheinander doch nicht verhindern können. Der Regelungsbedarf entstand vor vielen Jahren mit der Einführung „sprechender Namen" in den Programmiersprachen der 2. und 3. Generation, und er besteht weiterhin.

Hinweis: Um nicht das Thema zu verfehlen, müssen wir hier die technischen Namen für Programme, Datenbankobjekte (Tabellen, VIEWs, Indizes, ...), System-Kontrollblöcke etcetera ausklammern. Diese Namen dürfen oft nur nach strengen Normen vergeben werden. Sie sind häufig nur 6- bis 8-stellig und werden in großen Organisationen nach akribischen Vorschriften verwaltet, die uns aber hier nicht interessieren.

Sprechende Namen dienen der Mnemotechnik, sollen also die Programmierer(innen) darin unterstützen, die Bedeutungen der von ihnen oder Anderen geschaffenen Bezeichnungen beim Codieren richtig zu berücksichtigen. Mit „Bedeutung" ist dabei meist sowohl die fachliche als auch die technische Komponente gemeint. Daher beinhalten viele Namen eine Formatangabe *und* eine inhaltliche Bezeichnung. Die Formatangabe soll unsinnige Verwendungen oder inkompatible Operanden von vornherein erkennbar machen:

```
if (iApfel == sBirne) …
```

mit i = Integer und s = String ist Unsinn – aber das merkt spätestens der Compiler oder Interpreter auch. Ausserdem würde ein Upgrade von iApfel in ein Unsigned-Long-Long-Integer-Format dazu zwingen, überall iApfel in ullApfel zu ändern, obwohl dadurch nichts wirklich besser würde. Daher tendieren viele Programmierer(innen) dazu, inhaltsbestimmende Formatangaben bei der Wahl der Namen zu berücksichtigen. Unsinnige Operationen und Vergleiche fallen dann schneller auf. Beispiel:

```
if (ApfelZaehler == BirnenArt) …
```

Hier kann das physische Datenformat von `ApfelZaehler` innerhalb der für Zähler vorgesehenen Varianten verändert werden, ohne dessen Namen anpassen zu müssen. An die Stelle des Formats tritt also eine Verwendungsbezeichnung. Namen wie i, ind, count, len, length und so weiter sind so verbreitet, dass die meisten Programmierer(innen) davon ausgehen, ihr physisches Äquivalent müsse ein Integer-Format oder beispielsweise auf IBM-Hosts ein Packed Decimal-Format sein. Bei den fallspezifischen Variablen etcetera erscheint es dagegen als sinnvoll, deren Typ in der Bezeichnung so zu berücksichtigen, dass eine unmittelbare Bindung an ein physisches Format vermieden wird, wie soeben gezeigt. Namen wie A1, I15QN, N754_FCB sind nicht „sprechend" und sollten daher nur dann verwendet werden, wenn sich ihre Bedeutung aus dem Kontext oder aus einem Kommentar zweifelsfrei ergibt.

Wenn das alles so evident ist, wozu dienen Namenskonventionen für programminterne Datenelemente, Unterprogrammnamen, SECTION-Namen – bei COBOL – etcetera eigentlich? Behindern solche Vorgaben nicht die Programmierer(innen) bei der Findung passender Namen? Ein Teil der schöpferischen Tätigkeit beim Programmieren ist es ja gerade, gute Namen auszuwählen, um das jeweilige Programm dadurch für sich und andere verständlich(er) zu machen. Wird dieser kreative Aspekt durch Namenskonventionen zerstört?

Nun sollten wir das Kind nicht mit dem Bad ausschütten. Es kommt doch darauf an, wie viele sinnvolle Regelungen und wie viele Freiheitsgrade in einer Namenskonvention kombiniert werden:

- Es gibt absolut öde Programmiervorschriften, in denen Großschreibung befohlen und bis ins Detail festgelegt wird, wie die Namensvergabe zu erfolgen hat, womöglich noch mit einer genauen Vorgabe der einzuhaltenden Positionen in den Code-Zeilen. Die Programme, die anhand solcher Vorschriften erstellt werden, haben eine hohe äußerliche Einheitlichkeit um den Preis der Verständlichkeit. Kreative Namensideen haben hier keine Chance. Die Verfechter solch rigider Vorschriften finden es gut, wenn nur solche Programme die Produktionszulassung erhalten können, deren Normkonformität durch eine automatische Prüfung vor dem Check-In sichergestellt wird.
- Angemessener erscheint es dagegen, das Hauptgewicht auf die Verständlichkeit zu legen. Namen, die den angestrebten Zweck knapp und genau bezeichnen, helfen beim Codieren und bei der Einarbeitung in ein fremdes Programm enorm. „Knapp" heisst hier: Allzu lange Namen sind zu vermeiden. Das kann von Fall zu Fall etwas mühsam sein.
  - Zusätzlich sollte geregelt sein, wie verwandte Namen zu behandeln sind, zum Beispiel Indizes. In dieser Buchreihe werden Array-Indizes oft durch Kleinschreibung des Array-Namens und Anhängen von `_i` / `-i` (Bindestrich bei COBOL) benannt. Dadurch lässt der Name sofort erkennen, für welchen Array er angewendet werden soll. So wird auch eine Inflation nichtssagender – kreuz und quer verwendeter – Index-Namen vermieden.
  - Dagegen können beispielsweise Schleifenvariable innerster Schleifen mit `i` benannt werden, ohne dass dadurch die Verständlichkeit leidet oder eine Gefahr geschaffen wird.
  - Analog gilt dasselbe Verständlichkeitsprinzip auch für Prozeduren beziehungsweise COBOL-SECTIONs etcetera. Es spricht auch nichts dagegen, eine SECTION-Hierarchie durch vorangestellte Nummern zu

dokumentieren, etwa `7840-Calculate-Price`. Solche Nummern können allerdings oft erst kurz vor der Fertigstellung des Codes definitiv vergeben werden, und sie verursachen gegebenenfalls einen erhöhten Wartungsaufwand.

Diese Buchreihe versucht nicht, einen strikten Standard für jede darin auftretende algorithmische Sprache einzeln zu definieren und zu beachten. Vielmehr steht immer die angestrebte Verständlichkeit im Vordergrund. Ob etwas groß oder klein, getrennt oder zusammen geschrieben wird, ist dabei sekundär. Wo es angebracht erscheint, werden auch OO-Konventionen übernommen, falls sie passend erscheinen, zum Beispiel in den C-Programmen.

OO-Namenskonventionen

Auch objektorientierte Programme unterliegen möglicherweise firmenspezifischen Namenskonventionen. Ohne hier tief zu graben, dürfen wir getrost davon ausgegehen, dass es sich um einen ähnlich bunten Flickenteppich wie bei der algorithmischen Programmierung handelt. Dennoch haben sich beispielsweise für die Java-Programmierung einige Empfehlungen etabliert, die beanspruchen, allgemein gültig zu sein:

- Klassennamen sind Substantive, keine Verben. Sie beginnen mit einem Großbuchstaben.
- Methodennamen beginnen im Allgemeinen mit einem kleingeschriebenen Verb.
- Konstante sind mit Großbuchstaben zu schreiben.
- Attributnamen – Klassen- und Exemplarvariable – werden normalerweise klein geschrieben. Der Präfix `m_` – für Member – sollte ihnen nach Meinung einiger Autoren vorangestellt werden.
- Zusammengesetzte Klassen- und Methodennamen sind mit der Kamelhöckermethode – englisch: Camel Case – aneinanderzureihen.
- Es sollen keine Unterstriche verwendet werden, ausser in Konstanten (Widerspruch zu `m_`).

Wer sich hier tiefer einarbeiten möchte, sollte sich mit der „Ungarischen Notation[4]" von Charles Simonyi befassen. Diese Notation sieht spezielle Präfixe für Datennamen vor, deren Beachtung zwar aufwendig, aber nützlich zu sein scheint. Zitat aus Wikipedia:

> »Bei der **ungarischen Notation** handelt es sich um eine von Programmierern verwendete Namenskonvention zur Wahl von Bezeichnern für Variablen und Konstanten, Funktionen und Methoden sowie anderen Objekten. Ihren Namen verdankt die ungarische Notation dem in einem (englischen) Programmtext exotisch anmutenden Aussehen der durch bestimmte Regeln zustande gekommenen Bezeichner und der ungarischen Herkunft ihres Erfinders Charles Simonyi.
>
> Die von Simonyi entwickelte Konvention wurde bei Microsoft® in der Application Group (Microsoft Office®) mit großem Erfolg angewandt und in der Folge von der Systems Group (Windows®) übernommen, wobei es zu einem grundlegenden Missverständnis kam. Simonyi spricht in seinem Paper vom „type" einer Variablen, was vielfach als „Datentyp" interpretiert wurde. Gemeint ist vielmehr die Art der Aufgabe einer Variablen im spezifischen Kontext einer Applikation. Es geht also nicht darum, ob eine Variable eine Ganz- oder Bruchzahl speichert, sondern, ob sie einen Zähler, eine Koordinate auf dem Bildschirm, oder einen Index in einem Array repräsentiert. Aus dem Variablennamen sollte man also die Bedeutung und nicht ihren Speichertyp erschließen können.
>
> Durch diese Doppeldeutigkeit existieren zwei Strömungen der Ungarischen Notation, das Apps Hungarian, welches die echte Notation im Sinne Simonyis ist, und das Systems Hungarian, welches durch die Fehlinterpretation der Microsoftschen Betriebssystemabteilung entstanden ist. Letzteres ist für den

schlechten Ruf der Konvention verantwortlich, weil die Benennung einer Variablen nach dem Datentyp wenig zum Verständnis des Inhalts beiträgt und trotzdem viel Aufwand verursacht.

Kern der ungarischen Notation ist es, die Aufgabe und den Typ (Apps Hungarian) bzw. nur Typ (Systems Hungarian) einer Variable (oder Methode) in deren Namen zu verdeutlichen.«

Hier sehen wir wieder ein schönes Beispiel dafür, was passiert, wenn eine gute Idee unter die Räder kommt. In dieser Buchreihe werden Sie allerdings keine OO-Beispiele finden, die hinsichtlich der darin verwendeten Namen eine – von wem auch immer propagierte – „reine Lehre" vollständig befolgen. Über diese „reine Lehre" besteht ja selbst unter den zahlreichen OO-Experten keine Einigkeit. Zudem können solche Namenskonventionen schnell zur Zwangsjacke werden, zum Beispiel die Bezeichnung von Methoden mit Verben. Es lassen sich leicht Beispiele dafür finden, dass Namen in publiziertem OO-Code nur pro forma einer Konvention gehorchen. Politisch korrektes Programmieren ist aber kein gutes Programmieren.

Die Java-Beispiele in dieser Buchreihe halten die Java-Konventionen teilweise ein. Die Lesbarkeit steht auch hier im Vordergrund, nicht das zwanghafte Aneinanderreihen von `CamelCaseWords`. Wo es sinnvoll erscheint und Schreibaufwand spart, werden Abkürzungen verwendet. Diese lassen sich öfters nur mit Unterstrichen an andere Namensteile anfügen. Warum auch nicht? Das Verbot von Unterstrichen, das auch den Präfix `m_` treffen müsste, ist nirgendwo nachvollziehbar begründet, sondern mit einiger Wahrscheinlichkeit wie viele andere unsinnige Verbote erstmals von irgendwelchen Gurus postuliert und dann von deren Anhängern gläubig übernommen worden. Die Einhaltung einer Religion lässt sich eben doch am einfachsten anhand der Befolgung leicht kontrollierbarer Ge- und Verbote nachweisen…

Endnoten

1 Der **Große Fermatsche Satz** wurde im 17. Jahrhundert von Pierre de Fermat formuliert, aber erst 1994 von Andrew Wiles bewiesen. Als schlüssiger Höhepunkt für den Beweis gilt die Zusammenarbeit von Wiles mit Richard Taylor, die sich neben dem endgültigen Beweis durch Wiles in einer gleichzeitigen Veröffentlichung eines Teilbeweises von beiden, Wiles und Taylor, als gemeinsamen Autoren niederschlug.

Der Satz besagt: Ist n eine natürliche Zahl größer als 2, so kann die n-te Potenz keiner positiven ganzen Zahl in die Summe zweier ebensolcher Potenzen zerlegt werden

[Wikipedia-Seitentitel: Großer Fermatscher Satz
Datum der letzten Bearbeitung: 28. Mai 2022, 12:32 UTC
Versions-ID der Seite: 223232400
Permanentlink: https://de.wikipedia.org/w/index.php?title=Gro%C3%9Fer_Fermatscher_Satz&oldid=223232400
Datum des Abrufs: 14. Juni 2022, 12:56 UTC]

2 Dieser Satz stammt aus der Einleitung des Artikels von Kevin Hartnett „Langlands-Programm – Die Vereinheitlichung der Mathematik" ab Seite 13ff.

Der zweite Artikel von Steve Nadis „Interview – Die Brückenbauerin" folgt ab Seite 19ff.
[Ausgabe 4/2022, Spektrum der Wissenschaft Verlagsgesellschaft mbH, Heidelberg]

3 [Quelle: siehe Wikipedia-Artikel „Ada Lovelace" –
im Kapitel „3 Algorithmische Implementierungsvorbereitungen" auf der Seite 75 zitiert]

4 [Wikipedia-Seitentitel: Ungarische Notation
Datum der letzten Bearbeitung: 30. März 2022, 08:29 UTC
Versions-ID der Seite: 221625181
Permanentlink: https://de.wikipedia.org/w/index.php?title=Ungarische_Notation&oldid=221625181
Datum des Abrufs: 14. Juni 2022, 13:20 UTC]

10/2010 Wegweiser in West-Ligurien am Colle Melosa im Parco naturale regionale delle Alpi Liguri

Blick zurück und voraus

Eine Passhöhe ist oft eine gute Gelegenheit, anzuhalten und die Aussicht zu bewundern. Vielleicht werden dort – so wie auf der linken Seite – auch nahe und weiter entfernte Fahrtziele angezeigt. An dieser Stelle sind es sogar so viele, dass einige Meter entfernt ein weiterer Pfosten mit Wegweisern nach rechts steht. Für Reisende sind das wichtige Orientierungsangaben, denn es kann ja durchaus der Zweifel aufkommen, ob man überhaupt auf dem richtigen Weg ist, oder ob man sich verfahren hat. Diesem Zweck der Selbstvergewisserung dient auch das folgende Kapitel. Um im Bild zu bleiben: Dort stehen ganz viele Wegweiser, denn der Weg bis zum Ende der Reise durch diese Buchreihe ist sehr lang.

5.1 Und das soll alles sein?

... werden Sie sich vielleicht nach der Lektüre der Einführungskapitel bis hierhin fragen. Na schön, diese Tricks mit den Ein- und Ausgabedatenstrukturen, deren Verschmelzung zur Programmstruktur und alles Nachfolgende sind ja ganz nett, aber das hätten Sie natürlich auch ohne diesen Aufwand hingekriegt. Stimmt. Es ging aber gar nicht darum, hier ein beeindruckend komplexes Beispiel aufzubauen, dessen komplette Darstellung hundert Seiten beansprucht. Sie haben ja jetzt schon eine Menge gelernt, um das Folgende zu verstehen und Ihr Wissen auszubauen.

Lassen Sie uns zu dem entscheidenden Diagramm mit den Korrespondenzen zurückkehren:

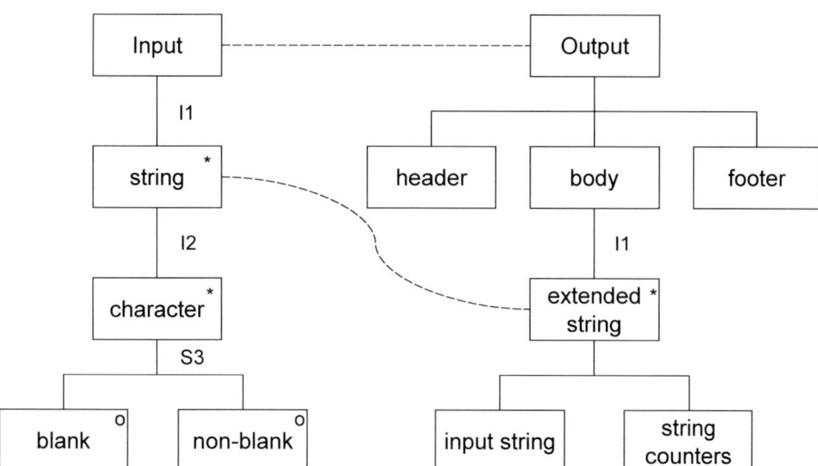

Abbildung 5.1: *Korrespondenzen zwischen Ein- und Ausgabe im ersten Beispiel*

In der JSP-Basismethode – und mehr haben wir noch nicht gesehen – steckt eine Reihe einfach erscheinender Annahmen, die aber des Öfteren nicht erfüllt sind. Bei schwierigeren Aufgaben zeigt sich bald, dass Sie an Grenzen stoßen, deren Ursachen in diesen ursprünglichen Annahmen zu suchen sind. Solche Grenzen fordern die Methodiker zu Erweiterungen heraus, welche die Methode erhalten, aber ihren Anwendungsradius erheblich ausdehnen. Die Stichworte hierzu lauten Backtracking und Programminversion.

Noch ganz im Feld der Basismethode stehen folgende Fragen:

- Wie können mehrere Ein- oder Ausgabedateien berücksichtigt werden?
- Wie werden Datenstrukturen mit zusammengesetzten Schlüsseln modelliert?

- Was ist in Fällen zu tun, bei denen Abfragen eine begrenzte Vorausschau auf einige wenige nachfolgende Eingaben erfordern?
- Wird Rekursivität unterstützt?

Deutlich schwieriger wird es, wenn eigentlich eine S-Kontrolle nötig wäre, aber die dafür erforderlichen Daten erst im weiteren Programmablauf beschafft werden können. Dazu zählt auch die Fehlerbehandlung, zum Beispiel bei sogenannten Plausibilitätsprüfungen. Mangels eines zuverlässigen Wahrsagemoduls sind hier neue Wege zu beschreiten, die innerhalb der Methode bleiben und zu akzeptablen Problemlösungen führen.

Eher praktische Probleme stellen sich bei sehr breiten oder sehr tiefen Struktogrammen. Wie kann man solche Struktogramme sinnvoll zeichnen? Zu weiteren Fragen gelangen wir bei der Betrachtung der Korrespondenzen. Im obigen Beispiel gibt es eine schwache Korrespondenz auf der obersten Ebene und eine starke darunter. Im Kapitel „2 JSP-Basismethode" auf Seite 19 ff steht:

„Zwei Strukturblöcke korrespondieren, wenn sie in Anzahl und Reihenfolge miteinander übereinstimmen."

Na ja, ganz oben ist die Anzahl 1, und Reihenfolge ist keine vorhanden. Diese Korrespondenz reicht also nicht aus, um die Verschmelzung der Struktogramme zu begründen. Sie wird daher in künftigen Struktogrammen meist weggelassen. Die Korrespondenz der Eingabe- und Ausgabezeilen genügt dagegen völlig, um die Programmstruktur abzuleiten. Was ist aber zu tun, wenn

- die Sortierfolge von Ein- und Ausgabe nicht übereinstimmt?
- Ein- und Ausgabe-Datenelemente oder -Gruppen keine gemeinsamen Grenzen haben, also zwar die Reihenfolgen, aber nicht die Anzahlen innerhalb übergeordneter Strukturen zusammenpassen?
- technisch optimale Zugriffe – zum Beispiel Multi-Row-Fetch in relationalen Tabellen – und fachlich orientierter Programmaufbau nicht zusammenpassen?
- sich keine gemeinsame Datenstruktur finden lässt, die für eine hinreichende Korrespondenz sorgt?
- der starre Rahmen einer vorgegebenen Ablauflogik – beispielsweise bei Programmschleifen in der Sprache NATURAL oder bei Sort Exits – und die Herleitung des Programms nach der JSP-Methode nicht zusammenpassen?
- nachträglich Zugriffsmodule auf JSP-Basis geschrieben werden sollen, obwohl die aufrufenden Programme völlig anders strukturiert sind?

Bevor die schwierigen Fälle in Angriff genommen werden können, soll zuerst das Finden geeigneter Ein- und Ausgabestrukturen, sowie deren Korrespondenzen an diversen Beispielen geübt werden. Das ist auch eine Gelegenheit, den Horizont um sequentielle Strukturen zu erweitern, die sich nicht in Dateien befinden. Backtracking und Programminversion bauen auf der JSP-Basismethode auf, setzen also die genannten Übungen voraus. Entgegen verbreiteter Irrtümer eröffnen diese beiden Erweiterungen keineswegs die Option, aus dem konstruktionsorientierten Vorgehen auszubrechen und wieder in den intuitiven Programmierstil zurückzufallen. Vielmehr handelt es sich um höchst disziplinierte Vorgehensweisen bei der Modellierung, denen ebenso konsequente Implementierungsmaßnahmen gegenüberstehen.

Die vorgenannten Problempunkte und Fragen sind nicht als abschließende Aufzählung gedacht. Dazu ist die Vielfalt möglicher Aufgaben bei weitem zu groß. Mit dem Rüstzeug aus dieser Buchreihe sollten Sie jedoch einerseits imstande sein, dieser Vielfalt mit den hier vermittelten Methoden entgegenzutreten, andererseits auch zu erkennen, wann diese nicht anwendbar sind. Eine Gliederung entlang dieser Themenliste wäre jedoch rein innermethodisch. Das ist so, als würde Ihnen ein reich bestückter Werkzeugschrank gezeigt und dann jedes Werkzeug darin einzeln ausführlich beschrieben:

Kapitel 1: Der Hammer und was man damit machen kann
Kapitel 2: Die Zange und ihre Verwendungen
Kapitel 3: Die Bohrmaschine, alle Bohrertypen, und wofür man sie braucht
und so weiter und so fort – zum Verzweifeln!

Andererseits sind alle halbwegs realen Beispiele so umfangreich, dass sie sich nicht für eine konzentrierte Wissensvermittlung eignen. Daher wurde ein Kompromiß gewählt, der es ermöglicht, anhand konkreter Aufgaben die – anschließend generalisierbaren – JSP-basierten Lösungswege aufzuzeigen. In Sonderfällen kommen auch andere Ansätze, zum Beispiel die Automatentheorie, zur Anwendung. An dieser Stelle muss betont werden, dass JSP/MSP keine abschließend fixierten Methoden sind, die per Frontalunterricht vollständig gelehrt werden können. Vielmehr verbergen sich darin Potentiale, die erst anhand konkreter Aufgabenstellungen erkannt werden können. Ein Beispiel dafür ist die „transaktionale" Umsetzung der Link-Listen-Transformation im Kapitel „10.7 Umsetzung der Linked List-Methode" auf Seite 248 ff.

Angesichts der ungeheuren Fülle möglicher Aufgabenstellungen trainieren die Kapitel des ersten Bands hauptsächlich Ihr Strukturverständnis anhand ausgewählter Fallstudien und einzelner Beispiele mit steigendem Schwierigkeitsgrad. Das Ziel ist, Sie zur selbständigen und selbstkritischen Anwendung der JSP/MSP-Methodik auch bei komplexen Problemen zu befähigen.

Methode ohne Umsetzung ist wie Kochen nach Rezept ohne Lebensmittel, also fiktional. Daher wurden alle programmierbaren Modellierungsergebnisse in Code umgesetzt, meistens in C oder in Java, oder auch in beiden Sprachen. Die Bände zwei, vier und sechs enthalten die Implementierungen der teilweise ziemlich umfangreichen Beispielprogramme. Nur ab und zu finden sich Code-Stücke im ersten, dritten oder fünften Band. Diese Aufteilung wurde auch gewählt, damit die Bände nebeneinandergelegt werden können, um die methodischen Ableitungen der Programme – ohne ständiges Hin- und Herblättern – mit deren Implementierungen vergleichen zu können.

Gerade an Methoden wie JSP lässt sich sehr schön zeigen, dass der Unterschied zwischen Theorie und Praxis in der Praxis meist weit größer ist, als er in der Theorie aussieht. Die Plausibilität und Folgerichtigkeit der theoriekonformen Vorgehensweise, beispielsweise am zentralen Punkt der Suche nach Korrespondenzen und der nachfolgenden Ableitung der Programmstrukturen, weicht bei der Lösung realer Aufgaben nicht selten dem Gefühl, sich vergaloppiert zu haben, oder die Methode nicht wirklich zu beherrschen. Daher gehen die Beispiele ausführlich darauf ein, wie die Problemlösungen Schritt für Schritt gefunden werden, wobei auch manchmal absichtlich – als naheliegend erscheinende – Wege eingeschlagen werden, die sich rückblickend als Umwege oder als Irrtümer herausstellen.

5.2 Wie geht es weiter?

Als diese Buchreihe entstand, ging es dem Autor wie Ihnen jetzt: So viele Fragen mussten in der Einführung zur Methode offen bleiben, die aber irgendwann eine sinnvolle Antwort erfordern. Hierfür bietet sich eine enorme Fülle möglicher Herangehensweisen und dafür geeigneter Beispiele an, die jeglichen Rahmen zu sprengen imstande wäre. Von vornherein schied jedoch die Frontalunterrichts-Variante aus, in der jeweils zu knapp beschriebenen Aufgaben ebenso knappe Lösungen grafisch und textlich dargestellt werden. Das Leben – auch das von uns Informatikern – ist kein Warenhauskatalog, in dem zu möglichst jedem Anschaffungswunsch ein Produkt präsentiert wird. Vielmehr ist davon auszugehen, dass Ihre Gestaltungs- und Programmierprobleme vielleicht ab und zu mit einer vorgefertigten Schablone lösbar sind, aber in den allermeisten Fällen ohne Ihre Kreativität nichts Brauchbares entstehen kann.

Möglicherweise passt sogar keines der in dieser Buchreihe vorgestellten Beispiele zu irgendeiner Aufgabe, die Sie im Lauf Ihres Berufslebens lösen müssen beziehungsweise lösen wollen. Dennoch ist es nicht unwahrscheinlich, dass sich von Fall zu Fall die hier gelehrte methodische Vorgehensweise als die beste aller Alternativen empfiehlt – vorausgesetzt, dass die jeweilige Aufgabe und die Methode überhaupt zusammenpassen und Sie das erkennen (können). Daher geht es darum, die von Ihnen hierfür zu leistende Transferaufgabe möglichst optimal dadurch zu unterstützen, dass Sie während der Lektüre ein Strukturwissen erwerben. Dieses Strukturwissen ist sozusagen die Meta-Ebene der Methode. Das bedeutet, dass Sie nicht nur das methodische Vorgehen sicher beherrschen lernen, sondern auch dazu befähigt werden, sowohl die eigenen Arbeitsergebnisse kritisch zu hinterfragen als auch konzeptionelle Analogien zu erkennen und damit kreativ umzugehen.

Das sind alles ziemlich hochtrabende Formulierungen, von denen zu hoffen ist, dass sie wenigstens zu einem relevanten Teil auch in Ihrer Realität wirksam werden mögen. Diese Realität, auch der „Boden der Tatsachen" genannt, ist allerdings eine ziemlich wellige, manchmal klüftige oder steile Landschaft, und sie sieht für jede(n) anders aus. Aber auf diesem Boden wachsen alle Theorien, und nur mit „bodenständigen" Möglichkeiten können alle Implementierungen realisiert werden, egal wie anspruchsvoll die jeweilige Thematik auch sein mag. Es wäre daher fatal, Jacksons Methode allein anhand ihrer Konstrukte zu lehren und somit im Abstrakten zu verweilen. Die dann zwangsläufig fehlende Bodenhaftung rächt sich spätestens dann, wenn der jeweilige Entwurf nicht implementiert werden kann, weil entweder wichtige Eigenschaften der zugrundeliegenden Basismaschine ignoriert wurden beziehungsweise gar nicht existieren, oder bequeme Annahmen getroffen wurden, die sich während der Programmierung als utopisch herausstellen. Dieser Ausgang der Modellierung könnte als „Programming Disaster" bezeichnet werden.

Daher sucht diese Buchreihe stets den Bezug zur Realität, indem jeder methodisch abgeleitete und als gelungen anzusehende Entwurf programmiert wird. Öfters liegen danach sowohl eine algorithmische als auch eine objektorientierte Lösung vor, die beide natürlich dieselbe Leistung erbringen müssen. Um den Aufwand nicht zu hoch zu treiben, wurde von Fall zu Fall entschieden, nur einen der beiden Lösungswege zu gehen. Was als korrekt programmiert erscheint, kann dennoch fehlerhaft sein. Daher gehen alle hier entworfenen Programmprodukte durch Tests, mit denen ihre Korrektheit anhand repräsentativer Datenkonstellationen nachgewiesen wird. Die Testkapitel haben somit einen relativ großen Umfang; je nach Implementierungsstrategie können sie auch in die Entwurfskapitel integriert auftreten.

5.2.1 Durchlaufanalyse als Sicherheitsnetz

Um einem Programming Disaster vorzubeugen, bietet diese Buchreihe unter dem Stichwort „Durchlaufanalyse" ein Vorgehen an, das den methodisch abgeleiteten Programmentwurf wie ein fertiges, zu testendes Programm behandelt und anhand beispielhafter Datenkonstellationen einen fundierten Schreibtischtest ermöglicht. Spätere Tests des jeweiligen Programmprodukts können ausserdem nach demselben Schema gegen den Programmentwurf und gegen die Ergebnisse der Durchlaufanalyse abgeglichen werden, um die Korrektheit der Implementierung nachzuweisen. Dieses Vorgehen zieht in die Entwicklung ein doppeltes Sicherheitsnetz ein, weil erstens unrealistische Elemente des Entwurfs dadurch früh offengelegt werden, und zweitens den Testergebnissen eine geprüfte Referenz gegenübersteht. Das folgende Kapitel „6 Durchlaufanalyse" auf Seite 111 ff stellt dieses Verfahren anhand des ersten JSP-Beispiels vor; später werden weitere Anwendungen davon folgen.

5.2.2 Der Klassiker: (Rang-)Gruppenverarbeitung

Besonders in der kommerziellen Programmierung, aber auch auf vielen anderen Gebieten der Informatik spielen Gruppierungen und Schachtelungen von Daten eine große Rolle. Das ergibt sich schon allein daraus, dass oftmals große Datenkollektive auftreten, die anhand gemeinsamer Merkmale strukturiert werden (müssen), um eine effiziente Verarbeitung zu ermöglichen, beziehungsweise um überhaupt sinnvolle Aussagen über diese Datenkollektive treffen zu können. Solche Datenmengen sind häufig wiederum in kleinere Einheiten strukturiert, was sich über mehrere Stufen hinab bis zur einzelnen Informationseinheit – Satz, Tupel, Segment, Zeile in einer Datenbank etcetera – in einer solchen Menge fortsetzen kann. Diesem Phänomen entsprechen die geschachtelten Iterationen in den Struktogrammen, wobei die Abgrenzungen zwischen den datenstrukturierenden Stufen, auch „Rangstufen" genannt, direkt in die Iterationskontrollen eingehen.

Die Kapitel nach der Vorstellung der Durchlaufanalyse widmen sich dieser Thematik unter den Stichworten „Gruppenverarbeitung" beziehungsweise „Ranggruppenverarbeitung" ausführlich. Das erste Beispiel zur Gruppenverarbeitung behandelt ein ähnlich weltfremd erscheinendes Thema wie das Einführungsbeispiel, nämlich die Aufgabe, den Unterschied zwischen italienischen und englischen Sonetten maschinell zu „erkennen". Hier ist das Ziel, anhand einer vermeintlich einfachen Aufgabe zu zeigen, dass eine plausible Modellierung erst nach mehreren Anläufen vorliegt, weil alle vorhergehenden Entwürfe unter erheblichen Mängeln leiden. Im Gegensatz zum Einführungsbeispiel wird der Lösungsweg nicht vorgegeben, sondern muss nach und nach erarbeitet werden.

Das ist eine erste Gelegenheit, einerseits die Fähigkeit zur Kritik an gut aussehenden Entwürfen zu üben, andererseits die Grenzen der Basismethode zu erahnen. Testet man die C- und Java-Beispielprogramme namens SonnetAnalysis nämlich mit Texten, die bestimmt keine Sonette sind, zum Beispiel mit dem eigenen Programmcode, dann erscheint die Protokollausgabe als unbefriedigend. Erhöht man daraufhin aber die Anforderungen an das Programm, so gerät man rasch an den Punkt, ab dem keine plausible Modellierung mehr gefunden werden kann. Das Implementierungskapitel zur C-Version weist also schon über die Basismethode auf eine ihrer Erweiterungen hinaus, die „Programminversion" genannt wird.

Das zweite Beispiel zur Gruppenverarbeitung bezieht erstmals die Satzinhalte in ihrer Funktion als ungegliederter Schlüssel bei der Gruppenbildung ein. Das ist der erste Schritt zur Ranggruppenverarbeitung, welche sich mit gegliederten Schlüsseln befasst. In diesem Beispiel geht es darum, eine Wortstatistik zu ermöglichen, indem gleichlautende Schlüssel gezählt und die Kumulationsergebnisse zusammen mit den Wortlängen ausgegeben werden. Anschließend können sie zum Beispiel nach Häufigkeiten auf- oder absteigend sortiert dargestellt werden.

5.2.3 Fallstudie zur Ranggruppenverarbeitung

Auftakt des internationalen Schulsportwettbewerbs

Das Potential der Basismethode zeigt sich auch an der darauffolgenden Fallstudie, die einen fiktiven internationalen Schulsportwettbewerb zum Thema hat. Allein die JSP-Modellierung beansprucht drei Kapitel, wobei das mittlere die Basismethode im – dafür ungewöhnlich erscheinenden – Kontext verlinkter Listen auf neue Art nutzt und dabei eine transaktionale Arbeitsweise postuliert. Hier wird zum ersten Mal sichtbar, dass die JSP-Methode weit flexibler verwendbar ist, als dies auf den ersten Blick scheinen mag.

Das darauffolgende Kapitel zum Test des so entworfenen C-Programms „EvaluateSportsDS" wird zur Hälfte dazu „missbraucht", das Thema zwar nicht völlig zu verfehlen, aber doch kräftig auszudehnen. Was nützt denn die schönste Methode, wenn ihre Ergebnisse in einem Wolkenkuckucksheim landen? Die höchste Spannung empfindet doch jede(r) Entwickler(in), „when the tire meets the road", also wenn ein neues Programm seine ersten Testläufe absolviert. Dann zeigen sich doch – leider nicht selten in unerfreulicher Weise – dessen wahre Qualitäten beziehungsweise Defekte. Die Kunst des richtigen Testens ist natürlich auch für ein methodisch entworfenes Programm essentiell. Das ist Anlass genug, anhand von zwei konträren Beispielen zu zeigen, was schiefgehen kann, um anschliessend das Thema anhand einer fiktiven Testsituation zu vertiefen. Selbstverständlich kommt darüber der Test des C-Programms nicht zu kurz.

Dann wird es ernst. Die Behauptung, aus dem JSP-basierten Entwurf lasse sich sowohl eine algorithmische als auch eine objektorientierte Implementierung herleiten, ist bis dahin nur an zwei einfachen Beispielen – also schwach – bewiesen worden. „Evaluate Sports DS" ist dagegen so komplex, dass eine plausibel abgeleitete

OO-Version als starkes Indiz für die genannte Behauptung gelten darf. Die erste schwierige Aufgabe besteht hier darin, ein Klassenmodell für die Rangschlüssel-Konstrukte zu finden, auf denen die Ranggruppen basieren. Das erweist sich als zwar knifflig, aber schlüssig lösbar. Die zweite lautet, die Link-Listen-Verarbeitung so umzumodellieren, dass sie mit Hilfe der von Java hierfür angebotenen Klassen realisiert werden kann. Dabei kommt erstmals in dieser Buchreihe das Potential der Polymorphie zum Tragen.

Im Maschinenraum

Etwas unerwartet, aber aufgrund der recht primitiven Ein- und Ausgabefunktionalität der OO-Versionen von SonnetAnalysis und ProcessWordList doch plausibel, präsentiert das Folgekapitel das Java-Package FileService, mit dem die sequentiellen Dateizugriffe generalisiert und flexibilisiert werden. Mit diesem Package arbeiten alle Java-Programme von „EvaluateSportsDS" an, die auf sequentielle Textbestände zugreifen. Der Sündenfall besteht hier darin, dass FileService nicht JSP-basiert ist, sondern anhand der Vorgaben direkt in Code umgesetzt wurde. Eine datenorientierte Modellierung wäre hierfür gar nicht möglich. Angesichts der enormen Nützlichkeit der darin implementierten File Services wäre es borniert, aus Gründen der reinen Lehre darauf zu verzichten.

Solche Konstrukte bedürfen jedoch weit ausgiebigerer Tests, als dies bei vergleichbar umfangreichem JSP-basiertem Code der Fall wäre. Daher folgt ein weiteres ausführliches Testkapitel, das in eine Diskussion alternativer Testverfahren mündet. Das darauffolgende Kapitel zur Java-Version von „EvaluateSportsDS" befasst sich eingangs teils aus theoretischer, teils aus projektpraktischer Sicht mit dem Integrationstest. Ein hinreichend komplexes OO-Programm kann zwar schon auf der Komponentenebene – auch mit Hilfe von Testklassen – intensiver als ein traditionelles Programm getestet werden, aber erst der Integrationstest kann zeigen, ob das Zusammenspiel der Klassen die gewünschte Funktionalität wirklich fehlerfrei implementiert. Dieser findet hier auf der Basis der Durchlaufanalyse anhand der Tracing-Protokolle eines Testlaufs statt.

E-Mail-Versand von Ergebnislisten

Die Ergebnisse des fiktiven internationalen Schulsportwettbewerbs sollen per E-Mail versandt werden. Ein weiteres Kapitel zur Ranggruppenverarbeitung führt vorbereitend zwei neue Korrespondenztypen ein, die wegen interner Pufferung beziehungsweise multipler Korrespondenzen als sinnvoll erscheinen. Sie ergänzen die Basismethode und werden mit dieser zusammen zur Ableitung der Struktur des Mail-Programms verwendet. Eine umfangreiche Durchlaufanalyse zeigt, wie dessen – aus „Evaluate Sports DS" stammenden und anschliessend sortierten – Eingabedaten in ebensoviele E-Mails transformiert werden, wie es teilnehmende Schulen gibt.

Das zugehörige Implementierungskapitel im zweiten Band geht iterativ vor, indem die Gesamtfunktionalität schrittweise aufgebaut und Zwischenstände getestet werden. Die Beschreibung bezieht sich ausdrücklich auf die Phasen der Durchlaufanalyse im ersten Band, um die wünschenswerte Verknüpfung des Testablaufs mit letzterer zu demonstrieren.

Ausblick

Damit endet die Fallstudie – beinahe, denn sie basiert bis dahin auf der Annahme a) fehlerfreier Eingabedaten und b) exakt korrespondierender Bestände hinsichtlich der Sportergebnisse einerseits und der Schul-(Stamm-) Daten andererseits. Beide Annahmen sind unrealistisch und müssen daher später erneut aufgegriffen werden, um eine professionelle Lösung der Aufgabe zu ermöglichen. Dies leistet jeweils ein Mischverfahren. Mischen ist das einzige Thema des dritten und vierten Bands.

Im fünften Band wird die Fallstudie erneut aufgegriffen. Dort geht es unter anderem um die Modellierung einer modernen, datenbankgestützten und somit erheblich weiterentwickelten Version der „International School Sports Contest Application".

5.3 Mischen: Das unerschöpfliche Thema

Die Verarbeitung einzelner Datenbestände, wie sie in den Eingangskapiteln anhand von Beispielen beschrieben wird, ist kein sonderlich spannendes Gebiet. Weitaus interessanter und vielfältiger sind Mischaufgaben, bei denen zwei und mehr Bestände gegeneinander verarbeitet werden. Die modernen relationalen Datenbanksysteme nutzen Mischverfahren, um neue Daten einzuarbeiten oder vorhandene Datenkollektive kombinatorisch – per JOIN – abzufragen, auch wenn es sich dabei meist um sehr kleine Datenmengen handelt, die lediglich Ausschnitte aus weit größeren Gebilden sind. Das Mischen von Daten ist in zahlreichen Kontexten erforderlich und daher als eine Basistechnologie anzusprechen, deren Beherrschung für jede(n) Programmierer(in) von Nutzen beziehungsweise sogar zwingend nötig sein kann.

Um so erstaunlicher ist es, dass vielfach große Unsicherheit zu herrschen scheint, wie man einem gegebenen Mischproblem jeweils zu Leibe zu rücken kann. Diese Unsicherheit basiert häufig auf einer mangelnden Beherrschung der (Rang-)Gruppenverarbeitung, die eine elementare Methode in all jenen Fällen darstellt, wo die zu mischenden Daten eine hierzu passende Struktur aufweisen. Das ist in der kommerziellen Programmierung oft der Fall, aber keineswegs nur dort. Noch schwammiger wird es, wenn die zu mischenden Datenbestände ungeordnet sind beziehungsweise vom Programm nicht sortiert werden können oder dürfen.

Der große Umfang des Themas „Mischen" machte es nötig, dafür eine eigene Staffel vorzusehen. Diese besteht aus den Bänden drei und vier. Im folgenden werden die dort behandelten Unterthemen kurz dargestellt.

5.3.1 Misch-Standardfälle

Der umfangreiche Abschnitt zum Mischen in Standardfällen beginnt mit Aufgaben anhand unsortierter Bestände, die eine(n) JSP-unkundige(n) Programmierer(in) rasch zur Verzweiflung treiben dürften. Nach und nach treten die nützlichen Aspekte hinzu, die sich aus der internen oder externen Sortierung ergeben, bis ein allgemeingültiges Schema erreicht wird, dem jede einfache Mischverarbeitung sortierter Bestände unterliegt. Dieses „synchrone Mischen" lässt sich auch dazu verwenden, unbelegte Schlüssel beziehungsweise Schlüsselfolgen während des Mischens zu identifizieren – eine Aufgabe, die ebenso für einzelne Datenbestände relevant sein kann.

Im Zeitalter der Datenbanken liegt es nahe, bei jedem dieser Themen einen Blick über den sequentiellen Tellerrand auf datenbankgestützte Lösungen als Alternativen zu richten. Der dritte und der vierte Band zeigen, wie die jeweiligen Aufgaben sowohl „konservativ" als auch im relationalen Umfeld gelöst werden können, wobei das Datenbanksystem MySQL zur Anwendung kommt. Das dient zum „Aufwärmen", bevor im dritten Teil des fünften Bandes die relationalen Datenbanksysteme im Vordergrund stehen.

In Misch-Kontext werden C- und Java-Programme für neun Problemstellungen entwickelt. Die Tests der ersten acht Programme sind recht einfach und deshalb nur knapp dokumentiert, wohingegen die Programme zur Ermittlung von Schlüssel-Lücken – in C und in Java – ein deutlich aufwendigeres Testverfahren erfordern.

5.3.2 Mischen mit Plausibilitätsprüfung

Eine erste Gelegenheit, die so gewonnenen Erkenntnisse praktisch anzuwenden, besteht in der Aufgabe, die Schul-Daten für den fiktiven internationalen Schulsportwettbewerb aufzubauen. Ein leerer Anfangsbestand wird mit Schul-Daten gemischt, welche alle notwendigen Bedingungen erfüllen müssen, aber – vorerst – kleine Plausibilitätsfehler enthalten dürfen. Wenn neue Schulen dem Wettbewerb beitreten, werden deren Daten ebenso geprüft und nur dann dem – nicht mehr leeren – Schul-Daten-Bestand hinzugefügt, falls auch sie die Konsistenzbedingungen einhalten. Das ist eine Ranggruppenverarbeitung mit Misch-Logik. Analog dazu können Schul-Daten geändert oder „gelöscht" – das heißt: aus dem Zielbestand weggelassen – werden.

Erste Backtracking-Anwendung

Solche Programme gelten als unangenehm, weil die fachliche Verarbeitung zwar häufig relativ einfach ist, das Berücksichtigen aller möglichen schweren oder lässlichen Fehler dagegen als schwierig erscheint – besonders dann, wenn es sich um eine Mischverarbeitung handelt. Michael A. Jackson hat seine Basismethode für solche und ähnliche Fälle um ein Konstrukt erweitert, das er „Backtracking" nannte. Es kommt dann zur Anwendung, wenn eine – eigentlich zwingend erforderliche – Fallunterscheidung nicht an derjenigen Stelle in der Programmstruktur getroffen werden kann, wo sie ansteht. Sie muss daher zugunsten einer plausiblen Annahme aufgeschoben und später – wenn diese sich als falsch erweist – nachträglich revidiert werden. Das Backtracking wird hier für die Prüfung von E-Mail-Adressen eingesetzt, da diesen die Korrektheit von vornherein nicht anzusehen ist.

Mehrfaches Vorlesen

Ein weiteres praxisrelevantes Problem entsteht dadurch, dass die Daten zu einer Schule in drei aufeinanderfolgenden Sätzen enthalten sind, sofern es sich um neue oder geänderte Daten handelt. Für Löschungen genügt dagegen ein einziger Satz mit der betroffenen Schul-Identifikation. Die Vollständigkeit der Satzgruppe bei Neuanlage beziehungsweise Änderung kann daher – bei Beibehaltung des bisherigen Satz-für-Satz-Vorgehens – erst am Ende jeder Datengruppe festgestellt oder verneint werden. Dann wurde aber schon ein Satz eingelesen, der den Gruppenwechsel auslöst, und die vorhergehenden Sätze stehen nicht mehr im Zugriff. Folglich müsste irgendeine Pufferung stattfinden, die jedoch dann problematisch wird, wenn wegen eines Fehlers zu einer Schule mehr als drei Sätze vorliegen. Stattdessen wird hier von einer weiteren Idee Jacksons Gebrauch gemacht, nämlich dem mehrfachen Vorlesen. Dadurch kann die verarbeitende Komponente des Programms die Korrektheit einer Satzgruppenstruktur vorab prüfen, obwohl sie selbst Satz für Satz untersucht. Hierfür kommt erstmals ein Automat zum Einsatz.

Implementierung und Test

Algorithmische und OO-Lösungen für Plausibilitätstests sind sich über weite Strecken ähnlich, weil es hauptsächlich darum geht, mit Abfrageserien die Datenqualität zu prüfen. Daher zeigt der vierte Band nur eine C-Implementierung von „UpdateSchoolData", sowie ein Testkapitel. Der Entwurf selbst beansprucht zwei Kapitel.

5.3.3 Mischen mit unterschiedlich tiefen Rangschlüsseln

Die von „UpdateSchoolData" erzeugten Schul-Daten können noch Plausibilitätsfehler wie beispielsweise falsche E-Mail-Adressen enthalten, was für Probeläufe von „EvaluateSportsDS" als unwichtig erscheint. Erst beim Produktionslauf sind auch solche Fehler nicht länger tolerabel. Zudem können dann Daten zu Schulen fehlen oder Schulen vorab aufgenommen worden sein, die aber noch keine Sportwettbewerbsdaten liefern. Die zentrale Ranggruppenkonstruktion im Struktogramm von „Evaluate Sports DS", die auf synchronen Schul- und Sport-Ergebnis-Daten beruht, muss daher gegen eine Mischkonstruktion ausgetauscht werden. Ausserdem ist zu berücksichtigen, dass Schul-Daten als unplausibel markiert sein können. Daraus ergibt sich eine neue Steuerungsstruktur von „Evaluate Sports DS". Das Besondere an der Mischkonstruktion besteht darin, dass die Rangschlüssel der Schul-Daten und die der Sport-Ergebnis-Daten verschieden lang sind. Die erforderliche Korrespondenz ist daher nur dann gegeben, wenn zu einer gegebenen Gruppe der Sport-Ergebnis-Daten einer Schule eine exakt dazu passende Gruppe von Schul-Daten vorliegt. Alle Datengruppen, welche diese Bedingung nicht erfüllen, müssen gemeldet und übergangen werden.

Analog zu „UpdateSchoolData" ist übrigens ein Programm „UpdateSportsResultData" erforderlich, das den Bestand der Sport-Ergebnis-Daten aufbaut und dabei rigide prüft. Nur absolut korrekte Datengruppen dürfen in diesen Bestand gelangen. Allerdings würde es zu weit gehen, auch dieses Programm für die Buchreihe zu modellieren, zu implementieren und zu testen. Daher geht die neue Programmversion davon aus, dass die Datenqualität vollständig gewährleistet ist, was natürlich bei einem realen Projekt nicht zulässig wäre. Das Kapitel „Mischen von Sport-Ergebnis- und Schul-Daten" im dritten Band leitet das erweiterte Struktogramm „Evaluate Sports DS 2" her. Das zugehörige Implementierungskapitel „EvaluateSportsDS2 in C" im vierten Band erläutert die Auswirkungen des Mischens auf die Codestruktur, stellt die Änderungen im Code gegenüber „EvaluateSportsDS" vor und zeigt die Ergebnisse von acht Tests.

5.3.4 Mischen von drei und mehr Beständen

Bislang wurden stets nur zwei Bestände gemischt. Bei drei und mehr Beständen wächst die Menge der möglichen Fallkonstellationen exponentiell. In diesem Kapitel geht es darum, dieses Wachstum für drei oder vier Bestände zu untersuchen und daraus Konsequenzen für den Entwurf – sowie für die Programmierung – abzuleiten. Da aus der Implementierung eines solchen Beispiels kein zusätzlicher Erkenntnisgewinn zu erwarten ist, unterbleibt diese.

5.3.5 Multidimensionales Mischen

Die enorme Vielfalt des Themas „Mischen" ist bereits angeklungen. Ein eigenes Kapitel vermisst den dreidimensionalen Aufgabenraum nach x = Anzahl der beteiligten Bestände, y = Tiefe der Rangschlüssel und z = hierarchische Schachtelung zu mischender, baumstrukturierter Bestände. Für die x-y-Ebene werden typische Mischkonstrukte skizziert, aber nicht zu fertigen Struktogrammen ausformuliert. Der z-Dimension sind dagegen die danach folgenden Kapitel gewidmet.

5.3.6 Abgleich von Bilddateien mit ihren Kopien

In den 70er Jahren des letzten Jahrhunderts war es noch nicht vorstellbar, dass jedefrau und jedermann einen eigenen oder mehrere persönliche Computer besitzen würden, auf denen die Datenbestände in baumstrukturierten Verzeichnissen verwaltet werden. Dennoch beweist die JSP-Methode ihre Flexibilität auch in der Anwendung auf solche Speicherungsstrukturen.

Ein erstes Beispiel, das sich noch nicht in die Tiefe der z-Achse vorwagt, besteht im Abgleich zwischen den Bilddateien auf einem Memory-Chip einer digitalen Kamera und deren Kopien auf einer Festplatte. Fotografen, die sich nicht auf eine Importfunktion verlassen möchten, sondern ihre Bilder lieber selbst verwalten, werden immer wieder von der Frage geplagt, ob sie beim Kopieren nichts vergessen haben. Das gilt besonders dann, wenn ein Memory-Chip voll ist und für neue Bilder gelöscht werden soll. Ein manueller Abgleich ist dann nicht ratsam. Daher entwirft ein Kapitel die Struktur des Java-Programms „VerifyImageBackup", das die vorliegende Aufgabe zuverlässig löst. Ein Implementierungs- und ein Testkapitel im vierten Band demonstrieren, wie mit JSP-Methoden auch eine solche Nuß geknackt werden kann.

Bilddateien, welchen Typs auch immer, sind von Textdokumenten grundsätzlich verschieden. Sie enthalten fast ausschließlich Binärdaten mit Bildinhalten. Die Dateien, mit denen beispielsweise die kommerzielle Programmierung arbeitet, können zwar auch Binärdaten enthalten, aber das sind meistens Zahlen in interner

Darstellung. Sie sind daher im Allgemeinen als strukturierte Bestände anzusehen, die sich mit den grafischen Mitteln der JSP-Methode problemlos abbilden und analysieren lassen. Bilddateien enthalten selbstverständlich ebenfalls strukturierte Daten, aber diese sind völlig anderer Art. Für den Abgleich von Bilddateien sind diese internen Strukturen irrelevant. Es kommt lediglich auf die exakte Übereinstimmung Byte für Byte an.

In Java stehen Klassen und Methoden zur Verfügung, um Ordnerstrukturen aufzulösen und auf die Ordnerinhalte zuzugreifen. Daher entwickelt das Modellierungskapitel eine OO-Lösung der Abgleichaufgabe, die auch mit Rangschlüsseln operiert, um die Namen der betreffenden Ordner und Dateien als Mischkriterien nutzen zu können.

5.3.7 Exkurs: Generierung von Change-Kommandos

Verzeichnisse in Dateisystemen enthalten Dateien und weitere Verzeichnisse, oder nur eine Sorte davon; sie können aber auch leer sein. Für die in ihnen enthaltenen Verzeichnisse gilt der erste Satz ebenso. Es handelt sich also bei einem Verzeichnisbaum um eine rekursive Struktur. Um den Vorstoß in die z-Dimension des Mischens nicht zu komplex zu machen, geht es in diesem Kapitel zunächst nur um die Modellierung rekursiver Struktogramme anhand eines einfachen Anwendungsbeispiels ohne Mischen. Die Java-Implementierung ist im vierten Band zu finden.

5.3.8 Abgleich von Dateien in beliebig tief gestaffelten Verzeichnissen

Einstieg in das Thema

Datensicherungen auf PC-Systemen werden automatisch von Funktionen wie beispielsweise TimeMachine auf Apple Macintosh®-Rechnern unter macOS erledigt, können aber auch manuell vorgenommen werden. Für Kopien, die zum Beispiel für Präsentationen auf externe Festplatten geschrieben werden, gilt, dass sie letztlich ebenfalls Datensicherungen sind. Nach Änderungen der Originale sollten manuelle Sicherungen eigentlich zeitnah nachgeführt werden, um nichts zu vergessen. Der menschliche Schlendrian oder die fehlende Verfügbarkeit eines Sicherungsmediums – das verliehen ist oder sich etwa in einem Bankschließfach befindet – machen diesen hehren Vorsatz allerdings häufig zunichte.

Es ist daher äußerst wünschenswert, einen automatischen Abgleich zwischen dem Originalbestand und seiner Sicherung vornehmen zu können, der die geänderten oder neuen Dateien beziehungsweise Verzeichnisse identifiziert und die erforderlichen Instruktionen für eine Kopieraktion liefert, um die Sicherung nachzuführen. Gegebenenfalls können für eine komplette Synchronisierung auch generierte Löschanweisungen erforderlich sein. Die abzugleichenden Bestände können beliebig tiefe Verzeichnisstrukturen aufweisen.

„Abgleich" bedeutet Mischen. Es ist vorstellbar, mehrere Bestände gleichzeitig in einen solchen Abgleich einzubeziehen, aber fürs erste genügen zwei (x-Achse). Die Rangschlüsseltiefe ist auf beiden Seiten gleich, denn wie beim Abgleich von Bilddateien geht es um die Namen der betreffenden Ordner und Dateien, also um nur zwei Schlüsselelemente (y-Achse). Wegen der rekursiven Verzeichnisstrukturen muss jedoch für jede Verzeichnisebene auf beiden Seiten genau ein Rangschlüsselpaar existieren. Die Hierarchie dieser Paare repräsentiert folglich die z-Achse, auf der die Verarbeitung je nach aktueller Verzeichnistiefe pulsiert.

Zu alledem kommen die Mischthemen aus dem Abgleich von Bilddateien hinzu, denn auch Textdateien lassen sich als Binärdateien interpretieren. Es ist das Dateisystem, das Textdateien speziell unterstützt, nicht die Speicherphysik. Somit ist der höchste Komplexitätsgrad erreicht, der beim Mischen auftreten kann. Das Programm MultiLevelMerge löst diese Aufgabe, wobei die finale Implementierung iterativ entsteht.

Die beiden Prototypen von MultiLevelMerge

Die erste Version von MultiLevelMerge lieferte schon recht brauchbare Ergebnisse, tat sich aber vor allem mit Aliassen schwer. Aliasse sind Verweise innerhalb der Verzeichnisstrukturen, die wie reale Dateien oder Ordner aussehen und auch so verarbeitet werden, wenn ein Programm sie nicht zu erkennen vermag. Dadurch kann ein Abgleich ungeheuer aufgebläht werden, wie ein Praxisbeispiel – leider – erwies.

Die zweite Version ermöglicht es daher, Ordner mit bestimmten Namen explizit in den Abgleich einzubeziehen oder davon auszuschliessen, was allerdings nur für die oberste Verzeichnisebene eines Original- oder Kopiebestands realisiert wird. Diese Einschränkung erwies sich als unproblematisch. Ausserdem können bestimmte Dateien aufgrund ihres Namens-Suffix ein- oder ausgeschlossen werden. Beim Abgleich von Bilddateien durch „VerifyImageBackup" ist nur das Ausschliessen möglich, um störende Dateien auszublenden.

Programminversion im zweiten Prototyp

Die Filterung von Ordnern und Dateien macht den Mischvorgang auf der Namens-Ebene schwierig. Es erwies sich daher als unumgänglich, hierfür die von Jackson eingeführte Technik der Programminversion einzusetzen. Diese erforderte in ihrer Urform, aus laufenden Schleifen herauszuspringen und später mit GO TO hinter die jeweiligen Aussprungstellen zurückzukehren, um Daten abzuliefern oder entgegenzunehmen. Die moderne strukturierte Programmierung vermeidet dieses antiquierte Vorgehen und bietet einen GO-TO-freien Konstruktionspfad an, der auf dem Umweg über die Flussdiagrammtechnik und den eingangs – zur JSP-Basismethode – gezeigten Pseudocode zu formal einwandfreien, automatenähnlichen Implementierungen führt.

Fertigstellung von MultiLevelMerge

Die zahlreichen Steuerungsparameter der zweiten Version erweisen sich als lästig, wenn bestimmte Abgleiche regelmäßig wiederholt werden müssen. Es ist aufwendig, sie in Textdokumenten zu speichern und später wiederzufinden. Die dritte Version von MultiLevelMerge bietet daher die Möglichkeit, diese Parameter als Voreinstellungsdateien zu speichern und bei späteren Starts darauf zurückzugreifen. Ausserdem vereinfacht das die Verwaltung der Filtervorgaben, sowie gegebenenfalls deren Änderung. Eine weitere, die Laufzeiten drastisch senkende Verbesserung besteht darin, einen Express Scan aufgrund geänderter Timestamps oder Dateilängen vornehmen zu können. Der bisherige Standard-Abgleich bleibt bestehen und kann weiterhin für exakte Überprüfungen verwendet werden. Das Mischverfahren auf Datei-Ebene wurde hierfür erweitert.

Zusätzlich wurde eine Alias-Erkennung implementiert Für die komplette Synchronisation von Original und Kopie erzeugt das Programm ausserdem eine Datei mit Löschkommandos, die optional ausgeführt werden können, um alte Backup-Objekte zu entfernen, denen kein Original-Objekt mehr entspricht.

Kapitelübersicht

Es kann nicht verwundern, dass diese Fülle an Themen insgesamt drei Modellierungskapitel plus ein Zusammenfassungskapitel der Operationen und Kontrollen erfordert. Dies ist zweifellos das umfangreichste und komplexeste Programm der gesamten Buchreihe. Es soll demonstrieren, dass die JSP-Methode – ergänzt um die neuen Elemente der modernen strukturierten Programmierung – nicht nur zur Modellierung schwieriger und zugleich praxisrelevanter Problemlösungen geeignet ist, sondern auch in einem solchen Kontext zu einer überzeugenden Implementierung in Java führt – ein weiterer starker Beweis für die JSP-basierte OO-Programmierung.

5.3.9 Ende und neuer Anfang

Das Thema „Mischen" und der Wirkungsbereich der JSP-Basismethode gehen damit zu Ende. Daher erscheint es als angebracht, für einen Moment innezuhalten und sich Rechenschaft über das Erreichte abzulegen. Der dritte Band endet daher mit einer Zwischenbilanz, die zum fünften und sechsten Band überleitet. Anhand der großen Bandbreite der bis dahin behandelten Themen, auch wenn das Gebiet der datenbankorientierten Verarbeitungen nur oberflächlich behandelt wurde, dürfte das Problemlösungspotential der strukturierten Programmierung bis dahin bereits hinreichend demonstriert worden sein.

Unzufriedenheit mit der Basismethode

Es gab jedoch auch Stellen, an denen die traditionelle Modellierung als unangemessen schwierig beziehungsweise nur mit Tricks nutzbar zu sein schien. Zwei Beispiele hierfür sind a) das unbefriedigende Verhalten von SonnetAnalysis bei sehr umfangreichen Inputs und b) die fragwürdige Ausgabekonstruktion von „GenerateChangeCommand" bei überlangen Kommandozeilen. Über diese Modellierung hinaus weisen zudem zwei weitere Beispiele, nämlich c) die Backtracking-Konstruktion in „UpdateSchoolData" und d) die komplexe Modellierung der Datei- und Ordner-Suchen in der zweiten Version von MultiLevelMerge, die zur Programminversion führte. Diese vier Beispiele zeigen, dass die JSP-Basismethode an immanente Grenzen stößt, sobald ihre Grundannahmen durch das jeweils vorliegende Problem in Frage gestellt werden.

Diese bestehen darin, dass erstens jede Kontrolle in dem Augenblick entscheidbar sein muss, an dem sie auszuführen ist, und zweitens, viel fundamentaler, dass Programmstrukturen immer dann aus Korrespondenzen hergeleitet werden sollen, wenn die Problemstruktur das nahelegt. Was ist, wenn solche Korrespondenzen zwar auf der elementaren Stufe einzelner Datenelemente vorliegen (können), aber die Strukturblöcke oberhalb davon nicht korrespondieren – auch dann nicht, wenn alle sinnvollen Möglichkeiten zur alternativen Modellierung ausgeschöpft sind? Es sind zahlreiche Fälle denkbar, in denen die Suche nach Korrespondenzen trotz kundiger Modellierung fehlschlägt.

Erweiterungspotential

Anstatt vor diesen Schwierigkeiten zu kapitulieren, hat Michael A. Jackson zwei Erweiterungen seiner Basismethode vorgeschlagen, die es ermöglichen, auch sehr schwierige Probleme konsistent zu lösen. Der methodisch entscheidende Aspekt ist dabei, dass die Modellierung weiterhin in Form von Struktogrammen geschieht, während die Entflechtung der verknoteten Datenstrukturen durch Programminversion, beziehungsweise die Lösung der unentscheidbaren Kontrollen durch Backtracking, mittels einer implementatorisch unterstützten, konsequent konstruierten Problemzerlegung ermöglicht werden. Diese beiden Strategien, sowie die Technik des mehrfachen Vorlesens, erweitern den Anwendungsradius der JSP-Methode massiv. Daher befassen sich etliche weitere Kapitel der Buchreihe in den Bänden fünf und sechs intensiv mit diesen Themen – wie bisher halb anwendungsorientiert, halb methodenbasiert und mit Implementierungen fundiert.

5.4 Backtracking und Programminversion

… sind die Erweiterungen der strukturierten Programmierung. Sie werden in dieser Buchreihe genau so vorgestellt, wie Michael A. Jackson sie seinerzeit konzipierte. Die Realisierung dieser Techniken geschah damals jedoch durch direkte, zustandsgesteuerte Sprünge, die beispielsweise mitten in Schleifenkonstrukte zielten. Es gab Programmiersprachen, die solche Sprünge unterstützten, zuvorderst natürlich das alte COBOL, aber auch zum Beispiel die ALGOL-ähnliche Sprache T/TAL für Tandem NonStop-Systeme, die mittlerweile längst bei HP (seit 2015: bei Hewlett Packard Enterprise®) angesiedelt sind und als „HP Integrity NonStop Server" bezeichnet werden. Seit langem ist jedoch klar, dass solche Konstrukte verpönt sind, auch wenn sie auf einer strukturierten Herleitung basieren und der jeweilige Compiler sie erlaubt. Sie verstoßen nicht nur gegen den Konsens, keine GO TOs oder Ähnliches mehr zu verwenden, sondern solcher Code ist auch bestens dazu geeignet, Wartungsprogrammierer(innen) zu verärgern.

Die Moderne Strukturierte Analyse bietet eine GO TO-freie Alternative für die Implementierung von Modulen an, die eine Zustandssteuerung benötigen. Das ist vor allem dann nützlich, wenn es unumgänglich ist, ein Modul zwecks Anforderung neuer Eingabedaten oder zur Rückgabe eines Zwischenergebnisses (oder von beiden) zu verlassen und später wieder genau an derjenigen Stelle in diesem Modul fortzufahren, die dem Rücksprung sequentiell folgt. Die dafür erforderliche Loop-Case-Konstruktion lässt sich aber auch für das Backtracking verwenden, was es möglich macht, beides im selben Modul auf kohärente Weise zu realisieren.

5.4.1 Backtracking in drei Lektionen

Backtracking tritt selten auf, kann aber von Fall zu Fall erhebliche Anstrengungen erfordern, die sich leider nicht generalisieren lassen. Das heisst, dass es zwar durchaus möglich ist, diverse Backtracking-Situationen zu entwerfen, aber ein abschließendes Urteil über das geeigneste Vorgehen für *alle* dieser Situationen nicht gefällt werden kann. Es hängt sehr vom jeweiligen Beispiel ab, zu welchen Schlussfolgerungen hinsichtlich der *dafür* besten Lösung man gelangt, und das ist natürlich denkbar schlecht für einen methodischen Ansatz.

Ein erstes Backtracking-Beispiel wird im dritten Band vorgestellt, genauer, im Kapitel über die finale Modellierung von „Update School Data". Dort geht es um die Prüfung von E-Mail-Adressen, die zahlreiche Fehler aufweisen können. Jedesmal, wenn ein solcher Fehler entdeckt wird, soll die betreffende Adresse protokolliert werden, wobei die Art und die Position des Fehlers zu melden sind. Das ist eine sehr einfache Fehlerreaktion, aber das reicht, um schon einiges über das Backtracking zu lernen. Einiges, aber nicht genug.

Am Anfang des fünften Bands wird deshalb ein Backtracking-Beispiel aus der Typografie in zwei Kapiteln variiert dargestellt, um zumindest einige weitere Einsichten zu gewinnen, auch wenn das Thema unendlich ausgedehnt zu sein scheint. Beim Backtracking-Modellieren befindet man sich in der Lage eines Herrenschneiders, der zwar den Körperbau genauestens kennt, aber für jeden seiner Kunden einen anderen Maßanzug anfertigen muss. Das dritte Kapitel geht daher auf die beim Backtracking anzuwendenden Prinzipien näher ein und stellt mögliche Grundschemata für alternative Realisierungsformen vor.

5.4.2 Programminversion

Die Programminversion wurde bereits im dritten Band bei der ersten Erweiterung von MultiLevelMerge verwendet, um die Suche nach zu verarbeitenden Ordnern oder Dateien auf eine sichere Grundlage zu stellen. Dort lag ja genau die etwas weiter oben beschriebene Situation vor, Module zustandsgesteuert zu betreiben. Dagegen ließ sich für das mehrfache Vorlesen im Rahmen von „Update School Data" auf Anhieb keine JSP-konforme Modellierung erkennen, weshalb es nötig war, auf eine automatenbasierte Lösung auszuweichen und diese in den C-Code zu integrieren.

Was im dritten Band als pfiffige Notlösung für MultiLevelMerge erscheinen mag, um eine unerfreulich komplexe Eingabedatenstruktur an die Erwartungen des Programms anzupassen, ist in Wirklichkeit ein recht vielseitiges Instrument, um bei inkompatiblen Datenstrukturen entgegen dem ersten und dem zweiten Anschein doch noch zu einer Lösung auf JSP/MSP-Basis zu gelangen. Hierfür werden die Datenstrukturen so weit entkoppelt, dass es „nur noch" eines Datenaustauschs auf einer elementaren Ebene bedarf, um die eine Struktur in die andere zu überführen. Diese Entkopplung wird dadurch erreicht, dass die strukturiert entworfenen Einzelverarbeitungen als Module realisiert werden, die miteinander über Aufrufschnittstellen kommunizieren. Zusätzlich sind mehrfache Programminversionen möglich, falls Zwischenstufen gebraucht werden, um die Abbildungen vorzunehmen.

Zum Zeitpunkt der Abfassung dieses Blicks voraus existieren die Programminversions-Kapitel noch nicht. Folgende Inhalte sind geplant:

- Das erste Kapitel vertieft den methodischen Hintergrund dieses Vorgehens und stellt ein allgemein verwendbares Schema für Programminversionen vor. Dabei geht es auch um die Frage, welches Modul von zweien – oder mehreren – invertiert werden sollte, falls diese Entscheidung bis dahin offen blieb.
- Das zweite Kapitel greift das Problem auf, das im vorhergehenden Band-5-Kapitel über „Backtracking III", nämlich im Unterkapitel „Hochmut kommt vor dem Fall", beschrieben wird.
- Im dritten Kapitel wird ein erstes praktisches Beispiel untersucht, das darin besteht, Texte in ihre Worte und andere Bestandteile zu zerlegen, sowie sie – zum Beispiel bei vorgegebener Zieldatei-Zeilenlänge – neu zusammenzusetzen.
- Mit diesem Wissen kann im vierten Kapitel das Problem von SonettAnalysis gelöst werden, das im vorangehenden Kapitel „5.2.2 Der Klassiker: (Rang-)Gruppenverarbeitung" auf Seite 96 ff beschrieben wurde.
- Das fünfte Programminversions-Kapitel greift ein weiteres „loses Ende" auf, nämlich die trickreiche Generierung von Change-Kommandos, die nun gänzlich ohne Trick modelliert wird.
- Es ist dann an der Zeit, der Automaten-Lösung für das mehrfache Vorlesen eine mit JSP/MSP modellierte Alternative entgegenzusetzen.
- Im letzten dieser Kapitel geht es um die mehrfache Programminversion. Sie kommt zwar selten vor, kann aber auch ziemlich vertrackte Problemstellungen zu lösen ermöglichen. Sie wird anhand eines – zunächst als einfach erscheinenden – praktischen Beispiels demonstriert.

Selbstverständlich werden die Problemlösungen ab dem zweiten Inversions-Kapitel auch implementiert und getestet, teils in C, teils in Java, teils in beiden Sprachen.

5.5 Zusammenfassung

Wie in der Einführung angekündigt, ist für den fünften Band eine Zusammenfassung der JSP/MSP-Methodenelemente vorgesehen, die bei der Vorstellung der JSP-Basismethode keineswegs abschließend dargestellt wurden, sondern vielfältige Erweiterungen erfuhren. Dabei geht es zuerst darum, die grafischen und sonstigen Darstellungskonventionen übersichtlich zusammenzuführen. Diese entfalten aber ihren Sinn nur vor dem Hintergrund der danach folgenden „Handreichungen", wie die Darstellungsformen eingesetzt werden und welche Überlegungen dem zugrundeliegen – unabhängig von den konkreten Beispielen, in deren Kontext sie auftreten. Juristen mögen das ein Repetitorium nennen, denn darum geht es hier: Das Wichtigste soll zusammengefasst und übersichtlich aufbereitet werden.

Die Meinungen darüber, was das Wichtigste sei, klaffen bei jedem beliebigen Thema weit auseinander. Daher kann es sich hier nur um die individuelle Sicht des Autors handeln, der ja schließlich auch alle Modifikationen des MSP gegenüber dem JSP zu verantworten hat. Zudem handelt es sich hier nur um ein Angebot, keine Norm. Was sich aber in Jahren der Arbeit an der Buchreihe bewährt hat, kann möglicherweise auch Ihnen, geschätzte Leserinnen und Leser, hilfreich sein.

Die Plazierung dieser Zusammenfassung am Ende des zweiten Buchabschnitts mag verwundern, pflegen Zusammenfassungen doch meist ganz am Ende eines Texts zu stehen. Dafür gibt es zwei Gründe:

- Erstens folgt als dritter Teil das große Thema „JSP/MSP & RDBMS", dessen Fokus weniger auf der Methodik, als auf deren Nutzung im relationalen Umfeld liegt.
- Zweitens ist es vorstellbar, die drei Staffeln jeweils zu untergliedern, wodurch die Zusammenfassung am Ende des dritten Abschnitts von den stärker methodenorientierten ersten Abschnitten getrennt würde.

5.6 JSP/MSP und relationale Datenbanktechniken

Wie schon in der Einführung angekündigt, erwartet die Leserinnen und Leser an dieser Stelle ein nahezu kompletter Themenwechsel. Die Entwicklung der relationalen Datenbanksysteme (RDBMS = Relational Database Management Systems) hat in den Jahrzehnten nach dem Erscheinen von Jacksons Buch [3] zu einem Triumphzug relationaler Techniken geführt, der im Licht von JSP/MSP angemessen gewürdigt und eingeordnet werden soll. Gegenüber damals wurde nicht nur die Zugriffs- und Speicherungstechnologie grundlegend weiterentwickelt, sondern es kam auch zu einem Bruch mit dem „althergebrachten" – historisch gesehen aber durchaus neuen – Verständnis, wie Anwendungssysteme aufgebaut sein sollten. Das Denken in Einzelprogrammen, die in komplexen Batch-Abläufen miteinander verwoben wurden, wich einer eher transaktional orientierten Betrachtungsweise. Stapelverarbeitungen galten angesichts dieses Paradigmenwechsels als „von vorgestern", und wer modern dachte, schüttete auf diese Weise gern das Kind mit dem Bade aus.

Inzwischen hat sich der Übereifer der „Transaktionalisierung um jeden Preis" längst gelegt und es geht um Antworten auf die schwierige Frage, wie Massendatenverarbeitungen in einem transaktionalen Umfeld sicher und performant stattfinden können. Um solche hybriden Anwendungssysteme zuverlässig und transparent entwickeln zu können, wurden erhebliche methodische Anstrengungen erbracht, auf denen seither das moderne Verständnis der Analyse und des Designs solcher Systeme beruht. Vor dem Hintergrund der – zu diesem Verständniswandel parallel ablaufenden – technologischen Evolution der Zugriffssysteme, vor allem der RDBMS, ist es zudem zu einer Integration der relationalen Begrifflichkeit in die Systemanalyse gekommen: Die Beschreibung der Datenbestände erfolgt seither mit der Entity Relationship-Modellierung (ERM). Somit liegen vielerlei Anlässe vor, sich zu fragen, ob Anpassungen von JSP/MSP vor diesem Hintergrund erforderlich sind, und wie die strukturierte, datenbasierte Methode auf diese – nicht mehr ganz neuen – Aufgabenstellungen angewendet werden kann.

Entlang dieser Entwicklungslinie entstanden die im folgenden kurz beschriebenen Kapitel.

Was ist ein Anwendungssystem?

Wie kann es beschrieben werden? Wie ist der Stand der dafür erforderlichen Modellierung? Im Kapitel „Zurück in die Zukunft" geht es um diese wichtigen Fragen, auf welche jedoch noch immer zentrale – und vor allem verbindliche –Antworten ausstehen. Leider kann dort kein positives Fazit zum Stand der Kunst gezogen werden, aber das muss ja nicht auf Dauer so bleiben.

Grundlagen relationaler Datenbanksysteme

Datenbankbezogene Programmierung ohne tieferes Verständnis der RDBMS ist eine Garantie für schlechte Performance und andere zutiefst unschöne Phänomene. Daher folgt das Kapitel „RDBMS: Grundlagen", in dem vor allem performance-relevante Aspekte der RDBMS-Datenstrukturen thematisiert werden. Ein modernes RDBMS ist eine so komplexe Machine, dass es vermessen wäre, auch nur ihre Speicherungs- und Suchtechniken in einem einzigen Kapitel halbwegs zutreffend charakterisieren zu wollen. Daher handelt es sich hier mehr um eine beispielsorientierte Einführung, in der aber alle für die Programmierung relevanten Aspekte der relationalen Datenhaltung erklärt werden.

Programmierpraxis mit MySQL und DB2

Was nützt die schönste Theorie ohne Praxis? Diese Frage richtet sich hier nicht an Philosophen, sondern an uns Techniker(innen). Die RDBMS-Praxis ist allerdings je nach System – trotz der oberflächlichen Ähnlichkeit der Benutzerschnittstellen mittels der „genormten" Sprache SQL – doch immer wieder eine andere. Es ist daher nötig, ein konkretes RDBMS auszuwählen, um damit zu programmieren. Der Autor hat sich bereits im dritten und vierten Band für MySQL entschieden, weil es auf zahlreichen Plattformen läuft und hinreichend dazu geeignet ist, die JSP/MSP-relevanten Aspekte zu demonstrieren. Das Kapitel „RDBMS: Programmierung" befasst sich daher ausführlicher mit der Implementierung per MySQL, stellt dieser aber auch DB2-Beispiele entgegen.

Ohne Datenintegrität ist alles nichts

In Systemen mit zahlreichen, miteinander konkurrierenden Transaktionen verliert das Modellieren mit JSP/MSP zwar nicht seine generelle Berechtigung, aber sein solides sequentielles Fundament. Um die Auswirkungen richtig einschätzen zu können, die der Übergang vom sequentiellen Paradigma zum transaktionalen Verständnis erzwingt, und speziell um die Berechenbarkeit des Systemverhaltens trotz radikal anderer Arbeitsweise als früher garantieren zu können, ist das Thema „Datenintegrität" zentral. Ihm widmet sich das dritte Datenbank-Kapitel. Es führt die dafür relevanten Begriffe ein, diskutiert das in diesem Kontext oft genannte „ACID-Prinzip", stellt ein Beispiel mit möglichen Zugriffs-Kollisionen vor und macht Vorschläge für problemadäquate Lösungen.

Maschinell prüfbare Programmspezifikationen

Es gibt nach wie vor keine allgemein akzeptierte Form, in der die Ergebnisse der Systemanalyse und des darauf aufbauenden Systemdesigns für ihre Zielgruppen – also die Fachabteilungen und die IT-Fachleute – so dargestellt werden können, dass sie sowohl verständlich als auch verbindlich sind. Verständlichkeit wird am besten mit natürlichsprachigen Texten und aussagekräftigen Grafiken erreicht, aber die Verbindlichkeit solcher Modelle ist gering. Sie sind nicht präzise genug und lassen daher zu viel Raum für Interpretationen. Der Autor hat – aufbauend auf Yourdons Vorschlägen in [1], Kapitel 11 „Process Specifications" ab Seite 203ff – eine Spezifikationssprache entworfen, die beiden Anforderungen gerecht zu werden versucht. Das Kapitel „Parser-Beispiel" stellt das hierfür entwickelte Data Dictionary und das Programm zur maschinellen Analyse von Prozess-Spezifikationen, den Parser, vor.

Anhand eines mittelgroßen Spezifikations-Texts demonstriert es die Leistungen des Parsers und diskutiert die Ergebnisse einer automatischen Textanalyse. Ausserdem gibt es Einblicke in zentrale Interna des Parsers, der teils mit JSP/MSP-Methoden, teils – wegen des hohen Zeitdrucks bei der Entwicklung des Prototypen – auf traditionelle Weise entwickelt wurde. Das Ziel dieses Kapitels ist es, einen Einblick in eine moderne Modellierungsform für Komponenten von Anwendungssystemen zu bieten, ohne allzusehr auf technische Details abzuheben.

Der internationale Schulsportwettbewerb auf relationaler Basis

Das Kapitel „RDBMS: Programmierung" musste zwangsläufig den Schwerpunkt auf diejenigen Elemente der Programmierung legen, die für das Entwickeln im RDBMS-Umfeld typisch sind, also relativ abstrakt bleiben. Ein erstes konkretes und hinreichend komplexes Beispiel besteht in der Umwandlung der Java-Version von EvaluateSportsDS in deren relationales Pendant EvaluateISSCData auf MySQL-Basis. Die dafür erforderlichen Migrations- und Konversionsschritte werden im Rahmen von JSP/MSP entwickelt und implementiert. Dem schließt sich ein Test von EvaluateISSCData an.

Das dabei erzeugte Datenmaterial wird im letzten Kapitel genutzt, um eine restartfähige Verarbeitung unter MySQL zu entwerfen und zu implementieren. Der Restart weist sowohl Merkmale des Backtracking als auch der Programminversion auf. Daher demonstriert dieses Kapitel, wie die JSP/MSP-Methodik auch für anspruchsvolle Aufgaben im relationalen Umfeld eingesetzt werden kann.

5.7 Geschafft!

... in jederlei Hinsicht sind nach diesem Parforceritt sowohl Sie, die Leserinnen und Leser als auch der Autor. Es ist überraschend, wie sich aus den intuitiv einleuchtenden Ideen von Michael A. Jackson ein wahres Panoptikum von Themen und Lösungen entfaltet. Das macht Mut, seine Methode auch im beruflichen Alltag einzusetzen, der zwar über weite Strecken mit professioneller Gelassenheit bewältigt werden kann, aber auch immer wieder Aufgaben stellt, auf die es keine spontanen Antworten gibt. Die nun folgenden Kapitel nehmen Sie mit auf eine Reise, die mit dem letzten Kapitel keineswegs zu Ende sein sollte, sondern in Ihrer – hoffentlich stets erfolgreichen – beruflichen Praxis ihre Fortsetzung finden kann. Auf dieser Reise werden Sie womöglich das eine oder andere Potential von Jacksons Ideen entdecken, das dem Autor bislang verborgen blieb. Um so besser! Falls ja, lassen Sie bitte es den Verlag wissen, damit auch Andere an Ihren Erkenntnissen teilhaben können.

04/2012 Neptunbrunnen und Wasserorgel in der Villa d'Este (Tivoli, Latium)

Durchlaufanalyse

Im JSP steht der Datenfluss mit dem Kontrollfluss in symbiotischer Beziehung, denn die Programmstruktur geht aus den beteiligten Datenstrukturen hervor, so dass der Kontrollfluss sich bei der Programmausführung unsichtbar an den Datenstrukturen entlang bewegt. Das ähnelt dem Verhalten von Flüssigkeiten, die durch Pumpen, Rohre und Behälter strömen, welche eine Führungswirkung auf sie ausüben.

Wohl an nur sehr wenigen Orten ist erfahrbar, welch vergängliche Kunstwerke auf diese Weise geschaffen werden können. Die Aufnahme links zeigt nur eines der vielen Wasserspiele, die im Garten der Villa d'Este am Rand von Tivoli die Betrachter(innen) erfreuen und faszinieren. Wer Rom besucht, sollte auch nach Tivoli fahren und bei dieser Gelegenheit zudem die Villa Hadrians (Villa Adriana) in der Nähe besichtigen.

Nachdem man sich an der Schönheit der Anlage sattgesehen hat, kann man dazu übergehen, die großartigen Leistungen der am Bau beteiligten Ingenieure und Handwerker zu würdigen. Sie mussten nicht nur einen Flußarm anstauen, um genügend Druck aufzubauen, sondern auch eine umfangreiche Wasserleitungs-Infrastruktur realisieren. Dabei kam es bestimmt immer mal wieder zu kleineren und größeren Undichtigkeiten, durch welche das Wasser einen anderen Weg als geplant nahm. Die Erbauer und ihre Nachfolger haben diese Schwierigkeiten offensichtlich in hervorragender Weise gemeistert. Ganz gewiss aber haben sie nicht zuerst die Wasserleitungen verlegt und dann geprüft, ob alles wie gewünscht funktioniert, denn Fehler wären dann viel zu spät aufgefallen und ihre Behebung wäre enorm teuer geworden. Stattdessen haben sie wohl zuerst die Anlage auf dem Papier konstruiert und die erforderlichen Berechnungen vorgenommen. Darin unterscheiden sie sich von vielen Programmierer(inne)n, die es vorziehen, zuerst zu bauen und dann zu denken.

Wenn wir von den Meistern in Tivoli lernen wollen, dann bedeutet das, unsere Entwürfe zu prüfen, bevor sie implementiert werden. Das folgende Kapitel zeigt beispielhaft, wie das aussehen kann. Auch später wird dieses Vorgehen mehrfach demonstriert und sein offenkundiger Nutzen erfahrbar gemacht.

6.1 Durchlaufanalyse = Ablaufsimulation

Je später Irrtümer bei der Programmentwicklung aufgedeckt werden, um so teurer ist deren Behebung. Das gilt selbstverständlich auch für ein methodisch fundiertes Vorgehen, denn kleine Fehler werden hierbei ebenso häufig wie sonst auch begangen. Das menschliche Gehirn ist evolutionär für ganz andere Aufgaben entstanden als die, eine große Menge lose zusammenhängender Fakten im Kontext bestimmter Programmstrukturen kritisch zu sichten und dabei Inkohärenzen zuverlässig zu identifizieren. Dieses Grundproblem wirkt sich besonders bei der weitverbreiteten Vorgehensweise aus, Programme als Patchwork von in sich stimmigen Abschnitten zusammenzuschrauben.

Mit der JSP-Methode, insbesondere durch das strukturgesteuerte Plazieren von Operationen, wird diese Überforderung weitgehend abgebaut. Stimmen die beteiligten Datenstrukturen und die daraus abgeleiteten Programmstrukturen, wurden die Operationen korrekt definiert und die Kontrollen richtig spezifiziert, dann kann schon nicht mehr viel schiefgehen. Dennoch werden immer wieder Operationen vergessen oder falsch angeordnet, sowie Kontrollen fehlinterpretiert. Daher ist es immer anzuraten, den dynamischen Programmablauf anhand der Programmstruktur mit Operationen zu simulieren. Manchmal kommt erst so zutage, dass die Datenstrukturen unvollkommen sind, oder bei den weiteren Schritten sonstige Fehler begangen wurden.

Dabei empfiehlt es sich, mit den einfachsten Fällen zu beginnen und dann die Simulation nach und nach auszuweiten. Das soll nun anhand des Einführungsbeispiels gezeigt werden.

Eine Anforderung lautete:

➢ Bei einer leeren Eingabedatei sind nur Listenkopf und Listenfuß auszugeben.

Dann sieht der Durchlauf wie folgt aus:

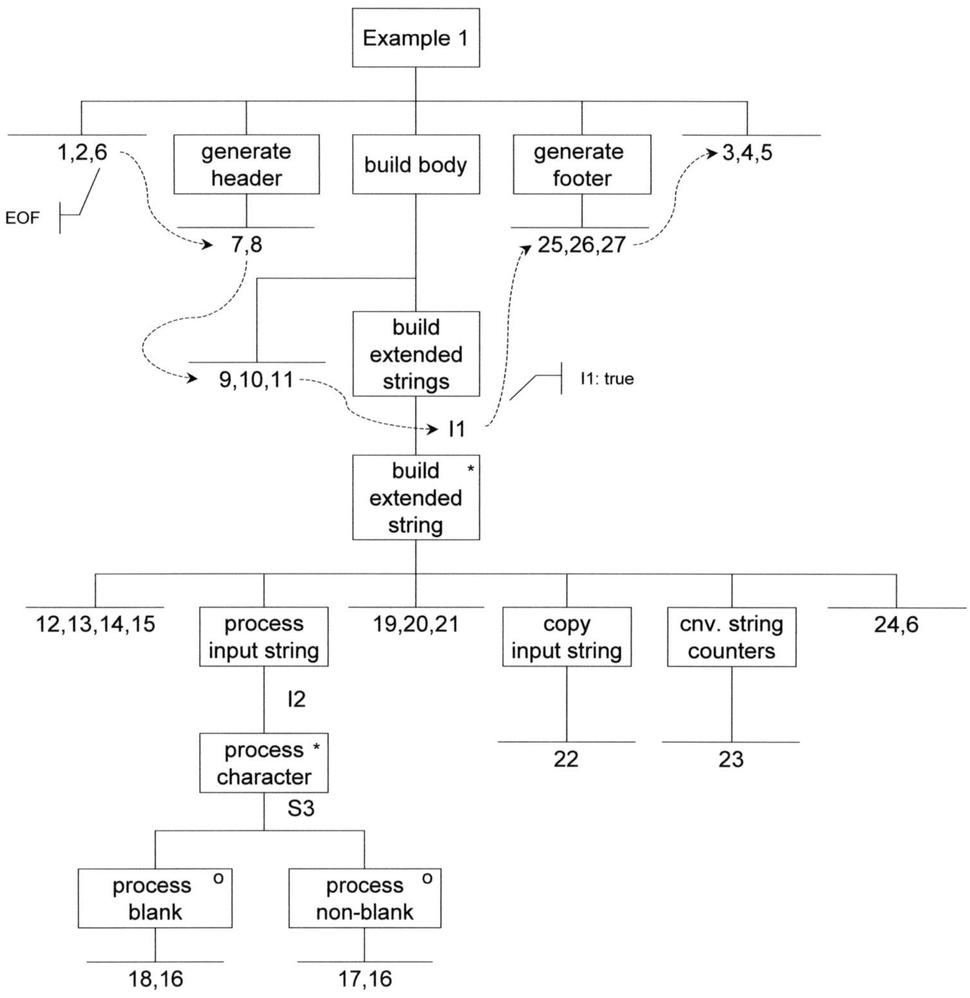

***Abbildung 6.1:** Durchlauf mit einer leeren Eingabedatei*

Die gestrichelten Pfeile geben die Ablauffolge an. Sie verbinden sequentiell die durchlaufenen Operationen und Kontrollen, wobei letztere mindestens zwei Ausgänge haben, wovon der jeweils zuständige anzugeben ist. In späteren Durchlaufdiagrammen werden Kommentare an den Pfeilen, Operationen und Kontrollen hinzukommen, um die Aussagekraft der Darstellung zu erhöhen.

Bereits die erste Operation 6 liefert hier EOF. Daher ist die Iterations-Endebedingung I1 sofort erfüllt. Der spätere Programmlauf soll folgendes ausgeben:

```
Text                                                    chars  blanks  length


                                                         ====    ====    ====
                                               totals       0       0       0
```

Leerzeilen haben eine Sonderrolle; daher liegt es nahe, den Durchlauf mit einer einzigen Leerzeile zu verfolgen.

➢ Leerzeilen enthalten 0 Zeichen, also weder Leerzeichen noch Textzeichen.

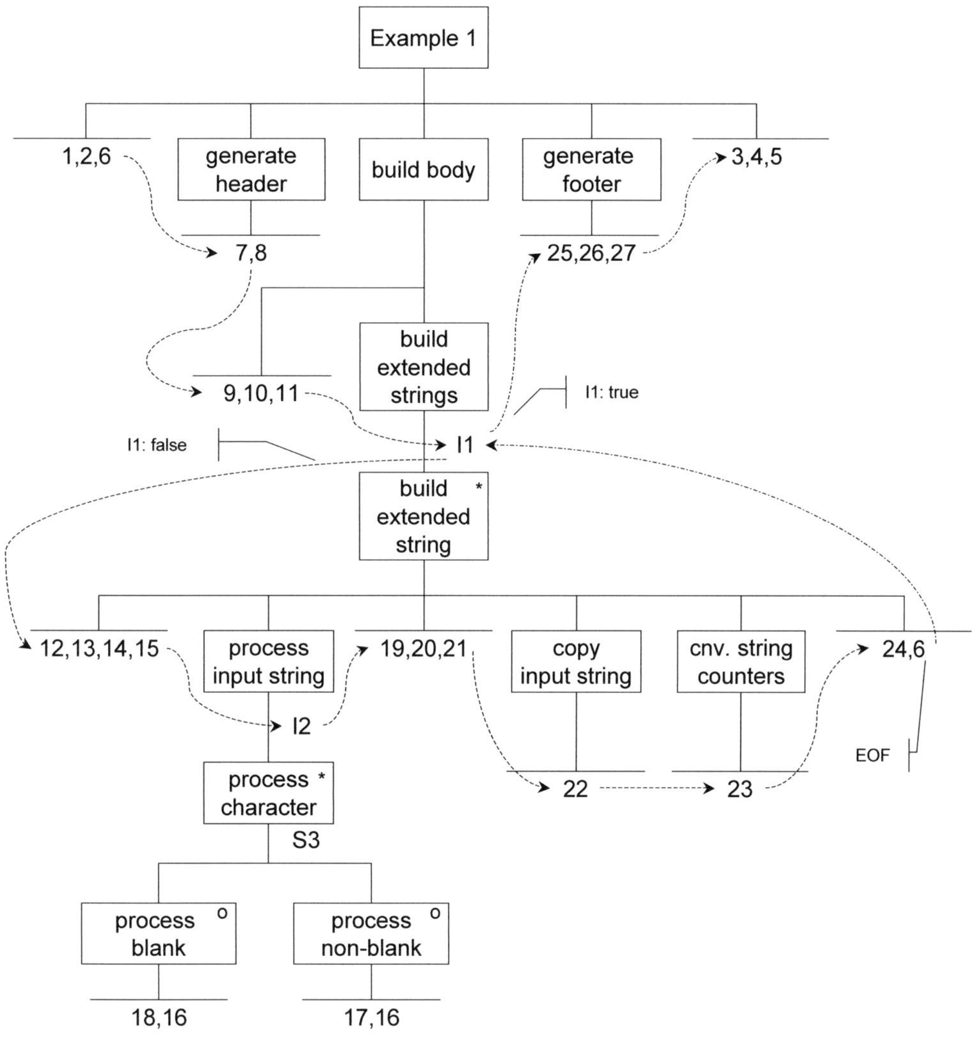

Abbildung 6.2: *Durchlauf mit einer einzigen Leerzeile*

Nun ist I1 nicht sofort erfüllt. Der Ablauf wird daher unterhalb I1 mit den Operationen 12,13,14,15 fortgesetzt. Da eine Leerzeile keine zählbaren Zeichen enthält, ist die Iterations-Endebedingung I2 sofort erfüllt. Ihr folgen die Operationen 19,20,21, dann 22, 23 und 24, bevor zum ersten Mal nachgelesen wird. Hier tritt die EOF-Bedingung ein. Das hat zur Folge, dass die erneut durchlaufene Kontrolle I1 erfüllt ist und ihr nur noch die Abschlussoperationen folgen. Der spätere Programmlauf soll folgendes ausgeben:

```
Text                                                      chars  blanks  length


                                                              0       0       0
                                                           ====    ====    ====
                                                   totals     0       0       0
```

Wird stattdessen eine einzige gefüllte Zeile eingelesen, die sowohl Leerzeichen als auch druckbare Zeichen enthält, dann entsteht folgender Ablauf:

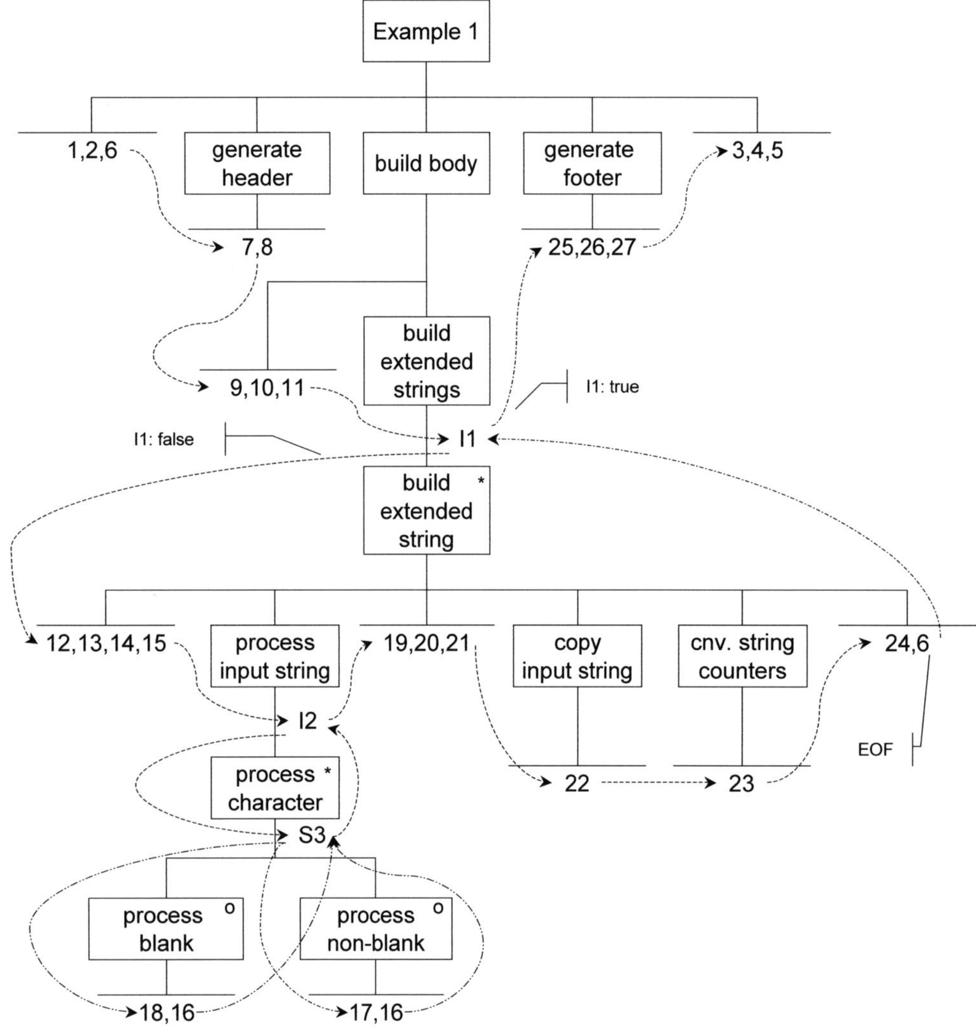

Abbildung 6.3: *Durchlauf mit einer einzigen nicht-leeren Zeile*

Da I2 nicht sofort erfüllt ist, wird zuerst S3 für das Zeichen auf der Position 1 im Eingabestring ausgewertet. Ist es ein Leerzeichen, so folgt der Durchlauf den Strich-Punkt-Punkt-Pfeilen (links), sonst den Strich-Punkt-Pfeilen. Aus dem Eingabebeispiel könnte abgelesen werden, dass dieses Zeichen kein Leerzeichen ist beziehungsweise sein darf, aber das ist nicht vorgegeben. Das Programm verhält sich hier also korrekt.

Nach dem Erhöhen des Indexwerts um 1 muss geprüft werden, ob der Eingabestring bereits beendet ist. Daher wird erneut I2 ausgeführt, bevor wieder mit S3 fortgefahren wird und so weiter und so fort. Jede S3-Abfrage betrifft die nächstfolgende Zeichenposition, weil die Operation 16 in jedem Schleifendurchlauf nur einmal ausgeführt wird, nicht zweimal oder keinmal. In unübersichtlicheren Fällen kann so etwas durchaus passieren und muss deshalb sorgfältig kontrolliert werden. Besonders fatal ist es, wenn Fortschaltungs- oder Nachlese-Operationen vergessen wurden, weil dann unendliche Schleifen entstehen können.

So wird schließlich das Ende des Eingabestrings erreicht. Der Index zeigt jetzt auf die dem String unmittelbar folgende Position. Das ist hier kein Problem, denn auf diese Zeichenposition wird niemals referenziert. Es könnte ja die 56. Position sein, die nicht mehr zum Allokationsbereich des Eingabestrings gehört. Liegt die 55.

Position allerdings exakt auf der letzten Speicheradresse in einem Mikrocontroller und wurde eine einfache Adressfortschaltung anstelle der Indexrechnung gewählt, so kommt es zum Adressüberlauf, den die Hardware gegebenenfalls als schweren Fehler interpretiert. In späteren Kapiteln werden Fälle beschrieben, in denen eine so triviale Indexverwendung wie hier nicht erlaubt ist. Dann müsste das Beispiel modifiziert werden.

Es kann somit festgestellt werden, dass der I2-Durchlauf für 1 bis 55 Zeichen richtig stattfindet. Es folgt der bekannte Ablauf bis zum Nachlesen, das die I1-Endebedingung setzt etcetera. Der spätere Programmlauf soll folgendes ausgeben:

```
Text                                                     chars  blanks  length

----+ ---1----+ ---2----+ ---3----+ ---4----+ ---5----+    50       5      55
                                                          ====    ====    ====
                                                 totals    50       5      55
```

Nun ist der Weg der Generalisierung auf eine Eingabedatei wie im eingangs gezeigten Beispiel nicht mehr lang. Angenommen, nach dem ersten Satz folge ein zweiter. Ob die Eingabe mit einer Leerzeile oder einer gefüllten Zeile beginnt, ist unwichtig. In beiden Fällen sind dieselben Initialisierungen zu durchlaufen, wie die Grafik auf der nächsten Seite zeigt:

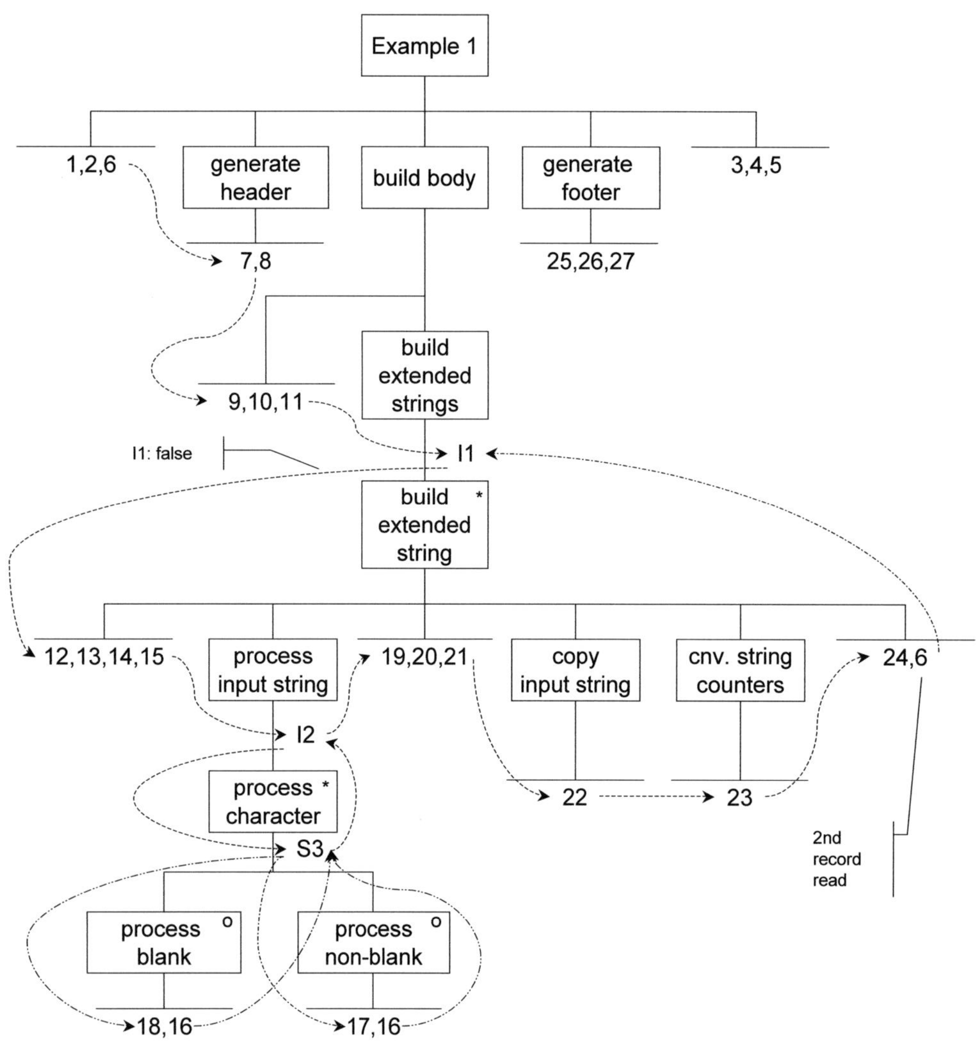

Abbildung 6.4: *Durchlauf für den ersten Satz einer n-Sätze-Eingabe*

Der wesentliche Unterschied zur „Abbildung 6.2: Durchlauf mit einer einzigen Leerzeile" auf Seite 113 besteht darin, dass beim Nachlesen ein zweiter Satz gefunden wird. Dessen Verarbeitung zeigt die Grafik auf der Folgeseite:

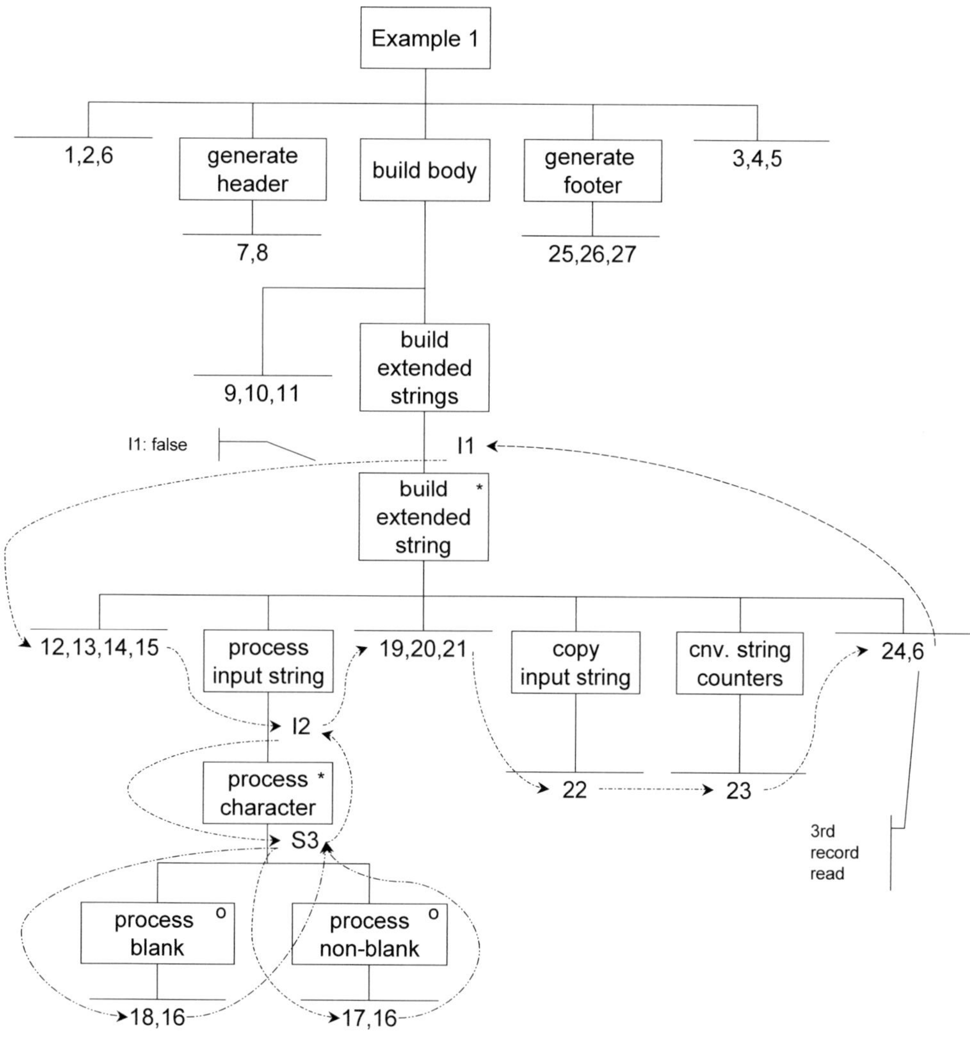

***Abbildung 6.5:** Durchlauf für den zweiten Satz einer n-Sätze-Eingabe*

Nach erneuter I1-Prüfung beginnt die Verarbeitung des zweiten Satzes mit den Operationen 12,13,14,15. Damit ist gewährleistet, dass dieser auf genau dieselbe Weise wie der erste Satz verarbeitet wird. Ausser den Summen, die mit den Operationen 19,20,21 gebildet wurden, ist vom ersten Satz nichts im fiktiven Arbeitsspeicher zurückgeblieben. Ist der zweite Satz ein Leersatz, bleiben die Summenwerte gleich; andernfalls erhöht das Programm sie um die Zählergebnisse und die String-Länge. Folgt ein dritter Satz, so ändert das nichts am Ablauf. Erst mit dem Nachlesen nach dem letzten Satz tritt eine neue Situation ein, wie die Grafik auf der nächsten Seite zeigt:

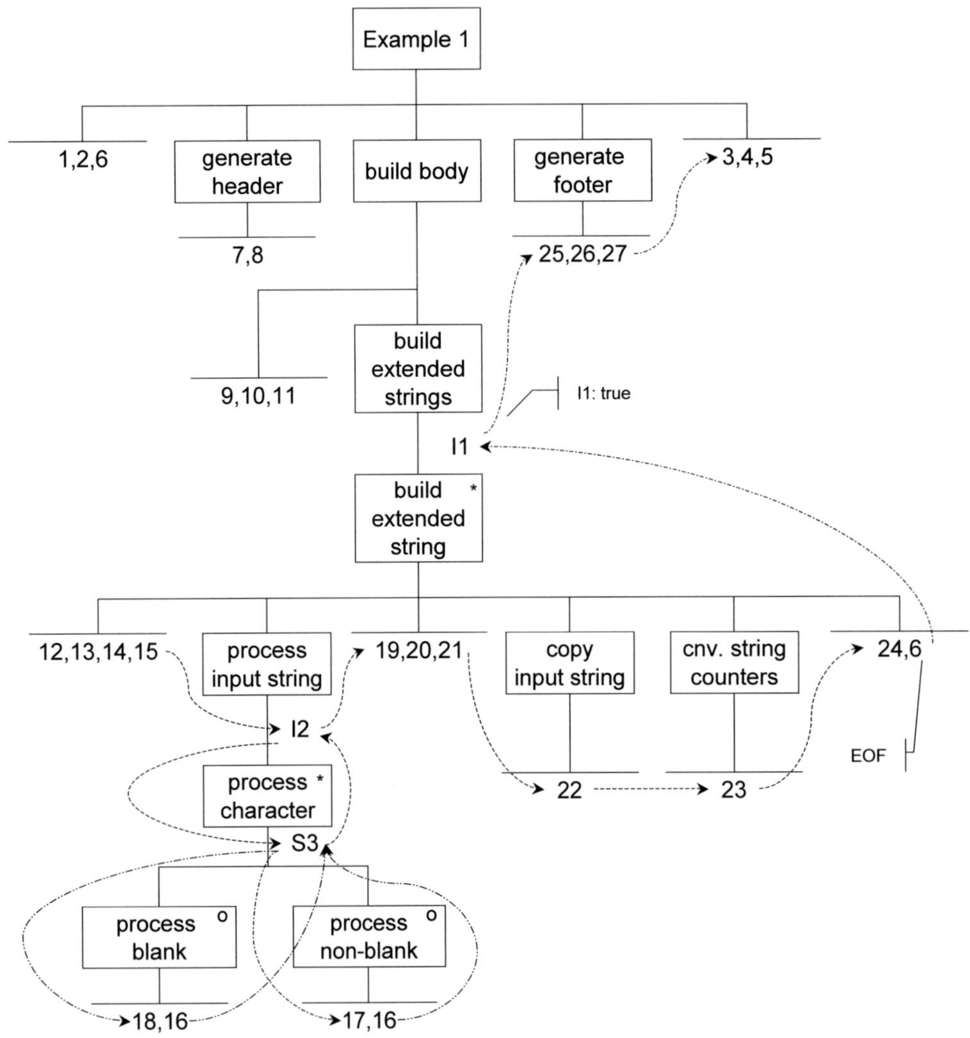

Abbildung 6.6: *Durchlauf für den letzten Satz einer n-Sätze-Eingabe*

Der Durchlauf beginnt hier mit den Operationen 12,13,14,15 nach der I1-Prüfung, deren Übergang auf diese Operationen hier nicht gezeigt wird. Das Eintreten der EOF-Bedingung beendet die I1-Schleife und führt über die Abschlussoperationen zum Stopp. Das passiert zwangsläufig irgendwann, auch wenn n sehr groß ist. Somit kann theoretisch eine beliebig lange Eingabedatei korrekt verarbeitet werden. Stimmt das?

Nein, das ist falsch. Die Ausgabe der Einzelzeilen wäre zwar auch bei einer sehr langen Eingabedatei richtig, aber die Gesamtsummen haben maximal 4 Stellen. Wenn alle Eingabestrings 55 Zeichen lang wären, könnten höchstens 181 Sätze richtig verarbeitet werden. Das Beispiel-Programm prüft nicht, ob dieser Grenzwert eingehalten wird. Je nach Compiler und Laufzeitumgebung kommt es bei Überschreitung von 9999 bei einer der Additionen 19,20,21 zum Abbruch oder zur Ausgabe unsinniger Gesamtsummen wegen Zahlüberlaufs.

6.2 Zusammenfassung

- Prüfen Sie den dynamischen Programmablauf sorgfältig anhand der Programmstruktur mit Operationen.
- Beginnen Sie mit einfachen Beispielfällen und spielen nach und nach alle relevanten Datenkonstellationen durch.
- „Testen" Sie alle Grenzsituationen.
- Stellen Sie sicher, dass innerhalb dieser Grenzen jede Operation unter allen Datenkonstellationen richtig durchlaufen und das gewünschte Ergebnis erzeugt wird.
- Merken Sie sich für die Programmierung vor, welche Fehlerreaktionen Sie bei Grenzwertüberschreitungen oder anderen Verstößen gegen die Spezifikationen vorsehen müssen.

6.3 Problembehandlung

Wenn sich bei diesem Durchgang keine Fehler zeigen, können Sie die Programmierung in Angriff nehmen. Was ist aber zu tun, wenn Sie auf Probleme stoßen? Was für Probleme können Sie in einer solchen Durchlaufsimulation überhaupt finden?

Die häufigsten Schwierigkeiten sind die Folgenden:

- Die Reihenfolge von Operationen stimmt nicht. Wenn ein einfacher Platztausch im selben Kästchen nicht genügt – sind Operationen anders anzuordnen? Dabei ist strikt darauf zu achten, dass die Zuordnung der Operationen zu den abstrakten Datenelementen oder Datengruppen erhalten bleibt, mit denen sie arbeiten beziehungsweise zu denen sie gehören. Keinesfalls dürfen Operationen nach Gutdünken umgehängt werden, denn dann löst man sich mehr und mehr vom methodischen Vorgehen und ist ganz auf sich selbst gestellt. Lässt sich keine befriedigende Lösung finden, so stimmt etwas mit den Struktogrammen nicht. Die zu den fraglichen Operationen gehörenden realen Daten sind nicht richtig verstanden worden.
- Operationen fehlen. Das kommt öfters vor, weil meist das gesamte Netzwerk der Abhängigkeiten nicht auf Anhieb klar ist. Die fehlenden Operationen sind zu definieren und im Struktogramm korrekt zu plazieren.
- Operationen sind überflüssig. Das sollte eigentlich nicht passieren. Entweder wurden tatsächlich unnötige Operationen definiert, was am ehesten bei einem schematischen Vorgehen passiert, oder es fehlen Nutzer dieser Operationen. Markieren Sie diese Operationen als fraglich, belassen sie aber vorerst in der Liste. Prüfen Sie beim nächsten Durchgang erneut, ob diese Operationen wirklich gestrichen werden können.
- Operationen sind falsch definiert. Sie leisten nicht das Gewünschte. Hier geht es öfters um einfache Startwertfehler, die allerdings weitreichende Auswirkungen bis hin zur Änderung von Kontrollen haben können. Operationen zum Erhöhen oder Vermindern solcher Variablen müssen gegebenenfalls umplaziert werden. Es können hier aber auch durchaus konzeptionelle Mängel zutage kommen, die auf mangelnde Kenntnis der beteiligten Datenstrukturen zurückgehen.
- Kontrollen sind nicht ausführbar. Die erforderlichen Werte stehen – noch – nicht zur Verfügung, oder sie müssten zuvor aus anderen Quellen erzeugt werden. Der zweite Fall lässt sich meist durch Einschieben einer Sequenz vor der Kontrolle lösen, in der die Umsetzung aus anderen Datenelementen in die Kontrollvariablen erfolgt. Der erste Fall ist weitaus gravierender. Wenn die erforderlichen Informationen durch eine begrenzte Vorausschau auf die nächstfolgenden Eingabedaten beschafft werden können, steht hierfür das – ein- oder mehrfache – Vorlesen zur Verfügung. Ist die Vorausschautiefe jedoch unbegrenzt oder die Komplexität zu hoch, kommt das Backtracking in Frage. Es kann aber auch sein, dass die Aufgabe auf dem gewählten Weg nicht lösbar ist, weil Strukturkonflikte vorliegen oder etwas Unmögliches verlangt wird.
- Bei der Rückkehr aus einem Schleifenkörper zur Schleifenende-Abfrage stehen nicht die richtigen Werte zur Verfügung. Da die Schleife bereits betreten wurde und nun erneut durchlaufen oder verlassen werden

soll, fehlt eventuell das Nachlesen oder eine andere Fortschaltoperation. Möglicherweise wurde auch eine Gruppierung der Eingabedaten nicht erkannt. Sind mehrere Datenquellen beteiligt, wurde vielleicht ein ungeeignetes Endekriterium gewählt (zum Beispiel der SQLCODE 100 als allgemeines Signal, dass das Ende der Ergebnismenge beim Lesen aus einer relationalen Tabelle erreicht ist). Das kann vor allem bei nachträglichen Erweiterungen passieren. Daher sollte jeder sequentiellen Datenquelle ein individuelles Endesignal zugeordnet werden.

Die Behebung der erkannten Fehler kann bis zu den Daten-Struktogrammen zurückreichen und erhebliche Folgen für die Programmstruktur mit Operationen haben. Meist handelt es sich aber um kleinere, scheinbar harmlose Korrekturen. Bei gravierenden Änderungen ist es unabdingbar, in einem zweiten Durchgang zu untersuchen, ob der dynamische Ablauf jetzt wie gewünscht erfolgt. Dagegen werden kleine Änderungen gern ungeprüft durchgewinkt. Das ist aber unklug, weil von solchen Änderungen erhebliche Folgeeffekte ausgehen können. Es sollten deshalb zumindest diejenigen Datenkonstellationen noch einmal betrachtet werden, die von den Eingriffen direkt betroffen sind.

Dieses Vorgehen ersetzt den Schreibtischtest von Programmen weitgehend, weil die Logik schon vor dem Schreiben der ersten Code-Zeile geprüft wird. Bei der Umsetzung in den jeweiligen Code können zwar noch Fehler gemacht werden, aber nun steht eine Messlatte in Form der Programmstruktur mit Operationen zur Verfügung. Wenn diese getreulich umgesetzt wird und die sprachspezifischen Datendeklarationen richtig sind, kann schon nicht mehr viel passieren.

Stellen sich beim Programmtest allerdings Fehler heraus, die nicht auf eine mangelhafte Übertragung des Entwurfs in die Implementierung zurückgeführt werden können, so ist eine kritische Sichtung der Struktogramme anzuraten. Nicht selten werden ja in der Praxis Datenkonstellationen entdeckt, die niemand für möglich gehalten hat. Wenn diese Spezialfälle nicht im Datenhaushalt umgehend korrigiert und damit beseitigt werden (können), müssen sie in die Modellierung aufgenommen und bis zum Programm-Code hin konsequent umgesetzt werden. Auch hier ist zu einer erneuten Durchlauf-Simulation zu raten, bevor das Programm selbst geändert wird.

6.4 Testkontrolle

Die Durchlaufanalyse eignet sich gleichermaßen dafür, kontrollierte Tests auszuführen. Das wirkt zunächst wie eine Tautologie, denn ein Test ist eine Prüfung, und eine kontrollierte Prüfung ist Unsinn. Gemeint ist folgendes: Nach der Fertigstellung eines Programms oder nach Änderungen überwältigt der Wunsch nach einem sofortigen Erfolgserlebnis nicht selten auch die erfahrensten Programmierer(innen). Daher ist es naheliegend, dann einige vorbereitete oder intuitiv naheliegende Testfälle abzuspulen, mit denen sich schnell zeigen lässt, dass das Programm das Gewünschte leistet. Dieses Vergnügen, wenn es denn eines ist, sei jeder / jedem gegönnt. Nur darf das nicht für einen ausreichenden Test gehalten werden, denn der erfordert es, dem Programm „unter die Haube zu sehen" und das korrekte Funktionieren aller Aggregate bei allen relevanten Datenkonstellationen und -mengen zu überprüfen.

Im Gegensatz zu den Tests „freier Künstler", die ihre Programme intuitiv erschaffen, kann und muss sich der Test eines JSP-basierten Programms an dessen Struktur – natürlich mit Kontrollen und Operationen – und den vorgesehenen Datenkonstellationen – die durchaus auch defekte Daten enthalten können – orientieren. *Das* ist die Messlatte für richtiges oder falsches Verhalten. Falls während der Entwicklung bereits eine Durchlaufanalyse anhand der Programmstruktur stattfand, ist es naheliegend und sinnvoll, dieselben Testfälle mit dem realen Programm durchzuspielen und dabei sorgfältig zu überprüfen, ob das erwartete Verhalten mit dem tatsächlichen Verhalten übereinstimmt. Jede Operation und jede Kontrolle muss in jeder spezifizierten Datenkonstellation genau das gewünschte Ergebnis haben. Die vorstehend gezeigten Durchlauf-Beispiele weisen auch erwartete Ausgaben aus, die in der Entwurfsphase beispielsweise mit einem Editor aufgebaut und in die Spezifikation aufgenommen werden können.

Das Thema „Test" wird in den nachfolgenden Kapiteln so ausführlich behandelt, dass es nicht als sinnvoll erscheint, hier einen Vorgriff zu wagen. Die Durchlaufanalyse anhand der beobachteten Ergebnisse wird dabei jedenfalls eine zentrale Rolle spielen. Da es in jedem der dort dargestellten Anwendungsfälle der Durchlaufanalyse um spezielle Aspekte geht, um keinen Platz mit langweilenden Wiederholungen zu verschwenden, soll hier nur auf einige generelle Aspekte in diesem Kontext hingewiesen werden:

- Die Durchlaufanalyse der fertigen Programmstruktur als Schreibtischtest ist normalerweise kontroll-lastig, weil es ziemlich mühsam ist, die erwarteten numerischen Ergebnisse oder andere Programmprodukte während des Durchlaufs manuell aufzubauen beziehungsweise nachzuführen. Dieses Manko muss bei der Durchlaufanalyse im Testbetrieb durch erhöhte Aufmerksamkeit für die Resultate der Operationen kompensiert werden.
- Statistik-Zähler haben sich als extrem nützlich erwiesen, um die Plausibilität der jeweiligen Ergebnisse mengenmäßig einzuschätzen. Die Durchlaufanalyse liefert die dafür erforderlichen Anhaltspunkte, weil sie verifiziert, ob an den richtigen Stellen gezählt wird.
- Programme, die vor dem Testen erst komplett fertiggestellt werden müssen, erfordern im Allgemeinen viele und relativ aufwendige Durchlaufanalysen, weil zahlreiche Aspekte sowohl einzeln als auch im Zusammenspiel der Programmkomponenten geprüft werden müssen (Gesamtanalyse). Dann besteht erstens die Gefahr, den Wald vor Bäumen nicht zu sehen. Zweitens ist das Risiko hoch, erst dann wesentliche Fehler zu entdecken, die eigentlich zu grundlegenden Änderungen zwingen. Folglich steigt der Druck enorm, sich mit Umgehungslösungen zu behelfen.
- Bei der iterativen Programmentwicklung ist der Test dagegen ein integraler Bestandteil des Vorgehens. In diesem Kontext ist die Fokussierung auf bestimmte, aktuell relevante Themen für die Durchlaufanalyse quasi von selbst gegeben. Es wäre jedoch ein Trugschluss, sich am Ende der Programmentwicklung allein auf die phasenweise erzielten Bestätigungen für die Richtigkeit des Entwurfs zu verlassen, anstatt das große Ganze auf den Prüfstand zu stellen. Im Gegensatz zur Gesamtanalyse kann die finale Verifikation sich in diesem Fall jedoch auf das Zusammenspiel der einzeln geprüften Funktionalitäten beschränken.

09/2015 Schmuckanhänger auf dem Flohmarkt von L'Isle-sur-la-Sorgue (Provence)

Gruppenverarbeitung I

Fällt Ihnen auch auf, dass die meisten Schmuckanhänger auf der vorhergehenden Seite in Paaren auftreten und wohlgeordnet aufgereiht sind? Da hat sich jemand besondere Mühe gegeben, anstatt einfach alle Paare durcheinander anzuordnen. Wohl die meisten Menschen registrieren solche Gruppierungen sofort und tendieren dazu, ihnen einen bestimmten Sinn zuzuordnen, sei es farbliche Passung, sei es die Reihung von Objekten gleicher Machart. Gruppenbildungen sind vielerorts anzutreffen, und sie können ganz verschiedene Gestalten annehmen. Eine Straße aus ähnlich gebauten, aber doch individuellen Fachwerkbauten hat einen ganz anderen optischen Reiz als die in Reih und Glied geparkten, nach Typen geordneten Autos vor der Schiffsverladung, aber es sind dieselben Wahrnehmungsschemata, die wir auf sie anwenden. Kein Wunder, dass Gruppenbildung auch in der IT eine zentrale Rolle spielt.

Das folgende Kapitel führt anhand von einfach strukturierten Gruppen in diese Thematik ein. Die meisten Programmierer(innen) denken bei Gruppenverarbeitungen zuerst an zusammengehörende, aufsteigend sortierte Informationseinheiten, aber das muss nicht so sein. Es geht auch weit elementarer, so wie bei dem Bild links, wo es schwerfiele, mehrere generelle Gruppierungsmerkmale zu definieren.

Wie Sie schon gemerkt haben werden, sind Iterationen eine Spezialität der JSP-Methode. Sequenzen und Alternativen verlieren rasch ihren Reiz, weil sie oftmals zu öden Klassifizierungsaufgaben führen. Ausserdem schmälern sie die Übersichtlichkeit von Struktogrammen, wenn sie in großer Zahl auftreten, erhöhen dann den Zeichenaufwand beim erstmaligen Erstellen und machen Korrekturen mühsam. Iterationen sind dagegen das Salz in der Suppe, denn sie erlauben es uns, gemeinsame Eigenschaften von Datenelementen und Datengruppen zugunsten einer strafferen Programmierung auszunutzen.

Was aber sind Datengruppen? Hier lässt uns die JSP-Methode große Freiheiten. Alles, was dazu geeignet ist, Datenelemente mit gleichen Eigenschaften – aus der Sicht der jeweiligen Aufgabe – zu übergeordneten Gebilden zusammenzufassen, und gegebenenfalls auch diese Gebilde wiederum auf der jeweils nächsthöheren Ebene als gleichartige Bestandteile umfassenderer Strukturen zu betrachten, lässt sich als Vorgehen zur Datengruppierung auffassen. Die Besteht-aus-Relation der JSP-Struktogramme passt perfekt zu dieser Schachtelbarkeit.

Das war eine sehr abstrakte Einleitung. Lassen Sie uns daher drei Beispiele betrachten:

a) Sonett-Erkennung
Hier geht es um sehr einfache Gruppierungen aufgrund von Merkmalen, die *nicht* als Codes in den zu verarbeitenden Informationseinheiten (Sätzen) enthalten sind. Das Erkennen von Gruppen, der typische Aufbau der gruppenorientierten Struktogramme und mögliche Implementierungen werden im vorliegenden Kapitel geübt.
b) Wortzählung
Zweifellos häufiger als im Beispiel a) geht es darum, Datengruppen anhand von Merkmalen zu bilden, die in den Informationseinheiten enthalten sind. Im einfachsten Fall liegt nur ein solches Merkmal vor, das zudem das einzige Informationselement ist. Dennoch kann schon dieses Beispiel extrem nützliche Ergebnisse liefern, wie das folgende Kapitel „8 Gruppenverarbeitung II" auf Seite 173 ff zeigt.
c) Fallstudie: Sport-Ergebnisauswertung
Der Buchabschnitt von „9 Ranggruppenverarbeitung I" auf Seite 187 ff bis zu „17 Ranggruppenverarbeitung III" auf Seite 511 ff befasst sich hauptsächlich mit der Verarbeitung von Gruppen, die nach Rängen hierar-

chisch organisiert sind. Maxima, Durchschnitte und Summen sind auf mehreren Aggregationsebenen zu ermitteln.

Ausserdem werden die sportlichen Ergebnisse auf drei verschiedenen Gruppierungsebenen mit Gold, Silber oder Bronze bewertet. Das erfordert ein völlig anderes Vorgehen als die traditionelle Ranggruppenverarbeitung, die den Teil I der Aufgabenlösung dominiert. Der Teil II entwickelt performante Algorithmen für diese dynamische Rangvergabe und für deren Auswertung. Der Teil III führt die beiden Lösungsstränge zusammen und präsentiert die Gesamtlösung. Im Teil IV folgt der Ergebnisversand per E-Mail, der ebenfalls auf der Basis von Ranggruppen modelliert wird.

Nach dem Durcharbeiten dieser Beispiele sollten Sie problemlos imstande sein, gruppenrelevante Aufgaben zu erkennen, diese in zutreffende JSP-Struktogramme umzusetzen und Ihre Lösungen angemessen zu implementieren.

7.1 Sonett-Typ-Erkennung

Das einleitende Beispiel zur JSP-Basismethode gruppiert Zeichen zu Sätzen und diese zur Eingabedatei. Es nutzt aber die Möglichkeiten der Gruppenverarbeitung nicht aus, weil es oberhalb der Sätze und unterhalb der Dateiebene keine Zusammenfassung der Sätze gibt. Ganz anders verhielte es sich, wenn das Programm auf Sonette spezialisiert wäre. In Wikipedia[1] finden wir folgende Definitionen [Quelle: siehe Seite 170]:

> »Ein **Sonett** besteht aus 14 metrisch gegliederten Verszeilen, die in der italienischen Originalform in vier kurze Strophen eingeteilt sind: zwei Quartette und zwei sich daran anschließende Terzette.
> [...]
> In die englische Literatur hielt das Sonett im 16. Jahrhundert Einzug. Sehr schnell wurde die Form geändert: Drei Quartette führen zu einem zweizeiligen heroic couplet; das Versmaß ist der jambische Fünfheber mit – seltener – weiblicher oder – häufiger – männlicher Kadenz. Das englische Sonett wird auch als Shakespeare-Sonett nach seinem bedeutendsten Autor oder als Elisabethanisches Sonett nach der ersten Blütezeit der Form benannt.«

7.2 Sonett-Eingabestruktogramme

Die Datenstrukturen dieser beiden Sonett-Formen sind also:

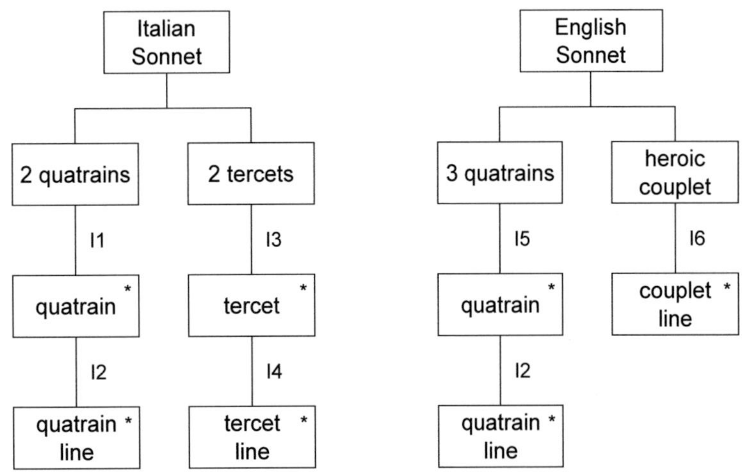

Abbildung 7.1: *Datenstrukturen der italienischen und englischen Sonette*

Die Kontrollen lauten:

I1 Ende 2. Quartett
I2 Ende 4-Zeilen-Absatz
I3 Ende 2. Terzett
I4 Ende 3-Zeilen-Absatz
I5 Ende 3. Quartett
I6 Ende 2-Zeilen-Absatz

Die Realisierung der Kontrollen geschieht auf einfache Weise durch Zeilen- und Absatzzähler.

Hier hilft die Vorstellung, die Gedichtzeilen seien zu Absätzen zusammengefasst. Ein Absatz ist ein Quartett, ein Terzett, oder das zweizeilige Heroic Couplet. Das Eintreten des Dateiendes spielt keine Rolle, weil jeweils eine starre Anzahl von Zeilen beziehungsweise Absätzen erwartet wird. Die Kontrolle I2 kann in beiden Struktogrammen verwendet werden.

Ein auf Sonette spezialisiertes Programm könnte anhand dieser Strukturen allerdings nicht zwischen den beiden Formen unterscheiden, da die 14 Zeilen selbst nichts enthalten, was mit Sicherheit erlauben würde, zwischen einem Quartett und einem Terzett zu unterscheiden. Nicht einmal die Interpunktion würde uns helfen, da jede Zeile ein einzelner Satz – im grammatikalischen Sinn – sein könnte. Als Leser(innen) hätten wir damit allerdings kein Problem, denn wir würden die Gliederung aufgrund der Sinnzusammenhänge sofort erkennen, auch ohne eingestreute Leerzeilen. Solche Leerzeilen sind sowieso nur eines von mehreren möglichen digitalen Artefakten für White Space zwischen den Absätzen, die beispielsweise handschriftlich durch deutliche Abstände getrennt werden könnten.

Das einleitende Beispiel verwendet solche Leerzeilen. Wir könnten also von unseren „Sonett-Lieferanten" verlangen, die Absätze durch Leerzeilen voneinander zu trennen. Dann müssten wir die Datenstrukturen zunächst wie folgt anpassen, um eindeutig zwischen den Formen zu unterscheiden:

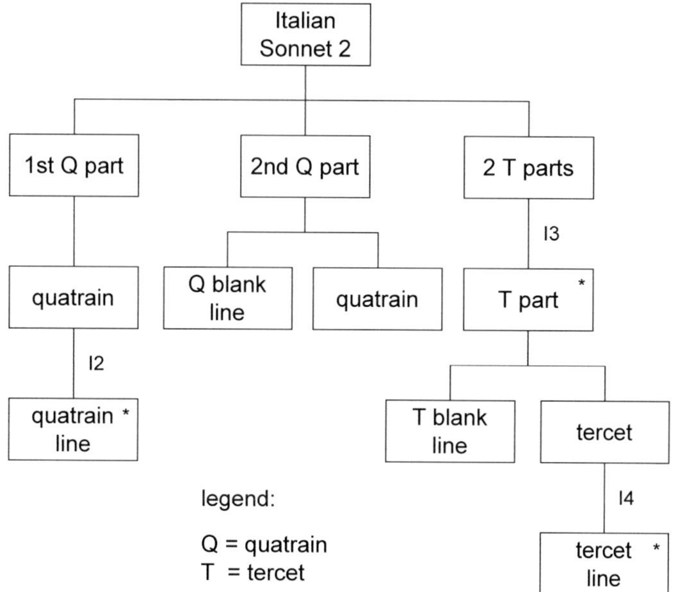

Abbildung 7.2: *Alternative Datenstruktur für italienische Sonette*

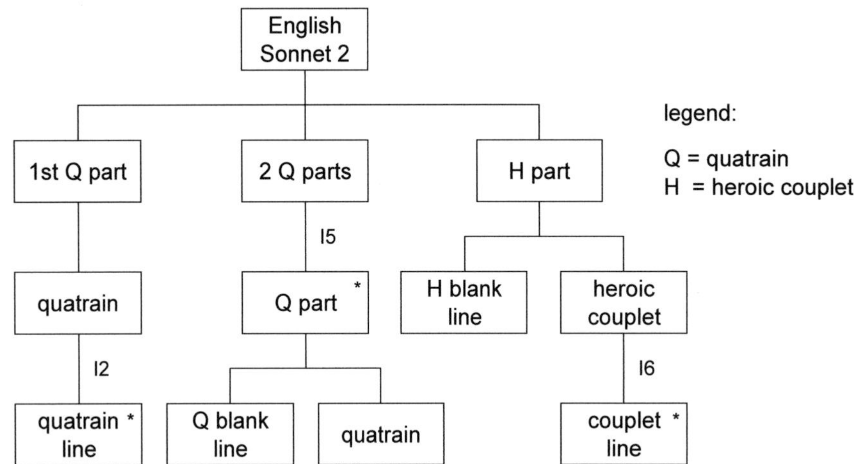

Abbildung 7.3: *Alternative Datenstruktur für englische Sonette*

Anmerkungen

- Die Kontrolle I1 entfällt, weil die beiden ersten Quartette (italienisch) beziehungsweise das erste und die beiden folgenden Quartette (englisch) getrennt dargestellt werden.
- Dem zweiten und dem dritten Quartett, den Terzetten und dem Heroic Couplet geht je eine Leerzeile voran. Diese gehören nicht zu den Absätzen. Daher bekommen die übergeordneten Strukturblöcke die allgemeinere Bezeichnung „part".
- Der Strukturblock „1st Q part" über „quatrain" ist rein formal. Er könnte weggelassen werden, allerdings um den Preis der Verständlichkeit.
- Das jeweils zweite Auftreten von „quatrain" wird nicht in die Iteration I2 über „quatrain line" aufgelöst, weil diese links davon ja schon gezeigt ist. Eine Wiederholung der Auflösung wäre nicht nur redundant, sondern – auch – bei Änderungen gefährlich, weil diese dort vergessen werden könnten.
- Ein erneut auftretender Strukturblock hat folglich dieselbe Definition wie sein Vorgänger gleichen Namens.
- Das Weglassen des formalen Strukturblocks „H part" würde die Leerzeile vor dem Heroic Couplet auf dieselbe hierarchische Ebene wie die Quartette heben. Das wäre unschön, weil sie nicht denselben Rang besitzt.
- Die Leerzeilen sind mit „Q blank line", „T blank line" und „H blank line" bezeichnet, obwohl sie physisch natürlich nichts unterscheidet. Damit wird lediglich ihre Rolle als einleitende Leerzeilen der Q-, T- oder H-Absätze hervorgehoben.

Nun könnte unser hypothetisches Programm immer noch nicht ohne Klimmzüge feststellen, ob die vierte Zeile nach Beginn des dritten Absatzes eine Leerzeile ist, es sich also um ein italienisches Sonett handelt. Wir haben nämlich die Struktogramme einzeln um die Leerzeilen-Strukturblöcke erweitert, ohne sie zu einer gemeinsamen Struktur zusammenzufassen. In diese Struktur muss folglich eine Alternative zwischen den Formen eingebaut werden. Ausserdem sollte das Programm wie im einleitenden Beispiel zusätzlich eine abschliessende Zuschreibung – englisch: Ascription – akzeptieren, durch eine oder mehrere Leerzeilen vom Sonett getrennt.

Daraus ergibt sich die „Abbildung 7.4: Zusammenfassung der Datenstrukturen" auf Seite 127.

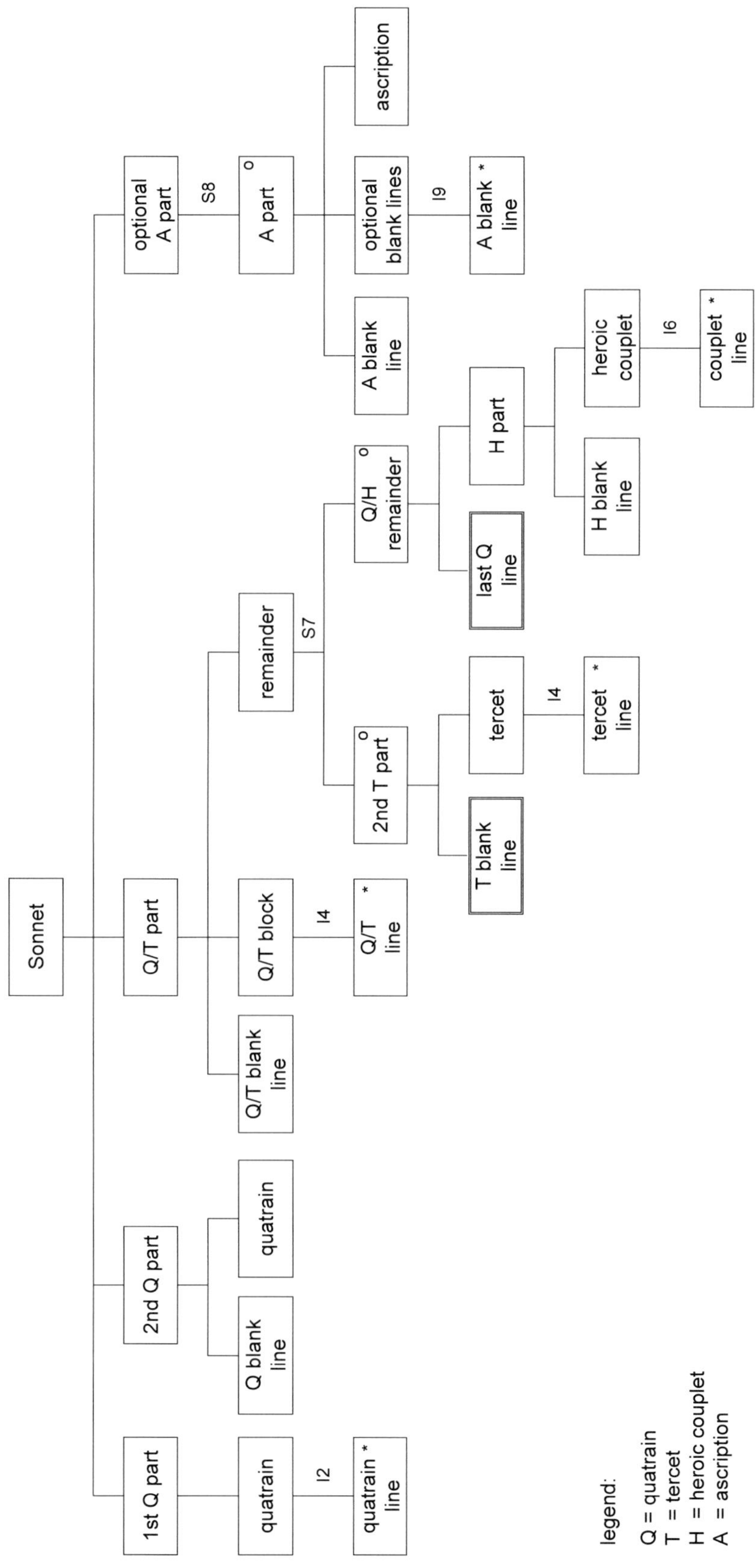

Abbildung 7.4: *Zusammenfassung der Datenstrukturen*

Die Strukturblöcke für die entscheidende Zeile sind doppelt umrandet.

Drei neue Kontrollen sind erforderlich:

S7 Zeile ist eine Leerzeile
S8 Dateiende ist nicht erreicht
I9 Zeile ist keine Leerzeile

Anhand dieses Struktogramms könnte die Programmstruktur abgeleitet, diese mit Operationen ergänzt und das Programm schliesslich implementiert werden – vorausgesetzt, dass die Ausgabedatenstruktur gleich der Eingabestruktur ist, beziehungsweise von dieser nur in unwesentlichen Details abweicht. Das ist zum Beispiel dann gegeben, wenn das Programm seine Eingabe lediglich protokolliert, gegebenenfalls mit zusätzlicher Zählerausgabe. Soll am Ende ausgegeben werden, um welche Sonett-Form es sich handelt, muss anhand von S7 ein Schalter gesetzt werden, denn die abschliessende Zuschreibung verwischt den Weg danach wieder.

Die Aufgabe ist offensichtlich deutlich schwieriger, als es anfangs schien. Die Lösung liefert zwar genau das, was beabsichtigt ist, denn das Programm erkennt nun mit S7 den Unterschied zwischen den Sonett-Formen exakt an der Stelle, wo er zum ersten Mal greifbar ist. Andererseits werden Sie mit Recht einwenden: Geht es denn nicht einfacher?

Ja und nein.

- Ja, wenn es nur darum geht, den Unterschied zwischen den Formen festzustellen. Dann würde eine andere Sicht auf die Aufgabe dasselbe Ergebnis ohne diese Komplikationen liefern.
- Nein, wenn der Formunterschied sofortige Folgeeffekte auslösen muss. Solche Fälle ähnlicher, aber nicht generalisierbarer Strukturvarianten kommen ab und zu vor. Sie verursachen zwangsläufig einen z.T. erheblichen zusätzlichen Modellierungsaufwand. Es kann sich dann lohnen, die Aufgabe umzudefinieren oder etwa durch Pufferung dafür zu sorgen, dass die Varianten einer einheitlichen Vorgehensweise unterworfen werden können.

7.3 Generalisierung kontra Spezialisierung

Wie liesse sich denn der zeichnerische Aufwand vermindern und dennoch dasselbe Ergebnis erzielen?

Hier tritt unser Thema „Gruppenverarbeitung" wieder in den Vordergrund.

Bei der Betrachtung der vorhergehenden Struktogramme mit Leerzeilen fällt doch auf, dass immer wieder dieselbe Form variiert wird: Nach einem einleitenden Absatz folgen weitere Absätze, vor denen eine oder mehrere Leerzeilen stehen. Daher dürfen wir diese Struktogramme zunächst wie auf der folgenden Seite generalisieren:

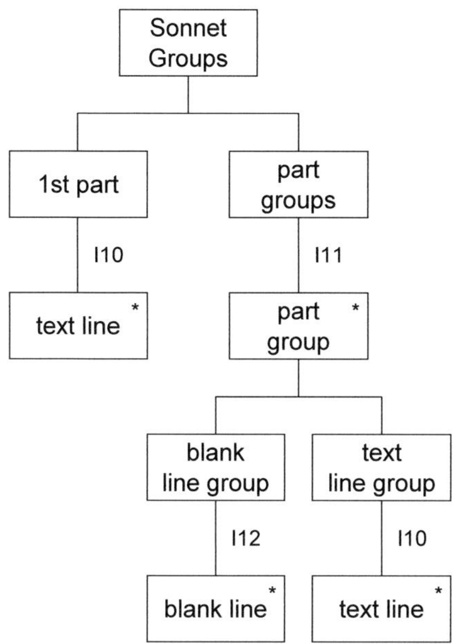

Abbildung 7.5: *Stark generalisierte Datenstruktur*

Die Kontrollen lauten:

I10	Dateiende erreicht oder Leerzeile
I11	Dateiende erreicht
I12	Dateiende erreicht oder Textzeile

Generalisierungen führen jedoch häufig dazu, dass die Menge der dadurch beschreibbaren Datenstrukturen größer als die gewünschte Menge wird. Hier sehen wir folgende Effekte:

- Die Eingabedatei kann leer sein. Sie muss nicht mindestens eine Zeile enthalten.
- Der „1st part" kann auch eine Titelzeile sein, der nach mindestens einer Leerzeile das Sonett folgt.
- Die Anzahlen der Absätze, Text- und Leerzeilen sind undefiniert, da die Kontrollen keine festen Vorgaben machen. Das Struktogramm beschreibt also einen beliebigen, in Absätze gegliederten Text.
- Die Datei könnte trotz der Sequenz „blank line group" – „text line group" mit einer oder mehreren Leerzeilen enden, weil die Kontrolle I10 dies zulässt. Es muss nicht mindestens eine Textzeile nach einer „blank line group" vorhanden sein.
- Die optionale Zuschreibung wird zum Bestandteil der Sonett-Struktur, weil sie nicht modelliert ist.

Das Struktogramm scheint also viel zu allgemein konstruiert zu sein. Wir sollten wenigstens eine optionale Titelzeile + Leerzeile(n) vor dem eigentlichen Sonett zulassen, was als vernünftige Erweiterung der ursprünglichen Vorgabe angesehen werden kann. Ausserdem sollten wir die optionale Zuschreibungs-Sequenz wieder hinzufügen und dafür sorgen, dass eine „part group" stets nur mit einer Textzeile enden kann.

Das folgende Struktogramm enthält diese Verbesserungen:

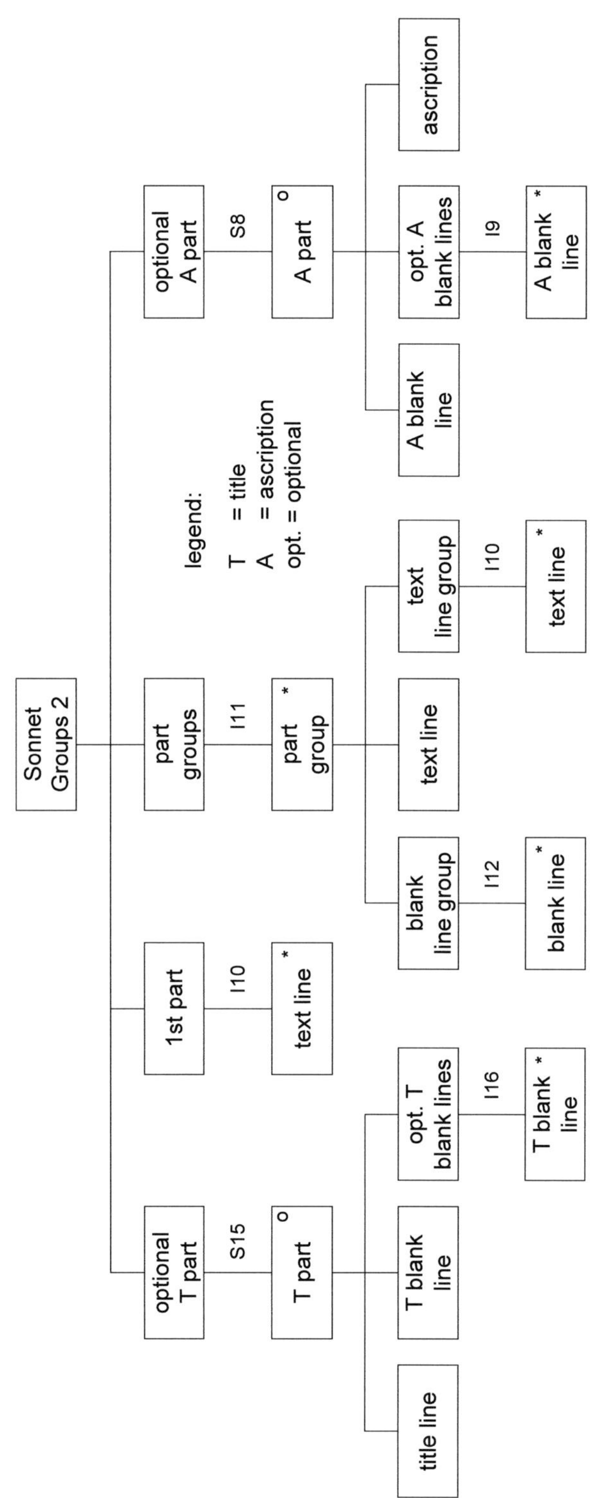

Abbildung 7.6: *Weniger stark generalisierte Datenstruktur*

Dieses Struktogramm sieht gut aus, weil es alle relevanten Strukturblöcke zu beinhalten scheint. Das Problem der möglichen abschliessenden Leerzeile(n) ist zudem durch das Einfügen von „text line" zwischen „blank line group" und „text line group" gelöst.

Gut auszusehen bedeutet aber nicht, richtig zu sein. Das wird deutlich, wenn wir die Kontrollen betrachten:

- Wenn S15 erfüllt ist, liegt eine Titelzeile vor, der eine oder mehrere Leerzeilen folgen. S15 kann aber nur dann entschieden werden, wenn das Programm in diesem Moment mindestens zwei Zeilen = zwei sequentiell aufeinanderfolgende Sätze im Zugriff hat. Es müsste also zweifach vorlesen, was bislang nicht vorgesehen ist. Die Technik des mehrfachen Vorlesens wird erst in einem späteren Kapitel eingeführt. Sie kompliziert die Lösung und sollte daher nur dann eingesetzt werden, wenn dies wirklich erforderlich ist. Grundsätzlich ist S15 aber realisierbar.
- Beginnt die Eingabe mit einer Leerzeile, so behandelt das Struktogramm sie formal als Textzeile, weil es diesen Fall überhaupt nicht vorsieht. Wir müssten also das Struktogramm erweitern (was es komplexer macht), oder sicherstellen, dass nach dem Öffnen und Vorlesen geprüft wird, ob der erste Satz eine Leerzeile ist. In diesem Fall müsste der Lauf sofort abgebrochen werden. Da ein Datenbestand viele Fehler beziehungsweise Strukturverstöße aufweisen kann, stößt das Modellieren aller denkbaren fehlerhaften Varianten rasch an die Grenzen der Darstellbarkeit. Vollständigkeit lässt sich dann zwar anstreben, aber mangels Übersicht gegebenenfalls nicht mehr verifizieren. Es ist daher kein Eingeständnis des Versagens als Entwerfer(in) von Struktogrammen, dass *bestimmte* fehlerhafte Datenkonstellationen durch Abfragen erkannt werden müssen, die nicht als JSP-Kontrollen erscheinen, sondern während der Implementierung hinzugefügt werden. Es geht daher primär darum, die modellierten Datenkonstellationen auf ihre Richtigkeit zu prüfen, mögliche Fallen zu erkennen und Gegenmaßnahmen an den richtigen Stellen in der Programmstruktur vorzusehen. Dies sind im Allgemeinen diejenigen Orte, an denen Daten bereitgestellt werden, die eine zugesicherte Beschaffenheit haben müssen.
- I16 ist erfüllt, wenn nach keiner, einer oder mehreren optionalen Leerzeilen eine Textzeile folgt. Wir können aber nicht sicher sein, dass es sich dabei um die erste Zeile des ersten Quartetts handelt. Die Eingabe könnte ja aus einem Text bestehen, der kein Sonett ist. Dann folgen mehr als vier, weniger als vier oder – zufällig – genau vier Zeilen als Absatz vor der nächsten Leerzeile oder vor dem Dateiende. Verschärfen wir daher I10 von „1st part" zum Beispiel um eine Maximal-4-Zeilen-Vorgabe, so haben wir das Problem, nicht zu wissen, ob danach real eine Leerzeile, eine Textzeile oder das Dateiende folgt, obwohl wir nur eine Leerzeile erwarten.
- Wenn nach I12 das Dateiende kommt, also keine Textzeile, so nützt uns der eingeschobene Strukturblock „text line" nichts. Eine zentrale Eigenschaft der Struktogramme ist ja, dass sie Kontexte aufbauen, die für die Programmierung als Zusicherungen wirken. Wir müssten daher an dieser Stelle zwischen einer vorhandenen und einer – wegen des Dateiendes – fehlenden Textzeile unterscheiden. Die Reaktion auf eine fehlende Textzeile muss nicht zwingend im Abbruch des Programmlaufs bestehen. Wir können diese Reaktion aber *im Struktogramm* nur dadurch modellieren, dass wir aus der fest erwarteten Textzeile eine optionale Textzeile machen und dafür eine – neue – Kontrolle vorsehen. Zusicherungen, die nicht aus dem Struktogramm hervorgehen, müssen separat dokumentiert werden.
- Die Kontrollen I10, I11 und I12 unter „part groups" passen nicht mehr zum Auftreten einer Zuschreibung, denn S8 könnte dann niemals erfüllt sein. Durch Ergänzung der Kontrollen um Zählerabfragen könnten wir das eventuell in den Griff bekommen, müssten aber sicherstellen, dass die Absatz-Zeilenzahlen je nach Sonett-Form korrekt abgefragt werden. Das setzt voraus, dass die Länge des dritten Absatzes „erkannt" wird, obwohl das Struktogramm hierfür keinerlei Anhaltspunkte liefert. Die Plazierung der dafür erforderlichen Operationen ist nicht durch Betrachten des Struktogramms bestimmbar. Dann sind wir wieder auf dem großen Feld der Bastelei.
- Eine weitere Möglichkeit ist, durch Vorauslesen festzustellen, ob einem Sonett-Absatz die Zuschreibung und danach das Dateiende folgen. Da der Zuschreibung eine oder mehrere Leerzeilen vorangehen, ist eine variable Vorschautiefe erforderlich. Das macht die Sache schwieriger, aber dieser Weg wäre eventuell gangbar. Bei Texten, die keine Sonettstruktur aufweisen, funktioniert allerdings auch das nicht.

Das vorhergehende Struktogramm ist also nicht brauchbar. Es erzeugt viele neue Probleme, davon einige unlösbare. Das ist übrigens ein schöner Beleg dafür, wie wichtig es ist, die Realisierbarkeit der Kontrollen frühzeitig zu prüfen, anstatt damit bis irgendwann während der Zuordnung der Operationen oder sogar bis danach zu warten.

Wir müssen also kleinere Brötchen backen und die Nachteile der Generalisierung in Kauf nehmen, um unser Ziel zu erreichen. Diese können wir beispielsweise wie folgt kompensieren:

- Die Möglichkeit einer optionalen Titelzeile behalten wir bei.
- Mit Titelzeile und Zuschreibung sind maximal 6 Absätze zulässig, wobei ein Absatz auch aus einer einzigen Textzeile bestehen kann. Das muss bei I10, I11 und I12 berücksichtigt werden. Längere Texte dürfen nicht dazu führen, dass das Programm zum Beispiel wegen eines Überlaufs abstürzt.
- Eine leere Eingabedatei oder eine anfängliche Leerzeile sind unzulässig und führen zum sofortigen Abbruch. Dagegen sind weniger als 4 oder mehr als 6 Absätze zunächst unproblematisch. Das Programm muss solche Texte als Nicht-Sonette klassifizieren.
- Leerzeilen vor dem Dateiende sollen erlaubt sein. Das Programm darf deshalb nicht abbrechen oder in eine unendliche Schleife geraten.
- Mehrfache Leerzeilen zwischen den Absätzen sind unproblematisch. Wir konzentrieren uns daher auf die erlaubten Textzeilenkonfigurationen. Das sind die Formen 4 - 4 - 3 - 3 (italienisch) und 4 - 4 - 4 - 2 (englisch), sowie deren Ergänzungen um die optionalen Titel- und Zuschreibungszeilen. Mit Optionalklammern geschrieben lauten die zulässigen Formen also [1] - 4 - 4 - 3 - 3 - [1] und [1] - 4 - 4 - 4 - 2 - [1].
- Die pro Absatz festgestellten Anzahlen vorangehender Leerzeilen und Textzeilen werden in je ein Array-Element übertragen, um am Dateiende feststellen zu können, welche Sonett-Form vorliegt, beziehungsweise um die Eingabe als anderen Text zu qualifizieren. Falls wir später festlegen wollen, wieviele Leerzeilen zwischen den Absätzen jeweils zulässig sind, können wir dazu die Array-Elemente nutzen. Es sind maximal 6 Array-Elemente vorzusehen.

7.4 Überlegungen zu den Kontrollen

Die Begrenzung der Absatz-Anzahl muss bei I11 berücksichtigt werden, da der Array bei mehr als 6 Absätzen überlaufen würde. Die verbesserte Kontrolle I11 lautet demnach wie folgt:

I11b Dateiende erreicht oder Array-Index > Max-Index

Diese Ergänzung impliziert, dass der Array-Index mit dem Basiswert 0 oder 1 initialisiert und nach Fertigstellung eines Elements sofort inkrementiert wird.

Wie sollten die anderen beiden Kontrollen formuliert und später implementiert werden? Da I10 und I12 nahezu identisch sind, beginnen wir einfach mit I10:

I10 Dateiende erreicht oder Leerzeile

An der Formulierung der Kontrolle gibt es scheinbar nichts zu verbessern. Weiterführende Einsichten fördert dann häufig das Betrachten einer möglichen Implementierung zu Tage.

Wir wählen hierzu Java. Dort kann I10 – wie jede andere Iterationskontrolle – nicht 1:1 in Code übertragen werden, weil in Java eine Schleife so lange läuft, wie die Schleifenbedingung erfüllt ist. JSP-Iterationskontrollen müssen daher invertiert implementiert werden. Dabei stützen wir uns zunächst auf das, was die Basismaschine hergibt, also die Gesamtheit von Hard- und Software unterhalb der Anwendung:

- Das Dateiende ist erreicht, wenn das Handle `textLine` des in `createTextLine()` per `FileService` gelesenen Satzes, der durch `readInput()` in ein `String`-Exemplar übertragen wird, den „Wert“ `null` enthält. Dann gilt (`textLine == null`), wobei „==“ für „gleich“ steht.
- Achtung: Nur im folgenden Text haben einfache und doppelte Gleichheitszeichen dieselbe Bedeutung, während in Java ein einfaches Gleichheitszeichen eine Zuweisung bedeutet.
- Der Einfachheit halber nehmen wir an, eine Leerzeile habe die String-Länge Null. Dafür können wir selbst sorgen, indem wir die String-Länge bei Vorhandensein von einem oder mehreren Leerzeichen – aber ohne Textzeichen – auf Null setzen.

Dann lautet die Implementierung der invertierten Kontrolle I10 wie folgt:

I10': (`textLine != null`) und (`textLine.length() > 0`) // „`!=`“ steht für „ungleich“

`textLine` repräsentiert hier dasjenige String-Objekt, das aus dem Inhalt des soeben gelesenen Satzes erzeugt wurde. Die Umformung folgt aus dem Shannon'schen Inversionssatz. Mit

a = (`textLine == null`)
b = (`textLine.length() == 0`)

gilt:

(a V b)' = (a' ^ b')

Anstatt die Zeilenlänge abzufragen, könnte auch ein Code nach dem Lesen gesetzt und später verwendet werden. Das funktioniert bei Textzeilen, Strings der Länge Null und solchen, die nur Leerzeichen enthalten, ohne dass wir im letzten Fall die Länge künstlich auf Null setzen müssten. Ausserdem hätte dies den Vorteil, dass Verwechslungen von Längenabfragen sicherer vermieden werden könnten. Besonders die invertierten Kontrollen bergen diese Gefahr. Mit

`'T'` = Textzeile
`'B'` = Leerzeile (blank line)

sieht die Kontrolle I10' in Java wie folgt aus:

I10': `(textLine != null) && (line_type == 'T')`

Nach dem Lesen eines Satzes – einer Zeile – muss der `line_type` bestimmt werden. Hier liegen nur zwei Code-Werte (`'T'` und `'B'`) vor, was eher selten der Fall ist. Daher darf (line_type = `'B'`) zu (line_type = `'T'`) anstatt zu (line_type <> `'B'`) invertiert werden. Meist haben wir es aber mit einer Fülle von normalerweise mehrstelligen Attributen zu tun, und dann kommt es darauf an, von Satz zu Satz oder von Tabellenzeile zu Tabellenzeile auftretende Wechsel zwischen diesen Attribut-Werten festzustellen. Eine solch einfache Invertierung ist dann nicht möglich.

Der Term (`textLine != null`) ist noch kryptischer als (`textLine.length()` > 0). Die Eigenschaften der seriellen Dateieingabe-Implementierung in Java müssen dem Leser / der Leserin bekannt sein, um diesen Ausdruck zu verstehen. In anderen Sprachen oder anderen Programmumgebungen wird derselbe Sachverhalt völlig anders ausgedrückt. Um die Dateiende-Abfrage neutral zu gestalten, bietet sich ebenfalls ein einfacher Code an.

Mit

`'D'` = Daten vorhanden (Data)
`'E'` = Ende der Datei (End of File)

kommen wir zu

I10': `(read_status == 'D')` und `(line_type == 'T')`

Auch der `read_status` ist nach dem Lesen zu setzen. Der so umgestaltete Ausdruck ist schon weitaus verständlicher und völlig von der Basismaschine unabhängig. In anderen Programmiersprachen ist ein ähnlicher Weg von einer eher physischen zu einer problemorientierten Sicht zurückzulegen.

Für den Zustand „Daten vorhanden" verwenden manche Programmierer(innen) ein Leerzeichen. Das ist aber nur für Sprachen geeignet, die solche Leerzeichen respektieren, anstatt sie wie Strings der Länge Null zu behandeln. Die Skriptsprache REXX ist ein Beispiel dafür, dass bei Zeichenkettenvergleichen (zu denen wir gleich kommen), führende Leerzeichen möglicherweise ignoriert werden. Das kann je nach Beschaffenheit der weiteren String-Elemente zu fatalen Fehlern führen.

Haben wir noch eine Kleinigkeit übersehen? Was ist denn mit der Zeilentyp-Abfrage, wenn das Dateiende erreicht ist? Dann ist der Zeilentyp ja undefiniert. Nun, da hier eine Und-Verknüpfung vorliegt, wird der zweite Term schon nicht mehr ausgewertet, wenn der erste ein „false" abliefert. Es ist also unwichtig, welcher Inhalt sich dann in `line_type` befindet. Je komplexer solche Abfragen werden, um so mehr ist allerdings darauf zu achten, dass durch Zustandsänderungen auch Schalter betroffen sein können, die davon nicht unmittelbar tangiert zu sein scheinen.

Wenn wir uns jedoch zusätzlich vorstellen, dass eine Gruppe durch mehrere Attribute gekennzeichnet sein kann, so befriedigt auch diese Lösung nicht. Es sind beispielsweise Kontrollen wie die folgende in einem Bilanzprogramm denkbar:

I99 Dateiende erreicht oder Wechsel der Werks oder Wechsel der Hauptabteilung (ohne Wechsel des Werks) oder Wechsel der Unterabteilung (ohne Wechsel des Werks oder der Hauptabteilung) etcetera

Programmierer(innen), die Aufsetzlogiken in relationalen Beständen mit mehreren Schlüsselspalten codieren müssen, wissen von den dadurch entstehenden Mühen ein Lied zu singen. Das kommt daher, dass das Konstrukt des konkatenierten Schlüssels – concatenated key – in der RDBMS-Prädikatenlogik nicht vorgesehen ist. Das hierarchische Datenbanksystem IMS bietet dagegen an, für eine Suchanfrage über mehrere Segmentebenen hinweg einen Concatenated Key vorzugeben.

Diese Idee können wir uns auch für die Gruppenverarbeitung zunutze machen, indem wir den Lesestatus als höchstwertiges – links stehendes – Schlüsselelement interpretieren und die beiden Codes zu einem Gruppenschlüssel zusammenfassen. Dann führt jeder relevante Wechsel – egal auf welcher Gruppenstufe – zu einer Änderung des Gruppenschlüssels. Dieser sieht nun wie folgt aus:

`'DT'` = Daten vorhanden: Textzeile
`'DB'` = Daten vorhanden: Leerzeile
`'Eδ'` = Dateiende mit δ (don't care) als Platzhalter für `'T'` oder `'B'` oder ein Leerzeichen.

Die umfassendste Datengruppe ist die Datei selbst. Beim Lesen relationaler Bestände ist dies die Ergebnismenge eines Cursor SELECT. Auch für diesen Fall eignen sich die Codes `'D'` und `'E'`.

Unmittelbar vor Beginn der Verarbeitung einer Datengruppe muss das Programm sich den bisherigen Gruppenschlüssel merken und in der Schleifenende-Abfrage diesen mit dem neuen Schlüssel vergleichen. Die Kontrollen werden daher wie folgt (um)formuliert:

I10 neuer Gruppenschlüssel <> alter Gruppenschlüssel
I11b (read_status = `'E'`) oder Array-Index > Max-Index
I12 neuer Gruppenschlüssel <> alter Gruppenschlüssel

Die Umformulierung hat die angenehme Folge, dass I10 und I12 identisch geworden sind. Wir müssen also I12 nicht gesondert betrachten.

Nun sind wir endlich so weit, die Programmstruktur abzuleiten, sowie die Operationen aufzulisten und in der Programmstruktur zu plazieren. Die Ausgabedatenstruktur entspricht derzeit der Eingabedatenstruktur „Sonnet Groups" 1:1, da das Programm lediglich bis zu 6 Absätze protokollieren und dann ausgegeben soll, ob es sich um ein Sonett handelt, und wenn ja, welche Form es besitzt. Daher ist die Programmstruktur nahezu mit der Eingabedatenstruktur identisch – oder etwa nicht?

7.5 Finale Struktogramme

Nein, die Strukturen sind nicht identisch. Wir haben nämlich bislang übersehen, dass die erweiterte Iterationsbedingung I11b die reale Eingabe gegebenenfalls in zwei Stücke aufteilt, nämlich in bis zu 6 Absätze gemäß den obigen Formvorgaben und weitere Absätze unbekannter Anzahl. Ausserdem soll erlaubt sein, dass die Datei mit einer oder mehreren Leerzeilen endet. Zumindest müssen diese fehlerfrei verarbeitet werden können, auch wenn eine solche Eingabe später vielleicht als unzulässig verworfen werden soll. Dagegen soll das Programm abbrechen, wenn die Datei mit einer Leerzeile beginnt. Das wird aber nicht modelliert, sondern nur codiert.

Diese Veränderungen erzwingen ein neues Eingabe-Struktogramm (siehe nächste Seite).

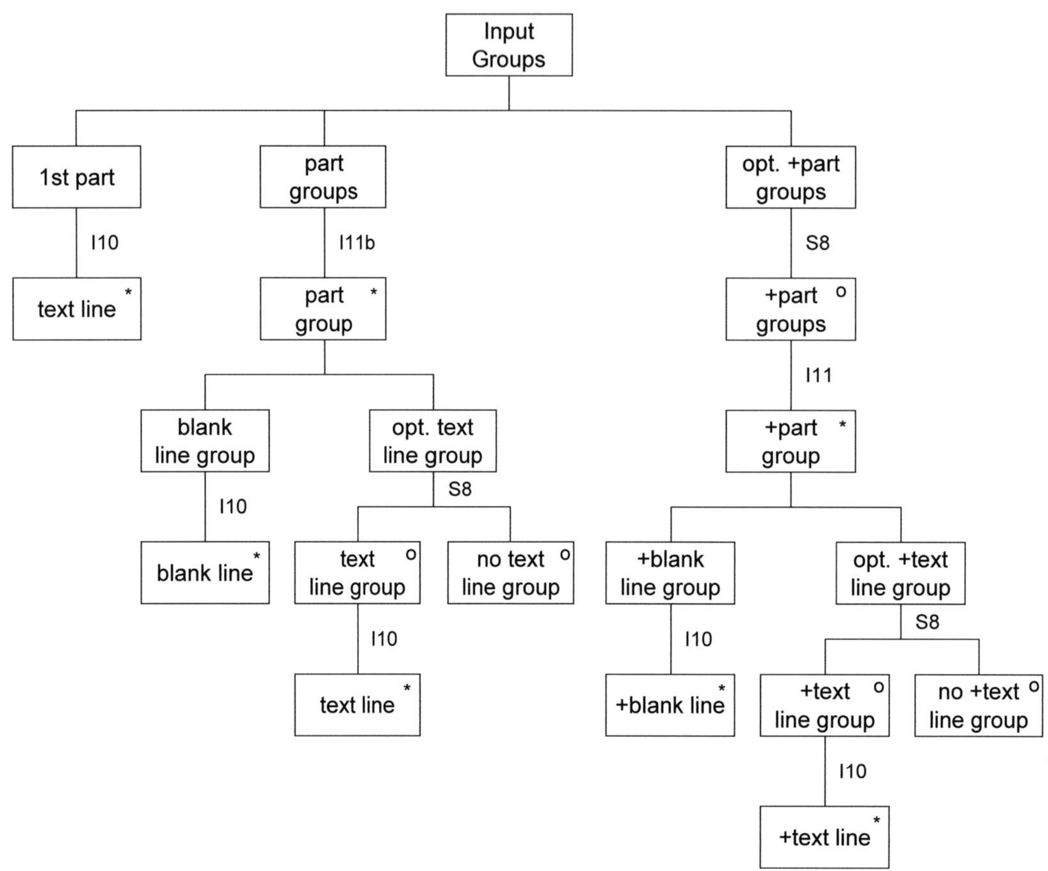

Abbildung 7.7: *Neue Sicht auf die generalisierten Eingabedaten*

Der neue Unterbaum „opt(ional) +part groups" repräsentiert die eventuell vorhandenen Überhang-Absätze. Die Strukturblöcke „no text line group" und „no +text line group" modellieren den Fall, dass vor dem Dateiende nur Leerzeilen stehen. Inexistente Daten können folglich durchaus in Struktogrammen auftauchen.

Die Kontrollen lauten also:

S8 read_status = `'D'`
I10 neuer Gruppenschlüssel <> alter Gruppenschlüssel
I11 read_status = `'E'`
I11b read_status = `'E'` oder Array-Index > Max-Index

Hier fällt auf, dass I11 nicht sofort erfüllt ist, wenn S8 – darüber – erfüllt ist. Ist S8 dagegen nicht erfüllt, liegt also das Dateiende vor, so ist I11 sofort erfüllt. Das bedeutet anscheinend, dass wir die Kontrolle S8 rechts oben weglassen dürfen, weil I11 deren Aufgabe bereits übernimmt.

Das wäre aber voreilig. Es könnte ja sein, dass in der Programmstruktur mit Operationen vor oder nach der I11-Schleife irgendwelche initialisierenden / terminierenden Operationen erforderlich sind, wenn S8 erfüllt ist. Dann müsste unter „+part groups" eine Sequenz eingeschoben werden. Selbst wenn es sich herausstellt, das das nicht erforderlich ist, sollte S8 dort belassen werden. Spätere Erweiterungen könnten einen solchen Einschub erforderlich machen.

Bis jetzt haben wir uns recht wenig Gedanken über das Aussehen der Ausgabe und über die erwünschten Verarbeitungsergebnisse gemacht. Damit es nicht zu einfach wird, möchten wir nicht nur wissen, ob es sich um ein italienisches oder englisches Sonett handelt (oder um etwas anderes), sondern möchten ausserdem die Anzahlen der (Text-)Absätze und Textzeilen, sowie die Anzahlen der dazwischen / danach stehenden Leerzeilenblöcke und der Leerzeilen ausgegeben bekommen. Das Programm darf also nach dem Lesen und Ausgeben der ersten 6 Absätze die gegebenenfalls vorhandenen weiteren Absätze nicht stillschweigend übergehen. Das obige Eingabe-Struktogramm wird daher wirklich benötigt.

Aus diesen Vorgaben ergibt sich folgendes Ausgabe-Struktogramm:

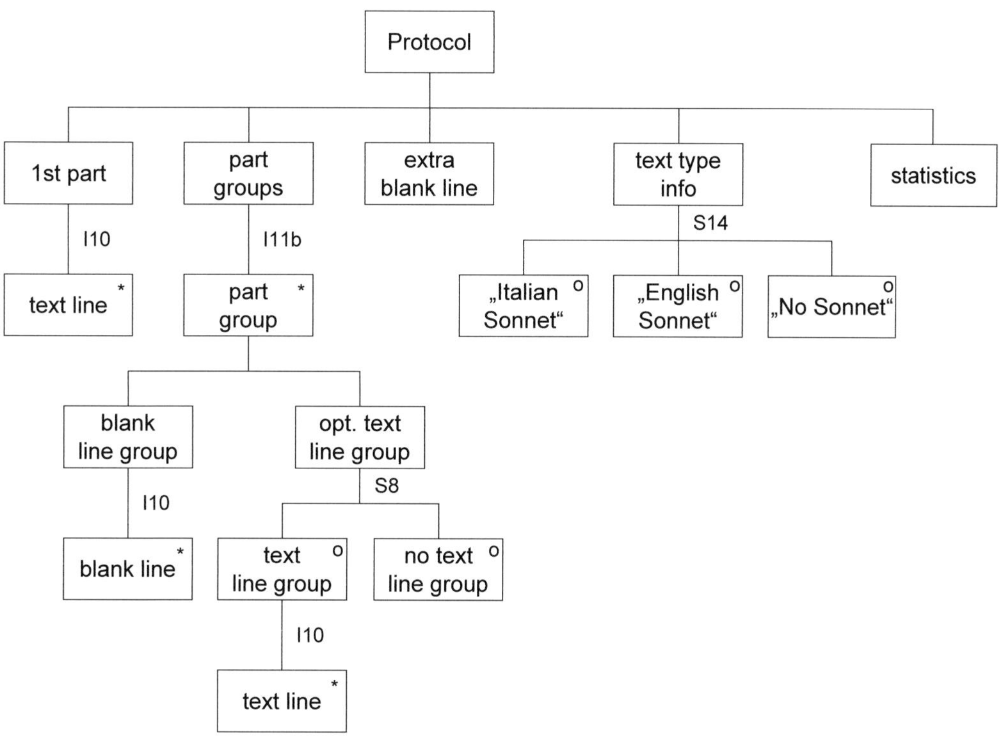

Abbildung 7.8: *Neue Sicht auf die generalisierten Ausgabedaten*

Die neue Kontrolle S14 wertet die im Array gesammelte Information aus:

S14 Text-Absätze <= 6 und Absatz-Belegung ist [1] - 4 - 4 - 3 - 3 - [1] |
Text-Absätze <= 6 und Absatz-Belegung ist [1] - 4 - 4 - 4 - 2 - [1] | sonst

Die „statistics“ sind hier nicht näher definiert. Der gewünschte Inhalt wurde aber verbal festgelegt (s.o).

Die Korrespondenzen zwischen den beiden Struktogrammen sind durch die identisch benannten und plazierten Strukturblöcke / Kontrollen so leicht zu identifizieren, dass sie nicht gezeichnet werden müssen. Durch Zusammenfassen der korrespondierenden Strukturblöcke, Hinzufügen der nicht korrespondierenden Teile nach dem Prinzip „Eingabe vor Ausgabe“, sowie Einfügen von Aktivitätsbezeichnungen entsteht die „Abbildung 7.9: Programmstruktur aus den generalisierten Ein- und Ausgabedatenstrukturen“ auf Seite 138.

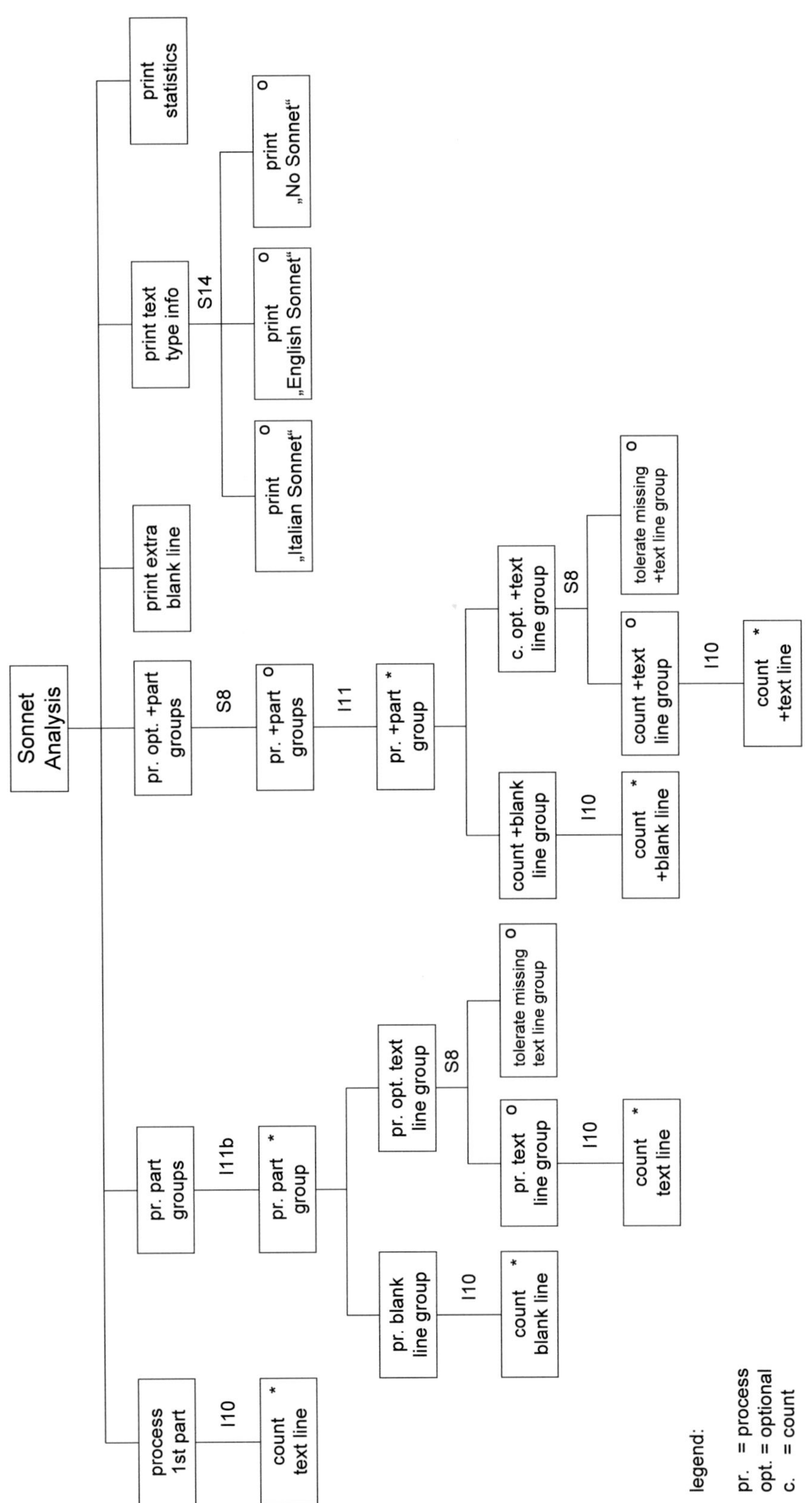

Abbildung 7.9: *Programmstruktur aus den generalisierten Ein- und Ausgabedatenstrukturen*

7.6 Operationen

Der Zeilenzähler-Array (line count array) besteht aus 6 Einträgen. Diese enthalten jeweils einen Leerzeilenzähler und einen Textzeilenzähler. Der Array ist wie folgt definiert:

```
LCA[0:5] struct(
    blank_lines        integer;
    text_lines         integer;
);
```

Die Liste der Operationen lautet somit:

Op.	Bedeutung	Kommentar
1	Sonett-Eingabe öffnen	txt-Datei wird erwartet
2	Print-Ausgabe öffnen	
3	Sonett-Eingabe lesen, new_grp_key zuweisen	read_status + line_type ⇨ new_grp_key
4	Sonett-Eingabe ausgeben	
5	Leerzeile ausgeben	
6	`'Italian Sonnet'` ausgeben	
7	`'English Sonnet'` ausgeben	
8	`'No Sonnet'` ausgeben	
9	Statistik ausgeben	Anzahlen der Textzeilen, Leerzeilen, Textblöcke, Leerblöcke ausgeben
10	Sonett-Eingabe schließen	
11	Print-Ausgabe schließen	
12	Stopp	
13	old_grp_key := new_grp_key	Bisherigen Gruppenschlüssel sichern
14	lca_i := 0	Array-Index
15	lca_i := lca_i + 1	
16	line_cnt := 0	Zeilenzähler (line count)
17	line_cnt := line_cnt + 1	
18	LCA[0].blank_lines := 0	1. Leerzeilenzähler muss per definitionem = 0 sein
19	LCA[lca_i].text_lines := line_cnt	Anzahl der Textzeilen des Absatzes merken
20	LCA[lca_i].blank_lines := line_cnt	Anzahl der Leerzeilen vor dem Textabsatz merken
21	text_grps := 0	Anzahl der Textabsätze
22	text_grps := text_grps + 1	
23	blank_grps := 0	Anzahl der Leerzeilenblöcke
24	blank_grps := blank_grps + 1	
25	text_l_c := 0	Anzahl der Textzeilen
26	text_l_c := text_l_c + line_cnt	
27	blank_l_c := 0	Anzahl der Leerzeilen
28	blank_l_c := blank_l_c + line_cnt	
29	LCA[lca_i].text_lines := 0	0 Textzeilen des fehlenden letzten Absatzes

Die damit bestückte Programmstruktur mit Operationen sieht wie folgt aus:

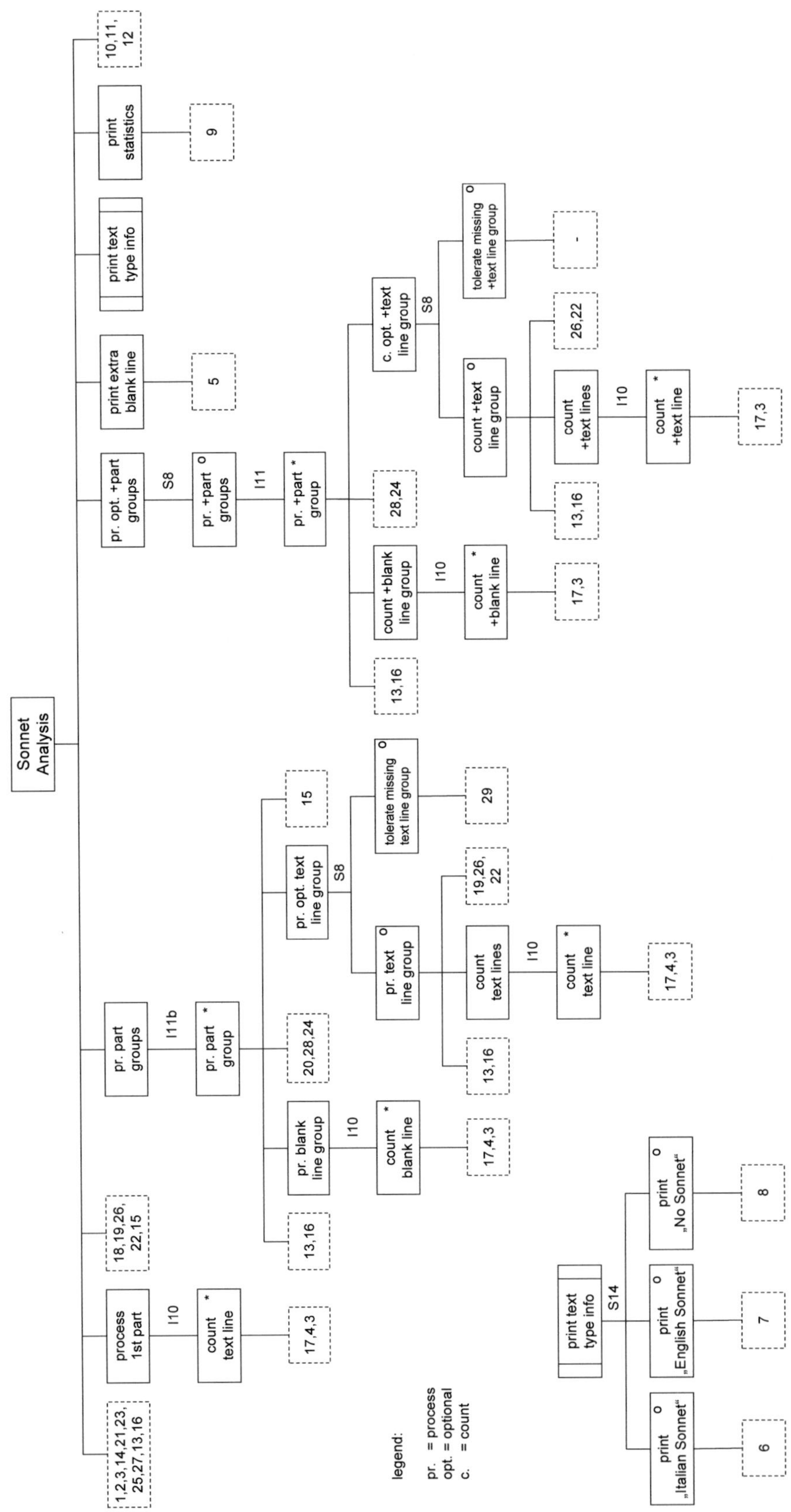

Abbildung 7.10: *Programmstruktur von „Sonnet Analysis" mit Operationen*

Die Plazierung derjenigen Operationen, die für die Gruppenverarbeitung relevant sind, sollten wir uns ganz genau ansehen. Sie entscheidet darüber, ob die Verarbeitung überhaupt funktionstüchtig ist.

7.7 Italienisches Sonett: Beispiel und Struktur

Da das Diagramm insgesamt 5 Gruppenschleifen aufweist, die alle durch I10 gesteuert werden, greifen wir uns zunächst diejenigen davon heraus, die für die Sonett-Erkennung entscheidend sind. Wir verfolgen den Ablauf anhand eines der schönsten Sonette von Dante Alighieri, das hier um eine Titelzeile und eine Zuschreibung ergänzt wurde:

```
Dante Alighieri: Sonetto

Tanto gentile et tanto onesta pare
La donna mia quand'ella altrui saluta
Ch'ogne lingua deven tremando muta,
E li occhi no l'ardiscon di guardare.

Ella si va, sentendosi laudare,
Benignamente d'umilta vestuta;
E par che sie una cosa venuta
Da cielo in terra a miracol monstrare.

Monstrasi si piacente a chi la mira,
Che da per li occhi una dolcezza al core,
Ch'entender no la puo chi non la prova;

E par che de la sua labbia si mova
Un spirito soave pien d'amore
Che va dicendo a l'anima: Sospira.


Dalla racconta "Vita nova" (1293)
```

[Aus der Erzählung „Neues Leben" (1293). Die hier angebetete Dame ist seine „Herrin" Beatrice.]

Dieser Text hat aus der Sicht des Programms folgende Struktur:

Gruppen-schlüssel	Bedeutung
DT	Titelzeile
DB	Trennzeile zum Text
DT	1. Zeile des 1. Quartetts
DT	
DT	
DT	4. Zeile des 1. Quartetts
DB	Trennzeile
DT	1. Zeile des 2. Quartetts

Gruppen-schlüssel	Bedeutung
DT	
DT	
DT	4. Zeile des 2. Quartetts
DB	Trennzeile
DT	1. Zeile des 1. Terzetts
DT	
DT	3. Zeile des 1. Terzetts
DB	Trennzeile
DT	1. Zeile des 2. Terzetts
DT	
DT	3. Zeile des 2. Terzetts
DB	Trennzeile
DB	Trennzeile
DT	Zuschreibung
ET	(Dateiende)

Hinweis: Der `line_type 'T'` im EOF-Gruppenschlüssel ist ein Schleppwert. Das Programm könnte nach dem Erkennen des Dateiendes auch den niederwertigen Teil des Gruppenschlüssels mit einem Default-Wert füllen, hier also zum Beispiel mit einem Leerzeichen. Das ist aber für die Gruppenwechsellogik nicht nötig. Zudem kann es nützlich sein, nach einem Programmabbruch, der dem Dateiende folgt, in einem Dump noch den letzten datenbezogenen Anteil im Gruppenschlüssel vorzufinden.

7.8 Durchlaufanalyse

Der auf der nächsten Seite folgende Ausschnitt aus der Programmstruktur zeigt die ersten drei Gruppenschleifen in dem Augenblick, nachdem die erste Trennzeile nach dem Titel eingelesen wurde und die Kontrolle I10 bevorsteht. Die für die Gruppenverarbeitung relevanten Operationen 3 und 13 sind (fett) hervorgehoben.

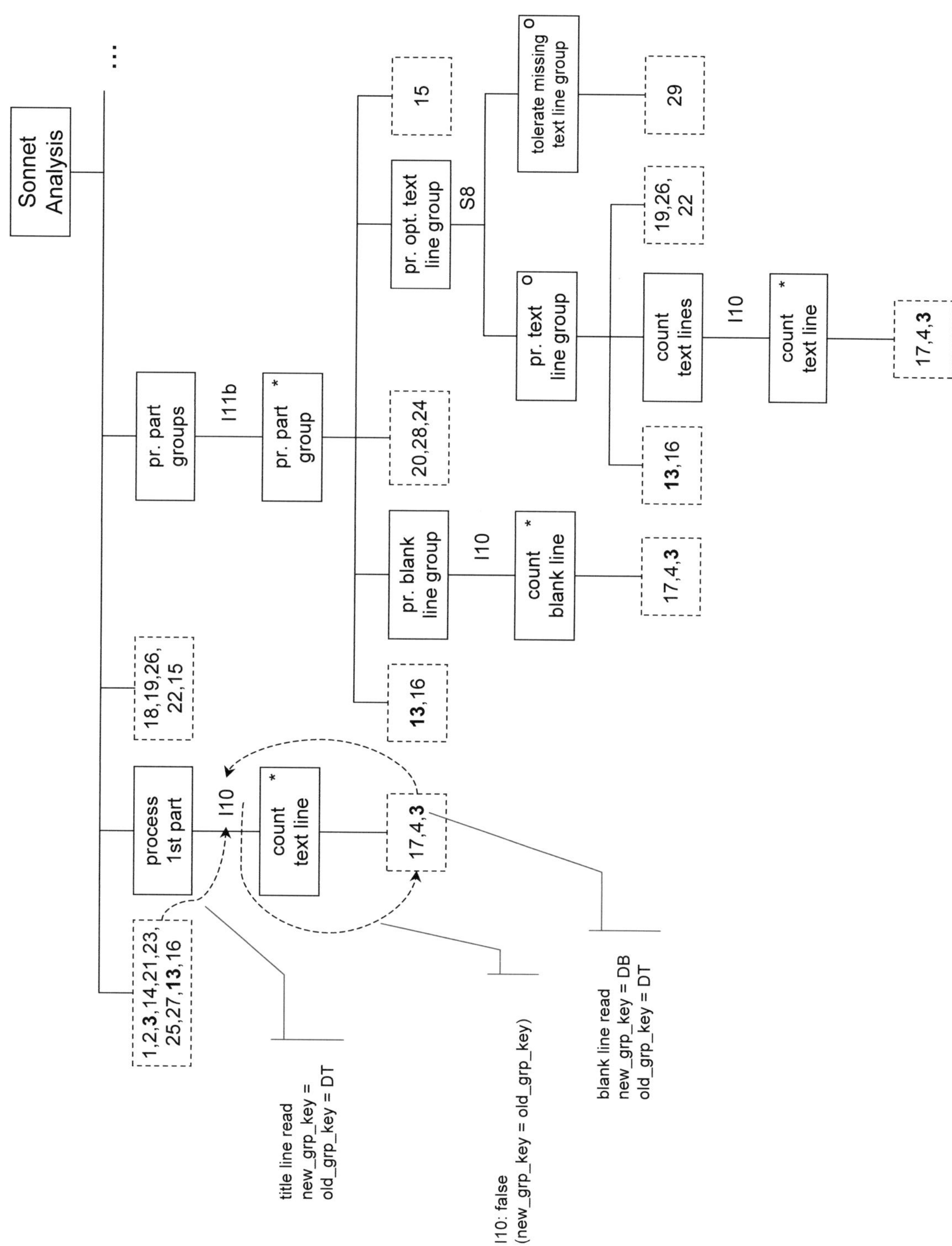

Abbildung 7.11: *Durchlauf bis zur Kontrolle I10 nach dem ersten Nachlesen*

I10 ist jetzt erfüllt und die Verarbeitung durch die 2. Gruppenschleife beginnt, indem zunächst I11b abgefragt wird (nächste Grafik). Danach geht es, dem strichpunktierten Pfad folgend, unter „pr(ocess) blank line group" weiter. Der folgende Schnappschuss zeigt den Moment nach dem Einlesen der ersten Quartettzeile, bevor die zweite Kontrolle durch I10 über „count blank line" stattfindet:

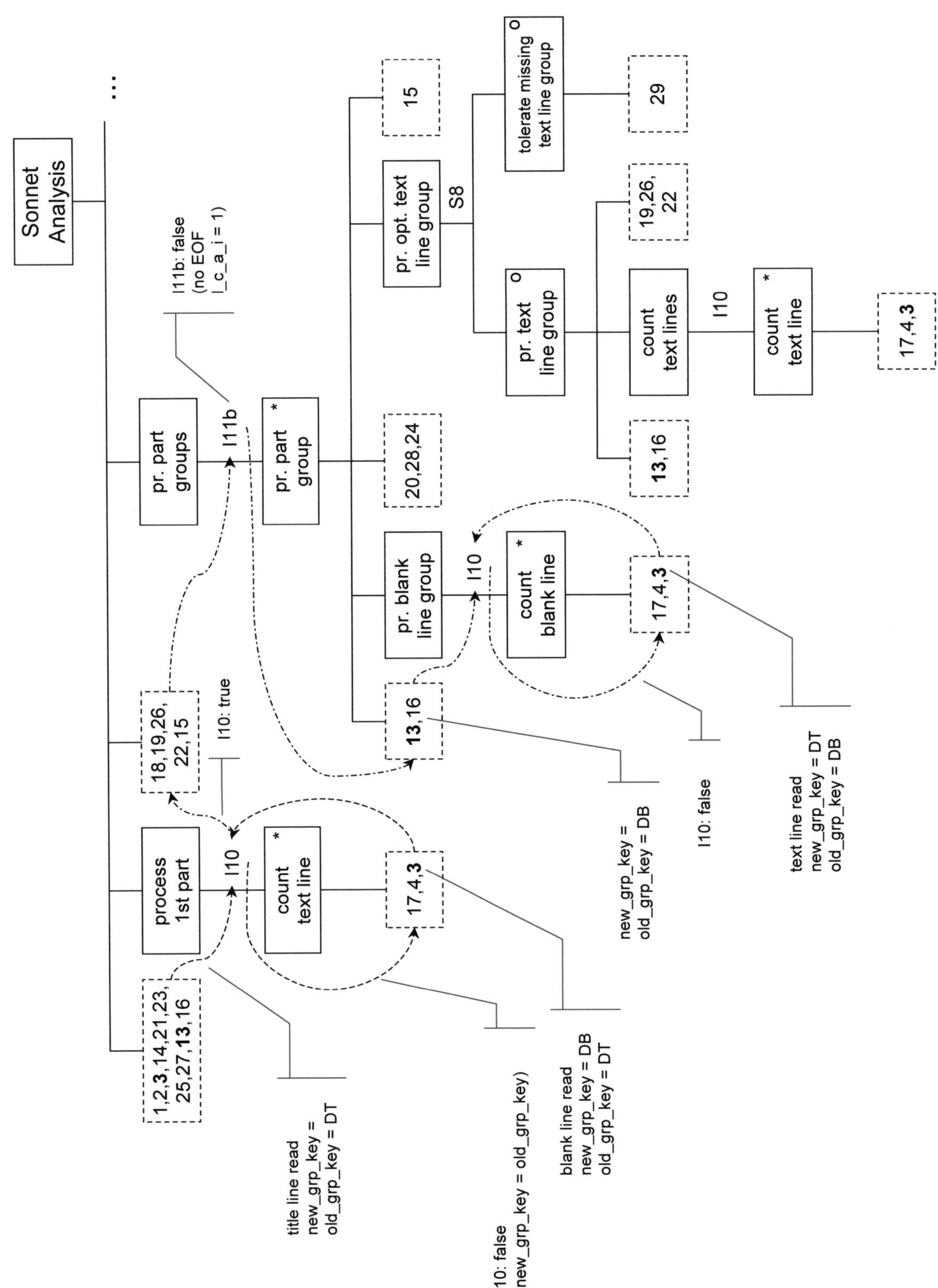

Abbildung 7.12: Durchlauf bis zur zweiten Kontrolle I10 nach dem Lesen der ersten Quartettzeile

Nach I11b setzt die Operation 13 die Gruppenschlüssel wieder identisch, so dass die erste I10-Kontrolle über „count blank line" nicht erfüllt ist. Die Leerzeile nach der Titelzeile wird hier gezählt, und dann wird die 1. Zeile des 1. Quartetts eingelesen. Nun steht erneut die I10-Prüfung an, die das Ergebnis „Bedingung erfüllt" liefern wird. Es folgen die Operationen 20, 28 und 24. Da kein Dateiende vorliegt, ist S8 unter „pr(ocess) opt(ional) text line group" erfüllt und es geht mit den Operationen 13 und 16 weiter, bevor die Schleife über „count text line" betreten wird.

Die folgende Grafik zeigt die Situation nach der Verarbeitung der 1. Zeile des 1. Quartetts und dem Nachlesen, aber vor der erneuten I10-Kontrolle über „count text line". Der Fortsetzungspfad ist wieder strichliert gezeichnet.

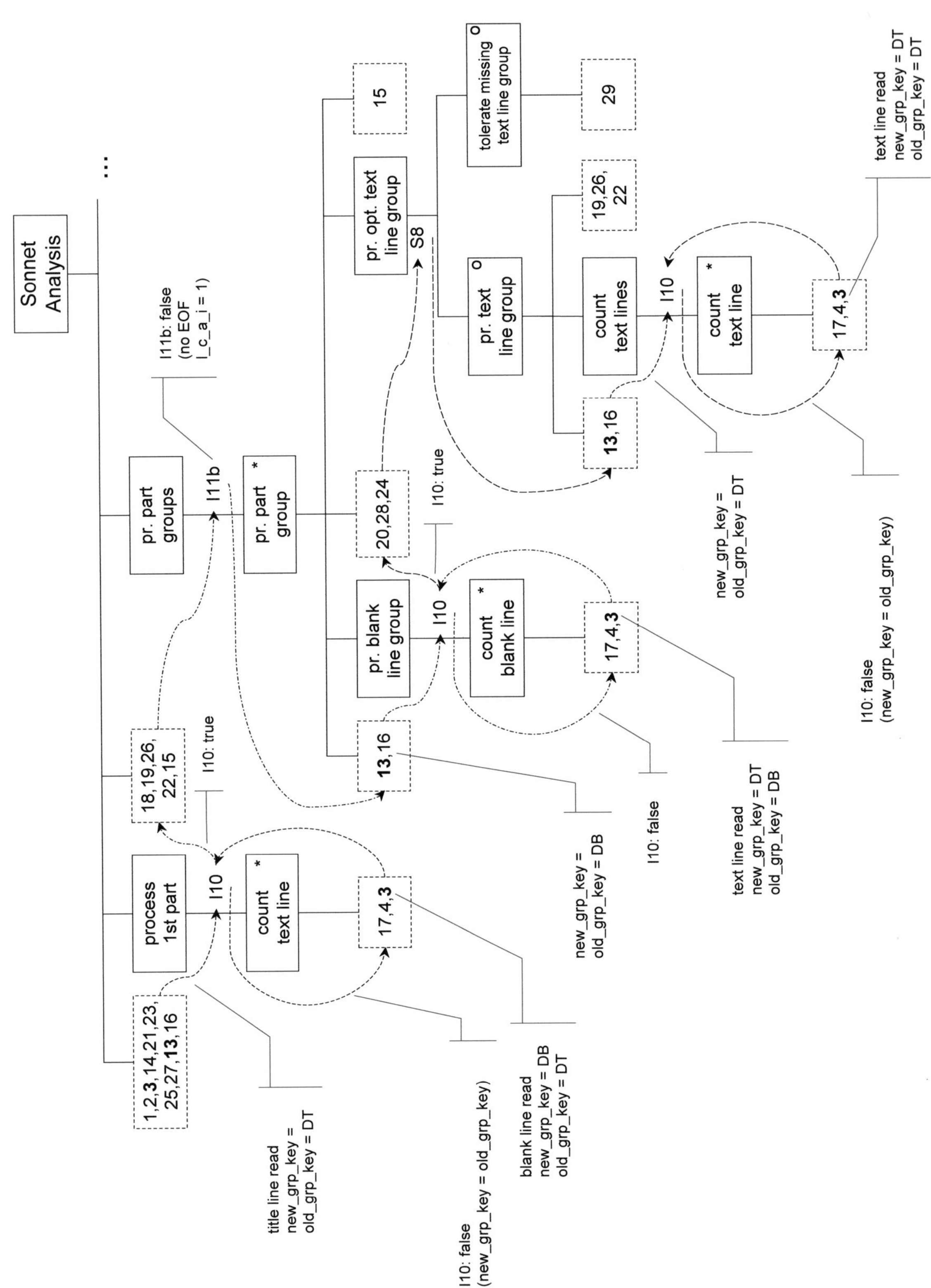

Abbildung 7.13: *Durchlauf bis zur dritten Kontrolle I10 nach dem Lesen der Folgezeile*

Da der soeben gelesene Satz die 2. Textzeile des 1. Quartetts enthält, greift I10 nicht und es erfolgt der nächste Schleifendurchlauf. Das wiederholt sich mit der 3. und 4. Textzeile, bis die danach folgende Trennzeile eingelesen wird. Die nächste Grafik zeigt die dann bestehende Situation direkt nach der I11b-Kontrolle:

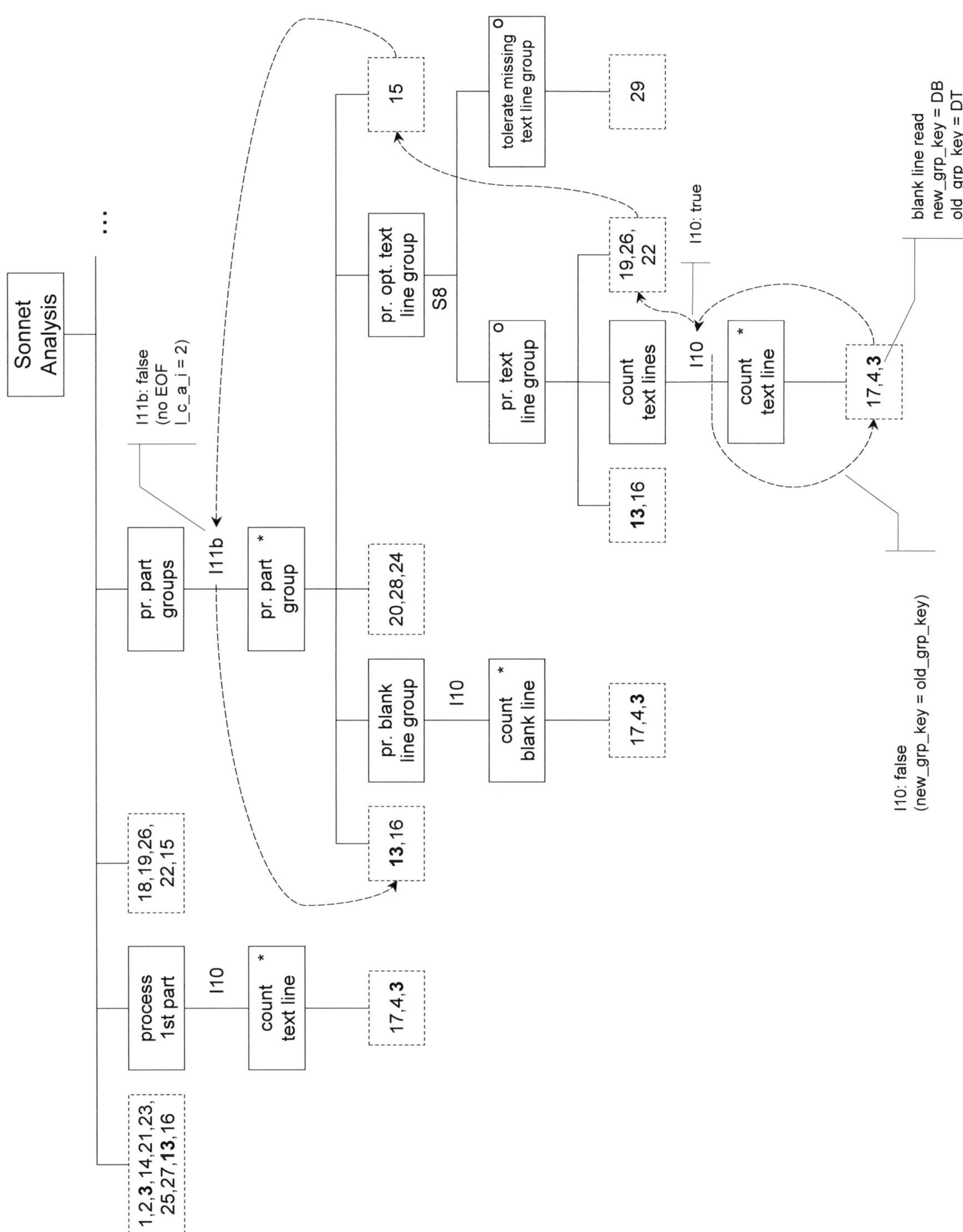

Abbildung 7.14: *Durchlauf bis hinter die Kontrolle I11b nach dem Lesen der ersten Trennzeile*

Auch diesmal ist I11b nicht erfüllt und die Verarbeitung wird mit der Operation 13 vor „pr(ocess) blank line group" fortgesetzt. Der Array-Index lca_i ist mit der Operation 15 am Ende von „pr(ocess) part group" auf 2 erhöht worden.

Nun wiederholen sich die Abläufe unter „pr(ocess) part group" bis zum Nachlesen nach der Verarbeitung der Zuschreibung. Damit tritt das Dateiende ein. Dies wirkt als Gruppenwechsel. Die Kontrolle wird erneut von I11b übernommen. Die folgende Grafik zeigt diesen Augenblick:

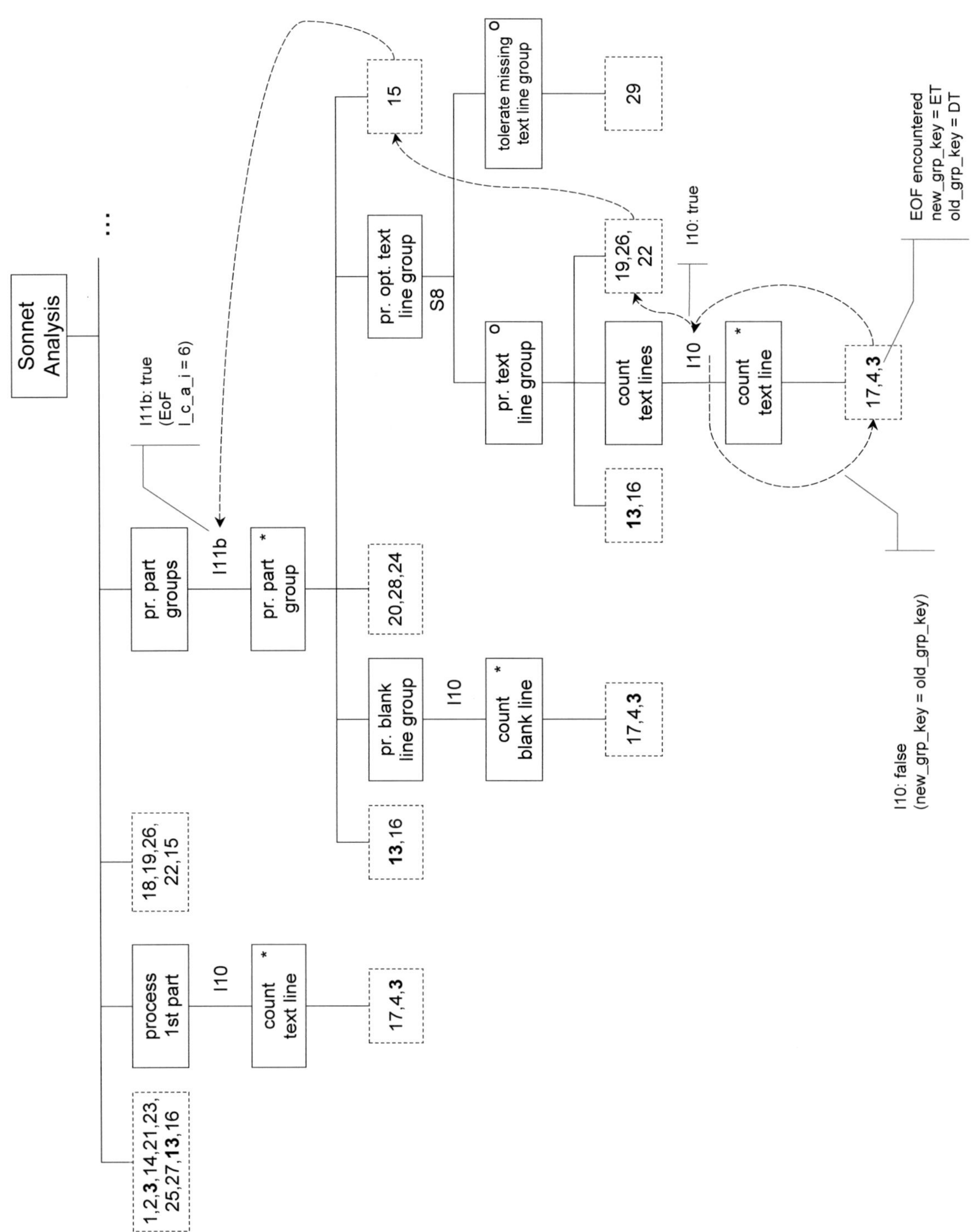

Abbildung 7.15: Durchlauf nach dem letzten Nachlesen und EOF

Jetzt sind sogar beide Teile von I11b erfüllt. Die nachfolgende Kontrolle S8 ergibt, dass „pr(ocess) +parts groups" nicht ausgeführt werden muss. Dann folgen nur noch die Statistik-Auswertungen und -ausgaben.

Bei Sonetten ohne Titelzeile und Zuschreibung tritt das Dateiende nach dem letzten Satz des 4. Absatzes ein (lca_i = 4). Ist nur eine Titelzeile oder nur eine Zuschreibung vorhanden, so liegen 5 Absätze vor, bevor EOF rückgemeldet wird. In beiden Fällen ergibt S8 über „pr(ocess) +parts groups" ebenfalls das Ergebnis „false".

7.8.1 Sonderfall: Nach 6 Absätzen folgen weitere Zeilen

Folgen dem 6. Textabsatz des Alighieri-Sonetts jedoch mindestens eine Leerzeile und eventuell weitere Textzeilen, so sieht dieselbe Grafik wie folgt aus (nächste Seite):

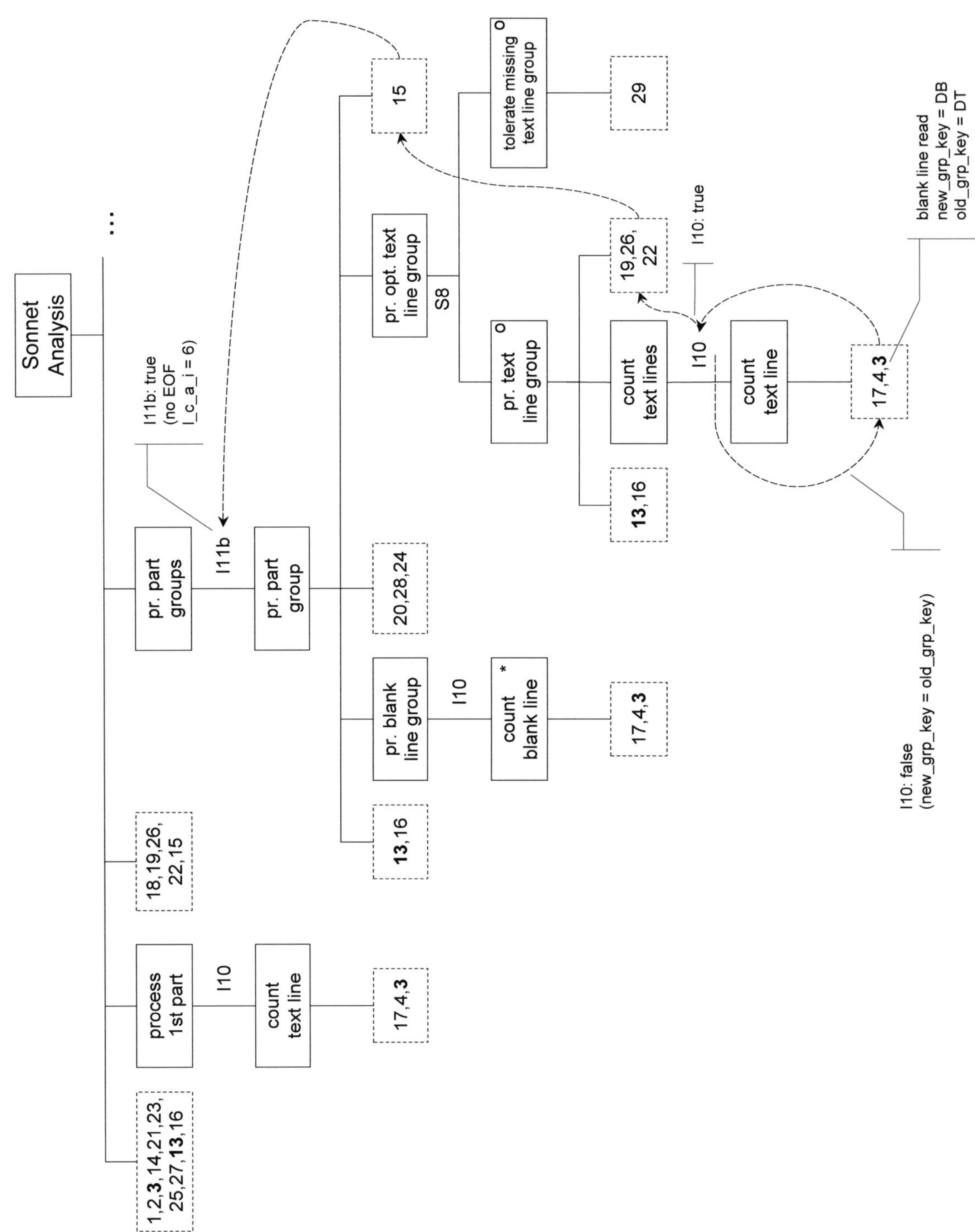

Abbildung 7.16: *Ende der I11b-Schleife, wenn mehr Text als erwartet vorliegt*

Die Schleife über „pr(ocess) part group" endet nun zwar auch, aber S8 ist erfüllt. Somit wird die Verarbeitung wie folgt fortgesetzt:

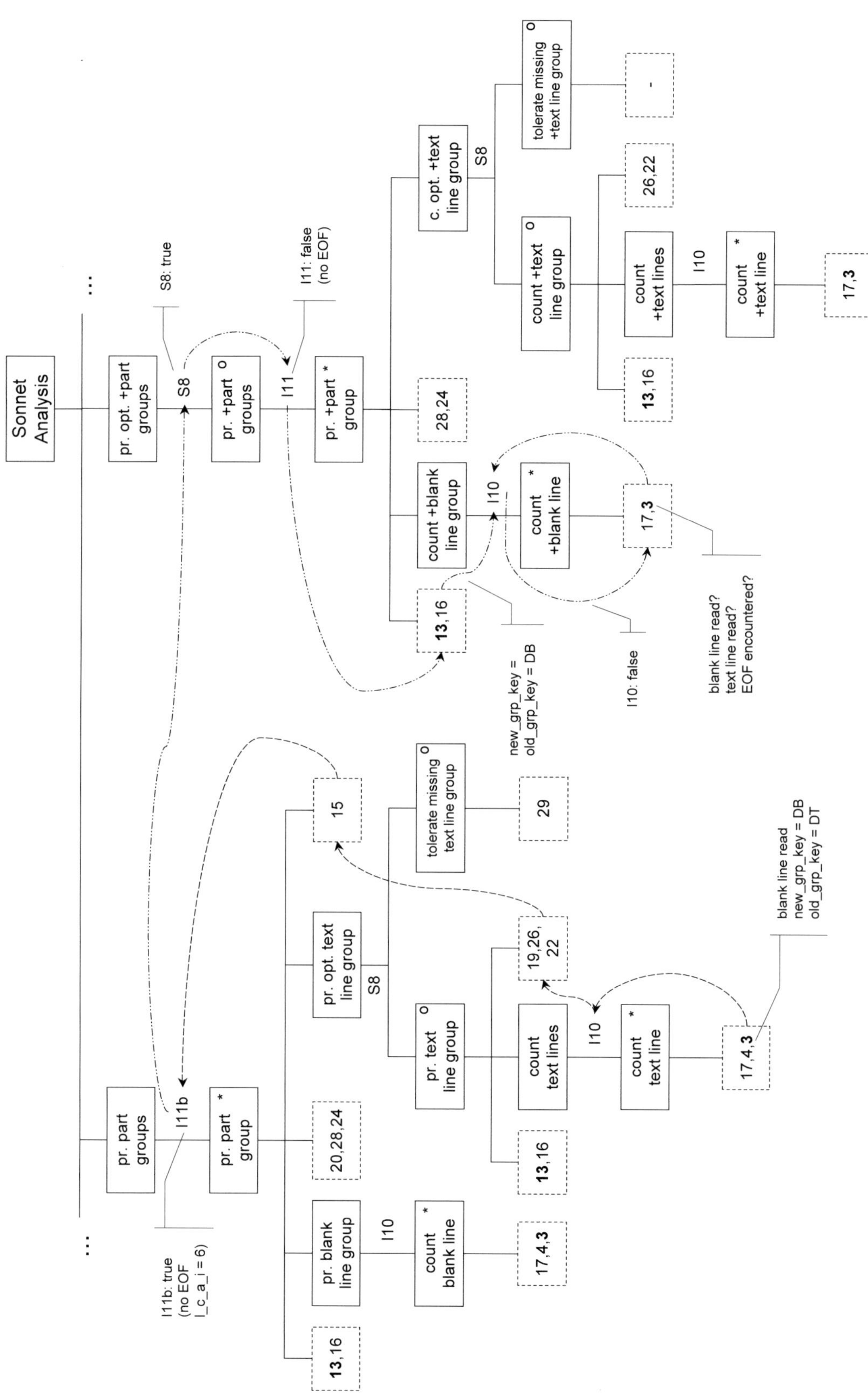

Abbildung 7.17: *Fortsetzung bis zur vierten Kontrolle I10 nach dem erneuten Nachlesen*

7

Wenn der nächste unter „count +blank line" eingelesene Satz eine Leerzeile ist, wird die Schleife fortgesetzt. Wird stattdessen eine Textzeile eingelesen oder das Dateiende erkannt, so geht es nach den Operationen 28 und 24 mit der S8-Kontrolle unter „c(ount) opt(ional) +text line group" weiter.

Angenommen, das Dateiende trete sofort oder nach weiteren Leerzeilen ein, so endet die Verarbeitung wie in der „Abbildung 7.18: Abschluss der Verarbeitung nach optionalen Leerzeilen und EOF" auf Seite 153 gezeigt:

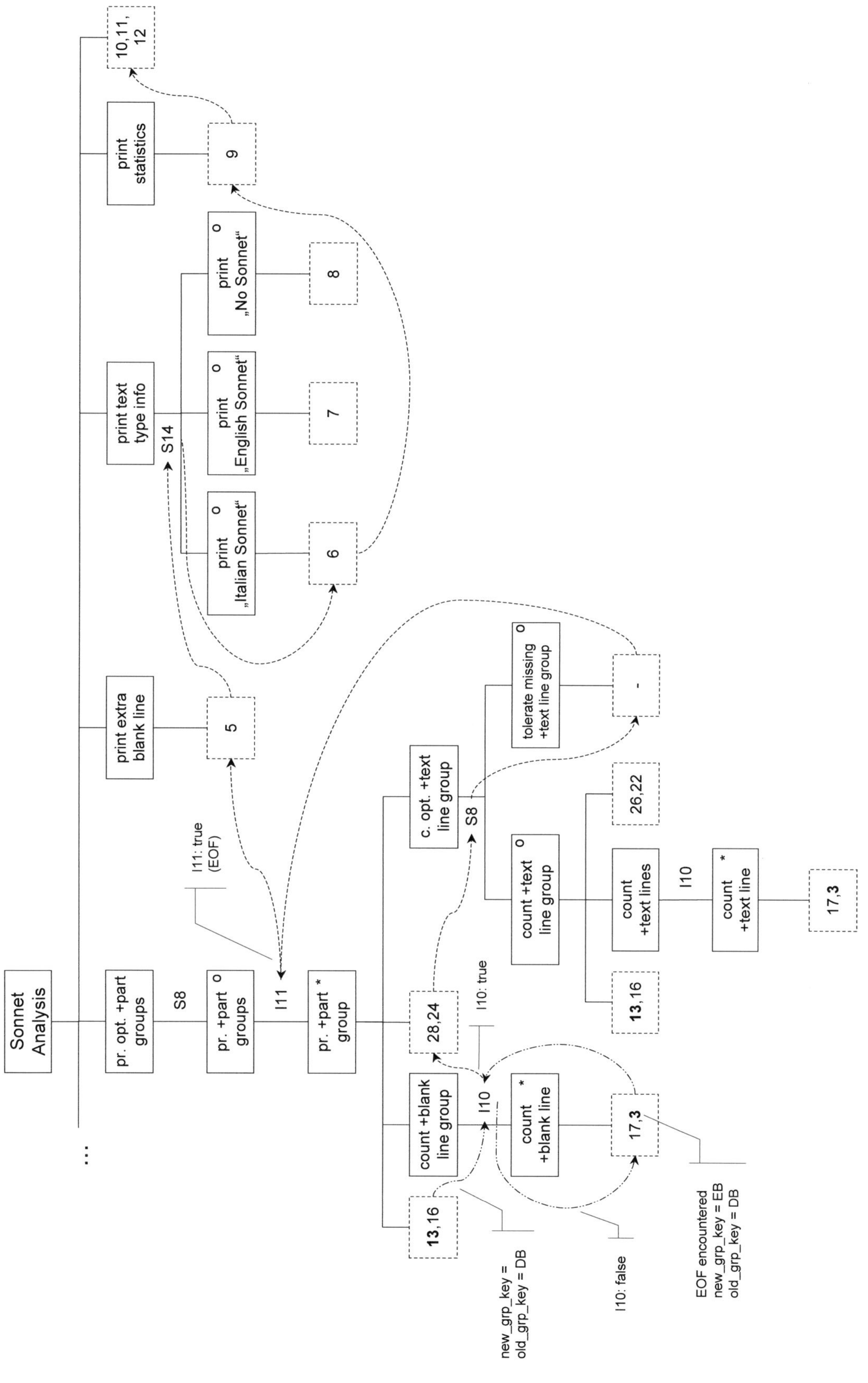

***Abbildung 7.18:** Abschluss der Verarbeitung nach optionalen Leerzeilen und EOF*

Die schleppenden Leerzeilen ändern nichts daran, dass es sich um ein italienisches Sonett handelt.

Hat der Text aber 7 oder mehr Absätze, so ist S8 erfüllt und die Verarbeitung tritt in die Schleife über „count +text line" ein. Die folgende Grafik zeigt den Moment unmittelbar nach dem Nachlesen:

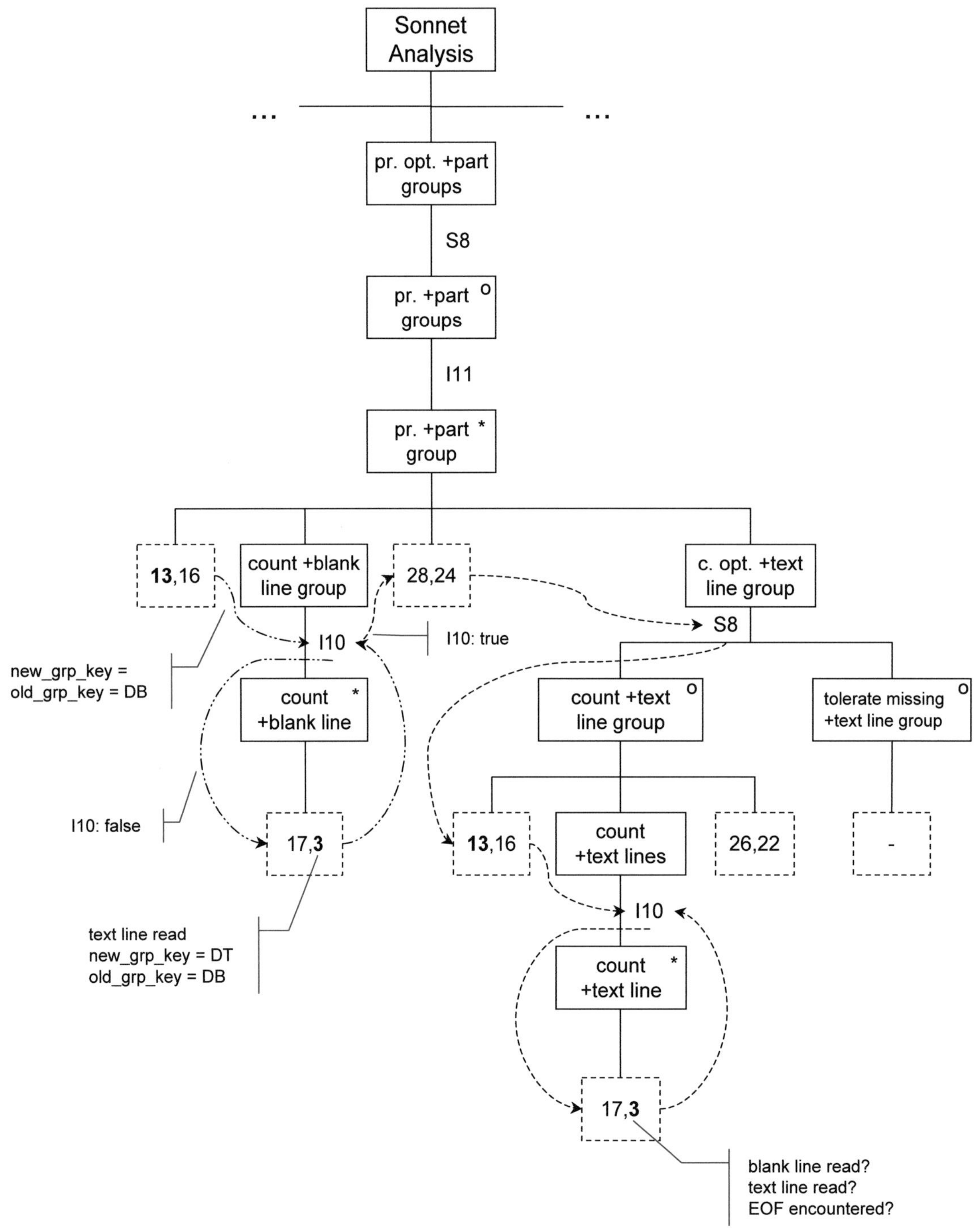

Abbildung 7.19: *Fortsetzung des Durchlaufs bei mehr als 6 Absätzen*

Wenn weitere Textzeilen folgen, durchläuft das Programm die Schleife bis zum Auftreten einer Leerzeile oder des Dateiendes. Nun folgen die Operationen 26 und 22, sowie die Kontrolle I11. Bei einer Leerzeile wird die Schleife unter I11 fortgesetzt, bei EOF beendet. Letzeres zeigt die folgende Grafik:

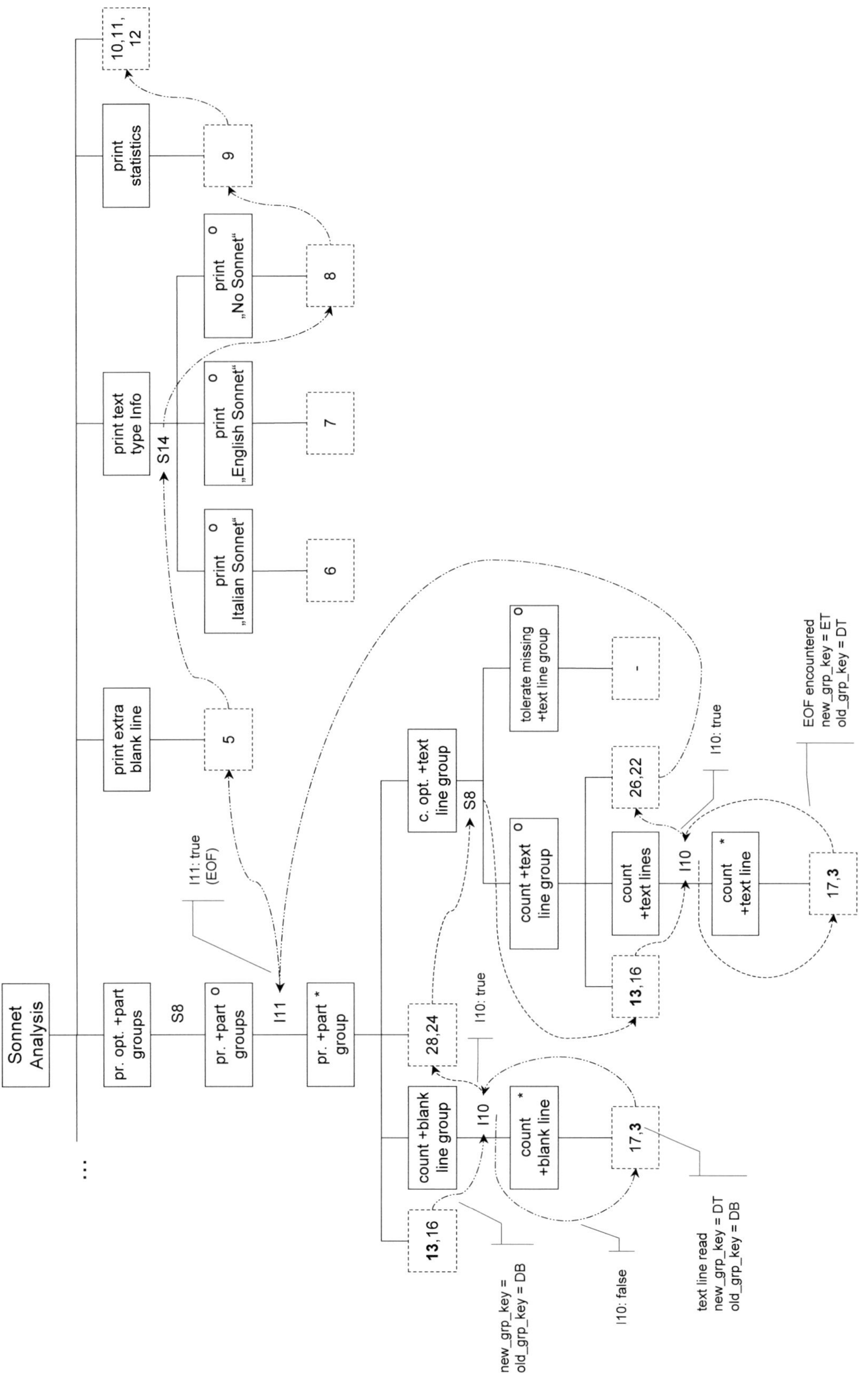

Abbildung 7.20: *Abschluss der Verarbeitung nach 7 Absätzen und EOF*

Die weiteren möglichen Varianten bei mehr als 6 Absätzen sind vollständig analog zu den bereits gezeigten Grafiken. Daher werden sie hier nicht gezeigt.

7.8.2 Sonderfall: Dateiende nach dem 1. Absatz

Der 1. Absatz besteht aus mindestens einer Textzeile. Wenn danach das Dateiende eintritt, verhält sich das Programm wie in der „Abbildung 7.21: Durchlauf bei Dateiende nach dem 1. Absatz" auf Seite 157, wobei die nicht durchlaufenen Teile aus der Grafik entfernt wurden.
Die Verarbeitung endet nach Ausgabe der Textzeile(n), einer Leerzeile, „No Sonnet" und der Statistik.

7.8.3 Sonderfall: Leerzeile(n) + Dateiende nach dem 1. Absatz

Wenn dem 1. Absatz eine oder mehrere Leerzeilen und dann das Dateiende folgen, tritt die Verarbeitung zunächst in die zweite Gruppenschleife unter „pr(ocess) blank line group" ein. Die Grafik in der „Abbildung 7.22: Durchlauf bei Dateiende, wenn dem 1. Absatz Leerzeilen folgen" auf Seite 158 zeigt die Reaktion auf das Dateiende in der Leerzeilenschleife bis zur erneuten I11b-Kontrolle. Diese ist jetzt erfüllt und es folgt die Ausgabe der „extra blank line" etcetera.

Das Programm durchläuft die Operation 29, weil S8 nicht erfüllt ist, und erhöht lca_i (Op. 15). Der Array LCA enthält zwei Elemente, wobei im zweiten die Textzeilen-Anzahl explizit auf 0 gesetzt wurde.

(weiter auf Seite 159)

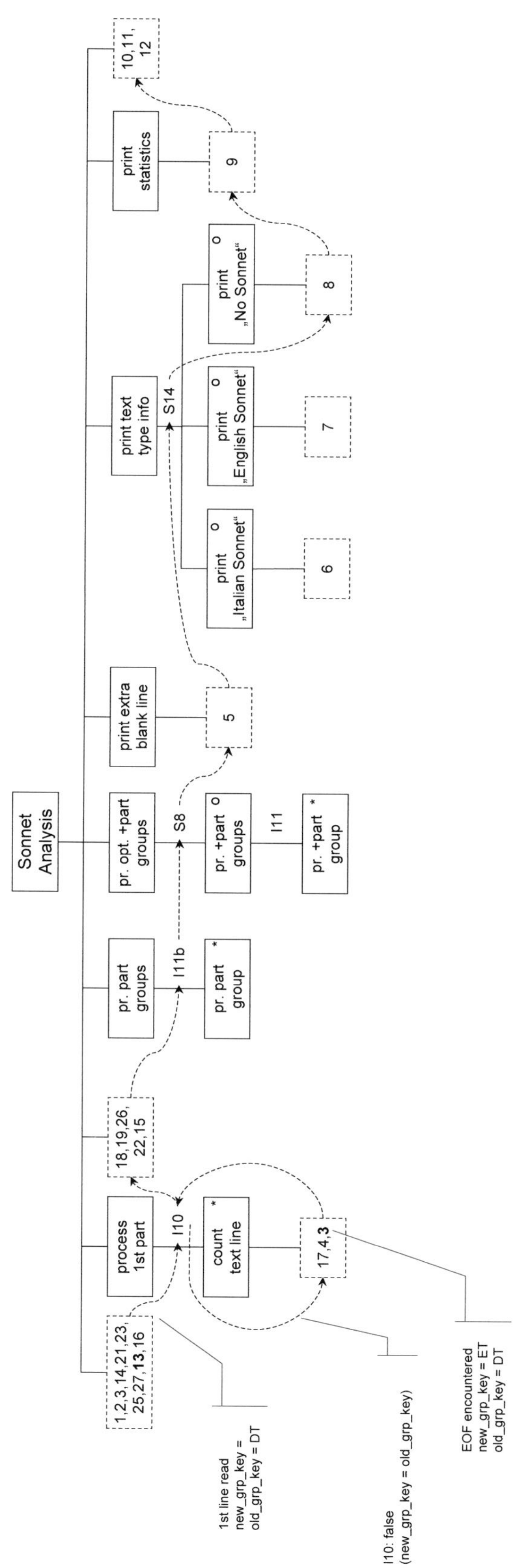

Abbildung 7.21: *Durchlauf bei Dateiende nach dem 1. Absatz*

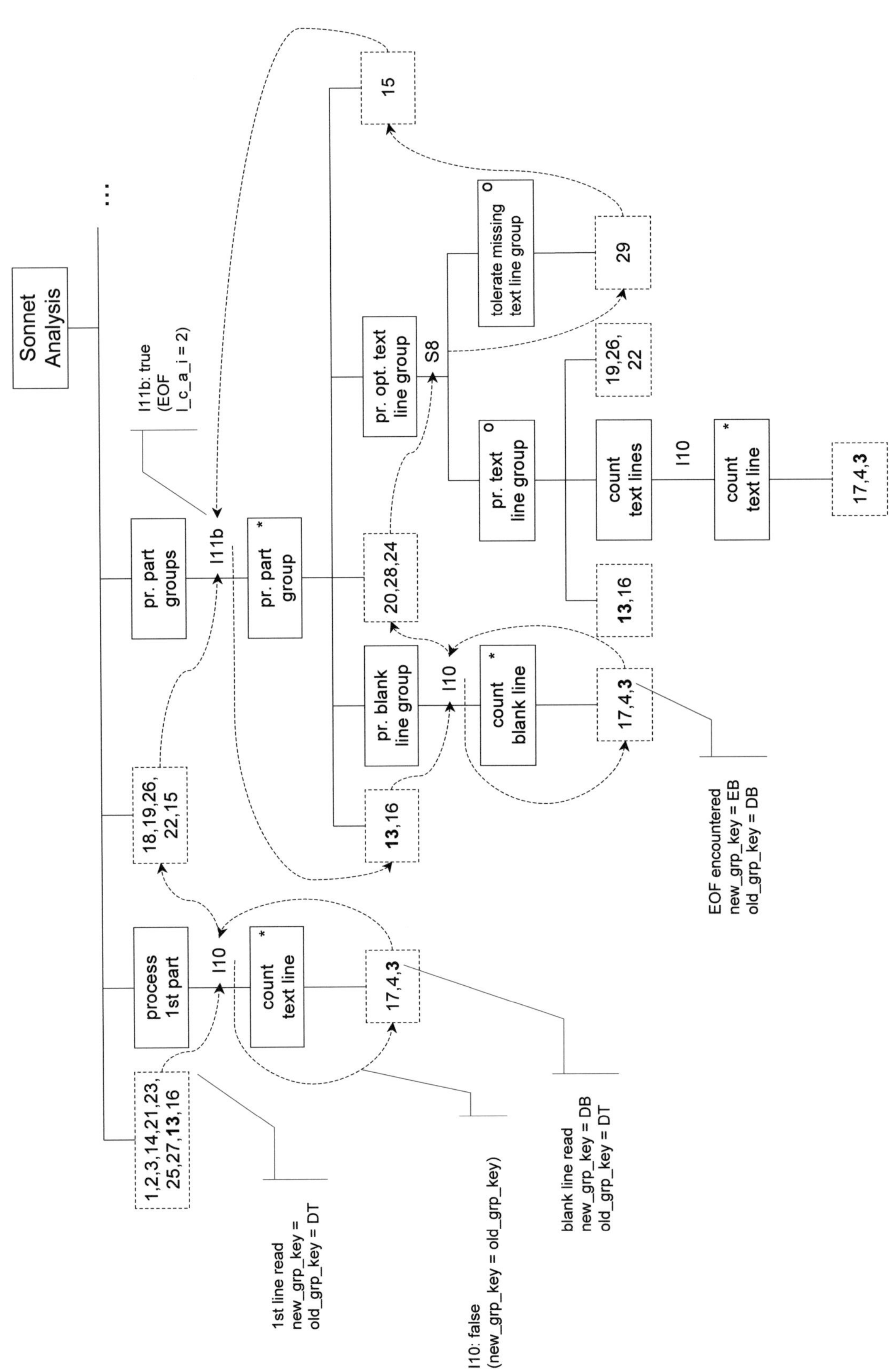

***Abbildung 7.22:** Durchlauf bei Dateiende, wenn dem 1. Absatz Leerzeilen folgen*

7.8.4 Vorsicht Falle!

Die Gruppenwechselsteuerung mit Hilfe der konkatenierten Schlüssel ist ein bewährtes Verfahren, das sich – wie wir im Kapitel „9 Ranggruppenverarbeitung I" auf Seite 187 ff sehen werden – auch für mehrfache Gruppenschachtelungen hervorragend eignet. Allerdings ist es – nicht nur hier – keineswegs ratsam, die JSP-eigene Vorgehensweise blind anzuwenden und auf eine sorgfältige Durchlaufanalyse zu verzichten. Das zeigte sich erneut beim ersten Entwurf von „Sonnet Analysis", der mit dem folgenden vereinfachten Eingabe-Struktogramm – und dem dazu korrespondierenden Ausgabe-Struktogramm – begann:

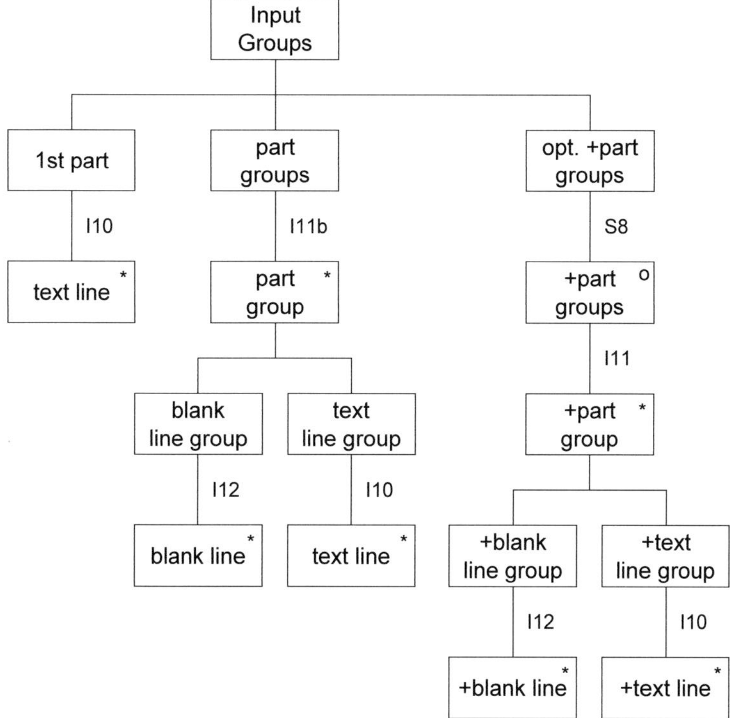

Abbildung 7.23: *Vorsicht bei sequentiell aufeinanderfolgenden Gruppen-Iterationen!*

Dieses Struktogramm beschreibt die Eingabedaten auch für den Fall schleppender Leerzeilen korrekt, denn die ursprüngliche I10-Kontrolle unter „part group" beziehungsweise „+part group" sagt aus, dass dann keine Ausprägungen von „text line" oder „+text line" vorhanden sein müssen. I10 und I12 lauteten ja folgendermaßen:

I10 Dateiende erreicht oder Leerzeile
I12 Dateiende erreicht oder Textzeile

Nach dem Ersetzen der Einzelabfragen auf Dateiende (`read_status`) und Zeilenart (`line_type`) durch die Gruppenwechselabfrage wurden I10 und I12 identisch. Auf dieser Basis entstand schliesslich die erste Programmstruktur mit Operationen. Der folgende Ausschnitt aus diesem Struktogramm zeigt den Durchlauf, wenn dem ersten Absatz nur noch Leerzeilen folgen:

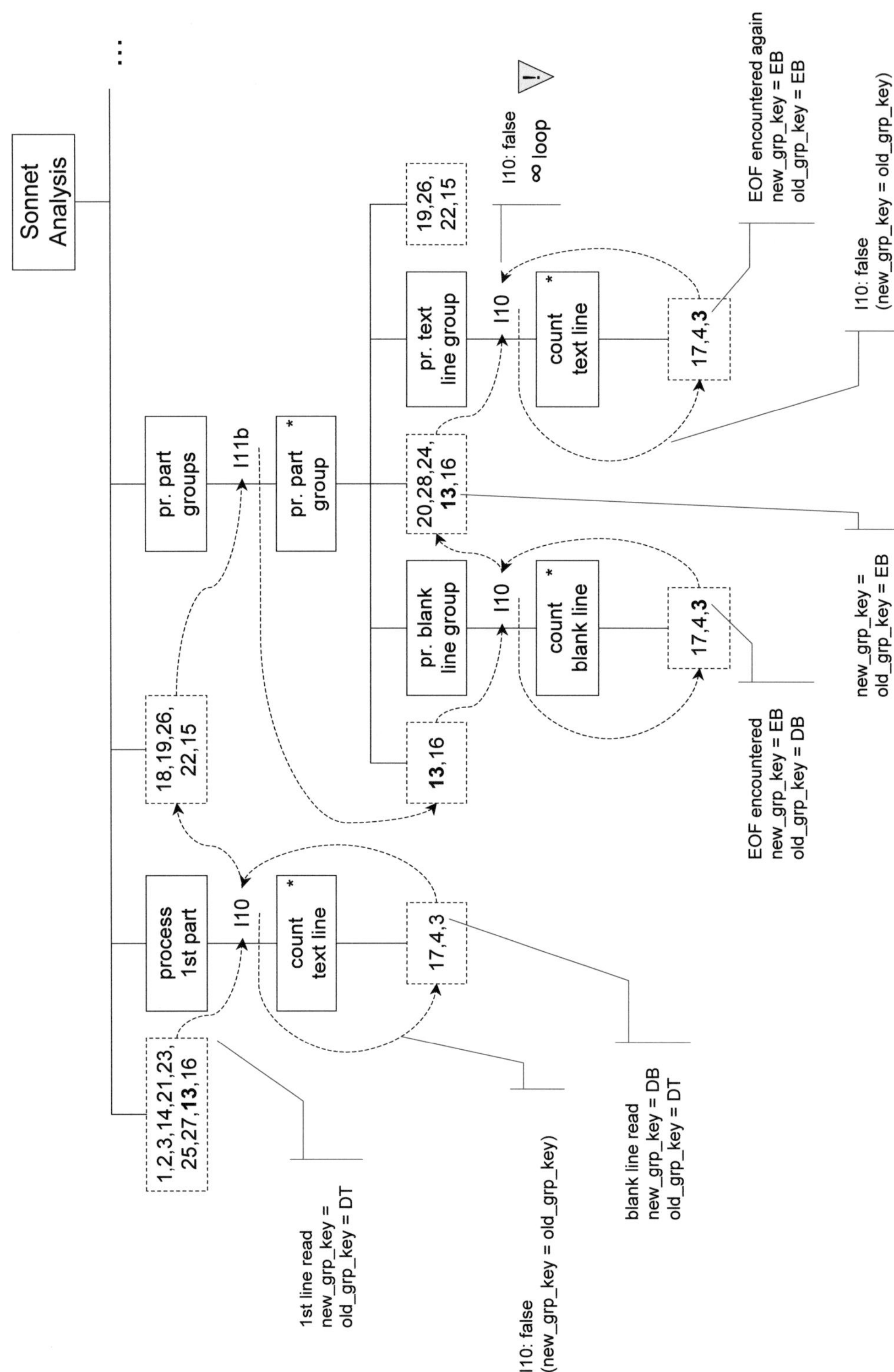

Abbildung 7.24: *Eine selbstverschuldete unendliche Schleife*

Die Operation 13 vor der Schleife über „count text line" sorgte dafür, dass das Programm in die Schleife eintrat. Das ist bei einer normalen Datenkonstellation ja erwünscht, hätte aber hier nicht stattfinden dürfen. In der Schleife führte das Nachlesen jedesmal erneut zum Ergebnis „Dateiende erreicht", wodurch kein Gruppenwechsel mehr möglich war. Das Programm geriet somit in eine Endlosschleife.

Was hätte dagegen getan werden können, ohne die Datenstrukturen und die Programmstruktur zu erweitern? Die Endlosschleife hätte sich mit der alten I10-Kontrolle leicht vermeiden lassen. Damit wäre auch die Operation 13 vor der Schleife unnötig geworden. Allerdings hat diese Reparatur ein Geschmäckle, weil sie ein Notbehelf ist. Die neu eingeführte Gruppenwechseltechnik mit konkatenierten Schlüsseln wird somit wieder beiseitegeschoben, weil der Aufwand für die Korrektur der Strukturen vermieden werden soll. Dadurch können zudem Folgeeffekte an weit entfernten Stellen im Programm auftreten, wo bislang davon ausgegangen wurde, dass die Gruppenwechselsystematik konsequent umgesetzt ist.

Als Sekundärproblem zeigt sich nun, dass die Operation 22 nach überstandener leerer I10-Schleife die Anzahl der Absätze = Textgruppen um 1 erhöht, obwohl es diese Gruppe ja gar nicht gibt. Wenn wir schon dabei sind, einen Fehler zu vertuschen, so liegt doch folgende Korrektur nahe:

Op.	Bedeutung	Kommentar
22	**if** line_cnt > 0 **then** text_grps := text_grps + 1 **fi**	Anzahl gegebenenfalls um 1 erhöhen

Es mag in anderen Fällen gute Gründe geben, Operationen bedingt zu formulieren, aber dies sollte immer Anlass dazu sein, sich zu fragen, ob hier nicht ein tieferliegenderes Problem vorliegt. Das ist hier evident, denn ein Zweck der Struktogramme besteht doch gerade darin, die Datengruppierungen richtig wiederzugeben. Wenn es dennoch nötig zu sein scheint, solche gruppenbezogenen Eingriffe vorzunehmen, so ist das ein sicheres Zeichen für eine schlechte Modellierung.

Für solche Manipulationen gilt daher ein Satz, den Friedrich Schiller in seinem Drama „Wallenstein" dem Generallieutenant Octavio Piccolomini in den Mund legte:

> „Das eben ist der Fluch der bösen Tat,
> dass die fortzeugend immer Böses muss gebären."

7.8.5 Schlussbemerkungen zur Durchlaufanalyse

Diese ausführliche Durchlaufanalyse zeigt, wie wichtig es ist, zunächst die erwarteten – normalen – Abläufe in allen denkbaren Datenkonstellationen und dann sämtliche Sonderfälle zu untersuchen, nicht umgekehrt. Wenn die normalen Abläufe korrekt sind, können zwar immer noch Anomalien in den Sonderfällen auftreten, aber diese sollten – vorzugsweise – durch Korrektur der Struktogramme oder könnten – weniger empfehlenswert – durch gezielte Modifikationen des Codes abgefangen werden. Stimmen aber schon die normalen Abläufe nicht, so ist die Beschäftigung mit den Sonderfällen sinnlos.

Warum beschäftigen wir uns überhaupt mit Sonderfällen? Genügt es nicht, dass ein Programm korrekt auf diejenigen Eingaben reagiert, für die es gedacht ist, und andernfalls abstürzt oder unsinnige Daten erzeugt? Das wäre höchst naiv und zudem gefährlich. In Produktionsläufen wird es praktisch immer bösartige Folgen haben, wenn ein Programm die Richtigkeit seiner Eingabedaten einfach voraussetzt. Das ist bei manuellen Eingaben evident, gilt aber auch für die Weiterverarbeitung maschinell erzeugter Bestände. Angesichts der intensiven Verflechtung von Programmen, die auf gemeinsamen Tabellen operieren, kann sich ein lokales Problem rasch zur globalen Katastrophe für das Anwendungssystem und dessen Umgebung – beispielsweise über fehlerhafte Schnittstellendaten – auswachsen. Da kein komplexes Programm mit Sicherheit fehlerfrei ist, verwenden gute Programmierer(innen) viel Energie auf Plausibilitätsprüfungen und auf die Konstruktion von defensivem Code, der auf unerwartete Datenkonstellationen angemessen reagiert.

Im vorliegenden Fall wird die Plausibilität der Eingabe erst ganz am Ende durch S14 geprüft. Leere Eingabedateien und solche, die mit einem Leersatz beginnen, soll das Programm unmittelbar nach dem Vorlesen mit einer Fehlermeldung und dem Abbruch quittieren. Zwischen diesen Eckpunkten der Verarbeitung liegen aber viele mögliche Abläufe, die durch die mannigfachen denkbaren Datenkonstellationen ausgelöst werden. Für jede dieser Konstellationen muss das Programm eine Reaktion bereithalten, die natürlich nicht in einem unkontrollierten Absturz oder einer unendlichen Schleife bestehen darf.

Die ursprüngliche, einfach erscheinende Aufgabendefinition und das programmierte Ergebnis sind aus diesem Grund deutlich voneinander entfernt. Das Programm erzeugt die gewünschten Ergebnisse, ist aber zudem robust gegen mögliche unerwartete Datenkonstellationen geworden. Davon konnten wir uns bereits anhand der Durchlaufanalyse überzeugen, ohne eine einzige Zeile in der Zielsprache geschrieben zu haben. In der Programmstruktur mit Operationen sind alle dafür relevanten Informationen in übersichtlicher Form vorhanden. Später, im Code der Zielsprache, wird diese Übersichtlichkeit nahezu zwangsläufig verlorengehen, wofür der Übergang von der grafischen Darstellung in die Textform mitverantwortlich ist. Beim Testen ist es daher hilfreich, die Pfade aus der Durchlaufanalyse im Programm zu verfolgen und nach Abweichungen vom erwarteten Verhalten zu suchen. Die Struktogramme dienen so als Messlatten für die Implementierungen.

7.9 Pseudocode

Der Pseudocode zur Programmstruktur „Sonnet Analysis" mit Operationen wurde segmentiert, weil er als Monolith unübersichtlich wäre. Die ausgelagerten Teile werden mit **use** aktiviert.

```
proc SonnetAnalysis;
   1,2, 3,14,21,23,25,27,13,16;
   until I10 do
      (count text line)
      17,4,3
   od;
   18,19,26,22,15;
   use process part groups;
   if S8 then
      use process +part groups
   fi;
   (print extra blank line)
   5;
   (print text type info)
   case S14
      part text_grps <= 6 and LCA usage is [1] - 4 - 4 - 3 - 3 - [1]
         6
      part text_grps <= 6 and LCA usage is [1] - 4 - 4 - 4 - 2 - [1]
         7
      default
         8
   esac;
   (print statistics & shut down)
   9,10,11,12
corp
```

```
seq process part groups
    until I11b do
        13,16;
        until I10 do
            (count blank line)
            17,4,3
        od;
        20,28,24;
        if S8 then
            (process text line group)
            13,16;
            until I10 do
                (count text line)
                17,4,3
            od;
            19,26,22
        else
            (tolerate missing text line group)
            29
        fi;
        15
    od
qes
```

```
seq process +part groups
    until I11 do
        13,16;
        until I10 do
            (count +blank line)
            17,3
        od;
        28,24;
        if S8 then
            (count +text line group)
            13,16;
            until I10 do
                (count +text line)
                17,3
            od;
            26,22
        fi
    od
qes
```

Anmerkung: Da „tolerate missing +text line group" keine Operation enthält, entfällt der **else**-Zweig.

7.10 Implementierungs-Varianten in COBOL II und REXX

Die Implementierung von Gruppenverarbeitungen ohne JSP-Unterstützung hat sich schon oft als eine harte Nuß erwiesen, an der man sich leicht die Zähne ausbeißen kann. Das liegt erfahrungsgemäß meist daran, dass das betreffende Programm überhaupt keine gruppenorientierte Struktur aufweist, sondern die Gruppenlogik einer gewöhnlichen Satzschleifenlogik aufgepropft wird. Wenn dann auch noch die Behandlung des Dateiendes unmittelbar nach dem Lesen – und getrennt von der eigentlichen Verarbeitung – stattfindet, ist es meist nur noch mit heiklen Flag-Operationen möglich, irgendwie zum beabsichtigten Abschluss zu kommen.

Diesen Krampf erspart uns die Gruppenverarbeitung auf JSP-Grundlage vollständig. Hier sind die Orte im Code, an denen die Operationen und Kontrollen anzuordnen sind, schon vor der Implementierung bekannt. Es geht dann nur noch darum, die Implementierung möglichst elegant vorzunehmen, also auf alles Unnötige zu verzichten und die einleuchtendsten Formen zu wählen. Hierfür bietet jede Sprache andere Voraussetzungen.

Anhand der einfachen algorithmischen Sprachen COBOL II (z/OS) und REXX werden zunächst lediglich die wichtigsten Struktur- und Gestaltungselemente gezeigt, die dort z.T. seit Jahrzehnten in ähnlicher Form Verwendung finden. Da die Codierung von Gruppenverarbeitungen in diesen Sprachen relativ einfach ist, sollte das genügen. Danach folgen ausführliche Beispiele in C und Java, um die dafür sinnvoll erscheinenden besonderen Gestaltungselemente und die völlig anderen Codestrukturen zu zeigen.

7.10.1 COBOL II

Achtung: Array-Indizes beginnen in COBOL mit 1. Der Index `LCA-I` steht daher nach 6 Textabsätzen auf 7, was I11b auslöst.

a) Definitionen in der WORKING-STORAGE SECTION

```
77  FILLER                       PIC X(08)      VALUE 'GRP KEYS'.
01  New-Grp-Key.
    05  Read-Status              PIC X          VALUE 'D'.
        88  End-Of-File                         VALUE 'E'.
    05  Line-Type                PIC X          VALUE SPACE.
        88  Text-Line                           VALUE 'T'.
        88  Blank-Line                          VALUE 'B'.
01  Old-Grp-Key.
    05  Read-Status              PIC X          VALUE SPACE.
    05  Line-Type                PIC X          VALUE SPACE.
77  FILLER                       PIC X(08)      VALUE 'IN-REC  '.
01  In-Rec                       PIC X(55)      VALUE SPACES.
77  FILLER                       PIC X(08)      VALUE 'LC-ARRAY'.
01  LCA.
    05  LCA-Entry                               OCCURS 6
        10  Blank-Lines          PIC S9(4)      COMP.
        10  Text-Lines           PIC S9(4)      COMP.
77  LCA-I                        PIC S9(4)      COMP  VALUE ZERO.
77  Line-Cnt                     PIC S9(4)      COMP  VALUE ZERO.
77  Blank-Grps                   PIC S9(4)      COMP  VALUE ZERO.
77  Text-Grps                    PIC S9(4)      COMP  VALUE ZERO.
```

```
77  Blank-L-C                    PIC S9(4)     COMP  VALUE ZERO.
77  Text-L-C                     PIC S9(4)     COMP  VALUE ZERO.
```

b) Code in der Lese-SECTION (Op. 3)

```
    READ In-File INTO In-Rec
         AT END SET End-Of-File TO TRUE
    END-READ
*
    IF NOT End-Of-File
       IF In-Rec = SPACES
          SET Blank-Line TO TRUE
       ELSE
          SET Text-Line  TO TRUE
       END-IF
    END-IF
```

c) Zuweisung vor jeder Gruppenschleife (Op. 13)

```
    MOVE New-Grp-Key TO Old-Grp-Key
```

d) Kontrollen

S8:
```
IF NOT End-Of-File
   ...
ELSE
   ...
END-IF
```

(nur unter „process optional text line group" mit ELSE-Zweig)

I10:
```
PERFORM UNTIL New-Grp-Key NOT = Old-Grp-Key
   ...
END-PERFORM
```

I11:
```
PERFORM UNTIL End-Of-File
   ...
END-PERFORM
```

I11b:
```
PERFORM UNTIL End-Of-File
           OR LCA-I > 6
   ...
END-PERFORM
```

S14:
```
EVALUATE TRUE ALSO TRUE
   WHEN Text-Grps     = 4
   ALSO Text-Lines(1) = 4 AND
```

7

```
                Text-Lines(2) = 4 AND
                Text-Lines(3) = 3 AND
                Text-Lines(4) = 3
           WHEN Text-Grps     = 5
           ALSO Text-Lines(1) = 1 AND
                Text-Lines(2) = 4 AND
                Text-Lines(3) = 4 AND
                Text-Lines(4) = 3 AND
                Text-Lines(5) = 3
           etcetera
              PERFORM Print-Form-is-Italian-Sonnet
           WHEN Text-Grps     = 4
           ALSO Text-Lines(1) = 4 AND
                Text-Lines(2) = 4 AND
                Text-Lines(3) = 4 AND
                Text-Lines(4) = 2
           etcetera
              PERFORM Print-Form-is-English-Sonnet
           WHEN OTHER
              PERFORM Print-Form-is-No-Sonnet
        END-EVALUATE
```

Anmerkungen

- Diese primitive Implementierung von S14 dient hier nur als Beispiel für kombinierte `EVALUATE`-Abfragen mit mehreren Termen, die durch `ALSO` verbunden sind. Jeder ALSO-Term muss „true" sein, damit die jeweilige Gesamtbedingung erfüllt ist, das heißt, ALSO ist ein AND. Der Code für alle gültigen Varianten würde in dieser Form viel zu viele Zeilen benötigen. Daher sollte eine eigene SECTION prüfen, ob eine gültige Sonett-Form vorliegt und dabei die beiden ersten Quartett-Abfragen zusammenfassen, sowie die optionalen Anteile mit Hilfe von Indexzuweisungen berücksichtigen. Als Ergebnis sollten drei Indikatorwerte rückgeliefert werden, anhand derer die jeweilige Ausgabe der Textform veranlasst wird.
- `Read-Status` und `Line-Type` sind zwei Mal deklariert. Das ist erlaubt. Sie werden aber in den Code-Ausschnitten nicht explizit angesprochen. Stattdessen verwendet das Programm einerseits die Condition Names (Level 88), andererseits die Gruppenschlüssel (Level 01). Um die Variablen im Code der `PROCEDURE DIVISION` direkt zu verwenden, müssen sie qualifiziert werden. Beispiel: `Read-Status OF Old-Grp-Key`
- Die `PERFORM  Print-Form-is`-Anweisungen veranlassen die Ausgabe der gewünschten Zeilen durch eigene Paragraphen beziehungsweise SECTIONs. Dort kann wiederum eine gemeinsame Ausgaberoutine verwendet werden.

7.10.2 REXX

In der auf zahlreichen Plattformen verfügbaren IBM-Skriptsprache REXX (Abkürzung für: REstructured eXtended eXecutor) gibt es keine Deklarationen, sondern allenfalls Zuweisungen mit Initialwerten. Alle elementaren Daten, auch Zahlen, werden wie variabel lange Strings behandelt. Daher sind beispielsweise 01 und 1 verschieden. Für arithmetische Operationen und Vergleiche finden jedoch intern die erforderlichen Stringumsetzungen statt.

An die Stelle von Arrays treten Stems. Lese- und Schreibroutinen arbeiten ebenfalls mit Stems. Diese kann man sich wie Arrays vorstellen, in deren nulltem Element (`<stem>.0`) die Anzahl der mit Nutzdaten gefüllten Elemente des jeweiligen Stems gehalten wird. Stem-Elemente können aus einzelnen Zeichen oder aus Zeichenketten beziehungsweise Zahlen bestehen, wobei jedes Element eine eigene Länge besitzen darf.

Diese radikale Vereinfachung erleichtert einerseits die Erstellung von REXX-Skripten und die Kommunikation mit der Laufzeitumgebung enorm, verursacht aber andererseits erhebliche Klimmzüge beim Umgang mit strukturierten Beständen (also Dateien mit Satzfeldern, die verschiedene Datentypen besitzen). Ausserdem ist die Performance wegen der ständig erforderlichen Umwandlungen zwischen internen Zahlenformaten und Strings schlechter als bei vergleichbaren Lösungen in anderen Programmiersprachen, die mit passenden Datentypen und mit Kompilierung arbeiten.

Variable und Stems werden im Moment ihres ersten Auftretens automatisch deklariert. Wenn ihnen dabei keine Inhalte zugewiesen werden, füllt der z/OS-REXX-Interpreter jede dieser Ausprägungen mit ihrem Namen in Großschreibung. Die spätere – irrtümliche – Verwendung nicht initialisierter Datenelemente kann durch eine Option untersagt werden; sie führt dann zum Programmabbruch.

Namen und Schlüsselworte sind nicht case-sensitiv. Sie werden hier nur der besseren Lesbarkeit halber in gemischter Schreibung verwendet.

a) Code in der Lese-Routine einer Implementierung unter TSO und z/OS (Op. 3)

```
Address TSO "EXECIO 1 DISKR SONNET (STEM in_rec."

If in_rec.0 > 0 Then Do
   If in_rec.1 = ' ' Then
      line_type = 'B'
   Else
      line_type = 'T'
   read_status = 'D'
   End
Else
   read_status = 'E'
new_grp_key = read_status !! line_type
```

Anmerkungen

- Die Anweisung `Address TSO` bewirkt, dass das Trägersystem (hier: TSO = Time Sharing Option) für den REXX-Lauf aktiviert wird. Nach dem Lesen eines einzigen Satzes – das bedeutet die 1 in `EXECIO 1 DISKR` – aus der Datei `SONNET` steht der Satzinhalt im Element 1 des genannten Stems (`in_rec.1`).
- `line_type` muss am Programmanfang mit einem Blank initialisiert werden. Andernfalls würde wegen der Default-Belegung mit dem Namen `'LINE_TYPE'` die letzte Anweisung zum Ergebnis `new_grp_key = 'ELINE_TYPE'` führen (s.o.).

b) Zuweisung vor jeder Gruppenschleife (Op. 13)

```
old_grp_key = new_grp_key
```

c) Kontrollen

S8:
```
If read_status = 'D' Then
   ...
Else
   ...
```

(nur unter „process optional text line group" mit ELSE-Zweig)

I10:
```
Do Until new_grp_key ^= old_grp_key
   ...
End
```

I11:
```
Do Until read_status = 'E'
   ...
End
```

I11b:
```
Do Until read_status = 'E' ! lca_i > 6
   ...
End
```

S14:
```
Select
   When text_grps    = 4 & ,
        Text_Lines.1 = 4 & ,
        Text_Lines.2 = 4 & ,
        Text_Lines.3 = 3 & ,
        Text_Lines.4 = 3 Then
      Call Print-Form-is-Italian-Sonnet
   WHEN text_grps    = 5 & ,
        Text_Lines.1 = 1 & ,
        Text_Lines.2 = 4 & ,
        Text_Lines.3 = 4 & ,
        Text_Lines.4 = 3 & ,
        Text_Lines.5 = 3 Then
      Call Print-Form-is-Italian-Sonnet
   etcetera
   When text_grps    = 4 & ,
        Text_Lines.1 = 4 & ,
        Text_Lines.2 = 4 & ,
        Text_Lines.3 = 4 & ,
        Text_Lines.4 = 2 Then
      Call Print-Form-is-English-Sonnet
   etcetera
   Otherwise
      Call Print-Form-is-No-Sonnet
End
```

Weitere Anmerkungen

- Auch hier wird bewusst eine primitive Implementierung von S14 gezeigt. Analog zur COBOL-Variante kann selbstverständlich auch dieser Code eleganter gestaltet werden.
- REXX kennt keine Code-Untereinheiten wie die SECTIONs in COBOL, sondern erlaubt nur, mittels `Call` zu den dort benannten Labels zu springen. Die Rückkehr erfolgt mit `Return`. Solche ausgelagerten Code-Absätze werden zum Beispiel in folgender Form geschrieben:

```
Print-Form-is-Italian-Sonnet:
                ...
          Return
```

- Wenn ein REXX-Statement sich über mehrere Zeilen erstreckt, enden alle Zeilen bis auf die letzte mit einem Komma.
- Es gibt bis auf die Klammern `Do - End` und `Select - End` keine Ende-Verben wie etwa `END-IF`. Daher endet ein `If`-Statement ohne Klammer kommentarlos nach dem `Then`-Zweig, wenn kein `Else` folgt. Ist ein `Else`-Zweig vorhanden, aber nicht mit `Do - End` geklammert, können nachfolgende Anweisungen versehentlich als Bestandteil dieses Zweiges interpretiert werden. Das kann zu Irrtümern hinsichtlich der tatsächlichen Schachtelung von Anweisungen führen, die gegebenenfalls mittels `Do - End` verhindert werden sollten. Sorgfältige Ein- und Ausrückungen unterstützen die richtige Interpretation durch die Leserin / den Leser.
- Für die Leerzeilenanzahlen ist ein weiterer Stem namens `Blank_Lines` erforderlich. Mehrdimensionalität ist in REXX zwar möglich, aber hier nicht sinnvoll anwendbar.
- Es ist auch möglich, mehrere Sätze bis hin zu einer ganzen Datei auf einmal einzulesen, vorausgesetzt, dass der Speicherplatz dafür ausreicht. Das Programm muss dann allerdings eigene Mechanismen für die Weiterschaltung zwischen den als Stem-Elemente gespeicherten Sätzen verwenden und die Elementanzahl in `<stem>.0` beachten. Das kann besonders bei der Gruppenverarbeitung schwierig werden, denn nun fehlt bei der Annäherung an das Dateiende das EOF-Signal mit automatischem Gruppenschlüssel-Wechsel.
- Analog dazu ist es möglich, sowohl einzelne Sätze als auch Satzgruppen oder alle Sätze einer Datei auf einmal auszugeben. REXX-Programme können also komfortabel Ein- und Ausgabedaten puffern und Ausgabedaten vielfach manipulieren, bevor die eigentliche Ausgabe mit `DISKW` erfolgt.
- Mit `in_rec.1 = ' '` stellt das Programm fest, ob der Satz nur aus Leerzeichen oder dem leeren String besteht. Hierfür wird der Leerzeichenvergleich automatisch entsprechend angepasst.
- REXX konkateniert zwei oder mehr Variablen- beziehungsweise Stem-Inhalte mit dem Operator „`!!`". Auf diese Weise können auch komplexe Ausgabe- oder Zwischendaten aus ihren – möglicherweise zahlreichen – Bestandteilen zusammengebaut werden. Dabei ist darauf zu achten, dass starre Längen von Datenelementen eingehalten werden, wenn andere Programme diese Daten in einem fest definierten Format erwarten.
- Das Zerlegen von strukturierten Informationseinheiten, zum Beispiel Sätzen aus Dateien oder Zeilendaten aus relationalen Beständen, erfolgt im Allgemeinen mit der `Substr`-Anweisung, seltener durch `Parse`-Anweisungen. Alle so gewonnenen programminternen Daten müssen Zeichenketten sein. Es ist also nicht möglich, Zahlen im internen Format der jeweiligen CPU per REXX-Programm zu verarbeiten. Entladebestände aus Datenbanken beziehungsweise Tabellen sind vorher entsprechend umzuformatieren. Intern verwendete Zahlenwerte sind normalerweise variabel lang, müssen aber meist in festen Formaten eingelesen oder ausgegeben werden.

7.11 Implementierung in C und Java

Die Implementierung des C-Programms SonnetAnalysis ist im zweiten Band im Kapitel „3 SonnetAnalysis in C" auf Seite 53 ff enthalten. Die Kapitel „3.7 Code-Durchgang" auf Seite 62 ff und „3.8 Laufergebnisse" auf Seite 71 ff geben weiteren Aufschluss über die C-Lösung und ihr Verhalten.

Die Java-Implementierung von SonnetAnalysis wird im zweiten Band ab dem Kapitel „4.1 OO-Vorbereitungen" auf Seite 73 ff entworfen und ab dem Kapitel „4.5 Klasse SonnetAnalysis" auf Seite 80 ff gezeigt. Das Kapitel „4.13 Code-Durchgang" auf Seite 95 ff vergleicht die beiden Implementierungen und geht auf spezielle Aspekte der Java-Version ein.

Endnoten

1 [Wikipedia-Seitentitel: Sonett
Datum der letzten Bearbeitung: 25. Februar 2022, 21:45 UTC
Versions-ID der Seite: 220581872
Permanentlink: https://de.wikipedia.org/w/index.php?title=Sonett&oldid=220581872
Datum des Abrufs: 14. Juni 2022, 16:04 UTC]

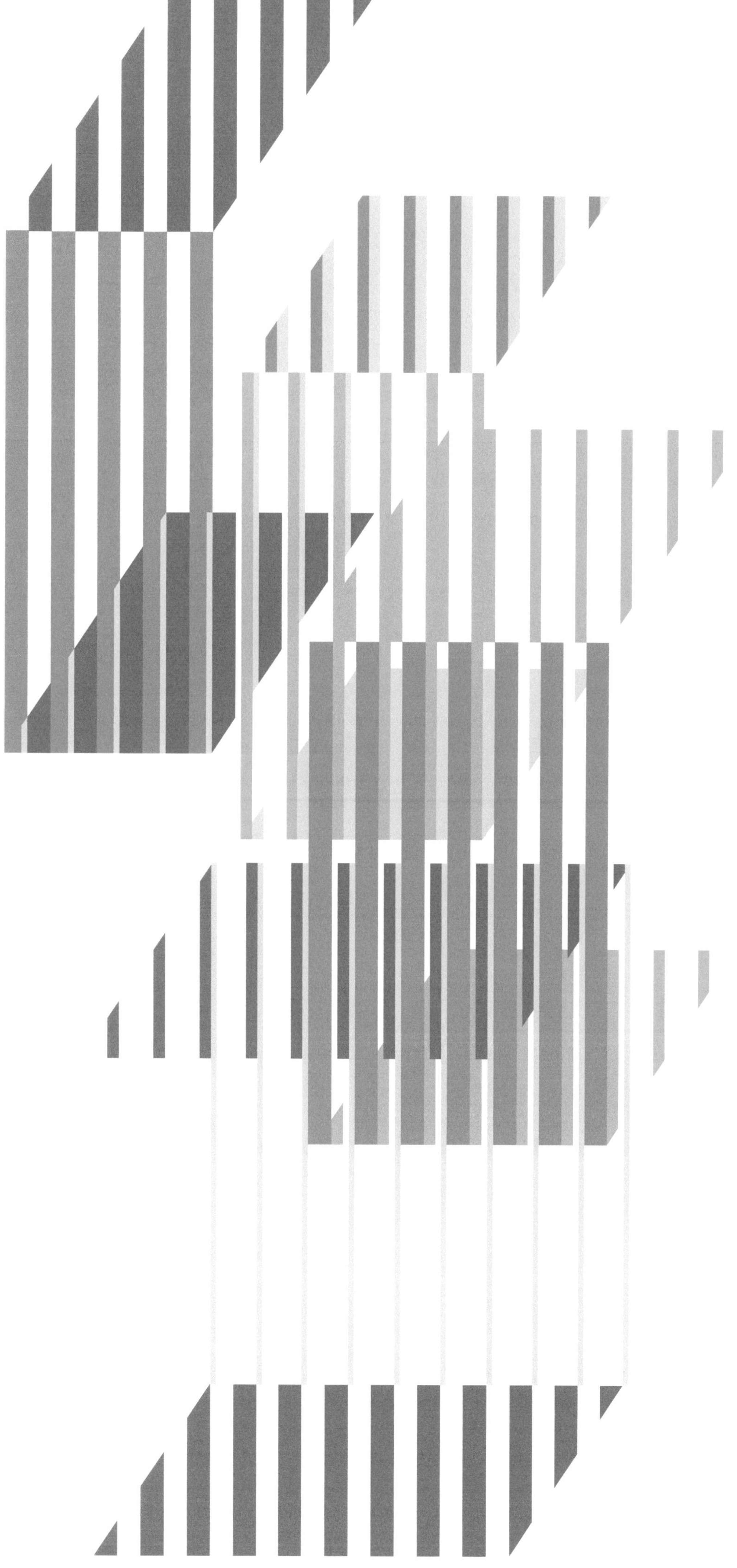

08/2014 Namenstäfelchen in einem Geschäft in Noli (Ligurien)

Gruppenverarbeitung II

Ob die Namenstäfelchen für Neugeborene und Kleinkinder auf der linken Seite kitschig oder niedlich sind, mag jede(r) Betrachter(in) für sich selbst entscheiden. Beim näheren Hinsehen erstaunt jedenfalls, dass ziemlich viele dieser italienischen Vornamen nicht „trendy" sind, sondern eher konservativ. Lucrezia, Cesare, Matilde und Umberto, zum Beispiel, sind keineswegs zeitgenössisch. Dennoch scheinen sich diese Täfelchen zu verkaufen, sonst gäbe es sie nicht. Eltern wählen die Vornamen ihrer Kinder mit großer Sorgfalt aus, denn diese müssen ein Leben lang damit klarkommen.

Namen sind überhaupt extrem wichtig, wozu es keiner wissenschaftlichen Analyse bedarf. Allerdings existiert das Attribut „wichtig" nur in unserer Lebenswelt, nicht in dem, was ein Programm in Namen „sieht". Wenn wir mal von hochgezüchteten Linguistik- oder Übersetzungsprogrammen absehen, die zwischen Namen und vielen anderen Bezeichnungen zu unterscheiden vermögen, so bestehen Namen für die allermeisten Programme lediglich aus Zeichenketten, die meist mit Großbuchstaben beginnen und keine arabischen Ziffern enthalten. Insofern unterscheiden sie sich nur wenig von anderen Zeichenketten aus Buchstaben, also beliebigen Worten und Akronymen. Großzügigerweise dürfen wir dann auch Strings hinzunehmen, die allerlei Zeichen enthalten, die keine Buchstaben sind, und schon sind wir auf einer Ebene angekommen, wo nur noch zwischen Trennzeichen und beliebigen Zeichenketten unterschieden wird, die keine Trennzeichen enthalten, wobei es Sonderfälle wie „z.B." gibt.

Ein Text besteht in dieser Perspektive aus einer Aneinanderreihung solcher Terme. Diese Generalisierung ermöglicht es, statistische Methoden anzuwenden, die vom konkreten Inhalt des einzelnen Strings absehen, um nützliche Erkenntnisse über Verteilungen zu gewinnen, beispielsweise um besonders häufig oder besonders selten auftretende Zeichenketten zu identifizieren. Genau diese Aufgabe stellte sich dem Autor bei der Anforderung, alle geschützten Bezeichnungen in dieser Buchreihe zu identifizieren und diese im Anhang aufzulisten, auf dass dem Götzen „Markenrecht" Genüge getan werde. Dabei wurde angenommen, dass solche Bezeichnungen selten auftreten, was die Suche erleichtert. Außerdem fallen so – hoffentlich – diverse falsch geschriebene Worte auf, weil davon auszugehen ist, dass diese meist nur einmal in einem Text auftreten.

In den beiden vorangehenden Beispielen werden die dort gezeigten Sonette lediglich hinsichtlich extrem elementarer Aspekte untersucht, nämlich einerseits hinsichtlich ihrer Zusammensetzung aus Zeichen oder Blanks und andererseits hinsichtlich ihrer Gliederung in vorgegebene Zeilenblöcke. Das sind natürlich keine lebensnahen Aufgaben, aber sie dienen immerhin dazu, Grundbegriffe der Methode einzuführen und die Lösungswege bis hin zu den Implementierungen zu demonstrieren. In dem nun beginnenden Kapitel geht es dagegen darum, nützliche Erkenntnisse über die Sonette zu gewinnen, die auch für ganz anders geartete Texte relevant sein können. Die Namenstäfelchen links bilden zwar keinen Text, aber für eine statistische Analyse muss ein Text sowieso in seine Partikel zerlegt werden, was hier schon erledigt ist.

Eine solche Statistik-Frage ist: Gibt es Täfelchen, auf denen derselbe Name mehrfach auftritt? Das scheint auf den ersten Blick nicht der Fall zu sein, aber sicher wäre man erst, wenn man alle Namen abschreiben und Schritt für Schritt prüfen würde, ob es Doppelungen gibt. Das Problem ist hier offensichtlich, dass die Namen nicht geordnet sind. Das macht die Suche schwierig. Ein Programm stünde vor derselben Schwierigkeit. Es könnte intern eine Liste aufbauen und dann durch iterierte Vergleiche prüfen, ob ein Name mehrfach auftritt. Dieses Vorgehen hätte jedoch gleich zwei Haken: Erstens ist jede interne Liste endlich lang und zweitens würde die Laufzeit für die Scans exponentiell mit der Listenlänge zunehmen. Der einzig passable Ausweg besteht darin, die Liste vor dem Abgleich zu sortieren. Dann müssen gleiche Worte unmittelbar aufeinanderfolgen.

Das neu zu entwickelnde Programm soll also eine sortierte Eingabe erhalten, die ausschließlich aus den zu vergleichenden Zeichenketten ohne Satzzeichen – also Punkt, Komma, Semikolon, Doppelpunkt, Ausrufe- und Fragezeichen – oder anderen störenden Zeichen besteht. Unter dieser Voraussetzung können folgende Fragen gestellt werden:

- Wie oft kommt jede Zeichenkette vor und wie lang ist sie jeweils?
- Wieviele Zeichen und Worte umfasst der ganze Text netto, also ohne Leer- und Trennzeichen?
- Wie lang ist die kürzeste, durchschnittliche und längste Zeichenkette?

Um die Eingabe für die Analyse vorzubereiten, müssen zunächst alle Satzzeichen, Anführungszeichen, Klammern etcetera aus dem Text entfernt und Leerzeichen in Zeilentrenner umgewandelt werden. Großbuchstaben werden in Kleinbuchstaben umgesetzt, um die Vergleichbarkeit der Strings zu gewährleisten. Diese Arbeit kann mit einem Editor erledigt werden, was für einzelne Texte als vertretbar erscheint, bei vielen Texten (Buchkapiteln), die konvertiert werden müssen, aber weitaus eleganter und zeitsparender von einem Programm ausgeführt werden könnte. Ein solches Programm steht allerdings aktuell nicht zur Verfügung. Vorerst muss also ein Editor genügen, um den zu untersuchenden Text in eine Wortliste umzusetzen.

Anschließend wird die Wortliste mit einem Dienstprogramm oder in einem Spreadsheet sortiert. Shakespeares Sonett zerfällt dadurch in 118 Sätze, von denen die nachfolgende Grafik links den Anfang und das Ende zeigt. Rechts wird jeder Wortgruppe die gewünschte Ausgabe gegenübergestellt, die für die Sortierung nach Länge oder Anzahl in einem Spreadsheet zu erzeugen ist, wobei hier Wortgruppen der Länge 1 überwiegen (siehe rechte Spalte):

```
all                 all        3   1
almost              almost     6   1
alone               alone      5   1
and      }
and      }
and      }          and        3   6
and      }
and      }
and      }
arising             arising    7   1
art                 art        3   1
at       }          at         2   2
at       }
beweep              beweep     5   1
...                 ...
upon                upon       4   1
wealth              wealth     6   1
what                what       4   1
when                when       4   1
william             william    7   1
wishing             wishing    7   1
with     }
with     }
with     }          with       4   5
with     }
with     }
xxix                xxix       4   1
yet                 yet        3   1
```

Abbildung 8.1: *Transformation der sortierten Wortliste in die Ausgabe*

Im Gegensatz zu den beiden ersten Entwürfen soll das Programm seine Statistikwerte in ein eigenes Protokoll ausgeben. Die sortierte Wortliste wird somit in eine ebenso sortierte und – bei mehrfachem Auftreten derselben Worte – verdichtete Ausgabe ohne irgendwelche Zusatzzeilen überführt. Die Wortlänge und die Wortanzahl sind Integer-Werte ohne führende Nullen. Für die Weiterverarbeitung der txt-Ausgabedatei genügt es, die Angaben zu Länge und Anzahl auf der rechten Seite mit Tabulatorzeichen von dem jeweiligen Wort abzugrenzen. Diese kann – mit den passenden Tabulatoreinstellungen – in einem Editor als Tabelle angezeigt oder ausgedruckt werden. Es ist nicht nötig, dafür ein Spreadsheet-Programm zu verwenden.

Möchte man aber die Ausgabe nach String-Längen oder nach der Vorkommens-Anzahl sortieren, so kann dies nicht mit einem Sortierprogramm erledigt werden, denn diese Programme orientieren sich an starren (Zeichen-)Positionen, nicht an Tabulatorzeichen. Das Umbenennen der Ausgabedatei durch Austauschen des Suffix txt mit dem Suffix csv funktioniert ebensowenig, denn die Tabulatorzeichen werden nicht als csv-Trenner angesehen. In diesem Fall muss die Ausgabedatei zuerst in einem Editor eingelesen und in die Zwischenablage kopiert werden, um deren Inhalt anschliessend in ein Spreadsheet einzufügen. Dort können dann die gewünschten Sortierungen stattfinden. Wer also unmittelbar eine csv-Ausgabedatei erzeugen will, muss Semikola anstelle der Tabulatorzeichen verwenden.

8.1 Struktogramme von Ein- und Ausgabe

Anhand dieser Vorgaben ergeben sich die Ein- und Ausgabestruktogramme mit den Korrespondenzen:

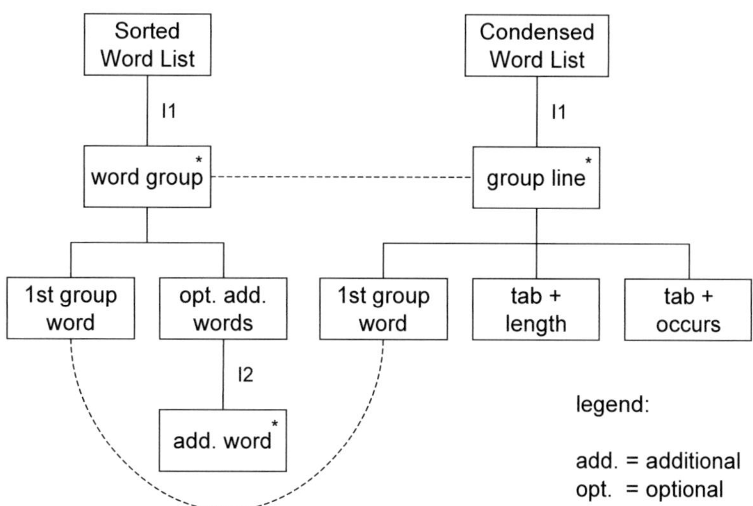

***Abbildung 8.2:** Struktogramme von Ein- und Ausgabe mit Korrespondenzen*

Gegenüber den Struktogrammen im vorhergehenden Gruppenverarbeitungskapitel fällt auf, dass in der Eingabestruktur zwischen dem ersten Wort in einer Gruppe, also „1st group word", und den ihm optional folgenden identischen Worten, genannt „opt(ional) add(itional) words", unterschieden wird. Das ist immer dann nötig, wenn mit dem ersten Vorkommen eines Gruppenelements etwas anderes als mit den ihm folgenden Elementen getan werden soll. Hier geht es darum, dieses Wort und seine Länge in den Ausgabesatz zu überführen, was durch die untere Korrespondenz deutlich gemacht wird. Die optionalen weiteren Worte sollen ja nur gezählt werden.

Die obere Korrespondenz gründet darauf, dass pro Eingabe-Wortgruppe genau ein Ausgabesatz erzeugt werden soll, wobei die Reihenfolge der Eingabe automatisch in die Ausgabe übernommen wird. „word group" und „group line" sind also nach Anzahl und Reihenfolge identisch.

8.2 Programmstruktur, Operationen und Kontrollen

Aus den Korrespondenzen ergibt sich zwanglos die folgende Programmstruktur.

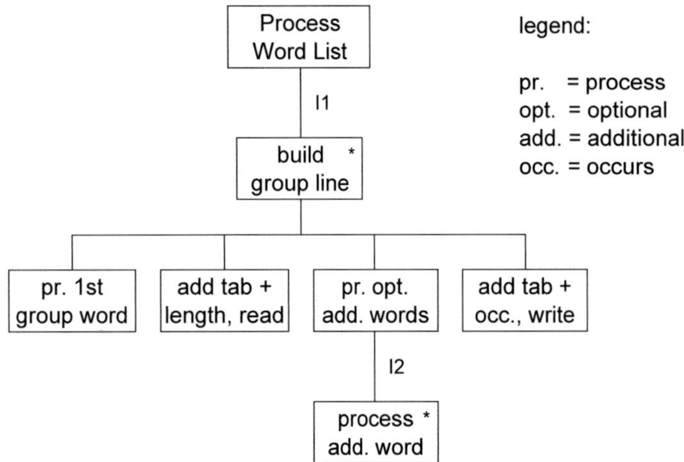

Abbildung 8.3: *Programmstruktur von „Process Word List" ohne Operationen*

Aufgrund der oberen Korrespondenz verschmelzen „word group" und „group line" zu „build group line". Die untere Korrespondenz vereint die beiden Strukturblöcke „1st group word" zu „pr(ocess) 1st group word". Aus dem Ausgabe-Strukturblock „tab + length" wird „add tab + length, read". Dort verwendet das Programm die Länge des zuletzt gelesenen Worts, bevor es nachliest. Erst dann folgt „pr(ocess) opt(ional) add(itional) words", das aus „opt(ional) add(itional) words" herstammt. In der I2-Schleife wird ermittelt, ob und wieviele Duplikate es gibt. Der Ausgabe-Strukturblock „tab + occurs" wird zu „add tab + occ(urs), write", denn ganz rechts ist der jeweilige Ausgabesatz fertig und kann ausgegeben werden. Aus alledem ergibt sich die folgende Liste der Operationen:

Op.	Bedeutung	Kommentar
1	open word list	
2	read from word list	Schlüssel new_ext_word_key bilden und Wortlänge word_length von word bestimmen
3	close word list	
4	open condensed output file	
5	write into output file	
6	close output file	
7	occurs := 1	Anzahl gleicher Worte initialisieren
8	occurs := occurs + 1	… und inkrementieren
9	total_length := 0	Netto-Zeichenanzahl initialisieren
10	total_length := total_length + word_length	… und um word_length inkrementieren
11	min_length := 50	Minimale Wortlänge initialisieren
12	**if** word_length < min_length **then** min_length := word_length **fi**	Minimale Wortlänge nach unten korrigieren
13	max_length := 0	Maximale Wortlänge initialisieren
14	**if** word_length > max_length **then** max_length := word_length **fi**	Maximale Wortlänge nach oben korrigieren

Op.	Bedeutung	Kommentar
15	list_recs := 0	Anzahl der Sätze in der Wortliste initialisieren
16	list_recs := list_recs + occurs	… und um occurs inkrementieren
17	old_ext_word_key := new_ext_word_key	Erweiterten „alten" Gruppenschlüssel initialisieren
18	output_rec := word	Eingelesenes Wort übernehmen
19	output_rec := output_rec & tab & word_length	in Ziffern konvertierte Wortlänge nach Tab-Zeichen anhängen
20	output_rec := output_rec & tab & occurs	in Ziffern konvertierte Occurs-Anzahl nach Tab-Zeichen anhängen
21	out_recs := 0	Anzahl der Ausgabesätze initialisieren
22	out_recs := out_recs + 1	… und inkrementieren
23	print statistics	
24	stop	

Anmerkung: Die erweiterten Gruppenschlüssel setzten sich aus dem EOF-Indikator (`'D'` oder `'E'`) und dem aktuellen bzw. bisherigen Wort aus der Wortliste zusammen.

Die Kontrollen lauten:

I1 new_ext_word_key.<1> = `'E'`
I2 old_ext_word_key < new_ext_word_key

8.3 Programmstruktur mit Operationen

Die mit diesen Operationen bestückte Programmstruktur sieht wie folgt aus:

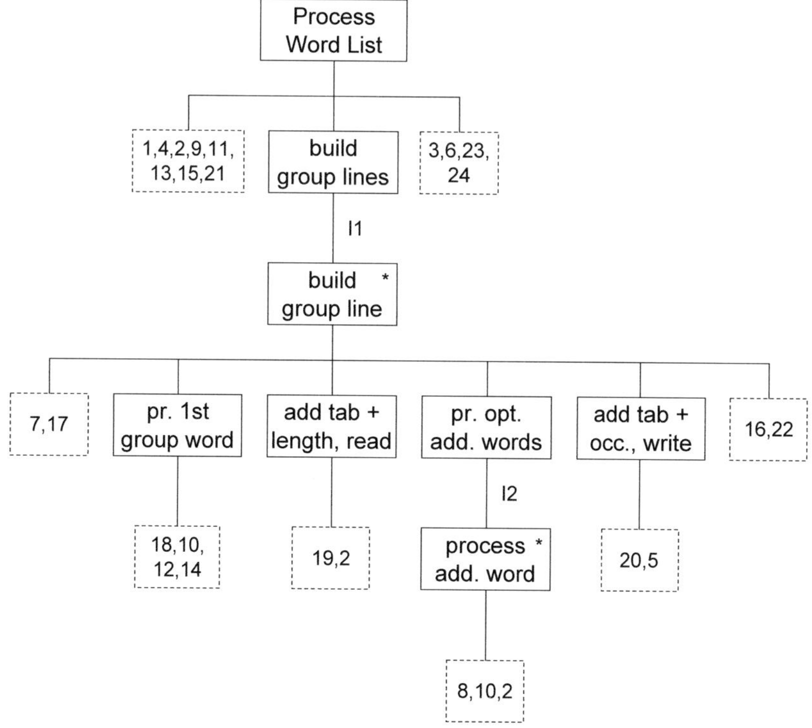

Abbildung 8.4: *Programmstruktur von „Process Word List" mit Operationen*

8.4 Durchlaufanalyse

Da da Verhalten dieses Programms für einfache Gruppenverarbeitungen typisch ist, lohnt es sich, den Ablauf der Verarbeitung Schritt für Schritt zu betrachten. Als Eingabe wird die eingangs gezeigte sortierte Wortliste verwendet, die aus Shakespeares Sonett entstand. Die Ergebnisse der Operationen sind jeweils unter der Grafik als Tabelle aufgelistet. Dies entspricht exakt dem Inspektionsergebnis an den numerierten Stellen wie beim Breakpoint Debugging.

8.4.1 Initialphase

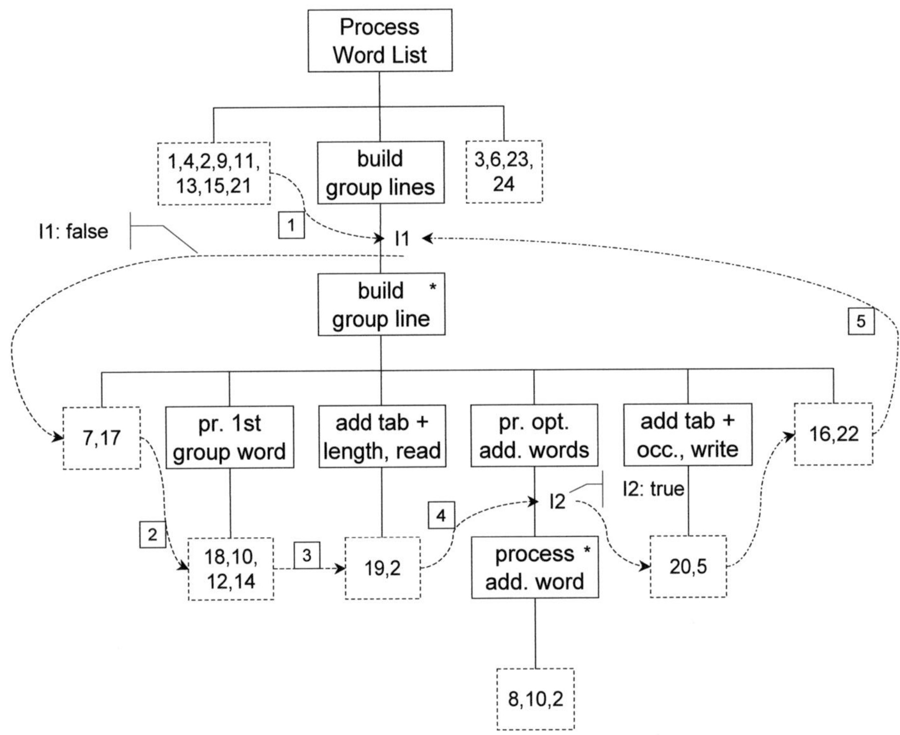

***Abbildung 8.5:** Durchlauf in der Initialphase*

Die Variablenzustände an den markierten Stellen lauten wie folgt:

Variable	Inhalte bei 1	Inhalte bei 2	Inhalte bei 3	Inhalte bei 4	Inhalte bei 5
word	`all`	`all`	`all`	`almost`	`almost`
new_ext_word_key	`Dall`	`Dall`	`Dall`	`Dalmost`	`Dalmost`
word_length	3	3	3	6	6
list_recs	0	0	0	0	1
total_length	0	0	3	3	3
min_length	50	50	3	3	3
max_length	0	0	3	3	3
occurs		1	1	1	1
old_ext_word_key		`Dall`	`Dall`	`Dall`	`Dall`
output_rec			`all`	`all\t3`	`all\t3\t1`
out_recs	0	0	0	0	1

Anmerkung: `'\t'` ist ein Ersatzzeichen für einen Tabulatorschritt

8.4.2 Folgesatzverarbeitungen

Die Verarbeitung für 'almost' verläuft wie folgt:

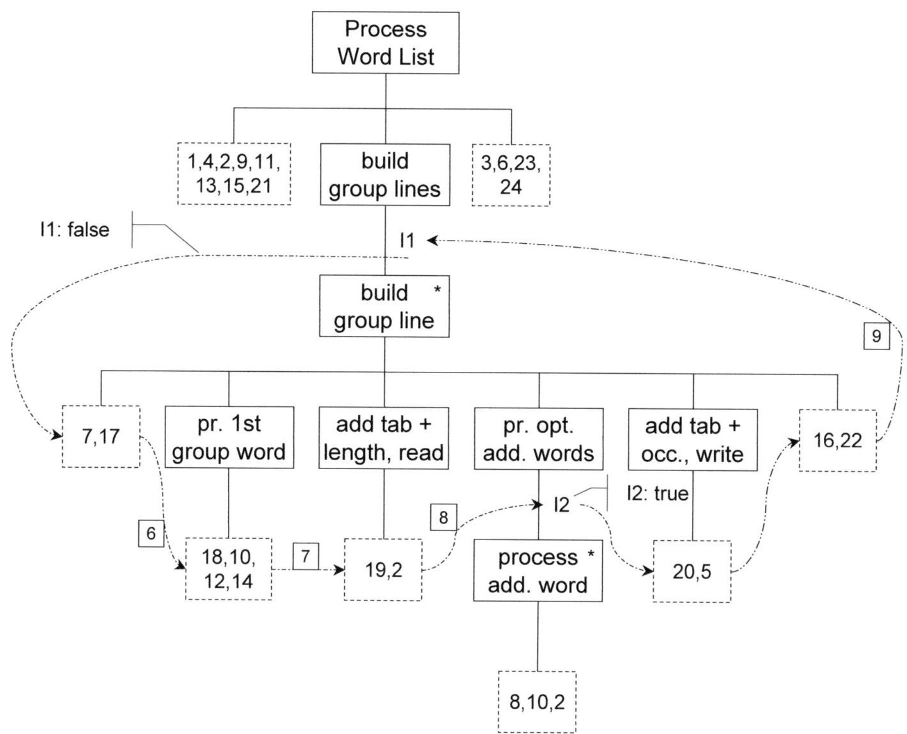

Abbildung 8.6: *Durchlauf für den ersten Folgesatz*

Die Variablenzustände entwickeln sich nun wie folgt:

Variable	Inhalte bei 6	Inhalte bei 7	Inhalte bei 8	Inhalte bei 9
word	`almost`	`almost`	`alone`	`alone`
new_ext_word_key	`Dalmost`	`Dalmost`	`Dalone`	`Dalone`
word_length	6	6	5	5
list_recs	1	1	1	2
total_length	3	9	9	9
min_length	3	3	3	3
max_length	3	6	6	6
occurs	1	1	1	1
old_ext_word_key	`Dalmost`	`Dalmost`	`Dalmost`	`Dalmost`
output_rec	`all\t3\t1`	`almost`	`almost\t6`	`almost\t6\t1`
out_recs	1	1	1	2

Die Verarbeitung für `'alone'` verläuft genauso wie oben gezeigt. Die Variablenzustände sind:

Variable	Inhalte bei 6	Inhalte bei 7	Inhalte bei 8	Inhalte bei 9
word	`alone`	`alone`	`and` (1.)	`and`
new_ext_word_key	`Dalone`	`Dalone`	`Dand`	`Dand`
word_length	5	5	3	3
list_recs	2	2	2	3
total_length	9	14	14	14
min_length	3	3	3	3
max_length	6	6	6	6
occurs	1	1	1	1
old_ext_word_key	`Dalone`	`Dalone`	`Dalone`	`Dalone`
output_rec	`almost\t6\t1`	`alone`	`alone\t5`	`alone\t5\t1`
out_recs	2	2	2	3

Hinweis: Um die weiteren Grafiken und die zugehörigen Variablenzustände jeweils auf einer Seite gemeinsam zeigen zu können, geht es auf der Seite 181 weiter.

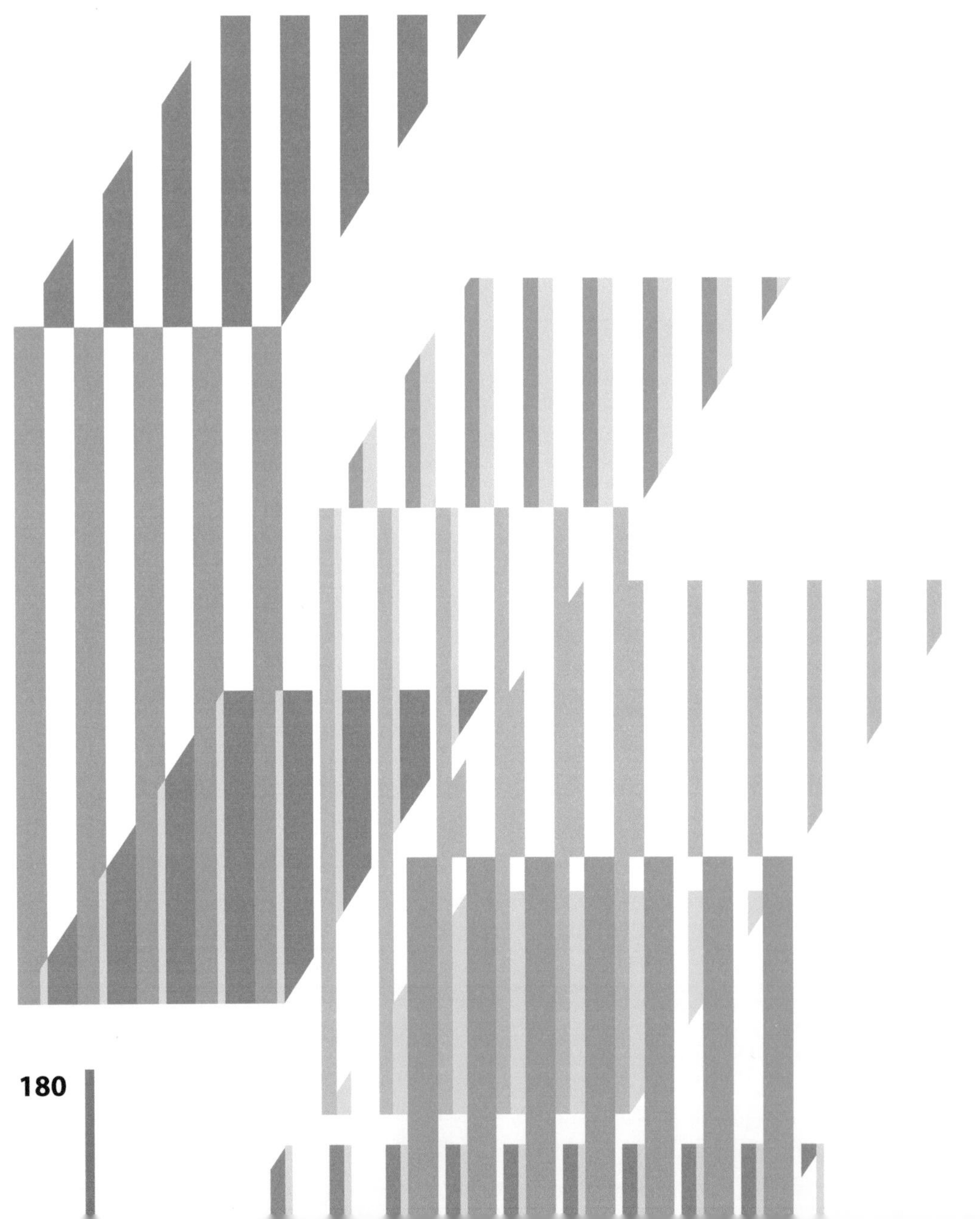

8.4.3 Verarbeitung der ersten Duplikate

`'and'` ist das erste Wort, das mehrfach auftritt. Seine Verarbeitung verläuft zunächst so:

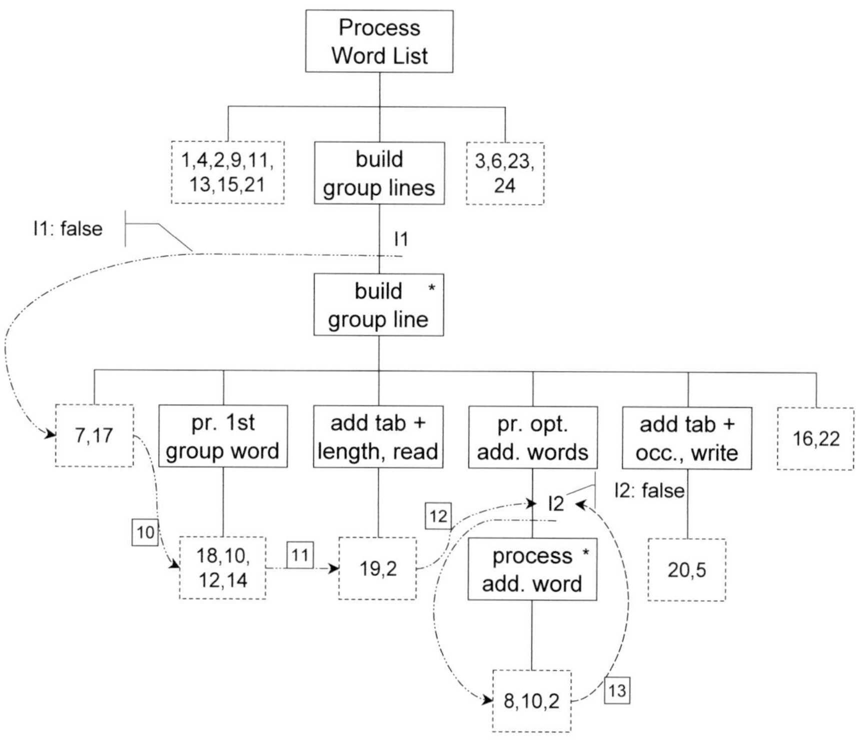

Abbildung 8.7: *Beginn des Durchlaufs für* `'and'`

Die Variablenzustände für die Kästchen 10 bis 13 lauten wie folgt:

Variable	Inhalte bei 10	Inhalte bei 11	Inhalte bei 12	Inhalte bei 13
word	`and`	`and`	`and` (2.)	`and` (3.)
new_ext_word_key	`Dand`	`Dand`	`Dand`	`Dand`
word_length	3	3	3	3
list_recs	3	3	3	3
total_length	14	17	17	20
min_length	3	3	3	3
max_length	6	6	6	6
occurs	1	1	1	2
old_ext_word_key	`Dand`	`Dand`	`Dand`	`Dand`
output_rec	`alone\t5\t1`	`and`	`and\t3`	`and\t3`
out_recs	3	3	3	3

Unter „add tab + length, read“, sowie unter „pr(ocess) add(itional) words“ wurde jeweils `'and'` nachgelesen. Die Kontrolle I2 ist daher beide Male nicht erfüllt. Die nächste Seite zeigt den Durchlauf bis zum Lesen von `'arising'`.

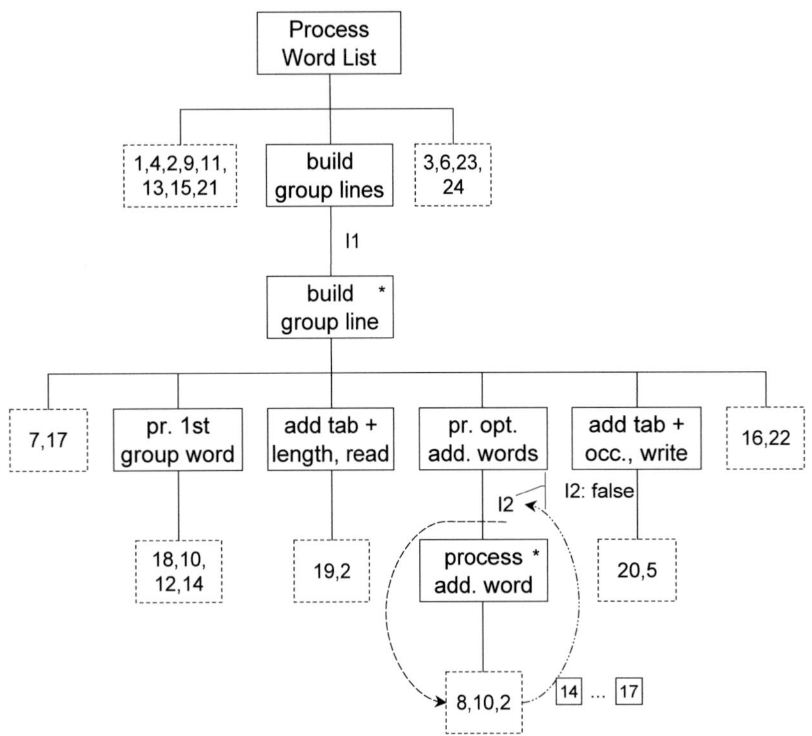

Abbildung 8.8: *Weitere Durchläufe für* `'and'` *bis* `'arising'`

Um die Grafik nicht mehrfach wiederholen zu müssen, sind in ihr alle Zustände von 14 bis 17 zusammengefasst. Die zugehörigen Variablenzustände sind:

Variable	Inhalte bei 14	Inhalte bei 15	Inhalte bei 16	Inhalte bei 17
word	`and` (4.)	`and` (5.)	`and` (6.)	`arising`
new_ext_word_key	`Dand`	`Dand`	`Dand`	`Darising`
word_length	3	3	3	7
list_recs	3	3	3	3
total_length	23	26	29	32
min_length	3	3	3	3
max_length	6	6	6	6
occurs	3	4	5	6
old_ext_word_key	`Dand`	`Dand`	`Dand`	`Dand`
output_rec	`and\t3`	`and\t3`	`and\t3`	`and\t3`
out_recs	3	3	3	3

Die Kontrolle I2 hat bis zum Zustand 17 das Ergebnis „false".

8.4.4 Verarbeitung des Gruppenendes und des Folgesatzes

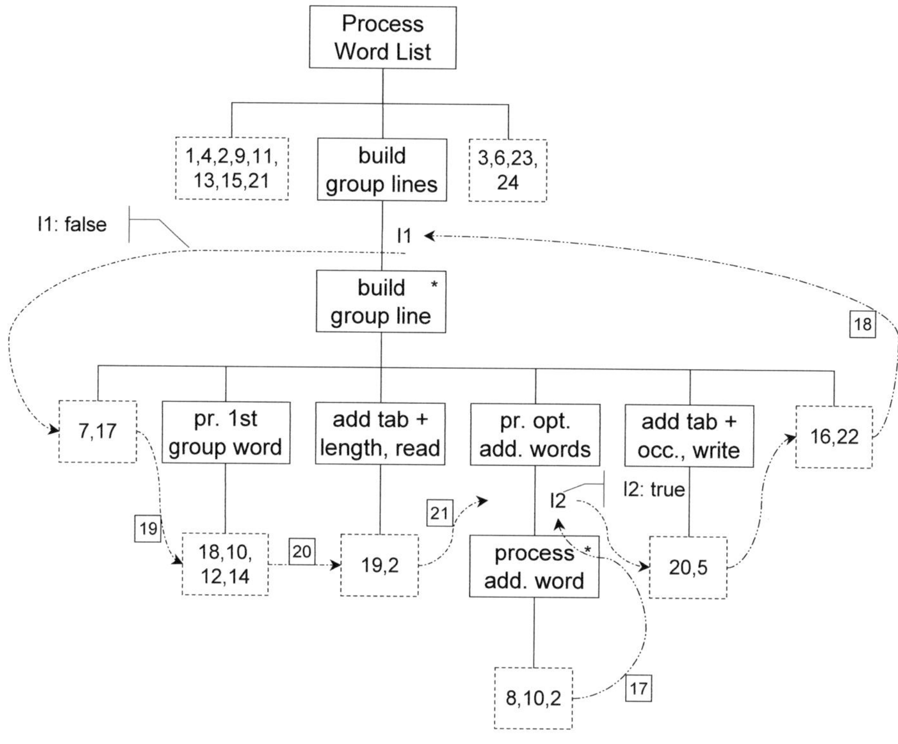

***Abbildung 8.9:** Ende des Durchlaufs für* `'and'` *und Durchlauf für* `'arising'`

Nach dem Zustand 17 wechselt I2 zu „true". Damit endet die Gruppenverarbeitung für `'and'` und es beginnt die Verarbeitung für `'arising'`. Die folgenden Variablenzustände werden durchlaufen:

Variable	Inhalte bei 18	Inhalte bei 19	Inhalte bei 20	Inhalte bei 21
word	arising	arising	arising	art
new_ext_word_key	Darising	Darising	Darising	Dart
word_length	7	7	7	3
list_recs	9	9	9	9
total_length	32	32	39	39
min_length	3	3	3	3
max_length	6	6	7	7
occurs	6	1	1	1
old_ext_word_key	Dand	Darising	Darising	Darising
output_rec	and\t3\t6	and\t3\t6	arising	arising\t7
out_recs	4	4	4	4

Nach `'arising'` folgen `'art'` und `'at'` (zweimal). Die zugehörigen Durchläufe sind in den vorangehenden Unterkapiteln bereits beschrieben. Nun interessiert nur noch, was mit `'yet'` und dem ihm folgenden EOF passiert.

8.4.5 Schlussphase

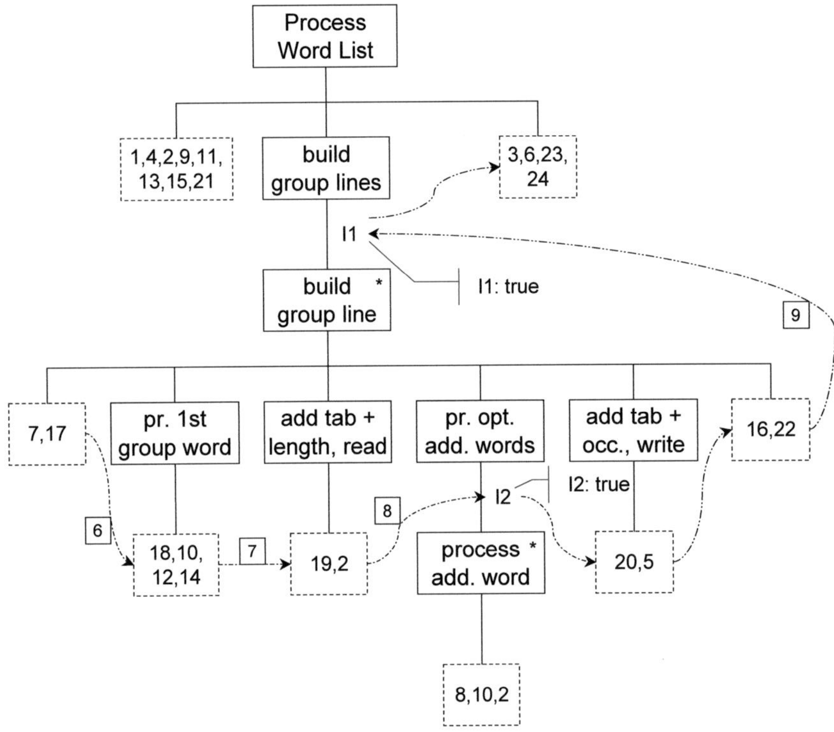

Abbildung 8.10: *Durchlauf in der Schlussphase*

Der oben gezeigte Durchlauf setzt nach dem Lesen von `'yet'` und der I1-Kontrolle auf. Ab dieser Stelle entwickeln sich die Variablenzustände wie folgt:

Variable	Inhalte bei 6	Inhalte bei 7	Inhalte bei 8	Inhalte bei 9
word	`yet`	`yet`		
new_ext_word_key	`Dyet`	`Dyet`	`E`	`E`
word_length	3	3	0	0
list_recs	117	117	117	118
total_length	525	528	528	528
min_length	1	1	1	1
max_length	11	11	11	11
occurs	1	1	1	1
old_ext_word_key	`Dyet`	`Dyet`	`Dyet`	`Dyet`
output_rec	`xxix\t4\t1`	`yet`	`yet\t3`	`yet\t3\t1`
out_recs	86	86	86	87

8.5 Implementierung in C und Java

Aus „Process Word List" entstanden die Namen der C- und Java-Programme „ProcessWordList". Ihre Implemen tierungen und die Testberichte sind in den Band-2-Kapiteln „5 ProcessWordList in C" auf Seite 101 ff und „6 ProcessWordList in Java" auf Seite 123 ff. enthalten. Das Java-Kapitel betrachtet auch die Umsetzung des Entwurfs aus objektorientierter Sicht.

8.6 Der geplatzte Traum

Die in der Einleitung formulierte Idee, der hier vorgestellte Entwurf könne zur Suche nach geschützten Bezeichnungen genutzt werden, erwies sich leider als Illusion. Testhalber wurde das längste Kapitel dieses Bands, nämlich „13 OO-Vorbereitungen für EvaluateSportsDS“ auf Seite 355 zuerst in eine Textdatei ohne Grafiken überführt und dann mit einem Editor in eine Wortliste umgesetzt. Diese Wortliste diente nach Sortierung als Eingabe für einen Lauf der C-Variante von ProcessWordList. Das Protokoll dieses Laufs lautet wie folgt:

```
*** ProcessWordList ***
       Path 0:  /Users/.../OO-Vorbereitungen sortiert.txt
       Path 1:  /Users/.../OO-Vorbereitungen komprimiert.txt

Process Word List Program Statistics
=== Input ===
list_recs    = 17527
total_length = 108485
min_length   = 1
avg length   = 6,18
max_length   = 33
=== Output ===
out_recs     = 3927
*** Successful completion ***
```

Die komprimierte (verdichtete) Ausgabedatei wurde anschließend in ein Spreadsheet überführt und nach der Anzahl der Fundstellen im Text sortiert. Das böse Erwachen folgte unmittelbar danach:

- 2.209 Strings, also mehr als die Hälfte, kamen nur ein einziges Mal vor. 60 davon waren Zahlen und andere irrelevante Strings.
- Die Sichtung der alphabetisch aufgelisteten Zeilen dieser Teilmenge ergab nur zwei potentielle Treffer für die Liste geschützter Bezeichnungen. Die Gefahr, etwas zu übersehen, war daher mindestens so groß wie bei einem „Full Scan“, d.h. einer kompletten visuellen Textkontrolle.
- 635 Strings kamen zwei Mal vor; davon waren 80 irrelevant.
- 1.083 Strings kamen drei Mal oder öfter vor. Der Spitzenreiter war „die“ mit 577 Nennungen.

06/2015 Dianatempel „Maison Carrée“ in Nîmes, Hauptort des Départements Gard (Okzitanien)

Ranggruppenverarbeitung I

Die antike griechische Kultur, insbesondere die aus ihr hervorgehende grandiose Tempelarchitektur, fand in der Mittelmeerwelt viele Bewunderer und Nachahmer. So entstand auch dieser Tempel im griechischen Stil auf dem Forum des antiken Nemausus – Nîmes –, das die Römer 121 v.Chr. eroberten. Den „alten Griechen" wird die Erfindung der kommunalen Demokratie zugeschrieben, wobei allerdings nur ein kleiner – und (einfluss)reicher – Teil der jeweiligen Stadtbevölkerung stimmberechtigt war. Die weltweit bekannteste griechische Errungenschaft ist die der olympischen Wettkämpfe, die 1894 durch Pierre de Frédy, Baron de Coubertin, mit der Gründung des Internationalen Olympischen Komitees wiederbelebt wurden. Auch ausserhalb der olympischen Wettkämpfe hat sich die – in der Antike etablierte – Ehrung der Sieger mit Gold-, Silber- und Bronzemedaillen international durchgesetzt.

Sportwettbewerbe aller Arten haben sich zu den populärsten öffentlichen Ereignissen entwickelt. Im Kleinen sind es vor allem die Schulen, die – zum Beispiel in Deutschland mit den Bundesjugendspielen – an den olympischen Gedanken anknüpfen. Wenn man diese Sportwettbewerbe international generalisiert, dann ergibt sich ganz von selbst ein gutes Beispiel für die Thematik, die im Folgenden behandelt wird.

„Rang" meint eine hierarchische Ordnung, also eine Gliederung der Daten in Gruppen (Rang 1), Untergruppen (Rang 2), Unteruntergruppen (Rang 3) und so weiter. Man kann sich das wie eine russische Matrjoschka-Puppe vorstellen, die bemalt und hohl ist, in der eine etwas kleinere bemalte hohle Puppe steckt, die wiederum eine noch kleinere Puppe enthält, bis ganz innen die kleinste – bemalte, aber nicht hohle – Puppe erreicht ist. Diese Analogie hinkt allerdings, denn wir Programmierer(innen) können zahllose „Puppen" nebeneinander und ineinander schachteln, was mit Holz nicht so gut klappt.

Ähnlich geschachtelte „Puppen" haben wir schon viele gesehen, ohne sie als solche zu begreifen: Es sind die Strukturblöcke der JSP-Struktogramme. Ihre Besteht-aus-Relation passt hervorragend zu einer solchen Aufgabe, wie sie die Ranggruppenverarbeitung ist. Allerdings: Die Beispiele zur Gruppenverarbeitung kommen mit einem einzigen Rang aus und sind daher nur Aufwärmübungen im Vergleich zu realistischen Aufgaben.

Zwei Beispiele aus der Praxis des Autors mit Ranggruppenverarbeitungen seien hier genannt:

- Für ein steuerliches Auswertungssystem waren unter anderem Aufstellungen zu erzeugen, anhand derer die Kunden einer Bank die Erträge ihrer Wertpapiergeschäfte und sonstiger Geldanlagen – also normalerweise Zinserträge – in die dafür vorgesehene Anlage der Steuererklärung übernehmen konnten. Dafür mussten die Einzelerträge über mehrere Stufen hinauf nach Ertragsarten und weiteren Gruppierungsmerkmalen kumuliert werden, um schliesslich zu den Positionssummen für die Steuererklärung zu gelangen.
- Als die Deutsche Telekom die ersten ISDN-Vermittlungsstellen in Betrieb nahm, benötigte sie auch eine neue Abrechnungssoftware, um die auf Bändern gesammelten Verbindungsdaten auszuwerten, die verbrauchten Einheiten zu tarifieren, die so ermittelten Einzelbeträge in einer Datenbank zwischenzuspeichern, an jedem Monatsende daraus für die ISDN-Kunden die Rechnungsbeträge aufzukumulieren, sowie diese den geografisch verteilten Buchungsstellen zuzuordnen und demgemäß aufgesplittet auf etliche Bänder zu schreiben. Der monatliche Lauf war daher als Ranggruppenverarbeitung mit anschliessender Entflechtung der Ergebnisdaten auf die Band-Ausgabedateien gestaltet.

Da das Finanzamt denkbar unbeliebt ist, und Telefonrechnungen auch nicht wesentlich höher angesehen sind, verbietet es sich, damit ein hier verwendbares Beispiel aufzubauen. Ausserdem wäre es in beiden Fällen viel zu speziell, ohne dass dies durch einen signifikanten Lernerfolg gerechtfertigt werden könnte.

Die nachfolgende – sehr ausführliche – **Fallstudie** baut auf dem bisher erreichten Wissensstand auf und erhöht den Schwierigkeitsgrad deutlich, um zu demonstrieren, dass die JSP-Methode weit höheren Ansprüchen genügt, als bisher erkennbar war. Das gilt auch für ihren Nutzen als Basis für algorithmische *und* objektorientierte Implementierungen.

9.1 Der Internationale Schulsportwettbewerb

Zahlreiche in- und ausländische Schulen veranstalten jedes Jahr einen – fiktiven – Sportwettbewerb. Dabei werden die Leistungen in den Sportarten 50-m- oder 100-m-Lauf, Weitsprung und Weitwurf an jeder teilnehmenden Schule und in den Altersstufen ab 10 Jahren in einem bestimmten Monat ermittelt. Es ist jeder Schule freigestellt, ob sie nur einzelne Altersstufen teilnehmen lassen möchte. Aus Gründen der fairen Vergleichbarkeit der durchschnittlichen Leistungen müssen diese Stufengruppen allerdings möglichst vollständig teilnehmen.

Die Ergebnisse werden nach Alter und Geschlecht differenziert mit Punkten von 0 bis 20 bewertet, grob sortiert und – unter Mitgabe der jeweiligen Schul-Identifikation – einer Zentralstelle zugesandt. Diese hat die Aufgabe, diese Daten zu sammeln und auf Vollständigkeit zu prüfen, sie in ein einheitliches Format umzusetzen, zu sortieren und schliesslich darauf basierende Auswertungen zu erstellen. Über die technischen Details der Datenerfassung – beispielsweise mit maschinenlesbaren Erfassungsbogen oder Tabellenkalkulations-Formularen – und die ganzen sonstigen Mühen bis hin zur Bereitstellung der auswertbaren, sortierten Datei mit sämtlichen Sportwettbewerbsdaten sehen wir hier großzügig hinweg. Diese Aspekte tragen zum Beispiel nichts bei.

Dagegen ist es wichtig, wie die Sätze in dieser Datei namens „Sports Dataset" aufgebaut und sortiert sind. Wegen der gewünschten unproblematischen maschinellen Auswertung haben diese Sätze ein fest definiertes Format, das aber erst weiter unten vorgestellt werden wird. Zunächst sollten wir etwas Anschauung gewinnen, indem wir die Inhalte in einer leicht lesbaren Form zeigen.

9.1.1 Vorläufige Eingabe-Datenstruktur

Für eine einzelne Schule und einen zufällig ausgewählten Teil der Schüler(innen) sehen diese Daten, als Tabelle aufbereitet, beispielsweise wie folgt aus:

Liceo Federico Fellini, 92014 Porto Empedocle, Sicilia, Italia

country code	region ID	school #	gender code	age	100m / 50m sprint	long jump	long throw	name
ITA	SI	45008132	F	15	15	16	7	Coglitore, Laura
ITA	SI	45008132	F	15	4	7	6	Peritore, Mariuccia
ITA	SI	45008132	F	16	3	7	6	Di Stefano, Serena
ITA	SI	45008132	F	16	3	9	8	Lo Porto, Mariuccia
ITA	SI	45008132	F	16	18	15	17	Prestìa, Angela
ITA	SI	45008132	F	17	10	8	12	Castagnola, Michela
ITA	SI	45008132	F	17	13	11	15	Clemenza, Ersilia
ITA	SI	45008132	F	17	6	4	7	Fiandaca, Angela
ITA	SI	45008132	F	18	18	15	13	Foti, Antonietta
ITA	SI	45008132	F	18	11	6	8	Memmi, Annaluisa
ITA	SI	45008132	F	18	7	9	5	Panarello, Anna
ITA	SI	45008132	F	18	12	14	16	Testa, Giulia
ITA	SI	45008132	F	18	5	2	4	Tripòdi, Elvira

country code	region ID	school #	gender code	age	100m / 50m sprint	long jump	long throw	name
ITA	SI	45008132	M	13	9	6	9	Ciccione, Pippo
ITA	SI	45008132	M	13	14	12	15	Monteceppo, Lillino
ITA	SI	45008132	M	13	19	17	16	Moscato, Salvo
ITA	SI	45008132	M	13	18	16	14	Sanfilippo, Saverio
ITA	SI	45008132	M	13	17	14	13	Sicumero, Pietro
ITA	SI	45008132	M	13	8	14	11	Verruso, Masino
ITA	SI	45008132	M	14	10	7	15	Bonpensiero, Annibale
ITA	SI	45008132	M	14	9	8	7	Diliberto, Titìllo
ITA	SI	45008132	M	14	17	16	11	Liotta, Pasqualì
ITA	SI	45008132	M	14	7	11	10	Rossi, Angelo
ITA	SI	45008132	M	14	15	16	13	Zaccaria, Gaspare
ITA	SI	45008132	M	15	1	4	5	Ficherà, Cosimo
ITA	SI	45008132	M	15	10	14	9	Landolina, Pasqualino
ITA	SI	45008132	M	15	9	13	17	Ragusano, Saverio
ITA	SI	45008132	M	16	2	3	4	Cosentino, Pippo
ITA	SI	45008132	M	16	0	3	2	Zummo, Antonio
ITA	SI	45008132	M	17	11	10	16	Marchica, Michele
ITA	SI	45008132	M	17	13	5	7	Pisciotta, Giosuè
ITA	SI	45008132	M	18	5	4	8	Comaschi, Tano
ITA	SI	45008132	M	18	16	19	15	Gangitano, Eugenio
ITA	SI	45008132	M	18	12	11	16	Sutera, Nenè

Urhebberrechtlicher **Hinweis**: siehe Endnote [1]

Die englischen Spaltenüberschriften wurden wegen der Bezeichnungen der künftigen Datenelemente gewählt. Die Tabellenzeilen sind nach Land-Code, Regions-ID, Schulnummer, Geschlecht und Alter aufsteigend sortiert. Die ersten drei Werte zusammen identifizieren die Schule, weil Schulnummern nur innerhalb ihrer jeweiligen Region – landesspezifisch – eindeutig sind. Da die Schul-Identifikation hier konstant ist, soll uns eine weitere Tabelle zeigen, wie der Gesamtbestand aufgebaut ist. Dieser kann sehr groß werden. Deshalb sind anschliessend nur Stichproben – wieder mit fiktiven Daten und Namen – gezeigt:

country code	region ID	school #	gender code	age	100m / 50m sprint	long jump	long throw	name
DEU	BW	00470811	F	10	8	9	6	Leibel, Maria
DEU	BW	00470811	F	10	11	8	12	Russo, Antonella
DEU	BW	00470811	...	...	...	...	...	...
DEU	BW	00470811	M	19	12	13	8	Hagelund, Klaus
DEU	BW	00470811	M	19	15	10	11	Pfälzer, Gerhard
DEU	BW	...	...	...	...	...	...	...
DEU	BW	07654321	F	14	10	13	9	Gerlang, Katja
DEU	BW	07654321	F	14	8	5	12	Schroedinger, Katharina
DEU	BW	07654321	...	...	...	...	...	...
DEU	BW	07654321	M	18	7	5	4	Brunzer, Ernst
DEU	BW	07654321	M	18	14	16	17	Biermann, Tobias
DEU	...	...	...	...	...	...	...	...

Endnoten: siehe Seite 231

country code	region ID	school #	gender code	age	100m / 50m sprint	long jump	long throw	name
DEU	NW	00017050	F	16	16	18	14	Lallmann, Anita
DEU	NW	00017050	M	12	11	13	11	Frost, Thomas
DEU	NW	00017050	...	...	...	...	...	...
DEU	NW	00017050	M	17	5	3	6	Starzenbacher, Horst
DEU	NW	00017050	M	17	6	5	6	Waldberg, Peter
...	...	...	...	...	...	...	...	...
ESP	MD	03007877	F	17	9	11	10	Alberto, Carmela
ESP	MD	03007877	F	17	14	13	12	Lavides, Carmela
ESP	MD	03007877	...	...	...	...	...	...
ESP	MD	03007877	M	18	13	17	11	Carmán, Félix
ESP	MD	03007877	M	18	17	18	15	Espacia, Sixto
ESP	MD	03007877	M	18	3	5	4	Gamacha, Fernando
ESP	MD	03007877	M	18	16	15	14	Sertas, José
...	...	...	...	...	...	...	...	...
FRA	IF	00044044	F	13	16	14	12	Frammière, Louise
FRA	IF	00044044	M	11	10	12	14	Duveille, Sylvain
FRA	IF	00044044	M	11	13	11	15	Moustin, Gérard
FRA	IF	00044044	M	11	14	10	11	Mentail, Daniel
...	...	...	...	...	...	...	...	...
ITA	SI	45008132	F	15	15	16	7	Coglitore, Laura
ITA	SI	45008132	F	15	4	7	6	Peritore, Mariuccia
ITA	SI	45008132	...	...	...	...	...	...
ITA	SI	45008132	M	18	16	19	15	Gangitano, Eugenio
ITA	SI	45008132	M	18	12	11	16	Sutera, Nenè

Den Rang 1 bilden die internationalen Land-Codes. Im 2. Rang stehen die länderspezifischen Regions-IDs. Die regionsspezifischen Nummern der teilnehmenden Schulen stehen auf dem 3. Rang. Der 4. Rang kennt nur zwei Ausprägungen: F = Feminin | M = Maskulin. Die Altersgruppen stellen also den 5. Rang dar.

Es ist unwichtig, ob die Ränge - so wie hier - als Spalten mit steigenden Rangnummern angeordnet sind, oder in irgendeiner anderen Folge. Eine solche Anordnung wird aber nicht selten gewählt, weil dadurch die hierarchischen Beziehungen leicht zu erkennen sind und die Vergabe von Sortierkriterien besonders einfach wird.

Das vorläufige Eingabe-Struktogramm („Abbildung 9.1: Datenstruktur der Sportwettbewerbs-Eingabedaten" auf Seite 191) beschreibt diese Daten.

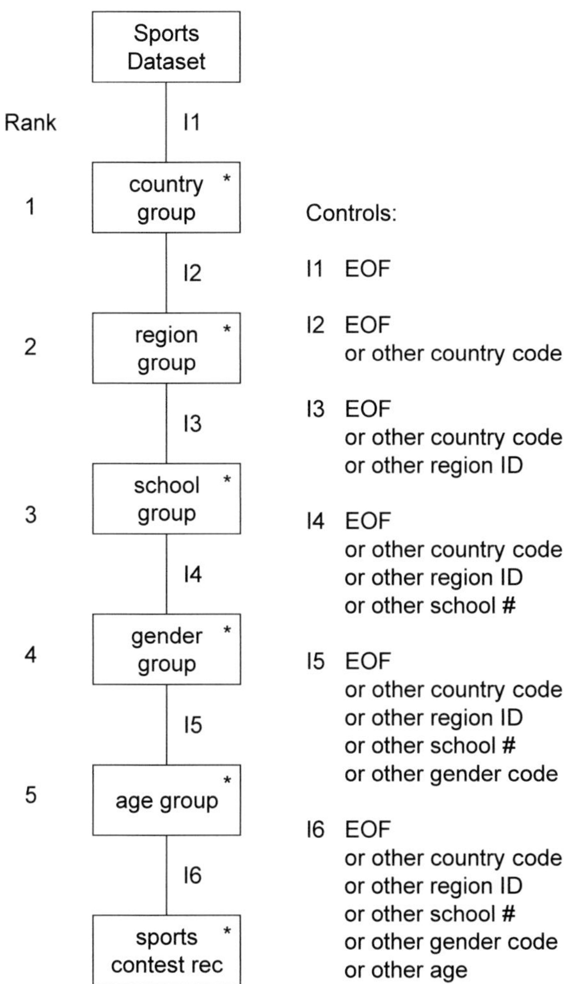

Abbildung 9.1: *Datenstruktur der Sportwettbewerbs-Eingabedaten*

Um dieses Struktogramm zu verstehen, kann man es von unten nach oben lesen:

- Die elementaren Bestandteile der Datei heissen „sports contest rec(ord)". In jedem solchen Satz sind die Identifikatoren aus den ersten 5 Spalten, die sportlichen Ergebnisse und der Name der Schülerin / des Schülers enthalten. Diese innere Struktur ist aber im Struktogramm nicht dargestellt, weil das für den aktuellen Zweck als nicht erforderlich erscheint.
- Alle „sports contest records" mit gleichen Identifikationsmerkmalen gehören zur selben „age group" im 5. Rang. Das drückt die Kontrolle I6 aus. Wechselt das Alter oder das Geschlecht oder die Schulnummer oder die Region oder das Land von einem Satz zum nächsten Satz, oder ist das Dateiende erreicht, so beendet das diese Gruppe.
- Alle teilnehmenden Schülerinnen einer Schule bilden eine „gender group", die aus deren Altersgruppen besteht. Dasselbe gilt analog für die teilnehmenden Schüler. Wenn nur eine einzige männliche oder weibliche Altersgruppe am Wettbewerb teilnimmt, so fallen die beiden Gruppengrenzen zusammen.
- Die Kontrolle I5 interessiert sich folglich nicht mehr für das jeweilige Alter einer Gruppe, sondern nur noch für den Wechsel M ⇨ F beziehungsweise F ⇨ M, sowie für alle Wechsel in den darüberliegenden Gruppenebenen.

- Eine „school group" besteht demnach aus einer F-Gruppe, die von einer M-Gruppe gefolgt wird, oder nur aus einer dieser beiden Gruppen. Schulen, die nur Mädchen unterrichten, melden nur F-Gruppen-Daten, Schulen für Jungen nur M-Gruppen-Daten. In diesen Fällen treffen die Grenzen der „gender group" und der „school group" zusammen.
- Die Kontrolle I4 prüft, ob Land, Region und Schulnummer noch dieselbe wie beim vorhergehenden Satz sind, oder ob das Dateiende erreicht wurde.
- Alle Schulen einer Region gehören zur selben „region group". Diese endet beim Wechsel zu einer anderen Region, zu einem anderen Land, oder am Dateiende, wie I3 vorgibt.
- Sämtliche Regionen eines Landes werden zu einer „country group" zusammengefasst. Wechselt der Inhalt der Spalte „country", so beginnt eine neue „country group". Mit dem Dateiende endet die aktuelle „country group" ebenfalls. I2 prüft diese Bedingungen.
- Das Dateiende begrenzt alle Gruppenebenen. Mit dem Nachlesen, das der Verarbeitung des letzten Satzes folgt, treten alle Gruppenwechselbedingungen einschliesslich der Kontrolle I1 gleichzeitig ein.

Diese Beschreibung ist davon unabhängig, ob die Sortierung nach den einzelnen Identifikationsmerkmalen einheitlich – meist aufsteigend – stattfindet, oder ob mal aufsteigend, mal absteigend sortiert wird. Wichtig ist lediglich, dass die Sortierung überhaupt vorgenommen wird. Die Summen-, Durchschnitts-, Minimal- und Maximalwerte, welche eine Auswertung liefern kann, haben bei unsortierter Eingabe keinerlei brauchbaren Sinn.

An dieser Stelle unterscheidet sich die Gruppenverarbeitung deutlich von der später zu beschreibenden Mischverarbeitung, bei der eine einheitliche – für alle Schlüsselbestandteile nur aufsteigende oder nur absteigende – Sortierung vor allem dann zwingend erforderlich ist, wenn mit konkatenierten Gruppenschlüsseln gearbeitet wird.

Es darf keine zwei aufeinanderfolgenden Zeilen mit denselben Identifikationsmerkmalen und Namen geben, weil sonst unklar wäre, welcher Schüler beziehungsweise welche Schülerin die hier erfassten sportlichen Ergebnisse erzielt hat. Da sich so etwas in der Praxis nicht vollständig ausschliessen lässt, sollte vor dem eigentlichen Auswertungslauf ein Prüfprogramm die Datenqualität verifizieren, damit solche und andere Fehler rechtzeitig bereinigt werden können. Wir haben aber bereits festgelegt, dass wir uns damit hier nicht befassen werden.

Kumulative Iterationskontrollen

Es springt sofort ins Auge, dass bei den Kontrollen von Rang zu Rang nur ein Kriterium hinzukommt und sich sonst nichts ändert. Das sieht sehr ineffizient aus und ist auch hässlich zu codieren. Da wir bereits anhand des vorhergehenden Beispiels die konkatenierten Gruppenschlüssel kennen- und schätzengelernt haben, bietet es sich an, hier ähnlich vorzugehen. Es wäre aber verfrüht, jetzt schon diese Kontrollen umzusetzen, denn wir wissen ja noch gar nicht, welche Ausgabe das Programm erzeugen soll.

9.1.2 Ausgabe-Format

Gold, Silber und Bronze ehren die besten Teilnehmer an sportlichen Wettkämpfen seit der Antike. Die Auswertung der Eingabedatei „Sports Dataset" und einer weiteren Datei mit Schul-Daten erzeugt daher eine Ergebnisliste in Dateiform – zwecks späterer Aufbereitung und Ausgabe – mit folgenden Inhalten:

- Daten der Schule (Name, Adresse ohne Straßenangabe, E-Mail-Adresse), Leistungsdurchschnitt, Anzahlen der Altersgruppen und Teilnehmer, nach F und M getrennt, Medaillenrang und Ergebnisse der besten Sportler(innen) pro Schule
  - Es werden die drei höchsten Punktsummen ermittelt.
  - Bei Gleichstand erhalten jeweils mehr als eine Schülerin / ein Schüler eine bestimmte Medaille.
  - Diese sind dann nicht in einer definierten Folge aufzulisten.
  - Mädchenschulen melden nur F-Gruppen, Schulen für Jungen nur M-Gruppen.
- Rangliste der Schulen mit den besten drei *Durchschnitts*werten pro Land (nur Schul- und Statistik-Daten ohne E-Mail-Adresse)
  - Es müssen mindestens vier Schulen aus dem jeweiligen Land teilgenommen haben.
  - Bei Gleichstand werden alle davon betroffenen Schulen prämiiert.
  - Durchschnitts-Ergebniswerte werden nach der 2. Nachkommastelle abgeschnitten, nicht gerundet.
- Rangliste der Schulen mit den besten drei *Durchschnitts*werten insgesamt (analog)
  - Hier gilt bei Gleichstand dasselbe Prinzip, obwohl dieses Ereignis sehr unwahrscheinlich ist.

Das Layout dieser Ausgabedatei ist wie folgt festgelegt:

```
DEUBW0047081101 DEUBW00470811 Hölderlin-Gymnasium
DEUBW0047081102 88214 Ravensburg, Baden-Württemberg, Deutschland
DEUBW0047081103 sekretariat@hoelderlin.rv.bw.schule.de
DEUBW0047081104 Ø 33,50 F 4/129 M 7/432
DEUBW0047081105GM 17 18 16 15 49 Zeisler, Georg
DEUBW0047081106SF 16 15 18 14 47 Rainig, Yvonne
DEUBW0047081107BM 15 17 15 13 45 Zuck, Guenther
[…]
DEUBW0765432101 DEUBW07654321 Paul-Klee-Realschule
DEUBW0765432102 70565 Stuttgart, Baden-Württemberg, Deutschland
DEUBW0765432103 paul-klee-schule@stuttgart.de
DEUBW0765432104 Ø 28,70 F 5/305 M 6/364
DEUBW0765432105GF 15 18 18 15 51 Nenner, Ingrid
DEUBW0765432106SM 16 17 14 17 48 Kawasaki, Jakob
DEUBW0765432107BM 18 14 16 17 47 Biermann, Tobias
[…]
DEUNW0001705001 DEUNW00017050 Schiller-Gesamtschule
DEUNW0001705002 48147 Münster, Nordrhein-Westfalen, Deutschland
DEUNW0001705003 schillerschule@muenster.de
DEUNW0001705004 Ø 31,28 F 7/642 M 8/583
DEUNW0001705005GM 16 19 16 18 53 Düsentrieb, Hubert
DEUNW0001705006SM 15 18 19 15 52 Große-Lashecke, Daniel
DEUNW0001705007BF 16 16 18 14 48 Lallmann, Anita
[…]
```

```
DEU  0000000001GDEUHE00223344 Immanuel Kant Gymnasium
DEU  0000000002 60322 Frankfurt am Main, Hessen, Deutschland
DEU  0000000003 Ø 34,32 F 6/451 M 6/562
DEU  0000000004SDEUBY00123456 Ludwig-Thoma-Gymnasium
DEU  0000000005 86899 Landsberg am Lech, Bayern, Deutschland
DEU  0000000006 Ø 33,65 F 4/372 M 6/522
DEU  0000000007BDEUBW00470811 Hölderlin-Gymnasium
DEU  0000000008 88214 Ravensburg, Baden-Württemberg, Deutschland
DEU  0000000009 Ø 33,50 F 4/129 M 7/432
[...] etcetera mit ESP, FRA und ITA bis zum Eingabe-Dateiende, gefolgt von:
AAA  0000000001GESPAN02785491 Instituto Federico García Lorca
AAA  0000000002 18000 Granada, Andalucia, España
AAA  0000000003 Ø 36,74 F 3/273 M 3/481
AAA  0000000004SFRA5300112765 Licée Paul Signac
AAA  0000000005 35800 Saint-Briac-sur-Mer, Bretagne, France
AAA  0000000006 Ø 36,65 F 5/284 M 7/462
AAA  0000000007BITALI83007852 Liceo Scientifico Galileo Galilei
AAA  0000000008 18100 Imperia, Liguria, Italia
AAA  0000000009 Ø 35,75 F 3/147 M 5/321
```

Dieses – auf den ersten Blick sonderbar aussehende – Layout ist für weiterverarbeitbare Listenausgaben typisch. Es wäre ja extrem umständlich, wie vor Jahrzehnten eine lange Liste mit Ergebnisdaten auf Endlospapier auszudrucken, die anschliessend von Hand getrennt werden müsste, und die einzelnen Zettel per Post zu versenden. Solche Ausgabedateien mit Gruppenstruktur und Satzzählern können übrigens auch für das Wiederaufsetzen nach einem Lauf-Abbruch sehr nützlich sein.

Nur aus Gründen der Lesbarkeit wurden Leerzeichen und „Bedeutungszeichen" (Ø, F, M) eingefügt.

Jede Schule erhält ihre eigenen Ergebnisse mit den Namen der prämierten Schüler(innen), sowie die Ergebnisse der nationalen und internationalen Durchschnitts-Sieger per E-Mail zugesandt. Dafür muss die Ergebnisdatei zunächst anhand der ersten 15 Stellen jedes Satzes aufsteigend sortiert werden. Die Sort-Ausgabe sieht wie folgt aus:

```
AAA  0000000001GESPAN02785491 Instituto Federico García Lorca
AAA  0000000002 18000 Granada, Andalucia, España
AAA  0000000003 Ø 36,74 F 3/273 M 3/481
AAA  0000000004SFRA5300112765 Licée Paul Signac
AAA  0000000005 35800 Saint-Briac-sur-Mer, Bretagne, France
AAA  0000000006 Ø 36,65 F 5/284 M 7/462
AAA  0000000007BITALI83007852 Liceo Scientifico Galileo Galilei
AAA  0000000008 18100 Imperia, Liguria, Italia
AAA  0000000009 Ø 35,75 F 3/147 M 5/321
DEU  0000000001GDEUHE00223344 Immanuel Kant Gymnasium
DEU  0000000002 60322 Frankfurt am Main, Hessen, Deutschland
DEU  0000000003 Ø 34,32 F 6/451 M 6/562
DEU  0000000004SDEUBY00123456 Ludwig-Thoma-Gymnasium
DEU  0000000005 86899 Landsberg am Lech, Bayern, Deutschland
DEU  0000000006 Ø 33,65 F 4/372 M 6/522
DEU  0000000007BDEUBW00470811 Hölderlin-Gymnasium
```

```
DEU   0000000008 88214 Ravensburg, Baden-Württemberg, Deutschland
DEU   0000000009 Ø 33,50 F 4/129 M 7/432
DEUBW0047081101 DEUBW00470811 Hölderlin-Gymnasium
DEUBW0047081102 88214 Ravensburg, Baden-Württemberg, Deutschland
DEUBW0047081103 sekretariat@hoelderlin.rv.bw.schule.de
DEUBW0047081104 Ø 33,50 F 4/129 M 7/432
DEUBW0047081105GM 17 18 16 15 49 Zeisler, Georg
DEUBW0047081106SF 16 15 18 14 47 Rainig, Yvonne
DEUBW0047081107BM 15 17 15 13 45 Zuck, Guenther
[…]
```

Nun sollte klar sein, warum die Sätze für die internationalen Ergebnisse, die Landesergebnisse und die Einzelergebnisse den jeweiligen 15-stelligen Präfix aus Land-Code, Regions-ID, Schulnummer und laufender Zeilennummer besitzen. In der Spalte 16 stehen die Codes für Gold, Silber und Bronze. In den Schul-Namens-Zeilen wird die Schul-Identifikation wiederholt, damit diese auch nach dem geplanten Abschneiden der 15 Präfix-Zeichen (siehe unten) weiterhin verfügbar ist.

Nach den DEU-Ergebnissen folgen – beim vorliegenden Datenmaterial – die ESP-Gesamtergebnisse, dann die ESP-Einzelergebnisse und so weiter, was durch die beiden Leerzeichen anstelle der Regions-IDs am Anfang der Landes-Gesamtergebnis-Sätze bewirkt wird. Da es kein Land mit dem Code AAA gibt, stehen die internationalen Gesamtergebnisse immer am Anfang der Sort-Ausgabedatei.

Eine Alternative wäre übrigens, die internationalen Ergebnisse einerseits und die Landes-Gesamtergebnisse andererseits in je eine zusätzliche Datei zu schreiben und diese beiden Dateien später zusammen mit den Einzelergebnissen auszuwerten. Das erspart das Sortieren, erhöht aber das Risiko, dass anschliessend durch einen Fehler im Produktionsablauf die falschen Dateien einander zugeordnet werden. Es kommt ja nicht selten vor, dass nachträglich noch Fehler entdeckt werden, die Laufwiederholungen erzwingen, und dann in der wegen Zeitdrucks zunehmenden Hektik versehentlich aktuelle, gültige mit früheren, falschen Daten zusammengeführt werden. Bei sehr hohem Sortiervolumen oder einer kleinen Maschine wäre eine solche Alternative dennoch durchaus denkbar, was hier aber selbst bei Tausenden von Schulen nicht nötig ist.

Durch Abschneiden der ersten 15 Stellen und Zwischenspeichern der rechts davon stehenden Inhalte der ersten beiden Satzgruppen, ein wenig – sprachspezifischer – Aufbereitung und Umstellen der Reihenfolge bei der Ausgabe kann zum Beispiel folgender E-Mail-Inhalt für `sekretariat@hoelderlin.rv.bw.schule.de` erzeugt werden:

```
Hölderlin-Gymnasium
88214 Ravensburg, Baden-Württemberg, Deutschland
Ihre Schulsportwettbewerbsergebnisse 2022:
           Alter  Lauf  Sprung  Wurf  Summe
Gold    M    17    18      16    15     49  Zeisler, Georg
Silber  F    16    15      18    14     47  Rainig, Yvonne
Bronze  M    15    17      15    13     45  Zuck, Guenther
Punktedurchschnitt: 33,50 Altersgruppen/Schüler F 4/129 M 7/432

Nationale Gewinner:
Gold    Immanuel Kant Gymnasium
        60322 Frankfurt am Main, Hessen, Deutschland
        Durchschnitt: 34,32 Altersgr./Schüler F 6/451 M 6/562
Silber  Ludwig-Thoma-Gymnasium
```

```
        86899 Landsberg am Lech, Bayern, Deutschland
        Durchschnitt: 33,65 Altersgr./Schüler F 4/372 M 6/522
************************* Glückwunsch! ************************
Bronze  Hölderlin-Gymnasium
        88214 Ravensburg, Baden-Württemberg, Deutschland
        Durchschnitt: 33,50 Altersgr./Schüler F 4/129 M 7/432
****************************************************************

Internationale Gewinner:
Gold    Instituto Federico García Lorca
        18000 Granada, Andalucia, España
        Durchschnitt: 36,74 Altersgr./Schüler F 3/273 M 3/481
Silber  Licée Paul Signac
        35800 Saint-Briac, Bretagne, France
        Durchschnitt: 36,65 Altersgr./Schüler F 5/284 M 7/462
Bronze  Liceo Scientifico Galileo Galilei
        18100 Imperia, Liguria, Italia
        Durchschnitt: 35,75 Altersgr./Schüler F 3/147 M 5/321
```

Die Jahresangabe in der 3. Zeile stammt aus einem Parameter. Diese Verarbeitung wird ab dem Kapitel „17.2 Datenstrukturen und Ableiten der Programmstruktur" auf Seite 514 ff modelliert und implementiert.

9.1.3 Datenflussdiagramm

Die „Abbildung 9.2: Datenflussdiagramm der vollständigen Anwendung" auf Seite 197 zeigt, welchen Weg die Eingabe- und Ergebnisdaten nehmen:

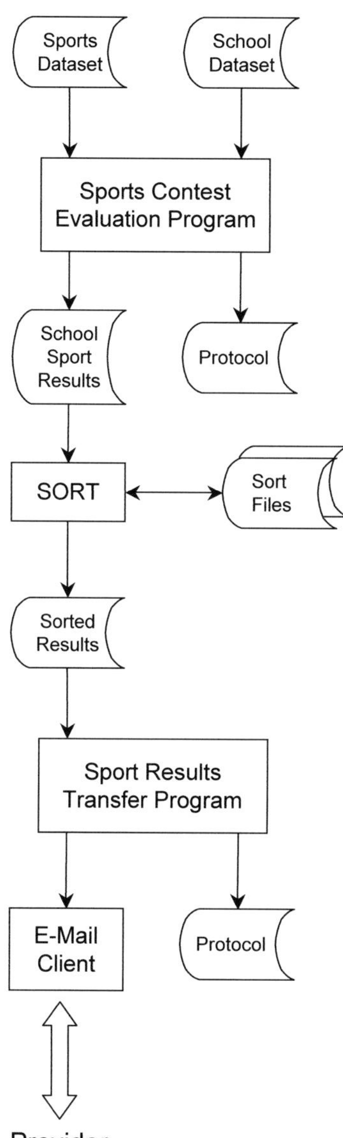

Abbildung 9.2: *Datenflussdiagramm der vollständigen Anwendung*

Die Ergebnisdatei des Auswertungsprogramms „Sports Contest Evaluation Program" heisst „School Sport Results". Sie muss sortiert werden, bevor der E-Mail-Versand der Ergebnisse durch das „Sport Results Transfer Program" stattfinden kann.

9.1.4 Vorläufige Ausgabe-Datenstruktur

Nun wissen wir genug, um die vorläufige Struktur der Ausgabedatei School Sport Results beschreiben zu können (siehe nächste Seite).

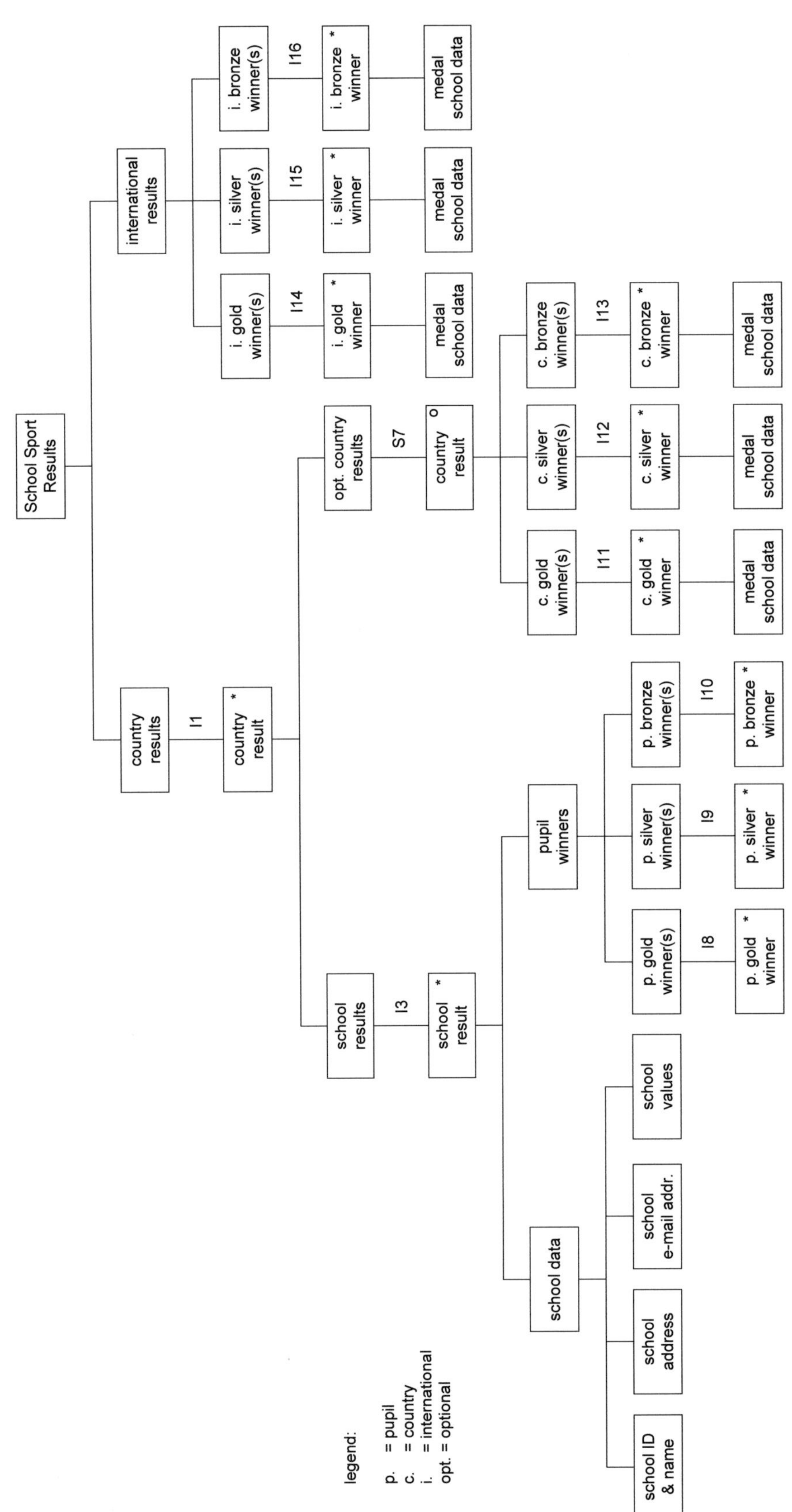

***Abbildung 9.3:** Vorläufige Struktur der School Sport Results*

Die neuen Kontrollen lauten:

S7 4 oder mehr teilnehmende Schulen im Land
I8 Ende G-Liste Schule
I9 Ende S-Liste Schule
I10 Ende B-Liste Schule
I11 Ende G-Liste Land
I12 Ende S-Liste Land
I13 Ende B-Liste Land
I14 Ende G-Liste International
I15 Ende S-Liste International
I16 Ende B-Liste International
(G = Gold, S = Silber, B = Bronze)

Beim Betrachten dieses Struktogramms fällt die dreimal auftretende Struktur der Gewinnerlisten sofort auf. Es liegt nahe, hier nach einer Generalisierung zu suchen. Allerdings sind die Ausgaben für die einzelnen Schüler völlig anders als die für die Schulen aufgebaut. Um das Diagramm nicht zu überladen, sind die Details etwas vereinfacht dargestellt. So fehlt beispielsweise die Zeilennummerierung innerhalb der Gruppen mit gleicher Schul-Identifikation (Land-Code, Regions-ID, Schulnummer). Für den Moment ist das Diagramm allerdings völlig ausreichend.

Wir sind jedoch noch weit davon entfernt, die vollständige Programmstruktur abzuleiten. Das liegt daran, dass uns erstens Daten fehlen, denn die Eingabedatei „Sports Dataset“ enthält nur Schulschlüssel, keine Namen und Adressen. Zweitens ist derzeit nicht ersichtlich, wie aus den Einzelergebnissen die Gewinner unter den Schülern / Schülerinnen ermittelt werden können. Drittens ist noch unbekannt, wie das analog für die Durchschnittsergebnisse der Schulen national und international funktionieren soll. Ohne Angaben zu den Schulen und ohne ein Verfahren, mit dem die Gewinner festgestellt werden, können wir nur folgenden Anteil der geplanten Ausgabedatei produzieren:

```
DEUBW0047081104 Ø 33,50 F 4/129 M 7/432
[…]
DEUBW0765432104 Ø 28,70 F 5/305 M 6/364
[…]
DEUBY0012345604 Ø 33,65 F 4/372 M 6/522
[…]
DEUHE0022334404 Ø 34,32 F 6/451 M 6/562
[…]
DEUNW0001705004 Ø 31,28 F 7/642 M 8/583
[…]
ESPAN0278549104 Ø 36,74 F 3/273 M 3/481
[…]
FRA530011276504 Ø 36,65 F 5/284 M 7/462
[…]
ITALI8300785204 Ø 35,75 F 3/147 M 5/321
```

Diese Beispielsätze enthalten nur Daten, die in den Eingabesätzen enthalten sind oder daraus leicht ermittelt werden können. Immerhin basiert darauf auch die Weiterverarbeitung der Schul-Durchschnittsergebnisse, deren Eingabedaten hier aufgelistet sind. Daher erscheint es als sinnvoll, die offensichtlich etwas komplexe

Aufgabe schrittweise zu lösen, indem zunächst gezeigt wird, wie die Eingabedaten in diese reduzierte Ausgabe transformiert werden können. Damit werden bereits wesentliche Elemente der Ranggruppenverarbeitung aus der Theorie in die Praxis umgesetzt. Danach kommen die noch fehlenden Teile der Ausgabedaten dran.

9.2 Erzeugen der reduzierten Ausgabe

9.2.1 Finales Sports Dataset-Struktogramm

Eine wichtige Vereinfachung des ursprünglichen Eingabe-Struktogramms ergibt sich daraus, dass keine Schulergebnisse auf der Regionsebene erzeugt werden sollen. Da die Schulschlüssel landesintern sowieso nur innerhalb ihrer jeweiligen Region als eindeutig angenommen werden dürfen, ist es uns erlaubt, die Ränge 2 und 3 miteinander zu verschmelzen: Aus „region group" und „school group" wird die „r-school group". Um für die weiteren Schritte keine Konfusion zu verursachen, wird parallel dazu die Rangnummerierung angepasst.

Aus dem Ausgabe-Layout und den dazu formulierten Vorgaben ergeben sich keine weiteren Anforderungen an die Ergebnis-Eingabedatei als diejenigen, die bereits definiert sind. Die momentan nicht herstellbaren Ausgabeelemente – Schulnamen und -adressen, Ranglisten – erfordern zusätzliche Eingabedaten aus einer weiteren Quelle, sowie spezielle Verarbeitungen der „sports contest records", erzwingen aber keine Modifikation der Sports Dataset-Datenstruktur.

Somit kann schon das finale Eingabe-Struktogramm gezeichnet werden, dem die – kaum überraschende – Struktur der „sports contest records" beigefügt ist (siehe „Abbildung 9.4: Finales Eingabe-Struktogramm" auf Seite 201). Die Kontrolle I3 entfällt wegen der zuvor erläuterten Verschmelzung.

Die zugehörige Satzstruktur SpoConD = „Sports Contest Data" wird aus dem jeweiligen „sports contest rec(ord)" gefüllt und ist – in Anlehnung an die Syntax von PL/SQL – wie folgt definiert:

```
SpoConD struct(
    country_code     char(3);
    region_ID        char(2);
    school_number    char(8);
    gender_code      char(1);
    age              num(2);
    sprint_points    num(2);
    jump_points      num(2);
    throw_points     num(2);
    name             char(47);
);
```

Da im Sports Dataset keine Namenslänge mitgeliefert wird, kann diese gegebenenfalls durch Abschneiden der schleppenden Leerzeichen bestimmt werden. Die Begrenzung auf 47 Zeichen ergibt sich aus der maximalen Ergebniszeilen-Länge von 80 Zeichen, die für einen – später folgenden – Ausflug in die Vergangenheit nötig ist.

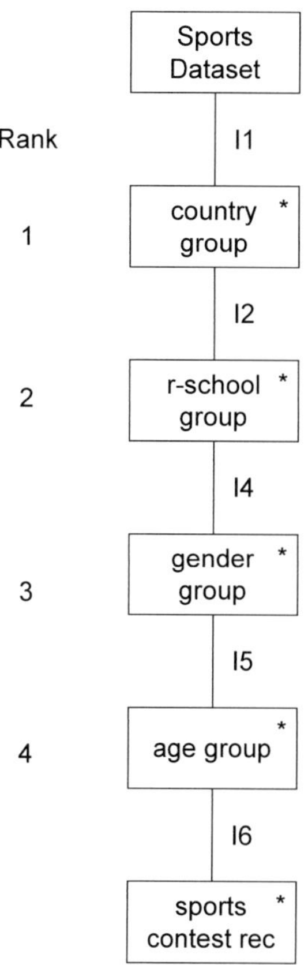

Sports contest record format:

```
CCCRRSSSSSSSS G AG RN LJ LT NAME (length <= 47)
|    |  |          |  |    |   |   |
|    |  |          |  |    |   |   LT = long throw
|    |  |          |  |    |   LJ = long jump
|    |  |          |  |    RN = 100m / 50m sprint
|    |  |          |  AG = age
|    |  |          G = gender code
|    |  SSSSSSSS = school number ┐
|    RR = region ID               ├ school ID
CCC = country code                ┘
```

Abbildung 9.4: *Finales Eingabe-Struktogramm*

Die Korrespondenzen zwischen dem finalen Eingabe-Struktogramm und dem – stark geschrumpften, vorläufigen – Ausgabe-Struktogramm sehen wie folgt aus:

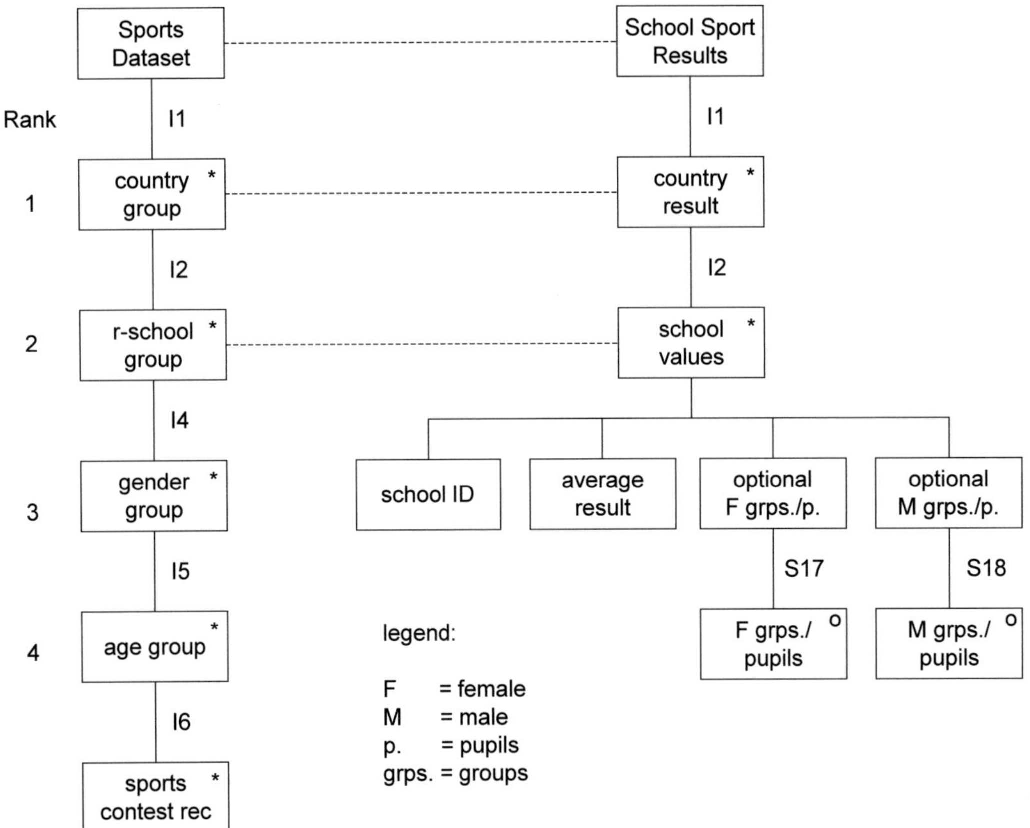

Abbildung 9.5: *Vorläufige Korrespondenzen zwischen den Sportwettbewerbs-Beständen*

Die neuen Kontrollen lauten:

S17 F-Age-Groups > 0
S18 M-Age-Groups > 0

Die Beiträge zu den Ausgabeelementen rechts neben der School ID werden durch geeignete Operationen ermittelt. Die Zeilennummer ist stets 04.

9.2.2 Vereinfachte Programmstruktur ohne Operationen

Durch die Verschmelzung der korrespondierenden Strukturblöcke entsteht die vereinfachte Programmstruktur in der „Abbildung 9.6: Vorläufige Programmstruktur“ auf Seite 203.

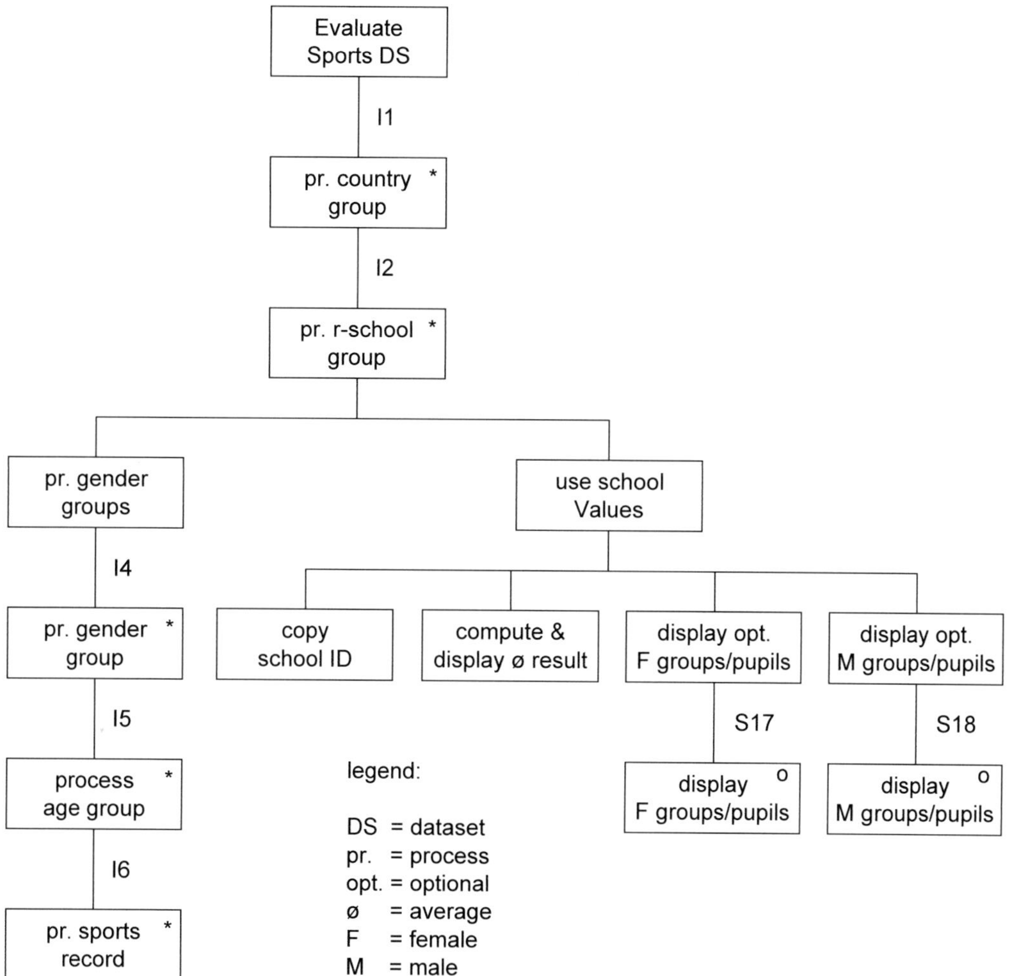

Abbildung 9.6: *Vorläufige Programmstruktur*

9.2.3 Umwandlung der Iterationskontrollen I2 bis I6

Bevor die Operationen definiert werden können, empfiehlt es sich, die kumulativen Iterationskontrollen umzuformulieren. In der bisherigen Form sind sie sehr unhandlich, umständlich zu codieren, und verbrauchen unnötige Ausführungszeit, weil die mit „oder" verknüpften Einzelbedingungen sämtlich geprüft werden müssen, bis eine von ihnen den Wert „true" ergibt. Relativ viel Code befasst sich mit relativ wenigen Bytes. Daher liegt es nahe, für alle Rangstufen je einen konkatenierten Schlüssel zu definieren und Änderungen dieser Schlüssel abzufragen.

Die folgende Tabelle zeigt die Zusammensetzung dieser Schlüssel und Beispiele dazu:

	EOF Indicator	Country Code	Region ID	School #	Gender Code	Age	Example
rank_1_key	X	X					DESP
rank_1_2_key	X	X	X	X			DESPAN02785491
rank_1_3_key	X	X	X	X	X		DESPAN02785491F
rank_1_4_key	X	X	X	X	X	X	DESPAN02785491F17

Von jedem dieser Schlüssel wird ein aktuelles und ein altes Exemplar benötigt, um die Vergleiche ausführen zu können. Die Kontrollen in der obigen Programmstruktur lauten daher wie folgt:

I1 EOF
I2 new_rank_1_key > old_rank_1_key
I4 new_rank_1_2_key > old_rank_1_2_key
I5 new_rank_1_3_key > old_rank_1_3_key
I6 new_rank_1_4_key > old_rank_1_4_key
S17 F-Age-Groups > 0
S18 M-Age-Groups > 0

9.2.4 Definition und Zuordnung von Operationen

Die Liste der Operationen kann ebenfalls begonnen werden:

Op.	Bedeutung	Kommentar
1	Sports-Dataset öffnen	txt-Datei wird erwartet
2	Results-Dataset öffnen	
3	Sports-Record lesen, konkatenierte Rangschlüssel zuweisen	Einzelfelder extrahieren, gegebenenfalls Namenslänge bestimmen
4	Result-Satz 04 (RR04) ausgeben	Satz mit verdichteten Ergebnissen
5	Sports-Dataset schließen	
6	Results-Dataset schließen	
7	Stopp	
8	old_rank_1_key := new_rank_1_key	Bisherigen Rang-1-Gruppenschlüssel sichern
9	old_rank_1_2_key := new_rank_1_2_key	Bisherigen Rang-1-2-Gruppenschlüssel sichern
10	old_rank_1_3_key := new_rank_1_3_key	Bisherigen Rang-1-3-Gruppenschlüssel sichern
11	old_rank_1_4_key := new_rank_1_4_key	Bisherigen Rang-1-4-Gruppenschlüssel sichern
12	countries := 0	Statistik-Zähler (auf Vorrat definiert)
13	countries := countries + 1	
14	schools := 0	Schulen im Land
15	schools := schools + 1	
16	F_age_groups := 0	
17	M_age_groups := 0	
18	F_pupils := 0	
19	M_pupils := 0	
20	pupils := 0	Schüler in einer „age group"
21	pupils := pupils + 1	

Op.	Bedeutung	Kommentar

22	**if** gender_code = `'F'`
	then
	  F_age_groups := F_age_groups + 1;
	  F_pupils := F_pupils + pupils
	else
	  M_age_groups := M_age_groups + 1;
	  M_pupils := M_pupils + pupils
	fi
		gender_code = 15. Stelle von old_rank_1_4_key (Index: [14])

23	point_sum := SpoConD.sprint_points +
	  SpoConD.jump_points +
	  SpoConD.throw_points	

24	school_points := 0	
25	school_points := school_points + point_sum	
26	RR04 := Substr(old_rank_1_2_key, 1, 13) + `'04'`	school ID + Zeilennummer 04 (Start-Index von old_rank_1_2_key = 0)
27	avg_school_points := school_points / (F_pupils + M_pupils)	Ergebnis nach 2 Nachkommastellen abschneiden
28	RR04 := RR04 + `' Ø '` + String(avg_school_points)	Anhängen: `' Ø nn,nn'` (mit Umwandlung Zahl ⇨ String)

29	RR04 := RR04 + `' F '` +
	  String(F_age_groups) + `'/'` +
	  String(F_pupils)
		Anhängen: `' F nn/nnnn'`
		(mit variablen Stellenzahlen)

30	RR04 := RR04 + `' M '` +
	  String(M_age_groups) + `'/'` +
	  String(M_pupils)
		Anhängen: `' M nn/nnnn'`
		(mit variablen Stellenzahlen)

Die „Abbildung 9.8: Durchlauf bis nach dem Einlesen des zweiten Satzes" auf Seite 207 zeigt die mit diesen Operationen bestückte Programmstruktur.

9.2.5 Durchlaufanalyse anhand der vereinfachten Programmstruktur

Der Ausnahmefall der leeren Eingabedatei lohnt keine nähere Befassung, weil dann nur die Operationen 1,2,3,12, die Kontrolle I1 und die Op. 5,6,7 durchlaufen werden.

Die Durchlaufanalyse beginnt daher mit dem ersten Satz der Daten zum Liceo Federico Fellini. Die Beispiel-Tabelle in „9.1.1 Vorläufige Eingabe-Datenstruktur" auf Seite 188 enthält am Anfang folgende Daten:

country	region	school #	gender code	age	100m / 50m sprint	long jump	long throw	name
ITA	SI	45008132	F	15	15	16	7	Coglitore, Laura
ITA	SI	45008132	F	15	4	7	6	Peritore, Mariuccia
ITA	SI	45008132	F	16	3	7	6	Di Stefano, Serena
ITA	SI	45008132	F	16	3	9	8	Lo Porto, Mariuccia
ITA	SI	45008132	F	16	18	15	17	Prestìa, Angela
ITA	SI	45008132	F	17	10	8	12	Castagnola, Michela

Diesen Zeilen entsprechen folgende Sätze der Test-Eingabedatei:

```
ITASI45008132 F 15 15 16 07 Coglitore, Laura
ITASI45008132 F 15 04 07 06 Peritore, Mariuccia
ITASI45008132 F 16 03 07 06 Di Stefano, Serena
ITASI45008132 F 16 03 09 08 Lo Porto, Mariuccia
ITASI45008132 F 16 18 15 17 Prestìa, Angela
ITASI45008132 F 17 10 08 12 Castagnola, Michela
```

Das Struktogramm in der „Abbildung 9.8: Durchlauf bis nach dem Einlesen des zweiten Satzes" auf Seite 207 zeigt die vereinfachte Programmstruktur mit Operationen. Sie ist hinsichtlich der eingabeorientierten Operationen absolut typisch für Ranggruppenverarbeitungen aufgebaut. Da solche Struktogramme für JSP-Neulinge erfahrungsgemäß nicht auf Anhieb verständlich sind, ist bereits der Beginn eines ersten Durchlaufs eingezeichnet. Der Strukturblock „use school values" wurde aus Platzgründen ausgegliedert:

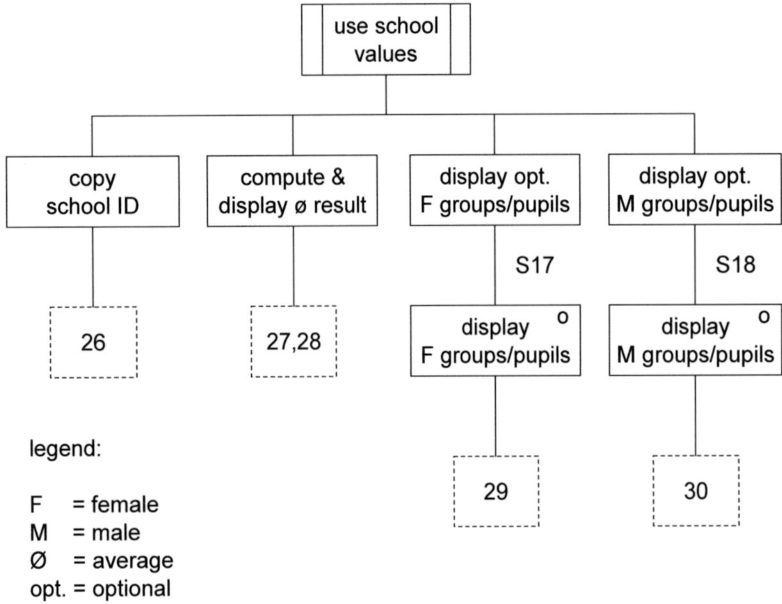

***Abbildung 9.7:** Strukturblock „use school values"*

Beginn der Durchlaufanalyse

Die Plazierung der Operationen 8 bis 11 liegt auf der Hand: Am jeweiligen Gruppenanfang, unmittelbar vor der Schleifenkontrolle der Gruppe, setzt eine Zuweisung den neuen und den alten Rangschlüssel gleich. Somit kann keine dieser Kontrollen das Ergebnis „true" abliefern und der Durchlauf führt hinab bis auf die Stufe, auf der die elementaren Satzinhalte verarbeitet werden. Das sieht redundant aus, ist aber innerhalb der JSP-Methode unumgänglich.

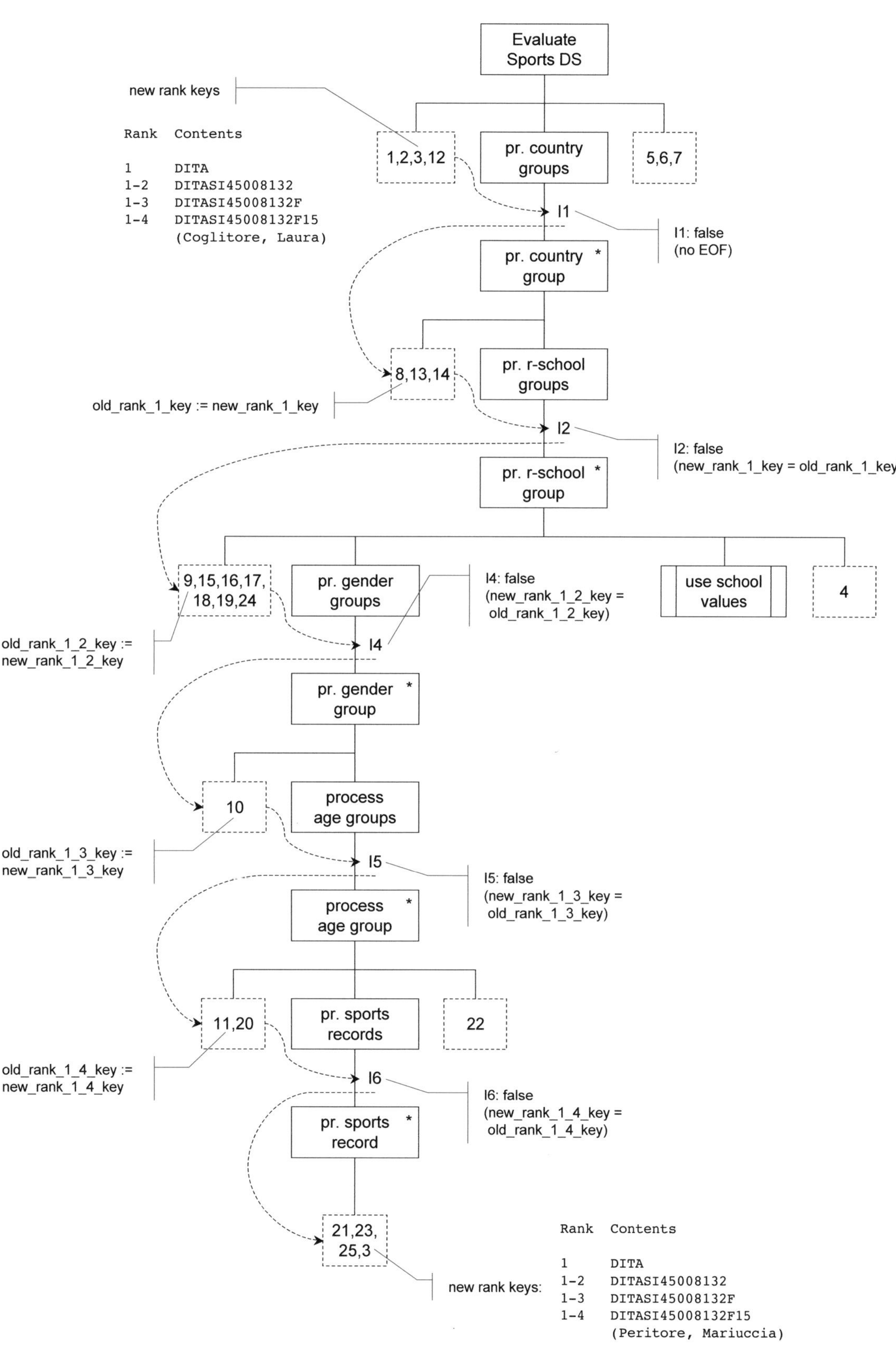

Abbildung 9.8: *Durchlauf bis nach dem Einlesen des zweiten Satzes*

Fortsetzung im selben Rang

Nach diesem Eröffnungszug kommt es darauf an, ob der ganz unten nachgelesene Satz einen anderen Gruppenschlüssel – auf irgendeinem Rang – als der aktuelle Satz aufweist. Das ist im vorliegenden Beispiel nicht der Fall. Daher verharrt die Verarbeitung auf dem untersten Rang. Die folgende Grafik zeigt, wie der zweite Satz – auf dem strichlierten Weg von 1 zu 2 – nach der Kontrolle I6 verarbeitet und dann der dritte Satz – zur Schülerin Di Stefano, Serena – eingelesen wird:

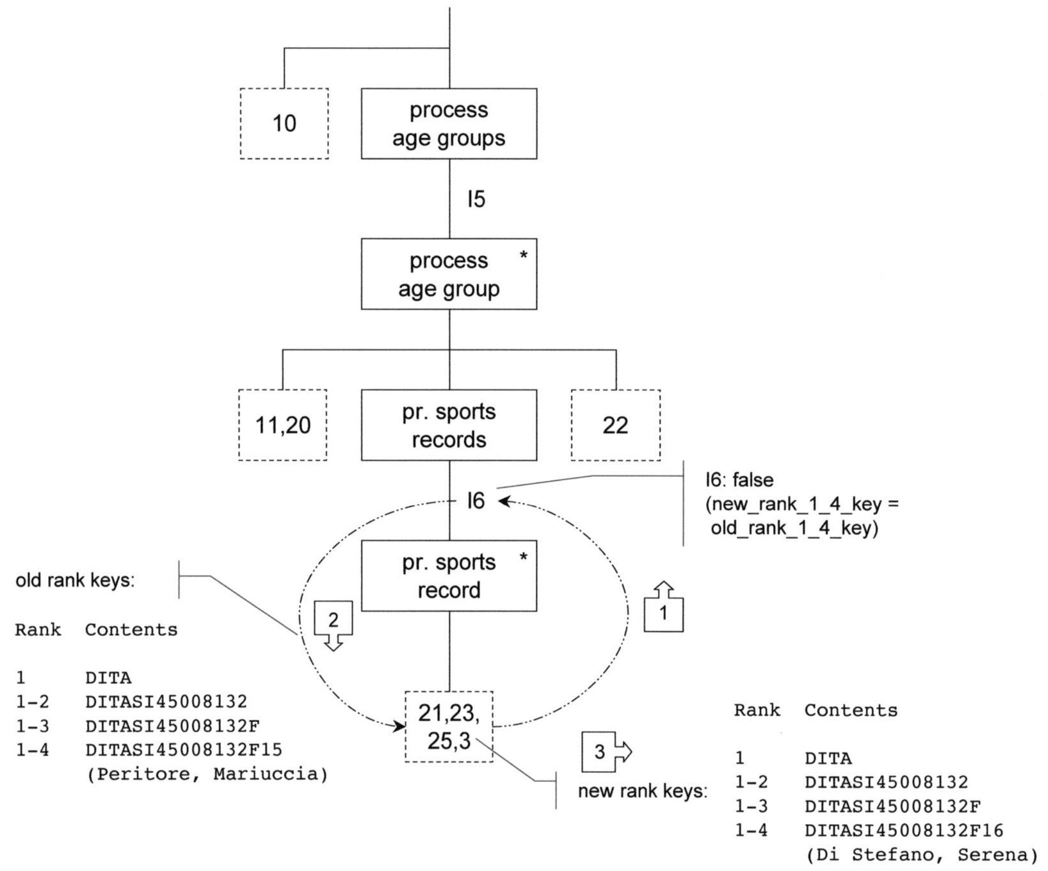

***Abbildung 9.9:** Durchlauf bis nach dem Einlesen des dritten Satzes*

Erster Gruppenwechsel: Beendigung der Rang-4-Schleife

Nun liegt ein Gruppenwechsel auf dem untersten Rang (4) vor, da die Altersgruppe 15 beendet ist und die Altersgruppe 16 beginnt. Die Kontrolle I6 ist daher erfüllt. Der folgende Verarbeitungsabschnitt wird in zwei Schritten gezeigt, weil die Grafiken sonst zu verwirrend sind. Zunächst findet der Durchlauf bis zur I5-Kontrolle statt. Das zeigt die „Abbildung 9.10: Durchlauf nach dem Gruppenwechsel bis hoch zu I5" auf Seite 209.

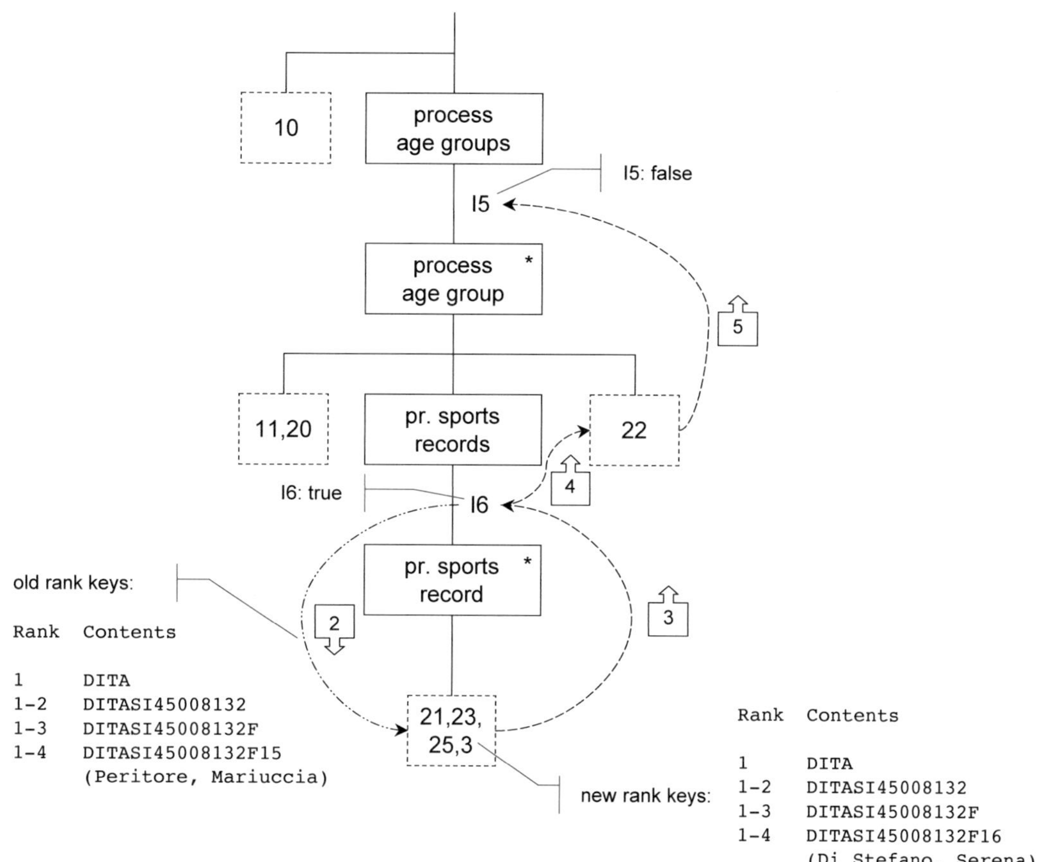

Abbildung 9.10: *Durchlauf nach dem Gruppenwechsel bis hoch zu I5*

Erster Gruppenwechsel: Aufstieg zur Rang-3-Kontrolle

Jetzt kommt erstmals die Ranggruppenlogik wirklich zur Anwendung. Der Durchlauf beginnt mit der Markierung 3 und wird wegen der erfüllten Kontrolle I6 über die Operation 22 mit der Kontrolle I5 fortgesetzt. Deren Endebedingung ist aber nicht erfüllt, weil sich bis auf die Altersgruppe nichts geändert hat.

Somit geht es mit den Operationen 11 und 20 weiter – siehe „Abbildung 9.11: Durchlauf nach dem Gruppenwechsel und Beginn der neuen Altersgruppe" auf Seite 210.

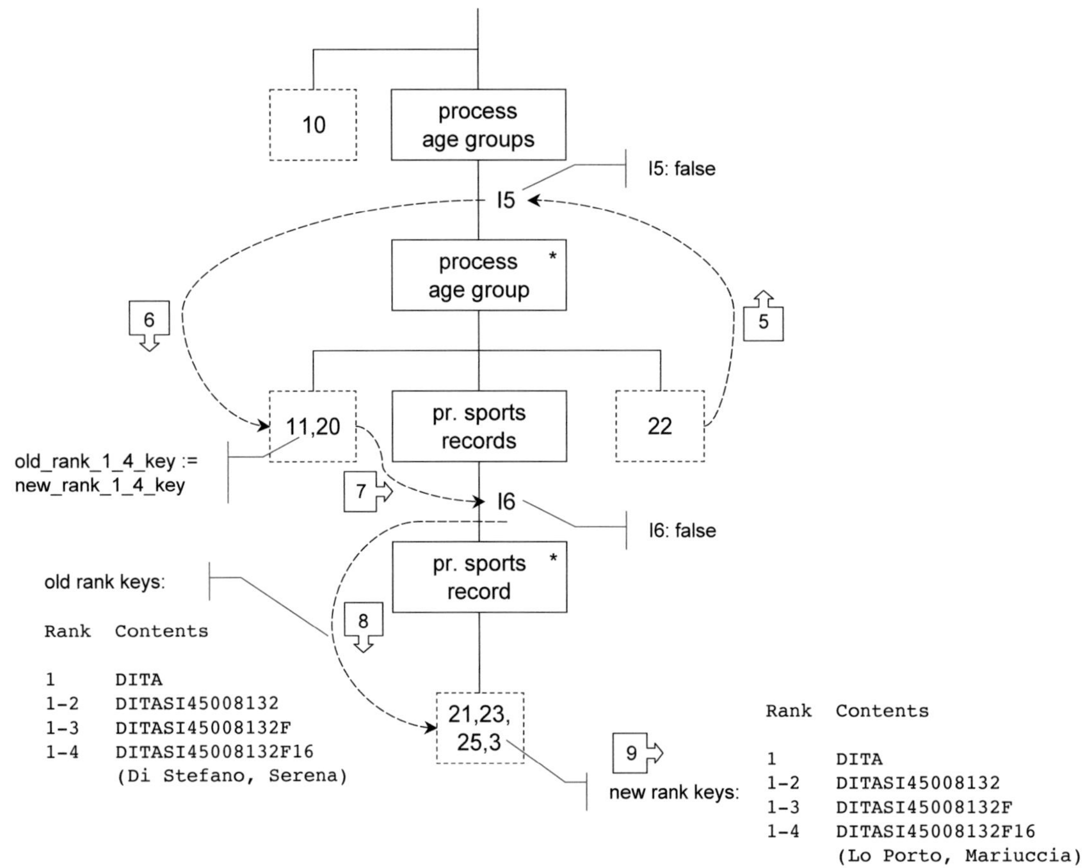

Abbildung 9.11: *Durchlauf nach dem Gruppenwechsel und Beginn der neuen Altersgruppe*

Erste Rückkehr zur Rang-4-Schleife

Die Op. 11 macht wieder die Rangschlüssel identisch. Somit ist die Kontrolle I6 nicht mehr erfüllt und der Satz wird verarbeitet. Das Nachlesen – Markierung 9 – ergibt, dass kein Gruppenwechsel vorliegt. Also ist I6 erneut nicht erfüllt und die Schleife wird fortgesetzt. Dann wird folgender Satz nachgelesen:

```
ITASI45008132 F 16 18 15 17 Prestìa, Angela
```

Auch dieser Satz bewirkt keinen Gruppenwechsel. Erst der Satz

```
ITASI45008132 F 17 10 08 12 Castagnola, Michela
```

verursacht einen erneuten Gruppenwechsel nach dem oben dargestellten Schema. So geht es bis zu folgendem Satz weiter:

```
ITASI45008132 F 18 05 02 04 Tripòdi, Elvira
```

Dieser Satz ist der letzte F-Satz zur Altersgruppe 18. Es folgt der erste M-Satz zur Altersgruppe 13:

```
ITASI45008132 M 13 09 06 09 Ciccione, Pippo
```

Zweiter Gruppenwechsel: Beendigung der Rang-4- und Rang-3-Schleifen

Dies ist ein Gruppenwechsel im Rang 3. Die folgende Grafik zeigt den Durchlauf für diesen Satz bis zur I4-Kontrolle:

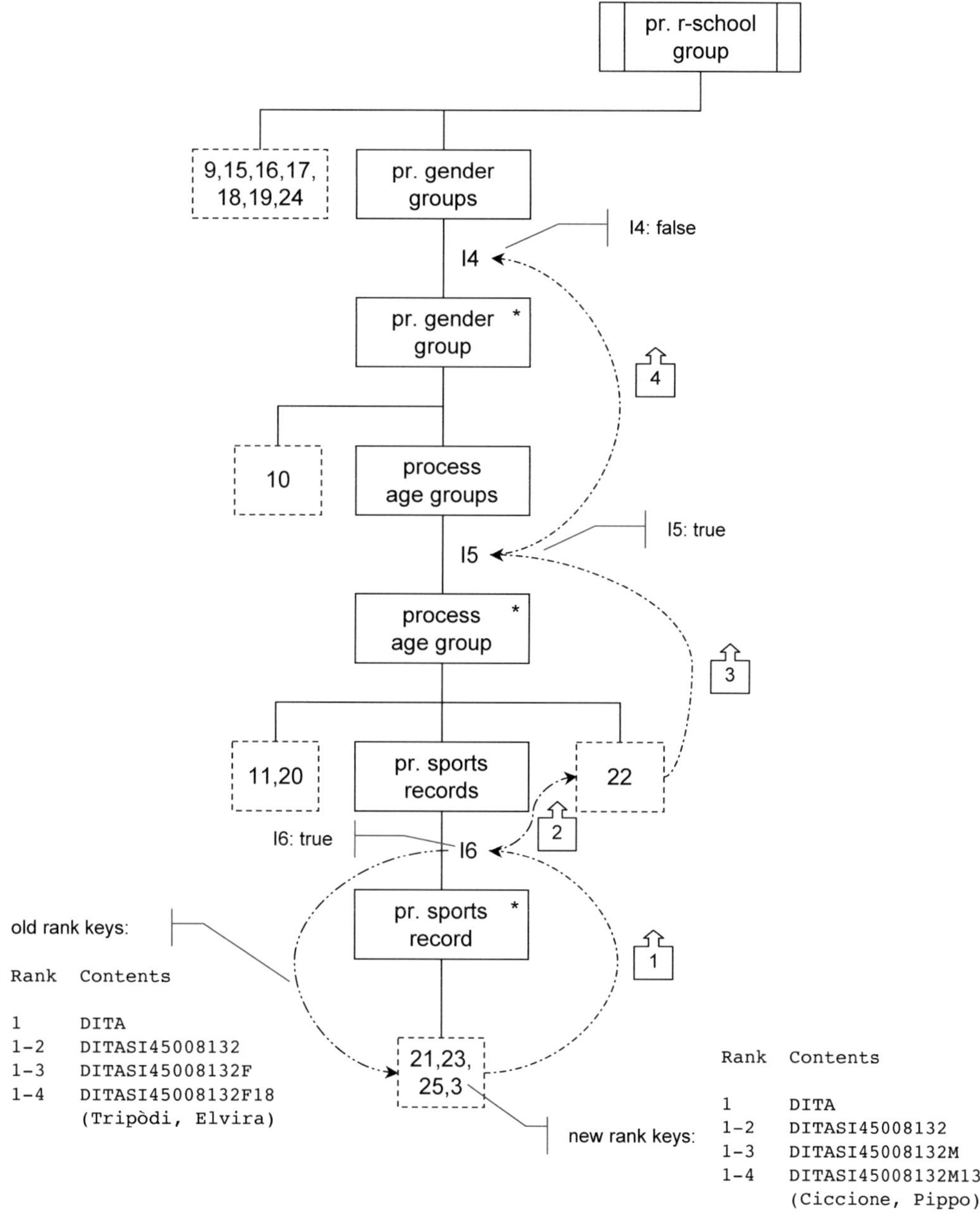

***Abbildung 9.12:** Durchlauf nach dem Gruppenwechsel im Rang 3 bis hoch zu I4*

Genau betrachtet, gibt es zugleich einen Gruppenwechsel im 4. Rang (von 18 auf 13). Der Vergleich der konkatenierten Gruppenschlüssel durch I6 erstreckt sich jedoch über alle Ränge, so dass dieser zusätzliche Wechsel keine weitere Bedeutung hat. In einer „handgestrickten" Gruppenverarbeitung könnte man versucht sein, allein aufgrund dieses Zusammentreffens zunächst einen Gruppenwechsel im Rang 4 und dann im Rang 3 zu konstatieren, bei einem Übergang 18 ⇨18 aber nicht. Das wäre aber völlig falsch, da ein Gruppenwechsel auf einem höheren Rang – mit kleinerer Rangnummer – auch alle darin eingeschlossenen Gruppen beendet, unabhängig davon, ob es dort zufällig weitere Wechsel gibt. Die Altersgruppe 13 in der neuen M-Gruppe hat – datentechnisch – keinerlei Bezug zur Altersgruppe 18 in der beendeten F-Gruppe.

Solche Missverständnisse und Irrtümer vermeidet die (Rang-)Gruppenverarbeitung nach Jackson zuverlässig. Nachdem Sie dieses Kapitel durchgearbeitet haben, werden Sie sich ohne wurmende Zweifel diesem Verfahren anvertrauen und es sorgfältig anwenden, weil es Sie sicher zum Ziel führt.

Zweite Rückkehr zur Rang-4-Schleife

Dieser größere Gruppenwechsel vollzieht sich ganz analog zum Rang-4-Wechsel. Nach der I4-Kontrolle geht es wie folgt weiter:

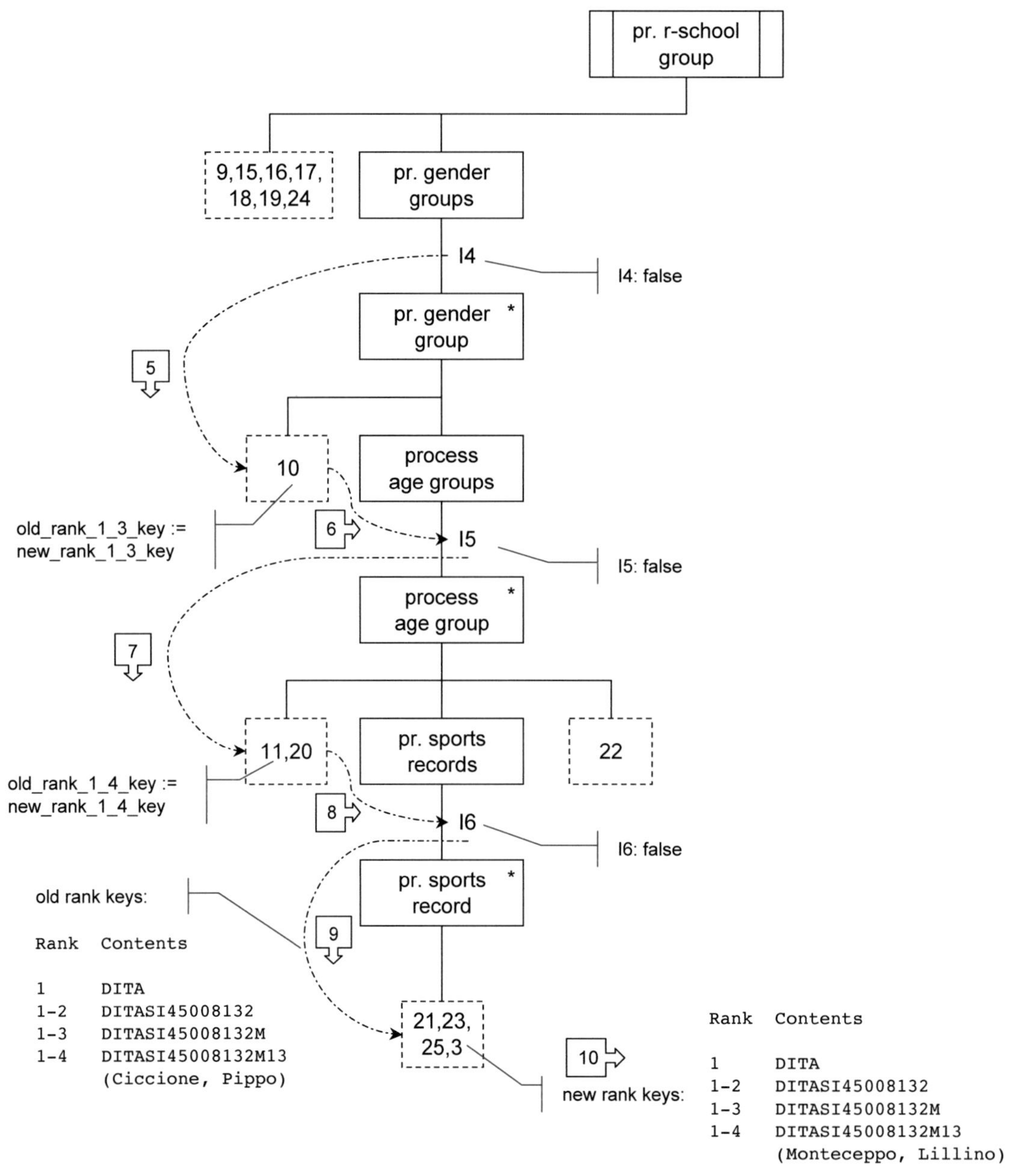

***Abbildung 9.13:** Abstieg auf die unterste Ebene in der neuen Gender-Gruppe*

und so weiter und so fort…

Die Verarbeitung aller M-Sätze zur selben Schule erbringt keine neuen Erkenntnisse. Daher sehen wir uns jetzt einen Wechsel im Rang 2 – den Übergang zu einer neuen Schule – an. Damit ist ja die Ausgabe des ersten Ergebnissatzes zur bisherigen Schule verbunden. Bei diesem Wechsel kann sowohl die Region als auch die Schulnummer wechseln. Ändert sich die Region, so ist auch eine neue Schulnummer zu erwarten, aber das ist nicht zwingend.

Der letzte Satz zum Liceo Federico Fellini in 92014 Porto Empedocle, Sicilia, Italia sei:

```
ITASI45008132 M 18 12 11 16 Sutera, Nenè
```

Ihm folgt – als Beispiel – der erste Satz zur neuen Schulgruppe für das Istituto Tecnico Nautico D. Dolfin, 30124 Venezia, Veneto, Italia:

```
ITAVE31005010 M 18 16 13 17 Brunelli, Lilio
```

Das „Abbildung 9.14: Durchlauf nach Wechsel der Schul-Gruppe bis hoch zu I2“ auf Seite 214 zeigt den dadurch angestoßenen Durchlauf.

Dritter Gruppenwechsel: Beendigung der Rang-4-, Rang-3 und Rang-2-Schleifen

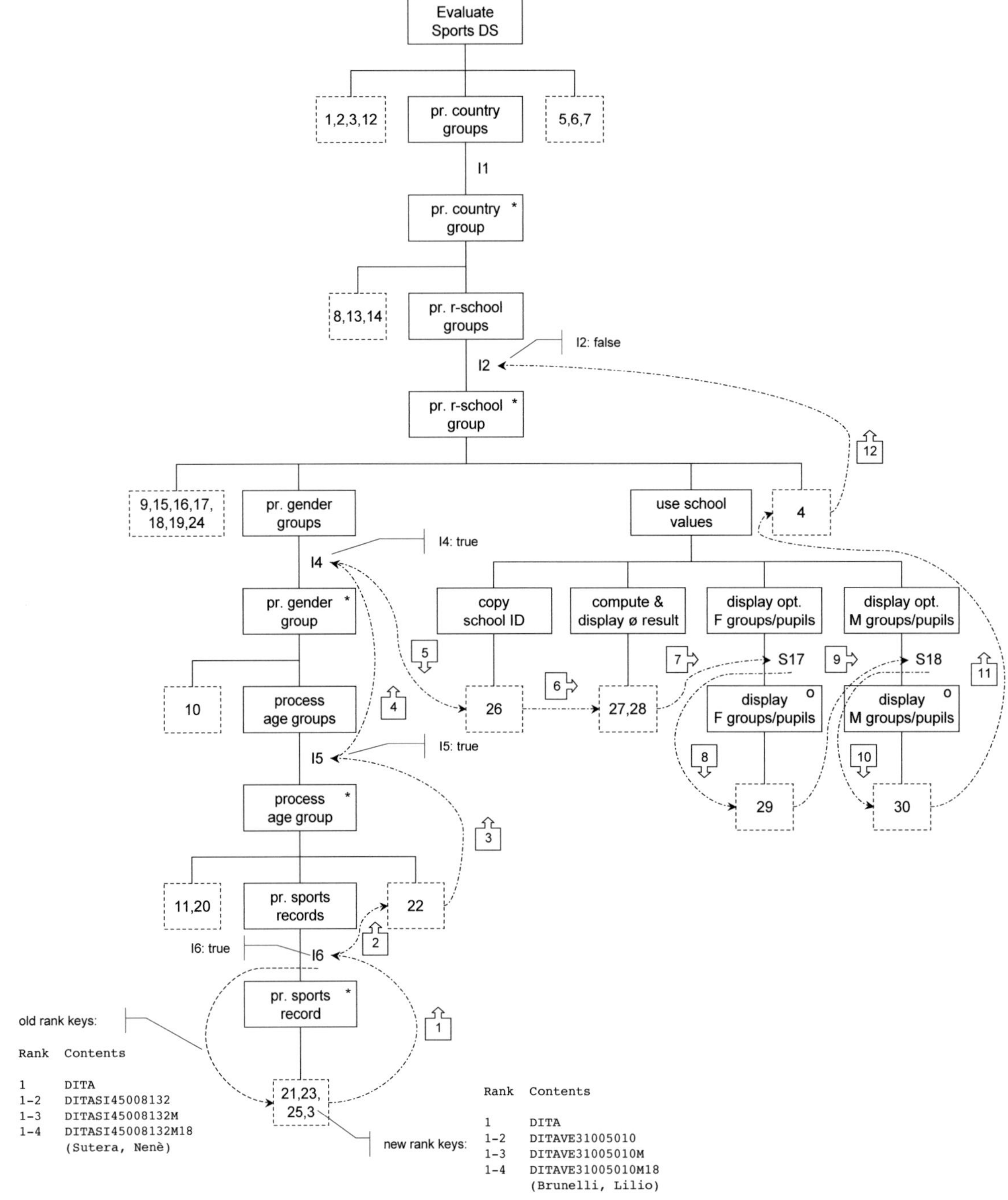

Abbildung 9.14: *Durchlauf nach Wechsel der Schul-Gruppe bis hoch zu I2*

Dieses Diagramm sollte Ihnen auf Anhieb verständlich sein. Die in den Rängen 4 und 3 geübten Prinzipien werden hier auf den Rang 2 angewandt. Zusätzlich findet die Ausgabe des Ergebnissatzes statt, den der alte Rang-1-2-Schlüssel `ITASI45008132` einleitet. Das demonstriert einen weiteren Nutzen der JSP-Gruppenlogik.

Der neu eingelesene Satz dient zunächst nur als Auslöser für die Gruppenwechsel „von unten nach oben", also vom Rang 4 zum Rang 2. Die „Abbildung 9.15: Erneuter Abstieg auf die unterste Ebene mit den Daten zur neuen Schule" auf Seite 215 zeigt, wie er verarbeitet und anschliessend erneut nachgelesen wird.

Dritte Rückkehr zur Rang-4-Schleife

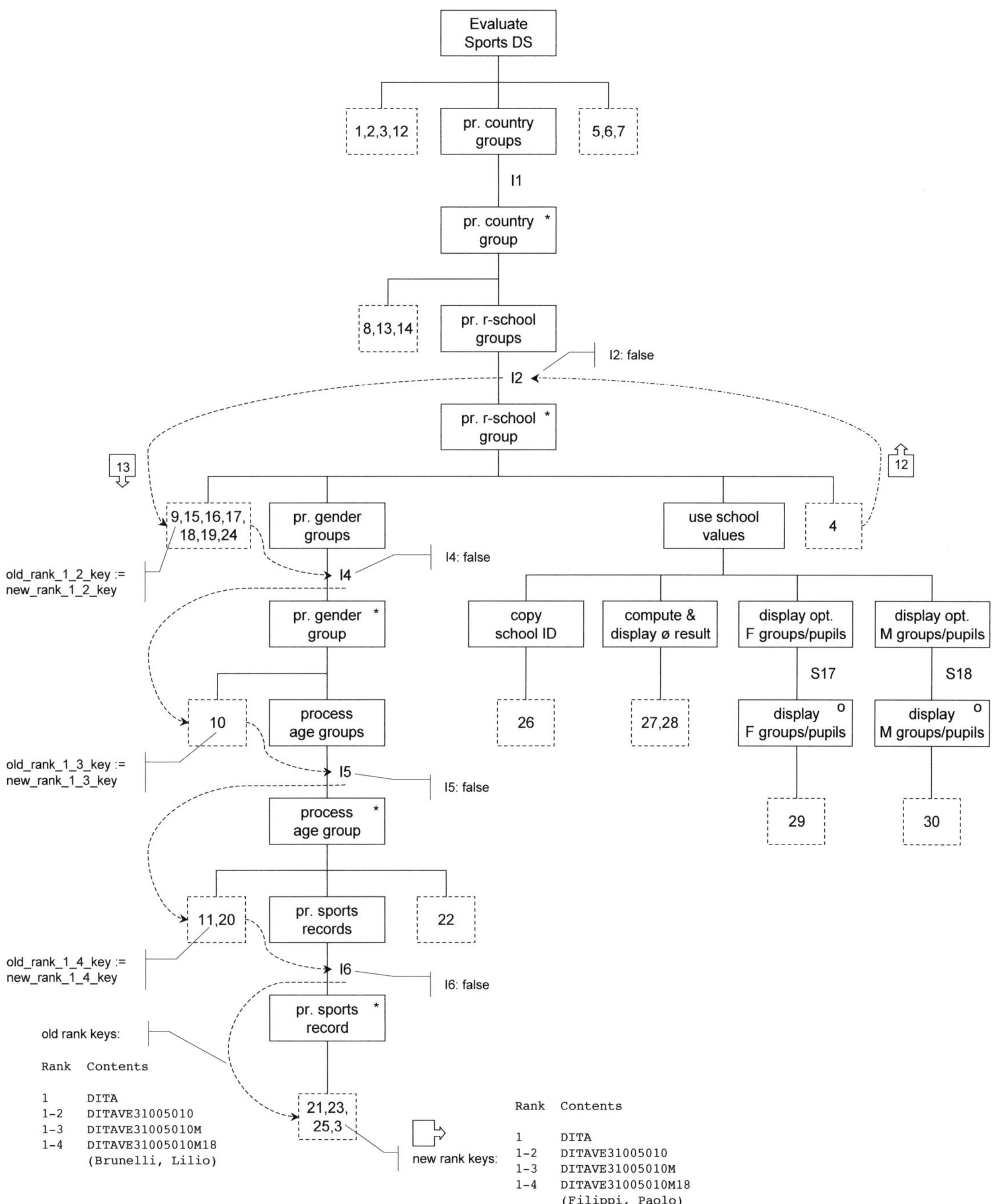

Abbildung 9.15: *Erneuter Abstieg auf die unterste Ebene mit den Daten zur neuen Schule*

Der Durchlauf bei einem Land-Wechsel (Rang 1) verläuft vollständig analog. In diesem Fall ist die Kontrolle I2 erfüllt und es wird die Kontrolle I1 geprüft, bevor die Verarbeitung wieder bis in die I6-Schleife hinabsteigt. Wichtig ist, dass auch in diesem Fall ein Ergebnissatz zum alten Rang1-2-Schlüssel erzeugt wird.

Am Eingabe-Ende ist zusätzlich auch I1 erfüllt. Danach folgen nur noch die Operationen 5,6,7. Es lohnt sich nicht, für diese beiden Ereignisse die Durchlaufdiagramme zu zeichnen.

Stattdessen erscheint es als angebracht, die gezeigten Durchläufe etwas zu verallgemeinern:

- Die hier vorgestellte Ereignisfolge ist beispielspezifisch. In einer gewöhnlichen Ranggruppenverarbeitung können jederzeit Gruppenwechsel auf beliebigen Rängen und in beliebiger Folge stattfinden.
- Vollzieht man solche Fälle grafisch nach, so oszilliert die Verarbeitung über die Rangstufen hinweg auf und ab, verharrt aber auch häufig in der untersten Schleife, wo die Eingabesätze verarbeitet werden.
- Eine Gruppe kann aus einem einzigen Satz bestehen, der beliebige Ranggruppenwechsel auslöst.
- Beim Schleifeneintritt sind die Kontrollen der – wie immer abweisenden – Gruppenschleifen jeweils durch das rechtzeitige Gleichsetzen des alten mit dem neuen Gruppenschlüssel auf „false" geschaltet. Daher wirken sich Gruppenwechsel, die ja wegen der Position der Nachlese-Operation nur in der innersten Schleife auftreten können, bei den anschliessenden Schleifenbeendigungen „von unten nach oben" nur bis zu derjenigen Kontrolle aus, deren Schlüsselabschnitt – vom Anfang her gelesen – unverändert geblieben ist. Danach taucht die Verarbeitung wieder bis in die innerste Schleife hinab, wo die nachgelesenen Daten endlich vollständig verarbeitet werden.
- Das bedeutet, dass bei der aufsteigenden Bewegung – zum Beispiel beim Rang-2-Wechsel entlang der Markierungen 1 bis 12 – zwar schon der neue Satzinhalt im Eingabebereich steht, aber noch Abschlussaktivitäten für die soeben zu Ende gegangene Gruppe stattfinden. Diese greifen auf die Ergebniswerte der abgeschlossenen Gruppe(n) und auf deren Schlüssel zu, um gültige Resultate zu liefern. Inhalte des nachgelesenen Satzes spielen bei dieser Bewegung im Allgemeinen keine Rolle.
- Bei der anschliessenden absteigenden Bewegung nach der ranghöchsten Kontrolle, die „false" ergibt, werden Teile der Inhalte des neuen Satzes verwendet. Meist sind das Abschnitte seines vollen Schlüssels, welche die alten Rangschlüssel überschreiben.
- Nach der Erkennung des Eingabe-Endes findet nur noch die aufsteigende Bewegung statt. Es liegen keine nachgelesenen Daten mehr vor, was bei kunstvollen Konstrukten zu beachten ist, die in dieser Phase schon neue Daten einzubeziehen versuchen. Wenn tatsächlich der Inhalt eines gruppenwechsel-auslösenden Satzes auf die Ergebnisermittlung für die bisherige Gruppe Einfluss nehmen muss, ist eine dementsprechende Datenstruktur zu erstellen, die auch den Fall des – gegebenenfalls unerwarteten – Eingabe-Endes berücksichtigt.
- Mit der JSP-Gruppenlogik ist es verbunden, dass die Schlüsselbestandteile mehrfach kopiert beziehungsweise geprüft werden, und zwar um so öfter, je hochrangiger sie sind. Diese Redundanz mag aus der Performance-Sicht als störend erscheinen, lässt sich aber nicht vermeiden.

9.2.6 Implementierung der vereinfachten Programmstruktur

Die zuverlässige Beherrschung der Gruppenverarbeitung ist zumindest für die kommerzielle Datenverarbeitung von hoher Bedeutung. Praktisch jede Verarbeitung, die mit großen Datenmengen konfrontiert ist, verwendet irgendeine Gruppenlogik oder könnte davon profitieren. Das hier gewählte Beispiel, der Internationale Schulsportwettbewerb, weist sowohl Züge einer allgemeinen Ranggruppenverarbeitung als auch Besonderheiten auf. Daher erscheint es als sinnvoll, dieses Beispiel in C und in Java zu implementieren.

Für COBOL II und REXX folgen anschliessend nur knappe Angaben zu den erforderlichen Strukturen und Kontrollen, da diese beiden Sprachen zwar einerseits nicht mehr die Bedeutung haben, die sie einst besaßen, andererseits aber immer noch weit verbreitet sind und vor allem in der kommerziellen Programmierung nach wie vor eine große Rolle spielen.

9.2.7 Implementierung in COBOL II

Die Definitionen für den „sports contest rec(ord)" und für die Ranggruppenschlüssel lauten etwa wie folgt:

```
 77  FILLER                        PIC X(08)  VALUE 'SPORTREC'.
 01  SportsDSRec.
     05  Country-Code              PIC X(03).
     05  Region-ID                 PIC XX.
     05  School-No                 PIC X(08).
     05  FILLER                    PIC X.
     05  Gender-Code               PIC X.
     05  FILLER                    PIC X.
     05  Age                       PIC 99.
     05  FILLER                    PIC X.
     05  Sprint-Points             PIC 99.
     05  FILLER                    PIC X.
     05  Jump-Points               PIC 99.
     05  FILLER                    PIC X.
     05  Throw-Points              PIC 99.
     05  FILLER                    PIC X.
     05  Name                      PIC X(47).
*
 77  FILLER                        PIC X(08)  VALUE 'RANKKEYS'.
 01  Old-Rank-1-4-Key.
     05  Old-Rank-1-3-Key.
         10  Old-Rank-1-2-Key.
             15  Old-Rank-1-Key.
                 20  Read-Status   PIC X      VALUE 'D'.
                     88  End-Of-File          VALUE 'E'.
                 20  Country-Code  PIC X(03)  VALUE SPACES.
             15  Region-ID         PIC XX     VALUE SPACES.
             15  School-No         PIC X(08)  VALUE SPACES.
         10  Gender-Code           PIC X      VALUE SPACE.
     05  Age                       PIC 99     VALUE ZEROES.

*
 01  New-Rank-1-4-Key.
     05  New-Rank-1-3-Key.
         10  New-Rank-1-2-Key.
             15  New-Rank-1-Key.
                 20  Read-Status   PIC X      VALUE 'D'.
                     88  End-Of-File          VALUE 'E'.
                 20  Country-Code  PIC X(03)  VALUE SPACES.
             15  Region-ID         PIC XX     VALUE SPACES.
             15  School-No         PIC X(08)  VALUE SPACES.
         10  Gender-Code           PIC X      VALUE SPACE.
     05  Age                       PIC 99     VALUE ZEROES.
```

Hier fallen vor allem die Rangschlüsseltreppen ins Auge, bei denen die höheren Ränge in die niedrigeren geschachtelt zu sein erscheinen. Das ist aber nur ein optischer Eindruck. Tatsächlich ist das jeweils erste Byte der Rangschlüsselstruktur der `Read-Status`, gefolgt vom `Country-Code` auf demselben Level 20. Diese bilden zusammen den Rank-1-Key. Danach folgt der R-School-Group-Schlüssel = Rank-2-Key, der aus der Folge von Rank-1-Key, `Region-ID` und `School-No` besteht. Diese Konkatenation wird durch das unmittelbare Aneinanderreihen der beiden Felder auf dem Level 15 erzielt. `Gender-Code` kommt beim Rank-3-Key und `Age` beim Rank-4-Key hinzu.

Durch die Vergabe der höchsten Level-Nummern für den höchsten Rang (1), der zweithöchsten für den Rang 2 etcetera wird die Zusammenfassung der einzelnen Rangschlüssel zum Rank-1-2-Key, Rank-1-3-Key und Rank-1-4-Key bewirkt. Der neue `Read-Status` – nach dem Nachlesen – und die Rangschlüssel können auf sehr einfache Weise in den Kontrollen verwendet werden.

Hinweis: Hier ist zu beachten, dass Byte-Felder mit Level-Nummern > 01 von COBOL in unmittelbar aufeinanderfolgenden Speicherzellen angeordnet werden. Vergleiche konkatenierter Schlüssel finden daher physisch als Zeichenkettenvergleiche statt. Rangschlüsselelemente, die beispielsweise Ganzzahlen sind, werden aber vom jeweiligen Compiler gegebenenfalls an Halbwort-, Wort- oder Doppelwortgrenzen ausgerichtet, wobei der Inhalt eingeschobener Füll-Bytes undefiniert sein kann. Das würde auf jeden Fall zu ganz erheblichen Problemen führen. Es gibt aber noch weitere gute Gründe, keine anderen Datentypen als Zeichen- oder Ziffernketten in konkatenierte Schlüssel aufzunehmen, die z.B. aus den unterschiedlichen internen Zahldarstellungen resultieren.

Das Füllen der New-Rank-Key-Felder aus den `SportsDSRec`-Inhalten nach dem Lesen ist so einfach, dass es hier nicht gezeigt werden muss. Dasselbe gilt für das Kopieren der neuen Rangschlüssel unmittelbar vor den Kontrollen I2 bis I6. Die implementierten Iterationskontrollen I1 bis I6 würden lauten:

```
I1:    PERFORM UNTIL End-Of-File
          ...
       END-PERFORM

I2:    PERFORM UNTIL New-Rank-1-Key > Old-Rank-1-Key
          ...
       END-PERFORM

I4:    PERFORM UNTIL New-Rank-1-2-Key > Old-Rank-1-2-Key
          ...
       END-PERFORM

I5:    PERFORM UNTIL New-Rank-1-3-Key > Old-Rank-1-3-Key
          ...
       END-PERFORM

I6:    PERFORM UNTIL New-Rank-1-4-Key > Old-Rank-1-4-Key
          ...
       END-PERFORM
```

COBOL kann Zahlen, die als Ziffernfolgen dargestellt sind, für Rechenoperationen intern konvertieren. Das gilt auch für die Punktanzahlen im `SportsDSRec`. Daher ist es hier nicht zwingend nötig, die Struktur SpoConD explizit zu definieren und zu befüllen. Aus der Performance-Sicht sollte man interne Konvertierungen nicht öfter als unvermeidbar vornehmen lassen, da das Rechnen mit Ziffernfolgen wegen der ständig wiederholten

Abbildungen in die duale Darstellung und zurück höchst ineffizient ist. Die einmalige Addition der erzielten Punkte pro „sports contest rec(ord)" lässt sich aber durch eine explizite Konvertierung vor der Addition nicht schneller machen.

Die COBOL-II-Implementierung der übrigen Operationen und Kontrollen ist im aktuellen Kontext uninteressant und wird daher hier nicht beschrieben.

9.2.8 Implementierung in REXX

Da REXX keine echten Deklarationen kennt, müssen Rangschlüssel dort durch disziplinierte Verwendung der Schlüsselelemente und -abschnitte nachgeahmt werden.

a) Code in der Lese-Routine einer Implementierung unter TSO und z/OS® (Op. 3)

```
Address TSO "EXECIO 1 DISKR SPORTREC (STEM SportsDSRec."

If SportsDSRec.0 > 0 Then Do
   new_country_code = Substr(SportsDSRec.1, 01, 03)
   new_region_ID    = Substr(SportsDSRec.1, 04, 02)
   new_school_no    = Substr(SportsDSRec.1, 06, 08)
   new_gender_code  = Substr(SportsDSRec.1, 15, 01)
   new_age          = Substr(SportsDSRec.1, 17, 02)
   read_status      = 'D'
   End
Else
   read_status      = 'E'

new_rank_1_4_key    = read_status      !! new_country_code !! , /* Rank 1 */
                      new_region_ID    !! new_school_no    !! , /* Rank 2 */
                      new_gender_code  !!                     , /* Rank 3 */
                      new_age                                   /* Rank 4 */
new_rank_1_3_key    = read_status      !! new_country_code !! , /* Rank 1 */
                      new_region_ID    !! new_school_no    !! , /* Rank 2 */
                      new_gender_code                           /* Rank 3 */
new_rank_1_2_key    = read_status      !! new_country_code !! , /* Rank 1 */
                      new_region_ID    !! new_school_no         /* Rank 2 */
new_rank_1_key      = read_status      !! new_country_code
```

Anmerkungen

➢ Folgende Initialisierungen sind am Programmanfang sinnvoll:

```
new_country_code = '   '
new_region_ID    = '  '
new_school_no    = '        '
new_gender_code  = ' '
new_age          = '  '
```

- Die Nutzung von vier verschiedenen Rangschlüsselvariablen erscheint auf den ersten Blick als exzessiv. Die Alternative wäre jedoch, mit Substrings zu arbeiten, was unübersichtlich, ineffizient und – wegen der starren Zeichenpositionen – wartungsunfreundlich wäre. Beispiel:

```
old_rank_1_key = Substr(new_rank_1_4_key, 01, 04)       /* op. 08 */
countries      = countries + 1                          /* op. 13 */
schools        = 0                                      /* op. 14 */
```

I2:

```
Do Until Substr(new_rank_1_4_key, 01, 04) > old_rank_1_key
   ...
End
```

- Anstatt einzelner `new`-Variablen könnte auch ein Stem für alle Schlüsselelemente verwendet werden. Dadurch ist aber keine wesentliche Vereinfachung oder bessere Übersichtlichkeit erreichbar. Daher reichen die Präfixe `new` und `old` völlig aus.
- Es besteht kein Bedarf, die bisherigen Schlüsselelemente einzeln aufzubewahren, weil nur mit den konkatenierten Rangschlüsseln gearbeitet wird. Deshalb sind `old`-Einzelwertzuweisungen zusätzlich zu den Operationen 8 bis 11 nicht erforderlich. Somit entfallen auch `old`-Initialisierungen.
- REXX arbeitet aus Programmierersicht beim Rechnen sowieso nur mit Ziffernstrings (gegebenenfalls mit Dezimalpunkt und Vorzeichen). Daher ist auch hier die Struktur SpoConD ohne Bedeutung.

Die implementierten Iterationskontrollen I1 bis I6 würden wie folgt lauten:

I1:

```
Do Until read_status = 'E'
   ...
End
```

I2:

```
Do Until new_rank_1_key > old_rank_1_key
   ...
End
```

I4:

```
Do Until new_rank_1_2_key > old_rank_1_2_key
   ...
End
```

I5:

```
Do Until new_rank_1_3_key > old_rank_1_3_key
   ...
End
```

I6:

```
Do Until new_rank_1_4_key > old_rank_1_4_key
   ...
End
```

Der sonstige REXX-Code ist hier nicht weiter von Interesse.

9.3 Hinzunahme der Schul-Daten

Da die Schul-Daten, also Name und (E-Mail-)Adresse nicht in der Eingabedatei „Sports Dataset" enthalten sind, müssen sie aus einer zweiten Datenquelle beigesteuert werden. Bevor wir uns den dafür möglichen Optionen zuwenden, lassen Sie uns ein Gedankenexperiment machen, in dem es keine solche zweite Datenquelle gibt. Wie soll das gehen?

9.3.1 Zeitreise zurück in die 60er Jahre

Wir kehren in die „Steinzeit" der Datenverarbeitung zurück und stellen für die vorliegende Aufgabe lediglich folgende Konfiguration zur Verfügung:

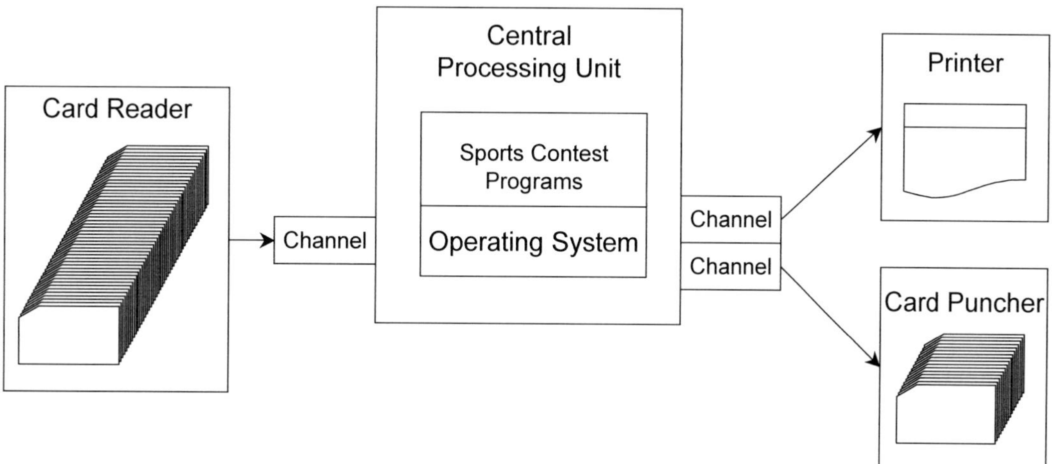

Abbildung 9.16: *Fiktive Konfiguration mit Kartenleser, -stanzer und Drucker*

Es gibt also nur die Eingabedatei, das ist ein per Kartenleser einzulesenden Kartenstapel, die Druckdatei – für das Protokoll – und einen Kartenstanzer als Ausgabedatei, denn die Programmlauf-Ausgaben sollen ja sortiert und weiterverarbeitet werden. Kein Bandgerät. Kein Plattenspeicher. Erst recht keine Datenbank. Was nun?

Auch dann könnte die Auswertung der Schulergebnisdaten stattfinden und das gewünschte Resultat liefern. Ohne zweites Eingabegerät – zweiter Kartenleser, Bandgerät, … – können wir die Schul-Daten jedoch nicht wie gewünscht beschaffen und in die Ausgabe des Programms integrieren. Wir müssen uns anders behelfen.

Für solche und ähnliche Zwecke wurden die „Satzarten" erfunden. Bislang kennen wir ja nur die „sports contest records", die in monotoner Folge sortiert aufeinanderfolgen. Diese sind 28 + 47 = 75 Zeichen lang. Eine Standard-Lochkarte hat(te) 80 Zeichen, also haben wir noch genug Zeichenpositionen für besondere Zwecke übrig. Traditionell werden dafür die Zeichen am Anfang oder Ende der Karten verwendet. Dann kann eine Eingabedatei, die auch die Schul-Daten – natürlich ohne E-Mail-Adressen – enthält, wie folgt aufgebaut sein:

```
0 DEUBW00470811 HOELDERLIN-GYMNASIUM
1 DEUBW00470811 88214 RAVENSBURG, BADEN-WUERTTEMBERG, DEUTSCHLAND
2 DEUBW00470811 F 10 08 09 06 LEIBEL, MARIA
2 DEUBW00470811 F 10 11 08 12 RUSSO, ANTONELLA
[…]
2 DEUBW00470811 M 19 12 13 08 HAGELUND, KLAUS
2 DEUBW00470811 M 19 15 10 11 PFÄLZER, GERHARD
```

```
[...]
0 ITASI45008132 LICEO FEDERICO FELLINI
1 ITASI45008132 92014 PORTO EMPEDOCLE, SICILIA, ITALIA
2 ITASI45008132 F 15 15 16 07 COGLITORE, LAURA
2 ITASI45008132 F 15 04 07 06 PERITORE, MARIUCCIA
2 ITASI45008132 F 16 03 07 06 DI STEFANO, SERENA
2 ITASI45008132 F 16 03 09 08 LO PORTO, MARIUCCIA
2 ITASI45008132 F 16 18 15 17 PRESTIA, ANGELA
2 ITASI45008132 F 17 10 08 12 CASTAGNOLA, MICHELA
[...]
```

und so weiter bis zum Dateiende.

Das neue Format der „sports contest records" ist dann (mit vorangestelltem Positions-Lineal):

```
         11111111112222222222333333333344444444445555555555666666666677777777778
12345678901234567890123456789012345678901234567890123456789012345678901234567890
T CCCRRSSSSSSSS G AG RN LJ LT NAME (length <= 47)
```

Hinweise: Das `'T'` auf der 1. Position bedeutet „Record Type" = Satzart. Daran kann das Programm ablesen, welche Bedeutung die Daten auf der jeweiligen Karte besitzen. 1960 mussten alle Buchstaben groß und ohne Umlaute / Accents etcetera geschrieben werden.

Sortieren der Eingabedatei

Zusätzlich dienen die absichtlich in der Folge 0 – 1 – 2 vergebenen Satzarten als Sortierkriterium. Angenommen, die Eingabesätze müssten zunächst sortiert werden, wobei wir für einen Augenblick in die Gegenwart zurückkehren und das Vorhandensein einer modernen Massenspeicherperipherie, sowie eines leistungsfähigen Sortierprogramms unterstellen. Dieses Programm benötigt Steuerungsdaten, die festlegen, was – welche Bytes in jedem Satz – in welcher Folge – wahlweise aufsteigend oder absteigend – sortiert werden soll. Diese Angaben heissen bei etlichen Sortierprogrammen `SORT FIELDS`.

Damit die Sätze in dieser Datei nach der Sortierung korrekt aufeinanderfolgen, müssen die bisherigen Sortierkriterien geändert werden. An die Stelle der Feldfolge `CCC,RR,SSSSSSSS,G,AG`

⇨ `SORT FIELDS=(01,18,CH,A)`

beim bisherigen Satzaufbau tritt die Feldfolge `CCC,RR,SSSSSSSS,T,G,AG`

⇨ `SORT FIELDS=(03,13,CH,A,01,01,CH,A,17,04,CH,A)`

beim neuen Format. Dabei werden Leerzeichen aus Bequemlichkeitsgründen in die Sortierung einbezogen. Dann kann nämlich der 18-stellige Satzpräfix beim bisherigen Format komplett sortiert werden. Beim neuen Format ist nur das Leerzeichen auf der Position 18 dabei.

Die Syntax der `SORT FIELDS` ist sehr einfach. Im Fall `(01,18,CH,A)` sollen ab der Position 01 einschliesslich 18 Zeichen = Characters (`CH`) aufsteigend = ascending (`A`) sortiert werden. Genauer gesagt, werden natürlich nicht nur diese Zeichen sortiert. Das Sort-Programm extrahiert die beiden Felder aus jedem Satz und ordnet die Sätze – ohne Änderung an deren Inhalten – so um, dass sie in der Ausgabe die gewünschte Folge bilden.

Im zweiten Fall muss wegen der neuen Sätze nach 13 Zeichen (die auf der Position 03 beginnen), die Satzart auf der 1. Position eingeschoben werden. Dadurch gelangen die Schul-Daten an den jeweiligen Rang-1-2-Anfang, unabhängig vom Inhalt der Gender-Code- und Age-Felder. Diese enthalten bei den Satzarten 0 und 1 sowieso nichts Brauchbares.

Anstelle von Zeichen (`CH`) können auch andere Datentypen angegeben werden, zum Beispiel `PD` (= packed decimals), `ZD` (= zoned decimals), `BI` (= binary) – gegebenenfalls mit bitgenauer Vorgabe, FL (= normalized hexadecimal floating-point data). Die Alternative zu „ascending" ist „descending" (`D`).

Diese zeichen- und bitpositionsorientierten Kleinlichkeiten erscheinen in der schönen neuen Multimedia-Welt als völlig antiquiert. Sie haben aber bei allen Verarbeitungen, die externe Sortierungen erfordern, nach wie vor eine hohe Bedeutung. Ein scheinbar kleiner Sortierfehler kann dann dramatische Folgen haben. Daher muss jede(r) kommerzielle Programmierer(in) sich damit gut auskennen.

Heutzutage spielt die 80-Zeichen-Grenze keine wichtige Rolle mehr. Sätze mit vielen Sortierfeldern und auch mit Satzarten dürfen weitaus länger sein, obwohl es auch hier physische Grenzen gibt, die je nach Dateiorganisation beispielsweise maximal knapp 32 KB pro Satz erlauben. Programmcode wird dagegen – zumindest auf Großrechnern – oft noch in Dateien aufbewahrt, deren feste Satzlänge 80 Bytes beträgt. Diese Sätze werden normalerweise geblockt, also zu Blöcken zusammengefasst, die eine gute Platznutzung der Plattenmedien ermöglichen.

9

Am Rande bemerkt: Die über Jahrzehnte zu höchster Rafinesse ausgefeilten Sortier-Dienstprogramme bewältigen heute Gigabytes (10^9 Bytes) oder Terabytes (10^{12} Bytes), irgendwann aber auch Petabytes (10^{15} Bytes). Sie bieten eine Fülle von Fähigkeiten, die über das reine Sortieren weit hinausgehen. Wer sich diese Fähigkeiten zunutze macht, kann oftmals ganz ohne eigene Programmierung arbeiten, oder diese durch Nutzung von Sort-Exits auf das Unvermeidliche beschränken - und dabei um vieles effizienter als mit einem Anwendungsprogramm operieren.

Verarbeitung des Kartenstapels

Wir gehen wieder in die Vergangenheit zurück und füllen die wohlsortierten Karten mit den Schul-Daten und den „sports contest records" in den Eingabeschacht des Kartenlesers. Ein Tastendruck verursacht einen Interrupt im Prozessor. Dieser startet den Kartenleser und damit letztlich das Anwendungsprogramm. Das wäre um 1960 wahrscheinlich ein Assembler-Programm gewesen.

Ein relativ kleiner Speicherbereich würde völlig für die Laufzeitdaten des Programms ausreichen, da ja nur die kurzen Siegerlisten und die zugehörigen Schul-Daten längerfristig gespeichert werden müssen. Der erzeugte Kartenstapel wäre wesentlich kürzer als der Eingabestapel, weil er pro Schule selten länger ist als 6 Karten. Dazu kommen die Karten für die nationalen und internationalen Sieger.

Der Ausgabestapel muss sortiert werden, um die Sieger-Karten von hinten nach vorn zu bewegen, wobei die internationalen Sieger ganz vorn und die Landessieger jeweils vor den Landesergebnissen einsortiert werden müssen. Die Feldfolge und die Sortierkriterien lauten:

```
CCC,RR,SSSSSSSS,LN  ⇨     SORT FIELDS=(01,15,CH,A)
```

(mit `LN` = Line Number). 1960 war es durchaus möglich, dass in einem Rechenzentrum für eine solche Sortierung keine Bandgeräte als Zwischenspeicher zur Verfügung standen. Stattdessen behalf man sich mit elektromechanischen Sortiermaschinen, die auf den Erfinder Herman Hollerith und das Ende des 19. Jahrhunderts zurückgehen.

Die sortierten Karten sind die Eingabe für ein weiteres Programm, das daraus damals die Ergebnislisten erzeugt und auf Papier mit einem Seitenvorschub vor jeder Schule gedruckt hätte. Danach: Postversand der Ergebnisblätter. Keine E-Mail. Kein Internet-Zugang zu einem Server mit den Ergebniszusammenstellungen.

Dennoch hätte der Internationale Schulsportwettbewerb stattfinden können. Der Auswertungsalgorithmus wäre seitdem weitgehend derselbe geblieben, aber immer mal wieder in einer neueren Sprache codiert worden.

Was wurde eigentlich aus den Lochkarten? Hierzu ein Zitat aus Wikipedia[2]:

»**Ende der Lochkarten-Ära**
Ab Mitte der 1960er Jahre verbreiteten sich in den Rechenzentren Magnetbänder als Medium zum Speichern und Sortieren von Daten. Sie waren schneller und hatten eine wesentlich höhere Kapazität in Bezug auf Volumen und Gewicht. Mitte der 1970er Jahre war die Lochkarte so gut wie nicht mehr existent und auch zur Datenerfassung zum Beispiel von Magnetbandkassetten und/oder Disketten abgelöst. Dieser technologischen Entwicklung entsprechend verschwanden auch Lochkartensortierer aus den Rechenzentren.«

9.3.2 $10^3 - 10^6 - 10^9 - 10^{12} - 10^{15} - 10^{18} - 10^{21} - 10^{24} - \ldots$

Wozu soll dieser Ausflug in die Vergangenheit dienen? Das werden Sie sich vielleicht gefragt haben. Uns steht doch heutzutage eine Fülle technischer Möglichkeiten zur Verfügung, an die damals noch gar nicht zu denken war. Plattenplatz und Rechenkapazität sind anders als früher keine ernstzunehmenden Restriktionen mehr. Warum sich den Kopf über Performancefragen zerbrechen, wo doch noch jede Rechnergeneration einen enormen Leistungsschub mit sich brachte?

Das ist richtig – und falsch zugleich. Für die Benutzer von gut ausgestatteten Rechnerkonfigurationen scheinen die früher üblichen Einschränkungen und Engpässe kaum mehr zu existieren. Vielleicht ist das der Grund dafür, dass immer mehr Programmierer(innen) mit den Betriebsmitteln hausen, anstatt sparsam damit umzugehen. Den Dauerbrenner „SQL-Optimierung" müsste es eigentlich gar nicht geben, wenn jede(r), der oder die mit SQL arbeitet, die Folgen seines oder ihres Tuns genau verstehen und sich danach richten würde. Die wachsende Komplexität der Datenbanksysteme, die meist völlig unterentwickelte innerbetriebliche Fortbildung und der Druck, rasch funktionierenden Code zu produzieren, machen es aber zunehmend schwer, diesen löblichen Maximen zu folgen.

Aufgrund der enormen Fortschritte, die auf dem Gebiet der Rechnerarchitekturen, sowie bei den Verarbeitungs- und Transfergeschwindigkeiten erreicht wurden, scheinen die anhaltenden Bemühungen um bessere Performance zunehmend sinnlos zu werden. Wenn es nur noch eine Sekunde dauert, 10 Megabyte zu verarbeiten, wozu sich um eine Halbierung dieser Sekunde bemühen und dafür womöglich mehrere Programmiertage aufwenden? Das ist für eine einzelne Verarbeitung von 10 MB am Tag leicht zu beantworten: völlig sinnlos. In einem Großrechnerverbund, der täglich Millionen von Programmläufen oder Transaktionen abwickelt, führt die Verschwendung von Ressourcen in zahlreichen Einzelfällen jedoch zu einer erheblich höheren Gesamtlast, und die kostet Geld und Zeit.

Im Grunde haben sich in den vergangenen Jahrzehnten nur die technologischen Herausforderungen und Grenzen nach oben verschoben. Wo vor einiger Zeit noch ein Megabyte eine respektierte Größenordnung war, vor sehr viel kürzerer Zeit dann ein Gigabyte, wachsen die Bestände nun im Terabytebereich. Es kann nicht mehr lange dauern, bis wir zu den Petabytes vorstoßen, die wir uns nicht mehr vorstellen können, ganz zu schweigen von Exabytes (10^{18} Bytes), Zettabytes (10^{21} Bytes) und Yottabytes (10^{24} Bytes). Gleichzeitig begleitet uns stets die Frage: Sind unsere Programme schnell genug?

Wenn 10 Megabytes (10^7 Bytes) in einer Sekunde gegen eine Datenbank verarbeitet werden können, so werden für die höheren Größeneinheiten folgende Zeiten benötigt:

- 1 Gigabyte: 10^2 Sekunden = 1 Minute, 40 Sekunden
- 1 Terabyte: 10^5 Sekunden = 27 Stunden, 4 Minuten, 40 Sekunden
- 1 Petabyte: 10^8 Sekunden = 1.157 Tage, 9 Stunden, 46 Minuten, 40 Sekunden

Selbst bei massivem Einsatz paralleler Rechenkapazitäten sind die noch höheren Einheiten derzeit unerreichbar weit von realistischen Zeitmaßen entfernt.

Das untere Ende der Rechnerskala markieren die Mikrocontroller, die mehr und mehr für elektronische und elektromechanische Steuerungszwecke eingesetzt werden. Das sind auch Computer, aber völlig andere als die Universalrechner, mit denen der Aufschwung der Rechenzentren begann. Mikrocontroller besitzen Rechenfähigkeiten, können aber auch elementare Schaltvorgänge auslösen, Sensoren und Uhren-Chips abfragen, digitale Signalprozessoren oder Interface-Bausteine für die Komponentenkommunikation unterstützen und vieles mehr. USB- und TTL-Schnittstellen sind ebenfalls üblich (TTL = Transistor-Transistor-Logik). Damit lassen sich hochinteressante Anwendungen entwickeln, die unseren Alltag voraussichtlich weit mehr revolutionieren werden, als dies die herkömmliche Rechnertechnologie inklusive Internet bereits getan hat.

Genau auf dieser Ebene treffen wir die Kargheit der 60er Jahre wieder an. Im schlimmsten Fall müssen sogar Interrupts durch das jeweilige Anwendungsprogramm erkannt und behandelt werden, denn es gibt bei den kleinsten Mikrocontrollern kein Betriebssystem (OS = Operating System). Um elementare Schaltvorgänge auszuführen und Sensoren abzufragen, ist kein OS erforderlich. Mikrocontroller mit höherer Leistungsfähigkeit können durchaus ein Real-Time-OS beherbergen, das mit dem Code der Anwendung zusammen geladen wird, oder sogar schon beim ersten Einschalten präsent ist. Inwischen sind seit Jahren Webserver auf Linux®-Basis verfügbar, die in einem Ethernet-Stecker Platz finden. C- und Java-Compiler, sowie die erforderlichen Laufzeitumgebungen stehen ebenfalls für Microcontroller und Mikroprozessoren zur Verfügung.

Welche Minimalkonfiguration wäre also 2022 für den Internationalen Sportwettbewerb ausreichend?

9.3.3 Technische Minimalkonfiguration 2022

Es lohnt sich immer wieder, sich zu überlegen, mit welchen Betriebsmitteln – Rechner und Peripherie – eine bestimmte Anwendung minimal zurechtkommen sollte. Spätestens dann, wenn wieder einmal ein Downsizing verlangt wird, oder die Anwendung eine neue Heimat finden muss, ist es gut, darüber im Klaren zu sein.

Was brauchen wir im vorliegenden Fall minimal?

- Eine CPU, beispielsweise einen Mikroprozessor
- Ein geeignetes Betriebssystem, auf dem C- oder Java-Programme ausgeführt werden können
- Hauptspeicher für das Betriebssystem, die Library-Routinen und das jeweilige Anwendungsprogramm
- Einen USB-Stick, auf dem die Eingabedaten – Schul-Daten und „sports contest records" getrennt – sortiert gespeichert sind, und auf den die Ausgabedaten des Auswertungsprogramms geschrieben werden
- Ein Sortierprogramm, das diese Ausgabedaten für den Versandlauf umstellt
- Ein Programm, das die sortierten Daten in E-Mails umsetzt und dem Client zum Versand übergibt
- Einen E-Mail-Client und dessen Zugang zu einem Provider
- Einen Ethernet-Anschluss für die E-Mail-Daten (an ein Netzwerk mit Internet-Zugang)

Das alles kann auf etlichen Kubikzentimetern untergebracht werden. Die 1960 erforderliche Hardware ist also um circa 2 Zehnerpotenzen in jeder der drei Dimensionen geschrumpft. Wir sollten allerdings nicht vergessen, dass diese Minimalkonfiguration ein Entwicklungssystem voraussetzt, das es ermöglicht, den Mikroprozessor zu programmieren. Dafür reichen jedoch wenige Quadratdezimeter – inklusive Laptop – aus.

Eine solche Minimalkonfiguration könnte wie in der „Abbildung 9.17: Fiktive Minimalkonstellation auf Mikroprozessorbasis mit USB und Ethernet" auf Seite 226 aussehen. Die Daten auf dem USB-Stick sind hier nur angedeutet. Dort könnten auch Programm- und Library-Files etcetera liegen. Die von den Programmen auf dem USB-Stick abgelegten Laufprotokolle können anschliessend an einem PC betrachtet und, falls erforderlich, gedruckt werden.

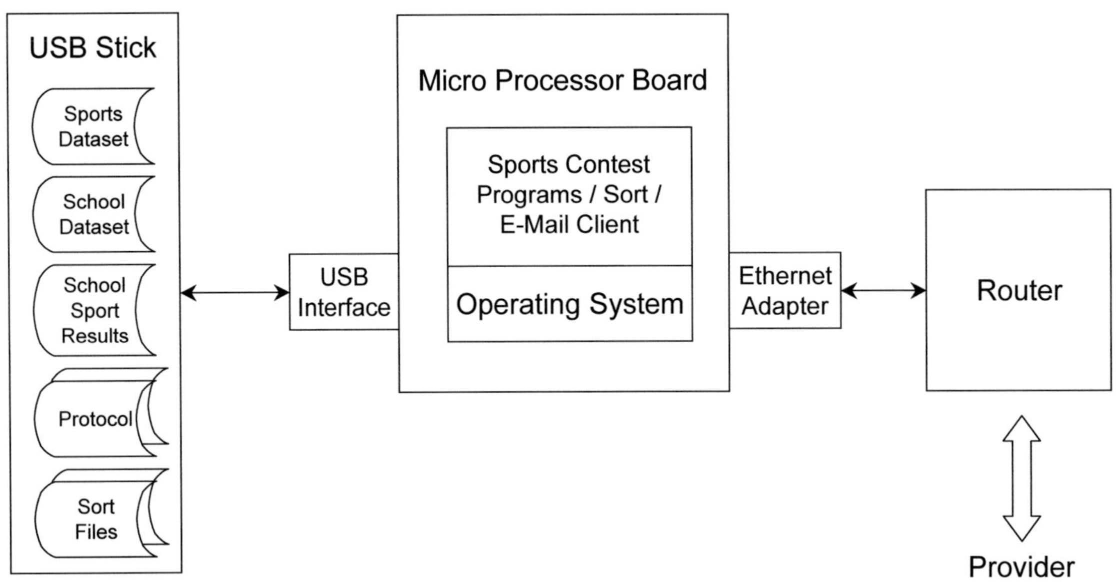

Abbildung 9.17: *Fiktive Minimalkonstellation auf Mikroprozessorbasis mit USB und Ethernet*

Nun erscheint es doch als reichlich aufwendig, für eine solche Aufgabe extra einen Mikroprozessor samt Peripherie anzuschaffen und zu programmieren. Ein gewöhnlicher PC reicht hierfür völlig aus. Dennoch zeigt dieses Gedankenexperiment, in welche Richtung sich Technologien entwickeln können, an die vor Jahrzehnten nicht in den wildesten Träumen zu denken war.

9.3.4 Schul-Daten in einer zweiten Datei

Nachdem wir uns über die technischen Voraussetzungen klargeworden sind, können wir uns wieder dem Eingangsthema zuwenden. Auf einem USB-Stick oder einer Festplatte sind problemlos viele Dateien unterzubringen. Eine davon soll die sortierten „sports contest records" im bisherigen Format und eine weitere die in derselben Folge sortierten Schul-Daten enthalten. Um Längen- und Ausrichtungsproblemen aus dem Weg zu gehen, sind die Daten zu jeder Schule in jeweils drei Sätzen zu – maximal – 80 Zeichen Länge untergebracht.

Das Satzformat dieser Schul-Daten sei (mit vorangestelltem Positions-Lineal):

```
         1111111111222222222233333333334444444444555555555566666666667777777778
12345678901234567890123456789012345678901234567890123456789012345678901234567890
CCCRRSSSSSSSS01 SCHOOL NAME             (name length <= 50)
CCCRRSSSSSSSS02 SCHOOL ADDRESS          (length <= 64)
CCCRRSSSSSSSS03 SCHOOL.NAME@PROVIDER.XY (length <= 64)
```

Da wir von geprüften Daten ausgehen dürfen, setzen wir voraus, dass zu jedem Schulschlüssel einer „sports contest records"-Ranggruppe genau eine dazu synchrone Satzgruppe existiert, welche die zugehörigen Schul-Daten enthält. Wir müssen also an jedem Rang-2-Beginn drei Sätze mit Schul-Daten lesen und verarbeiten. Daraus ergeben sich folgende Korrespondenzen zwischen den Schul-Daten, dem Sports Dataset und den School Sport Results.

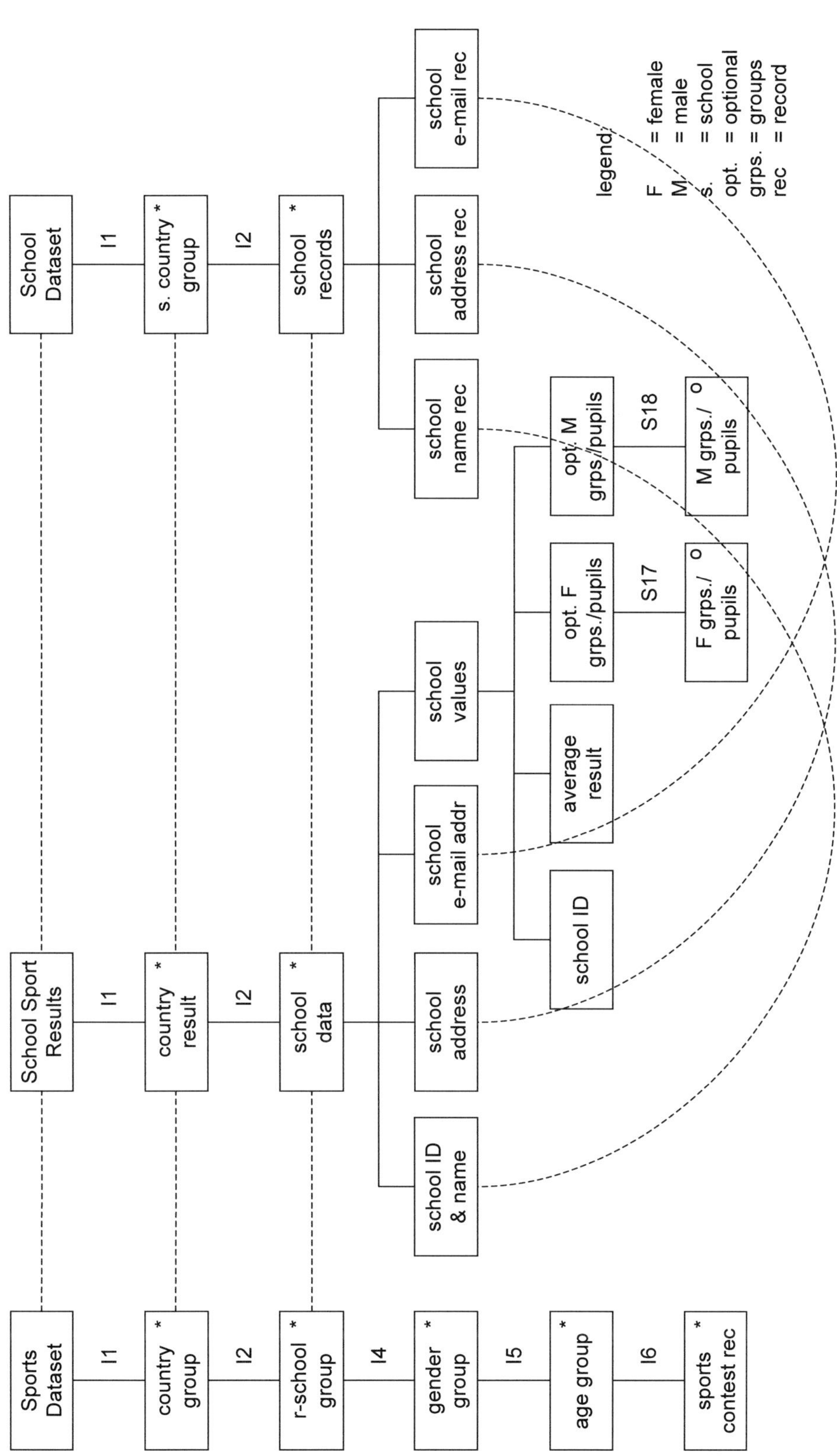

Abbildung 9.18: *Korrespondenzen unter Einbeziehung der synchronen Schul-Daten*

Durch Verschmelzen der korrespondierenden Strukturblöcke miteinander und durch deren Übertragung in die Programmstruktur ohne Operationen entsteht die folgende erweiterte Programmstruktur:

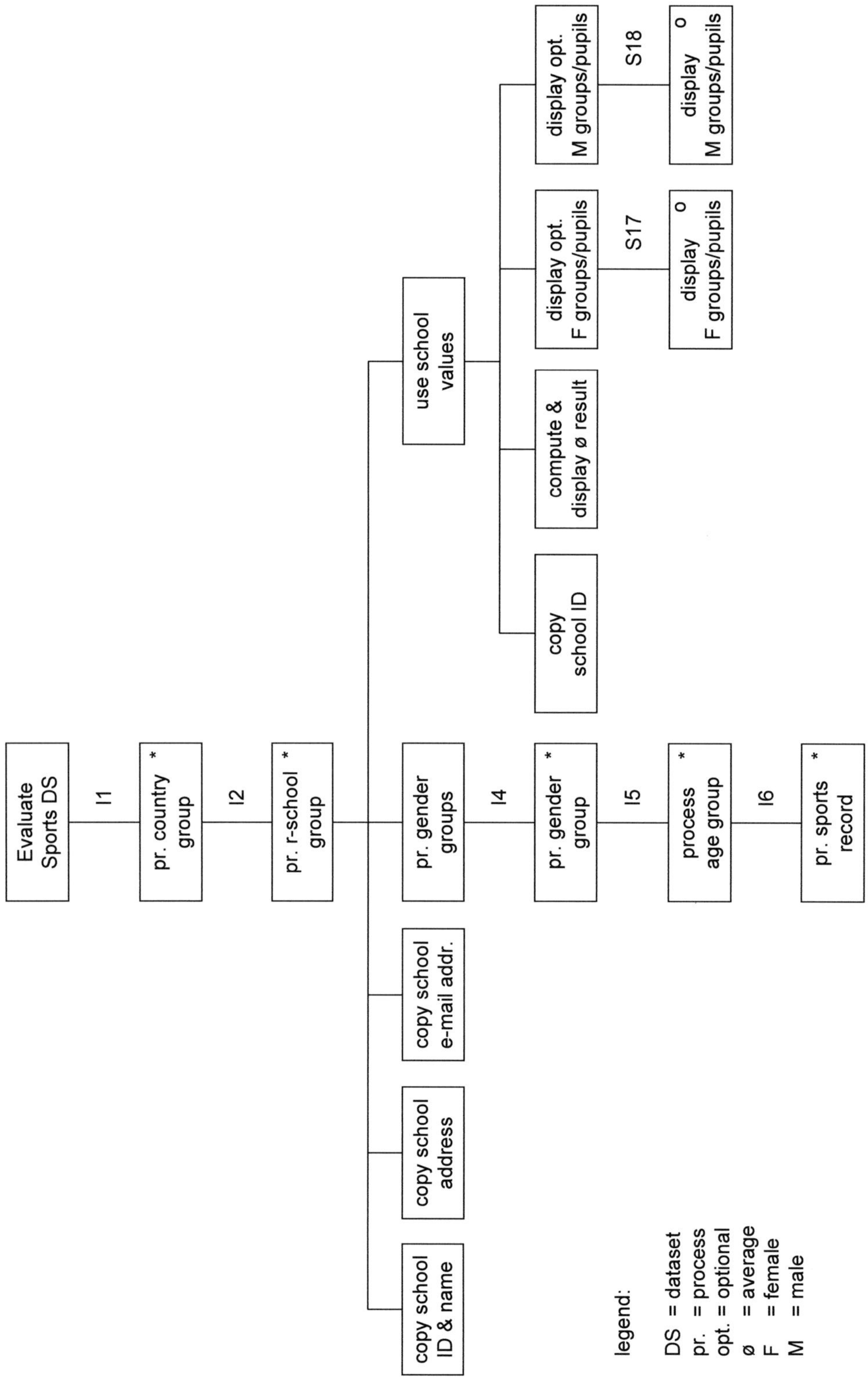

Abbildung 9.19: *Erweiterte Programmstruktur mit Verarbeitung der Schul-Daten*

Nun können wir auch den zweiten Anteil der geplanten Ausgabedatei produzieren. Wegen der – noch zu erzeugenden – internationalen Ergebnisse muss die School ID ab der Position 17 der Zeile 01 wiederholt werden. Erst dann folgt – nach einem Leerzeichen – der Schul-Name. Die Ausgabe sieht jetzt wie folgt aus:

```
DEUBW0047081101 DEUBW00470811 Hölderlin-Gymnasium
DEUBW0047081102 88214 Ravensburg, Baden-Württemberg, Deutschland
DEUBW0047081103 sekretariat@hoelderlin.rv.bw.schule.de
DEUBW0047081104 Ø 33,50 F 4/129 M 7/432
[…]
DEUBW0765432101 DEUBW07654321 Paul-Klee-Realschule
DEUBW0765432102 70565 Stuttgart, Baden-Württemberg, Deutschland
DEUBW0765432103 paul-klee-schule@stuttgart.de
DEUBW0765432104 Ø 28,70 F 5/305 M 6/364
[…]
DEUBY0012345601 DEUBY00123456 Ludwig-Thoma-Gymnasium
DEUBY0012345602 86899 Landsberg am Lech, Bayern, Deutschland
DEUBY0012345603 sekretariat@ltg-landsberg.de
DEUBY0012345604 Ø 33,65 F 4/372 M 6/522
[…]
DEUHE0022334401 DEUHE00223344 Immanuel Kant Gymnasium
DEUHE0022334402 60322 Frankfurt am Main, Hessen, Deutschland
DEUHE0022334403 schulleitung@kant-gymnasium.frankfurt.de
DEUHE0022334404 Ø 34,32 F 6/451 M 6/562
[…]
DEUNW0001705001 DEUNW00017050 Schiller-Gesamtschule
DEUNW0001705002 48147 Münster, Nordrhein-Westfalen, Deutschland
DEUNW0001705003 schillerschule@muenster.de
DEUNW0001705004 Ø 31,28 F 7/642 M 8/583
[…]
ESPAN0278549101 ESPAN02785491 Instituto Federico García Lorca
ESPAN0278549102 18000 Granada, Andalucia, España
ESPAN0278549103 info@ifgl-granada.com
ESPAN0278549104 Ø 36,74 F 3/273 M 3/481
[…]
FRA530011276501 FRA5300112765 Licée Paul Signac
FRA530011276502 35800 Saint-Briac-sur-Mer, Bretagne, France
FRA530011276503 licee-signac@mairie-saint-briac.fr
FRA530011276504 Ø 36,65 F 5/284 M 7/462
[…]
ITALI8300785201 ITALI83007852 Liceo Scientifico Galileo Galilei
ITALI8300785202 18100 Imperia, Liguria, Italia
ITALI8300785203 segreteria@galilei-imperia.org
ITALI8300785204 Ø 35,75 F 3/147 M 5/321
```

Damit kommen wir unserem Ziel bereits ein schönes Stück näher. Die neuen Operationen und die ergänzte Programmstruktur folgen auf der nächsten Seite.

9

Op.	Bedeutung	Kommentar
31	School-Dataset öffnen	txt-Datei wird erwartet
32	School-Record lesen, konkat. Gruppenschlüssel zuweisen	⇨ school_rec
33	School-Dataset schliessen	
34	RR01 := Substr(school_rec, 0, 16) + Substr(school_rec, 0, 13) + ' ' + Substr(school_rec, 16, 50)	school ID + '01 ' + school ID + Blank + School Name (Start-Index von school_rec = 0)
35	Result-Satz 01 (RR01) ausgeben	
36	school_address := Substr(school_rec, 16, 64)	für Ranking aufbewahren
37	school_rec ausgeben	gleiches Format für Sätze 02 und 03

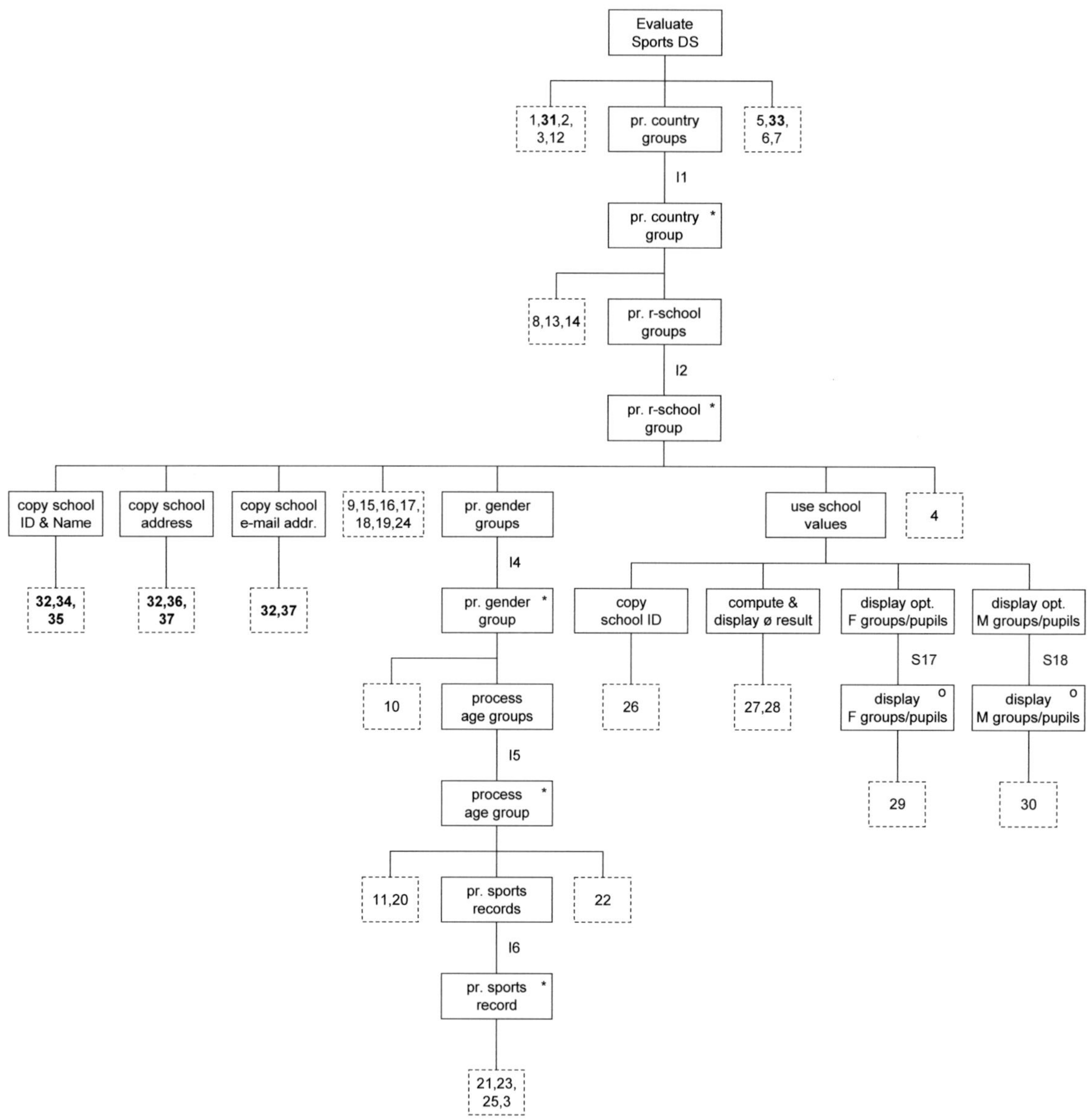

***Abbildung 9.20:** Erweiterte Programmstruktur mit den neuen Operationen*

Die neuen Operationen sind fett markiert.

Der dritte und letzte Anteil der geplanten Ausgabedatei stammt aus der Ermittlung der Medaillenränge für Schüler und Schulen. Die Vergabe von Gold, Silber und Bronze auf drei Gruppenebenen erfolgt nach einem eigenen Verfahren, das im Kapitel „10 Link-Listen-Verarbeitung“ auf Seite 233 ff entworfen wird. Das Kapitel „11 Ranggruppenverarbeitung II“ auf Seite 287 ff führt die beiden Lösungsstränge zusammen und präsentiert die Gesamtlösung.

Endnoten

1 Alle Daten sind bis auf die beiden ersten Spalten fiktiv. Die italienischen Vor- und Nachnamen stammen großenteils aus dem Buch „Das Paradies der kleinen Sünder“ von Andrea Camilleri (Imprint BLT der Verlagsgruppe Lübbe, Bergisch Gladbach 2001; Original: „Un mese con Montalbano“, Arnoldo Mondadori Editore, Milano 1998). BLT hat der Nutzung dieser Namen zugestimmt.

Um jeglichem Konflikt aus dem Weg zu gehen, wurden die von Andrea Camilleri vergebenen Namen geändert, soweit sie Protagonisten betreffen, die in seinen Commissario-Montalbano-Krimis immer wieder vorkommen, oder es wurden den Nachnamen durch permutative Vertauschung andere Vornamen zugeordnet. Sogenannte „Allerweltsnamen“ sind zwar nicht geschützt, aber es sollte damit vermieden werden, sich mit den Nennungen in der Tabelle direkt auf die Personen Camilleris zu beziehen.

2 [Wikipedia-Seitentitel: Lochkartensortierer
Datum der letzten Bearbeitung: 8. November 2021, 22:28 UTC
Versions-ID der Seite: 217112058
Permanentlink: https://de.wikipedia.org/w/index.php?title=Lochkartensortierer&oldid=217112058
Datum des Abrufs: 15. Juni 2022, 09:48 UTC]

06/2015 Möbeltürknäufe auf dem Markt in Uzès (Département Gard)

Band 1 | **Kapitel 10**

Link-Listen-Verarbeitung

Welcher Knauf ist der größte? Und welcher der zweitgrößte, der drittgrößte etcetera? Mit „Größe" ist hier die Fläche gemeint. Diese Fragen sind jedenfalls für menschliche Betrachter nicht leicht zu entscheiden. Die akkurate Anordnung der Knäufe hilft zwar dabei, die kleinsten Knäufe rasch auszusortieren, aber dann wird es schwierig. Ein Programm, das die drei größten Knäufe ermitteln sollte, stünde vor ähnlichen Problemen. Es könnte noch nicht einmal die kleinsten Knäufe gleich anfangs weglassen, weil ihm die intuitive Einschätzung fehlt, die uns zur Hilfe kommt. Ob es nun darum geht, die größten Knäufe zu finden, wobei es auch mehrere gleich große geben könnte, oder ob die Sieger(innen) im internationalen Sportwettbewerb festgestellt werden sollen – diese Aufgaben sind offensichtlich nicht trivial. Im folgenden Kapitel geht es darum, dafür eine gute Lösung zu finden.

Die im Teil I vorgestellte klassische Ranggruppenverarbeitung ist ein universell nutzbares Verfahren, das darauf beruht, dass Datenbestände oftmals in Gruppen, Gruppen von Gruppen etcetera gegliedert werden können. Die Modellierung dieser Gruppenschachtelungen führt zu Struktogrammen mit geschachtelten Iterationen, deren Kontrollen aufeinander aufbauen. Diese Struktogramme beschreiben statische Sichten auf das Datenmaterial, die von den konkreten Inhalten unabhängig sind.

Ein ganz anderer Typus der Ranggruppenverarbeitung besteht darin, ein Datenmaterial dynamisch in Ränge zu gliedern, wie es beispielsweise die Medaillenvergabe beim internationalen Schulsportwettbewerb erfordert. Gold, Silber und Bronze – oder gar keine Medaille – sollen hier den Teilnehmern zugeordnet werden. Auf der Ebene einer einzelnen Schule sind dies die Schüler(innen), deren Leistungen durch ein altersgemäßes Punktesystem, jeweils für Mädchen und Jungen getrennt, bewertet und damit neutral vergleichbar sein sollen. Hier geht es ganz einfach um die höchsten Punktsummen, unabhängig von Alter und Geschlecht. Punktsummengleiche Schüler(innen) bekommen jeweils dieselbe Medaille.

Die Schulen konkurrieren dagegen sowohl auf Landesebene wie international um beste *Durchschnitte*. Damit soll erreicht werden, dass das Augenmerk der Verantwortlichen nicht wie üblich nur auf Spitzenleistungen, sondern auf breit angelegte sportliche Fähigkeiten gerichtet wird. Dabei nehmen wir hier an, dass Manipulationen jeglicher Art um der Fairness willen ausgeschlossen sind.

Für die Ermittlung der Besten auf Schul-, Landes- und internationaler Ebene ist – unabhängig vom konkreten Inhalt der Daten – offensichtlich immer derselbe Algorithmus anzuwenden. Dieser muss nicht nur die Medaillenränge verteilen, sondern auch Mehrfachplazierungen bei gleichen Punktsummen – der Schüler – beziehungsweise Durchschnitten – der Schulen – berücksichtigen. Der Einfachheit halber befassen wir uns zunächst allerdings nur mit den schülerbezogenen Punktsummen und generalisieren das gefundene Verfahren später.

10.1 Die Sort-Methode

Die simpelste Lösung dieser Aufgabe besteht darin, die Punktsummen beziehungsweise Durchschnitte samt den zugehörigen Teilnehmerdaten – pro Schule / Schulen national / Schulen international – satzweise in je einen Sort-Prozess einzuspeisen und sie nach absteigenden Werten sortieren zu lassen. Das Ergebnis ist dann jeweils eine Sort-Ausgabedatei oder ein Sort-Ausgabe-Datenstrom, dem dann nur noch so viele Sätze entnommen werden müssen, wie für die Medaillenvergabe erforderlich ist. Der – große – Rest sortierter Sätze wird verworfen.

Das ist ein naheliegendes, aber verschwenderisches Vorgehen, das nur zu einem Programmierer oder einer Programmiererin passt, dem oder der die optimale Betriebsmittelnutzung völlig wurst ist. Diese Blöße können und möchten wir uns nicht geben. Daher scheidet die Sort-Methode sofort wieder aus.

10.2 Die Datenbank-Methode

Raffinierter, aber auch ziemlich aufwendig ist es, ein relationales Datenbanksystem für diesen Zweck zu verwenden. Anstatt die Punktsummen- beziehungsweise Durchschnitts-Sätze direkt sortieren zu lassen, werden sie als Zeilen in eine Tabelle eingefügt, wobei die Teilnehmerdaten für die Schüler respektive die Schulen beispielsweise in `VARCHAR`-Spalten kommen. Anschliessend können die gewünschten Zeilen mit einem Cursor ausgelesen werden, der eine absteigende Sortierung vorsieht. Hier spielt sich der größte Teil des Aufwands im Datenbanksystem ab, das Indizes aufbauen, die Zeilen einfügen und die Cursor-Ergebnismenge aufbauen muss.

So etwas verabscheuen wir natürlich auch – oder etwa nicht? Jedoch – es gibt Programmierprobleme, die so vertrackt und so speicherplatzaufwendig sind, dass eine solche Lösung durchaus attraktiv sein kann. Heutzutage besitzen Datenbanksysteme so viele Funktionen und ermöglichen komplexe Gruppenbildungen, auch über mehrere Tabellen hinweg, dass es sehr sinnvoll sein kann, damit zu operieren. Wenn ein solcher Lauf nur ab und zu stattfindet und sein Ressourcenverbrauch im vertretbaren Bereich liegt, ist eine aufwendige Programmierung mit schwierigen Tests möglicherweise nur die zweite Wahl. Im vorliegenden Fall hieße das allerdings, mit Kanonen auf Spatzen zu schießen. Ausserdem – in Erinnerung an die 60er Jahre und an die Microcontroller – stehen relationale Datenbanksysteme dafür nicht immer zur Verfügung.

10.3 Die Häufchen-Methode

Es geht also darum, die gegebene Aufgabe effizienter und im Programm-Arbeitsspeicher zu lösen, um den mit externen Zugriffen verbundenen Aufwand zu vermeiden. Der – scheinbar – einfachste Algorithmus, der die gegebene Aufgabe löst, sieht drei Häufchen für die Gold-, Silber- und Bronzemedaillengewinner vor. Folgende Schritte sind erforderlich:

- Die erste Punktsumme (PS1), die aus dem ersten „sports record" einer Schule berechnet wird, kommt auf das – anfangs leere – Goldhäufchen.
- Ist die zweite Punktsumme (PS2) höher, so wird die erste in das Silberhäufchen verschoben und die zweite nimmt deren Gold-Platz ein (a). Ist sie gleich, kommt sie zum Goldhäufchen hinzu (b). Ist sie kleiner, kommt sie auf das – anfangs leere – Silberhäufchen (c):

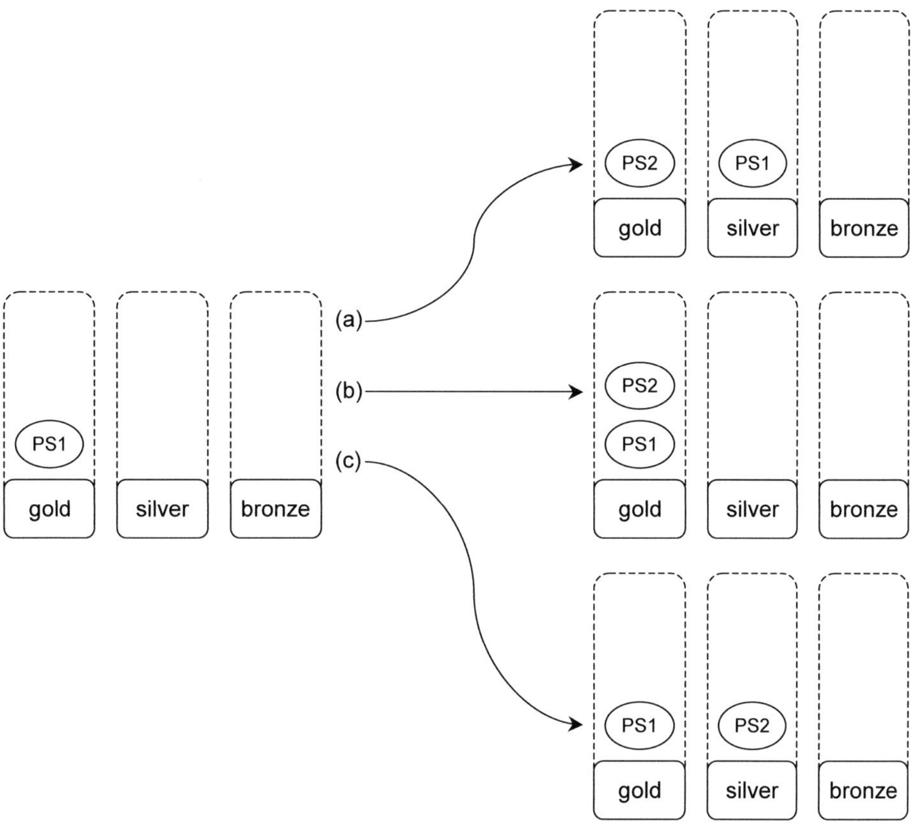

Abbildung 10.1: *Fallabhängige Häufchen-Zuordnungen von PS1 und PS2*

Wenn die dritte Punktsumme (PS3) höher als die beiden ersten ist, nimmt sie den Gold-Platz ein und verdrängt die anderen um einen Rang nach unten (d). Ist sie einer der beiden ersten Summen gleich, so kommt sie zu dem jeweiligen Häufchen dazu (e | f). Liegt sie dazwischen, so verdrängt sie die Silber-Punktsumme auf das – anfangs leere – Bronzehäufchen (g). Ist sie kleiner als die Silber-Punktsumme, so kommt sie auf das Bronzehäufchen (h). Das zeigt die „Abbildung 10.2: Fallabhängige Häufchen-Zuordnungen von PS3" auf Seite 236.

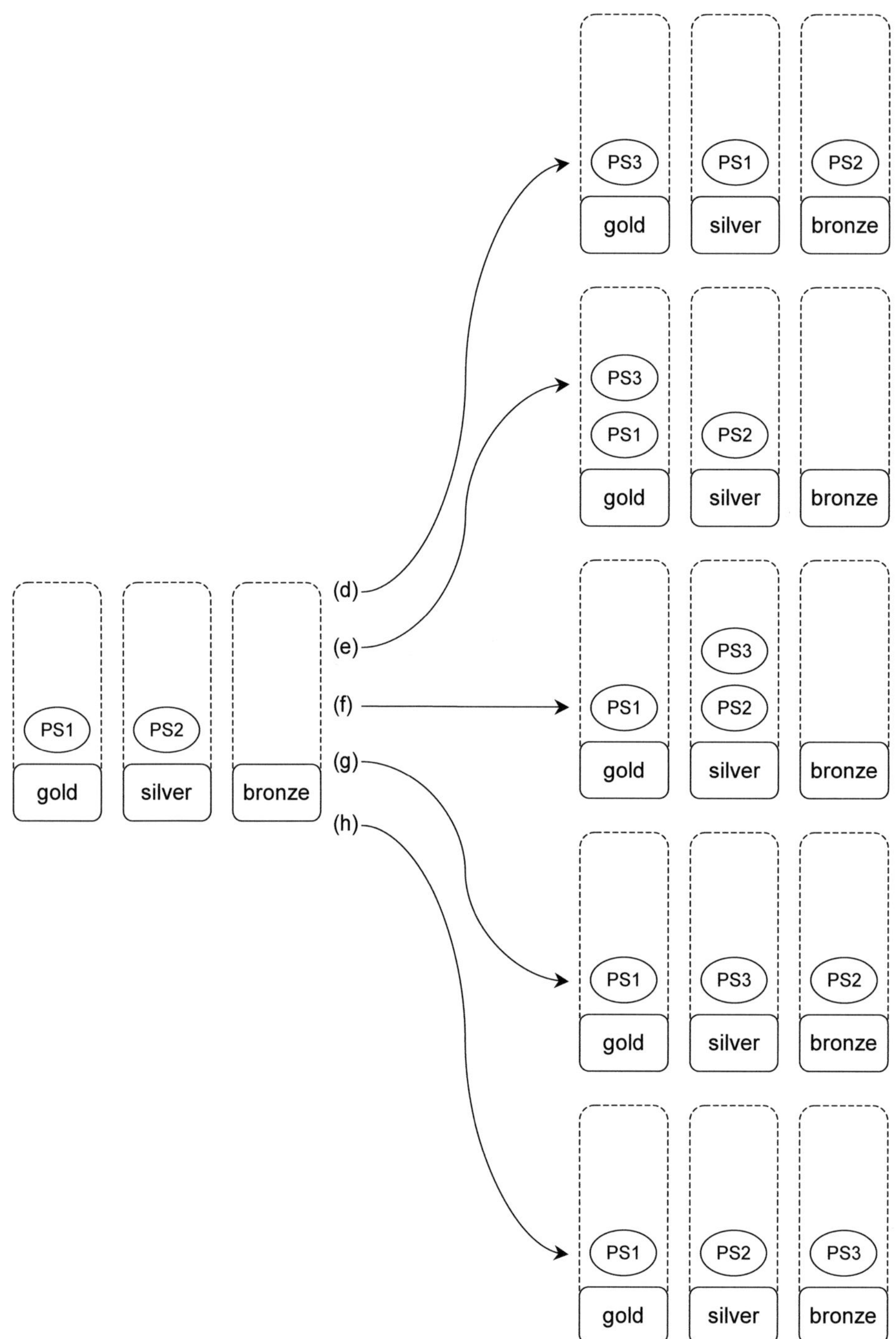

Abbildung 10.2: *Fallabhängige Häufchen-Zuordnungen von PS3*

Diese Grafik geht von der Situation nach dem Zug (c) aus, die sich inhaltlich nicht wesentlich von der Situation nach dem Zug (a) unterscheidet. In der Situation nach (b) führt der Zug (d) dazu, dass PS3 auf Gold und die beiden anderen auf Silber stehen. Bei Punktgleichheit kommt PS3 ebenfalls auf den Gold-Platz und sonst auf den Silber-Platz.

- Die vierte Punktsumme trifft im Allgemeinen auf drei belegte Häufchen. Ist das nicht der Fall, wird wie zuvor bei der zweiten oder dritten Punktsumme verfahren und dann die fünfte Punktsumme verglichen.
- Ist dagegen das Bronzehäufchen schon belegt, so wird die aktuelle Punktsumme mit dem Bronze-Wert verglichen. Ist sie kleiner, geht es mit der nächsten Punktsumme weiter. Andernfalls wird sie mit allen drei Häufchen verglichen. Wenn sie gleich einem dieser Werte ist, wird sie auf dasselbe Häufchen gelegt. Ist sie höher als die bisherige Gold-Punktsumme, so nimmt sie deren Platz ein und verdrängt die vorhandenen Summen um einen Rang nach unten. Trifft das nicht zu, ist sie aber höher als die bisherige Silber-Punktsumme, so nimmt sie den Silber-Platz ein und verdrängt dessen vorherigen Inhalt auf das Bronzehäufchen. Andernfalls nimmt sie auf dem Bronzehäufchen Platz. Der bisherige Inhalt dieses Häufchens wird eliminiert. Zu diesen vielen Fällen folgt keine Grafik, denn sie lassen sich anhand der beiden vorhergehenden Grafiken problemlos analog nachvollziehen.
- Jede weitere Punktsumme wird genauso behandelt.

Am Ende der Rang-2-Gruppe – zur Schule – stehen die Medaillengewinner fest. Da jedes Häufchen eine feste Bedeutung hat, ist die Ergebnisausgabe sehr einfach zu bewerkstelligen. Um punktgleiche Sieger verwalten zu können, muss jedes Häufchen ein kurzer Array oder eine andere Containerstruktur sein.

Positiv an diesem Verfahren ist, dass es ebenso funktioniert, wie wir es manuell machen würden. Es ist somit sofort evident. Negativ ist dagegen, dass wir drei Häufchen – also einzelne Speicherbereiche – benötigen, sehr viele Vergleiche machen müssen und gezwungen sind, ständig die Inhalte degradierter Punktsummen-Daten von einem Häufchen zum nächstniedrigeren zu verschieben beziehungsweise vom Bronzehäufchen zu löschen. Das ist ein typisches Beispiel dafür, dass die 1:1-Automatisierung eines manuellen Prozesses nur eine Mechanisierung, aber keine attraktive programmierte Lösung hervorbringt.

10

10.4 Die 2D-Array-Methode

Der störendste Aspekt der Häufchen-Methode ist die Nutzung von drei getrennten Speichern und die daraus folgende Inflation von Vergleichsabfragen, wobei stets darauf geachtet werden muss, die richtigen Namen für die Häufchen zu verwenden. Dabei kann man sich leicht vertun. Wenn sich alle Operationen auf denselben Speicherbereich beziehen, der zum Beispiel als zweidimensionaler Array von Einträgen organisiert sein kann, entfällt dieses Risiko und der Code wird deutlich kürzer. In der ersten Dimension werden nur drei Elemente benötigt, in der zweiten so viele, wie Duplikate mit derselben Punktsumme erwartet werden (also nur eine Handvoll). Das sieht dann etwa wie folgt aus:

Index	1	2	3	4	5
1 (Gold)	Element 1,1	Element 1,2	Element 1,3	Element 1,4	Element 1,5
2 (Silber)	Element 2,1	Element 2,2	Element 2,3	Element 2,4	Element 2,5
3 (Bronze)	Element 3,1	Element 3,2	Element 3,3	Element 3,4	Element 3,5

- Die erste Punktsumme (PS1) kommt in das erste Array-Element der ersten Dimension.

Index	1	2	3	4	5
1 (Gold)	PS1				
2 (Silber)					
3 (Bronze)					

- Ist die zweite Punktsumme höher, so wird die erste Punktsumme verdrängt (a):

Index	1	2	3	4	5
1 (Gold)	PS2				
2 (Silber)	PS1				
3 (Bronze)					

- Ist sie gleich, so wird sie im selben Rang eingetragen (b):

Index	1	2	3	4	5
1 (Gold)	PS1	PS2			
2 (Silber)					
3 (Bronze)					

- Ist sie kleiner, kommt sie in den Silber-Rang (c):

Index	1	2	3	4	5
1 (Gold)	PS1				
2 (Silber)	PS2				
3 (Bronze)					

- Die dritte Punktsumme führt zu folgenden Belegungen – unter der Annahme, dass PS1 weiterhin im Gold-Rang ist, also der Zug (c) stattfand:
  - Sie ist höher als PS1 und PS2 (d)

Index	1	2	3	4	5
1 (Gold)	PS3				
2 (Silber)	PS1				
3 (Bronze)	PS2				

  - Sie ist gleich PS1 (Fall e) oder gleich PS2 (Fall f)

Index	1	2	3	4	5
1 (Gold)	PS1	PS3 (e)			
2 (Silber)	PS2	PS3 (f)			
3 (Bronze)					

  - Sie ist kleiner als PS1, aber größer als PS2 (g)

Index	1	2	3	4	5
1 (Gold)	PS1				
2 (Silber)	PS3				
3 (Bronze)	PS2				

  - Sie ist kleiner als PS2 (h)

Index	1	2	3	4	5
1 (Gold)	PS1				
2 (Silber)	PS2				
3 (Bronze)	PS3				

Die Varianten für die vierte Punktsumme können Sie leicht selbst ermitteln. Daher sollten wir es bei diesen Zusammenstellungen belassen, die aus Gründen der Vollständigkeit noch weiter ausdifferenziert werden könnten. Wieder haben wir es mit einer großen Fülle möglicher Konstellationen zu tun, die alle korrekt erkannt und abgehandelt werden müssen.

Wie ist diese Methode zu bewerten? Positiv ist, dass es nur noch einen Speicher für alle Punktsummen gibt, die sich für einen der drei Medaillenränge qualifizieren. Negativ ist dagegen, dass weiterhin auf das Verschieben und Löschen nicht verzichtet werden kann, und dass die Vollständigkeit der Fallerkennung keineswegs einfach zu gewährleisten ist. Pro Medaillen-Index gibt es nun eine variable Anzahl von gleichrangigen Einträgen, die korrekt verwaltet werden müssen. Die Zusammenfassung der Häufchen zu einem zweidimensionalen Array bringt zudem eine Anonymisierung mit sich, weil an die Stelle der Häufchen-Namen die Indizes 1 | 2 | 3 der Medaillen-Dimension treten. Auch weil die Index-Operationen beim Umspeichern ziemlich abstrakt formuliert werden müssen, um den Code nicht ausufern zu lassen, besteht die Gefahr der scheinbaren Korrektheit bei tatsächlicher Konfusion.

Die Häufchen-Methode und die 2D-Array-Methode kranken daran, dass der Schritt vom Manuellen zum Automatischen nur halbherzig vollzogen ist. Der verständliche Wunsch nach Anschaulichkeit verstellt den Blick auf alternative Ansätze, die zwar unanschaulich sind, denen aber die beschriebenen Mängel nicht anhaften.

10.5 Die Stapel-Methode

Ein vollständig anderer Ansatz vermeidet es, die Medaillenränge von Anfang an in die Bewertung der Punktsummen einzubeziehen. Stattdessen findet die Rangzuordnung erst ganz am Ende der Verarbeitung zur jeweiligen Entität (Schule / nationale Gewinner / internationale Gewinner) statt, und zwar beim Auslesen der Sieger-Daten. Dafür wird ein Stapel in Form eines kurzen Arrays gebildet, der die Punktsummen und die Teilnehmerdaten als zusammenhängende Einträge aufnimmt.

Dieser Array ist also auch zweidimensional, aber hinsichtlich der Eintragsfolge nur eindimensional. Daher müssen wir festlegen, wo Einträge mit bereits bekannten Punktsummen einsortiert werden müssen. Am Anfang des Arrays sollen die höchsten Punktsummen, an seinem Ende die niedrigsten eingetragen werden, was nur eine Konvention ist, keine wichtige Entscheidung. Es liegt nahe, punktsummengleiche Einträge *vor* den vorhandenen Einträgen einzuschieben, um im Fall mehrerer Duplikate nicht nach dem Ende der Duplikatserie suchen zu müssen. Wenden wir auf diese Struktur die bereits bekannten Beispiele an und ignorieren dabei die Teilnehmerdaten, so entstehen die in der „Abbildung 10.3: Fallabhängige Stapelplatz-Zuordnungen von PS1 bis PS3“ auf Seite 240 gezeigten Konstellationen am Beispiel der Ereignisfolge (a) | (b), dann (d) bis (h).

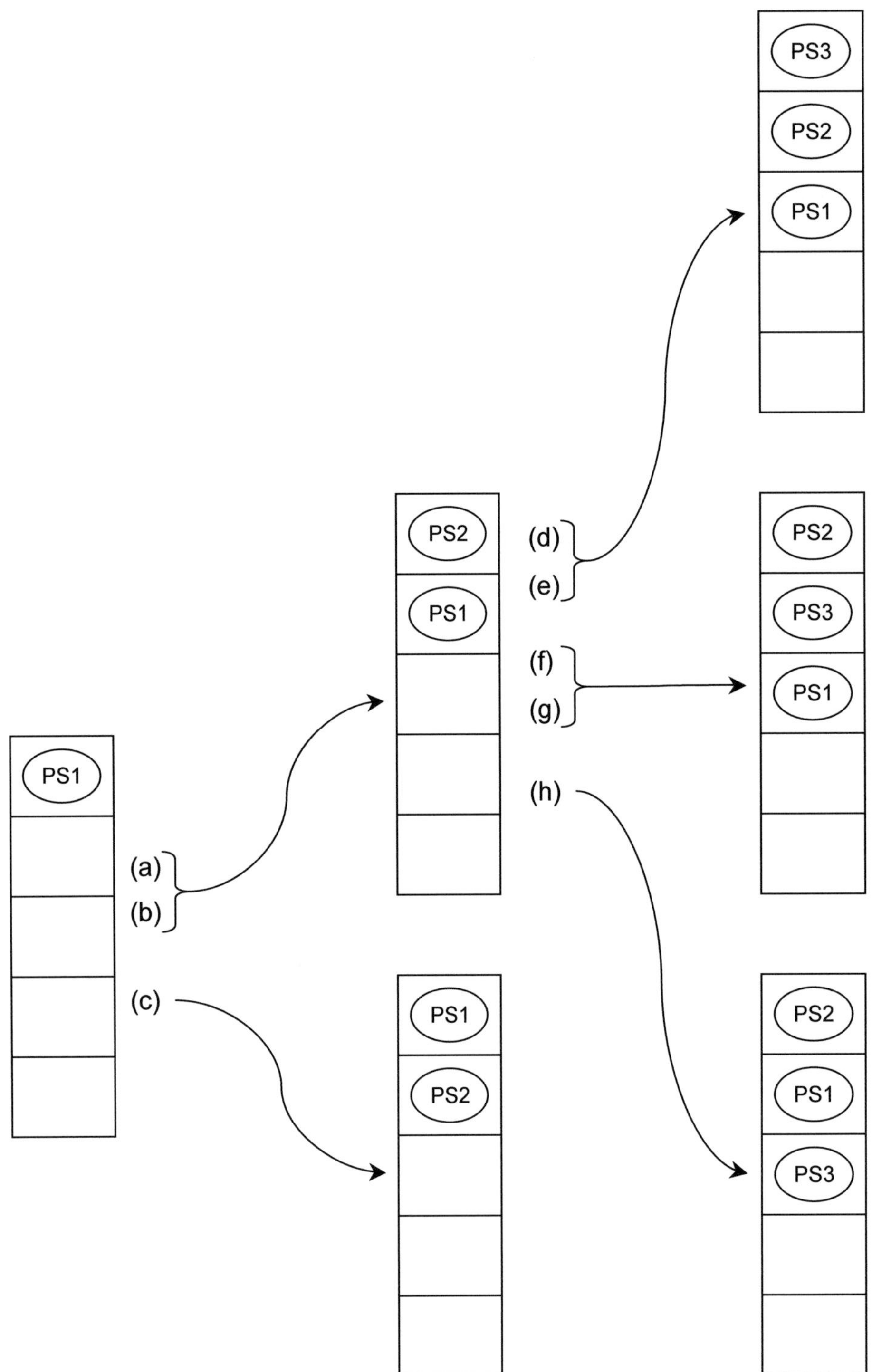

Abbildung 10.3: *Fallabhängige Stapelplatz-Zuordnungen von PS1 bis PS3*

Die Plazierung der vierten Punktsumme ist jetzt klar. Wenn diese einen bereits bekannten Wert hat, wird sie dem ersten Eintrag mit derselben Punktsumme vorangestellt. Ist sie höher als der aktuelle Bronze-Wert, so wird sie vor dem bisherigen Ranginhaber eingeschoben. Dann existieren zunächst vier Einträge mit verschiedenen Punktsummen, wovon der unterste keine Medaille mehr bekommt. Um die Anzahl der Einträge zu begrenzen, muss daher dieser Eintrag entfernt werden. Sind es mehrere bisherige Bronze-Einträge, die entfallen, so ist die Liste entsprechend zu verkürzen. Sie muss daher nur so viele Einträge aufnehmen können, wie Medaillenränge und Duplikate erwartet werden, und das sind normalerweise wenige.

Es ist denkbar, auf dieser Basis eine relativ einfache Verarbeitung zu definieren, welche diese Aufgabe löst, mit wenigen Abfragen auskommt und zuverlässig funktioniert. Allerdings hat auch diese Methode einen störenden Aspekt: Das ständige Kopieren von Einträgen, um Platz zum Einschieben neuer Einträge zu schaffen. Sie erinnert stark an die primitive Bubble Sort-Methode, bei der zahlreiche Vergleiche und Platzvertauschungen erforderlich sind, um einen Bestand „in sich" zu sortieren. Je umfangreicher die Teilnehmerdaten sind, um so mehr Aufwand muss für das Verschieben der Einträge aufgewendet werden. Wenn es nicht nur drei, sondern zum Beispiel hundert oberste Rangplätze zu besetzen gäbe, so wäre ein solcher Algorithmus hoffnungslos imperformant. Daher ist die Suche nach einem brauchbaren Ranking-Verfahren hier noch nicht beendet.

10.6 Die Linked List-Methode

Gesucht ist also eine Methode, die ganz ähnlich wie die Stapel-Methode arbeitet, aber auf das Umspeichern von Einträgen möglichst verzichtet. Die Linked List-Methode erfüllt diese Anforderung. Sie arbeitet mit einer bi-direktional verketteten Liste, die effizient verwaltet wird.

Hier beginnt die Medaillenrang-Ermittlung damit, dass die erste Punktsumme am Anfang der Link-Liste eingetragen wird. Dieser Eintrag hat weder Vorgänger noch Nachfolger, was durch die Link-Indexwerte -1 ausgedrückt wird. Um den Algorithmus möglichst auch in pointerfernen Sprachen leicht implementieren zu können, wird hier nämlich auf Zeiger verzichtet, wie sie sonst bei Linked Lists oftmals verwendet werden. Die Indizes für die Predecessor- und Successor-Verweise verursachen zwar etwas mehr Aufwand bei der Adressberechnung, lassen sich aber ebenso bequem verwenden und deutlich besser überprüfen.

Die Link-Liste beginnt in den folgenden Grafiken übrigens mit dem Index 1, um Anwendern von COBOL, REXX etcetera entgegenzukommen. In Sprachen, die den Index 0 für den ersten Eintrag in einem Array verwenden, beginnt eine Link-Liste stattdessen mit diesem Index, es sei denn, die Verschwendung eines Eintrags würde als tolerabel empfunden. Umsteigern – etwa von COBOL auf C – ist anzuraten, zunächst weiterhin mit dem Index 1 zu beginnen, um typischen Programmierfehlern aus dem Weg zu gehen.

10.6.1 Hinzunahme der zweiten Punktsumme (PS2)

Die „Abbildung 10.4: Fallabhängiger Link-Listen-Aufbau bei Hinzunahme von PS2" auf Seite 242 zeigt, was mit dieser rudimentären Link-Liste passiert, wenn die zweite Punktsumme höher als die erste (a), gleich hoch (b) oder kleiner ist (c).

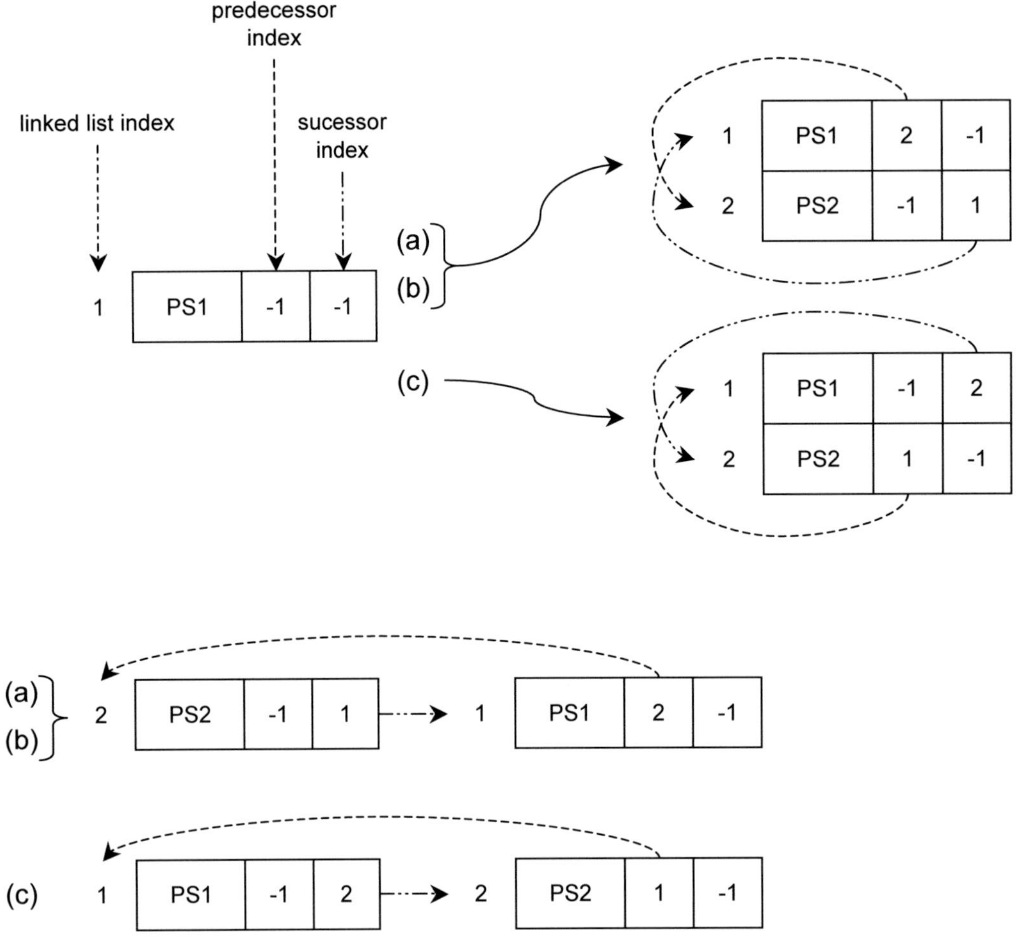

Abbildung 10.4: *Fallabhängiger Link-Listen-Aufbau bei Hinzunahme von PS2*

In allen drei Fällen wird ein neuer Listeneintrag für PS2 auf der Indexposition 2 angelegt.

Im Fall (a) steht PS2 anschliessend am Anfang der Medaillenhierarchie und der PS1-Eintrag wird zum zweiten Listenelement, was aber nur durch die Predecessor- / Successor-Indexwerte ausgedrückt wird. Physisch bleibt der PS1-Eintrag jedoch am selben Platz. Im Fall (b) wird der PS2-Eintrag ebenfalls vorangestellt, weil auch hier die Größer-Gleich-Regel gelten soll, wonach ein neuer Eintrag vor einem vorhandenen Eintrag rangiert, wenn er eine größere oder gleiche Punktsumme als der alte Eintrag enthält. Im Fall (c) wird der PS2-Eintrag als Nachfolger an den PS1-Eintrag angehängt.

Die Listeneinträge sind unten in der gewohnten Linked List-Darstellung nochmals gezeigt.

10.6.2 Hinzunahme der dritten Punktsumme (PS3)

Zuerst wird ein neuer Listeneintrag für PS3 auf der Indexposition 3 angelegt.

Wenn die dritte Punktsumme höher als diejenige Punktsumme ist, die keinen Vorgänger hat, so wird sie diesem Eintrag vorangestellt, indem sie deren Vorgänger wird beziehungsweise diese zum Nachfolger bekommt (d).

Ist PS3 gleich dieser Punktsumme ohne Vorgänger, so wird sie dieser ebenfalls vorangestellt (e). Ist sie dagegen kleiner, so kann sie größer (g), gleich (f) oder kleiner (h) als die bislang nachfolgende Punktsumme sein. In den Fällen (g) und (f) wird PS3 zwischen die beiden existierenden Einträge geschoben, und die benachbarten Indexverweise werden angepasst. Im Fall (h) wird PS3 zum Nachfolger des bisherigen Nachfolgers.

Die „Abbildung 10.5: Fallabhängiger Link-Listen-Aufbau bei Hinzunahme von PS3" auf Seite 244 zeigt das Ergebnis dieser PS3-Auswertung für die Ausgangssituation (a):

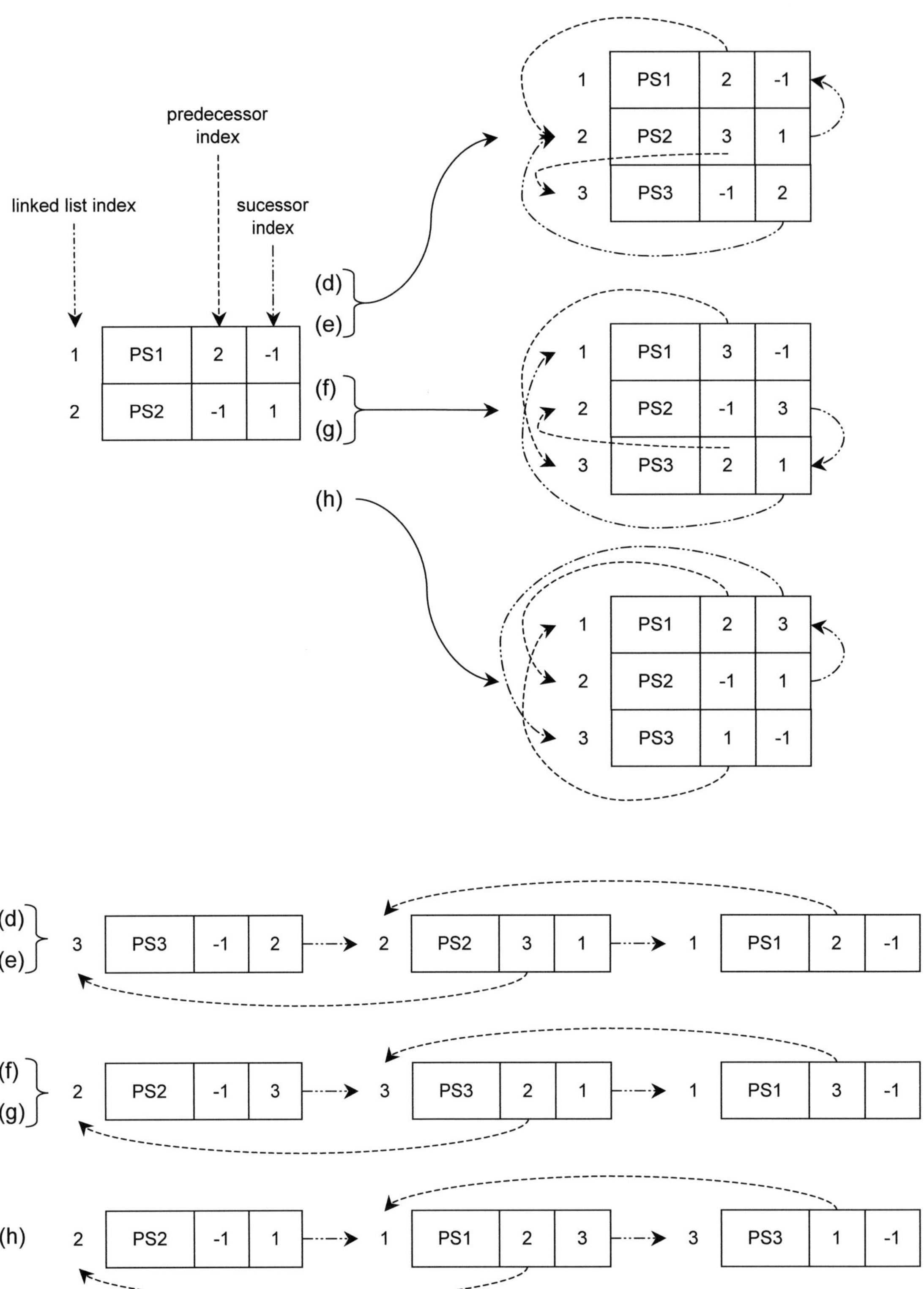

Abbildung 10.5: *Fallabhängiger Link-Listen-Aufbau bei Hinzunahme von PS3*

Nun ist die Darstellung schon ziemlich abstrakt geworden. Wir sollten also anhand konkreter Beispiele nachprüfen, ob wir auf dem richtigen Weg sind. Hierzu setzen wir in der Linked List-Darstellung reale Punktsummen ein und überprüfen die Fallzuordnungen:

(a): PS1 = 20 / PS2 = 22
(d): PS3 = 25
(e): PS3 = 22
(f): PS3 = 20
(g): PS3 = 21
(h): PS3 = 16

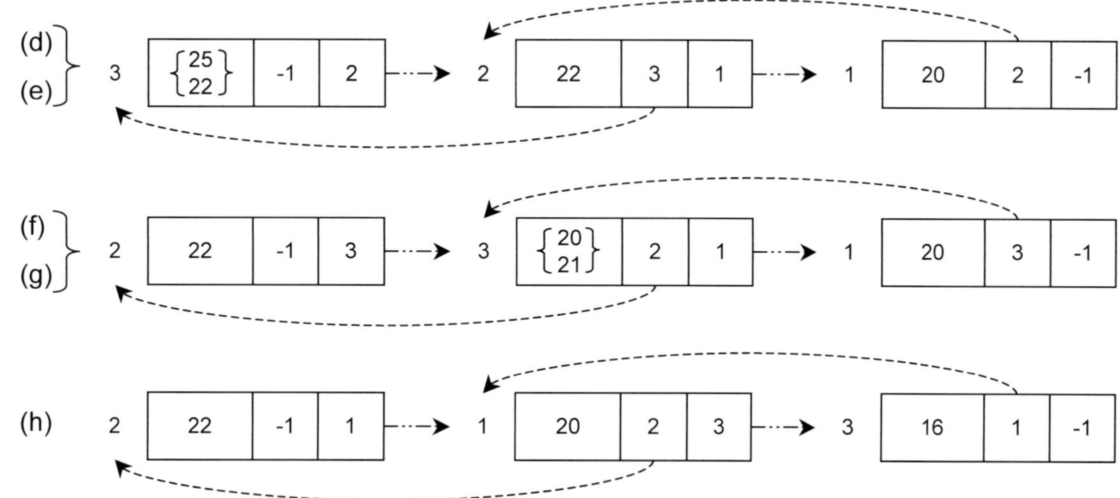

Abbildung 10.6: *Verifikation der Fallzuordnungen anhand von Beispiel-Punktsummen*

Die Ergebnisse sind in allen Fällen korrekt. Die gefundene Regel lässt sich auch problemlos auf alle weiteren denkbaren Konstellationen ausdehnen, die aus (b) oder (c) hervorgehen.

10.6.3 Hinzunahme der vierten Punktsumme (PS4)

Bislang wurde für jede hinzukommende Punktsumme jeweils ein neuer Linked List-Eintrag angelegt. Ab der vierten Punktsumme kann sich das ändern:

- Ist PS4 größer (i) oder gleich (j) dem derzeit höchsten Punktwert, so wird ein neuer Eintrag (Indexposition 4) angelegt und PS4 ganz vorn einrangiert, so wie es mit PS3 in den Fällen (d) und (e) geschah.
- Andernfalls wird derjenige Eintrag gesucht, dessen Punktsumme kleiner oder gleich PS4 ist (Fälle k - n). PS4 bekommt dann ebenfalls einen neuen Eintrag und wird in die Link-Liste eingekettet.
- Wenn kein solcher Eintrag existiert, PS4 also kleiner als alle vorhandenen Punktsummen ist, kommt es darauf an, ob 3 | 2 | 1 verschiedene Punktsummen in der Link-Liste existieren. Bei 3 ist die Bronze-Position bereits belegt und PS4 kann keine Medaille mehr bekommen. Es wird keine Veränderung der Link-Liste vorgenommen. Das ist der Fall (o). Sind es aber weniger als 3 Punktsummen, weil es mindestens ein PS-Duplikat gab, wird PS4 wie im Fall (h) hinten angehängt.

Die folgende Grafik zeigt die sich aus der Ausgangssituation (h) ergebenden Konstellationen anhand der oben vorgenommenen Belegung mit Punktsummen-Werten:

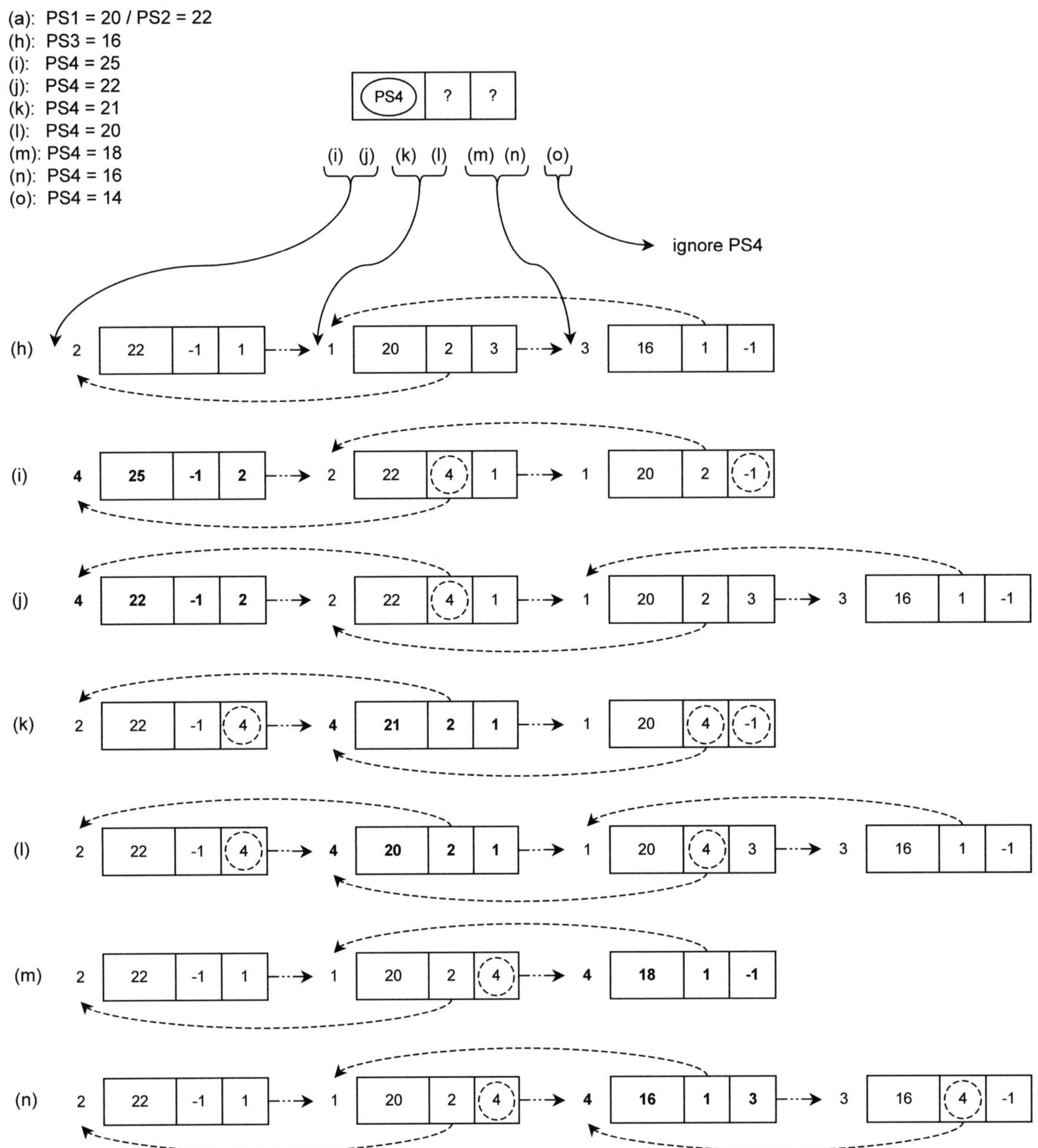

Abbildung 10.7: *Fallabhängiger Link-Listen-Aufbau bei Hinzunahme von PS4*

Liegt dagegen mindestens ein Punktsummen-Duplikat vor und ist PS4 kleiner als alle bisherigen Punktsummen, so wird der PS4-Eintrag hinten angehängt (nicht gezeigt).

Die Änderungen in den benachbarten, schon vorhandenen Einträgen gegenüber der Situation (h) sind in der obigen Grafik mit kleinen gestrichelten Kreisen markiert. Diese und alle sonst möglichen Änderungen müssen durch eine geeignete Fallerkennung und Operations-Zuordnung für alle denkbaren Konstellationen konsistent implementiert werden.

In den Fällen (i), (k) und (m) wird der Eintrag 3 abgehängt, um die Kette so kurz wie möglich zu halten und Suchvorgänge auf die obersten drei Punktsummen – einschliesslich der Duplikate – zu beschränken. Der Eintrag 3 verliert seine bisherige Bronze-Position. Er existiert zwar im Link-Listen-Array weiter, hat aber keinerlei Bedeutung mehr. Sein Speicherplatz kann wiederverwendet werden. Bei anderen Zugfolgen, in denen anfangs – möglicherweise mehrfach – PS-Duplikate auftreten, löst nicht die vierte Punktsumme, sondern eine spätere dieses Ereignis aus. Dann muss gegebenenfalls eine ganze Unterliste von Bislang-Bronze-Einträgen – mit Duplikaten – abgehängt werden.

10.6.4 Hinzunahme der fünften Punktsumme (PS5) etcetera

Da während der Verarbeitung von PS4 die Eintragskette, falls nötig, um die obsolete(n) Punktsumme(n) verkürzt wird, treffen PS5 und weitere Punktsummen stets auf dieselbe grundsätzliche Datenkonstellation, unabhängig von den konkreten einzelnen Punktwerten und dem Vorhandensein von Duplikaten. Daher ist es nicht erforderlich, weitere Regeln respektive Algorithmen zu postulieren.

Rückblickend gilt das auch für die Entwicklung der Link-Liste nach dem Anlegen des PS1-Eintrags. Für PS2 und PS3 ist also kein jeweils eigener Algorithmus erforderlich.

Eine weitere Generalisierung erscheint hier ebenso naheliegend: Wenn nicht nur drei, sondern – wesentlich – mehr Rangplätze zu vergeben sind, ändert sich am bislang vorgestellten Vorgehen nichts. Es muss nur mit dem Abhängen obsolet gewordener Einträge gewartet werden, bis die vorgesehene Rangplatz-Anzahl erreicht ist. Im jeweiligen konkreten Anwendungsfall können Duplikate ausgeschlossen sein, oder für diese müssen bei der Auswertung nach dem Aufbauen der Link-Liste spezielle Regeln hinzugefügt werden. Das kann bedeuten, dass bei der Vergabe eines raren Guts – zum Beispiel Studienplätze – zunächst nur so viele Einträge berücksichtigt werden, wie zweifelsfrei zuteilbar sind, und beispielsweise innerhalb der letzten verwendbaren Duplikat-Gruppe das Los entscheidet.

10.6.5 Grenzen des Wachstums / zyklische Bereinigung

Durch die Hinzunahme neuer Einträge wird die Link-Liste trotz des Abhängens obsoleter Einträge physisch immer länger. Da eine Schule deutlich mehr als tausend Schüler haben kann, ist zu befürchten, dass irgendwann der für die Link-Liste reservierte Bereich vollständig belegt ist. Im schlimmsten Fall ist die Folge der Punktsummen aufsteigend, wodurch ständig neue Einträge erforderlich würden. Was dann? Brauchen wir eine Garbage Collection?

Zu jeder Zeit wird die Link-Liste der momentanen Medaillenträger sehr kurz sein. Ausser bei Punktgleichstand ist sie nur 3 Einträge lang, die allerdings aufgrund der oben beschriebenen Ablageregel weit verstreut in dem Array liegen können, der die Link-Liste aufnimmt. Wir könnten also erwägen, bei vollem Array nur die obersten Eintragsgruppen mit bis zu drei verschiedenen Punktsummen durch array-internes Umspeichern zu konsolidieren und dann die restlichen wiederzuverwenden (und ihre Inhalte zuvor gegebenenfalls zu löschen). Ein anderer Weg wäre, alle nicht medaillenwürdigen Einträge zyklisch zu löschen und die dadurch entstehenden Lücken – Fragmente – für eine Speicherverwaltung zu nutzen. Beide Vorgehensweisen sind jedoch mit Nachteilen behaftet: Die Konsolidierung kann sehr komplex werden, wenn es Einträge am Anfang des Link-Listen-Arrays gibt, die verschoben werden müssten. Eine fragmentverarbeitende Speicherverwaltung möchten wir uns eigentlich nicht auch noch aufhalsen.

Daher erscheint folgendes Vorgehen als sinnvoll:

- Der Array für die Punktsummen, Indexverweise und Teilnehmerdaten wird hälftig aufgeteilt.
- Zunächst füllt der Algorithmus jeweils die untere Hälfte, also die mit den niedrigen Indizes.

- Wenn die Hälfte des Link-Listen-Arrays voll ist, finden folgende Aktionen statt:
  - Die gültigen Einträge werden durch array-internes Umspeichern von der unteren in die obere Hälfte kopiert, beginnend mit dem ersten Gold-Eintrag (= Top-Eintrag). Der letzte übernommene Bronze-Eintrag hat den Nachfolger-Index -1.
  - Der Index des aktuellen Listenanfangs wird auf den 1. Eintrag der oberen Hälfte gesetzt.
  - Der untere Bereich wird aus hygienischen Gründen rückgesetzt.
  - Die Verarbeitung wird fortgesetzt.
- Wenn die obere Hälfte gefüllt ist, wird wieder auf die untere Hälfte umgeschaltet etcetera.

Die „Abbildung 10.8: Umspeichern der relevanten Punktsummen bei Platzengpass" auf Seite 249 veranschaulicht diesen Vorgang an einem einfachen Beispiel vor dem Rücksetzen der unteren Hälfte.

Wie oft wird eine solche Umschaltung nötig sein? Das kommt natürlich ganz auf die Streuung der Punktsummen an. Wenn diese statistisch gleichverteilt sind, wovon a priori ausgegangen werden darf, so nehmen die höchsten Punktsummen in der Gaußschen Glockenkurve einen extrem schmalen Spitzenplatz ein. Es ist jedoch anzunehmen, dass mit hoher Wahrscheinlichkeit nach relativ wenigen Schritten – unter 50 – bereits ein Zustand erreicht ist, in dem sich nur noch 10% oder weniger aller neuen Punktsummen für die Aufnahme in die Link-Liste qualifizieren. Die Austauschrate sinkt dann rasch weiter gegen Null, weil die Gold-, Silber- und Bronzeplätze sich hochwahrscheinlich mitten in der Masse der Sätze befinden, eher unwahrscheinlich ganz an deren Ende. Daher kommt es schon bei 200 Einträgen pro Array vermutlich meistens nicht zum Swapping der Hälften. Diese Schätzungen wurden allerdings nicht mathematisch abgesichert und sollten an zufälligen – beispielsweise durch einen Generator erzeugten – Beständen verifiziert werden.

Ein „bösartiger" Tester könnte übrigens auf den Gedanken kommen, nur punktsummengleiche Sätze in die Verarbeitung einlaufen zu lassen. Dann wäre es nicht möglich, den Ballast obsoleter Einträge durch Umschalten auf die jeweils andere Hälfte abzuschütteln, denn es wären ja alle Einträge medaillenrelevant. Das Programm muss diesen Fall erkennen und den Lauf kontrolliert abbrechen.

10.7 Umsetzung der Linked List-Methode

Die zuvor dargestellte Linked List-Methode impliziert, diese Liste als Abfolge von Einzeleinträgen beziehungsweise von Gruppen von Einträgen aufzufassen, die jeweils dieselbe Punktsumme besitzen. Ausgehend vom aktuellen Listenanfang, dessen Index sorgfältig geführt werden muss, können die nachfolgenden Einträge nur durch das Verfolgen der Indexverweise gefunden und verarbeitet werden. Ebenso verläuft der Weg vom letzten Listenelement rückwärts über die Predecessor-Indizes bis zum Listenanfang rein sequentiell. Somit handelt es sich um eine lineare Struktur, die sich als Iteration von Einträgen auffassen lässt. Für solche Strukturen ist die JSP-Methode bestens geeignet.

10.7.1 Neutrale Modellierung der Link-Liste

Das Ziel der Modellierung ist es, Algorithmen für das Aufbauen der Link-Liste, für das Umspeichern zwischen den Array-Hälften und für das Auslesen der Ergebnisse abzuleiten. Bevor die speziellen Sichten formuliert werden können, die für diese Algorithmen erforderlich sind, erscheint es als sinnvoll, erst einmal eine möglichst neutrale Modellierung vorzunehmen. Dadurch lernen wir die vorliegende Link-Listenstruktur besser kennen und können die gewünschten Sichten anschliessend mit mehr Selbstvertrauen angehen.

Allerdings ist die Modellierung der Medaillenrang-Listenstruktur nicht intuitiv evident. Bevor eine generalisierte, neutrale Datenstruktur entwickelt werden kann, ist es daher besser, erst einmal eine Abbildung zwischen einfachen Beispielen und den dazu analogen Struktogrammen anhand der ersten drei Plazierungsschritte zu versuchen. Das zeigt die „Abbildung 10.9: Abbildung einfacher Link-Listen in Struktogramme" auf Seite 250.

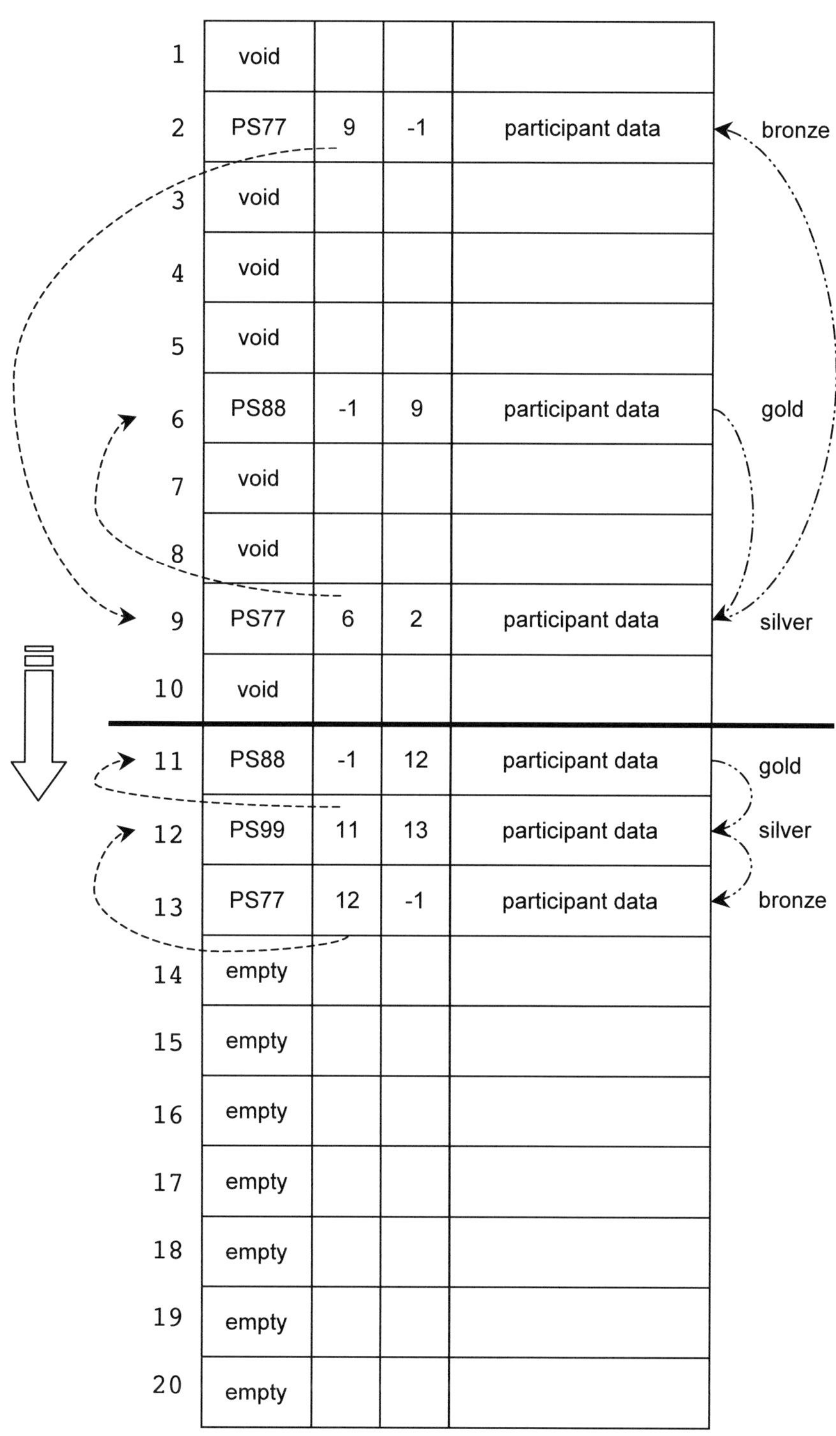

Abbildung 10.8: *Umspeichern der relevanten Punktsummen bei Platzengpass*

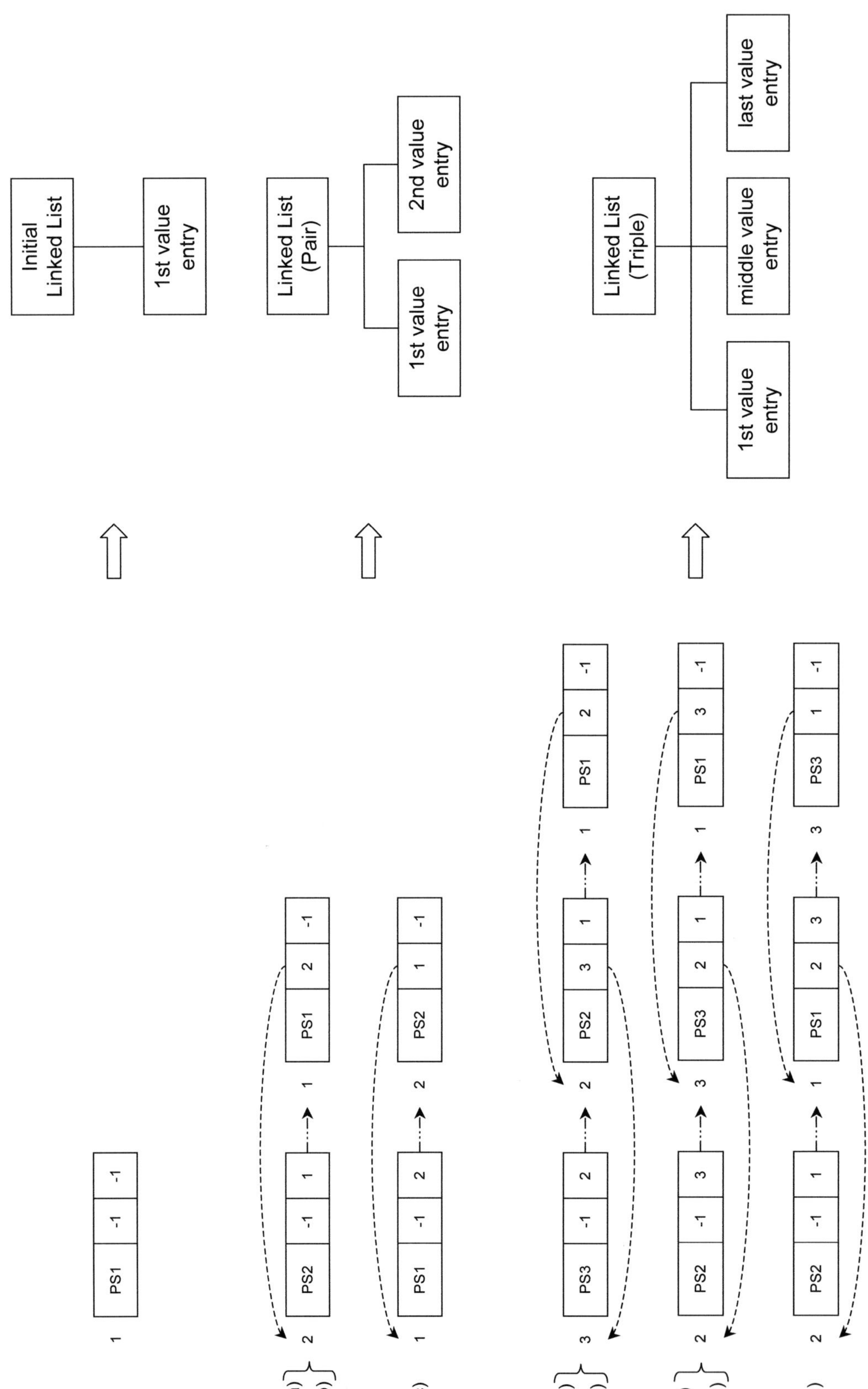

Abbildung 10.9: *Abbildung einfacher Link-Listen in Struktogramme*

In allen drei Fällen besteht die als Struktogramm modellierte Link-Liste aus einer Folge. Das erste und das letzte respektive das einzige Element zeichnen sich dadurch aus, dass der Vorgängerindex oder der Nachfolgerindex oder beide den Wert -1 haben. Das gilt unabhängig davon, ob die Punktsummen alle gleich, alle verschieden oder zwei davon identisch sind.

Wenn eine weitere Punktsumme (PS4) hinzukommt, die größer oder gleich der Punktsumme im „last value entry“ ist, so wird sie der Link-Liste entweder vorangestellt oder darin eingefügt. Nur bei weniger als 3 verschiedenen und größeren Punktsummen – wegen Duplikaten – wird sie an den letzten Eintrag angehängt. Dadurch gibt es anschliessend zwei „middle value entries“, die als Iteration modelliert werden können (Modellierungsschritt 1). Der bislang letzte Eintrag oder die Folge der bisherigen Bronze-Einträge mit gleicher Punktsumme werden von der Liste abgehängt, wenn nötig – siehe obige Fälle (i), (k) und (m).

Es ist denkbar, dass die physische Realisierung der Link-Liste nicht im „Eigenbau“ stattfindet, sondern zum Beispiel in Java mit den dafür vorgesehenen Container-Methoden erfolgen soll. Dann ist es wichtig, die nicht mehr benötigten Einträge sofort von der Liste abzuhängen, denn es kommt sonst unweigerlich zu einem Überlauf.

Um auch den Fall der initialen Liste mit einer solchen Struktur korrekt abbilden zu können, könnte der „last value entry“ pro forma als optional modelliert werden. Da die Ziel-Datenstruktur bereits beim Hinzufügen von PS2 diesen Strukturblock besitzt, erscheint diese künstlich wirkende Modifikation als überzogen. Wir werden später – spätestens beim Erstellen der Programmstruktur und dem Zuordnen der Operationen – prüfen müssen, ob der „last value entry“ als Folge-Strukturblock stehenbleiben darf.

Damit ist die Modellierung der Link-Listen-Struktur aber noch nicht abgeschlossen, denn: Die Größer-Gleich-Regel bewirkt, dass Duplikat-Punktsummen immer vor dem ersten Eintrag aufgenommen werden, der denselben Wert enthält. Bei der Suche nach diesem Eintrag müssen alle gegebenenfalls vorhandenen Duplikat-Einträge mit höheren Werten übergangen werden. Es liegt daher nahe, den Größer-Gleich-Vergleich nur mit dem jeweils ersten Eintrag vorzunehmen, dem Duplikat-Einträge folgen. Dadurch wird eine Gruppenstruktur in die Link-Liste eingeführt (Modellierungsschritt 2).

Die Struktogramme der „Abbildung 10.10: Hinzunahme möglicher Punktsummen-Duplikate“ auf Seite 252 vollziehen diese Schritte nach.

Hinweis: Der „last value entry“ gehört möglicherweise beim 2. Schritt zur letzten iterierten Struktur „middle value group“, wenn allein die Punktsummen-Werte über die Gruppenzugehörigkeit entscheiden. Daher müssen die Iterations-Kontrollen vorsehen, dass eine Eintragsgruppe endet, wenn der nachgelesene Eintrag keinen Nachfolger mehr besitzt. Der „last value entry“ ist daher entweder der einzige Eintrag mit einer gegebenen Punktsumme, oder der letzte in einer Kette von Einträgen mit identischen Punktsummen. Das drückt das Struktogramm zum 2. Schritt nicht aus. Es scheint derzeit auch nicht relevant zu sein.

Das Ergebnis des 2. Schritts mutet allerdings angesichts der Erwartung, dass es meist nur drei verschiedene Punktsummen auf den Medaillenrängen geben wird, als ziemlich überzogen an. Wenn man die Vorstellung aufgibt, dass eine neue Punktsumme nur mit dem ersten Eintrag einer Punktsummen-Gruppe verglichen werden soll, genügt möglicherweise auch das Ergebnis der 1. Generalisierung den Anforderungen für ein neutrales Modell. Allerdings fehlt dann für den Aufbau-Algorithmus gegebenenfalls ein Strukturblock, dem die Einkettungs-Operationen zugeordnet werden können.

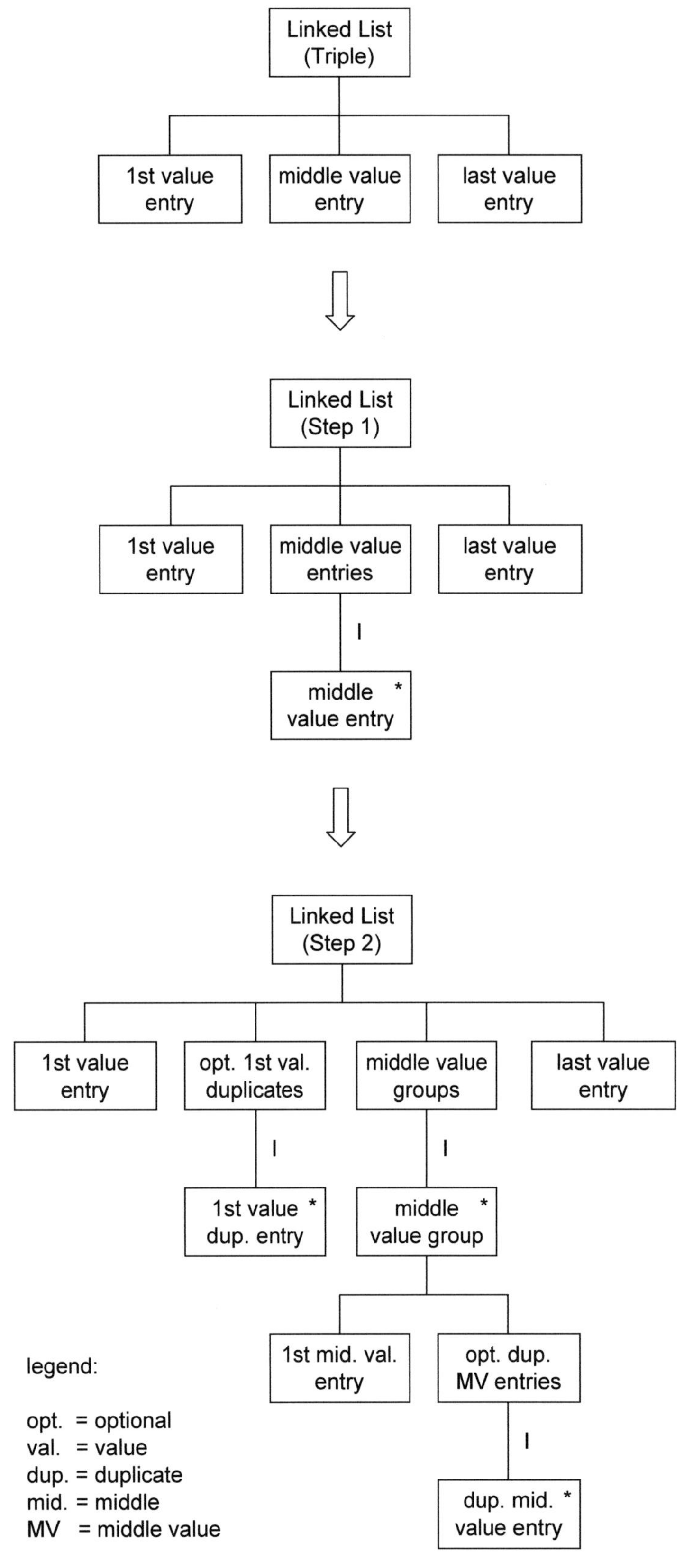

***Abbildung 10.10:** Hinzunahme möglicher Punktsummen-Duplikate*

10.7.2 Haben wir uns verirrt?

Wenn Sie der bisherigen Argumentation leicht folgen konnten, dann ist das erfreulich, aber keineswegs selbstverständlich. Was geschieht hier eigentlich? Anscheinend haben wir doch den Pfad der „traditionellen" JSP-Methode komplett verlassen und bewegen uns auf bisher unbekanntem Terrain. Traditionell wäre es doch, die Strukturen der Eingabedaten – also der Daten des Sportwettbewerbs zu einer Schule / der Schul-Daten für ein Land / der internationalen Schul-Daten – und der Ausgabedaten – also der drei Gewinnerlisten – aus der Perspektive der vorliegenden Ranking-Aufgabe zu modellieren und dann nach Korrespondenzen zu suchen.

Es liegt jedoch auf der Hand, dass diese Korrespondenzen nicht existieren. Weder Anzahl, noch Reihenfolge können übereinstimmen, denn a) die Gewinnerlisten sind viel kürzer als die Eingabe-Datenlisten und es gibt keine evidente Filterfunktion zum Aussieben der Verlierer, sowie b) die Reihenfolge der Gewinner in ihren Listen hängt nahezu allein von den individuell erreichten Punktsummen beziehungsweise Durchschnitten ab, nicht von der Reihenfolge ihres Auftretens in der jeweiligen Eingabe. „Nahezu" bedeutet: Bei Duplikaten entscheidet der Zufall ihrer Eingabeposition über die Eintragsposition in der zugehörigen Gewinnerliste; allerdings wird diese Reihenfolge umgedreht, weil Duplikate *vor* den bislang existierenden Einträgen rangieren.

Es wäre daher naheliegend, die JSP-Methode als ungeeigneten Lösungsansatz einzustufen und stattdessen nach einer Lösung anderen Typs zu suchen. Vor dieser Kapitulation lohnt es sich aber, ein wenig tiefer als bisher zu schürfen. Die „traditionelle" JSP-Methode modelliert die Bestände in ihrem Finalzustand, aber die jeweilige Ausgabe entsteht doch nicht auf einen Streich, sondern Schritt für Schritt. Das geschieht beim bisherigen Vorgehen entlang der aus den – korrespondierenden – Datenstrukturen abgeleiteten Programmstruktur. Wenn es aber nicht möglich ist, *als Ganzes* miteinander korrespondierende Datenstrukturen zu identifizieren, so genügt es für einen korrekten Entwurf dennoch, dass *bei jedem Verarbeitungsschritt*, der Eingabe in Ausgabe transformiert, die erforderlichen Korrespondenzen vorliegen. Ist jeder einzelne Schritt korrekt, dann ist auch das Gesamtergebnis korrekt.

Dieses schrittweise Vorgehen ist eine der Innovationen der MSP gegenüber dem JSP. Es kann als ereignisorientiert oder – besser – als transaktional bezeichnet werden, denn es ähnelt doch sehr dem Geschehen bei der Verarbeitung von Transaktionsnachrichten, das jeweils auf einem existenten Zustand aufsetzt und diesen – nach glücklich überstandenen Plausibilitätsprüfungen – in einen neuen Zustand überführt. Die Modellierung des alten und des neuen Zustands mit JSP-Mitteln erlaubt es dann, die Korrespondenzen zwischen diesen Zuständen zu ermitteln und darauf die Programmstruktur der Schritt-für-Schritt-Verarbeitung aufzubauen. Daher fehlen diesen Struktogrammen die Iterationsstufen, die sich für gewöhnlich über den elementaren Datenaggregaten oder – in der Programmstruktur – über den Aktionen türmen.

Diese Iterationsstufen repräsentieren fast immer die Reihenfolgen der als Strukturblöcke abgebildeten abstrakten Datenobjekte, wobei es für die Ranggruppenverarbeitungen typisch ist, dass diese Folgen in Form von Schachtelungen gelesen werden können. Von der ursprünglichen Definition, die im Kapitel „2.6 Korrespondenzen zwischen den Datenstrukturen ermitteln" auf Seite 31 ff vorgestellt wurde, ist bei der hier vorliegenden Ranking-Aufgabe jedoch nur der Trivialfall „Anzahl = 1" und infolgedessen „Reihenfolge = keine" übriggeblieben. Dennoch funktioniert die JSP-Methode auch in diesem Extremfall. Wir haben uns also nicht verirrt, sondern wir haben einen neuen Korrespondenz-Typ entdeckt. Darauf kann nun aufgebaut werden.

10.7.3 Aufbauen der Link-Liste

Beim Aufbauen der Link-Liste sind drei Fallkonstellationen zu unterscheiden: Voranstellen, Einketten und Anhängen. Diese spiegeln sich im aufgabenspezifischen Eingabe-Struktogramm auf der Seite 254 wie folgt wider:

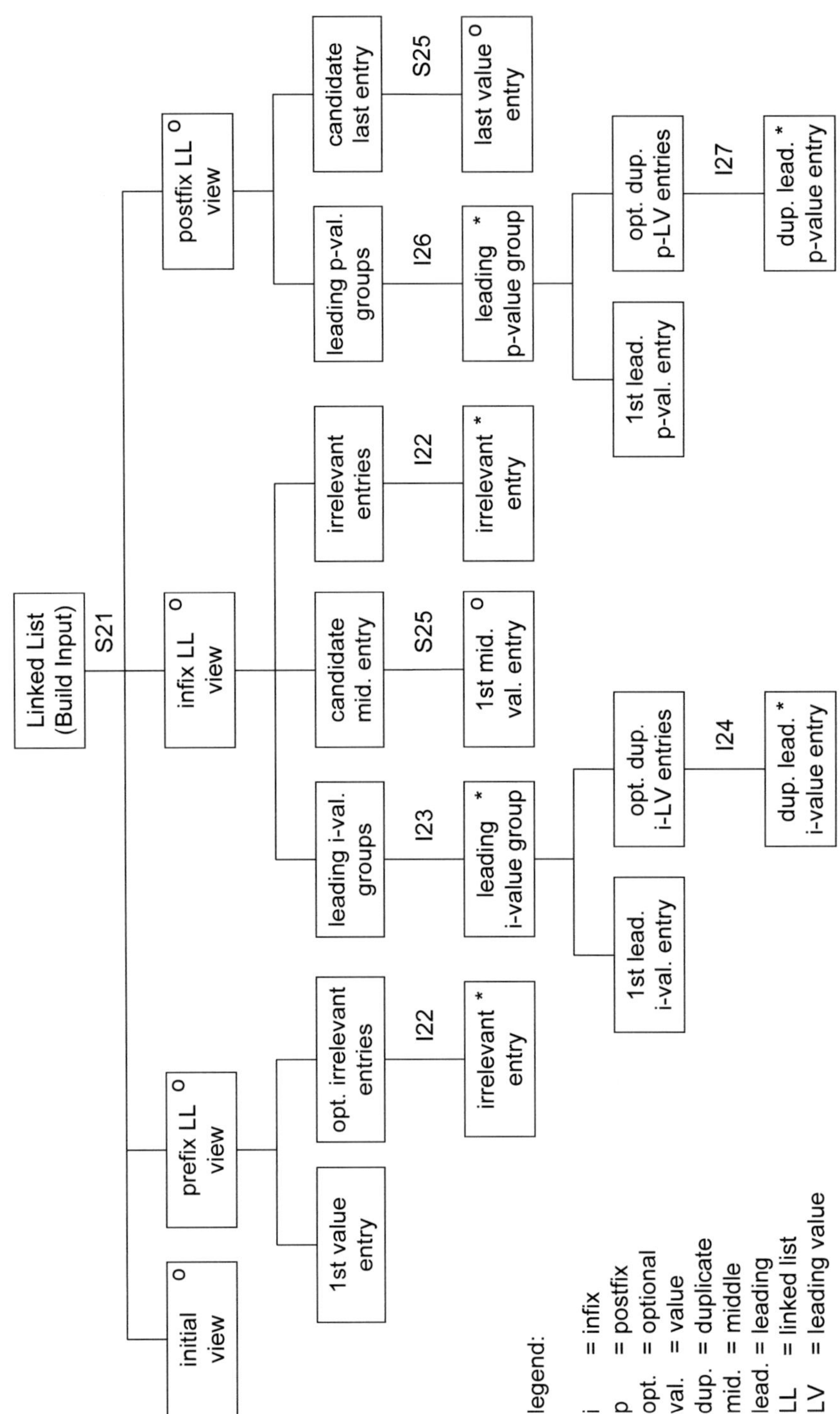

Abbildung 10.11: *Aktionsabhängiges Eingabe-Struktogramm der Link-Liste*

Hinweise

- Die Zählung der Kontrollen – die in den vorhergehenden Struktogrammen nicht numeriert sind – wird hier fortgesetzt, obwohl die Link-Listen-Algorithmen eine separate Funktionalität darstellen, die etwa als Unterprogramm realisiert werden kann.
- Die „opt(ional) irrelevant entries“ und die „irrelevant entries“ sind nur im Kontext dieser Grafik irrelevant. Gemeint ist, dass den jeweilige relevanten Einträgen weitere Einträge folgen (können), die im Rahmen des jeweiligen Falls nicht betrachtet werden müssen.

Dieses Struktogramm weist erhebliche Abweichungen von der neutralen Darstellung auf:

- Der Initialzustand ist eigens modelliert, da ihm später Operationen zugeordnet werden sollen.
- Wenn ein neuer Eintrag vorangestellt werden soll, schrumpft die Struktur eigentlich auf den „1st value entry“ zusammen, denn den „optional irrelevant entries“ wird später keine Operation zugeordnet. Somit gibt es hier auch kein Modellierungsproblem für den Fall, dass nur der PS1-Eintrag existiert.
- Beim Einketten kommt es darauf an, wie viele unterschiedliche Punktsummen festgestellt wurden, bevor ein Eintrag erreicht ist, dem der neue Eintrag vorangestellt werden soll. Sind es schon drei Punktsummen, so wird der neue Wert verworfen. Daher ist die Kontrolle S25 erforderlich. Die Endebedingung von I23 muss erfüllt sein, wenn entweder schon drei verschiedene Punktsummen existieren, oder ein Eintrag erreicht ist, dessen Punktsumme kleiner oder gleich der neuen Punktsumme ist.

  Der „1st mid(dle) val(ue) entry“, der bei erfüllter Kontrolle S25 ausgewählt wird, kann übrigens auch der „last value entry“ sein, ohne dass dies erkennbar sein muss. In diesem Fall existieren die „irrelevant entries“ nicht, denen sowieso keine Operation zugeordnet wird.
- Analog dazu müssen die unterschiedlichen Punktsummen gezählt werden, bevor gegebenenfalls ein Element am Ende der Link-Liste angehängt wird. Die Endebedingung von I26 ist erfüllt, wenn entweder schon 3 verschiedene Punktsummen existieren, oder der „last value entry“ erreicht ist. Auch hier gilt die Kontrolle S25.
- Anders als in den bisherigen Daten-Struktogrammen, die einen Bestand für die gesamte Laufzeit eines Programms statisch beschreiben, liegt hier eine ereignisorientierte Sicht vor. Nach der Verarbeitung einer neuen Punktsumme, die eine veränderte Link-Liste zurücklässt, betrachtet der nächstfolgende Aufbau-Schritt diese Liste als die strukturell identische Eingabe für seine Arbeit.

Bevor die Kontrollen genauer definiert werden, sollten wir uns S21 näher ansehen. Die Aufgabe von S21 ist es, zwischen den vier Fallkonstellationen zu unterscheiden:

- Bei leerer Link-Liste liegt der Initialzustand vor, in dem der erste Punktsummen-Eintrag hinzugefügt wird.
- Wenn die neue Punktsumme größer oder gleich der bislang höchsten Punktsumme ist, so ist „Voranstellen“ ausgewählt. Dies ist die „prefix LL view“ (LL = linked list).
- Dagegen kann zwischen den beiden anderen Fällen nicht sofort unterschieden werden, weil es dazu erforderlich ist, zuerst die Eintragskette vom Anfang her zu durchlaufen. In beiden Fällen werden hierfür die „leading value groups“ durchsucht, aber die Kontrollen I23 / I24 und I26 / I27 sind verschieden.

Vereint man jedoch beide Kontroll-Paare und unterscheidet erst danach zwischen Einketten und Anhängen, so kann das Struktogramm wie folgt umgezeichnet werden:

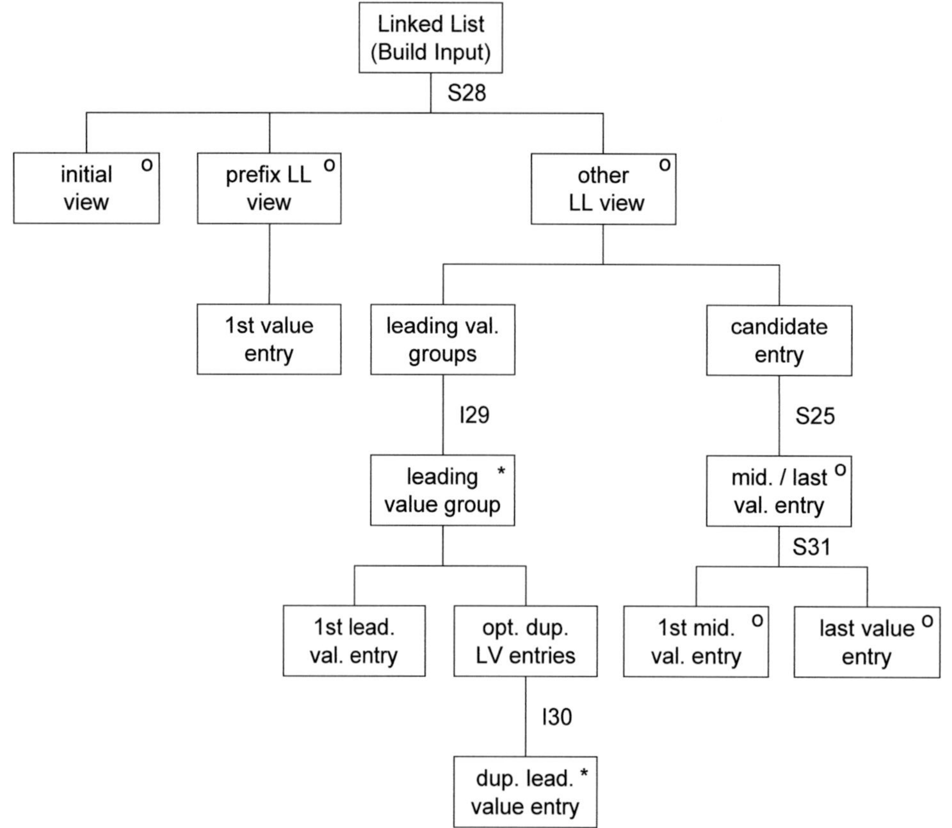

Abbildung 10.12: *Zusammenfassung der Infix- und Postfix-LL-Sichten*

Wichtig: Die „irrelevant entries" sind hier komplett weggelassen, da ihnen später keine Operationen zugeordnet werden. Nun sind neue Kontrollen erforderlich:

S25 Listenende nicht erreicht oder < 3 verschiedene PS vorhanden
S28 Link-Liste leer | neue PS >= 1. Eintrags-PS | sonst
I29 neue PS >= Eintrags-PS oder Nachfolger-Index = -1
I30 aktuelle Eintrags-PS < bisherige PS oder Nachfolger-Index = -1
S31 Listenende nicht erreicht

Die möglichen I29-Ende-Ursachen werden durch S25 und S31 erneut aufgegriffen.

Nun könnten wir uns dem Ausgabe-Struktogramm für das Aufbauen der Link-Liste zuwenden, wenn da nicht diese bohrende Frage wäre:

10.7.4 Ist dieser Algorithmus performant?

Wenn es nur um Gold, Silber oder Bronze geht, also um ganz wenige Rangplätze, zudem normalerweise ohne Punktgleichstand, mag das bisher gefundene Modell als ausreichend gelten. Bei einer so selten stattfindenden Verarbeitung kommt es auf ein paar Sekunden mehr oder weniger Laufzeit nicht an.

Wir können uns aber hier den Luxus erlauben, mit dieser Brot- und Butter-Lösung unzufrieden zu sein. Wie wäre es denn zum Beispiel mit der Vergabe von 365 Studienplätzen unter tausenden Bewerbern? Dann wären nicht drei oder vielleicht fünf, sondern mindestens 365 relevante Link-List-Einträge zu verwalten, denn es dürfte einige Punktgleichstände geben. Schon in diesem Fall wäre die bislang entwickelte Lösung sehr langsam, weil für jeden Bewerber bis zu 365 „leading value groups" zu durchlaufen sind, um schliesslich – in den meisten Fällen – festzustellen, dass dessen Punktsumme nicht ausreicht, um in die Link-Liste aufgenommen zu werden.

Da Link-Listen in vielerlei Anwendungen eine Rolle spielen und durchaus hohe Transaktionsraten denkbar sind, mit denen neue Werte für solche Listen in einem zentralen Prozess eintreffen, wäre eine geringe Performance dann erst recht ein Armutszeugnis für Entwickler(innen), die es sich zu einfach machen.

Was sind die Schwachstellen der bisherigen Lösung und was können wir dagegen tun?

- ➢ Solange nicht mindestens n verschiedene Punktsummen vorliegen, kommt jede neue Punktsumme in die Link-Liste. n ist beim internationalen Schulsportwettbewerb gleich 3. Bei der als Beispiel genannten Studienplatzvergabe ist n = 365, weil bis zum Ende nicht feststeht, welche Teilnehmer sich qualifizieren, und ob es in dieser Liste überhaupt Duplikate gibt. Bislang zählt der Algorithmus die Punktsummen bei jedem Durchlauf. Das können wir uns sparen. Wir müssen uns nur die aktuelle Anzahl verschiedener Punktsummen merken, bis n erreicht oder überschritten ist.
- ➢ Wenn wir wüssten, wie hoch *danach* eine Punktsumme mindestens sein muss, um in die Liste aufgenommen zu werden, so würde nach einer Stabilisierungsphase der größte Teil der dann eintreffenden Schüler-Punktsummen keine Suche mehr auslösen. Wir brauchen also den Index des letzten (Bronze-) Eintrags, aus dem jeweils das aktuelle Minimum entnommen werden kann. Dieser Index steht erst dann zur Verfügung, wenn n verschiedene Punktsummen registriert sind.
- ➢ Jedesmal, wenn eine neue – bislang nicht bekannte – Punktsumme in die Link-Liste aufgenommen wird, fällt nach der ersten Aufbauphase die bisherige Bronze-Punktsumme(ngruppe) aus dem Medaillenbereich heraus. Dann ist anschliessend entlang der rückwärts verlaufenden Link-Kette der jetzige Bronze-Eintrag beziehungsweise der letzte Eintrag der Bronze-Gruppe zu suchen und dessen Index für den Minimum-Vergleich zu übernehmen. Gleichzeitig können bei einer Realisierung – beispielsweise durch Java-Container-Methoden – die überflüssig gewordenen Einträge freigegeben werden, und der nunmehr letzte Eintrag wird entsprechend markiert.
- ➢ Die im Eingabe-Struktogramm vorhandene Gruppierung nach „leading value groups" und die an den „1st leading value entry" geknüpfte Zählung der verschiedenen Punktsummen ist dann nicht mehr erforderlich. Wir können zu einer einfacheren Struktur zurückkehren, die auf dem obigen 1. Modellierungsschritt basiert. Die Kontrollen I29 und I30 können dann zusammengefasst und vereinfacht werden.
- ➢ Bei einer kleinen Anzahl von relevanten Einträgen erscheint ein so modifiziertes Vorgehen als schnell genug. Bei einer höheren Anzahl, zum Beispiel 365, wäre die Platzsuche für diejenigen Punktsummen, die sich für die Aufnahme in die Link-Liste qualifiziert haben, wegen der zahlreichen sequentiellen Vergleiche immer noch sehr langsam. Da in der Link-Liste kein binäres Suchen möglich ist, weil die Einträge aus der Index-Sicht meist völlig unsortiert aufeinanderfolgen und zudem – bei der C-Lösung – zwischendrin abgehängte Einträge stehen, erscheint folgendes Vorgehen als denkbar:
  - Es wird eine zweite Link-Liste aufgebaut, die auf diejenigen Einträge in der ersten Link-Liste verweist, welche zum Beispiel im Abstand von 20 verschiedenen Punktsummen aufeinanderfolgen. Die zweite Liste enthält deren Stützwert-Punktsummen und Eintrags-Indizes. Dadurch kann schnell festgestellt werden, in welchem Abschnitt der zweiten Link-Liste ein neuer Eintrag aufzunehmen ist. Nur noch dieser Abschnitt muss anschliessend sequentiell durchsucht werden.
  - Diese Listen werden zyklisch erneuert und um diejenigen Einträge verkürzt, die aus dem relevanten Bereich herausgefallen sind. Die erste Link-Liste wird zudem dann modifiziert, wenn eine Teilkette in der zweiten Liste zu lang geworden ist; das führt zu einem Eintrags-Split.

Auf dieser Basis ist übrigens auch eine effiziente Sort-Applikation möglich, in der die erste Link-Liste sämtliche zu sortierenden Einträge nach und nach aufnimmt, also kein Eintrag verworfen wird. Falls eine aufsteigende Sortierung gewünscht ist, müssen nur die Ungleichheitszeichen in den Punktsummen-Kontrollen umgekehrt werden.

10.7.5 Fertigstellung des Eingabe-Struktogramms

Ein Teil dieser Verbesserungen erfordert Operationen, keine Struktogramm-Modifikationen. Die rückwärtsgehende Suche nach dem – letzten – Bronze-Eintrag ist gewöhnlich nur eine einzige Operation, im Gruppenfall aber eine Schleife, die als separates Struktogramm modellierbar ist. Ebenso kann sie auch direkt in die Programmstruktur aufgenommen werden. Der Aufwand zum Ableiten der Programmstruktur aus den beteiligten Datenstrukturen muss ja für solch einfache Aufgaben nicht unbedingt erbracht werden.

Der Ausschluss irrelevanter Punktsummen, die Zählung der unterschiedlichen Punktsummen und der Verzicht auf die Eintragsgruppierung wirken sich jedoch auf das Eingabe-Struktogramm aus. Ausserdem ist zu berücksichtigen, dass beim Einketten nicht nur der neue und der ihm nachfolgende Eintrag betroffen sind, sondern auch der vorhergehende Eintrag, dessen Nachfolger-Index ausgetauscht werden muss. Aus diesen Anforderungen ergibt sich das finale Eingabe-Struktogramm für einen einzelnen Aufbau-Schritt wie folgt:

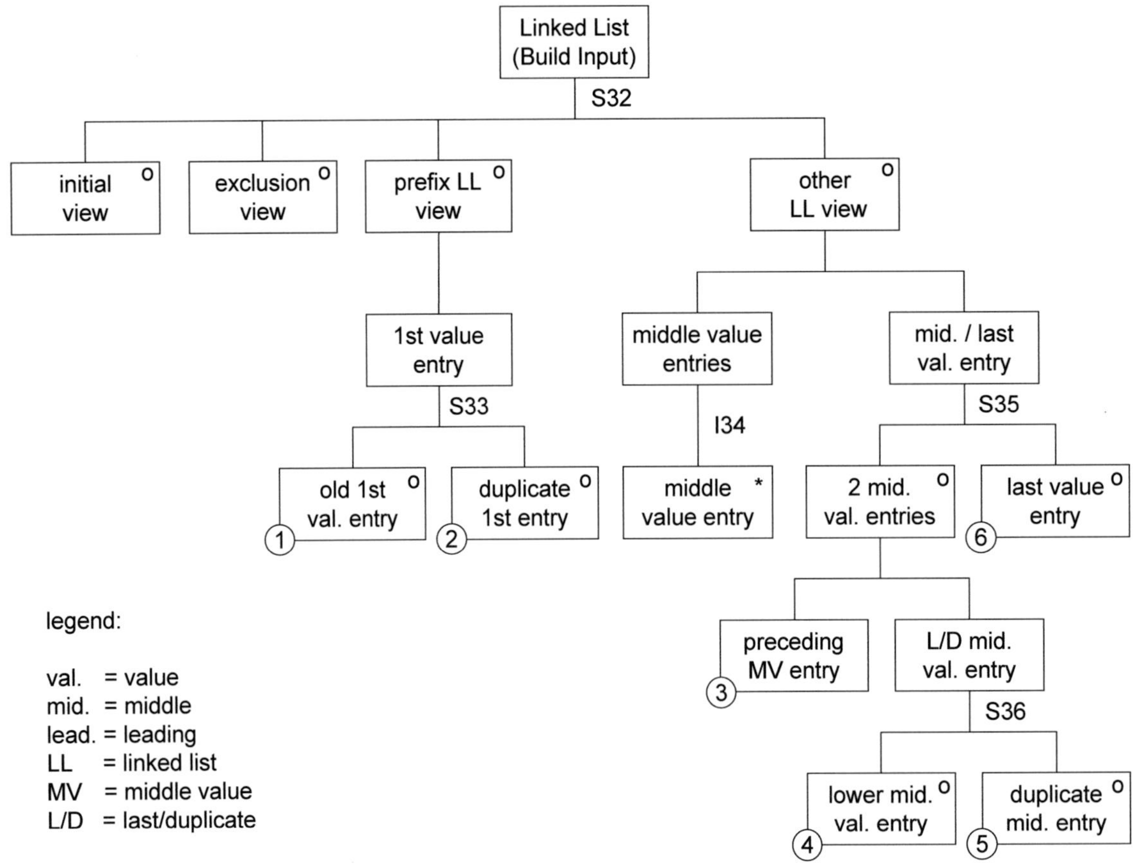

Abbildung 10.13: *Aktionsabhängiges finales Eingabe-Struktogramm mit Korrespondenzen*

Hinweis: „exclusion view" wurde nur wegen der Korrespondenz zur „status quo view" in der „Abbildung 10.14: Aktionsabhängiges finales Ausgabe-Struktogramm mit Korrespondenzen" auf Seite 260 aufgenommen.

Diese Korrespondenz ist nicht markiert, weil dort wegen S32 (2. Fall) keine Verarbeitung stattfindet, aber man könnte sie – reichlich fruchtlos – markieren, beispielsweise, um Vollständigkeit zu demonstrieren.

Die neuen Kontrollen lauten wie folgt:

S32 Link-Liste leer | PS-Anzahl >= 3 und neue PS < Bronze-PS | neue PS >= 1. Eintrags-PS | sonst
S33 neue PS > bisherige 1. Eintrags-PS
I34 Nachfolger-Index = -1 oder neue PS >= Eintrags-PS des Nachfolgers
S35 Nachfolger-Index > -1
S36 neue PS > Eintrags-PS des Nachfolgers

10.7.6 Ableiten des Ausgabe-Struktogramms

Das zu dieser transaktionalen Eingabestruktur korrespondierende Ausgabe-Struktogramm ist leicht abzuleiten, indem die neu eingetroffenen Daten eines Teilnehmers dort je nach seiner Wettbewerbsposition hinzugefügt werden, falls sie sich überhaupt dafür qualifizieren, also nicht durch das Sieb des 2. S32-Falls fallen.

Die Korrespondenzen zwischen den bereits vorhandenen Einträgen vor und nach der Aufnahme eines neuen Eintrags in die Link-Liste sind durch die Zahlen in den Kreisen links unten an den Strukturblöcken markiert. Die Strukturblöcke „1st value entry“, „higher 1st value entry“, „new dup(licate) 1st value entry“, „higher mid(dle) value entry“, „new dup(licate) middle value entry“ und „new last value entry“ repräsentieren die sechs Möglichkeiten, wie neue Einträge hinzugefügt werden können.

Anmerkungen

- Die Bezeichnung „old“ im Strukturblock „old 1st val(ue) entry“ des Eingabe-Struktogramms signalisiert, dass der bisherige Gold-Eintrag zu Silber degradiert wird, weil vor ihm ein neuer Eintrag mit einer höheren Punktsumme einzufügen ist. Dementsprechend wird aus ihm der „lower 1st value entry“ im Ausgabe-Struktogramm.
- Die Strukturblöcke „preceding MV entry“ und „am(ended) preced(ing) middle value entry“, die mit der Korrespondenz 3 markiert sind, entsprechen dem letzten Eintrag, der innerhalb der I34-Schleife betrachtet wird. Er geht demjenigen Eintrag unmittelbar voraus, vor welchem der neue Eintrag eingeschoben werden soll. Beide bisher schon existierenden und miteinander direkt verbundenen Einträge müssen anschließend „entknüpft“ und zugleich mit dem neuen Eintrag verknüpft werden.
- Im Gegensatz zum „traditionellen“ Ansatz gibt es hier keine übergeordneten Korrespondenzen. Jedem Ereignis oder jeder Transaktion ist genau ein Ergebniszustand zugeordnet, wobei durch die Kontrollen bestimmt wird, um welchen es sich jeweils handelt. Die Kontrolle S32 nimmt eine Grobauswahl vor und steuert die Initialisierung direkt an, während S33 / S35 / S36 je einen der verbleibenden fünf Fälle exakt identifizieren.

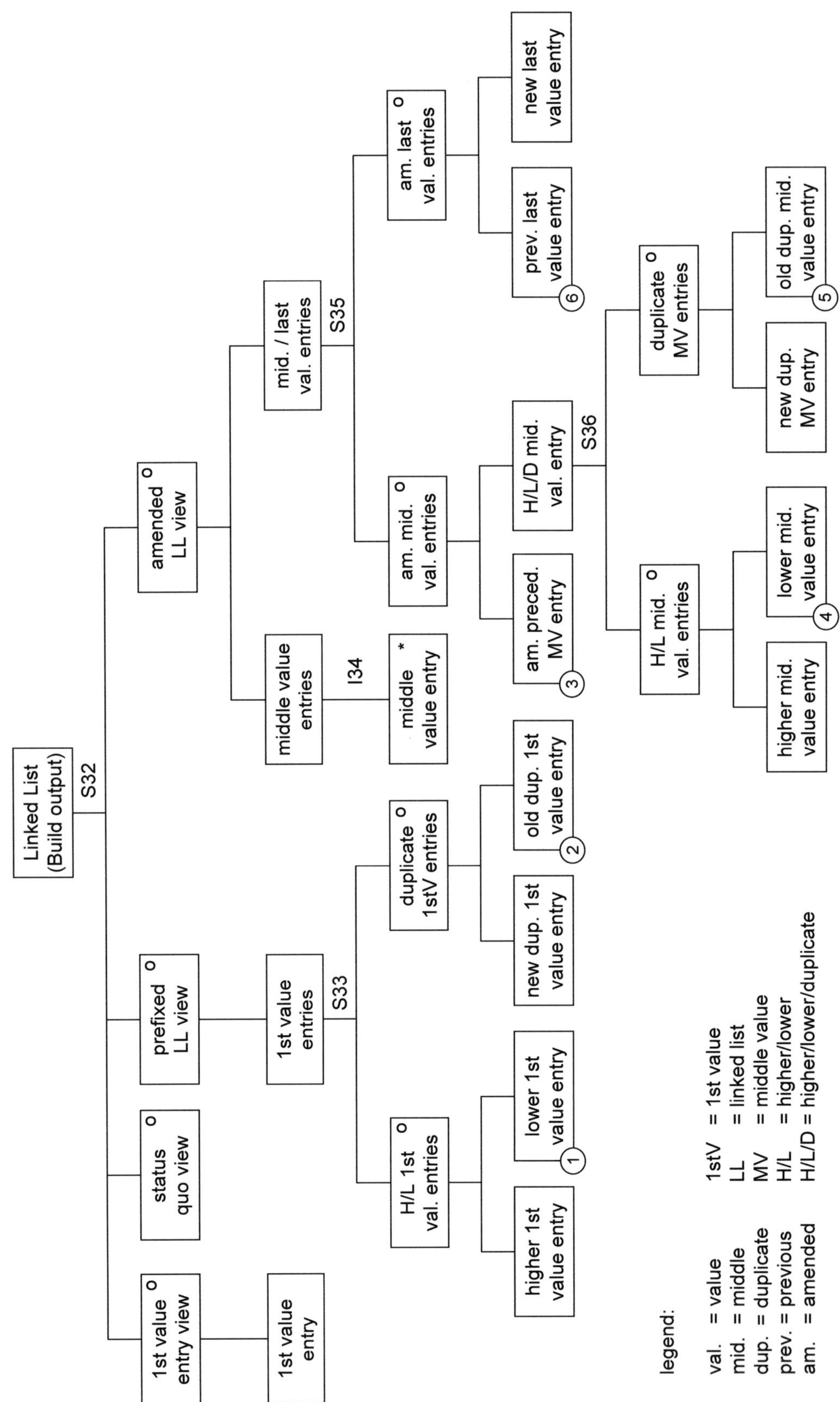

Abbildung 10.14: *Aktionsabhängiges finales Ausgabe-Struktogramm mit Korrespondenzen*

10.7.7 Programmstruktur ohne Operationen

Da die Ausgabe-Datenstruktur die Eingabestruktur enthält, ist die Programmstruktur nahezu gleich der Ausgabe-Datenstruktur:

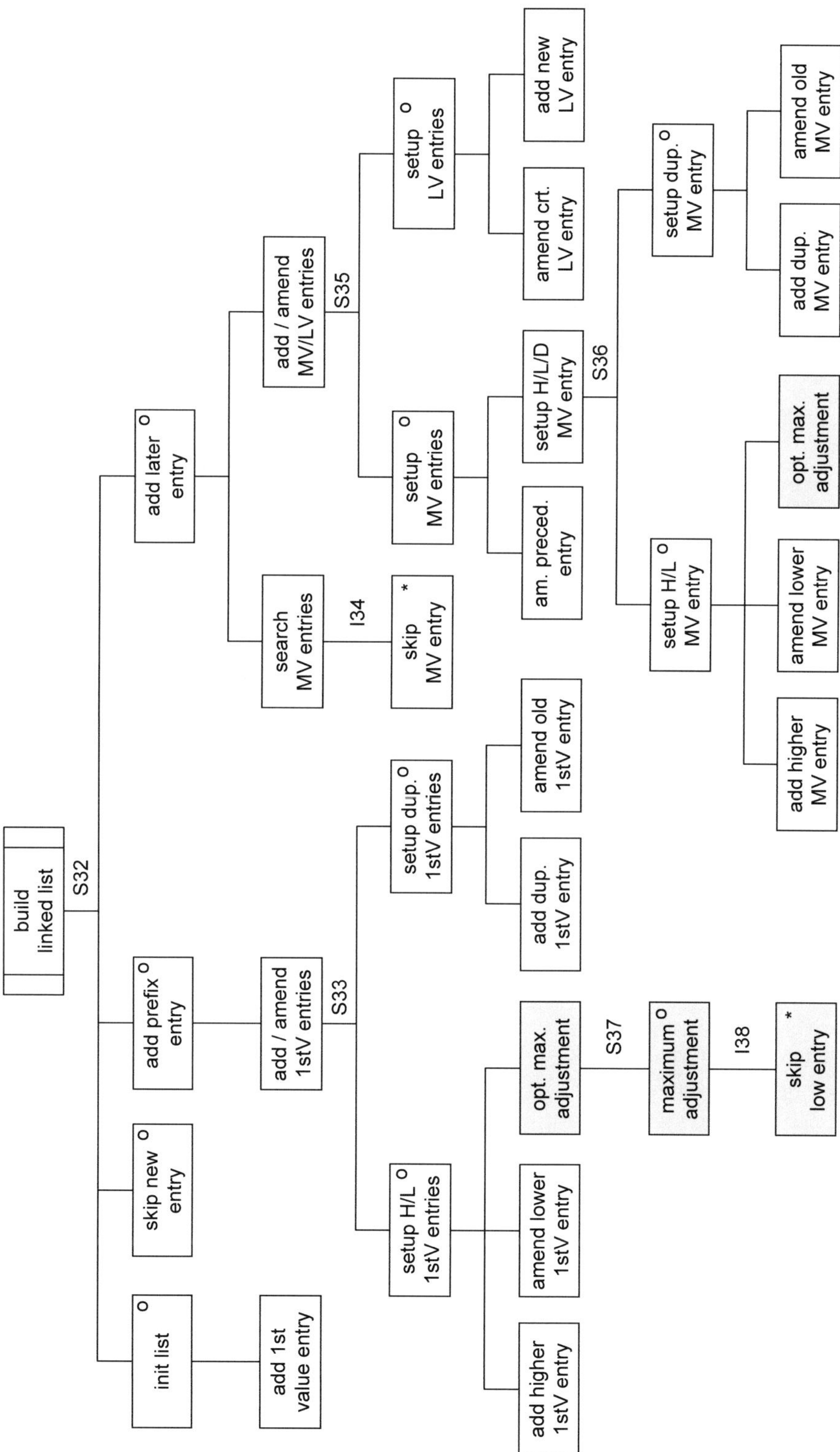

Abbildung 10.15: *Programmstruktur für den Link-Listen-Aufbau*

Die hervorgehobenen – identischen – Ergänzungen berücksichtigen die oben beschriebene rückwärtslaufende Positionierung auf den aktuell letzten Bronze-Eintrag, die nur bei 3 und mehr unterschiedlichen Punktsummen stattfinden muss. Diese Ergänzungen haben eigentlich nur den Rang von Operationen, müssen aber wegen der zusätzlichen Kontrollen und der Schleifenstruktur im Struktogramm ausgewiesen werden.

Diese Kontrollen lauten wie folgt:

S37 > 3 verschiedene PS vorhanden
I38 Eintrag-PS > alte Bronze-PS

Da das Hinzufügen von Einträgen am Ende der Link-Liste nur dann stattfindet, wenn die Liste aktuell maximal zwei verschiedene Punktsummen enthält, muss die Sequenz „setup LV entries" nicht ebenso ergänzt werden.

10.7.8 Definition der Link-Liste

Bevor die Liste der Operationen aufgestellt werden kann, müssen noch Bezeichnungen für die Link-List-Bestandteile festgelegt werden.

```
L_L struct(
    list_level          integer;      // aktueller Index des physikalisch letzten Eintrags
    max_list_level      integer;      // Limit-Index
    chain_top_index     integer;      // Zeiger auf den Kettenanfang
    chain_end_index     integer;      // Zeiger auf das Kettenende
    unique_values       integer;      // Anzahl unterschiedlicher Entry_Value-Werte
    L_L_E[0:LL_MAX] struct(           // L_L_E = Link-Listen-Element
        entry_value     integer;      // Ranking-Wert
        uplink          integer;      // Predecessor Index
        downlink        integer;      // Successor Index
        contestant      varchar;      // Daten des Ranking-Teilnehmers
    );
);
```

- Jede Link-Liste hat einen Listenkopf, der aus 5 Integer-Werten besteht. Diese charakterisieren den aktuellen Listenzustand und ermöglichen es dem Algorithmus somit, bei jedem Aufruf auf diesem Zustand aufzusetzen.
- Der L_L_E-Array in der Link-Liste nimmt LL_MAX + 1 Einträge auf. Er ist in zwei Hälften geteilt. Die untere Hälfte reicht vom Index 0 bis zum Index LL_LHTI (LHTI = Lower Half Top Index = Konstante) und die obere von LL_LHTI + 1 = LL_UHBI bis LL_MAX (UHBI = Upper Half Bottom Index). Es gilt: LL_LHTI = ((LL_MAX + 1) / 2) - 1 mit ungeradem LL_MAX. Wegen der Implementierung mit C und Java beginnt die Link-Liste mit dem Index 0.
- Entry_Value ist entweder eine Punktsumme oder ein Durchschnittswert für eine Schule. Um beide im Integer-Format ablegen zu können, werden letztere mit dem Faktor 100 multipliziert an den Link-List-Algorithmus übergeben. Da die – illusorische – maximale Durchschnitts-Punktzahl 60,00 wäre, muss Entry_value also Werte bis 6000 aufnehmen können.
- Seitens des aufrufenden Programms werden drei Link-Listen geführt, um die Sieger unter den Schüler(inne)n, den Schulen eines Landes und den Schulen im internationalen Vergleich zu ermitteln. Da die Teilnehmerdaten für die Schüler(innen) und die Schulen einerseits völlig verschieden aufgebaut sind,

ihre innere Beschaffenheit für die Link-List-Algorithmen andererseits aber unwichtig ist, werden sie als Contestant mit *undefinierter* **varchar**-Länge generalisiert.

- Übrigens ist „Contestant" nicht dasselbe wie „Participant", weil semantisch zur Teilnahme das Wettbewerbselement hinzutritt. Ein Participant könnte beispielsweise einen Tanzkursus besuchen, ein Contestant aber einen Tanzwettbewerb.
- Die tatsächlich benötigte Länge der Teilnehmerdaten ist für die Modellierung des Link-List-Aufbau-Algorithmus ohne Bedeutung. Dieser speichert die ihm übergebenen Teilnehmerdaten ohne nähere Kenntnis davon, was sich darin – fachlich gesehen – befindet. Zudem existiert beim Aufruf aus seiner Sicht nur die aktuell übergebene Linked List-Struktur.

Die Aufrufschnittstelle ist folgendermaßen definiert:

```
proc buildLinkedList
  (in
      new_value           integer;
      new_contestant      varchar;
   inout
      L_L                 struct;    // siehe vorherige Definition
  );
```


10.7.9 Liste der Operationen

Op.	Bedeutung	Kommentar
41	L_L.chain_top_index := 0	Einfügen des ersten Eintrags
42	L_L.chain_top_index := new_i	Voranstellen eines neuen Eintrags
43	L_L.chain_end_index := 0	Einfügen des ersten Eintrags
44	L_L.chain_end_index := new_i	Anfügen am Ende
45	L_L.chain_end_index := nxt_i	Nach der Rückwärtssuche | Kompression
46	L_L.unique_values := 1	Einfügen des ersten Eintrags
47	L_L.unique_values := L_L.unique_values + 1	Neuer Punktsummen-Wert gespeichert
48	L_L.list_level := 0	Einfügen des ersten Eintrags
49	L_L.max_list_level := LL_LHTI	Limit für untere Link-Listen-Hälfte
50	**if** L_L.list_level < L_L.max_list_level **then** L_L.list_level := L_L.list_level + 1 **else** compressLinkedList(L_L) **fi**	 Liste noch nicht voll Gold- | Silber- | Bronze-Einträge an den Anfang der momentan freien Hälfte umspeichern L_L.list_level zeigt danach auf 1. freien Eintrag Achtung: Abbruch bei Speicherengpass
51	crt_i := L_L.chain_top_index	Aufsetzen am Anfang
52	crt_i := L_L.chain_end_index	Aufsetzen am Ende
53	nxt_i := L_L.L_L_E[crt_i].downlink	Successor-Index beschaffen
54	nxt_i := L_L.L_L_E[crt_i].uplink	Predecessor-Index beschaffen
55	new_i := L_L.list_level	Zuweisung für jeden neuen Eintrag
56	L_L.L_L_E[new_i].entry_value := new_value	new_value ablegen
57	L_L.L_L_E[new_i].uplink := -1	Eintrag am Anfang hinzugefügt

Op.	Bedeutung	Kommentar
58	L_L.L_L_E[new_i].downlink := -1	Eintrag am Ende hinzugefügt | kopiert
59	L_L.L_L_E[new_i].contestant := new_contestant	Teilnehmer-Zusatzdaten ablegen
60	L_L.L_L_E[new_i].downlink := crt_i	Alten Top-Eintrag anknüpfen
61	L_L.L_L_E[crt_i].uplink := new_i	Neuen Top-Eintrag anknüpfen
62	crt_i := nxt_i	Zum nächsten Eintrag gehen
63	L_L.L_L_E[crt_i].downlink := new_i	Nachfolgenden neuen Eintrag anknüpfen
64	L_L.L_L_E[new_i].uplink := crt_i	Vorhergehenden alten Eintrag anknüpfen
65	L_L.L_L_E[new_i].downlink := nxt_i	Nachfolgenden alten Eintrag anknüpfen
66	L_L.L_L_E[nxt_i].uplink := new_i	Vorhergehenden neuen Eintrag anknüpfen
67	L_L.L_L_E[nxt_i].downlink := -1	Kette kappen (alte Bronze-Einträge abhängen)
77	L_L.unique_values := 3	Exakt drei verschiedene Punktsummen liegen vor

Hinweis: crt_i (= current element index) weist auf den aktuell im Fokus stehenden Eintrag, nxt_i (= next element index) auf das diesem Element per Uplink oder Downlink folgende Element, und new_i (= new element index) auf das momentan neu anzulegende Element der Link-Liste.

10.7.10 Präzisierung der Kontrollen

Nun können die Kontrollen genau definiert werden:

S32 L_L.unique_values = 0 (extern vorzugeben) |
L_L.unique_values >= 3 und new_value < L_L.L_L_E[L_L.chain_end_index].entry_value |
new_value >= L_L.L_L_E[L_L.chain_top_index].entry_value |
Other
S33 new_value > L_L.L_L_E[L_L.chain_top_index].entry_value
I34 nxt_i = -1 oder new_value >= L_L.L_L_E[nxt_i].entry_value
S35 nxt_i > -1
S36 new_value > L_L.L_L_E[nxt_i].entry_value
S37 L_L.unique_values > 3
I38 L_L.L_L_E[nxt_i].entry_value > L_L.L_L_E[crt_i].entry_value

10.7.11 Programmstruktur mit Operationen

Die mit diesen Operationen und Kontrollen ausgestattete Programmstruktur ist zu breit, um vollständig dargestellt zu werden. Die „Abbildung 10.16: Linker Teil der Programmstruktur mit Operationen" auf Seite 265 und die „Abbildung 10.17: Rechter Teil der Programmstruktur mit Operationen" auf Seite 266 zeigen sie daher in zwei Teile horizontal zerlegt:

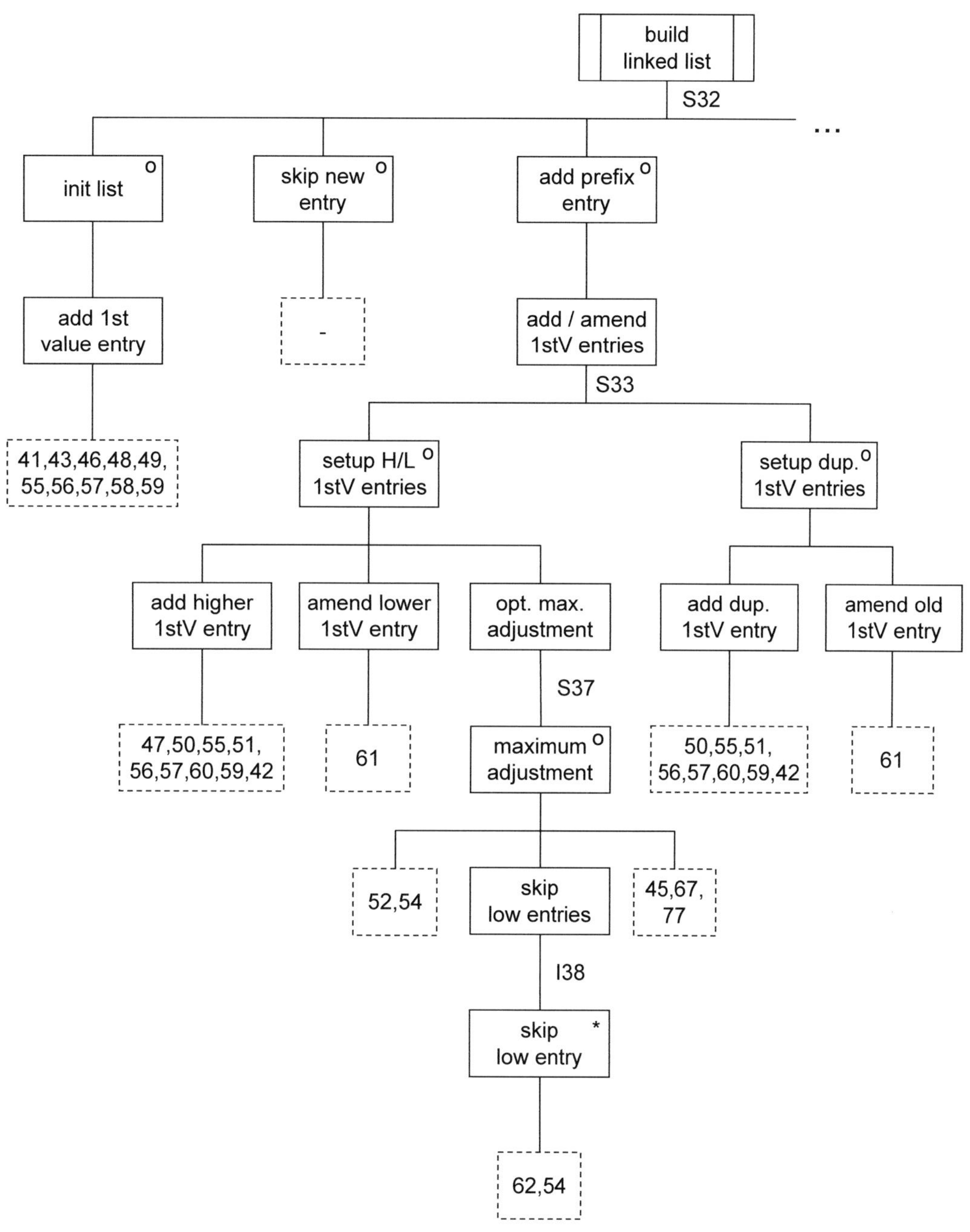

Abbildung 10.16: *Linker Teil der Programmstruktur mit Operationen*

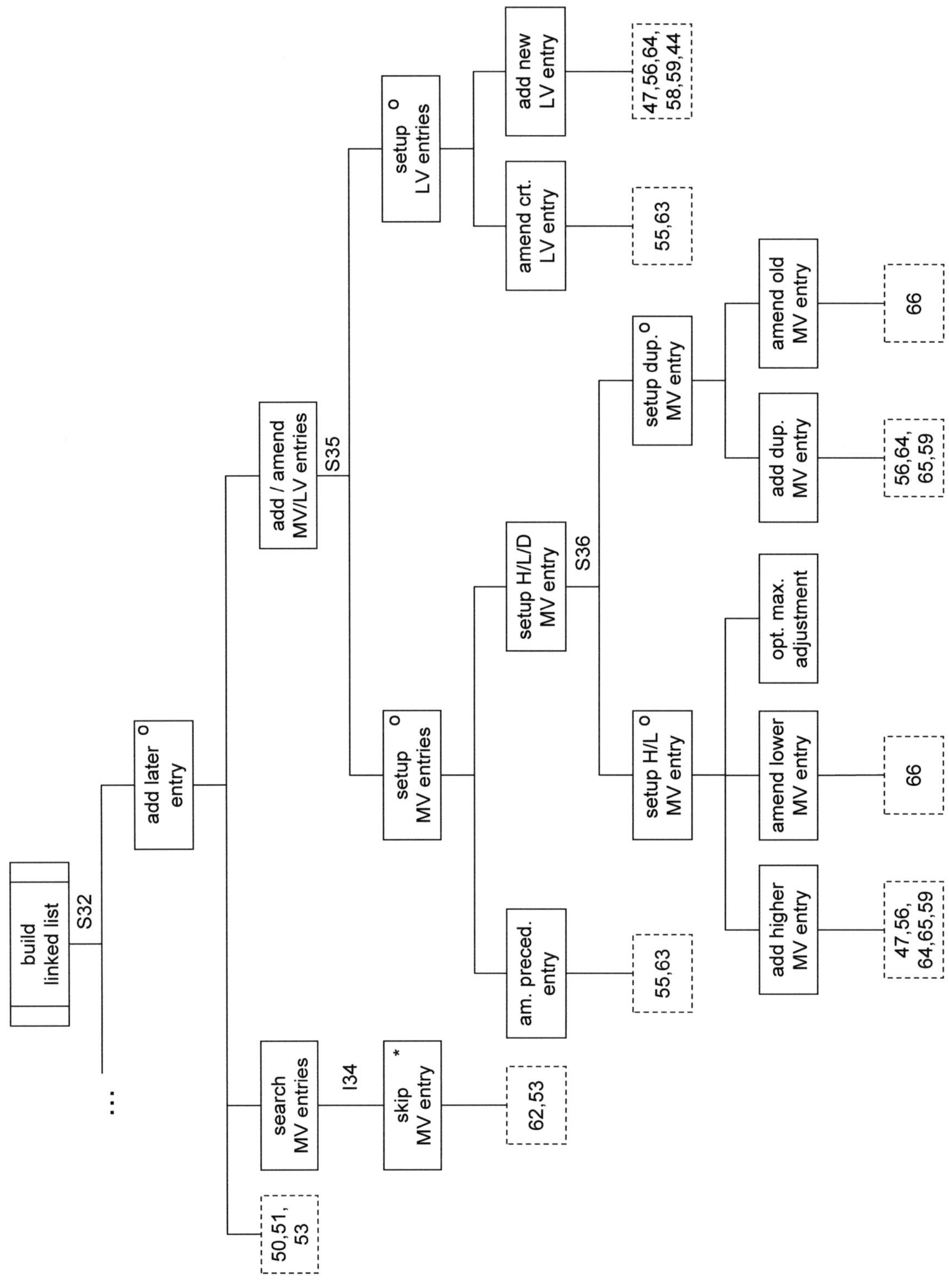

Abbildung 10.17: *Rechter Teil der Programmstruktur mit Operationen*

Die Operation 50 kommt in beiden Diagrammen vor. Sie erhöht normalerweise List_Level um 1, das heißt sie ordnet einem neu anzulegenden Eintrag den nächsthöheren Index im L_L_E-Array zu. Ist aber die aktuell zugeordnete Listenhälfte beim letzten Hinzufügen vollständig belegt worden, so müssen nur die darin enthaltenen relevanten L_L-Einträge – Gold, Silber, Bronze – in die andere Hälfte umgespeichert werden, wie bereits beschrieben. Dabei kann es sich herausstellen, dass kein Platz zum Verlängern der Liste frei wird, weil die volle Listenhälfte nur relevante Einträge enthält, also mit Duplikaten verstopft ist. In diesem Fall ist der Lauf kontrolliert abzubrechen.

Bei näherer Betrachtung der beiden Struktogrammteile fallen die vielen redundanten Operationen auf. Nach dem Herausfaktorisieren dieser Operationen sind beide Teile deutlich schlanker, wie die „Abbildung 10.18: Linker Teil der Programmstruktur nach dem Herausfaktorisieren / Umstellen“ auf Seite 268 und die „Abbildung 10.19: Rechter Teil der Programmstruktur nach dem Herausfaktorisieren / Umstellen“ auf Seite 269 zeigen.

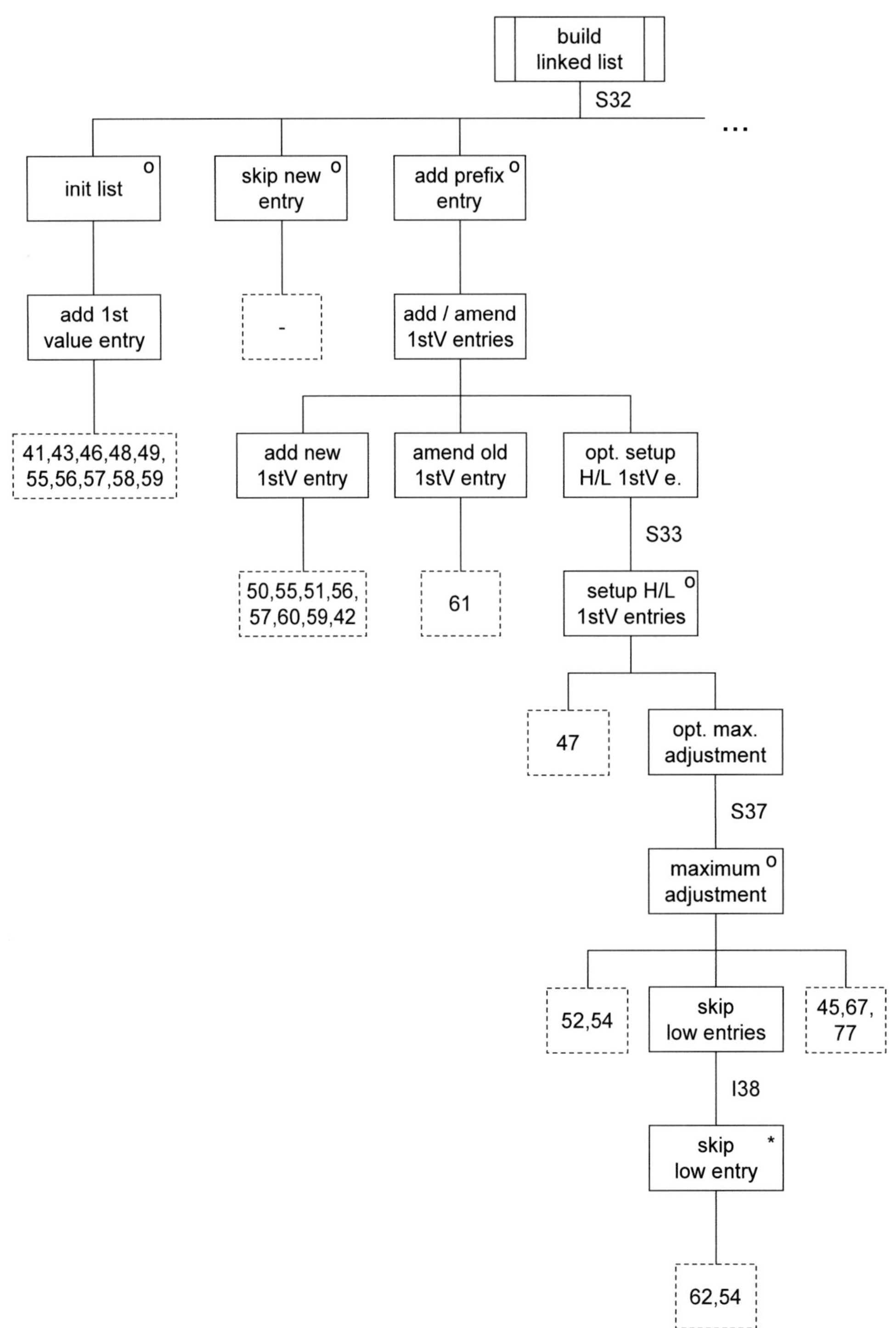

Abbildung 10.18: *Linker Teil der Programmstruktur nach dem Herausfaktorisieren / Umstellen*

Das Voranstellen von Gold-Einträgen findet zunächst immer auf dieselbe Weise statt, unabhängig davon, ob ein Punktsummen-Duplikat hinzukommt. Nur für den Fall einer neuen, höheren Punktsumme ist die Anzahl dieser Summen zu erhöhen und die Kette um die bisherigen Bronze-Einträge zu verkürzen.

Im linken Teil wurden daher die Operationen 55,51,56,57,60,59,42 aus „add higher 1stV entry" und „add dup(licate) 1stV entry" zu „add new 1stV entry" zusammengefasst und die Operation 47 in den Zweig „setup H/L 1stV entries" verlagert. Eine unerwünschte Nebenwirkung besteht darin, dass die Operation 42 nun S33 vorangeht, also der Inhalt von L_L.chain_top_index, der mit der Op. 51 gerettet wurde, nicht mehr derselbe ist. Daher muss S33 umdefiniert werden:

S33 new_value > L_L.L_L_E[crt_i].entry_value

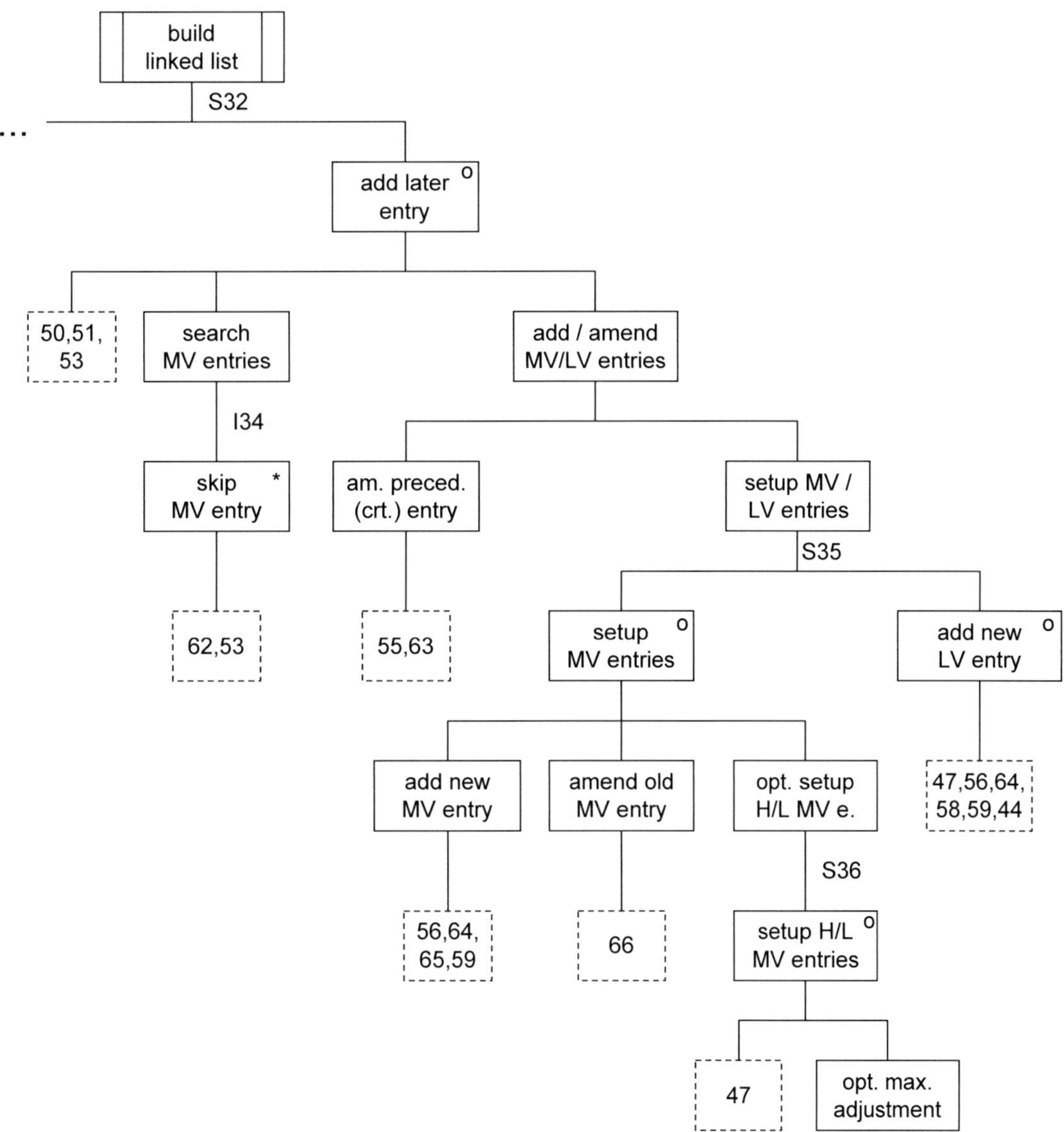

Abbildung 10.19: *Rechter Teil der Programmstruktur nach dem Herausfaktorisieren / Umstellen*

Analog dazu sind beim Einfügen oder Anhängen zunächst dieselben Operationen 55 und 63 erforderlich. Der Unterbaum für die „middle value entries" hat dieselbe Struktur wie im linken Teil der Unterbaum von „add / amend 1st value entries". Die Operationen 56,64,65,59 aus „add higher MV entry" und „add dup(licate) MV entry" wurden zu „add new MV entry" zusammengefasst und die Operation 47 in den Zweig „setup H/L MV entries" verlagert. Da nxt_i durch die Zusammenfassung unverändert bleibt, darf S36 beibehalten werden.

10.7.12 Umspeichern in die leere Listenhälfte

Das Umspeichern – siehe Op. 50 – ist nicht völlig trivial. Daher folgt hier zunächst eine Gegenüberstellung von Eingabe und Ausgabe aus der Sicht dieser Funktion:

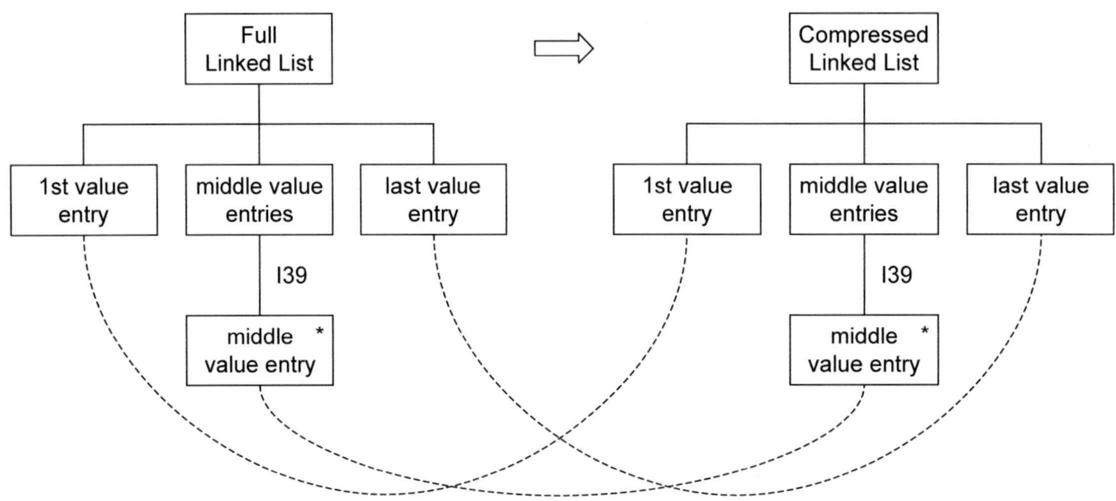

Abbildung 10.20: *Strukturen der Umspeicherungs-Ein- und Ausgabe*

Links und rechts sehen wir das bekannte Ergebnis des Modellierungsschritts 1, das hier als passend erscheint, weil Duplikate für die Umspeicherung irrelevant sind. Wir dürfen so modellieren, weil die physische Verteilung der relevanten Einträge über die volle Tabellenhälfte für das Umspeichern völlig bedeutungslos ist. Es genügt, der Link-Liste ab dem ersten Gold-Eintrag bis zum letzten Bronze-Eintrag zu folgen.

Die Korrespondenzen sind perfekt, aber der resultierende Code müsste den „last value entry" gesondert umspeichern, obwohl dies bis auf die Kennzeichnung dieses Eintrags mit -1 im „successor index" (Downlink) nicht nötig ist. Dazu ist aber lediglich eine Zuweisung erforderlich, kein eigener Strukturblock. Somit dürfen wir die Abbildung wie folgt vereinfachen:

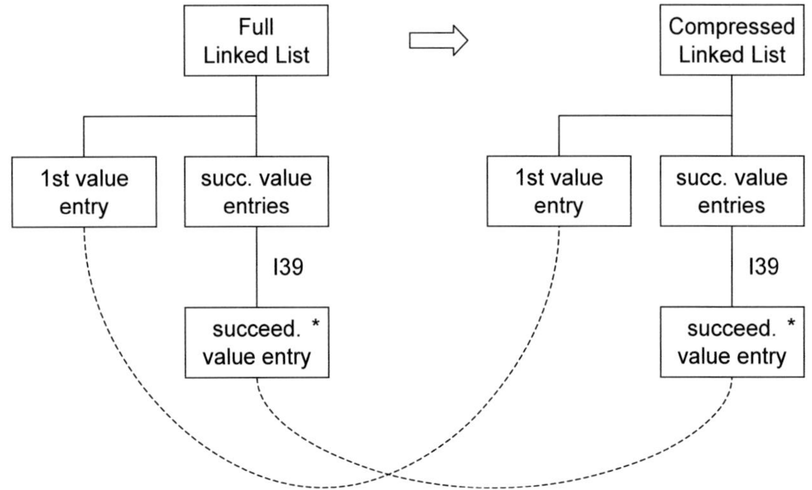

Abbildung 10.21: *Vereinfachte Strukturen der Umspeicherungs-Ein- und Ausgabe*

Da die Datenstrukturen identisch sind, ist die Programmstruktur ihnen gleich. Deshalb kann sofort die Programmstruktur mit Operationen erstellt werden:

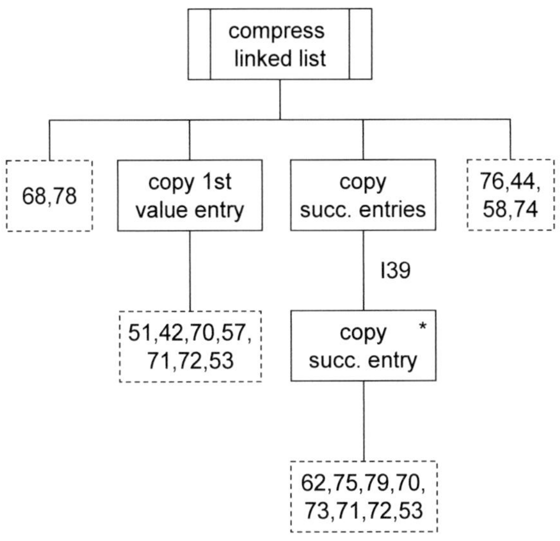

Abbildung 10.22: *Umspeicherungs-Programmstruktur*

Die Liste der Operationen wird hierfür wie folgt ergänzt:

Op.	Bedeutung	Kommentar
68	**if** L_L.chain_top_index <= LL_LHTI **then** new_i := LL_UHBI **else** new_i := 0 **fi**	Auswahl der Hälfte, in die kopiert werden soll
69	unbelegt	
70	L_L.L_L_E[new_i].entry_value := L_L.L_L_E[crt_i].entry_value	Übernahme der Punktsumme
71	L_L.L_L_E[new_i].downlink := new_i + 1	Zeiger auf den physisch nächsten Eintrag
72	L_L.L_L_E[new_i].contestant := L_L.L_L_E[crt_i].contestant	Übernahme der Teilnehmerdaten
73	L_L.L_L_E[new_i].uplink := new_i - 1	Zeiger auf den physisch vorhergehenden Eintrag
74	**if** new_i > LL_UHBI **then** L_L.max_list_level := LL_MAX **else** L_L.max_list_level := LL_LHTI **fi**	Limit für aktuell verwendete Link-Listen-Hälfte
75	new_i := new_i + 1	
76	L_L.list_level := new_i + 1	Nächster freier Eintrag nach der Kopie
78	entries := 1	Zähler der übernommenen Einträge
79	entries := entries + 1	

Die neue Kontrolle lautet:

I39 nxt_i = -1 oder entries >= LL_LHTI

Der zweite Teil der Abfrage dient dazu, den Überlauf-Fall zu erkennen und bei Strukturfehlern – zum Beispiel bei einer Eintrags-Schleife durch fehlerhafte Downlinks oder bei fehlender -1-Terminierung – die Schleife dennoch kontrolliert zu beenden. Vor den Op. 76,44,58,74 muss in diesem Fall ein Abbruch stattfinden.

10.8 Durchlaufanalyse

Es ist auf jeden Fall empfehlenswert, eine nichttriviale Programmstruktur mit Operationen anhand von Testfällen – Neudeutsch: Use Cases – zu überprüfen, ob sie wirklich das Gewünschte leistet. Es passiert immer wieder, dass Operationen falsch definiert, falsch plaziert oder vergessen werden. Das sollte nicht erst während der Tests des Programms auffallen, denn es kann gegebenenfalls weitreichende Auswirkungen auf die Programmstruktur haben. Mancher Denkfehler, der zunächst wie ein Operations-Problem aussieht, kommt erst bei der Durchlaufanalyse zutage.

So ist es auch im vorliegenden Fall sinnvoll, die Funktionsweise der Linked List-Algorithmen vom Einfachen zum Schwierigen hin zu überprüfen. Da jetzt die Ausstattung mit zustandsbeschreibenden Variablen vollständig zu sein scheint, die in den früheren Grafiken bestenfalls am Rande eine Rolle spielten, sollten wir auch den scheinbar trivialen Fall der Listen-Initialisierung betrachten. Immerhin wird ja bei jedem neuen Schulschlüssel erneut mit der Ermittlung der Medaillengewinner unter den Schüler(inne)n begonnen, und bei jedem Land-Wechsel beginnt das Ranking der Schulen auf der Land-Ebene von vorn. Anders als bei einer einmaligen Initialisierung ist daher auch zu prüfen, ob sie nach einem Sports-Contest-Record-Ranggruppenwechsel ebenso gut funktioniert wie beim ersten Mal.

10.8.1 Erstellen des ersten Punktsummen-Eintrags

… gegebenenfalls wiederholt nach dem entsprechenden Ranggruppenwechsel:

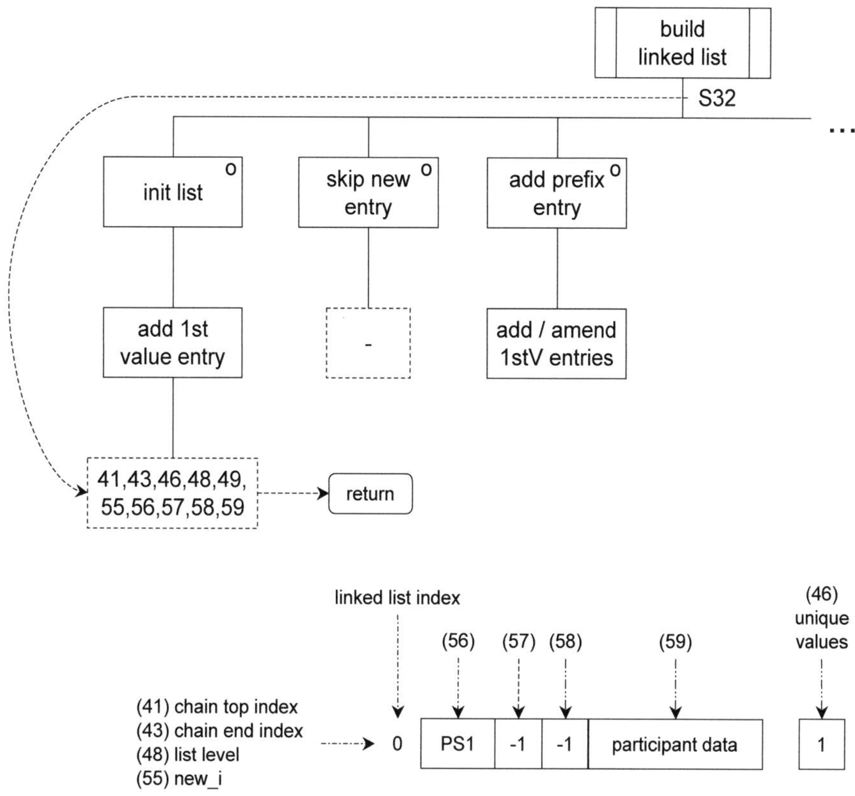

Abbildung 10.23: *Durchlauf für den ersten Punktsummen-Eintrag einer Link-Liste*

Die Initialisierungssequenz ist offensichtlich vom Ergebnis früherer Aufbau-Aktionen völlig unabhängig. Mit der Op. 49 begrenzt sie die neu angelegte Liste auf das Limit der unteren Hälfte des jeweiligen Link-Listen-Arrays. Es ist also nicht zu befürchten, dass beim Wechsel von Schule zu Schule – bei der Schülerbewertung – oder von Land zu Land – bei der nationalen Schulbewertung – Schleppwerte aus früheren Ranggruppen den weiteren Verlauf verfälschen. Die dritte Link-Liste – Schulen international – wird nur einmal aufgebaut.

10.8.2 Hinzunahme der zweiten Punktsumme (PS2)

Die „Abbildung 10.24: Durchlauf-Alternativen (a) und (b) für den zweiten Punktsummen-Eintrag“ auf Seite 274 zeigt, was mit dieser rudimentären Link-Liste passiert, wenn die zweite Punktsumme höher als die erste (a) oder gleich hoch (b) ist.

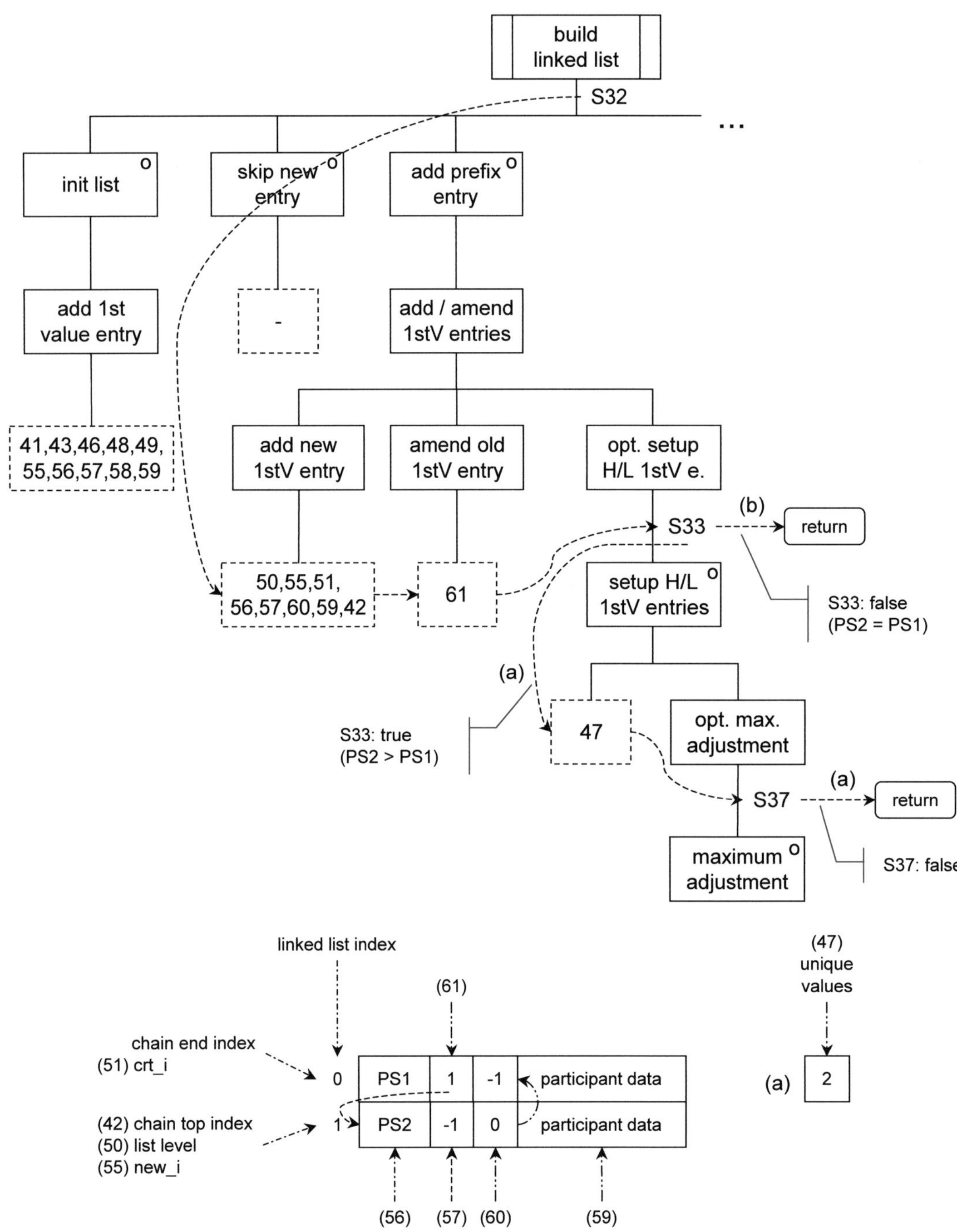

Abbildung 10.24: *Durchlauf-Alternativen (a) und (b) für den zweiten Punktsummen-Eintrag*

In der Link-Liste unterscheiden sich diese beiden Fälle formal nicht. Nur im Fall (a) ist S33 erfüllt und es wird noch die Op. 47 durchlaufen, bevor S37 die Bearbeitung beendet. Es gibt ja noch keine drei verschiedenen Punktsummen.

Im Fall (c) ist PS2 kleiner als PS1. Da für PS2 und PS3 kein eigener Algorithmus existiert, muss zuerst – formal – festgestellt werden, dass der neue Eintrag an den PS1-Eintrag anzuhängen ist. Dafür ist aber ein anderer Zweig der Programmstruktur zuständig:

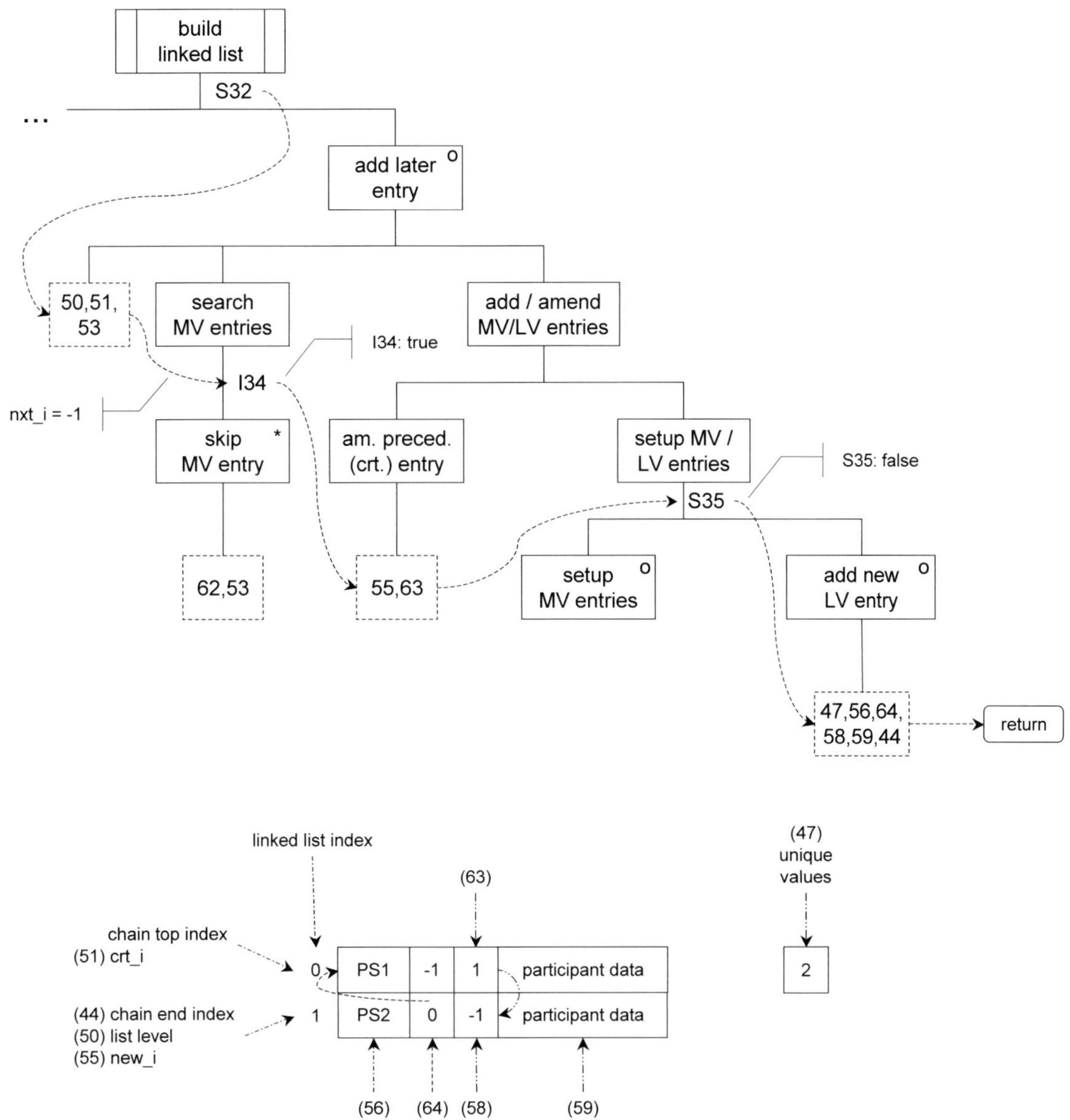

***Abbildung 10.25:** Durchlauf-Alternative (c) für den zweiten Punktsummen-Eintrag*

Da es noch keine „middle value entries" gibt, wird die Suchschleife nicht durchlaufen. Der Downlink-Wert -1 im PS1-Eintrag sorgt dafür, dass S35 den rechten Zweig auswählt.

10.8.3 Hinzunahme der dritten Punktsumme (PS3)

Zuerst wird ein neuer Listeneintrag für PS3 auf der Indexposition 2 vorgesehen, aber noch nicht gefüllt.

Wenn PS3 größer oder gleich dem Wert im Top-Eintrag ist, dann wird der neue PS3-Eintrag diesem Eintrag vorangestellt (d) | (e). Diese beiden Fälle sind zu (a) | (b) äquivalent und erfordern daher keine erneute Durchlaufanalyse. Es ist dann auch unwichtig, ob PS2 oder PS1 im Top-Eintrag steht.

Ist die 3. Punktsumme dagegen kleiner als der Wert im Top-Eintrag, so gibt es folgende Möglichkeiten:

- Top-PS > 2. PS. PS3 kann dann größer (g), gleich (f) oder kleiner (h) als die 2. Punktsumme sein.

➢ Top-PS = 2. PS. PS3 kann dann nur kleiner (h) als die 2. Punktsumme sein.

In den Fällen (g) und (f) wird PS3 zwischen dem Top-Eintrag und dem 2. Eintrag eingefügt, und die benachbarten Indexverweise werden angepasst. Im Fall (h) wird PS3 zum Nachfolger des 2. Eintrags. Dieser Fall ist zum Fall (c) nahezu äquivalent, weicht aber wegen der Eintragssuche von diesem ab.

Die folgende Grafik zeigt den Durchlauf in den Fällen (g) und (f), ausgehend von der Situation (a), also mit PS2 > PS1:

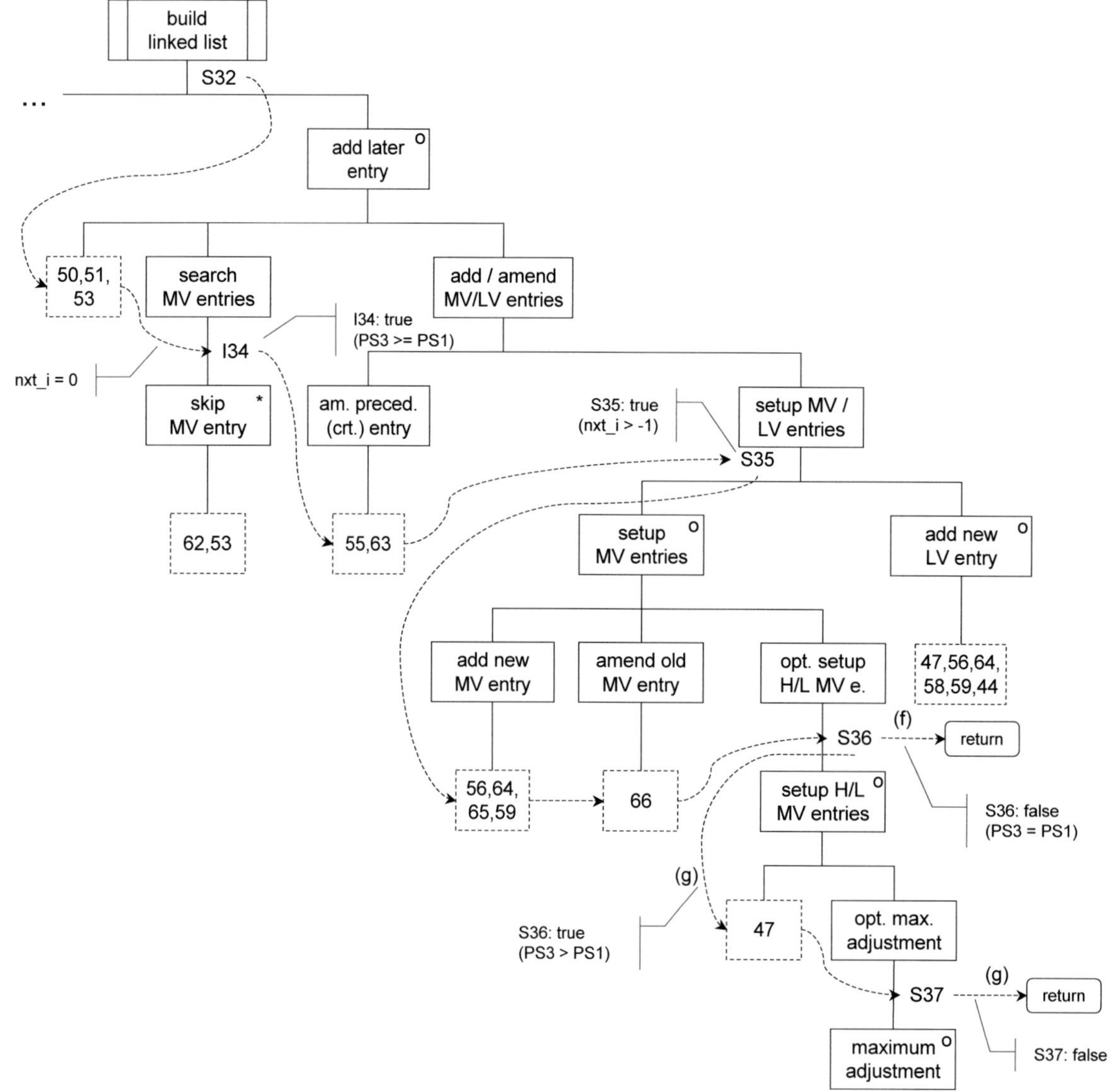

Abbildung 10.26: *Durchlauf-Alternativen (g) und (f) für den dritten Punktsummen-Eintrag*

Die Entwicklung der Link-List-Einträge sieht hierbei wie folgt aus:

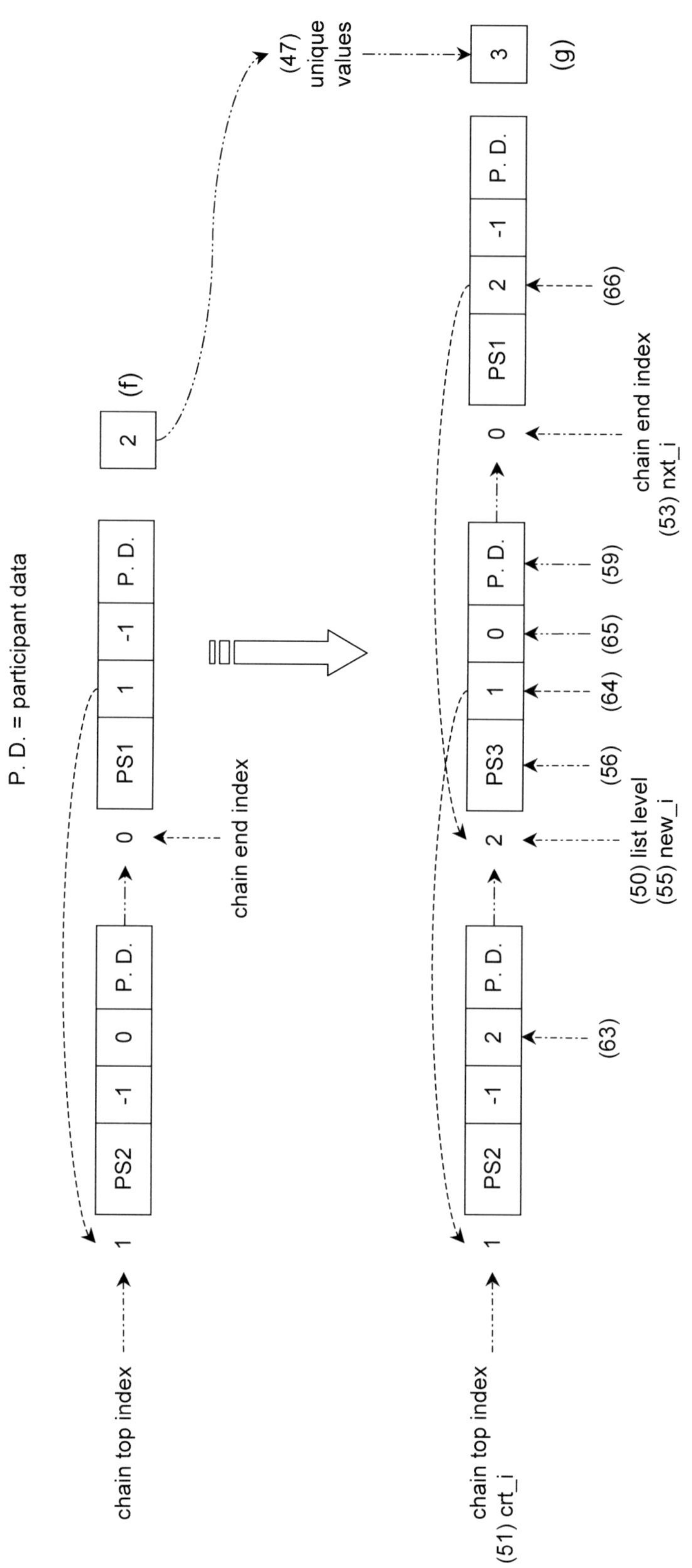

Abbildung 10.27: *Erweiterung der Link-Liste in den Fällen (g) und (f)*

Nur im Fall (g) wird die Anzahl der unterschiedlichen Punktsummen um 1 erhöht. Ab jetzt wird jeder neu hinzukommende Eintrag mit einer bislang unbekannten Punktsumme zum Abhängen der Bronze-Position(en) führen.

Nun bleibt noch der Fall (h) nach (a). In diesem Fall ist I34 nicht sofort erfüllt, weil beide Anteile der Bedingung nicht zutreffen. Der Algorithmus tritt daher in die Suchschleife ein und schaltet auf den PS1-Eintrag fort. Dort ist der Downlink = -1. Die folgende Grafik zeigt den Moment vor der erneuten Schleifenprüfung:

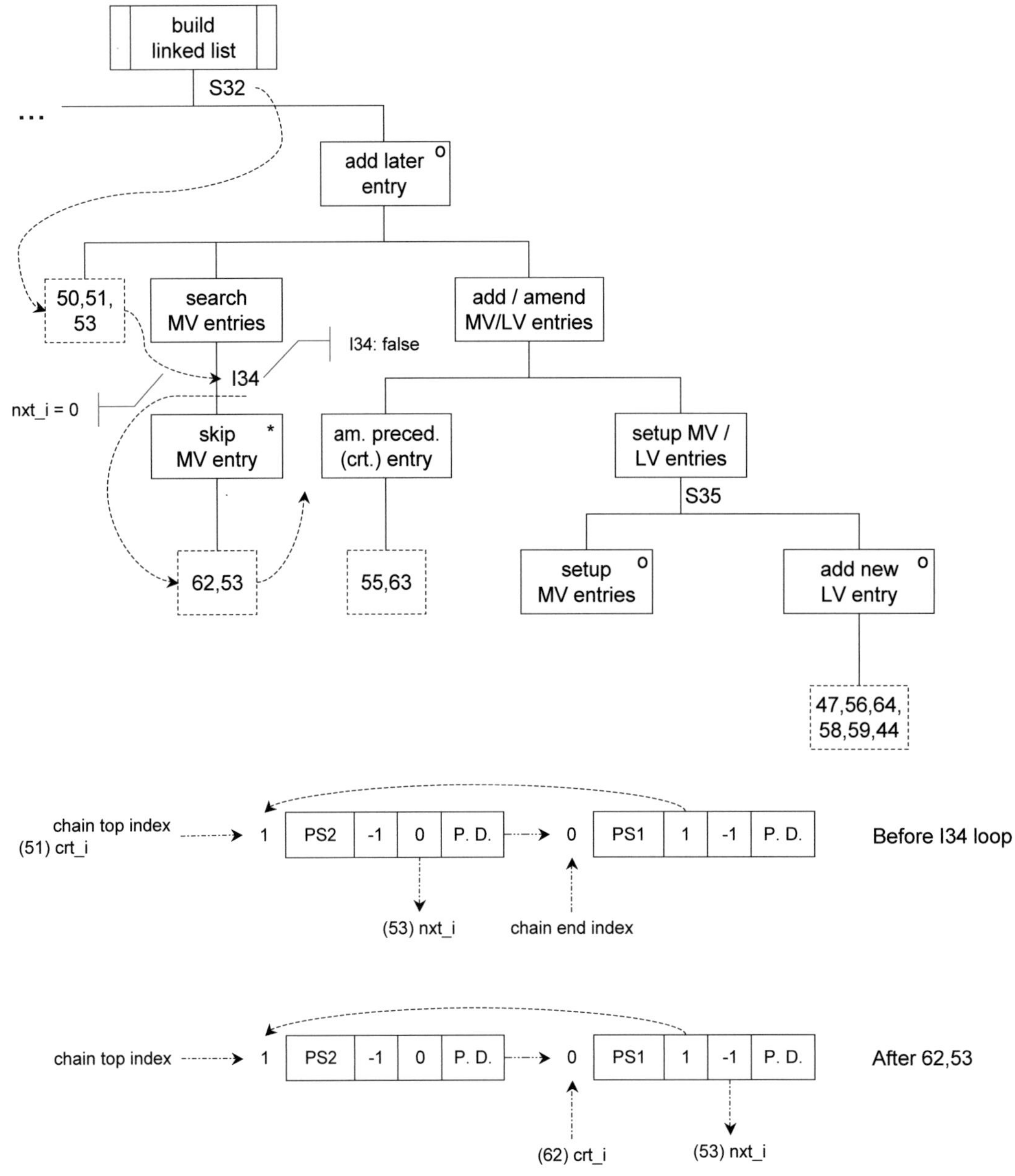

Abbildung 10.28: *Eintragssuche im Fall (h) nach (a)*

Daran schliesst sich folgender Ablauf an:

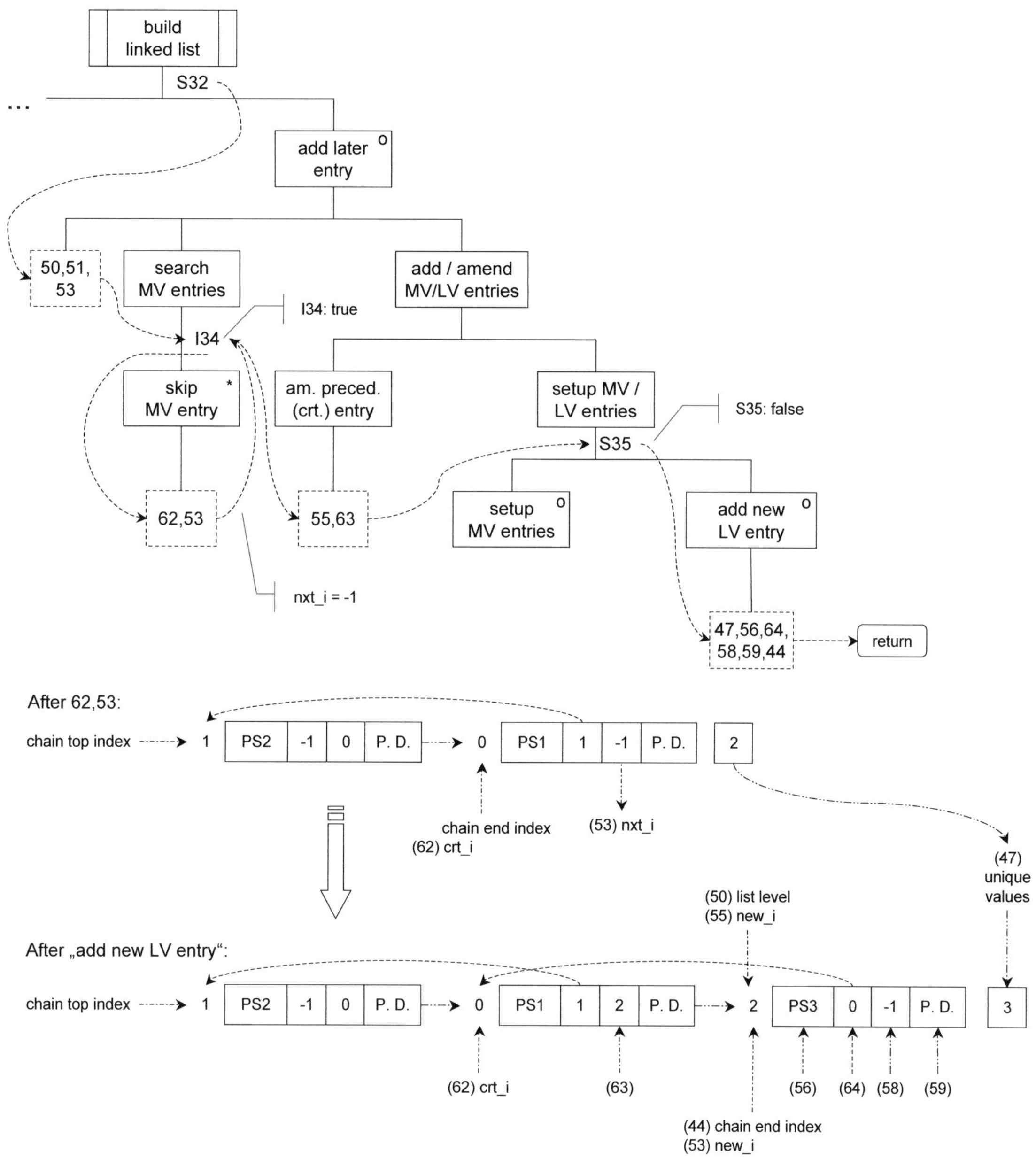

Abbildung 10.29: *Hinzufügen des neuen Kettenendeeintrags für (h)*

10.8.4 Hinzunahme der vierten Punktsumme (PS4) etcetera

Ab der vierten Punktsumme werden zusätzliche Verhaltensweisen des Algorithmus wirksam:

- Jede Punktsumme, die kleiner als der Bronze-Wert ist, wird ignoriert. Die Link-Liste bleibt unverändert.
- Wenn eine Punktsumme hinzukommt, die größer oder gleich dem Bronze-Wert ist, so kann es sich um ein Duplikat oder um einen neuen Wert handeln.
  - Ein Gold-Duplikat wird wie im Fall (b) vor dem Top-Eintrag eingefügt und übernimmt dessen Rolle. Das ist der Fall (j).
  - Ein sonstiges Duplikat wird vor demjenigen Eintrag eingefügt, der vom Top-Eintrag her gesehen der erste mit demselben PS-Wert ist. Dieser Eintrag muss also zuerst gesucht werden. Dies sind die Fälle (l) und (n).
  - Ein neuer Wert, der höher als die bisherige Gold-Punktsumme ist, wird vor dem Top-Eintrag eingefügt. Dies ist der Fall (i).
  - Andernfalls wird der erste Eintrag gesucht, dessen Punktsumme, vom Top-Eintrag her gesehen, kleiner als die neue Punktsumme ist. Dabei handelt es sich um die Fälle (k) und (m).
  - In den Fällen (i), (k) und (m) werden anschliessend alle Einträge abgehängt, die bislang Bronze hatten.

Die Duplikat-Fälle sind für die Durchlauf-Analyse nur mäßig interessant, weil sie den bereits gezeigten Fällen (b) und (f) nichts wesentlich neues hinzufügen. Der Fall (i) ist zu (a) analog. Folglich verbleiben die Fälle (k) und (m), wovon (m) interessanter ist (siehe „Abbildung 10.7: Fallabhängiger Link-Listen-Aufbau bei Hinzunahme von PS4" auf Seite 246). Daher folgt hierzu jetzt die letzte Durchlauf-Analyse auf der Basis (h), also der Folge PS2 – PS1 – PS3.

Zunächst muss in der Suchschleife auf den PS1-Eintrag mit crt_i und auf den PS3-Eintrag mit nxt_i positioniert werden. Die Abfolge der Positionierungsschritte ist wie folgt:

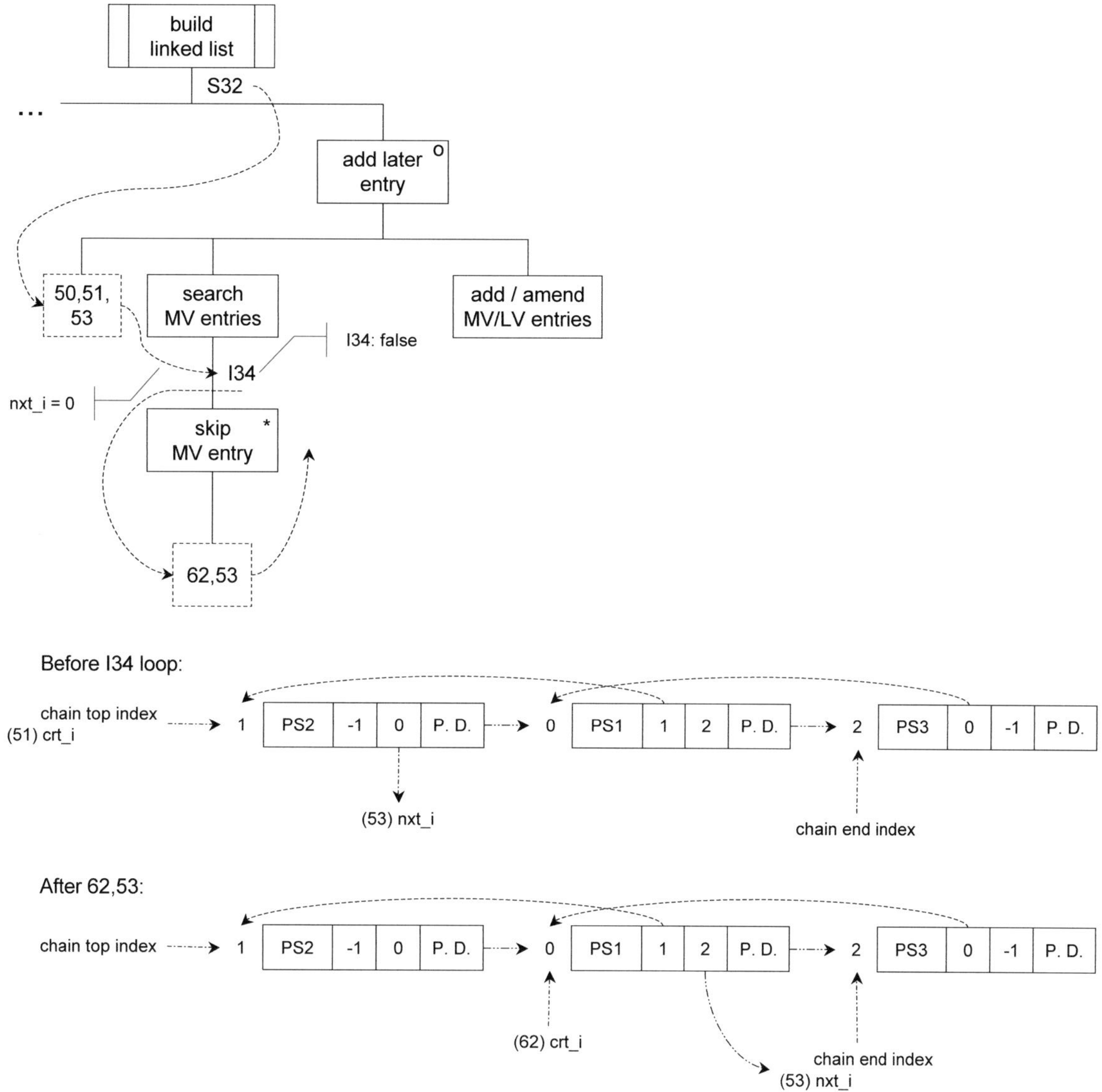

Abbildung 10.30: *Eintragssuche im Fall (m) nach (h)*

Die Suche benötigt hier nur einen einzigen Iterationsschritt, weil es keine PS-Duplikate gibt. Anschliessend wird der neue Eintrag für PS4 auf der Indexposition 3 angelegt und der PS3-Eintrag abgehängt. Die „Abbildung 10.31: Hinzufügen des neuen Kettenendeeintrags für (m) und Abhängen von PS3" auf Seite 282 zeigt diesen Durchlauf komplett.

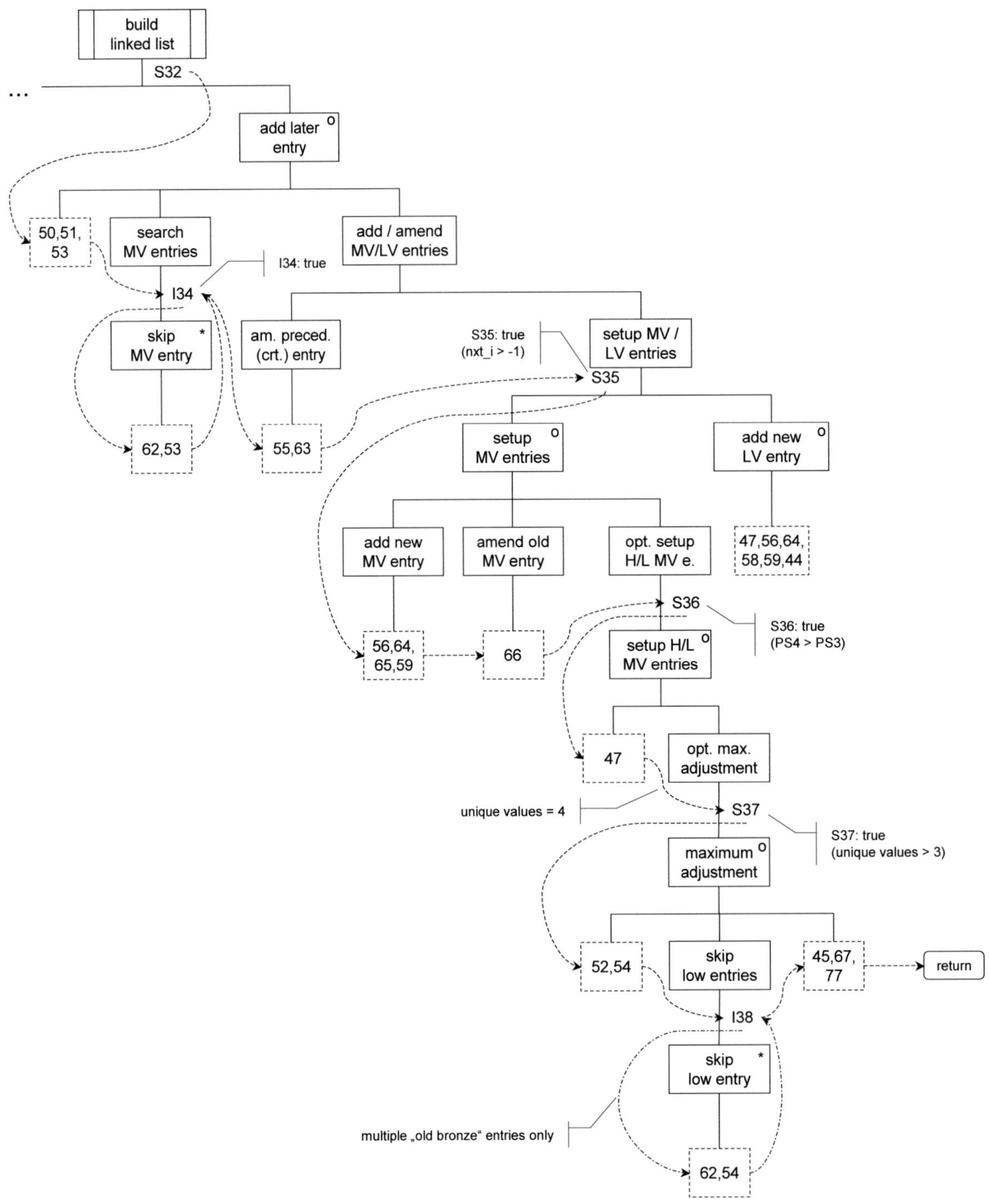

***Abbildung 10.31:** Hinzufügen des neuen Kettenendeeintrags für (m) und Abhängen von PS3*

Da der Algorithmus zunächst das Einfügen neuer Werte und Duplikate gleich behandelt, baut er bis zur Abfrage S37 eine Viererkette auf und erhöht Unique_Values auf 4. Anschliessend muss der obsolet gewordene PS3-Eintrag abgehängt werden. I38 prüft, ob der dem Kettenende vorangehende Eintrag eine höhere Punktsumme als die des letzten Eintrags aufweist. Wenn das zutrifft, was hier der Fall ist, wird die Schleife nicht durchlaufen und die Operationen 45,67,77 folgen sofort.

Sind aber mehrere Bronze-Einträge vorhanden, muss rückwärtsgehend nach dem letzten – oder einzigen – Silber-Eintrag gesucht werden. Das deuten die strichpunktierten Durchlauflinien unter I38 an. Überzeugen Sie sich selbst davon, dass auch in diesem Fall die alten Bronze-Einträge korrekt abgehängt werden!

Die Entwicklung der Link-Liste in diesem Fall (m) geht aus der folgenden Grafik hervor:

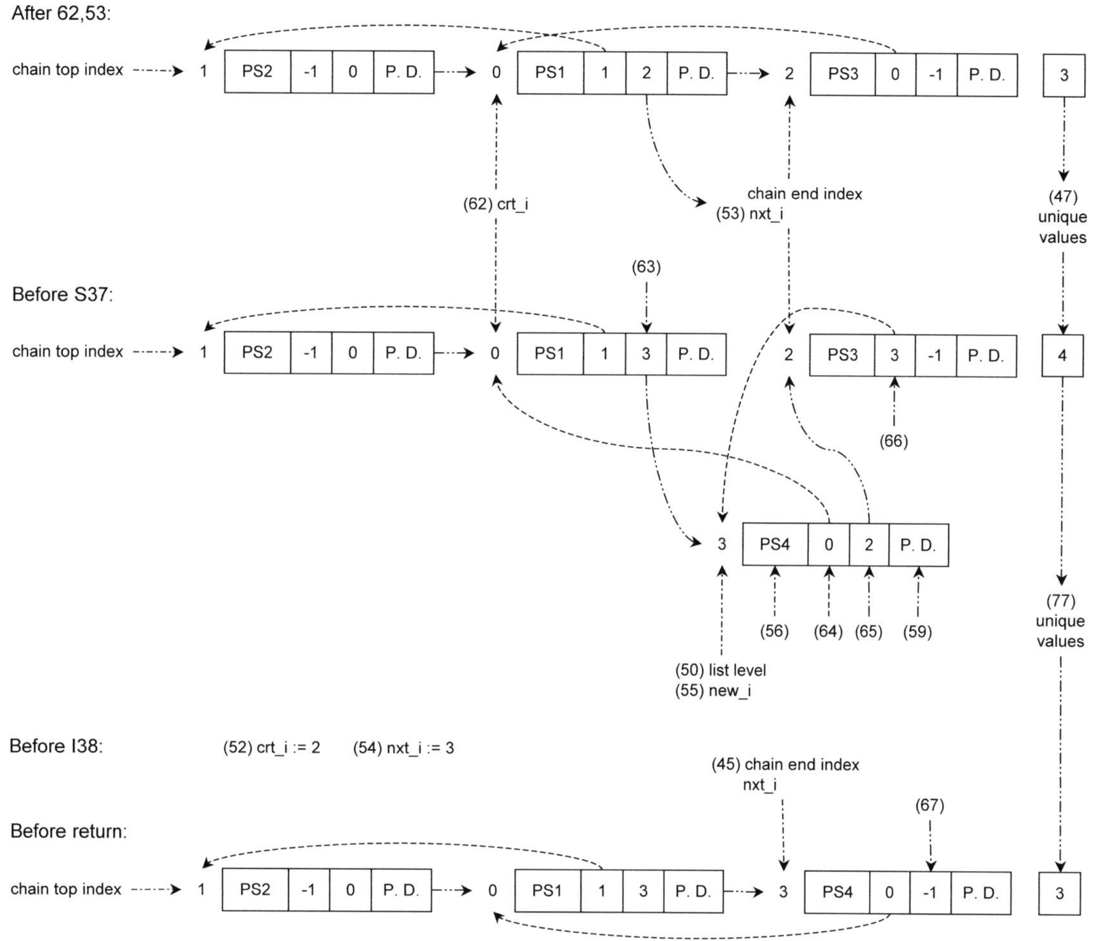

Abbildung 10.32: *Einketten von PS4 und Abhängen von PS3*

Das Hinzufügen weiterer Punktsummen verläuft nach demselben Schema. Daher ist keine weitere Analyse mehr erforderlich. Als Übung sollten Sie den Kompressionsalgorithmus auf dieselbe Weise nachvollziehen.

10.9 Operationen und Kontrollen der Link-Listen-Verarbeitung

Hier folgt eine Zusammenfassung der Operationen:

Op.	Bedeutung	Kommentar
41	L_L.chain_top_index := 0	Einfügen des ersten Eintrags
42	L_L.chain_top_index := new_i	Voranstellen eines neuen Eintrags
43	L_L.chain_end_index := 0	Einfügen des ersten Eintrags
44	L_L.chain_end_index := new_i	Anfügen am Ende
45	L_L.chain_end_index := nxt_i	Nach der Rückwärtssuche | Kompression
46	L_L.unique_values := 1	Einfügen des ersten Eintrags
47	L_L.unique_values := L_L.unique_values + 1	Neuer Punktsummen-Wert gespeichert
48	L_L.list_level := 0	Einfügen des ersten Eintrags
49	L_L.max_list_level := LL_LHTI	Limit für untere Link-Listen-Hälfte
50	**if** L_L.list_level < L_L.max_list_level **then** L_L.list_level := L_L.list_level + 1 **else** compressLinkedList(L_L) **fi**	 Liste noch nicht voll Gold- | Silber- | Bronze-Einträge an den Anfang der momentan freien Hälfte umspeichern L_L.list_level zeigt danach auf 1. freien Eintrag Achtung: Abbruch bei Speicherengpass
51	crt_i := L_L.chain_top_index	Aufsetzen am Anfang
52	crt_i := L_L.chain_end_index	Aufsetzen am Ende
53	nxt_i := L_L.L_L_E[crt_i].downlink	Successor-Index beschaffen
54	nxt_i := L_L.L_L_E[crt_i].uplink	Predecessor-Index beschaffen
55	new_i := L_L.list_level	Zuweisung für jeden neuen Eintrag
56	L_L.L_L_E[new_i].entry_value := new_value	new_value ablegen
57	L_L.L_L_E[new_i].uplink := -1	Eintrag am Anfang hinzugefügt
58	L_L.L_L_E[new_i].downlink := -1	Eintrag am Ende hinzugefügt | kopiert
59	L_L.L_L_E[new_i].contestant := new_contestant	Teilnehmer-Zusatzdaten ablegen
60	L_L.L_L_E[new_i].downlink := crt_i	Alten Top-Eintrag anknüpfen
61	L_L.L_L_E[crt_i].uplink := new_i	Neuen Top-Eintrag anknüpfen
62	crt_i := nxt_i	Zum nächsten Eintrag gehen
63	L_L.L_L_E[crt_i].downlink := new_i	Nachfolgenden neuen Eintrag anknüpfen
64	L_L.L_L_E[new_i].uplink := crt_i	Vorhergehenden alten Eintrag anknüpfen
65	L_L.L_L_E[new_i].downlink := nxt_i	Nachfolgenden alten Eintrag anknüpfen
66	L_L.L_L_E[nxt_i].uplink := new_i	Vorhergehenden neuen Eintrag anknüpfen
67	L_L.L_L_E[nxt_i].downlink := -1	Kette kappen (alte Bronze-Einträge abhängen)
68	**if** L_L.chain_top_index <= LL_LHTI **then** new_i := LL_UHBI **else** new_i := 0 **fi**	Auswahl der Hälfte, in die kopiert werden soll
69	unbelegt	
70	L_L.L_L_E[new_i].entry_value := L_L.L_L_E[crt_i].entry_value	Übernahme der Punktsumme

Op.	Bedeutung	Kommentar
71	L_L.L_L_E[new_i].downlink := new_i + 1	Zeiger auf den physisch nächsten Eintrag
72	L_L.L_L_E[new_i].contestant := L_L.L_L_E[crt_i].contestant	Übernahme der Teilnehmerdaten
73	L_L.L_L_E[new_i].uplink := new_i - 1	Zeiger auf den physisch vorhergehenden Eintrag
74	**if** new_i > LL_UHBI **then** L_L.max_list_level := LL_MAX **else** L_L.max_list_level := LL_LHTI **fi**	Limit für aktuell verwendete Link-Listen-Hälfte
75	new_i := new_i + 1	
76	L_L.list_level := new_i + 1	Nächster freier Eintrag nach der Kopie
77	L_L.unique_values := 3	Exakt drei verschiedene Punktsummen liegen vor
78	entries := 1	Zähler der übernommenen Einträge
79	entries := entries + 1	

Zusammengefasste Liste der Kontrollen:

S32 L_L.unique_values = 0 (extern vorzugeben) |
L_L.unique_values >= 3 und new_value < L_L.L_L_E[L_L.chain_end_index].entry_value |
new_value >= L_L.L_L_E[L_L.chain_top_index].entry_value |
Other

S33 new_value > L_L.L_L_E[crt_i].entry_value

I34 nxt_i = -1 oder new_value >= L_L.L_L_E[nxt_i].entry_value

S35 nxt_i > -1

S36 new_value > L_L.L_L_E[nxt_i].entry_value

S37 L_L.unique_values > 3

I38 L_L.L_L_E[nxt_i].entry_value > L_L.L_L_E[crt_i].entry_value

I39 nxt_i = -1 oder entries >= LL_LHTI

10/2018 Gläser aus Murano (Venedig)

Ranggruppenverarbeitung II

In besonderen Fällen bedarf es einer erheblichen, durch intensives Training erworbenen Geschicklichkeit, getrennt hergestellte Teile auf gelungene Weise miteinander zu verbinden. Dieses Metier beherrschen die Glasbläser in Murano offensichtlich exzellent. Auch wir Programmierer(innen) stehen des Öfteren vor einer solchen Integrationsaufgabe, wobei wir uns zum Glück nicht bei hohen Temperaturen und mit höchstem handwerklichem Geschick angesichts eines widerspenstigen Materials bewähren müssen. Dennoch: Jede gelungene Integration aufeinander bezogener Programmkomponenten erfordert ein Können, das erst erlernt und geübt werden muss. Darum geht es im folgenden Kapitel am Beispiel des internationalen Schulsportwettbewerbs.

Die ursprünglich als sehr konkret erscheinende Aufgabe des „Sports Contest Evaluation Program" scheint sich im vorhergehenden Kapitel in ein Glasperlenspiel verwandelt zu haben, bei dem abstrakte Konzepte dominieren. Wir Informatiker tendieren dazu, die Realität über unseren Modellen zu vergessen, ja sogar, uns an deren Schönheit und innerer Stimmigkeit zu ergötzen. Der dabei stattfindende intellektuelle Schöpfungsakt ist in der Tat immer wieder faszinierend. Freude über die eigenen Fähigkeiten, die Bewältigung komplexer Themen, die Erschaffung abstrakter Maschinen, die ohne die Unvollkommenheit aller realen Materialien funktionieren – dies und mehr desgleichen lässt uns in ein – gleichwohl rationales – Geistesreich glücklich entschweben. Darüber kann dann schon mal verlorengehen, wozu wir uns eigentlich darin vertiefen.

11

Daher ist es heilsam, immer wieder den Bezug zur Wirklichkeit herzustellen und sich daran zu erinnern, dass es sich hier um Ingenieursarbeit handelt. Ingenieure konstruieren Dinge und Verfahren, die bestimmte Aufgaben erfüllen sollen. Dabei muss eine hohe Disziplin walten, um ein gutes Ergebnis zu erzielen, wie theoretisch und abstrakt die beim Entwerfen verwendeten Methoden auch immer sein mögen. Dummerweise – oder glücklicherweise? – verfügen wir nicht über Sinnesorgane, die uns die tatsächliche Qualität des Erreichten unmittelbar zu erleben ermöglichen. Wenn schlechte Software stinken würde, wäre es in vielen IT-Abteilungen beim besten Willen nicht auszuhalten. Dann würde aber vermutlich etwas dagegen getan…

Nun geht es darum, die Ergebnisse der Teile I und II zu einem Ganzen zu verschmelzen. Beide Teile sind zwar auf verschiedenen Spielwiesen, aber nicht im Wolkenkuckucksheim entwickelt worden, wobei die quasi-physikalische Realität der Ranggruppen einen recht engen Rahmen für den Entwurf setzt, während für das Ranking der Schüler und Schulen offensichtlich einige Freiheitsgrade existieren. Nachdem wir uns auf die Link-Listen-Methode festgelegt haben, war deren Umsetzung allerdings eher ingenieurstechnisch strikt.

11.1 Schreiben und Lesen der Link-Listen

Im Teil I spielte der Aufbau der Gewinnerlisten eine erhebliche Rolle. Aus den Anforderungen an diese Listen entstand schliesslich im Teil II eine technische Lösung, die im Modul buildLinkedList() gekapselt ist. Dieses operiert auf drei Link-Listen, die jeweils für die Schüler einer Schule, die Schulen eines Landes, und die internationalen Gewinner-Schulen aufgebaut werden. Das Modul selbst „weiß" nicht, welche Link-Liste es gerade pflegt. Diese Listen sind modul-extern, also im Raum der Ranggruppenverarbeitung beheimatet. Sie dienen daher einerseits als Schnittstellen zum Modul, andererseits können sie unabhängig von ihm ausgelesen werden.

- Beim „Schreiben", also beim Übergeben von Punktsummen / Durchschnittswerten und Teilnehmerdaten an das Modul, wird keine bestimmte Reihenfolge verlangt. Es muss nur dafür gesorgt werden, dass ganz am Anfang die internationale Link-Liste initialisiert wird, am Beginn jeder Land-Ranggruppe die nationale Link-Liste, und am Beginn jeder Region-Schule-Ranggruppe die Schüler-Link-Liste. buildLinkedList() baut unabhängig von der Folge der Aufrufe bei gegebenen Eingabedaten stets dieselben Gewinnerlisten auf. Nur beim Auftreten von Medaillen-Duplikaten wegen gleicher Punktsummen – möglich, aber eher selten – oder gleicher Durchschnittswerte – sehr unwahrscheinlich – ist die Reihenfolge der Gewinner der gleichen Medaille davon abhängig, in welcher Folge die Einträge aufgebaut werden. Das ist allerdings ein nebensächlicher Effekt. In diesem Fall ist ausdrücklich keine definierte Eintragsfolge vorgesehen.

- Für jeden „sports contest record" werden die individuelle Punktsumme, die Teilnehmerdaten (SpoConD) und die Schüler-Link-Liste an buildLinkedList() übergeben.
- Für jede Schule werden deren Durchschnittswert, die Teilnehmerdaten (School ID, Name, Adresse, Ergebniswerte der Zeile 04) und die nationale Link-Liste an buildLinkedList() übergeben.
- Nur die nationalen Gewinner-Schulen haben eine Chance, auch international eine Medaille zu gewinnen. Das gilt unabhängig davon, ob in einem Land mindestens vier Schulen teilnehmen. Daher werden nur für diese Schulen jeweils deren Durchschnittswert, die Teilnehmerdaten und die internationale Link-Liste an buildLinkedList() übergeben.

➢ Auf drei Ebenen (Schule / Land / Gesamt) werden die von buildLinkedList() erzeugten Link-Listen anschliessend ausgelesen.

- Am Ende jeder Region-Schule-Ranggruppe ist die Schüler-Link-Liste auszuwerten, um die Zeilen zur Schule ab 05 auszugeben.
- Am Ende jeder Land-Ranggruppe wird die nationale Link-Liste für die Übergabe der potentiellen internationalen Gewinner an buildLinkedList() ausgewertet.
- Wenn in einem Land mindestens vier Schulen teilnehmen, wird dieselbe Liste erneut ausgewertet, um die Rangliste der Schulen dieses Landes mit den drei besten Durchschnittswerten zu erstellen.
- Nach der Verarbeitung aller Sportergebnisdaten wird die internationale Link-Liste ausgewertet, um die Rangliste der internationalen Gewinner zu erstellen.

Bei der Übergabe der nationalen Gewinner an buildLinkedList() kommt es nicht auf deren Reihenfolge an. Das 2. Struktogramm „Full Linked List" – ohne „last value entry" – im Kapitel „10.7.12 Umspeichern in die leere Listenhälfte" auf Seite 270 ff (siehe „Abbildung 10.21: Vereinfachte Strukturen der Umspeicherungs-Ein- und Ausgabe" auf Seite 270) ist hier für das Auslesen analog anwendbar.

Dagegen haben die Schüler- und Schul-Ranglistenausgaben eine genau definierte Struktur, die beim Auslesen berücksichtigt werden muss. Am Anfang des Teils I sind die erwarteten Ergebnisse bis auf den Fall der Medaillen-Duplikate gezeigt. Daher folgt hier ein Beispiel für eine solche Auflistung:

```
DEUHE0022334401 DEUHE00223344 Immanuel Kant Gymnasium
DEUHE0022334402 60322 Frankfurt am Main, Hessen, Deutschland
DEUHE0022334403 schulleitung@kant-gymnasium.frankfurt.de
DEUHE0022334404 Ø 34,32 F 6/451 M 6/562
DEUHE0022334405GM 16 20 18 17 55 Kächele, Klaus
DEUHE0022334406SM 15 18 17 16 51 Diritto, Sempre
DEUHE0022334407 F 14 16 19 16 51 Braus, Nicole
DEUHE0022334408BM 17 17 14 16 47 Gonzales, Speedy
DEUHE0022334409 F 16 18 15 14 47 Flitzinger, Katja
```

Hier bekommt Klaus Kächele Gold. Es folgen zwei Silber- und zwei Bronze-Plazierungen. Auffallend ist, dass die Zeilen 07 und 09 keine Medaillenkennzeichnung haben. Das vereinfacht die Verarbeitung für den E-Mail-Versand. Bei diesem Beispiel würde am Anfang der Mail folgendes ausgegeben:

```
Immanuel Kant Gymnasium
60322 Frankfurt am Main, Hessen, Deutschland
Ihre Schulsportwettbewerbsergebnisse 2022:
          Alter  Lauf   Sprung   Wurf   Summe
Gold    M    16     20       18     17      55  Kächele, Klaus
Silber  M    15     18       17     16      51  Diritto, Sempre
        F    14     16       19     16      51  Braus, Nicole
Bronze  M    17     17       14     16      47  Gonzales, Speedy
        F    16     18       15     14      47  Flitzinger, Katja
Punktedurchschnitt: 34,32 Altersgruppen/Schüler F 6/451 M 6/562
```

Da identische Durchschnitte im Schulvergleich sehr unwahrscheinlich sind, erübrigt sich hier ein Beispiel. Allerdings muss die Verarbeitung auch diesen Fall korrekt behandeln.

11.2 Finales School-Sports-Result-Struktogramm

Das gewünschte Aussehen der Auflistung im Duplikatfall wirkt darauf zurück, wie die Eingabe aus der jeweiligen Link-Liste zu interpretieren ist. Daher ist es sinnvoll, zuerst die Struktur der Ausgabe zu ergründen und danach die Brücke zur Eingabe-Datenstruktur zu schlagen. Um die richtige Programmstruktur ableiten zu können, müssen ja passende und ausreichende Korrespondenzen vorhanden sein.

Im Kapitel „9.1.4 Vorläufige Ausgabe-Datenstruktur" auf Seite 197 ff wurde ein erster Versuch gemacht, die Ausgabe der Gewinnerlisten zu modellieren. Wir greifen einen Abschnitt heraus:

11

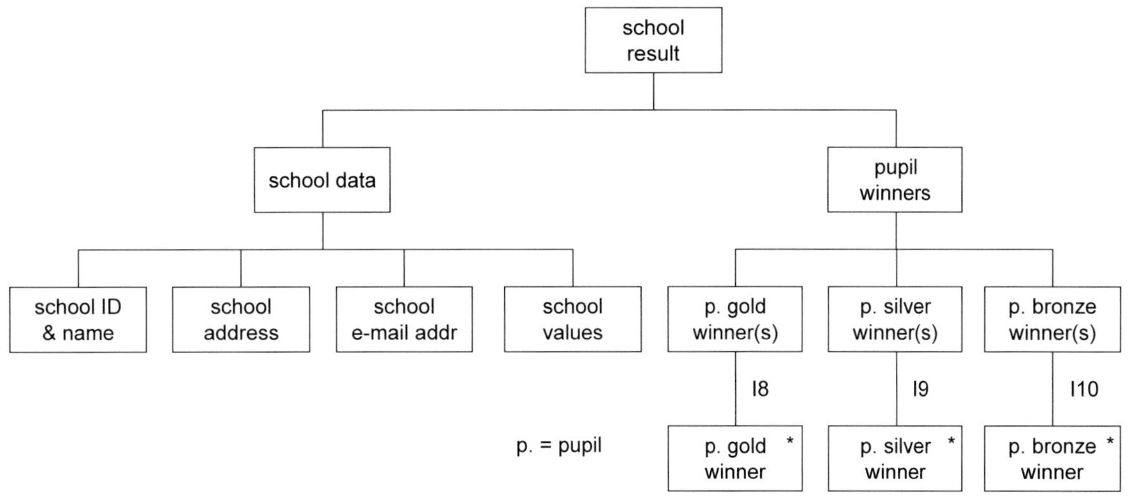

Abbildung 11.1: *Teil des Struktogramms „School Sports Results" unter I3*

Es ist offensichtlich, dass die Teilstruktur „pupil winners" nicht zutrifft. Es gibt keinen Strukturblock, dem ein einzelnes Zeichen G | S | B zugeordnet werden könnte. Alle „Winner" müssten mit G | S | B gekennzeichnet werden, auch wenn sie punktsummengleich sind. Ausserdem ignoriert das obige Struktogramm die repetitive Struktur der Gewinnergruppen. Stattdessen sind diese als Folge dargestellt. Es liegt daher nahe, dieses Struktogramm wie folgt umzuzeichnen:

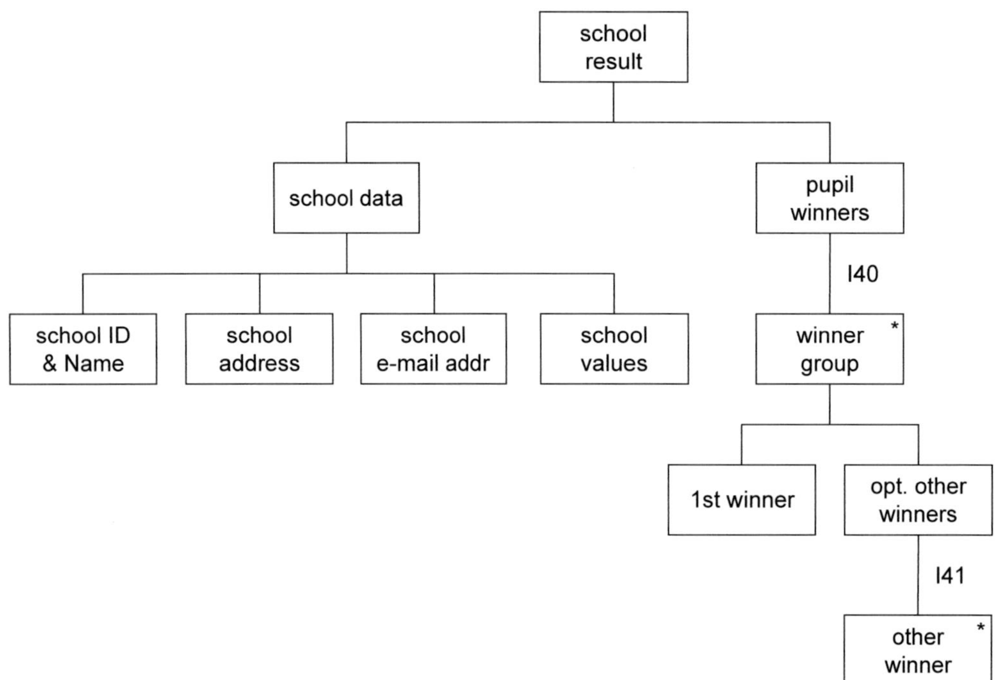

Abbildung 11.2: *Umwandlung in eine Iterations- und Gruppenstruktur*

Die Kennzeichnung mit G | S | B gehört nun zum Strukturblock „1st winner". Das jeweils passende Zeichen kann durch Fortschalten eines Index in der I40-Schleife zugeordnet werden.

Das Ergebnis des 2. Schritts der neutralen Link-Listen-Modellierung in der „Abbildung 10.10: Hinzunahme möglicher Punktsummen-Duplikate" auf Seite 252 erscheint – wegen der Gruppenstruktur unter I40 – als ähnlich. Allerdings passen die Strukturen noch nicht so zusammen, wie es wünschenswert ist. Das liegt einerseits an der separaten Modellierung von „1st value entry" und seiner eventuellen Duplikaten, andererseits an der Sonderrolle des „last value entry". Letzterer kann ja ein Bronze-Duplikat-Eintrag sein. Ein 3. Modellierungsschritt, der diese Spezialisierungen aufhebt, führt zur „Abbildung 11.3: Generalisierung des Link-Listen-Aufbaus aus Gruppensicht" auf Seite 291.

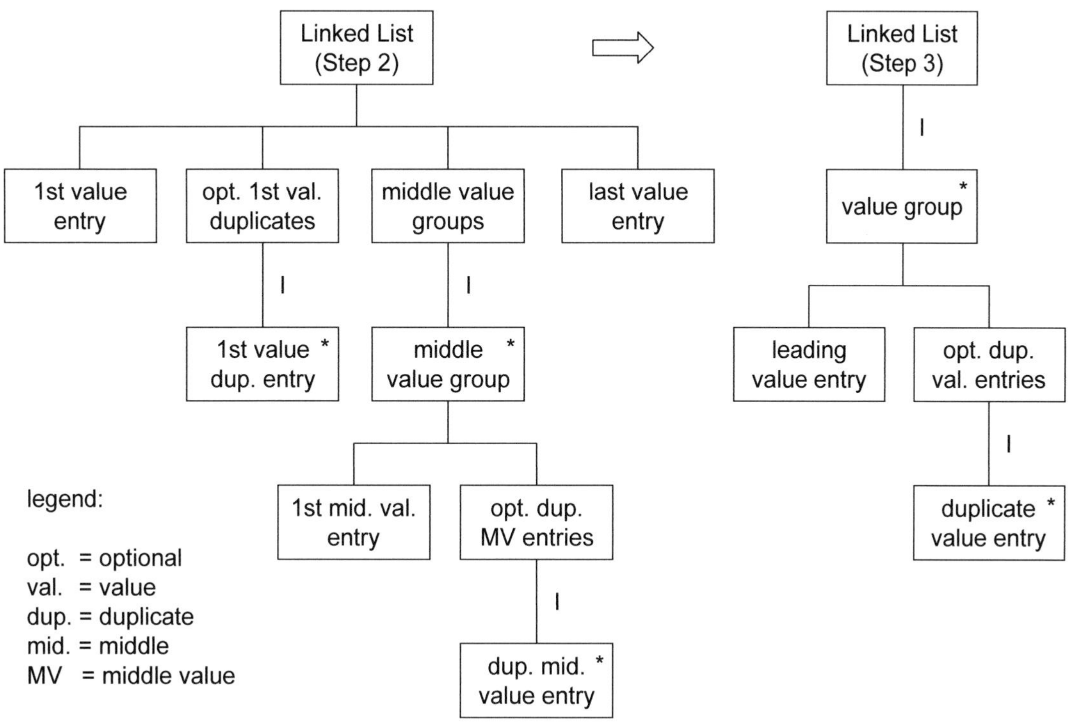

Abbildung 11.3: *Generalisierung des Link-Listen-Aufbaus aus Gruppensicht*

Der 3. Schritt verzichtet auf die Hervorhebung der ersten und letzten Einträge, behält aber die Gruppenbildung mit je einem führenden Eintrag bei. Somit bestehen jetzt die gewünschten Korrespondenzen zur Ausgabe. Die Datenstruktur der Ausgabe des „Sports Contest Evaluation Program" kann daher fertiggestellt werden. Die „Abbildung 11.4: Finales Struktogramm von „School Sport Results" mit Korrespondenzen" auf Seite 292 zeigt das Ergebnis.

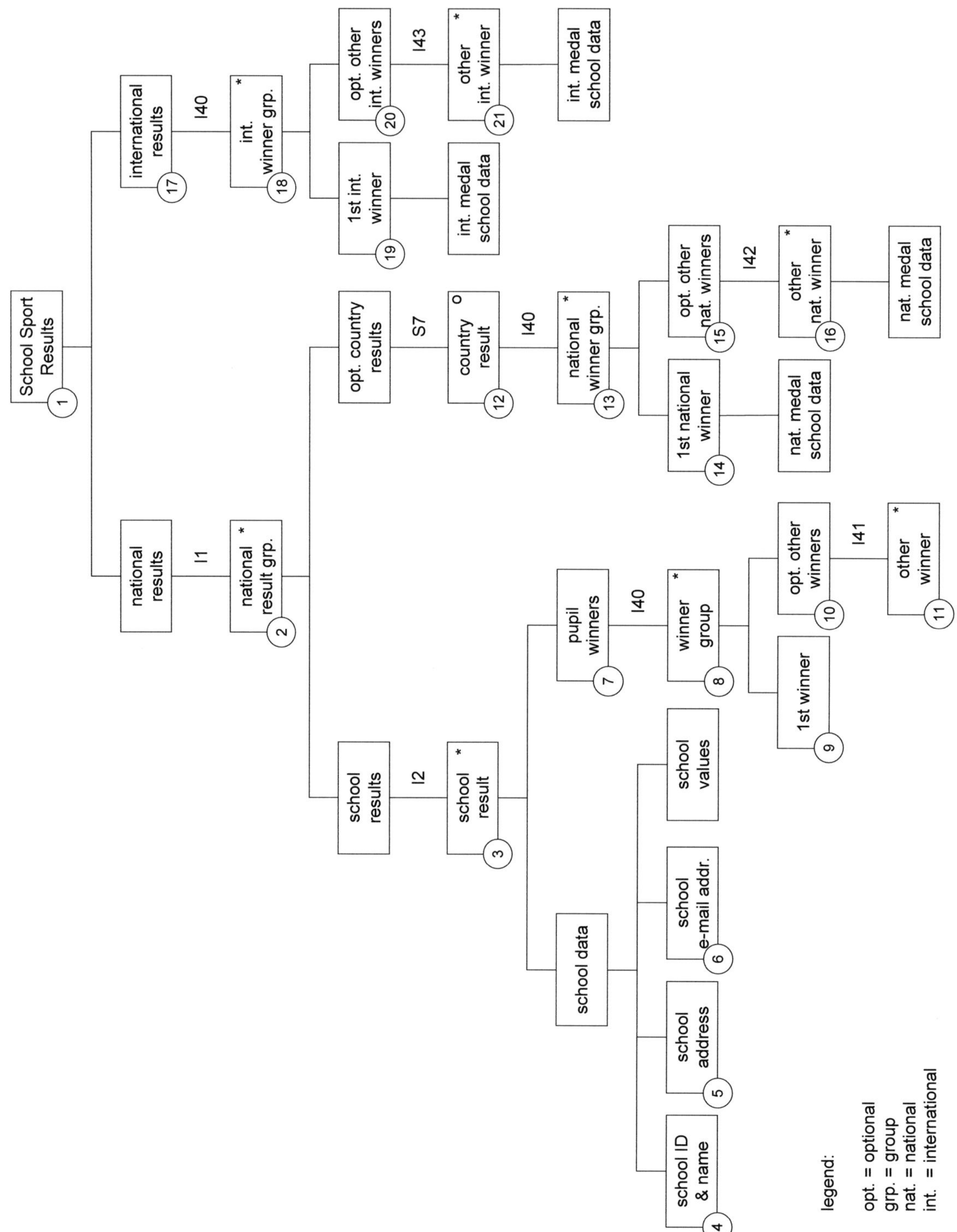

Abbildung 11.4: *Finales Struktogramm von „School Sport Results" mit Korrespondenzen*

Dieses Struktogramm ist deutlich schlanker als sein Vorgänger geworden. „Medal school data" ist übrigens der Drei-Zeilen-Block aus School-ID, Name, Adresse und Schulergebnissen (die hier nicht in ihre Bestandteile aufgelöst sind). Pro Schüler wird dagegen nur eine Zeile ausgegeben.

11.3 Korrespondenzen

Die vollständige Programmstruktur ohne Operationen entsteht aus den Korrespondenzen zwischen

- dem Ausgabe-Struktogramm auf der Seite 292, soweit es mit den „School Sport Results" im Kapitel „9.3.4 Schul-Daten in einer zweiten Datei" auf Seite 226 ff übereinstimmt
- dem Sports Dataset-Struktogramm (ebenda),
- dem School Dataset-Struktogramm (ebenda) und
- dem Ergebnis des 3. Modellierungsschritts in den drei Ausprägungen,

sowie aus der Ausleseschleife für die Übergabe der nationalen Schul-Ergebnisse an die internationale Auswertung.

Da sich diese Korrespondenzen grafisch nicht mehr gut darstellen lassen, sind sie durch identische Nummern in den kleinen Kreisen links unten an den korrespondierenden Strukturblöcken der Eingaben in der „Abbildung 11.5: Sämtliche Eingabe-Struktogramme mit Korrespondenzen" auf Seite 294 und in dem vorhergehenden Ausgabe-Struktogramm kenntlich gemacht worden.

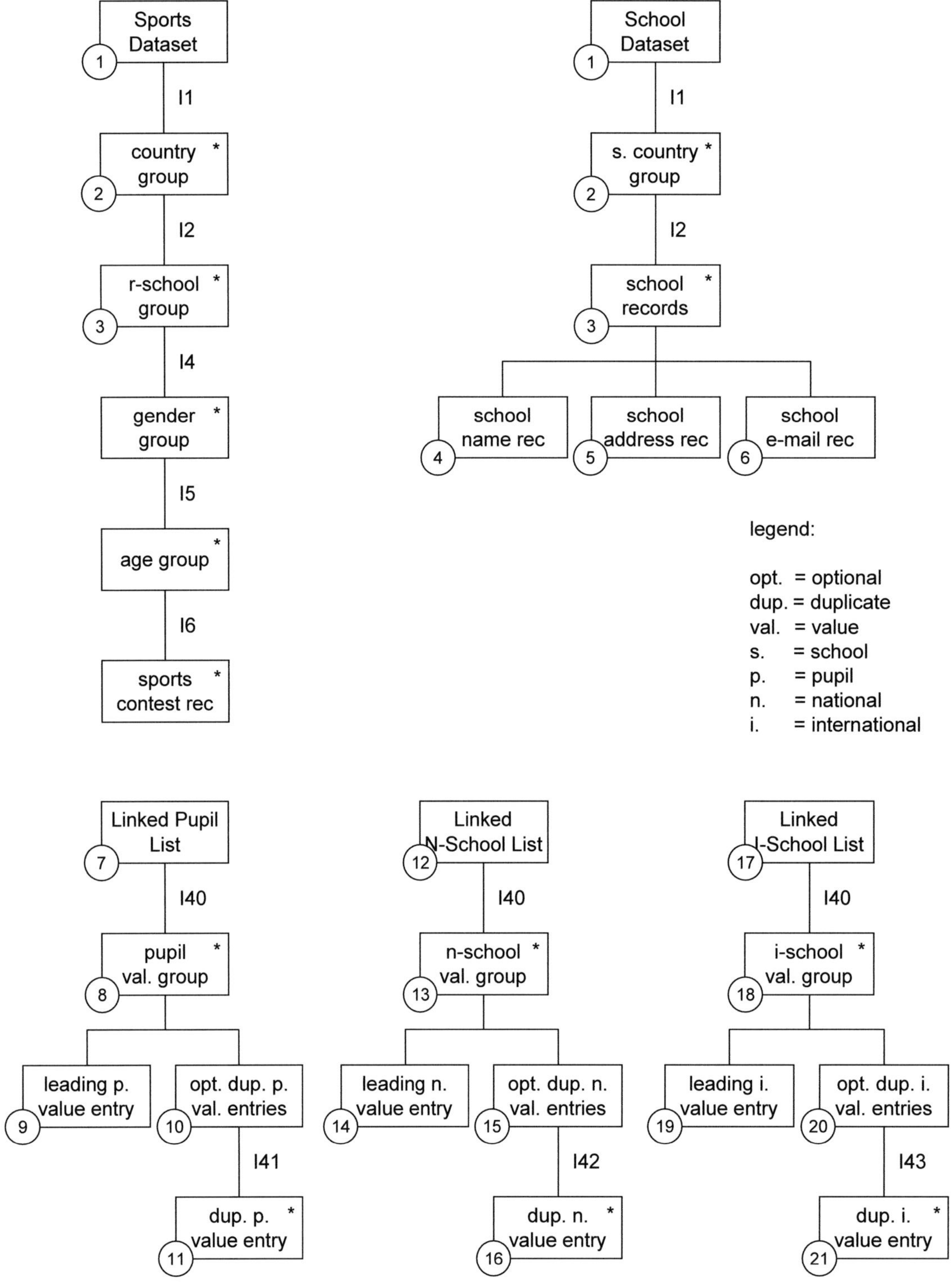

***Abbildung 11.5:** Sämtliche Eingabe-Struktogramme mit Korrespondenzen*

Hier muss ausdrücklich darauf hingewiesen werden, dass die Korrespondenzen 7 bis 11 und 12 bis 16 nur dadurch bestehen, dass es sich bei den Link-Listen um wiederverwendbare Ressourcen handelt. Durch das Re-Initialisieren der Link-Listen am Anfang der zuständigen Ranggruppenverarbeitungen werden diese quasi geschlossen und neu eröffnet. Andernfalls wären die Anzahlen und Reihenfolgen nicht identisch.

Somit sind die Korrespondenzen komplett und die Programmstruktur ohne Operationen kann wie üblich abgeleitet werden.

Kontrollen I40 - I43

Beim Betrachten der Link-Listen-Struktogramme fällt auf, dass die Kontrolle 40 wiederholt wird, während für die Gruppenbeendigung jeweils eine eigene Kontrolle (I41, I42, I43) zuständig ist. Der Grund dafür ist, dass in allen drei Fällen geplant ist, mit I40 analog zu I39 – siehe Teil II – die Variable nxt_i auf -1 abzufragen. Die Gruppenendekontrollen stützen sich dagegen auf nxt_i *und* den Wechsel des aktuellen Inhalts von Entry_Value innerhalb der jeweiligen Link-Liste. Für jede Link-Liste ist ein eigener Name erforderlich (siehe „11.5.3 Link-Listen" auf Seite 297) und damit auch eine eigene Iterationskontrolle.

11.4 Programmstruktur ohne Operationen

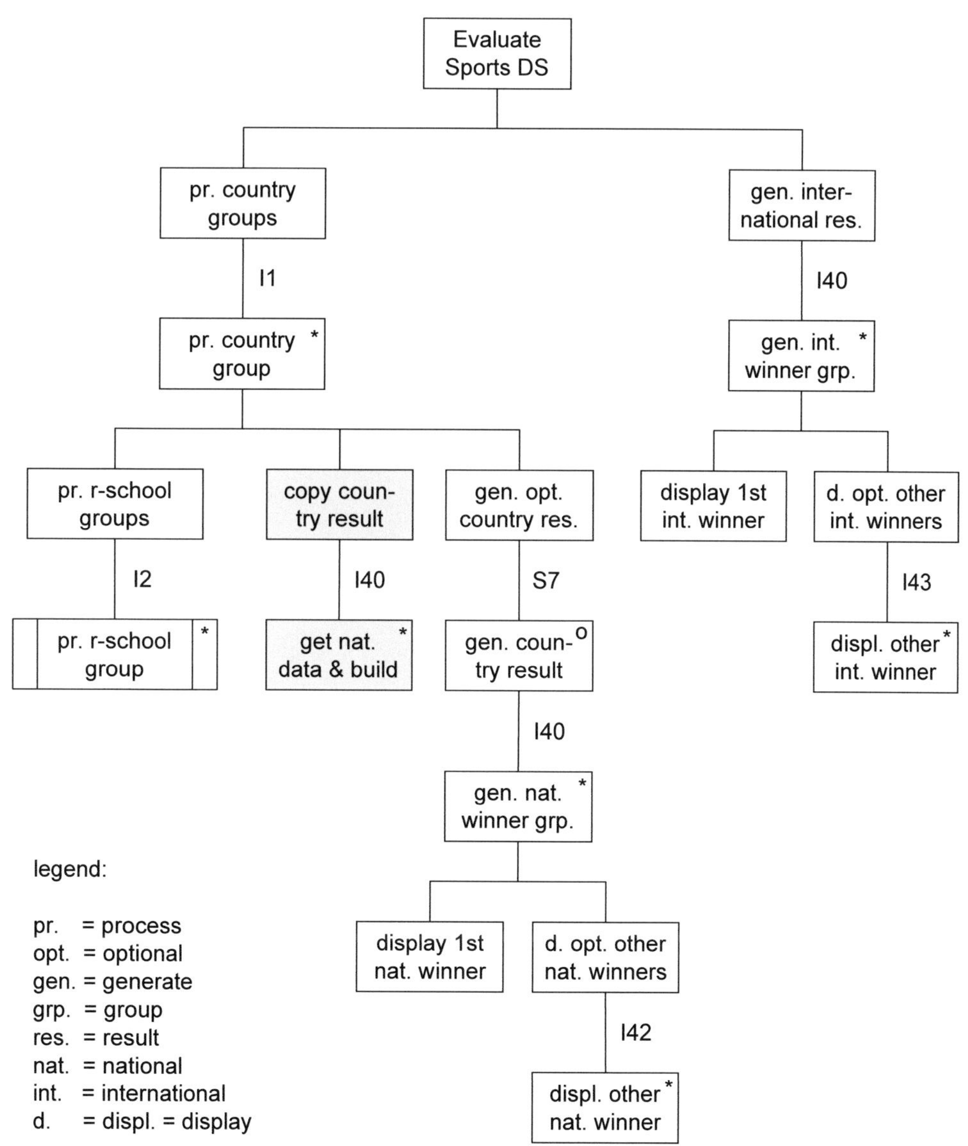

Abbildung 11.6: Abgeleitete Programmstruktur von „Evaluate Sports DS" ohne Operationen

Die für das Auslesen der nationalen Link-Liste und die Übergabe an buildLinkedList() zusätzlich erforderliche Schleife ist grafisch hervorgehoben. Die ausgelagerte Struktur „pr(ocess) r-school group" sieht wie folgt aus:

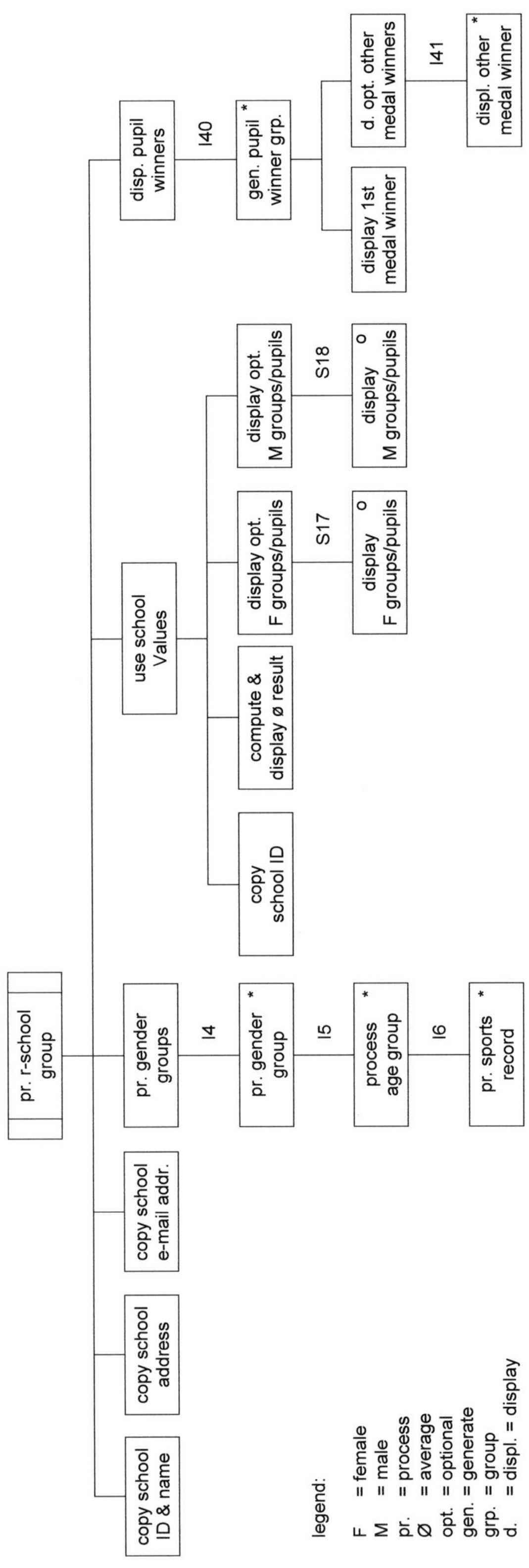

***Abbildung 11.7:** Programmstruktur von „pr(ocess) r-school group" ohne Operationen*

11.5 Daten für buildLinkedList()

Bevor die restlichen Operationen definiert und zugeordnet werden können, müssen wir uns kurz den Daten zuwenden, die an buildLinkedList() übergeben und später – für die jeweiligen Gewinner – wieder ausgelesen werden sollen.

11.5.1 Teilnehmerdaten für die Schüler

```
Pupil_Data struct(
    country_code      char(3);
    region_ID         char(2);
    school_number     num(8);
    gender_code       char(1);
    age               num(2);
    sprint_points     num(2);
    jump_points       num(2);
    throw_points      num(2);
    name              char(47);
);
```

Die Definition von Pupil_Data ist mit der von SpoConD identisch. Die für die Schüler-Ausgabe zusätzlich erforderliche Punktsumme ist der Entry_Value des jeweiligen Link-Listen-Eintrags.

11.5.2 Teilnehmerdaten für die Schulen

```
School_Data struct(
    school_ID         char(13);
    name              char(50);
    address           char(64);
    values            char(27);
);
```

Hier wird der mit 100 multiplizierte Durchschnittswert im Entry_Value abgelegt. Das aufbereitete Ergebnis mit zwei Nachkommastellen steht im String „Values".

11.5.3 Link-Listen

Alle drei Link-Listen entsprechen den Festlegungen im Kapitel „10.7.8 Definition der Link-Liste" auf Seite 262 f. Sie haben folgende Namen:

- I_School_LL (internationale Schulen-Link-Liste)
- N_School_LL (nationale Schulen-Link-Liste)
- Pupil_LL (Schüler-Link-Liste)

11.6 Fertigstellung der Operationsliste

Op.	Bedeutung	Kommentar
80	I_School_LL.unique_values := 0	Signal an buildLinkedList(): I_School_LL initialisieren
81	N_School_LL.unique_values := 0	N_School_LL initialisieren
82	Pupil_LL.unique_values := 0	Pupil_LL initialisieren
83	buildLinkedList (point_sum, SpoConD, Pupil_LL)	Übergabe für jeden Schüler
84	school_ID := Substr(school_rec, 0, 13)	
85	school_name := Substr(school_rec, 16, 50)	
86	school_values := Substr(RR04, 16, 27)	Schul-Durchschnitt etcetera extrahieren
87	School_Data.school_ID := school_ID	
88	School_Data.name := school_name	
89	School_Data.address := school_address	
90	School_Data.values := school_values	
91	buildLinkedList (avg_school_points * 100, School_Data, N_School_LL)	Übergabe für jede Schule
92	nxt_i = Pupil_LL.chain_top_index	Auf dem 1. Gold-Eintrag aufsetzen
93	nxt_i = N_School_LL.chain_top_index	
94	nxt_i = I_School_LL.chain_top_index	
95	nxt_i := Pupil_LL.L_L_E[crt_i].downlink	Successor-Index beschaffen
96	nxt_i := N_School_LL.L_L_E[crt_i].downlink	
97	nxt_i := I_School_LL.L_L_E[crt_i].downlink	
98	buildLinkedList (N_School_LL.L_L_E[crt_i].entry_value, N_School_LL.L_L_E[crt_i].contestant, I_School_LL)	Nationaler Sieger ⇨ internationale Link-Liste
99	line_no := 0	Start-Zeilennummer - 1 für (inter)nationale Gewinner-Schulen
100	line_no := 4	Start-Zeilennummer - 1 für Schüler mit Gold-Medaille
101	line_no := line_no + 1	
102	medal_level := -1	Init vor Schleife
103	medal_level := medal_level + 1	nächstniedrigerer Medaillenrang
104	Pupil_Data := Pupil_LL.L_L_E[crt_i].contestant	
105	school_ID := Pupil_Data.country_code + Pupil_Data.region_ID + Pupil_Data.school_number	
106	SpoRes := school_ID + String(line_no)	Schüler-Medaillenzeile beginnen
107	SpoRes := SpoRes + G_S_B[medal_level]	Medaillensymbol anfügen
108	SpoRes := SpoRes + ' '	Blank anfügen

Op.	Bedeutung	Kommentar
109	SpoRes := SpoRes + Pupil_Data.gender_code + ' ' + Pupil_Data.age + ' ' + Pupil_Data.sprint_points + ' ' + Pupil_Data.jump_points + ' ' + Pupil_Data.throw_points + ' ' + String(Pupil_LL.L_L_E[crt_i].entry_value) + ' ' + Pupil_Data.name	Schüler-Daten anfügen Punktsumme
110	SpoRes ausgeben	
111	School_Data := N_School_LL.L_L_E[crt_i].contestant	
112	SpoRes := Substr(School_Data.school_ID, 0, 3) + ' 00000000' + String(line_no)	Nationale Schul-Medaillenzeilen beginnen Land-Code Konstante + Laufende Zeilennummer
113	SpoRes := SpoRes + School_Data.school_ID + ' ' + School_Data.name	School-ID und Name anfügen
114	SpoRes := SpoRes + ' ' + School_Data.address	Adresszeile zusammenstellen
115	SpoRes := SpoRes + ' ' + School_Data.values	Schulergebnisse zusammenstellen
116	School_Data := I_School_LL.L_L_E[crt_i].contestant	
117	SpoRes := 'AAA 00000000' + String(line_no)	Internationale Schul-Medaillenzeilen beginnen Konstante + Laufende Zeilennummer
118	total_schools := 0	Statistik-Zähler führen
119	total_schools := total_schools + schools	
120	sports_recs := 0	
121	sports_recs := sports_recs + 1	
122	school_recs := 0	
123	school_recs := school_recs + 3	
124	result_recs := 0	
125	result_recs := result_recs + 1	
126	result_recs := result_recs + 3	
127	Statistik ausgeben	

Hinweis: G_S_B ist eine Tabelle, die drei Zeichen enthält: 'G' | 'S' | 'B'

Die Kontrolle S7 kann jetzt präzisiert werden. Es folgen die neuen Kontrollen.

S7 schools >= 4
I40 nxt_i = -1
I41 nxt_i = -1 oder Pupil_LL.L_L_E[nxt_i].entry_value < Pupil_LL.L_L_E[crt_i].entry_value
I42 nxt_i = -1 oder N_School_LL.L_L_E[nxt_i].entry_value < N_School_LL.L_L_E[crt_i].entry_value
I43 nxt_i = -1 oder I_School_LL.L_L_E[nxt_i].entry_value < I_School_LL.L_L_E[crt_i].entry_value

11.7 Finale Programmstruktur mit Operationen

Das Plazieren der neuen Operationen in der erweiterten Programmstruktur führt zu einem sehr umfangreichen Ergebnis, das sich hier nicht einfügen lässt und auch schlecht lesbar wäre. Daher wird die Grafik in mehrere Teile zerlegt gezeigt:

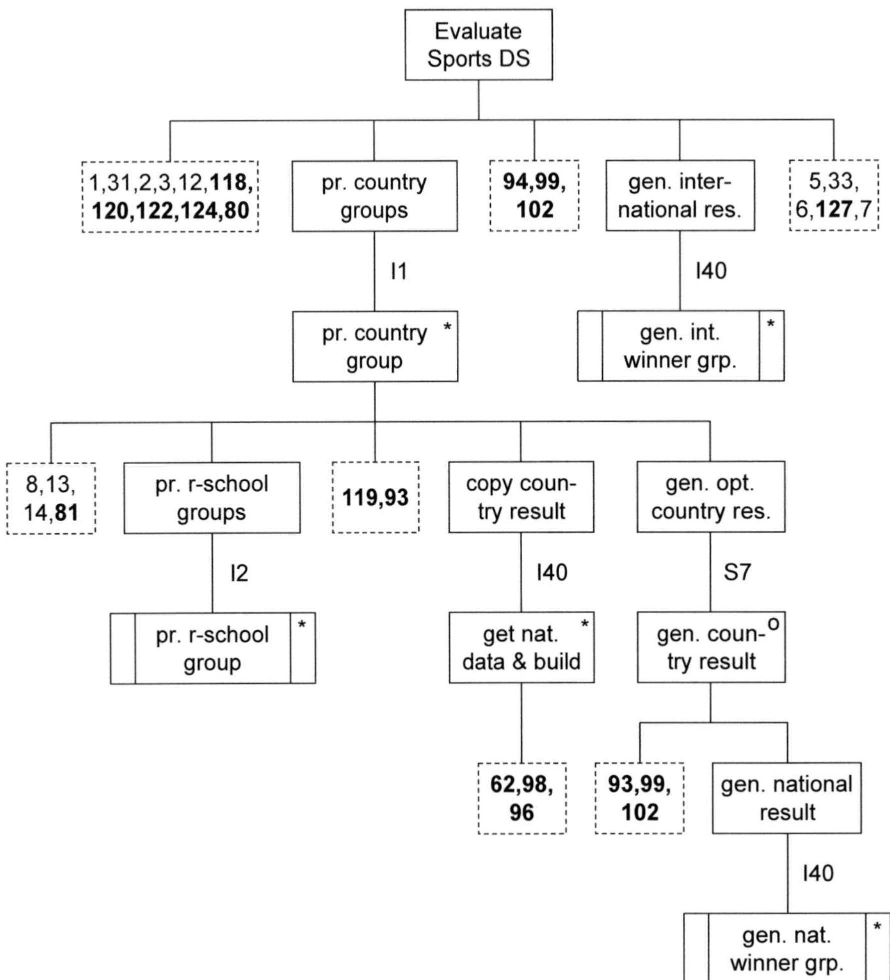

Abbildung 11.8: *Finale Top-Programmstruktur mit drei Auslagerungen*

Die ausgelagerten Teilstrukturen sind auch hier mit dem Symbol für „vordefinierter Prozess" gekennzeichnet. Die Link-Listen-Programmstrukturen werden nicht noch einmal gezeigt, da daran im Rahmen der Verschmelzungsarbeiten keine Änderungen vorgenommen werden mussten.

Die neuen respektive neu plazierten Operationen sind fett markiert. Eine kurze Statistik wird aufgebaut. Sie enthält die Anzahlen der Länder, Schulen und Sätze (Eingabe / Ausgabe).

Die „Abbildung 11.9: Ausgelagerte Teilstruktur „pr(ocess) r-school group" mit Operationen" auf Seite 301 zeigt, wie die Schulergebnisse ermittelt und die Gewinner unter den Schülern bestimmt werden.

Die „Abbildung 11.10: Ausgelagerte Teilstrukturen „gen(erate) nat(ional) winner gr(ou)p" und „gen(erate) int(ernational) winner gr(ou)p"" auf Seite 302 zeigt dagegen, wie die nationalen und internationalen Schul-Gewinnerlisten erzeugt werden.

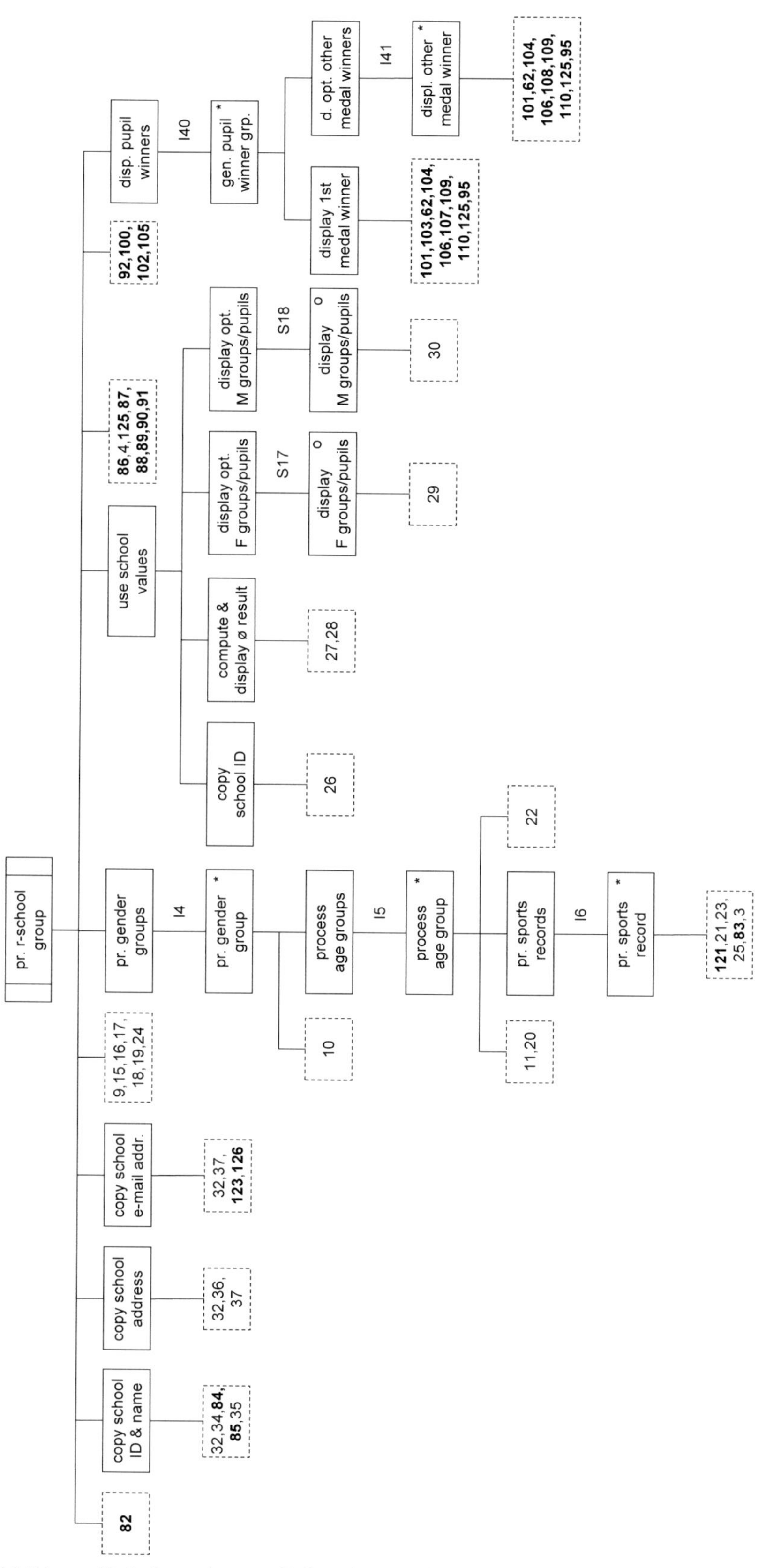

Abbildung 11.9: *Ausgelagerte Teilstruktur „pr(ocess) r-school group" mit Operationen*

11

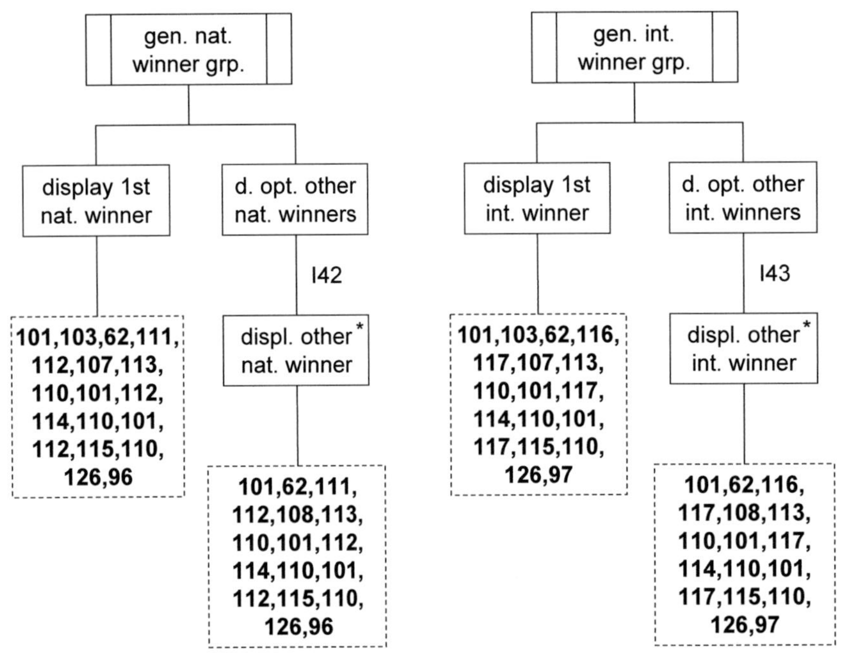

Abbildung 11.10: *Ausgelagerte Teilstrukturen „gen(erate) nat(ional) winner gr(ou)p" und „gen(erate) int(ernational) winner gr(ou)p"*

11.8 Implementierung in C

Die Implementierung des C-Programms EvaluateSportsDS wird im zweiten Band ab Kapitel „7.1 Ergänzte Programmstrukturen" auf Seite 141 ff bis „7.4 Entstehung der Aufrufhierarchie" auf Seite 152 ff vorbereitet. Das daran anschliessende Kapitel „7.5 C-Code von EvaluateSportsDS" auf Seite 155 ff zeigt und kommentiert das Programm.

11.9 Operationen und Kontrollen von EvaluateSportsDS (C)

Hier folgt eine Zusammenfassung der Operationen (ohne Link-Listen-Verarbeitung):

Op.	Bedeutung	Kommentar
1	Sports-Dataset öffnen	txt-Datei wird erwartet
2	Results-Dataset öffnen	
3	Sports-Record lesen, konkatenierte Rangschlüssel zuweisen	Einzelfelder extrahieren, Namenslänge bestimmen
4	Result-Satz 04 (RR04) ausgeben	Satz mit verdichteten Ergebnissen
5	Sports-Dataset schließen	
6	Results-Dataset schließen	
7	Stopp	
8	old_rank_1_key := new_rank_1_key	Bisherigen Rang-1-Gruppenschlüssel sichern
9	old_rank_1_2_key := new_rank_1_2_key	Bisherigen Rang-1-2-Gruppenschlüssel sichern
10	old_rank_1_3_key := new_rank_1_3_key	Bisherigen Rang-1-3-Gruppenschlüssel sichern

Op.	Bedeutung	Kommentar
11	old_rank_1_4_key := new_rank_1_4_key	Bisherigen Rang-1-4-Gruppenschlüssel sichern
12	countries := 0	Statistik-Zähler (auf Vorrat definiert)
13	countries := countries + 1	
14	schools := 0	Schulen im Land
15	schools := schools + 1	
16	F_age_groups := 0	
17	M_age_groups := 0	
18	F_pupils := 0	
19	M_pupils := 0	
20	pupils := 0	Schüler in einer Age Group
21	pupils := pupils + 1	
22	**if** gender_code = 'F' **then** F_age_groups := F_age_groups + 1; F_pupils := F_pupils + pupils **else** M_age_groups := M_age_groups + 1; M_pupils := M_pupils + pupils **fi**	gender_code = 15. Stelle von old_rank_1_4_key (Index: [14])
23	point_sum := SpoConD.sprint_points + SpoConD.jump_points + SpoConD.throw_points	
24	school_points := 0	
25	school_points := school_points + point_sum	
26	RR04 := Substr(old_rank_1_2_key, 1, 13) + '04'	School ID + Zeilennummer 04 (Start-Index von old_rank_1_2_key = 0)
27	avg_school_points := school_points / (F_pupils + M_pupils)	Ergebnis nach 2 Nachkommastellen abschneiden
28	RR04 := RR04 + ' ø ' + String(avg_school_points)	Anhängen: ' ø nn,nn' (mit Umwandlung Zahl ⇨ String)
29	RR04 := RR04 + ' F ' + String(F_age_groups) + '/' + String(F_pupils)	Anhängen: ' F nn/nnnn' (mit variablen Stellenzahlen)
30	RR04 := RR04 + ' M ' + String(M_age_groups) + '/' + String(M_pupils)	Anhängen: ' M nn/nnnn' (mit variablen Stellenzahlen)
31	School-Dataset öffnen	txt-Datei wird erwartet
32	School-Record lesen, konkat. Gruppenschlüssel zuweisen	⇨ school_rec
33	School-Dataset schliessen	
34	RR01 := Substr(school_rec, 0, 16) + Substr(school_rec, 0, 13) + ' ' + Substr(school_rec, 16, 50)	School ID + '01 ' + School ID + Blank + School Name (Start-Index von school_rec = 0)
35	Result-Satz 01 (RR01) ausgeben	

Op.	Bedeutung	Kommentar
36	school_address := Substr(school_rec, 16, 64)	für Ranking aufbewahren
37	school_rec ausgeben	gleiches Format für Sätze 02 und 03
41 - 79	siehe Kapitel „10.9 Operationen und Kontrollen der Link-Listen-Verarbeitung" auf Seite 284 f.	
80	I_School_LL.unique_values := 0	Signal an buildLinkedList(): I_School_LL initialisieren
81	N_School_LL.unique_values := 0	N_School_LL initialisieren
82	Pupil_LL.unique_values := 0	Pupil_LL initialisieren
83	buildLinkedList (point_sum, SpoConD, Pupil_LL)	Übergabe für jeden Schüler
84	school_ID := Substr(school_rec, 0, 13)	
85	school_name := Substr(school_rec, 16, 50)	
86	school_values := Substr(RR04, 16, 27)	Schul-Durchschnitt etcetera extrahieren
87	School_Data.school_ID := school_ID	
88	School_Data.name := school_name	
89	School_Data.address := school_address	
90	School_Data.values := school_values	
91	buildLinkedList (avg_school_points * 100, School_Data, N_School_LL)	Übergabe für jede Schule
92	nxt_i = Pupil_LL.chain_top_index	Auf dem 1. Gold-Eintrag aufsetzen
93	nxt_i = N_School_LL.chain_top_index	
94	nxt_i = I_School_LL.chain_top_index	
95	nxt_i := Pupil_LL.L_L_E[crt_i].downlink	Successor-Index beschaffen
96	nxt_i := N_School_LL.L_L_E[crt_i].downlink	
97	nxt_i := I_School_LL.L_L_E[crt_i].downlink	
98	buildLinkedList (N_School_LL.L_L_E[crt_i].entry_value, N_School_LL.L_L_E[crt_i].contestant, I_School_LL)	Nationaler Sieger ⇨ internationale Link-Liste
99	line_no := 0	Start-Zeilennummer - 1 für (inter)nationale Gewinner-Schulen
100	line_no := 4	Start-Zeilennummer - 1 für Schüler mit Gold-Medaille
101	line_no := line_no + 1	
102	medal_level := -1	Init vor Schleife
103	medal_level := medal_level + 1	nächstniedrigerer Medaillenrang
104	Pupil_Data := Pupil_LL.L_L_E[crt_i].contestant	
105	school_ID := Pupil_Data.country_code + Pupil_Data.region_ID + Pupil_Data.school_number	
106	SpoRes := school_ID + String(line_no)	Schüler-Medaillenzeile beginnen
107	SpoRes := SpoRes + G_S_B[medal_level]	Medaillensymbol anfügen
108	SpoRes := SpoRes + ' '	Blank anfügen

Op.	Bedeutung	Kommentar
109	SpoRes := SpoRes + Pupil_Data.gender_code + ' ' + Pupil_Data.age + ' ' + Pupil_Data.sprint_points + ' ' + Pupil_Data.jump_points + ' ' + Pupil_Data.throw_points + ' ' + String(Pupil_LL.L_L_E[crt_i].entry_value) + ' ' + Pupil_Data.name	Schüler-Daten anfügen Punktsumme
110	SpoRes ausgeben	
111	School_Data := N_School_LL.L_L_E[crt_i].contestant	
112	SpoRes := Substr(School_Data.school_ID, 0, 3) + ' 00000000' + String(line_no)	Nationale Schul-Medaillenzeilen beginnen Land-Code Konstante + Laufende Zeilennummer
113	SpoRes := SpoRes + School_Data.school_ID + ' ' + School_Data.name	School-ID und Name anfügen
114	SpoRes := SpoRes + ' ' + School_Data.address	Adresszeile zusammenstellen
115	SpoRes := SpoRes + ' ' + School_Data.values	Schulergebnisse zusammenstellen
116	School_Data := I_School_LL.L_L_E[crt_i].contestant	
117	SpoRes := 'AAA 00000000' + String(line_no)	Internationale Schul-Medaillenzeilen beginnen Konstante + Laufende Zeilennummer
118	total_schools := 0	Statistik-Zähler führen
119	total_schools := total_schools + schools	
120	sports_recs := 0	
121	sports_recs := sports_recs + 1	
122	school_recs := 0	
123	school_recs := school_recs + 3	
124	result_recs := 0	
125	result_recs := result_recs + 1	
126	result_recs := result_recs + 3	
127	Statistik ausgeben	

Zusammengefasste Liste der Kontrollen (ohne Link-Listen-Verarbeitung):

I1	EOF	I2	new_rank_1_key > old_rank_1_key
I4	new_rank_1_2_key > old_rank_1_2_key	I5	new_rank_1_3_key > old_rank_1_3_key
I6	new_rank_1_4_key > old_rank_1_4_key	S7	schools >= 4
S17	F-Age-Groups > 0	S18	M-Age-Groups > 0

I40 nxt_i = -1

I41 nxt_i = -1 oder Pupil_LL.L_L_E[nxt_i].entry_value < Pupil_LL.L_L_E[crt_i].entry_value

I42 nxt_i = -1 oder N_School_LL.L_L_E[nxt_i].entry_value < N_School_LL.L_L_E[crt_i].entry_value

I43 nxt_i = -1 oder I_School_LL.L_L_E[nxt_i].entry_value < I_School_LL.L_L_E[crt_i].entry_value

09/2019 Vorderschiff des Wracks der S.S. Maheno auf Fraser Island (Queensland, Australien)

Test I

Das Prüfen von Werkstoffen, Halb- und Fertigprodukten hat eine lange Tradition bis zurück in die Antike. Was passieren kann, wenn ein wichtiger Test unterbleibt, zeigt das nebenstehende Bild eines Schiffswracks. Die S.S. Maheno[1] war ein australischer Luxusliner und ein Lazarettschiff, bevor sie 1935 ausgemustert wurde und nach Japan geschleppt werden sollte, um sie dort abzuwracken. In einem Sturm vor Fraser Island riss das Schleppseil. Ohne Ruder und Propeller, die zum Energiesparen ausgebaut worden waren, konnte die Maheno nicht vor der Strandung bewahrt werden. Zweifellos war das Schleppseil nicht für Sturmbedingungen getestet worden. Tragseile für Bergbahnen, um ein Gegenbeispiel zu nennen, müssen auch wegen möglicher Stürme dreifach überdimensioniert sein. Was für die Herstellung von Gegenständen aller Art gilt, darf auch auf Programme angewendet werden: Realistische Tests sind unverzichtbar.

Ein so umfangreiches Programm wie „Evaluate Sports DS" muss auf jeden Fall sorgfältig getestet werden. Was und wie getestet wird oder werden sollte, darüber gehen jedoch die Meinungen weit auseinander. Bevor wir uns dem neuen C-Programm zuwenden können, sei daher eine lange, aber notwendige Abschweifung vom internationalen Schulsportwettbewerb gestattet.

12.1 Der wahre Test ist die Produktion

… behaupten nicht wenige Programmierer(innen). Was für sorgfältig arbeitende Entwickler(innen) tollkühn klingt, kann doch ein Körnchen Wahrheit beanspruchen: Nicht selten deckt erst der produktive Einsatz eines Programms dessen Schwächen gnadenlos auf, auch wenn es vorher noch so ausgiebig getestet wurde. Untersuchungen über die Fehlerverteilung und die Fehlerlatenz – also die zeitliche Verteilung des Auftretens bislang unbekannter Fehler – zeigen zudem ein entmutigendes, geradezu erratisches Verhalten dieser Plage der IT. Die naheliegende Annahme, die schwersten beim Testen unentdeckt gebliebenen Fehler träten frühzeitig nach dem Produktionsbeginn auf, und nach deren Beseitigung gebe es nur noch minder schwere Fehler, die infolge weiterer Korrekturen von abnehmender Gefährlichkeit seien, ist leider falsch. In komplexen Anwendungssystemen können überall Zeitbomben versteckt sein, deren Detonationen von kleinen Irritationen bis hin zu schwerwiegenden, produktionsbedrohenden Ereignissen alle denkbaren Konsequenzen auslösen. „Zero Defect Software" – Programme ohne Fehler – herzustellen scheint uns kaum je vergönnt zu sein. Wir Informatiker sind dazu offensichtlich nicht klug genug – jedenfalls die meisten von uns, einschließlich des Autors.

Wie bei allen Mißständen haben wir aber die Wahl, diese ergeben hinzunehmen oder etwas dagegen zu unternehmen. Für Letzteres müssen wir aber erst einmal unseren Stolz ablegen. Die, die das nicht können oder wollen, sagen gern: „Wer testet, ist feige". Nicht oder nicht ausreichend zu testen, weil man allzusehr von sich oder irgendeiner Entwicklungsmethode überzeugt ist, kann aber böse Folgen haben, die weit über eine unsinnige Listenausgabe oder eine verpfuschte Datenbank hinausgehen. Beispiele gefällig? Aber gern!

Endnoten: siehe Seite 352

12.1.1 Hans im Pech

Es war einmal ein – sehr von sich eingenommener – Programmierer, nennen wir ihn Hans. Er wurde eines schönen Tages vor langer, langer Zeit beauftragt, die nicht mehr benötigten – veralteten – Stammsätze eines Hochregallagers für Ersatzteile zu löschen. Flugs begab Hans sich an sein Werk und schrieb das verlangte Programm für den Zielrechner, ein Tandem-Multiprozessorsystem unter dem Betriebssystem Guardian. Ob er es auch getestet hat, ist unbekannt, sei zu seiner Ehrenrettung aber vorerst angenommen.

Die Anzahl der zu löschenden Sätze war zwar klein gegenüber der Größe des Teilestamms, der zu jener Zeit indexsequentiell organisiert war, aber dieser musste komplett durchgeackert werden, um die veralteten Sätze zu finden und zu löschen. Das dauerte. Folglich wurde Hans an dem großen Tag, an dem er sein Programm gegen den produktiven Bestand einsetzte, zunächst nicht unruhig, als es länger als erwartet lief, sehr viel länger sogar. Schliesslich nahm aber sein ungutes Gefühl überhand und er brach den Programmlauf ab.

Die nachfolgende Überprüfung ergab, dass zu diesem Zeitpunkt bereits zigtausende – größtenteils aktive – Stammsätze gelöscht worden waren. Infolgedessen „kannte" die Software des Hochregallagersystems die betreffenden Teile nicht mehr. Es war deshalb nicht mehr möglich, dafür Ein- oder Auslagerungsaufträge zu erteilen – und das in einer Phase besonders hohen Bedarfs an Ersatzteilen!

Alle betroffenen Teileanforderungen mussten von dem überraschten Personal des Lagers nun selbst erfüllt werden. Die Positionen der chaotisch verstreut eingelagerten Kisten mit den gewünschten Teilen – und deren Mengen – waren noch in einer anderen Datei gespeichert. Sie mussten mit den Hochregal-Aufzügen gezielt angefahren werden, um die gewünschten Teile von Hand zu entnehmen. Eine manuelle Bestandsführung wurde hastig aufgebaut. An den Kommissionierstationen, wo die „verschwundenen" Teile normalerweise in ihren Lagerkisten automatisch angeliefert wurden, um verpackt und versandfertig gemacht zu werden, brach ein gewaltiger Papierkrieg aus. Vor der riesigen Halle, in der sich das Hochregallager befindet, stapelten sich über Monate die Teilelieferungen, die nicht eingelagert werden konnten.

Parallel dazu entwickelte der Rechnerhersteller ein neues Programm, um die Audit-Records des File-Systems auszuwerten, die dessen Transaction Monitoring Facility (TMF) während der Löschaktion automatisch erzeugt und auf Band gesichert hatte. Solche Audit-Trails sind keineswegs selbstverständlich, denn viele Systeme protokollieren nur Änderungen an Datenbanken, nicht aber an Beständen, die andere Datenorganisationen besitzen. Damit gelang es, den Teilestamm wieder zu vervollständigen. Die manuellen Entnahmen konnten nachgebucht und die im Freien lagernden Teile endlich erfasst werden.

Hans wurde nicht entlassen, obwohl er großen Schaden angerichtet hatte. Er war danach allerdings sichtlich weniger von sich eingenommen.

12.1.2 T.O.O. S.M.A.R.T.

(= Trickily organized, overloaded software makes abnormal reactions threatening)

Am selben Schauplatz kam es viele Jahre später zu sporadische Abstürzen der „Driver" genannten Programme, die das Hochregal mit Fahrbefehlen steuern. Danach waren jedesmal alle laufenden Aufträge des betroffenen Programms vergessen und mussten erneut eingegeben werden. Viel manueller Aufwand war nötig, um den Betrieb aufrechtzuerhalten. Die Situation verschlimmerte sich von Tag zu Tag und niemand wusste, warum. Der normale Betrieb wurde zur Ausnahme.

Sporadisch auftretende Fehler sind die unangenehmste Kategorie der Fehlerplage. Es ist viel einfacher, mit systematischen Tests Fehler aufzudecken, die reproduzierbare Ursachen haben, als Fehlern nachzujagen, die unvorhersehbar auftreten und scheinbar keiner Kausalität unterliegen. Auch das Aufstellen von Fallen im Code (Assertions) hilft da nicht immer weiter, da oft unklar ist, wo das Problem entsteht.

Methode der Fehlerlokalisierung

Der einzige praktisch bewährte Weg besteht in solchen Fällen darin, alle relevanten Programmaktionen so zu protokollieren, dass nach einem Abbruch eine Post-Mortem-Analyse des davor durchlaufenen Pfads möglich ist. Hierfür hat der Autor das Programmpaket EXAMINE geschrieben, das hauptsächlich aus Trace-Routinen und einem Inspektionsprogramm besteht (siehe „15.4.4 Pfadprotokollierung mit Ausgabe in einen Trace-Speicher" auf Seite 484 ff). Die zu untersuchenden Programme müssen zunächst mit Trace-UP-Aufrufen instrumentiert werden. Die Trace-Daten werden dann im virtuellen Speicher gesammelt und können auch parallel zum Programmlauf inspiziert werden. Das ist besonders bei Multitasking-Anwendungen – ohne Störung der Interaktion mit Geräten oder anderen Prozessen (laufenden Programmen) – wichtig, da hierfür das übliche Breakpoint Debugging ungeeignet ist. Es ist aber auch möglich, die Trace-Aufrufe als Haltepunkte zu verwenden, an denen beispielsweise interaktiv Speicherinhalte überprüft oder Low-Level-DEBUG-Aufrufe (Tandem-Standard) plaziert werden können. Zudem können Trace-Aufrufe gezielt aktiviert oder deaktiviert werden, um detaillierte Aufzeichnungen anzuschalten oder wieder zu beenden.

Nach einem Abbruch sichert das Betriebssystem automatisch den aktuell bearbeiteten virtuellen Speicherbereich auf einem Plattenmedium. Somit bleibt auch der allerletzte Trace-Eintrag vor dem Crash erhalten – im Gegensatz zu gewöhnlichen Protokollen in Dateien, die bei einem ABEND (ABnormal END) meist nicht mehr vollständig ausgeschrieben werden. Wenn sehr viele Trace-Daten anfallen, kann die Aufzeichnung entweder im Wrap Around-Modus geführt oder als Kette automatisch erzeugter Trace-Dateien beliebig lang fortgesetzt werden. Das Inspektionsprogramm ermöglicht, auf einzelne dieser Dateien zu positionieren und darin bi-direktional sequentiell oder über einen hierarchischen Index direkt auf die Trace-Daten zuzugreifen. So ist es möglich, sowohl von einer Abbruchstelle rückwärtsgehend die Fehlerursache(n) zu lokalisieren als auch tiefgehende Analysen des Programmverhaltens vorzunehmen.

Erste Maßnahmen

Bevor man ein so mächtiges Werkzeug einsetzt, ist es sinnvoll, den Gegner näher kennenzulernen. Das Steuerprogramm war zu diesem Zeitpunkt etwa 25 Jahre alt und dennoch weitgehend im Ursprungszustand. Das lag nicht nur an seiner Qualität, sondern auch daran, dass es in der algorithmischen Programmiersprache T/TAL (= Tandem Transaction Application Language) geschrieben war, die unkundigen Programmierer(inne)n das Ändern schwer macht. T/TAL hat mehr Ähnlichkeit mit ALGOL 68 als mit C, und es besitzt viele Eigenheiten, die es möglich machen, Inline-Assemblerbefehle einzufügen oder NonStop-Anwendungen zu schreiben. Mit der NonStop-Technik können Anwendungen trotz CPU-Ausfällen weiterarbeiten und dennoch die Datenintegrität – mit Hilfe des Betriebssystems – wahren.

Die Code-Inspektion förderte überraschend zutage, dass das Programm zwar 32 K Speicherworte (zu 2 Byte) anforderte, diese aber nur teilweise nutzte. Aus den Abbruch-Diagnosedaten ging hervor, dass das Problem irgendetwas mit dem großen Datenpool für Auftragsdaten, Nachrichten, Kontrollstrukturen und -blöcke zu tun hatte. Für diesen Pool stand im Prinzip der Rest der 32 K zur Verfügung, den die auf der Adresse 0 beginnenden globalen Daten und der ihnen folgende Aufruf-Stack – mit den lokalen Daten der Prozeduren – übrigließen. Von diesem Rest wurden ab der Adresse 2048 jedoch nur 10.000 Worte verwendet. Die erste Nothilfemaßnahme bestand daher darin, den Pool sicherheitshalber auf der Adresse 4096 beginnen zu lassen und ihm die verbleibenden 28 K voll zuzuteilen. Ausserdem wurden die Nutzdaten-Header des Pools um Timestamps ergänzt, anhand derer die bei den Abbrüchen vom Betriebssystem erzeugten Dumps auf zeitliche Anomalien untersucht werden sollten.

Einbau von Trace-Aufrufen

Das so geänderte Programm lief deutlich stabiler. Der am höchsten belastete Driver brach nur noch ein- bis zweimal am Tag zusammen. Das war zwar immer noch schlecht, aber für den Lagerbetrieb schon eine große Erleichterung. Die Abbruch-Dumps zeigten ganz sonderbare Timestamp-Werte, für die es zunächst keinerlei Erklärung gab. Es schien eine innere Vergiftung zu geben, die nicht nur längst erledigte Aufträge im Speicher hielt, sondern auch Timestamps verfälschte.

Da der unmittelbare Problemdruck nun deutlich geringer war, konnten zahlreiche Trace-Aufrufe in die Programm-Source hinein generiert und maßgeschneidert werden. Das dauert je nach Programmgröße und -komplexität mehrere Stunden bis Tage, da zunächst anhand einer Compiler-Cross-Referenz ein Hilfsprogramm alle Stellen im Code markiert, an denen Datenveränderungen stattfinden. Diese Markierungen müssen anschliessend gegebenenfalls bearbeitet oder auch verworfen werden. Dann erst erzeugt ein weiteres Hilfsprogramm aus den Markierungen die Trace-Aufrufe.

Seltsame Beobachtungen

Das so instrumentierte und kompilierte Steuerprogramm produzierte eine enorme Fülle von Trace-Daten, die es nötig machten, die Filterungs- und Suchfähigkeiten des Inspektionsprogramms intensiv zu nutzen. Nun war es aber endlich möglich, die tatsächliche Arbeitsweise der Driver Schritt für Schritt nachzuvollziehen. Nach dem ersten protokollierten Abbruch im laufenden Betrieb stellte sich während der Trace-Analyse heraus, dass die Pool-Datenstruktur tatsächlich teilweise zerstört war. Der Programmautor hatte eine komplizierte Allocate- und Deallocate-Technik für die Nutzung des Pools implementiert, welche die „von oben nach unten" wachsenden Nutz- und Verwaltungsdaten zusammen mit den „von unten nach oben" allokierten Kontrollblöcken *im selben Adressbereich* verwaltete, wobei Lücken entstehen konnten, die später ganz oder teilweise wiederbelegt wurden. Solche Pools müssen in jeder Hinsicht wasserdicht konstruiert sein.

Unabhängig von den Details dieser Technik gilt: Normalerweise dürfte nur ein kleiner bis mittlerer Teil des Pools für Nutzdaten und deren Verwaltung belegt sein, weil die Menge des dafür dynamisch benötigten Platzes oszilliert und auf Null fällt, wenn der rund um die Uhr laufende Prozess – normalerweise nachts – auftragslos ist. Auf den ersten Blick sollte man also meinen, dass auch ein wesentlich kleinerer Pool dieser Bauart niemals vollständig gefüllt werden kann. Die Hochregallagermechanik hat ja nur eine begrenzte Transportkapazität und es ist höchst unwahrscheinlich, dass hunderte Aufträge parallel erteilt werden.

Tatsächlich zeigte die Analyse der Post-Mortem-Trace-Daten aber, dass Kontrollblockbereiche durch Nutzdaten überschrieben wurden und dann unsinnige Aktivitäten bis hin zum Programmabbruch stattfanden. Wie konnte das geschehen? Immerhin enthielt doch das Programm eine Abfrage, um den höchst unwahrscheinlichen Zustand „Pool voll" festzustellen. Die hierfür zuständige Fehlerbehandlungslogik warf aber noch weitere Fehlerereignisse in denselben Topf, so dass die Korrektheit der Reaktionen des Programms für diesen Sonderfall nicht mit Sicherheit verifiziert werden konnte. Die Vermutung, der Fehler sei in dieser Ecke zu suchen, lag aber weiterhin nahe.

Telegramm-Übertragungsfehler

Hier half die Untersuchung der davor über längere Zeit hinweg gesammelten Trace-Daten zunächst insofern weiter, als darin einzelne verstümmelte Quittungstelegramme von der – dem jeweiligen Driver zugeordneten – elektronischen Steuerung des Hochregals auftauchten. Diese waren die Folge von sporadischen Kollisionen beim Schreiben und Lesen auf der asynchronen Full-Duplex-RS-232C-Leitung zwischen dem Rechner und der betreffenden Steuerung. Das Handshake-Protokoll mit RTS (Request to send), CTS (Clear to send), DSR (Data set ready) und DTR (Data terminal ready) wurde anscheinend nicht immer eingehalten, was sich auch auf einem Bildschirm beobachten ließ, der den Telegrammverkehr anzeigte.

Infolge der Kollisionen wurden ab und zu Telegramm-Header ganz oder teilweise nicht übertragen. Das betraf auch Erledigungsquittungen von der Steuerung, die der jeweilige Driver daraufhin den betreffenden Aufträgen nicht mehr zuordnen konnte. Deshalb blieben diese Aufträge als scheinbar unerledigt im Speicher liegen. Somit wuchsen die Nutzdaten immer weiter von oben auf den Kontrollblockbereich unten zu. Für die Aussenwelt war scheinbar alles in Ordnung, aber der Pool wurde nach und nach mit irrelevant gewordenen Daten verstopft.

Server-Flaschenhals

Das war aber noch nicht alles. Bei hoher Last gab es weitere Probleme im Umfeld. Ein Programm, das für die Nachrichtenweiterleitung von den Drivern an Server-Prozesse – zwecks Buchung von Transportdaten – zuständig war, brach ab und zu ab. Der Wert eines Steuerungsparameters war in diesem Programm zu niedrig angegeben worden, was aber erst unter Stress zum Tragen kam. Dadurch verblieben unquittierte Nachrichten in den Steuerungsprozessen, was ebenfalls die Freigabe von Nutzdatenblöcken verhinderte. Generell schien auch eine zu geringe Geschwindigkeit der Verarbeitung in den Server-Prozessen als Ursache für die verzögerte Freigabe von Nutzdaten in Frage zu kommen. Es hatte sich also kumulativ eine Problemsituation angestaut, die dazu geeignet war, die Driver in Schwierigkeiten zu bringen.

Programmierfehler gefunden

In dieser Situation war es am wichtigsten, Abstürze infolge zerstörter Kontrollblöcke zu verhindern, denn der Serverdurchsatz konnte nicht rasch verbessert werden. Erst nach langer Zeit und intensiver Analyse des Programmcodes konnten zwei für das Driver-Problem verantwortliche Programmierfehler gefunden und behoben werden: Durch die reichliche Verwendung von teilweise schwer durchschaubaren DEFINE-Anweisungen geschah es, dass die Kollisionsbedingung zwischen den Kontrollblöcken und den Nutzdaten um wenige Worte falsch berechnet wurde, wodurch es zum Überschreiben von Kontrollblöcken kam.

Das wirkte sich jedoch nicht unbedingt sofort aus, weil es eine Weile dauern konnte, bis auf die betreffenden Kontrollblöcke zugegriffen wurde, die dann aber anstelle der vorher dort gespeicherten Adressen und Längen der Nutz- und Verwaltungsdaten irgendwelche anderen Inhalte, auch ASCII-Zeichen, enthielten. Der Prozess verwendete diese völlig falschen Inhalte unkritisch zur Adressierung und richtete ein riesiges Durcheinander an. So könnten auch die sonderbaren Timestamp-Werte erklärt werden. Erst als die Zerstörungen ungültige Adressen oder andere grobe Instruktionsfehler zur Folge hatten, zog die Rechner-Hardware die Notbremse und es kam zum Abbruch.

Nach den erforderlichen Korrekturen lief der Hochregallagerbetrieb wieder normal. Es blieb aber ungeklärt, ob in der Allocate- und Deallocate-Technik für den Pool eventuell weitere noch raffiniertere Probleme versteckt waren, oder ob diejenigen Prozeduren, die sich dieser Technik bedienten, ab und zu die eigentlich erforderlichen Deallokierungen unterließen.

Konsequenzen

Der Betreiber des Hochregallagers zog aus alledem den Schluss, diese betagte Software durch eine völlig neue Konstruktion auszutauschen:

- Kommunikation mit den unterlagerten Steuerungen über TCP/IP
- Vorschaltung eines Materialflussrechners (MFR), der mit den Steuerungen interagiert

- Aufteilung der Driver in zwei Kommunikationsschichten, die interne Warteschlangen führen
- Dadurch Trennung der Server- und Requestor-Kommunikation von der Kommunikation mit dem MFR
  (Server = Prozess, dem Nachrichten zugesandt werden und der daraufhin Datenbankzugriffe vornimmt; Requestor = Prozess, der Nachrichten sendet, die beispielsweise Auftragsdaten enthalten)
- Implementierung von Übersichtsdialogen zur Auftragsverfolgung und für korrigierende Eingriffe

12.2 Was lernen wir daraus?

Beide Beispiele deuten auf Selbstüberschätzung hin. Die dafür verantwortlichen Programmierer sind Opfer ihrer vermeintlichen oder tatsächlichen Schlauheit geworden. Bei der Bereinigungsaktion fällt es besonders leicht, den ersten Stein auf den selbstgefälligen Kollegen zu werfen. Er hätte doch einfach besser testen müssen, falls er überhaupt getestet hat. Dann wäre ihm aufgefallen, dass sein Programm keineswegs nur die veralteten Stammsätze löscht, sondern alle, derer es habhaft werden kann. Wie beurteilen wir aber den Fall, dass ein Bereinigungsprogramm fast alles richtig verarbeitet, jedoch den Fehler macht, ausgerechnet die einzige milliardenschwere aktive Position in einem Bestand zu löschen und damit weitreichende wirtschaftliche Konsequenzen bis hin zum Bankrott auszulösen? Wenn es nur um den angerichteten Schaden geht, ist dies doch das weit schlimmere Ergebnis. Es hilft dann auch nichts, umfangreich getestet zu haben.

12.2.1 Elementares

Der scheinbar einfach zu be- und verurteilende Fall der mißlungenen Teilestammdatenbereinigung ist auf den zweiten Blick um einiges verwickelter:

- Nicht beachtetes Vier-Augen-Prinzip
  Gefährliche Verarbeitungen wie diese sind „scharfe Messer“ und erfordern daher besondere Vorsicht. Sie dürfen nicht nur von einem Programmierer oder einer Programmiererin geschrieben, getestet und dann in Produktion genommen werden. Der Code muss vor dem Test mindestens von einem weiteren Programmierer oder einer Programmiererin sorgfältig überprüft werden. Das wurde hier nicht beachtet, denn es war anscheinend kein(e) andere(r) Programmierer(in) involviert.
- Kein unabhängiger Test
  Wenn ein Programm irgendein nennenswertes Schadenspotential hat, darf sein Test nicht dem Autor oder dessen Co-Autor überlassen werden. Programmierer(innen) sind meistens laienhafte Tester(innen) und wollen beweisen, dass ihr Programm funktioniert. Professionelle Tester(innen) wollen beweisen, dass es Defekte enthält. Ein solcher Test hat hier offensichtlich nicht stattgefunden.
- Kein Simulationslauf
  Noch so ausführliche Tests können niemals hundertprozentige Sicherheit geben, dass ein Programm mit den Produktionsdaten keinen Unsinn anstellt. Simulationsläufe mit Bestandskopien – auf einer anderen Maschine – oder mit deaktivierten Löschanweisungen – auf der Zielmaschine – wären jedoch im vorliegenden Fall sinnvoll gewesen. Danach würde das jeweilige Laufprotokoll ausweisen, ob die erwartete Menge alter Sätze identifiziert wurde. Ausserdem könnten Kopien dieser Sätze auf ein Sicherungsmedium geschrieben werden. Anhand dieser Kopien wäre stichprobenartig und manuell der Nachweis möglich, dass tatsächlich die richtigen Sätze betroffen sind. Alternativ könnte diese Sicherung durch ein weiteres Programm untersucht werden, das dann natürlich seinerseits getestet werden müsste…

  Dieser Ansatz ist etwas aufwendiger, aber ausser bei riesigen Datenmengen oder sehr knappen Zeitbedingungen für die Simulation – wegen Behinderung anderer Prozesse – durchaus sinnvoll. Auch diese Möglichkeit wurde anscheinend ignoriert.

- Keine Datensicherung

  Stammdatenbestände fluktuieren nicht nennenswert. Es wäre daher sinnvoll gewesen, vor dem Lauf den Teilestamm auf Band zu sichern, wo er gegen versehentliches Löschen gut geschützt gewesen wäre, und dann erst die Bereinigung zu starten. Nach dem Fehlschlag hätte man einfach die Sicherung zur Wiederherstellung des Originalbestands verwenden können und wäre nicht darauf angewiesen gewesen, dass der Rechnerhersteller die Before Images der gelöschten Sätze mühsam – und viel, viel später – aus den Audit Files rekonstruiert. Es ist völlig unverständlich, warum diese einfache Maßnahme nicht ergriffen und regelmäßig wiederholt wurde.

  Bei Beständen, die mehr oder minder lebhaft fluktuieren, beispielsweise in Systemen zur Flug- oder Hotelbuchung, funktioniert dieses einfache Vorgehen nicht. Die Datenbasis würde gegebenenfalls auf einen mehrere Stunden alten Stand rückgesetzt, was allerlei zumindest unangenehme bis sogar katastrophale Folgen hätte. Hier sind weit ausgefeiltere Techniken für den Crash-Fall erforderlich, die eigens entworfen, implementiert und getestet werden müssen, soweit dies nicht schon vom RDBMS-Hersteller erledigt wurde.

- Keine Fortschrittsprotokollierung

  Datenverändernde Langläufer verursachen ungute Gefühle während ihrer Laufzeit, wenn völlig nebulös ist, wie und ob die jeweilige Bestandsveränderung voranschreitet. Überall da, wo Zugriffskonkurrenz herrscht, kann es zu kurz- oder langfristigen Blockaden bis hin zum Deadlock kommen. Das Warten vor Locks, die von anderen Programme nicht freigegeben werden, kann sogar Stunden andauern, wenn das Datenbank- oder File-System dafür keine Timeouts vorsieht.

  Selbst wenn nur ein Programm ändert und alle anderen lediglich lesen, sind Behinderungen möglich, da wegen der Wahrung der Datenintegrität unvermeidlich Lese-Locks ausgesprochen werden müssen. Diese können beispielsweise im DB2 auf IBM-Hosts bei den Isolation Modes RS (Read Stability) und besonders bei RR (Repeatable Read) große Sperrauswirkungen entfalten und sogar bis auf die Ebene der Tablespaces eskalieren. Ein Tablespace kann viele Tabellen enthalten, die dann gleichzeitig betroffen sind.

  Auch wenn diese Komplikationen nicht vorliegen, ist es immer gut, wenn ein Langläufer regelmäßig seinen Verarbeitungsfortschritt meldet. Das sollte so geschehen, dass diese Mitteilungen sofort ausgegeben werden, zum Beispiel auf ein dafür vorgesehenes Log-Medium, nicht aber in Protokolldateien. Letztere sind entweder während des Laufs nicht einsehbar, oder es werden Sätze im Speicher zurückgehalten, bis wieder ein Block voll ist und ausgeschrieben wird. Danach kann es schon zu spät sein.

  Im vorliegenden Fall hätte schon die erste Fortschrittsmeldung gezeigt, dass gleich viele Sätze gelesen wie gelöscht werden. Dann wäre der Schaden nach einem sofortigen Laufabbruch nicht so groß gewesen und hätte weit schneller repariert werden können, etwa aus der letzten Sicherung vom Wochen- oder Monatsanfang. Leider wurde auch diese Chance verpasst.

- Kein Logging der Löschungen

  Jedes Programm, das kritische Bestände verändert, tut gut daran, diese Änderungen zu protokollieren. Wie ein Datenbanksystem sollte es die eingefügten, geänderten oder gelöschten Sätze / Tabellenzeilen in Protokolldateien oder -tabellen schreiben, die maschinell weiterverarbeitbar sind, um beispielsweise fehlgeschlagene Aktionen später programmgesteuert zurücknehmen zu können, Änderungsprotokolle zu erzeugen, oder andere Systeme über Schnittstellen mit Delta-Informationen zu versorgen. Geänderte Daten sind in ihrem Zustand vor und nach der Änderung festzuhalten. Das Bereinigungsprogramm erzeugte kein solches Protokoll.

- Keine Abnahme

  Jedes Anwendungsprogramm, erst recht jedes riskante Programm, bedarf einer mindestens zweistufigen Abnahme, bevor es in Produktion gehen kann. Zunächst ist im Testsystem nachzuweisen, dass alle vorgesehenen Datenkonstellationen korrekt verarbeitet werden. Hierfür ist ein geeignetes Vorgehen für die Abnahme seitens des Managements zu bestimmen und dessen Einhaltung zu überwachen.

Nach der Testebene kommt die Produktionsvorstufe, die von Firma zu Firma verschieden bezeichnet wird. Es handelt sich dort jedenfalls um produktionsähnliche Umgebungen, die für (Massen-)Tests unter realitätsnahen Bedingungen ausgestattet sind. Auch dort ist die fehlerfreie Arbeitsweise anhand der Spezifikationen mit geeigneten Beständen zu verifizieren und die Abnahme zu protokollieren. Besteht ein Programm die Abnahmetests nicht, bleibt es im Test- und Entwicklungsstadium. Besteht es sie alle, darf es in Produktion genommen werden, muss aber zumindest bei den ersten Läufen sorgfältig überwacht werden. Gegebenenfalls ist auch eine eigene Produktions-Abnahme erforderlich.

Von einer Abnahme des Bereinigungsprogramms ist nichts bekannt. Niemand scheint sie gefordert oder vermisst zu haben.

- Keine Managementbeteiligung

  Schon aus Selbstschutz tut jede(r) Programmierer(in) oder Administrator(in), die oder der eine potentiell gefährliche Aktion plant, gut daran, ihre oder seine(n) Manager(in) daran zu beteiligen. Manager(innen) teilen ungern ihren Chefs mit, dass in ihrem Bereich etwas Schlimmes geschehen ist. Das schadet möglicherweise ihrer Karriere. Vernünftige Manager(innen) denken an ihre Verantwortung der Firma und den potentiell Betroffenen – auch Kunden, Lieferanten, sowie anderen Beteiligten – gegenüber und bestehen daher auf einem sorgfältigen Vorgehen. Das schliesst die oben genannten Punkte ein, kann aber noch weit darüber hinausgehen. So kann es zum Beispiel nötig sein, einen Quasi-Produktionslauf in einem Backup-Rechenzentrum zu machen, alle Beteiligten an der produktiven Abnahme an einem Ort zusammenzubringen, temporäre Rechnerkapazitäten anzumieten und vieles mehr. Solche Maßnahmen kann nur das Management beschließen, finanzieren und ausführen lassen.

  Bei der Bereinigung der Teilestammdaten war das Management aber anscheinend desinteressiert oder vertraute zu sehr auf den – scheinbar – erfahrenen Mann. Das ist Vertrauen am falschen Ort.

Diese Liste ließe sich sicherlich noch erweitern, aber für unsere bescheidenen Zwecke im Rahmen des internationalen Schulsportwettbewerbs erscheint die erste Katastrophe als hinreichend analysiert. Die zweite hält andere Lektionen für uns bereit. Sie ist ja das komplette Gegenteil der ersten. Hier wurde offensichtlich umfangreich und sorgfältig getestet. Das geht auch daraus hervor, dass am Anfang des Driver-Codes nur sehr wenige Änderungen registriert sind, die zudem eher harmloser Natur sind. Es war daher nicht zu erwarten, dass es nach so langer Betriebsdauer zu ernsthaften Störungen kommen würde. Aber – irgendwann war es halt so weit. Die im Pool Allocate- und Deallocate-Code tickende Zeitbombe ging hoch, und wie!

12.2.2 Schwieriges

Es geht hier um den Umgang mit Komplexität. Ohne dem unbekannten Programmautor das unterstellen zu wollen, sind viele Programmierer(innen) auf ihr Werk erst dann richtig stolz, wenn es sehr, sehr kompliziert ist. Das gemeistert zu haben, ehrt und gleicht einem gewonnenen Kampf gegen ein listiges Ungeheuer. Diese dem Ego schmeichelnde Verirrung erinnert an die Anekdote, dass in Japan angeblich der Hirntod sehr viel häufiger als sonstwo auf der Welt diagnostiziert werde, weil viele Japaner der Ansicht seien, das am meisten strapazierte Organ versage als erstes.

Jeder Programmierer, der ein kompliziertes Programm schreibt, begeht mehrere schwere Fehler zugleich:

- Er wendet dafür zu viel Energie auf.
- Er behindert die Tests und macht es eventuell unmöglich, die Korrektheit des Programms zu prüfen.
- Er schafft potentielle Produktionsrisiken, die existenzbedrohend sein können.
- Er bürdet den Wartungsprogrammierer(inne)n unnötige Probleme auf.
- Sein Programm verursacht zu hohe Wartungskosten und verschwendet möglicherweise Ressourcen.
- Er provoziert nächtliche Anrufe bei Leuten, die das Pech haben, Bereitschaftsdienst zu leisten.

- Er verkürzt den Nutzungszyklus seines Programms, weil viel zu früh ein Ersatz dafür nötig wird.
- Wenn eine dringende Änderung an seinem Programm gemacht werden muss, aber niemand weiß, wie, dann tritt das Maintenance Disaster ein. Das kann böse Folgen haben.

(Von diesen Sünden sind natürlich auch die Programmiererinnen nicht frei).

Es kommt daher darauf an, eine komplexe Aufgabe angemessen zu lösen, also möglichst unkompliziert, aber auch nicht simplifiziert. Das genau vermag übrigens die JSP-Methode zu leisten, die aber bei der Entwicklung der Driver offensichtlich nicht zum Einsatz kam. Das liegt auch daran, dass die JSP-Methode für die transaktionsorientierte Programmierung ziemlich ungeeignet ist, weil solche Aufgaben meist keine nennenswerten Ein- und Ausgabedatenstrukturen besitzen. Die Poolverwaltung erscheint aber durchaus als JSP-kompatibel. Die Link-Listen-Verarbeitung hat das ja exemplarisch gezeigt.

Der Driver-Code war allerdings durch die Bündelung aller Aufgaben der Kommunikationsschicht in einem einzigen Programm und besonders durch die aufwendige Poolverwaltung sehr umfangreich ausgefallen. Er besteht aus 3705 Zeilen (davon 709 Zeilen Kommentar-, Definitions- und Deklarationsvorspann) mit relativ wenigen Leerzeilen. Darin sind 41 Prozeduren und 20 Subprozeduren[2] enthalten, die folglich im Schnitt jeweils auf knapp 60 Zeilen Länge kommen. Zum Vergleich: EvaluateSportsDS in der C-Version besteht aus 1891 Zeilen (davon 253 Zeilen Vorspann) und enthält 21 Prozeduren zu je circa 78 Zeilen Länge (Durchschnitt), wovon aber viele Leerzeilen sind.

Das erscheint Ihnen allerdings vermutlich als ein klarer Apfel-Birne-Vergleich. Gehen die oben grob skizzierten Aufgaben der T/TAL-Driver nicht weit über das hinaus, was das vergleichsweise einfache C-Programm leistet? Ist der Driver-Programmierer nicht dafür zu bewundern, so viel Funktionalität in relativ wenig Code gepackt zu haben? Immerhin erfordert es einen Expertenstatus, so etwas programmieren zu können, während der internationale Schulsportwettbewerb einen weit geringeren Schwierigkeitsgrad aufweist. Hmmm... schwierig, schwierig! Da sind wir wieder bei der Überschrift dieses Kapitels. Es geht um Schwieriges, vornehmer ausgedrückt also um Kompliziertes oder auch Komplexes – und was war da noch mal der Unterschied?

Im „Wikiwörterbuch Wiktionary" lesen wir:

> »**kompliziert**[3]
> Nicht zu verwechseln mit komplex, obwohl es in nahem Zusammenhang mit der Komplexität steht. Es ist ein impliziter Komparativ zwischen dem, was man gerne hätte und dem, was man hat. Objektiv ist etwas kompliziert, wenn es eine hohe Komplexität bzw. Vielschichtigkeit aufweist. Subjektiv erscheint etwas als kompliziert, wenn man nicht über das Wissen, das Können, die Intelligenz oder die Bereitschaft verfügt, es zu verstehen oder zu beherrschen. Daher ist Kompliziertheit meist negativ konnotiert. Diese Konnotation wird im Sprachgebrauch meist durch zusätzlich abwertende, rein deutsche Worte markiert: „zu kompliziert", „ziemlich kompliziert".«

... und eine brauchbare Definition von Komplexität finden wir in Wikipedia[4]:

> »**Komplexität**
> (lateinisch complexum, Partizip Perfekt von complecti „umschlingen", „umfassen" oder „zusammenfassen") bezeichnet das Verhalten eines Systems oder Modells, dessen viele Komponenten auf verschiedene Weise miteinander interagieren können, nur lokalen Regeln folgen und denen Instruktionen höherer Ebenen unbekannt sind. Bei dem Begriff handelt es sich um ein Kompositum aus der Präposition lateinisch cum „mit", oder „zusammen mit" und plectere „flechten" oder „ineinanderfügen" im Sinne von „verflochten", „verwoben".
> [...]

- In der Systemtheorie werden komplexe Systeme durch eine Reihe charakterisierender Eigenschaften beschrieben. Die Komplexität eines Systems steigt mit der Anzahl an Elementen, der Anzahl an Verknüpfungen zwischen diesen Elementen sowie der Funktionalität und Unüberschaubarkeit dieser Verknüpfungen (zum Beispiel Nicht-Linearität).
- Der Umgang mit wirtschaftlicher, organisatorischer und technischer Komplexität gehört zum Themengebiet Komplexitätsmanagement (Komplexitätsreduktion). Aber auch die Bewältigung des Alltags erfordert heute Techniken des Komplexitätsmanagements wie exakte Terminplanung, bewusste Selektion unter vielen verfügbaren Optionen – z. B. von Fernsehprogrammen mittels Programmzeitschrift – oder gar den Kauf kompletter Problemlösungen von professionellen Beratern.

Wenn Komplexitätseindruck in erster Instanz eine Wahrnehmungsschwierigkeit widerspiegelt, weil die Zahl der Verknüpfungsmöglichkeiten eines Systems nicht mehr überschaubar und die Kausalität zwischen ihnen nicht mehr erkennbar ist, kann dies zwei Ursachen haben: Mangel an Abhängigkeiten und Ordnung in der externen Welt (ontologische Komplexität) und Überforderung der menschlichen Wahrnehmungsmittel durch Vielzahl und Vielfalt von bestehender Abhängigkeiten und Ordnung (epistemologische Komplexität).«

Wenn Sie gestatten, so lassen sich diese gelehrten Ausführungen in unserem aktuellen Kontext wie folgt knapp zusammenfassen:

- „Komplex“ bedeutet, dass etwas von sich aus schwierig ist.
- „Kompliziert“ bedeutet, dass es – möglicherweise viel – schwieriger als nötig ist, also vereinfacht werden könnte, aber gegebenenfalls unklar bleibt, wie.
- Die Kunst der Entwickler(innen) ist es daher, komplexe Aufgaben unkompliziert zu lösen, also nicht schwieriger als unvermeidbar. Das beinhaltet auch die Komplexitätsreduktion durch geeignete Entflechtung, also die Aufteilung in kleinere und zugleich einfachere Einheiten, die miteinander kommunizieren.

Um die durch die jeweilige Aufgabe und ihr Umfeld eingebrachte Komplexität richtig zu erkennen, ist möglicherweise ein Expertenstatus erforderlich. Es wäre unangemessen, ein Programm nur deshalb als kompliziert zu beurteilen, weil man es als Nicht-Experte nicht versteht. Hat sich jemand diesen Status aber erarbeitet und versteht dennoch kaum, was in dem untersuchten Programm vor sich geht, so liegen gewöhnlich folgende Symptome vor:

- Es fehlen hinreichende Kommentare oder eine aussagekräftige Spezifikation (oder beides).
- Der Code ist unübersichtlich, zu kompakt oder zu weitschweifig.
- Es ist zu viel Kontextwissen nötig, um die Korrektheit der Programmierung an jeder Stelle zu beurteilen.
- Normale Verarbeitung und Fehlerbehandlung sind innig verflochten.
- Der „rote Faden“ fehlt, also die klar erkennbare Kontrollstruktur.
- Globale Variablen und Bereiche (zum Beispiel Arrays) werden auf undurchschaubare Weise verwendet.
- Programmweit wirkende Definitionen sind vertrackt aufgebaut.
- Doppelte Negationen oder komplexe boole'sche Ausdrücke tauchen auf.
- Irreführende, zu sehr abgekürzte oder überlange Namen verwirren die Leserin / den Leser.
- Das Programm versucht, zu viele Aufgaben gleichzeitig zu erfüllen.
- Parallele Tasks werden ohne klares Task-Management abgewickelt.

Der letzte Punkt ist für die meisten Programme ohne Bedeutung, führt aber bei tatsächlich vorhandenen Nebenläufigkeiten – Multitasking / Multithreading – zu extrem verwirrenden, anfälligen und schlecht zu testenden Konstrukten. Womit wir wieder bei dem Driver-Programm wären, das genau dieses Problem und zudem etliche aus der Liste davor hat. Aus Urheberrechtsgründen kann diese Behauptung hier nicht bewiesen werden. Das ist auch gar nicht nötig und würde uns zudem viel zu weit von unserem eigentlichen Thema entfernen. Sie haben doch selbst schon gewiss mindestens ein Programm studiert, für das Sie eigentlich Experte sein müssten, und aus den oben genannten Gründen wenig darin verstanden. Lassen Sie uns im Test-Kontext nun ein kleines Gedankenexperiment vornehmen.

12.3 Testen eines fremden Programms

Ihr Alptraum: Ein Kollege geht in den wohlverdienten Urlaub und Sie sollen sein angeblich fertiges, aber offiziell ungetestetes Programm während der Test- und Abnahmephase betreuen. Sie lesen die Spezifikation und versuchen, den fremden Code zu verstehen, was Ihnen aber nicht auf Anhieb gelingt. Der Autor ist für seinen kompakten Programmierstil bekannt, von dem böse Zungen sagen, dieser diene hauptsächlich der Arbeitsplatzsicherung. Er hat ausserdem seine Entwurfsdokumente in seinem Schreibtisch eingeschlossen. Da dem Code die JSP-typischen Merkmale wie Vor- und Nachlesen fehlen, sind dort sowieso keine Struktogramme zu erwarten, sondern bestenfalls Flussdiagramme.

Am folgenden Tag steht plötzlich Ihr Chef neben Ihnen und berichtet, der vorgesehene Tester habe die Grippe bekommen und er gebe Ihnen jetzt dessen Aufgabe, weil Sie sich ja sicherlich von allen anwesenden Kollegen am besten mit dem neuen Programm auskennten. Wie lange der Test wohl dauern werde? Das Programm solle doch eigentlich schon vorgestern fertig und in Produktion sein. Was nun?

Was Sie jetzt *nicht* machen können:

- Dem Chef beichten, dass Sie diesen Code nicht verstehen und nie verstehen werden. Das kostet Sie entweder Ihren Status als Experte, oder es wird als Rufmord an Ihrem urlaubenden Kollegen verstanden.
- Das Programm ganz schnell selbst noch einmal neu schreiben, denn der Autor wird aus seinem Urlaub zurückkommen und dann Zeter und Mordio schreien, dass Sie sein edles Werk in offensichtlich arroganter Anmaßung einfach beiseitegeschoben hätten. Ausserdem haben Sie die dafür nötige Zeit nicht.
- Sofort krank werden, aus familiären Gründen zuhause bleiben respektive dringend verreisen müssen, oder augenblicklich eine andere wasserdichte Ausrede finden, warum Sie den Test nicht übernehmen können. Zu auffällig.
- Einen Kollegen oder eine Kollegin für dieses Himmelfahrtskommando breitschlagen und Ihren Chef dazu zu überreden, Sie selbst mit etwas anderem zu beauftragen. Keine Chance.
- Den x-fach verschobenen Inbetriebnahmetermin erneut verschieben lassen, bis der Tester wieder gesund ist. Im übrigen kennt der das Programm erst recht nicht, hätte aber das Problem am Hals gehabt...
- Ihren Chef um zwei Wochen Einarbeitungszeit bitten. Er: *Zwei Wochen für so ein Programm?!? OK, Sie müssen sich damit vertraut machen. Ich gebe Ihnen aber höchstens eine Woche!*
- Ihrem Chef erklären, dass kein komplexes Programm mit Sicherheit fehlerfrei ist und es also auch nach einem gründlichen Test noch unentdeckte, möglicherweise schwerwiegende Fehler geben wird. Chefs sind auf diesem Ohr meist taub. Abbrüche in Produktion schaden der Reputation der verantwortlichen Programmierer(innen), führen aber gewöhnlich zu keiner vom Management unterstützten Verbesserung des Prozesses der Softwareproduktion. Das würde ja Geld kosten. Ihr Chef sagt: *Erst wenn ein Programm vor die Wand gelaufen ist, lohnt es sich, dafür etwas Wartungsaufwand zu spendieren.*

Sie sitzen also in der Tinte. Wie gehen Sie vor? Das hängt natürlich ganz wesentlich davon ab, um was für ein Programm es sich eigentlich handelt. Jedes Gebiet der Informatik bringt seine eigenen Testerfordernisse und -möglichkeiten hervor. Ein ganz wesentlicher, übergreifend bedeutsamer Unterschied besteht aber darin, ob die Entwicklung anhand von JSP-Struktogrammen oder ohne diese stattfand. Das wird später näher begründet. Da aber häufig JSP-basierte Programmkomponenten mit ganz anders entstandenen Modulen interagieren müssen, ist es meist nicht möglich, irgendeiner reinen Lehre zu folgen, auch nicht beim Testen. Welche Testmethoden kommen überhaupt in Frage?

12.3.1 Testmethoden

Über das Testen wurden dicke Bücher verfasst, denen hier keine Konkurrenz gemacht werden kann und soll. Es gibt aber eigentlich nur vier fundamental unterschiedliche Testmethoden, die hier kurz skizziert werden sollen:

- Black-Box-Tests
  Sämtliche spezifizierten Eingabe- oder Ereigniskonstellationen werden gegen das Testobjekt gerichtet und dessen Ausgaben respektive Reaktionen daraufhin geprüft, ob sie spezifikationskonform sind. Die inneren Vorgänge im Testobjekt werden dabei als prinzipiell nicht beobachtbar angesehen und deshalb aus der Inspektion ausgeklammert. Das ist beispielsweise dann sinnvoll, wenn externe Software eingesetzt werden soll, deren Quellcode nicht offengelegt ist.
- Implementieren von Testcode
  Der Code des Testobjekts wird um Anweisungen erweitert, deren einzige Aufgabe es ist, die Korrektheit des Durchlaufs stichprobenartig zu prüfen und bei Abweichungen Alarm zu schlagen. Die fortgeschrittene, objektorientierte Variante dieses Ansatzes besteht in der zusätzlichen oder alleinigen Verwendung von Testklassen und automatisierten Test-Frameworks. Diese werden nach jeder kleinen, mindestens aber nach jeder umfangreichen Änderung der Codebasis zur Überprüfung der Korrektheit eingesetzt (siehe zum Beispiel das Kapitel 23 in dem Buch „Java ist auch eine Insel" von Christian Ullenboom [15]). Testklassen sind insofern ein Sonderfall der Black-Box-Tests, weil letztere im Allgemeinen darauf zielen, das von aussen sichtbare Verhalten eines Programms als Ganzes zu untersuchen, während Testklassen es erlauben, die Granularität der Prüfungen erheblich zu verfeinern.
- Breakpoint Debugging
  An wichtigen Stellen im Code werden Haltepunkte eingerichtet. Sobald das Programm einen Haltepunkt erreicht, können seine Speicherbereiche daraufhin geprüft werden, ob sie die jeweils erwarteten Inhalte haben. Nach beendeter Prüfung wird der Lauf bis zum nächsten Haltepunkt oder bis zum Ende – wenn kein Haltepunkt im Weg ist – fortgesetzt.
- Tracing
  Die durchlaufene Codestrecke und die dabei tangierten Speicherinhalte werden auf einem dafür geeigneten Medium protokolliert und später ausgewertet. Compiler-generierte Traces sind meist sehr umfangreich und dennoch von geringem Nutzen, weil ein Compiler nicht wissen kann, welche Speicherauszüge gegebenenfalls im Kontext des Programmierproblems zusammengehören. Alternativ ist der Einbau von Trace-Anweisungen oder -Aufrufen zwar arbeitsintensiv, liefert aber problemadäquat zugeschnittene, aussagekräftige Ergebnisse.

Diese Methoden können natürlich miteinander kombiniert werden, wenn das Testobjekt dies zulässt. Sie haben allerdings sowohl Vor- als auch Nachteile.

Black-Box-Tests

Diese Tests betrachten, wie der Name sagt, das Testobjekt als schwarze Kiste, in die man nicht hineinsehen kann. Es wird wie ein Automat mit einer unbekannt hohen Anzahl innerer Zustände und Übergänge zwischen diesen aufgefasst, auf welche die Testkonstellationen irgendwie einwirken. Solange die Ergebnisse den Erwartungen entsprechen, besteht kein Grund, an der Korrektheit dieses Automaten zu zweifeln. Tun sie es nicht, so liefert der Test normalerweise keine direkten Hinweise auf die Fehlerursache(n). Ausserdem ist es meist sehr schwierig bis unmöglich, festzustellen, ob man genug getestet hat, weil die Anzahl möglicher Testfälle extrem hoch sein kann. Jederzeit besteht die Möglichkeit, dass sich das Testobjekt in einem Zustand befindet, der nur einen Testschritt weiter ein Problem auslöst, man aber diesen Schritt – warum auch immer – unterlässt. In Produktion könnte aber genau *diese* Ereignisfolge eintreten.

Das bedeutet nicht, dass es sich um eine schlechte Methode handelt. Eine konsequente Prüfung der Reaktionen des Testobjekts auf *alle* spezifizierten Eingabe- und Ereigniskonstellationen ist unerlässlich. Wenn Sie eine Prozedur- oder Klassenbibliothek verwenden, von der nur die Schnittstellen offengelegt sind, bleibt diese Methode als einzige übrig. Vielleicht ist dies auch ein Grund für die Beliebheit von Open-Source-Code, den jedermann / jedefrau lesen und sogar ändern darf.

Implementieren von Testcode

Das Einbauen von Testcode, sei es im Programm oder in davon separierten Instanzen, erfordert Planung und Disziplin. Programmierer(innen), die ihre Kreativität spontan am Rechner ausleben, lassen sich eher nicht davon überzeugen, den für Testcode erforderlichen Aufwand zu treiben. Zudem tendieren Manager(innen) in Softwarefirmen häufig dazu, Druck zwecks rascher Fertigstellung zu machen und den Testaufwand zu minimieren. Das ist zwar doppelter Unfug, weil erstens Leute unter Druck nicht schneller denken, und zweitens das Scheitern eines Projekts nicht selten auch dessen Manager(in) hinwegfegt, aber es passiert dennoch häufig. Es gibt aber auch ernstzunehmendere Einwände:

a) Der Testcode repräsentiert bestenfalls den Stand der zu einem bestimmten Zeitpunkt spezifizierten Anforderungen an das Verhalten des eigentlichen Produkts. Jede Spezifikationsänderung muss daher auch im Testcode exakt nachgeführt werden, was durchaus ein Abstimmungsproblem zwischen den Programmierer(inne)n der zu testenden Software und denjenigen auslösen kann, die den Testcode schreiben und pflegen.
b) Testcode, der innerhalb der zu überprüfenden Komponenten implementiert ist, muss für die Produktion abgeschaltet werden, aber jederzeit wieder aktivierbar sein. In vielen, vor allem algorithmischen Programmiersprachen ist das nicht problemlos möglich. Dann behelfen sich die Programmierer(innen) damit, die testweise eingefügten Codepartien auszukommentieren beziehungsweise bei Bedarf wieder freizuschalten. Falls ein Refactoring – speziell: Umbenennen – erforderlich ist, besteht die Gefahr, dass der auskommentierte Code daran nicht teilnimmt und es nach dem späteren Freischalten zu überraschenden Compile-Problemen oder anderen unerwünschten Effekten kommt.
c) Softwareprodukte, die es bis in die Produktion schaffen, laufen unter Umständen jahrzehntelang. Üblicherweise wird deren Spezifikation währenddessen mehrfach und tiefgreifend geändert. Es ist daher eine echte Herausforderung, den zugehörigen Testcode nicht nur aktuell zu halten, sondern auch das Wissen über die spezifikationsabhängigen (!) Testfälle auf qualitativ hohem Niveau weiterzugeben. Wenn die ursprünglich damit befassten Programmierer(innen) das Unternehmen verlassen haben, müssen an ihrer Stelle Andere mit den Testsuiten zurechtkommen. Die Aufgabe, die produktiv genutzten Komponenten vernünftig zu dokumentieren und diese Dokumente zeitnah zu pflegen, wird durch Testcode noch schwieriger und aufwendiger. Daher besteht die Gefahr, dass Wartungsprogrammierer(innen) unter dem dauernden Druck ihrer Aufgaben irgendwann anfangen, den Testcode und seine Dokumentation zu vernachlässigen.
d) Testcode ist wie jeder andere Code davon betroffen, dass die Hersteller von Betriebssystemen, Datenbanksystemen, Compilern und Code-Bibliotheken – schönes Beispiel: Java – etcetera ständig hart daran arbeiten, den mühselig erreichten Stand der darauf basierenden Anwendungen obsolet zu machen. Nach dem soundsovielten Release einer solchen Basismaschine und dem mehrfachen Umzug auf immer leistungsfähigere Hardware hat ein Anwendungs-Softwareprodukt möglicherweise nicht mehr viel

Ähnlichkeit mit seiner Version 1.0, auch wenn seine fachliche Spezifikation unverändert blieb (was nicht sehr wahrscheinlich ist). Dasselbe gilt für seinen Testcode, der konsequenterweise in einer Parallelevolution weiterentwickelt werden muss.

Breakpoint Debugging

Diese Testmethode ermöglicht es, die Korrektheit einer Verarbeitung stichpunktartig intensiv zu überprüfen. Daher ist es vor allem in der Anfangsphase des Testens nützlich, selbst wenn kein Verdacht auf eine Fehlfunktion besteht. Bei noch unreifem Code können auch Speicherinhalte passend modifiziert werden, um Fehler provisorisch zu korrigieren oder spezielle Fälle zu simulieren. Je nach Testfall und Forschungsinteresse ist es möglich, weitere Breakpoints hinzuzufügen oder uninteressant gewordene zu löschen. So können kritische Abschnitte im Code intensiv mit Breakpoints gespickt und detailliert überprüft werden, während langweiligere Sequenzen eine erheblich geringere Kontrolldichte rechtfertigen.

Nachteilig ist dabei erstens, dass kaum jemand die Konzentration aufbringt, über viele Stunden hinweg einen Breakpoint nach dem anderen abzuarbeiten und dabei jedesmal konsequent die jeweils relevanten Speicherinhalte des Programms zu überprüfen. Zweitens passiert es leider nicht selten, dass ein Programm sich plötzlich überraschend verhält, man aber am letzten Breakpoint davor bestimmte, jetzt ganz wichtige Daten leider nicht inspiziert hat. Drittens sind die an den Breakpoints per Kommando angeforderten Daten nur bei sehr komfortablen Debuggern so aufbereitet, dass sie problemlos interpretiert werden können. Hexadezimale Auflistungen im Dump-Format sind dagegen mühsam zu lesen. Viertens nützt es nichts, Breakpoints zu setzen, wenn während der Inspektion Timeouts eintreten. Das passiert zum Beispiel bei der Kommunikation mit Geräten oder mit zeitgesteuerten Prozessen. Die anschliessende Fortsetzung des Laufs trifft auf eine ungünstig veränderte Situation, die nicht dem ohne Unterbrechung erwartbaren Verhalten entspricht.

Tracing

Tracing ist der ideale Weg, um Schritt für Schritt den durchlaufenen Weg im Code nachzuvollziehen und nachzuprüfen, ob dabei die erwarteten Ergebnisse entstehen. Es eignet sich auch gut für Untersuchungen im Multitasking- / Multithreading-Umfeld, weil die Kommunikationspartner des Testobjekts vom Tracing nicht gestört werden. Es treten auch keine Timeouts auf. Allerdings macht Tracing den Code länger und langsamer. Die Trace-Daten können extrem umfangreich werden, was normalerweise dazu führt, dass ein neues Produktionsprogramm keinen Trace schreiben darf, obwohl dies sehr sinnvoll wäre. Ausserdem tritt das Problem auf, dass man den Wald vor lauter Bäumen nicht mehr sieht. Sehr lange Trace-Protokolle sind das reinste Augenpulver. Es besteht die Gefahr, fehlerhafte Verläufe nicht zu erkennen.

Nach einem Abbruch kann es daher sehr mühsam sein, dessen Anfänge in einem tausende von Seiten langen Protokoll zu lokalisieren. Das Trace-Tool EXAMINE des Autors bietet hier zwar wesentliche Vorteile, weil es Such- und Filterfunktionen, sowie drei Granularitäten der Ausgabe anbietet, aber es vermag auch nicht den Aufwand konsequenter Rückverfolgung zu ersparen.

Treten nur wenige Fehlerfälle in einer großen Menge von Daten- oder Ereigniskonstellationen auf, dann ist ein generelles Tracing wenig sinnvoll und sprengt technisch vielleicht wegen des zu hohen Platzbedarfs für die Trace-Daten alle Grenzen. Wenn es nicht möglich oder nicht sinnvoll ist, Testcode einzubauen, muss das Tracing auf die Fehlerfälle und ihr unmittelbares Umfeld eingeschränkt werden. Hierfür ist es erforderlich, Trigger zu definieren, also beispielsweise bestimmte – in der Eingabe auftretende – Informationselemente oder – neutraler: – definierte Zählerstände abzufragen, sowie festzulegen, nach welcher Protokollstrecke das Tracing jeweils wieder abgeschaltet wird. Das macht die Trace-Programmierung definitiv komplexer. In einem Projekt des Autors wäre es aber gar nicht anders möglich gewesen, sämtliche bekannten Fehler zu beheben.

12.3.2 Black-Box-Test des Programms

Weiter in der Tinte sitzend, planen Sie zähneknirschend die Tests und legen die jeweils anzuwendende(n) Methode(n) fest. Da Sie das Programm des urlaubenden Kollegen kaum kennen, entscheiden Sie sich dafür, erst einmal zu prüfen, ob es überhaupt das Geforderte leistet. Wenn es dabei nämlich dauernd knallt oder wenigstens irgendwelche ernstzunehmenden Fehler auftreten, haben Sie gute Gründe für ein neues Gespräch mit Ihrem Chef. Sie müssen also jetzt *sämtliche spezifizierten Eingabe- und Ereigniskonstellationen* und die daraufhin erzeugten Programmreaktionen prüfen. Es ist zwar eine großzügige und oftmals nicht erfüllte Annahme, diese Konstellationen liessen sich aus der Spezifikation entnehmen, aber auch diese Ausrede sei Ihnen genommen: Sie sind alle da. Jedenfalls *fast* alle. Für jede Eingabe- oder Ereignisquelle ist angegeben, was diese liefern kann. Die dazu korrespondierenden Programmreaktionen sind ebenfalls beschrieben. Ausserdem sind einige Kombinationen der möglichen Abläufe vor dem Hintergrund der erwarteten Funktionalität dargestellt, aber leider nicht *sämtliche*. Das sind nämlich unbekannt viele, scheint es.

Das können Sie aber kaum gegenüber Ihrem Chef monieren und damit begründen, Ihre Tests müssten zwangsläufig unvollständig sein. Ihr Chef hängt nämlich genauso wie ein IT-Vorstand einer deutschen Großbank – der dies um das Jahr 2009 auf einer Entwicklerkonferenz zum Besten gab – dem Paretoprinzip an. Dieses besagt hier (angeblich), dass es genüge, ein Programm zu 80% zu testen, weil dafür nur 20% des eigentlich erforderlichen Testaufwands nötig seien. Die restlichen 20% würden aber den vierfachen Aufwand erfordern, und das sei schlicht unnötig. Denn: Der wahre Test ist die Produktion.

In Wikipedia wird das Paretoprinzip[5] wie folgt erklärt:

> »Das **Paretoprinzip**, benannt nach Vilfredo Pareto (1848–1923), auch **Pareto-Effekt** oder **80-zu-20-Regel** genannt, besagt, dass 80 % der Ergebnisse mit 20 % des Gesamtaufwandes erreicht werden. Die verbleibenden 20 % der Ergebnisse erfordern mit 80 % des Gesamtaufwandes die quantitativ meiste Arbeit.
> Die Pareto-Verteilung beschreibt das statistische Phänomen, dass eine kleine Anzahl von hohen Werten einer Wertemenge mehr zu deren Gesamtwert beiträgt als die hohe Anzahl der kleinen Werte dieser Menge. Vilfredo Pareto untersuchte 1906 die Verteilung des Grundbesitzes in Italien und fand heraus, dass ca. 20 % der Bevölkerung ca. 80 % des Bodens besitzen. Im Jahr 1989 wurde festgestellt, dass 20 % der Bevölkerung 82,7 % des Weltvermögens besitzen.
> [...]
> Daraus leitet sich das Paretoprinzip ab. Es besagt, dass sich viele Aufgaben mit einem Mitteleinsatz von rund 20 % erledigen lassen, sodass 80 % aller Probleme gelöst werden. Es wird häufig kritiklos für eine Vielzahl von Problemen eingesetzt, ohne dass die Anwendbarkeit im Einzelfall belegt wird.«

Ihre Ansicht, jedes auch nur halbwegs wichtige Programm müsse zu 100% getestet werden, hat also keine Chance, akzeptiert zu werden. Das Schlimme daran ist nicht, dass Sie zwar recht haben, aber nicht recht behalten, sondern dass Sie nicht wissen, wann Sie 100% erreicht haben. Ebenso wenig wissen natürlich Ihr Chef und der IT-Vorstand, wann 80% erreicht sind, und ob die behauptete Aufwandsrelation tatsächlich stimmt. Tatsächlich handelt es sich hier um ein aus der Hilflosigkeit geborenes Gerücht, denn niemand kann beweisen, dass nach 20% des unbekannten Aufwands x tatsächlich 80% der – anscheinend – bekannten Funktionalität y getestet sind. Es könnten auch 5% oder 95% sein. Jedes nennenswerte Projekt betritt Neuland, das zuvor nicht exakt nach Prozenten vermessen werden kann.

In Ihrer Not führen Sie also alle Experimente mit dem Programm durch, die laut Spezifikation bestimmte Ergebnisse liefern müssten – und siehe da: Es stimmt alles. Kein Fehler. Kein Abbruch. Keine ungewöhnlichen Laufzeiten oder andere störende Effekte. Sie fangen an, Ihrem Kollegen gedanklich Abbitte zu leisten und gleichzeitig Ihren mühsam errungenen Expertenstatus in Frage zu stellen. Wenn der Programmautor diese Nuss knacken konnte und Sie seinen Code immer noch nicht verstehen, muss etwas faul sein.

Nach dem Paretoprinzip könnten Sie jetzt das Programm für fertig getestet erklären und die Abnahme einleiten. Da diese im Wesentlichen dieselben Tests umfassen würde, wäre davon auszugehen, dass das Programm es anschliessend bis in die Produktion schafft und dort womöglich sogar stabil und korrekt läuft. Sie sind aber einerseits kein Anhänger dieser Theorie. Ihnen ist andererseits klar, dass Sie niemals alle denkbaren Eingabe- oder Ereigniskonstellationen und deren Kombinationen ausprobieren können. Spätestens beim Testen mit Massendaten und in einem unübersichtlichen Umfeld konkurrierender Verarbeitungen explodiert die Anzahl der Testfälle ins – quasi – Unendliche. Um sich mehr Sicherheit zu verschaffen, ob das Programm wirklich richtig arbeitet, müssen Sie ab jetzt analytisch vorgehen.

12.3.3 Code-Analyse

Das Implementieren von Testcode, das Breakpoint Debugging und das Tracing beruhen auf einer möglichst intimen Kenntnis des zu untersuchenden Codes. Es bleibt Ihnen also gar nichts anderes übrig, als sich mit dem Programm zumindest so weit vertraut zu machen, dass Sie seine Arbeitsweise erahnen und sich ein brauchbares Vorgehen für die weiteren Tests überlegen können. Da Sie ja schon von aussen geprüft haben, ob alles in Ordnung ist, werden dieses Tests zunächst nur Wiederholungen sein können, anhand derer Sie sich mit dem Code von innen befassen. Davor müssen Sie erst einmal Ihren Widerwillen gegenüber dem Ihnen fremden Code überwinden. Sie würden diesen ja gern als kompliziert abtun, aber vielleicht ist er nur angemessen komplex und Sie würden sich mit dieser Qualifizierung blamieren.

»Objektiv ist etwas kompliziert, wenn es eine unnötig hohe Komplexität beziehungsweise Vielschichtigkeit aufweist. Subjektiv erscheint etwas als kompliziert, wenn man nicht über das Wissen, das Können, die Intelligenz oder die Bereitschaft verfügt, es zu verstehen oder zu beherrschen.« So steht es in der weiter oben wiedergegebenen Definition von „kompliziert". Wissen, Können und Intelligenz sind vorhanden, aber mit Ihrer Bereitschaft hapert es. Daher geben Sie sich jetzt einen Ruck und lesen den Code sorgfältig durch. Da wir uns hier noch im algorithmischen Umfeld bewegen, achten Sie unter anderem auf folgende Punkte:

- Ist das Programm gut kommentiert und der Code so ausgerichtet, wie es sich gehört – also mit Ein- und Ausrückungen? Sind wesentliche Elemente im Code wie zum Beispiel Prozedurköpfe deutlich, einheitlich, aber nicht aufdringlich hervorgehoben? Gibt es ausreichend Leerzeilen, die das Lesen erleichtern, aber nicht zu viele?

  Hier gibt es in der Tat einiges zu verbessern. Vor allem die viel zu kompakte Schreibweise macht es schwer, den Kontrollfluss zu erkennen. Sie nehmen sich vor, das Programm zu formatieren.
- Sind die Namen für Datenelemente, Aggregate – zum Beispiel Arrays – und Prozeduren aussagekräftig und vermutlich zutreffend? Gibt es un-initialisierte Variable oder Bereiche? Zeigt eine Cross-Referenz des Codes an, dass es unbenutzte Definitionen / Deklarationen gibt? Melden ein bekanntermaßen kritischer Compiler oder ein Code-Analysewerkzeug toten Code, also Code, der nicht erreicht werden kann?

  Na ja, manche Namen hätten Sie anders gewählt. Es fehlen auch Initialisierungen. Einige davon finden später im Code durch Zuweisungen statt und werden auch sicher durchlaufen, andere sollten unbedingt nachgetragen werden. Es werden auch einige scheinbar unbenutzte Definitionen gemeldet, aber das ist nicht eindeutig, weil die Cross-Referenz bestimmte Abhängigkeiten nicht ausweist. Toter Code ist keiner vorhanden, aber einige Variable, vor allem die Indexvariablen I, J und K, haben sehr viele Nutzungen im Code. Diese könnten sich in die Quere kommen. Sie markieren die problematischen Stellen.
- Sind die Prozeduren in lexikalischer Ordnung oder nach ihrer Schachtelungstiefe aneinandergereiht? Gibt es Funktionsprozeduren, deren Rückmeldungen nirgendwo verwendet werden? Sind die Parameterlisten nach einem halbwegs einheitlichen Schema aufgebaut, oder geht es bunt durcheinander? Ist der Aufrufstil immer derselbe oder variiert er unnötig? Verwendet das Programm variabel lange Parameterlisten?

Auch hier haben Sie einige Kritik. Nichts Wesentliches, aber es sollte in Ordnung gebracht werden. Bei der Überprüfung der Aufrufe mit variabel langen Parameterlisten fällt Ihnen ein Fall auf, wo etwas zu fehlen scheint. Das muss näher geprüft werden.

- Gibt es GO TOs oder andere problematische Statements? Endet jede multiple Alternative mit einem passenden Statement für diejenigen Fälle, die durchrasseln? Sind in Schleifen Unterbrechungsanweisungen oder gar Rücksprünge anzutreffen? Ist in Fehlerfällen für eine konsequente Reaktion gesorgt, die gegebenenfalls eine Protokollierung einschliesst? Gibt es ein abgestuftes Verhalten nach Fehlern oder führen diese grundsätzlich zum Abbruch?

  Da Sie schon wissen, dass Ihr Kollege gegen das internationale, aber informelle GO-TO-Verbot rebelliert, wundern Sie sich nicht, einige Sprunganweisungen zu finden. Diese lassen sich aber leicht vermeiden. Es finden sich auch einige vergessene oder für unnötig gehaltene Default-Ausgänge von Alternativen. Das ist nachzurüsten. Schleifen mit Aus- oder Rücksprüngen, über die man nachdenken müsste, gibt es keine. Die Fehlerbehandlung ist jedoch sehr verwickelt und scheint in manchen Fällen zu lasch, in anderen Fällen zu heftig und in noch anderen Fällen nicht richtig zu reagieren. Hier müssen auf jeden Fall weitere Tests stattfinden, um diese Vermutung zu prüfen.

- Welche Abhängigkeiten bestehen zwischen den Modulen? Wie sieht die Aufrufhierarchie aus? Gibt es rekursive Aufrufe, möglicherweise über Zwischenstationen? Teilen sich Module globale Daten? Kann es dabei zu Konflikten kommen? Gibt es Nebeneffekte, also Zugriffe auf globale Daten aus Prozeduren heraus unter Umgehung der Parameterschnittstellen?

  Wie nicht anders zu erwarten, enthält das Programm zahlreiche Module, die intensiv miteinander vernetzt sind. Es lässt sich auf Anhieb gar nicht sagen, welche Aufrufkaskaden durch bestimmte Eingaben oder Ereignisse ausgelöst werden. Die Verknüpfungen scheinen allerdings der Komplexität der Aufgaben des Programms ungefähr zu entsprechen. Mit der Kapselung steht es allerdings nicht zum Besten. Es gibt sowohl konkurrierende Nutzungen globaler Variablen und Bereiche, als auch Nebeneffekte. Das muss alles entflochten werden, weil davon zahlreiche Gefahren ausgehen können.

Es gäbe sicherlich noch etliches mehr zu prüfen, aber zunächst reicht das aus. Sie tragen Ihrem Chef die Beobachtungen stark zusammengefasst vor, denn es ist Ihnen nicht erlaubt, das Programm zu ändern. Daher möchten Sie seine Zustimmung zu den von Ihnen vorgeschlagenen Verbesserungen einholen und ihn bitten, die Tests intensivieren zu dürfen. Er ist nicht begeistert. Zum einen hält er die Ergebnisse der Black-Box-Tests für ausreichend. Zum zweiten versteht er Ihre Einwände gegen das Programm nicht, weil er selbst nie eines geschrieben hat. Zum dritten können Sie ihm immer noch nicht sagen, wie lange dieser Test eigentlich noch dauern soll. Und überhaupt: Das ist doch gar kein Test, was Sie da gerade gemacht haben, das ist eine Programmanalyse! Sie deklarieren das als Schreibtischtest, aber Ihr Chef meint, den habe doch sicherlich der Programmautor schon gemacht, wie die guten Ergebnisse zeigten. Nur die fragwürdige Fehlerbehandlung lässt er als Grund für weitere Untersuchungen gelten, denn da hat er schon einmal schlechte Erfahrungen gemacht, als ihm in einer früheren Firma mehrere hunderttausend Euro verlorengingen, was durch eine fehlerhafte Abfrage nach einem INSERT verursacht wurde. Der Programmierer hatte damals die OK-Rückmeldung des Datenbanksystems DB2 mit der Fehlerrückmeldung -803 = „Zeile existiert bereits" – bei identischem Schlüssel – gleichgesetzt… und war damit keineswegs der einzige in dieser Firma.

12.3.4 Breakpoint Debugging / Tracing

Es gibt nur eine Wahrheit über einen komplexen Sachverhalt, aber zahlreiche mögliche Lügen darüber. Das bekommen nicht nur die Ermittler in Kriminalfällen zu spüren, sondern auch die Tester(innen) von Programmen. Ist es schon meistens schwierig, bei einer komplexen Verarbeitung alle irgendwie denkbaren normalen Eingabe- oder Ereigniskonstellationen und deren – womöglich zeitliche – Kombinationen zu testen, so ist es noch schwieriger, sämtliche denkbaren und undenkbaren Fehlerfälle durchzuspielen. Hier regiert der Zufall...

... nicht ganz, denn aus Ihrer Programmanalyse haben Sie einige Hinweise darauf gewonnen, in welchen Fällen das Programm sich möglicherweise nach einem durchaus denkbaren Fehler nicht richtig verhält. Zudem kennen Sie das Programm mittlerweile schon besser und können jetzt mit eher invasiven Methoden Ihre Diagnostik betreiben. Dabei kann es uns egal sein, ob Sie sich von Breakpoint zu Breakpoint durchhangeln, einen Trace anfordern, oder selbst Testcode und Trace-Anweisungen in eine Kopie einbauen. Was tun Sie eigentlich, wenn Sie Schritt für Schritt die Sie interessierenden Abläufe untersuchen?

- Sie haben damit begonnen, eine mentale Landkarte des Programms und seiner Arbeitsweise aufzubauen und ergänzen deren weiße Flecken mit Ihren Beobachtungen. Es treten aber auch immer mal wieder Überraschungen auf, die Sie dazu zwingen, Ihre Landkarte teilweise zu revidieren. In diesen Fällen fragen Sie sich, ob es sich um korrekte Code-Partien handelt, die Sie bisher nur nicht verstanden respektive falsch interpretiert haben, oder ob hier bislang verborgen gebliebene Fehler aufscheinen. In einem Programm kann ja allerhand Unsinn versteckt sein, der nicht auffällt, wenn er sich nicht nach aussen auswirkt.
- Ihre Beobachtungen und Ihre Landkarte können aber auch so weit auseinanderklaffen, dass sich eine kognitive Dissonanz einstellt. Wikipedia erklärt diesen Begriff so:

  »**Kognitive Dissonanz**[6] bezeichnet in der Sozialpsychologie einen als unangenehm empfundenen Gefühlszustand, der dadurch entsteht, dass ein Mensch unvereinbare Kognitionen hat (z. B. Wahrnehmungen, Gedanken, Meinungen, Einstellungen, Wünsche oder Absichten). Kognitionen sind mentale Ereignisse, die mit einer Bewertung verbunden sind. Zwischen diesen Kognitionen können Konflikte („Dissonanzen" genannt) entstehen.«

  In diesem Fall sind Sie möglicherweise einem echten Problem auf der Spur. Sie sind irritiert. Der Code und Ihr Verständnis davon, was dieser tun sollte, gehen auseinander. Dann ist es erforderlich, ganz genau zu untersuchen, ob Sie den Code nur nicht richtig verstehen, oder ob dieser tatsächlich falsch ist.
- Um nachhalten zu können, was Sie schon alles geprüft haben, markieren Sie den durchlaufenen Code am Rand mit einem Filzstift oder dergleichen. Dabei stellt es sich im Allgemeinen heraus, dass bestimmte Partien sehr häufig – und auch jedesmal korrekt – durchlaufen werden, während andere Code-Abschnitte selten bis nie in Aktion treten. Schon der erste Testfall mit relativ wenigen Daten führt dazu, dass große Teile des Programms anschliessend markiert sind (aber nicht zwingend 80%...). Daher werden Sie Ihre Energie eher darauf verwenden, die bislang nicht durchlaufenen Pfade ebenfalls zu testen. Das wird die Auswahl der normalen Testfälle und besonders die der neu geplanten Fehlersituations-Fälle steuern.

  Nicht selten bleiben dabei einige Pfade auf Dauer ungeprüft. Das kann externe Ursachen haben, wie etwa die, dass Sie nicht an jeder interessierenden Stelle das – von hunderten Benutzern gleichzeitig verwendete – Datenbanksystem stoppen können, um dessen Ausfall in Produktion zu simulieren. Es ist aber auch durchaus möglich, dass diese Fälle extrem unwahrscheinlich sind oder nur mit sehr hohem Aufwand geprüft werden können. Genau hier ist das Driver-Problem angesiedelt. Wenn man das Driver-Verhalten bei Überlast hätte simulieren wollen, könnte der dafür nötige Testaufbau schwierig und teuer gewesen sein. Wäre bei einem solchen Test damals jemand auf die Idee gekommen, Quittungstelegramme von der Steuerung würden möglicherweise verstümmelt? Annahmen sind bekanntlich des Öfteren stärker als die Realität...

- Das bislang fremde Programm wird Ihnen bei dieser Arbeit zunehmend vertrauter. Allerdings würden Sie dies und jenes teilweise oder ganz anders machen. So erkennen Sie auch Risiken, die dem Autor entgangen sind, Optimierungsmöglichkeiten, Verstöße gegen interne Vorgaben, kleine Unaufmerksamkeiten mit möglicherweise großen Folgen, komplizierte anstatt angemessen komplexe Lösungen und vieles mehr. Aus dem statischen Code wird in Ihrem Kopf mehr und mehr ein dynamisch agierendes Gebilde mit verteilten Zuständigkeiten. Dadurch stellt sich im besten Fall ein Gefühl der Stimmigkeit ein, das Sie allerdings nicht dazu verleiten sollte, vorhandene Schwachstellen milde zu ignorieren.
- Je mehr bisher verborgen gebliebene Fehler Sie im schlechten Fall finden, um so deutlicher wandelt sich Ihre Einstellung zu diesem Programm ins Negative, bis dahin, es zu einem unrettbar vermurksten Schrotthaufen zu erklären. Das ist in unserem Beispiel, bei dem das Programm sich nach aussen hin korrekt verhielt, nicht zu erwarten. Es können jedoch durchaus Teile eines solchen Programms völlig mißlungen sein, die von den spezifizierten Eingabe- oder Ereigniskonstellationen nicht tangiert sind und daher niemals konsequent überprüft wurden. Das passiert gewöhnlich bei der Fehlerbehandlung häufiger als sonstwo, da viele Spezifikationen sich nicht damit aufhalten, das Programmverhalten im Fehlerfall exakt festzulegen. Das wird meist der Kunst der Programmierer(innen) überlassen.

Angenommen, es kämen beim Überprüfen der bestandenen Fälle und bei Experimenten mit Fehlerfällen doch etliche Dinge zum Vorschein, die eine produktive Verwendung des Programms noch nicht als ratsam erscheinen lassen. Ihr Chef akzeptiert das, lobt Sie für Ihre Hartnäckigkeit und gestattet Ihnen, die nötigen Korrekturen, *„aber nur diese!"*, vorzunehmen und das Programm danach abschliessend noch einmal gründlich zu testen. Nicht selten bringen Fehlerkorrekturen ja neue Fehler ein. Sie müssen allerdings jede Änderung markieren. Alles andere solle der Programmautor in Ordnung bringen. Seine Frage, ob das Programm nach der Bereinigung dieser Probleme wohl fehlerfrei sei, können Sie jedoch nicht bejahen. Er seufzt. Sie seufzen auch, vor allem, weil Sie daran denken, wie Ihr Kollege das wohl aufnehmen wird (vermutlich augenrollend).

Übrigens: Von JSP war in dieser fiktionalen Test-Geschichte nur anfangs die Rede. Um wieviel leichter wäre es gewesen, den Code des fremden Programms anhand von Struktogrammen zu verstehen und zu testen?!

12.4 Ein- und Aussichten

12.4.1 Wieviel Testen ist genug?

Die mißbräuchliche Anwendung des Paretoprinzips auf das Testen hat dennoch ihre Spuren in den Köpfen hinterlassen. Für das Testen steht oft nicht genug Zeit zur Verfügung, denn bereits vor dem Programmieren und erst recht danach besteht ein starker Druck, rasch zum Ende zu kommen. Da es in vielen Unternehmen keine Testkultur und erst recht keine unabhängigen Testgruppen gibt, erfordert es Mut, dem Chef oder der Chefin zu erklären, dass weitere Tests nötig seien und man auch noch keinen Inbetriebnahmetermin nennen könne. Mut ist aber unter Programmierer(inne)n und Tester(inne)n nicht stärker als in der übrigen Bevölkerung verbreitet, also die Ausnahme.

Eigentlich ist das doch ein Unding. Es liegt im besten Interesse der Unternehmen, nicht nur auf einer hohen Testqualität zu bestehen, sondern diese auch aktiv zu etablieren. Dazu gehört auf jeden Fall das unabhängige Testen, das möglichst von Test-Profis vorgenommen wird, nicht von Programmier-Kollegen. Hierzu schrieb Frederick P. Brooks, Jr.7 in seinem Buch „The Mythical Man-Month" [8] auf der Seite 69 einen überaus lesenswerten Text zum „Product Test", der hier leider nicht zitiert werden darf.

Brooks handliches Buch ist ein wahrhaft zeitloser Klassiker und eine faszinierende Lektüre obendrein. Er berichtete darin über seine Management-Erfahrungen beim IBM/360-Projekt, das er hardware- und softwareseitig leitete. Leider verrät er uns nicht genau, wie die von ihm auf der Seite 69 erwähnte „independent product-testing organization" arbeitete. Sein zentrales Wort „conceivable" (= vorstellbar) für Fehler lässt allerhand

Interpretationsspielraum. Entwickler(innen) und Tester(innen) können sich nämlich oft gar nicht vorstellen, welche hinterlistigen Fehler in einem Softwareprodukt verborgen sein können. Daher sind sie auch meist davon überrascht, was alles schiefgeht. Ein reiner Black-Box-Test hat zudem keine hinreichende Beweiskraft, da er verborgene Fehler nur durch Zufall aufspüren kann. Der Autor versteht Brooks so, auch wenn dieser das nicht explizit ausdrückte, dass Code-Inspektionen in der Testphase dazugehören, weil Programmspezifikationen regelmäßig Codierungsvorgaben machen. Die von ihm genannte Aufgabe der Tester(innen), Abweichungen von der Spezifikation zu identifizieren, deutet ebenfalls in diese Richtung.

Ein Blick über den IT-Tellerrand auf andere Ingenieursdisziplinen zeigt, dass dort jede Produktentwicklung von intensiven Tests begleitet und gekrönt wird:

- Elektrotechniker und Elektroniker messen an zahlreichen Punkten einer zu prüfenden Schaltung, ob dort die erwarteten Spannungen, Ströme und Signalverläufe vorliegen. Bauteiltoleranzen und normale Soll-Ist-Abweichungen der Netzspannung beziehungsweise -frequenz dürfen das Verhalten der Schaltung nicht nennenswert beeinträchtigen. Es darf nicht zu Überhitzung, Spannungsüberschlägen, Kriechströmen, Brummschleifen, Hochfrequenz-Lecks und anderen unerwünschten Effekten kommen.
- Bauingenieure messen Zug- und Druckbelastungen, sowie das Schwingverhalten bei verschiedenen Impulsformen und Energien. Fertige Brücken werden beispielsweise mit zahlreichen kiesbeladenen LKWs auf ihre Standfestigkeit geprüft.
- Maschinen- und Fahrzeugbauer haben eine Vielzahl von Messverfahren entwickelt, um ihre Konstruktionen intensiv zu prüfen. Wo zerstörungsfreie Messungen nicht genug Informationen liefern, werden hochbelastete Teile auch nach einiger Betriebszeit zerschnitten, angeschliffen und unter dem Mikroskop, mit Lasertechniken, durch Röntgen etcetera analysiert. Dauerbelastungstests unter härtesten Bedingungen zeigen, ob auch der Normalbetrieb langzeitig störungsfrei verlaufen wird.

Die IT kann in hochentwickelten Gesellschaften inzwischen weit größere Schäden als eine zusammenbrechende Brücke anrichten. Daher ist es angemessen, wenn zumindest Software mit hohem Schadenspotential ähnlich rigoros überprüft wird, wie das mit anderen technischen Konstruktionen geschieht. Generell gilt aber auch in weniger heiklen Fällen: Mißtrauen Sie Ihrem Programm! Es kann eine Menge Unsinn enthalten, den Sie trotz einer sorgfältigen Überprüfung des Codes vor dem ersten Lauf nicht erkennen.

Sind Sie fündig geworden, so reparieren Sie einen schwerwiegenden Fehler nicht sofort, vor allem nicht kurz vor Feierabend! Beherzigen Sie den Rat, den uns Robert M. Pirsig in seinem berühmten Buch „Zen und die Kunst, ein Motorrad zu warten" erteilt: Wenn sich eine Schraube am Motorblock festgefressen hat, ist es völlig verkehrt, ihr mit Gewalt zu Leibe zu rücken. Dann kann der Schraubenkopf abreißen und alles ist viel schlimmer als zuvor. Lassen Sie sich Zeit, auch wenn Sie scheinbar keine haben! Software ist zwar nicht so irreparabel wie eine abgerissene Schraube, aber sie ist auch nicht „soft". Sie ist spröde wie Glas und zersplittert unter den Händen ungeschickter Reparateure, manchmal unrettbar.

Leider wissen wir jetzt aber immer noch nicht, wieviel Testen genug ist. Das ist ein prinzipielles Problem. Die Alternative, ob man etwas nicht weiß, es aber herausfinden könnte, oder es grundsätzlich nicht wissen kann, wird mit zunehmender Komplexität – oder Kompliziertheit? – eines traditionell – also ohne Software-Methodik – entwickelten Programms zunehmend unentscheidbar. Woran liegt das?

12.4.2 Das traditionelle Programmierdilemma

Traditionelle, auf Intuition und Folgerichtigkeit aufbauende Programmierung bildet das jeweils zu lösende Problem – ausser in trivialen Fällen – nicht 1:1 im Code ab. Vielmehr nimmt sie „Faltungen" vor, faltet also jede laut Spezifikation denkbare Verarbeitungsaufgabe in eine alle Fälle abdeckende gemeinsame Codestruktur hinein. Spezialitäten des fachlich vorgegebenen Fallspektrums werden mit Abfragen aufgefangen, die bestimmte Anweisungen hinzufügen oder umgehen, gegebenenfalls auch in der Form der Auslagerung in eigene Module. Generalisierbare Eigenschaften des zu verarbeitenden Materials prägen sich dagegen im Hauptstrang des Programms oder in der Mehrfachnutzung von Modulen aus. Letztere müssen allerdings wiederum auf spezielle Fälle intern Rücksicht nehmen (die Puppe in der Puppe). Das ganze wird von der – immer wieder gern behaupteten – Genialität des Programmierers regiert, die je nach Ausbildungsstand, Erfahrung, Programmiersprache und aktuellen Trends, sowie der Impulsivität des freien Künstlertums zur Entfaltung gelangt. (Dafür scheinen vor allem Männer anfällig zu sein).

Das Ergebnis ist nahezu zwangsläufig ein Code-Patchwork, das jeden Verarbeitungsfall mit einer Mixtur genereller und spezieller Programmaktionen empfängt, dessen konkrete Reaktion aber wegen der Verschmierung der durchlaufenen Pfade über viele Module durch keinerlei Schreibtischtest zuverlässig vorhergesagt werden kann. Kurzum, der Programmierer begreift irgendwann sein eigenes Werk nur noch partiell, ungefähr so weit, wie eine angezeigte Code-Seite reicht, denn es ist unüblich geworden, Programme auszudrucken und dann sorgfältig zu studieren. Der daraufhin zwangsläufig eintretende Entfremdungseffekt kann allerdings durch intensives Testen rückgängig gemacht werden, so hofft er.

Nach einer solchen Entstehungsgeschichte kann allerdings kein noch so aufwendiger Test mehr Gewissheit bringen, das Programm sei korrekt. Beim Falten sind nämlich allerlei Faltfehler zu erwarten, die dazu führen können, dass das Programm eine Reihe innerer Widersprüche enthält. Dieser wird der testende Programmierer verdutzt gewahr, wenn sein Werk sich nicht so verhält, wie er es erwartet. Nach einigen Berufsjahren wird er diese Probleme zunehmend sicherer aufspüren und beheben können. Allerdings müssten dann alle bisherigen Tests wiederholt werden, denn es könnte ja etwas anderes, bisher Richtiges in einer entfernten Ecke des Programms umgefallen sein, an die sein Autor bei den Reparaturen gar nicht mehr dachte. Es ist eben halt alles so komplex – oder kompliziert. Ganz sicher ist aber: Alle Tests nach jeder Fehlerbehebung zu wiederholen, ist einfach nicht drin.

Es hilft dann auch nicht wesentlich weiter, jeweils die Pfadüberdeckung zu protokollieren und die noch nicht getesten Zweige eigens zu untersuchen. Selbst wenn hier Vollständigkeit erreicht würde, könnte niemand vorhersagen, ob dieses Programm bei jeder weiteren, gegenüber dem Bisherigen modifizierten Eingabe- oder Ereignisfolge ebenfalls richtig reagieren würde. Die Fülle möglicher Ausführungspfade macht das unmöglich. Schliesslich bleibt nur die bekannte Schlussfolgerung: Der wahre Test ist die Produktion. Womit wir wieder am Anfang wären…

12.4.3 Testen auf JSP-Basis

Wir brauchen hier kein Wort über die Programmentwicklung anhand der JSP-Methode zu verlieren, sondern können uns unmittelbar dem Testen zuwenden. Dieses unterscheidet sich nämlich grundlegend von dem oben beschriebenen Herumstochern, äh, Pardon, mehr oder minder systematischen Testen ohne definitives Ende. Sofern das Programm 1:1 aus den beteiligten Datenstrukturen hervorgeht, genügt es, sämtliche Eingabekonstellationen, die einen Unterschied in den Struktogramm(kombination)en ausmachen, exemplarisch aufzubauen und dem Testobjekt zuzuführen. Das können ziemlich viele Fälle sein, aber es ist eine endliche Zahl, die möglicherweise durch Fallklassenbildung verringert werden kann.

Wenn vor dem Codieren eine Durchlaufanalyse stattgefunden hat, wozu wärmstens zu raten ist, stehen diese Fälle beziehungsweise Fallklassen bereits fest. Möglicherweise war diese Analyse nicht flächendeckend, weil Varianten der Testfälle wegen evidenter Plausibilität nicht in allen denkbaren Formen geprüft wurden, aber nun sollten auch die dadurch eventuell noch fehlenden Fallkonstellationen aufgebaut werden. Das ist zwar nicht genial, aber wärmstens zu empfehlen. Das Testobjekt ist all diesen Testfällen auszusetzen und seine Reaktionen sind ganz genau zu prüfen.

Abweichungen von den erwarteten Ergebnissen können mehrere Ursachen haben:

- Im schlimmsten Fall sind die Ein- und Ausgabestruktogramme ganz oder großenteils falsch. Das kommt bei einiger Übung eher selten vor. Häufiger ist dagegen, dass etwas vergessen oder nicht ganz zutreffend modelliert wurde.
- Korrespondenzen stimmen nicht. Das kann ziemlich peinlich werden, weil davon die Ableitung der Programmstruktur(en) abhängt. Ein Symptom dafür ist, wenn die Ausgabe etwas zu oft, zu selten oder mit falscher Abgrenzung enthält.
- Die Programmstruktur wurde nicht richtig abgeleitet oder um frei hinzugefügte Konstrukte erweitert, die jetzt Probleme machen.
- Kontrollen sind falsch definiert oder umgesetzt worden. Die Symptome ähneln denen bei falschen Korrespondenzen, können aber von fehlenden, unzutreffenden oder leeren Ausgaben bis hin zu unendlichen Schleifen reichen. Besonders beim Invertieren von Iterationskontrollen passieren Fehler.
- Operationen fehlen in der Operationsliste, sind falsch definiert, am falschen Ort plaziert, wurden zuzuordnen vergessen oder ganz einfach falsch respektive gar nicht implementiert.
- Bislang unspezifizierte Angaben sind falsch, Array-Längen sind zu klein, `long` anstatt `int` wäre richtig etcetera.
- Übergabe- und Rückmeldefehler werden bei der Modularisierung verursacht und so weiter und so fort.

Manchmal ist es schwierig, herauszufinden, welche dieser Ursachen, möglicherweise kombiniert, vorliegen. Nach einer sorgfältigen Durchlaufanalyse ist es aber eher nicht zu erwarten, dass strukturelle Fehler, nicht korrespondierende Strukturblöcke, unpassende Einfügungen, falsch definierte Kontrollen oder operationsbezogene Fehler vorliegen. Daher sollte zunächst geprüft werden, ob die Implementierung getreulich umsetzte, was durch die Programmstrukturen mit Operationen und Kontrollen vorgegeben war. Hier wird man nicht selten schnell fündig, denn die beobachteten Symptome lassen sich häufig bestimmten Kontrollen oder Operationen zuordnen, und deren Orte sind ja bekannt. In den mühsameren Fällen führt ein Abgleich zwischen der Durchlaufanalyse und dem tatsächlichen Programmverhalten mittels Breakpoint Debugging oder Tracing immer zum Ziel.

Erst wenn die Implementierung als einwandfrei gelten darf, bestimmte Fehler aber immer noch auftreten, lohnt es sich, den JSP-Entwurf noch einmal genau zu inspizieren. Dabei entdeckte Fehler sind zuerst in den Struktogrammen und ihren Begleitern – Kontroll- und Operationslisten – auszubessern, bevor der Code korrigiert wird. Eventuell ist auch eine erneute Durchlaufanalyse erforderlich. Dadurch bleibt dauerhaft gewährleistet, dass die Entwurfsdokumente als Messlatte für den Code nutzbar sind. Danach folgen Testwiederholungen, die je nach Fehlerort bis zur erneuten Ausführung des Gesamttests reichen. Korrekturen, die nur bestimmte Eingabekonstellationen betreffen, lösen aber keinen Gesamttest aus, denn dieser würde in den anderen Fällen kein neues Ergebnis liefern.

Testen und Korrigieren bilden zusammen einen iterativen Prozess, der über längere Zeit stattfinden und von mehreren Personen betreut werden kann. Dann ist ganz am Ende, wenn angeblich alle Fehler gefunden und korrigiert sind, ein Gesamttest anzuraten. Endet der Gesamttest fehlerfrei, so ist das Testobjekt fehlerfrei. Dabei wird angenommen, dass auch alle implementierungsspezifischen Tücken, wie zum Beispiel die Wirkungen expliziter oder impliziter Konvertierungen, durch eine geeignete Testgestaltung überprüft und ausgeschlossen wurden. Ebenso ist sicherzustellen, dass alle nicht spezifikationsgemäßen Eingabedaten, soweit das sinnvoll prüfbar ist, erkannt und abgewiesen werden.

Die Behauptung, dass es möglich sei, JSP-Programme zu 100% zu testen, wird durch die jahrzehntelange Praxis des Autors – auch bei Produktionsprogrammen mit hohem Schadenspotential – gestützt. Es gibt anscheinend keine andere Methode als JSP, die so zuverlässige Ergebnisse liefert und zugleich den Testaufwand definitiv auf ein akzeptables Niveau begrenzt.

12.4.4 Testen hybrider Programme

Nun ist es an der Zeit, von diesem hohen Roß wieder herunterzusteigen. Programmteile oder Module, die mit der JSP-Methode entwickelt wurden, werden häufig mit ganz anders strukturierten Verarbeitungen zusammengespannt, von denen wir hoffen wollen, dass sie auf einem soliden methodischen Fundament ruhen.

In diesen Fällen erscheint ein kombiniertes Vorgehen als sinnvoll. Die JSP-dominierten Partien können oft gar nicht separat geprüft werden, weil das die Komplexität der Sache nicht zulässt. Es erscheint dennoch als sinnvoll, die spezifizierten Eingabe- oder Ereigniskonstellationen zunächst dahingehend zu sortieren, dass damit primär die auf JSP basierenden Teile der Gesamtfunktionalität geprüft werden. Da diese tief im Inneren eines weit umfangreicheren Konstrukts verborgen sein können, wirken sich natürlich dessen Fehler darauf aus, was den mit JSP entwickelten Modulen respektive Programmteilen angeboten und wie deren Produkte abgeholt werden. Daher muss bei jedem solchen Test auf geeignete Weise protokolliert werden, was tatsächlich dort „unten" ankommt beziehungsweise abgerufen wird.

Diese Protokolle ergänzen den anfänglichen Black-Box-Test, der prüft, ob der neue Code überhaupt die spezifikationsgemäßen Leistungen erbringt. Anhand der Protokollinhalte und der Testergebnisse kann dann festgestellt werden, ob die verborgenen Partien korrekt mit Daten versorgt und ob ihre Outputs wie vorgesehen abgerufen wurden. Somit ist es möglich, im leider üblichen Fall irgendwelcher anfangs auftretender Defekte die Fehlerstrecken voneinander zu separieren und die Suche nach den Problemursachen entsprechend einzugrenzen.

Sobald feststeht, dass die JSP-Anteile an einem Programm korrekt funktionieren, kann sich der Tester oder die Testerin auf den übrigen Programmcode konzentrieren und sich damit die Arbeit erheblich erleichtern. Es ist daher sinnvoll, alle dafür geeigneten Partien eines Programms auf JSP-Basis zu modellieren und implementieren. Dies fügt der gegebenen Komplexität nichts – wesentliches – hinzu, kapselt diese in vielen Fällen auf methodischer Basis und ermöglicht somit eine Aufgabenverteilung im Programm, die sich als lokale Komplexitätsreduktion vorteilhaft bemerkbar macht. Die dadurch gewonnene erhöhte Übersichtlichkeit kommt wiederum den Tests zugute, die gezielter formuliert und leichter ausgewertet werden können.

Edward Yourdon beschreibt in [1] (Appendix G „Case Study: The Elevator Problem" ab Seite 631ff) eine computerisierte Aufzugssteuerung, in der die Aufzugsmechanik als eigensichere Konstruktion agiert, die Befehle zum Öffnen und Schließen der Türe, zum Anfahren der Stockwerke etcetera nur dann ausführt, wenn dies auch sicher ist. Der Kabinenhersteller sorgt dafür, dass fehlerhafte Befehle aus dem Computer von der Aufzugsmechanik ignoriert werden.

JSP-basierte Module in fremden Umgebungen können analog dazu ebenfalls eigensicher konstruiert werden. Das betrifft die Parameterprüfungen und die Verifikation der übergebenen Daten, sowie das eventuell vorhandene Ergebnisdaten-Abrufprotokoll. Unzulässige Parameterwerte, ungültige Eingabedatenkonstellationen oder spezifikationswidriges Aufrufverhalten können – mit zusätzlichem Aufwand, versteht sich – erkannt und auf geeignete Weise beantwortet werden. Diese Maßnahmen erhöhen die Zuverlässigkeit des betreffenden Programms beziehungsweise behindern zumindest die Fehlerausbreitung. Sie sind bereits während der Testphase nützlich, weil sie die anfängliche Protokollierung um die JSP Black Boxes herum mit aussagekräftigen Fehlermeldungen aufwerten. Im laufenden Betrieb gewährleisten solche eigensicheren Module dauerhaft die Qualität und Robustheit der damit ausgestatteten Programme, ohne dafür allzuviel Durchsatz opfern zu müssen.

12.4.5 Driver-Finale

Nun haben wir alle Puzzleteile zusammen, um das Driver-Thema abzuschliessen. Der

1. Hinweis

ist die Forderung nach einem soliden methodischen Fundament. Analog zur Ableitung der Programmstruktur aus den beteiligen Datenstrukturen bei der JSP-Methode sollte sich die Problemstruktur bei transaktionsorierten algorithmischen Programmen, ganz besonders aber für deren multitasking- / multithreading-fähige Varianten, in der Programmstruktur ausprägen. Eine traditionelle Kollektion von Prozeduren, die – wie im Driver – unter einer Hauptsteuerung quasi-parallele Abläufe versteckt, erfüllt diese Forderung nicht. Vielmehr sollte es in einem solchen Programm für jeden Task, also zumindest für jede – potentiell – zu anderen Aktivitäten parallel laufende Interaktion mit der Programmumwelt, einen dazu korrespondierenden Code-Abschnitt geben, *der sich selbst wie ein Task verhält und multiple Instanzen besitzen kann.* Die Steuerungsebene des Programms wird dadurch in quasiparallele Niveaus aufgefächert.

Das ist jetzt sicherlich nicht einfach zu verstehen. Daher sei hier ein Beispiel genannt: Ein Programm des Autors, das seit 1980 auf einem Tandem-Doppelprozessor in einer Medieninstitution installiert war, konnte 68 Drucker verschiedenen Typs quasiparallel mit Texten versorgen. Dabei handelte es sich um Telexnachrichten in- und ausländischer Nachrichtenagenturen, die von Redakteuren ausgewählt, gegebenenfalls leicht aufbereitet und dann an die Drucker verteilt wurden. Diese standen überall da, wo die einlaufenden Nachrichten anschließend themenspezifisch weiterbearbeitet wurden. Die Struktur der auszudruckenden Daten war jeweils dieselbe. Daher wurde ein – zunächst mit der JSP-Methode entwickelter – Lese- und Druck-Code in mehrere ununterbrechbare Segmente zerlegt, die bei Bedarf bis zu 68 mal parallel aktiviert werden konnten, obwohl die Codeabschnitte physisch natürlich nur einmal existierten. Jedem Druck-Task wurde ein eigener Arbeitsbereich zugeordnet. Dafür sorgte die innovative Tasksteuerung. Weitere Tasks erledigten die Kommunikation mit dem auftraggebenden Ausgabe-Kontrollprozess und mit dem Betriebssystem. Dieses Programm lief rund um die Uhr und war NonStop-fähig, „überlebte" also auch beispielsweise einen CPU-Ausfall und lief anschliessend in einer anderen CPU korrekt weiter.

Die Isolation quasiparallel ablaufender Vorgänge in solchen Task-Codesegmenten ermöglicht eine klare Aufgabentrennung. Die Inter-Task-Kommunikation findet wie folgt statt: Jeder Task, der einem anderen etwas mitteilen möchte, muss das signalisieren und dann an einem Haltepunkt warten, bis die Botschaft verarbeitet und quittiert ist. Nicht anders läuft ja die Interprozesskommunikation in einer solchen Maschine ab, bei der Prozesse an andere Prozesse Nachrichten (Requests) senden und dann auf Antworten (Replies) warten können. Dabei übernimmt das Betriebssystem die Aufgabe, die Sender bei synchroner Kommunikation bis zum Empfang der Antworten anzuhalten.

Ein sendender Prozess kann aber auch veranlassen, nach dem Senden sofort weiterlaufen zu dürfen, muss dann aber ab und zu prüfen, ob der andere geantwortet hat, oder – wenn es aktuell nichts mehr zu tun gibt – doch noch in einen Wartezustand eintreten, aus dem er beim Eintreffen der Antwort, bei einer anderen I/O-Fertigstellung oder nach einem Timeout – mit selbst vorgegebener Zeitspanne – vom Betriebssystem geweckt wird. Das ist eine typische Multitasking-Aufgabenstellung, die – gemäß der obigen Forderung – mit einem expliziten prozessinternen Multitasking gelöst werden sollte. Dass es auch anders, aber nicht unbedingt besser geht, zeigt exemplarisch der Driver. Der

2. Hinweis

folgt aus dem Ratschlag, möglichst viel Code mit der JSP-Methode zu schreiben und diesen in eigensicheren Modulen zu kapseln. Da die Integrität der Pool-Daten für den Driver lebenswichtig ist und die Verwaltung dieser Daten mit JSP-Mitteln als machbar erscheint, läge es nahe, die hypothetischen Driver-Tasks unabhängig voneinander mit einer gemeinsam genutzten Pool Engine interagieren zu lassen. Jeder dieser Tasks kümmert sich dann ausschliesslich um seine eigene Aufgabe, überlässt aber das Speichern und Verwalten der eigensicheren Pool-Maschine. Damit würde gegenüber der Nutzung taskspezifischer Puffer eine deutlich höhere Flexibilität erreicht, sowie der Datenaustausch zwischen Tasks stark vereinfacht, weil diese einander keine Nutzdaten mehr übergeben müssen, sondern nur noch Verweise darauf.

Aber: Innerhalb eines Prozesses, der mit einer pointerfreundlichen Sprache wie T/TAL oder C geschrieben wurde, kann es durch Programmierfehler zur Zerstörung von Speicherbereichen kommen. Davon gehen erhebliche Gefahren aus. Es ist nicht ganz harmlos, in einer Chefredaktion einen unsinnigen Text auszudrucken, aber das ist gegenüber der Ansteuerung eines falschen Ventils in einem Kernkraftwerk völlig zu vernachlässigen. Ein Teil dieses Problems wird durch den Geburtsfehler der algorithmischen Programmierung verursacht, dass jede Anweisung im Programm Lese- und Schreib-Zugriff auf seine kompletten modul-internen Daten, sowie gegebenenfalls auf globale Speicherbereiche hat. Das ist schon in pointerfernen Sprachen wie COBOL ein Problem, zum Beispiel bei Array-Indexfehlern, kann mit Pointern aber dramatische Verfälschungen beliebiger Speicherinhalte zur Folge haben. Genau das passierte ja bei den Driver-Abstürzen.

Bislang wurde die Pool-Struktur nicht näher beschrieben. Einen Eindruck von deren Komplexität vermittelt die folgende – vereinfachte und mit nur zwei Transaktions-Kontrollblöcken arbeitende – „Abbildung 12.1: Vereinfachte Struktur des Driver-Datenpools mit Puffer- und -Kontrollblock-Beispielen" auf Seite 332.

Jeder dort gezeigte Transaktions-Kontrollblock verweist auf drei Puffer, die zu Beginn eines Transportauftrags bei der Poolverwaltung akquiriert werden. Während der Beendigung des Auftrags werden diese Puffer und der jeweilige Kontrollblock selbst wieder freigegeben. Die – nach aufsteigenden Pufferanfangsadressen angeordneten – Pool-Kontrollblöcke und die Subpools sind wie Arrays strukturiert, werden also über die Bereichsadressen und Indizes angesprochen. Diese Anordnung der Kontrollblöcke ermöglicht sowohl die effiziente Suche nach hinreichend großen Lücken für neue Puffer als auch die binäre Suche nach freizugebenden Kontrollblöcken.

Ein eigensicheres Modul kann Pointerfehlerunglücke nur dann tendenziell verhindern, wenn seine Daten in einen eigenen Adressbereich ausgelagert sind, auf den anderer Code keinen Zugriff hat. Diese Möglichkeit bestand bei den Tandem-Betriebssystemen bereits 1984, also kurz nach der Entstehung des Driver-Codes. Jedes Programm konnte dann riesige Extended Segments im virtuellen Speicher anfordern, was beispielsweise für die Entwicklung des Trace-Tools genutzt wurde. Das nützt natürlich nichts, wenn die Pool-Maschine infolge einer fehlerhaften Kollisionsabfrage oder aus anderen Gründen ihre eigenen Daten zerstört.

Eigensicherheit bedeutet daher auch, die Integrität der selbst verwalteten Daten immer dann zu überprüfen, wenn ein Defekt im Modul selbst zum Tragen kommen könnte. Dazu müssen diese Daten so organisiert sein, dass eine solche Selbstprüfung problemlos möglich ist. Im gegebenen Driver-Fall wäre es zum Beispiel nötig gewesen, jeden im Pool abgelegten Pointer, besonders aber die in den Kontrollblöcken gespeicherten Adressen zu verifizieren. Durch das Überschreiben mit Nutzdaten wurde ja mindestens ein Kontrollblock verfälscht. Da der Pool die oberen 28 K des Adressraums einnahm, hätten zwei ASCII-Zeichen anstelle einer Adresse aber womöglich wie ein legaler Inhalt ausgesehen. Dagegen wäre eine Längenangabe, die durch zwei ASCII-Zeichen überschrieben wurde, sicherlich unsinnig gewesen. Es ist aber nicht auszuschließen, dass eine Verfälschung durch andere Nutzdateninhalte stattdessen doch noch einen anscheinend akzeptablen Längenwert hinterlassen hätte. Solche simplen Prüfungen scheiden daher aus.

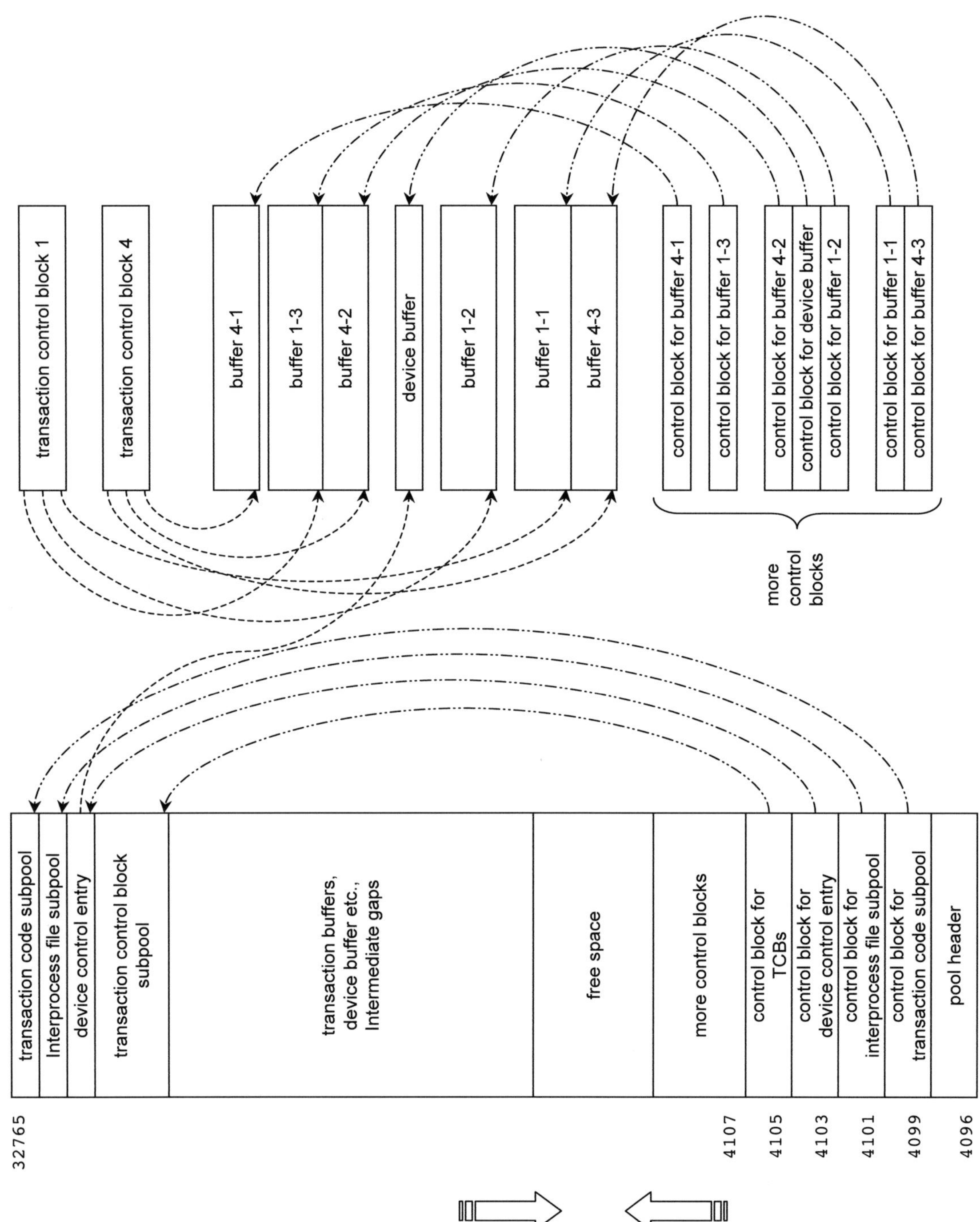

Abbildung 12.1: *Vereinfachte Struktur des Driver-Datenpools mit Puffer- und -Kontrollblock-Beispielen*

Eigensichere Konstruktionen müssen jedenfalls auf Strukturen aufbauen, die zuverlässige Konsistenzprüfungen ermöglichen, etwa Link-Listen. Damit könnte zumindest verhindert werden, dass die Pool-Verwaltung durcheinanderkommt. Es ist dennoch möglich, dass Pool-Daten über Pointer mit falschen Inhalten zerstört werden, die als Adressverweise in nicht überwachten Unterstrukturen der Nutzdaten selbst enthalten sind. Daher sollten stattdessen Indizes verwendet werden, die auf Pool-Verwaltungsblöcke zeigen. Das kostet zwar etwas Rechenzeit, erhöht aber die Sicherheit deutlich. Ausserdem wäre beispielsweise an Prüfsummen zu denken, die beim Einrichten der Nutzdatenbereiche in den dazu korrespondierenden Link-Listen-Elementen abgelegt und vor jeder Nutzdatenverwendung abgeglichen werden. Bei hinreichender Kontrolldichte sollte es möglich sein, die Pool-Maschine wirklich sicher zu machen.

Aber: Das wirkt alles nur auf den Laufzeitspeicher des Prozesses. Wenn der Prozess wegen eines anderswo angesiedelten Problems abbricht, sind die Nutzdaten auch verloren.

Die nächste Umdrehung der Sicherheitsschraube führt folglich dazu, parallel zur Pool-Funktionalität die Nutzdaten auf geeignete Weise in einer Direktzugriffsdatei oder Datenbanktabelle zu halten und sie dort nach Erfüllung ihrer Aufgaben jeweils wieder zu löschen. Auch das könnte die Pool-Maschine übernehmen. Eine solche Fähigkeit hätte das Driver-Problem wahrscheinlich deutlich entschärft, da ein erneut gestarteter Driver so imstande gewesen wäre, seine Auftragssituation wiederzuherstellen. Es wären dann allerdings Operator-Eingriffe erforderlich geworden, um verlorengegangene Quittungen und andere Nachrichten von der Steuerung durch manuelle Eingaben zu ersetzen.

Wenn wir diesen Weg konsequent weiterverfolgen, kommen wir zu immer weiteren, aber immer unwahrscheinlicheren Fehlersituationen bis hin zum Platten-Crash oder Stromausfall. Es ist ganz einfach nicht möglich, sich gegen all diese potentiellen Risiken zu schützen. Wie weit im konkreten Fall die Schutzmechanismen gehen müssen, ergibt sich aus dem Schadenspotential. Lebenswichtige oder potentiell lebensbedrohende Systeme – wie zum Beispiel Kernkraftwerke – rangieren hier natürlich ganz oben, Hochregallager-Driver eher weiter unten. Der

3. Hinweis

besteht darin, Daten nicht zusammenzubringen, wenn das nicht zwingend erforderlich ist. In den Driver-Pools wurden nicht nur Transaktionsdaten aller Arten verwaltet, sondern auch gerätespezifische Daten und zugehörige Puffer, sowie Tabellendaten und prozessbeschreibende Daten (für die Interprozesskommunikation mit den Server-Prozessen). Es ist zwar scheinbar elegant, auch solche Kollektionen in einem großen Pool abzulegen, ohne von irgendwelchen oberen Array-Grenzen behindert zu werden, aber es erhöht das Risiko im Fall einer Fehlfunktion. Der

4. Hinweis

ist, nicht mehr Funktionalität zusammenzuspannen, als für den jeweiligen Zweck unvermeidbar erscheint. Insofern wäre es vernünftig gewesen, die Driver von so vornherein aufzuspalten, wie es der Betreiber des Hochregallagers aufgrund unangenehmer Erfahrungen schliesslich doch machen musste.

12.5 Test von EvaluateSportsDS in C

Komplexe Programme entstehen heutzutage schrittweise. Niemand setzt sich mehr hin und codiert alles komplett, bevor der erste Test stattfindet. Das Risiko, wegen irgendwelcher dummer Anfangsfehler den „fertigen" Code anschliessend – womöglich mehrfach – weitgehend umkrempeln zu müssen, ist viel zu hoch. Ausserdem erhöhen Erfolgserlebnisse die Motivation in dieser mühsamen Phase ganz entscheidend. So wurde EvaluateSportsDS auch in drei Stufen geschrieben und zwischendrin getestet:

- Ranggruppenverarbeitung bis hin zur Ausgabe der Schulergebnissätze (`RR04`)
- Ergänzung um die Schulstammdatenverarbeitung einschliesslich Ausgabe der Sätze mit dem Schulnamen, der Adresse und der Mail-Adresse
- Hinzufügen der Link-Listen-Logik und Integration mit der ergänzten Ranggruppenverarbeitung

12.5.1 Einbau der Trace-Aufrufe

Bei solch umfangreichen Programmen kann das Breakpoint Debugging nur selten mit Erfolg eingesetzt werden, weil es dafür einfach zu mühsam ist. Ausserdem unterstützte die Lightweight IDE die Parameterübergabe an das Programm in diesem Modus nicht richtig. Daher wurden von vornherein Black-Box-Tests mit Trace-Protokollen kombiniert.

Das Erstellen eines guten Trace-Protokolls ist nach wie vor Sache des jeweiligen Programmierers beziehungsweise der jeweiligen Programmiererin. Es gibt dafür leider – meistens – keine Werkzeugunterstützung. Man sollte sich vorher genau überlegen, wie das Tracing gestaltet sein soll. Dazu gehört, dass es optional stufenweise eingeschaltet, ausgeschaltet und in der Finalphase ganz deaktiviert werden kann, aber später bei Bedarf jederzeit wieder aktivierbar ist.

Daher wurden am Anfang des Programms folgende zusätzliche Definitionen aufgenommen:

```
#define TRACE_MODULE  1  // trace module names
#define TRACE_DETAIL  1  // trace logic details
#define TRACE_LL      1  // trace linked list output + LL functions
#define TRACE_INPUT   1  // trace input functions
```

Sie ermöglichen es, den Trace-Code selektiv einzuschalten, also zu kompilieren (mit 1), oder auszuschalten = nicht zu kompilieren (mit 0).

Ausserdem wurde zunächst an allen Prozedureingängen Trace-Code hinzugefügt. Beispiel:

```
#if TRACE_MODULE
   printf("\n processCountryGroup()\n");
#endif
```

In Fällen, bei denen die Prozedurnamen und gegebenenfalls weitere Angaben nicht immer protokolliert werden sollten, wurde die Latte gleich oder später höher gelegt:

```
#if TRACE_DETAIL
   printf("\n itoa(): value = %d, digits = %d\n", value, digits);
#endif
```

An allen Stellen im Code, die sich für die Überprüfung der Ergebnisse eignen, wurde entsprechender Trace-Code hinzugefügt. Das folgende Beispiel zeigt, was in `processRSchoolGroup()` nach der Berechnung der Schul-Durchschnittswerte protokolliert wird:

```
#if TRACE_DETAIL
   printf("\n\t == school results ==\n");
   printf("\t schools: %d \n",        pS_CntRes->schools);
   printf("\t F_age_groups: %d \n", pS_CntRes->F_age_groups);
   printf("\t M_age_groups: %d \n", pS_CntRes->M_age_groups);
   printf("\t F_pupils: %d \n",       pS_CntRes->F_pupils);
   printf("\t M_pupils: %d \n",       pS_CntRes->M_pupils);
   printf("\t school_points: %d \n", pS_CntRes->school_points);
   printf("\t avg_s_p_100: %ld \n",  avg_school_pt_100);
   printf("\t avg_s_p_int: %d \n",   avg_school_pt_int);
```

```
   printf("\t avg_s_p_frac: %d \n",  avg_school_pt_frac);
#endif
```

Am Ende von `itoa()` steht folgender Trace-Code:

```
#if TRACE_DETAIL
   printf("\t result = %s\n", result);
#endif
```

Durch diese Ergänzungen wird der Gesamtcode zwar länger, aber dadurch konnte jede Verarbeitung so detailliert protokolliert werden, wie dies als sinnvoll erschien. In vielen Fällen genügte es, Code-Abschnitte einmalig zu kontrollieren.

12.5.2 Test der Ranggruppenverarbeitung

Es ist immer empfehlenswert, den Test mit einer kleinen Datenmenge zu beginnen, vorzugsweise mit derjenigen, die man für die Durchlaufanalyse verwendet hat. Dadurch können die Erwartungen an das Verhalten des Codes zunächst fundierter überprüft werden, als wenn man irgendeine andere Datenkonstellation heranzieht. Das bedeutet natürlich nicht, dass man sich in den Zirkelschluss verrennen darf, das Programm sei korrekt, weil es diejenige Datenmenge richtig verarbeitet, die der Analyse eher zufällig zugrunde gelegt wurde. Es muss später auch alle anderen Datenkonstellationen fehlerfrei behandeln, für die es spezifiziert ist.

Es bietet sich an, im Anschluss an die allerersten Versuche mit synthetischen Beispieldaten zu arbeiten, bevor Tests mit realen Mengen beginnen, weil mit solchen Beispieldaten sichergestellt werden kann, dass alle relevanten Datenkonstellationen – wenn auch nur mit jeweils wenigen Sätzen – repräsentiert sind. Dieser Aufwand erwies sich im vorliegenden Fall jedoch als unnötig.

Die Eingabedatei enthielt bei diesem ersten Test folgende Sätze:

```
ITASI45008132 F 15 15 16 07 Coglitore, Laura
ITASI45008132 F 15 04 07 06 Peritore, Mariuccia
ITASI45008132 F 16 03 07 06 Di Stefano, Serena
ITASI45008132 F 16 03 09 08 Lo Porto, Mariuccia
ITASI45008132 F 16 18 15 17 Prestìa, Angela
ITASI45008132 F 17 10 08 12 Castagnola, Michela
ITASI45008132 F 17 13 11 15 Clemenza, Ersilia
ITASI45008132 F 17 06 04 07 Fiandaca, Angela
ITASI45008132 F 18 18 15 13 Foti, Antonietta
ITASI45008132 F 18 11 06 08 Memmi, Annaluisa
ITASI45008132 F 18 07 09 05 Panarello, Anna
ITASI45008132 F 18 12 14 16 Testa, Giulia
ITASI45008132 F 18 05 02 04 Tripòdi, Elvira
ITASI45008132 M 13 09 06 09 Ciccione, Pippo
ITASI45008132 M 13 14 12 15 Monteceppo, Lillino
ITASI45008132 M 13 19 17 16 Moscato, Salvo
ITASI45008132 M 13 18 16 14 Sanfilippo, Saverio
ITASI45008132 M 13 17 14 13 Sicumero, Pietro
ITASI45008132 M 13 08 14 11 Verruso, Masino
ITASI45008132 M 14 10 07 15 Bonpensiero, Annibale
```

```
ITASI45008132 M 14 09 08 07 Diliberto, Titìllo
ITASI45008132 M 14 17 16 11 Liotta, Pasqualì
ITASI45008132 M 14 07 11 10 Rossi, Angelo
ITASI45008132 M 14 15 16 13 Zaccaria, Gaspare
ITASI45008132 M 15 01 04 05 Ficherà, Cosimo
ITASI45008132 M 15 10 14 09 Landolina, Pasqualino
ITASI45008132 M 15 09 13 17 Ragusano, Saverio
ITASI45008132 M 16 02 03 04 Cosentino, Pippo
ITASI45008132 M 16 00 03 02 Zummo, Antonio
ITASI45008132 M 17 11 10 16 Marchica, Michele
ITASI45008132 M 17 13 05 07 Pisciotta, Giosuè
ITASI45008132 M 18 05 04 08 Comaschi, Tano
ITASI45008132 M 18 16 19 15 Gangitano, Eugenio
ITASI45008132 M 18 12 11 16 Sutera, Nenè
```

Die Ausgabe besteht erwartungsgemäß aus einem einzigen Satz:

```
ITASI4500813204 Ø 30,88 F 4/13 M 6/21
```

Microsoft Excel bestätigt dieses Ergebnis. Es wurden insgesamt 1050 Punkte durch 13 + 21 = 34 Schüler erzielt. Das ergibt den Durchschnitt 30,882352941176471. Auf zwei Stellen nach dem Komma abgeschnitten sind das 30,88 Punkte pro Schüler. Die Anzahlen der F- und M-Gruppen und deren Teilnehmerzahlen stimmen, wie Sie selbst leicht überprüfen können. Somit ergibt bereits der erste Black-Box-Test ein gutes Ergebnis.
Das Trace-Protokoll bis zum Einlesen des zweiten Satzes lautet:

```
*** EvaluateSportsDS ***

 readSportsDS()
     sports_rec = ITASI45008132 F 15 15 16 07 Coglitore, Laura

     Sports contest record
     country_code: ITA
     region_id: SI
     school_number: 45008132
     gender_code: F
     age: 15
     name: Coglitore, Laura
     sprint_points: 15
     jump_points: 16
     throw_points: 07
     rank_1_key: DITA
     rank_1_2_key: DITASI45008132
     rank_1_3_key: DITASI45008132F
     rank_1_4_key: DITASI45008132F15

 processCountryGroup()
```

```
processRSchoolGroup()

processGenderGroup()

processAgeGroup()

readSportsDS()
    sports_rec = ITASI45008132 F 15 04 07 06 Peritore, Mariuccia

    Sports contest record
    country_code: ITA
    region_id: SI
    school_number: 45008132
    gender_code: F
    age: 15
    name: Peritore, Mariuccia
    sprint_points: 04
    jump_points: 07
    throw_points: 06
    rank_1_key: DITA
    rank_1_2_key: DITASI45008132
    rank_1_3_key: DITASI45008132F
    rank_1_4_key: DITASI45008132F15
```


Auch die danach folgenden Trace-Abschnitte entsprechen den Ergebnissen der Durchlaufanalyse. Es folgt zunächst:

```
readSportsDS()
    sports_rec = ITASI45008132 F 16 03 07 06 Di Stefano, Serena

    Sports contest record
    country_code: ITA
    region_id: SI
    school_number: 45008132
    gender_code: F
    age: 16
    name: Di Stefano, Serena
    sprint_points: 03
    jump_points: 07
    throw_points: 06
    rank_1_key: DITA
    rank_1_2_key: DITASI45008132
    rank_1_3_key: DITASI45008132F
    rank_1_4_key: DITASI45008132F16

processAgeGroup()
```

Beim Nachlesen ging die „age group" `15` zu Ende, aber nicht die „gender group" `F`. Daher wurde die Schleife in `processAgeGroup()` beendet, die Additionen fanden statt, sodann die Rückkehr nach `processGender-Group()`. Dort lag aber kein Gruppenwechsel vor, so dass `processAgeGroup()` erneut aufgerufen wurde, um den nachgelesenen Satz zu verarbeiten.

Es wäre ermüdend, die Durchlaufanalyse weiter nachzuvollziehen, denn es sind nur Age- und Gender-Gruppenwechsel möglich. Erst ganz am Ende der Ranggruppenverarbeitung wird es wieder interessant. Dort steht folgendes im Protokoll:

```
readSportsDS()

        Sports Contest record
        country_code: ITA
        region_id: SI
        school_number: 45008132
        gender_code: M
        age: 18
        name: Sutera, Nenè
        sprint_points: 12
        jump_points: 11
        throw_points: 16
        rank_1_key: E
        rank_1_2_key: E
        rank_1_3_key: E
        rank_1_4_key: E

 == school results ==
     schools: 1
     F_age_groups: 4
     M_age_groups: 6
     F_pupils: 13
     M_pupils: 21
     school_points: 1050
     avg_s_p_100: 3088
     avg_s_p_int: 30
     avg_s_p_frac: 88

itoa(): value = 30, digits = 2
    result = 30

itoa(): value = 88, digits = 2
    result = 88

itoa(): value = 4, digits = 0
    result = 4

itoa(): value = 13, digits = 0
    result = 13
```

```
itoa(): value = 6, digits = 0
    result = 6

itoa(): value = 21, digits = 0
    result = 21
    RR04= ITASI4500813204 Ø 30,88 F 4/13 M 6/21
```

Hier ist zu sehen, dass nach EOF nur die Rangschlüssel – auf `'E'`, gefolgt von Blanks – gesetzt wurden, während die Einzelfelder aus dem letzten Satz stehenblieben. Die Protokollzeilen ab `== school results ==` stammen aus `processRSchoolGroup()`, wohin die Verarbeitung zunächst nach EOF zurückkehrt.

Die Ranggruppenverarbeitung ist an dieser Stelle nur teilweise getestet worden, weil die Schul-ID- und Land-Code-Wechsel noch fehlen. Diese sind aber im Kontext der Link-Listen-Verarbeitung viel interessanter als in einem reinen Ranggruppentest.

12.5.3 Test der Schulstammdatenverarbeitung

Die Schulstammdaten für diesen Testfall lauten:

```
ITASI4500813201 Liceo Federico Fellini
ITASI4500813202 92014 Porto Empedocle, Sicilia, Italia
ITASI4500813203 liceo-fellini@portoempedocle.it
```

Nach der Erweiterung um die Verarbeitung der Schulstammdaten sieht die Ausgabe wie folgt aus:

```
ITASI4500813201 ITASI45008132 Liceo Federico Fellini
ITASI4500813202 92014 Porto Empedocle, Sicilia, Italia
ITASI4500813203 liceo-fellini@portoempedocle.it
ITASI4500813204 Ø 30,88 F 4/13 M 6/21
```

Das entsprechend erweiterte Trace-Protokoll verzeichnet hierzu:

```
processRSchoolGroup()

readSchoolDS()
    school_rec = ITASI4500813201 Liceo Federico Fellini

    School record
    country_code: ITA
    region_id: SI
    school_number: 45008132
    line_no: 01
    e_school_key: DITASI45008132

readSchoolDS()
    school_rec = ITASI4500813202 92014 Porto Empedocle, Sicilia, Italia
```

```
        School record
        country_code: ITA
        region_id: SI
        school_number: 45008132
        line_no: 02
        e_school_key: DITASI45008132

readSchoolDS()
        school_rec = ITASI4500813203 liceo-fellini@portoempedocle.it

        School record
        country_code: ITA
        region_id: SI
        school_number: 45008132
        line_no: 03
        e_school_key: DITASI45008132
```

Die Ausgabe von Name, Adresse und E-Mail-Adresse fehlt hier. Man kann den Zeilentyp nur an der `line_no` erkennen. Auch dieser Test verlief erfolgreich.

12.5.4 Test der Link-Listen-Verarbeitung

Dieser Teil des Programms war leichter zu testen, wenn der Inhalt der bearbeiteten Link-Liste übersichtlich angezeigt wurde. Daher erhielt das Programm eine weitere Prozedur, nämlich `displayLinkedList()` (siehe das Kapitel „7.5.19 displayLinkedList()" auf Seite 200 ff im 2. Band). Die Struktur dieser Prozedur entspricht der Teilstruktur für das Auslesen der nationalen Schul-Link-Liste in `processCountryGroup()`. Sie ist aber für beide Link-Listen-Arten vorgesehen. Ihre Aufrufe sahen anfangs wie folgt aus:

```
#if TRACE_LL
   displayLinkedList(&N_School_LL);
   printf("\t Exit 100\n");
   exit(100);
#endif
```

Gezielte Abbrüche – hier nach der ersten Link-Listen-Ausgabe für eine Schule – wurden beim Test eines wesentlich größeren Bestands eingesetzt, um einen Amoklauf des Programms zu verhindern und das Trace-Protokoll nicht zu lang werden zu lassen.

Bei der Verarbeitung des ersten Satzes entstand folgender Protokollausschnitt:

```
processAgeGroup()

buildLinkedList()

initializeLinkedList()

displayLinkedList()
    chain_top_index = 0
```

```
    chain_end_index = 0
    unique_values   = 1
    max_list_level  = 99
    entry_index = 0
    entry_value = 38
    uplink      = -1
    downlink    = -1

itoa(): value = 38, digits = 2
    result = 38
    pupil result = ITASI45008132nn F 15 15 16 07 38 Coglitore, Laura
```

Hier ist gut zu erkennen, dass der Initialisierungsalgorithmus richtig arbeitet.

Nach dem Hinzufügen der Informationen aus dem zweiten Satz gab `displayLinkedList()` folgendes aus:

```
buildLinkedList()
    last entry_value = 38
    1st entry_value = 38

addOther_LL_Entry(): new_value = 17
    crt_i = 0, nxt_i = -1

displayLinkedList()
    chain_top_index = 0
    chain_end_index = 1
    unique_values   = 2
    max_list_level  = 99
    entry_index = 0
    entry_value = 38
    uplink      = -1
    downlink    = 1
    pupil result = ITASI45008132nn F 15 15 16 07 38 Coglitore, Laura
    entry_index = 1
    entry_value = 17
    uplink      = 0
    downlink    = -1
    pupil result = ITASI45008132nn F 15 04 07 06 17 Peritore, Mariuccia
```

Da Mariuccia Peritore nur 17 Punkte zusammen erreichte, wird ihr Eintrag hinten angehängt. Serena Di Stefano hat sogar nur 16 Punkte. Ihr Eintrag wird also ebenfalls angehängt. Nun folgt das Nachlesen:

```
readSportsDS()
    sports_rec = ITASI45008999 F 16 03 09 08 Lo Porto, Mariuccia

    Sports contest record
    country_code: ITA
```

12

```
    region_id: SI
    school_number: 45008132
    gender_code: F
    age: 16
    name: Lo Porto, Mariuccia
    sprint_points: 03
    jump_points: 09
    throw_points: 08
    rank_1_key: DITA
    rank_1_2_key: DITASI45008132
    rank_1_3_key: DITASI45008132F
    rank_1_4_key: DITASI45008132F16

buildLinkedList()
    last entry_value = 16
    1st entry_value = 38

addOther_LL_Entry(): new_value = 20
    crt_i = 0, nxt_i = 1

adjustChainEndIndex()

displayLinkedList()
    chain_top_index = 0
    chain_end_index = 1
    unique_values   = 4
    max_list_level  = 99
    entry_index = 0
    entry_value = 38
    uplink      = -1
    downlink    = 3
    pupil result = ITASI45008132nn F 15 15 16 07 38 Coglitore, Laura
    entry_index = 3
    entry_value = 20
    uplink      = 0
    downlink    = 1
    pupil result = ITASI45008132nn F 16 03 09 08 20 Lo Porto, Mariuccia
    entry_index = 1
    entry_value = 17
    uplink      = 3
    downlink    = -1
    pupil result = ITASI45008132nn F 15 04 07 06 17 Peritore, Mariuccia
```

Wir sehen hier, dass der Eintrag – wegen der 20 Punkte – auf der richtigen Position eingeschoben und der bisher letzte – für Serena Di Stefano – abgehängt wurde. Nun fehlt uns noch ein Beispiel für das Voranstellen eines Eintrags. Dieses liefert uns bereits der nächste Satz:

```
readSportsDS()
    sports_rec = ITASI45008999 F 16 18 15 17 Prestìa, Angela

    Sports contest record
    country_code: ITA
    region_id: SI
    school_number: 45008132
    gender_code: F
    age: 16
    name: Prestìa, Angela
    sprint_points: 18
    jump_points: 15
    throw_points: 17
    rank_1_key: DITA
    rank_1_2_key: DITASI45008132
    rank_1_3_key: DITASI45008132F
    rank_1_4_key: DITASI45008132F16

buildLinkedList()
    last entry_value = 17
    1st entry_value = 38

addLL_PrefixEntry()

adjustChainEndIndex()

displayLinkedList()
    chain_top_index = 4
    chain_end_index = 3
    unique_values   = 5
    max_list_level  = 99
    entry_index = 4
    entry_value = 50
    uplink      = -1
    downlink    = 0
    pupil result = ITASI45008132nn F 16 18 15 17 50 Prestìa, Angela
    entry_index = 0
    entry_value = 38
    uplink      = 4
    downlink    = 3
    pupil result = ITASI45008132nn F 15 15 16 07 38 Coglitore, Laura
    entry_index = 3
    entry_value = 20
    uplink      = 0
    downlink    = -1
    pupil result = ITASI45008132nn F 16 03 09 08 20 Lo Porto, Mariuccia
```

Der Eintrag für Angela Prestìa wurde dem für Laura Coglitore vorangestellt und der für Mariuccia Peritore abgehängt.

Nach der Verarbeitung des letzten Satzes zur Schule steht das Ergebnis hinsichtlich der Schüler-Gewinner fest. Im Trace-Protokoll ist folgendes verzeichnet:

```
displayLinkedList()
    chain_top_index = 9
    chain_end_index = 10
    unique_values   = 11
    max_list_level  = 99
    entry_index = 9
    entry_value = 52
    uplink      = -1
    downlink    = 11
    pupil result = ITASI45008132nn M 13 19 17 16 52 Moscato, Salvo
    entry_index = 11
    entry_value = 50
    uplink      = 9
    downlink    = 4
    pupil result = ITASI45008132nn M 18 16 19 15 50 Gangitano, Eugenio
    entry_index = 4
    entry_value = 50
    uplink      = 11
    downlink    = 10
    pupil result = ITASI45008132nn F 16 18 15 17 50 Prestìa, Angela
    entry_index = 10
    entry_value = 48
    uplink      = 4
    downlink    = -1
    pupil result = ITASI45008132nn M 13 18 16 14 48 Sanfilippo, Saverio

displayLinkedList()
    chain_top_index = 0
    chain_end_index = 0
    unique_values   = 1
    max_list_level  = 99
    entry_index = 0
    entry_value = 3088
    uplink      = -1
    downlink    = -1
    school ID & name = ITASI45008132 Liceo Federico Fellini
    School address = 92014 Porto Empedocle, Sicilia, Italia
    School result = Ø 30,88 F 4/13 M 6/21
    Exit 100
--- EvaluateSportsDS finished with error ---
```

Die beiden letzten Zeilen weisen auf den bislang vorgesehenen Abbruch hin, wobei die letzte aus der Lightweight IDE stammt. Die davorstehende Ausgabe aus der nationalen Schul-Link-Liste zeigt, wie die Schule dort eingetragen wird. Diese und die internationale Liste werden analog zur Schüler-Liste aufgebaut.

Das Laufergebnis in der Ausgabedatei sieht wie folgt aus:

```
ITASI4500813201 ITASI45008132 Liceo Federico Fellini
ITASI4500813202 92014 Porto Empedocle, Sicilia, Italia
ITASI4500813203 liceo-fellini@portoempedocle.it
ITASI4500813204 Ø 30,88 F 4/13 M 6/21
ITASI4500813205GM 13 19 17 16 52 Moscato, Salvo
ITASI4500813206SM 18 16 19 15 50 Gangitano, Eugenio
ITASI4500813207 F 16 18 15 17 50 Prestìa, Angela
ITASI4500813208BM 13 18 16 14 48 Sanfilippo, Saverio
```

Auch das ist korrekt. Nun kann der Abbruch am Ende von `processCountryGroup()` deaktiviert werden:

```
#if TRACE_LL
   displayLinkedList(&N_School_LL);
// printf("\t Exit 100\n");
// exit(100);
#endif
```

12.5.5 Test mit einem umfangreichen Bestand

Dieser Test fand mit einem weit umfangreicheren Bestand statt, der mit den folgenden Sätzen zur Schulnummer `DEUBW00470811` beginnt.

```
DEUBW00470811 F 10 08 09 06 Leibel, Maria
DEUBW00470811 F 10 11 08 12 Russo, Antonella
DEUBW00470811 F 16 15 18 14 Rainig, Yvonne
```

Nach den Daten zu dieser Schule folgen die ersten Sätze zur zweiten Schule:

```
DEUBW07654321 F 14 10 13 10 Gerlang, Katja
DEUBW07654321 F 14 08 05 12 Schroedinger, Katharina
DEUBW07654321 F 15 18 18 15 Nenner, Ingrid
```

Der erste davon löst einen Gruppenwechsel im Rang 1-2 aus. Das Trace-Protokoll enthält dazu folgenden Abschnitt, der auch die zugehörige Link-Listen-Verarbeitung des ersten Schul-Eintrags zeigt:

```
 readSportsDS()
     sports_rec = DEUBW07654321 F 14 10 13 10 Gerlang, Katja

     Sports contest record
     country_code: DEU
     region_id: BW
     school_number: 07654321
```

```
    gender_code: F
    age: 14
    name: Gerlang, Katja
    sprint_points: 10
    jump_points: 13
    throw_points: 10
    rank_1_key: DDEU
    rank_1_2_key: DDEUBW07654321
    rank_1_3_key: DDEUBW07654321F
    rank_1_4_key: DDEUBW07654321F14

 == school results ==
    schools: 1
    F_age_groups: 4
    M_age_groups: 7
    F_pupils: 129
    M_pupils: 432
    school_points: 18794
    avg_s_p_100: 3350
    avg_s_p_int: 33
    avg_s_p_frac: 50
    RR04= DEUBW0047081104 Ø 33,50 F 4/129 M 7/432

buildLinkedList()

initializeLinkedList()

displayLinkedList()
    chain_top_index = 0
    chain_end_index = 0
    unique_values   = 1
    max_list_level  = 99
    entry_index = 0
    entry_value = 3350
    uplink      = -1
    downlink    = -1
    school ID & name = DEUBW00470811 Hölderlin-Gymnasium
    School address = 88214 Ravensburg, Baden-Württemberg, Deutschland
    School result = Ø 33,50 F 4/129 M 7/432
```

Beim nächsten Schulschlüssel-Wechsel verhält sich das Programm ähnlich. Es fügt aber nun den Eintrag zur 2. Schule der nationalen Link-Liste hinzu, da deren Durchschnittswert niedriger ist.

```
 == school results ==
    schools: 2
    F_age_groups: 5
    M_age_groups: 6
```

```
    F_pupils: 305
    M_pupils: 364
    school_points: 19201
    avg_s_p_100: 2870
    avg_s_p_int: 28
    avg_s_p_frac: 70
    RR04= DEUBW0765432104 Ø 28,70 F 5/305 M 6/364

buildLinkedList()
    last entry_value = 3350
    1st entry_value = 3350

addOther_LL_Entry(): new_value = 2870
    crt_i = 0, nxt_i = -1

displayLinkedList()
    chain_top_index = 0
    chain_end_index = 1
    unique_values   = 2
    max_list_level  = 99
    entry_index = 0
    entry_value = 3350
    uplink      = -1
    downlink    = 1
    school ID & name = DEUBW00470811 Hölderlin-Gymnasium
    School address = 88214 Ravensburg, Baden-Württemberg, Deutschland
    School result = Ø 33,50 F 4/129 M 7/432
    entry_index = 1
    entry_value = 2870
    uplink      = 0
    downlink    = -1
    school ID & name = DEUBW07654321 Paul-Klee-Realschule
    School address = 70565 Stuttgart, Baden-Württemberg, Deutschland
    School result = Ø 28,70 F 5/305 M 6/364
```

So geht es bis zum Land-Wechsel weiter. Diesen löst folgender erster Satz aus:

```
ESPAN02785491 F 12 14 14 13 Cortelho, Luisa
```

Im Protokoll sieht das so aus:

```
readSportsDS()
    sports_rec = ESPAN02785491 F 12 14 14 13 Cortelho, Luisa

    Sports contest record
    country_code: ESP
    region_id: AN
```

12

```
    school_number: 02785491
    gender_code: F
    age: 12
    name: Cortelho, Luisa
    sprint_points: 14
    jump_points: 14
    throw_points: 13
    rank_1_key: DESP
    rank_1_2_key: DESPAN02785491
    rank_1_3_key: DESPAN02785491F
    rank_1_4_key: DESPAN02785491F12

 == school results ==
    schools: 5
    F_age_groups: 7
    M_age_groups: 8
    F_pupils: 642
    M_pupils: 583
    school_points: 38330
    avg_s_p_100: 3128
    avg_s_p_int: 31
    avg_s_p_frac: 28
    RR04= DEUNW0001705004 Ø 31,28 F 7/642 M 8/583
[…]
 displayLinkedList()
    chain_top_index = 3
    chain_end_index = 0
    unique_values   = 4
    max_list_level  = 99
    entry_index = 3
    entry_value = 3432
    uplink      = -1
    downlink    = 2
    school ID & name = DEUHE00223344 Immanuel Kant Gymnasium
    School address = 60322 Frankfurt am Main, Hessen, Deutschland
    School result = Ø 34,32 F 6/451 M 6/562
    entry_index = 2
    entry_value = 3365
    uplink      = 3
    downlink    = 0
    school ID & name = DEUBY00123456 Ludwig-Thoma-Gymnasium
    School address = 86899 Landsberg am Lech, Bayern, Deutschland
    School result = Ø 33,65 F 4/372 M 6/522
    entry_index = 0
    entry_value = 3350
    uplink      = 2
    downlink    = -1
```

```
school ID & name = DEUBW00470811 Hölderlin-Gymnasium
School address = 88214 Ravensburg, Baden-Württemberg, Deutschland
School result = Ø 33,50 F 4/129 M 7/432
```

Danach übernimmt das Programm die nationalen Gewinner-Schulen in die internationale Liste. Im Protokoll steht:

```
displayLinkedList()
    chain_top_index = 0
    chain_end_index = 2
    unique_values   = 3
    max_list_level  = 99
    entry_index = 0
    entry_value = 3432
    uplink      = -1
    downlink    = 1
    school ID & name = DEUHE00223344 Immanuel Kant Gymnasium
    School address = 60322 Frankfurt am Main, Hessen, Deutschland
    School result = Ø 34,32 F 6/451 M 6/562
    entry_index = 1
    entry_value = 3365
    uplink      = 0
    downlink    = 2
    school ID & name = DEUBY00123456 Ludwig-Thoma-Gymnasium
    School address = 86899 Landsberg am Lech, Bayern, Deutschland
    School result = Ø 33,65 F 4/372 M 6/522
    entry_index = 2
    entry_value = 3350
    uplink      = 1
    downlink    = -1
    school ID & name = DEUBW00470811 Hölderlin-Gymnasium
    School address = 88214 Ravensburg, Baden-Württemberg, Deutschland
    School result = Ø 33,50 F 4/129 M 7/432
```

Die Reihenfolge der Schulen ist dieselbe geblieben, aber die Eintrags-Indizes und folglich die Verkettungen sind neu.

Im selben Stil geht es weiter bis zum EOF. Nun stehen auch die internationalen Gewinner fest:

```
displayLinkedList()
    chain_top_index = 3
    chain_end_index = 5
    unique_values   = 6
    max_list_level  = 99
    entry_index = 3
    entry_value = 3674
    uplink      = -1
    downlink    = 4
```

12

```
school ID & name = ESPAN02785491 Instituto Federico García Lorca
School address = 18000 Granada, Andalucia, España
School result = Ø 36,74 F 3/273 M 3/481
entry_index = 4
entry_value = 3665
uplink       = 3
downlink     = 5
school ID & name = FRA5300112765 Licée Paul Signac
School address = 35800 Saint-Briac-sur-Mer, Bretagne, France
School result = Ø 36,65 F 5/284 M 7/462
entry_index = 5
entry_value = 3575
uplink       = 4
downlink     = -1
school ID & name = ITALI83007852 Liceo Scientifico Galileo Galilei
School address = 18100 Imperia, Liguria, Italia
School result = Ø 35,75 F 3/147 M 5/321
```

`displaySchoolWinners()` gibt die Liste der internationalen Gewinner mit Unterstützung durch `completeSchoolSpoRes()` so aus, wie im Kapitel „9.1.2 Ausgabe-Format" auf Seite 193 ff definiert. Somit ergibt die Kontrolle der Trace- und Datei-Ausgaben anhand der Spezifikation eine vollständige Übereinstimmung.

12.5.6 Bewertung der Tests

Mit dem oben dargestellten Vorgehen können auch weit größere und komplexere Programme überprüft werden, wobei die Trace-Intensität stufenweise verringert oder auf kritische Bereiche fokussiert werden muss, damit die Protokolle nicht allzulang werden. Nach dem Durchlaufen des Gesamttests anhand aller spezifizierten Datenkonstellationen sollte auch die Pfadüberdeckung 100% erreichen oder diesem Ziel sehr nahe kommen. Nur in Sonderfällen ohne nennenswertes Schadenspotential, die sich im laufenden Betrieb kaum simulieren lassen, kann anhand des Tests analoger Fehlersituationen – vorerst – auf die sonderfall-spezifischen Tests verzichtet werden. Ganz wichtig ist es, aussagekräftige Fehlermeldungen zu erzeugen, da sonst die Fehlersuche extrem schwierig werden kann.

Beim Testen von Programmen, die mit der JSP-Methode entwickelt wurden, kommt es durchaus vor, dass sich rasch keinerlei Fehler mehr nachweisen lassen. Das sollte aber nicht dazu verführen, allzu leicht auf Fehlerfreiheit zu schließen. So schien auch EvaluateSportsDS nach wenigen banalen Korrekturen schon fehlerfrei zu sein. Das traf aber keineswegs zu. Das Einketten eines neuen Eintrags bei voller unterer Link-Listen-Array-Hälfte lieferte falsche Indexwerte, weil die Operation 50 ursprünglich *nach* der Schleife „search MV entries" angeordnet war. Somit basierten die Suche und die Indexzuweisungen auf den alten Werten, die nach der Operation 50 nicht mehr galten. Das ist ein typisches Beispiel für ein verstecktes Fehlverhalten des Programms, das mit Black-Box-Tests nur zufällig – wenn überhaupt – aufgedeckt werden kann.

12.6 Laufergebnisse

Um das Programm mit halbwegs realen Daten zu testen, wurde aus den explizit genannten Vorgaben im Kapitel „9.1 Der Internationale Schulsportwettbewerb" auf Seite 188 ff und aus Fülldaten ein relativ umfangreicher Testbestand aufgebaut. Die Fülldaten dienten sowohl dazu, die geforderten Satzanzahlen in den Gender- und Age-Gruppen zu erreichen als auch die Durchschnittszahlen zu erzeugen. Ausserdem wurden weitere – erfundene – Schulen und einige Sport-Ergebnissätze dafür hinzugefügt, um die Listen der nationalen und internationalen Gewinner wie gewünscht vollständig zu erzeugen.

Die Laufzeit des Programms auf einem MacBook Pro mit einem 2,2-GHz-Prozessor lag so weit unter einer Sekunde, dass es nicht als sinnvoll erschien, sie zu messen.

Der Fall, dass in einem Land weniger als 4 Schulen teilnehmen, wurde ebenfalls erfolgreich getestet. Er führte zu folgendem Laufprotokoll:

```
=============================
Evaluate Sports DS Statistics
=============================
Countries                  04
Schools                   012
Sports contest records 006396
School records           0036
Sports result records    0112
=============================
```

Endnoten

1 **Wrack der Maheno**
Im Jahr 1935 lief an der Ostküste der Insel der ehemalige Luxusliner S.S. Maheno während eines für die Jahreszeit untypischen Zyklons auf Grund. Die Maheno sollte in Japan verschrottet werden und wurde dazu von einem kleineren Schiff gezogen. Um den Strömungswiderstand zu verringern, hatte man der Maheno Schrauben und Ruder ausgebaut, wodurch sie in dem Sturm nicht mehr selbst manövrieren konnte. Versuche, das gestrandete Schiff loszubekommen, scheiterten. In den ersten Jahren wurde die Maheno von den Bewohnern der Insel unter anderem für Hochzeiten und Feste genutzt. Später diente sie der Royal Australian Air Force (RAAF) als Zielobjekt. Heute sind nur noch die oberen Decks des Schiffes sichtbar.
[Wikipedia-Seitentitel: Fraser Island
Datum der letzten Bearbeitung: 23. März 2022, 10:33 UTC
Versions-ID der Seite: 221421156
Permanentlink: https://de.wikipedia.org/w/index.php?title=Fraser_Island&oldid=221421156
Datum des Abrufs: 15. Juni 2022, 12:20 UTC]

2 [Anmerkung d. A.: T/TAL-Subprozeduren können nur innerhalb von Prozeduren definiert und aufgerufen werden. Sie ermöglichen somit eine weitergehende Kapselung analog zu Methoden, die als private deklariert sind.]

3 [Seitentitel: kompliziert
Autor(en): Wiktionary-Bearbeiter
Herausgeber: Wiktionary, Das freie Wörterbuch.
Zeitpunkt der letzten Bearbeitung: 21. März 2022, 15:39 UTC
Datum des Abrufs: 15. Juni 2022, 12:25 UTC
Permanente URL: https://de.wiktionary.org/w/index.php?title=kompliziert&oldid=9133947
Versionskennung: 9133947]

4 [Wikipedia-Seitentitel: Komplexität
Datum der letzten Bearbeitung: 2. Juni 2022, 15:57 UTC
Versions-ID der Seite: 223379216
Permanentlink: https://de.wikipedia.org/w/index.php?title=Komplexit%C3%A4t&oldid=223379216
Datum des Abrufs: 15. Juni 2022, 12:35 UTC]

5 [Wikipedia-Seitentitel: Paretoprinzip
Datum der letzten Bearbeitung: 30. November 2021, 14:14 UTC
Versions-ID der Seite: 217735793
Permanentlink: https://de.wikipedia.org/w/index.php?title=Paretoprinzip&oldid=217735793
Datum des Abrufs: 15. Juni 2022, 12:46 UTC]

6 [Wikipedia-Seitentitel: Kognitive Dissonanz
Datum der letzten Bearbeitung: 6. Juni 2022, 19:51 UTC
Versions-ID der Seite: 223490551
Permanentlink: https://de.wikipedia.org/w/index.php?title=Kognitive_Dissonanz&oldid=223490551
Datum des Abrufs: 15. Juni 2022, 12:50 UTC]

7 **Frederick Phillips Brooks, Jr.** (* 19. April 1931 in Durham, North Carolina, USA) ist ein US-amerikanischer Informatiker. Bekannt wurde Brooks zunächst als Verantwortlicher für die Entwicklung des OS/360 bei IBM und später für die ehrliche Beschreibung des Entwicklungsprozesses in seinem Buch The Mythical Man-Month [...]. Dieses Buch enthält auch eine viel zitierte Aussage, die als Brooks'sches Gesetz bekannt wurde:
"Adding manpower to a late software project makes it later."
[Wikipedia-Seitentitel: Frederick P. Brooks
Datum der letzten Bearbeitung: 29. April 2022, 07:03 UTC
Versions-ID der Seite: 222457599

Permanentlink: https://de.wikipedia.org/w/index.php?title=Frederick_P._Brooks&oldid=222457599
Datum des Abrufs: 16. August 2022, 16:07 UTC]

08/2014 Schmetterling auf Ginster bei Imperia (Ligurien)

Band 1 | **Kapitel 13**

OO-Vorbereitungen für EvaluateSportsDS

Wenn eine Raupe, so interessant sie auch aussehen mag, sich in einen Schmetterling verwandelt, dann sind wir Menschen davon zutiefst berührt. Nur wenige Tiere vermögen uns ebenso zu entzücken, und kein anderes tut das auf so spielerisch-anmutige Weise. Die Metamorphose von der Raupe zum Schmetterling bedeutet einen tiefgreifenden Umbau, nach dem die äußere Gestalt völlig verändert ist, während die inneren Organe weitgehend dieselben bleiben. Es ist zwar ein wenig kühn, die Migration der algorithmischen Version von EvaluateSportsDS in die dazu komplementäre objektorientierte Version mit der Raupe-Schmetterlings-Metamorphose zu vergleichen, aber auch hier liegt ein beträchtlicher Gestaltwandel vor, bei dem die „inneren Organe" – also die Programmstruktur, die Operationen und die Kontrollen – erhalten bleiben. Dem Auge des Betrachters oder der Betrachterin bleibt hierbei allerdings überlassen, ob damit ein Zugewinn an Schönheit einhergeht...

13.1 Das Schwierigste zuerst

Inzwischen kennen Sie schon das Verfahren, wie aus dem datenorientierten Entwurf nach und nach eine objektorientierte Implementierung abgeleitet wird. Es wäre aber nicht angemessen, hierbei einfach schematisch vorzugehen, also mit einer Aufzählung der eventuell zu kapselnden Daten und dazu passender Methoden zu beginnen, eine grobe Aufteilung der Programmstruktur in Zuständigkeitsgebiete vorzunehmen und nach der Lösung von Einzelfragen zur Tat zu schreiten. Dabei besteht nämlich die Gefahr, deutlich zu spät festzustellen, dass der ursprüngliche Ansatz unbrauchbar oder zumindest sehr kompliziert ist. Um die Umsetzung möglichst „natürlich" vorzunehmen (wobei das Verständnis von „Natürlichkeit" in der IT so unnatürlich ist, dass es einer eigenen Abhandlung dazu bedürfte), müssen die erkennbar schwierigen Passagen des objektorientierten Entwurfs vorab geklärt werden. Die eher harmlosen Details, die dann noch bleiben, fügen sich anschliessend besser in das Gesamtbild ein, ja können sogar möglicherweise eleganter als sonst eingebunden werden.

13

Welche Schwierigkeiten, verglichen mit der Java-Implementierung von SonnetAnalysis und der C-Implementierung von EvaluateSportsDS, kommen denn im vorliegenden Fall auf uns zu?

- Bisher ist die Klasse `FileService` darauf beschränkt, nur eine Eingabedatei und eine Ausgabedatei zu unterstützen. EvaluateSportsDS hat aber zwei Eingabedateien. Wenn wir schon dabei sind, die Eingabeseite zu generalisieren, können wir das auch auf der Ausgabeseite tun und uns so bei künftigen Beispielen mit Datei-I/Os die öde Wiederholung des File Service Code ersparen.
- Die in der C-Lösung gewählte Rangschlüsselkonstruktion widerspricht objektorientierten Prinzipien. Allein schon die Hinzunahme einer weiteren Rangstufe, etwa weil irgendwann auch regionsbezogene Ergebnisse erzeugt werden sollen, wäre mit unverhältnismäßig vielen Änderungen an Stellen verbunden, die damit gar nichts zu tun haben. Es ist also sinnvoll, hier eine andere Strukturierung vorzunehmen – aber welche?
- Ein weiteres potentielles Ärgernis ist die „handgestrickte" Link-Listen-Logik. Java bietet eine eigene Containerstruktur für Link-Listen an, von der hier unbedingt Gebrauch gemacht werden sollte.
- Die Nutzungsformen der Link-Listen stimmen teilweise überein, zum Beispiel hinsichtlich des Umgangs mit den Punktsummen respektive ihren Durchschnittswerten und den daraus abgeleiteten Listenpositionen, unterscheiden sich aber völlig hinsichtlich der Teilnehmerdaten für Schüler oder für Schulen. Da C keine Polymorphie kennt, blieb letztlich keine andere sinnvolle Wahl, als beide Datenarten in derselben Struktur

parallel zu führen und damit sowohl Speicherplatz zu verschenken als auch unschöne Fallunterscheidungen zu erzwingen. Das lässt sich objektorientiert weit besser lösen.

Die Generalisierung der File-Services passt nicht gut in den Anwendungskontext. Daher ist ihr das Kapitel „14 File Services" auf Seite 425 ff gewidmet. Von den verbleibenden drei Punkten gehören die beiden letzten zusammen. Es handelt sich folglich um zwei Gebiete, auf denen eine zufriedenstellende Lösung für die Anwendung erarbeitet werden muss, bevor wir uns dem OO-Gesamtentwurf widmen können. Diesen Gebieten wenden sich die folgenden Unterkapitel zu.

13.2 Rangschlüssel als Objekte

Rangschlüsselvergleiche wurden eingeführt, um die – beispielsweise in der „Abbildung 9.1: Datenstruktur der Sportwettbewerbs-Eingabedaten" auf Seite 191 definierten – kumulativen Iterationskontrollen auf Ranggruppenwechsel beziehungsweise Dateiende durch eine technisch elegantere Vergleichsform abzulösen. Es handelt sich also nicht um eine fachlich zwingend erforderliche Maßnahme, die in einer OO-Implementierung ebenfalls unumgänglich wäre. Gleichwohl spricht vieles dafür, die zweigleisige Speicherung der einzelnen Rangschlüsselattribute und der daraus abgeleiteten konkatenierten Schlüssel beizubehalten. Sie trägt eindeutig zur Eleganz der Problemlösung bei und ist auch bei Änderungen sehr nützlich.

Allerdings, wie schon eingangs kritisiert wurde, kann die C-Realisierung der Rangschlüssel kein Vorbild für den OO-Entwurf sein. Eine daraus 1:1 abgeleitete Klasse würde es nicht ermöglichen, nur die jeweils rangschlüsselspezifischen Attribute für den Alt-Neu-Vergleich zu klonen, ohne eine Serie von Abfragen in die Kopiermethode aufzunehmen. Das riecht stark nach Umgehung einer möglichen Polymorphie. Andererseits drängen sich sofort Zweifel auf, weil Polymorphie nur dann korrekt implementiert werden kann, wenn die „Ist eine Art von"-Beziehung zwischen der Basisklasse und ihren abgeleiteten Klassen gilt, bei mehrstufiger Ableitung entsprechend innerhalb der dadurch entstehenden Hierarchie:

- Ist ein Rang-1-2-Schlüssel eine Art von Rang-1-Schlüssel (im Sinn der OO-Vererbungsregeln), oder ist er es nicht?
- Ist ein Rang-1-3-Schlüssel eine Art von Rang-1-2-Schlüssel oder nur eine Art von Rang-1-Schlüssel, stehen also die eigentlich hierarchisch geschachtelten Rangschlüssel aus OO-Sicht in einer echten `super-sub`-Beziehung, oder stehen sie nebeneinander unter der Klasse „Rang-1-Schlüssel"?
- Haben die Rangschlüssel und ihre Einzelattribute überhaupt Methoden, die sie voneinander erben können, ohne sie sofort überschreiben zu müssen?
- Werden die Einzelattribute der Rangschlüssel in den zu entwerfenden Klassen redundant geführt?

Bei genauerer Betrachtung sind die konkatenierten Rangschlüssel gar nicht so unfachlich, wie das anfangs erscheint. Es handelt sich zwar bei der Konkatenation mit dem `readStatus` um eine technisch sinnvolle Idee, aber das ist nicht alles. Es ist ja kein Zufall, dass es überhaupt möglich und sinnvoll ist, die Einzelattribute zu konkatenieren. Das hat Gründe, die über die Froschperspektive der EvaluateSportsDS-Aufgabe hinausgehen. Sie kommen aus der Datenmodellierung.

13.2.1 Entity Relationship-Modellierung kontra Rang-Sicht

Stellen wir uns einmal vor, die EvaluateSportsDS-Eingabedaten mit den einzelnen Wettbewerbsergebnissen kämen gar nicht aus einer Datei, sondern aus einer Datenbank. Eine solche Datenbank, die beispielsweise aus relationalen Tabellen besteht, wird zuerst sorgfältig modelliert und dann erst angelegt. Das erspart nicht nur viel Ärger, den man sich mit Ad-Hoc-Konstruktionen rasch einhandelt, sondern dient auch dazu, rechtzeitig eine Reihe von wichtigen Fragen zu klären, bevor es dafür zu spät ist und ein hoher Preis in Form von Mehraufwand oder gar eines scheiternden Projekts bezahlt werden muss.

Eine bewährte Modellierungsmethode bedient sich der Entity Relationships. Das bedeutet, dass sogenannte Entity Relationship Diagrams (ERD) gezeichnet werden, in denen die zu modellierenden Daten und ihre gegenseitigen Beziehungen grafisch dargestellt werden. Moderne ERD-Tools unterstützen nicht nur diese Modellierung, sondern prüfen auch, ob die dafür geltenden Regeln eingehalten werden. Aus diesen Modellen können auf Wunsch DDL-Statements generiert werden (DDL = Data Definition Language). Das ausgewählte relationale Datenbanksystem (Relational Data Base Management System = RDBMS) setzt diese Statements – meist nach kleinen manuellen Anpassungen – in neue Tabellen und Indizes (und in andere Datenbankobjekte) um. In den Tabellen werden die Daten der Anwendungen gespeichert.

Die folgende Grafik zeigt eine mögliche Modellierung für den internationalen Schulsportwettbewerb:

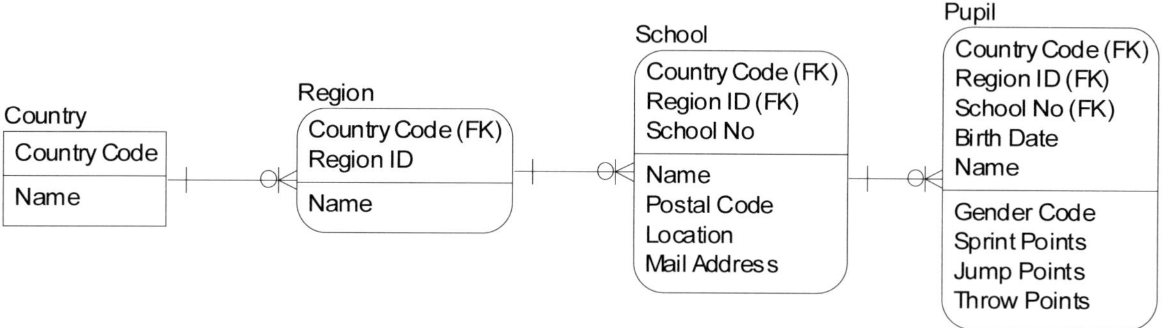

Abbildung 13.1: *Intuitives Entity Relationship-Diagramm für den Schulsportwettbewerb*

Die Entitäten heissen hier Country, Region, School und Pupil. Zwischen ihnen besteht jeweils eine 1:cn-Beziehung (One-to-Zero-One-or-More), das heißt,

- ein Land ohne Region(en) ist zwar möglich, aber es steht allein, da die Entitäten School und Pupil von der Existenz ihrer Region abhängen – in diesem Fall ist es für uns uninteressant
- ein Land hat normalerweise mindestens eine oder mehrere Regionen (wenn es ein kleines Land wie Liechtenstein ist, bekommt es eine pro-forma-Region)
- eine Region ohne Schulen steht ebenfalls allein und ist für uns irrelevant
- eine Region hat im Allgemeinen eine oder mehrere teilnehmende Schulen
- eine Schule ohne Schüler ist auch möglich, (nicht nur) für unsere Zwecke aber sinnlos
- eine Schule hat meist viele Schüler

Das „1-Ende" einer Relation ist durch den senkrechten Strich markiert, das n-Ende durch den „Krähenfuß", und die Optionalität durch das kleine o. Dies ist nur eine von mehreren möglichen Darstellungsformen dieser Relation in ERDs, aber wir werden uns mit den anderen möglichen Formen in dieser Buchreihe nicht befassen. Dasselbe gilt für die grafische Gestaltung der Entitätskästchen.

Die identifizierenden Attribute der Entitäten (Primary Keys) sind jeweils oberhalb des Trennstrichs genannt; unterhalb stehen die beschreibenden – nicht-identifizierenden – Attribute. Wir gehen hier davon aus, dass die

Land-, Regions- und Schulnamen, sowie der Schulort (Location) in der jeweiligen Landessprache gespeichert werden sollen. Die Bestandteile der Attributnamen könnten auch etwa durch Unterstriche miteinander verbunden werden, was aber hier nicht als passend – und als sehr technisch – erscheint.

Da wir uns hier hauptsächlich für die Rangschlüssel interessieren, ist eine nähere Beschäftigung mit den vielseitigen Möglichkeiten der Entity Relationship-Modellierung an dieser Stelle nicht sinnvoll. Wer sich dafür interessiert, findet in der einschlägigen Literatur zahlreiche weitere Regeln, Beispiele und Erläuterungen. Die Komplexität von ER-Modellen kann überaus beachtlich sein, und ihre Implementierung ist es erst recht.

Bei genauer Betrachtung des Modells fallen einige Aspekte auf:

- Der Regionsname und das Geburtsdatum kommen in den Dateien des Schulsportwettbewerbs nicht vor.
  - Der Regionsname gibt der Region ID eine Bezeichnung. Wer weiß schon auswendig, dass die italienische Region Apulien den Regionscode PU[1] (für „Puglia") hat? Solche Gedächtnisstützen erleichtern die Arbeit mit einem Anwendungssystem.
  - Die Ergebnis-Eingabe enthält pro Satz das Alter des jeweiligen Schülers, nicht dessen Geburtsdatum. Da eine der Prämissen für die Ergebnisauswertung in der Zusammenfassung nach gleichaltrigen Gruppen besteht, wäre es verkehrt, anstelle des Alters das Geburtsjahr zu verwenden, da nicht alle Menschen am 1. Januar geboren werden. Ausserdem ist das Alter keine langfriststabile Angabe. Wenn wir das Alter zum Schlüsselattribut und das Geburtsdatum zum beschreibenden Attribut von Pupil machen, müssen an jedem Tag die Zeilen der jeweiligen Geburtstagskinder aktualisiert werden.
  - Beim Auslesen der Daten und dem Aufbauen der beiden Eingabedateien müssten also sowohl der Regionsname ignoriert als auch das aktuelle Alter jedes Schülers berechnet werden.
  - Das Modell bezieht sich ausschließlich auf den Schulsportwettbewerb. Daher wurden nur wenige beschreibende Attribute definiert, und es gibt keine jahresübergreifende Historie. In einer realen internationalen Applikation wären natürlich weit mehr Attribute, Relationen und Entitäten erforderlich.
- Jede abhängige Entität – mit gerundeten Ecken – erbt die Primärschlüsselattribute derjenigen Entität, von der sie abhängig ist. Diese Attribute sind mit FK (= Foreign Key = Fremdschlüssel) markiert. Ausserdem kommt wegen der 1:n-Relation jedesmal mindestens ein weiteres Schlüsselattribut hinzu. Daher wird der Primärschlüssel von Region bis Pupil immer länger, was technisch nicht erwünscht ist, sich aber nicht leicht vermeiden lässt[2]. Die Reihenfolge der Schlüsselattribute ist aus relationaler Sicht eigentlich beliebig. Die technischen Performance-Zwänge bei der Tabellen- und Index-Implementierung in einem RDBMS legen es aber nahe, in einer hierarchischen Abhängigkeitsbeziehung stets dieselbe Abfolge zu wahren.
- Der postalische Zustellcode und die Ortsbezeichnung sind in zwei Attributen enthalten, obwohl sie in den Schul-Daten zusammen auftreten. Hier liegt ein potentieller Konflikt vor, weil die Ortsbezeichnung normalerweise den Zustellcode impliziert. Im deutschen Postleitzahlensystem kommt es allerdings darauf an, ob es sich um eine größere Stadt oder um einen kleineren Ort respektive eine Landgemeinde handelt. Grundsätzlich muss aber der Zustellcode dem Ort zugeordnet sein, darf also nicht ein ganz anderes Gebiet verschlüsseln.
- Recht ungünstig ist es, dass der Schüler-Name als Primärschlüsselbestandteil auftaucht. Das ist ja nicht nur ein variabel langes Attribut mit zahlreichen Stellen, was technisch nicht empfehlenswert ist, sondern hat auch zusätzliche Nachteile:
  - Mehrere Schüler(innen) können denselben Namen haben (aber kaum dasselbe Geburtsdatum).

---

1 Die „Agenzia delle Entrate", die italienische Steuerbehörde, ordnet Apulien den Regionscode 14 zu. Solche Codes kann sich vermutlich niemand merken…

2 Hierfür wären sogenannte Kunstschlüssel – eigentlich: künstliche Schlüssel = artificial keys – erforderlich, deren Vergabe und effiziente Nutzung eine eigene Kunst ist…

- Die Namen sind ebenfalls nicht langzeitstabil. Durch Adoption, frühe Eheschließung oder aus anderen Gründen könnten Änderungen erforderlich werden. Die zusätzliche Speicherung des Geburtsnamens ist bei Adoption / Heirat auch keine Lösung, weil ein solcher Schüler-Eintrag auf jeden Fall seinen Primärschlüssel und damit seine Identität wechselt. Was wird dann aus der Zugehörigkeit zu bestimmten Lerngruppen, der Historie früherer Zeugnisnoten etcetera? Hier Kontinuität zu wahren, könnte ganz schwierig werden.
- Innerhalb derselben Altersgruppe kann durchaus derselbe Name mehrfach auftreten, auch wenn das selten geschieht. Die am Wettbewerb teilnehmenden Schülen müssten solche Namen eindeutig machen, zum Beispiel durch Angabe weiterer Vornamen.
- Daher wäre es sinnvoll, anstelle von Name und Geburtstag beispielsweise eine Schülernummer als Schlüsselattribut zu verwenden. Die beiden „degradierten" Attribute werden aber weiterhin benötigt, und die Frage der Namenskontinuität bleibt auch bestehen.

Aus dem letzten Aspekt folgt eine leichte Veränderung des Modells:

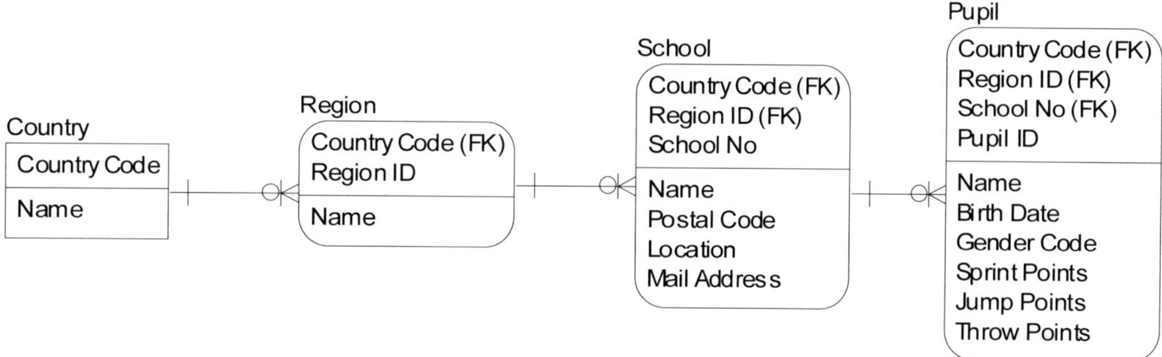

Abbildung 13.2: *Verbessertes Entity Relationship-Diagramm für den Schulsportwettbewerb*

13

Es ist also keineswegs zwingend, dass die bei der Datenbankmodellierung verwendeten Schlüssel auch als Sortiermerkmale in den Eingabedateien Verwendung finden. Wenn wir die Schüler-Namen ausklammern, so bestehen diese Sortiermerkmale aus den Rangschlüsseln. Primärschlüssel und Rangschlüssel müssen also nicht deckungsgleich sein, obwohl sie es oft sind.

13.2.2 OO-Modellierung der Rang-Sicht

Damit kehren wir zu unserem Ausgangspunkt zurück. Stehen die Rangschlüssel zueinander vertikal – also hierachisch – oder horizontal – nebeneinander unter dem Rang-1-Schlüssel – in einer „Ist eine Art von"-Beziehung?

Zumindest soviel können wir aus dem Datenmodell ableiten: *Klassen* namens `Country`, `Region`, `School` oder `Pupil`, welche dieselben Attribute wie die Entitäten enthalten, haben keine gemeinsame Basisklasse und unterhalten auch untereinander nicht diese Beziehung. Sie modellieren unterschiedliche Sachverhalte, die nicht miteinander eng verwandt sind. Die Kumulierung der Primärschlüssel begründet allein keine Klassenhierarchie.

Das gilt aber nicht zwingend für die Rangschlüssel selbst. Im Kontext ihrer Aufgabe stehen sie nicht für diese ganz unterschiedlichen Klassen beziehungsweise Entitäten, sondern für ein abstraktes Gliederungskonzept. Daher lohnt es sich, hier nicht stehenzubleiben.

Nach einigen Experimenten und unwirschen Compiler-Reaktionen entstand aus dieser Vorgabe die in der „Abbildung 13.3: Klassendiagramm der – konkatenierten – Rangschlüssel, -Attribute und -Methoden" auf Seite 360 gezeigte Klassenstruktur.

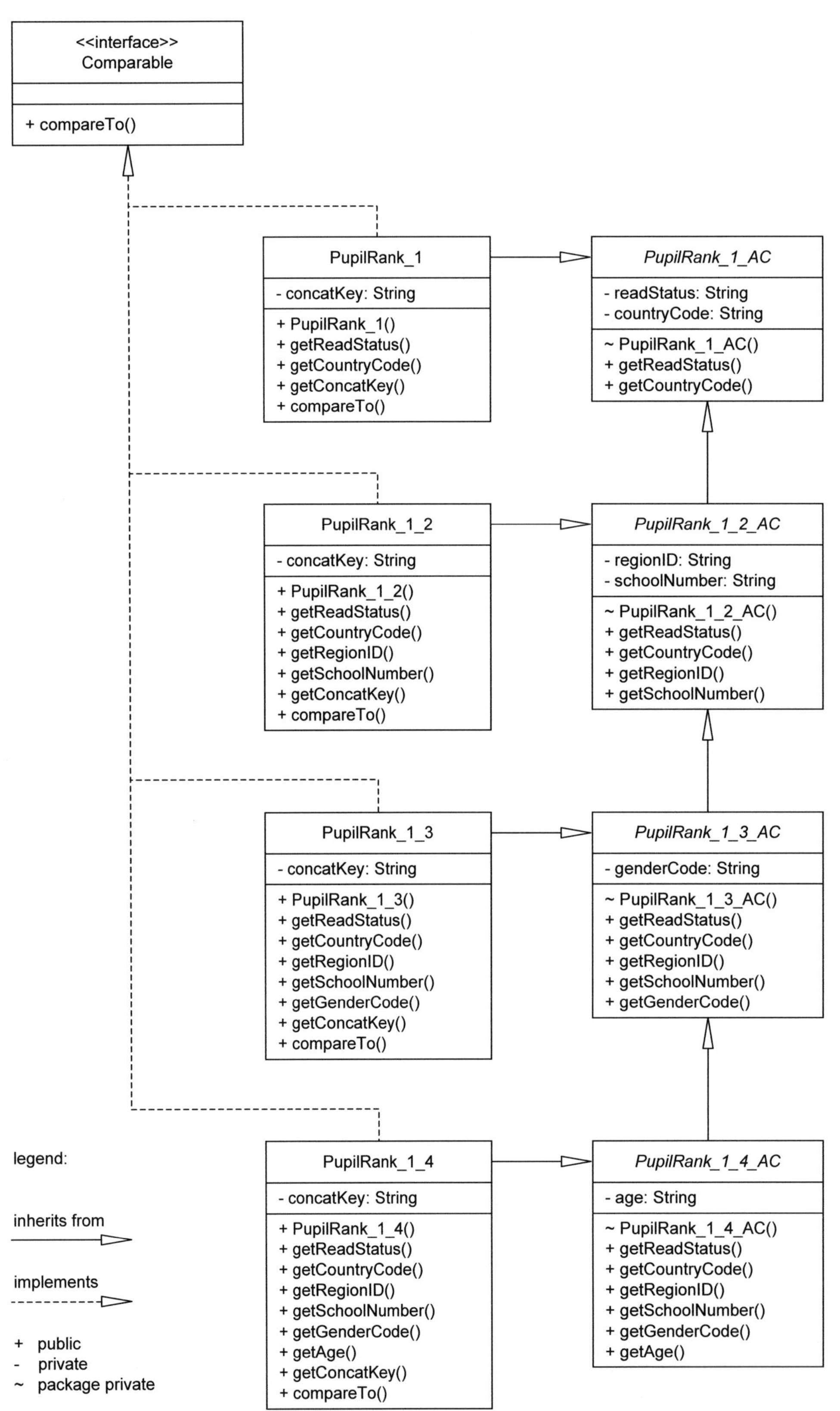

Abbildung 13.3: *Klassendiagramm der – konkatenierten – Rangschlüssel, -Attribute und -Methoden*

Auf der rechten Seite sehen wir eine Hierarchie abstrakter Schüler-Rangschlüsselklassen (abstract class = AC), welche die jeweils rangstufenspezifischen – privaten – Einzelattribute aufnimmt. Von oben nach unten wachsen dadurch den Rangstufen schrittweise neue Attribute zu. Links befinden sich die implementierten Klassen, welche die Methoden von der jeweils rechts stehenden Klasse erben und jedesmal den – privaten – Rangschlüssel concatKey hinzunehmen, der sich aus den kumulierten Einzelattributen zusammensetzt. Jede dieser Klassen besitzt ausserdem zusätzlich eine Get-Methode für concatKey und eine `compareTo()`-Methode für die Rangschlüsselvergleiche.

Die implementierten Klassen stehen zugleich in einer Implements-Beziehung zum Comparable-Interface. Damit erfüllen sie die Bedingungen, die für einen Objektvergleich hinsichtlich der Rangschlüssel seitens einer fremden Klasse gestellt werden müssen.

Diese Konstruktion ist weit aufwendiger als die simplen COBOL-, REXX- oder C-Modelle für die Rangstufen respektive deren konkatenierte Schlüssel. Sie erfüllt aber sämtliche Anforderungen aus OO-Sicht. Die weiter oben gestellten Fragen können wie folgt beantwortet werden:

- Ist ein Rang-1-2-Schlüssel eine Art von Rang-1-Schlüssel (im Sinn der OO-Vererbungsregeln), oder ist er es nicht?

  Antwort: Die abstrakten Klassen und ihre „implementierten Erben" stehen sämtlich in der „Ist eine Art von"-Beziehung. Alle Operationen, die auf eine AC-Klasse angewendet werden können, gelten auch für die von ihr abhängigen Klassen, egal ob abstrakt oder implementiert. Somit sind beispielsweise die Einzelattribut-Get-Methoden auf jeder Rangebene – für die bis dahin kumulativ aufgebaute Attributmenge – uneingeschränkt nutzbar.

  Beachten Sie bitte auch, dass die Klassen Rangnamen haben, keine Rangschlüsselnamen. Der Rang-1-2-Schlüssel heisst wie die anderen Rangschlüssel concatKey (= concatenated key) und ist ein `String`, keine Rangschlüsselklasse. Daher muss die Frage leicht umformuliert werden: Ist ein Rang-1-2 eine Art von Rang-1 (im Sinn der OO-Vererbungsregeln), oder ist er es nicht?

  Die Antwort ist ja für die abstrakten Klassen und nein für die implementierten Klassen, da zwischen letzteren keine Vererbungsbeziehungen existieren.
- Ist ein Rang-1-3-Schlüssel eine Art von Rang-1-2-Schlüssel oder nur eine Art von Rang-1-Schlüssel, stehen also die eigentlich hierarchisch geschachtelten Rangschlüssel aus OO-Sicht in einer echten `super-sub`-Beziehung, oder stehen sie nebeneinander unter der Klasse „Rang-1-Schlüssel"?

  Antwort: Diese Frage muss jetzt lauten: „Ist ein Rang-1-3 eine Art von Rang-1-2 oder nur eine Art von Rang-1, stehen also die eigentlich hierarchisch geschachtelten Rangschlüsselklassen aus OO-Sicht in einer echten `super-sub`-Beziehung, oder stehen sie nebeneinander unter der Klasse Rang-1?"

  Für Rang-1-3 – und Rang-1-4 – gilt analog dasselbe wie für Rang-1-2. Die abstrakten Klassen erfüllen die Beziehung, während die implementierten Klassen ebenfalls – hierarchisch gesehen – neben der Klasse „Rang-1" stehen.
- Haben die Rangschlüssel und ihre Einzelattribute überhaupt Methoden, die sie voneinander erben können, ohne sie sofort überschreiben zu müssen?

  Antwort: Auch diese Frage muss leicht umformuliert werden: „Haben die Rangschlüsselklassen und ihre Einzelattribute…". Wie leicht zu sehen ist, gibt es hier kein Problem. Es ist nicht erforderlich, geerbte Methoden zu überschreiben.
- Werden die Einzelattribute der Rangschlüssel in den zu entwerfenden Klassen redundant geführt?

  Das ist in der Tat der Fall. Da nur von den implementierten Klassen später Objekte erzeugt werden können, bezieht sich die Frage allein auf sie. Die „Abbildung 13.4: Modell der Speicherung von Rangschlüssel-Attributen und -Strings" auf Seite 362 zeigt, wie man sich die physische Speicherung der Attribute vorstellen kann:

13

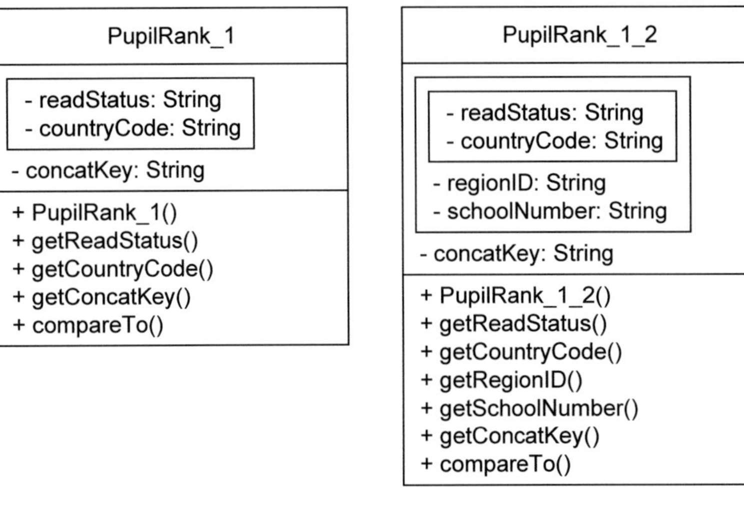

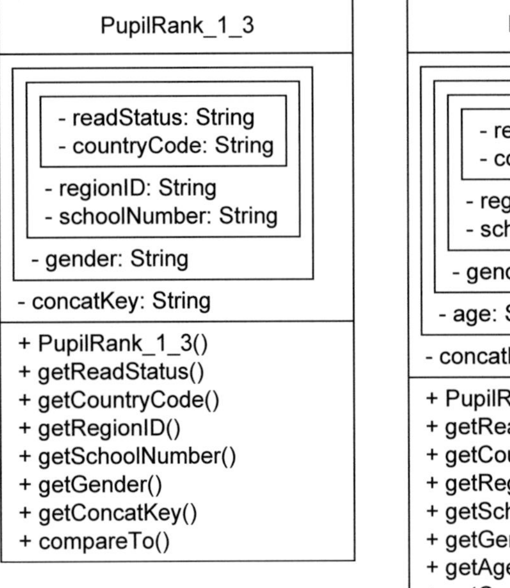

Abbildung 13.4: *Modell der Speicherung von Rangschlüssel-Attributen und -Strings*

Jedes Schüler-Rangschlüsselobjekt besitzt einen eigenen Satz von Zustandsvariablen, die zwar im Speicher „flach" aufeinanderfolgen, die man aber auch wie die Puppen in der Puppe als geschachtelt interpretieren kann. Diese Schachtelung wird durch die von Rang-1 nach Rang-1-4 zunehmende Länge der Vererbungskette bewirkt.

Dadurch entsteht zwangsläufig Redundanz und damit die Frage nach der erforderlichen Synchronisierung der gleichnamigen Einzelattribute. Diese Synchronisierung wird beim JSP-basierten Entwurf dadurch erreicht, dass

- beim ersten Lesen und beim Nachlesen alle neuen Schüler-Rangschlüsselobjekte mit denselben Daten initialisiert werden. Dies gewährleisten die Vererbungshierarchie einerseits und die Lese-Methode andererseits.
- das Kopieren von Rangschlüsselobjekten – neu ⇨ alt – in der Programmstruktur von oben nach unten verläuft, also vor jeglichem Gruppenwechsel durch Nachlesen. Die Abfolge der geschachtelten Kontrollen, die bei einem Gruppenwechsel von unten nach oben durchlaufen wird, garantiert bei der Rückkehr in die absteigende Bewegung, dass anschliessend die entwerteten alten Rangschlüsselobjekte durch korrekte Kopien der neuen Rangschlüsselobjekte ersetzt werden.

Somit stellt die – unerwünschte – Redundanz keine Gefahr dar, der durch zusätzliche Maßnahmen begegnet werden müsste. Die Lösung ist zwar nicht makellos, aber funktionstüchtig, und das muss hier genügen.

Sie werden sich möglicherweise fragen, ob es nicht besser wäre, diese Redundanz von vornherein zu vermeiden. Leider führten alle Versuche in diese Richtung zu logischen Widersprüchen. Das heisst nicht, dass es keine redundanzfreie Lösung gibt. Fällt Ihnen eine ein? Erfüllt sie alle hier gestellten Anforderungen ohne Tricks wie zum Beispiel der Verdeckung geerbter Variablen oder Methoden? Dann senden Sie diese Lösung bitte an den Verlag.

13.2.3 Generalisierbarkeit des OO-Modells

Es wäre zumindest unerfreulich, wenn für jede praktisch auftretende Rangkonstruktion ein neues objektorientiertes Design gefunden werden müsste. Die bislang gefundene Lösung gilt ja zunächst nur für den Spezialfall des internationalen Schulsportwettbewerbs.

1. Problem: aufgabenspezifische Lösungselemente

In den abstrakten Klassen treten nur aufgabenspezifische Einzelattribute und die zugehörigen Getter-Methoden auf. Lediglich die concatKey-Definitionen in den implementierten Klassen und die beiden ihnen zugeordneten Methoden – `getConcatKey()` und `compareTo()` – erscheinen als sofort generalisierbar. Bei näherer Betrachtung steckt aber auch hier aufgabenspezifischer Code drin. Ein Beispiel:

```
private String concatKey;

/**
 * Initial constructor for objects of class PupilRank_1_4.
 */
public PupilRank_1_4(String readStatus,
                     String countryCode,
                     String regionID,
                     String schoolNumber,
                     String genderCode,
                     String age)
{
   super(readStatus, countryCode, regionID, schoolNumber, gender_code, age);
   this.concatKey = readStatus + countryCode + regionID +
                    schoolNumber + gender_code + age;
   System.out.println("PR14  : IC: this.concatKey    = " + this.concatKey);
}
```

Hier sehen wir den ersten Konstruktor der Klasse `PupilRank_1_4`, der ein Objekt aus den elementaren Attributen zusammenbaut. Einen Teil der Aufgabe überlässt er den höheren Hierarchieebenen, indem er `super()` aufruft. Die Ausgabe per `System.out.println` dient nur dem Test. Sie wird für die Produktion auskommentiert.

Der jeweilige `concatKey` ist offensichtlich von jeder Änderung der Rangschlüsseldefinitionen und erst recht vom „Cut, Paste and Change" beim Aufbauen anderer Rangschlüsselklassen betroffen.

2. Problem: Variation der Rangtiefe

Ein weiterer Aspekt der Generalisierbarkeit liegt in der Anzahl der Ränge. Vier Ränge sind schon relativ viel; oft sind weniger Rangstufen erforderlich. Es ist aber unschwer vorstellbar, die vorhandenen Einzelattribute zu weniger Rangstufen zusammenzufassen oder beispielsweise auf 5 Ränge auszudehnen, wenn zusätzlich eine Regionsebene eingezogen wird:

- Bei weniger Rangstufen werden die Attribute anders zusammengefasst und es werden die nicht mehr erforderlichen untersten Rangschlüsselklassen gestrichen.
- Bei mehr Rangstufen wandern Attribute nach unten in mindestens eine neue abstrakte Klasse, zu der jeweils eine implementierte Klasse gehört. Der Vererbungskette wird einfach um eine Stufe oder mehr verlängert.
- Das Anlegen von Rangschlüsselklassen für andere fachliche Konstellationen erfordert also gegebenenfalls das Abschneiden nicht benötigter Stufen und damit Rangschlüsselklassen, oder das Hinzufügen neuer Stufen.

Nach wie vor ist es aber störend, dass die Anzahl der Einzelattribute in den Rangschlüsselklassen variiert. Im Rang-1 müssen es momentan immer zwei Attribute sein, weil der `readStatus` dem ersten fachlich definierten Schlüsselelement vorangestellt wird. In den anderen Rängen wäre es einfacher, wenn jeweils genau ein Einzelattribut hinzukäme. Das müsste ja nicht dazu führen, dass es unnötige Zwischenrang-Objekte gäbe, weil die erzeugenden Klassen – aufgabenspezifisch – nur diejenigen Rang-Objekte anlegen würden, die im Programm auch benötigt werden. Diese beinhalten dann implizit die Kollektion derjenigen Einzelattribute, die den jeweiligen Rang charakterisieren. Die „Abbildung 13.5: Rangschlüssel-Klassendiagramm mit einem Attribut pro Klasse" auf Seite 365 zeigt ein solches Diagramm mit Rangstufen-Klassen, das genau ein Attribut pro abstrakter Klasse verwendet.

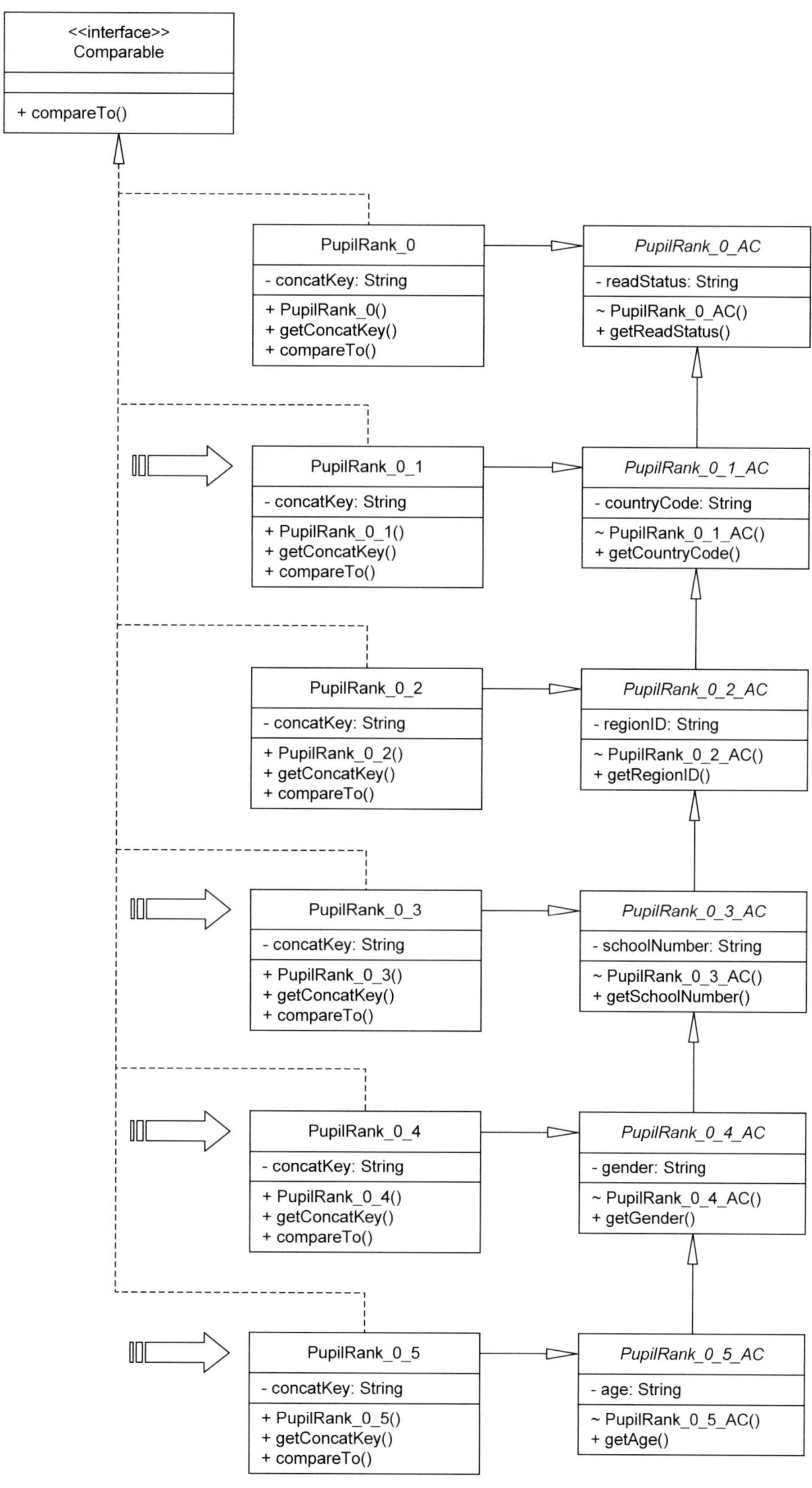

Abbildung 13.5: *Rangschlüssel-Klassendiagramm mit einem Attribut pro Klasse*

Die Pfeile weisen auf diejenigen Klassen hin, von denen Objekte erzeugt werden sollen. Der `readStatus` wurde dem neuen „Rang 0" zugeordnet. Um Platz zu sparen, sind die geerbten Methoden weggelassen worden. Dadurch wird der streng schematische Aufbau deutlich erkennbar.

Somit erscheint es als vorstellbar, die Rangschlüsselklassen-Definitionen anhand weniger Vorgaben zu generieren. Diese Option muss allerdings anhand des Codes dieser Klassen noch erhärtet werden. In den kommenden Beispielfällen wird übrigens die weiter oben gezeigte Konstruktion – mit variierender Anzahl von Einzelattributen – übernommen und lediglich schematisch abgewandelt.

13.2.4 Sonderfall: Nur ein Rang = eine Gruppe

Generalisierungen haben ihre Tücken, wenn sie auf den „unteren Rand" der jeweiligen Konstellation angewendet werden. Dann entstehen gegebenenfalls unnötig komplexe Lösungen für einfache Fälle. Das lässt sich auch hier – am Beispiel der Schul-Daten – zeigen. Davon wird nur eine Rangstufe benötigt, wie aus der JSP-Modellierung hervorgeht. Diese kommt mit einem einzigen – um den `readStatus` – erweiterten Schulschlüssel aus. Wenn wir schematisch die oben gezeigte Lösung anwenden und die nicht benötigten Ränge entfernen, gelangen wir zu folgendem Diagramm:

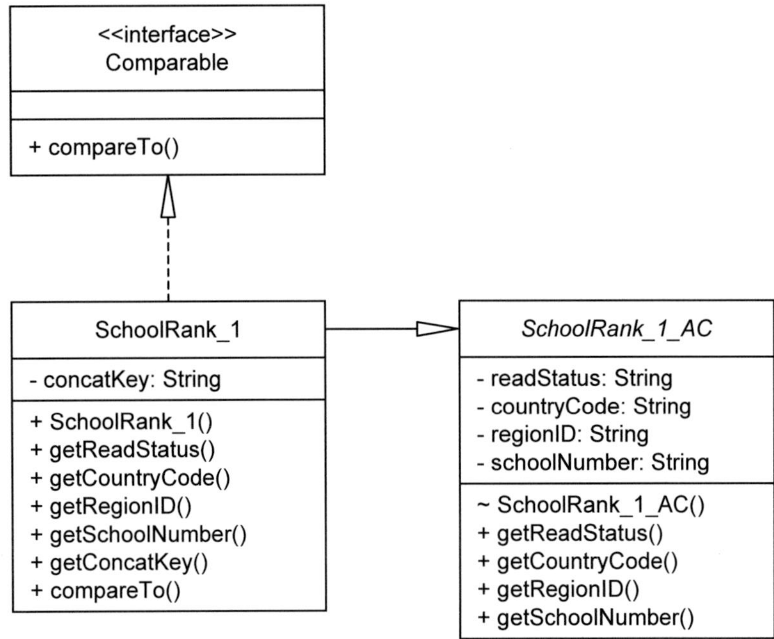

Abbildung 13.6: *Klassendiagramm mit nur einer Rangstufe*

Hier ist kein Nutzen der Vererbung mehr erkennbar. Das in der „Abbildung 13.7: Vereinfachtes Klassendiagramm mit nur einer Rangstufe" auf Seite 367 gezeigte Modell erscheint daher als angemessener.

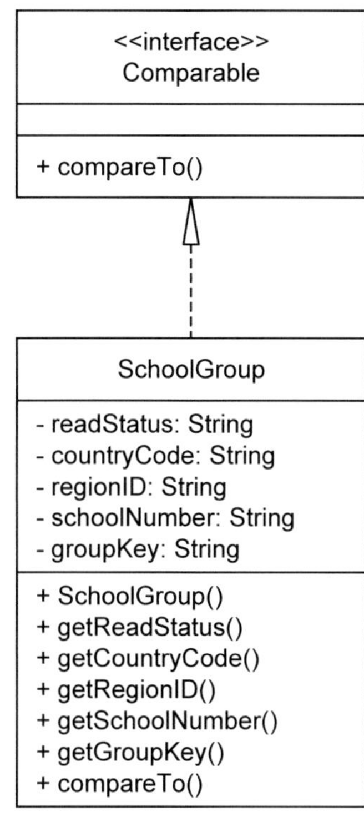

Abbildung 13.7: *Vereinfachtes Klassendiagramm mit nur einer Rangstufe*

Diese Lösung entspricht im Prinzip der Modellierung von `GroupKey` in der „Abbildung 4.3: Erweitertes Klassendiagramm von SonnetAnalysis" auf Seite 94, sowie der „Abbildung 6.1: Klassendiagramm von ProcessWordList" auf Seite 124, beide im zweiten Band. Im vorliegenden Fall wäre es jedoch übertrieben, diesen Aufwand zu erbringen, da EvaluateSportsDS lediglich sicherstellen muss, dass die Schulschlüssel in den Eingabedateien synchron sind. Das kann auch einfacher gelöst werden, wie die Implementierung zeigt.

13.3 Nutzung der Java-Link-Listen-Container

Ein großer Vorteil der OO-Sprachen gegenüber der algorithmischen Programmierung ist, dass das Rad nicht ständig neu erfunden werden muss, sondern es dank umfangreicher Klassenbibliothken für viele Aufgaben bereits vorkonfektionierte Lösungen gibt. Das gilt auch für das Thema dieses Kapitels, nämlich die Nutzung von Java-Container-Strukturen auf Link-Listen-Basis. Die C-Implementierung der Link-Listen konnte sich ja nicht auf vorhandene, spezialisierte Sprachelemente oder andere Standards stützen, sondern musste alle Details inklusive der Garbage Collection selbst regeln. Die dafür gefundene Lösung ist zudem relativ platzaufwendig, weil immer nur eine Hälfte des verfügbaren Speichers in Gebrauch ist.

Daher wird von einer Link-Listen-Nutzung anhand der Klasse `LinkedList<E>` erwartet, dass sie vieles vereinfacht. `<E>` steht hier für die Bezeichnung der Klasse, deren Objekte in der Link-Liste verwaltet werden sollen. Das muss in vorliegenden Fall die Oberklasse der Schüler- und Schul-Daten sein, damit dieselben Algorithmen bei der Plazierung der Listeneinträge und beim Löschen der „Eisen"-Medaillenplätze Anwendung finden können. Die dafür erforderlichen Definitionen sind jetzt jedoch nicht vordringlich. Viel wichtiger ist es, zunächst die Arbeitsweise der Java-Link-Listen-Implementierung aus der Nutzer-Sicht zu verstehen und auf die Aufgabe von EvaluateSportsDS anzuwenden.

Hierfür gelten strikte Regeln, deren Nichteinhaltung sofort mit Exceptions bestraft wird. Das folgende Unterkapitel stützt sich auf die Java-6-Beschreibungen und zeigt das Vorgehen anhand von Beispielen.

13.4 Aufbauen von Link-Listen

13.4.1 1. Eintrag anlegen

„Abbildung 13.8: Initialisierung der Schüler-Link-Liste":
Die Einträge der Link-Liste sollen hier aus Objekten der Klasse `Pupil` bestehen, die jeweils einen Namen und eine Punktsumme enthalten. Nach dem Anlegen der Link-Liste kann der erste Eintrag auf verschiedene Weisen erzeugt werden, die allesamt dasselbe bewirken. Der letzte Aufruf zeigt die Übergabe eines anonymen `Pupil`-Objekts, die auch mit `addFirst()`, `addLast()` und `add(0, ...)` möglich wäre. Daher wird diese Variante auf den folgenden Grafiken weggelassen. Die Index-Vorgabe 0 ist übrigens die einzige zulässige; bereits der Wert 1 würde zu einer `IndexOutOfBoundsException` führen.

„Abbildung 13.9: Erste Erweiterung der Schüler-Link-Liste":
Der zweite Eintrag kann vor oder nach dem bislang einzigen existierenden Eintrag eingefügt werden. Die Grafik zeigt jeweils die dafür verwendbaren Methodenaufrufe.

Der einzige interessante Aspekt ist hier, dass im zweiten Fall die Indexposition des Eintrags „Name 1" verändert wird: Er erhält die Position 1 und der neue Eintrag die Position 0. Das entspricht dem Verhalten eines Stapels (Stacks), auf den von oben ein Eintrag gelegt wird, der die vorhandenen Einträge um eine Position nach unten drückt. Das ist allerdings nicht das hier gewünschte Ergebnis. Die Einträge sollen ja nach absteigenden Punktsummen angeordnet werden; also kommt nur der erste Fall in Frage.

„Abbildung 13.10: Zweite und dritte Erweiterung der Schüler-Link-Liste":
In den Beispieldaten, die am Anfang des Kapitels „12.5.2 Test der Ranggruppenverarbeitung" auf Seite 335 ff aufgelistet sind, folgt ein weiterer Eintrag mit der Punktsumme 16, bevor die Punktsumme 20 errechnet wird. Der PS-16-Eintrag wird in der „Abbildung 13.10: Zweite und dritte Erweiterung der Schüler-Link-Liste" auf Seite 369 hinten angehängt, gefolgt vom positionsrichtigen Einfügen des PS-20-Eintrags.

```
LinkedList<Pupil> pupils = new LinkedList<Pupil>();

Pupil actual = new Pupil("Name 1", 38);    // pointSum = 38

Alternative method calls with same result:

pupils.add(actual);
pupils.addFirst(actual);
pupils.addLast(actual);
pupils.add(0, actual);                     // 0 = index
pupils.add(new Pupil("Name 1", 38));

linked list index
0 ---------> | Name 1 | 38 |
```

Abbildung 13.8: *Initialisierung der Schüler-Link-Liste*

13.4.2 2. Eintrag hinzufügen

0 | Name 1 | 38

1 | Name 2 | 17

```
Pupil actual = new Pupil("Name 2", 17);
```

Alternative method calls with same result:

```
pupils.add(actual);
pupils.addLast(actual);
pupils.add(1, actual);
```

0 | Name 2 | 17

1 | Name 1 | 38

```
pupils.addFirst(actual);
pupils.add(0, actual);
```

Abbildung 13.9: *Erste Erweiterung der Schüler-Link-Liste*

13.4.3 3. und 4. Eintrag hinzufügen

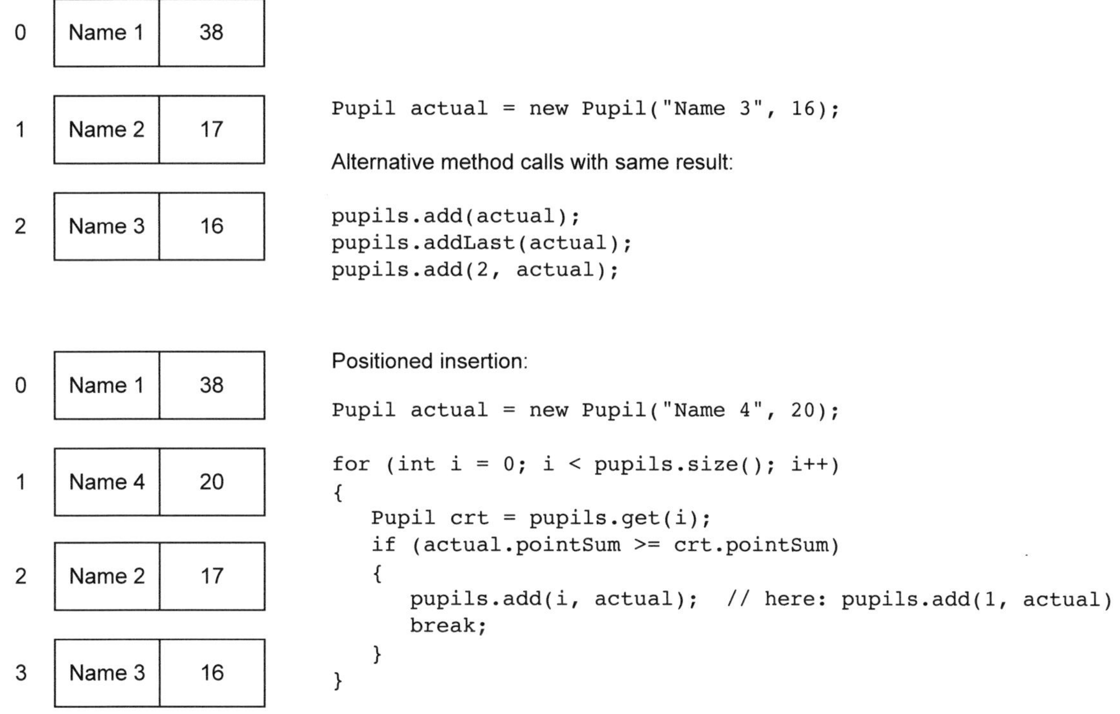

Abbildung 13.10: *Zweite und dritte Erweiterung der Schüler-Link-Liste*

Der Ziel-Index für den einzufügenden Eintrag „Name 4" ist nicht von vornherein bekannt und muss deshalb in einer Schleife ermittelt werden. Dabei gilt die bekannte Größer-Gleich-Regel. Übrigens kann für das positionierte Einfügen kein gewöhnlicher Iterator verwendet werden, weil dieser keine `add()`-Methode besitzt. Das funktioniert nur mit `ListIterator` (Beispiel folgt später). Die Einträge „Name 2" und „Name 3" haben nach dem Einfügen des Eintrags „Name 4" neue Indexpositionen.

Ohne `break`-Anweisung tritt nach einer kurzen Wartezeit die `OutOfMemoryError`-Exception ein, weil

- durch das Einfügen der Eintrag mit der Punktsumme 17 den nächsthöheren Index (zuerst: 2) erhält,
- dieser Eintrag anschliessend mit `get(i)` erneut eingelesen wird,
- dadurch die Einfügebedingung erneut erfüllt ist,
- somit der PS-17-Eintrag erneut verschoben, dann wieder eingelesen wird etcetera.

Nun sind 4 verschiedene Punktsummen in der Link-Liste vorhanden. Somit muss der Eintrag mit der niedrigsten Punktsumme gelöscht werden. Dafür bestehen die folgenden Möglichkeiten.

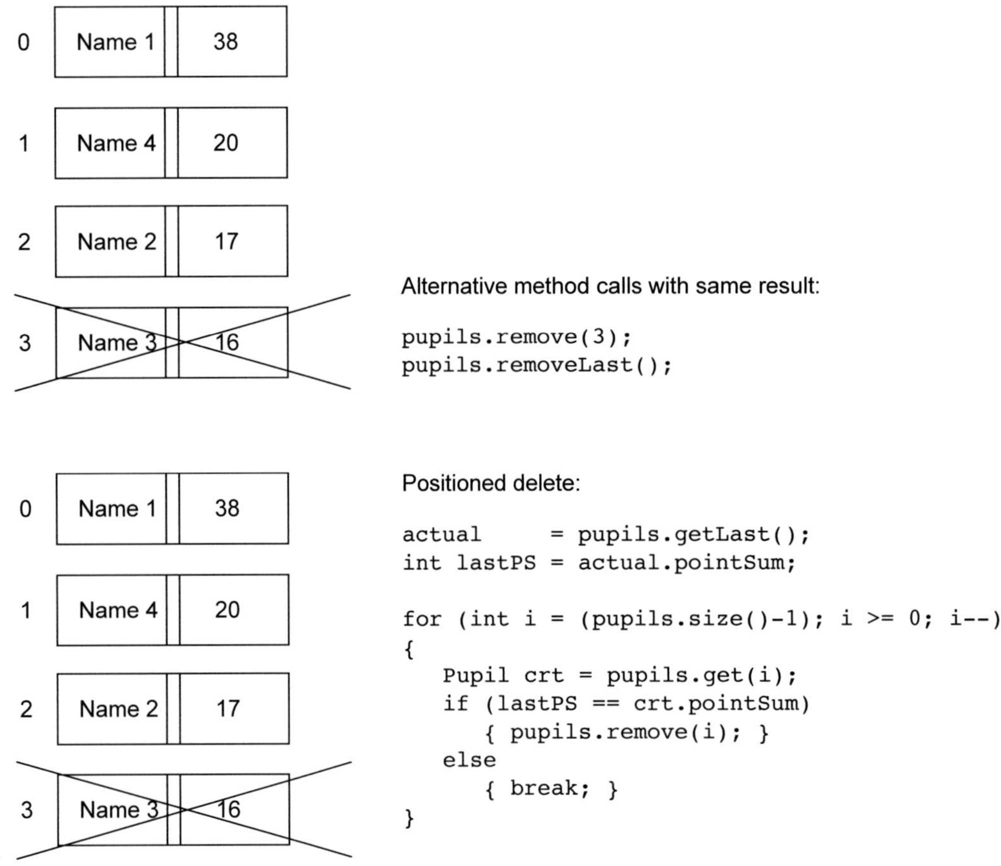

Abbildung 13.11: *Löschen eines Link-Listen-Eintrags*

Die Anweisung `pupils.remove(3)` setzt voraus, dass der Index des zu löschenden Eintrags bekannt ist. Das trifft in unserem Fall nicht zu. `pupils.removeLast()` löscht zwar den letzten Eintrag, aber es könnten ja mehrere punktsummengleiche Einträge vorhanden sein, die bislang gemeinsam auf der Bronze-Position standen. Ohne Wissen über die Anzahl dieser Einträge darf `pupils.removeLast()` nicht mehrfach verwendet werden.

Daher ist auch für das Löschen zuerst zu positionieren. Die Grafik zeigt eine Schleife, die mit dem höchsten existierenden Eintragsindex beginnt und bis 0 absteigt. Solange die Punktsumme in einem per `get()` beschafften Eintrag gleich der Punktsumme des letzten Eintrags ist, wird der Eintrag mit diesem Index (i) gelöscht. Das ist beim ersten Durchlauf der Schleife natürlich der Eintrag mit dem höchsten Index selbst. Danach wird der Eintrag mit dem nächstniedrigeren Index geprüft, bis die Löschbedingung nicht mehr erfüllt ist und die Schleife abgebrochen wird. Das ist im vorliegenden Fall schon beim Eintrag „Name 2" der Fall.

Eine robustere Alternative zu dieser etwas heiklen Schleifenkonstruktion besteht darin, einen absteigenden Iterator zu nutzen:

```
for (Iterator<Pupil> it = pupils.descendingIterator(); it.hasNext();)
{
   Pupil crt = it.next();
   if (lastPS == crt.pointSum)
      { it.remove(); }
   else
      { break; }
}
```

Im Schleifenkopf wird ein absteigend arbeitendes Iteratorobjekt `it` deklariert und initialisiert, auf das nur die Methoden `hasNext()`, `next()` und `remove()` angewendet werden können. Da die Liste nicht leer ist, wird das Schleifeninnere mindestens einmal durchlaufen. Dort liest das Programm den *sequentiell* nächsten Eintrag; das ist anfangs der letzte Link-Listen-Eintrag. Dieser erfüllt wegen der Belegung von `lastPS` auf jeden Fall die Löschbedingung. Wenn dann immer noch ein Eintrag existiert, was hier stets der Fall ist und seitens `it.hasNext()` mit `true` signalisiert wird, folgt der bislang zweitletzte Eintrag etcetera. Auch hier ist es nicht sinnvoll, beim Erreichen des ersten – bestehenbleibenden – Bronze-Eintrags weiterzumachen.

Jetzt fehlt nur noch der Fall, dass ein Eintrag der Liste vorangestellt wird. Das geschieht mit `add(0, ...)` oder `addFirst()`, gefolgt vom Löschen der obsolet gewordenen Einträge am Listenende, wenn der neue Eintrag eine neue Punktsumme enthält.

Somit sind nunmehr alle Operationen bekannt, die für EvaluateSportsDS auf die Java-Link-Listen-Struktur angewendet werden sollen. Daher können wir uns jetzt den Gemeinsamkeiten und Unterschieden zuwenden, die durch die parallele Existenz von Schüler- und Schul-Daten verursacht werden.

13

13.5 Link-Listen-Polymorphie

EvaluateSportsDS hat bekanntlich zwei Arten von Link-Listen zu verwalten: Die Schülerliste für die jeweils in Bearbeitung befindliche Schule und zwei Schul-Listen, nämlich die nationale und die internationale. Für beide Arten sollen dieselben Methoden verfügbar sein, soweit möglich. Insbesondere soll das Verfahren identisch sein, wie die neuen Einträge mit der jeweiligen Liste zusammen verarbeitet werden.

Diesem Ziel steht zunächst entgegen, dass die Schüler- und die Schul-Daten bis auf die Punktsumme – beziehungsweise den mit 100 multiplizierten Schul-Durchschnitt – völlig verschieden sind, wie es unter anderem die C-Lösung klar zeigt. Das liegt daran, dass die Java-Container-Strukturen, zu denen auch die Link-Listen gehören, typsicher sind. Es ist also nicht ohne weiteres möglich, Link-Listen für derart verschiedene Daten als Parameter an gemeinsame Methoden zu übergeben. Dieses Problem wurde in der C-Implementierung durch parallele Speicherung der beiden Datenarten in den Link-Listen-Einträgen – allerdings auf Kosten eines deutlich höheren Speicherplatzverbrauchs – gelöst. In einer Anwendung, die zahlreiche verschiedene Datenarten mit Link-Listen zu verwalten hätte, wäre diese Verschwendung untragbar.

Die Java-Implementierung soll daher die Möglichkeiten der Objektorientierung nutzen, um eine bessere Lösung umzusetzen. Der erste Schritt dahin besteht in der Definition einer gemeinsamen abstrakten (!) Oberklasse der Schüler- und Schul-Daten. Für die Demonstration einer gangbaren Lösung genügt es hier, diese drei Klassen sehr einfach zu halten, wie nachfolgend gezeigt wird.

13.5.1 Oberklasse Contestant

```
package listdemo;

import java.util.LinkedList;

abstract class Contestant
{
   private int entryValue;

   Contestant(int entryValue)
   { this.entryValue = entryValue; }

   public int getEntryValue() { return entryValue; }

   public void addEntryToList(LinkedList<Contestant> Items)
   { Items.add(this); }

   @Override
   public String toString()
   { return "PS = "  + this.getEntryValue(); }
}
```

13.5.2 Klasse Pupil

```
package listdemo;

public class Pupil extends Contestant
{
   private String name;
   private int    age;

   public Pupil(String name, int age, int entryValue)
   {
      super(entryValue);
      this.name = name;
      this.age  = age;
   }

   @Override
   public String toString()
   {
      return "Name = "  + this.name +
             ", age = " + this.age +
             ", PS = "  + this.getEntryValue();
   }
}
```

13.5.3 Klasse School

```
package listdemo;

public class School extends Contestant
{
   private String name;
   private String address;

   public School(String name, String address, int entryValue)
   {
      super(entryValue);
      this.name    = name;
      this.address = address;
   }

   @Override
   public String toString()
   {
      return "Name = "       + this.name +
             ", address = " + this.address +
             ", PS = "       + this.getEntryValue();
   }
}
```


Die drei Überschreibungen für die `Object`-Methode `toString()` werden benötigt, um die gewünschte Polymorphie anhand von Beispiel-Ausgaben zeigen zu können.

13.5.4 Anlegen der Link-Listen

Zunächst erscheint es als naheliegend, zwei Link-Listen wie folgt zu deklarieren:

```
LinkedList<Pupil> pupils   = new LinkedList<Pupil>();
LinkedList<School> schools = new LinkedList<School>();
```

Beim Versuch, für diese Listen irgendeine gemeinsame Methode zu definieren, weigert sich der Compiler jedoch wegen der Typdifferenzen, diese zu übersetzen. Es nützt auch nichts, in den Aufrufschnittstellen nur die Oberklasse zu verwenden, wie die folgende statische Methode der Demo-`main()` zeigt:

```
static void addItemToList(LinkedList<Contestant> Items, Contestant E)
{
   Items.add(E);
}
```

Der Compiler akzeptiert keine Aufrufe von `addItemToList()`. Fehler werden im Code – wie auch in anderen Fehlerfällen – rot unterkringelt. Wenn in NetBeans® der Mauszeiger auf die Fehlermarkierung – anstelle der

Zeilennummer 23 – zeigt, wird ein erläuternder Text eingeblendet. Es ist daher unumgänglich, die Link-Listen typgleich zu machen. Das gelingt zunächst, indem beide den Typ der Oberklasse erhalten:

```
LinkedList<Contestant> pupils  = new LinkedList<Contestant>();
LinkedList<Contestant> schools = new LinkedList<Contestant>();
```

13.5.5 Einfügen von Einträgen

Die spannende Frage ist jedoch, ob die gewünschten Inhalte überhaupt noch abgespeichert werden können. Am Beispiel von drei Schul-Objekten lässt sich dies zeigen:

```
School school = new School("School 1", "Frankfurt", 3432);
schools.add(school);
addItemToList(schools, school);

school = new School("School 2", "Landsberg am Lech", 3365);
schools.add(school);

school = new School("School 3", "Ravensburg", 3350);
schools.add(school);
```

Der Aufruf von `addItemToList()` ist nun übersetzbar. Die doppelte Eintragung der ersten Schule wie im obigen Versuch wurde beibehalten. Eine anschliessende Auflistung sieht wie folgt aus:

```
System.out.println("\n1st School listing with get()\n");
for (int i = 0; i < schools.size(); i++)
   { System.out.println(schools.get(i)); }
```

Ergebnis:

```
1st School listing with get()

Name = School 1, address = Frankfurt, PS = 3432
Name = School 1, address = Frankfurt, PS = 3432
Name = School 2, address = Landsberg am Lech, PS = 3365
Name = School 3, address = Ravensburg, PS = 3350
```

Hier wurde die überschriebene Methode `toString()` in der Klasse `School` ausgeführt, also *nicht* die in deren Oberklasse. Die direkte Objektübergabe an `System.out.println()` erspart übrigens einen Type Cast:

```
for (int i = 0; i < schools.size(); i++)
{
   school = (School) schools.get(i);
   System.out.println(school);
}
```

Hier muss dem Compiler explizit mitgeteilt werden, dass das durch `get()` rückgemeldete Objekt vom Typ `School` ist. Andernfalls gibt es wieder einen Typfehler.

13.5.6 Auswertung mit Hilfe der Oberklasse

Noch einfacher wird es, wenn ausschliesslich oberklasse-bezogene Operationen stattfinden. Die folgende Schleife addiert die Schul-Punktsummen auf:

```
int total = 0;

for (Iterator<Contestant> it = schools.iterator(); it.hasNext();)
{
   Contestant crt = it.next();
   total += crt.getEntryValue();
}

System.out.println("School total = " + total);
```

Das Ergebnis lautet:

```
School total = 13579
```

Gegenprobe: 3432 + 3432 + 3365 + 3350 = 13579

13.5.7 Anlegen von Schüler-Einträgen

Das Anlegen von Schüler-Einträgen funktioniert analog zum Anlegen der Schul-Einträge. Bisher wurden nur der direkte Aufruf von `add()` und der Aufruf per `addItemToList()` gezeigt. Daher erscheint es als sinnvoll, auch hier die Objektmethode `addEntryToList()` zu verwenden, die in der Oberklasse definiert ist:

```
Pupil actual = new Pupil("Coglitore, Laura", 15, 38);
addItemToList(pupils, actual);

actual = new Pupil("Peritore, Mariuccia", 15, 17);
pupils.add(actual);
addItemToList(pupils, actual);
actual.addEntryToList(pupils);

actual = new Pupil("Di Stefano, Serena", 16, 16);
addItemToList(pupils, actual);

System.out.println("\n1st Pupil listing with for\n");
for (Contestant it : pupils)
   { System.out.println(it); }
```

Hier wird der zweite Eintrag absichtlich dreifach abgelegt.

Die Ergebnisliste sieht wie folgt aus:

```
1st Pupil listing with for

Name = Coglitore, Laura, age = 15, PS = 38
Name = Peritore, Mariuccia, age = 15, PS = 17
Name = Peritore, Mariuccia, age = 15, PS = 17
Name = Peritore, Mariuccia, age = 15, PS = 17
Name = Di Stefano, Serena, age = 16, PS = 16
```

13.5.8 Voranstellen und positionsrichtiges Einfügen von Einträgen

Bislang können neue Einträge nur am Ende der Link-Liste angehängt werden. Es liegt daher nahe, zwei neue Objektmethoden für `Contestant` zu definieren:

```
public void addEntry1ToList(LinkedList<Contestant> Items)
{ Items.addFirst(this); }

public void addEntryToListPos(LinkedList<Contestant> Items)
{
   for (int i = 0; i < Items.size(); i++)
   {
      Contestant crt = Items.get(i);
      if (this.entryValue >= crt.getEntryValue())
      {
         Items.add(i, this);
         break;
      }
   }
}
```

Das Voranstellen eines Eintrags kann zum Beispiel mit

```
actual.addEntry1ToList(pupils);
```

verlangt werden. Das positionsrichtige Einfügen geschieht dagegen etwa wie folgt:

```
System.out.println("\nInsert after positioning");
actual = new Pupil("Lo Porto, Mariuccia", 16, 20);
actual.addEntryToListPos(pupils);
```

Die Ausgabe der Ergebnisliste erfolgt diesmal per Iterator:

```
System.out.println("\n2nd Pupil listing with iterator\n");
for (Iterator<Contestant> it = pupils.iterator(); it.hasNext();)
   { System.out.println(it.next()); }
```

Ausgehend von der 1. Liste mit nur 3 – eindeutigen – Einträgen entsteht folgendes Ergebnis:

```
Insert after positioning

2nd Pupil listing with iterator

Name = Coglitore, Laura, age = 15, PS = 38
Name = Lo Porto, Mariuccia, age = 16, PS = 20
Name = Peritore, Mariuccia, age = 15, PS = 17
Name = Di Stefano, Serena, age = 16, PS = 16
```

So weit, so imperformant. Die `get()`-Aufrufe in der Suchschleife sind keine Direktzugriffe, sondern die Java-VM[3] durchsucht die Link-Liste jedesmal sequentiell von demjenigen Kettenende aus, dem der gewünschte Eintrag am nächsten liegt. Bei langen Link-Listen kann das sehr ineffizient werden. Daher erscheint es als performanter, einen `ListIterator` zu verwenden, der seine Operationen lokal verrichtet und die Methode `add()` besitzt. Die Objektmethode zum positionierten Einfügen sieht dann wie folgt aus:

```
public void addEntryToListPos(LinkedList<Contestant> Items)
{
   for (ListIterator<Contestant> it = Items.listIterator(); it.hasNext();)
   {
      if (this.entryValue >= it.next().getEntryValue())
      {
         it.previous();
         it.add(this);
         break;
      }
   }
}
```

Hier überrascht der `previous()`-Aufruf. Lässt man diesen fort, lautet das Ergebnis aber wie folgt:

```
Name = Coglitore, Laura, age = 15, PS = 38
Name = Peritore, Mariuccia, age = 15, PS = 17
Name = Lo Porto, Mariuccia, age = 16, PS = 20
Name = Di Stefano, Serena, age = 16, PS = 16
```

Das liegt daran, dass `add()` den neuen Eintrag *nach* demjenigen ablegt, auf den der `ListIterator` gerade positioniert hat. Es muss also um ein Element in Richtung Kettenanfang zurückpositioniert werden. Das funktioniert natürlich nur dann, wenn die Größer-Gleich-Bedingung nicht schon zu Beginn erfüllt ist. In diesem Fall ist jedoch sowieso ein `addFirst()` vorgesehen. Somit sollte an der verbesserten Methode festgehalten werden.

3 VM = Virtual Machine = Laufzeitumgebung, die einen realen Rechner simuliert

13.5.9 Löschen obsolet gewordener Einträge

Nun fehlt nur noch eine Methode zum Löschen der „Eisen"-Einträge am Listenende. Auch hierfür sollte wegen der Ineffizienz scheinbarer Direktzugriffsmethoden wie <List>.remove(<index>) ein Iterator verwendet werden. Dafür reicht ein gewöhnlicher `Iterator` völlig aus, der aber vom Listenende her – descending – arbeiten muss. Da mehrere Objekte betroffen sein können, kommt nur eine statische Methode infrage:

```
static void removeItemsFromList(LinkedList<Contestant> Items)
{
   int lastPS = Items.getLast().getEntryValue();

   for (Iterator<Contestant> it = Items.descendingIterator(); it.hasNext();)
   {
      if (lastPS == it.next().getEntryValue())
         { it.remove(); }
      else
         { break; }
   }
}
```

Der Aufruf ist besonders simpel. Danach folgt eine weitere Listenausgabe, diesmal per `ListIterator`:

```
   removeItemsFromList(pupils);

   System.out.println("\n3rd Pupil listing with list iterator\n");
   for (ListIterator<Contestant> it = pupils.listIterator(); it.hasNext();)
      { System.out.println(it.next()); }
```

Die Ausgabe ist erwartungsgemäß:

```
3rd Pupil listing with list iterator

Name = Coglitore, Laura, age = 15, PS = 38
Name = Lo Porto, Mariuccia, age = 16, PS = 20
Name = Peritore, Mariuccia, age = 15, PS = 17
```

13.5.10 Fazit

Die gewünschte Unabhängigkeit der listenmanipulierenden Operationen vom Listentyp wird durch die Code-Ausschnitte und die Beispiele demonstriert. Somit ist das Ziel vollständig erreicht. Zudem wurden effiziente Lösungen durch Nutzung von Iteratoren gefunden. Die gravierenden Unterschiede zu der Do-it-yourself-Lösung in der C-Implementierung wirken sich allerdings teilweise auf die Programmstruktur und stark auf die Operationen aus, weil die Basismaschine der link-listen-basierten Operationen für die Java-Version von EvaluateSportsDS vollständig ausgetauscht wurde. Diese Änderungen sind – noch vor der Ermittlung der anwendungsspezifischen Klassen etcetera – zu berücksichtigen, um unnötige Aufwendungen beim Klassendesign zu vermeiden.

13.6 Austausch der Link-Listen-Basismaschine

13.6.1 Erste Auswirkungen auf die Operationsliste

Der Austausch der Link-Listen-Basismaschine durch die dazu äquivalente Java-Container-Implementierung bewirkt unter anderem, dass viele Operationen und etliche Kontrollen *ausschließlich hierfür* ersetzt werden müssen. Sie sind natürlich für die C-Implementierung oder für mögliche andere Implementierungen, die selbsterstellte Link-Listen verwenden, weiterhin gültig.

Im folgenden Ausschnitt der Operationsliste sind die zu ersetzenden Operationen in normaler Schrift und die umzuformulierenden – respektive möglicherweise ebenfalls zu ersetzenden – Operationen kursiv markiert aufgelistet. Um keine Verwirrung zu verursachen, erhalten neuformulierte Operationen auch neue Nummern.

Op.	Bedeutung	Kommentar
41	L_L.chain_top_index := 0	Einfügen des ersten Eintrags
42	L_L.chain_top_index := new_i	Voranstellen eines neuen Eintrags
43	L_L.chain_end_index := 0	Einfügen des ersten Eintrags
44	L_L.chain_end_index := new_i	Anfügen am Ende
45	L_L.chain_end_index := nxt_i	Nach der Rückwärtssuche / Kompression
48	L_L.list_level := 0	Einfügen des ersten Eintrags
49	L_L.max_list_level := LL_LHTI	Limit für untere Link-Listen-Hälfte
50	**if** L_L.list_level < L_L.max_list_level **then** L_L.list_level := L_L.list_level + 1 **else** compressLinkedList(L_L) **fi**	 Liste noch nicht voll Gold- | Silber- | Bronze-Einträge an den Anfang der momentan freien Hälfte umspeichern L_L.list_level zeigt danach auf 1. freien Eintrag Achtung: Abbruch bei Speicherengpass
51	crt_i := L_L.chain_top_index	Aufsetzen am Anfang
52	crt_i := L_L.chain_end_index	Aufsetzen am Ende
53	nxt_i := L_L.L_L_E[crt_i].downlink	Successor-Index beschaffen
54	nxt_i := L_L.L_L_E[crt_i].uplink	Predecessor-Index beschaffen
55	new_i := L_L.list_level	Zuweisung für jeden neuen Eintrag
56	*L_L.L_L_E[new_i].entry_value := new_value*	*new_value ablegen*
57	L_L.L_L_E[new_i].uplink := -1	Eintrag am Anfang hinzugefügt
58	L_L.L_L_E[new_i].downlink := -1	Eintrag am Ende hinzugefügt | kopiert
59	*L_L.L_L_E[new_i].contestant := new_contestant*	*Teilnehmer-Zusatzdaten ablegen*
60	L_L.L_L_E[new_i].downlink := crt_i	Alten Top-Eintrag anknüpfen
61	L_L.L_L_E[crt_i].uplink := new_i	Neuen Top-Eintrag anknüpfen
62	crt_i := nxt_i	Zum nächsten Eintrag gehen
63	L_L.L_L_E[crt_i].downlink := new_i	Nachfolgenden neuen Eintrag anknüpfen
64	L_L.L_L_E[new_i].uplink := crt_i	Vorhergehenden alten Eintrag anknüpfen
65	L_L.L_L_E[new_i].downlink := nxt_i	Nachfolgenden alten Eintrag anknüpfen
66	L_L.L_L_E[nxt_i].uplink := new_i	Vorhergehenden neuen Eintrag anknüpfen
67	L_L.L_L_E[nxt_i].downlink := -1	Kette kappen (alte Bronze-Einträge abhängen)

Op.	Bedeutung	Kommentar
68	**if** L_L.chain_top_index <= LL_LHTI **then** new_i := LL_UHBI **else** new_i := 0 **fi**	Auswahl der Hälfte, in die kopiert werden soll
69	unbelegt	
70	L_L.L_L_E[new_i].entry_value := L_L.L_L_E[crt_i].entry_value	Übernahme der Punktsumme
71	L_L.L_L_E[new_i].downlink := new_i + 1	Zeiger auf den physisch nächsten Eintrag
72	L_L.L_L_E[new_i].contestant := L_L.L_L_E[crt_i].contestant	Übernahme der Teilnehmerdaten
73	L_L.L_L_E[new_i].uplink := new_i - 1	Zeiger auf den physisch vorhergehenden Eintrag
74	**if** new_i > LL_UHBI **then** L_L.max_list_level := LL_MAX **else** L_L.max_list_level := LL_LHTI **fi**	Limit für aktuell verwendete Link-Listen-Hälfte
75	new_i := new_i + 1	
76	L_L.list_level := new_i + 1	Nächster freier Eintrag nach der Kopie
78	entries := 1	Zähler der übernommenen Einträge
79	entries := entries + 1	
92	nxt_i = Pupil_LL.chain_top_index	Auf dem 1. Gold-Eintrag aufsetzen
93	nxt_i = N_School_LL.chain_top_index	
94	nxt_i = I_School_LL.chain_top_index	
95	nxt_i := Pupil_LL.L_L_E[crt_i].downlink	Successor-Index beschaffen
96	nxt_i := N_School_LL.L_L_E[crt_i].downlink	
97	nxt_i := I_School_LL.L_L_E[crt_i].downlink	
98	buildLinkedList (N_School_LL.L_L_E[crt_*i].entry_value,* *N_School_LL.L_L_E[crt_i].contestant,* *I_School_LL)*	*Nationaler Sieger ⇨ internationale Link-Liste*
104	*Pupil_Data :=* *Pupil_LL.L_L_E[crt_i].contestant*	
109	*SpoRes := SpoRes +* *Pupil_Data.gender_code +* *' ' + Pupil_Data.age + ' ' +* *Pupil_Data.sprint_points + ' ' +* *Pupil_Data.jump_points + ' ' +* *Pupil_Data.throw_points + ' ' +* *String(Pupil_LL.L_L_E[crt_i].entry_value) +* *' ' + Pupil_Data.name*	*Schüler-Daten anfügen* *Punktsumme*
111	*School_Data :=* *N_School_LL.L_L_E[crt_i].contestant*	
116	*School_Data :=* *I_School_LL.L_L_E[crt_i].contestant*	

Diese Operationen dienen dazu, die Link-Listen aufzubauen, in ihnen zu navigieren, sie auszuwerten oder zu bereinigen (siehe Kapitel „10.7.12 Umspeichern in die leere Listenhälfte" auf Seite 270 ff). Da wir die Garbage Collection der Java-VM überlassen, werden die Operationen 68 - 79 auf jeden Fall nicht mehr benötigt. Die anderen Operationen laufen entweder innerhalb der Container-Methoden ab, oder es müssen Äquivalente für sie definiert werden. Ausserdem sind die betroffenen Strukturdefinitionen und Kontrollen anzupassen.

Bevor wir uns in diese Arbeit stürzen, sollten wir uns vergegenwärtigen, dass der JSP-basierte Entwurf tendenziell implementierungsneutral ist. Er macht zwar Annahmen über die Basismaschine, aber er geht dabei weder zu sehr ins Detail noch vergröbert er mehr als vertretbar. Es handelt sich um einen Kompromiss zwischen Präzision und Generalisierbarkeit. Daher sollten wir zunächst der Versuchung wiederstehen, die neue Basismaschine unter Java als etwas ganz Besonderes anzusehen, das es rechtfertigt, sogleich mit objektorientierten Definitionen und Operationsformulierungen / Methoden in die Arbeit einzusteigen. Noch haben wir ja keine Klassen für die Link-Listen-Logik definitiv identifiziert, auch wenn sich schon einige abzeichnen. Es ist ausserdem wahrscheinlich, dass ein der Java-Lösung äquivalentes algorithmisches Code-Paket existiert. Daher erscheint es als sinnvoll, zunächst zu den Strukturdefinitionen zurückzukehren und dann die Anpassungen an die neue Basismaschine vorzunehmen. Erst danach können die neuen Operationen und die daran angepassten Kontrollen formuliert werden.

13.6.2 Strukturdefinitionen

Die Teilnehmerdaten für Schüler und Schulen können unverändert weiterverwendet werden, da das gemeinsame Datum Entry_Value bereits in die Link-Listen-Struktur ausgelagert war. Diese kann erheblich vereinfacht werden. Die drei Link-Listen behalten ihre Namen. Ihre gemeinsame Struktur ist nun:

```
L_L struct(
    unique_values          integer;      // Anzahl unterschiedlicher Entry_Value-Werte
    L_L_E[0:<max>] struct(               // L_L_E = Link-Listen-Element
        entry_value        integer;      // Ranking-Wert
        contestant         varchar;      // Daten des Ranking-Teilnehmers
    );
);
```

Hier liegt eine veränderte Semantik vor:

- Ein Link-Listen-Element besitzt zwar einen Index, aber dieser kann sich ändern. Die Vorgabe eines Index bedeutet im Gegensatz zu einem Array keinen Direktzugriff, sondern eine sequentielle Suche entlang der bidirektionalen Verknüpfungskette.
- <max> ist eine hohe Zahl, die von der Menge momentan verfügbaren Speichers abhängt. Da im vorliegenden Fall normalerweise nur wenige Link-Listen-Elemente vorliegen, ist dieses Limit für die Anwendung irrelevant.
- Mit dem Aufsetzen einer Link-Liste wird auch Unique_Values initialisiert. Das muss vor der ersten Verwendung einer Methode geschehen, die buildLinkedList() realisiert.

13.6.3 Anpassungen an die neue Basismaschine

In den Kapiteln „13.4 Aufbauen von Link-Listen" auf Seite 368 ff und „13.5 Link-Listen-Polymorphie" auf Seite 371 ff sind die für EvaluateSportsDS relevanten Aspekte der Nutzung von Java-Link-Listen-Containern anhand einfacher Beispiele dargestellt. Dabei haben sich folgende Präferenzen ergeben:

- Der jeweils allererste Eintrag sollte mit `addFirst()` vorgenommen werden.
- Zum Voranstellen eines Eintrags am Listenanfang ist ebenfalls `addFirst()` zu bevorzugen.
- Das Anhängen von Einträgen an das Listenende sollte dagegen mit `addLast()` geschehen.
- Für die Suche nach dem Platz für das positionsrichtige Einfügen eines Eintrags ist ein `ListIterator` zu verwenden. Vor dem Einfügen mit `add()` muss um einen Eintrag mit `previous()` zurückgesetzt werden.
- Für das Löschen obsolet gewordener Einträge vom Listenende her genügt ein mit `descendingIterator()` erzeugter Iterator.

Die Entscheidung für Iteratoren löst Fragen aus. Bei Schleifenkonstrukten jeder Art, die im Zusammenhang mit Datenquellen stehen, interessiert aus JSP-Sicht nämlich folgendes:

- Lässt sich damit eine Vorlese-Nachlese-Logik aufbauen?
- Wie wird die Schleife initialisiert?
- Was passiert, wenn das Vorlesen ergebnislos bleibt (Datenquelle leer)?
- Geschieht etwas Besonderes mit der ersten oder der letzten eingelesenen Informationseinheit (Satz / relationale Tabellenzeile / Container-Element / Datenbanksegment / Interprozessnachricht etcetera)?
- Wie wird die Schleife beendet?

Aussprünge aus Schleifen sind aus der JSP-Sicht nicht zugelassen, weil sie gegen die Regeln der strukturierten Programmierung verstoßen. Sie fügen der einfachen abweisenden Schleife einen weiteren Ausgang hinzu, wie das folgende Flussdiagramm am aktuellen Beispiel zeigt:

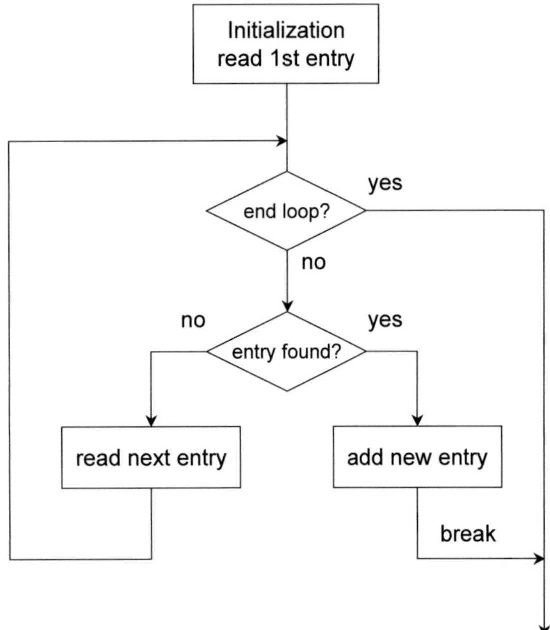

Abbildung 13.12: *Flussdiagramm einer Schleife mit zusätzlichem Ausgang durch* `break`

Dieses Verhalten kann mit den Jackson-Struktogrammen nicht modelliert werden. Falls nach dem Betreten einer Schleife eine Abbruchbedingung entdeckt wird, muss diese folglich als fallabhängige Ergänzung in die Formulierung der Kontrolle einbezogen und die Schleife so auf dem normalen Weg beendet werden. Auch ein Rücksprung mitten aus einer Schleife heraus ist problematisch, es sei denn, er wäre in das typische Umfeld der Programminversion eingebettet, das hier nicht vorliegt.

Die Code-Beispiele in den Kapiteln „13.5.8 Voranstellen und positionsrichtiges Einfügen von Einträgen" auf Seite 376 ff und „13.5.9 Löschen obsolet gewordener Einträge" auf Seite 378 ff sind deshalb nicht unmittelbar für die neu zu formulierenden Operationen und Kontrollen geeignet. Es ist daher unumgänglich, diese Beispiele zu analysieren und dann „JSP-like" umzuformulieren. Das wird am Beispiel des positionsrichtigen Einfügens von Einträgen gezeigt:

```
public void addEntryToListPos(LinkedList<Contestant> Items)
{
   for (ListIterator<Contestant> it = Items.listIterator(); it.hasNext();)
   {
      Contestant crt = it.next();
      if (this.entryValue >= crt.getEntryValue())
      {
         it.previous();
         it.add(this);
         break;
      }
   }
}
```

Hier wurde, um die Aktionsfolge zu verdeutlichen, die Abfrage wieder aufgetrennt und das lokale Objekt `crt` erzeugt. Wenn wir von mal davon absehen, dass der Iterator im obigen Code nur in der Schleife als deklariert gilt (was hier gehupft wie gesprungen ist), lässt sich die `for`-Schleife wie folgt umschreiben:

```
ListIterator<Contestant> it = Items.listIterator();

while (it.hasNext())
{ … }
```

Der Iterator `it` ist wie ein Cursor zu interpretieren, der bei einer Link-Liste mit mindestens einem Eintrag anfangs *vor* den ersten Eintrag zeigt. `hasNext()` liefert dann `true`. Dadurch wird der erste Eintrag aber nicht eingelesen. Das geschieht erst innerhalb der Schleife durch `next()`. Unmittelbar danach zeigt der Iterator auf die Lücke zwischen dem ersten und dem zweiten Eintrag, falls letzterer existiert. Nun wiederholt sich die Abfrage mit `hasNext()`, der Iterator wird weitergeschaltet etcetera, bis der letzte Eintrag beschafft wurde. Dann liefert `hasNext()` das Ergebnis `false`. Das beendet den Schleifendurchlauf.

Das könnte hier auch passieren, wenn `addEntryToListPos()` unkritisch eingesetzt würde. Bei einer neuen Punktsumme, die kleiner als die vorhandenen ist, würde in der Schleife kein Treffer erzielt. Der Versuch, trotz `hasNext() == false` aus der Link-Liste zu lesen, führt übrigens zu einer `NoSuchElementException`. Das ist eine weit schärfere Reaktion als beispielsweise die Rückmeldung eines EOF-Indikators beim sequentiellen Datei-Lesen oder des `SQLCODE 100` (DB2) am Ende einer relationalen Ergebnismenge.

Ein erster Versuch, in `addEntryToListPos()` mit Vor- und Nachlesen zu arbeiten, führt zu folgender Konstruktion, die übrigens bei leerer Link-Liste sofort eine `NoSuchElementException` auslösen würde:

```
ListIterator<Contestant> it = Items.listIterator();
Contestant crt = it.next();
System.out.println("\n1st entry value = " + crt.getEntryValue());

while (it.hasNext())
{
   System.out.println("process entry value " + crt.getEntryValue());

   crt = it.next();
   System.out.println("nth entry value = " + crt.getEntryValue());
}
```

Hier besteht die Eintragsverarbeitung nur aus der Ausgabe `process entry value` mit Angabe des aktuellen `entryValue`. Ein Test dieses Codes wird ausgelöst mit

```
System.out.println("\nInsert after positioning");
actual = new Pupil("Lo Porto, Mariuccia", 16, 20);
actual.addEntryToListPos(pupils);
```

und erbringt – nach Auflistung der vorhandenen Einträge – folgendes Ergebnis

```
Name = Coglitore, Laura, age = 15, PS = 38
Name = Peritore, Mariuccia, age = 15, PS = 17
Name = Di Stefano, Serena, age = 16, PS = 16

Insert after positioning

1st entry value = 38
process entry value 38
nth entry value = 17
process entry value 17
nth entry value = 16
```

Der letzte Eintrag – mit der Punktsumme 16 – wurde also nicht verarbeitet! Das liegt an der Schleifenkontrolle durch `hasNext()`, denn diese stellt nach dem Einlesen des dritten Eintrags fest, dass kein vierter folgt. Diese Abfrage ist folglich für die Vorlese-Nachlese-Logik nicht verwendbar.

Ausserdem kommt es darauf an, *wann* eine kontrollen-relevante Information bereitgestellt wird. In der Programmstruktur mit Operationen wird nxt_i bewusst erst dann mit dem Index des nächsten Eintrags oder -1 belegt, wenn nachgelesen werden soll, also erst *nach* Verbrauch der aktuell anstehenden Daten, nicht vorher. `hasNext()` zeigt aber den Kettenende-Status sofort nach dem Lesen des letzten Eintrags in der aktuellen Leserichtung an. Deshalb ist es für die Kontrollen I34 und I40 bis I43 ungeeignet.

Nicht nur für `hasNext()` gilt, dass die von der jeweiligen Basismaschine rückgemeldeten Stati häufig nicht gut dazu geeignet sind, unmittelbar in den Kontrollen ausgewertet zu werden. Sie sind zu „physisch". Es ist daher oft sinnvoller, aus diesen Stati eigene Indikatorwerte abzuleiten, die zudem sprechender sind, und die erst dann zum Tragen kommen, wenn das ausdrücklich erwünscht ist. Das Programm wird dadurch etwas von der Basismaschine entkoppelt und portierbarer, sowie lesbarer.

Die folgende Code-Variante in `addEntryToListPos()` nimmt eine solche Entkopplung vor und arbeitet auch bei leerer Link-Liste korrekt. Sie benötigt zwei zusätzliche Deklarationen:

```
boolean    nextEntryExists = true;
char       readStatus      = 'D';
Contestant crt             = null;
[…]
ListIterator<Contestant> it = Items.listIterator();

if (it.hasNext())
{
   crt = it.next();
   nextEntryExists = it.hasNext();
   System.out.println("\n1st entry value = " + crt.getEntryValue() +
                      ", nextEntryExists = " + nextEntryExists);
}
else
{
   nextEntryExists = false;
   readStatus      = 'E';
}

while (readStatus == 'D')
{
   System.out.println("process entry value " + crt.getEntryValue());

   if (it.hasNext())
   {
      crt = it.next();
      nextEntryExists = it.hasNext();
      System.out.println("nth entry value = " + crt.getEntryValue() +
                         ", nextEntryExists = " + nextEntryExists);
   }
   else
   {
      nextEntryExists = false;
      readStatus      = 'E';
   }
}
```

Die Ergebnis-Ausgabe lautet:

```
1st entry value = 38, nextEntryExists = true
process entry value 38
nth entry value = 17, nextEntryExists = true
```

```
process entry value 17
nth entry value = 16, nextEntryExists = false
process entry value 16
```

Wenn wir mal von der unschönen Code-Verdopplung für das Vor- und Nachlesen absehen, die nach einer geeigneten Auslagerung ruft, ist das Laufergebnis jetzt korrekt. Allerdings ist das `break`-Problem noch nicht gelöst. Wenn wir dieses Stück Code in die neue Konstruktion in `addEntryToListPos()` aufnehmen und die Lese-Logik zu `/* read logic */` abkürzen, bekommen wir folgendes:

```
ListIterator<Contestant> it = Items.listIterator();

/* read logic */

while (readStatus == 'D')
{
   System.out.println("process entry value " + crt.getEntryValue());

   if (this.entryValue >= crt.getEntryValue())
   {
      it.previous();
      it.add(this);
      System.out.println("entry added - leaving");
      break;
   }

   /* read logic */
}
```

Die Ergebnis-Ausgabe lautet nun:

```
Insert after positioning

1st entry value = 38, nextEntryExists = true
process entry value 38
nth entry value = 17, nextEntryExists = true
process entry value 17
entry added - leaving

2nd Pupil listing with iterator

Name = Coglitore, Laura, age = 15, PS = 38
Name = Lo Porto, Mariuccia, age = 16, PS = 20
Name = Peritore, Mariuccia, age = 15, PS = 17
Name = Di Stefano, Serena, age = 16, PS = 16
```

Der Eintrag mit der Punktsumme 20 wurde positionsrichtig eingefügt. Um den `break` loszuwerden, ist eine weitere Modifikation in `addEntryToListPos()` erforderlich:

```
boolean    searchingEntry  = true;
boolean    nextEntryExists = true;
char       readStatus      = 'D';
Contestant crt             = null;
[…]
ListIterator<Contestant> it = Items.listIterator();

/* read logic */

while (readStatus == 'D' && searchingEntry)
{
   System.out.println("process entry value " + crt.getEntryValue());

   if (this.entryValue >= crt.getEntryValue())
   {
      it.previous();
      it.add(this);
      searchingEntry = false;
      System.out.println("entry added");
   }
   else
   {
      /* read logic */
   }
}
```


Das Programm meldet:

```
Insert after positioning

1st entry value = 38, nextEntryExists = true
process entry value 38
nth entry value = 17, nextEntryExists = true
process entry value 17
entry added

2nd Pupil listing with iterator

Name = Coglitore, Laura, age = 15, PS = 38
Name = Lo Porto, Mariuccia, age = 16, PS = 20
Name = Peritore, Mariuccia, age = 15, PS = 17
Name = Di Stefano, Serena, age = 16, PS = 16
```

Um die Wirkung der `break`-Anweisung zu erzielen, muss der ihr folgende Code übergangen werden. Dazu genügt es, ihn in einen neuen `else`-Zweig zu legen und die Iterationskontrolle passend zu erweitern. Hier wurde übrigens mit `searchingEntry` absichtlich eine positive Aussage formuliert. Man könnte auch beispielsweise `entryNotAdded` mit `true` initialisieren und nach dem Treffer auf `false` setzen. Nachfolgende – hier nicht vorhandene – Abfragen müssten allerdings gegebenenfalls wie folgt formuliert werden:

```
if (! entryNotAdded)
   { do something with the new entry }
```

oder:

```
if (entryNotAdded)
   { no operation }
else
   { do something with the new entry }
```

Auch die umgekehrte Variante mit der Deklaration `entryAdded = false` ist unschön. Sie verursacht eine Negation in der `while`-Bedingung. Die JSP-konforme Umgehungslösung mit einem zusätzlichen Indikator hat aber auch keinen Schönheitspreis verdient, weil hier ebenfalls eine einmalige – invariante – Aktion innerhalb einer Schleife codiert ist. Es ist meist deutlich besser, in einer Suchschleife bei Erfolg nur einen Treffer-Indikator zu setzen und diesen in der Iterationskontrolle, sowie nach der Schleife abzufragen. Öfters reicht auch eine geeignet formulierte Iterationskontrolle, deren Terme gegebenenfalls nach der Schleife für weitere Fallunterscheidungen erneut verwendet werden können.

Ein spezielles Thema sind in diesem Kontext nicht-lokale Indizes, die in einer Schleife – automatisch oder per Einzel-Operation – inkrementiert oder dekrementiert werden. Solche Indizes werden häufig anstelle boole'scher Indikatorvariablen dazu herangezogen, das Schleifenergebnis auszuwerten, zum Beispiel nach einem unerwarteten Indexüberlauf. Anders als bei einem simplen Indikator kommt es bei solchen Indizes allerdings extrem darauf an, dass sie exakt so geführt werden, wie der Entwickler oder die Entwicklerin es erwarten. Das muss auf jeden Fall genau kontrolliert werden.

13.6.4 Neue / abgewandelte Operationen

Die Lehren aus dem vorhergehenden Unterkapitel lassen sich auch auf das Löschen obsolet gewordener Einträge anwenden. Es ist daher nicht erforderlich, diese Aufgabe auf dieselbe Weise zu bearbeiten. Somit stehen nahezu alle erforderlichen Informationen zur Verfügung, um die neuen oder abgewandelten Operationen formulieren zu können. Uns fehlt nur noch ein Äquivalent für die indizierten Link-Listen-Zugriffe, denn die sind ja durch die geplante Verwendung von Iteratoren unnötig geworden. Letztere operieren immer auf dem aktuellen Eintrag und signalisieren das Vorhandensein des nächsten Eintrags in der Leserichtung mit `hasNext()`. Daher reicht uns auch die Struktur eines einzelnen Link-Listen-Elements:

```
L_L_E struct(
   entry_value      integer;      // Ranking-Wert
   contestant       varchar;      // Daten des Ranking-Teilnehmers
   );
```

Die Liste der neuen oder abgewandelten Operationen lautet somit wie folgt:

Op.	Bedeutung	Kommentar
130	I_School_LL anlegen	internationale Schulen-Link-Liste
131	N_School_LL anlegen	nationale Schulen-Link-Liste
132	N_School_LL löschen	bei Land-Wechsel
133	Pupil_LL anlegen	Schüler-Link-Liste
134	Pupil_LL löschen	bei Schul-Wechsel
135	*L_L_E.entry_value := new_value*	*new_value ablegen (von 56)*
136	*L_L_E.contestant := new_contestant*	*Teilnehmer-Zusatzdaten ablegen (von 59)*
137	L_L_E mit `addFirst()` ablegen	1. Eintrag | neuer führender Eintrag
138	Rückpositionieren mit `previous()`	
139	L_L_E mit `add()` ablegen	positionsrichtig eintragen
140	L_L_E mit `addLast()` ablegen	letzter Eintrag
141	Reverse-Iterator erzeugen	`Iterator` aus `descendingIterator()`
142	**if** `hasNext()` **then** Lesen aus Iterator ⇨ L_L_E; end_of_chain := false **else** end_of_chain := true **fi**	 mit `next()`
143	Crt_Entry_Value := L_L_E.entry_value	
144	Eintrag mit `remove()` löschen	zuvor gelesener Eintrag
145	Forward-Iterator erzeugen	`ListIterator` verwenden
146	I_School_LL-Forward-Iterator erzeugen	
147	N_School_LL-Forward-Iterator erzeugen	
148	Pupil_LL-Forward-Iterator erzeugen	
149	*Pupil_Data := L_L_E.contestant*	*(von 104)*
150	*SpoRes := SpoRes + Pupil_Data.gender_code + ' ' + Pupil_Data.age + ' ' + Pupil_Data.sprint_points + ' ' + Pupil_Data.jump_points + ' ' + Pupil_Data.throw_points + ' ' + String(L_L_E.entry_value) + ' ' + Pupil_Data.name*	*Schüler-Daten anfügen (von 109)* *Punktsumme*
151	buildLinkedList *(L_L_E.entry_value, L_L_E.contestant, I_School_LL)*	*Nationaler Sieger ⇨ internationale Link-Liste (von 98)*
152	*School_Data := L_L_E.contestant*	*(von 111 / 116)*

Die ganz neuen Operationen sind in normaler Schrift, die abgewandelten kursiv geschrieben. Bei letzteren ist der Bezug zum Original – in Klammern – angegeben.

Die an diese Veränderungen angepassten Kontrollen bekommen ebenfalls neue Nummern. Die alten Nummern sind in Klammern angegeben. Zusätzlich werden die alten – unverändert gebliebenen und weiterhin gültigen – Kontrollen aufgelistet, da diese über mehrere frühere Kapitel verstreut sind.

Somit ergibt sich die folgende Liste:

I1 EOF
I2 new_rank_1_key > old_rank_1_key
I4 new_rank_1_2_key > old_rank_1_2_key
I5 new_rank_1_3_key > old_rank_1_3_key
I6 new_rank_1_4_key > old_rank_1_4_key
S7 schools >= 4
S17 F-Age-Groups > 0
S18 M-Age-Groups > 0
S37 L_L.unique_values > 3
S50 (32) L_L.unique_values = 0 (extern vorzugeben) |
L_L.unique_values >= 3 und new_value < min. Entry_Value in L_L from `getLast()` |
new_value >= max. Entry_Value in L_L from `getFirst()` |
Other
S51 (33) new_value > max. Entry_Value in L_L from `getFirst()`
I52 (34) (end_of_chain = true) oder new_value >= L_L_E.entry_value
S53 (35) end_of_chain = false
S54 (36) new_value > L_L_E.entry_value
I55 (38) L_L_E.entry_value > Crt_Entry_Value
I56 (40) end_of_chain = true
I57 (41) (end_of_chain = true) oder L_L_E.entry_value < Crt_Entry_Value
I58 (42) = I57
I59 (43) = I57

13.7 Klassen identifizieren

EvaluateSportsDS verwendet ziemlich viele Datenelemente und -gruppen, die auf Klassen abgebildet werden sollen, soweit möglich und sinnvoll. In der Operationsliste tauchen folgende Daten auf:

- Sports-Record ⇨ SpoConD
- 3 School-Records
- School_Data für Link-Liste
- Alte und neue konkatenierte Rangschlüssel
- Zähler für statistische Zwecke
- kohortenbezogene Zähler (Schüler- und Schul-Anzahlen), Zeilenzähler, Medaillenrang
- Punktsummen, Durchschnittswerte, kumulierte Werte, Mittelwert der Schüler-Punktsummen
- Result-Sätze 01 und 04, Schüler-Ergebnissatz SpoRes
- Link-Listen für Schüler, nationale und internationale Schulen (Pupil_LL, N_School_LL, I_School_LL)
- anonyme Link-Liste L_L in buildLinkedList()
- anonymes Link-Listen-Element L_L_E
- Generalisierung von Schüler- und Schuldaten zu „Contestant"

Hilfsmittel, beispielsweise Iteratoren und Enumerator-Klassen, müssen hier nicht beachtet werden. Dagegen sind die bereits besprochenen File Service- und Rangschlüssel-Klassen hinzuzunehmen.

Weitere Kandidaten für die Definition von Klassen ergeben sich aus der Programmstruktur, da für jede Rangstufe und für die Handhabung der Link-Listen wieder sogenannte Handler-Objekte die Regie übernehmen. Diese inkorporieren die Kontrollen und organisieren das Zusammenspiel der übrigen Klassen analog zu SonnetAnalysis.

13.7.1 Ablösen der Operation 22

Beim Übergang zur OO-Implementierung ist es sinnvoll, den erreichten Stand des JSP-Entwurfs noch einmal kritisch zu sichten. Smarte Einfälle, die sich mit algorithmischen Techniken problemlos umsetzen lassen, können sich aus der OO-Sicht in weniger gute Ideen verwandeln. Das zeigte sich während der Implementierung der Ranggruppenverarbeitung – zunächst ohne Link-Listen – ganz deutlich bei der Operation 22. Diese verursacht einen unnötig hohen Objekterzeugungs- und Schnittstellenaufwand, was gegen das Prinzip der Eleganz verstößt.

Worum geht es hier eigentlich? Die Operation 22 trägt die Anzahlen der F- und M-Gruppen, sowie die Anzahlen der Schülerinnen und Schüler zusammen. Das sind die Terme `4/129` und `7/432` in folgendem Beispiel-Ergebnissatz:

```
DEUBW0047081104 Ø 33,50 F 4/129 M 7/432
```

Als erfahrener Anwender der JSP-Methode haben Sie sicherlich schon bemerkt, dass diese Operation nicht ganz koscher ist beziehungsweise zu sein scheint. Bei geringerer Erfahrung tendieren Sie vermutlich eher dazu, hier einen Trick zu sehen, der aus Ihrer Sicht möglicherweise das methodische Vorgehen entwertet. Daher sollten wir uns die Sache ganz genau ansehen. Die Op. 22 ist wie folgt definiert:

Op.	Bedeutung	Kommentar
22	**if** gender_code = `'F'` **then** F_age_groups := F_age_groups + 1; F_pupils := F_pupils + pupils **else** M_age_groups := M_age_groups + 1; M_pupils := M_pupils + pupils **fi**	gender_code = 15. Stelle von old_rank_1_4_key (Index: [14])

Hier handelt es sich um eine Alternative, die am Ende jeder „age group" – je nach dem aktuellen Gender-Wert – die zugehörige Gruppenanzahl um 1 erhöht und die Anzahl der Schüler(innen) in der Gruppe aufkumuliert. Das ist eine Arbeit, die eigentlich auf der Gender-Group-Ebene getan werden müsste. Allerdings gibt es dort beim derzeitigen Stand keinen Parkplatz, wo die Ergebnisse aus „process age groups" abgelegt werden und später an „pr(ocess) r-school gr(ou)p" zurückgereicht werden könnten.

Im Prinzip ist nichts daran auszusetzen, Operationen als Mini-Alternativen zu formulieren, wenn damit die Aussagen der Struktogramme nicht unterlaufen werden. Nicht jede Kleinigkeit muss grafisch dokumentiert werden. So enthält beispielsweise jede Vorlese- und Nachlese-Operation eine Alternative in sich, die meist undokumentiert bleibt, weil sie banal ist: Sequentiell angeforderte Daten sind vorhanden (und werden gegebenenfalls umgespeichert, auch für Gruppen- oder Rangschlüssel), oder sie fehlen (und es werden geeignete Defaults gesetzt).

In allen Fällen, bei denen das Verstecken von Alternativen in Operationen zu Problemen führt, kann die betroffene Programmstruktur passend erweitert werden. Eine grafische Hervorhebung – zum Beispiel durch Farbe oder Schraffur – ist dann sinnvoll, um die solcherart hinzugefügten Strukturelemente von denjenigen zu unterscheiden, die aus der Verschmelzung von korrespondierenden Datenstrukturen resultieren. Es gibt aber auch Fälle, in denen das nicht ausreicht. Solch einen Fall haben wir hier vor uns, wobei noch offenbleiben muss, ob die Operation 22 wirklich schlecht ist. Das zeigt sich erst nach der Überprüfung der Alternativen.

Es gibt – mindestens – zwei Möglichkeiten, wie eine JSP-konformere Lösung aussehen könnte:

- Das Eingabe-Struktogramm für den Sports Dataset wird so geändert, dass die Inkrementierungsoperationen, die in den beiden Zweigen der Op. 22 enthalten sind, einfach und eindeutig plaziert werden können.
- Die Zuordnung der Zählergebnisse zu den „gender groups" erfolgt nicht sofort, sondern erst in „pr(ocess) r-school group". Dafür ist ein Zwischenspeicher nötig.

Die beiden folgenden Unterkapitel zeigen, welche Auswirkungen diese Vorschläge hätten.

13.7.2 Struktogramm-Änderung

Die Aufgabe, die Inkrementierungsoperationen ohne versteckte Alternativen eindeutig plazieren zu können, lässt sich durch eine Struktogramm-Änderung lösen. Die „Abbildung 13.13: Mögliche Struktogramm-Änderung für die Gender-Group-Verarbeitung" auf Seite 393 stellt eine mögliche, wenn auch ziemlich umständliche Lösung vor.

Folgende Operationen sind in diesem Struktogramm enthalten:

Op.	Bedeutung	Kommentar
3	Sports-Record lesen, konkatenierte Rangschlüssel zuweisen	Einzelfelder extrahieren, gegebenenfalls Namenslänge bestimmen
9	old_rank_1_2_key := new_rank_1_2_key	Bisherigen Rang-1-2-Gruppenschlüssel sichern
10	old_rank_1_3_key := new_rank_1_3_key	Bisherigen Rang-1-3-Gruppenschlüssel sichern
11	old_rank_1_4_key := new_rank_1_4_key	Bisherigen Rang-1-4-Gruppenschlüssel sichern
15	schools := schools + 1	
16	F_age_groups := 0	
17	M_age_groups := 0	
18	F_pupils := 0	
19	M_pupils := 0	
20	pupils := 0	Schüler in einer *gender* group
21	pupils := pupils + 1	
22a	F_age_groups := F_age_groups + 1	
22b	F_pupils := F_pupils + pupils	
22c	M_age_groups := M_age_groups + 1	
22d	M_pupils := M_pupils + pupils	
23	point_sum := SpoConD.sprint_points + SpoConD.jump_points + SpoConD.throw_points	
24	school_points := 0	
25	school_points := school_points + point_sum	

Beachten Sie die veränderte Bedeutung des Zählers „pupils", die daraus folgende Umplazierung der Operation 20 (fett markiert), sowie die ebenfalls fett markierten neuen Operationen und Kontrollen. Die Gender-Code-Abfragen beziehen sich auf den *alten* Rang-1-2-Schlüssel. Ausserdem wird bei der Abfrage auf `'M'` sichergestellt, dass der Rangschlüssel unverändert ist. Er könnte sich ja durch das Nachlesen geändert haben.

Die vier aus der Operation 22 stammenden Inkrementierungsoperationen können eindeutig plaziert werden – allerdings um den Preis der Verdopplung des bisherigen Unterbaums von „pr(ocess) r-school group" und damit einer erheblichen Redundanz. Diesen Weg sollte man nur dann einschlagen, wenn Untergruppen so verschieden sind, dass deren Aufnahme in einen gemeinsamen Unterbaum zu ständig wiederholten Abfragen auf der untersten Ebene führen würde. Bei mehr als zwei Ausprägungen eines Gruppenmerkmals – hier: „gender code" – ist dann zudem ein erheblicher Mehraufwand für das Zeichnen des Struktogramms fällig, der nach einer Generalisierung ruft.

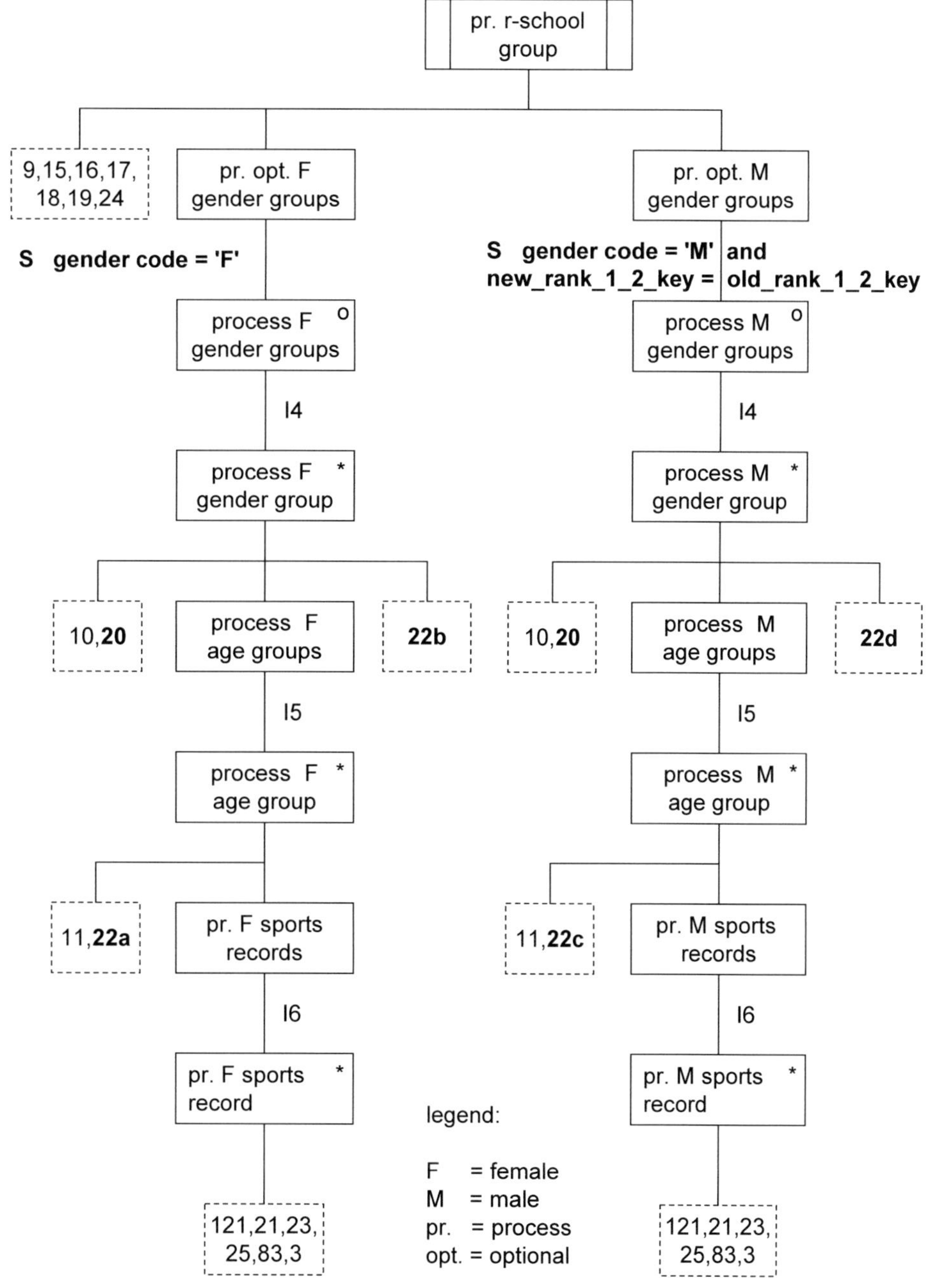

Abbildung 13.13: *Mögliche Struktogramm-Änderung für die Gender-Group-Verarbeitung*

13

13.7.3 Zwischenspeicherung der Zählergebnisse

Anstatt die Programmstruktur aufzublähen, liegt es nahe, die Zählergebnisse erst zwischenzuspeichern und später auszuwerten. Dafür ist ein Array erforderlich, der hier Gender Statistics Array (GSA) heissen soll. Er ist – analog zum Line Count Array im Kapitel „7.6 Operationen" auf Seite 139 ff – wie folgt definiert:

```
GSA[0:1] struct(
    gender_code     char(1);
    age_groups      integer;
    pupil_count     integer;
);
```

Die Array-Zeilen heissen „GSA Entry". Bei einer Schule, an der sowohl Schülerinnen als auch Schüler am Wettbewerb teilnehmen, soll die Belegung der Array-Zeilen wie folgt aussehen (am obigen Beispiel):

Index	Gender_Code	Age_Groups	Pupil_Count
0	F	4	129
1	M	7	432

Wenn nur Schülerinnen teilnehmen, sieht die Belegung stattdessen so aus (Beispiel):

Index	Gender_Code	Age_Groups	Pupil_Count
0	F	3	177
1			

Der Eintrag zum Index 1 bleibt leer beziehungsweise wird nicht angelegt.

Wenn nur Schüler teilnehmen, gibt es zwei Möglichkeiten (Beispiel).

a) Belegung des Eintrags 0:

Index	Gender_Code	Age_Groups	Pupil_Count
0	M	5	375
1			

b) Belegung des Eintrags 1:

Index	Gender_Code	Age_Groups	Pupil_Count
0			
1	M	5	375

In beiden Fällen bleibt ein Eintrag leer oder wird nicht angelegt. Im ersten Fall kann eine einfache Indexzuweisung und -fortschaltung verwendet werden, während im zweiten Fall jedem „gender code" ein Index starr zugeordnet wird. Letzteres erfordert in der Implementierung zunächst einen Mehraufwand, der im vorliegenden Fall nicht als gerechtfertigt erscheint. Bei mehr als zwei Ausprägungen des diskriminierenden Merkmals kann allerdings die spätere Auswertung der zwischengespeicherten Ergebnisse möglicherweise deutlich einfacher werden.

Hier wird die Variante a) gewählt. Damit entsteht folgender Ausschnitt der Programmstruktur:

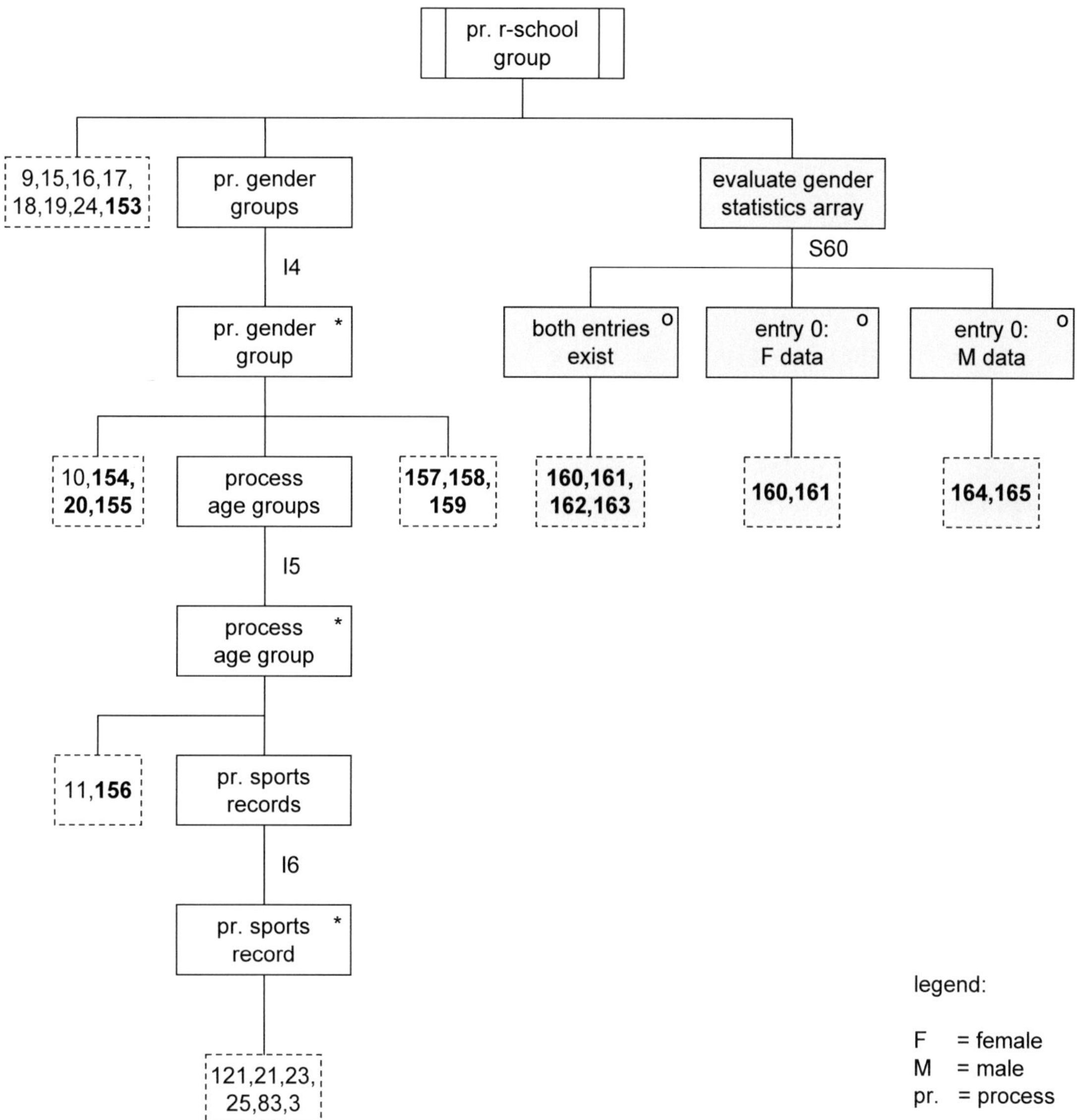

Abbildung 13.14: *Struktogramm der generalisierten Gender-Group-Verarbeitung mit n >= 2 Gruppen*

Die neuen Operationen sind wie folgt definiert:

Op.	Bedeutung	Kommentar
153	gsa_i := -1	Init GSA-Index
154	gsa_i := gsa_i + 1	
155	age_grps := 0	gender-bezogener Zähler
156	age_grps := age_grps + 1	
157	GSA[gsa_i].gender_code := old_rank_1_3_key.<14>	Gender_Code = 15. Stelle von old_rank_1_3_key (Index: [14])
158	GSA[gsa_i].age_groups := age_grps	

Op.	Bedeutung	Kommentar
159	GSA[gsa_i].pupil_count := pupils	
160	F_age_groups := GSA[0].age_groups	Belegung der vorhandenen Zählerelemente
161	F_pupils := GSA[0]. pupil_count	
162	M_age_groups := GSA[1].age_groups	
163	M_pupils := GSA[1]. pupil_count	
164	M_age_groups := GSA[0].age_groups	
165	M_pupils := GSA[0]. pupil_count	

Der zur Auswertung der GSA-Inhalte erforderliche Zusatz ist hervorgehoben. Damit werden diese Inhalte in die bereits bekannten Zählerelemente umgespeichert. Die neue Kontrolle S60 ist wie folgt definiert:

S60 gsa_i = 1 | GSA[0].gender_code = `'F'` | sonst

Wie ist diese Variante zu beurteilen?

- Es sind 13 neue Operationen (ohne darin verborgene Abfragen), ein neuer Array und eine neue Kontrolle erforderlich, um die Operation 22 abzulösen. Das ist kein geringer Aufwand.
- Dasselbe Vorgehen eignet sich auch für mehr als zwei Code-Ausprägungen oder Schlüsselbestandteile.
- Die Zähl-Operationen sind jetzt korrekt plaziert.
- Es ist nicht mehr nötig, die vier M_- und F_-Zähler bis hinab in „process age group" zu übergeben. Das macht die Aufrufschnittstellen schlanker.

Das hier vorgestellte „orthodoxe" Vorgehen ist gegenüber der Operation 22 nur eingeschränkt empfehlenswert. Im algorithmischen Kontext steht dem Zusatzaufwand allenfalls ein Gewinn an politischer Korrektheit gegenüber. Daher erscheint es als sinnlos, das C-Programm hierfür abzuändern. Im OO-Kontext ist dagegen der neue Ansatz vorzuziehen, weil er sich ohne Verbiegungen umsetzen lässt.

13.7.4 Daten & Operationen ==> Klassen?

Beim Übergang vom JSP-Modell eines Programms – der Programmstruktur mit Operationen und Kontrollen – zur OO-Implementierung sind Unsicherheiten normal. Der datenorientierte Entwurf geht von dem algorithmischen Verständnis der Daten als Freiwild aus, wonach die Operationen mit den Daten anstellen können, was gerade als sinnvoll erscheint. Die Struktogramme disziplinieren diese Willkür durch das Einordnen der Operationen in ihren jeweiligen Kontext, der durch die Semantik der Strukturblöcke impliziert wird. Das ist aber nur ein schwacher Schutz vor dem Missbrauch der Methodik durch Entwickler(innen), die unter der Haube einer methodenkonformen Darstellung ihre Spaghettiprogrammierung verbergen. Diese Mühe macht sich zwar heutzutage möglicherweise niemand mehr, aber die Krankheit willkürlicher, pseudo-erfinderischer Konstruktionen blieb (und infizierte natürlich auch die OO-Welt).

Klassen kapseln dagegen im Idealfall die zusammengehörigen Daten und Methoden so, dass ihr Missbrauch zumindest stark erschwert und gleichzeitig jeweils die Transaction Closure[4] erreicht werden kann. Das bedeutet, dass die Methoden einer Klasse sämtliche zulässigen Manipulationen an ihren Daten, sowie die erforderlichen lesenden Funktionen – Getter – implementieren. Die Zugriffsmodifizierer, speziell `private`, schirmen die Daten vor fremden Zugriffen ab, die inkonsistente Zustände hinterlassen oder Details – auch die

4 Das ist ein Begriff aus der Online-Programmierung. Dort liegt die Transaction Closure vor, wenn alle Transaktionen existieren, die erforderlich sind, um Daten in einem – im Online-Zugriff stehenden – Bestand anzulegen, zu ändern und löschen.

Daten-Namen selbst – unerwünschterweise offenlegen könnten. Abstrakte Klassen, Vererbung und Interfaces machen dieses Bild zwar komplexer und führen gegebenenfalls zu Kompromisslösungen, aber die Intention ist unverändert: Pfoten weg von fremden Daten!

Diese Anti-Freiwild-Strategie führt beim Entwurf der Klassen zwangsläufig zur immer gleichen Frage: Was kommt wohin? Diese Frage ist oftmals überhaupt nicht leicht zu beantworten. Ähnlich aufwendig ist die relationale Datenmodellierung, bei der Performance-Aspekte die eigentlich wünschenswerten Abbildungen der fachlichen Realität auf die physische Zugriffswelt torpedieren können. In beiden Fällen kann es zu einer Henne-und-Ei-Rekursion kommen, bei der das Produkt – das Entwurfsergebnis – auf den Entwurf zurückwirkt und so dessen Voraussetzungen verändert, was zu einem anderen Ergebnis führt und so weiter und so fort, bis überhaupt nicht mehr klar ist, warum letzlich *diese* Lösung und nicht eine andere gewählt wurde.

Stattdessen bietet die JSP-Modellierung einen Einstieg an, der sich zunächst an den beobachteten Besteht-aus-Beziehungen zwischen den zu bearbeitenden Datenelementen und -gruppen orientiert. Völlig losgelöst von möglichen Klassenaspekten verläuft die Modellbildung bis hin zur Programmstruktur mit Operationen. Letztere kann per Durchlaufanalyse schon getestet werden, noch bevor eine einzige Code-Zeile geschrieben ist. Wenn die Analyse erfolgreich abgeschlossen ist, steht fest, welche Datenelemente und -strukturen benötigt werden, und welche Operationen mit diesen ausgeführt werden sollen. Dies determiniert die Methoden des OO-Entwurfs, denn die Operationslisten sind Aktionsfolgen, die von der Kontrollstruktur aus Sequenzen, Alternativen und Iterationen regiert werden, welche ebenfalls in den Methoden zu implementieren sind.

Die Frage, was wohin kommt, ist dann schon leichter zu beantworten, weil der Entwurf normalerweise eine Fülle von Zusammenhängen aufgedeckt hat, die sonst erst nach und nach erforscht werden müssten. Ausser in ganz trivialen Fällen liegen die Antworten dennoch nicht auf der Hand, weil es meist mehrere Lösungsvarianten gibt, die gegeneinander abzuwägen sind. Zwänge, die von vorhandenen Klassen(bibliotheken) ausgehen, mögen die Zahl der Varianten begrenzen, aber im Allgemeinen bleiben mehrere Optionen übrig, die mehr oder weniger elegant, effizient, threadsicher, ausnahmesicher, wiederverwendbar… erscheinen. Hier gut zu entscheiden, ist Können des jeweiligen Entwicklers oder der Entwicklerin.

In den Operationslisten können übrigens auch Vermischungen von Aktionen an Daten vorkommen, die zwar künftig zu getrennten Klassen gehören könnten, aber denselben Kontrollen (= Ausführungsbedingungen) unterliegen. Wenn man es sich zu leicht macht, kann eine misslungene Entflechtung in solchen Fällen zu unzutreffenden Zusammenfassungen von Variablen und Methoden führen.

Es wäre vermessen, angesichts der ungeheuren, nicht ausschöpfbaren Vielfalt möglicher Aufgabenstellungen hier ein definitives Abbildungskonzept von Daten und Operationen auf Klassen vorzulegen. Dennoch zeigt die Erfahrung, dass ziemlich oft folgende Überlegungen hilfreich sind:

- Eine Informationseinheit aus diversen Datenelementen, die gemeinsam eingelesen, verarbeitet, intern zwischengespeichert, über Schnittstellen weitergereicht oder ausgegeben wird, eignet sich meist als Basis für die Definition der Attribute einer Klasse. Weitere Datenelemente, zum Beispiel Zähler oder Positionsmerkmale – Indizes etcetera – können hinzutreten, wenn damit die Funktionalität der betreffenden Klasse abgerundet wird. Häufig wird davon nur ein Objekt – zu jeder Zeit – benötigt, aber es können durchaus mehrere sein. Eine solche Informationseinheit ist beispielsweise SpoConD.
- Iterationen von Datenelementen innerhalb solcher Informationseinheiten, wie sie nicht selten in der kommerziellen Programmierung auftreten, sollten durch Auslagerung der iterierten Elemente in weitere Klassen aufgelöst werden. Normalerweise bildet eine Containerstruktur, meist ein Array, die Klammer der so entstehenden Objekte.
- Verwaltungsdaten, die ebenfalls einen hohen inneren Zusammenhalt besitzen, können weitere Kandidaten für Klassen sein. Das sind im vorliegenden Fall beispielsweise die konkatenierten Rang- und Gruppenschlüssel inklusive deren Einzelelemente. Häufig sind jeweils mehrere Objekte solcher Klassen erforderlich.

- Containerstrukturen werden oft von Zusatzinformationen begleitet, die konsistent mit dem Auf-, Um- und Abbau der Containerinhalte mitgeführt werden müssen. In diesem Fall ist pro Container ein umhüllendes Objekt zu erzeugen. Dies trifft zum Beispiel auf die Link-Listen zu.
- Sammlungen gleichartiger Dinge, wie beispielsweise von Statistik-Zählern, können eventuell zu Klassen zusammengefasst werden. Es sollten aber mindestens Klassen gebildet werden, welche diese Gleichartigkeit nutzen, um gemeinsame Methoden anzubieten, die auf diesen Dingen operieren. Jedes solche Ding ist dann ein eigenes Objekt.
- Gemeinsame Attribute und Methoden – thematisch – verwandter Informationseinheiten können möglicherweise in Oberklassen ausgelagert werden – vorausgesetzt, dass die Unterklassen gegenüber der Oberklasse die „Ist-eine-Art-von"-Beziehung besitzen. Aus dem „können" wird ein „müssen", wenn diese Informationseinheiten gemeinsam in denselben Containern auftreten sollen, oder wenn die partielle Generalisierung der Verarbeitung typenreiner Container angestrebt wird. Das trifft hier ebenfalls auf die Link-Listen und auf buildLinkedList() zu.
- Diese Generalisierungen erfordern, geeignet definierte Parameter an gemeinsame Methoden zu übergeben, wenn die `this`-Syntax nicht genutzt werden kann. Solch ein Parameter ist kein Objekt, sondern er referenziert lediglich das jeweils übergebene Objekt. Sein Typ ist folglich gleich der Klasse des Objekts beziehungsweise dessen Oberklasse; sein Name sollte aber eine neutral formulierte Variante für ein Exemplar dieser Klasse(n) sein.
- Die Kontrollstruktur des JSP-Modells liefert weitere Klassen, die durchaus eigene Attribute besitzen können. Diese Klassen sollten möglichst einfach aufgebaut sein, um die Kontrollstruktur nicht visuell in Massen von Code zu ersäufen, der zu ihr nichts beiträgt. Dieses Ziel kann mittels Hilfsmethoden erreicht werden, in welche dieser Code ausgelagert wird. Geschachtelte Iterationen oder sehr tief gestaffelte Alternativen sind ebenfalls zu vermeiden, wenn möglich und sinnvoll. Meist liefert die Fachlichkeit der iterierten oder alternativen Strukturblöcke hinreichende Gründe für eine angemessene Zerlegung der Gesamt-Kontrollstruktur.
- Hilfsklassen sind meist auch für Ein- und Ausgabefunktionen erforderlich, um diese zu kapseln und um mögliche Exceptions dort abzufangen. Dann handelt es sich – wegen der bei JSP häufig auftretenden Forderung nach programmweiter Adressierbarkeit – meist um statische Klassen, deren Variablen die eigentlichen Datenaustausch-Objekte – die zum Beispiel aus eingelesenen Daten aufgebaut wurden – referenzieren.
- Nach Abzug aller für Klassen evident geeigneten Datenelemente vom gesamten Datenpool des JSP-Modells bleibt ein Bodensatz, der aufmerksam auf bislang vergessene Klassen hin untersucht werden sollte. Danach dürfen nur noch einfache Zähler, Indizes, Indikatoren, Iteratoren etcetera übrigbleiben, die bestimmten Methoden der bislang identifizierten Klassen zuzuordnen sind.

13.7.5 Link-Listen: Was ist Klasse, was Objekt, was Parameter?

Besonders vertrackt ist im vorliegenden Fall die Abbildung derjenigen Informationseinheiten in ihre OO-Äquivalente, die den Kern der Aufgabe von EvaluateSportsDS ausmachen, also der Schüler- und Schuldaten, sowie der damit zu bestückenden Link-Listen:

- Aus jedem „sports record" geht eine Informationseinheit SpoConD hervor, die dem Satzinhalt ohne eingestreute Leerzeichen entspricht. Es erscheint als naheliegend, aus SpoConD eine Klasse zu machen, von der zu jeder Zeit nur ein Objekt existiert, das beim Einlesen erzeugt wird. Die dafür nötigen Attribute stehen gleichzeitig zur Verfügung.
- Sie sind jedoch inhaltlich mit denen von Pupil_Data identisch (siehe Kapitel „11.5.1 Teilnehmerdaten für die Schüler" auf Seite 297 ff). Pupil_Data ist andererseits mit der Klasse `Pupil` verwandt, welche die-

selben Attribute enthält, aber von der abstrakten Oberklasse `Contestant` abhängt (siehe Kapitel „13.5 Link-Listen-Polymorphie" auf Seite 371 ff). `Contestant` führt das Attribut `entryValue`, also die Schüler-Punktsumme respektive den mit 100 multiplizierten Schul-Durchschnitt. Da `Contestant` abstrakt ist, wird es ab hier in `Contestant_AC` umbenannt.

- Von dieser Oberklasse hängt auch die Klasse `School` ab, deren Attribute denen von School_Data entsprechen. School_Data wird im Gegensatz zu Pupil_Data in mehreren Lese- und Auswertungsschritten aufgebaut.
- Aus School_Data und Pupil_Data wurde bekanntlich das gemeinsame Attribut Entry_Value ausgelagert und im Aufruf von buildLinkedList() getrennt übergeben. Beim Abspeichern in der jeweiligen Link-Liste und beim Auslesen wird für beide die Bezeichnung „Contestant" verwendet.
- Alle drei Link-Listen basieren auf `Contestant_AC`, was für die Generalisierbarkeit von buildLinkedList() zwingend erforderlich ist. Somit basiert der letzte Parameter von buildLinkedList() ebenfalls auf `Contestant_AC`.
- SpoConD und Pupil_Data können folglich nur dann als Exemplare von `Pupil` betrachtet werden, wenn beiden das in der Oberklasse gehaltene Attribut `entryValue` hinzugerechnet wird. Das fällt bei Pupil_Data nicht schwer, da jedes Exemplar davon durch Lesen aus der Link-Liste Pupil_LL entsteht, wodurch auch der jeweilige `entryValue` beschafft wird. SpoConD besitzt dagegen nicht sofort einen `entryValue`. Dieser wird erst durch die Operation 23 erzeugt, was lange nach dem Vorlesen, tief unten in der Kontrollhierarchie und nach zahlreichen anderen Operationen geschieht. Wir müssen also entweder die Operation 23 in die Lese-Operation 3 integrieren, was ein unschönes Versteckspiel wäre, oder beispielsweise SpoConD als Exemplar von `Pupil` mit `entryValue = 0` erzeugen.
- Dagegen kann ein `School`-Objekt direkt aus School_Data und dem Schul-Durchschnitt erzeugt werden, bevor buildLinkedList() es übernimmt und – gegebenenfalls – in die (inter)nationale Schul-Link-Liste einhängt.

13.7.6 Vorläufige Klassenliste

Gebiet	Code	bisherige Bezeichnung	Klasse	Hilfsklasse?
Process Control	m	Evaluate Sports DS	`EvaluateSportsDS`	
	PC01	process country group	`CountryGrpHandler`	
	PC02	process r-school group	`R_SchoolGrpHandler`	
	PC03	process gender group	`GenderGrpHandler`	
	PC04	process age group	`AgeGrpHandler`	
Contest Data	CD01	SpoConD	`Pupil`	
	CD02	(div. Zähler)	`Counter`	
	CD03		`PupilRank_1_AC`	ja
	CD04	[new|old]_rank_1_key	`PupilRank_1`	
	CD05		`PupilRank_1_2_AC`	ja
	CD06	[new|old]_rank_1_2_key	`PupilRank_1_2`	
	CD07		`PupilRank_1_3_AC`	ja
	CD08	[new|old]_rank_1_3_key	`PupilRank_1_3`	
	CD09		`PupilRank_1_4_AC`	ja
	CD10	[new|old]_rank_1_4_key	`PupilRank_1_4`	
	CD11	GSA	`GSA_Entry`	

Gebiet	Code	bisherige Bezeichnung	Klasse	Hilfsklasse?
Linked List	LL01	Pupil_LL	`Contest_LL`	
	LL02	N_School_LL	`Contest_LL`	
	LL03	I_School_LL	`Contest_LL`	
	LL04	Pupil_Data	`Pupil`	
	LL05	School_Data	`School`	
	LL06	(L_L_E.entry_value)	`Contestant_AC`	ja
	LL07	L_L	`Contest_LL`	
File Services	FS01	(Op. 1, 3, 5, 31, 32, 33)	`InFileUtil`	
	FS02	(Op. 2, 4, 6, 35, 37, 110)	`OutFileUtil`	
	FS03		`FileRegister`	ja
	FS04		`BR_RefNameAndCount`	ja
	FS05		`BW_RefNameAndCount`	ja
	FS06		`NameAndCount`	ja

Hinweise

- Hilfsklassen sind in der obigen Tabelle eigens markiert, weil sie bis auf `Contestant_AC` (LL06) den Daten und Operationen nicht direkt zugerechnet werden können.
- Die File Service-Klassen werden erst im Kapitel „8 File Services in Java" auf Seite 205 ff dargestellt. Dies ist also ein Vorgriff.

13.8 Zuständigkeiten festlegen

Die Programmstruktur mit Operationen kann hier aus grafischen Gründen nicht vollständig mit den vorläufigen Klassen verknüpft werden. Das würde zu unübersichtlich. Ausserdem können noch keine Methoden angegeben werden, da EvaluateSportsDS bei weitem nicht so einfach wie SonnetAnalysis oder ProcessWordList ist. Es erscheint aber als sinnvoll, zumindest die Zuständigkeitsbereiche der unter Process Control aufgelisteten Klassen zu skizzieren und zugleich die Plazierungen der neuen / abgewandelten Operationen und die zugehörigen Kontrollen – fett markiert – zu zeigen.

Die „Abbildung 13.15: Top-Struktogramm der objektorientierten Lösung für „Evaluate Sports DS"" auf Seite 401 unternimmt diesen Versuch. Die Process Control-Klassen sind darin mit ihren Abkürzungen angegeben. Das ausgelagerte Struktogramm „pr(ocess) r-school group" enthält wesentlich detailliertere Angaben zu den Zuordnungen als oben gezeigt (umseitig).

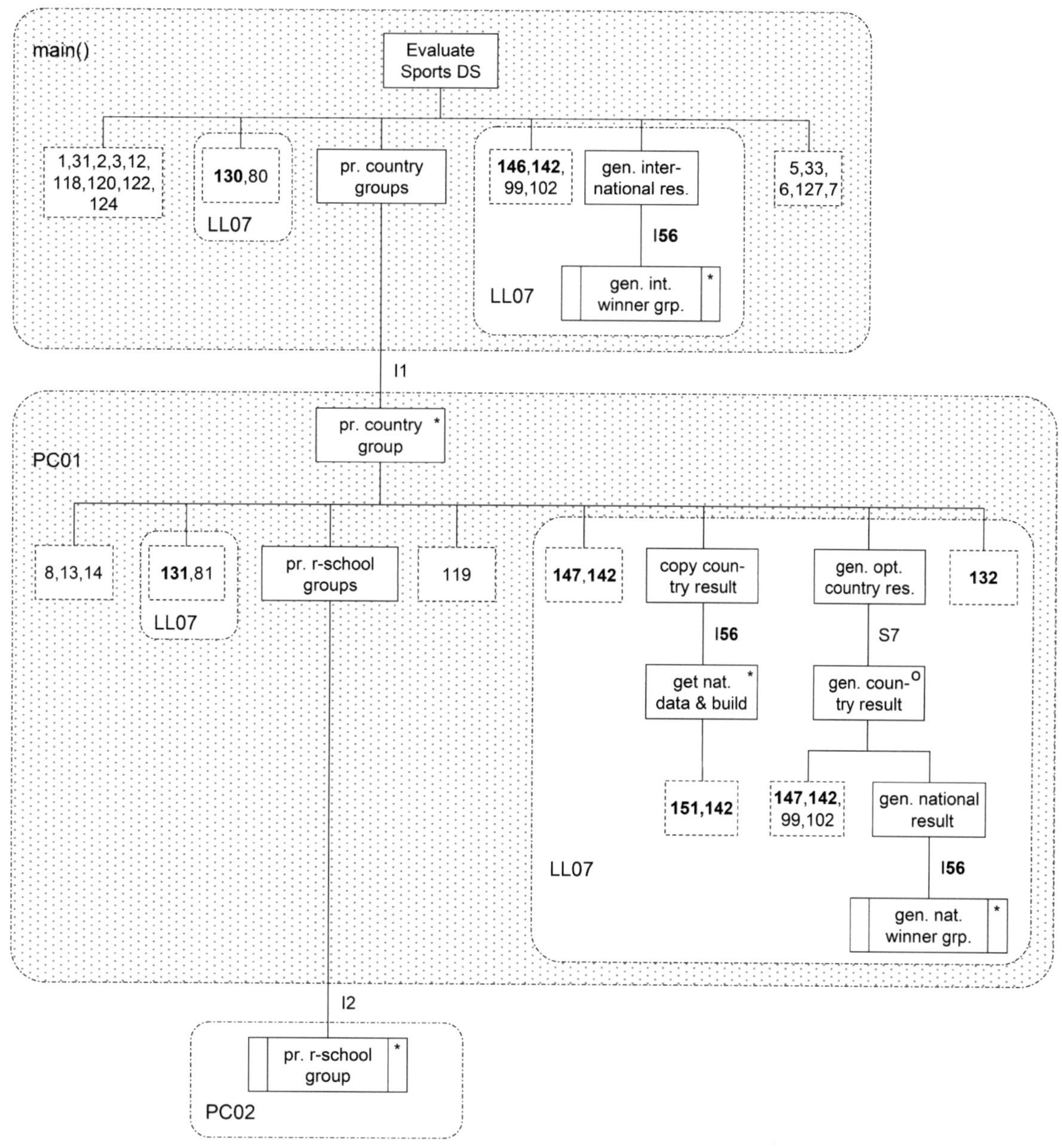

Abbildung 13.15: *Top-Struktogramm der objektorientierten Lösung für „Evaluate Sports DS"*

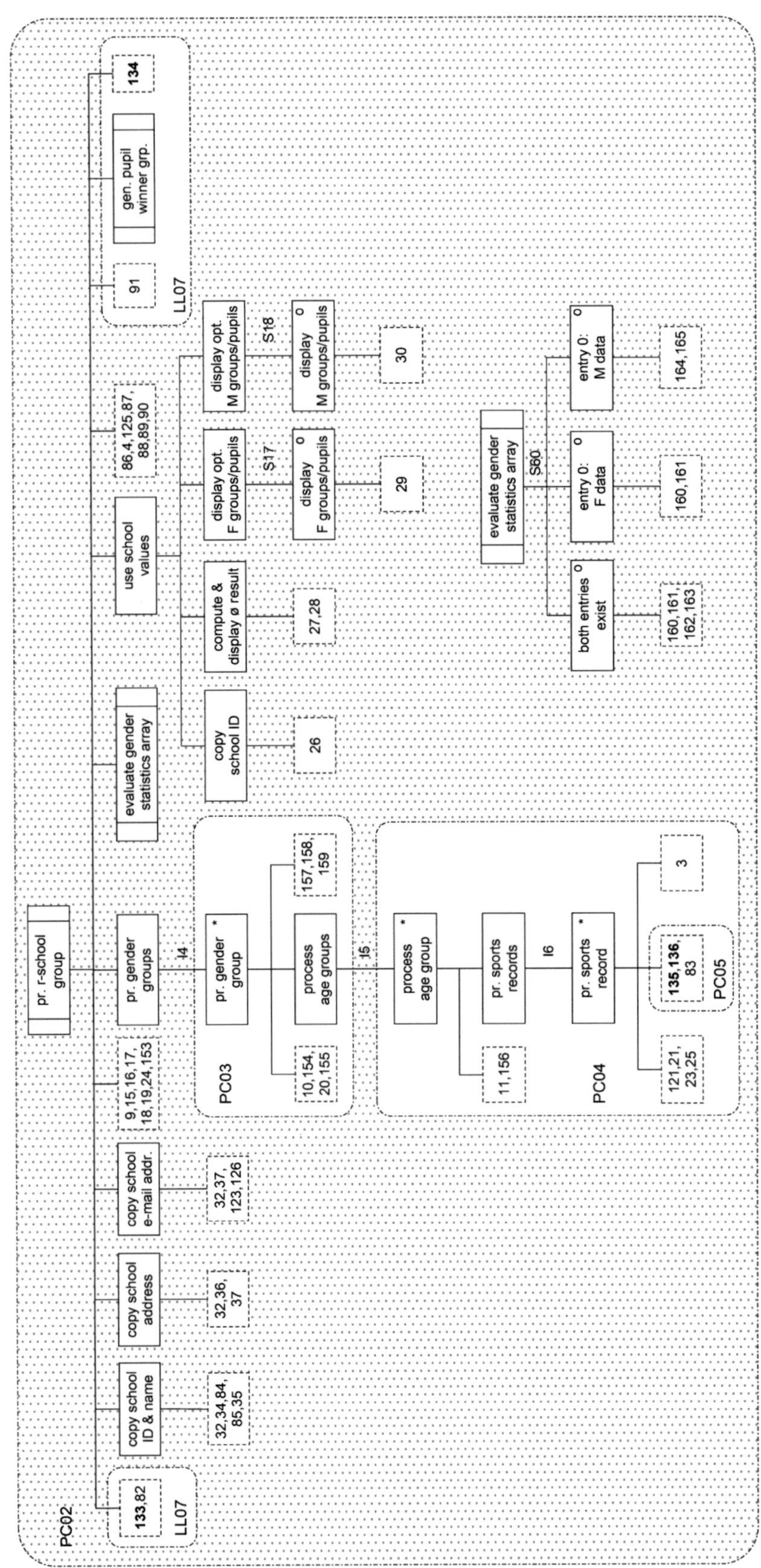

Abbildung 13.16: *Struktogramme von „pr(ocess) r-school group" und „evaluate gender statistics array"*

Die nachfolgenden Struktogrammteile gehören sämtlich zu LL07 = LinkListHandler.

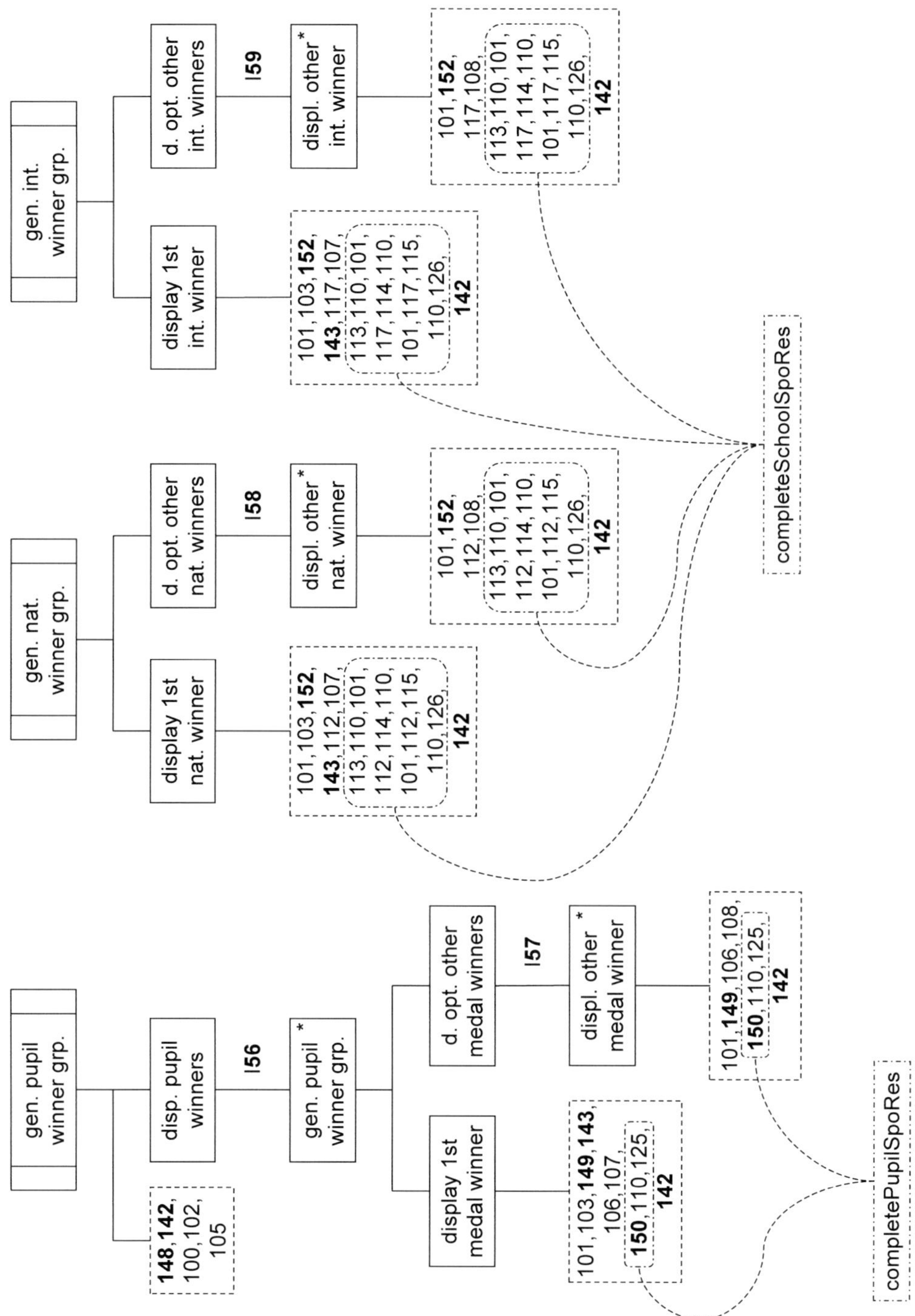

Abbildung 13.17: *Struktogramme der Link-Listen-Auswertungs-Methoden*

Es erscheint als sinnvoll, diejenigen Methoden, die für die Ausgaben der Gewinnerlisten zuständig sind, unter LL07 zusammenzufassen. Die C-Lösung sieht dagegen eine Trennung zwischen Erzeugung und Auswertung vor. Die Operationslisten bei den nationalen und internationalen Gewinner-Schulen sind übrigens nahezu identisch, was darauf deutet, dass die beiden Struktogrammteile durch eine gemeinsame Methode realisiert werden können.

Das Struktogramm von „build linked list" musste auch hier aus Platzgründen in einen linken und einen rechten Teil zerlegt werden. Der linke Teil sieht so aus:

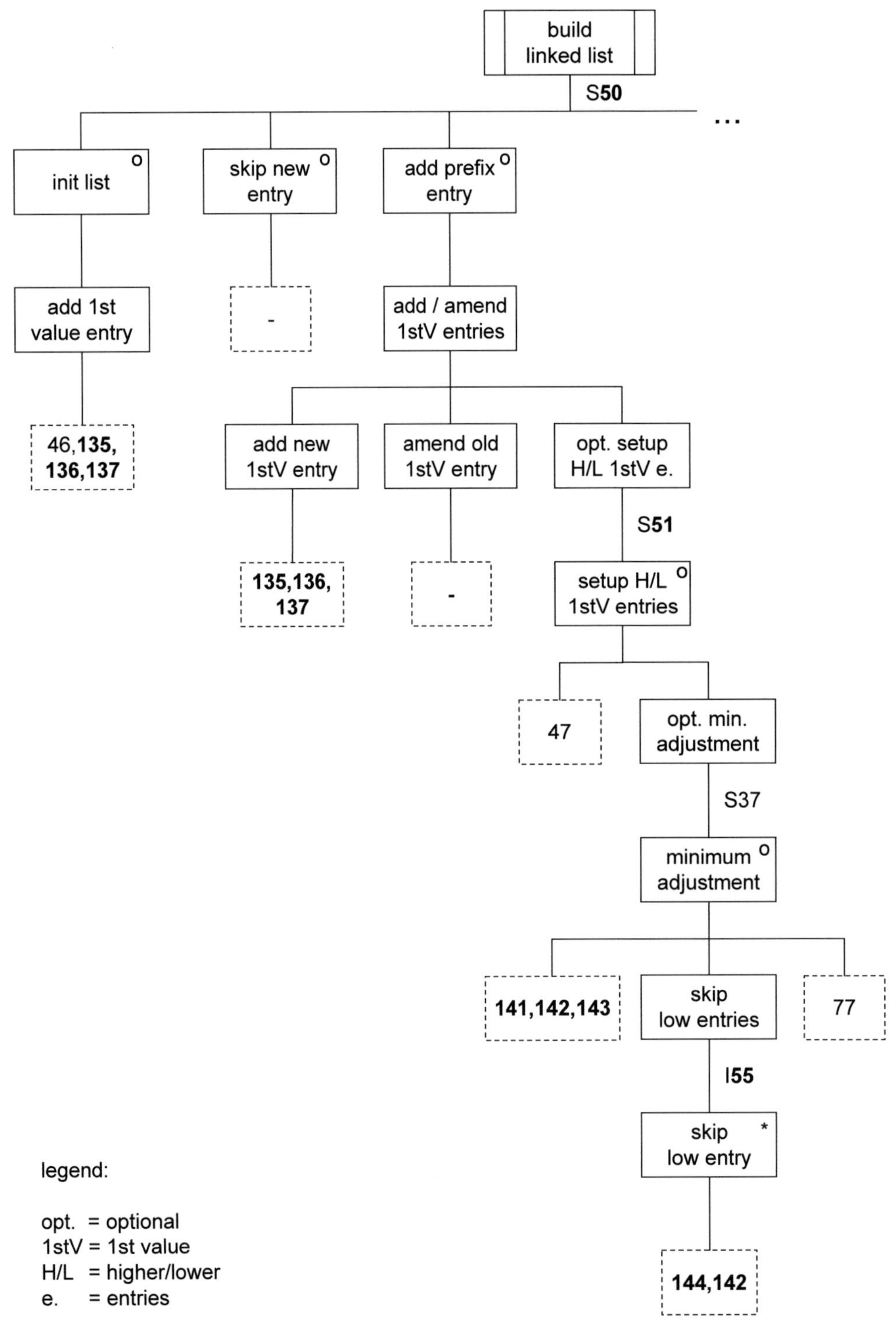

Abbildung 13.18: *Linker Teil des modifizierten Struktogramms von „build linked list"*

Hier wird deutlich, dass die Verwendung der Java-Link-Listen-Container erhebliche Vereinfachungen ermöglicht. Manchen Strukturblöcken müssen überhaupt keine Operationen mehr zugeordnet werden. Dasselbe gilt für die rechte Hälfte dieses Struktogramms:

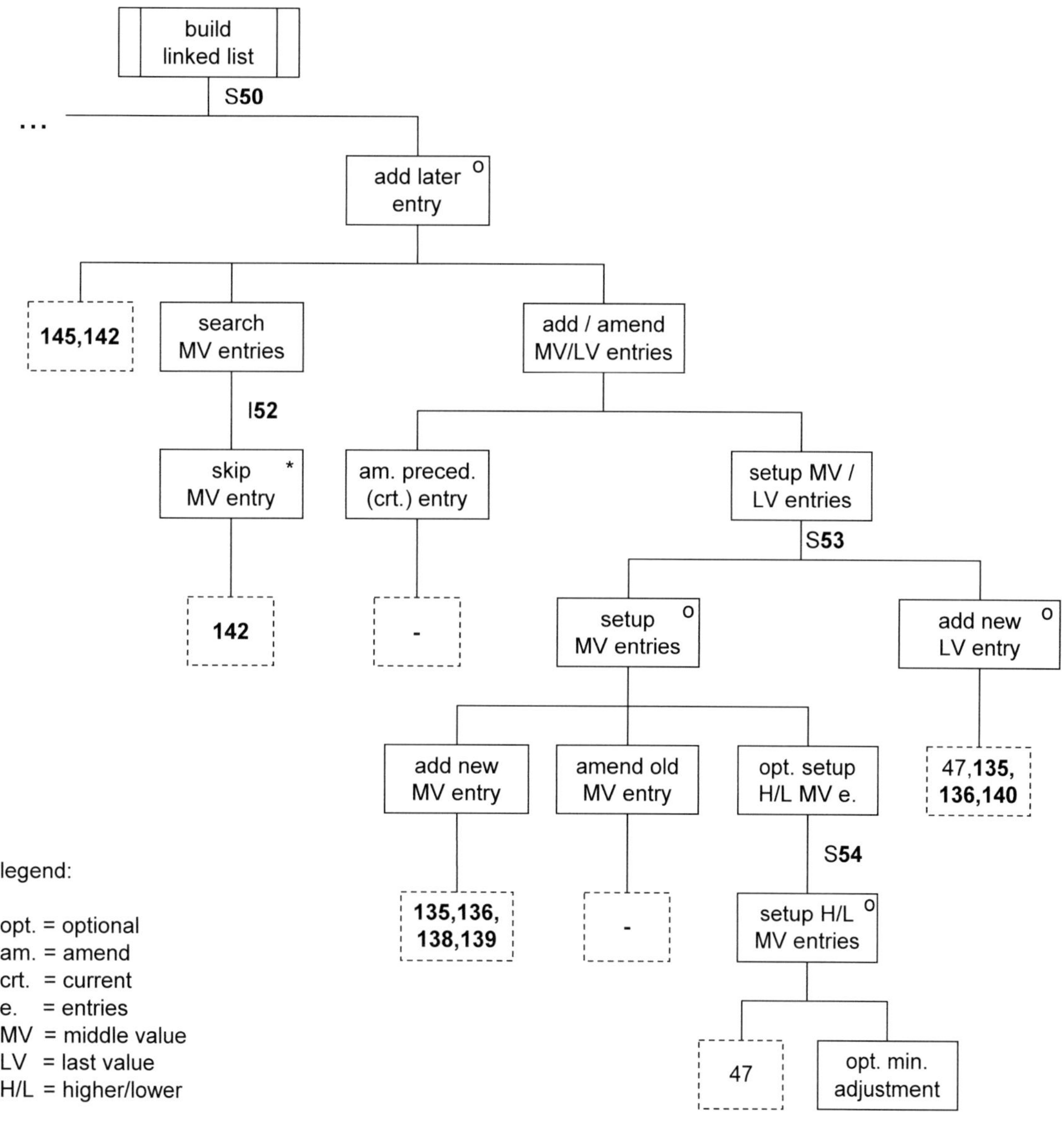

Abbildung 13.19: *Rechter Teil des modifizierten Struktogramms von „build linked list"*

13.9 Operationen den Klassen zuordnen

Auf dieser Grundlage kann eine detailliertere und zielgerichtetere Zuordnung der Operationen zu den Klassen beziehungsweise zur `main()` als bisher stattfinden. Dabei werden zunächst die Operationen den Process Control-Klassen so zugeordnet, wie es die vorangehenden Grafiken zeigen. Im zweiten Schritt kommen die Klassen der anderen drei Gebiete hinzu. Allerdings kann dafür die bisher verwendete Matrixanordnung nicht herangezogen werden, weil es zu viele Klassen sind. Daher werden ganz rechts die zur jeweiligen Operation korrespondierenden Klassen – anhand ihrer Codes – als Liste aufgezählt.

Op.	Bedeutung	Klassencodes
1	Sports-Dataset öffnen	m, FS01
2	Results-Dataset öffnen	m, FS02
3	Sports-Record lesen, konkatenierte Rangschlüssel zuweisen	m, PC04, FS01, CD01, CD04, CD06, CD08, CD10
4	Result-Satz 04 (RR04) ausgeben	PC02, FS02
5	Sports-Dataset schließen	m, FS01
6	Results-Dataset schließen	m, FS02
7	Stopp	m
8	old_rank_1_key := new_rank_1_key	PC01, CD04
9	old_rank_1_2_key := new_rank_1_2_key	PC02, CD06
10	old_rank_1_3_key := new_rank_1_3_key	PC03, CD08
11	old_rank_1_4_key := new_rank_1_4_key	PC04, CD10
12	countries := 0	m, CD02
13	countries := countries + 1	PC01, CD02
14	schools := 0	PC01, CD02
15	schools := schools + 1	PC02, CD02
16	F_age_groups := 0	PC02, CD02
17	M_age_groups := 0	PC02, CD02
18	F_pupils := 0	PC02, CD02
19	M_pupils := 0	PC02, CD02
20	pupils := 0	PC04, CD02
21	pupils := pupils + 1	PC04, CD02
23	point_sum := SpoConD.sprint_points + SpoConD.jump_points + SpoConD.throw_points	PC04, CD01
24	school_points := 0	PC02, CD02
25	school_points := school_points + point_sum	PC04, CD02
26	RR04 := Substr(old_rank_1_2_key, 1, 13) + `'04'`	PC02, CD06
27	avg_school_points := school_points / (F_pupils + M_pupils)	PC02
28	RR04 := RR04 + `' Ø '` + String(avg_school_points)	PC02
29	RR04 := RR04 + `' F '` + String(F_age_groups) + '/' + String(F_pupils)	PC02
30	RR04 := RR04 + `' M '` + String(M_age_groups) + '/' + String(M_pupils)	PC02
31	School-Dataset öffnen	m, FS01
32	School-Record lesen, konkat. Gruppenschlüssel zuweisen	PC02, FS01
33	School-Dataset schliessen	m, FS01

Op.	Bedeutung	Klassencodes
34	RR01 := Substr(school_rec, 0, 16) + Substr(school_rec, 0, 13) + ' ' + Substr(school_rec, 16, 50)	PC02
35	Result-Satz 01 (RR01) ausgeben	PC02, FS02
36	school_address := Substr(school_rec, 16, 64)	PC02
37	school_rec ausgeben	PC02, FS02
46	L_L.unique_values := 1	LL07
47	L_L.unique_values := L_L.unique_values + 1	LL07
77	L_L.unique_values := 3	LL07
80	I_School_LL.unique_values := 0	m, LL03, LL07
81	N_School_LL.unique_values := 0	PC01, LL02, LL07
82	Pupil_LL.unique_values := 0	PC02, LL01, LL07
83	buildLinkedList (point_sum, SpoConD, Pupil_LL)	PC04, CD01, LL01
84	school_ID := Substr(school_rec, 0, 13)	PC02
85	school_name := Substr(school_rec, 16, 50)	PC02
86	school_values := Substr(RR04, 16, 27)	PC02
87	School_Data.school_ID := school_ID	PC02, LL05
88	School_Data.name := school_name	PC02, LL05
89	School_Data.address := school_address	PC02, LL05
90	School_Data.values := school_values	PC02, LL05
91	buildLinkedList (avg_school_points * 100, School_Data, N_School_LL)	PC02, LL02, LL05
99	line_no := 0	LL07
100	line_no := 4	LL07
101	line_no := line_no + 1	LL07
102	medal_level := -1	LL07
103	medal_level := medal_level + 1	LL07
105	school_ID := Pupil_Data.country_code + Pupil_Data.region_ID + Pupil_Data.school_number	LL04, LL07
106	SpoRes := school_ID + String(line_no)	LL07
107	SpoRes := SpoRes + G_S_B[medal_level]	LL07
108	SpoRes := SpoRes + ' '	LL07
110	SpoRes ausgeben	LL07, FS02
112	SpoRes := Substr(School_Data.school_ID, 0, 3) + ' 00000000' + String(line_no)	LL05, LL07
113	SpoRes := SpoRes + School_Data.school_ID + ' ' + School_Data.name	LL05, LL07
114	SpoRes := SpoRes + ' ' + School_Data.address	LL05, LL07

13

Op.	Bedeutung	Klassencodes
115	SpoRes := SpoRes + `'  '` + School_Data.values	LL05, LL07
117	SpoRes := `'AAA   00000000'` + String(line_no)	LL07
118	total_schools := 0	m, CD02
119	total_schools := total_schools + schools	PC01, CD02
120	sports_recs := 0	m, CD02
121	sports_recs := sports_recs + 1	PC04, CD02
122	school_recs := 0	m, CD02
123	school_recs := school_recs + 3	PC02, CD02
124	result_recs := 0	m, CD02
125	result_recs := result_recs + 1	PC02, CD02, LL07
126	result_recs := result_recs + 3	PC02, CD02, LL07
127	Statistik ausgeben	m, CD02
130	I_School_LL anlegen	m, LL03, LL07
131	N_School_LL anlegen	PC01, LL02, LL07
132	N_School_LL löschen	PC01, LL02, LL07
133	Pupil_LL anlegen	PC02, LL01, LL07
134	Pupil_LL löschen	PC02, LL01, LL07
135	L_L_E.entry_value := new_value	LL06, LL07
136	L_L_E.contestant := new_contestant	LL04 / LL05, LL07
137	L_L_E mit `addFirst()` ablegen	LL06, LL07
138	Rückpositionieren mit `previous()`	LL07
139	L_L_E mit `add()` ablegen	LL06, LL07
140	L_L_E mit `addLast()` ablegen	LL06, LL07
141	Reverse-Iterator erzeugen	LL06, LL07
142	**if** `hasNext()` **then** Lesen aus Iterator ⇨ L_L_E; end_of_chain := false **else** end_of_chain := true **fi**	LL06, LL07
143	Crt_Entry_Value := L_L_E.entry_value	LL06, LL07
144	Eintrag mit `remove()` löschen	LL06, LL07
145	Forward-Iterator erzeugen	LL06, LL07
146	I_School_LL-Forward-Iterator erzeugen	m, LL03, LL06, LL07
147	N_School_LL-Forward-Iterator erzeugen	PC01, LL02, LL06, LL07
148	Pupil_LL-Forward-Iterator erzeugen	PC02, LL01, LL06, LL07
149	Pupil_Data := L_L_E.contestant	LL04, LL07
150	SpoRes := SpoRes + Pupil_Data.gender_code + `'  '` + Pupil_Data.age + `'  '` + Pupil_Data.sprint_points + `'  '` + Pupil_Data.jump_points + `'  '` + Pupil_Data.throw_points + `'  '` + String(L_L_E.entry_value) + `'  '` + Pupil_Data.name	LL04, LL06, LL07

Op.	Bedeutung	Klassencodes
151	buildLinkedList (L_L_E.entry_value, L_L_E.contestant, I_School_LL)	LL03, LL05, LL06
152	School_Data := L_L_E.contestant	LL05, LL07
153	gsa_i := -1	PC02, CD11
154	gsa_i := gsa_i + 1	PC03, CD11
155	age_grps := 0	PC03, CD02
156	age_grps := age_grps + 1	PC04, CD02
157	GSA[gsa_i].gender_code := old_rank_1_3_key.<14>	PC03, CD02, CD11
158	GSA[gsa_i].age_groups := age_grps	PC03, CD02, CD11
159	GSA[gsa_i].pupil_count := pupils	PC03, CD02, CD11
160	F_age_groups := GSA[0].age_groups	PC02, CD02, CD11
161	F_pupils := GSA[0]. pupil_count	PC02, CD02, CD11
162	M_age_groups := GSA[1].age_groups	PC02, CD02, CD11
163	M_pupils := GSA[1]. pupil_count	PC02, CD02, CD11
164	M_age_groups := GSA[0].age_groups	PC02, CD02, CD11
165	M_pupils := GSA[0]. pupil_count	PC02, CD02, CD11

Anmerkungen

- Wie bisher sind die Klassenzuordnungen lediglich Hinweise darauf, wo die Operationen wahrscheinlich hingehören. Mehrfachzuständigkeiten – multiple Zuordnungen – werden nur gezeigt, aber nicht aufgelöst. Ihre Bedeutung variiert von Fall zu Fall:
  - Meistens: Parameter oder Objekt übergeben / Rückmeldung auswerten / geschachtelter Aufruf, zum Beispiel zur Index-Beschaffung / Objekt-Kooperation
  - Ab und zu: Noch aufzulösende Unklarheiten im groben OO-Entwurf
  - Selten: Echte Zuständigkeitskonflikte

  Mehrfachzuständigkeiten liegen aber auch vor, wenn ein Informationselement respektive eine Informationseinheit auf mehreren Tabellenzeilen auftaucht *und* in verschiedenen Klassen bearbeitet wird, beispielsweise die Statistik-Zähler. In diesen Fällen ist normalerweise eine Übergabe per Parameter – gegebenenfalls über mehrere Schnittstellen hinweg – erforderlich.
- Die Zuweisung des konkatenierten Schul-Gruppenschlüssels – siehe Op. 32 – ist nur am Beginn der jeweiligen 3-Satz-Schuldaten-Gruppe erforderlich. EvaluateSportsDS benötigt diesen Schlüssel, um dessen Synchronität mit dem Rang-1-2-Schlüssel zu überprüfen. In der Aufgabenbeschreibung wird zwar vorausgesetzt, dass die zu verarbeitenden Daten fehlerfrei sind, aber im Test ist das nicht gewährleistet. Aus Versehen könnten dann völlig unsinnige Ergebnisse erzeugt werden. Das Programm soll daher abbrechen, wenn die Schul-Identifikationen in den beiden Datenquellen nicht – mehr – zusammenpassen.

13.10 Übergang zu den Klassendiagrammen

Die bisherigen OO-Vorbereitungen haben sich bei der Java-Implementierung von EvaluateSportsDS vielfach ausgezahlt. Ebenso hilfreich war es, die grundsätzliche Code-Struktur von SonnetAnalysis hinsichtlich des Zusammenspiels der Process Control-Klassen analog anwenden zu können. Dennoch verblieben zahlreiche Unsicherheiten, die erst nach und nach aufgelöst werden konnten. Diese resultierten vor allem aus den folgenden Fragen:

- Lässt sich die beabsichtigte Codeverteilung auf die Klassen tatsächlich umsetzen, oder ergeben sich unerwartete Schwierigkeiten?
- Welche Methoden sind erforderlich, und welche Signaturen benötigen sie?
- Welche Teile des Codes sind tatsächlich objektbezogen, führen also zu objektbasierten Methodenaufrufen, und welche sind statisch?
- Können Codepartien aus Methoden ausgelagert werden, um Übersichtlichkeit zu gewinnen?
- Wo kann Code-Redundanz vermieden werden, ohne Verständlichkeit einzubüßen?
- Welche (Hilfs-)Klassen und Methoden sind über den bisherigen Entwurf hinaus erforderlich?
- Wie kann der Test dieses umfangreichen Programms unterstützt werden?

Sehr erfreulich war, dass die erste Frage erneut in jeder Hinsicht positiv beantwortet werden konnte. Dies ist ein starkes Indiz – wenn auch kein Beweis – dafür, dass auf der Basis des JSP-Entwurfs tatsächlich auch komplexe Aufgaben objektorientiert gelöst werden können. Dabei hat sich die strukturierende Wirkung der Besteht-aus-Relation und die daraus folgende Orientierung der Operationen an den typgebundenen Strukturblöcken erneut als Brücke zur OO-Welt bestätigt. Hier besteht, auch wenn das mancher Anhänger der reinen OO-Lehre vielleicht nicht so gern liest, eine auf den ersten Blick nicht evidente konzeptionelle Nähe dieser – als weit auseinanderliegend wahrgenommenen – Hervorbringungen der Informatik.

Die weiteren Fragen sind eigentlich für jede OO-Implementierung typisch. Ähnliche Unsicherheiten gibt es auch im algorithmischen Bereich. Das folgt im guten Fall daraus, dass jeder Entwurf, sei er noch so sorgfältig, Implementierungsfreiräume lässt. Diese füllt der Programmierer oder die Programmiererin mit einer Vielzahl von Mikroentscheidungen. Im schlechten Fall sind die Freiräume allerdings viel zu groß, weil der Entwurf erhebliche Lücken hat, und es werden Makroentscheidungen nötig, die womöglich nur auf Vermutungen über die erwartete Funktionalität beruhen. Daher hat der oder die Entwerfer(in) – Systemanalytiker(in) / Programmdesigner(in)… – unabdingbar die Aufgabe, „den Pudding an die Wand zu nageln", notfalls tiefgefroren, anstatt sich darauf zu verlassen, dass die Programmierer(innen) seine Schlampereien erkennen und bestens ausbügeln werden.

Die folgenden Seiten präsentieren zunächst die „Landkarten" in Form von Klassendiagrammen, anhand derer anschließend die Implementierungsbestandteile in ihren Kontext gestellt werden können. Die dort auftauchenden Bezeichnungen stammen aus der Java-Implementierung. Die im folgenden Kapitel entworfenen File Services sind darin bereits integriert, wie die „Abbildung 13.20: Verbindungen der File Service-Klassen zu den Applikations-Klassen" auf Seite 411 zeigt. Aus Platzgründen wird das danach folgende Top-Klassendiagramm auf zwei Seiten aufgeteilt. Hinweis: Die Markierungen a - l dienen als Konnektoren zwischen den Hälften des Klassendiagramms.

Das Top-Diagramm enthält aus Platzgründen zwei weitere ausgelagerte Teildiagramme, nämlich die „Abbildung 13.23: Detailstruktur der Rangschlüsselklassen und ihrer Verbindungen zu den Nutzerklassen" auf Seite 414 und die „Abbildung 13.24: Detailstruktur der Contest-Klassen und ihrer Verbindungen zu den Nutzerklassen" auf Seite 415.

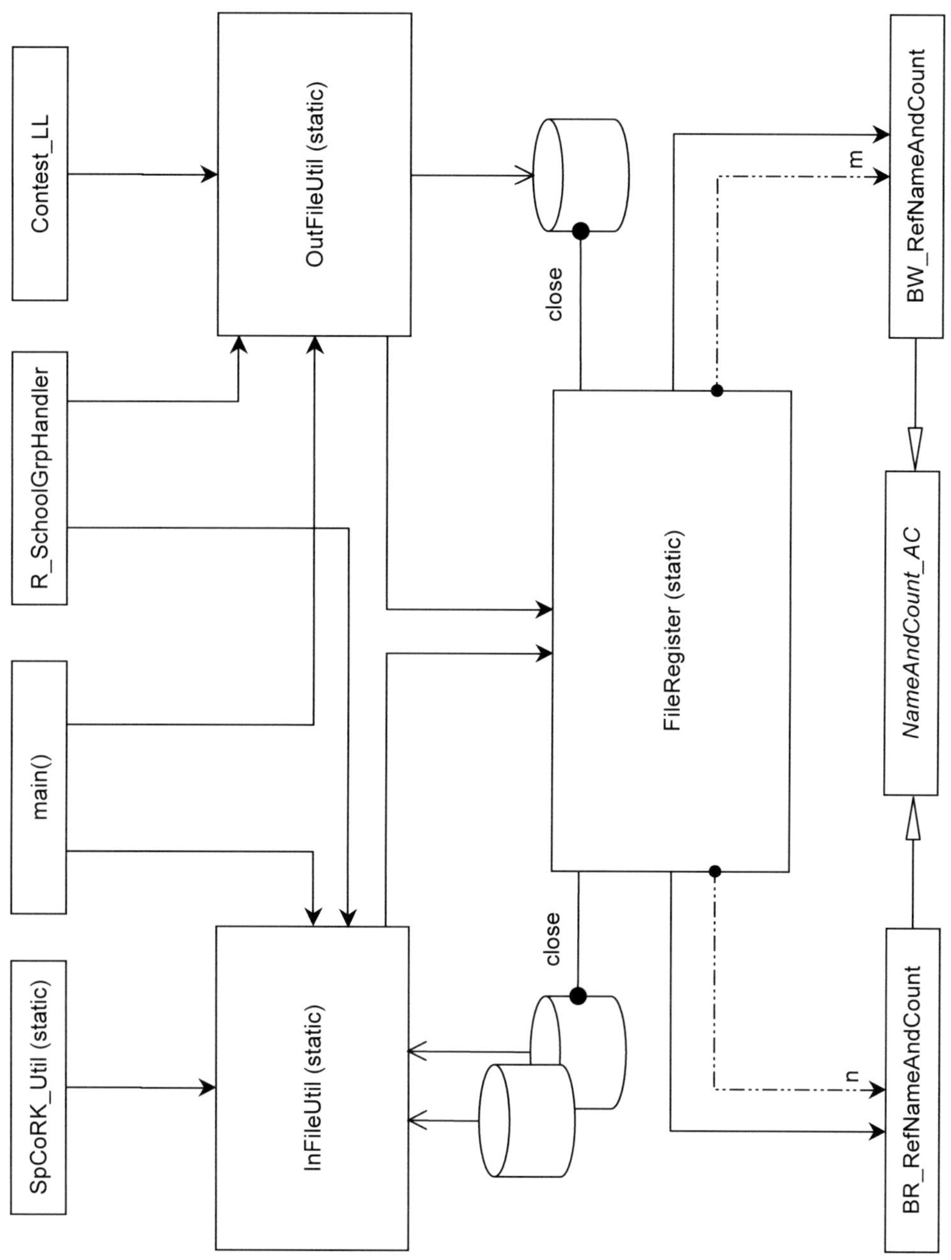

Abbildung 13.20: *Verbindungen der File Service-Klassen zu den Applikations-Klassen*

Diese Grafik zeigt keine klasseninternen Strukturen und keine Beziehungen der Nutzer-Klassen untereinander. Letztere sind im Top-Diagramm enthalten und dürfen hier nicht gezeigt werden, um Redundanz oder sogar Widersprüche zwischen den Diagrammen zu vermeiden. Die inneren Details der File Service-Klassen und ihr Zusammenspiel sind im Kapitel „14.3 2. Vorschlag" auf Seite 430 ff beschrieben.

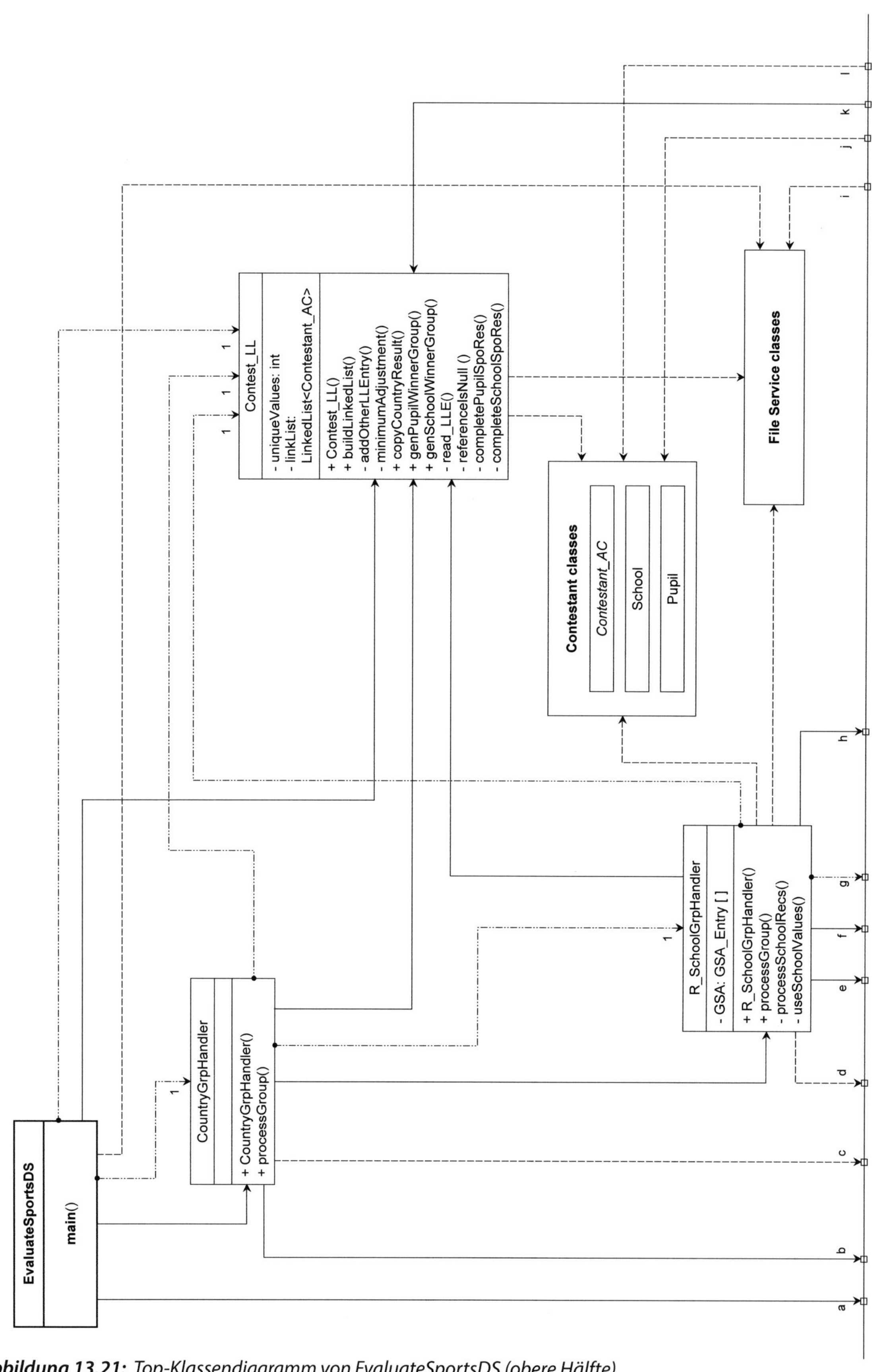

Abbildung 13.21: *Top-Klassendiagramm von EvaluateSportsDS (obere Hälfte)*

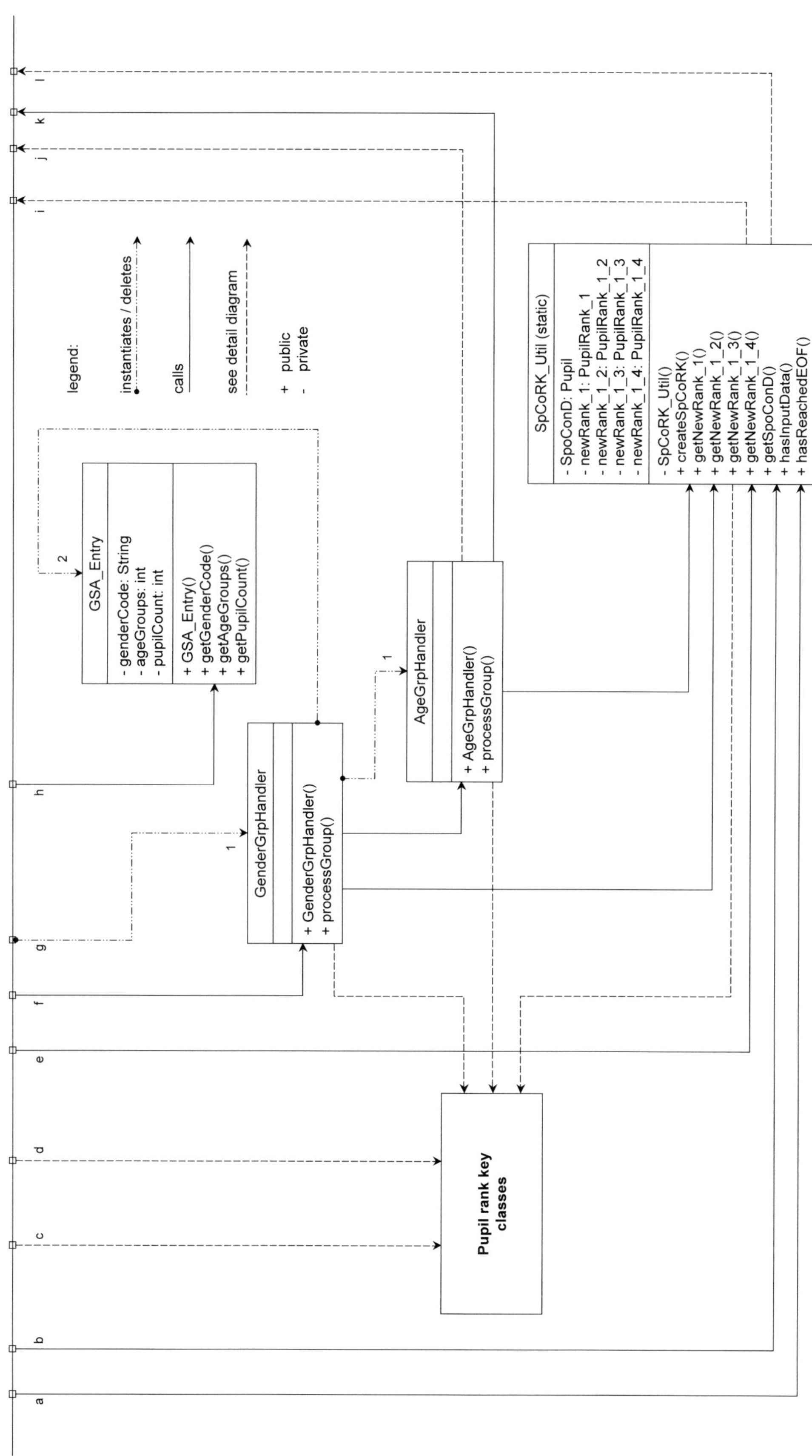

Abbildung 13.22: *Top-Klassendiagramm von EvaluateSportsDS (untere Hälfte)*

Das zweite Teildiagramm betrachtet die Beziehungen zwischen den anwendungsspezifischen Klassen und den Rangschlüsselklassen, die auch beim E-Mail-Versand der Sportergebnisse eine Rolle spielen und daher eine Etage höher als das Programm angesiedelt sind. Die Details sind auch hier wieder ausgespart.

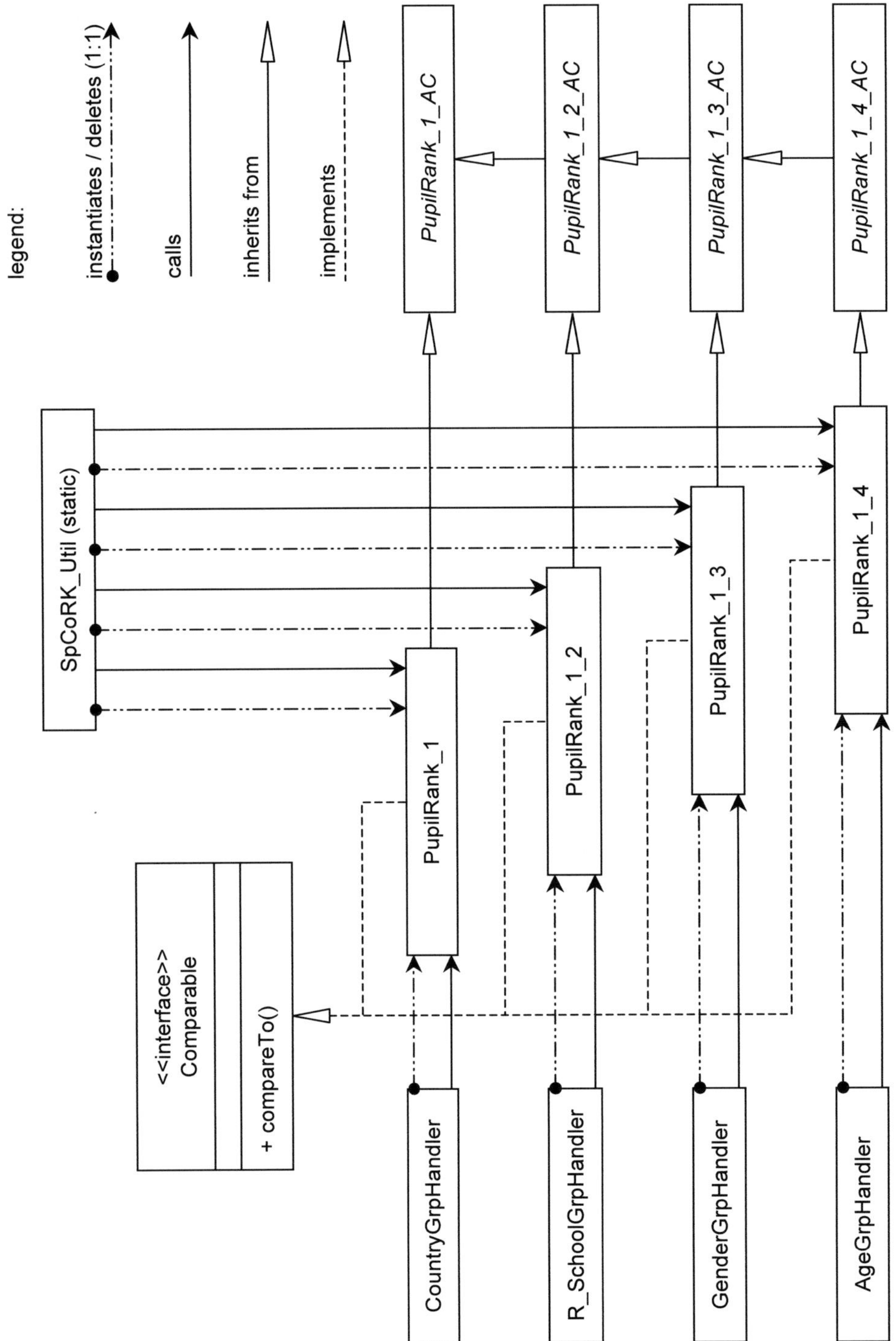

Abbildung 13.23: *Detailstruktur der Rangschlüsselklassen und ihrer Verbindungen zu den Nutzerklassen*

Das Kapitel „13.2.2 OO-Modellierung der Rang-Sicht" auf Seite 359 ff zeigt diese Details und kommentiert das Modell. Wie zu erwarten, greifen die rang-hierarchisch aufeinander folgenden Nutzer-Klassen mit zunehmender Schlüssellänge auf die jeweils korrespondierenden Rangschlüsselklassen von oben nach unten zu. `SpCoRK_Util` hat eine Sonderrolle, da es für jeden neu eingelesenen Sport-Ergebnissatz alle Rangschlüssel neu bilden lässt.

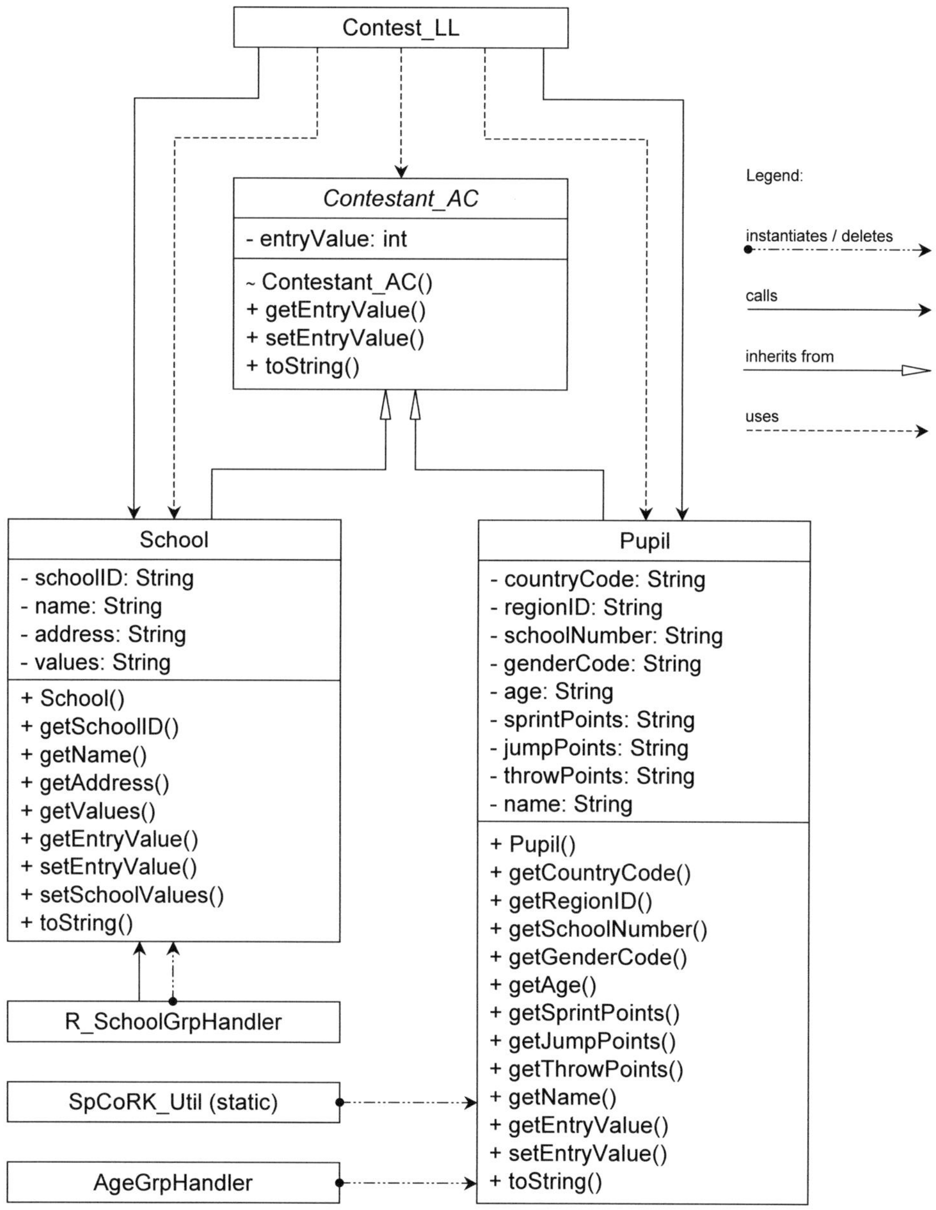

Abbildung 13.24: *Detailstruktur der Contest-Klassen und ihrer Verbindungen zu den Nutzerklassen*

Die gestrichelten Linien von `Contest_LL` zu `School` und `Pupil` im dritten Teildiagramm bedeuten, dass diese beiden Klassen beispielsweise in Cast-Ausdrücken oder klasseninternen Parameterdeklarationen erwähnt sind. Das folgt direkt aus der Link-Listen-Polymorphie und ist eine andere Beziehungsart als die sonst dargestellten. Dagegen sind in sämtlichen Diagrammen diejenigen Use-Beziehungen weggelassen, die sich zum

13

Beispiel aus der Erwähnung eines Typs auf einer Parameterliste ergeben, welche lediglich erfolgt, um eine Objektreferenz „nach unten" durchzureichen.

Einige Hilfsklassen sind übrigens nicht in den Diagrammen enthalten, da sie für das Verständnis nicht sofort erforderlich sind und dazu zwingen würden, zahlreiche zusätzliche Linien zu zeichnen. Es wurde auch darauf verzichtet, die Klassendiagramme automatisch erstellen zu lassen. Ein Gesamtdiagramm wäre wegen der viel zu zahlreichen Klassen und Beziehungspfeile unlesbar, und die gewünschte Zerlegung samt gezielter Vergröberung wäre nicht spezifizierbar. Hier sind die Grenzen der automatischen Umsetzung in Grafiken weit überschritten.

Die Diagramme basieren daher auf einer sorgfältigen manuellen Auswertung des Klassen-Codes mit Hilfe der von NetBeans erzeugten Verwendungslisten.

13.11 Wie sind die Klassendiagramme zu lesen?

13.11.1 Top-Diagramm

Das Top-Diagramm dient zugleich als Übersichtskarte, obwohl es zahlreiche klasseninterne Details zeigt:

- Die treppenartige Anordung der Process Control-Klassen von links oben nach unten Mitte kommt Ihnen vermutlich aus dem Band-2-Kapitel „4.12 Erweitertes Klassendiagramm" auf Seite 94 ff zu SonnetAnalysis bekannt vor. Dort übernehmen die Klassen `PartHandler` und `GroupHandler` diese Aufgabe.
- An die Stelle von `TL_Util` ist `SpCoRK_Util` getreten, das eine ganz ähnliche Aufgabe hat: Einlesen der „sports records" und Erzeugen der Rangschlüssel (anstelle eines `GroupKey`-Objekts), die hier allerdings eine vierstufige Hierarchie bilden.
- Die File Service-Klassen besitzen eine weitaus umfangreichere Funktionalität als die Klasse `FileService` von SonnetAnalysis. Sie sind durch einen Block repräsentiert, um die Grafik zu vereinfachen. Ausserdem befinden sie sich in einem eigenen Package.
- An die Stelle der einfachen Klasse `GroupKey` tritt der Block „Pupil rank key classes", auf den alle Process Control-Klassen unterhalb der `main()`, sowie `SpCoRK_Util` zugreifen.
- Der dritte Auslagerungsblock enthält die „Contestant classes", die ebenfalls mehr Beziehungen zu anderen Klassen unterhalten, als sich im Top-Diagramm übersichtlich darstellen lässt.
- Die Klasse `Contest_LL` bündelt alle Link-Listen-bezogenen Deklarationen und Methoden. Den drei Link-Listen entsprechen drei Erzeugungs-Pfeile. 4 Aufruf-Pfeile repräsentieren die Nutzungen dieser Klasse durch die `main()` und drei Process Control-Klassen. Diese Klasse macht wiederum Gebrauch von den File-Services und den „Contestant classes".
- Abweichend von der `LCA_Entry`-Nutzung in SonnetAnalysis sind die Erzeugung des GSA-Arrays und das Anlegen der `GSA_Entry`-Exemplare auf zwei Klassen verteilt. Die im `GenderGrpHandler` gesammelten Zählergebnisse zu den F- und M-Altersgruppen können auf diese Weise direkt im Array abgelegt werden.

Es ist zwar nur eine plausible Vermutung, dass Ranggruppenverarbeitungen meist weit mehr Funktionalität enthalten, als nur Zählungen vorzunehmen oder Werte zu aggregieren, aber sie scheint angesichts der vom Autor beobachteten Vielfalt auf diesem Gebiet durchaus berechtigt zu sein. Insofern haben wir hier eine Klassenstruktur vor uns, die in ähnlicher Weise immer wieder vorzukommen scheint. Es gibt darin Standardelemente und variable, aufgabenspezifische Elemente.

Standardelemente

Typisch für Ranggruppenverarbeitungen sind die geschachtelten Iterationen in den Struktogrammen und deren OO-Äquivalent: die Abfolge der Process Control-Klassen unterhalb der `main()`. Jeder Rangstufe entspricht darin eine Klasse, welche die rangspezifischen Operationen und eine Schleife um den nächstniedrigeren Rang enthält. Häufig haben diese Klassen keine eigenen Exemplarvariablen und somit nur Standardkonstruktoren. Eine Ausnahme sehen wir hier mit der Deklaration des Gender Statistics Array (GSA) in der Klasse `R_SchoolGrpHandler`. Dort werden Zwischenergebnisse aus den tieferen Rangebenen aufbewahrt und am jeweiligen Gruppenende – hier: dem Übergang zu einer anderen Schule oder EOF – ausgewertet.

Dagegen besitzen die Methoden dieser Klassen normalerweise lokale Variablen oder sie erzeugen lokale Objekte. Jeder Rangstufe entspricht ein lokales Objekt, das den jeweiligen alten Rangschlüssel aufbewahrt, der beim Aufruf der rangspezifischen Methode – hier: `processGroup()` – gilt und für die Erkennung des Gruppenwechsels benötigt wird. Dieser Teil der Codierung ist ebenso schematisch wie die Rangschlüsselimplementierung.

Häufig werden Zähler geführt, um Anzahlen von Rang-Elementen zu ermitteln. Die Zählungen finden in den darunterliegenden Rangstufen statt. Deshalb müssen die Zähler nach unten übergeben und die (Zwischen-) Ergebnisse rückgemeldet werden. Einzelne Zähler können als `return`-Werte rückgemeldet werden, während mehrere Zähler als – einfache – Objekte über die Parameterlisten hin- und zurückgereicht werden können. Eine Alternative dazu wäre eine – nicht-statische – Container-Klasse, deren Variablen diese Zähler sind. Davon wurde hier aber kein Gebrauch gemacht.

Aus ähnlichen Gründen werden Objekte aus den Process Control-Klassen erzeugt und darauf die objektspezifischen Methoden angewandt. Das erscheint auf den ersten Blick umständlicher als eine Konstruktion mit statischen Klassen, ist also nicht a priori einleuchtend. Es handelt sich aber auch nicht darum, krampfhaft mit Objekten zu arbeiten, um Vorwürfe aus OO-methodischer Sicht zu vermeiden. Das wäre politisch korrekte Programmierung ohne echten Sinn.

Vielmehr geht es hier um einen Paradigmenwandel: weg von statischen Denkweisen, hin zu dynamischen Gebilden. Vor allem in der algorithmischen Welt wurden und werden Programme oftmals als starre „Klumpen" aus Code aufgefasst, die jeweils ein einmaliger Binde-Vorgang – Link-Edit – aus mehreren Komponenten zusammenbäckt. Diese noch aus den Anfangszeiten der Programmierung stammende Vorstellung ist in den letzten Jahrzehnten zunehmend dadurch abgelöst worden, dass ein Programm zunächst mit einer Minimalausstattung an Code startet und sich je nach aktueller Aufgabenstellung die dafür benötigten Module dynamisch dazuholt.

In Großrechner-Datenbankumgebungen ließ sich diese Flexibilität dazu nutzen, Zugriffsmodule in mehreren Versionen parallel bereitstellen zu können, ohne die sie nutzenden Programme insgesamt neu datenbankseitig binden zu müssen. Das ist ein anderer Bindevorgang als das altbekannte Link-Editing. Er dient dazu, die Verknüpfung zwischen einem „SQL-haltigen" Modul und den davon angesprochenen Datenbankressourcen – im Allgemeinen Tabellen / VIEWs / Aliasse – herzustellen. Dasselbe Zugriffsmodul kann auf diese Weise mit mehreren Sets von Ressourcen verknüpft werden, ohne dies im Programmcode berücksichtigen zu müssen.

Hand in Hand mit dieser Verschiebung hin zur dynamischen Code-Allokation gehen Überlegungen zur optimalen Ressourcennutzung, nicht nur hinsichtlich der Datenbankverwendung. Scheinbar trivial ist es, dass wertvoller Hauptspeicher nur für Code genutzt werden sollte, den ein Programm tatsächlich benötigt. Tatsächlich ist aber vor allem bei den Arbeitsplatzrechnern zu beobachten, dass große Mengen von Code vorgeladen werden und dadurch die Swap-Raten des virtuellen Speichers und dessen Größe wachsen.

Noch vor diesen eher technischen Überlegungen rangiert aber, dass das Erzeugen von Process Control-Objekten anstelle der Nutzung statischer Klassen wesentliche Vorteile haben kann:

- Die meisten dieser Objekte existieren nur sehr kurze Zeit. Danach werden die von ihnen belegten Ressourcen baldmöglichst freigegeben, speziell ihre lokalen Variablen und Objekte. Die Gefahren von Schleppwerten in global adressierbaren Variablen, übersehenen Initialisierungen, einander durchkreuzenden Zuweisungen und anderen Anomalien, die mit der Nutzung von Klassenvariablen einhergehen können, werden dadurch stark eingedämmt beziehungsweise ausgeschlossen.
- Dieser Ansatz erzieht zu strikter Disziplin. Auch erfahrenen Entwicklern passieren immer mal wieder kleine Denkfehler oder Nachlässigkeiten, was in einer statischen Klassenstruktur weitaus eher verborgen bleiben kann, als in einer dynamischen Objektstruktur. Zudem ist mit einer besseren Unterstützung durch die Compiler zu rechnen, da Verstöße gegen OO-Regeln schon beim Codieren oftmals sofort auffallen.
- Auch wenn es unwahrscheinlich ist, dass mehrere Ranggruppenverarbeitungen quasiparallel oder sogar echt parallel unter derselben Steuerungsstruktur ablaufen, also jeweils eigene Threads bilden, so ist es doch nicht ausgeschlossen. Nur Process Control-Objekte können eine solche Funktionalität angemessen unterstützen.

Variable Elemente

Jede nichttriviale Ranggruppenverarbeitung enthält weitere Klassen, die einen – möglicherweise überwiegenden – Teil der applikatorischen Arbeit erledigen. Die Standardklassen – also die Process Control-Klassen, die `main()` und die Datenbeschaffungsschicht – enthalten die gruppenzentrierte Logik, grenzen also auch die Teilmengen gegeneinander ab, und sind Zulieferer von Daten für die „weiteren Klassen".

Im vorliegenden Beispiel handelt es sich dabei um `Contest_LL`, die Contestant-Klassen und `GSA_Entry`, sowie um Hilfsklassen. Das Rohmaterial für die applikatorischen Klassen wird aus den Standardklassen übergeben und durchläuft dann Methoden, deren Aufbau und Zusammenspiel normalerweise deutlich objektorientierter als das recht starre Schema der Ranggruppenverarbeitung sein dürften. Dennoch wirken die Teilmengen-Abgrenzungen, die bei jedem Gruppenwechsel stattfinden, deutlich auf die Gestaltung der applikatorischen Klassen ein, weil sie sich dort im Allgemeinen auch trennend auswirken.

13.11.2 Erstes Teildiagramm: Einbindung der File Service-Klassen

Gegenüber der „Abbildung 14.2: 2. Vorschlag für die Klassenstruktur der Zugriffsschicht" auf Seite 431 fällt zunächst auf, dass es nur zwei Eingabedateien und eine Ausgabedatei gibt. Das ist die für EvaluateSportsDS geltende Konfiguration. Ausserdem sind die Beziehungen zwischen den Nutzer-Klassen und den File Service-Klassen `InFileUtil` / `OutFileUtil` deutlich vielfältiger.

Das Erfordernis, auf die File Service-Klassen aus jeder anderen Klasse zugreifen zu können, wäre theoretisch auch ohne statische Klassen lösbar gewesen. Die C-Version von EvaluateSportsDS zeigt, dass dort die `FILE`-Pointer so tief wie jeweils nötig durchgereicht werden. Das gereicht diesem Programm aber nicht zur Zierde, sondern soll lediglich globale Variable respektive Pointer vermeiden. Demgegenüber wirkt die Java-Lösung zwar zunächst als Rückfall, aber sie ist doch deutlich eleganter einsetzbar. Ausserdem bietet sie Zusatzfunktionen wie den zentralen Shutdown-Mechanismus, der im Fehlerfall automatisch durchlaufen wird, die der C-Lösung komplett fehlen.

Wie aus dem Top-Diagramm hervorgeht, beschaffen die `main()` und der `AgeGrpHandler` die „sports records" über `SpCoRK_Util`, während die Klasse `R_SchoolGrpHandler` die Schul-Daten direkt einliest und ausgibt. Ausserdem erzeugt sie den RR04-Satz und gibt ihn aus. `Contest_LL` erhält dagegen alle Inputs per Aufruf und erzeugt daraus final die Gewinner-Listen. Die `main()` ist hier unter anderem wegen der OPEN- / CLOSE-Aufrufe erwähnt. Alle vier Nutzer-Klassen der File-Services können einen Shutdown anfordern.

13.11.3 Zweites Teildiagramm: Einbindung der Rangschlüsselklassen

`SpCoRK_Util` lässt nicht nur ein `Pupil`-Objekt und die neuen Rangschlüssel nach jedem Einlesen aufbauen, sondern dient zugleich als Ankerpunkt für alle Nutzer dieser Daten. Daher weist `SpCoRK_Util` weitaus die meisten Beziehungen zu anderen Klassen auf.

Die vier Process Control-Ranggruppen-Klassen müssen sich am Anfang jedes Aufrufs der jeweiligen Methode `processGroup()` den aktuellen Rangschlüssel holen und als alten Rangschlüssel speichern. Hierfür gibt es in jeder implementierten PupilRankXXX-Klasse einen Kopierkonstruktor. Dieser erzeugt eine tiefe Kopie des jeweiligen Rangschlüssel-Objekts, die alle Oberklassen einbezieht.

Die schematische Struktur der Ranggruppenverarbeitung wird an diesem Diagramm besonders deutlich. Nach demselben Kochrezept können beliebig tief gestaffelte Ranggruppen behandelt werden.

13.11.4 Drittes Teildiagramm: Contest-Klassen und deren Nutzer

Den Kern dieses Diagramms bilden die Klassen `Contestant_AC`, `School` und `Pupil`. Letztere erben von `Contestant_AC` dessen Methoden `getEntryValue()` und `setEntryValue()`. Die geerbte Methode `toString()` wird dagegen überschrieben. Diese Konstruktion entspricht vollständig den Erkenntnissen in den vorangehenden OO-Vorbereitungskapiteln. Es sind lediglich die dort fehlenden Felder und Getter hinzugekommen, sowie eine Methode, um den Inhalt der Exemplarvariablen `values` durch `setSchoolValues()` zu belegen.

`SpCoRK_Util` erzeugt aus jedem „sports record" ein `Pupil`-Objekt mit `entryValue` = 0. In der Methode `processGroup()` von `AgeGrpHandler` wird dieses Objekt zusammen mit der aktuellen Punktsumme an einen Kopierkonstruktor übergeben und die Kopie in die aktuelle Schüler-Link-Liste eingetragen, falls sie sich dafür qualifiziert.

`Contest_LL` erzeugt selbst keine `School`- oder `Pupil`-Objekte, sondern übergibt diese an die Container-Funktionen oder liest sie aus. `Contest_LL` löst die aus der Link-Listen-Polymorphie folgende Uneindeutigkeit durch explizite Typzuordnungen auf (gestrichelte Linien).

13

13.12 Implementierung in Java

Die Implementierung des Programms wird im zweiten Band im Kapitel „9 EvaluateSportsDS in Java" auf Seite 247 ff gezeigt.

13.13 Operationen und Kontrollen von EvaluateSportsDS (Java)

Hier folgt eine Zusammenfassung der Operationen. Die Lücken zwischen den Operationsnummern gehen großenteils darauf zurück, dass bei der Umstellung der Link-Listen-Basismachine relativ viele Operationen der algorithmischen Version entfielen.

Op.	Bedeutung	Kommentar
1	Sports-Dataset öffnen	txt-Datei wird erwartet
2	Results-Dataset öffnen	
3	Sports-Record lesen, konkatenierte Rangschlüssel zuweisen	Einzelfelder extrahieren, gegebenenfalls Namenslänge bestimmen
4	Result-Satz 04 (RR04) ausgeben	Satz mit verdichteten Ergebnissen
5	Sports-Dataset schließen	
6	Results-Dataset schließen	

Op.	Bedeutung	Kommentar
7	Stopp	
8	old_rank_1_key := new_rank_1_key	Bisherigen Rang-1-Gruppenschlüssel sichern
9	old_rank_1_2_key := new_rank_1_2_key	Bisherigen Rang-1-2-Gruppenschlüssel sichern
10	old_rank_1_3_key := new_rank_1_3_key	Bisherigen Rang-1-3-Gruppenschlüssel sichern
11	old_rank_1_4_key := new_rank_1_4_key	Bisherigen Rang-1-4-Gruppenschlüssel sichern
12	countries := 0	Statistik-Zähler (auf Vorrat definiert)
13	countries := countries + 1	
14	schools := 0	Schulen im Land
15	schools := schools + 1	
16	F_age_groups := 0	
17	M_age_groups := 0	
18	F_pupils := 0	
19	M_pupils := 0	
20	pupils := 0	Schüler in einer „gender group"
21	pupils := pupils + 1	
23	point_sum := SpoConD.sprint_points + SpoConD.jump_points + SpoConD.throw_points	
24	school_points := 0	
25	school_points := school_points + point_sum	
26	RR04 := Substr(old_rank_1_2_key, 1, 13) + `'04'`	School ID + Zeilennummer 04 (Start-Index von old_rank_1_2_key = 0)
27	avg_school_points := school_points / (F_pupils + M_pupils)	Ergebnis nach 2 Nachkommastellen abschneiden
28	RR04 := RR04 + `' Ø '` + String(avg_school_points)	Anhängen: `' Ø nn,nn'` (mit Umwandlung Zahl ⇨ String)
29	RR04 := RR04 + `' F '` + String(F_age_groups) + `'/'` + String(F_pupils)	Anhängen: `' F nn/nnnn'` (mit variablen Stellenzahlen)
30	RR04 := RR04 + `' M '` + String(M_age_groups) + `'/'` + String(M_pupils)	Anhängen: `' M nn/nnnn'` (mit variablen Stellenzahlen)
31	School-Dataset öffnen	txt-Datei wird erwartet
32	School-Record lesen, konkat. Gruppenschlüssel zuweisen	⇨ school_rec
33	School-Dataset schliessen	
34	RR01 := Substr(school_rec, 0, 16) + Substr(school_rec, 0, 13) + `' '` + Substr(school_rec, 16, 50)	School ID + `'01 '` + School ID + Blank + School Name (Start-Index von school_rec = 0)
35	Result-Satz 01 (RR01) ausgeben	
36	school_address := Substr(school_rec, 16, 64)	für Ranking aufbewahren
37	school_rec ausgeben	gleiches Format für Sätze 02 und 03
46	L_L.unique_values := 1	Einfügen des ersten Eintrags

Op.	Bedeutung	Kommentar
47	L_L.unique_values := L_L.unique_values + 1	Neuer Punktsummen-Wert gespeichert
77	L_L.unique_values := 3	Exakt drei verschiedene Punktsummen liegen vor
80	I_School_LL.unique_values := 0	Signal an buildLinkedList(): I_School_LL initialisieren
81	N_School_LL.unique_values := 0	N_School_LL initialisieren
82	Pupil_LL.unique_values := 0	Pupil_LL initialisieren
83	buildLinkedList (point_sum, SpoConD, Pupil_LL)	Übergabe für jeden Schüler
84	school_ID := Substr(school_rec, 0, 13)	
85	school_name := Substr(school_rec, 16, 50)	
86	school_values := Substr(RR04, 16, 27)	Schul-Durchschnitt etcetera extrahieren
87	School_Data.school_ID := school_ID	
88	School_Data.name := school_name	
89	School_Data.address := school_address	
90	School_Data.values := school_values	
91	buildLinkedList (avg_school_points * 100, School_Data, N_School_LL)	Übergabe für jede Schule
99	line_no := 0	Start-Zeilennummer - 1 für (inter)nationale Gewinner-Schulen
100	line_no := 4	Start-Zeilennummer - 1 für Schüler mit Gold-Medaille
101	line_no := line_no + 1	
102	medal_level := -1	Init vor Schleife
103	medal_level := medal_level + 1	nächstniedrigerer Medaillenrang
105	school_ID := Pupil_Data.country_code + Pupil_Data.region_ID + Pupil_Data.school_number	
106	SpoRes := school_ID + String(line_no)	Schüler-Medaillenzeile beginnen
107	SpoRes := SpoRes + G_S_B[medal_level]	Medaillensymbol anfügen
108	SpoRes := SpoRes + ' '	Blank anfügen
110	SpoRes ausgeben	
112	SpoRes := Substr(School_Data.school_ID, 0, 3) + ' 00000000' + String(line_no)	Nationale Schul-Medaillenzeilen beginnen Land-Code Konstante + Laufende Zeilennummer
113	SpoRes := SpoRes + School_Data.school_ID + ' ' + School_Data.name	School-ID und Name anfügen
114	SpoRes := SpoRes + ' ' + School_Data.address	Adresszeile zusammenstellen
115	SpoRes := SpoRes + ' ' + School_Data.values	Schulergebnisse zusammenstellen
117	SpoRes := 'AAA 00000000' + String(line_no)	Internationale Schul-Medaillenzeilen beginnen Konstante + Laufende Zeilennummer
118	total_schools := 0	Statistik-Zähler führen
119	total_schools := total_schools + schools	

Op.	Bedeutung	Kommentar
120	sports_recs := 0	
121	sports_recs := sports_recs + 1	
122	school_recs := 0	
123	school_recs := school_recs + 3	
124	result_recs := 0	
125	result_recs := result_recs + 1	
126	result_recs := result_recs + 3	
127	Statistik ausgeben	
130	I_School_LL anlegen	internationale Schulen-Link-Liste
131	N_School_LL anlegen	nationale Schulen-Link-Liste
132	N_School_LL löschen	bei Land-Wechsel
133	Pupil_LL anlegen	Schüler-Link-Liste
134	Pupil_LL löschen	bei Schul-Wechsel
135	L_L_E.entry_value := new_value	new_value ablegen
136	L_L_E.contestant := new_contestant	Teilnehmer-Zusatzdaten ablegen
137	L_L_E mit `addFirst()` ablegen	1. Eintrag | neuer führender Eintrag
138	Rückpositionieren mit `previous()`	
139	L_L_E mit `add()` ablegen	positionsrichtig eintragen
140	L_L_E mit `addLast()` ablegen	letzter Eintrag
141	Reverse-Iterator erzeugen	Iterator aus descendingIterator()
142	**if** `hasNext()` **then** Lesen aus Iterator ⇨ L_L_E; end_of_chain := false **else** end_of_chain := true **fi**	 mit `next()`
143	Crt_Entry_Value := L_L_E.entry_value	
144	Eintrag mit `remove()` löschen	zuvor gelesener Eintrag
145	Forward-Iterator erzeugen	ListIterator verwenden
146	I_School_LL-Forward-Iterator erzeugen	
147	N_School_LL-Forward-Iterator erzeugen	
148	Pupil_LL-Forward-Iterator erzeugen	
149	Pupil_Data := L_L_E.contestant	
150	SpoRes := SpoRes + Pupil_Data.gender_code + ' ' + Pupil_Data.age + ' ' + Pupil_Data.sprint_points + ' ' + Pupil_Data.jump_points + ' ' + Pupil_Data.throw_points + ' ' + String(L_L_E.entry_value) + ' ' + Pupil_Data.name	Schüler-Daten anfügen Punktsumme
151	buildLinkedList (L_L_E.entry_value, L_L_E.contestant, I_School_LL)	Nationaler Sieger ⇨ internationale Link-Liste
152	School_Data := L_L_E.contestant	
153	gsa_i := -1	Init GSA-Index

Op.	Bedeutung	Kommentar
154	gsa_i := gsa_i + 1	
155	age_grps := 0	gender-bezogener Zähler
156	age_grps := age_grps + 1	
157	GSA[gsa_i].gender_code := old_rank_1_3_key.<14>	Gender_Code = 15. Stelle von old_rank_1_3_key (Index: [14])
158	GSA[gsa_i].age_groups := age_grps	
159	GSA[gsa_i].pupil_count := pupils	
160	F_age_groups := GSA[0].age_groups	Belegung der vorhandenen Zählerelemente
161	F_pupils := GSA[0]. pupil_count	
162	M_age_groups := GSA[1].age_groups	
163	M_pupils := GSA[1]. pupil_count	
164	M_age_groups := GSA[0].age_groups	
165	M_pupils := GSA[0]. pupil_count	

Zusammengefasste Liste der Kontrollen:

I1 EOF
I2 new_rank_1_key > old_rank_1_key
I4 new_rank_1_2_key > old_rank_1_2_key
I5 new_rank_1_3_key > old_rank_1_3_key
I6 new_rank_1_4_key > old_rank_1_4_key
S7 schools >= 4
S17 F-Age-Groups > 0
S18 M-Age-Groups > 0
S37 L_L.unique_values > 3
S50 L_L.unique_values = 0 (extern vorzugeben) |
L_L.unique_values >= 3 und new_value < min. Entry_Value in L_L from `getLast()` |
new_value >= max. Entry_Value in L_L from `getFirst()` |
Other
S51 new_value > max. Entry_Value in L_L from `getFirst()`
I52 (end_of_chain = true) oder new_value >= L_L_E.entry_value
S53 end_of_chain = false
S54 new_value > L_L_E.entry_value
I55 L_L_E.entry_value > Crt_Entry_Value
I56 end_of_chain = true
I57 (end_of_chain = true) oder L_L_E.entry_value < Crt_Entry_Value
I58 = I57
I59 = I57
S60 gsa_i = 1 | GSA[0].gender_code = `'F'` | sonst

06/2015 Pont du Gard (Département Gard, Okzitanien)

Band 1 | **Kapitel 14**

File Services

Da die Vorgänge im Inneren eines Computers so gar nichts Anschauliches an sich haben, arbeitet die IT gern mit Analogien aus der realen, der „analogen" Welt. Eine dieser Analogien ist die Vorstellung vom „Datenfluss" als der eines kontinuierlich dahinströmenden Transportmediums. Damit verbinden sich weitere Begriffe, nämlich die von Quelle und Senke, von der Mächtigkeit solcher Flüsse als Volumen, und von der Transfergeschwindigkeit, die beispielsweise bei langsamen Internetverbindungen als „Tröpfeln" verspottet wird. Datenflüsse sind natürlich nicht möglich, wenn die dafür erforderliche Infrastruktur fehlt, sei es die Hardware oder die zur Organisation der Transfers erforderliche Software. Hier liegt es auf der Hand, dass dafür rein technische Mittel zur Anwendung kommen müssen, während die Menschheit in der längsten Zeit ihrer Existenz auf natürliche Wasservorkommen und deren Strömen von der Quelle zur Senke angewiesen war.

Erst in der Antike wurden Bauten dafür errichtet, Wasser von einem Ort zum anderen zu bringen, wobei die Römer sich als wahre Meister zeigten. Wohl das beste – heute noch existierende – Beispiel dafür ist der Pont du Gard[1] *in Südfrankreich. Er war der wichtigste Teil eines 50 km langen Aquädukts, das einst eine Quelle beim Dorf Uzès mit dem 25 km entfernten Nîmes verband. Die zusätzlichen 25 km resultieren aus der geländeangepassten Führung des Aquädukts, der zudem den Fluss Gard (oder Gardon) überqueren musste.*

Die im Folgenden beschriebenen File Services schlagen auf ihre Weise eine Brücke von der Programmierung, bei der man sich nicht mit den Details der Transfers von und zu sequentiellen Dateien belasten möchte, zur Realisierung in Form handlicher Schnittstellen, die aus OO-Sicht auf statischen Klassen aufsetzen.

Es ist aus theoretischer Sicht vielleicht keine gute Idee, in einer Buchreihe über die strukturierte Programmierung immer wieder tief in den „Maschinenraum" abzutauchen, also dorthin, wo die Operationen realisiert werden. Andererseits zeichnen sich manche Bücher zur Software-Methodik dadurch aus, dass sie ihre Leser(innen) ratlos zurücklassen, wie das alles im Innersten funktioniert. Die verbreitete Häppchenfütterung mit Code Snippets befreit zwar die Autoren von der lästigen Aufgabe, wirklich funktionierenden Code herzustellen und zu testen, aber sie bringt auch oft genug Beispiele hervor, denen rasch anzusehen ist, dass sie nicht korrekt sein *können*. In der Folge keimt bei den Leser(inne)n ein gesundes Mißtrauen gegenüber solchen Werken...

Daher geht diese Buchreihe einen anderen Weg, indem sie anhand zahlreicher funktionierender, getesteter Code-Beispiele zeigt, wie der jeweilige JSP-Entwurf erfolgreich umgesetzt werden *kann* – nicht: umgesetzt werden *muss*. In den allermeisten Fällen ist ein Teil davon, die Umsetzung der Operationen in die Zielsprache, eine relativ einfache Sache, die zwar möglicherweise einige Varianten zulässt, aber letztlich recht nüchtern abläuft.

Das gilt jedoch nicht für die sequentiellen Dateizugriffe. Diese sind schon im jeweiligen Betriebssystem von erheblicher Komplexität. Es können hier diverse Fehler auftreten, auf die angemessen reagiert werden muss. Je nach Zielsprache werden zudem höchst verschiedene Konstruktionen für die Datei-Zugriffsschicht zwischen Programm und Betriebssystem angeboten, auf welche die Programmierung in jeder Hinsicht sorgfältig Rücksicht zu nehmen hat. In diesem Kapitel geht es darum, eine Zugriffsschicht für die Java-Programme dieser Buchreihe zu definieren und implementieren (siehe Beschreibung im zweiten Band, Kapitel „8 File Services in Java" auf Seite 205 ff).

Ein Motiv für dieses Vorhaben wurde am Anfang des vorhergehenden Kapitels genannt: Generalisierung. Egal wieviele sequentielle Dateien ein Programm verwendet, es sollte immer derselbe Code für die Zugriffe einschliesslich Open / Close zuständig sein. Weitere Motive ergeben sich teils aus der Java-Implementierung von SonnetAnalysis, teils aus negativen Erfahrungen mit Lauf-Abbrüchen, teils aus Empfehlungen anderer Autoren:

- Programme, die mit sequentiellen Dateien arbeiten, haben nicht immer sowohl Eingabe- als auch Ausgabedateien. Es ist durchaus üblich, nur eine Sorte davon anzutreffen. Die Anzahlen gleichzeitig geöffneter Dateien sind zwar meistens klein, können aber auch mindestens zweistellig werden (selten sind es mehr als circa 10). Daher benötigt die Zugriffsschicht vor dem ersten Öffnen eine Information, wieviele Dateien eingabeseitig oder ausgabeseitig parallel geöffnet sein sollen. Diese Information sollte für beide Seiten getrennt erfolgen, um diese zu entkoppeln. Eine Abfragemöglichkeit ist vorzusehen. Als Default ist Null (Dateien) vorzugeben.
- Es ist nicht erwünscht, Objekt-Referenzen zwischen den Anwendungsklassen durchzureichen, um damit Zugriffe ausführen zu können. Stattdessen sollte jede Datei eine numerische Identifikation erhalten, die über eine Enumeration mit einem symbolischen Namen verbunden ist. Zugriffswünsche in der Applikation beziehen sich allein auf diese Namen. Es ist eine Aufgabe der Zugriffsschicht, die numerischen Identifikationen mit den dadurch repräsentierten Objekten zu verknüpfen. Sie braucht die symbolischen Namen nicht zu kennen. Die numerische Identifikation dient zugleich als Array-Index, weshalb für Ein- und Ausgabe unabhängig voneineinander ab Null aufwärts gezählt werden sollte.
- Wenn während des Laufs ein Fehler auftritt, der einen sofortigen Abbruch erfordert, so sollten – auch auf Wunsch der Applikation – alle offenen Dateien durch die Zugriffsschicht geschlossen und ihre Namen protokolliert werden. Andernfalls überlässt man das Schließen der Java-VM oder gar dem Betriebssystem. Dabei geht gewöhnlich der bis dahin aufgebaute Inhalt der Ausgabedateien verloren, weil dort keine normale Close-Sequenz abläuft. Es sind auch Blockaden möglich, weil Betriebsmittel nicht ordnungsgemäß freigegeben werden.
- In vielen Programmen werden zwar Zugriffszähler geführt, aber die Ergebnisse stimmen nicht, oder die Zähler werden zum falschen Zeitpunkt abgelesen. Eine weitere Aufgabe der Zugriffsschicht ist es daher, alle Zugriffe zuverlässig zu zählen und die Zählerstände abfragbar zu machen.
- Wenn ein Fehler auftritt, sollte die fehlerbeschreibende Information nicht nur – auf Wunsch – protokolliert werden, sondern auch weiterhin abrufbar sein – bis sie durch einen anderen Fehler oder eine korrekte Zugriffs-Ausführung überschrieben wird. Die Fehlerprotokollierung sollte an- und abschaltbar beziehungsweise umschaltbar sein, und ihr aktueller Status sollte abgefragt werden können.
- Schleifen, in denen tausende Zugriffsfehler stattfinden, und die womöglich nie enden, sind nicht immer vermeidbar. Jede(r) verprogrammiert sich mal. Daher sollte die Zugriffsschicht ein Fehler-Maximum kennen und nach dessen Überschreitung von sich aus einen kontrollierten Laufabbruch einleiten. Dieses Maximum sollte nicht starr sein, um beispielsweise nach erfolgreichem Anlauf des Programms auf Nulltoleranz umschalten zu können. Auch hier ist eine Abfragemöglichkeit vorzusehen.
- Die Dateinamen, die der Zugriffsschicht für das Öffnen übergeben werden, sollten darin bis zum Schließen registriert bleiben. So kann ein Programm jederzeit die mit den symbolischen Namen verknüpften realen Dateinamen erfragen und diese beispielsweise für Fehlermeldungen oder Statistiken verwenden.
- Es sollte möglich sein, dieselbe Datei mehrfach – zum Beispiel zuerst zum Schreiben und später zum Lesen – oder mehrere Dateien in derselben Rolle nacheinander zu öffnen. Daher ist zwischen den Dateien und ihren Rollen zu unterscheiden, die sie zu einer bestimmten Zeit für das Programm einnehmen. Die oben geforderte numerische Identifikation pro Datei ist daher eigentlich eine Rollen-Identifikation.
- Schwerwiegende Zugriffsfehler, also Exceptions, können von Anwendungsprogrammen meist nicht sinnvoll behandelt werden. Exceptions treten auf, wenn Dateinamen ungültig sind oder die damit bezeichneten Eingabedateien nicht existieren, wenn ein Medium nicht beschrieben werden kann (CD-ROM / Flash-Medium mit Schreibsperre etcetera), wenn es nicht genug Platz für eine große Ausgabedatei bietet, oder wenn davon nicht gelesen werden kann (zum Beispiel nach dem Abstecken eines externen

Mediums), sowie aus vielen anderen Gründen. In dieser Buchreihe geht es nicht darum, Programme auch gegen solche irreparablen Fehler zu härten. Es genügt völlig, dass dann ein kontrollierter Abbruch mit Schließen aller offenen Dateien stattfindet.

Es sind also überraschend viele Anforderungen, welche die hier vorgeschlagene Zugriffsschicht erfüllen soll. Ein zentraler Aspekt ist dabei die Forderung nach numerischen Identifikatoren, also Dateinummern, welche die Eingabedateien und die Ausgabedateien unabhängig voneinander bekommen sollen. Wie steht es damit?

14.1 Numerische Datei-Identifikationen

Im Gegensatz zu COBOL und beispielsweise REXX werden Dateibeziehungen in Java-Programmen – und in vielen anderen, auch algorithmischen Sprachen wie T/TAL – nicht durch starre Namen repräsentiert. In COBOL sind dagegen jeder Datei eine eigene SELECT-Klausel für die Zuordnung des jeweiligen internen Dateinamens zu seinem externen Kurznamen (IBM-Hosts: DD-Namen), ein eigener FD-Eintrag (FD = File Definition) für die – grobe – Satzdefinition und je eine File-Status-Variable fest zugeordnet. Dateibeziehungen können nicht zu COBOL-Arrays zusammengefasst werden, wie das beispielsweise bei einem Ausgabefächer für zahlreiche Abnehmer sinnvoll wäre.

In Java ist das kein Problem. Wir müssen „nur" die bisherigen einzelnen File-Repräsentanzen, nämlich die `BufferedReader`- und `BufferedWriter`-Objekte, vervielfältigen und dafür sorgen, dass bei der Nutzung dieser Objekte kein Chaos ausbricht. Als Organisationsmittel dient hier jeweils ein Array. Darin sind mindestens so viele Einträge erforderlich, wie es parallel geöffnete Eingabedateien oder Ausgabedateien geben soll. Genauer gesagt: Für jede Datei-Rolle ist ein Eintrag vorzusehen. In Programmen, die mehrere Phasen durchlaufen, können anfangs belegte Rollen-Plätze später frei werden und umgekehrt.

Ein Beispiel für die Belegung der numerischen Identifikatoren zeigt übrigens das Kapitel „9.2.2 Klasse StreamCode" auf Seite 252 im zweiten Band.

14.2 1. Vorschlag

Vielleicht ist ja alles ganz einfach? Wir könnten uns zunächst an der bisherigen Klasse `FileService` orientieren und deren Verhalten flexibler gestalten, also insbesondere variable Anzahlen von Datei-Rollen anstelle der bisherigen 1:1-Konfiguration ein- und ausgabeseitig zulassen. Damit die Nutzer-Methoden im übrigen Programm jeweils die richtige Datei ansprechen könnten, müssten zwei statische Hilfsklassen die `InFileService`-/ `OutFileService`-Exemplare registrieren. Das würde es ermöglichen, aus jeder Methode ausserhalb der File Services beliebige Dateien zu bearbeiten.

Die „Abbildung 14.1: 1. Vorschlag für die Klassenstruktur der Zugriffsschicht" auf Seite 428 zeigt am Beispiel von drei Eingabe- und zwei Ausgabedateien, wie die nutzenden Klassen gemäß diesem Vorschlag die Services ansprechen, wie letztere sich bei den beiden Hilfsklassen registrieren, und wie die Aufrufe im Crash-Fall erfolgen:

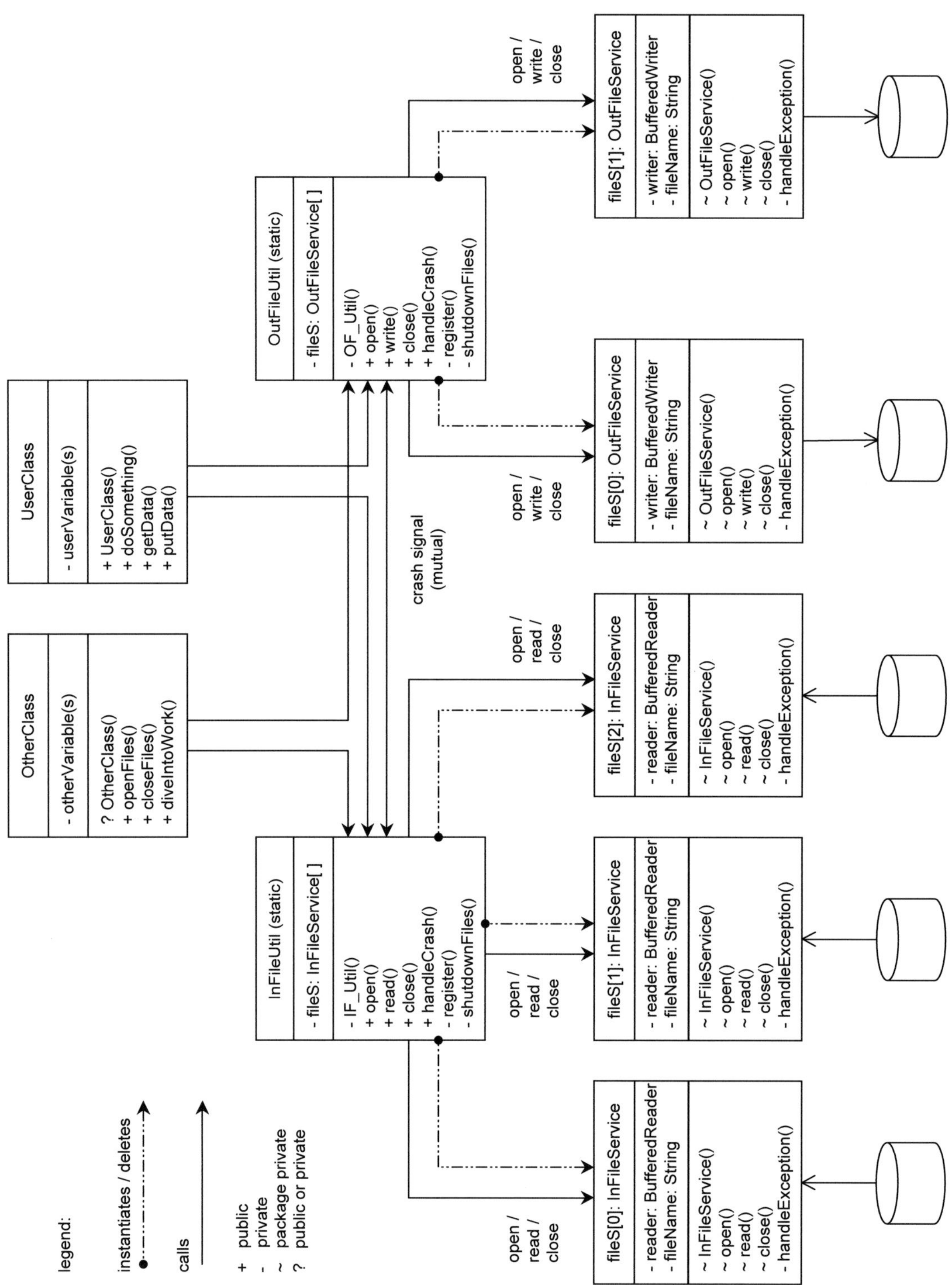

Abbildung 14.1: *1. Vorschlag für die Klassenstruktur der Zugriffsschicht*

Die Arbeitsweise dieser Konstruktion ist wie folgt:

- Die `OtherClass` ist unter anderem dafür zuständig, die Dateien öffnen und schließen zu lassen. Für jede zu öffnende Datei ruft sie die dazu passende statische Utility-Klasse auf, zum Beispiel `InFileUtil`. Diese erzeugt ein `InFileService`-Objekt, das seine Referenz rückmeldet, registriert es im Array `fileS`, und ruft die `open`-Methode des neuen Objekts auf, die den Dateinamen als Exemplarvariable speichert. Der `InFileService`-Konstruktor stellt also noch kein voll funktionstüchtiges Objekt zur Verfügung. Der Grund dafür ist, dass ein `open()` im Konstruktor eine Exception auslösen könnte, was grundsätzlich unerwünscht ist (siehe das Buch von Michael Inden „Der Weg zum Java-Profi – Konzepte und Techniken für die professionelle Java-Entwicklung" [9], Kap. 10.3.11). Da die Objekterzeugung und der `open`-Aufruf zusammen gekapselt sind, kann jedoch keine Nutzer-Klasse auf eine unvollständig initialisierte File-Verbindung treffen.

- Analog gilt dasselbe für die Ausgabeseite. `OutFileUtil` erzeugt ein `OutFileService`-Objekt, registriert dessen Referenz, und ruft die `open`-Methode des neuen Objekts auf.
- Lese- und Schreib-Anforderungen aus den Nutzer-Klassen – `UserClass` – gehen nicht direkt an die File Service-Objekte, sondern werden von den Utility-Klassen in objektbezogene Aufrufe der File Service-Methoden umgesetzt. Diese sind – bis auf die private Methode `handleException` – als `package private` vor externen Aufrufen geschützt, wenn sie zusammen mit den Utility-Klassen in einem eigenen Package definiert sind.
- Für jede zu schließende Datei wird die jeweils zuständige Utility-Klasse aufgerufen, die den `Close` beim hierfür zuständigen Objekt anfordert, dessen Referenz – für den Garbage Collector – auf `null` setzt und diese aus dem `fileS`-Array entfernt. Eine geschlossene Datei kann daher erneut geöffnet werden, wozu `TL_Util` / `FileService` in SonnetAnalysis nicht imstande sind.
- Die Arbeitsteilung zwischen `OtherClass` und `UserClass` ist hier zwar naheliegend, aber dennoch willkürlich gewählt. Dateibezogene Anforderungen können beliebig über die Klassen oberhalb der Utility-Klassen verteilt sein. Es ist auch möglich, dass Dateien mehrfach geöffnet, genutzt und geschlossen werden, oder dass bestimmte Datei-Rollen nacheinander durch mehrere Dateien – beispielsweise solchen mit Bilddaten, die seriell konvertiert werden sollen – eingenommen werden.
- Wenn eine Exception auftritt, muss das davon betroffene File Service-Objekt zunächst eine geeignete Protokollierung veranlassen und dann seine Utility-Klasse durch Rückmeldung der Exception-Informationen über den Vorfall informieren. Dieser löst `Close`-Aufrufe in allen seinen File Service-Objekten aus, wobei die möglicherweise dabei auftretenden Exceptions ignoriert werden müssen. Ausnahmen: Ein fehlgeschlagener `Close`-Aufruf sollte nicht wiederholt werden, und nach einer `Open`-Exception ist ein `Close`-Aufruf für die betroffene Datei auch nicht sinnvoll. Ausserdem muss jede Utility-Klasse die jeweils andere per `handleCrash`-Aufruf über das Ereignis informieren, damit auch diese die erforderlichen `Close`-Aufrufe veranlassen kann. Abschließend wird der Lauf durch einen `System.exit()`-Aufruf beendet.

Diese Konstruktion hat Vorteile, die bislang nicht beachtet wurden:

- Die Utility-Klassen können unsinnige Aufrufe (zum Beispiel Lesen aus einer Ausgabedatei), falsche Aufruffolgen (`Open` – `Open` / `Close` – `Close`) oder Read / Write für geschlossene Dateien verhindern. Dadurch werden Fehler erkannt, bevor daraus Exceptions werden.
- Die File Service-Objekte übertragen die Kontrolle über die `Close`-Aktionen beim Laufabbruch an ihre Utility-Klassen. Somit wird vermieden, dass sich diese Objekte gegenseitig aufrufen und die hierfür erforderlichen Referenzen von den Utility-Klassen abholen müssen.

Als nachteilig erscheint dagegen, dass

- die Utility-Klassen einander kennen. Dadurch wird eine Compile-Abhängigkeit geschaffen, die nicht zu der Forderung passt, dass es beispielsweise nur eine Eingabedatei, aber keine Ausgabedatei geben können soll.

- Nutzer die öffentliche `handleCrash`-Methode einer Utility-Klasse verwenden und das Programm dadurch zum Absturz bringen könnten, denn deren Aufruf führt zu einer halbseitigen Schließung. Es würden also nur die Eingabedateien oder nur die Ausgabedateien geschlossen.
- weitere eingangs genannte Anforderungen ebenfalls eine Zusammenarbeit der Utility-Klassen erzwingen, etwa das Zwischenspeichern von Fehler-Informationen, das Einhalten eines globalen Fehler-Limits oder das Zählen von Zugriffen.

Der potentielle Mißbrauch von `handleCrash()` stellt eher eine theoretische Befürchtung dar. Erheblich ungünstiger ist, dass nach diesem Vorschlag die Utility-Klassen nicht unabhängig voneinander verwendet werden könnten. Daher ist er ungeeignet.

14.3 2. Vorschlag

Nein, es ist nicht alles ganz einfach, im Gegenteil. Daher sollten wir nach diesem „Schnellschuss" noch einmal nachdenken. Was soll eigentlich erreicht werden?

- Keine, eine oder mehrere Eingabedateien und keine, eine oder mehrere Ausgabedateien sollen flexibel parallel und auch mehrfach nacheinander genutzt werden können, ohne Compile-Abhängigkeiten zu schaffen.
- Die hierfür erforderliche – weiter oben näher beschriebene – Funktionalität soll so versteckt werden, dass sie nicht manipuliert oder mißbräuchlich verwendet werden kann.
- Beim Auftreten einer Exception sollen nach Ausgabe geeigneter Fehlerinformationen *alle* offenen Dateien geschlossen und dann der Lauf beendet werden.

Zusätzlich ist es wünschenswert, im Abbruchfall die Namen der offenen Dateien (mit Pfadangaben), die jeweiligen Betriebsart – Eingabe / Ausgabe – und die Anzahlen der gelesenen / geschriebenen Sätze auszugeben. Das hilft bei der Fehlersuche.

Um das Erzeugen von `InFileService` / `OutFileService`-Exemplaren zu vermeiden, empfiehlt es sich, zu einer statischen Klassenkonstruktion zurückzukehren, wie sie für Utility-Klassen typisch ist. Damit dennoch multiple Dateien verwaltet werden können, müssen die Exemplarvariablen aus dem 1. Vorschlag um Zugriffszähler ergänzt und in Array-Elemente umgewandelt werden. Das Dilemma der gegenseitigen Aufrufe lässt sich mit einer gemeinsamen – dritten – statischen Klasse lösen, die einerseits als Repository für die dateibezogenen Informationen dient, und andererseits im Crash-Fall subsidiär alle Abschlussoperationen – ausser der Exception-Text- und Stack-Trace-Ausgabe – übernimmt. Daher ist diese Klasse auch der richtige Ort für die Arrays.

Nach diesen Vorgaben wurde programmiert, ohne die Verarbeitungsschritte als Struktogramm zu modellieren, da dies eine nutzlose formale Übung gewesen wäre (wie sich durch Betrachtung des Codes leicht erkennen lässt). Aus der Implementierung ergibt sich die „Abbildung 14.2: 2. Vorschlag für die Klassenstruktur der Zugriffsschicht" auf Seite 431.

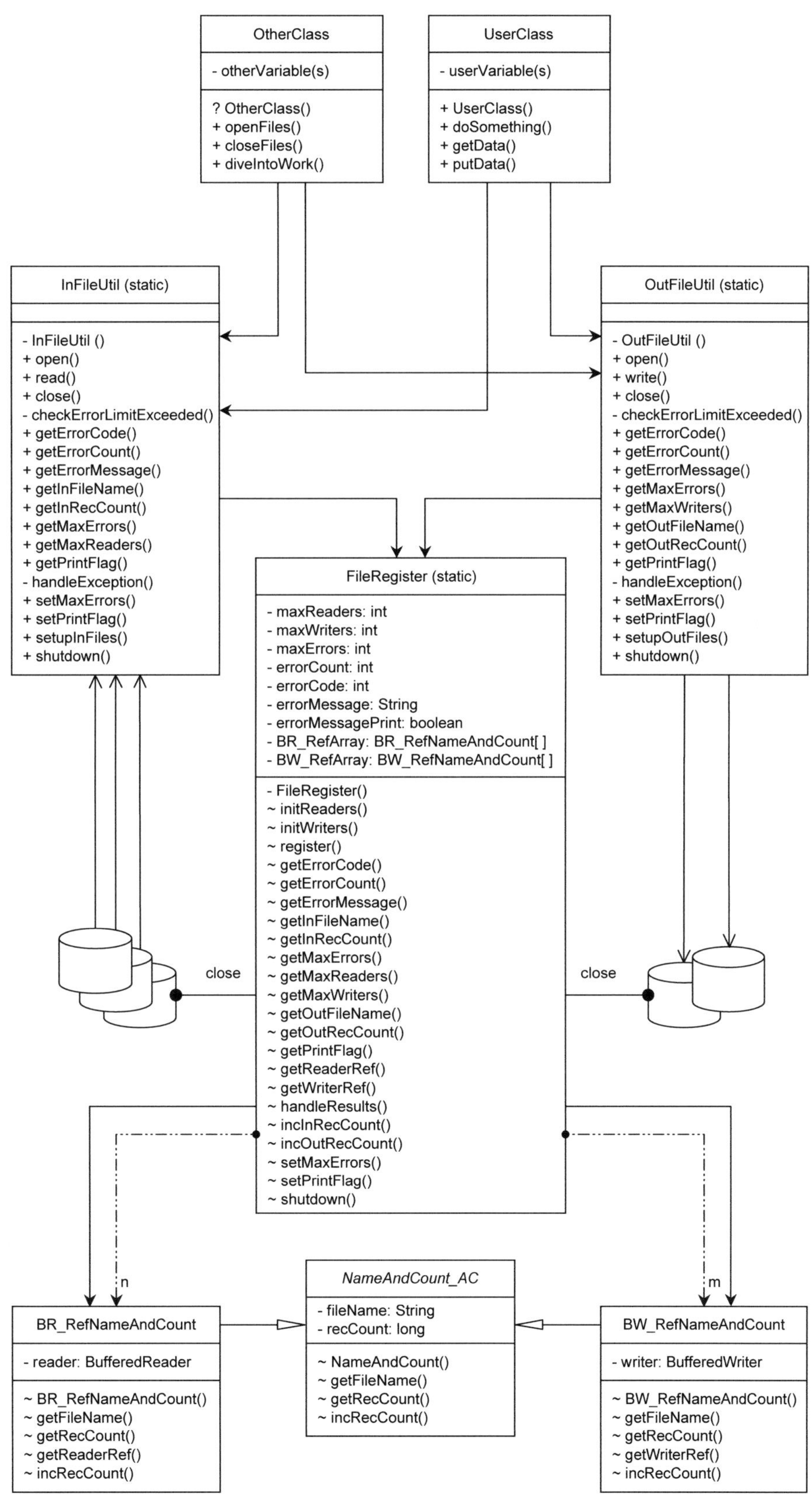

Abbildung 14.2: *2. Vorschlag für die Klassenstruktur der Zugriffsschicht*

`OtherClass` und `UserClass` können nun über eine erheblich erweiterte Funktionalität der File Services verfügen. Die beiden statischen Utility-Klassen haben keine Klassenvariablen mehr, sind also nur noch Methodensammlungen, die mit lokalen Variablen arbeiten. Sie rufen sich auch nicht mehr gegenseitig auf. Die Klasse `FileRegister` verwaltet Konfigurationsdaten, Fehlerinformationen, sowie die zum Lesen, Schreiben oder Schließen benötigten Objektreferenzen (in zwei Arrays). Ihre Methoden sind `private` (Konstruktor) oder `package private` (alle anderen). Somit können sie nur package-intern aufgerufen werden, sind also für Anwendungsklassen unsichtbar. Die Array-Elemente sind durch die Klassen `BR_RefNameAndCount` und `BW_RefNameAndCount` beschrieben, die von der gemeinsamen abstrakten Klasse `NameAndCount_AC` erben. Die Methoden dieser drei Klassen sind sämtlich `package private`.

Wie funktioniert das?

- Die Klasse `FileRegister` soll ihre Arrays mit festen Längen anlegen. Dafür muss sie „wissen", wieviele verschiedene Eingabe- und Ausgabe-Datei-Rollen es gibt. Hierfür gibt es die Methoden `initReaders()` und `initWriters()`, die von `setupInFiles()` oder `setupOutFiles()` aufgerufen werden. Da Ein- und Ausgabe voneinander unabhängig konfiguriert werden, besteht kein Zwang für die Anwendungsklassen, die erwarteten Anzahlen der Datei-Rollen zur selben Zeit zu übergeben. Der Wert von `maxReaders` – Kardinalität n in der Grafik – kann mit `getMaxReaders()` und der Wert von `maxWriters` – Kardinalität m – mit `getMaxWriters()` abgerufen werden. Es ist ausdrücklich zulässig, dass ein Programm keine Eingabedateien oder keine Ausgabedateien hat.
- In vielen Fällen sind Anwendungen nicht darauf vorbereitet, dass Fehler oder Exceptions auftreten. Daher kann die maximale Anzahl von Fehlern, welche die File Services selbst feststellen, per `setMaxErrors()` vorgegeben werden. Ist dieses Limit überschritten, wird die Shutdown-Sequenz automatisch eingeleitet. Auch die Vorgabe Null ist möglich. Negative Werte bedeuten: Kein Limit. Die Standardeinstellung lässt beliebig viele Fehler zu. Exceptions führen dagegen immer zum Shutdown. Anwendungsklassen können auch selbst einen Shutdown auslösen und dabei einen Exit-Code, sowie – optional – einen einzeiligen Text mitgeben. Das aktuell gültige Limit kann mit `getMaxErrors()` abgerufen werden, und die aktuelle Fehlerzahl mit `getErrorCount()`.
- Wenn die Anwendung die Fehlerausgabe nicht selbst übernehmen, sondern diese den File Services überlassen will, kann sie die Standardeinstellung bestehenlassen. Sie kann diese Ausgabe aber auch unterdrücken und die Fehlerinformationen abrufen. Hierfür stehen in beiden Utility-Klassen `getErrorXXX()`-Methoden zur Verfügung, die auf korrespondierenden Methoden in `FileRegister` aufbauen. Diese Einstellung kann mit `setPrintFlag()` jederzeit geändert und mit `getPrintFlag()` abgerufen werden.
- Jede Open-Anforderung seitens der `OtherClass` übergibt den Pfad- und Dateinamen, sowie eine File-ID, die der Einfachheit halber für Eingabe wie für Ausgabe jeweils bei Null beginnt und mit einer – nicht gezeigten – Enumeration `StreamCode` verknüpft ist. Diese Nummer darf den Wert von `maxReaders` respektive `maxWriters` nicht erreichen und muss für jede Datei-Rolle eindeutig vergeben werden. Die Betriebsart geht daraus hervor, welche Utility-Klasse – `InFileUtil` für Eingabe oder `OutFileUtil` für Ausgabe – angesprochen wird.

  Diese ruft die zugehörige `getXXXRef()`-Methode in `FileRegister` auf, um festzustellen, ob zu der File-ID bereits eine Datei registriert ist, also eine falsche Aufruffolge (`Open` nach `Open`) vorliegt. Trifft das zu, wird es – falls gewünscht – protokolliert und ein Fehlercode rückgemeldet. Andernfalls öffnet die Utility-Klasse die Datei analog zu `FileService` und liefert im Erfolgsfall eine `BufferedReader`- oder `BufferedWriter`-Referenz, sowie die Dateimerkmale – Pfad & Name, File-ID – per `register()`-Aufruf an `FileRegister`. Dort werden diese Angaben an den Konstruktor der jeweils zuständigen Array-Element-Klasse übergeben und der damit assoziierte Zugriffszähler – in der Oberklasse `NameAndCount_AC` – initialisiert. Die Datei ist jetzt betriebsbereit.

- Bei jedem `read`-Aufruf seitens einer `UserClass` muss sich `InFileUtil` die `BufferedReader`-Referenz durch Übergabe der File-ID an `getReaderRef()` aus `FileRegister` holen, wo diese Anforderung an das zuständige Array-Element-Objekt der Klasse `BR_RefNameAndCount` weitergeleitet wird. Mit dieser Referenz greift `InFileUtil` zu und erhöht den Lese-Zugriffszähler per `incInRecCount()` und darauffolgend in `FileRegister` per `incRecCount()`, wenn ein Satz gelesen wurde. Bei EOF wird also nicht inkrementiert.

  Die Verwendung einer falschen – negativen, zu hohen oder aktuell nicht verwendeten – File-ID führt dagegen zur Ausgabe einer Fehlermeldung und – wie bei EOF – zur Rückmeldung `null`. Daher muss die lesend zugreifende Anwendungsklasse bei der Rückmeldung `null` per `getErrorCode()` prüfen, um welchen dieser Fälle es sich handelt.
- Analog gilt dasselbe für jeden Schreib-Aufruf an `OutFileUtil` und das Abholen der jeweiligen `BufferedWriter`-Referenz per `getWriterRef()` beim zuständigen Array-Element-Objekt der Klasse `BW_RefNameAndCount`. Der Schreib-Zugriffszähler wird per `incOutRecCount()` und dann `incRecCount()` immer inkrementiert. Bei Verwendung einer ungültigen File-ID meldet `write()` einen `int`-Fehlercode zurück.
- Auch das Schließen erfolgt zweiphasig. Zunächst muss die jeweilige Utility-Klasse die benötigte Referenz beschaffen. Die Fehlerreaktion ist wie beim Lesen / Schreiben. Wenn die Utility-Klasse eine gültige Referenz vom zuständigen Array-Element-Objekt zurückbekommt, schließt sie die Datei und registriert dies in `FileRegister`. Dort wird dieses Array-Element-Objekt durch `null`-Referenz-Zuweisung dem Garbage Collector gemeldet.
- Falls Zugriffszähler aus den Nutzer-Klassen heraus – beispielsweise für statistische Zwecke – unmittelbar vor dem Schließen ausgelesen werden sollen, kann `getInRecCount()` oder `getOutRecCount()` je nach Utility-Klasse aufgerufen werden. Im Fehlerfall wird -1 rückgemeldet, weil sonst vom Aufrufer eine Zahl ab 0 aufwärts erwartet wird.
- Auch die Namen der geöffneten Dateien können jederzeit gezielt abgefragt werden. Hierfür existieren die Utility-Methoden `getInFileName()` und `getOutFileName()`.
- Nun verbleibt noch der Exception-Fall. Die davon betroffene Utility-Klasse erzeugt zunächst mittels `handleException`-Aufruf die fehlerbeschreibenden Protokollausgaben (nach dem Vorbild von `printErrorInfoCloseAndExit()` in `FileService`). Ausser bei einer OPEN-Exception beschafft sie sich zudem den zugehörigen Dateinamen per `getFileName()`-Aufruf von `FileRegister` und fügt diesen den Exception-Ausgaben hinzu. Tritt die Exception bei der `streamReader`- oder `streamWriter`-Erzeugung auf, so steht der Dateiname als Parameter zur Verfügung und wird ebenfalls ausgegeben. Grund: Die Vorgabe der – optionalen – Codierung ist Sache der Nutzer-Klasse und deshalb potentiell fehleranfällig.

  Nach der Stack-Trace-Ausgabe folgt ein Aufruf von `shutdown()` in `FileRegister` unter Mitgabe der File-ID, der Betriebsart, der Angabe der fehlgeschlagenen Aktion, sowie eines Exit-Codes. `shutdown()` arbeitet alle registrierten Dateien ab:
  - Ausgabe des Dateinamens, der Betriebsart und des Zugriffszähler-Werts
  - Close-Versuch ausser nach misslungenem Open oder Close
  - Tritt dabei eine Exception auf, wird sie nur kurz protokolliert, aber nicht weiter behandelt
  - Final: Aufruf von `System.exit()` mit dem an `shutdown` übergebenen Exit-Code

Der 2. Vorschlag löst das Compile-Problem des 1. Vorschlags und sorgt dafür, dass alle offenen Dateien bei einem Laufabbruch geschlossen werden. Die Methoden von `FileRegister` und seiner Hilfsklassen sind alle privat oder nur paketsichtbar, können also nicht dazu mißbraucht werden, die File Service-Funktionalität durcheinanderzubringen. Die File Services müssen lediglich ein eigenes Paket bekommen, um den gewünschten Schutz zu realisieren.

Positiv zu werten ist zudem, dass auch in Abbruchfällen, die nichts mit der Ein- oder Ausgabe zu tun haben, durch Aufruf von `shutdown()` eine saubere Beendigung des Laufs mit Schließen aller offenen Dateien möglich ist. Hierfür wurde jede Utility-Klasse um eine öffentliche `shutdown()`-Methode erweitert.

In der Grafik und im vorangehenden Text ist nicht erwähnt, dass eine weitere neue Klasse `FS_Code` definiert wurde, um die Fehler- und Exception-Codes zu verwalten. Hier handelt es sich ebenfalls um eine Enumeration. Die Methoden der File Services machen intensiven Gebrauch von den in `FS_Code` hinterlegten Angaben, wie aus dem Implementierungskapitel im zweiten Band „8 File Services in Java" auf Seite 205 ff hervorgeht.

Diese Implementierung basiert auf dem „alten" Paket `java.io`, das zunehmend – aber derzeit (2022) noch nicht vollständig – durch `java.nio.file` abgelöst wurde. Da es in dieser Buchreihe nicht darum geht, Java zu lehren und sich deshalb an dessen rasche Fortentwicklung anzupassen, sondern vielmehr darum, funktionierende Implementierungen auf der Basis der strukturierten Programmierung zu entwickeln, erscheint diese technologische „Rückständigkeit" der File Services als durchaus tolerabel. In späteren Jahren, wenn `java.nio.file` ausgereift sein wird, kann ein Umstieg erwogen werden.

Das bedeutet nicht, dass auf `java.nio.file` verzichtet wird. Vielmehr kommt dieses Paket hauptsächlich im vierten Band zur Anwendung, wo die darin enthaltenen „neuen" Klassen extrem nützlich sind.

Endnoten

1 Der **Pont du Gard** (okzitanisch Pònt de Gard) ist ein römischer Aquädukt im Süden Frankreichs auf dem Gebiet der Gemeinde Vers-Pont-du-Gard im Département Gard. Die Brücke ist von beeindruckender Höhe und stellt einen der am besten erhaltenen Wasserkanäle aus der Römerzeit in Frankreich dar. Der Pont du Gard zählt zu den wichtigsten erhalten gebliebenen Brückenbauwerken der antiken römischen Welt und ist eine der bedeutendsten Sehenswürdigkeiten Südfrankreichs.

Pont du Gard bedeutet übersetzt Gard-Brücke. Der Fluss Gard wird heutzutage meist Gardon genannt, von ihm leitet sich auch der Name des Départements ab.

[…]

Der Pont du Gard war Teil einer etwa 50 km langen Wasserleitung, mit der Wasser von den Quellen nahe Ucetia (Uzès) zur römischen Stadt Nemausus (Nîmes) transportiert wurde. Die Brücke ist 49 m hoch und umfasst drei Etagen:

Untere Ebene: 6 Bögen, 142 m lang, 6 m breit, 22 m hoch

Mittlere Ebene: 11 Bögen, 242 m lang, 4 m breit, 20 m hoch

Obere Ebene: 35 Bögen, 275 m lang, 3 m breit, 7 m hoch

Auf der oberen Ebene verläuft das rechteckige Gerinne der Wasserleitung, das 1,80 m hoch und 1,20 m breit ist und ein Gefälle von 0,34 ‰ aufweist.

Auf der unteren und mittleren Etage der Brücke befinden sich Arkaden aus 61 bis zu 6 t schweren Keilsteinen. Die Pfeiler der mittleren Ebene sind genau auf den Pfeilern der unteren Etage aufgelagert, um die Belastung der unteren Gewölbebögen zu minimieren. Von der Mitte ausgehend wird die Bogenspannweite zum Ufer hin immer kleiner.

[Wikipedia-Seitentitel: Pont du Gard
Datum der letzten Bearbeitung: 16. Mai 2022, 12:04 UTC
Versions-ID der Seite: 222923377
Permanentlink: https://de.wikipedia.org/w/index.php?title=Pont_du_Gard&oldid=222923377
Datum des Abrufs: 15. Juni 2022, 10:09 UTC]

14

09/2019 Twelve Apostles an der Great Ocean Road bei Princetown (Victoria, Australien)

Test II

Die Natur testet ihre Schöpfungen unentwegt. Test und Produktion können hier nicht voneinander getrennt werden. Ein gutes Beispiel dafür ist die Erosionskraft des Meeres, deren Wirken man zum Beispiel an den „Zwölf Aposteln"[1] in Australien exemplarisch studieren kann. Wikipedia schreibt dazu unter anderem folgendes:

> *»Die pfeilerartigen Gebilde unterschiedlicher Höhe und Durchmessers entstanden durch die erosive Kraft des Meeres. Jährlich weicht die Steilküste der Port-Campbell-Klippen um rund zwei Zentimeter weiter zurück. Widerstandsfähigere Partien bildeten zunächst Halbinseln, die später nur noch mittels natürlicher Brücken Verbindung zum Festland hielten. Wie 1990 beim sogenannten London Arch brachen diese Konstruktionen im Laufe der Zeit zusammen, und auch die Felstürme der Zwölf Apostel sind geologisch gesehen nur eine Erscheinung von kurzer Dauer.«*

Zum Glück müssen sich unsere Schöpfungen in der IT nicht über geologische Zeiträume hinweg bewähren, aber die Idee des permanenten (Selbst-)Tests hat einiges für sich. Früher wurde in Produktion oft beispielsweise auf compiler-generierte Abfragen verzichtet, mit denen Indexüberschreitungen und andere Grenzverletzungen automatisch festgestellt hätten werden können (es lebe der Konjunktiv!), weil dadurch Performanceverluste eintraten oder auch nur befürchtet wurden. Damit riskierte man, ein mögliches Fehlverhalten eines Programms zu spät oder gar nicht zu bemerken, was durchaus das Potential hatte, weit größere Schäden als den Verlust von ein wenig Performance anzurichten.

Es ist daher unbedingt anzuraten, den Code mit Fallen zu spicken, in die er niemals treten sollte. Hierfür muss man sich einerseits damit auseinandersetzen, was schiefgehen könnte – und das ist eine unbeliebte Tätigkeit. Andererseits ist dann, wenn der angeblich ausgeschlossene Fall tatsächlich eintritt, eine aussagekräftige Protokollierung zwingend erforderlich, und auch das macht Mühe. Daher unterbleibt der hierfür nötige Aufwand gern – zum späteren Verdruss derer, die zum Beispiel als Wartungsprogrammierer(innen) an der Bequemlichkeit der Programmautor(inn)en unschuldig sind.

Im folgenden Kapitel geht es darum, den „inneren Schweinehund" zu überwinden und Verfahren zu implementieren, die bis in die Produktion hinein das korrekte Funktionieren eines Programms wenn nicht zu garantieren, dann doch wenigstens zu überwachen ermöglichen.

15.1 The Second-System Effect

… lautet eine Kapitelüberschrift in Frederick P. Brooks Buch „The Mythical Man-Month" ([8], Seite 53ff). Er diskutiert dort die Gefahren, die beim Entwerfen des zweiten Systems einer bestimmten Kategorie drohen, in seinem Fall also des OS/360, des Betriebssystems der IBM/360-Serie. Das Phänomen, das er in diesem Kapitel beschreibt, gilt aber auch für Anwendungssysteme und sogar für einzelne Anwendungsprogramme. Lesen Sie diesen Text!

---

1 Wikipedia-Seitentitel: Twelve Apostles (Australien)
Datum der letzten Bearbeitung: 3. Januar 2021, 08:32 UTC
Versions-ID der Seite: 207206432
Permanentlink: https://de.wikipedia.org/w/index.php?title=Twelve_Apostles_(Australien)&oldid=207206432
Datum des Abrufs: 15. Juni 2022, 14:56 UTC

Vor diesem Hintergrund stellt sich die Frage: Kommt Ihnen der zweite, objektorientierte Entwurf von EvaluateSportsDS nicht auch over-designed vor? Der Aufwand für den Entwurf und für die Implementierung war jedenfalls weit höher als für die algorithmische Variante. Speziell die File Services tragen durchaus die von Brooks beschriebenen Merkmale guter Ideen, die beim ersten Entwurf nicht umgesetzt wurden, jetzt aber zum Tragen kamen. Es sind aber noch einige weitere Aspekte vorhanden, die sich auf dieselbe Weise deuten lassen, zum Beispiel folgende:

- Flexibilisierung der File Services, Ergänzung um Zugriffszähler- und Namensfunktionen, zentralisierte Crash-Methoden
- Zusammenführen des link-listen-bezogenen Codes in der Klasse `Contest_LL`
- Nutzung einer Vererbungskaskade für die Rangschlüsselklassen
- Symbolische Namen für Konstanten, die nun als Enumerationen organisiert sind
- Ablösung der Operation 22 durch etliche Eingriffe
- Verwendung der Java-Link-Listen-Container

Das bleibt natürlich nicht ohne Folgen für den Test. Es sind deutlich mehr Prüfpunkte vorhanden, und der Austausch der Link-Listen-Funktionalität macht es unabdingbar, diese erneut intensiv zu verifizieren. Damit befassen sich die folgenden Unterkapitel.

15.2 Regressionstest

Die Java-Programmierung war aufgrund der intensiven Vorbereitung und des Second-System Effect zwar langsam, aber zielstrebig. Die erste startfähige Programmversion enthielt nur einen einzigen echten Fehler, der zu einer Null Pointer Exception führte, sowie zwei kleinere Probleme, die durch Kopieren und – unzutreffendes – Anpassen einiger Code-Zeilen entstanden waren. Nach Behebung dieser Defekte fand bereits der erste Lauf mit der gesamten Testdatenmenge ohne Abbruch statt. Ein Vergleich von dessen Ausgabedaten mit denen der C-Version deckte auf, dass einige Zahlausgaben einstellig anstatt zweistellig waren, und dass die C-Versions-Ausgabe schleppende Blanks enthielt, die früher in den Schul-Daten vorhanden waren, mittlerweile aber entfernt wurden. Auch das war leicht zu reparieren. Nach weniger als einer halben Stunde waren alle Fehler und Differenzen beseitigt. Danach konnten keine mehr gefunden werden.

Der Lauf mit der gesamten Testdatenmenge erzeugt folgendes Protokoll:

```
*** EvaluateSportsDS ***
Trace settings
Display method names    : false
Display input records   : false
Display rank key data   : false
Display output records  : false
Display detail data     : false
Display Pupil_LL        : false
Display I/N School_LL   : false
Display read_LLE Data   : false
=============================
  File Services Statistics
=============================
Sports Dataset: /Users/.../Sports Dataset NB6.txt
        record count = 6396
```

```
School Dataset: /Users/.../School Dataset NB6.txt
        record count = 36
School Sport Results: /Users/.../School Sport Results NB6.txt
        record count = 112
=============================
Evaluate Sports DS Statistics
=============================
Countries                   4
Schools                    12
Sports contest records   6396
School records             36
Sports result records     112
=============================
*** Successful completion ***
```

Hinweis: Die Pfad-Namen wurden abgekürzt. NB6 steht für einen Satz von NetBeans®-Testdaten.

Dieses Laufprotokoll zeigt uns am Anfang die Trace-Schalterstände. Alle stehen auf „false", damit keine – in diesem Fall sonst sehr umfangreiche – Trace-Ausgabe erfolgt. Danach folgen die Statistiken der File Services und des Programms selbst. Wir sehen, dass die Satzzähler komplett übereinstimmen. Ein Java-Programm, das sich der File Services bedient, braucht also keine eigenen Satzzähler zu führen.

Der Vergleich zur Ausgabe der C-Version fand mit einem Spreadsheet-Programm statt. In der „Abbildung 15.1: Vergleich der C- und Java-Laufergebnisse nach Übernahme in eine Spreadsheet-Tabelle" auf Seite 440 haben die Spalten folgende Inhalte:

- A Ausgabe der C-Version (ab Zeile 2 und bis Zeile 113)
- C Ausgabe der Java-Version
- E Ergebnis der Funktion `=WENN(A2=C2;"OK";"Delta")` (am Beispiel der Zeile 2)

Diese Tabelle zeigt erfreulicherweise: Alle 112 Ergebniszeilen stimmen überein. Nicht schlecht für einen ersten Testlauf! Aber – was beweist das? Leider nicht viel. Es beweist insbesondere nicht, dass die Java-Version von EvaluateSportsDS korrekt ist. Es ist nur ein positiver Indikator für dessen Korrektheit. Wenn Sie mit einem frisch geputzen, beulenfreien Auto beim TÜV vorfahren, dann ist nur die Oberfläche evident perfekt. Ob es auch unter der Haube stimmt, ist damit nicht zwingend impliziert, aber deutlich eher anzunehmen, als wenn Sie mit einer verbeulten Rostlaube erscheinen.

Das oben verwendete Verfahren nennt man „Regressionstest". Er ist eine Unterform des Black-Box-Tests, denn der besteht darin, ein Programmprodukt daraufhin zu prüfen, ob es den Erwartungen voll entspricht. Das Angenehme ist hier, dass dieser Abgleich maschinell stattfindet, also keine mühselige und fehleranfällige manuelle Kontrolle erfordert. Die Meßlatte ist eine – geprüfte! – Datenmenge, die das erwartete Ergebnis darstellt. Regressionstests sind uneingeschränkt zu empfehlen, denn sie liefern schnell und unbestechlich Ergebnisse. Ein Regressionstest deckt Differenzen sofort auf, die einer Testerin oder einem Tester visuell vielleicht gar nicht aufgefallen wären oder die sowieso unsichtbar sind, wie die schleppenden Blanks aus dem C-Versions-Lauf.

Nach dem Motto „Wo Rauch ist, ist auch Feuer", kann anhand der Vergleichsergebnisse häufig sehr gezielt nach den Ursachen von Differenzen gesucht werden. Solange es Differenzen gibt, existieren auch Defekte. Daher lohnt es sich meist, erst nach dem Bestehen aller Regressionstests in tiefergehende Tests einzusteigen, es sei denn, dass nach Fehlerbehebungen ständig neue Fehler auftauchen. Dieses Symptom deutet auf ernsthafte Probleme hin, die ein weitaus detaillierteres, analytisches Vorgehen erfordern.

	A	B	C	D	E
1	C - Lightweight (NB4 2018 from Original MS)		Java - NetBeans		
2	DEUBW0047081101 DEUBW00470811 Hölderlin-Gymnasium		DEUBW0047081101 DEUBW00470811 Hölderlin-Gymnasium		OK
3	DEUBW0047081102 88214 Ravensburg, Baden-Württemberg, Deutschland		DEUBW0047081102 88214 Ravensburg, Baden-Württemberg, Deutschland		OK
4	DEUBW0047081103 sekretariat@hoelderlin.rv.bw.schule.de		DEUBW0047081103 sekretariat@hoelderlin.rv.bw.schule.de		OK
5	DEUBW0047081104 Ø 33,50 F 4/129 M 7/432		DEUBW0047081104 Ø 33,50 F 4/129 M 7/432		OK
6	DEUBW0047081105GM 17 18 16 15 49 Ziegler, Anton		DEUBW0047081105GM 17 18 16 15 49 Ziegler, Anton		OK
7	DEUBW0047081106SF 16 15 18 14 47 Ralnik, Ursula		DEUBW0047081106SF 16 15 18 14 47 Ralnik, Ursula		OK
8	DEUBW0047081107BM 15 17 15 13 45 Zeck, Conradt		DEUBW0047081107BM 15 17 15 13 45 Zeck, Conradt		OK
9	DEUBW0765432101 DEUBW07654321 Paul-Klee-Realschule		DEUBW0765432101 DEUBW07654321 Paul-Klee-Realschule		OK
10	DEUBW0765432102 70565 Stuttgart, Baden-Württemberg, Deutschland		DEUBW0765432102 70565 Stuttgart, Baden-Württemberg, Deutschland		OK
11	DEUBW0765432103 paul-klee-schule@stuttgart.de		DEUBW0765432103 paul-klee-schule@stuttgart.de		OK
12	DEUBW0765432104 Ø 28,70 F 5/305 M 6/364		DEUBW0765432104 Ø 28,70 F 5/305 M 6/364		OK
13	DEUBW0765432105GF 15 18 18 15 51 Neuner, Ursula		DEUBW0765432105GF 15 18 18 15 51 Neuner, Ursula		OK
14	DEUBW0765432106SM 16 17 14 17 48 Kowalski, Josef		DEUBW0765432106SM 16 17 14 17 48 Kowalski, Josef		OK
15	DEUBW0765432107BM 18 14 16 17 47 Weinmann, Thomas		DEUBW0765432107BM 18 14 16 17 47 Weinmann, Thomas		OK
16	DEUBY0012345601 DEUBY00123456 Ludwig-Thoma-Gymnasium		DEUBY0012345601 DEUBY00123456 Ludwig-Thoma-Gymnasium		OK
17	DEUBY0012345602 86899 Landsberg am Lech, Bayern, Deutschland		DEUBY0012345602 86899 Landsberg am Lech, Bayern, Deutschland		OK
18	DEUBY0012345603 sekretariat@ltg-landsberg.de		DEUBY0012345603 sekretariat@ltg-landsberg.de		OK
19	DEUBY0012345604 Ø 33,65 F 4/372 M 6/522		DEUBY0012345604 Ø 33,65 F 4/372 M 6/522		OK
20	DEUBY0012345605GM 12 17 11 12 40 M3		DEUBY0012345605GM 12 17 11 12 40 M3		OK
21	DEUBY0012345606SM 11 16 11 12 39 M2		DEUBY0012345606SM 11 16 11 12 39 M2		OK
22	DEUBY0012345607BM 10 15 11 12 38 M1		DEUBY0012345607BM 10 15 11 12 38 M1		OK
23	DEUHE0022334401 DEUHE00223344 Immanuel Kant Gymnasium		DEUHE0022334401 DEUHE00223344 Immanuel Kant Gymnasium		OK
24	DEUHE0022334402 60322 Frankfurt am Main, Hessen, Deutschland		DEUHE0022334402 60322 Frankfurt am Main, Hessen, Deutschland		OK
25	DEUHE0022334403 schulleitung@kant-gymnasium.frankfurt.de		DEUHE0022334403 schulleitung@kant-gymnasium.frankfurt.de		OK
26	DEUHE0022334404 Ø 34,32 F 6/451 M 6/562		DEUHE0022334404 Ø 34,32 F 6/451 M 6/562		OK
27	DEUHE0022334405GM 16 20 18 17 55 Kächele, Klaus		DEUHE0022334405GM 16 20 18 17 55 Kächele, Klaus		OK
28	DEUHE0022334406SM 15 18 17 16 51 Diritto, Sempre		DEUHE0022334406SM 15 18 17 16 51 Diritto, Sempre		OK
29	DEUHE0022334407 F 14 16 19 16 51 Braus, Nicole		DEUHE0022334407 F 14 16 19 16 51 Braus, Nicole		OK
30	DEUHE0022334408BM 17 17 14 16 47 Gonzales, Speedy		DEUHE0022334408BM 17 17 14 16 47 Gonzales, Speedy		OK
31	DEUHE0022334409 F 16 18 15 14 47 Flitzinger, Katja		DEUHE0022334409 F 16 18 15 14 47 Flitzinger, Katja		OK
32	DEUNW0001705001 DEUNW00017050 Schiller-Gesamtschule		DEUNW0001705001 DEUNW00017050 Schiller-Gesamtschule		OK
33	DEUNW0001705002 48147 Münster, Nordrhein-Westfalen, Deutschland		DEUNW0001705002 48147 Münster, Nordrhein-Westfalen, Deutschland		OK
34	DEUNW0001705003 schillerschule@muenster.de		DEUNW0001705003 schillerschule@muenster.de		OK
35	DEUNW0001705004 Ø 31,28 F 7/642 M 8/583		DEUNW0001705004 Ø 31,28 F 7/642 M 8/583		OK
36	DEUNW0001705005GM 16 19 16 18 53 Disselbeck, Hubert		DEUNW0001705005GM 16 19 16 18 53 Disselbeck, Hubert		OK
37	DEUNW0001705006SM 15 18 19 15 52 Große-Hülskamp, Jochen		DEUNW0001705006SM 15 18 19 15 52 Große-Hülskamp, Jochen		OK
38	DEUNW0001705007BF 16 16 18 14 48 Lahrmann, Katja		DEUNW0001705007BF 16 16 18 14 48 Lahrmann, Katja		OK
39	DEU 0000000001GDEUHE00223344 Immanuel Kant Gymnasium		DEU 0000000001GDEUHE00223344 Immanuel Kant Gymnasium		OK
40	DEU 0000000002 60322 Frankfurt am Main, Hessen, Deutschland		DEU 0000000002 60322 Frankfurt am Main, Hessen, Deutschland		OK
41	DEU 0000000003 Ø 34,32 F 6/451 M 6/562		DEU 0000000003 Ø 34,32 F 6/451 M 6/562		OK
42	DEU 0000000004SDEUBY00123456 Ludwig-Thoma-Gymnasium		DEU 0000000004SDEUBY00123456 Ludwig-Thoma-Gymnasium		OK
43	DEU 0000000005 86899 Landsberg am Lech, Bayern, Deutschland		DEU 0000000005 86899 Landsberg am Lech, Bayern, Deutschland		OK
44	DEU 0000000006 Ø 33,65 F 4/372 M 6/522		DEU 0000000006 Ø 33,65 F 4/372 M 6/522		OK
45	DEU 0000000007BDEUBW00470811 Hölderlin-Gymnasium		DEU 0000000007BDEUBW00470811 Hölderlin-Gymnasium		OK
46	DEU 0000000008 88214 Ravensburg, Baden-Württemberg, Deutschland		DEU 0000000008 88214 Ravensburg, Baden-Württemberg, Deutschland		OK
47	DEU 0000000009 Ø 33,50 F 4/129 M 7/432		DEU 0000000009 Ø 33,50 F 4/129 M 7/432		OK
48	ESPAN0278549101 ESPAN02785491 Instituto Federico García Lorca		ESPAN0278549101 ESPAN02785491 Instituto Federico García Lorca		OK
49	ESPAN0278549102 18000 Granada, Andalucia, Espagna		ESPAN0278549102 18000 Granada, Andalucia, Espagna		OK
50	ESPAN0278549103 info@ifgl-granada.com		ESPAN0278549103 info@ifgl-granada.com		OK

Abbildung 15.1: *Vergleich der C- und Java-Laufergebnisse nach Übernahme in eine Spreadsheet-Tabelle*

15.3 Test der File Services

Die neuen File Services wurden vor EvaluateSportsDS entwickelt und mit einem einfachen Vorläuferprogramm intensiv getestet. Dabei traten deutlich mehr Fehler als bei der JSP-gesteuerten Implementierung von EvaluateSportsDS auf. Daher wurden alle Pfade z.T. mehrfach sorgfältig überprüft und für alle relevanten Durchlaufvarianten fanden Tests statt.

Mit welcher Einstimmung sollte man solche Tests als Programmierer(in) betreiben, bevor man das eigene Werk an professionelle Tester(innen) übergibt und damit womöglich seinen guten Ruf verspielt?

- Narzistische Allmachtsphantasien vom Typ „Ich bin der Größte" führen dazu, Tests nachlässig vorzunehmen und sich voll auf die ermutigenden Aussagen von Regressionstests oder anderer Black-Box-Tests zu verlassen. Beispiele für die bösen Folgen solcher Selbsttäuschungen gibt es zuhauf. Gewiss, der Stolz auf sich selbst und der Jubel über den – vermeintlichen – Erfolg sind verständlich. Man sollte sich jedoch nicht von der Euphorie davonschwemmen lassen.
- Ein pedantischer Programmierer nimmt die Gegenposition ein. Er vermutet noch hinter den harmlosesten Anweisungen böse Mächte und entwickelt daher ungeheuer ausgefeilte Testpläne, die allerdings nie wirklich fertig werden, weil es immer noch eine weitere Variante zu geben scheint, die auch noch geprüft werden muss. Solche Akribie erscheint in der IT als abnormal, erst recht, wenn der Testaufwand jedes vernünftige Maß sprengt und dennoch die Beweiskraft der Tests nicht hinreicht. Diesen Typus haben vermutlich die Verfechter des Pareto-Prinzips beim Testen als abschreckendes Beispiel vor Augen.
- Rational erscheint dagegen ein gesundes Mißtrauen gegenüber dem eigenen Werk, gekoppelt mit einer realistischen Teststrategie, die zwar keine letzte Sicherheit zu geben verspricht, aber Vertrauen zu schaffen vermag. Hohe Sorgfalt ist dabei selbstverständlich. Es ist also eine Balance zwischen den beiden zuvor karikierten Extremen nötig. Diese bedingt eine ungefähr gleich tiefe Durchdringung des Codes durch Analysen und Tests, um allem die gebührende Aufmerksamkeit zu widmen, aber nicht wesentlich mehr (Pedant) oder weniger (Narziss).
- Dabei sei nicht ausser Acht gelassen, dass auch Menschen, die zu keinem dieser Extreme neigen, einen inneren Widerstand gegen das Testen spüren. Es hat etwas Demütigendes, sein stolzes Werk allerhand kleinkarierten Prüfungen unterziehen zu müssen, obwohl – gerade auf der Basis einer methodenbasierten Entwicklung – alles für dessen Korrektheit spricht. Noch kränkender für das Ego ist es, wenn durch das Testen tatsächlich Fehler aufgedeckt werden. Das kratzt am eigenen Perfektionsanspruch. Selbst nach Tausenden von Fehlern, die man sich selbst nachgewiesen hat, scheint die Illusion weiterzubestehen, beim nächsten Mal sei alles fehlerfrei und Tests seien daher eine reine Formsache.

Das – für die IT typische – intensive und mehrfache Kontrollieren mag vor allem Aussenstehenden durchaus als Pedanterie vorkommen. Es ist aber auch in anderen Ingenieursberufen üblich. „Die Pedanterie" ist der Titel der 1957 erschienenen Habilitationsschrift des Psychologie-Professors Dr. Karl Sacherl an der Technischen Hochschule Darmstadt, bei dem der Autor mehrere Vorlesungen gehört und Seminare besucht hat. Prof. Sacherl untersuchte in seiner Arbeit sorgfältig die Hintergründe der Pedanterie und sah die Hauptursache für diese Verhaltensstörung in „vitaler Schwäche", also einer mangelnden Ausstattung mit Lebensenergie (Verzeihung wegen der unwissenschaftlichen Formulierung!). Am Ende dieser Schrift befasste er sich auch mit dem Zwang zur Genauigkeit und Kontrolle, der ein Nebeneffekt der zunehmenden Komplexität moderner Gesellschaften ist. Dieser Zwang ist sicherlich eine Einladung an Pedanten, ihrer Störung freien Lauf zu lassen, aber er macht nicht alle anderen auch zu Pedanten. Zum Trost für uns Normalmenschen nannte Prof. Sacherl die daran angepassten Verhaltensweisen „pedantoid". Seien Sie beim Testen also pedantoid!

15.3.1 Testleitfaden

Vor jedem Test muss überlegt werden, was und wie getestet werden soll. Drauflostesten ist zwar nicht pedantoid, aber auch nicht erfolgversprechend. Es hilft sehr, sich bei der Testplanung an grafischen Darstellungen orientieren zu können, welche die zu testende Funktionalität übersichtlich kartieren. Im vorliegenden Fall eignete sich dazu ein handgezeichnetes Klassendiagramm, das der finalen Form im Kapitel „14.3 2. Vorschlag" auf Seite 430 ff schon sehr ähnlich war. Ausserdem wurde der Code aller File Service-Klassen ausgedruckt.

Kernfunktionen identifizieren

In praktisch jedem Programmprodukt gibt es Kernfunktionen, die zwingend vorhanden sein müssen, und Zusatzfunktionen, die beispielsweise Informationsbedürfnisse befriedigen oder Komfortelemente implementieren. Die Klassendiagramme – auch UML® – unterscheiden jedoch nicht nach Kernklassen beziehungsweise Kernmethoden und anderen, weniger wichtigen Bestandteilen. Dem kann man abhelfen, indem man die Kernelemente zum Beispiel rot markiert. Getter und Durchreich-Code – der nur Parameter überträgt oder andere sehr einfache Aufgaben übernimmt – gehören meist nicht dazu oder werden einfach mitgetestet.

Die Kernfunktionen der File Services befassen sich mit dem Anlegen und Führen der Dateieinträge, den Zugriffsoperationen, den dabei möglichen Exceptions und deren Behandlung bis hin zum Shutdown.

Hierarchie der Funktionen aufstellen

Auch zwischen den Kernfunktionen gibt es noch Abstufungen der Wichtigkeit. Sie bauen oft aufeinander auf. Die innen liegenden Teile sind daher zunächst die wichtigsten. Erst wenn sie korrekt arbeiten, kommen die aussen positionierten Teile des Kerns dran. Auch unter diesen sind oft Prioritäten erkennbar.

Die Zusatzfunktionen können hierarchisch geschachtelt sein, aber auch häufig parallel betrachtet werden. Da Sie sich für *eine* Testreihenfolge entscheiden müssen, können auch beispielsweise fachliche Abgrenzungen oder projektinterne Dringlichkeiten für eine Staffelung herangezogen werden.

Im Fall der File Services liegen die Datei-Eintrags-Funktionen ganz innen. Ohne sie können auch die anderen Kernfunktionen nichts bewirken. Danach folgen die Zugriffsoperationen, und dann deren Problembehandlung.

Testcode schreiben

Es ist wenig empfehlenswert, eine solche Basisfunktionalität wie die File Services im Anwendungskontext zu testen. Wenn möglich, sollte separater Testcode geschrieben werden, der zunächst nur die Kernfunktionen hierarchisch abgestuft prüft und dann für die restlichen Funktionen erweitert wird. Das macht es zugleich möglich, nach Änderungen rasch einen neuen Gesamttest bis zum jeweils erreichten Teststand auszuführen.

Das Testprogramm für die File Services begann daher als modifizierte Variante der SonnetAnalysis-`main()`. Ein weiterer Dateinamensparameter wurde hinzugefügt und der `PartHandler`-bezogene Code entfernt.

Zusätzlicher Code in den zu testenden Methoden wird für ein Tracing benötigt, was sich aber bei den File Services als unnötig erwies, weil die darin enthaltenen Pfade nahezu alle sehr kurz sind. Die Java-Version von EvaluateSportsDS macht dagegen ausgiebigen – wenngleich nicht allzu tiefgehenden – Gebrauch vom Tracing und verfügt sogar über eine deutlich differenziertere Trace-Steuerung als die C-Version.

Protokollierung der Pfadüberdeckung vorbereiten

Jeder Pfad in einem Programm, also jeder mögliche Weg durch Sequenzen, Alternativen und Iterationen, muss beim Testen mindestens einmal – häufig mehrfach – fehlerfrei durchlaufen werden. Um das kontrollieren zu können, gibt es mehrere Varianten, die hier nicht im Detail diskutiert werden sollen, unter anderem folgende:

- Manuelle Protokollierung
- Pfadprotokollierung mit Dateiausgabe
- Pfadprotokollierung mit relationaler Ausgabe
- Pfadprotokollierung mit Ausgabe in einen Trace-Speicher

Die manuelle Protokollierung reichte für die File Services vollständig aus. Sie besteht darin, am linken Rand der Konstruktoren und Methoden die durchlaufenen Anweisungen mit einem breiten Strich – zum Beispiel mit Filzstift – zu markieren, gegebenenfalls mit je einer Farbe pro Testfall. „Durchlaufene" Kommentare werden ebenfalls markiert, um die geprüften Code-Strecken ohne weiteres von den ungeprüften unterscheiden zu können.

Um hier nicht zu detailliert zu werden, schlägt das Kapitel „15.4 Programmierte Pfadprotokollierung" auf Seite 471 ff weitere Möglichkeiten der Pfadprotollierung vor.

Testfälle definieren

Jedes Programmprodukt erfordert eigene Tests, die keineswegs nur die Korrektkeit der Programmausführung prüfen, sondern auch beispielsweise die Performance, Fehlertoleranz, Einhaltung von Zeitbedingungen – Synchronisation – etcetera untersuchen. Daher scheint es hierfür keine allgemein gültigen Tipps zu geben.

Die Erfahrung zeigt jedoch, dass – unabhängig vom jeweiligen Testthema – immer wieder dieselben Basis-Aspekte zu beachten sind:

- Alle Variablen und Konstanten eines neuen Programms respektive Programmsystems basieren auf den beim Entwurf getroffenen Annahmen über zulässige Inhalte, Minima und Maxima. Das gilt besonders für Zahlen, aber auch beispielsweise für String-Längen, erwartete Zeichenketten und vieles andere mehr. Berechnungen, bei denen signifikante Genauigkeitsverluste, Unterlauf oder Überlauf von Zahlen eintreten können, sind durch fehlerhafte oder mittlerweile nicht mehr gültige Annahmen besonders betroffen.

  Ein Beispiel: Der erste Ariane-5-Flug endete mit der Selbstzerstörung, weil die Horizontalgeschwindigkeit der Ariane 5 in der Startphase wegen einer anderen Flugbahn erheblich höher als bei der Ariane 4 war. In einer Kalibrierungsfunktion schlug daraufhin die Konvertierung einer 64-Bit-Gleitkommazahl in einen 16-Bit-Integer fehl, denn dieser konnte den neuen Wert nicht aufnehmen. Dieser Überlauf hatte weitere Fehler zur Folge, die im vollständigen Steuerungsverlust mündeten.

  Daher ist es ein stets wiederkehrendes Testthema, die Gültigkeit der Entwurfsannahmen anhand realitätsnaher Testdaten *vollständig* zu prüfen. Bei Zahlen sind Stichproben erforderlich, die einerseits den erwarteten Normalbetrieb widerspiegeln, andererseits eventuelle Ausreißer komplett repräsentieren.
- Arrays und andere Container, die Dimensionsvorgaben benötigen, können überlaufen, intern falsch angeordnet oder mit unzulässigen Element-Spezifizierern – normalerweise Indizes – angesprochen werden. Daher muss jedes Programm, das mit solchen Strukturen arbeitet, deren Integrität und die Korrektheit der auf sie zugreifenden Anweisungen sicherstellen. Es gibt beispielsweise COBOL-Compiler, die beim Setzen einer Option zusätzlichen Code generieren, dessen Aufgabe die Überprüfung aller Indizes und indexähnlichen Datenelemente vor jedem Speicherzugriff ist. Diese Option ist in der Testphase äußerst nützlich, kostet aber Laufzeit und wird deshalb in Produktion meist abgeschaltet. Indexfehler, die dann noch

vorhanden sind, können zwar verheerende Folgen haben, aber diese werden oft nur indirekt – anhand der damit angerichteten Zerstörungen oder anderer Schadensformen – manifest. Es ist dann meist sehr schwierig, die eigentliche Fehlerursache zu ermitteln. Im Zeitalter extrem schneller CPUs – im Vergleich zu früher – erscheint das Abschalten dieser Option daher als Sparsamkeit am falschen Platz. Unabhängig davon, ob ein falscher Index automatisch erkannt wird – zum Beispiel mit einer Exception: Index out of Bounds – oder nicht, gehört ein ausgiebiger Test auf diesem Gebiet auf jeden Fall zum Standard.

- Jedes Codestück beruht auf Zusicherungen hinsichtlich der Daten, die es verarbeiten soll, und über die Bedingungen, unter denen es aktiviert wird. Diese Voraussetzungen müssen aus den Entwurfsdokumenten zweifelsfrei hervorgehen. Andernfalls tappen die Tester(innen) im Nebel. Im Rahmen dieser Voraussetzungen verhält sich das betreffende Codestück wie spezifiziert, falls es korrekt implementiert wurde. Sind die Voraussetzungen aber nicht erfüllt, dann ist das Verhalten des Codes undefiniert.

  Da dann große Gefahren drohen, werden allerlei Gegenmaßnahmen ergriffen. Dazu zählen Plausibilitätsprüfungen, Assertions (die eventuell zentral ein- und ausschaltbar sind), Fehlerreaktionen nach abgewiesenen Zugriffen, Exception-Handling etcetera. Dieser Zusatzcode, der aus fachlicher Sicht nicht erforderlich ist, muss ebenfalls sorgfältig untersucht werden, indem bewusst und systematisch falsche Daten, fehlende – erwartete – Daten, unzulässige Reihenfolgen, Verstöße gegen die zulässigen Werte(bereiche), Geräte-Fehlreaktionen, Ausfälle zentraler Ressourcen ... durchprobiert und die Korrektheit der jeweiligen Fehlerreaktionen verifiziert werden. Das erfordert viel Phantasie seitens der Tester(innen), weil solche Gegenmaßnahmen häufig nicht spezifiziert, sondern den Programmierer(inne)n überlassen werden. In Datenbank-, Scheduling- und Betriebssystemen, sowie in anderen Systemprodukten besteht ein großer Anteil des Codes nur aus Maßnahmen zur Fehlererkennung und -behandlung. Dort sind diese Maßnahmen aber spezifiziert und somit dem Risiko mangelnder Tester-Phantasie entzogen.

Bei den File Services ist hier besonders an die Parameterprüfungen und den Code zu denken, der sich mit Exceptions, sowie den ihnen folgenden Shutdown-Schritten befasst. Die in der Enumeration FS_Code dafür vorgesehenen Fehlertypen müssen nicht nur vollständig sein, sondern auch korrekt erkannt werden und in jedem Fall zur richtigen Fehlerreaktion führen. Unzulässige Indizes werden in diesem Kontext verhindert.

Spezifikationen / Code / Tests / Abnahme / Produktionsvorbereitungen dokumentieren

Sie haben getestet? Ja? Fein! Aber was, wann, auf welcher Grundlage, nach welchem Plan und in welcher Reihenfolge? Wurde der zu testende Code zwischenzeitlich geändert? Wie sahen danach die Spezifikationen aus? Was geschah dann? Wurden alle davon betroffenen Tests mit positivem Ergebnis wiederholt? Gab es Gesamttests, womöglich mehrere? Mit welchen Testkonstellationen wurde gearbeitet? Wie wurde die Korrektheit der Testergebnisse verifiziert? Gab es darüber hinaus Maßnahmen, um die Folgen eines möglichen Versagens Ihrer Software zu minimieren? Welche? Wer ist in diesem Zusammenhang wann und worüber durch Sie informiert worden? Gab es eine Abnahme? Wie sah die aus, wer nahm daran teil und was war ihr Ergebnis? Haben nach der Abnahme noch Korrekturen oder andere Änderungen stattgefunden? Welche? Auf welcher Basis? Wie und von wem wurde die Richtigkeit dieser Eingriffe geprüft? Können Sie die jeweils verwendeten Software-Versionen und Testbestände inklusive der Teststeuerungs-Anweisungen rekonstruieren?

Spätestens dann, wenn Sie einen Haftpflichtprozess wegen eines von Ihnen – angeblich – verursachten Vermögensschadens am Hals haben, werden Sie für jedes Dokument dankbar sein, das die Sorgfalt Ihrer Tests und sonstiger Produktionsvorbereitungen belegt. Die (Test-)Dokumentation ist daher keine lästige Pflicht, die Sie zugunsten der Freuden des Entwerfens und Programmierens nur nachlässig erfüllen dürfen können sollen müssen, sondern Ihre Lebensversicherung. Gestalten Sie diese Dokumentation daher so, dass sie aussagefähig, gut nachvollziehbar und gerichtsfest ist.

Testbestände, die zunächst auf Plattenspeichern oder anderen ziemlich flüchtigen Medien (zum Beispiel USB-Sticks) landen, müssen auf zuverlässige Datenträger kopiert werden. CDs oder DVDs können aber beschädigt oder gestohlen werden, und sie sind brennbar. Machen Sie daher mindestens je zwei Kopien und bewahren diese räumlich getrennt, sowie gut vor unbefugtem Zugriff geschützt auf.

Juristisches

Leider gibt es Auftraggeber, die den Nutzen angemessener Tests nicht verstehen, sondern diese für Zeitverschwendung halten, respektive irrtümlich meinen, hierauf das Pareto-Prinzip anwenden zu dürfen. Dann könnten Sie – wie es dem Autor in einer Großbank geschah – dazu genötigt werden, unreife Software in Produktion zu geben. In diesem Fall sollten Sie Ihre Bedenken zu Protokoll geben, Ihre Haftpflichtversicherung einschalten und versuchen, eine Haftungsfreistellung zu erwirken. Wird Ihnen diese verweigert oder ist sie windig, bleibt Ihnen schlimmsternfalls nur noch die Weigerung, an der produktiven Inbetriebnahme mitzuarbeiten. Das kostet Sie zwar Ihren Auftrag oder Ihren Arbeitsplatz, kann Ihnen aber den weit größeren Ärger einer massiven Schadensersatzforderung ersparen. Um Ihre Weigerung später gerichtsfest begründen zu können, ist auch hier die sorgfältige Dokumentation aller relevanten Fakten unabdingbar.

15.3.2 Test von setupInFiles() mit readFiles = 0

Es würde viel zu viele Seiten kosten, den Test der File Services hier auch nur halbwegs vollständig darzustellen. Daher sollen wenige repräsentative Beispiele genügen. Das erste davon zeigt an einem fehlerhaften Parameterwert, wie die File Services reagieren. Das Kapitel „15.3.3 Test von setupInFiles() mit readFiles = 2" auf Seite 455 ff demonstriert den Ablauf im korrekten Fall. Beim manuellen Protokollieren der Pfadüberdeckung gehen Sie genau auf diese Weise – Schritt für Schritt – vor.

Ein Test von `setupOutFiles()` würde übrigens vollständig analog ablaufen. Die Symmetrien zwischen den Ein- und Ausgabefunktionen erlauben es uns aber nicht, den Testumfang erheblich zu verringern. Selbstverständlich müssen sämtliche Tests ausgeführt werden, auch wenn sie nur pro forma stattzufinden scheinen. Dabei könnte beispielsweise zutage kommen, dass vergessen wurde, Fehlercodes anzupassen und deshalb Ausgabefehler als Eingabefehler gemeldet werden.

Das Testprogramm arbeitet mit den folgenden Einstellungen:

```
final int     MAX_IO_ERRORS  = 0;
final int     INPUT_FILES    = 2;
final int     OUTPUT_FILES   = 1;
final boolean PRINT_ERR_MSGS = true;
final String  CHAR_CODING    = "ISO-8859-1";
```

Die Dateien und die Dateiparameterprüfungen sind dieselben wie beim Test von EvaluateSportsDS selbst. Nach diesen Prüfungen kommen als erstes folgende Test-Statements:

```
InFileUtil.setMaxErrors(MAX_IO_ERRORS);

InFileUtil.setupInFiles(0);     // wrong call

InFileUtil.setupInFiles(INPUT_FILES);
```

Der erste Aufruf dient dazu, Null Fehlertoleranz einzustellen, da der Standard „beliebig viele Fehler" lautet.

Die Ausgabe des Programms ist:

```
*** File Services Test Program ***
++++ max. no. of input files <= 0
++++ Shutdown requested with code 255
++++ File I/O error limit exceeded: >0<
Java Result: 255
```

Welche Pfade werden dabei durchlaufen? Das zeigt uns das Debugging-Tool von NetBeans Schritt für Schritt.

Zunächst wird die Methode `setMaxErrors()` von `InFileUtil` mit dem Parameterwert `errorLimit = 0` aufgerufen:

```
public static void setMaxErrors(int errorLimit)
{ FileRegister.setMaxErrors(errorLimit); }
```

Der schwarze Strich am linken Rand repräsentiert das vom Aufruf durch die `main()` bis zum Sprung nach `setMaxErrors()` durchlaufene Code-Stück, wie Sie das beispielsweise mit einem Filzstift markieren würden. So geht es in `FileRegister` weiter:

```
static void setMaxErrors(int errorLimit) { maxErrors = errorLimit; }
```

Danach ist die Methode `setupInFiles()` von `InFileUtil` mit dem Parameterwert `readFiles = 0` dran:

```
public static int setupInFiles(int readFiles)
{
   checkErrorLimitExceeded();

   return FileRegister.initReaders(readFiles);
}
```

`checkErrorLimitExceeded()` besorgt sich zuerst den derzeit geltenden Maximalwert durch Aufruf der Methode `getMaxErrors()` von `FileRegister`:

```
/**
 * checkErrorLimitExceeded() obtains the error limit & count values.
 * If the error limit is non-negative and the error count exceeds it,
 * the shutdown sequence is activated.
 */
private static void checkErrorLimitExceeded()
{
   int maxErrors = FileRegister.getMaxErrors();

   if (maxErrors >= 0 && FileRegister.getErrorCount() > maxErrors)
      {
         shutdown(FS_Code.ERROR_LIMIT_EXCEEDED.getCode(),
                  FS_Code.ERROR_LIMIT_EXCEEDED.getMessage() +
                  ": >" + maxErrors + "<");
```

```
        }
    }
```

getMaxErrors() ist von lakonischer Kürze:

```
    static int    getMaxErrors()  { return maxErrors; }
```

maxErrors ist gleich Null. Um die Abfrage in checkErrorLimitExceeded() entscheiden zu können, ruft diese die Methode getErrorCount() in FileRegister auf:

```
    static int    getErrorCount()   { return errorCount; }
```

Dieser Aufruf liefert das Ergebnis Null. Somit geht es in checkErrorLimitExceeded() wie folgt weiter:

```
    /**
     * checkErrorLimitExceeded() obtains the error limit & count values.
     * If the error limit is non-negative and the error count exceeds it,
     * the shutdown sequence is activated.
     */
    private static void checkErrorLimitExceeded()
    {
       int maxErrors = FileRegister.getMaxErrors();

       if (maxErrors >= 0 && FileRegister.getErrorCount() > maxErrors)
          {
             shutdown(FS_Code.ERROR_LIMIT_EXCEEDED.getCode(),
                      FS_Code.ERROR_LIMIT_EXCEEDED.getMessage() +
                      ": >" + maxErrors + "<");
          }
    }
```


Als nächstes erfolgt ein Sprung zur Methode initReaders() von FileRegister:

```
    public static int setupInFiles(int readFiles)
    {
       checkErrorLimitExceeded();

       return FileRegister.initReaders(readFiles);
    }
```

Diese Methode prüft anhand der Klassenvariablen maxReaders zunächst, ob sie schon einmal mit positivem Ergebnis aufgerufen wurde. Das trifft hier nicht zu. Danach findet die Parameterprüfung statt.

```
    /**
     * initReaders() can be used only once for allocating the BR_RefNameAndCount
     * array. The parameter readFiles must be positive.
     */
```

```
static int initReaders(int readFiles)
{
   if (maxReaders > 0)
   {
      return handleResults(FS_Code.IN_MAX_FILES_DEFINED.getCode(),
                           FS_Code.IN_MAX_FILES_DEFINED.getMessage());
   }

   if (readFiles <= 0)
   {
      return handleResults(FS_Code.ILLEGAL_IN_MAX_FILES.getCode(),
                           FS_Code.ILLEGAL_IN_MAX_FILES.getMessage());
   }

   maxReaders  = readFiles;
   BR_RefArray = new BR_RefNameAndCount[readFiles];

   return handleResults(FS_Code.OK.getCode(),
                        FS_Code.OK.getMessage());
}
```

`readFiles` hat den Wert Null. Daher findet nun die Fehlerbehandlung statt. Der Aufruf von `handleResults()` benötigt Aufrufe der Methoden `getCode()` und `getMessage()` der Enumeration `FS_Code`, die allerdings vom NetBeans-Debugger nicht angezeigt werden. Die Ausprägungen der Enumeration erscheinen hier syntaktisch wie Objektnamen:

```
public int    getCode()    { return code; }

public String getMessage()
{
   if (this.code == OK.getCode())
      { return message; }
   else
      { return "++++ " + message; }
}
```

Der damit bestückte Aufruf von `handleResults()` in `FileRegister` läuft wie folgt ab:

```
static int handleResults(int code, String message)
{
   errorCode    = code;
   errorMessage = message;

   if (code != FS_Code.OK.getCode())
   {
      errorCount++;
```

```
        if (errorMessagePrint)
            { System.out.println(message); }
    }

    return code;
}
```

Der Debugger zeigt dagegen den Aufruf von `getCode()` für den OK-Vergleich. Der Rücksprung aus `initReaders()` erbringt nur eine einzige zusätzlich markierte Zeile:

```
/**
 * initReaders() can be used only once for allocating the BR_RefNameAndCount
 * array. The parameter readFiles must be positive.
 */
static int initReaders(int readFiles)
{
    if (maxReaders > 0)
    {
        return handleResults(FS_Code.IN_MAX_FILES_DEFINED.getCode(),
                             FS_Code.IN_MAX_FILES_DEFINED.getMessage());
    }

    if (readFiles <= 0)
    {
        return handleResults(FS_Code.ILLEGAL_IN_MAX_FILES.getCode(),
                             FS_Code.ILLEGAL_IN_MAX_FILES.getMessage());
    }

    maxReaders  = readFiles;
    BR_RefArray = new BR_RefNameAndCount[readFiles];

    return handleResults(FS_Code.OK.getCode(),
                         FS_Code.OK.getMessage());
}
```

Dasselbe gilt für den Rücksprung aus `setupInFiles()` zum Hauptprogramm:

```
public static int setupInFiles(int readFiles)
{
    checkErrorLimitExceeded();

    return FileRegister.initReaders(readFiles);
}
```

Die bisher erzeugte Ausgabe ist also:

```
*** File Services Test Program ***
```

```
++++ max. no. of input files <= 0
```

Der Folgeaufruf lautet:

```
InFileUtil.setupInFiles(INPUT_FILES);
```

Der automatische Abbruch bei Überschreiten des Fehlerlimits wurde bislang noch nicht eingeleitet, weil erst dem – die File Services – aufrufenden Programm Gelegenheit zu einer eigenen Fehlerbehandlung gegeben werden soll. Der Folgeaufruf ist zwar selbst korrekt, aber es ist bereits ein Fehler eingetreten. Daher läuft die Methode `setupInFiles()` von `InFileUtil` mit dem korrekten Parameterwert `readFiles = 2` nur scheinbar wie beim ersten – fehlerhaften – Aufruf ab. Da der gesamte Code von `setupInFiles()` schon markiert ist, bringt es nichts, ihn hier zu wiederholen.

`checkErrorLimitExceeded()` besorgt sich erneut den derzeit geltenden – unveränderten – Maximalwert durch Aufruf der Methode `getMaxErrors()` von `FileRegister`, sowie den aktuellen Stand des Fehlerzählers per `getErrorCount()` und stellt dann fest, dass das Fehlerlimit überschritten ist:

```
/**
 * checkErrorLimitExceeded() obtains the error limit & count values.
 * If the error limit is non-negative and the error count exceeds it,
 * the shutdown sequence is activated.
 */
private static void checkErrorLimitExceeded()
{
   int maxErrors = FileRegister.getMaxErrors();

   if (maxErrors >= 0 && FileRegister.getErrorCount() > maxErrors)
      {
         shutdown(FS_Code.ERROR_LIMIT_EXCEEDED.getCode(),
                  FS_Code.ERROR_LIMIT_EXCEEDED.getMessage() +
                  ": >" + maxErrors + "<");
      }
}
```

Die Methode `shutdown()` von `InFileUtil` wird aus der Enumeration `FS_Code` mit dem `exitCode` versorgt, sowie mit einem Fehlertext, ergänzt um den Wert von `maxErrors` (als String zwischen spitzen Klammern):

```
public static void shutdown(int    exitCode,
                            String shutdownReason)
{ FileRegister.shutdown(-1, ' ', ' ', exitCode, shutdownReason); }
```

Diese beiden Werte, sowie Default-Parameterwerte für `fileID`, `in_out` und `accessMode`, die hier nicht anwendbar sind, gibt sie an die Methode `shutdown()` von `FileRegister` weiter:

```
/**
 * shutdown() closes all registered input / output files
 * except the one with a failed open / close request.
 * Then it stops the program with the specified exit code.
```

```
 */
static void shutdown(int    fileID,
                     char   in_out,
                     char   accessMode,
                     int    exitCode,
                     String shutdownReason)
{
   // pause the thread: let the stack dump complete
   try {
      Thread.sleep(100);
   }
   catch (Exception ex) { }

   System.out.println("++++ Shutdown requested with code " + exitCode);

   if (shutdownReason != null)
      { System.out.println(shutdownReason); }

   for (int i = 0; i < maxReaders; i++)
   {
      if (BR_RefArray[i] != null)
      {
         if (in_out     == 'I' &&
             accessMode != 'R' &&
             i == fileID)
         {}
         else
         {
            try {
               System.out.println("Trying to close input file " +
                                  BR_RefArray[i].getFileName());

               System.out.println("Records read = " +
                                  BR_RefArray[i].getRecCount());

               BR_RefArray[i].getReaderRef().close();

               System.out.println("Input file emergency CLOSE successful");
            }
            catch(Exception em) {
               System.out.println("Input file emergency CLOSE failed");
            }
         }
         BR_RefArray[i] = null;
      }
   }
```

15

```
        for (int i = 0; i < maxWriters; i++)
        {
           if (BW_RefArray[i] != null)
           {
              if (in_out      == 'O' &&
                  accessMode != 'W' &&
                  i == fileID)
              {}
              else
              {
                 try {
                    System.out.println("Trying to close output file " +
                                       BW_RefArray[i].getFileName());

                    System.out.println("Records written = " +
                                       BW_RefArray[i].getRecCount());

                    BW_RefArray[i].getWriterRef().close();

                    System.out.println("Output file emergency CLOSE successful");
                 }
                 catch(Exception em) {
                    System.out.println("Output file emergency CLOSE failed");
                 }
              }
              BW_RefArray[i] = null;
           }
        }

        System.exit(exitCode);
     }
  }
```

Die ersten beiden Zeilen des restlichen Laufprotokolls

```
++++ Shutdown requested with code 255
++++ File I/O error limit exceeded: >0<
Java Result: 255
```

stammen also aus dem Programm und die letzte aus der Java-VM.

Nun ist zwar erst ein kleiner Anteil des File Service Code markiert, aber es wird schon deutlich, wie stark die Vernetzung zwischen den Methoden ist. Es ist daher nicht unwahrscheinlich, dass Sie bereits den Überblick verloren haben. Dem kann mit einem Sequenzdiagramm – hoffentlich – abgeholfen werden. Die „Abbildung 15.2: Sequenzdiagramm des Tests von setupInFiles() mit readFiles = 0“ auf Seite 454 zeigt den zuvor geschilderten Ablauf in grafischer Form.

Sequenzdiagramme modellieren normalerweise die Kommunikation zwischen Objekten, nicht zwischen Klassen. Im vorliegenden Fall gibt es jedoch nur ein oder zwei Array-Objekte und – im Allgemeinen wenige

– Array-Element-Objekte. Die File Services bestehen größtenteils aus statischem Code, der sich ganz ähnlich auch in C implementieren ließe. Es ist kein Grund ersichtlich, warum die Interaktion der Klassenmethoden mit der `main()` nicht auch in einem Sequenzdiagramm dargestellt werden sollte – wenn es dem Verständnis dient.

Abweichend von der UML-Norm sind die Klassennamen nicht unterstrichen, weil das nicht gut aussieht. Im übrigen ist doch eigentlich klar, was in den Kästchen oberhalb der gestrichelten Lebenslinien steht. Es ist unerfindlich, wozu das auch noch unterstrichen werden soll.

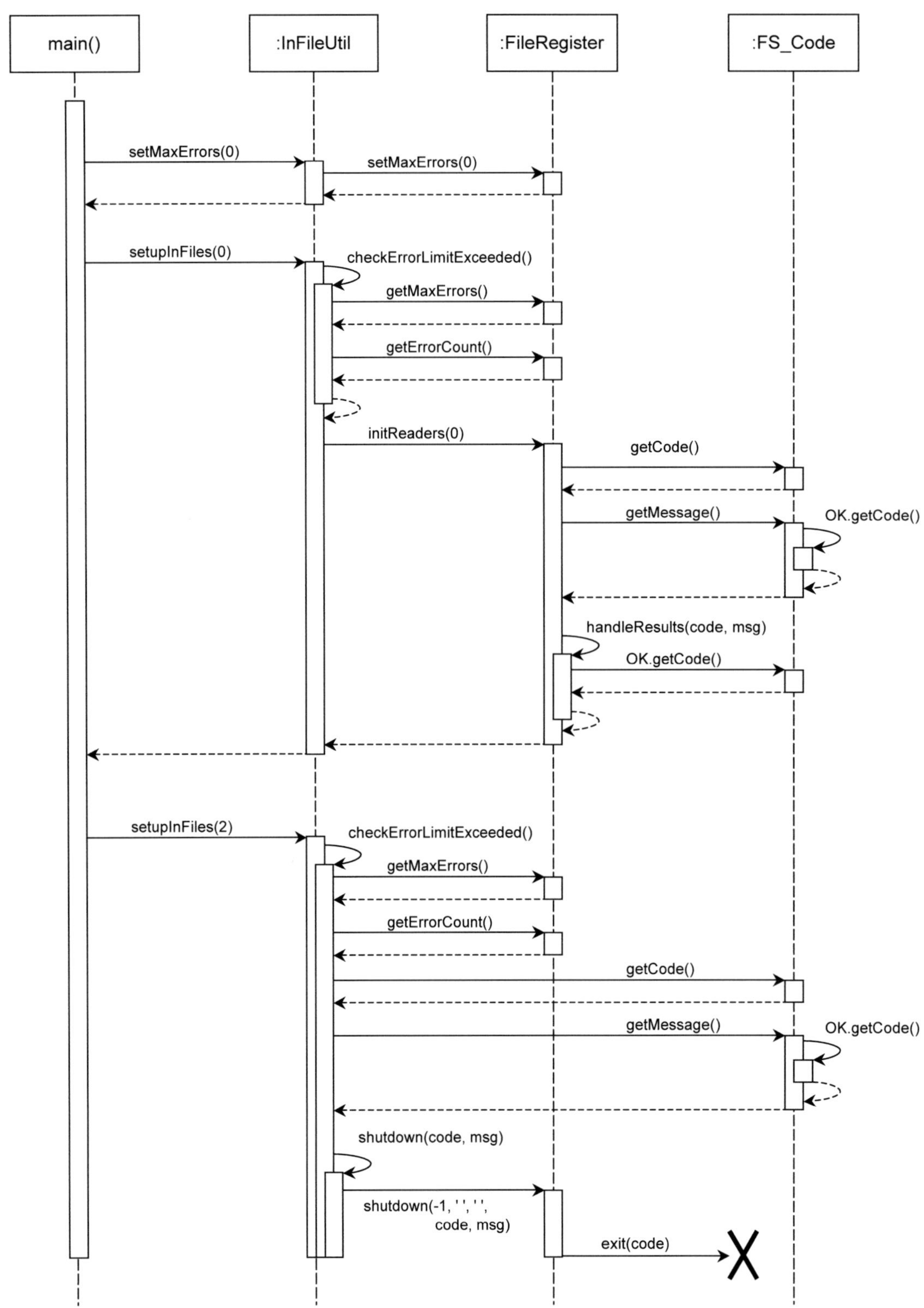

Abbildung 15.2: *Sequenzdiagramm des Tests von* `setupInFiles()` *mit readFiles = 0*

15.3.3 Test von setupInFiles() mit readFiles = 2

Der erste Fehlerfall ist somit abgearbeitet. Daher können die ersten Test-Statements wie folgt modifiziert werden, um einen korrekten Durchlauf von `setupInFiles` zeigen zu können:

```
InFileUtil.setMaxErrors(MAX_IO_ERRORS);

// InFileUtil.setupInFiles(0);    wrong call

InFileUtil.setupInFiles(INPUT_FILES);
```

Die erste Anweisung müssen wir nicht erneut prüfen. Die zweite führt uns wieder an den Anfang von `setupInFiles`, wo `checkErrorLimitExceeded()` aufgerufen wird, sowie zum Aufruf von `initReaders()` in `FileRegister`. Dieser ist nun erfolgreich:

```
/**
 * initReaders() can be used only once for allocating the BR_RefNameAndCount
 * array. The parameter readFiles must be positive.
 */
static int initReaders(int readFiles)
{
   if (maxReaders > 0)
   {
      return handleResults(FS_Code.IN_MAX_FILES_DEFINED.getCode(),
                           FS_Code.IN_MAX_FILES_DEFINED.getMessage());
   }

   if (readFiles <= 0)
   {
      return handleResults(FS_Code.ILLEGAL_IN_MAX_FILES.getCode(),
                           FS_Code.ILLEGAL_IN_MAX_FILES.getMessage());
   }

   maxReaders  = readFiles;
   BR_RefArray = new BR_RefNameAndCount[readFiles];

   return handleResults(FS_Code.OK.getCode(),
                        FS_Code.OK.getMessage());
}
```

Ein neues Array-Objekt `BR_RefArray` mit zwei Einträgen für `BR_RefNameAndCount`-Objekte wurde erzeugt. Den Code von `setupInFiles()`, `checkErrorLimitExceeded()` und `handleResults()` müssen wir hier nicht noch einmal zeigen, weil keine Markierung hinzugekommen ist. Das Sequenzdiagramm für diesen Testfall sieht wie folgt aus:

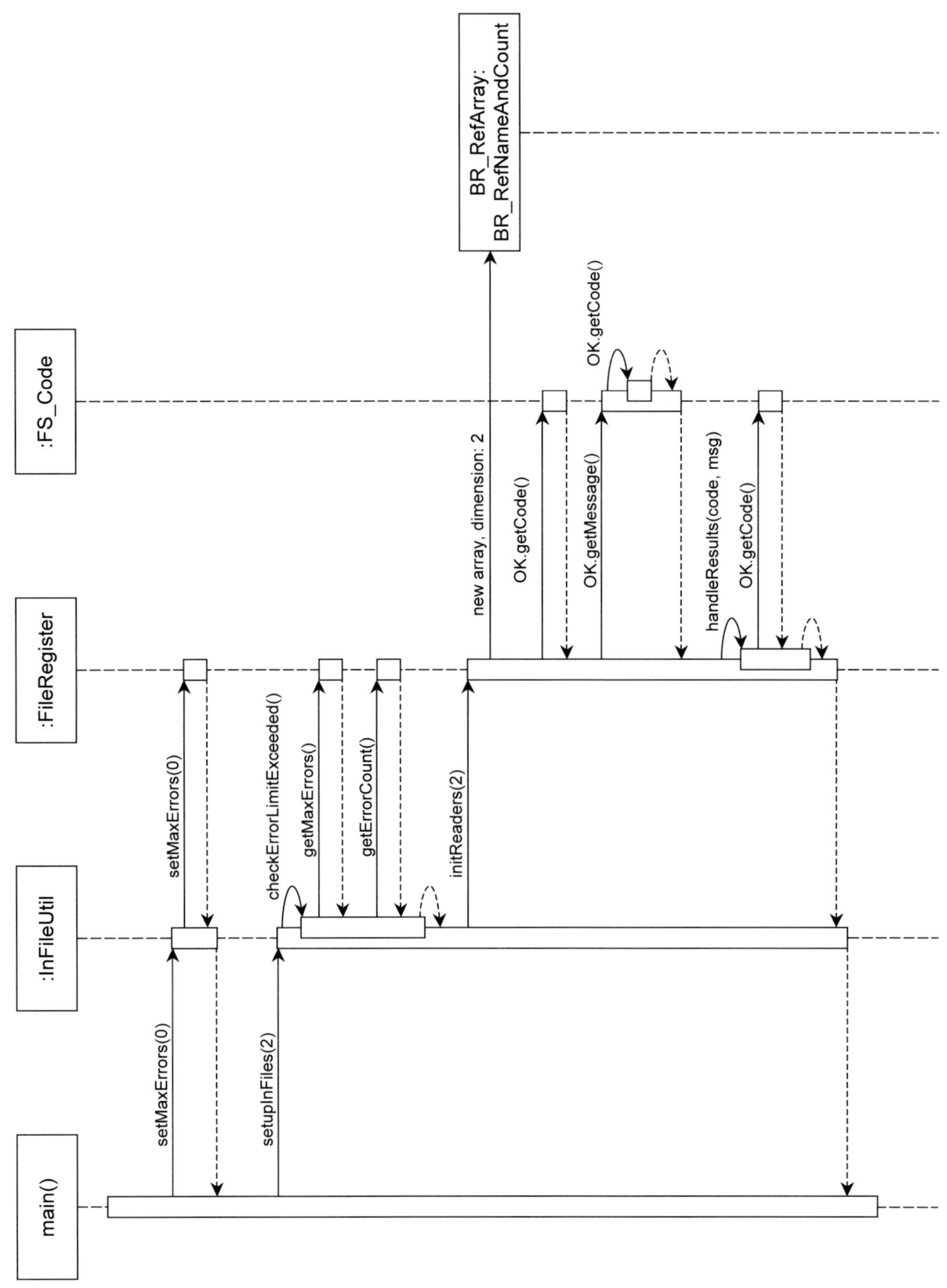

Abbildung 15.3: *Sequenzdiagramm des Tests von* `setupInFiles()` *mit readFiles = 2*

Anmerkung: Die Pfeilbeschriftung beim Erzeugen von `BR_RefArray` ist nicht UML-konform.

Im Code des Testprogramms folgt die Anweisung

```
OutFileUtil.setupOutFiles(OUTPUT_FILES);
```

Die Ausführung dieser Anweisung verläuft vollständig analog.

15.3.4 Test von open() für den Sports Dataset

In der Test-`main()` folgt die Anweisung

```
InFileUtil.open(StreamCode.SPORTS_DS.getID(), args[0], CHAR_CODING);
```

Diese aktiviert zunächst die Methode `getID()` in `StreamCode`:

```
public int    getID()   { return streamID; }
```

`SPORTS_DS` ist dort mit der `streamID` Null assoziiert. `CHAR_CODING` ist `"ISO-8859-1"`. Somit lautet der obige Aufruf nach dem Belegen des ersten Parameters wie folgt:

```
InFileUtil.open(0, args[0], "ISO-8859-1");
```

Am linken Rand des nachfolgend wiedergegebenen Codes der Methode `open()` in `InFileUtil` sind bereits alle durchlaufenen Anweisungen, Leer- und Kommentarzeilen markiert, da es sehr viele Seiten erfordern würde, das Entstehen der Markierungen schrittweise zu zeigen. Die „Ausflüge" in andere Methoden werden anschließend behandelt.

```
/**
 * open() checks first if the error limit is exceeded (==> shut down);
 * otherwise it verifies the fileID plus the fileName superficially. Then it
 * asks the FileRegister whether a BufferedReader entry exists for the fileID.
 * If the file is not already registered, a file input stream is opened,
 * using the input file name. Otherwise the request is rejected.
 * After successfully creating the input stream, an input stream reader
 * is created with or without a certain encoding:
 * - A null encoding string reference means: no encoding.
 * - A non-null encoding string reference means: use it in the call.
 * Finally, a buffered reader object is created and its reference plus
 * other attributes are stored in the associated FileRegister entry.
 */
public static int open(int    fileID,
                       String fileName,
                       String encoding)
{
   FileInputStream   inputStream  = null;
   InputStreamReader streamReader = null;
   String            errorMsg;
```

15

```
checkErrorLimitExceeded();

if (fileID < 0 || fileID >= FileRegister.getMaxReaders())
{
   errorMsg = FS_Code.ILLEGAL_FILE_ID.getMessage() +
              " (" + (FileRegister.getMaxReaders()-1) +
              "): >" + fileID + "< (Input OPEN)";

   return FileRegister.handleResults(FS_Code.ILLEGAL_FILE_ID.getCode(),
                                     errorMsg);
}

if (fileName == null)
{
   errorMsg = FS_Code.MISSING_FILE_NAME.getMessage() +
              ": >" + fileID + "< (Input OPEN)";

   return FileRegister.handleResults(FS_Code.MISSING_FILE_NAME.getCode(),
                                     errorMsg);
}

BufferedReader reader = FileRegister.getReaderRef(fileID);

if (reader != null)
{
   errorMsg = FS_Code.OPENED_TWICE.getMessage() +
              " for ID >" + fileID + "< (Input OPEN)";

   return FileRegister.handleResults(FS_Code.OPENED_TWICE.getCode(),
                                     errorMsg);
}

try {
   inputStream = new FileInputStream(fileName);
}
catch(Exception ex) {
   handleException(fileID, null, 'O', ex,
                   FS_Code.INPUT_OPEN_FAILED.getCode(),
                   FS_Code.INPUT_OPEN_FAILED.getMessage());
}

if (encoding == null)
{
   try {
      streamReader = new InputStreamReader(inputStream);
   }
   catch(Exception ex) {
```

```
            handleException(fileID, fileName, 'O', ex,
                        FS_Code.INPUT_SR_NOT_CREATED.getCode(),
                        FS_Code.INPUT_SR_NOT_CREATED.getMessage());
        }
    }
    else
    {
        try {
            streamReader = new InputStreamReader(inputStream, encoding);
        }
        catch(Exception ex) {
            handleException(fileID, fileName, 'O', ex,
                        FS_Code.IN_ENCOD_UNSUPPORTED.getCode(),
                        FS_Code.IN_ENCOD_UNSUPPORTED.getMessage());
        }
    }

    reader = new BufferedReader(streamReader);

    if (FileRegister.register(fileID, reader, fileName) != FS_Code.OK.getCode())
    {
        shutdown(FS_Code.INTERNAL_FATAL_ERROR.getCode(),
                FS_Code.INTERNAL_FATAL_ERROR.getMessage());
    }

    return FileRegister.handleResults(FS_Code.OK.getCode(),
                                FS_Code.OK.getMessage());
}
```

15

Nach dem Aufruf von `checkErrorLimitExceeded()`, der hier nicht zum Lauf-Abbruch führt, folgt die Prüfung der übergebenen `fileID`. Diese darf weder negativ noch größer oder gleich der Anzahl aller Readers sein. Die Methode `getMaxReaders()` in `FileRegister` wird hierfür aufgerufen:

```
static int    getMaxReaders() { return maxReaders; }
```

Der Aufruf liefert den Wert 2 zurück. Folglich ist die `fileID` formal korrekt.

Auch der Parameter `fileName` ist gefüllt, und zwar durch `args[0]`. Die Test-`main()` hat ganz am Anfang geprüft, ob alle drei Parameter = Dateinamen angegeben sind.

Es ist möglich, dass versucht wird, eine `fileID` mehr als einmal beim `open()` zu verwenden. Das kann nur durch Aufruf von `getReaderRef()` in `FileRegister` geprüft werden, weil `InFileUtil` kein Gedächtnis hat. Es ist aber noch keine Datei geöffnet, also gibt es auch kein `BufferedReader`-Objekt und keinen gefüllten – existierenden – Eintrag in `BR_RefArray` zur `fileID`.

```
/**
 * getReaderRef() obtains a BufferedReader reference.
 */
static BufferedReader getReaderRef(int fileID)
```

```
{
   if (BR_RefArray[fileID] == null)
      { return null; }
   else
      { return BR_RefArray[fileID].getReaderRef(); }
}
```

Im Anschluss daran wird zuerst `inputStream` erzeugt, dann `streamReader` mit dem übergebenen Encoding-String, sowie `reader`. Dieses `BufferedReader`-Objekt wird für `read()` und `close()` benötigt. Seine Referenz muss daher – zusammen mit dem Dateinamen und dem mit Null initialisierten Zugriffszähler – in demjenigen `BR_RefArray`-Eintrag gespeichert werden, dessen Index die `fileID` ist. Das erledigt der Konstruktor für `BR_RefNameAndCount`-Objekte, den eine der vier Methoden `register()` in `FileRegister` aktiviert. Der Aufruf

```
FileRegister.register(fileID, reader, fileName)
```

übergibt die Kontrolle an folgende `register()`-Variante:

```
/**
 * This register method stores the attributes of an input file.
 */
static int register(int            fileID,
                    BufferedReader readerRef,
                    String         inFileName)
{
   String errorMsg;

   if (fileID < 0 || fileID >= maxReaders)
   {
      errorMsg = FS_Code.ILLEGAL_FILE_ID.getMessage() +
                 " (" + (maxReaders-1) +
                 "): >" + fileID + "< (Register Input)";

      return handleResults(FS_Code.ILLEGAL_FILE_ID.getCode(),
                           errorMsg);
   }

   if (readerRef == null)
   {
      errorMsg = FS_Code.INPUT_REF_MISSING.getMessage() +
                 " for file ID >" + fileID + "< (Register Input)";

      return handleResults(FS_Code.INPUT_REF_MISSING.getCode(),
                           errorMsg);
   }

   if (inFileName == null)
   {
```

```
      errorMsg = FS_Code.MISSING_FILE_NAME.getMessage() +
                 " for file ID >" + fileID + "< (Register Input)";

      return handleResults(FS_Code.MISSING_FILE_NAME.getCode(),
                           errorMsg);
   }

   BR_RefArray[fileID] = new BR_RefNameAndCount(readerRef, inFileName);

   return handleResults(FS_Code.OK.getCode(),
                        FS_Code.OK.getMessage());
}
```

Eingangs findet eine erneute Prüfung der übergebenen `fileID` statt. Ausserdem wird geprüft, ob die `readerRef` und der `inFileName` übergeben wurden. Das soll verhindern, dass Fehler in der Methode `open()` von `InFileUtil` auf das File-Register durchschlagen. Im vorliegenden Fall ist alles in Ordnung und das neue `BR_RefNameAndCount`-Objekt kann angelegt werden:

```
/**
 * Constructor for objects of class BR_RefNameAndCount.
 */
BR_RefNameAndCount(BufferedReader reader,
                   String         fileName)
{
   super(fileName);
   this.reader = reader;
}
```

Der `super()`-Aufruf aktiviert den Konstruktor der Oberklasse `NameAndCount_AC`:

```
/**
 * Constructor for objects of class NameAndCount_AC.
 */
NameAndCount_AC(String fileName)
{
   this.fileName = fileName;
   this.recCount = 0;
}
```

Die Klasse `NameAndCount_AC` ist `abstract`, das heißt, es kann anhand dieser Klasse kein eigenständiges Objekt erzeugt werden. Die davon abhängigen Klassen `BR_RefNameAndCount` und `BW_RefNameAndCount` können jedoch mittels `super()` die in ihnen verborgenen Variablen `fileName` und `recCount` initialisieren, die nur durch die beiden Getter-Methoden auslesbar sind. Eine weitere Methode inkrementiert den `recCount`. Sie wird nach jedem erfolgreichen Lesezugriff – ausser bei EOF – aufgerufen.

Die „Abbildung 15.4: Sequenzdiagramm des Tests von open() für den Sports Dataset“ auf Seite 462 zeigt den Ablauf bei `open()`.

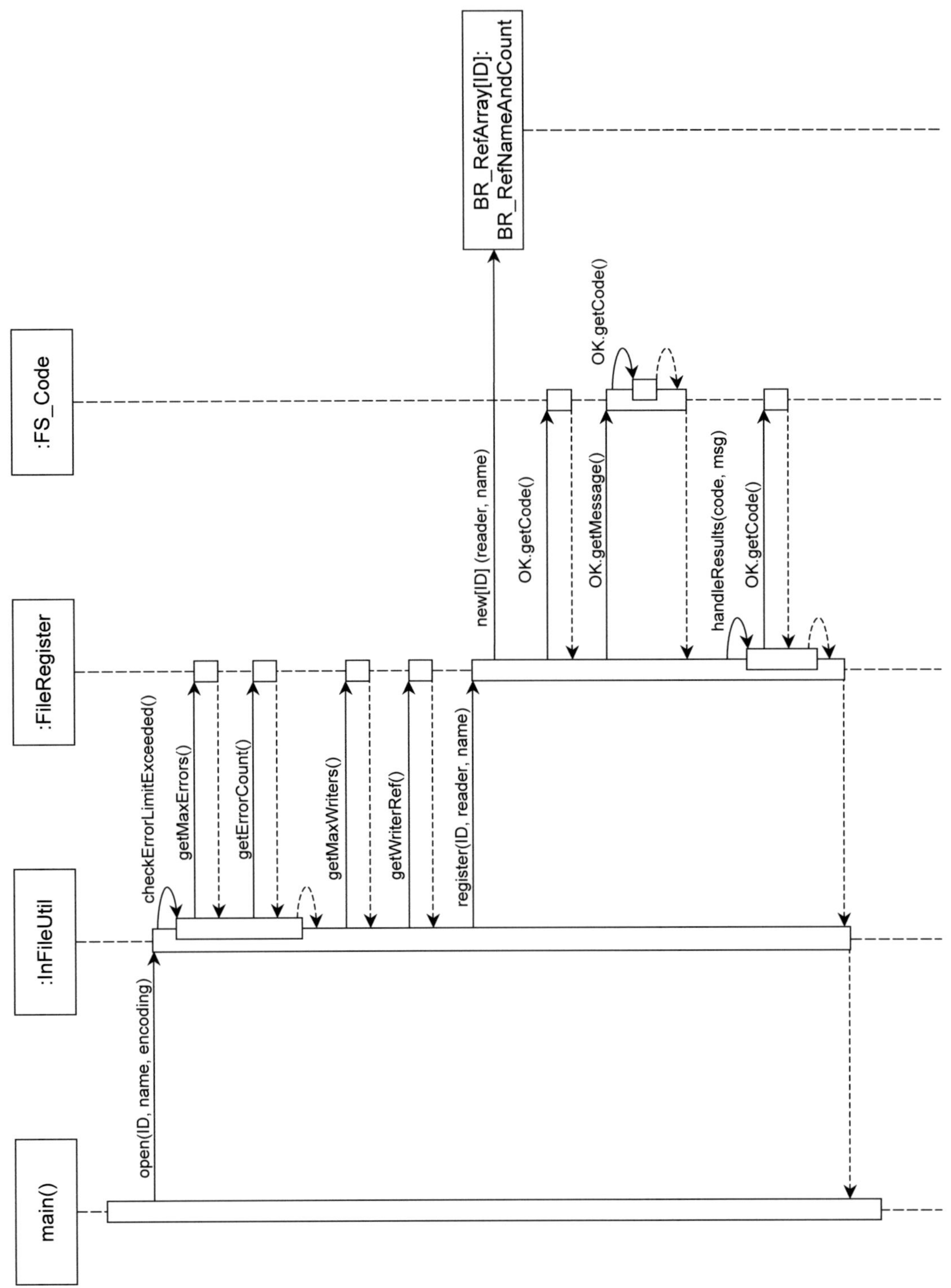

Abbildung 15.4: *Sequenzdiagramm des Tests von* `open()` *für den Sports Dataset*

Anmerkung: Die Pfeilbeschriftung beim Erzeugen des `BR_RefArray`-Elements ist nicht UML-konform.

Ein letztes Testbeispiel sollte genügen, um das Vorgehen bei der manuellen Protokollierung zu demonstrieren. Große Abschnitte des Codes der File Services verhalten sich, strukturell gesehen, ähnlich wie in den bislang vorgestellten Testfällen. Eine Ausnahme davon ist die Exception-Behandlung, der wir uns nun zuwenden.

Angenommen, beide Eingabedateien für EvaluateSportsDS seien bereits auch im Testprogramm geöffnet, und jetzt solle die Ausgabedatei geöffnet werden. Auf zwei Arten kann dabei leicht eine Exception ausgelöst werden: a) durch Vorgabe eines ungültigen Dateinamens (Pfad existiert nicht, Name syntaktisch falsch), b) durch Nennen eines unbekannten Encoding-Strings. Das folgende Unterkapitel behandelt den Fall a).

15.3.5 Test von open() für den School Sport Results Dataset

In der Test-`main()` folgt nach dem Öffnen der beiden Eingabedateien und dem Vorlesen die Anweisung

```
OutFileUtil.open(StreamCode.RESULTS_DS.getID(), args[2], CHAR_CODING);
```

Die File-ID ist auch in diesem Fall gleich Null. Angenommen, der Inhalt von `args[2]` sei

```
/Users/Unknown Path/School Sport Results NB7.txt
```

und der Pfad ist tatsächlich unbekannt. Dann kann die Ausgabedatei nicht angelegt werden. In diesem Fall endet der Programmlauf mit folgender Ausgabe:

```
*** File Services Test Program ***
++++ Output file OPEN failed
java.io.FileNotFoundException: /Users/Unknown Path/School Sport Results NB7.txt (No
such file or directory)
        at java.io.FileOutputStream.open(Native Method)
        at java.io.FileOutputStream.<init>(FileOutputStream.java:194)
        at java.io.FileOutputStream.<init>(FileOutputStream.java:84)
        at FileService.OutFileUtil.open(OutFileUtil.java:72)
        at evaluatesportsds.TestVersion.main(TestVersion.java:77)
++++ Shutdown requested with code 6
Trying to close input file /Users/Known Path/Sports Dataset NB6.txt
Records read = 1
Input file emergency CLOSE successful
Trying to close input file /Users/Known Path/School Dataset NB6.txt
Records read = 1
Input file emergency CLOSE successful
Java Result: 6
```

Diese Ausgabe besteht aus mehreren Abschnitten, deren Entstehung nun gezeigt wird. In folgendem Abschnitt der `open()`-Methode von `OutFileUtil` tritt die Exception ein:

```
try {
   outputStream = new FileOutputStream(fileName);
}
catch(Exception ex) {
   handleException(fileID, null, 'O', ex,
```

15

```
                            FS_Code.OUTPUT_OPEN_FAILED.getCode(),
                            FS_Code.OUTPUT_OPEN_FAILED.getMessage());
    }
```

Die bislang nicht gezeigte Methode `handleException()` von `OutFileUtil` wird zunächst auf dem bekannten Weg über die `FS_Code`-Methoden mit dem Fehlercode und dem Fehlertext für diesen Fall versorgt. Dann erfolgt der Aufruf:

```
/**
 * handleException() combines the terminating actions.
 */
private static void handleException(int       fileID,
                                    String    fileName,
                                    char      accessMode,
                                    Exception excp,
                                    int       exitCode,
                                    String    errorMsg)
{
   String outFileName;

   System.out.println(errorMsg);

   if (fileName == null)
      { outFileName = FileRegister.getOutFileName(fileID); }
   else
      { outFileName = fileName; }

   if (outFileName != null)
      {
         System.out.println("Output file name = " + outFileName);

         long crtCount = FileRegister.getOutRecCount(fileID);

         if (crtCount >= 0)
            { System.out.println("Records written = " + crtCount); }
      }

   // pause the thread: let the print output complete
   try {
      Thread.sleep(100);
   }
   catch (Exception ex) { }

   excp.printStackTrace();

   FileRegister.shutdown(fileID, 'O', accessMode, exitCode, null);
}
```

Auch hier ist der durchlaufene Pfad bereits komplett markiert.

Auf den ersten Blick befremden hier der Aufruf von `getOutFileName()` in `FileRegister` nach der Abfrage

```
if (fileName == null)
```

und die Übergabe von `null` für `fileName` im Aufruf von `handleException()`. Das hat folgende Gründe:

- Bei einer `FileNotFoundException` gibt die Java-VM den Namen der betroffenen Datei in der mit `excp.printStackTrace()` angeforderten Auflistung mit. Daher wäre es redundant, den beim `open()`-Aufruf natürlich vorhandenen Namen der Datei zusätzlich aus `handleException()` heraus ausgeben zu lassen. Im vorliegenden Fall existiert noch kein Eintrag für die Ausgabedatei und der Aufruf von `getOutFileName()` liefert `null`.
- Bei anderen Exceptions in `open()`, zum Beispiel wegen eines falschen Encoding-Strings, wird der Name als Parameter übergeben, weil die Java-VM ihn dann nicht nennt.
- Exception-Meldungen in `read()` / `write()` / `close()` erfolgen ebenfalls ohne Namensnennung. Dann steht aber der jeweilige Datei-Eintrag zur Verfügung; dort wird der Name abgeholt.

`getOutFileName()` in `FileRegister` wird hier wie folgt durchlaufen:

```
/**
 * getOutFileName() obtains the output file name for a given file ID.
 */
static String getOutFileName(int fileID)
{
   String fileName = null;

   if (fileID >= 0          &&
       fileID <  maxWriters &&
       BW_RefArray[fileID] != null)
      { fileName = BW_RefArray[fileID].getFileName(); }

   return fileName;
}
```

Die beiden ersten Bedingungen in der Abfrage sind erfüllt, aber die dritte nicht. Durch die Vorbelegung von `fileName` mit `null` entsteht das hier gewünschte Ergebnis. `BW_RefNameAndCount` hat die – an dieser Stelle nicht aktivierte – Methode `getFileName()` von `NameAndCount_AC` geerbt. Sie sieht so aus:

```
String getFileName() { return fileName; }
```

Bis zum `sleep()`-Aufruf erzeugt das Programm also nur folgende Protokollzeilen:

```
*** File Services Test Program ***
++++ Output file OPEN failed
```

Der Aufruf `printStackTrace()` liefert die Information zu der Exception aus der Java-VM:

```
java.io.FileNotFoundException: /Users/Unknown Path/School Sport Results NB7.txt (No
such file or directory)
        at java.io.FileOutputStream.open(Native Method)
        at java.io.FileOutputStream.<init>(FileOutputStream.java:194)
        at java.io.FileOutputStream.<init>(FileOutputStream.java:84)
        at FileService.OutFileUtil.open(OutFileUtil.java:72)
        at evaluatesportsds.TestVersion.main(TestVersion.java:77)
```

Der abschließende Aufruf von `shutdown()` in `FileRegister` findet im Gegensatz zum Kapitel „15.3.2 Test von setupInFiles() mit readFiles = 0" auf Seite 445 ff zwei geöffnete Eingabedateien vor. Das Öffnen der Ausgabedatei ist fehlgeschlagen; daher darf kein Versuch gemacht werden, diese Datei zu schließen. Der finale Durchlauf sieht wie folgt aus:

```
/**
 * shutdown() closes all registered input / output files
 * except the one with a failed open / close request.
 * Then it stops the program with the specified exit code.
 */
static void shutdown(int    fileID,
                     char   in_out,
                     char   accessMode,
                     int    exitCode,
                     String shutdownReason)
{
   // pause the thread: let the stack dump complete
   try {
      Thread.sleep(100);
   }
   catch (Exception ex) { }

   System.out.println("++++ Shutdown requested with code " + exitCode);

   if (shutdownReason != null)
      { System.out.println(shutdownReason); }

   for (int i = 0; i < maxReaders; i++)
   {
      if (BR_RefArray[i] != null)
      {
         if (in_out     == 'I' &&
             accessMode != 'R' &&
             i == fileID)
         {}
         else
         {
            try {
               System.out.println("Trying to close input file " +
```

```
                                BR_RefArray[i].getFileName());

                System.out.println("Records read = " +
                                BR_RefArray[i].getRecCount());

                BR_RefArray[i].getReaderRef().close();

                System.out.println("Input file emergency CLOSE successful");
            }
            catch(Exception em) {
                System.out.println("Input file emergency CLOSE failed");
            }
        }
        BR_RefArray[i] = null;
    }
}

for (int i = 0; i < maxWriters; i++)
{
    if (BW_RefArray[i] != null)
    {
        if (in_out     == 'O' &&
            accessMode != 'W' &&
            i == fileID)
        {}
        else
        {
            try {
                System.out.println("Trying to close output file " +
                                BW_RefArray[i].getFileName());

                System.out.println("Records written = " +
                                BW_RefArray[i].getRecCount());

                BW_RefArray[i].getWriterRef().close();

                System.out.println("Output file emergency CLOSE successful");
            }
            catch(Exception em) {
                System.out.println("Output file emergency CLOSE failed");
            }
        }
        BW_RefArray[i] = null;
    }
}

System.exit(exitCode);
```

15

```
    }
}
```

Aus diesem Code stammen die Zeilen

```
++++ Shutdown requested with code 6
Trying to close input file /Users/Known Path/Sports Dataset NB6.txt
Records read = 1
Input file emergency CLOSE successful
Trying to close input file /Users/Known Path/School Dataset NB6.txt
Records read = 1
Input file emergency CLOSE successful
```

und die Java-VM meldet am Ende:

```
Java Result: 6
```

Der Wert des Parameters `shutdownReason` ist hier `null`; deshalb wird kein Zusatztext ausgegeben. Die Eingabedateien werden nach Ausgabe ihrer Namen und aktuellen Zugriffzähler-Stände geschlossen. Die aus `NameAndCount_AC` geerbten Methoden von `BR_RefNameAndCount` liefern diese Werte:

```
String getFileName() { return fileName; }

long   getRecCount() { return recCount; }
```

Danach beschafft `shutdown()` jeweils die `reader`-Referenz per `getReaderRef()` in `BR_RefNameAndCount`

```
BufferedReader getReaderRef()  { return reader; }
```

und ruft – darauf basierend – `close()` auf:

```
              BR_RefArray[i].getReaderRef().close();
```

Die Abfrage

```
         if (in_out      == 'I' &&
             accessMode != 'R' &&
             i == fileID)
```

mit nachfolgender „leerer" Aktion verhindert, dass versucht wird, eine Eingabedatei zu schließen, bei der ein Open- oder Close-Fehler auftrat. Im aktuellen Fall haben die Parameter `in_out` und `accessMode` beide den Wert `'O'` (für Output / Open), so dass die Abfrage nicht greift.

Trotz aller Prüfungen ist es möglich, dass bei einem finalen `close()` eine Exception auftritt. In diesem Fall wird aber beispielsweise bei einer Eingabedatei nur gemeldet:

```
Input file emergency CLOSE failed
```

… was im aktuellen Fall nicht auftrat. Das Sequenzdiagramm hierfür sieht wie folgt aus:

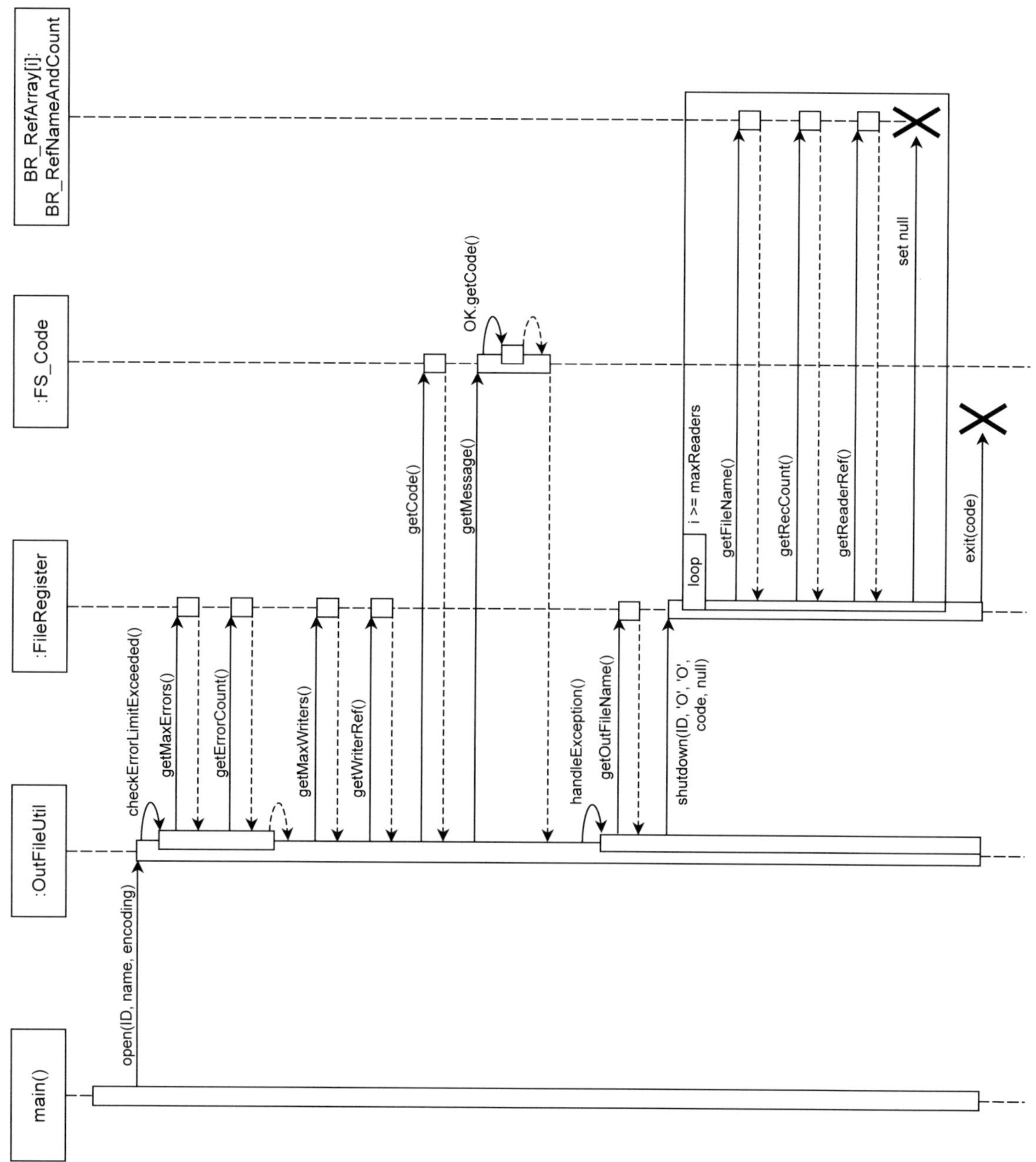

Abbildung 15.5: *Sequenzdiagramm des Tests von `open()` für eine inexistente Ausgabedatei*

Anmerkungen

- Die hier verwendete Form, um die Einträge = Objekt-Handles in einem Array zu bezeichnen, ist in UML nicht üblich, aber sie erscheint als hinreichend klar.
- Bei einer Exception, die sowohl Eingabe- als auch Ausgabedateien geöffnet antrifft, wäre das obige Diagramm zunächst um ein weiteres Kästchen für `BW_RefArray[i]` – basierend auf `BW_RefNameAndCount` – und dessen Lebenslinie zu erweitern. Anschliessend müssten der loop-Block kopiert und nach rechts

vergrößert, sowie die Aktivierungsblöckchen auf die neue Lebenslinie verschoben und die Pfeile entsprechend verlängert werden.

Der zeichnerische Aufwand für die Sequenzdiagramme ist ziemlich hoch. Er wäre für EvaluateSportsDS untragbar, weil es darin weit mehr Klassen und Interaktionen zwischen diesen gibt, als sich in Sequenzdiagrammen sinnvoll darstellen liesse.

15.3.6 Fazit

Das Vorgehen bei der manuellen Protokollierung der Pfadüberdeckungen ist Ihnen nun sicherlich vertraut. Sie sehen jedoch, dass es nach diesen ersten vier Tests noch viele Markierungslücken gibt, die aber mit Hilfe weiterer Aufrufe im Testprogramm oder durch absichtliches Auslösen von Exceptions größtenteils geschlossen werden können. Nach längerer Testarbeit werden nur noch wenige Lücken übrigbleiben, die dann als weiße Flecken auffallen. Sie können übrigens auch mit mehreren Markierungsfarben arbeiten, um die Durchläufe zentraler Testfälle zu dokumentieren. Dabei wird zudem deutlich, welche Code-Partien häufig und welche nur in speziellen Fällen durchlaufen werden. Mancher Code kann dann definitiv gelöscht werden, weil er beispielsweise nur für bestimmte, inzwischen erledigte Testzwecke aufgenommen wurde.

Es kann sein, dass es Ihnen auch danach nicht gelingt, alle weißen Flecken zu entfernen. Dann handelt es sich etwa um Fehlerreaktionen, die wegen ausreichender vorheriger Prüfungen nicht ausgelöst werden können, ohne in den Code einzugreifen. Bedeutet das, dass der „weiße Code" überflüssig ist?

Aus der momentanen Sicht trifft das vermutlich weitgehend zu. Prüfungen, die in den File Services als pedantoides Sicherheitsnetz – vor allem in `FileRegister` – eingebaut wurden, sollten vor allem Fehler abfangen, die bei der Programmierung der Front-End-Klassen `InFileUtil` und `OutFileUtil` entstehen konnten. Nach dem erfolgreichen Test erscheinen diese Prüfungen als verzichtbar. Sie kosten etwas CPU-Zeit und bringen nichts… bis zu dem Moment, wo jemand die File Services ändert. Dadurch können neue Fehler entstehen, die möglicherweise durch das Sicherheitsnetz abgefangen werden, bevor sie ernsthaften Schaden anrichten können. Absolute Sicherheit gibt es hier wie anderswo aber nicht.

Immerhin deckt das hier vorgestellte Verfahren der manuellen Pfadprotokollierung ziemlich zuverlässig auf, welcher Code überhaupt nie durchlaufen wird. Es erfordert aber hoher Sorgfalt und setzt einen bereits recht stabilen Code voraus, weil der Markierungsaufwand relativ hoch ist. Beim vollständigen Test der File Services auf diese Weise mussten die drei wichtigsten Klassen mehrfach geändert und ihr Code dann neu ausgedruckt werden. Die danach fälligen Wiederholungen der Markierungsarbeiten erwiesen sich als zeitraubend und erforderten hohe Disziplin. „Tracing zu Fuß" ist also nur unter bestimmten Voraussetzungen sinnvoll:

- Die Entwicklungsumgebung stellt einen leistungsfähigen Breakpoint-Debugger zur Verfügung, der möglichst auch den Einzelschrittmodus beherrscht. Das ist bei NetBeans der Fall.
- Ein Tester oder eine Testerin arbeitet allein mit diesem Verfahren. Mehrere Tester(innen) würden sich gegenseitig behindern.
- Der Code ist schon so ausgereift, dass nicht mit vielen Änderungszyklen gerechnet werden muss.
- Es steht genügend viel Arbeitsfläche zur Verfügung, um die Ausdrucke nebeneinanderlegen zu können, möglichst Blatt für Blatt.
- Konzentriertes Arbeiten ist erforderlich. Häufige Störungen verursachen Unachtsamkeit.

Die Nachteile und Begrenztheiten des Verfahrens sind Grund genug, sich nach Alternativen umzusehen. Darum geht es im folgenden Unterkapitel.

15.4 Programmierte Pfadprotokollierung

Tracing und Pfadprotokollierung sind nicht dasselbe. Tracing konzentriert sich auf die Dateninhalte und deren Entstehung respektive Veränderung, wobei die im Programm durchlaufenen Codestrecken zwar nicht unwichtig sind, aber die Protokollpunkte häufig gar nicht dicht genug beieinander liegen, um den jeweiligen Pfad genau rekonstruieren zu können. Es besteht dann die Gefahr, eigene Annahmen über das Verhalten des Programms höher als die Realität zu gewichten. Die Pfadprotokollierung soll es dagegen ermöglichen, den Weg durch das Programm exakt rekonstruieren zu können. Es stehen aber dann nicht unbedingt jedesmal protokollierwürdige Dateninhalte zur Verfügung. Idealerweise treten daher beide Protokollmodi kombiniert auf. Allerdings sind dann die Protokolldaten besonders umfangreich.

Aus der großen Fülle möglicher Realisierungen sollen nachfolgend die schon früher aufgezählten Formen näher betrachtet werden:

- Pfadprotokollierung mit Dateiausgabe
- Pfadprotokollierung mit relationaler Ausgabe
- Pfadprotokollierung mit Ausgabe in einen Trace-Speicher

Sie unterstützen bestimmte Test-Aspekte unterschiedlich gut und eignen sich nicht für alle Testumgebungen beziehungsweise haben spezielle maschinelle Voraussetzungen. Daher bleibt es Ihre Aufgabe, das für Ihre Tests jeweils am besten geeignete Verfahren auszuwählen. Es gibt hier kein Universalwerkzeug.

15.4.1 Pfadprotokollierung mit Dateiausgabe

Größere Programmprodukte als die File Services können eine so hohe Anzahl möglicher Durchlaufpfade aufweisen, dass eine manuelle Protokollierung als völlig aussichtslos erscheint. Zudem sagen die Randmarkierungen – ausser bei mehrfarbiger Markierung – nicht aus, welcher dieser Pfade in einem bestimmten Testfall durchlaufen wurde. Sie repräsentieren einen kumulierten Teststand und dienen vor allem dazu, die noch nicht getesteten Pfade optisch hervorzuheben.

Daher liegt es nahe, in *jedem Pfadelement* eine Anweisung anzuordnen, die den jeweiligen Protokollpunkt eindeutig identifiziert und seine ID-Zeichenfolge beim Durchlaufen des Protokollpunkts in eine eigens angelegte Protokolldatei oder auf ein Standardmedium ausgibt. Zugleich oder direkt danach können Dateninhalte und deren Bezeichnungen mitgegeben werden, um ein selbstprogrammiertes Tracing zu implementieren.

Diese Pfadprotokollierung wird hier an den Methoden `open()` und `handleException()` von `InFileUtil`, sowie an der Methode `shutdown()` von FileRegister demonstriert. Hierfür wurde zunächst die Klasse `Trace` aus dem Package `evaluatesportsds` kopiert und die Enumerationsliste gegen die folgende ausgetauscht:

```
DETAIL    ( true, "Display detail data"),
PATH      ( true, "Display path mnemonics & numbers");
```

Die neuen Anweisungen sind fett formatiert.

```
public static int open(int    fileID,
                       String fileName,
                       String encoding)
{
   FileInputStream   inputStream  = null;
   InputStreamReader streamReader = null;
```

```
String              errorMsg;

if (Trace.PATH.active()) { System.out.println("IFOP01"); }

checkErrorLimitExceeded();

if (Trace.PATH.active()) { System.out.println("IFOP02"); }

if (fileID < 0 || fileID >= FileRegister.getMaxReaders())
{
   if (Trace.PATH.active()) { System.out.println("IFOP03"); }

   errorMsg = FS_Code.ILLEGAL_FILE_ID.getMessage() +
              " (" + (FileRegister.getMaxReaders()-1) +
              "): >" + fileID + "< (Input OPEN)";

   return FileRegister.handleResults(FS_Code.ILLEGAL_FILE_ID.getCode(),
                                     errorMsg);
}

if (Trace.PATH.active()) { System.out.println("IFOP04"); }

if (fileName == null)
{
   if (Trace.PATH.active()) { System.out.println("IFOP05"); }

   errorMsg = FS_Code.MISSING_FILE_NAME.getMessage() +
              ": >" + fileID + "< (Input OPEN)";

   return FileRegister.handleResults(FS_Code.MISSING_FILE_NAME.getCode(),
                                     errorMsg);
}

if (Trace.PATH.active()) { System.out.println("IFOP06"); }

BufferedReader reader = FileRegister.getReaderRef(fileID);

if (reader != null)
{
   if (Trace.PATH.active()) { System.out.println("IFOP07"); }

   errorMsg = FS_Code.OPENED_TWICE.getMessage() +
              " for ID >" + fileID + "< (Input OPEN)";

   return FileRegister.handleResults(FS_Code.OPENED_TWICE.getCode(),
                                     errorMsg);
}
```

```
if (Trace.PATH.active()) { System.out.println("IFOP08"); }

try {
   inputStream = new FileInputStream(fileName);
}
catch(Exception ex) {
   handleException(fileID, null, 'O', ex,
                   FS_Code.INPUT_OPEN_FAILED.getCode(),
                   FS_Code.INPUT_OPEN_FAILED.getMessage());
}

if (Trace.PATH.active()) { System.out.println("IFOP09"); }

if (encoding == null)
{
   if (Trace.PATH.active()) { System.out.println("IFOP10"); }

   try {
      streamReader = new InputStreamReader(inputStream);
   }
   catch(Exception ex) {
      handleException(fileID, fileName, 'O', ex,
                      FS_Code.INPUT_SR_NOT_CREATED.getCode(),
                      FS_Code.INPUT_SR_NOT_CREATED.getMessage());
   }
}
else
{
   if (Trace.PATH.active()) { System.out.println("IFOP11"); }

   try {
      streamReader = new InputStreamReader(inputStream, encoding);
   }
   catch(Exception ex) {
      handleException(fileID, fileName, 'O', ex,
                      FS_Code.IN_ENCOD_UNSUPPORTED.getCode(),
                      FS_Code.IN_ENCOD_UNSUPPORTED.getMessage());
   }
}

if (Trace.PATH.active()) { System.out.println("IFOP12"); }

reader = new BufferedReader(streamReader);

if (FileRegister.register(fileID, reader, fileName) != FS_Code.OK.getCode())
{
```

15

```
        shutdown(FS_Code.INTERNAL_FATAL_ERROR.getCode(),
                 FS_Code.INTERNAL_FATAL_ERROR.getMessage());
     }

     if (Trace.PATH.active()) { System.out.println("IFOP13"); }

     return FileRegister.handleResults(FS_Code.OK.getCode(),
                                       FS_Code.OK.getMessage());
  }


  private static void handleException(int        fileID,
                                      String     fileName,
                                      char       accessMode,
                                      Exception excp,
                                      int        exitCode,
                                      String     errorMsg)
  {
     String inFileName;

     if (Trace.PATH.active()) { System.out.println("IFHE01"); }

     System.out.println(errorMsg);

     if (fileName == null)
        {
           if (Trace.PATH.active()) { System.out.println("IFHE02"); }

           inFileName = FileRegister.getInFileName(fileID);
        }
     else
        {
           if (Trace.PATH.active()) { System.out.println("IFHE03"); }

           inFileName = fileName;
        }

     if (inFileName != null)
        {
           if (Trace.PATH.active()) { System.out.println("IFHE04"); }

           System.out.println("Input file name = " + inFileName);

           long crtCount = FileRegister.getInRecCount(fileID);

           if (crtCount >= 0)
              { System.out.println("Records read = " + crtCount); }
```

```
      }

   if (Trace.PATH.active()) { System.out.println("IFHE05"); }

   // pause the thread: let the print output complete
   try {
      Thread.sleep(100);
   }
   catch (Exception ex) { }

   excp.printStackTrace();

   FileRegister.shutdown(fileID, 'I', accessMode, exitCode, null);
}


static void shutdown(int    fileID,
                     char   in_out,
                     char   accessMode,
                     int    exitCode,
                     String shutdownReason)
{
   // pause the thread: let the stack dump complete
   try {
      Thread.sleep(100);
   }
   catch (Exception ex) { }

   if (Trace.PATH.active()) { System.out.println("FRSD01"); }

   System.out.println("++++ Shutdown requested with code " + exitCode);

   if (shutdownReason != null)
      {
         if (Trace.PATH.active()) { System.out.println("FRSD02"); }

         System.out.println(shutdownReason);
      }

   for (int i = 0; i < maxReaders; i++)
   {
      if (Trace.PATH.active()) { System.out.println("FRSD03"); }

      if (BR_RefArray[i] != null)
      {
         if (Trace.PATH.active()) { System.out.println("FRSD04"); }
```

15

```
        if (in_out      == 'I' &&
            accessMode != 'R' &&
            i == fileID)
        { if (Trace.PATH.active()) { System.out.println("FRSD05"); } }
        else
        {
           if (Trace.PATH.active()) { System.out.println("FRSD06"); }

           try {
              System.out.println("Trying to close input file " +
                                 BR_RefArray[i].getFileName());

              System.out.println("Records read = " +
                                 BR_RefArray[i].getRecCount());

              BR_RefArray[i].getReaderRef().close();

              System.out.println("Input file emergency CLOSE successful");
           }
           catch(Exception em) {
              System.out.println("Input file emergency CLOSE failed");
           }
        }

        if (Trace.PATH.active()) { System.out.println("FRSD07"); }

        BR_RefArray[i] = null;
     }
  }

  for (int i = 0; i < maxWriters; i++)
  {
     if (Trace.PATH.active()) { System.out.println("FRSD08"); }

     if (BW_RefArray[i] != null)
     {
        if (Trace.PATH.active()) { System.out.println("FRSD09"); }

        if (in_out      == 'O' &&
            accessMode != 'W' &&
            i == fileID)
        { if (Trace.PATH.active()) { System.out.println("FRSD10"); } }
        else
        {
           if (Trace.PATH.active()) { System.out.println("FRSD11"); }

           try {
```

```
                System.out.println("Trying to close output file " +
                                   BW_RefArray[i].getFileName());

                System.out.println("Records written = " +
                                   BW_RefArray[i].getRecCount());

                BW_RefArray[i].getWriterRef().close();

                System.out.println("Output file emergency CLOSE successful");
             }
             catch(Exception em) {
                System.out.println("Output file emergency CLOSE failed");
             }
          }
          if (Trace.PATH.active()) { System.out.println("FRSD12"); }

          BW_RefArray[i] = null;
       }
    }

    if (Trace.PATH.active()) { System.out.println("FRSD13"); }

    System.exit(exitCode);
 }
```

Bei einem Test von open() mit einem nicht existierenden School Dataset entsteht nach diesen Erweiterungen folgendes Protokoll (mit abgekürzten Pfadnamen):

```
*** File Services Test Program ***
IFOP01
IFOP02
IFOP04
IFOP06
IFOP08
IFOP09
IFOP11
IFOP12
IFOP13
IFOP01
IFOP02
IFOP04
IFOP06
IFOP08
IFHE01
++++ Input file OPEN failed
IFHE02
IFHE05
```

```
java.io.FileNotFoundException: /Users/.../Nonexistent School Dataset.txt (No such
file or directory)
	at java.io.FileInputStream.open(Native Method)
	at java.io.FileInputStream.<init>(FileInputStream.java:120)
	at java.io.FileInputStream.<init>(FileInputStream.java:79)
	at FileService.InFileUtil.open(InFileUtil.java:88)
	at evaluatesportsds.TestVersion.main(TestVersion.java:73)
FRSD01
++++ Shutdown requested with code 1
FRSD03
FRSD04
FRSD06
Trying to close input file /Users/.../Sports Dataset NB6.txt
Records read = 1
Input file emergency CLOSE successful
FRSD07
FRSD03
FRSD08
FRSD13
Java Result: 1
```

Was bedeutet diese Liste?

- Den Protokollpunkten wurde eine sechstellige Identifikation gegeben. Die beiden ersten Stellen kürzen den Klassennamen ab, die beiden nächsten den Methodennamen. Innerhalb einer Methode gilt eine fortlaufende Nummerierung auf den Stellen 5 und 6. Das minimiert den Änderungsaufwand.
- Der erste Abschnitt von `IFOP01` bis `IFOP13` repräsentiert den normal verlaufenden `open()`-Aufruf für den Sports Dataset.
- Der zweite Abschnitt von `IFOP01` bis `IFOP08` ist normal; dann tritt die Exception wegen der fehlenden Datei ein.
- Die Zeilen mit `IFHE01`, `IFHE02` und `IFHE05` stehen für den Pfad in `handleException()`.
- Es folgt die Ausgabe von `printStackTrace()`.
- `FRSD01` leitet die Shutdown-Operationen ein. Es folgen `FRSD03` bis `FRSD07` für den Sports Dataset.
- `FRSD03` vor `FRSD08` zeigt, dass keine weitere Eingabe- oder Ausgabedatei geöffnet ist.
- Mit `FRSD13` endet die Ausgabe durch das Programm.

Der gesamte Code sollte – bis auf triviale Anweisungen, zum Beispiel in Getter-Methoden – auf diese Weise instrumentiert werden, wenn das Einzelschritt-Debugging ausscheidet respektive nicht ausreicht. Zusätzlich ist es möglich, die Testfälle gegeneinander abzugrenzen, was hier aber nicht geschah. Damit ist eine präzise Verfolgung der durchlaufenen Pfade möglich. Ausserdem können Detail-Ausgaben interessierender Datenelemente angefordert oder die Namen der Methoden ausgegeben werden. Dies geschieht bereits in den Klassen von `evaluatesportsds` und muss deshalb hier nicht noch einmal demonstriert werden. Differenziertere Trace-Schalter als oben gezeigt ermöglichen, die gewünschten Details gezielt auszuwählen.

Mit folgenden Optionen kann dieser Vorschlag bis zu einer automatischen Vollständigkeitsprüfung der Pfadüberdeckung weitergeführt werden:

- Den Protokollpunkt-Ausgaben könnte jeweils eine eindeutige Testfall-Identifikation vorangestellt werden. Damit wäre auch später noch leicht nachweisbar, welchen Pfad das Programm jeweils durchlief.
- Durch – zusätzliche – Ausgabe der (ergänzten) Protokollpunkt-Zeilen in eine eigene Datei wird eine maschinelle Weiterverarbeitung möglich.
- Die Pfaddaten könnten pro Testfall gespeichert, auf Anomalien geprüft oder beispielsweise sortiert und dabei verdichtet werden. In diesem Schritt würden die Testfall-Identifikationen vor dem Sortieren abgeschnitten.
- Die verdichtete Liste aller Protokollpunkte repräsentiert dieselbe Gesamtüberdeckung wie die Blätter für die manuelle Markierungsmethode, kann also auch für die Suche nach „weißen Flecken" verwendet werden. Das erledigt ein Programm, das den Code der beteiligten Klassen nach Protokollpunkten scannt, weit zuverlässiger als ein menschlicher Tester.
- Bei Verdacht auf Defekte oder vor gezielten Änderungen ist es möglich, alle Testfälle automatisch daraufhin zu sichten, ob dort die betroffenen Protokollpunkte vorkommen. Diese Fälle müssen nach den Eingriffen auf jeden Fall erneut untersucht werden.

15.4.2 Pfadprotokollierung mit relationaler Ausgabe

Diese Form der Pfadprotokollierung greift den zuletzt angesprochenen Gedanken wieder auf: Wie kann – gegebenenfalls nach längerer Zeit – festgestellt werden, welche Pfade von einem Problem oder einer geplanten Änderung tangiert sind? Diese Frage stellte sich auch in einem steuerlichen Auswertungssystem für Wertpapiergeschäfte, das seine Rohdaten aus einem Entladebestand des operativen Handelssystems ableitete. Dafür schrieb ein Programmierer ein aufwendiges und schwer zu durchschauendes COBOL-II-Transformationsprogramm, dessen Ergebnisdaten anschliessend in eine relationale Tabelle geladen wurden. Das ist ein typisches Data Warehouse ETL-Vorgehen: E = Entladen (Extract), T = Transformieren (Transform), L = Laden (Load). Die so erstellten Daten wurden anschliessend von mehreren COBOL-II-Programmen anhand eines komplexen Produktzuordnungsschemas klassifiziert und schliesslich in Druckausgaben umgewandelt, die den meisten Kunden per Post zugingen.

Die Vermögens- und Steuerberater einiger besonders aktiver Kunden fanden jedes Jahr etliche Probleme in diesen Erträgnisaufstellungen und Jahressteuerbescheinigungen. Dabei handelte es sich meist um seltene Spezialfälle, die das Transformationsprogramm nicht korrekt umgesetzt hatte. Der Programmierer hatte aber inzwischen die Bank verlassen und niemand verstand sein Programm genau. Daher erwies es sich als sehr schwierig, die Ursachen dieser Fehler zu finden und zu beheben. Nahezu unmöglich war es aber, festzustellen, welche Kunden von einem bestimmten Problem betroffen waren, das aber noch gar nicht gemerkt hatten.

Daher musste ein Weg gefunden werden, um für jeden Transformationsfall die dabei durchlaufenen Pfade zu protokollieren und diese Protokolle später auf einfache Weise maschinell auswerten zu können. Damit erschien es als möglich, alle Fälle zu identifizieren, die durch falsche Programmierung an bestimmten – durch die Protokollpunkte lokalisierbaren – Stellen ebenfalls betroffen waren.

Die relationale Speicherung legte es nahe, folgende Daten für jedes Wertpapiergeschäft zusammenzufassen:

- Operative Ursprungsdaten in flacher Form (ohne Iterationen)
- Verarbeitungssteuernde Wertpapierattribute (von einem Stammdatenlieferanten)
- 150 1-Byte-Flags, für jeden Protokollpunkt eines
- Ergebnisdaten für die Weiterverarbeitung

Die Flags waren im Ausgabesatz wie folgt definiert:

```
          05  Path-Data.
              10  P001                    PIC X(1).
              10  P002                    PIC X(1).
              10  P003                    PIC X(1).
...
              10  P148                    PIC X(1).
              10  P149                    PIC X(1).
              10  P150                    PIC X(1).
```

Diese Flags wurden am Anfang der Umsetzung der Daten zu jedem einzelnen Geschäft mit Blanks vorbelegt. Das Transformationsprogramm erhielt folgende – fett formatierte – zusätzliche Anweisungen (Ausschnitt):

```
          IF WP-ZWI-GESATZ <= ZERO
             MOVE 'X'                 TO P078
             MOVE ZERO                TO STPFL-ERTRAG-STCK
          ELSE
             MOVE 'X'                 TO P079
      *
             IF FEED-BACK-88B OF SU40488B-PARMS = 'ZO' OR
                FEED-BACK-88B OF SU40488B-PARMS = 'ZF'
                MOVE 'X'              TO P080
      *
                IF THESAU-ERTR-FJ OF SU40488B-PARMS <= ZERO
                   MOVE 'X'           TO P081
                   MOVE ZERO          TO STPFL-ERTRAG-STCK
                ELSE
                   MOVE 'X'           TO P082
      *
                   IF THESAU-ERTR-FJ OF SU40488B-PARMS > WP-ZWI-GESATZ
                      MOVE 'X'            TO P083
                      MOVE WP-ZWI-GESATZ  TO STPFL-ERTRAG-STCK
                   ELSE
                      MOVE 'X'            TO P084
                      MOVE THESAU-ERTR-FJ OF SU40488B-PARMS
                                          TO STPFL-ERTRAG-STCK
                   END-IF
                END-IF
             ELSE
                MOVE 'X'              TO P085
      *
      *         Beim Aufruf von SU40488B ist ein Fehler aufgetreten:
      *         Zwischengewinn pro Stück aus Abrechnung übernehmen
      *
                MOVE WP-ZWI-GESATZ    TO STPFL-ERTRAG-STCK
             END-IF
```

```
END-IF
```

Versuchen Sie nicht, das zu verstehen. Für Sie sind nur die Zuweisungen von 'X' zum jeweiligen Protokollpunkt-Namen wichtig, anhand derer der Weg des Programms durch den Code für jeden einzelnen Fall exakt verfolgt werden kann. Das kann auch dazu verwendet werden, im Programm bestimmte Pfadkonstellationen explizit zuzulassen und andere auszuschließen, um schon während des Transformationslaufs problematische Fälle zu identifizieren. Das Programm erhält dadurch eine Metaebene, auf der zusätzliche Korrektheitsbedingungen formuliert werden können, deren Einhaltung in einem komplexen Programm nicht als sicher erwartet werden kann.

Die so erzeugten Daten gelangten zunächst in eine Ausgabedatei, die anschliessend als Ladedatei für eine neue DB2-Tabelle diente. Nun konnten die interessierenden Fallkonstellationen nicht nur anhand der mit 'X' markierten Protokollpunkte, sondern auch anhand weiterer fachlicher Kriterien lokalisiert werden, die sich auf die Eingabedaten, Wertpapierattribute oder Ausgabedaten stützten. Mit diesen Filtern gelang es, alle von einem Problem potentiell betroffenen Auswertungen zu identifizieren und diesen Kunden korrigierte Auswertungen zur Verfügung zu stellen. Der praktische Nutzen der Pfadprotokollierung ist also keineswegs nur auf die Testphase beschränkt.

Anstelle der durchlaufenden Nummerierung der Protokollpunkte empfiehlt sich allerdings eher eine Markierungstechnik, wie sie am Beispiel der File Services oben vorgestellt wurde. Code-Änderungen führen sonst rasch dazu, dass die ursprünglich wohlgeordnete Folge durcheinandergerät. Ausserdem können so zusätzliche Protokollpunkte leichter – auch in der Zieltabelle – hinzugenommen und deaktivierte künftig ausgeklammert werden, ohne ein Durcheinander auszulösen.

15.4.3 Tracing & Breakpoint Debugging: Risiken und Nebenwirkungen

Bei so übersichtlichen Programmprodukten wie den File Services oder EvaluateSportsDS reichen die bislang vorgestellten Formen der Pfadprotokollierung und des Tracings vollständig aus. Die zu bewältigenden Datenmengen sind im Test mit relativ wenigen Sätzen leicht überschaubar und es ist problemlos möglich, die dabei erzielten Ergebnisse zu einem vollständigen Korrektheitsbeweis auszubauen. Wie das vorherige Unterkapitel zeigt, kann die Pfadprotokollierung in Verbindung mit den Transformationsdaten auch im Produktionsumfeld wertvolle Dienste leisten. Schon der Test von EvaluateSportsDS mit der kompletten Datenmenge erzeugt jedoch eine derart große Protokolldatei, dass deren Nutzen fraglich wird.

Bei näherem Hinsehen und vor dem Hintergrund riesiger Datenmengen, transaktionsorientierten Verhaltens, fehlender Möglichkeiten zur Protokollierung in Dateien, sowie des potentiellen Informationsverlusts bei systemgesteuerten Abbrüchen werden rasch weitere Schwächen des Tracings und des Breakpoint Debuggings sichtbar:

- In großen Datenbeständen, die transformiert oder ausgewertet werden, besteht gewöhnlich ein hoher Anteil aus gleichförmig strukturierten fachlichen Fallkonstellationen, die mit einer relativ geringen Anzahl grundlegender Tests geprüft werden können. Es sind die Ausreißer, die Kummer machen. Im Fall der steuerlichen Auswertungen gab es beispielsweise Zero Bonds, auf die Zinsen gezahlt wurden (was per definitionem Unsinn ist, aber dennoch geschah), nicht-thesaurierende – also ausschüttende – Fonds mit negativer Kursentwicklung anstelle des üblichen sägezahnförmigen Kursverlaufs und manche weiteren Exoten, die von dem Transformationsprogramm zunächst nicht erkannt und deshalb auch nicht korrekt interpretiert wurden.

  Wenn es aber – wie so oft – nicht möglich ist, nur diese Fälle auszufiltern und in eigenen Testläufen zu untersuchen, hilft ein starres Tracing nicht weiter. Die Trace-Datenmengen, die hauptsächlich von den Standardfällen berichten, sind dann dermaßen umfangreich, dass schlicht der verfügbare Plattenspeicher nicht ausreicht, oder die Nadeln in einem solchen Heuhaufen mit gewöhnlichen Datei-Browsern nicht – in akzeptabler Zeit – gefunden werden können.

Daher ist es dann unumgänglich, das Tracing normalerweise ausgeschaltet zu lassen, es aber zu Beginn der Verarbeitung ausgewählter Teilbestände jeweils einzuschalten, diese zu protokollieren, und das Tracing dann wieder auszuschalten. Hierfür müssen natürlich die Trace-Schalter als Variablen definiert sein, die bei Erreichen einer Triggerbedingung eingeschaltet und spätestens nach einer definierten Bremsspur wieder ausgeschaltet werden.

Dieses Verfahren hilft allerdings nur bei der Suche nach den üblichen Verdächtigen. Es baut darauf auf, dass man diese schon kennt und daher „nur" die Protokollierung entsprechend einschränken muss. Nicht selten steckt aber in einem Programm noch weiterer Unfug, der dann unbeachtet bleibt und möglicherweise erst viel zu spät entdeckt wird.

- Eine stets wiederkehrende Frage beim Tracing ist, ob tatsächlich an allen wichtigen Stellen alle relevanten Daten protokolliert werden. Es kommt durchaus vor, dass zwar ein langes Protokoll erstellt wurde, die Ursachen bestimmter Defekte daraus aber nicht geschlussfolgert werden können. Folglich wird der Code um noch mehr Protokollpunkte aufgebläht und der betreffende Test wiederholt – wenn das überhaupt möglich ist. Testen unter Realzeitbedingungen erhöht diesen Streß noch. Wenn die Datenrate, die ein System gerade noch verarbeiten kann, geringer als die vom Testmaterial erzeugte Datenrate ist, kommt es zum Data Overrun. Es gehen beispielsweise Messdaten verloren oder werden verstümmelt.
- Abbrüche, die aufgrund der Verletzung von maschinellen Grenzbedingungen systemseitig ausgelöst werden, geben dem Programm normalerweise die Kontrolle über die Abruchbehandlung nicht mehr zurück. Beispiel: Verwendung einer ungültigen Adresse. Das Programm kann dann nicht mehr protokollieren, wo es gerade steht, was wertvolle Rückschlüsse auf die Abbruchursache(n) ermöglichen würde. Falls dann gerade ein Trace-Protokoll angefertigt wird, ist es unvollständig, wenn wie üblich die Trace-Daten vom System in einem Puffer gesammelt und erst bei vollem Puffer oder bei ordentlicher Lauf-Beendigung ausgegeben werden. Bei einem systemseitigen Abbruch wird der Pufferinhalt aber verworfen. Dann fehlen die möglicherweise entscheidenden Hinweise, die sich aus dem Verfolgen der allerletzten Arbeitsschritte vor dem Abbruch ergeben. Dump-Auswertungen nach solchen Abbrüchen sind mühsam und nicht immer erfolgreich.

  Noch schlechter ist es in solchen Fällen, in einer relationale Tabelle zu protokollieren, weil das die anschließende Trace-Auswertung zu erleichtern scheint. Bei einem Abbruch – ob vom Programm oder vom System ausgelöst, ist egal – findet ein Rollback zum letzten Konsistenzpunkt der Tabelle statt, den ein COMMIT gesetzt hat. Falls versäumt wurde, regelmäßig COMMITs auszusprechen, geht der Rollback bis zum Anfang zurück und löscht somit das komplette Protokoll. In Programmen, die mit relationalen Beständen arbeiten, sind COMMITs zwar durchaus üblich, aber sie orientieren sich an fachlichen Bestandsgrenzen, nicht an Testbedürfnissen. COMMITs verlangsamen zudem die Verarbeitung deutlich. Es ist daher nicht zu empfehlen, nach jedem Protokollpunkt einen COMMIT abzusetzen.
- Die Standardmedien, die häufig für die Trace-Protokollierung verwendet werden, ähneln den früheren Schnelldruckern. Das heisst, dass sie beispielsweise eine maximale Zeilenlänge von 132 Zeichen besitzen und längere Ausgaben einfach auf Folgezeilen hart umbrochen werden. Sucht man in solchen Protokolldateien mit Suchkommandos nach bestimmten Zeichenfolgen, so können diese durch harte Zeilenumbrüche geteilt worden und damit auf diesem Weg unauffindbar sein. Binärdaten, Zahlen im internen Format und andere Daten, die nicht in lesbarer Form konvertiert vorliegen, können zu bizarrem Verhalten bei der Anzeige oder beim Ausdrucken führen, weil sie als Ausgabesteuerzeichen missverstanden werden.

  Generell ist davon abzuraten, große Speicherbereiche auf diese Weise in Druckausgabe umsetzen zu lassen. Selbst professionell gestaltete Dump-Listings sind meist schwer lesbar. Deshalb ist ihre Auswertung sehr zeitaufwendig. Das entmutigt viele Programmierer(innen), den beobachteten Defekten auf den Grund zu gehen. Stattdessen sind Umgehungslösungen an der Tagesordnung.

- Die Trace-Ausgabe in Dateien ist ein Blindflug. Es ist unmöglich, während eines Produktions- oder Testlaufs die dabei erzeugten Trace-Protokolle einzusehen, wenn die Protokolldateien gegen Lesezugriffe gesperrt sind – und das ist praktisch in allen Systemen bei einfachen Dateien üblich. Beim Protokollieren in relationalen Tabellen wird dagegen zumindest nach jedem COMMIT die seit dem Laufbeginn oder dem letzten COMMIT gespeicherte Aufzeichnungsstrecke zum Lesen freigegeben. In Datenbanksystemen, die auch einen Uncommitted Read zulassen, können sogar die aktuellsten, noch nicht bestätigten Zeilen eingesehen werden. Allerdings greift hier der oben genannte Einwand bei Abbrüchen um so mehr, weil die Protokollstrecke zwischen zwei COMMITs normalerweise deutlich länger als die Zeit ist, die zum Füllen eines Dateiausgabepuffers benötigt wird. Es geht dann mehr Pfadinformation verloren.
- Massendatentests sind per Breakpoint Debugging so gut wie unmöglich. Selbst wenn der Debugger es ermöglicht, eine oder mehrere Anhaltebedingungen zu spezifizieren, sind diese meist nicht präzise genug formulierbar. Das liegt daran, dass Debugger oft sehr maschinennah arbeiten, mit den komplexen Konstrukten in einem Programm also nur sehr bedingt etwas anzufangen wissen. In der Folge geraten zahllose harmlose Datenkonstellationen in die im Code gestellten Bedingungsfallen, die es zu einem stundenlangen Geduldsspiel machen können, die eigentlich gesuchten Ausreißer zu erkennen. Zudem ermüdet dabei die Aufmerksamkeit so sehr, dass nicht selten falsch oder gar nicht auf das Auftauchen einer gesuchten Datenkonstellation reagiert wird. Der Zwang, immer wieder dieselben Debug-Abfragen eingeben zu müssen, macht diese Arbeit zur Qual.
- Es gibt Situationen, in denen noch nicht einmal ein Debugger gestartet werden kann, um eine „hängengebliebene" Anwendung zu inspizieren. Falls das Betriebssystem einerseits eine Debugging-Session nur dann eröffnet, wenn das betreffende – transaktionsorientierte – Programm mindestens einen Befehl ausführt, dieses sich aber andererseits unbeabsichtigt in einem unendlichen Wartezustand befindet, kann man nicht mehr herausfinden, wie es dazu kommen konnte.
- Tracing, wenn es nicht exzessiv geschieht, verlangsamt die mit Trace-Anweisungen instrumentierten Programme nicht wesentlich. Es kann also auch dazu verwendet werden, Interaktionen zwischen Kommunikationspartnern zu verfolgen, die einander nur kurze Zeit für erwartete Antworten geben. Eine typische Anwendung dafür ist eine Gerätesteuerung durch einen Rechner, bei der das Gerät für jede seiner Nachrichten an den Rechner eine kurzfristige Antwort benötigt und eine Störung unterstellt, wenn diese nicht schnell genug eintrifft. Wenn sich trotz scheinbar korrekten Verhaltens des Rechners eine Blockadesituation einstellt, wüsste man also gern, wie der zeitliche Ablauf war. Hierfür müsste das jeweilige Protokoll auch die Zeitpunkte der Interaktionen enthalten, was zusätzlichen Codieraufwand erfordert, und es müsste ein schnelles Screening geben, um die Zeitfolgen über viele Protokollseiten hinweg vergleichen zu können. In gewöhnlichen Trace-Ausgaben können die momentan nicht interessierenden Teile jedoch nicht ausgeblendet werden, und es gibt nur eine Granularitätsstufe.
- Es ist mühsam, von Hand die Protokollpunkte zu bestimmen und diejenigen Datenelemente auszuwählen, deren Inhalte an diesen Punkten aufgezeichnet werden sollen. Das könnten automatische Generierungsfunktionen, die sich auf Compiler-Erkenntnisse stützen, zumindest erheblich erleichtern. Solche Funktionen stehen jedoch höchst selten zur Verfügung.

Das sollte genügen. Die primitiven Formen der Trace-Protokollierung in Dateien und in relationalen Tabellen sind eben nur sehr begrenzt nützlich. Auch das Breakpoint Debugging versagt bei umfangreichen Testfällen oder engen Zeitbedingungen. Es wäre aber naiv, anzunehmen, die Rechnerhersteller hätten das erkannt und bessere Instrumente entwickelt. Daran kann man anscheinend nicht genug verdienen. Oftmals kommen die Testwerkzeuge als wacklige Aufsätze auf den Betriebssystemen daher, mit denen sie nicht so eng verzahnt interagieren, wie es nötig wäre. Die Aufzeichnungsfähigkeiten sind meist kümmerlich, und Repository-Funktionen für eine fundierte Testprotokollierung fehlen praktisch immer. Das ist angesichts der zentralen Bedeutung des guten Testens für die Anwendungs- und Systementwicklung erschreckend wenig.

„Wer kritisiert, muss auch sagen, wie es besser gehen soll." Dieser Spruch ist zwar meistens dazu gedacht, Kritiker zum Schweigen zu bringen, aber er sollte auch nicht dazu dienen, es sich bequem zu machen. Frustriert von den damaligen Testmöglichkeiten hat der Autor 1983 - 1984 ein eigenes Test-Tool – EXAMINE – entwickelt und es 1993 marktfähig gemacht. Dieses Werkzeug wurde unter anderem für folgende Aufgaben verwendet:

a) die Entwicklung eines Zeiterfassungssystems für Fabriken mit vielen Ausweislesegeräten
b) die Programmierung systemnaher Serverprozesse (beispielsweise zum Anschluss einer DCF-Uhr)
c) die Aufklärung der Driver-Absturz-Ursachen durch den Autor (siehe Kapitel „12.1.2 T.O.O. S.M.A.R.T." auf Seite 308 ff)

Das nun folgende Unterkapitel beschreibt EXAMINE, soweit das für die Perspektive dieser Buchreihe als interessant erscheint.

15.4.4 Pfadprotokollierung mit Ausgabe in einen Trace-Speicher

Die zuvor genannten Themen gehören z.T. zu einem umfassenden Fabriksteuerungssystem, das zur Entwicklungszeit auf Tandem-NonStop-Systemen lief. Seit 2002 wird diese Rechnerlinie unter dem Namen „HP Integrity NonStop Server" von HP (seit 2015: Hewlett Packard Enterprise) weiterentwickelt. Mit dem NonStop-II-System von 1981, dessen Betriebssystem „Guardian" hiess, kamen die Extended Segments, die es immer noch gibt. Das sind zusätzliche Speicherbereiche mit 32-Bit-Adressierung, die der bisherigen 16-Bit-Adressierung praktisch unbegrenzten Speicherplatz hinzuzufügen ermöglichten, weil jedes Programm zahlreiche solche Segmente haben konnte. 1983 kam das mehr als doppelt so schnelle NonStop TXP mit bis zu 8 MB Hauptspeicher pro CPU, was für damalige Rechner auf diesem Gebiet viel war. Die NonStop-Systeme hatten mindestens 2 CPUs und konnten bis zu 16 CPUs umfassen.

Die Basis für die Extended Segments bildet der virtuelle Speicher. Zu jedem solchen Segment gehört eine Auslagerungsdatei von damals maximal 127,5 MB. Eine Virtual Memory Handler-Funktion verwaltet diese Segmente wie jeden anderen virtuellen Speicher auch, lagert also wenig benutzte Seiten des Hauptspeichers auf eine Platte aus oder holt benötigte Seiten von dort zurück. Ein unter Guardian laufendes Programm hieß „Prozess". Wenn ein Prozess sich beendete oder vom System abgebrochen wurde, schrieb die Speicherverwaltungsfunktion alle noch im Hauptspeicher liegenden Seiten der von diesem Prozess benutzten Extended Segments in ihre jeweilige Auslagerungsdatei. Der Inhalt eines solchen Segments konnte jederzeit, auch während der jeweilige Prozess damit arbeitete, von einem anderen Prozess aus gelesen und auch geändert werden, der die nötigen Zugriffsrechte besaß.

Damit bot sich damals erstmals die Chance, die im vorherigen Unterkapitel beschriebenen großen Nachteile des primitiven Tracings und des Breakpoint Debuggings durch eine rundum bessere Lösung zu überwinden. Die folgenden Abschnitte beschreiben diese Lösung aus der Perspektive von 1993.

Aufzeichnung im virtuellen Speicher: schnell, elegant und – falls gewünscht – unlimitiert

Die Trace-Segmente können sowohl als Wrap Around-Speicher mit einer einzigen Auslagerungsdatei zur Aufzeichnung einer begrenzten aktuellen Datenmenge als auch als Segmentkette aus – theoretisch – unbegrenzt vielen Auslagerungsdateien betrieben werden, die miteinander bidirektional verknüpft sind. Aktuell nicht benötigte Auslagerungsdateien lassen sich beispielsweise auf Band zur Entlastung des Plattenspeichers und für spätere Analysen archivieren. Damit steht ein praktisch unlimitiertes Datenvolumen zur Verfügung. Während des Laufs kann ausserdem zwischen diesen Betriebsarten umgeschaltet werden.

Die Nutzung des virtuellen Speichers ermöglicht, die Trace-Daten ohne die Nachteile sequentieller Dateien und ohne die Zugriffsaufwände für indexbasierte Dateistrukturen mit maximaler Geschwindigkeit aufzuzeichnen und auf sie – auch aus einem anderen Prozess heraus – wahlfrei zuzugreifen. Dies ist sowohl nach dem Ende eines Prozesses als auch während seines Laufs möglich. Tracing mit EXAMINE-Unterstützung ist also kein Blindflug. Aufträge an die Aufzeichnungslogik können in den Trace-Segmenten – asynchron – hinterlegt oder interaktiv – synchron – erteilt beziehungsweise zurückgezogen werden. Dadurch können Tests auch unüberwacht nachts oder am Wochenende stattfinden, wenn es um Verarbeitungen geht, die beispielsweise jede Nacht automatisch gestartet werden. Die Auswertung der Aufzeichnungen erfolgt dann offline zu normalen Zeiten.

Kein Datenverlust bei Lauf-Abbruch

Der jeweils letzte von einem Prozess erzeugte Trace-Eintrag und die damit verknüpften Verwaltungsdaten bleiben unabhängig vom Grund für die Laufbeendigung stets erhalten. Durch defensive Programmierung ist die innere Konsistenz der Trace-Daten stets gewährleistet. Das ist insbesondere für die rückwärtsgehende Analyse von Abbruchursachen ein wesentlicher Fortschritt.

Falls der betroffene Prozess nach einem schweren Fehler doch noch in seinem Trap Handler die Kontrolle zum Zweck der ordentlichen Beendigung zurückerhält, kann er beliebige Speicherinhalte und Informationen über aktuell offene Dateien in sein Trace-Segment schreiben lassen, bevor er den ABEND (= Abnormal End) aufruft. Damit ist es im Allgemeinen möglich, die Abbruchursachen rasch zu klären.

Datenbankähnliche Speicherungsstruktur

Jedes Trace-Segment ist in Kopfdaten (Header Area), Indexbereich (Index Area) und Tracedatenbereich (Trace Entity Area) gegliedert. Die Segmentgröße ist von 40 bis 65.280 Pages (K Worte zu 16 Bits) frei wählbar. Beim Anlegen des Segments kann der prozentuale Anteil der Verwaltungsdaten vorgegeben werden (5% ... 50%, Default 30%) . Je kürzer die eigentlichen Trace-Einträge sind, um so mehr Indexblöcke werden benötigt, da jeder Trace-Eintrag ein Element in einem Indexblock der untersten Ebene erfordert.

Die „Abbildung 15.6: Speicherungsstruktur von EXAMINE" auf Seite 486 zeigt oben die Segmentgliederung und darunter die Erschließung der Trace-Daten durch einen dreistufigen Indexbaum mit horizontaler bidirektionaler Verkettung auf dem Level 3.

Die „Current Trace Entity" enthält die soeben aufgezeichneten Daten. Ein Eintrag im zugeordneten Indexblock der Ebene 3 verzeigert auf diese Daten. Dieser Block ist noch nicht ganz gefüllt. Sobald er voll ist, wird ein neuer Indexblock begonnen und im aktuellen Indexblock der Ebene 2 registriert. Dasselbe gilt analog für die Indexblöcke der Ebenen 2 und 1.

Aktionen bei vollem Trace-Segment

Batch-Prozesse, die große Datenmengen abarbeiten, schreiben natürlich in kurzer Zeit sehr viele Trace-Einträge, während statische Serverprozesse, die ihre Aufträge durch Interprozessnachrichten erhalten, vergleichsweise gering aktiv sind. Daher kann es je nach Art des untersuchten Prozesses Minuten oder auch – viele – Tage dauern, bis das aktuelle Trace-Segment voll ist, weil es entweder keinen Freiplatz für Indexblöcke oder für Trace-Daten mehr gibt. Auf Wunsch kann der getestete Prozess dann einen DEBUG-Prompt auf „sein" Terminal schreiben, damit der Tester oder die Testerin Gelegenheit bekommt, die gesammelten Daten zu sichten und eventuell in ein anderes Segment zu kopieren. Letzteres wird er nur dann tun, wenn ein Wrap Around anstelle eines Trace Chain Switch stattfinden soll.

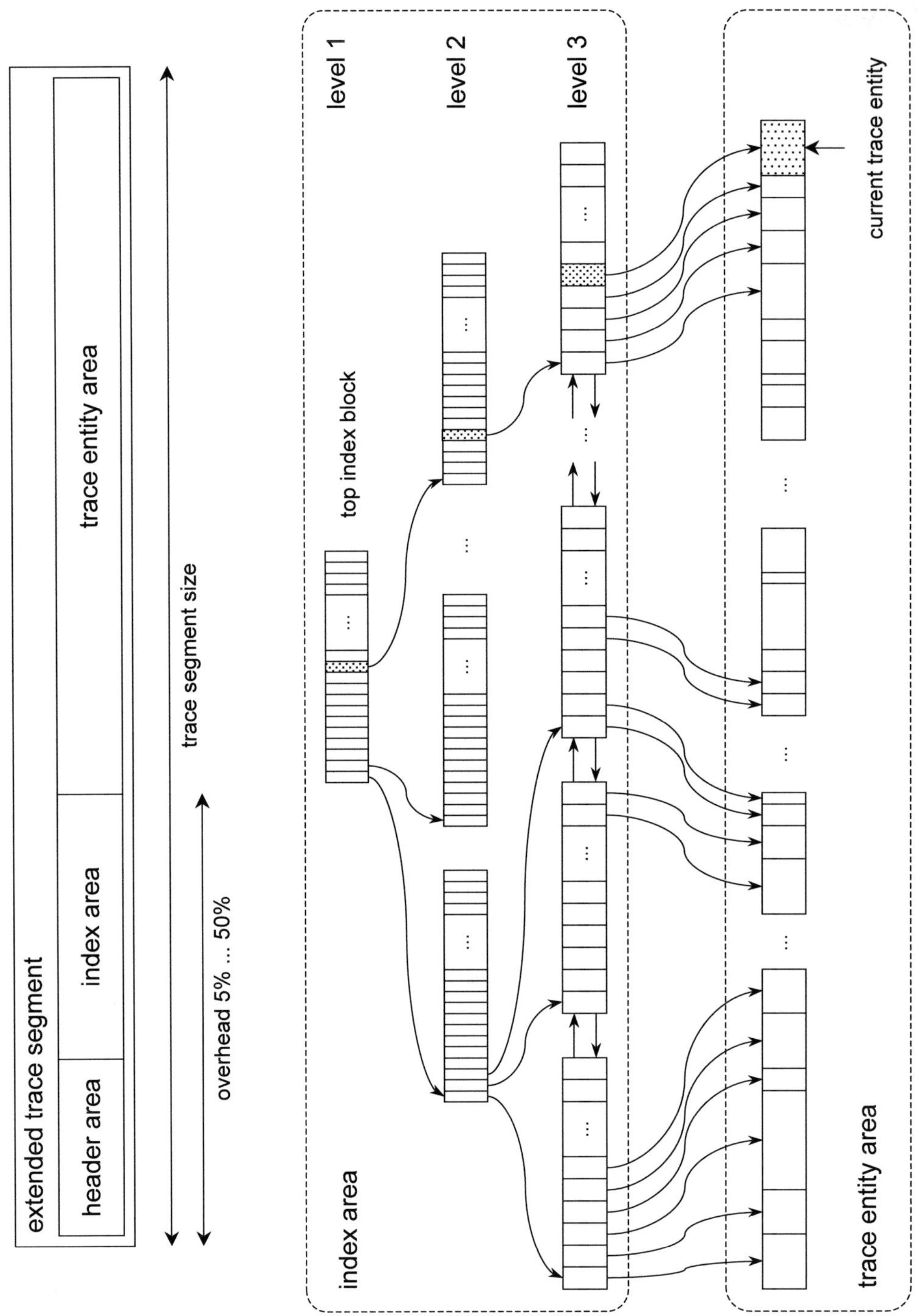

Abbildung 15.6: *Speicherungsstruktur von EXAMINE*

Beim Wrap Around wird das Trace-Segment zyklisch überschrieben, wobei darauf geachtet wird, für jeden neuen Trace-Eintrag nur so viele alte Daten aufzugeben, wie unvermeidbar. Das bedeutet, dass die Indexblöcke einzeln neu belegt werden und im Tracedatenbereich nur der benötigte Platz freigegeben wird. Dabei entsteht natürlich immer etwas Verschnitt, der für weitere Einträge genutzt wird, bis wieder ein Platzbedarf entsteht und so weiter. Freiwerdende Indexblöcke der Ebenen 2 und 3 werden wiederverwendet.

Bei einem Trace Chain Switch bleiben dagegen die bisherigen Trace-Daten erhalten und es wird ein neues Trace-Segment angelegt. Dorthin kopiert EXAMINE den Kopfdatenbereich und verknüpft diesen mit seinem

Vorgänger bidirektional mittels der Auslagerungsdateinamen. Ausserdem werden 5 Indexblöcke vorformatiert, bevor der erste neue Trace-Eintrag erfolgt.

Dieser Switch kann auch interaktiv ausgelöst werden, zum Beispiel wenn die Auswertung der bislang erzeugten Trace-Daten offline stattfinden soll, eventuell auf einem anderen System im Verbund mehrerer Tandem-Rechner. Das kann sinnvoll sein, um Testern keinen Zugang zu einem produktiven System zu geben, oder um eine Sicherung auf ein Band vorzunehmen, das an den Hersteller einer im Probebetrieb laufenden Software versandt wird.

Kopfdaten

Im prüfsummengeschützten Kopfdatenbereich sind Basisdaten zum Prozess und zum Trace-Segment, Prozedurlisten, Schalter für Access Points (disabled / suspended / conditionally enabled / enabled), Schalter für Trace-Calls (dito), Schalter-Bedingungslisten mit Masken und Vergleichswerten, die Namen der vorhergehenden und nachfolgenden Trace-Segment-Dateien etcetera gespeichert.

Indexbereich

Der Index ist ein Baum mit genau 3 Indexblock-Ebenen, wobei die Blöcke der Ebenen 1 und 2 je 292 Elemente, die Blöcke der Ebene 3 – für die Verwaltung der Trace-Einträge – je 156 Elemente aufnehmen können. Damit sind theoretisch 292*292*156 = 13.301.184 Trace-Einträge pro Segment möglich. Der Baum-Aufbau erfolgt dynamisch, beginnend mit 5 Indexblöcken (je einer für die Ebenen 1 und 2, drei für die Ebene 3). Pro Level-3-Eintrag wird der jeweils aktuelle Timestamp gespeichert. Die Online-Navigation geschieht per Direktzugriff, sequentiellem, index-sequentiellem und skip-sequentiellem Vorwärts- und Rückwärtspositionieren. Die Level-3-Blöcke sind bidirektional verkettet.

Tracedatenbereich

Wegen der maximalen Segmentgröße von 127,5 MB sind tatsächlich nur bis zu 3.486.444 kürzestmögliche Trace-Einträge (zu 12 Bytes) möglich (minus geringem Verschnitt). Der oberste Indexblock wird also nie voll. Bei normaler durchschnittlicher Eintragslänge und einem Overhead von etwa 30% für die Verwaltung wurden circa 10.000 Trace-Einträge pro MB beobachtet. Das sind circa 100 Bytes pro Eintrag inklusive Verwaltung.

Prozedurpaket

Die Trace-Einträge und die sie verwaltenden Indexelemente werden durch die zentrale Prozedur `TRACE()` erzeugt, die nicht direkt aus dem zu testenden Prozess aufgerufen wird. Dieser verwendet Interface-Prozeduren zu `TRACE()`, nämlich `TRACEADDR()` / `TRACEADDRX()` / `TRACEDATA()` / `TRACEDATAX()` / `TRACEDSCS()` / `TRACEDUMP()`, sowie die Prozedur `TRACEINIT()` zum Anlegen der Trace-Segmente. Die internen Hilfsprozeduren `TRACE^CHAIN^SWITCH()` und `TRACE^FILE^NAME()` unterstützen `TRACE()` und `TRACEINIT()`.

- `TRACEADDR()` und `TRACEDSCS()` kopieren wort-adressierbare Trace-Daten aus dem gesamten 16-Bit-Adressraum.
- `TRACEADDRX()` und `TRACEDATAX()` kopieren Trace-Daten aus weiteren Extended Segments, die der zu testende Prozess zusätzlich zum 16-Bit-Adressraum nutzt, sowie byte-adressierbare Daten aus den oberen 32K Worten des 16-Bit-Adressraums.

- TRACEDATA[X]()-Aufrufe werden für COBOL-Programme und TRACEADDR[X]()-Aufrufe für T/TAL-Programme verwendet, weil sich deren Parameterübergabekonventionen unterscheiden.
- TRACEDSCS()-Aufrufe werden aus T/TAL-Programmen mit Deskriptorlisten versorgt, wie sie etwa für das Checkpointing im Rahmen der NonStop-Programmierung verwendet werden.
- TRACEDUMP() erstellt wahlweise einen Dump der Global Area, oder einen Dump der Local Area (Prozedur-Stack), die sich beide im 16-Bit-Adressraum befinden, oder eine File List mit Angaben zu den aktuell offenen Dateien, oder eine Kombination davon als Trace-Eintrag.
- TRACEINIT() legt ein neues Trace-Segment an oder verwendet ein vorhandenes – durch Benennen seiner Auslagerungsdatei – erneut. Es baut den Kopfdatenbereich auf und legt 5 Indexblöcke an. 4 verschiedene Namensformen werden unterstützt: starrer Name / Monat-und-Tag-Format / CPU-und-Prozess-ID-Format / CPU-und-Nummer-Format mit Nummern von 0 bis 999.
- Illegale Adressen, Längen oder File Numbers (Nummern, die das Betriebssystem für Dateien aller Arten beim Öffnen vergibt) werden von den TRACEXXX()-Prozeduren erkannt und in den Trace-Einträgen dokumentiert. Sie führen nicht zum Abbruch. Diese Prozeduren sind extrem fehlertolerant ausgelegt, damit sie die zu testenden Programme nicht stören und keine Abbrüche verursachen.

Die „Abbildung 15.7: Hierarchie der Trace-Prozeduren und Zugriffe auf das Trace-Segment" auf Seite 489 zeigt diese Hierarchien und ihre Position zwischen dem zu testenden Prozess einerseits und dem aktuell bearbeiteten Trace-Segment andererseits.

Instrumentierung der zu testenden Prozesse

TRACEXXX()-Aufrufe können manuell eingefügt oder teilautomatisch generiert werden. Das Programm TRACEREF startet die Compiler für T/TAL oder drei COBOL-Dialekte, liest deren Listings, sowie die jeweilige Quelldatei ein und generiert daraus eine – um Protokollpunkt-Informationen – erweiterte Quelle. Diese muss editiert und anschliessend mit dem Programm ADDTRACE in eine übersetzbare Form gebracht werden. Dabei orientiert sich TRACEREF allein an den vom jeweiligen Compiler erkannten Anweisungen, die Speicherinhalte ändern oder solche per Call by Reference übergeben, wodurch diese geändert werden könnten. Damit ist normalerweise bereits eine dichte Verteilung von Protokollpunkten über das Programm möglich. Zusätzliche TRACEXXX()-Aufrufe können manuell auf einfache Weise angefordert oder vollständig selbst codiert werden.

ADDTRACE konvertiert die Protokollpunkt-Vorgaben in aktivierte TRACEXXX()-Aufrufe und vergibt fortlaufende Trace-Aufruf-Nummern von 0 bis 8191, die beim Lauf in die Trace-Einträge und ihre Indexelemente übernommen werden. Nach Änderungen kann eine Neunummerierung mit dem Programm NUMTRACE stattfinden, das die geänderte Quelldatei liest, diese auf Trace-Aufrufe scannt und eine durchnumerierte Kopie ausgibt. Bei Programmen aus mehreren separat kompilierten Einheiten ist die Vergabe von Nummernbereichen sinnvoll, um die Trace-Einträge später schon anhand ihrer Nummern eindeutig zuordnen zu können.

TRACECOM

Zur Untersuchung eines aktuell benutzten oder eines „hinterbliebenen" Trace-Segments dient das Programm TRACECOM, das mit 40 mächtigen Kommandos die Trace-Analyse und das Breakpoint Debugging unterstützt. TRACECOM gibt zusätzlich viele Informationen über den jeweils untersuchten Prozess inklusive Prozedurlisten aus. Sowohl die interaktive Trace-Analyse wie auch das Ausführen von Kommandos aus Skriptdateien, zum Beispiel zum Einstellen der Schalter für bestimmte Testszenarien, werden von TRACECOM umfassend unterstützt. Für viele Kommandos und Parameter, die aus mehreren Zeichen bestehen, sind 1-Zeichen-Abkürzungen möglich.

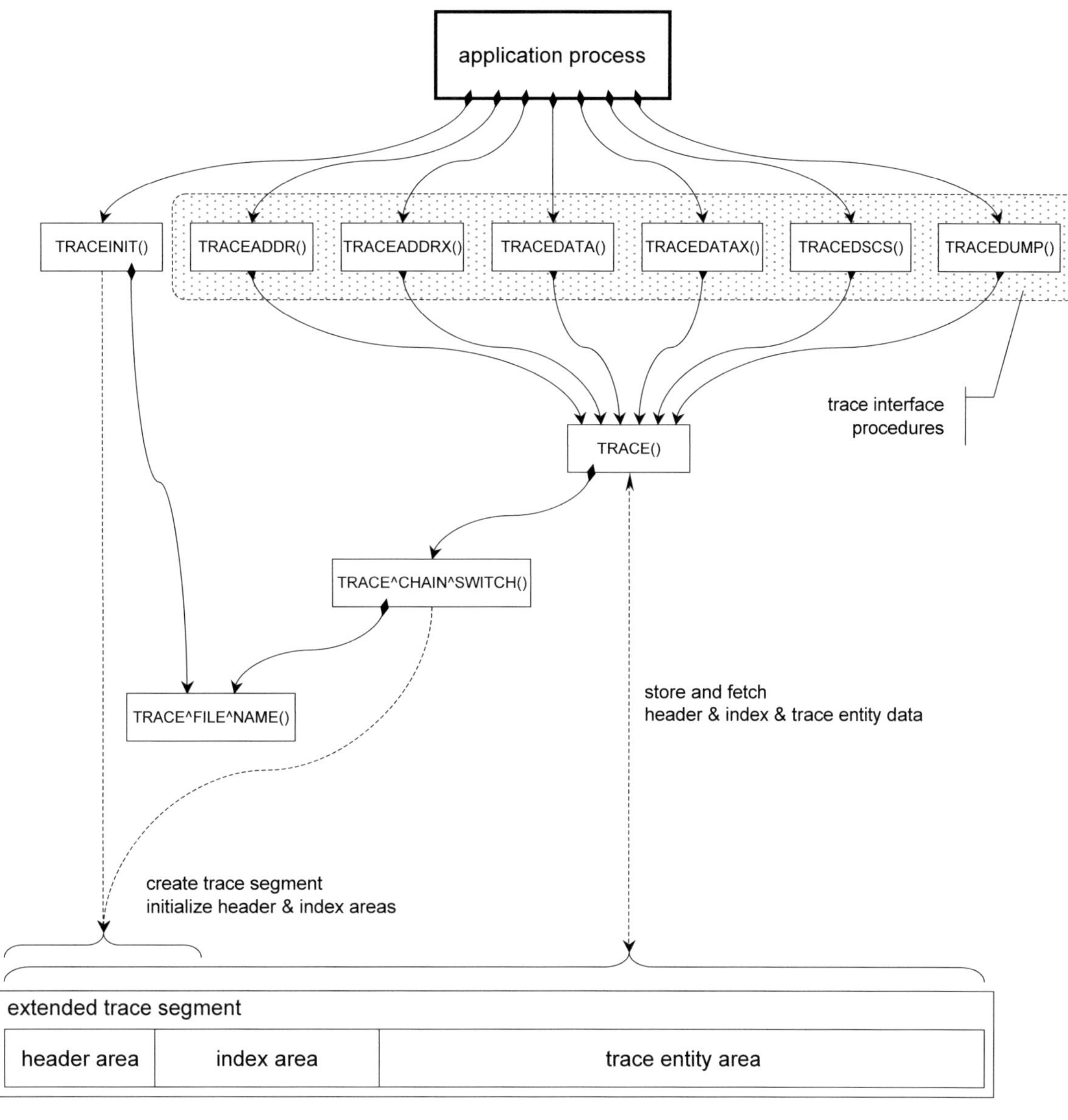

Abbildung 15.7: *Hierarchie der Trace-Prozeduren und Zugriffe auf das Trace-Segment*

Hinweis: Der Aufrufpfeil mit der Raute am rufenden Modul bedeutet, dass jede der gezeigten Prozeduren als Funktion aufrufbar ist, also einen Rückmeldewert – im Allgemeinen einen Fehlercode – erzeugt.

`TRACECOM` ermöglicht es, interaktiv Berechnungen mit 16 oder 32 Bit Länge – auch geklammert – auszuführen, wobei Registerinhalte und aufgezeichnete Daten einbezogen werden können. Die Ergebnisse werden in mehreren Zahlformaten angezeigt und können für weitere Rechenschritte in 16 Akkumulatoren zwischengespeichert werden.

15

Trace-Analyse mit TRACECOM

- Trace-Einträge können in mehreren Granularitätsstufen ausgegeben werden: a) als Listen von Trace-Aufruf-Nummern = Pfadprotokollierung ohne Zusatzinformationen, b) als Top-Daten zu den Trace-Einträgen, c) zusätzlich mit Prozedur-Stack, d) komplett mit den Trace-Daten, e) als Detailausgabe hexadezimal / dezimal / oktal / ASCII- oder EBCDIC-Zeichen.
- Die Anzeige von Trace-Daten kann unkomprimiert oder komprimiert – mit Zusammenfassung von Bereichen gleichen Inhalts – erfolgen. Die Komprimierung ist sehr nützlich, wenn große, gleichförmig gefüllte Speicherbereiche aufgezeichnet wurden.
- Die Vorgabe von Suchfiltern ist möglich, sowohl nummerngestützt als auch mit Inhaltsbedingungen und unteren / oberen Zeitlimits.
- Bidirektionales automatisches oder kommandogesteuertes Positionieren (5 Varianten) ist implementiert.
- Bidirektionales Springen von Trace-Segment zu Trace-Segment oder an die Segment-Ketten-Enden erfolgt aufgrund von Kommandos oder automatisch beim Nachverfolgen einer Aufzeichnung, wenn diese eine Segmentgrenze überquert. Fehlende – gelöschte / archivierte – Auslagerungsdateien werden toleriert.
- Die interaktive Aktivierung und Deaktivierung von Protokollpunkten dient dazu, die Aufzeichnungen bedarfsabhängig steuern zu können. Normalerweise sind die `TRACEXXX()`-Aufrufe – per Parameter – in der Source aktiviert; sie können aber auch deaktiviert sein. In beiden Fällen wird letztlich `TRACE()` aufgerufen, wo aufgrund dieses Parameters oder der durch `TRACECOM`-Kommandos hinterlegten Vorgaben – eventuell anhand von Bedingungsprüfungen – darüber entschieden wird, ob tatsächlich ein Trace-Eintrag erfolgt.

Die „Abbildung 15.8: Beginn der Trace-Analyse mittels TRACECOM im FILE-Modus" auf Seite 491 zeigt `TRACECOM` und ein einzelnes Trace-Segment am Beginn der Analyse im FILE-Modus. Dieser Modus öffnet das Trace-Segment read-only und kann auch parallel zu einer laufenden Aufzeichnung verwendet werden. Er wird jedoch meistens zur Analyse im Post-Mortem-Fall, also nach einem Abbruch oder einer normalen Lauf-Beendigung verwendet.

Durch Betätigen von Enter auf den Prompt hin gibt `TRACECOM` die Daten aus dem 1. Trace-Eintrag mit der Trace Entity-Nummer 0000000 aus und positioniert auf den nächsten Eintrag. Bei einem späteren Trace-Segment wird anstelle von 0000000 eine wesentlich höhere Nummer angezeigt. Wenn sie mehr als 7 Stellen benötigt, zeigt `TRACECOM` nur die hinteren 7 Stellen an und korrigiert den Offset intern, zum Beispiel bei Vorgabe der Nummer einer anzuzeigenden oder zu druckenden Trace Entity.

Breakpoint Debugging mit TRACECOM

- `TRACECOM` und der zu testende Prozess müssen dafür in derselben CPU laufen.
- `TRACECOM` wählt sich per SHARE-Kommando in dieses Segment ein, wobei entweder die CPU und die ID des zu testenden Prozesses – die PIN = process identification number – vorzugeben sind, oder der Name der Auslagerungsdatei, in der `TRACECOM` die – vom Betriebssystem geforderten – CPU- und PIN-Daten findet.
- Danach können interaktiv Access Points aktiviert werden. Das geschieht durch Vorgabe derjenigen Trace-Aufruf-Nummern (und eventuell zusätzlicher Bedingungen), an denen `TRACE()` anhalten und einen Dialog mit `TRACECOM` aufnehmen soll. Es können auch „alle" aktiviert werden. Diese Funktion ist davon unabhängig, ob ein Trace-Eintrag erzeugt wird.
- Zahlreiche Kommandos ermöglichen die Inspektion der Speicherbereiche des Programms.
- Daten in den 16-Bit- und 32-Bit-Adressräumen der Anwendung können gezielt geändert werden, entweder durch direkte Vorgabe, oder durch Übernahme von Akkumulatorinhalten.

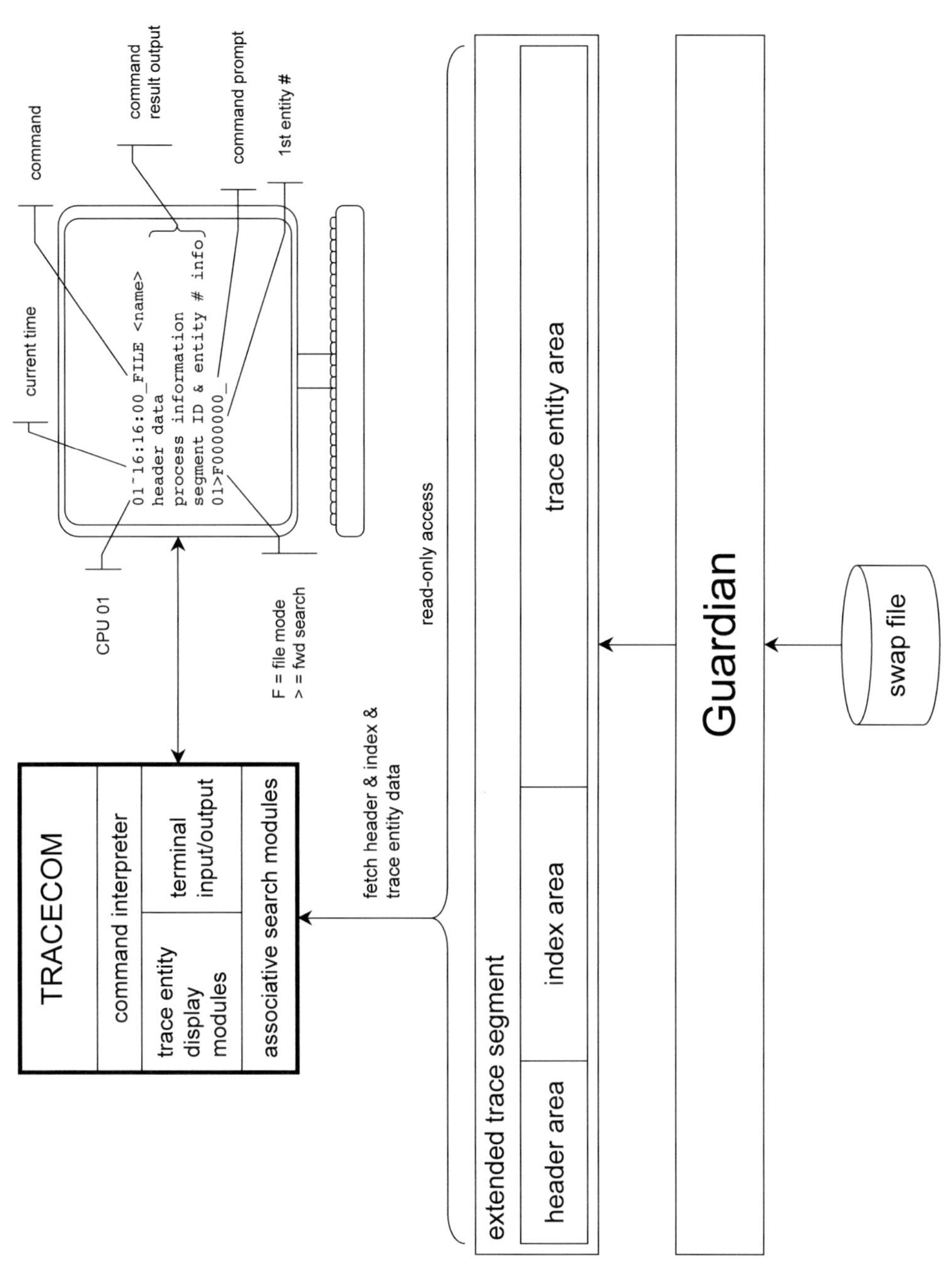

Abbildung 15.8: Beginn der Trace-Analyse mittels TRACECOM im FILE-Modus

- Trace-Einträge einschliesslich Speicherdumps können kommandogesteuert – meist interaktiv – zusätzlich angefordert werden. Das ist nützlich, um beispielsweise unerwartete Beobachtungen im Trace-Segment dokumentieren zu können.
- Die herstellereigenen Debugging-Tools (`DEBUG` / `INSPECT`) werden auf ein `TRACECOM`-Kommando hin aus `TRACE()` heraus aufgerufen.
- Das Überspringen von aktivierten Access Points mit Angabe einer Ziel-Liste und `OVER` / `TO` erleichtert die Testarbeit, weil es erspart, zahlreiche Prompts am Terminal quittieren zu müssen.

15

- Bis zu 20 weitere – mit `TRACEXXX()`-Aufrufen instrumentierten – Prozesse können gezielt „eingefroren" und später wieder „aufgetaut" werden, um Data Overrun oder Timeouts zu verhindern.
- Das Deaktivieren von Access Points ist jederzeit möglich, auch komplett.

Die „Abbildung 15.9: Beginn der Trace-Analyse mittels TRACECOM im SHARE-Modus" auf Seite 493 illustriert die direkte / indirekte Interaktion von `TRACECOM` und `TRACE()` beim Breakpoint Debugging.

Die indirekte Kommunikation dient dazu, Anweisungen an `TRACE()` zu geben, die darin beim jeweils nächsten Aufruf beachtet werden, zum Beispiel die, bestimmte `TRACEXXX()`-Aufrufe zu deaktivieren oder – bedingt – zu aktivieren. Im gezeigten Beispiel hinterlegt `TRACECOM` nach erfolgreichem Öffnen des Trace-Segments im SHARE-Modus in dessen Header die Anweisung, sich bei jedem `TRACEXXX()`-Aufruf bei `TRACECOM` zu melden und in einen Interprozessdialog einzutreten. Hier wird die Situation gezeigt, dass der zu testende Prozess soeben erst anläuft, also noch keine Trace Entities vorhanden sind. `TRACECOM` wartet nach der Kommandoeingabe auf eine Nachricht seitens `TRACE()` oder darauf, dass der Tester oder die Testerin die BREAK-Taste am Terminal drückt, um selber wieder initiativ zu werden.

Sobald diese Nachricht eintrifft, wird der Kontakt am `TRACECOM`-Terminal gemeldet und es erscheinen weitere Angaben (Befehlsadresse des `TRACEXXX()`-Aufrufs, Entity-Nummer, Trace-Aufruf-Nummer). Nun können interaktiv oder aus einer Kommandodatei heraus Anweisungen an `TRACE()` gegeben werden. Meist geht es darum, sich Speicherinhalte – in mehreren Formaten, wählbar – anzeigen zu lassen, seltener um das gezielte Ändern einzelner Speicherelemente oder das Erzeugen zusätzlicher Trace Entities. Es ist aber beispielsweise auch möglich, die Standard-Test-Werkzeuge DEBUG oder INSPECT für den untersuchten Prozess zu aktivieren. Diese melden sich dann auf dem Home Terminal dieses Prozesses. Beide Breakpoint Debugging-Formen, die traditionellen und die von EXAMINE unterstützten, können somit parallel genutzt werden.

Das ist besonders dann wichtig, wenn NonStop-Prozesse getestet werden. Diese bestehen aus einer „Primary", welche die Arbeit tut, und einem „Backup", der auf den Ausfall der Primary wartet und von dieser ständig mit Fortschrittsinformationen versorgt wird. Wenn die Primary-CPU ausfällt oder der Primary-Prozess abnormal endet, übernimmt der Backup-Prozess. Dieser Vorgang, „Takeover" genannt, ist überaus heikel. Es kann dabei einiges schiefgehen, wenn sich die neue Primary nicht absolut richtig verhält. Das kann mittels EXAMINE aufgezeichnet und eventuell mit Hilfe des Breakpoint Debugging genauestens untersucht werden, bevor womöglich ein Amoklauf wegen fehlerhafter Takeover-Routinen beginnt.

Vorläufiges Fazit

Es würde zu weit gehen, ausführlicher auf die zahlreichen Möglichkeiten einzugehen, die EXAMINE bietet. Hier geht es nur darum, Ihnen einen Eindruck zu vermitteln, welch leistungsfähige Testwerkzeuge möglich wären, gäben sich die Betriebssystemhersteller mehr Mühe. Durch eine gelungene Integration solcher Werkzeuge mit der jeweiligen Systemumgebung und den Entwicklungsumgebungen, unterstützt durch die heutigen visuellen Darstellungsmöglichkeiten, erscheint eine neue Qualität des Testens als greifbar nahe.

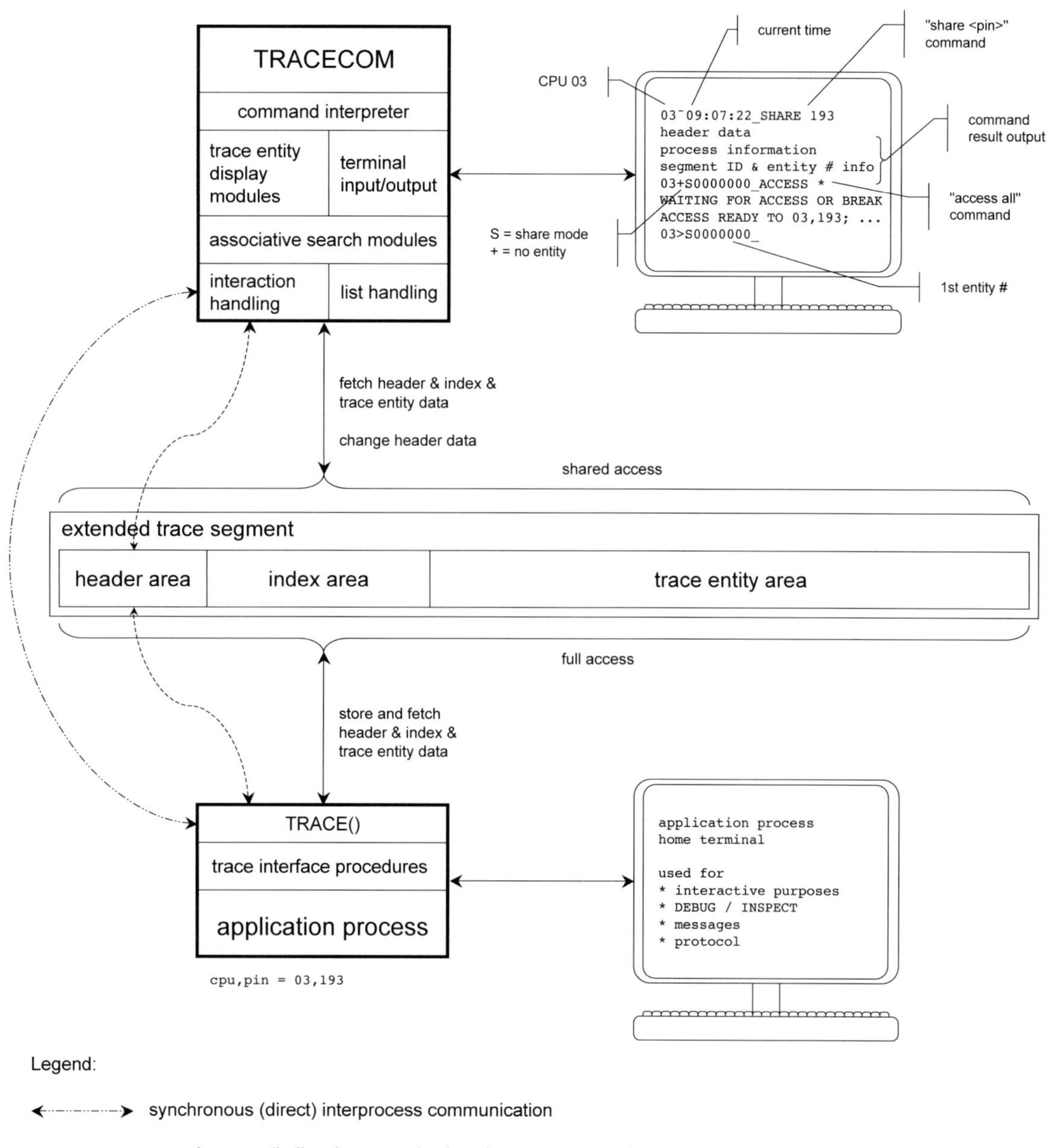

***Abbildung 15.9:** Beginn der Trace-Analyse mittels TRACECOM im SHARE-Modus*

Hinweis: Der Swap-File und das Betriebssystem wurden hier weggelassen.

06/2016 Segeljacht im Hafen von Oneglia (Imperia, Ligurien)

Test III

Die Idee gestaffelter, aufeinander aufbauender Tests ist keine Erfindung der Informatik. Sie zählt vielmehr zum Allgemeingut der Ingenieurswissenschaften, die letztlich aus dem Handwerk hervorgegangen sind. Auch die manchmal quälende Frage, ob genug und vor allem das Richtige getestet wurde, ist nicht neu. Das gilt besonders dann, wenn ein technisches Werk sich unter Extrembedingungen bewähren muss, die sich kaum simulieren lassen. Ein gutes Beispiel dafür ist der Segelsport. Dort gibt es Hochseeregatten, die den Schiffen und ihren Besatzungen alles abverlangen, was gerade noch leistbar ist. Der Bau von Jachten[1], die an solchen Regatten teilnehmen sollen, hat sich daher zu einer Ingenieursdisziplin mit höchsten Ansprüchen an die Konstrukteure und ihr Material entwickelt.

Der Rumpf und das Deck werden in derselben Werft hergestellt. Sie müssen millimetergenau aufeinanderpassen, denn sie werden fest miteinander verklebt und verschraubt. Mast und Besegelung (Takelage, Rigg) werden von anderen Spezialisten hergestellt. Es ist ein besonderer Moment, wenn der Mast oder – wie auf dem nebenstehenden Bild – sogar zwei Masten mit dem Deck einer Jacht verbunden werden. Dann erweist es sich, ob die Verbindungselemente und deren Positionen tatsächlich exakt zueinander passen. Die Takelage wird dagegen von vornherein mit Toleranzen geplant, denn sie muss mit hohen Kräften, Nässe und Temperaturschwankungen zurechtkommen.

Der eigentliche Integrationstest besteht in der Erprobung auf dem Meer unter zunehmend härteren Bedingungen. Das entspricht wohlgemerkt nicht dem inzwischen verpönten IT-Testansatz „bolt it together and try", denn dabei werden ungetestete oder bestenfalls teilgetestete Komponenten zusammengeschraubt, deren Interaktion nicht vollständig vorhergesagt werden kann. Ein solch unprofessionelles Vorgehen wäre beispielsweise beim Schiffsbau vollkommen indiskutabel. Um zu verstehen, was einen professionellen Software-Integrationstest ausmacht, genügen allerdings die Analogien etwa zur Nautik nicht. Das Problem, dass potentiell hunderte oder gar tausende Komponenten in einem systematischen Verfahren integrationsgetestet werden müssen, hat man dort nicht. Daraus folgt nämlich ein Umschlag von Quantität in Qualität, der es erfordert, spezielle Testmethoden zu entwickeln.

In diesem Kapitel geht es hauptsächlich um den (Integrations-)Test von EvaluateSportsDS in der Java-Version. Der Integrationstest folgt dem Komponententest, in welchem die Korrektheit der Komponenten im Vordergrund steht. Ein Beispiel für den Komponententest wurde im vorherigen Kapitel anhand der File Services vorgestellt. Dem Integrationstest folgt wiederum – je nach Größe des Projekts – gegebenenfalls ein Systemtest, der das Zusammenspiel der integrationsgetesteten Komponenten auf der Systemebene untersucht. Damit würden wir allerdings das Gebiet der strukturierten Programmierung vollends verlassen und somit nicht nur das Thema dieser Buchreihe verfehlen, sondern ein unabsehbar großes Faß aufmachen. Andererseits ist es bei allen Tätigkeiten im Umfeld der IT-Produktentwicklung wichtig, diese in den sie umfassenden Kontext richtig einzuordnen. Dabei zeigt sich hier, dass der Integrationstest der kleine Bruder des Systemtests ist, es also nicht schaden kann, wenigstens ganz kurz über unseren Tellerrand hinauszusehen und dabei die eine oder andere Lektion mitzunehmen.

1 Wikipedia-Seitentitel: Moderner Yachtbau
Datum der letzten Bearbeitung: 1. April 2022, 08:47 UTC
Versions-ID der Seite: 221680611
Permanentlink: https://de.wikipedia.org/w/index.php?title=Moderner_Yachtbau&oldid=221680611
Datum des Abrufs: 15. Juni 2022, 15:00 UTC

16.1 The Whole and the Parts

... heißt ein Kapitel in Frederick P. Brooks Buch „The Mythical Man-Month" ([8], Seite 141ff), das sich mit dem Thema „Systemtest" befasst. Dieses Buch ist seit 1995 in einer neueren, ergänzten Auflage auf Englisch und seit 2008 auf Deutsch mit dem Titel „Vom Mythos des Mann-Monats" im Handel erhältlich. Ein absolutes Muss!

Lesen Sie, was er dort auf der Seite 150 zu seinem Rat „Add one component at a time" schreibt. Aus urheberrechtlichen Gründen darf dieser Text hier leider nicht zitiert werden. Das Thema „Integrations- und Systemtest" treibt naturgemäß viele IT-Autoren um. Einer davon war Edward Yourdon, der 14 Jahre später in seinem Buch „Modern Structured Analysis" [1] darüber schrieb. Sein Fokus lag auf der Integration einer großen Anzahl von Komponenten und Modulen: „Programming-in-the-Large" (Seite 82, Kapitel 5.2.1 Bottom-Up Implementation). Auch dieser lesenswerte Text erhielt keine Zitiererlaubnis. 1999 erschien eine neuere Ausgabe des Buchs bei Prentice-Hall, die immer noch im Handel erhältlich ist. Kaufen Sie sie!

Um es kurz zu machen: Komponenten- und Integrationstests setzen voraus, dass ein Softwareprodukt als in Komponenten aufgeteilt verstanden werden kann, zwischen denen es klar definierte Schnittstellen gibt. Dahinter steht ein eher traditioneller Aggregatbegriff, der die Basis des von Yourdon kritisierten Bottom-Up Approach bildet: Wenn alle Aggregate für sich genommen funktionieren, kann man sie „zusammenschrauben" und als Ganzes betreiben. Beispielsweise haben die „funktionale Dekomposition" aus den frühen Jahren des Software Engineering und die SADT-Methodik diesen Hintergrund.

Yourdon formulierte als Alternative seinen ereignisbasierten Ansatz, den er „Modern Structured Analysis" (MSA) nannte. Jedem Ereignis, also meist einem Stimulus aus der Systemumwelt – Flow-Oriented Event – oder seltener einem zeitlichen – kalender- oder uhrgesteuerten – Ereignis – Temporal Event – ordnet die MSA im „Behavioural Model" einen Ereignisreaktionsprozess zu. Dieser repräsentiert einen Ausschnitt des Systems, der normalerweise ein eigenes Kontextdiagramm = Datenflußdiagramm besitzt. Die Überlagerung all dieser Kontextdiagramme respektive die Summe aller Ereignisreaktionsprozesse repräsentiert das per MSA modellierte Gesamtsystem ohne Rest. Das leuchtet ein, denn wenn für jede „Lebensregung" des Systems ein Ereignisreaktionsprozess zuständig ist, bleibt keine verborgene Funktionalität übrig.

Die Modellierung der Ereignisreaktionsprozesse bedient sich im Allgemeinen der Datenflussdiagramme (DFD) einerseits und der Entity Relationship-Diagramme (ERD) andererseits. Yourdon definierte ergänzend einen weiteren Ereignistyp, das „Control Event", das weder datentragend noch zeitlich vorhersagbar ist. Ein Beispiel dafür ist der Druck auf einen Aufzugsknopf oder ein Klick auf eine Schaltfläche. Dieser Ereignistyp erfordert eine Modellierung per Zustandsdiagramm oder per Übergangs- und Ergebnistabelle wie in der Automatentheorie.

Komplexe Ereignisreaktionsprozesse für die „Non-Control Events" müssen zerlegt werden, wobei deren Kontextdiagramme in immer einfacher werdende Datenflußdiagramme zerfallen, bis jeweils diejenige Stufe erreicht ist, auf der ein Teilprozess beispielsweise per Pseudo-Code modelliert werden kann. Yourdon erteilte für diesen eminent wichtigen Schritt allerdings eher allgemeine Ratschläge wie »Let the data be the guide.« Es kommt dann also doch auf die Erfahrung und auf persönliche Präferenzen an, welche Zerlegung gewählt wird. Das führt ein unerwünschtes subjektives Element in die Modellierung ein, die zunächst aufgrund der Ereignisorientierung eine solide objektive Basis aufzuweisen scheint. Auch die JSP-Methode besitzt eine gewisse Variationsbreite ihrer Ergebnisse, weil die Gestaltung der Besteht-aus-Relationen durchaus zu voneinander signifikant abweichenden Struktogrammen führen kann. Die Nähe zum Datenmaterial und zur Basismaschine sorgt aber für eine Erdung, die der MSA auf hohen Zerlegungsebenen noch fehlen kann.

Aus der Komponentensicht unterscheiden sich die mittels MSA abgeleiteten Systembestandteile scheinbar nicht von solchen, deren Entwurf ganz andere Wege ging. Der wesentliche Unterschied liegt darin, dass die Fertigstellung eines Ereignisreaktionsprozesses es ermöglicht, einen weiteren Teil eines neuen Systems in Betrieb zu nehmen, ohne dass Abhängigkeiten auf der Komponentenebene bremsend einwirken.

Wiederverwendung ergibt sich nach dem MSA-Ansatz aus der multiplen Nutzung gleichartiger Teilprozesse beziehungsweise von deren Komponenten, ist aber kein Ziel per se.

16.2 Das Zeiterfassungssystem und EXAMINE

Sie haben sich vielleicht im vorhergehenden Testkapitel über den ausführlichen Abschnitt zu EXAMINE gewundert. Wozu macht sich jemand die Mühe, ein solches Werkzeug zu entwickeln und es in einem 425 Seiten langen Handbuch – in englischer Sprache – zu dokumentieren?

Die Anlässe dafür waren die Unzufriedenheit mit den vorhandenen Testmöglichkeiten einerseits und die Tücken der zu lösenden Aufgabe andererseits. Die Ergebnisdaten des Zeiterfassungssystems sollten unter anderem in die Akkordlohnberechnungen eingehen. Erfassungs- oder Verarbeitungsfehler, sowie zu geringe Transaktionsraten beim Einlesen der Zutrittsausweiskarten hätten mit hoher Sicherheit zu erheblichem Ärger in den betroffenen Werken geführt.

Im Rechenzentrum lief damals eine Anekdote aus der Zeit um, als die Industriefirma neue Eigentümer bekam. Diese stellten fest, dass es in den Werkshallen Automaten gab, die Flaschenbier anboten, und liessen prompt diese Automaten herausreißen. Daraufhin legten die Arbeiter die Produktion lahm und demonstrierten im Werk vor dem Denkmal des Firmengründers. Die Bierautomaten wurden umgehend wieder aufgestellt.

Es wäre extrem peinlich gewesen, wenn das Zeiterfassungssystem zum Gegenstand eines Produktionsausfalls und einer Protestdemonstration wegen der Empörung der Arbeiter über irgendwelche dadurch verursachten Zumutungen geworden wäre. Also war hohe Sorgfalt unumgänglich. Wo möglich und sinnvoll, wurde daher die JSP-Methode verwendet.

Die Details des Zeiterfassungssystems dürften Sie nicht interessieren. Diese werden hier deshalb nicht näher beschrieben. Sie können es sich aber vielleicht vorstellen, dass es sich dabei um eine sehr komplexe „Datenpumpe" handelt, die zahlreiche Funktionen beinhaltet:

- Das Kommen und Gehen der Beschäftigten wird an Ausweislesern oder speziell ausgestatteten Terminals registriert, wobei jeweils zahlreiche Leser von einem Front-End-Prozess betreut werden. Diese Prozesse sind über mindestens zwei CPUs verteilt und betreiben diejenigen Leser, die physisch an die jeweilige CPU und an eine Nachbar-CPU – über Dual-Controller – angeschlossen sind. Somit fallen mit einer CPU nicht auch sämtliche damit verbundenen Leser aus, sondern diese können nach dem automatischen Start ihres Front-End-Prozesses in der Nachbar-CPU ihren Dialog mit dem System fortsetzen.
- Je ein Tabellenprozess verarbeitet die Meldungen seiner Front-End-Prozesse – in derselben CPU – und prüft sie auf Korrektheit. Die Tabellenprozesse senden die Bewegungsdaten an den Kontrollprozess und halten sich gegenseitig auf dem Laufenden. Sie schützen die zwischengepufferten Bewegungsdaten und die Anwesenheitsstati vor Datenverlust, zum Beispiel bei einem CPU-Ausfall.
- Beim Start des ersten Tabellenprozesses holt dieser sich die Anwesenheitsstati aus seiner Sicherungsdatei. Weitere startende Tabellenprozesse werden durch Interprozessnachrichten auf den aktuellen Stand gebracht, um möglichst wenige – langsame – Plattenzugriffe machen zu müssen.
- Ein NonStop-Kontrollprozess startet und stoppt alle anderen Prozesse im Zeiterfassungssystem. Er verteilt Nachrichten und erteilt Aufträge, kontrolliert deren Ausführung, nimmt Bewegungsdaten entgegen, puffert diese ausfallsicher und leitet sie an den Update Server-Prozess weiter.
- Der Update Server-Prozess läuft ebenfalls NonStop. Er übermittelt die Bewegungsdaten an eine Komponente des Fabriksteuerungssystems, die letztlich die Daten für die Lohnermittlung bereitstellt.
- Alle Prozesse ausser dem Update Server arbeiten mit Multitasking und Multithreading.

Grob geschätzt, steckt in dem Zeiterfassungssystem ein Mannjahr. Ungefähr ein halbes Jahr dauerte die anfängliche EXAMINE-Entwicklung, die testbegleitend stattfand und ebenfalls an vielen Stellen die JSP-Methode einsetzte. Mit der EXAMINE-Urversion konnte das Zeiterfassungssystem bereits intensiv untersucht werden, was es ermöglichte, zahlreiche Fehler zu entdecken und zu beheben. Sehr nützlich war es auch, EXAMINE auf sich selbst anwenden zu können, als die Basisfunktionen korrekt liefen, indem `TRACECOM` selbst mit `TRACEXXX()`-Aufrufen instrumentiert wurde. Spätere Erweiterungen von EXAMINE füllten die Funktionalitätslücken, die bei diesen Tests und bei der Anwendung auf ganz andere Projekte zutage traten.

Ohne damit angeben zu wollen, erfüllt das Zeiterfassungssystem einige der Erschwernisbedingungen, die für Großsysteme typisch sind, wie Frederick P. Brooks und Edward Yourdon sie beim Schreiben wohl vor Augen hatten, beispielsweise folgende:

- Die Funktionalität ist über mehrere autonome Instanzen verteilt. Fehler in einer Komponente können systemweite Störungen verursachen, wenn es keine Auffangmechanismen gibt.
- Die konkrete Nutzungskonfiguration kann variieren. Tests müssen sich also auch mit der dafür erforderlichen Flexibilität befassen.
- Das System wird nicht von dessen Entwickler(inne)n in Betrieb genommen. Es muss sich also möglichst gutmütig verhalten und beispielsweise Fehlkonfigurierungen mit klaren Meldungen aufdecken.
- Höchste Zuverlässigkeit und maximale Transaktionsraten sind gefordert. Staus, die durch langsame Komponenten zwangsläufig verursacht werden – hier: der Update Server-Prozess – müssen durch geeignete, eventuell mehrstufige und ausfallsichere Pufferungsmechanismen abgefangen werden, um nach aussen hin unschädlich zu sein.
- Wartungseingriffe werden durch andere Personen als die Entwickler(innen) vorgenommen. Das setzt klare Codierung und gute Dokumentation voraus.

Nun gut, das mag ja alles so sein, sagen Sie sich jetzt vielleicht. Aber was geschah beim Produktionseinsatz?

Nichts.

Das heißt, erst einmal tat sich überhaupt nichts, denn das Zeiterfassungssystem ging zunächst nicht wie geplant in Produktion, weil die Produktionsstrategie geändert wurde. Die Firma wandte sich teilweise von der getakteten Montage am Band und der Akkordarbeit – bei der Teilefertigung – ab. Stattdessen führte sie die Gruppenarbeit beim Bau eines Teils der dort produzierten Maschinen ein. Zugleich reduzierte sie ihre Lagerbestände und ging zur Just In Time-Lieferung über. Das machte eine grundlegende Revision des Fabriksteuerungssystems erforderlich, die noch andauerte, als der Autor diese Firma verließ.

Einige Jahre später, am Rand einer Tandem-User-Konferenz, kam das Zeiterfassungssystem nebenbei zur Sprache. Ob es denn jetzt in Produktion sei? Aber ja, bestätigten die ehemaligen Kollegen. Sonst hatten sie nichts zu berichten. Es waren offensichtlich keine Fehler bei der Inbetriebnahme und in der Produktion aufgetreten, obwohl das System an mindestens drei Standorten lief.

Das ist der eigentliche Erfolg: Kein Fehler. Kein Ärger. Keine Fehlersuche. Keine Code-Reparaturen und erneuten Tests. Keine Arbeitsniederlegung und keine Demonstration am Denkmal. Noch nicht einmal eine Nachricht über die mühsam überstandene Inbetriebnahme an den Entwickler des Systems. Gar nichts!

16.3 (Integrations-)Test von EvaluateSportsDS

Ein Integrationstest setzt voraus, dass alle Komponenten getestet und als fehlerfrei befunden wurden. Das ließ sich jedoch nur bei den File Services und den Rangschlüsselklassen realisieren, weil diese mit einfachen Mitteln isoliert testbar sind. Die wichtigsten Funktionen von EvaluateSportsDS, also die Ranggruppenverarbeitung, die Aufbereitung der Schul-Daten, sowie die Link-Listen-Methoden, können jedoch nicht sinnvoll auf der Komponentenebene geprüft werden, weil hierfür ein unverhältnismäßig hoher Aufwand erforderlich wäre. Es müssen also beide Testformen kombiniert werden. Dazu eignet sich erneut das Tracing, kombiniert mit der manuellen Kontrolle der Pfadüberdeckung. Letztere wird hier allerdings nicht erneut demonstriert, auch wegen des hohen Umfangs der dafür benötigten Seiten mit Markierungsprotokollen. Eine automatische Kontrolle erschien bei dieser immer noch relativ simplen Aufgabe als zu aufwendig.

Der in der algorithmischen Programmierung übliche traditionelle Aggregatbegriff ist wegen der Vernetzung der Klassen untereinander nur begrenzt auf die objektorientierte Version übertragbar. Das zeigt beispielsweise der Schnittstellentest von createSpCoRK(). Hierfür genügt es zunächst, einen einzigen Satz einzulesen und die Protokolle aus den beteiligten Methoden zu betrachten. Es wird derselbe Testbestand wie im Kapitel „12.5.2 Test der Ranggruppenverarbeitung“ auf Seite 335 ff verwendet. Er beginnt mit den Sätzen

```
ITASI45008132 F 15 15 16 07 Coglitore, Laura
ITASI45008132 F 15 04 07 06 Peritore, Mariuccia
ITASI45008132 F 16 03 07 06 Di Stefano, Serena
ITASI45008132 F 16 03 09 08 Lo Porto, Mariuccia
ITASI45008132 F 16 18 15 17 Prestìa, Angela
ITASI45008132 F 17 10 08 12 Castagnola, Michela
```

Nach dem Aktivieren aller Trace-Flags erscheint zunächst folgendes Protokoll:

```
*** EvaluateSportsDS ***
Trace settings
Display method names   : true
Display input records  : true
Display rank key data  : true
Display output records : true
Display detail data    : true
Display Pupil_LL       : true
Display I/N School_LL  : true
Display read_LLE Data  : true

 SpCoRK_Util: createSpCoRK()
        sportsRec = ITASI45008132 F 15 15 16 07 Coglitore, Laura
        readStatus   = D
        countryCode  = ITA
        regionID     = SI
        schoolNumber = 45008132
        genderCode   = F
        age          = 15
        sprintPoints = 15
        jumpPoints   = 16
        throwPoints  = 07
        name         = Coglitore, Laura
```

Die Dateien sind nun alle geöffnet. Der erste „sports record“ wurde eingelesen und in Atribute zerlegt. Es folgt das Erzeugen des ersten Pupil-Objekts und der Rangschlüsselobjekte:

```
 Pupil: Initial constructor
```

```
        pupil: PS = 0, country = ITA, regID = SI, school# = 45008132, gender = F,
age = 15, sprintP = 15, jumpP = 16, throwP = 07, name = Coglitore, Laura

         PR1AC : IC: this.readStatus   = D
         PR1AC : IC: this.countryCode  = ITA
         PR1   : IC: this.concatKey    = DITA

         PR1AC : IC: this.readStatus   = D
         PR1AC : IC: this.countryCode  = ITA
         PR12AC: IC: this.regionID     = SI
         PR12AC: IC: this.schoolNumber = 45008132
         PR12  : IC: this.concatKey    = DITASI45008132

         PR1AC : IC: this.readStatus   = D
         PR1AC : IC: this.countryCode  = ITA
         PR12AC: IC: this.regionID     = SI
         PR12AC: IC: this.schoolNumber = 45008132
         PR13AC: IC: this.genderCode   = F
         PR13  : IC: this.concatKey    = DITASI45008132F

         PR1AC : IC: this.readStatus   = D
         PR1AC : IC: this.countryCode  = ITA
         PR12AC: IC: this.regionID     = SI
         PR12AC: IC: this.schoolNumber = 45008132
         PR13AC: IC: this.genderCode   = F
         PR14AC: IC: this.age          = 15
         PR14  : IC: this.concatKey    = DITASI45008132F15
```

Die ersten Zeilen stammen aus dem Konstruktor der Klasse `Pupil`. Nach der Zuweisung der Attributwerte des neuen `Pupil`-Objekts folgt der Code

```
if (Trace.METHOD.active())
{
   System.out.println("\n Pupil: Initial constructor");
   System.out.println("\t pupil: " + this);
}
```

Die `this`-Referenz bewirkt die Ausführung der überschriebenen `toString()`-Methode in dieser Klasse. Es wird eine einzige Protokollzeile erzeugt, die im Druck auf zwei Zeilen umbrochen erscheint.

Die folgenden drei Zeilen demonstrieren, wie ein Objekt der Klasse `PupilRank_1` mit dem Initialkonstruktor (`IC`) erzeugt wird. Zuerst finden die Zuweisungen in der Oberklasse statt (`PR1AC`), dann das Bilden des konkatenierten Ranggruppenschlüssels (`PR1`).

Es folgen fünf Zeilen, welche die Erzeugung eines Objekts der Klasse `PupilRank_1_2` zeigen (`PR12`). Hier sehen wir zum erstenmal die Eskalation der `super()`-Aufrufe (`PR12AC` ⇨ `PR1AC`). Die folgenden Gruppen von sechs oder sieben Zeilen weisen dasselbe Schema für die beiden noch fehlenden Klassen respektive Objekte auf. Die Entstehung der zunehmend längeren konkatenierten Schlüssel ist hier schön zu sehen.

Somit ist nachgewiesen, dass `createSpCoRK()` die Schnittstellen zu den File Services, der Klasse `Pupil` und den Rangschlüsselklassen korrekt bedient. Die erwünschten Objekte werden erzeugt. Erst jetzt ist die Operation 3 zum ersten Mal komplett ausgeführt.

Wir verfolgen die nächsten Schritte im Programm anhand des Top-Struktogramms auf der nächsten Seite und des Protokolls. Nach der Operation 3 fährt das Protokoll wie folgt fort:

```
Contest_LL: Constructor for I_School_LL

CountryGrpHandler: processGroup()

        PR1AC : CC: this.readStatus   = D
        PR1AC : CC: this.countryCode  = ITA
        PR1   : CC: this.concatKey    = DITA

Contest_LL: Constructor for N_School_LL
```

Es werden also nur die Operationen 130, 8 und 131, sowie das Eintreten in die Methode `processGroup()` von `CountryGrpHandler` protokolliert. Das Protokoll zur Op. 8 zeigt, dass diesmal der Kopierkonstruktor (`CC`) verwendet wurde, um den alten Rang-1-Schlüssel zu sichern und dabei ein neues Objekt mit lokaler Referenz zu erzeugen. Die „Abbildung 16.1: Durchlauf ab Initialisierung bis I2" auf Seite 502 zeigt den kompletten Pfad.

Danach tritt die Verarbeitung in die Methode `processGroup()` von `R_SchoolGrpHandler` ein, legt dort die Link-Liste `Pupil_LL` an (Op. 133) und erzeugt anschliessend aus den Schul-Daten in der Methode `processSchoolRecs()` ein Objekt der Klasse `School`. Ausserdem werden drei Ergebnissätze ausgeschrieben:

```
R_SchoolGrpHandler: processGroup()

Contest_LL: Constructor for Pupil_LL

R_SchoolGrpHandler: processSchoolRecs()
        in schoolRec = ITASI4500813201 Liceo Federico Fellini
        RR01 = ITASI4500813201 ITASI45008132 Liceo Federico Fellini
        in/out schoolRec = ITASI4500813202 92014 Porto Empedocle, Sicilia, Italia
        in/out schoolRec = ITASI4500813203 liceo-fellini@portoempedocle.it

School: Constructor
        school: Avg100 = 0, ID = ITASI45008132, name = Liceo Federico Fellini,
address = 92014 Porto Empedocle, Sicilia, Italia, values =
```

Die letzten Zeilen zeigen, dass auch die Schnittstelle zwischen der Schul-Daten-Verarbeitung und der Klasse `School` richtig verwendet wird. Der mit 100 multiplizierte Schul-Durchschnittswert und die anderen Schulergebnisse fehlen in diesem Moment noch. Die überschriebene Methode `toString()` von `School` zeigt daher einen Zwischenstand, der hier auf zwei Zeilen umbrochen erscheint.

Die „Abbildung 16.2: Durchlauf bis auf die unterste Iterationsebene" auf Seite 504 zeigt links oben die bis zu diesem Punkt führenden Verarbeitungsschritte.

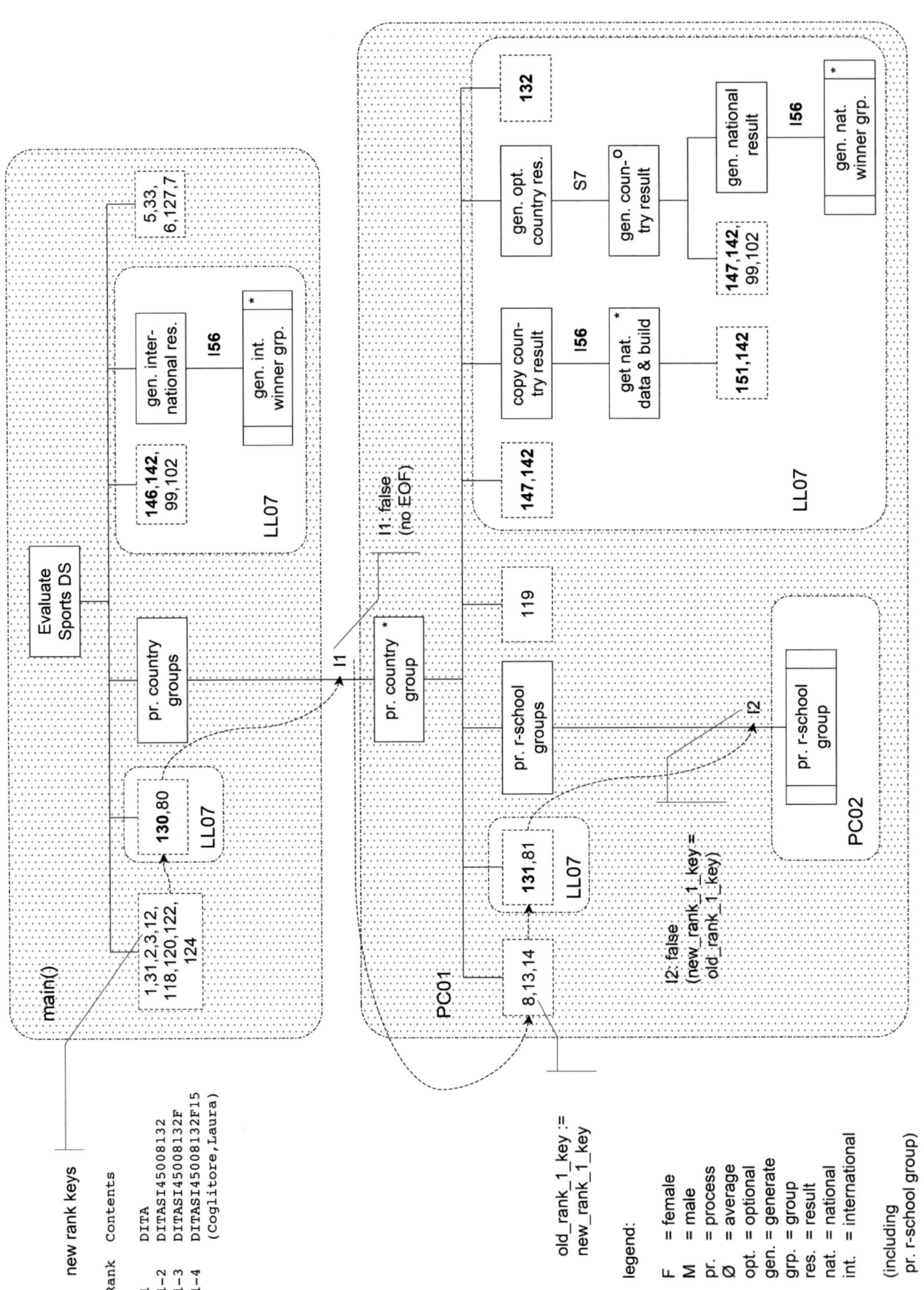

Abbildung 16.1: *Durchlauf ab Initialisierung bis I2*

Nun folgen der weitere Abstieg bis in die innerste Schleife, die restliche Verarbeitung des ersten gelesenen Satzes und das Nachlesen. Die „Abbildung 16.2: Durchlauf bis auf die unterste Iterationsebene" auf Seite 504 fasst die vorhergehenden und die bevorstehenden Schritte zusammen. Im Protokoll steht bis zum Nachlesen folgender Abschnitt:

```
        PR1AC : CC: this.readStatus   = D
        PR1AC : CC: this.countryCode  = ITA
        PR12AC: CC: this.regionID     = SI
        PR12AC: CC: this.schoolNumber = 45008132
        PR12  : CC: this.concatKey    = DITASI45008132

 GenderGrpHandler: processGroup()

        PR1AC : CC: this.readStatus   = D
        PR1AC : CC: this.countryCode  = ITA
        PR12AC: CC: this.regionID     = SI
        PR12AC: CC: this.schoolNumber = 45008132
        PR13AC: CC: this.genderCode   = F
        PR13  : CC: this.concatKey    = DITASI45008132F

AgeGrpHandler: processGroup()

        PR1AC : CC: this.readStatus   = D
        PR1AC : CC: this.countryCode  = ITA
        PR12AC: CC: this.regionID     = SI
        PR12AC: CC: this.schoolNumber = 45008132
        PR13AC: CC: this.genderCode   = F
        PR14AC: CC: this.age          = 15
        PR14  : CC: this.concatKey    = DITASI45008132F15

 Pupil: Copy constructor
        pupil: PS = 38, country = ITA, regID = SI, school# = 45008132, gender = F,
age = 15, sprintP = 15, jumpP = 16, throwP = 07, name = Coglitore, Laura

 Contest_LL: buildLinkedList() Pupil_LL
        Contest_LL: 1st entry added

 Contest_LL: displayLinkedList()

 Contest_LL: read_LLE()
        entry value = 38
        Pupil_LL[0]: PS = 38, country = ITA, regID = SI, school# = 45008132, gender
= F, age = 15, sprintP = 15, jumpP = 16, throwP = 07, name = Coglitore, Laura

 Contest_LL: read_LLE()
        end of chain
```

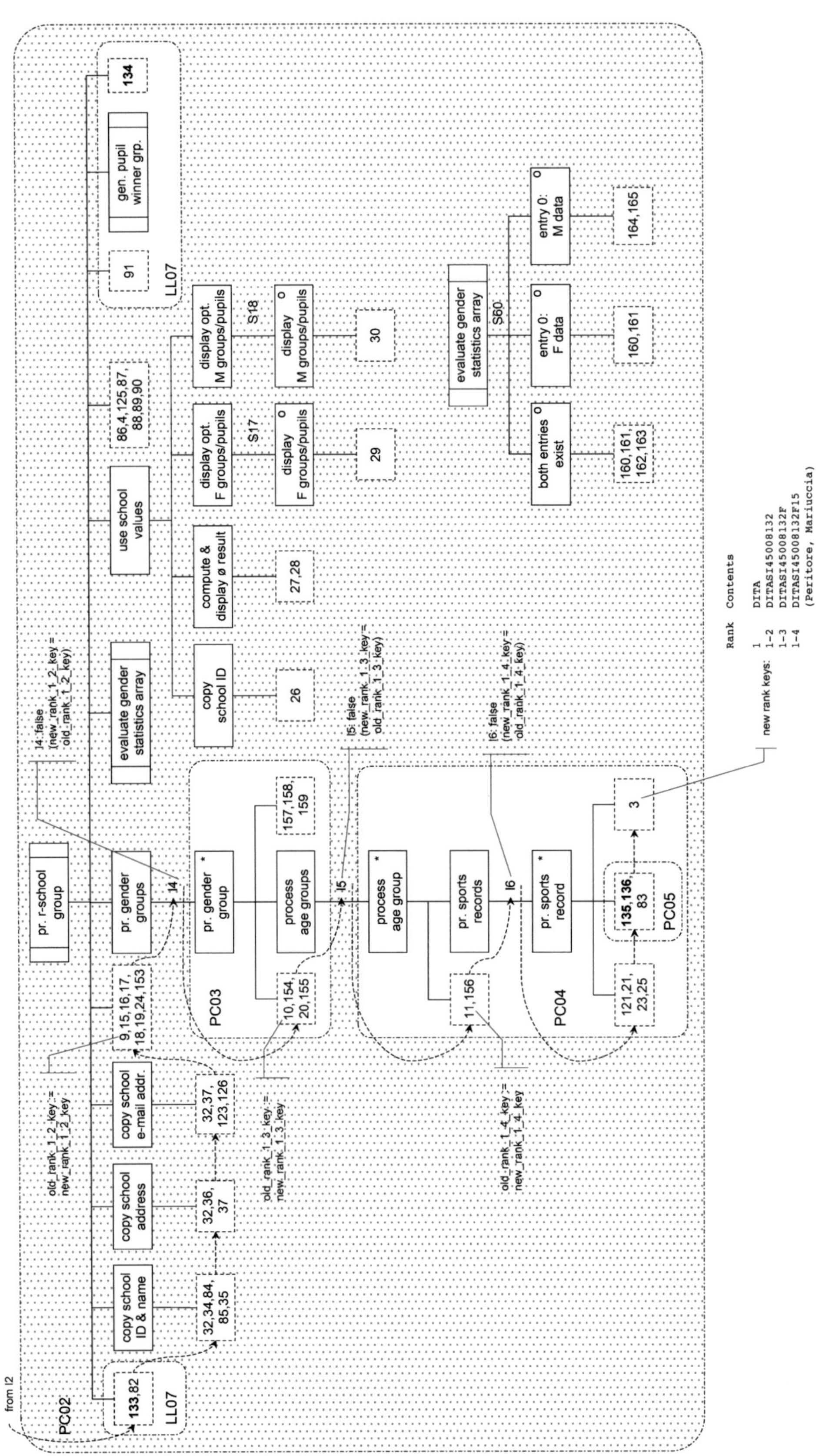

***Abbildung 16.2:** Durchlauf bis auf die unterste Iterationsebene*

Das vorstehend wiedergegebene Protokoll dokumentiert zunächst die Op. 9, dann den Aufruf von `processGroup()` in `GenderGrpHandler`, die Op. 10, den Aufruf von `processGroup()` in `AgeGrpHandler`, sowie die Op. 11. Für die Op. 83 steht zuerst ein Kopiervorgang, der das vorläufige `Pupil`-Objekt aus SpCoRK_Util um die Punktsumme ergänzt und ein neues `Pupil`-Objekt erzeugt. Es folgt die Übergabe dieses Objekts an die Methode `buildLinkedList()` in `Contest_LL`. Von dort wird lediglich gemeldet, dass ein führender Listeneintrag hinzugefügt wurde.

Die nur im Test aktivierte Methode `displayLinkedList()` in `Contest_LL` zeigt anschliessend den Listeninhalt. `read_LLE()` protokolliert nur den `entry value` eines gefundenen Eintrags oder `end of chain` bei leerer Liste oder beim Errreichen des Listenendes. `displayLinkedList()` interpretiert anschliessend den Objekttyp wie folgt:

```
if (contestant instanceof Pupil)
{
   Pupil  pupil  = (Pupil)  contestant;
   System.out.println("\t " + objName + "[" + crtIndex +
                      "]: " + pupil);
}
else
{
   School school = (School) contestant;
   System.out.println("\t " + objName + "[" + crtIndex +
                      "]: " + school);
}
```

Im obigen Fall wird erkannt, dass es sich um ein `Pupil`-Objekt handelt. Es findet ein Cast auf den Typ `Pupil` statt und die überschriebene Methode `toString()` von `Pupil` liefert den letzten String-Anteil für die Ausgabeanweisung.

Das Nachlesen in der Link-Liste führt auf das Listenende. Somit dokumentiert das Protokoll, dass auch die Schnittstelle zwischen der Ranggruppenverarbeitung und der Methode `buildLinkedList()` korrekt arbeitet. Nun folgt das Nachlesen:

```
 SpCoRK_Util: createSpCoRK()
        sportsRec = ITASI45008132 F 15 04 07 06 Peritore, Mariuccia
        readStatus   = D
        countryCode  = ITA
        regionID     = SI
        schoolNumber = 45008132
        genderCode   = F
        age          = 15
        sprintPoints = 04
        jumpPoints   = 07
        throwPoints  = 06
        name         = Peritore, Mariuccia

 Pupil: Initial constructor
        pupil: PS = 0, country = ITA, regID = SI, school# = 45008132, gender = F,
age = 15, sprintP = 04, jumpP = 07, throwP = 06, name = Peritore, Mariuccia
```

```
PR1AC : IC: this.readStatus   = D
PR1AC : IC: this.countryCode  = ITA
PR1   : IC: this.concatKey    = DITA

PR1AC : IC: this.readStatus   = D
PR1AC : IC: this.countryCode  = ITA
PR12AC: IC: this.regionID     = SI
PR12AC: IC: this.schoolNumber = 45008132
PR12  : IC: this.concatKey    = DITASI45008132

PR1AC : IC: this.readStatus   = D
PR1AC : IC: this.countryCode  = ITA
PR12AC: IC: this.regionID     = SI
PR12AC: IC: this.schoolNumber = 45008132
PR13AC: IC: this.genderCode   = F
PR13  : IC: this.concatKey    = DITASI45008132F

PR1AC : IC: this.readStatus   = D
PR1AC : IC: this.countryCode  = ITA
PR12AC: IC: this.regionID     = SI
PR12AC: IC: this.schoolNumber = 45008132
PR13AC: IC: this.genderCode   = F
PR14AC: IC: this.age          = 15
PR14  : IC: this.concatKey    = DITASI45008132F15
```

Hier gibt es keine Überraschung. Die Kontrolle I6 stellt fest, dass kein Gruppenwechsel vorliegt. Aus dem zweiten Satz wird das zweite `Pupil`-Objekt in der Link-Liste `Pupil_LL`:

```
 Pupil: Copy constructor
        pupil: PS = 17, country = ITA, regID = SI, school# = 45008132, gender = F,
age = 15, sprintP = 04, jumpP = 07, throwP = 06, name = Peritore, Mariuccia

 Contest_LL: buildLinkedList() Pupil_LL

 Contest_LL: addOther_LL_Entry()

 Contest_LL: read_LLE()
        entry value = 38
        Skip entry value 38

 Contest_LL: read_LLE()
        end of chain
        Contest_LL: Last entry added

 Contest_LL: displayLinkedList()
```

```
 Contest_LL: read_LLE()
         entry value = 38
         Pupil_LL[0]: PS = 38, country = ITA, regID = SI, school# = 45008132, gender
= F, age = 15, sprintP = 15, jumpP = 16, throwP = 07, name = Coglitore, Laura

 Contest_LL: read_LLE()
         entry value = 17
         Pupil_LL[1]: PS = 17, country = ITA, regID = SI, school# = 45008132, gender
= F, age = 15, sprintP = 04, jumpP = 07, throwP = 06, name = Peritore, Mariuccia

 Contest_LL: read_LLE()
         end of chain
```

Auch dieser Protokollabschnitt belegt, dass der neue Code ordnungsgemäß funktioniert. Nun folgen diejenigen Abschnitte des Protokolls, die von der Verarbeitung der weiteren Sätze und den Ranggruppenwechseln berichten. Da das gesamte, detaillierte Protokoll für die relativ kleine Datenmenge 2.694 Zeilen lang ist, erscheint es als übertrieben, hier noch auf weitere Details einzugehen. Es wird erst wieder interessant, wenn der letzte Satz zur Verarbeitung kommt:

```
 Pupil: Copy constructor
         pupil: PS = 39, country = ITA, regID = SI, school# = 45008132, gender = M,
age = 18, sprintP = 12, jumpP = 11, throwP = 16, name = Sutera, Nenè

 Contest_LL: buildLinkedList() Pupil_LL
         Contest_LL: Entry skipped

 Contest_LL: displayLinkedList()

 Contest_LL: read_LLE()
         entry value = 52
         Pupil_LL[0]: PS = 52, country = ITA, regID = SI, school# = 45008132, gender
= M, age = 13, sprintP = 19, jumpP = 17, throwP = 16, name = Moscato, Salvo

 Contest_LL: read_LLE()
         entry value = 50
         Pupil_LL[1]: PS = 50, country = ITA, regID = SI, school# = 45008132, gender
= M, age = 18, sprintP = 16, jumpP = 19, throwP = 15, name = Gangitano, Eugenio

 Contest_LL: read_LLE()
         entry value = 50
         Pupil_LL[2]: PS = 50, country = ITA, regID = SI, school# = 45008132, gender
= F, age = 16, sprintP = 18, jumpP = 15, throwP = 17, name = Prestìa, Angela

 Contest_LL: read_LLE()
         entry value = 48
         Pupil_LL[3]: PS = 48, country = ITA, regID = SI, school# = 45008132, gender
= M, age = 13, sprintP = 18, jumpP = 16, throwP = 14, name = Sanfilippo, Saverio
```

```
Contest_LL: read_LLE()
        end of chain
```

Dieser Protokollabschnitt zeigt, dass der Eintrag für den letzten Teilnehmer wegen zu niedriger Punktsumme (39) nicht mehr in die Link-Liste gelangt. Die Gewinnerliste enthält exakt dieselben Angaben wie bei der C-Version. Auch die abschliessenden Schritte, bei denen die Schul-Daten komplettiert und ausgeschrieben, sowie die nationalen und internationalen Schul-Link-Listen begonnen werden, sind inhaltlich vollständig identisch. Wie im Kapitel „12.5.5 Test mit einem umfangreichen Bestand" auf Seite 345 ff bestätigt sich die Korrektheit des gesamten Codes auch für realistischere Datenmengen.

Es gäbe da nur noch eine Kleinigkeit zu meckern: Am Ende des Sports Dataset wird ein unnötiges `Pupil`-Objekt erzeugt. Das zeigt der folgende Protokollabschnitt:

```
SpCoRK_Util: createSpCoRK()
        SPORTS_DS: EOF
        readStatus    = E
        countryCode   =
        regionID      =
        schoolNumber  =
        genderCode    =
        age           =
        sprintPoints  =
        jumpPoints    =
        throwPoints   =
        name          =

Pupil: Initial constructor
        pupil: PS = 0, country =    , regID =    , school# =          , gender =  ,
age =    , sprintP =    , jumpP =    , throwP =    , name =

        PR1AC : IC: this.readStatus    = E
        PR1AC : IC: this.countryCode   =
        PR1   : IC: this.concatKey     = E

        PR1AC : IC: this.readStatus    = E
        PR1AC : IC: this.countryCode   =
        PR12AC: IC: this.regionID      =
        PR12AC: IC: this.schoolNumber  =
        PR12  : IC: this.concatKey     = E

        PR1AC : IC: this.readStatus    = E
        PR1AC : IC: this.countryCode   =
        PR12AC: IC: this.regionID      =
        PR12AC: IC: this.schoolNumber  =
        PR13AC: IC: this.genderCode    =
        PR13  : IC: this.concatKey     = E
```

```
PR1AC : IC: this.readStatus   = E
PR1AC : IC: this.countryCode  =
PR12AC: IC: this.regionID     =
PR12AC: IC: this.schoolNumber =
PR13AC: IC: this.genderCode   =
PR14AC: IC: this.age          =
PR14  : IC: this.concatKey    = E
```

Das unnötige `Pupil`-Objekt ließe sich leicht vermeiden, indem der Konstruktoraufruf nur bei erfolgreichem Lesen stattfände. Auch die Rangschlüsselzuweisungen erscheinen ein wenig übertrieben, aber das kostet hier so gut wie nichts und schadet vor allem nicht.

Dies ist ein Beispiel dafür, was bei einem Integrationstest zutage kommen kann. Nicht immer ist es so harmlos wie hier. Die Schnittstelle zur Klasse `Pupil` wird zwar eingehalten, aber das unnötige `Pupil`-Objekt könnte bei einer anderen Konstruktion des Programms einigen Ärger verursachen. Noch schlimmer wird es, wenn massenweise unnötige Objekte erzeugt – und womöglich nicht mehr vernichtet – werden. Dann kann es zu einem Speicherengpass kommen. Zu einem vollständigen Integrationstest gehört daher auch mindestens ein Test mit realistischen Datenmengen, der solche Probleme rechtzeitig aufzudecken vermag.

02/2007 Briefkasten in Erbach (Odenwald) – Nachbildung eines Briefkastens von 1896

Band 1 | **Kapitel 17**

Ranggruppenverarbeitung III

Heutzutage können wir es uns überhaupt nicht mehr vorstellen, welch revolutionäre Errungenschaft die Einführung des allgemeines Postwesens im 19. Jahrhundert war. Endlich konnte jedermann und jedefrau mit Hilfe der Post als neutralem Transportmedium miteinander korrespondieren. Dieses eingreifende Ereignis hat sich zwangsläufig auch sprachlich auf vielerlei Weisen etabliert – bis hin zur Bezeichnung des modernen asynchronen Nachrichtenaustauschs als elektronische Post, kurz E-Mail. Hätte es den internationalen Sportwettbewerb schon in der Vor-E-Mail-Zeit gegeben, dann wären sowohl seine Eingabedaten als auch seine Ergebnisaufstellungen per Post versandt worden.

Im folgenden Kapitel geht es darum, wie die Ergebnisdaten aus der vorhergehenden Ranggruppenverarbeitung in E-Mails umgesetzt und versandt werden. An die Stelle der Adressen auf Briefumschlägen treten elektronische Adressen, und dem Einwurf in einen Briefkasten entspricht das Absenden einer E-Mail. Der eigentliche Transportmechanismus ist – wie in alten Zeiten – intransparent und manchmal gestört. Am Ende der Transfers steht ein elektronischer Postkorb, der eventuell – zum Beispiel beim IMAP-Protokoll – doppelt geführt wird, also beim Provider und beim Empfänger existiert. Die Unverletzlichkeit der Briefpost, welche die Geheimdienste und die Polizeien sowieso nie respektierten, wird für gewöhnliche E-Mails allerdings nicht einmal versprochen…

Nach einer langen Reise durch den Entwurf – und nach zwei grundverschiedenen Implementierungen von EvaluateSportsDS – kann jetzt endlich das Versprechen am Ende des Kapitels „9.1.2 Ausgabe-Format" auf Seite 193 ff eingelöst werden. Die Mühe zahlt sich ja erst aus, wenn die Ergebnisse des internationalen Schulsportwettbewerbs per E-Mail an die teilnehmenden Schulen versandt werden. Die Ergebnisdaten von EvaluateSportsDS müssen zuvor für die E-Mail-Transferfunktion anhand der ersten 15 Stellen jedes Satzes aufsteigend sortiert werden. Wir nehmen einfach an, diese Arbeit sei bereits getan, beispielsweise mit dem macOS-Sort im Terminal:

```
sort --key=1.1,1.15 --output="/Users/…/<out file>.txt" "/Users/…/<in file>.txt"
```

Was fehlt uns noch, um daraus die geforderten E-Mails herzustellen?

- Die Ergebnisdatei enthält alle Ergebnisse aller Schulen, sowie die Listen der nationalen und internationalen Gewinner-Schulen. Durch das Sortieren gelangt die internationale Liste ganz an den Anfang. Ihr folgen die Ländergebnisse, jeweils beginnend mit der nationalen Liste, falls in dem betreffenden Land mehr als vier teilnehmende Schulen sind. Es müssen also Listen-Daten gepuffert und die Ergebnisse pro Schule zusammen mit den Listen-Daten zu E-Mail-Daten aufbereitet werden.
- Das technische Format der E-Mail-Daten ist noch unbekannt. Ebenso ist noch unklar, wie der erforderliche E-Mail-Client aussehen muss, und auf welcher Plattform er laufen kann.
- Die Aufbereitung der Ergebnisdaten erfolgt länderspezifisch. Die Schweiz, Belgien und Spanien, um nur drei Beispiele zu nennen, haben aber mehrere Amtssprachen, die zudem zum Teil nur regionale Gültigkeit besitzen:
  - In der Schweiz sind das Deutsch, Französisch, Italienisch und Rätoromanisch (Bündnerromanisch). Im Kanton Graubünden legen sogar die einzelnen Gemeinden ihre Amtssprache(n) selbst fest.
  - In Belgien sind es Niederländisch, Französisch und Deutsch (in Ostbelgien).
  - Kastilisch, Katalanisch, Baskisch, Galicisch und Aranesisch sind die spanischen Amtssprachen.

Um mit diesem Flickenteppich klarzukommen, der teils auf die innereuropäische Kolonisierung seit dem Altertum zurückgeht, teils – zum Beispiel in der Schweiz – das Ergebnis freiwilliger Zusammenschlüsse ist, könnte jede teilnehmende Schule ein eigenes Sprachkennzeichen erhalten. Das wäre jedoch eine aufwendige Maximallösung. Vertretbarer erscheint es, jeder Region ihr Sprachkennzeichen zu geben. Das wäre hier aber immer noch des Guten zuviel; deshalb wird aus dem Länder-Code einfach die jeweilige Sprache abgeleitet. Dafür sind die erforderlichen Textelemente bereitzustellen und zu verarbeiten.

Diese Festlegung reicht vorerst aus, weil ab dem Band-5-Kapitel „Fachliches ISSC-Datenmodell" eine weit differenziertere Lösung vorgestellt und diese im Band-6-Kapitel „Migration der ISSC-Daten" in relationaler Form realisiert wird.

- Ein kleines – hier vernachlässigbares – Problem ist die Schreibung der Dezimalzahlen. Im englischsprachigen Raum trennt ein Punkt die Ganzzahl von den Nachkommastellen, und das Komma trennt die Tausenderstellen voneinander. In den anderen – europäischen – Sprachräumen ist es genau umgekehrt, mit der Ausnahme, dass in der Schweiz Währungsbeträge mit einem Punkt anstelle des Kommas geschrieben werden. EvaluateSportsDS setzt starr ein Komma als Trenner im Schul-Durchschnittswert ein. Das kann zunächst so belassen werden, müsste aber bei einer produktiven Anwendung mit englischsprachigen Schulen Beachtung finden.

Die größte Unbekannte in dieser Aufgabenliste ist offensichtlich die E-Mail-Funktionalität. Hier hilft zunächst die Entscheidung weiter, das E-Mail-Transferprogramm nur in Java zu implementieren. Es gibt zwar auch für andere Programmiersprachen geeignete E-Mail-Client-Funktionen, aber es geht hier primär um die JSP-Methode und deren Anwendungen. Daher genügt eine einzige Implementierung für die vorliegende Aufgabe völlig.

17.1 Einfaches Java-E-Mail-Programm

Die Java-E-Mail-Klassen unterstützen das Simple Mail Transfer Protocol = SMTP derart elegant, dass das Aufbauen und Versenden einer Nur-Text-E-Mail ohne Font-Angaben etcetera sehr einfach realisierbar ist. Der folgende Code zeigt ein Beispiel:

```
package e_mail_test;

import java.util.*;
import javax.mail.*;
import javax.mail.internet.*;

public class E_Mail_Test {

   public static void main(String[] args)
   {
      try
      {
         String host    = "<provider>";
         String from    = "<sender>";
         String to      = "<recipient>";
         String body    = "This is the message body. Line 1\nLine 2\nLine 3";
         String subject = "This is the message subject.";

         Properties props = System.getProperties();
```

```
            props.put("mail.smtp.host", host);
            Session session = Session.getInstance(props, null);
            MimeMessage message = new MimeMessage(session);
            message.setFrom(new InternetAddress(from));
            message.addRecipient(Message.RecipientType.TO, new InternetAddress(to));
            message.setSubject(subject);
            message.setText(body);

            Transport.send(message);
        }
        catch (Exception ex) { ex.printStackTrace(); }
    }
}
```

Hinweis: Anstelle von `<provider>`, `<sender>` und `<recipient>` sind gültige Angaben für den jeweiligen Provider zu machen. Hier ist keine Passwortprüfung vorgesehen; das akzeptieren viele Provider nicht.

Das SMTP ermöglicht leider nicht, die Verlässlichkeit der Absenderangabe zu überprüfen. Je nach Provider darf die `<sender>`-Angabe allerdings auch weggelassen werden, wenn dieser dort stets den Account-String desjenigen Privatkunden einträgt, der sich mit seinem Router angemeldet hat und über diese Verbindung eine E-Mail versendet. Das bedeutet, dass im obigen Code-Beispiel die Zeilen

```
        String from     = "<sender>";
```

und

```
        message.setFrom(new InternetAddress(from));
```

entfallen, weil dann die `from`-Angabe wirkungslos ist. Ein ungültiger `<sender>` wird in diesem Fall ebenso ignoriert.

Die Methoden der Java-E-Mail-Klassen werden übrigens in einem großen `try`-Block aufgerufen, da beispielsweise die Kontaktaufnahme mit dem Provider-Server fehlschlagen kann. In diesem Fall gibt der `catch`-Block per `printStackTrace()` eine Fehlermeldung aus. Eine ungültige Zieladresse führt allerdings nicht zu einer Exception, sondern löst den Versand einer Meldung vom Typ „Mail Delivery Failed" an die Absender-Mailadresse aus.

Beim Empfänger kommt bei gültiger Zieladresse folgender Mail-Inhalt an, wobei die Darstellung je nach Client und dessen Schrifteinstellungen abweicht:

subject	This is the message subject.
body	This is the message body. Line 1
	Line 2
	Line 3

Es genügt also, die Zeilen des Texts mit dem Newline-Zeichen voneinander zu trennen. Am Ende des Texts muss kein einzelner Punkt – gemäß SMTP -Standard – stehen, weil dieser vor dem eigentlichen Versand automatisch ergänzt wird. Damit sind die beiden offenen Punkte vorerst – aber nur teilweise – geklärt. Die noch fehlenden Details hinsichtlich des exakten technischen Formats müssen im Rahmen des detaillierten Entwurfs ergänzt werden.

17.2 Datenstrukturen und Ableiten der Programmstruktur

17.2.1 Vorläufiges Eingabe-Struktogramm

Durch das Sortieren der Ergebnisdaten werden nur die Satzpakete mit den nationalen und internationalen Listen-Daten von hinten nach vorn bewegt, aber an der Reihenfolge der Sätze in allen Satzpaketen – auch zu den einzelnen Schulen – ändert sich nichts. Dafür sorgt die Kombination von School ID und Satznummerierung.

Die sortierten Ergebnissätze haben daher anscheinend die in der „Abbildung 17.1: Intuitiv erstelltes Struktogramm der sortierten Ergebnisdatei" auf Seite 515 gezeigte Struktur. Dieses Struktogramm entstand hauptsächlich durch Kopieren und Umarrangieren der Bestandteile der „Abbildung 11.4: Finales Struktogramm von „School Sport Results" mit Korrespondenzen" auf Seite 292, entsprechend der Arbeitsweise der Sortierung. Die Strukturblöcke „int(ernational) medal school data" und „nat(ional) medal school data" wurden jeweils in einen Drei-Zeilen-Block aus School-ID, Name, Adresse und Schulergebnissen aufgelöst, und es wurden neue Nummern für die Kontrollen vergeben.

Das ist zweifellos eine korrekte Sicht auf diese Daten – aber ist sie auch der Aufgabe adäquat? Eine der Stärken der JSP-Methode ist es ja, dass eine verarbeitende Instanz nicht daran gebunden ist, wie die datenliefernde Vorläuferinstanz ihre Ausgabedatenstruktur sieht, solange dadurch nicht die Gesetze der Logik und der Physik verletzt werden. Diese neue Interpretation muss sich natürlich daran orientieren, was das übergebene respektive ausgegebene / möglicherweise sortierte / wieder eingelesene Datenmaterial im Kontext der zu lösenden Aufgabe hergibt.

17.2.2 Korrespondenzen zwischen Ein- und Ausgabe

In welchen (Korrespondenz-)Beziehungen stehen die sortierten Ergebnissätze und die E-Mail-Inhalte? Das zeigt die „Abbildung 17.2: Korrespondenzen zwischen Ein- und Ausgabe bei der E-Mail-Generierung" auf Seite 516 am Beispiel von zwei E-Mails, die aus den ersten vier Datengruppen abgeleitet werden, also den internationalen Schul-Gewinnern, den nationalen Schul-Gewinnern für Deutschland, sowie zwei Schul-Ergebnisblöcken.

(weiter auf Seite 516 unten)

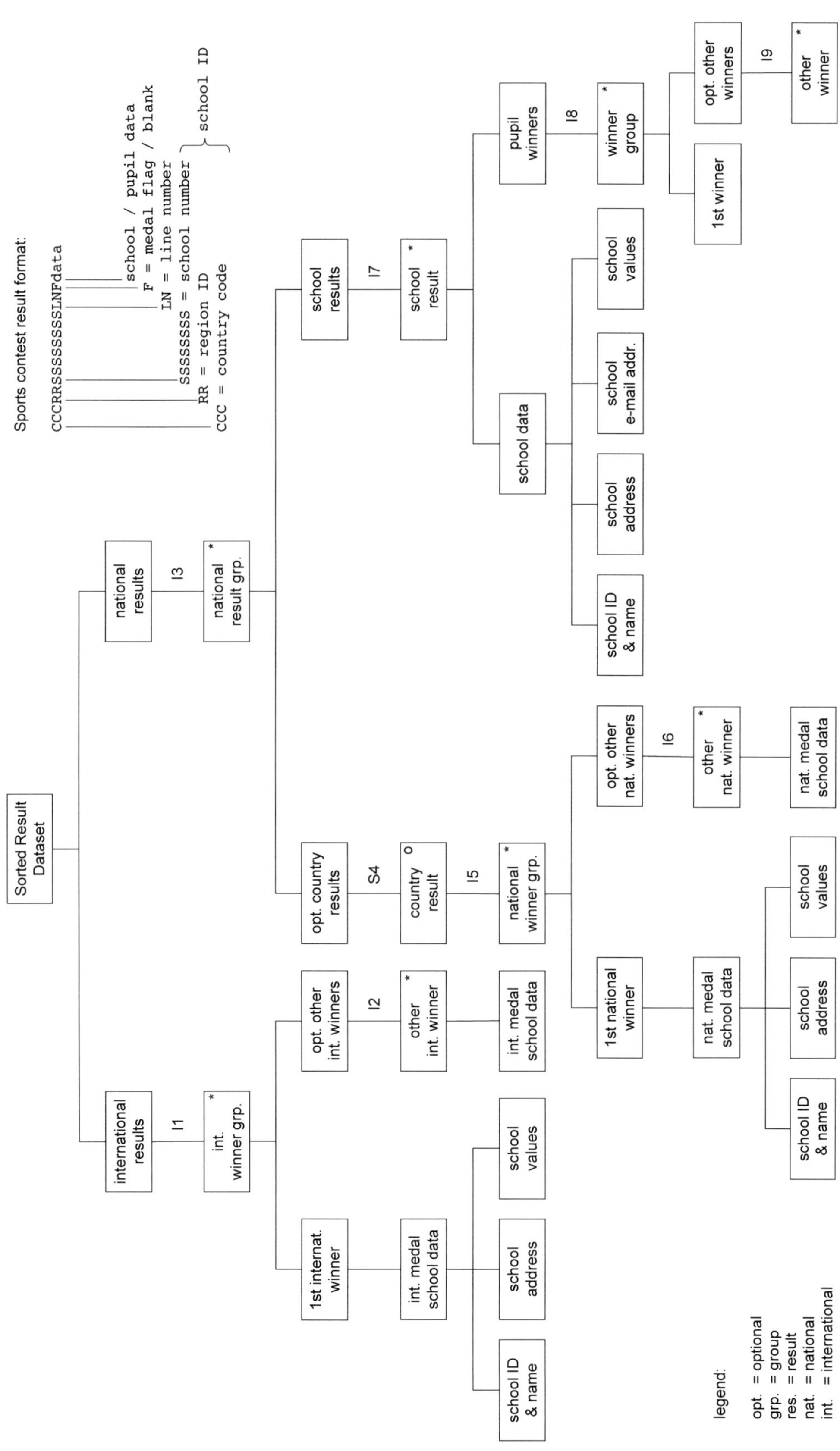

Abbildung 17.1: *Intuitiv erstelltes Struktogramm der sortierten Ergebnisdatei*

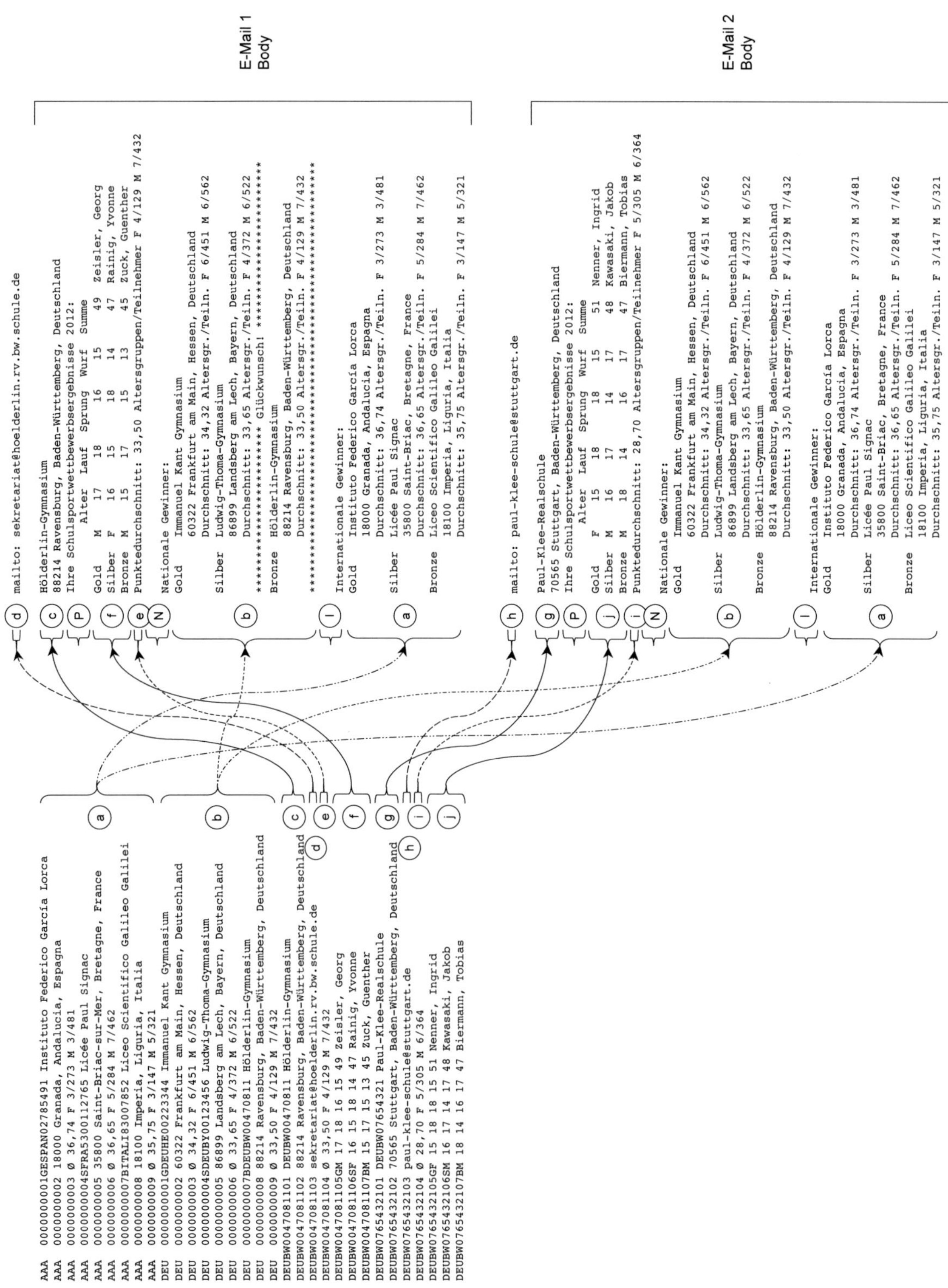

Abbildung 17.2: *Korrespondenzen zwischen Ein- und Ausgabe bei der E-Mail-Generierung*

Wegen der vielen Korrespondenzpfeile wurden diese unterschiedlich dargestellt und Kleinbuchstaben für die korrespondierenden Strukturteile vergeben. Die nicht korrespondierenden Überschrifts- und Trennzeilen sind mit Großbuchstaben gekennzeichnet.

Die Grafik veranschaulicht, was mit den Datengruppen zu tun ist:

- Kreuzungen von Korrespondenzlinien bedeuten normalerweise, dass Daten zwischengespeichert werden müssen, weil sie in einer anderen Folge ankommen, als sie gebraucht werden. Das gilt allerdings nicht für die Korrespondenzen d und h, weil es egal ist, in welchem Satz die jeweilige E-Mail-Adresse eintrifft, solange die Datengruppe zur jeweiligen Schule noch andauert. Die Adresse wird ja nicht zum Bestandteil des E-Mail-Texts, sondern gelangt in einen separaten Speicherbereich.
- Multiple Korrespondenzen können durch Zwischenspeicherung mit mehrfachem Auslesen des jeweiligen Speichers realisiert werden. Sprachabhängige Aufbereitungen sind teilweise vorzunehmen.
- Ungekreuzte / singuläre Korrespondenzen erlauben, die Eingabedaten unmittelbar in Ausgabedaten zu transformieren oder zu kopieren. Auch hier sind sprachabhängige Aufbereitungen teilweise nötig.
- Die nicht – unmittelbar – korrespondierenden Bestandteile der Ausgabe sind – bis auf die Leerzeilen – sprachabhängig. Sie müssen daher ebenfalls auf der Land-Ebene bereitgestellt und nach einem Land-Wechsel ausgetauscht werden.
- Wenn die School ID der Datengruppe zu einer Schule gleich der School ID eines (inter-)nationalen Schul-Gewinners ist, so wird eine besondere Kennzeichnung vorgenommen (siehe Korrespondenz b zur ersten Schule). Internationale Gewinner sind aber zugleich nationale Gewinner. Es wäre deshalb nicht sinnvoll, die Hervorhebung zweimal vorzunehmen. Stattdessen sollte der jeweils höchste erreichte Rang ausgezeichnet werden. Ein internationaler Schul-Gewinner wird also nicht auch als nationaler Schul-Gewinner hervorgehoben. Diesen Punkt hat die Spezifikation im Kapitel „9.1.2 Ausgabe-Format" auf Seite 193 ff nicht behandelt.

Die Korrespondenzlinien für zwischengespeicherte oder mehrfach verwendete Daten legen eine Schwäche der bisherigen Modellierung nach der JSP-Methode offen. Diese geht vom Paradigma der gleichzeitigen Verarbeitbarkeit aus, die in diesen beiden Fällen zunächst nicht gegeben ist. Das Zwischenspeichern ist eigentlich nur eine technische Maßnahme, die es ermöglicht, störende Verflechtungen über den Hauptspeicher – oder gegebenenfalls über einen externen Speicher – aufzulösen. Solche Verflechtungen können zwar in einigen Fällen relativ leicht umgangen, in anderen aber überhaupt nicht abgeschafft respektive nur mit einem unvertretbar hohen Aufwand vermieden werden. Wie sieht das im vorliegenden Fall aus?

- Das Vertauschen der Korrespondenzen e und f beziehungsweise i und j könnte durch folgende Maßnahmen unterbunden werden:
  - Verzögertes Ausgeben von RR04, und zwar erst nach Ausgabe aller Schüler-Gewinner-Sätze und mit einer höheren Zeilennummer als 04
  - Umdefinieren des Ausgabeformats, wodurch die Schul-Ergebnisse den Schüler-Ergebnissen vorangestellt würden
  - Vergeben einer hohen Zeilennummer – zum Beispiel 99 – anstatt 04, was beim Sortieren diese Zeile ans Ende der Daten zur Schule stellen würde
- Die Mehrfachverwendungen der Korrespondenzen a und b, sowie deren Überkreuzungen wären jedoch nur dadurch zu beseitigen, dass
  - in der Eingabe der Transferfunktion den Ergebnissen zu jeder Schule unmittelbar die nationalen und internationalen Ergebnisse folgen,
  - hierfür in EvaluateSportsDS eine Liste aller – unbekannt vielen – School-IDs aufgebaut oder auf einem externen Medium mitgeführt wird,
  - für jede Schule eines Landes die fertiggestellte Liste der nationalen Gewinner-Schulen einmal ausgegeben wird,
  - für jede Schule die fertiggestellte Liste der internationalen Gewinner-Schulen einmal ausgegeben wird,

- die Schlüsselstruktur so angepasst wird, dass die Sortierung exakt die gewünschte Satzfolge erzeugt.

Letzteres hätte natürlich eine erhebliche Redundanz zur Folge. Das Gesamtvolumen der Ausgabedaten von EvaluateSportsDS würde sich mehr als verdreifachen. Solche Holzhammermethoden machen zwar eventuell ein Folgeprogramm trivialer, aber sie verschwenden Ressourcen und verschieben lösbare Probleme von einem Programm zu einem anderen, wo sie sich vielleicht als bösartig erweisen. Ausserdem: Wenn jedes Problem, das ein Folgeprogramm mit seinen Eingaben hat, durch Eingriffe im datenliefernden Programm behoben werden müsste, käme so manche Entwicklung nie ans Ende.

Es ist also sinnvoll, die Zwischenspeicherung beizubehalten, sofern es sich um kleine Datenmengen handelt. Das Erfordernis, große Datenmengen zwischenzuspeichern, weist dagegen im JSP-Kontext meist auf grundlegende Designfehler hin. Philosphieren Sie bitte nicht über den Unterschied zwischen klein und groß. Übersetzen Sie diese unscharfen Maße besser in „praktikabel und sinnvoll" oder „riesig und eher unschön", um Ihre Entscheidung für das eine oder andere zu fundieren.

Wie verträgt sich diese pragmatische Entscheidung mit den Korrespondenzen der JSP-Methode?

17.2.3 Neue Korrespondenztypen: verzögert / erweitert

- Bei Kreuzungen von Korrespondenzlinien ist die JSP-Forderung, Anzahl und Reihenfolge der korrespondierenden Strukturblöcke müssten übereinstimmen, nicht grundsätzlich verletzt. Das gilt vor allem dann, wenn sich die Daten, die von den korrespondierenden Strukturblöcken beschrieben werden, stets gleichzeitig – also ohne separate Zwischenspeicherung – im Hauptspeicher befinden. In diesen Fällen handelt es sich um einfache Reihenfolgevertauschungen von Datenelementen zwischen Eingabe und Ausgabe, wie sie oft vorkommen. Vielfach wird ja auch darauf verzichtet, für jedes einzelne Datenelement – gegebenenfalls innerhalb seiner es umfassenden Informationseinheit – die Korrespondenz exakt anzugeben, wenn das nichts zur Findung der Programmstruktur beiträgt.

  Falls aber interne Zwischenspeicherungen oder sogar physische I/Os – beziehungsweise deren Aufruf-Äquivalente bei der Programminversion – stattfinden müssen, um Eingabedaten zu puffern, vorläufig zu übergehen und später auf sie zurückzukommen, wie es im vorliegenden Fall erforderlich ist, kommt es darauf an, ob die gepufferten Daten mit den daraus erzeugten oder damit korrelierten Daten in einer echten Korrespondenz stehen. Wenn das zutrifft, liegt ein weiterer neuer Korrespondenztyp vor: die verzögerte Korrespondenz (Deferred Correspondence). Diese wird künftig durch je eine Raute an den daran beteiligten Strukturblöcken markiert.
- Die ebenfalls neuen multiplen Korrespondenzen erfüllen dagegen wegen der nicht zusammenpassenden Kontrollen keinesfalls die JSP-Korrespondenzbedingungen. Im vorliegenden Beispiel werden die nationalen und internationalen Ergebnisse jeder E-Mail beigefügt, obwohl erstere nur einmal pro Land und letztere überhaupt nur einmal in der – sortierten – Ausgabe von EvaluateSportsDS enthalten sind. Durch das einmalige Speichern der internationalen Daten und durch das Speichern der nationalen Daten jeweils am Anfang der Schulergebnis-Datengruppen zu einem Land kann die geforderte Ausgabe jedoch problemlos erzeugt werden.

  In der Praxis treten zahlreiche weitere Fälle auf, in denen zwischengespeicherte Daten ein- oder mehrfach verwendet werden, ohne dass eine klassische oder verzögerte Korrespondenz vorliegt. Dennoch bestehen unbestritten Beziehungen zwischen diesen Daten und ihren Verwendungen, die jedoch wesentlich komplexer als die klassischen 1:1-Relationen sein können. Man könnte darauf verzichten, diese Korrespondenzen zu markieren, würde damit aber wesentliche Hinweise auf die dadurch begründeten Abhängigkeiten verlieren.

  Daher sollte diese neue Relation ebenfalls mit einem neuen Korrespondenztyp dokumentiert werden: der erweiterten Korrespondenz (Extended Correspondence). Sie bekommt als Symbol je einen dicken

Punkt oder einen umrandeten Kreis (Doppelkreis) mit Korrespondenznummer an den daran beteiligten Strukturblöcken. Bei mehrfachen Korrespondenzen, die ein Spezialfall der erweiterten Korrespondenz sind, führen mehrere Korrespondenzlinien von einem Strukturblock zu anderen Strukturblöcken. Jeder Strukturblock kann zudem mehrere Korrespondenztypen besitzen, was aber eher selten sein dürfte.

- Es ist natürlich nicht zulässig und wäre auch nicht sinnvoll, die beiden neuen Korrespondenztypen dafür zu verwenden, die Programmstrukturen durch Verschmelzung der Eingabe- und Ausgabe-Datenstrukturen abzuleiten. Stattdessen sind die zu puffernden Daten zunächst einzulesen, was bedeutet, dass die sie betreffenden Eingabe-Datenstrukturen hierarchisch korrekt in die Programmstruktur übernommen werden. Die dazu – multipel, überkreuzt oder anderweitig – korrespondierenden Datenstrukturen sind analog an anderer Stelle in Teile der Programmstruktur umzuwandeln, und zwar so, als handle es sich um Objekte, denen keine physische Eingabe entspricht. Es bringt also nichts, sich selbst durch großzügige Nutzung der neuen Korrespondenztypen zu beschummeln. Diese signalisieren lediglich die Zwischenspeicherung(en) und dokumentieren, dass die Korrespondenzen komplett analysiert wurden.
- In der jeweiligen Liste der Operationen und in der zugehörigen Programmstruktur mit Operationen sind die Pufferungs- und Ausleseoperationen detailliert zu spezifizieren. Es darf nicht der Phantasie der Programmierer(innen) überlassen sein, wie die neuen Korrespondenzen aufgelöst werden.

17.2.4 Finale Eingabe-Datenstruktur mit Korrespondenzen

Die „Abbildung 17.3: Vereinfachte, finale Datenstruktur der sortierten Eingabe“ auf Seite 520 bezeichnet zusätzlich die Korrespondenzen zur Ausgabe.

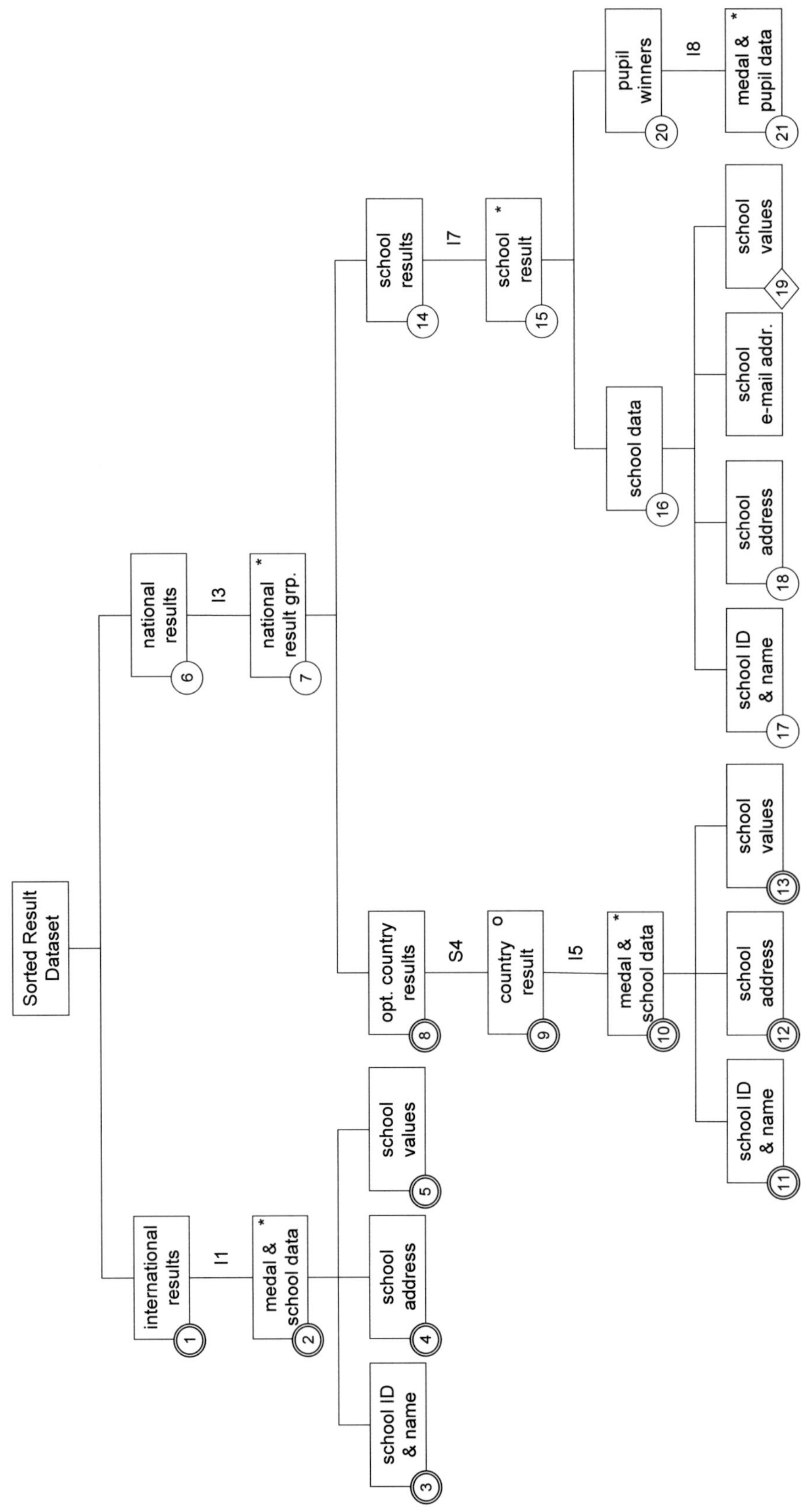

Abbildung 17.3: *Vereinfachte, finale Datenstruktur der sortierten Eingabe*

17.2.5 Finale Ausgabe-Datenstruktur mit Korrespondenzen

Die zur Eingabe korrespondierende Ausgabe ist wie folgt strukturiert:

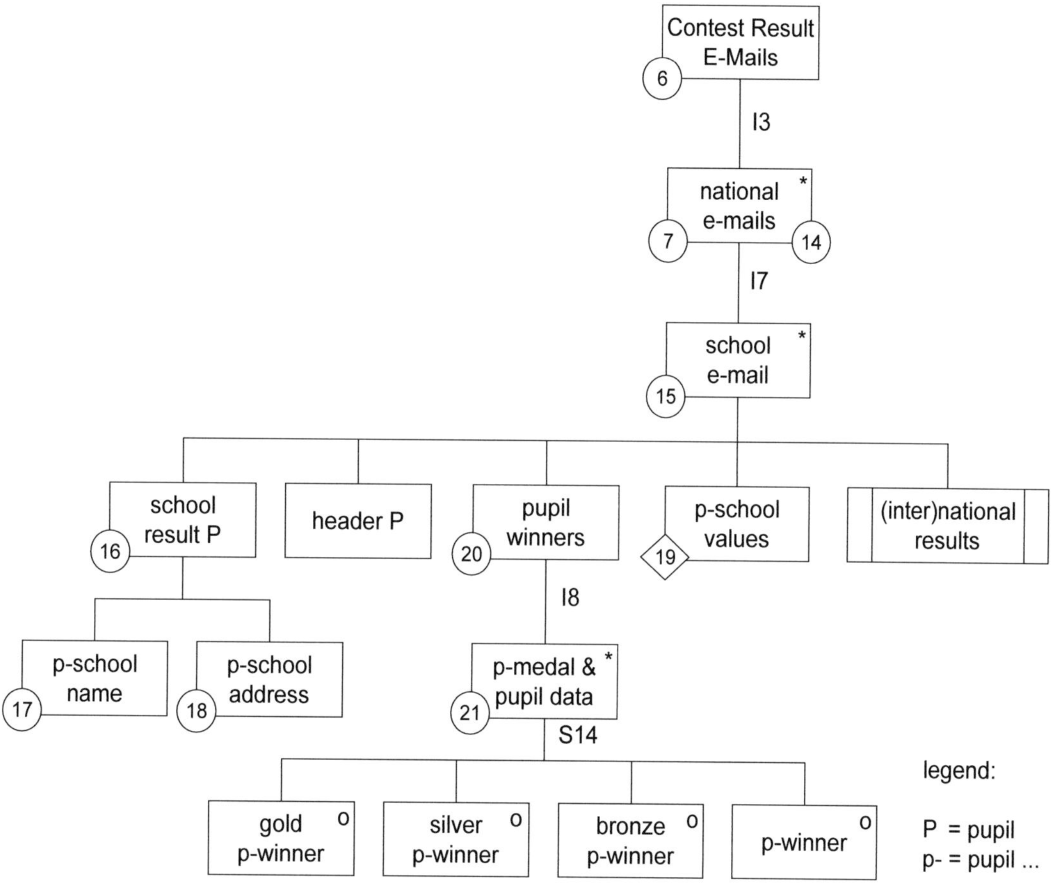

Abbildung 17.4: *Struktogramm der Mail-Ausgabetexte*

Aus Platzgründen musste die Teilstruktur „(inter)national results" ausgelagert werden. Sie folgt als „Abbildung 17.5: Ausgelagerte Teilstruktur „(inter)national results"" auf Seite 522.

17

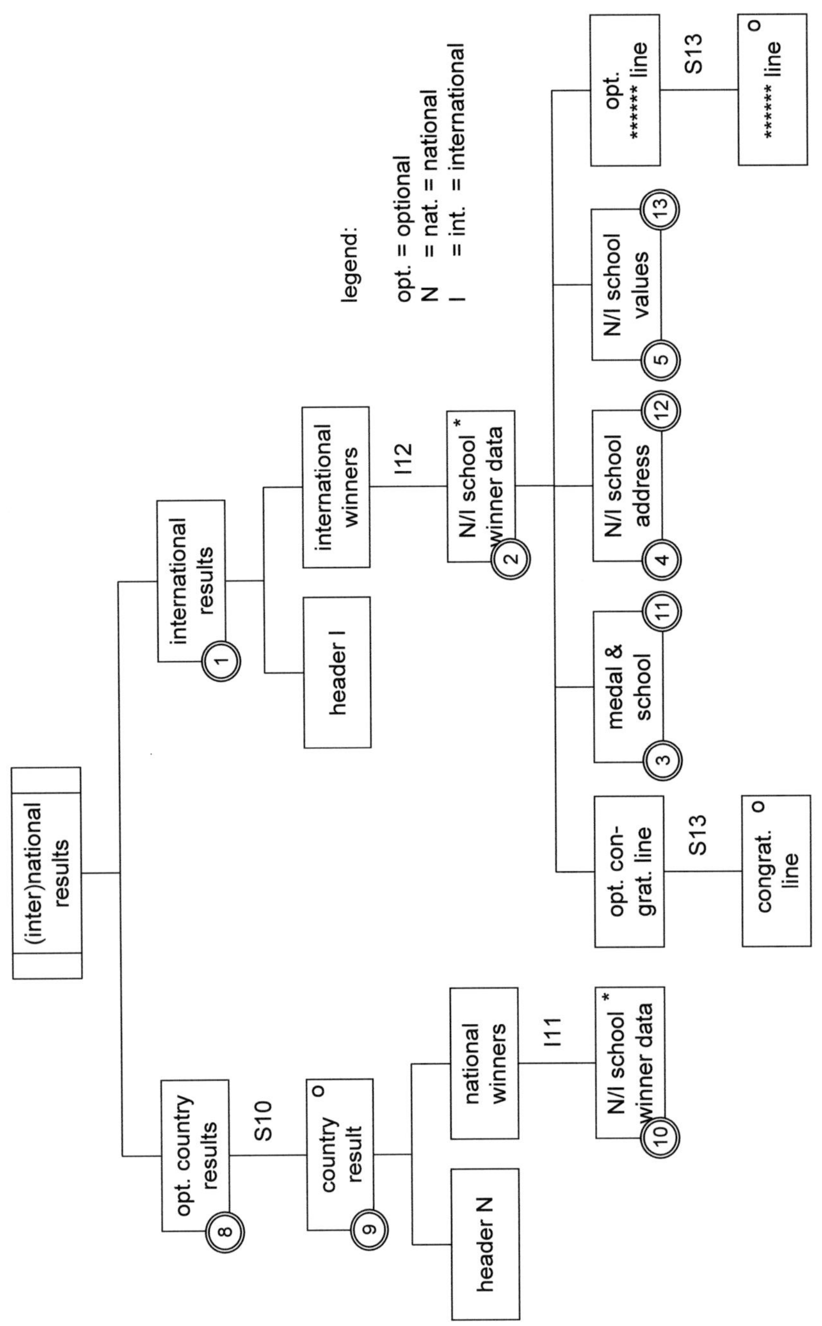

Abbildung 17.5: *Ausgelagerte Teilstruktur „(inter)national results"*

Hier tauchen zum ersten Mal die neuen Korrespondenztypen auf. Die Mehrfachverwendung der (inter-)nationalen Ergebnisdaten führt teilweise zu überraschenden Verknüpfungen. Daher werden die Korrespondenzen nun näher erläutert:

- Die Korrespondenzen 1 bis 5 sind vom Typ „erweitert". Sie basieren auf einer einmaligen Pufferung der internationalen Ergebnisdaten.
- Die Korrespondenz 6 ist rein formal. Die Menge aller nationalen Ergebnisse wird in die Menge der E-Mails transformiert.

- Die Korrespondenz 7 dokumentiert die Transformation eines einzelnen nationalen Ergebnisses in die Menge der für dieses Land verschickten E-Mails. I3 zählt also die Länder.
- Auch die Korrespondenzen 8 bis 10 sind vom Typ „erweitert". Sie basieren auf der Pufferung der nationalen Ergebnisdaten am Anfang jeder Datengruppe zu einem Land.
- Die Korrespondenz 10 wurde ausgabeseitig nicht – wie 2 – in ihre Details aufgelöst, weil die Strukturblöcke identisch benannt sind. Es gelten also weitere Korrespondenzen 11, 12 und 13 auf Satzebene, die rechts unten an den korrespondierenden Strukturblöcken angebracht sind.
- Die Korrespondenz 14 ist zur Korrespondenz 7 äquivalent und wurde deshalb am selben Ausgabe-Strukturblock rechts unten angebracht.
- Die Korrespondenz 15 bedeutet, dass für jede teilnehmende Schule eine E-Mail erzeugt wird, und zwar in der durch die Eingabe definierten Reihenfolge.
- Die Korrespondenzen 16, 17 und 18 präzisieren diese Aussage.
- Die Korrespondenz 19 ist vom Typ „verzögert". Die Schul-Ergebniswerte müssen zwischengespeichert und nach der Ausgabe der Schüler-Gewinner aufbereitet & ausgegeben werden.
- Die Korrespondenzen 20 und 21 bedeuten, dass der Block der Schüler-Gewinner ausgabeseitig der Schul-Adresse folgt und diese Gewinner in derselben Reihenfolge wie in der Eingabe aufgelistet werden.

Das Ausgabe-Struktogramm enthält etliche nicht korrespondierende Strukturblöcke:

- Die Header P, N und I werden den jeweiligen Abschnitten der Ausgabe vorangestellt.
- Die Kennzeichnung der Medaillen erfolgt anhand der Buchstaben G | S | B in der Spalte 16 der Eingabedatei. Bei Gewinnern ohne Kennzeichnung handelt es sich um solche, die eigentlich ebenfalls die davor auftauchende Medaillenkennzeichnung besitzen, aber in der Ausgabe nur Leerzeichen anstatt der Medaillenbezeichnung bekommen sollen.
- Die Hervorhebung einer (inter-)nationalen Gewinner-Schule durch Sternchen-Zeilen ist unter die Kontrolle S13 gestellt. Ebenso könnte zwischen einer hervorgehobenen und einer nicht hervorgehobenen Schule unterschieden werden, was aber dazu zwingen würde, die drei inneren Strukturblöcke zur jeweiligen Schule zu wiederholen. Beide Formen sind gültig und zweckmäßig; hier handelt es sich um eine Geschmacksentscheidung. Die „Abbildung 17.6: Alternative Modellierungen der Schul-Gewinner-Texte" auf Seite 524 zeigt die Modellierungsalternativen.

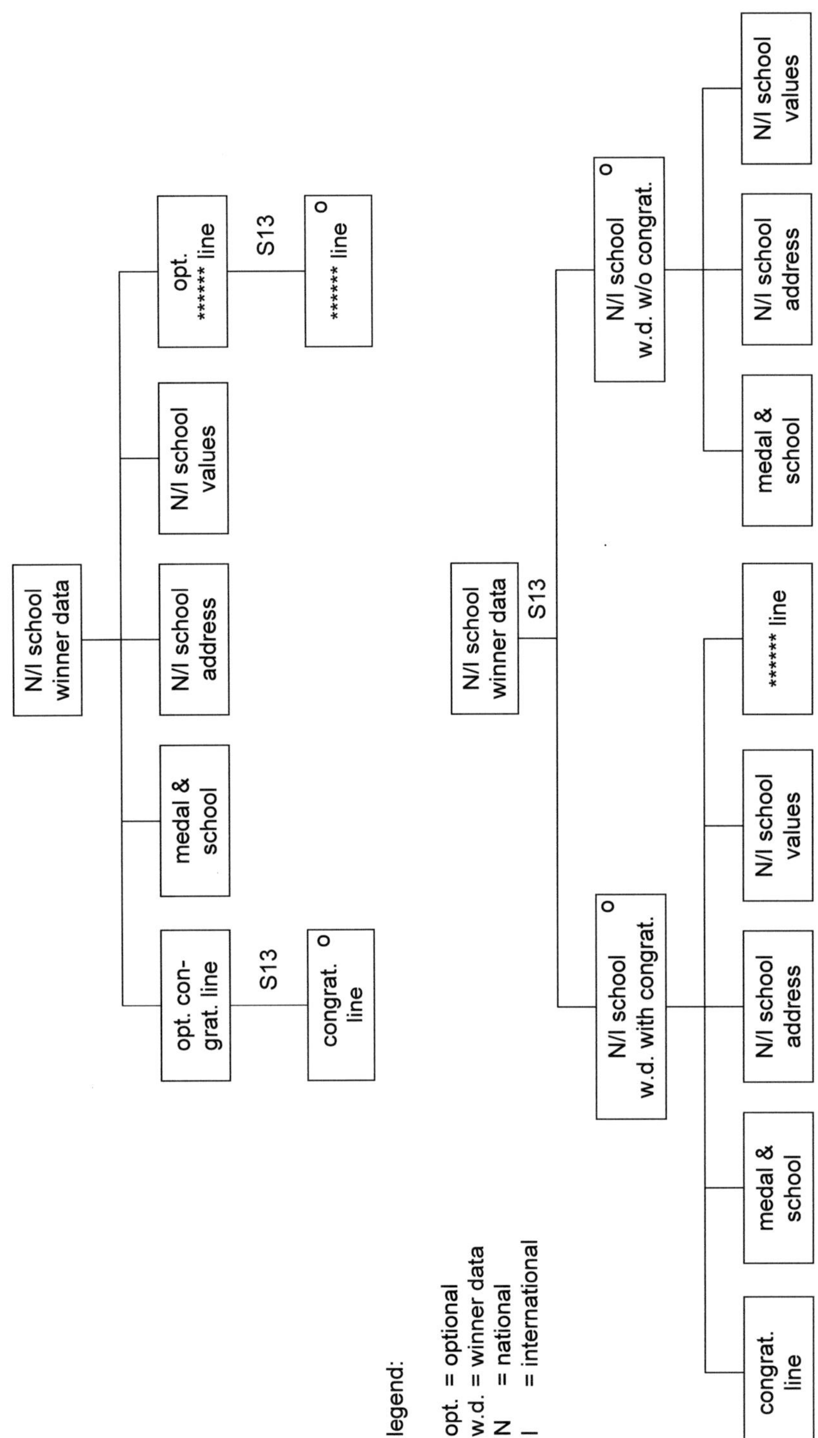

***Abbildung 17.6:** Alternative Modellierungen der Schul-Gewinner-Texte*

Die Redundanz im unteren Struktogramm bewirkt auch, dass die Operationen redundant zugeordnet werden müssen. Das ist vor allem bei Änderungen ungünstig. Daher wird hier die obere Version bevorzugt.

Die Kontrollen sind:

I1	new_rank_1_key > 'DAAA'	
I3	EOF	
S4	new_rank_1_2_key = 'Dccc 00000000'	// mit ccc = Country Code
I5	new_rank_1_2_key > 'Dccc 00000000'	
I7	new_rank_1_key > old_rank_1_key	// Wechsel des Landes | EOF
I8	new_rank_1_2_key > old_rank_1_2_key	// Wechsel von Schule oder Land | EOF
S10	N_entries > 0	// Anzahl nationale Ergebniszeilen
I11	N_index > N_entries	
I12	I_index > I_entries	// I_Index > Anzahl internationale Ergebniszeilen
S13	Schule ist internationaler | nationaler Gewinner	
S14	Medaillenkennzeichnung = 'G' | 'S' | 'B' | sonst	

Anmerkungen

- S13 muss natürlich noch präzisiert werden. Wie bereits erwähnt, wird für Schulen, die auf beiden Listen erscheinen, nur der höhere Rang hervorgehoben.
- Den Kontrollen S10, I11 und I12 liegt die Annahme zugrunde, dass die gepufferten Daten der nationalen und internationalen Schul-Gewinner in je einem Array gehalten werden.
- Die Rangschlüsselvergleiche verwenden sämtlich die Relation „größer als", weil durch das aufsteigende Sortieren andere Gruppenwechsel als die erwarteten ausgeschlossen sind. EvaluateSportsDS könnte auch Eingabedateien verarbeiten, in denen die Datengruppen zu den Schulen einander nicht aufsteigend sortiert folgen; allerdings müssten dann auch die Schul-Daten genau in derselben Weise geordnet sein.

17.2.6 Programmstruktur ohne Operationen

Durch Verschmelzen der klassisch korrespondierenden Strukturblöcke, hierarchisch korrektes Plazieren aller anderen Strukturblöcke und Einfügen von formalen Blöcken entstehen die nachfolgenden Programm-Struktogramme (siehe „Abbildung 17.7: Abgeleitete Programmstruktur für die Mail-Texte (ohne Auslagerungen)" auf Seite 526 und „Abbildung 17.8: Ausgelagerte Programmstrukturen des Sport Results Transfer Program" auf Seite 527): Das Top-Diagramm zeigt aus Platzgründen nur den Struktur-Anteil ohne die Auslagerungen „save opt(ional) national results" und „append (inter)national results". Das ihm folgende Diagramm zeigt die ausgelagerten Strukturblöcke.

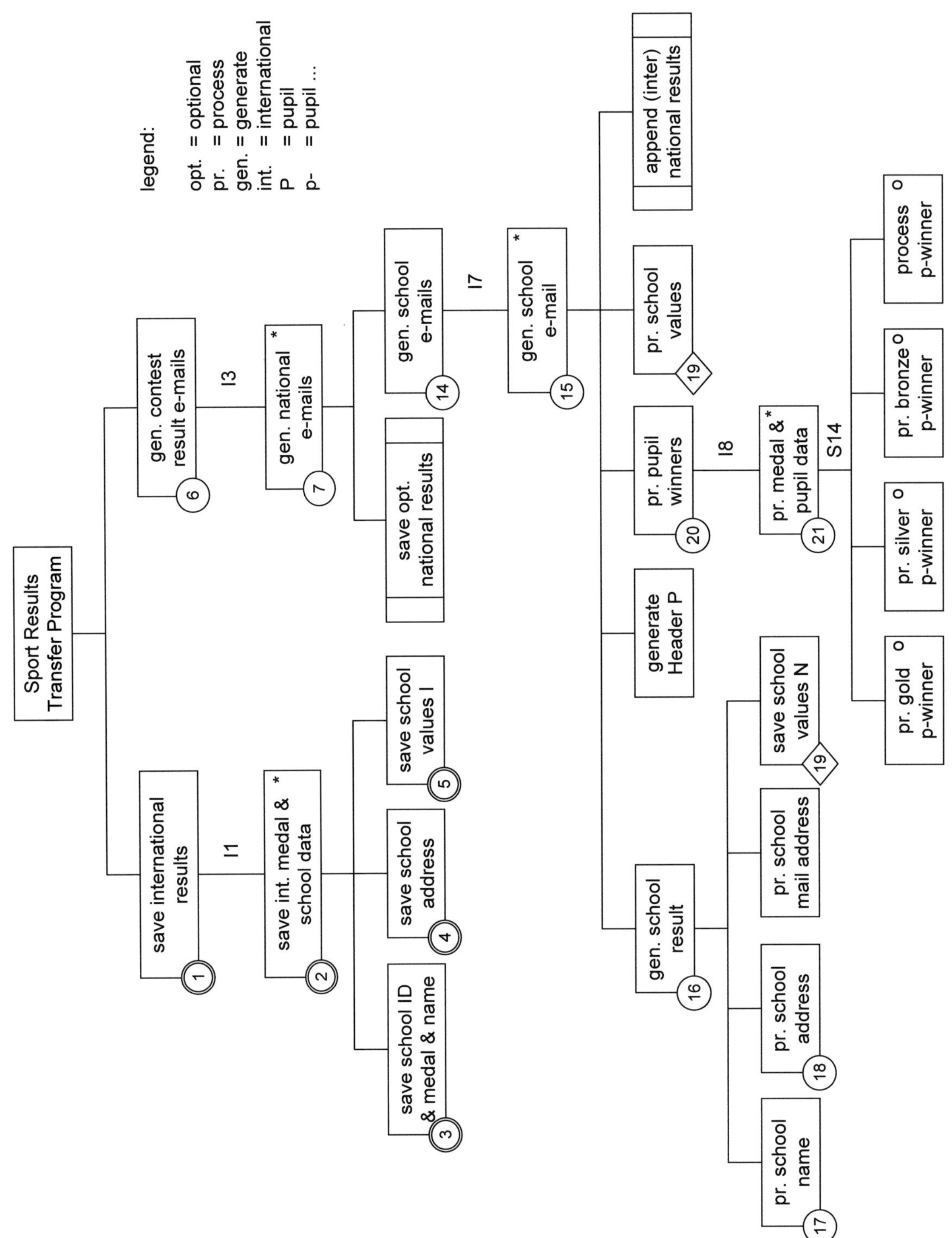

Abbildung 17.7: *Abgeleitete Programmstruktur für die Mail-Texte (ohne Auslagerungen)*

Die aus den Korrespondenzen entstandenen Strukturblöcke sind entsprechend markiert.

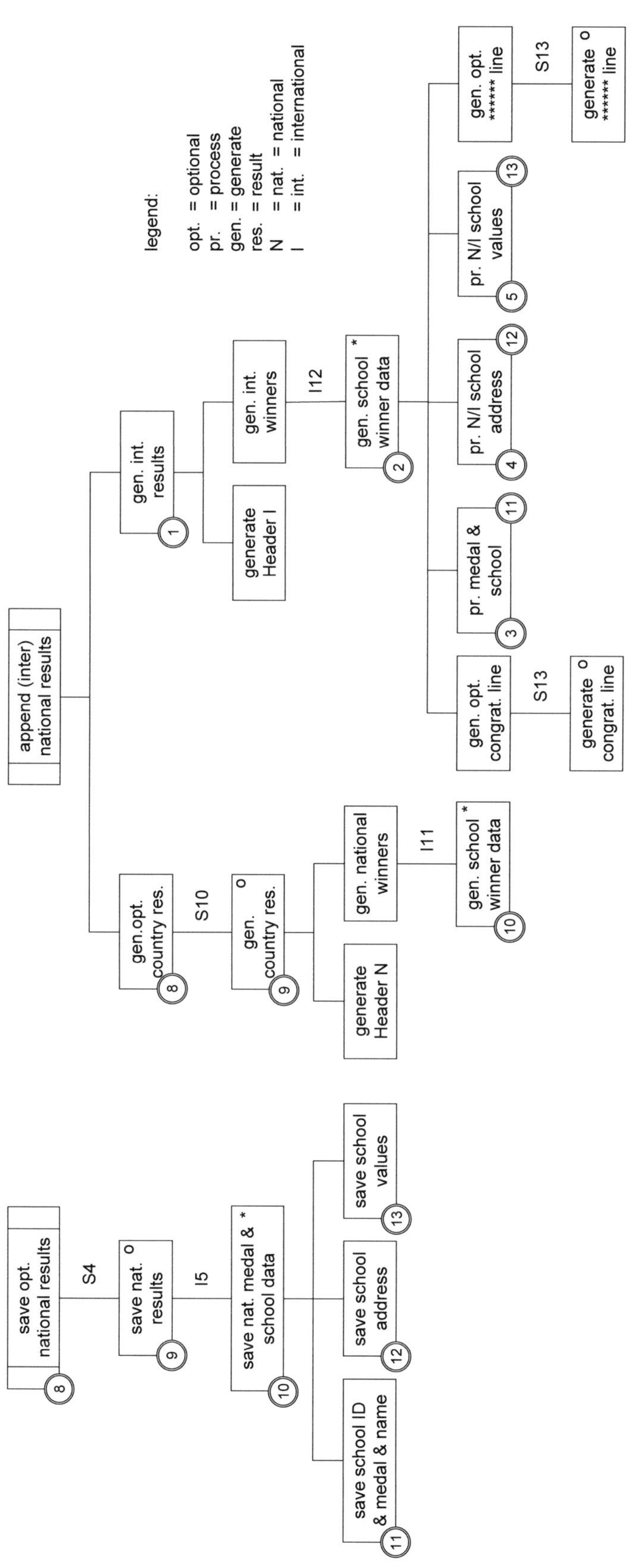

Abbildung 17.8: *Ausgelagerte Programmstrukturen des Sport Results Transfer Program*

17.3 Sprachabhängige Aufbereitung

Dieses Thema wurde bislang ausgeklammert, weil es erstens nichts zur Ableitung der Programmstruktur aus den Eingabe- und Ausgabestruktogrammen beiträgt, und weil es zweitens hierfür mehrere Lösungen gibt, die programmstrukturell neutral sind beziehungsweise nur banale Erweiterungen erfordern.

Welche Teile der E-Mails sind sprachabhängig? Die erste E-Mail im Kapitel „17.2.2 Korrespondenzen zwischen Ein- und Ausgabe" auf Seite 514 ff – und im Kapitel „9.1.2 Ausgabe-Format" auf Seite 193 ff – ist im folgenden an diesen Stellen fett formatiert:

```
Hölderlin-Gymnasium
88214 Ravensburg, Baden-Württemberg, Deutschland
Ihre Schulsportwettbewerbsergebnisse 2022:
          Alter  Lauf  Sprung  Wurf  Summe
Gold   M     17    18      16    15     49  Zeisler, Georg
Silber F     16    15      18    14     47  Rainig, Yvonne
Bronze M     15    17      15    13     45  Zuck, Guenther
Punktedurchschnitt: 33,50 Altersgruppen/Schüler F 4/129 M 7/432

Nationale Gewinner:
Gold    Immanuel Kant Gymnasium
        60322 Frankfurt am Main, Hessen, Deutschland
        Durchschnitt: 34,32 Altersgr./Schüler F 6/451 M 6/562
Silber  Ludwig-Thoma-Gymnasium
        86899 Landsberg am Lech, Bayern, Deutschland
        Durchschnitt: 33,65 Altersgr./Schüler F 4/372 M 6/522
************************** Glückwunsch! *************************
Bronze  Hölderlin-Gymnasium
        88214 Ravensburg, Baden-Württemberg, Deutschland
        Durchschnitt: 33,50 Altersgr./Schüler F 4/129 M 7/432
*****************************************************************

Internationale Gewinner:
Gold    Instituto Federico García Lorca
        18000 Granada, Andalucia, España
        Durchschnitt: 36,74 Altersgr./Schüler F 3/273 M 3/481
Silber  Licée Paul Signac
        35800 Saint-Briac, Bretagne, France
        Durchschnitt: 36,65 Altersgr./Schüler F 5/284 M 7/462
Bronze  Liceo Scientifico Galileo Galilei
        18100 Imperia, Liguria, Italia
        Durchschnitt: 35,75 Altersgr./Schüler F 3/147 M 5/321
```

Ein Teil der sprachabhängigen Strings ist an bestimmte Ausgabepositionen und Längen gebunden, andere sind dagegen als Fließtext respektive frei plazierbarer Text aufzufassen. Nur bei den ersteren kommt es darauf an, welche Längen die dazu äquivalenten Bezeichnungen in den Sprachen der nicht deutschsprachigen teilnehmenden Schulen haben, weil das hier vorgegebene Format sonst eventuell nicht eingehalten werden kann. Es müssten dann beispielsweise die Spalten für die einzelnen Wettbewerbsergebnisse verbreitert werden. Wie sieht das hier für die weiteren Sprachen Englisch, Französisch, Italienisch und Spanisch (genauer: Kastilisch) aus, wobei im Sinn der am Kapitelanfang festgelegten Vereinbarung die Übersetzung durch den jeweiligen Land-Code festgelegt wird?

language	country code								
Deutsch	DEU	Gold	Silber	Bronze	Alter	Lauf	Sprung	Wurf	Summe
Spanisch	ESP	Oro	Plata	Bronce	Edad	Carrera	Salto	Tiro	Suma
Französisch	FRA	Or	Argent	Bronze	Age	Sprint	Saut	Lancer	Somme
Englisch	GBR	Gold	Silver	Bronze	Age	Sprint	Jump	Throw	Sum
Italienisch	ITA	Oro	Argento	Bronzo	Età	Corsa	Salto	Lancio	Somma

In anderen Sprachen können noch längere Bezeichnungen auftreten, die abgekürzt werden müssten, um in das jetzt festzulegende Raster zu passen. Für „Argento", „Carrera" und „Lancio" ist das bis jetzt vorgeschlagene Format sowieso zu schmal, wenn die Trennung der Spalten durch mindestens zwei Blanks beibehalten werden soll. Daher wird die folgende Aufteilung mit gleichen Abständen zwischen den Spalten gewählt:

```
....+....1....+....2....+....3....+....4....+....5....+....6....+....7....+....8
           Alter       Lauf     Sprung       Wurf      Summe
            Edad    Carrera      Salto       Tiro       Suma
             Age     Sprint       Saut     Lancer      Somme
             Age     Sprint       Jump      Throw        Sum
             Età      Corsa      Salto     Lancio      Somma
Gold      M   17         18         16         15         49  Zeisler, Georg
Silber    F   16         15         18         14         47  Rainig, Yvonne
Bronze    M   15         17         15         13         45  Zuck, Guenther
....+....1....+....2....+....3....+....4....+....5....+....6....+....7....+....8
```

Für Gold / Silber / Bronze wird wegen „Argento" eine Stelle mehr benötigt, was auch für die Auflistungen der Schul-Gewinner gilt, die also ebenfalls nach rechts versetzt werden.

Die Fließtexte werden wie folgt übersetzt:

- Ihre Schulsportwettbewerbsergebnisse
  - ESP: Sus resuldados de la competición deportiva de escuelas
  - FRA: Vos résultats de la compétition scolaire sportive
  - GBR: Your school sports contest results
  - ITA: I vostri risultati della competizione scolare sportiva
- Punktedurchschnitt / Durchschnitt
  - ESP: Media de puntos / Promedio
  - FRA: Moyenne de points / Moyenne
  - GBR: Average points / Average
  - ITA: Media dei punti / Media
- Altersgruppen / Altersgr.
  - ESP: Clase de edad / Grupos edad
  - FRA: Groupes de même age / Groupes age
  - GBR: Age groups
  - ITA: Fascia di età / Gruppi età

17

- Schüler
  - ESP: Alumnos
  - FRA: Élèves
  - GBR: Pupils
  - ITA: Scolari
- Nationale Gewinner
  - ESP: Ganadores nacionales
  - FRA: Gagnants nationaux
  - GBR: National winners
  - ITA: Vincitori nazionali
- Internationale Gewinner
  - ESP: Ganadores internacionales
  - FRA: Gagnants internationaux
  - GBR: International winners
  - ITA: Vincitori internazionali
- Glückwunsch
  - ESP: ¡Felicitaciones!
  - FRA: Félicitation!
  - GBR: Congratulations!
  - ITA: Congratulazioni!

Die Menge dieser Varianten kann man sich als eine zweidimensionale Matrix vorstellen, deren Zeilen je einem Land-Code zugeordnet sind, während in den Spalten die Textelemente in der jeweiligen Landessprache oder der ausgewählten Amtssprache stehen. In diesem Fall kommt es zwangsläufig zu Redundanzen, wenn beispielsweise schweizerische Schulen teilnehmen und dem Land-Code CHE ebenfalls die deutschen Bezeichnungen zugeordnet werden. Neben dieser hässlichen Aufblähung um identische Textelemente müsste hingenommen werden, dass alle schweizerischen Schulen ihre Ergebnisse nur auf Deutsch bekommen. Auch in anderen europäischen Ländern mit Sprachvielfalt würde der Schulwettbewerb deshalb anecken.

Daher ist der bisherige Entwurf verbesserungsfähig. Wie einleitend vorgeschlagen, wäre es eine mögliche moderate Lösung, jeder Kombination von Land-Code und Regions-ID in einer – zum Beispiel relationalen – Zusatztabelle ihr Sprachkennzeichen zuzuordnen. Der dafür erforderliche Aufwand erscheint im vorliegenden Fall allerdings als übertrieben. Sie könnten sich aber übungshalber durchaus darin vertiefen…

Welche Implementierungsalternativen gibt es für die – so vereinfachte – sprachabhängige Aufbereitung?

- Alle sprachspezifischen Texte sind in einer relationalen Tabelle oder in einer sequentiellen Datei enthalten, wobei jede Tabellenzeile respektive jeder Satz für einen Land-Code steht. Das Programm muss bei jedem Wechsel des Land-Codes in der – sortierten – Ergebnisdatei die zugehörigen Textelemente auslesen. Bei einer Tabelle dient der Land-Code als Zeilenschlüssel, während bei einer Datei die Sätze am besten in aufsteigender Land-Code-Folge sortiert sind. Um Komplikationen zu vermeiden, müssen es exakt so viele Sätze sein, wie Land-Codes in der Ergebnisdatei vorkommen.

  Alternativ könnte jede Tabellenzeile eine einzelne Übersetzung repräsentieren. Dann müsste der Zeilenschlüssel natürlich um eine Kennzeichnung des jeweiligen Textelements erweitert werden.
- Die sprachspezifischen Texte werden als Elemente einer zweidimensionalen Matrix im Laufzeitspeicher codiert. Zu jedem Land-Code gehört eine Zeile dieser Matrix. Die Fortschaltung von Zeile zu Zeile erfolgt beim Wechsel des Land-Codes. Auch hier müssen genau so viele Zeilen wie Land-Codes vorhanden sein.
- Die sprachspezifischen Texte werden als Bestandteile des ausführbaren Codes behandelt. Jedesmal, wenn ein Textelement benötigt wird, wählt ein Case-Statement den einzusetzenden String aus.

Sie werden wahrscheinlich bei der dritten Variante die Nase rümpfen. Das ist ja so unelegant, ineffektiv und änderungsaufwendig! Aber es ist die am einfachsten zu programmierende Form, auch bei einer schulspezifischen Aufbereitung. Die zweite Variante ist eleganter, erzwingt aber auch Programmänderungen bei der Hinzunahme oder beim Wegfall eines Land-Codes. Bei einer einmal jährlich laufenden Auswertung erscheint das aber als vertretbar.

Die erste Variante ist gewiss die flexibelste, vor allem die mit relationaler Speicherung. Dann können Land-Codes und Textelemente auf Vorrat aufgenommen werden. Bei einer Umstellung auf regions- oder gar schulspezifische Sprachzuordnungen müssten 1. die Land-Codes durch Sprach-Codes ausgetauscht und 2. die Abbildung {Land-Code, Regions-ID} ⇨ Sprach-Code respektive {Land-Code, Regions-ID, Schulnummer} ⇨ Sprach-Code als separate Tabelle implementiert werden. Beim Wechsel der Region oder der Schulnummer wäre jeweils der Sprach-Code neu zu ermitteln und die Zuordnung zu den Textelementen herzustellen.

Um unnötige Tabellenzugriffe zu vermeiden, mit denen längst bekannte Daten immer wieder eingelesen werden, müssen die Textelemente im Programm gepuffert werden. Das gilt erst recht für eine sequentielle Textelement-Datei, die nicht immer wieder iterativ durchgelesen werden sollte. Dann ist aber der Gewinn an Flexibilität und Komfort gegenüber der zweiten Variante vernachlässigbar, denn diese kann vergleichsweise einfach umgestellt werden.

Daher fällt die Entscheidung für diese zweite Variante. Das bedeutet auch, dass die Programmstruktur nicht erweitert werden muss, denn die Textelemente stehen beim Programmstart schon bereit. Auch das Datenflußdiagramm bleibt – vorerst – unverändert.

17.4 Technisches Format der E-Mail-Daten

Ein Versuch, den oben gezeigten E-Mail-Ausschnitt inklusive der beiden „Lineale" mit dem im Kapitel „17.1 Einfaches Java-E-Mail-Programm" auf Seite 512 ff gezeigten Programms zu versenden, endet beispielsweise mit folgender E-Mail-Anzeige im Browser:

```
....+....1....+....2....+....3....+....4....+....5....+....6....+....7....+....8
Alter Lauf Sprung Wurf Summe
Age Sprint Saut Lancer Somme
Age Sprint Jump Throw Sum
Età Corsa Salto Lancio Somma
Edad Carrera Salto Tiro Suma
Gold M 17 18 16 15 49 Zeisler, Georg
Silber F 16 15 18 14 47 Rainig, Yvonne
Bronze M 15 17 15 13 45 Zuck, Guenther
....+....1....+....2....+....3....+....4....+....5....+....6....+....7....+....8
```

Was ist hier passiert?

- Der im E-Mail-Browser eingestellte Zeichensatz ist hier Helvetica (10 Punkte).
- Helvetica ist eine Proportionalschrift. Damit ist keine Ausrichtung an exakten Zeichenpositionen möglich.
- Der Browser unterdrückt die – zur Ausrichtung eingefügten – mehrfachen Leerzeichen.
- Umlaute und andere Sonderzeichen könnten verfälscht dargestellt oder unterdrückt werden.

Da der Sender einer Mail aus reinem Text keinen Einfluß darauf hat, wie diese angezeigt wird, ist die einfache Lösung für die vorliegende Aufgabe nicht nutzbar. Als Zeichensatz müsste eine Äquidistanzschrift benannt und die Ausrichtung der Ergebnisspalten müsste durch den Sender der Mail so vorgegeben werden, dass der

Empfänger diese nicht wie beispielsweise oben gezeigt falsch darstellen kann. Ausserdem müssen Umlaute und andere Sonderzeichen korrekt übertragen werden.

Als Alternative bietet sich es zunächst an, den E-Mail-Inhalt als HTML zu formatieren. Bei bestimmten E-Mail-Browsern – zum Beispiel dem von Google Mail – funktioniert das gut, bei anderen – etwa dem von Apple – klappt es auch mit diversen Tricks aus dem Internet nicht zufriedenstellend. Die Anzeige des E-Mail-Inhalts erfolgt jedenfalls nicht zuverlässig mit allen Browsern in derselben Weise. Zudem gelten HTML-E-Mails als Einfallstor für Viren und andere Schadsoftware. Es kann daher durchaus sein, dass eine mit HTML formatierte E-Mail den Empfänger nicht erreicht, weil sie vorher abgefangen oder als Spam klassifiziert wird.

Folglich bleibt nur noch der Weg übrig, die Ergebnisdaten als E-Mail-Anhänge zu übertragen. Dazu ist es nötig, die E-Mails als MIME-Multipart-Messages zu deklarieren, jeweils den passenden Anhang zu erzeugen und diesen als 2. Part zu versenden. Als 1. Part kann beispielsweise eine Aufforderung in mehreren Sprachen dienen, den Anhang zu öffnen. E-Mail-Anhänge können allerdings ebenso dazu mißbraucht werden, den Zielrechner zu manipulieren. Vorsichtige E-Mail-Empfänger installieren daher Virenschutzprogramme, die im vorliegenden Fall die Nachricht natürlich als harmlos einstufen würden.

Eine deutlich aufwendigere, aber professionelle Lösung bestünde darin, die Anhänge im PDF-Format zu erzeugen. Allerdings würde dies nicht nur den Rahmen dieses Beispiels sprengen, sondern auch den Kauf einer Software-Lizenz – zum Beispiel von iText – erforderlich machen. Daher soll hier eine einfache Lösung im Textformat genügen. Der folgende Code zeigt als Beispiel, wie die Ergebnisdaten mittels Google Mail an die zwei Empfänger <recipient 1> und <recipient 2> versandt werden könnten. <sender> ist die Google-Mail-Adresse und <password> ist das Anmeldepasswort. Gegenüber dem Kapitel „17.1 Einfaches Java-E-Mail-Programm“ auf Seite 512 ff, das ohne Passwort-Authentifizierung auskam, ist der Aufwand bereits deutlich höher. Google Mail[1] lässt nach einer entsprechenden Änderung der Kontoeinstellungen derzeit zu, dass auch weniger sichere Applikationen sich dieses E-Mail-Dienstes bedienen. Ein weiterer Stolperstein ist, dass der Port 587 nur dann verwendet werden kann, wenn dieser im Router für TCP/IP freigeschaltet ist (!).

```
package e_mail_test_with_attachment;

import java.util.Properties;
import javax.activation.DataHandler;
import javax.activation.DataSource;
import javax.activation.FileDataSource;
import javax.mail.Message;
import javax.mail.Multipart;
import javax.mail.Session;
import javax.mail.Transport;
import javax.mail.internet.InternetAddress;
import javax.mail.internet.MimeBodyPart;
import javax.mail.internet.MimeMessage;
import javax.mail.internet.MimeMultipart;

public class E_Mail_Test_With_Attachment
{
   public static void main(String[] args)
   {
      MimeMessage  message          = null;
```

1 Andere Provider verlangen zwingend eine SSL-Verschlüsselung, was weitere Komplikationen durch die Verwendung von Zertifikaten verursacht.

```
MimeBodyPart messageBodyPart = null;

String host       = "smtp.gmail.com";
String from       = "<sender>";
String pass       = "<password>";
String to         = "<recipient 1>";
String subject    = "School Sports Contest Results 2022";
String attachment = "/Users/.../<work file name>.txt";
String fileName   = subject.replace(' ', '_') + ".txt";

Properties props  = System.getProperties();
props.put("mail.smtp.starttls.enable", "true");
props.put("mail.smtp.host", host);
props.put("mail.smtp.user", from);
props.put("mail.smtp.password", pass);
props.put("mail.smtp.port", "587");
props.put("mail.smtp.auth", "true");
Session session = Session.getInstance(props, null);

try{
   // define message
   message = new MimeMessage(session);
   message.setFrom(new InternetAddress(from));
   message.addRecipient(Message.RecipientType.TO, new InternetAddress(to));
   message.setSubject(subject);

   // create the 1st message part
   messageBodyPart = new MimeBodyPart();

   // fill message body
   String body = "Öffnen Sie bitte den Anhang\n"
               + "Please open the attachment\n"
               + "Ouvrez l'appendice, s'il vous plaît\n"
               + "Si prega di aprire la appendice\n"
               + "Abrir el apéndice, por favor\n\n";
   messageBodyPart.setText(body);
   Multipart multipart = new MimeMultipart();
   multipart.addBodyPart(messageBodyPart);

   // part two is attachment
   messageBodyPart = new MimeBodyPart();
   DataSource source = new FileDataSource(attachment);
   messageBodyPart.setDataHandler(new DataHandler(source));
   messageBodyPart.setFileName(fileName);
   multipart.addBodyPart(messageBodyPart);

   // put parts in message
```

```
            message.setContent(multipart);

            // send the 1st message
            Transport transport = session.getTransport("smtp");
            transport.connect(host, from, pass);
            transport.sendMessage(message, message.getAllRecipients());
            transport.close();
            System.out.println("1st E-Mail sent to " + to);
        }
        catch (Exception ex) {
            System.out.println("Failed to send 1st E-Mail to " + to);
            ex.printStackTrace();
        }

        to = "<recipient 2>";

        try{
            message.setRecipient(Message.RecipientType.TO, new InternetAddress(to));

            // send the 2nd message
            Transport transport = session.getTransport("smtp");
            transport.connect(host, from, pass);
            transport.sendMessage(message, message.getAllRecipients());
            transport.close(); // "finally" not used in case of an exception!
            System.out.println("2nd E-Mail sent to " + to);
        }
        catch (Exception ex) {
            System.out.println("Failed to send 2nd E-Mail to " + to);
            ex.printStackTrace();
        }
    }
}
```

Der Empfänger soll den tatsächlichen Dateinamen <work file name> nicht erfahren. Es wird ein künstlicher, aber aussagefähiger Dateiname für den Anhang benötigt, den das Programm aus der Betreff-Zeile erzeugt. Diese Zeile enthält Leerzeichen, die wegen der Kalamitäten mit „nicht zusammenhängenden" Namen auf diversen PC-Systemen durch Unterstriche ersetzt werden. Zudem ist als Dateityp `".txt"` anzugeben. Daraus folgt die Zeile

```
        String fileName    = subject.replace(' ', '_') + ".txt";
```

Je nach Mail-Browser erscheint ein so benanntes Symbol für den Anhang unmittelbar unter dem Text (Apple Mail) oder beispielsweise mit einem Trennstrich davon abgesetzt (Google Mail). Die beiden Newline-Zeichen am Ende des Message Body sorgen für den nötigen Abstand.

Somit ist geklärt, wie die Übertragung technisch stattfinden soll. Es muss also für jede Schule ein Anhang mit individuellem Inhalt erzeugt und versendet werden. Anstatt zahlreiche Anhangs-Dateien auf der Festplatte zurückzulassen, soll das Programm aber nur eine Datei erstellen und diese dann zyklisch überschreiben. Der

Name dieser Datei kann aus dem Pfad der Eingabedatei und einer vorgegebenen Bezeichnung zusammengesetzt sein, muss also nicht als Parameter übergeben werden.

Für das Senden der zweiten E-Mail muss allerdings die Nachricht neu aufgebaut werden, wenn der Anhang verändert wird (Ursache: JavaMail macht intern Kopien. Vorsicht!). Beim Wechsel zu einem anderen Land sind zudem der Betreff und der – vorgebliche – Anhangs-Name auszutauschen, weil dann normalerweise eine andere Sprache gilt. Die Methode `setRecipient()` tauscht jeweils die Zieladresse aus. Sie könnte auch anstelle von `addRecipient()` verwendet werden, da stets nur eine Zieladresse pro E-Mail existiert.

Durch die Hinzunahme des Anhangs und damit des Work File muss das bisherige Datenflussdiagramm erweitert werden:

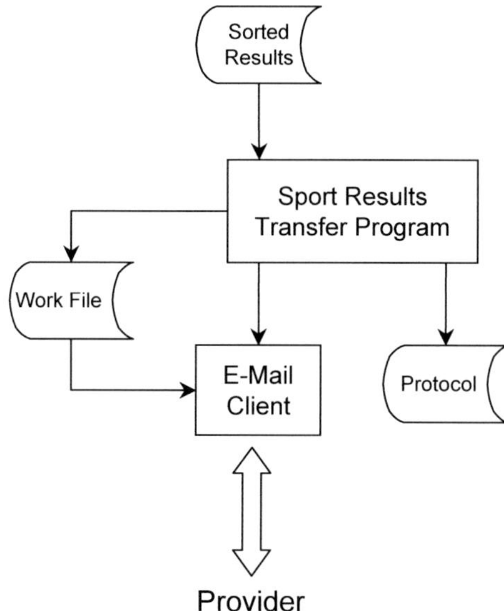

Abbildung 17.9: *Erweitertes Datenflussdiagramm für den Mail-Versand*

Aus der Sicht des Programms handelt es sich um eine vielfach wiederverwendete Ausgabedatei, aus der des E-Mail-Clients um jeweils ein einziges Attachment.

17.5 Programmstruktur mit Operationen

17.5.1 Strukturdefinitionen

Die Eingabesätze des Sport Results Transfer Program haben keinen einheitlichen Aufbau. Sie beginnen aber alle mit demselben Satzsschlüssel, der bis auf die zweistellige laufende Zeilennummer mit dem bekannten Rang-1-2-Schlüssel – ohne EOF-Indikator – identisch ist. Die Bedeutungen der Sätze ergeben sich implizit aus den Schlüsseln und der Satzfolge, da es keine Satzart-Kennzeichen gibt:

- Alle internationalen Ergebnissätze haben den Rang-1-2-Schlüssel `'DAAA      00000000'` und folgen in Gruppen zu je 3 Sätzen aufeinander, wovon jeweils der erste die Medaillenkennzeichnung oder ein Blank in der Position 16 enthält.
- Ausserdem steht in jedem ersten (inter)nationalen Schul-Ergebnissatz ab der Stelle 17 die Schul-ID. Diese wird für den Schlüsselvergleich benötigt, der eventuell zur Hervorhebung einer Schule als (inter)nationaler Gewinner führt.

- Alle nationalen Ergebnissätze haben den Rang-1-2-Schlüssel `'Dccc    00000000'`, wobei ccc der Land-Code ist. Auch sie sind in Dreiergruppen gegliedert.
- Alle Ergebnissätze zur selben Schule haben denselben Rang-1-2-Schlüssel = EOF-Indikator + Schul-ID.
- Die ersten vier Ergebnissätze zu jeder Schule beinhalten die Schul-ID und den Schulnamen, die Adresse (ohne Straße / Platz), die E-Mail-Adresse, sowie die Schul-Ergebnisse.
- Letztere enthalten auf der Stelle 17 das Durchschnitts-Symbol. Ab Stelle 19 folgt der Durchschnittswert im Format nn,nn. Ab Stelle 25 stehen die Gruppenangaben. Diese Sätze werden sprachspezifisch aufbereitet.
- Danach folgen die Sätze zu den Schüler-Gewinnern, die ebenfalls in der Position 16 gekennzeichnet sind. Nur diese Sätze müssen in die vorgesehene tabellarische Form gebracht werden.

Die aufzubereitenden Schul-Ergebnisse haben nach der Leseverarbeitung folgende Struktur (ohne eingestreute Blanks):

```
SchoolResD struct(
    country_code     char(3);
    region_ID        char(2);
    school_number    num(8);
    line_number      num(2);
    avg_symbol       char(1);
    avg_value        num(5);
    group_data       char(19);         // oder kürzer
);
```

Die Tabelle der sprachspezifischen Textelemente (Language Specific Text Elements) ist wie folgt aufgebaut:

```
L_S_T_E[0:3] struct(                   // z.Zt. für 4 Sprachen: DEU | FRA | ITA | ESP)
        country_code      char(3);
        gold              char(7);
        silver            char(7);
        bronze            char(7);
        column_titles     char(42);    // ohne 9 Blanks davor
        result_text       char(60);    // oder kürzer
        average_points    char(20);    // oder kürzer
        average           char(10);    // oder kürzer
        age_groups        char(25);    // oder kürzer
        age_grps          char(15);    // oder kürzer
        pupils            char(10);    // oder kürzer
        national_winners  char(25);    // oder kürzer
        internat_winners  char(25);    // oder kürzer
        congratulation    char(65);    // mit ******
);
```

Hinweis: Es müssen genau so viele Einträge wie teilnehmende Länder in gleichlautender alphabetischer Country Code-Folge vorhanden sein. Das Programm sollte prüfen, ob diese Bedingung eingehalten wird, weil sonst unsinnige sprachspezifische Aufbereitungen stattfinden.

Aus jeder Dreiergruppe mit Schul-Ergebnissätzen kann ein Eintrag in der (inter)nationalen Liste entstehen. Letztere wird bekanntlich nur für Länder mit mindestens vier teilnehmenden Schulen aufgebaut. Theoretisch könnte jede dieser Listen viele Einträge enthalten, weil die Zeilennummer zweistellig ist. Gewöhnlich sind aber nur drei Einträge vorhanden, selten mehr. Daher erscheinen maximal 9 Einträge als völlig ausreichend. Das Programm muss aber sicherstellen, dass nicht versucht wird, 10 oder mehr Einträge anzulegen.

Die Struktur einer solchen School List lautet:

```
S_L struct(
    list_level           integer;       // aktueller Index des physikalisch letzten Eintrags
    S_L_E[0:8] struct(                  // S_L_E = Schul-Listen-Element
*       country_code     char(3);
*       region_ID        char(2);
*       school_number    num(8);
*       medal_flag       char(1);
*       avg_value        num(5);
*       group_data       char(19);
        medal_text       char(9);       // = 7 Zeichen + 2 Blanks; aufbereitet; starre Länge
*       school_name      char(50);      // oder kürzer
*       school_address   char(64);      // oder kürzer
        school_values    char(57);      // oder kürzer; aufbereitet
    );
);
```

Darin werden die mit * gekennzeichneten Datenelemente aus der Eingabe gefüllt. Die beiden anderen erzeugt das Programm bei der sprachspezifischen Aufbereitung. Diese findet für die nationalen Schul-Ergebnissätze nur einmal statt, für die internationalen aber jedesmal am Beginn der Land-Verarbeitung. Vor der Ausgabe muss daher keine Aufbereitung mehr stattfinden.

Ein Exemplar von S_L_E dient als Zwischenspeicher SLE unter anderem zum Füllen der Listen. Die internationale Schul-Liste heisst Int_S_L und die nationale Liste heisst Nat_S_L. Die Sätze zu den Schüler-Gewinnern ähneln – nach der Leseverarbeitung – der bekannten Struktur SpoConD. Auch hier sind nur die Nettodaten spezifiziert:

```
SpoResD struct(
    country_code     char(3);
    region_ID        char(2);
    school_number    num(8);
    line_number      num(2);
    medal_flag       char(1);
    gender_code      char(1);
    age              num(2);
    sprint_points    num(2);
    jump_points      num(2);
    throw_points     num(2);
    point_sum        num(2);
    name             char(47);      // oder kürzer
);
```

17

Diese Daten müssen in das gewünschte Format gebracht und die Medaillenbezeichnung muss sprachspezifisch eingesetzt werden. Alle anderen Sätze können ausgabeseitig durch Kopieren oder durch einfache String-Operationen hergestellt werden.

17.5.2 Definition und Zuordnung von Operationen

Die Liste der Operationen lautet:

Op.	Bedeutung	Kommentar
1	Results-Dataset öffnen	txt-Datei wird als 1. Parameter erwartet
2	Work-Dataset öffnen	
3	Result-Record (RR) lesen, konkatenierte Rangschlüssel zuweisen	Einzelfelder extrahieren, Namenslänge bestimmen
4	Results-Dataset schließen	
5	Work-Dataset schließen	
6	Namen des Work-Datasets ableiten	aus dem Pfad des Results-Datasets
7	Stopp	
8	old_rank_1_key := new_rank_1_key	Bisherigen Rang-1-Gruppenschlüssel sichern
9	old_rank_1_2_key := new_rank_1_2_key	Bisherigen Rang-1-2-Gruppenschlüssel sichern
10	mails := 0	
11	mails := mails + 1	
12	Statistik ausgeben	
13	attachment_recs := 0	
14	attachment_recs := attachment_recs + out_rec_count	out_rec_count ⇦ File Services
15	sle_i := -1	Index auf Schul-Listen-Element
16	sle_i := sle_i + 1	
17	Int_S_L.list_level := sle_i	Belegungsstand der internationalen Schul-Liste
18	SLE.country_code := Substr(RR, 16, 3)	Stellen 17 - 19 des Result-Records
19	SLE.region_ID := Substr(RR, 19, 2)	Stellen 20 - 21 des Result-Records
20	SLE.school_number := Substr(RR, 21, 8)	Stellen 22 - 29 des Result-Records
21	SLE.medal_flag := Substr(RR, 15, 1)	Stelle 16 des Result-Records
22	SLE.school_name := Substr(RR, 30, 50)	ab Stelle 31 des Result-Records, max. 50 Zeichen
23	SLE.school_address := Substr(RR, 16, 64)	ab Stelle 17 des Result-Records, max. 64 Zeichen
24	SLE.avg_value := SchoolResD.avg_value	SchoolResD: aus RR extrahierte Werte
25	SLE.group_data := SchoolResD.group_data	
26	SLE.medal_text := " "	
27	SLE.school_values := " "	
28	Int_S_L.S_L_E[sle_i] := SLE	Übernahme der nicht aufbereiteten Daten
29	Nat_S_L.S_L_E[sle_i] := SLE	Übernahme der aufbereiteten Daten
30	country := -1	
31	country := country + 1	

Op.	Bedeutung	Kommentar
32	**case** **part** SLE.medal_flag = 'G' SLE.medal_text := L_S_T_E[country].gold **part** SLE.medal_flag = 'S' SLE.medal_text := L_S_T_E[country].silver **part** SLE.medal_flag = 'B' SLE.medal_text := L_S_T_E[country].bronze **default** SLE.medal_text := ' ' **esac**	Zuweisung der sprachspezifischen Textelemente für Gold | Silber | Bronze keine Angabe: 9 Blanks zuweisen
33	SLE.school_values := L_S_T_E[country].average + ': ' + SLE.avg_value + ' ' + L_S_T_E[country].age_grps + '/' + L_S_T_E[country].pupils + ' ' + SLE.group_data	
34	SLE.medal_flag := Int_S_L.S_L_E[sle_i].medal_flag	
35	SLE.avg_value := Int_S_L.S_L_E[sle_i].avg_value	
36	SLE.group_data := Int_S_L.S_L_E[sle_i].group_data	
37	Nat_S_L.list_level := sle_i	Belegungsstand der nationalen Schul-Liste
38	Message.subject := L_S_T_E[country].result_text + ' ' + Jahreszahl	Jahreszahl wird als 2. Parameter an das Programm übergeben
39	Message.attachment_name := Message.subject + '.txt'	Sonderzeichen umsetzen (é, ó) und Blanks durch Unterstriche ersetzen
40	MIME-Multipart-Message vorbereiten	
41	Message.target_adress := Substr(RR, 16, 64)	 ab Stelle 17 des Result-Records, max. 64 Zeichen
42	MIME-Multipart-Message senden	
43	WFR := Substr(RR, 30, 50)	Fülle Work File Record (WFR) ab Stelle 31 des Result-Records (Schul-Name), max. 50 Zeichen
44	WFR ausgeben	
45	WFR := Substr(RR, 16, 64)	ab Stelle 17 des Result-Records (Schul-Adresse), max. 64 Zeichen
46	WFR := Message.subject + ':'	Header P, Zeile 1
47	WFR := ' ' + L_S_T_E[country].column_titles	Header P, Zeile 2
48	RR in SchoolResD umsetzen	
49	RR in SpoResD umsetzen	
50	WFR := L_S_T_E[country].gold	

17

Op.	Bedeutung	Kommentar
51	WFR := L_S_T_E[country].silver	
52	WFR := L_S_T_E[country].bronze	
53	WFR := ' '	
54	WFR := WFR + SpoResD.gender_code + ' ' + SpoResD.age + ' ' + SpoResD.sprint_points + ' ' + SpoResD.jump_points + ' ' + SpoResD.throw_points + ' ' + SpoResD.point_sum + ' ' + SpoResD.name	Einzelergebnisse in Spalten anordnen
55	WFR := L_S_T_E[country].average_points + ': ' + SchoolResD.avg_value + ' ' + L_S_T_E[country].age_groups + '/' + L_S_T_E[country].pupils + ' ' + SchoolResD.group_data	Schulergebniszeile aufbauen
56	WFR := ' '	Leerzeile
57	WFR := L_S_T_E[country].national_winners + ':'	Header N
58	WFR := L_S_T_E[country].internat_winners + ':'	Header I
59	Int_S_L.S_L_E[sle_i].medal_text := SLE.medal_text	Sprachspezifisch aufbereitete Strings abspeichern
60	Int_S_L.S_L_E[sle_i].school_values := SLE.school_values	
61	hit := false	Keine Hervorhebung
62	hit := true	Hervorhebung mit *****-Zeilen
63	hit_i := sle_i	Index des Treffers merken
64	hit_list := 'I'	Treffer in der internationalen Liste
65	hit_list := 'N'	Treffer in der nationalen Liste
66	crt_list := 'I'	aktuell auszugeben: internationale Liste
67	crt_list := 'N'	aktuell auszugeben: nationale Liste
68	SLE := Int_S_L.S_L_E[sle_i]	Übernahme der aufbereiteten Daten
69	SLE := Nat_S_L.S_L_E[sle_i]	
70	WFR := L_S_T_E[country].congratulation	
71	WFR := '******...******'	65 '*' zuweisen
72	WFR := SLE.medal_text + SLE.school_name	1. Zeile (inter)nat. Gewinner
73	WFR := ' ' + SLE.school_address	2. Zeile (inter)nat. Gewinner (9 führende Blanks)
74	WFR := ' ' + SLE.school_values	3. Zeile (inter)nat. Gewinner (9 führende Blanks)

Die mit diesen Operationen bestückte Programmstruktur ist so umfangreich, dass sie aufgeteilt werden musste. Die ausgelagerten Teile sind auf zwei weiteren Blättern dargestellt.

Nachbemerkungen zur Operationsliste

- Die Reihenfolge, in der die Operationen definiert sind, entstand genau so beim Entwurf. Sie wurde nicht überarbeitet, um etwa zusammengehörige Operationen zu gruppieren. Anhand verspätet auftretender Operationen – wie zum Beispiel 59 und 60 – lässt sich nachverfolgen, dass Versäumnisse erst bei einer Kontrolle der ¾-fertigen Programmstruktur entdeckt und korrigiert wurden. Es ist nicht ehrenrührig, wenn die Operationsliste auch solche Arbeitsschritte widerspiegelt, denn niemand ist perfekt. Bei Vorgaben für fremde Programmierer(innen) kann es aber sinnvoll sein, die Operationsliste übersichtlicher zu strukturieren und die Operationsnummern im Struktogramm anzupassen. Dabei ist allerdings äußerste Vorsicht geboten!
- Die Datenstruktur „Message" wird hier nicht als **struct** definiert, sondern dient nur als Hinweis, dass die Op. 38, 39 und 41 sich auf die Erzeugung derselben Nachricht beziehen.
- Die Operation 39 wurde für die derzeitig vorgesehenen Sprachen verbal ergänzt. Der Sinn dieser Operation ist es, einen normgerechten Namen für das Attachment aus dem Betreff zu generieren. Sonderzeichen müssen daher umgesetzt und Leerzeichen durch Unterstriche ersetzt werden. Letzteres erspart Probleme auf Systemen, die sich mit „nicht zusammenhängenden" Dateinamen schwertun.
- Wenn weitere Sprachen hinzukommen, muss entweder die Op. 39 um andere Sonderzeichen ergänzt oder ein ganz anderer Weg beschritten werden. Dieser besteht beispielsweise darin, die Attachment-Namen bis auf die Jahreszahl und `'.txt'` in der Tabelle der sprachabhängigen Texte zusätzlich zu den Betreff-Zeilen starr vorzugeben. Das bedeutet, etwas Redundanz in Kauf zu nehmen.

17.5.3 Top-Struktogramm mit Operationen

Die „Abbildung 17.10: Top-Struktogramm des Sport Results Transfer Program mit Operationen" auf Seite 542 zeigt dieses Struktogramm.

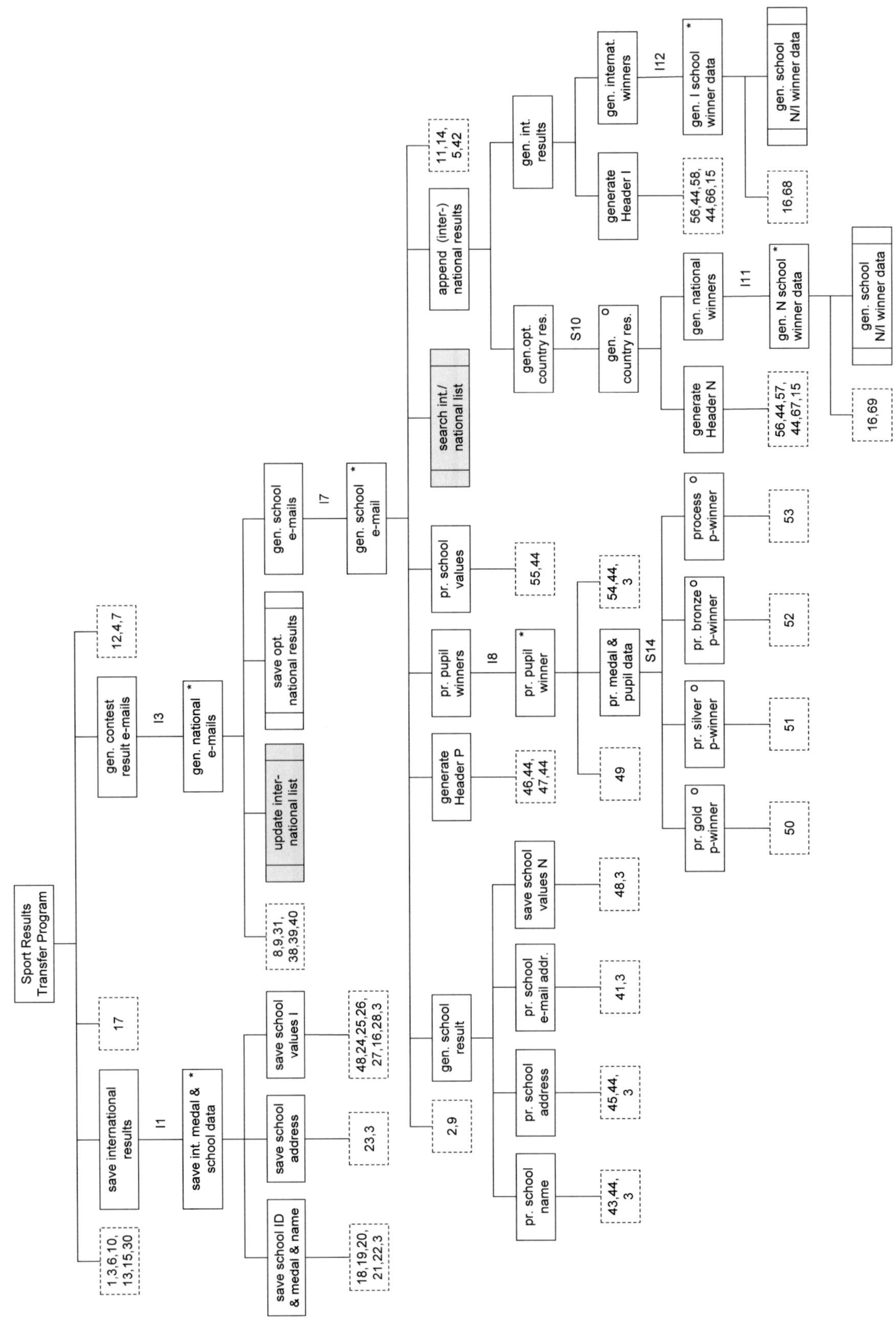

Abbildung 17.10: *Top-Struktogramm des Sport Results Transfer Program mit Operationen*

17.5.4 Ausgelagerte Struktogramme mit Operationen

Die folgende Grafik zeigt die ausgelagerten Teile, die schon in der Programmstruktur ohne Operationen enthalten sind:

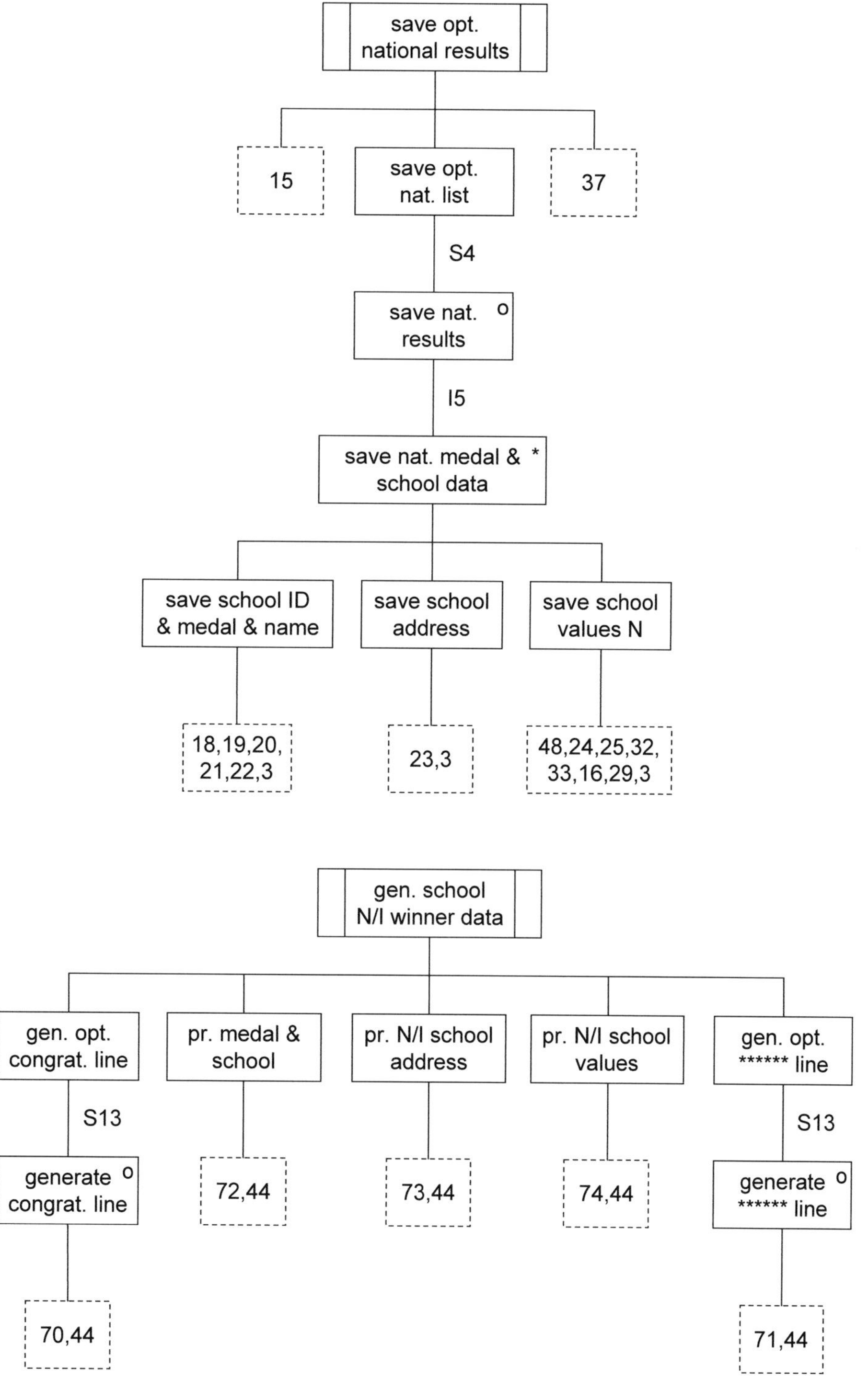

Abbildung 17.11: *Ausgelagerte Struktogramme mit Operationen*

Zwei neue – nicht anhand von Korrespondenzen hergeleitete – Struktogrammteile sind erforderlich, um

- die sprachspezifische Aufbereitung von Elementen der internationalen Schul-Liste für jedes Land und
- die Suche nach gegebenenfalls übereinstimmenden Schul-IDs wegen der Hervorhebung internationaler oder nationaler Gewinner-Schulen darzustellen.

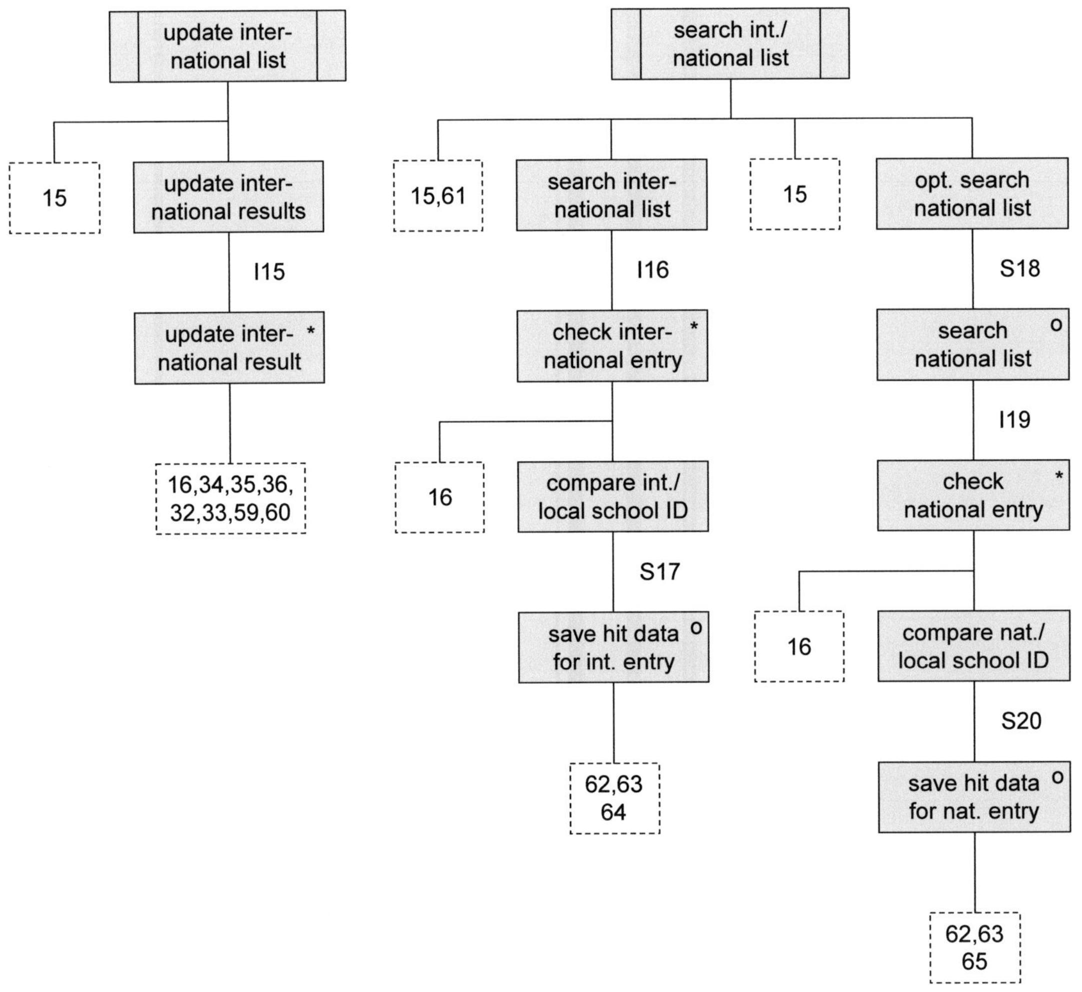

Abbildung 17.12: *Zusätzliche, nicht abgeleitete Programmteile zur sprachspezifischen Aufbereitung und zur Suche nach übereinstimmenden Schul-IDs*

Hierfür sind 6 Kontrollen hinzugekommen. Sämtliche Kontrollen können nun anhand der Operationsliste präzisiert und aufgelistet werden:

I1	new_rank_1_key > `'DAAA'`	
I3	EOF	
S4	new_rank_1_2_key = `'Dccc    00000000'`	// mit ccc = Country Code
I5	new_rank_1_2_key > `'Dccc    00000000'`	
I7	new_rank_1_key > old_rank_1_key	// Wechsel des Landes | EOF
I8	new_rank_1_2_key > old_rank_1_2_key	// Wechsel von Schule oder Land | EOF
S10	Nat_S_L.list_level > 0	// max. Index nationale Ergebniszeilen = -1 oder <= 8

I11 sle_i >= Nat_S_L.list_level

I12 sle_i >= Int_S_L.list_level

S13 hit = true und crt_list = hit_list und hit_i = sle_i

S14 SpoResD.medal_flag = `'G'` | `'S'` | `'B'` | sonst

I15 = I12

I16 sle_i >= Int_S_L.list_level oder hit = true

S17 Int_S_L.S_L_E[sle_i].country_code = SchoolResD.country_code und
Int_S_L.S_L_E[sle_i].region_ID = SchoolResD.region_ID und
Int_S_L.S_L_E[sle_i].school_number = SchoolResD.school_number

S18 hit = false

I19 sle_i >= Nat_S_L.list_level oder hit = true

S20 Nat_S_L.S_L_E[sle_i].country_code = SchoolResD.country_code und
Nat_S_L.S_L_E[sle_i].region_ID = SchoolResD.region_ID und
Nat_S_L.S_L_E[sle_i].school_number = SchoolResD.school_number

17.6 Durchlaufanalyse

Nur mit viel Erfahrung könnten Sie sogleich nach der Fertigstellung einer umfangreichen Programmstruktur und der Liste der Kontrollen zum Programmieren respektive zunächst zu den OO-Vorbereitungen übergehen. Die Gefahr, etwas Wichtiges falsch gemacht oder übersehen zu haben, ist jedoch einfach zu groß. Es ist daher in solch unübersichtlichen Fällen stets ratsam, eine Durchlaufanalyse vorzunehmen. Diese wird je nach Ihrem Erfahrungsstand und der Komplexität des Problems unterschiedlich intensiv sein. Hier kann aus Platzgründen jedoch nur ein mittlerer Weg demonstriert werden, der die wesentlichen Aspekte berührt, aber nicht allzu tief in die Details abtaucht.

Die Durchlaufanalyse ist nicht nur eine Simulation des Programmverhaltens anhand einiger ausgewählter Beispieldaten, sondern auch – noch wichtiger! – eine Selbstvergewisserung, ob die Operationen und Kontrollen tatsächlich korrekt, sowie vollständig zu sein scheinen. Dabei zeigt sich im Allgemeinen schnell, ob das Entwurfsergebnis brauchbar ist, oder ob Luftschlösser gebastelt wurden. Da zwangsläufig noch viele Details fehlen, die das fertige Programm später enthalten wird, bietet eine erfolgreiche Durchlaufanalyse keine Gewähr für eine fehlerfreie Implementierung. Dennoch ist sie jedem Schreibtischtest weit überlegen, der anhand des testbereiten Codes die Richtigkeit des Entwurfs zu beweisen versucht. Bei solchen Tests werden leicht wesentliche Fehler übersehen, weil der Wald vor lauter Bäumen aus dem Blickfeld verschwindet.

Als Testdatenmenge erscheint hier eine erweiterte Version der sortierten Beispiel-Ergebnisdatei von EvaluateSportsDS im Kapitel „9.1.2 Ausgabe-Format" auf Seite 193 ff als geeignet. Diese lautet wie folgt:


```
AAA  0000000001GESPAN02785491 Instituto Federico García Lorca
AAA  0000000002 18000 Granada, Andalucia, España
AAA  0000000003 Ø 36,74 F 3/273 M 3/481
AAA  0000000004SFRA5300112765 Licée Paul Signac
AAA  0000000005 35800 Saint-Briac-sur-Mer, Bretagne, France
AAA  0000000006 Ø 36,65 F 5/284 M 7/462
AAA  0000000007BITALI83007852 Liceo Scientifico Galileo Galilei
AAA  0000000008 18100 Imperia, Liguria, Italia
AAA  0000000009 Ø 35,75 F 3/147 M 5/321
DEU  0000000001GDEUHE00223344 Immanuel Kant Gymnasium
DEU  0000000002 60322 Frankfurt am Main, Hessen, Deutschland
DEU  0000000003 Ø 34,32 F 6/451 M 6/562
```

```
DEU   0000000004SDEUBY00123456 Ludwig-Thoma-Gymnasium
DEU   0000000005 86899 Landsberg am Lech, Bayern, Deutschland
DEU   0000000006 Ø 33,65 F 4/372 M 6/522
DEU   0000000007BDEUBW00470811 Hölderlin-Gymnasium
DEU   0000000008 88214 Ravensburg, Baden-Württemberg, Deutschland
DEU   0000000009 Ø 33,50 F 4/129 M 7/432
DEUBW0047081101 DEUBW00470811 Hölderlin-Gymnasium
DEUBW0047081102 88214 Ravensburg, Baden-Württemberg, Deutschland
DEUBW0047081103 sekretariat@hoelderlin.rv.bw.schule.de
DEUBW0047081104 Ø 33,50 F 4/129 M 7/432
DEUBW0047081105GM 17 18 16 15 49 Zeisler, Georg
DEUBW0047081106SF 16 15 18 14 47 Rainig, Yvonne
DEUBW0047081107BM 15 17 15 13 45 Zuck, Guenther
DEUBW0765432101 DEUBW07654321 Paul-Klee-Realschule
DEUBW0765432102 70565 Stuttgart, Baden-Württemberg, Deutschland
DEUBW0765432103 paul-klee-schule@stuttgart.de
DEUBW0765432104 Ø 28,70 F 5/305 M 6/364
DEUBW0765432105GF 15 18 18 15 51 Nenner, Ingrid
DEUBW0765432106SM 16 17 14 17 48 Kawasaki, Jakob
DEUBW0765432107BM 18 14 16 17 47 Biermann, Tobias
ESPAN0278549101 ESPAN02785491 Instituto Federico García Lorca
ESPAN0278549102 18000 Granada, Andalucia, España
ESPAN0278549103 info@ifgl-granada.com
ESPAN0278549104 Ø 36,74 F 3/273 M 3/481
ESPAN0278549105GM 18 16 14 18 48 Moreno, Pasquale
ESPAN0278549106SM 19 18 17 12 47 Alias, Paulo
ESPAN0278549107 F 17 16 17 14 47 Larea, Maria
ESPAN0278549108BM 17 16 14 16 46 Santos, Alfredo
```

Die Ergebnissätze für drei deutsche Schulen wurden weggelassen, weil sie zur Durchlaufanalyse nichts beitragen. Es gibt daher eine nationale Gewinnerliste für Deutschland, obwohl hier nur zwei Schulen erscheinen, davon eine – die erste – als nationaler Bronze-Gewinner. Für Spanien sind im Testmaterial Daten für zwei Schulen enthalten, wovon hier nur die erste genannt wird, die zugleich internationaler Gold-Gewinner ist. Dort gibt es einen Fall mit doppelter Medaillenvergabe.

Die Analyse beginnt mit der ersten Datengruppe, die in das virtuelle Programm einläuft, gefolgt vom ersten Satz der zweiten Datengruppe:

```
AAA   0000000001GESPAN02785491 Instituto Federico García Lorca
AAA   0000000002 18000 Granada, Andalucia, España
AAA   0000000003 Ø 36,74 F 3/273 M 3/481
AAA   0000000004SFRA5300112765 Licée Paul Signac
```

Die „Abbildung 17.13: Durchlauf ab Initialisierung bis zum Lesen des vierten Satzes" auf Seite 547 zeigt den Durchlauf vom Programmstart bis zum Lesen des vierten Satzes, sowie der nachfolgenden Kontrolle I1, die zuerst über die gestrichelte Linie und zum zweiten Mal über die Strichpunkt-Linie erreicht wird.

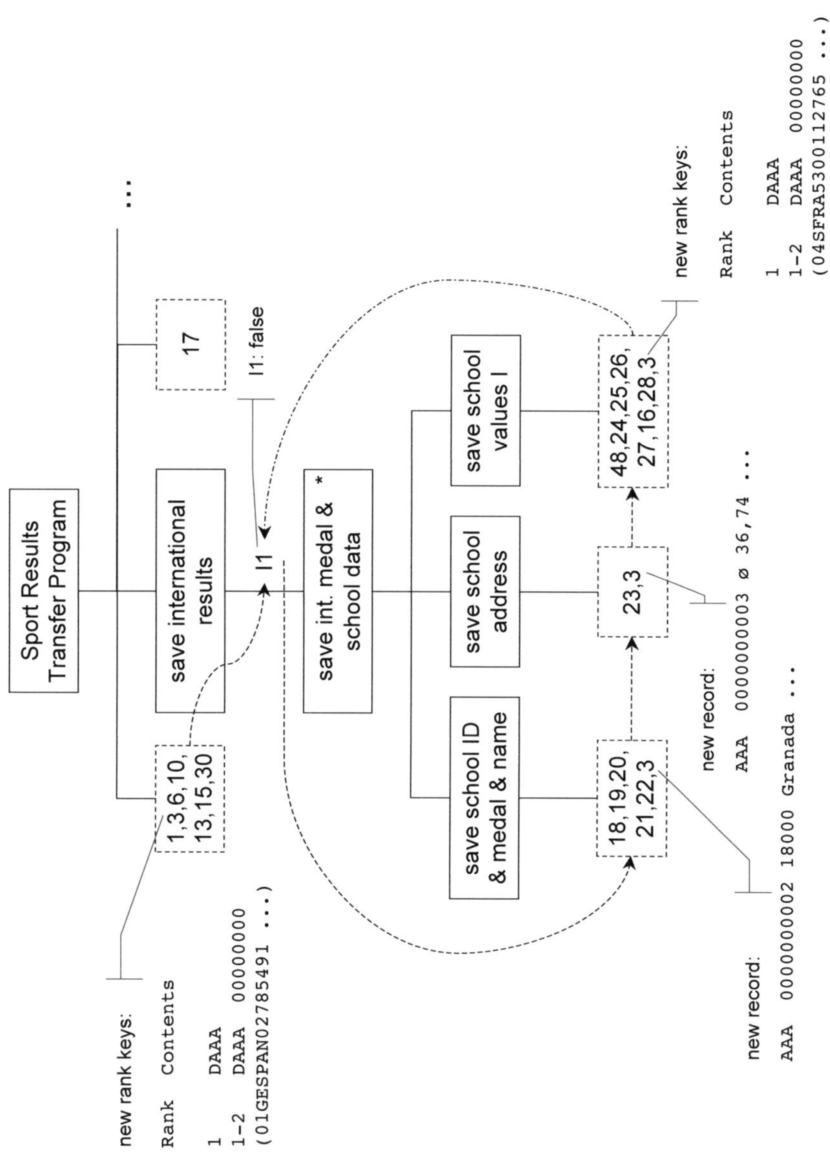

***Abbildung 17.13:** Durchlauf ab Initialisierung bis zum Lesen des vierten Satzes*

Nach dem Öffnen der sortierten Ergebnisdatei aus EvaluateSportsDS liest das „Programm" den ersten Satz ein. Dieser liefert die Rang-1- und Rang-1-2-Schlüssel, die sich bis zum Ende der gesamten Datengruppe der internationalen Gewinner nicht mehr ändern. Von den anderen Initialisierungsoperationen ist hier nur die Op. 15 wichtig. Sie bereitet das Übertragen des ersten fertigen SLE-Eintrags in die internationale Liste vor.

Die Operationen 18 bis 25 extrahieren diejenigen Datenelemente aus den drei ersten Eingabesätzen, die in der S_L_E-Strukturdefinition mit * markiert sind, und kopieren diese in den Zwischenbereich SLE. Davon setzen die Op. 24 und 25 die Op. 48 voraus, die den „result record" in seine Einzelteile zerlegt und diese in der Struktur SchoolResD speichert. Weitere Operationen und Kontrollen bauen auf diesem Schritt auf.

Die Op. 26 und 27 initialisieren zwei SLE-Felder mit leeren Strings. Diese Felder werden bei der sprachspezifischen Aufbereitung zu Beginn jeder Land-Verarbeitung mit den dann geltenden Inhalten gefüllt.

Anschliessend schaltet die Op. 16 den Index sle_i um 1 auf 0 (Null) weiter. Er zeigt auf die erste Ausprägung des Arrays S_L_E[0:8] in der Struktur Int_S_L. Diese wird mit der Op. 28 wie folgt gefüllt:

Index	C-C	R-ID	S-#	M-F	AVG	G-D	M-T	S-N	S-A	S-V
0	ESP	AN	02785491	G	36,74	F 3/273 …	""	Instituto…	18000 …	""

Die Abkürzungen in den Spaltenüberschriften bedeuten: C-C = country code, R-ID = region ID, S-# = school number, M-F = medal flag, AVG = average, G-D = gender data, M-T = medal text, S-N = school name, S-A = school address, S-V = school values.

Es folgt das Einlesen des vierten Satzes (des ersten zur zweiten Datengruppe). Dieser und seine beiden Folgesätze werden auf dieselbe Weise ausgewertet und dann sle_i um 1 fortgeschaltet etcetera. Nach der Verarbeitung der letzten internationalen Datengruppe ist der Array S_L_E[0:8] in der Struktur Int_S_L wie folgt gefüllt:

Index	C-C	R-ID	S-#	M-F	AVG	G-D	M-T	S-N	S-A	S-V
0	ESP	AN	02785491	G	36,74	F 3/273 …	""	Instituto…	18000 …	""
1	FRA	AR	00112765	S	36,65	F 5/284 …	""	Licée …	35800 …	""
2	ITA	LI	83007852	B	35,75	F 3/147 …	""	Liceo …	18100 …	""

Der nächste Satz ist der erste zur deutschen Landesliste. Die „Abbildung 17.14: Durchlauf bei der Verarbeitung des letzten Dreier-Satzblocks" auf Seite 549 zeigt die Verarbeitung des letzten Dreier-Satzblocks, das Nachlesen mit Wechsel des Rang-1-Schlüssels, und den Übergang zur Operation 17.

Nun ergibt die Kontrolle I1 den Wert „true". Die Op. 17 speichert den Wert 2 als Belegungsstand der internationalen Liste ab. Die Verarbeitung zur Landesliste beginnt mit den folgenden Sätzen:

```
DEU  0000000001GDEUHE00223344 Immanuel Kant Gymnasium
DEU  0000000002 60322 Frankfurt am Main, Hessen, Deutschland
DEU  0000000003 Ø 34,32 F 6/451 M 6/562
DEU  0000000004SDEUBY00123456 Ludwig-Thoma-Gymnasium
```

Die ersten drei davon gehören zur deutschen Gold-Gewinner-Schule. Bevor die nationale Liste aufgebaut wird, finden vorbereitende Operationen und die Aktualisierung der internationalen Liste statt. Die „Abbildung 17.15: Beginn der sprachspezifischen Aufbereitung der internationalen Liste" auf Seite 550 zeigt den Anfang dieser Aktualisierung bis zum Fortschalten auf den zweiten Eintrag.

(weiter auf Seite 550 nach der Grafik)

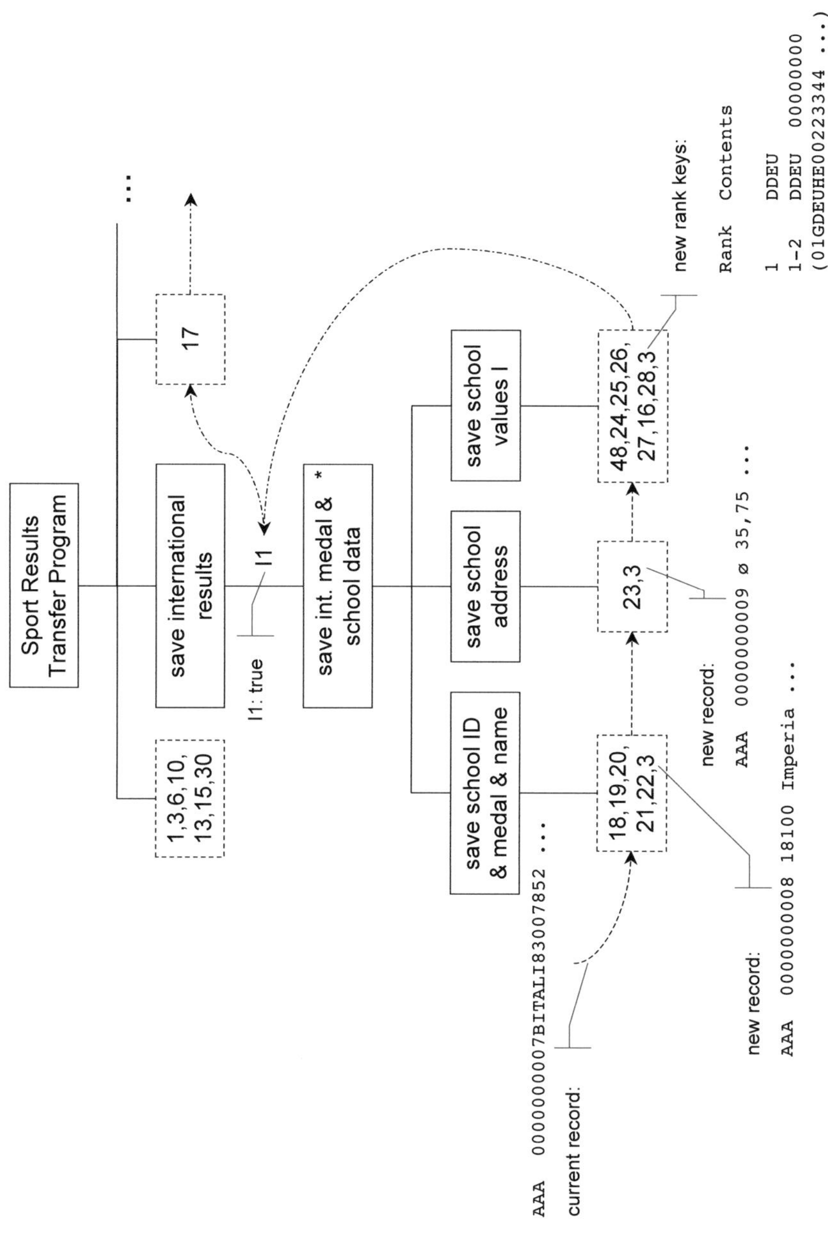

Abbildung 17.14: *Durchlauf bei der Verarbeitung des letzten Dreier-Satzblocks*

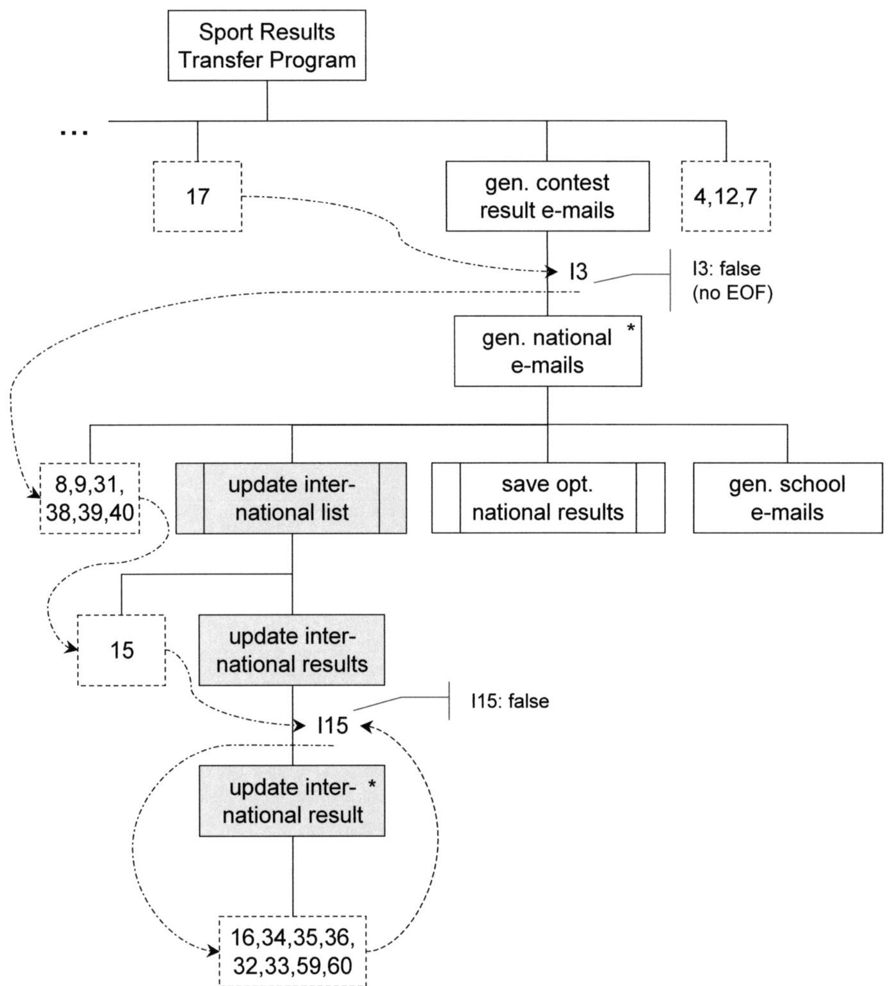

***Abbildung 17.15:** Beginn der sprachspezifischen Aufbereitung der internationalen Liste*

Die bislang ausgelagerte Teilstruktur wurde hier in das große Struktogramm integriert, um den Durchlauf besser zeigen zu können.

Der zuletzt gelesene Satz enthält den ersten Country Code, anhand dessen die internationale Liste sprachspezifisch aufbereitet wird. Der Index „country" enthält zu Beginn noch den Init-Wert -1 (Op. 30). Nach dem Sichern der Rangschlüssel (Op. 8 und 9) wird „country" mit der Op. 31 auf 0 erhöht und zeigt somit auf die erste Zeile der Tabelle L_S_T_E. Diese muss denselben Country Code besitzen. Andernfalls soll das Programm mit einer Fehlermeldung abbrechen, was im Struktogramm aber nicht gezeigt wird. Ausserdem muss bei der Op. 31 *vor* dem Country Code-Vergleich geprüft werden, ob „country" den höchsten Index von L_S_T_E überschreitet, also mehr Länder in der Eingabe vorkommen, als vorgesehen. Auch dann muss das Programm abbrechen. Beide Implementierungsdetails kann man sich als in der Op. 31 versteckt vorstellen.

Sie wundern sich vielleicht, dass die Op. 9 direkt auf die Op. 8 folgt, anstatt eine Rangstufe tiefer. Das liegt erstens daran, dass die Datengruppe der Landes-Sieger sich nur im Rang-1-2-Schlüssel von den Datengruppen der einzelnen Schulen unterscheidet. Zweitens kann es sein, dass es keine Landes-Sieger gibt, weil weniger als 4 Schulen des Landes teilnahmen. Das muss S4 entscheiden können.

Die Operationen 38 und 39 bereiten die sprachspezifische Betreff-Zeile für alle E-Mails an die Schulen des aktuellen Landes vor, und übernehmen diese Bezeichnung – ergänzt um `'.txt'` – als Namen für das jeweilige

Attachment. Nun kann die MIME-Multipart-Message für das betreffende Land vorbereitet werden (Op. 40). Es fehlen dann nur noch die jeweilige E-Mail-Adresse und der Attachment-Inhalt.

Anschliessend wird sle_i wieder auf -1 gesetzt und die Kontrolle I15 geprüft. Diese muss jetzt natürlich den Wert „false" liefern. In der Schleife erhöht das Programm sle_i um 1 auf 0 und kopiert zunächst mit den Op. 34 - 36 drei Elemente aus dem internationalen Eintrag mit dem Index 0 nach SLE. Das ist nur deshalb nötig und sinnvoll, weil die Op. 32 und 33 die sprachspezifische Umsetzung anhand dieser SLE-Inhalte vornehmen. Andernfalls müssten diese Operationen dupliziert und angepasst beziehungsweise extra ein Unterprogramm für die beiden Umsetzungen vorgesehen werden, was doch reichlich übertrieben wäre.

Die – zunächst vergessenen – Op. 59 und 60 übertragen die Ergebnisse in den aktuellen internationalen Eintrag. Die Operationen ab 16 werden dann so oft wiederholt, wie es noch unbearbeitete internationale Einträge gibt, was die strichlierte Linie andeutet. Danach sieht die Tabelle Int_S_L wie folgt aus:

Index	C-C	R-ID	S-#	M-F	AVG	G-D	M-T	S-N	S-A	S-V
0	ESP	AN	02785491	G	36,74	F 3/273 …	*Gold*	Instituto…	18000 …	*1
1	FRA	AR	00112765	S	36,65	F 5/284 …	*Silber*	Licée …	35800 …	*2
2	ITA	LI	83007852	B	35,75	F 3/147 …	*Bronze*	Liceo …	18100 …	*3

mit *1 = Durchschnitt: 36,74 Altersgr./Schüler F 3/273 M 3/481
*2 = Durchschnitt: 36,65 Altersgr./Schüler F 5/284 M 7/462
*3 = Durchschnitt: 35,75 Altersgr./Schüler F 3/147 M 5/321

Die Inhalte sind hier absichtlich nicht in der Schrift Courier wiedergegeben. Tabellenelemente haben keine automatische Font-Zuordnung. Diese geschieht erst implizit dadurch, dass die – auch daraus erzeugten – Anhänge den Typ `txt` erhalten. Nach den Updates geht es wie folgt weiter (siehe „Abbildung 17.16: Sprachspezifische Aufbereitung der nationalen Liste" auf Seite 552): Erneut wird sle_i auf -1 gesetzt. Dann prüft S4, ob überhaupt eine nationale Gewinner-Liste existiert. Falls das nicht zutrifft, wird Nat_S_L.list_level mit der Op. 37 ebenfalls auf -1 gesetzt, was das Fehlen der Liste signalisiert und verhindert, dass dennoch versucht wird, diese auszulesen.

Im vorliegenden Fall ist S4 erfüllt und I5 ist nicht erfüllt. Somit tritt die Verarbeitung in die Schleife ein. Diese enthält im wesentlichen dieselben Operationen wie ihr internationales Pendant. Allerdings können die sprachspezifischen Texte sofort erzeugt und eingesetzt werden. Daher treten die Op. 32 und 33 an die Stelle der Op. 26 und 27.

Es liegen auch hier mehrere Datengruppen mit Gewinner-Schulen vor; also liefert I5 auch beim zweitenmal das Ergebnis „false". Das wiederholt sich bis zum Einlesen des Satzes

```
DEUBW0047081101 DEUBW00470811 Hölderlin-Gymnasium
```

Dieser beendet die I5-Schleife. Die fertige nationale Liste sieht wie folgt aus:

Index	C-C	R-ID	S-#	M-F	AVG	G-D	M-T	S-N	S-A	S-V
0	DEU	HE	00223344	G	34,32	F 6/451 …	Gold	Imma …	60322 …	*1
1	DEU	BY	00123456	S	33,65	F 4/372 …	Silber	Ludwi …	86899 …	*2
2	DEU	BW	00470811	B	33,50	F 4/129 …	Bronze	Hölde …	88214 …	*3

mit *1 = Durchschnitt: 34,32 Altersgr./Schüler F 6/451 M 6/562
*2 = Durchschnitt: 33,65 Altersgr./Schüler F 4/372 M 6/522
*3 = Durchschnitt: 33,50 Altersgr./Schüler F 4/129 M 7/432

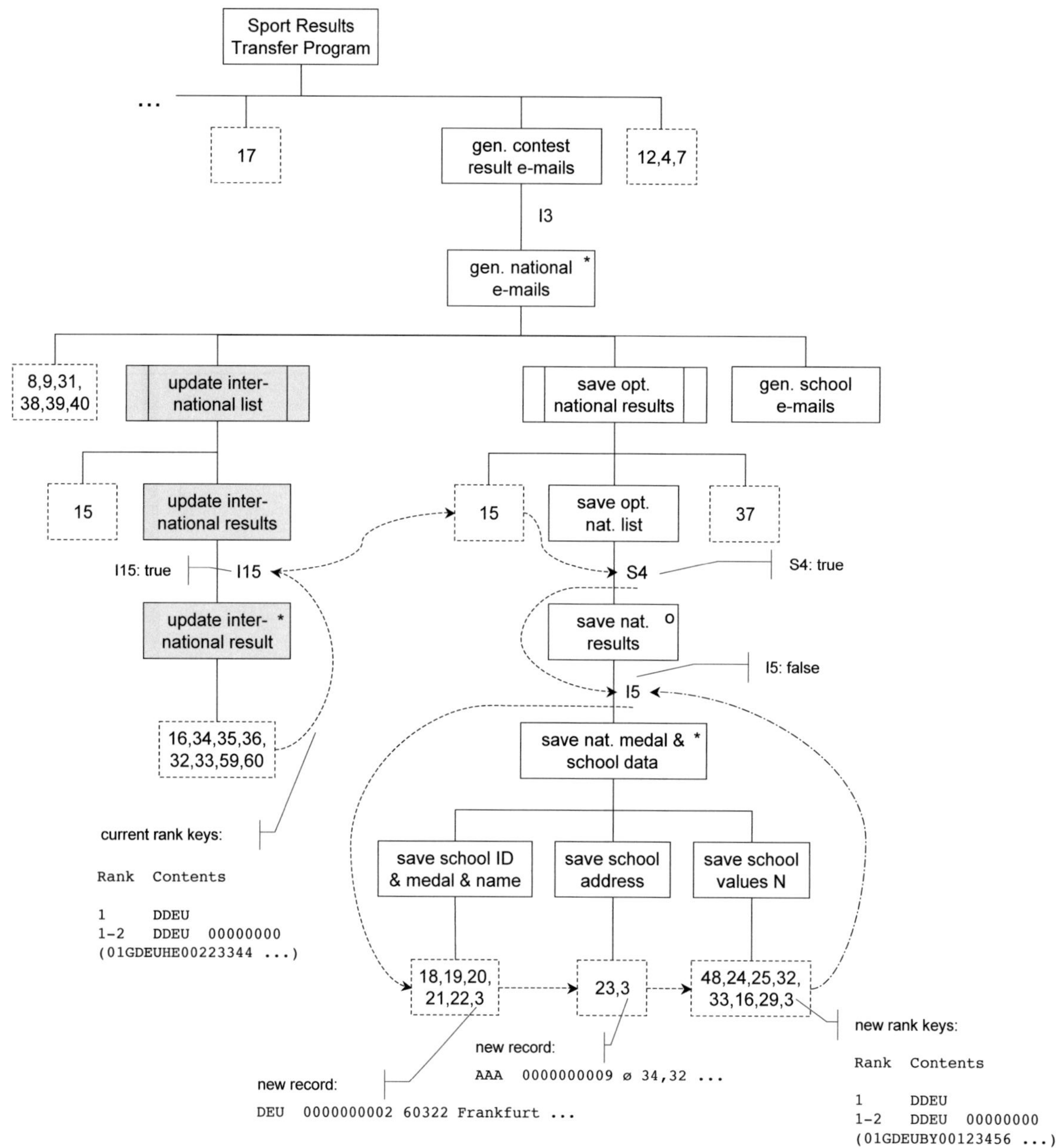

Abbildung 17.16: *Sprachspezifische Aufbereitung der nationalen Liste*

Damit ist der Aufbau der internationalen und nationalen Schul-Gewinner-Listen abgeschlossen. Nun beginnt die Verarbeitung für den Versand der E-Mail an die erste Schule. Die „Abbildung 17.17: Verarbeitung der ersten schülerbezogenen Daten und Nachlesen" auf Seite 553 zeigt den Durchlauf nach dem Verlassen der I5-Schleife bis zur Fertigstellung der ersten Schüler-Ausgabezeile, dem Nachlesen und der erneuten I8-Kontrolle.

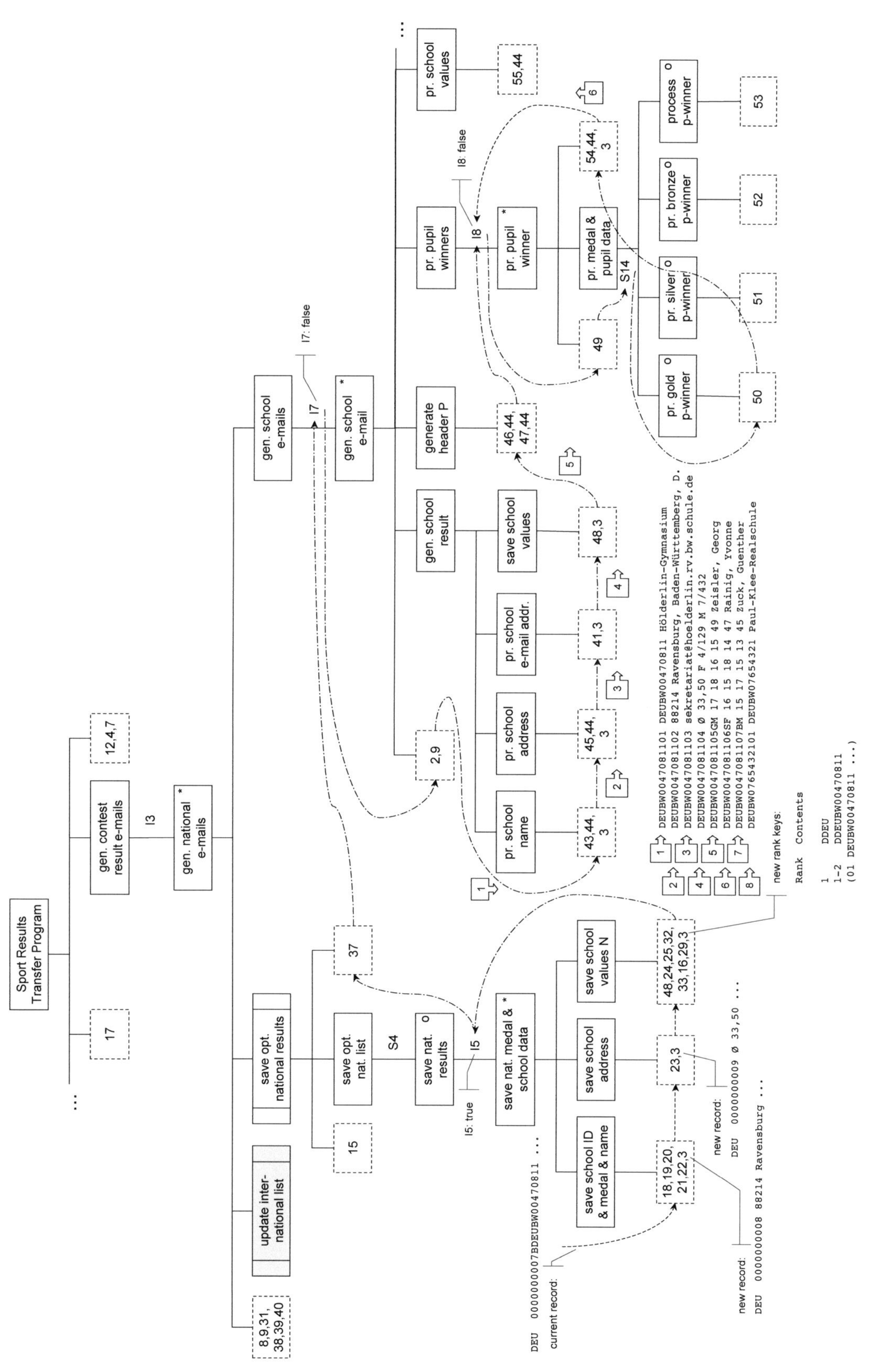

Abbildung 17.17: *Verarbeitung der ersten schülerbezogenen Daten und Nachlesen*

Die Operation 37 sichert den aktuellen Indexwert (hier: 2) in Nat_S_L.list_level. Anschliessend ergibt die Kontrolle I7 den Wert „false“, weil weder EOF noch ein Land-Wechsel vorliegt. Die Verarbeitung tritt daher in die I7-Schleife ein. Nun wird der Work-Dataset erstmals geöffnet und zuvor angelegt, wenn er noch nicht existierte. Die Op. 9 sichert den aktuellen Rang-1-2-Schlüssel für die Gruppenwechselkontrolle I8.

Noch immer steht der erste Satz zur ersten Schul-Datengruppe mit Detailergebnissen zur Verarbeitung an. Dieser ist in der Grafik mit dem Pfeil-Kästchen 1 markiert. Aus ihm wird nur der Schul-Name entnommen (Op. 43) und in die Arbeitsdatei ausgegeben (Op. 44):

```
Hölderlin-Gymnasium
```

Die Schul-ID im ersten Satz zur ersten Schul-Datengruppe und die Schul-IDs in allen weiteren ersten Sätzen der Schul-Datengruppen werden ignoriert. Sie stehen dort nur aus Gründen der Einheitlichkeit der Satzformate mit denen für die (inter)nationalen Schul-Listen.

Das Nachlesen unter „process school name“ beschafft den Adress-Satz (ohne Straße / Platz ...). Er ist mit dem Pfeil-Kästchen 2 markiert. Aus ihm wird die Adresse extrahiert und in die Arbeitsdatei geschrieben:

```
88214 Ravensburg, Baden-Württemberg, Deutschland
```

Der nächste Satz – Pfeil-Kästchen 3 – enthält die E-Mail-Adresse der Schule. Diese wird in die MIME-Struktur übertragen. Dann folgt der Satz mit den Schul-Ergebniswerten (Pfeil-Kästchen 4), die jetzt noch nicht verwendet werden können und deshalb in der Struktur SchoolResD zwischengespeichert werden (siehe verzögerte Korrespondenz 19). Auf diese Struktur stützt sich auch die später folgende Suche in den (inter)nationalen Schul-Listen, die feststellt, ob die betreffende Schule in einer nationalen oder internationalen Gewinner-Liste hervorgehoben werden muss. Der erste Satz zu einem Schüler folgt beim Nachlesen (Pfeil-Kästchen 5). Mit ihm tritt die Verarbeitung nach dem Schreiben des P-Headers in die I8-Schleife ein, welche diese Sätze in die Arbeitsdatei formatiert ausgibt. Der P-Header lautet für DEU zum Beispiel wie folgt:

```
Ihre Schulsportwettbewerbsergebnisse 2022:
          Alter  Lauf  Sprung  Wurf  Summe
```

Eingangs setzt das Programm jeden Schüler-Ergebnissatz in die Struktur SpoResD um (Op. 49). Die Auswahl des Medaillen-Texts ist hier mit S14 realisiert. Das ist eine Alternative zur Op. 32, die für dieses einfache Detail weniger Aufwand treibt und die Grafik nicht aufbläht. Entscheiden Sie selbst, ob Sie solche einfachen fallgesteuerten Zuweisungen als eine einzige Operation darstellen wollen, welche diese Abfragen und Zuweisungen zusammenfasst, oder ob Sie alles – auch grafisch – ausformulieren möchten. Die Ausgabe lautet:

```
Gold    M    17       18       16       15       49  Zeisler, Georg
```

Die Grafik zeigt noch das Nachlesen des zweiten Schüler-Satzes – Pfeil-Kästchen 6 – und die Rückkehr zur Kontrolle I8, die auch diesmal „false“ liefert. Da die weitere Verarbeitung – bis auf die Zuweisung von „Silber“ – identisch abläuft, kann dieser Schritt übersprungen und die Analyse mit dem Ablauf nach dem Lesen des dritten Schüler-Satzes fortgesetzt werden (Pfeil-Kästchen 7). Dieser ist der letzte Satz zu dieser Schule. Ihm folgt der erste Satz zur nächsten Schule (Pfeil-Kästchen 8), dessen Verarbeitung aber warten muss, bis die begonnene E-Mail fertiggestellt und versandt worden ist. Diese Fertigstellung beginnt mit der Prüfung, ob die bisherige Schule in einer der beiden nachfolgenden Gewinner-Listen hervorzuheben ist. Die „Abbildung 17.18: Verarbeitung des dritten Schüler-Satzes und Beginn der Schul-Suche“ auf Seite 555 zeigt den Moment nach dem Vergleich mit dem ersten internationalen Eintrag, direkt vor der erneuten I16-Kontrolle.

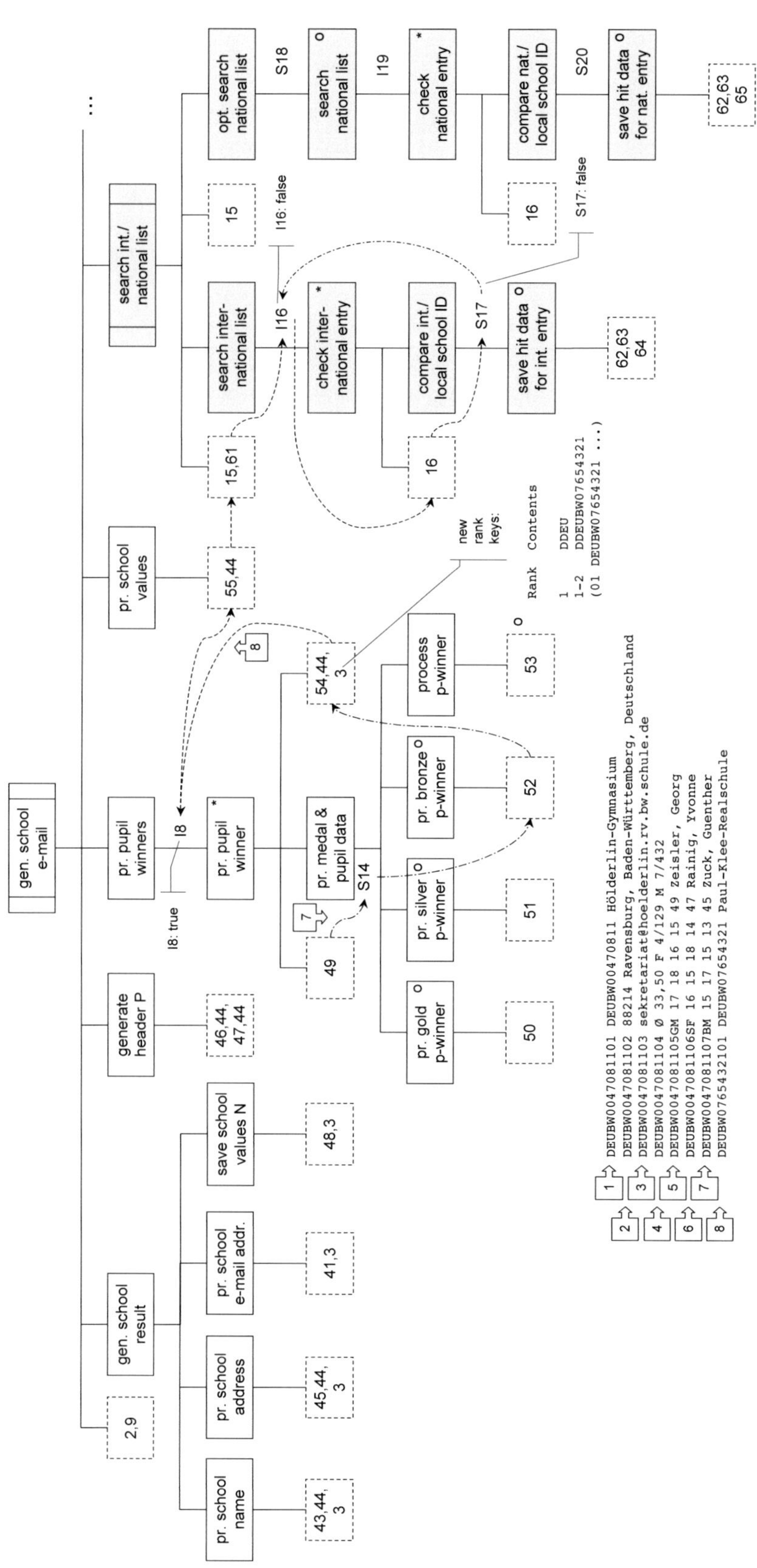

Abbildung 17.18: Verarbeitung des dritten Schüler-Satzes und Beginn der Schul-Suche

Nach der Gruppenwechselerkennung durch I8 kann endlich der Satz mit den sprachspezifisch aufbereiteten Schul-Ergebnissen erzeugt und ausgegeben werden (Op. 55 und 44). Dieser Satz und die beiden vorhergehenden – siehe Pfeil-Kästchen 6 & 7 – lauten wie folgt:

```
Silber   F    16        15        18        14        47  Rainig, Yvonne
Bronze   M    15        17        15        13        45  Zuck, Guenther
Punktedurchschnitt: 33,50 Altersgruppen/Schüler F 4/129 M 7/432
```

Das Durchsuchen der internationalen Liste beginnt wieder mit der Op. 15, gefolgt vom Setzen eines Treffer-Flags auf „false" und der Kontrolle I16. Diese liefert das Ergebnis „false" und die Suchschleife beginnt. In ihr wird zunächst sle_i um 1 auf 0 inkrementiert und dann der erste internationale Schul-Listen-Eintrag auf identische Schul-ID mit der in SchoolResD geparkten Schul-ID überprüft. Das ergibt im vorliegenden Fall keinen Treffer. Nach der erneuten Kontrolle I16 wird der zweite Eintrag ebenfalls ergebnislos verglichen. Auch der dritte Eintrag enthält keine passende Schul-ID. Die internationale Liste ist nun erschöpft; es geht mit der nationalen Liste weiter, wie die „Abbildung 17.19: Beginn der Auswertung der nationalen Schul-Liste" auf Seite 557 zeigt.

S18 prüft, ob bereits ein Treffer erzielt wurde. Dann soll die nationale Schul-Liste nicht mehr durchsucht werden. Das ist hier nicht der Fall: Die Bedingung hit = false ist „true". Die Kontrolle I19 deckt auch den Fall ab, dass die nationale Liste leer ist, was hier aber nicht vorliegt. Daher beginnt die Suche mit der Op. 16 und der ersten Auswertung von S20. Die bisherige Schule ist aber nicht an erster Stelle der nationalen Liste eingetragen, sondern als Bronze-Gewinner an dritter Stelle. Nach erfolglosem Vergleich mit dem zweiten Eintrag wird der Treffer beim dritten Eintrag erzielt und die Schule zur Hervorhebung auf der nationalen Liste ausgewählt. Das beendet die I19-Schleife und leitet zur Erstellung des N-Headers etcetera über (siehe „Abbildung 17.20: Durchlauf nach Treffer in der nationalen Schul-Liste; Beginn der Listen-Ausgabe" auf Seite 558).

(weiter auf Seite 559)

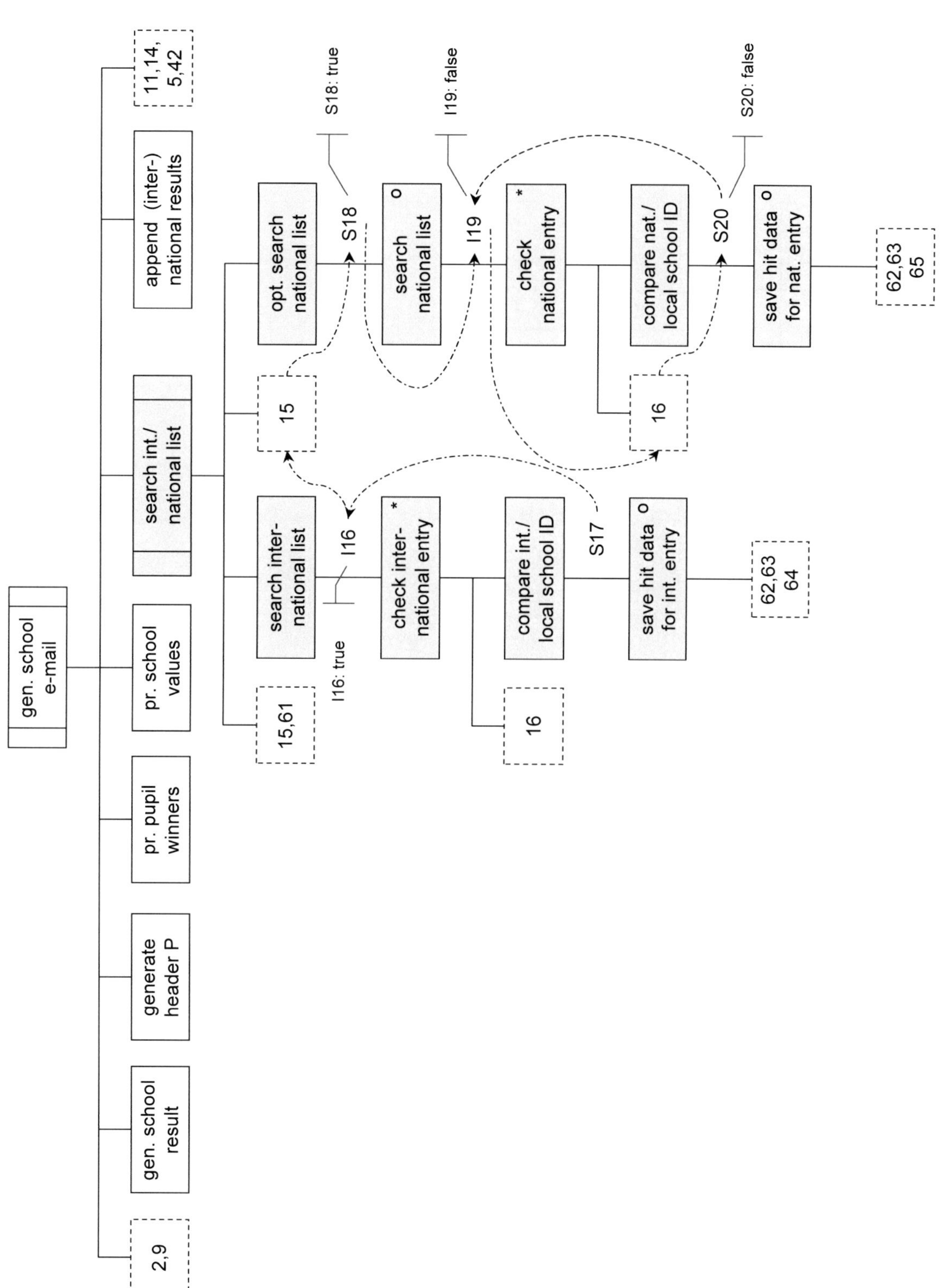

Abbildung 17.19: *Beginn der Auswertung der nationalen Schul-Liste*

17

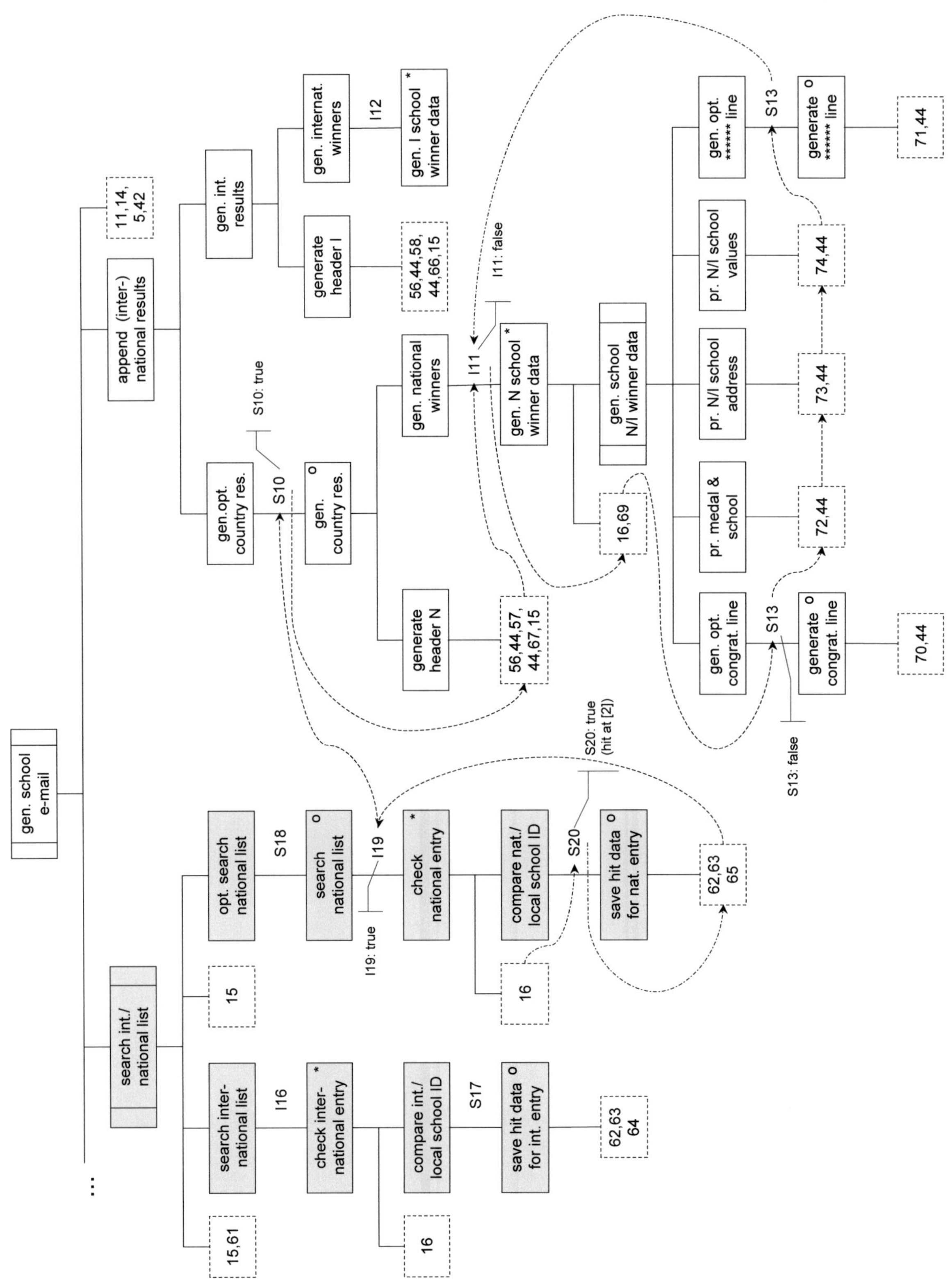

Abbildung 17.20: *Durchlauf nach Treffer in der nationalen Schul-Liste; Beginn der Listen-Ausgabe*

Der Treffer beendet die I19-Schleife. S10 ist erfüllt; somit wird der N-Header ausgegeben:

```
Nationale Gewinner:
```

Das Auslesen der nationalen Liste beginnt mit dem Index 0. Der damit adressierte Eintrag wird nach SLE übernommen (Op. 69). Da der Treffer-Index 2 ist, ergibt S13 den Wert „false". Das Programm gibt anschliessend die sprachspezifisch aufbereiteten Textelemente aus dem aktuellen Nat_S_L-Eintrag [0] aus:

```
Gold    Immanuel Kant Gymnasium
        60322 Frankfurt am Main, Hessen, Deutschland
        Durchschnitt: 34,32 Altersgr./Schüler F 6/451 M 6/562
```

Nach der erneuten I11-Kontrolle, der Indexfortschaltung auf 1 und dem Kopieren nach SLE folgt die zweite Ausgabeserie:

```
Silber  Ludwig-Thoma-Gymnasium
        86899 Landsberg am Lech, Bayern, Deutschland
        Durchschnitt: 33,65 Altersgr./Schüler F 4/372 M 6/522
```

Beim dritten Durchlauf ist die Kontrolle S13 erfüllt. Sie lautet

S13 hit = true und crt_list = hit_list und hit_i = sle_i

Mit den aktuellen Werten ergibt sich daraus:

S13 true = true und `'N'` = `'N'` und 2 = 2

Somit wird die Ausgabe zur bisherigen Schule, an welche die E-Mail gesendet werden soll, hervorgehoben:

```
************************* Glückwunsch! *************************
Bronze  Hölderlin-Gymnasium
        88214 Ravensburg, Baden-Württemberg, Deutschland
        Durchschnitt: 33,50 Altersgr./Schüler F 4/129 M 7/432
*****************************************************************
```

Damit ist die Ausgabe zur nationalen Liste abgeschlossen und es folgt die Ausgabe der internationalen Liste. Diese beginnt mit dem I-Header:

```
Internationale Gewinner:
```

Die „Abbildung 17.21: Ausgabe der Gratulation beim 3. Eintrag und Übergang zur internationalen Schul-Liste" auf Seite 560 zeigt den Durchlauf über die Hervorhebung des dritten Eintrags in Nat_S_L bis zum Fortschalten auf den zweiten Eintrag in Int_S_L.

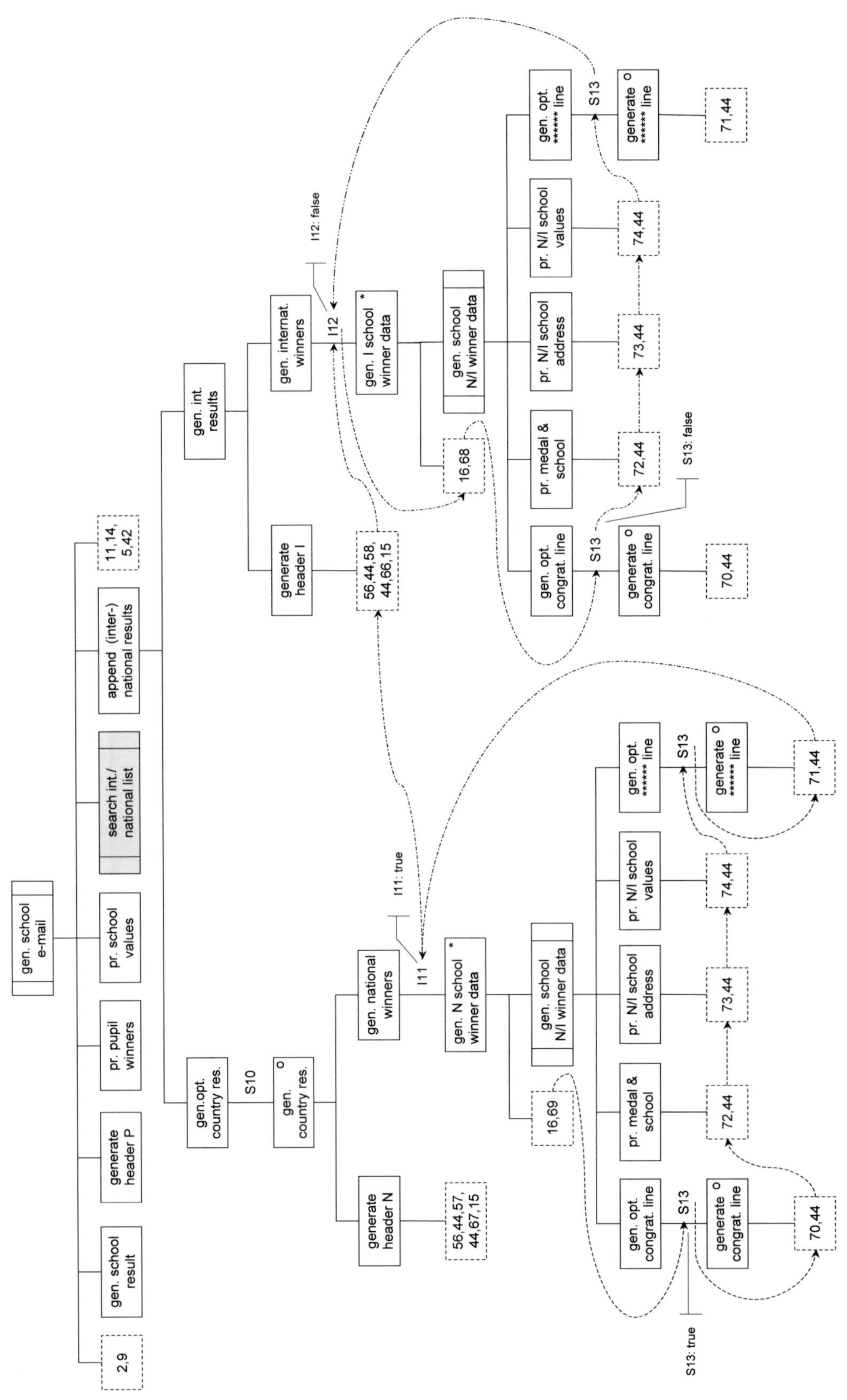

Abbildung 17.21: *Ausgabe der Gratulation beim 3. Eintrag und Übergang zur internationalen Schul-Liste*

Der weitere Durchlauf erfolgt analog zur Verarbeitung für Nat_S_L, allerdings ohne Hervorhebung. S13 kann im rechten Teil der Grafik nicht mehr erfüllt sein, weil dort die aktuelle Liste mit `'I'` codiert ist.

Im ersten Durchgang rechts entstehen die Zeilen

```
Gold     Instituto Federico García Lorca
         18000 Granada, Andalucia, España
         Durchschnitt: 36,74 Altersgr./Schüler F 3/273 M 3/481
```

Im zweiten und dritten Durchlauf der I12-Schleife erzeugt das Programm folgende Sätze:

```
Silber   Licée Paul Signac
         35800 Saint-Briac, Bretagne, France
         Durchschnitt: 36,65 Altersgr./Schüler F 5/284 M 7/462
Bronze   Liceo Scientifico Galileo Galilei
         18100 Imperia, Liguria, Italia
         Durchschnitt: 35,75 Altersgr./Schüler F 3/147 M 5/321
```

Damit ist der Inhalt des ersten Anhangs fertig und die Anhangsdatei kann geschlossen werden. Es folgen der Versand der E-Mail (Op. 42) und die erneute I7-Kontrolle. Da der zur Verarbeitung anstehende Satz

```
DEUBW0765432101 DEUBW07654321 Paul-Klee-Realschule
```

keinen Land-Wechsel auslöst, wird der Durchlauf der I7-Schleife mit den Op. 2 und 9 fortgesetzt. Diese Schule ist allerdings in beiden Listen nicht enthalten und wird daher nicht hervorgehoben. Nach dem Erzeugen des zweiten Anhangs und dem Versand der E-Mail an die zweite deutsche Schule liegt allerdings ein Land-Wechsel vor, weil mit der letzten Op. 3 unter „process pupil winner" folgender Satz eingelesen wurde:

```
ESPAN0278549101 ESPAN02785491 Instituto Federico García Lorca
```

Nun liefert die Kontrolle I7 den Wert „true"; I3 ist aber weiterhin nicht erfüllt. Daher beginnt ein weiterer Durchlauf der I3-Schleife wieder mit den Op. 8,9,31,38,39,40 und dem zweiten Update von Int_S_L. Diese Liste sieht anschließend wie folgt aus:

Index	C-C	R-ID	S-#	M-F	AVG	G-D	M-T	S-N	S-A	S-V
0	ESP	AN	02785491	G	36,74	F 3/273 ...	*Oro*	Instituto...	18000 ...	*1
1	FRA	AR	00112765	S	36,65	F 5/284 ...	*Plata*	Licée ...	35800 ...	*2
2	ITA	LI	83007852	B	35,75	F 3/147 ...	*Bronce*	Liceo ...	18100 ...	*3

mit

*1 = Promedio: 36,74 Grupos edad/Alumnos F 3/273 M 3/481
*2 = Promedio: 36,65 Grupos edad/Alumnos F 5/284 M 7/462
*3 = Promedio: 35,75 Grupos edad/Alumnos F 3/147 M 5/321

Danach unterscheidet sich der Durchlauf deutlich vom Bisherigen, denn es existiert keine nationale Gewinner-Liste, die aktuelle Schule ist Gesamtsieger, und dem letzten Satz zu dieser Schule folgt EOF. Die „Abbildung 17.22: Durchlauf nach 2. Update der internationalen Schul-Liste und Übergang zur Mail-Ausgabe" auf Seite 562 zeigt den Durchlauf am Ende des Update.

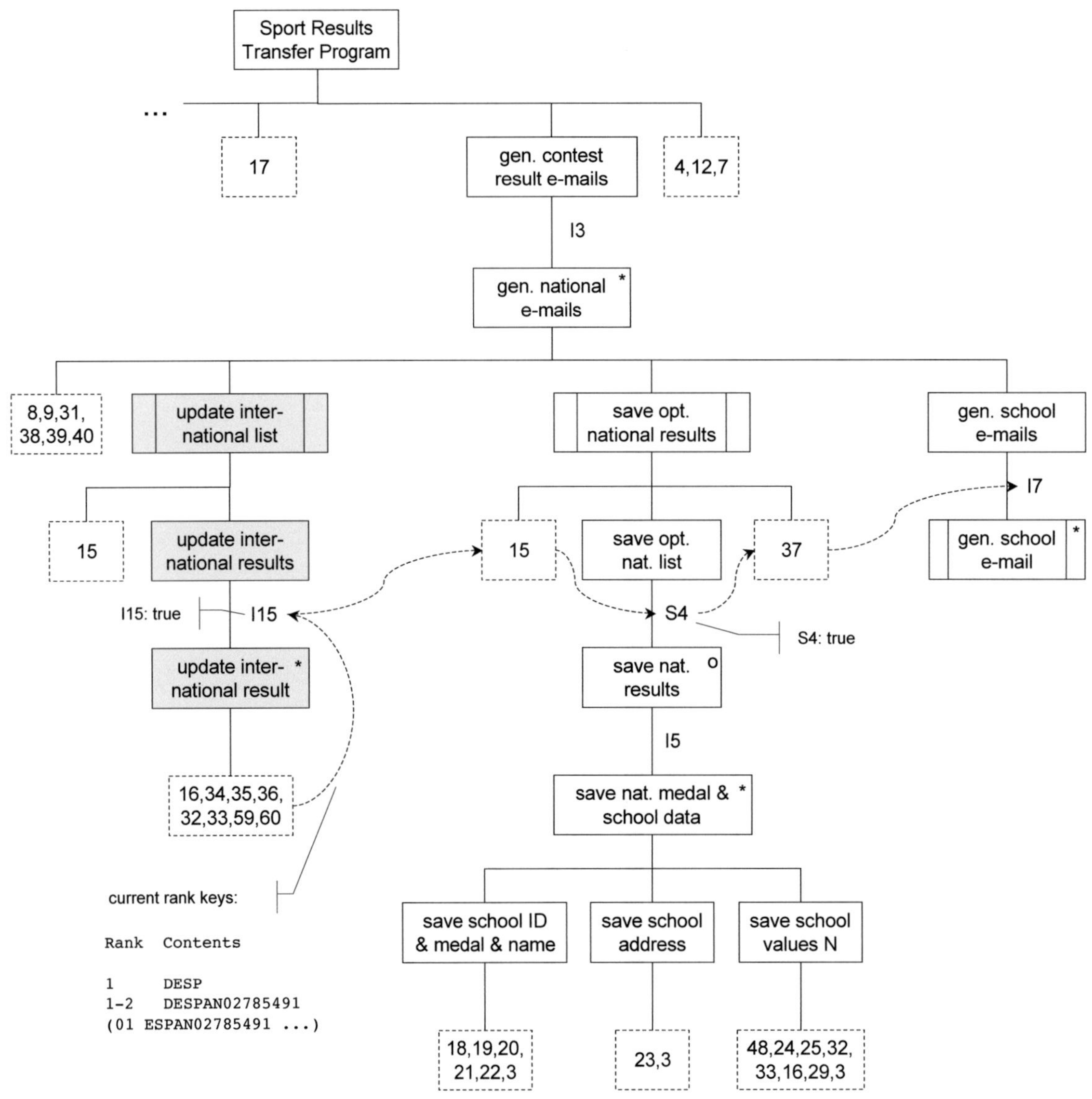

***Abbildung 17.22:** Durchlauf nach 2. Update der internationalen Schul-Liste und Übergang zur Mail-Ausgabe*

In der I7-Schleife finden anschliessend die Ausgabe beziehungsweise Übernahme der Daten zur Schule (Pfeil-Kästchen 1, 2, 4) und zum 1. Schüler (Pfeil-Kästchen 5), sowie die Übernahme der E-Mail-Adresse (Pfeil-Kästchen 3) statt. Die nächste Grafik zeigt den Moment nach dem Einlesen des zweiten Schüler-Satzes (Pfeil-Kästchen 6), unmittelbar vor der erneuten I8-Kontrolle:

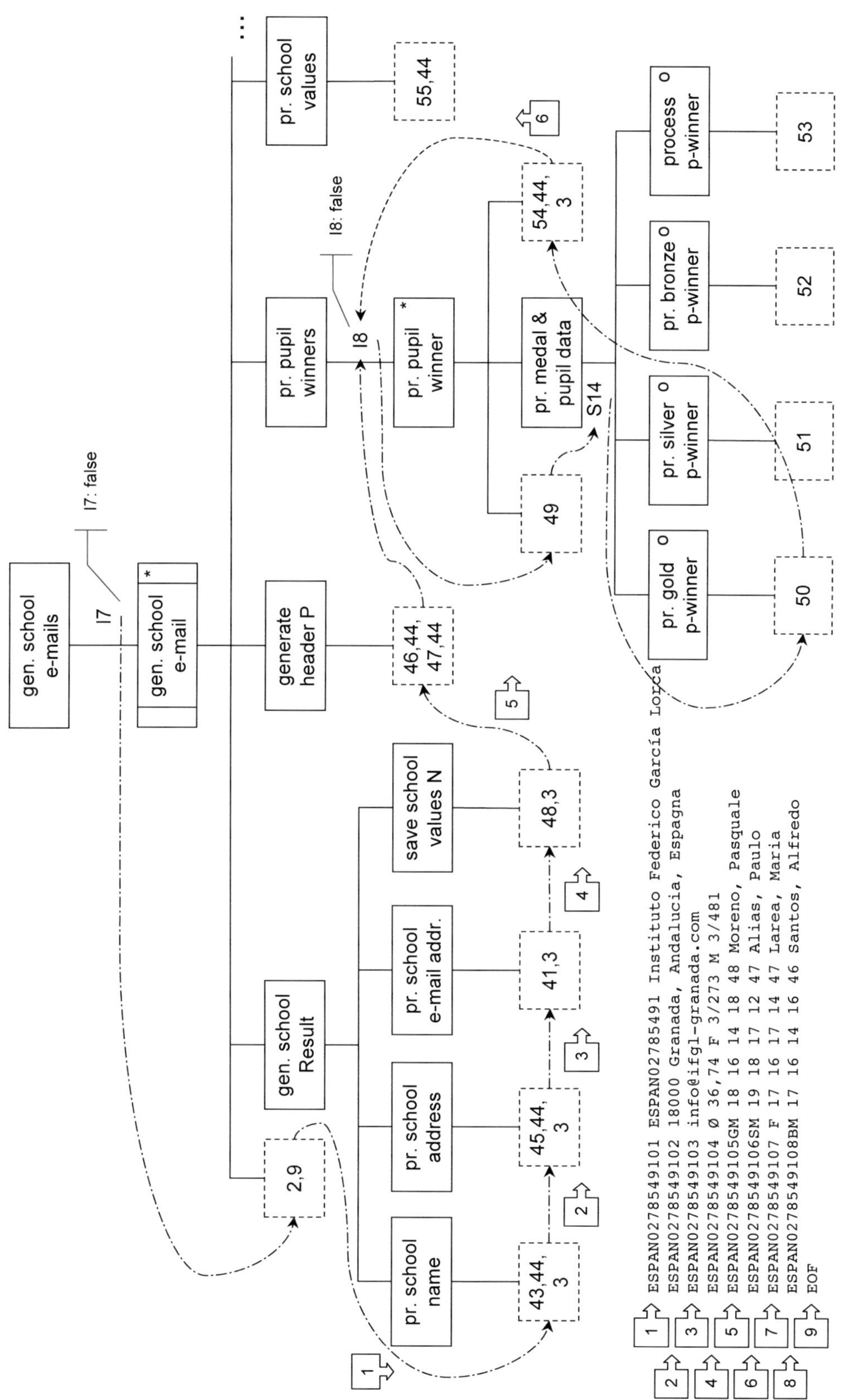

Abbildung 17.23: *Durchlauf bis zum Nachlesen nach dem 1. Schüler-Satz*

17

Folgende Sätze gelangen dabei in die Anhangsdatei:

```
Instituto Federico García Lorca
18000 Granada, Andalucia, España
Sus resuldados de la competición deportiva de escuelas 2022:
            Edad  Carrera    Salto     Tiro     Suma
Oro       M   18        16        14        18       48 Moreno, Pasquale
```

Die „Abbildung 17.24: Ausgabe zum 4. Schüler und Beginn der Aktionen nach EOF" auf Seite 565 zeigt, was nach dem Verarbeiten der drei weiteren Schüler-Sätze und EOF folgt. Folgende Sätze wurden dann ausgegeben:

```
Plata     M   19        18        17        12       47 Alias, Paulo
          F   17        16        17        14       47 Larea, Maria
Bronce    M   17        16        14        16       46 Santos, Alfredo
Media de puntos: 36,74 Clase de edad/Alumnos F 3/273 M 3/481
```

Dem Nachlesen des dritten und des vierten Schüler-Satzes (Pfeil-Kästchen 7 und 8) folgt das Dateiende (Pfeil-Kästchen 9). Nach der Ausgabe der aufbereiteten Schul-Ergebnisse durchsucht das Programm die internationale Schul-Liste, wobei es schon beim ersten Eintrag fündig wird. Da es keine nationale Schul-Liste gibt, folgt der I-Header unmittelbar der bisherigen Ausgabe:

```
Ganadores internacionales:
```

Danach erzeugt das Programm den ersten Block der internationalen Liste. Die „Abbildung 17.25: Beginn des Durchlaufs für die internationale Liste und Übergang zu deren 2. Eintrag" auf Seite 566 zeigt den Übergang zum zweiten internationalen Eintrag, unmittelbar vor der erneuten I12-Kontrolle.

(weiter auf Seite 567)

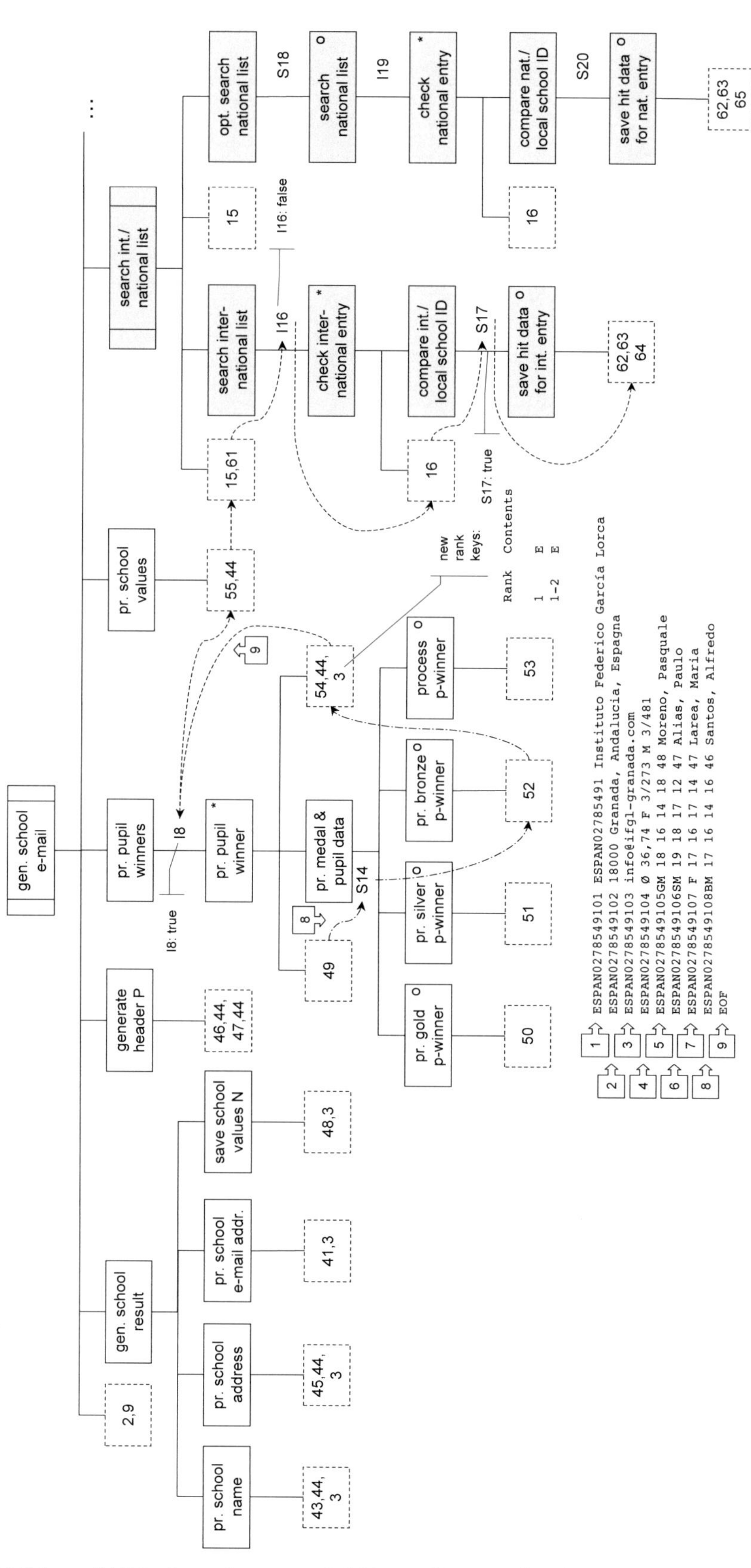

Abbildung 17.24: *Ausgabe zum 4. Schüler und Beginn der Aktionen nach EOF*

17

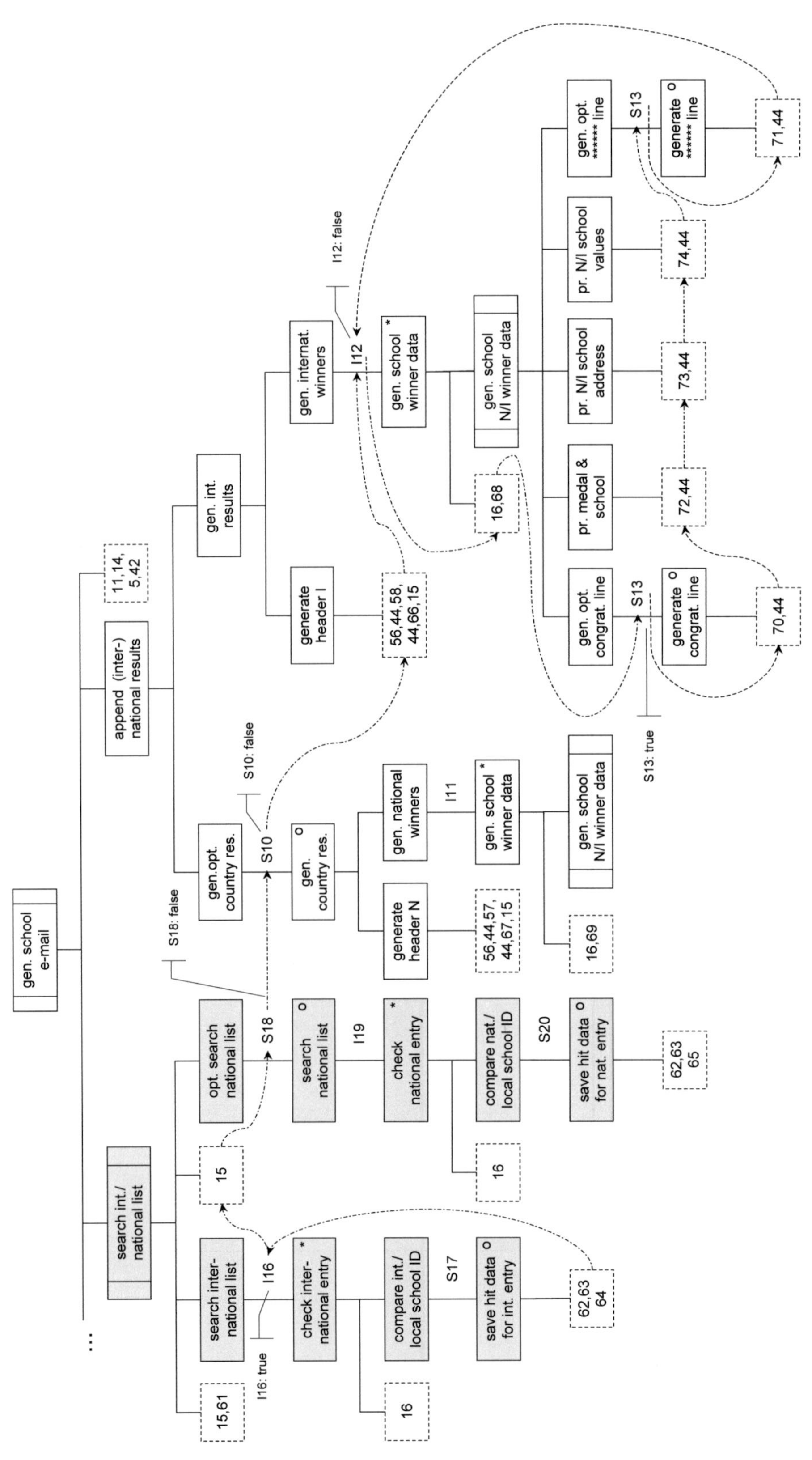

Abbildung 17.25: *Beginn des Durchlaufs für die internationale Liste und Übergang zu deren 2. Eintrag*

Zur bisherigen Ausgabe kommen folgende Zeilen dazu:

```
********************** ¡Felicitaciones! ***********************
Oro     Instituto Federico García Lorca
        18000 Granada, Andalucia, España
        Promedio: 36,74 Grupos edad/Alumnos F 3/273 M 3/481
***************************************************************
```

Anmerkung: Im Spanischen gehört zu einem Ausrufungszeichen am Ende ein umkehrtes Ausrufungszeichen am Anfang. Dasselbe gilt für das Fragezeichen.

Zwei weitere I12-Durchgänge geben die folgenden Sätze aus:

```
Plata   Licée Paul Signac
        35800 Saint-Briac, Bretagne, France
        Promedio: 36,65 Grupos edad/Alumnos F 5/284 M 7/462
Bronce  Liceo Scientifico Galileo Galilei
        18100 Imperia, Liguria, Italia
        Promedio: 35,75 Grupos edad/Alumnos F 3/147 M 5/321
```

Erneut endet die I12-Schleife. Es folgen das Schließen der Anhangsdatei und der Versand der E-Mail. Wegen EOF enden auch die I7- und I3-Schleifen. Das Programm erstellt danach zuerst – wegen der File Services – die Statistik, schließt dann seine Eingabedatei und beendet den Lauf.

17.7 Was hat die Durchlaufanalyse gebracht?

… nun ja, zunächst einmal, was jede Durchlaufanalyse bringt:

- Besseres Verständnis der Programmstruktur mit Operationen
- Plausibilität der geprüften Abläufe
- Vertrauen in die gefundene Lösung
- Beseitigung verbliebener Unsicherheiten

17

Die Durchlaufanalyse deckte aber auch Fehler auf:

- Der Strukturblock „save school values" war anfangs vergessen worden. Daher fehlten dem Strukturblock „process school values" die Eingabedaten.
- Die Operation 3 wurde einmal zu viel plaziert. Das hätte erhebliche Störungen verursacht.
- Die Kontrollen I11, I12, I16 und I19 enthielten denselben Fehler: sle_i > <list level> anstatt sle_i >= <list level>. Es wäre zu Indexüberläufen und damit zu Abbrüchen gekommen.
- Die Operationen 4 und 12 waren vertauscht. Nach dem Schließen einer Datei stehen aber keine File Service-Statistikwerte dazu mehr zur Verfügung.
- Nach der Op. 46 fehlte die Op. 44.
- Anstatt 70,44 stand 70,40.
- Die Op. 38 war am Anfang der `main()` nach der Op. 30 angeordnet. Da sie aber am Anfang jeder nationalen Datengruppe stattfinden muss, gehört sie dorthin.

Somit hat sich der Aufwand in jeder Hinsicht gelohnt und die Implementierungsvorbereitungen können zuversichtlicher als ohne Durchlaufanalyse stattfinden.

17.8 Implementierung in Java

Die inkrementelle Implementierung des Java-Programms MailSportResults beginnt im zweiten Band mit dem Kapitel „10.2 Erste Schritte" auf Seite 318 ff. Darin werden grundlegende Klassen definiert und kommentiert, sowie der Beginn der `main()`-Methode vorgestellt. Dann folgt bereits der erste Test. In diesem Stil geht es bis zum Kapitel „10.8.4 Fünfter und letzter Test" auf Seite 402 ff weiter. Es folgen abschliessend noch Klassendiagramme, sowie die Kapitel „10.10 Vorläufiger Abschied vom Schulsportwettbewerb" auf Seite 407 und „10.11 Manöverkritik" auf Seite 407 ff.

Anhang

18.1 Literaturverzeichnis

[1] Edward Yourdon
Modern Structured Analysis
1989 Prentice Hall, Inc., Englewood Cliffs, NJ US

[2] Klaus Kilberth
JSP
Einführung in die Methode des Jackson Structured Programming
2001 8. Auflage Friedr. Vieweg und Sohn Verlagsgesellschaft mbH, Braunschweig/Wiesbaden DE

[3] Michael A. Jackson
Principles of Program Design
1974 Academic Press, London, New York, San Francisco GB / US

[4] R. Legde / K. Truöl
Problem- und datenorientierter Entwurf strukturierter Programme
1978 Gesellschaft für Mathematik und Datenverarbeitung mbH, Bonn DE
(Interne Schulungsunterlage)

[5] Michael A. Jackson
Grundsätze des Programmentwurfs
1979 S. Toeche-Mittler Verlag, Darmstadt DE

[6] Grady Booch
Object-Oriented Design with Applications
1991 The Benjamin/Cummings Publishing Company, Inc., Redwood City, California US

[7] Harlan D. Mills / Richard C. Linger / Alan R. Hevner
Principles of Information Systems Analysis and Design
1986 Academic Press Inc., Orlando (Florida) US

[8] Frederick P. Brooks, Jr
The Mythical Man-Month
1975 Addison-Wesley Publishing Company, Inc., Reading, MA US

[9] Michael Inden
Der Weg zum Java-Profi
Konzepte und Techniken für die professionelle Java-Entwicklung
2011 dpunkt.verlag, Heidelberg DE

[10] Hartmut Wedekind
Datenorganisation
1970 Walter de Gruyter & Co, Berlin DE

[11] Gerhard Henschel
Die wirrsten Grafiken der Welt
2003 Hoffmann und Campe, Hamburg DE

[12] Detlef Schulz
C-Programmierung auf dem Mac
2011 Smart Books Publishing AG, Pfäffikon SZ

[13] Peter van der Linden
Expert C Programming:
Deep C Secrets
1994 Sun Microsystems, Inc., Mountain View, CA US

[14] Neal Goldstein / Jeff Alger
Developing Object-Oriented Software for the Macintosh:
Analysis, Design and Programming
1992 Addison-Wesley Publishing Company, Inc., Reading, MA US

[15] Christian Ullenboom
Java ist auch eine Insel
2021 16. Auflage Rheinwerk Verlag, Bonn DE

[16] Norbert Denne
DB2 Theorie und Praxis
2004 DGD mbH (DGD-Dienstleistungsgesellschaft für Datenverarbeitung mbH) DE

Zusatzliteratur

Grady Booch / James Rumbaugh / Ivar Jacobson
The Unified Modeling Language User Guide
1999 Addison Wesley Longman, Inc., Massachusetts US

International Business Machines Corporation
Enterprise COBOL for z/OS
Language Reference
Version 4 Release 2
2009 IBM Corporation, Armonk NY US

International Business Machines Corporation
Enterprise COBOL for z/OS
Programming Guide
Version 4 Release 2
2009 IBM Corporation, Armonk NY US

Scott Meyers
Effektiv C++ programmieren:
55 Möglichkeiten, Ihre Programme und Entwürfe zu verbessern
2011 Addison-Wesley Verlag / Pearson Education Deutschland GmbH, München, DE
Original: Effective C++: 55 Specific Ways to Improve Your Programs and Designs (3rd Edition)
2005 Addison-Wesley Professional @ Pearson Education, Indianapolis, Indiana US

18.2 Rechtliche Hinweise

18.2.1 Geschützte Bezeichnungen

Die folgenden Bezeichnungen – außer Verlagsnamen – wurden im vorliegenden Band als möglicherweise geschützte beziehungsweise registrierte Marken, Handelsnamen, Gebrauchsnamen etcetera identifiziert:

Bezeichnung	Kommentar: Wikipedia (W) / Autor (A)	Trademarks
700/7000 Series	W: Die **IBM 700/7000 series** war eine Gruppe mehrerer Großrechner der Firma IBM. Sie wurden in den 1950er und frühen 1960er Jahren angeboten. Die einzelnen Rechner der IBM 700/7000 series hatten verschiedene, inkompatible Architekturen. Seitentitel: IBM 700/7000 series	No entry found
7·700-Rechner	A: Die Familie der untereinander kompatiblen 7·700-Rechner im Segment „Mittlere Datentechnik" wurde 1976 von der Firma Siemens entwickelt	Not applicable
Adabas	W: **Adabas** (**A**daptable **Da**ta**ba**se **S**ystem) ist ein Datenbankmanagementsystem der Darmstädter Software AG.	G: National & Regional Trademark Registration for European Union et.al. Owner: Software AG (Germany)
Adobe Inc.	W: **Adobe Inc.** (bis Oktober 2018 **Adobe Systems Inc.**) ist ein US-amerikanisches Softwareunternehmen, registriert im Bundesstaat Delaware.	G: National Trademark Registration for USA et.al. Owner: Adobe Systems Incorporated (USA)
ALGOL	**ALGOL** (eine Abkürzung für „**Algo**rithmic **L**anguage"), meist Algol geschrieben, ist der Name einer Familie von Programmiersprachen, die ab Ende der 1950er Jahre bis in die 1980er Jahre Verwendung fanden.	No entry found
Apache OpenOffice	W: **Apache OpenOffice** (vormals **OpenOffice.org**) ist ein freies Office-Paket, das aus einer Kombination verschiedener Programme zur Textverarbeitung (Writer), Tabellenkalkulation (Calc), Präsentation (Impress) und zum Zeichnen (Draw) besteht.	No entry found

Bezeichnung	Kommentar: Wikipedia (W) / Autor (A)	Trademarks
Apple Macintosh	W: Der **Macintosh** des kalifornischen Unternehmens Apple erschien 1984 und war der erste Mikrocomputer mit grafischer Benutzeroberfläche, der in größeren Stückzahlen produziert wurde.	G: National & Regional Trademark Registration for European Union et.al. Owner: Apple Inc. (USA)
Apple Mail	W: **Mail** ist ein von Apple mit den Betriebssystemen watchOS, iOS, iPadOS und macOS ausgeliefertes E-Mail-Programm. Seitentitel: Mail (Apple)	No entry found
ASCII	W: Der **American Standard Code for Information Interchange** (**ASCII**, alternativ US-ASCII [...], deutsch „Amerikanischer Standard-Code für den Informationsaustausch") ist eine 7-Bit-Zeichenkodierung; sie entspricht der US-Variante von ISO 646 und dient als Grundlage für spätere, auf mehr Bits basierende Kodierungen für Zeichensätze. Seitentitel: American Standard Code for Information Interchange	No entry found
BCPL	W: Die **Basic Combined Programming Language** (**BCPL**) ist eine 1966 von Martin Richards entwickelte und im Frühjahr 1967 am Massachusetts Institute of Technology zum ersten Mal implementierte, kompilierte, systemnahe Programmiersprache, abgeleitet von der Combined/Cambridge Programming Language CPL. Seitentitel: Basic Combined Programming Language	No entry found
BDL	A: **Block Description Language** der Autoren Harlan D. Mills, Richard C. Linger und Alan R. Hevner (siehe [7])	No entry found
BS2000	W: **BS2000** (seit 1992 lautet der offizielle Name **BS2000/OSD**) ist die Mainframe-Betriebssystemplattform von Fujitsu Technology Solutions GmbH.	G: National & Regional Trademark Registration for European Union et.al. Owner: Fujitsu Technology Solutions Intellectual Property GmbH (Germany)
BS3	A: **BS3** war das Betriebssystem der TR-440-Rechner	No entry found
C	W: **C** ist eine imperative und prozedurale Programmiersprache, die der Informatiker Dennis Ritchie in den frühen 1970er Jahren an den Bell Laboratories entwickelte.	No entry found

Bezeichnung	Kommentar: Wikipedia (W) / Autor (A)	Trademarks
C++	W: **C++** ist eine von der ISO genormte Programmiersprache. Sie wurde ab 1979 von Bjarne Stroustrup bei AT&T als Erweiterung der Programmiersprache C entwickelt.	No entry found
COBOL	W: **COBOL** ist eine Programmiersprache, die in der Frühzeit der Computerentwicklung, Ende der 1950er-Jahre, entstand und bis heute verwendet wird.	No entry found
Courier	W: **Courier** ist eine Schriftart für Schreibmaschinen und Computer. Sie wurde 1956 von Howard Kettler entworfen und später von Adrian Frutiger für die elektrischen Schreibmaschinen für IBM weiterentwickelt. Wie bei Schreibmaschinen üblich, ist sie eine nichtproportionale Schriftart, das heißt, alle Buchstaben sind gleich breit.	No entry found
DB2	W: **Db2** ist ein kommerzielles relationales Datenbankmanagementsystem (RDBMS) des Unternehmens IBM, dessen Ursprünge auf das System R und die Grundlagen von Edgar F. Codd vom IBM Research aus dem Jahr 1970 zurückgehen. A: Die Buchreihe verwendet weiterhin die Schreibung DB2, die langjährig üblich war.	G: National & Regional Trademark Registration for European Union et.al. Owner: INTERNATIONAL BUSINESS MACHINES CORPORATION (USA)
EBCDIC	W: Der **Extended Binary Coded Decimal Interchange Code** (**EBCDIC**, sinngemäß „erweiterter Austauschcode für binär kodierte Dezimalziffern") ist eine von IBM entwickelte 8-Bit-Zeichenkodierung, bei der jedoch nicht alle Codewörter verwendet werden.	No entry found (not even in IBM's copyright and trademark information)
ERM	W: Das **Entity-Relationship-Modell** – kurz **ER-Modell** oder **ERM**; deutsch so viel wie: Modell (zur Darstellung) von Dingen, Gegenständen, Objekten (=‚entities') und der Beziehungen/Zusammenhängen zwischen diesen (=‚relationship') – dient dazu, im Rahmen der semantischen Datenmodellierung den in einem gegebenen Kontext […] relevanten Ausschnitt der realen Welt zu bestimmen und darzustellen. Seitentitel: Entity-Relationship-Modell	No entry found

Bezeichnung	Kommentar: Wikipedia (W) / Autor (A)	Trademarks
Ethernet	W: **Ethernet** […] ist eine Technik, die Software (Protokolle usw.) und Hardware (Kabel, Verteiler, Netzwerkkarten usw.) für kabelgebundene Datennetze spezifiziert, welche ursprünglich für lokale Datennetze (LANs) gedacht war und daher auch als LAN-Technik bezeichnet wird.	No entry found
FORTRAN	**Fortran** ist eine prozedurale, seit 2003 auch eine objektorientierte Programmiersprache, die insbesondere für numerische Berechnungen in Wissenschaft, Technik und Forschung eingesetzt wird.	No entry found
Google Mail / Gmail	W: **Gmail**, früher zeit- und gebietsweise auch **Google Mail**, ist ein kostenloser, werbefinanzierter E-Mail-Dienst des US-amerikanischen Unternehmens Google.	G: International Trademark Registration for Australia, China, European Union, […], Germany, […], Korea (Republic of), Russian Federation Owner: Google LLC (USA)
Guardian	A: **Guardian** hieß das Betriebssystem der ausfallsicheren Tandem-Computer	No entry found
Helvetica	W: Die **Helvetica**, ursprünglich **Neue Haas Grotesk**, ist eine serifenlose Linear-Antiqua, auch Grotesk oder Endstrichlose genannt. Sie wurde 1957 von der Haas'schen Schriftgiesserei AG in Münchenstein bei Basel auf den Markt gebracht. Seitentitel: Helvetica (Schriftart)	E/U: Registered trademark of Monotype Imaging Inc.
Hewlett Packard Enterprise	W: **Hewlett Packard Enterprise** (**HPE**) ist ein US-amerikanisches Informationstechnikunternehmen mit Sitz in Spring im Bundesstaat Texas.	G: National & Regional Trademark Registration for European Union et.al. Owner: HP Hewlett Packard Group LLC (USA)
HP Integrity NonStop Server	W: **Tandem Computers** war ein US-amerikanischer Computer-Hersteller, der mit seiner Baureihe NonStop erstmals besonders fehlertolerante Serversysteme entwickelte. Das Unternehmen wurde 1974 gegründet und 1997 von Compaq übernommen. Die fehlertoleranten NonStop-Rechner wurden dennoch weiterentwickelt und werden nach der Übernahme Compaqs durch Hewlett-Packard (HP) im Jahr 2002 heute unter dem Namen HP Integrity NonStop Server vertrieben. Seitentitel: Tandem Computers	G: National & Regional Trademark Registration of „NonStop" for European Union et.al. Owner: Hewlett Packard Enterprise Development LP (USA)

Bezeichnung	Kommentar: Wikipedia (W) / Autor (A)	Trademarks
HTML	W: Die **Hypertext Markup Language** (**HTML**, englisch für Hypertext-Auszeichnungssprache) ist eine textbasierte Auszeichnungssprache zur Strukturierung elektronischer Dokumente wie Texte mit Hyperlinks, Bildern und anderen Inhalten. Seitentitel: Hypertext Markup Language	No entry found
IBM	W: Die **International Business Machines Corporation** (**IBM**) ist ein börsennotiertes US-amerikanisches IT- und Beratungsunternehmen mit Sitz in Armonk im Bundesstaat New York.	G: International Trademark Registration for Australia, Brazil, Canada, European Union, [...], USA, Switzerland, China, Russian Federation, Viet Nam Owner: International Business Machines Corporation (USA)
IMS/DB	W: **Information Management System** (**IMS**) ist ein Informationssystem des Unternehmens IBM, das auf IBM-z-Systems-Servern unter z/OS betrieben werden kann. Es besteht aus den Komponenten IMS DB (hierarchisches Datenbanksystem) und IMS TM (Transaktionsmonitor – frühere Bezeichnung: IMS DC). Seitentitel: Information Management System	No entry found (not even in IBM's copyright and trademark information)
Jakarta Server Pages	W: **Jakarta Server Pages** (**JSP**), früher JavaServer Pages, ist eine von Sun Microsystems entwickelte, auf JHTML basierende Web-Programmiersprache zur einfachen dynamischen Erzeugung von HTML- und XML-Ausgaben eines Webservers.	G: International Trademark Registration for European Union, [...], Germany, [...], Spain, Sweden, UK Owner: ECLIPSE.ORG FOUNDATION, INC.
Java	W: **Java** ist eine objektorientierte Programmiersprache und eine eingetragene Marke des Unternehmens Sun Microsystems, welches 2010 von Oracle aufgekauft wurde. Seitentitel: Java (Programmiersprache)	I: Java and all Java-based trademarks are trademarks of Sun Microsystems, Inc. in the United States, other countries, or both.
JPEG	W: **JPEG** [...] ist die gebräuchliche Bezeichnung für die 1992 vorgestellte Norm ISO/IEC 10918-1 bzw. CCITT Recommendation T.81, die verschiedene Methoden der Bildkompression beschreibt.	Not applicable

Bezeichnung	Kommentar: Wikipedia (W) / Autor (A)	Trademarks
JSP	W: Das **Jackson-Diagramm** ist eine Methode zum strukturierten Entwurf von Computerprogrammen. Es ist Bestandteil einer Methode, die der Theoretiker Michael A. Jackson (* 1936) in den Jahren 1975 bis 1979 entwickelt hat. Seitentitel: Jackson-Diagramm	No entry found
Lightweight IDE	A: Keine Fundstelle im Netz. Siehe „C-Programmierung auf dem Mac" von Detlef Schulz [12], Seiten 30 & 31	No entry found
Linux	W: Als **Linux** […] oder **GNU/Linux** (siehe GNU/Linux-Namensstreit) bezeichnet man in der Regel freie, unixähnliche Mehrbenutzer-Betriebssysteme, die auf dem Linux-Kernel und wesentlich auf GNU-Software basieren.	G: National & Regional Trademark Registration for European Union et.al. Owner: Linus Torvalds (USA)
macOS	W: Das Betriebssystem **macOS**, früher **Mac OS X** und **OS X**, ist das Betriebssystem des kalifornischen Hard- und Software-Unternehmens Apple für Laptop- und Desktop-Computer der Mac-Reihe.	G: National & Regional Trademark Registration for European Union et.al. OwnerApple Inc. (USA)
Microsoft	W: Die **Microsoft Corporation** […] ist ein internationaler Hard- und Softwareentwickler und ein Technologieunternehmen mit Hauptsitz in Redmond, einer Stadt im Großraum Seattle im US-Bundesstaat Washington.	G: International Trademark Registration for Australia, Switzerland, China, European Union, […], Germany, […], Singapore, Turkey, Viet Nam Owner: Microsoft Corporation (USA)
Microsoft Excel	**Microsoft Excel** (abgekürzt **MS Excel**) […] ist das am weitesten verbreitete Tabellenkalkulationsprogramm. Seitentitel: Microsoft Excel	G: International Trademark Registration for Australia, European Union, […], Germany, […], Korea (Republic of) Owner: Microsoft Corporation (USA)
Microsoft Office	W: **Microsoft Office** bezeichnet ein Office-Paket von Microsoft für Windows, macOS, iOS, iPadOS, Android sowie Windows Phone.	G: National & Regional Trademark Registration for European Union et.al. Owner: MICROSOFT CORPORATION (USA)
MSA	A: **M**odern **S**tructured **A**nalysis (siehe [1])	Not applicable
MSP	A: **M**oderne **S**trukturierte **P**rogrammierung	Not applicable

Bezeichnung	Kommentar: Wikipedia (W) / Autor (A)	Trademarks
NATURAL	W: **Natural** – auch im deutschen Sprachraum meist englisch ausgesprochen – ist eine Familie von Softwareentwicklungsumgebungen der Software AG für die Erstellung von Anwendungsprogrammen. Natural unterstützt u. a. eine 4GL-Programmiersprache namens NPL (Natural Programming Language), die verwirrenderweise selbst oft Natural oder NATURAL genannt wird. Seitentitel: Natural (Programmiersprache)	I: Copyright Notice Adabas®, Bolero®, EntireX®, Natural® and Tamino® are Products of Software AG, a German corporation with its principal place of business at Uhlandstrasse 12, 64297 Darmstadt.
NetBeans	W: **NetBeans IDE** (oft auch nur **NetBeans** genannt) ist eine freie integrierte Entwicklungsumgebung, die komplett in der Programmiersprache Java geschrieben wurde und auf der NetBeans-Plattform läuft. Seitentitel: NetBeans IDE	G: Regional Trademark Registration for European Union Owner: The Apache Foundation (USA)
NonStop TXP	W: Im Jahr 1983 war die **NonStop** TXP CPU die erste Neuimplementierung der TNS Befehlssatzarchitektur. Seitentitel: NonStop A: Gemeint ist die von Tandem Computers gebaute Rechnerserie	No entry found
OOA	W: **Objektorientierte Analyse und Design** (**OOAD**) sind objektorientierte Varianten der zwei allgemeinen Tätigkeiten Anforderungsanalyse (objektorientierte Analyse) und Systementwurf (objektorientiertes Design) im Entwicklungsprozess eines Softwaresystems. Seitentitel: Objektorientierte Analyse und Design	Not applicable
OOD	W: **OOD** steht als Abkürzung für: - in der Informatik Objektorientiertes Design, siehe Objektorientierte Analyse und Design - etc.	Not applicable
OOP	W: Die **objektorientierte Programmierung** (kurz **OOP**) ist ein auf dem Konzept der Objektorientierung basierendes Programmierparadigma. Seitentitel: Objektorientierte Programmierung	Not applicable

Bezeichnung	Kommentar: Wikipedia (W) / Autor (A)	Trademarks
Oracle	W: **Oracle Corporation** [...] ist ein US-amerikanischer Soft- und Hardwarehersteller mit Hauptsitz in Austin, Texas.	G: National & Regional Trademark Registration for European Union et.al. Owner: Oracle International Corporation (USA)
Pascal	W: **Pascal** ist eine Anfang der 1970er Jahre entwickelte imperative Programmiersprache.	Not applicable
PDF	W: Das **Portable Document Format** (englisch; kurz **PDF**; deutsch: (trans)portables Dokumentenformat) ist ein plattformunabhängiges Dateiformat, das 1992 vom Unternehmen Adobe Inc. entwickelt und veröffentlicht wurde und aktuell von der PDF Association weiterentwickelt wird. Seitentitel: Portable Document Format	G: National & Regional Trademark Registration for European Union et.al. Owner: Adobe Inc. (USA)
PDF Association	W: Die **PDF Association** fördert offene, standardisierte, elektronische Dateiformate für Dokumente, die auf PDF basieren.	G: National & Regional Trademark Registration for European Union et.al. Owner: Adobe Inc. (USA)
Photoshop	W: **Adobe Photoshop** [...] ist ein Bildbearbeitungsprogramm für Rastergrafiken des US-amerikanischen Softwareherstellers Adobe. Seitentitel: Adobe Photoshop	U: Trademark for Adobe Systems Incorporated
PL/1	W: **Programming Language One**, oft als **PL/I** (auch PL/1, PL1 oder PLI) abgekürzt, ist eine Programmiersprache, die in den 1960er-Jahren von IBM entwickelt wurde. Die Bezeichnung PL/1 ist vor allem in Deutschland gebräuchlich. Seitentitel: PL/I	No entry found (not even in IBM's copyright and trademark information)
PL/SQL	W: **PL/SQL** (**P**rocedural **L**anguage/ **S**tructured **Q**uery **L**anguage) ist eine proprietäre Programmiersprache der Firma Oracle.	No entry found However, most likely a trademark entry exists. Potential owner: Oracle International Corporation (USA)
Rational Software	W: Das 1981 gegründete Unternehmen **Rational Software Corporation** (ehem. NASDAQ: RATL) hat sich schwerpunktmäßig mit Systemanalyse und -design beschäftigt und zahlreiche Werkzeuge zu diesem Zweck entwickelt und angeboten.	U: Trademark cancelled August 26, 2006

Bezeichnung	Kommentar: Wikipedia (W) / Autor (A)	Trademarks
RAW-Format	W: Als **Rohdatenformat** oder **Raw-Daten** (englisch raw „roh“) bezeichnet man das Dateiformat bei Digitalkameras und digitalen Kinokameras, bei denen die Kamera die Daten nach der Digitalisierung weitgehend ohne Bearbeitung auf das Speichermedium schreibt.	Not applicable
REXX	W: **REXX** (**R**estructured **Ex**tended **Ex**ecutor) ist eine von Mike Cowlishaw bei IBM entwickelte Skriptsprache.	No entry found (not even in IBM's copyright and trade-mark information)
SADT	W: Die **Structured Analysis and Design Technique** (**SADT**) ist eine Methode zur Softwareentwicklung, die 1977 von Douglas T. Ross publiziert wurde	Not applicable
Simula	W: **Simula** ist eine Programmiersprache, die von Ole-Johan Dahl und Kristen Nygaard in den 1960er Jahren am Norsk Regnesentral (Norwegisches Rechenzentrum) an der Universität Oslo entwickelt wurde, um Simulationen von z. B. physikalischen Prozessen am Rechner durchführen zu können.	Not applicable
Smalltalk	W: **Smalltalk** ist ein Sammelbegriff einerseits für eine dynamische, im Original untypisierte objektorientierte Programmiersprache und andererseits für eine vollständige Entwicklungsumgebung, die in den 1970er Jahren am Xerox PARC Forschungszentrum durch Alan Kay, Dan Ingalls, Adele Goldberg und andere ent-wickelt wurde.	Not applicable
SQL	W: **SQL** […] ist eine Datenbanksprache zur Definition von Datenstrukturen in relationalen Datenbanken sowie zum Bearbeiten (Einfügen, Verändern, Löschen) und Abfragen von darauf basierenden Datenbeständen.	Not applicable
System/360 oder S/360	W: **System/360** oder kurz **S/360** bezeich-net eine Großrechnerarchitektur der Firma IBM aus dem Jahre 1964.	No entry found (not even in IBM's copyright and trade-mark information)
System/370 oder S/370	W: **System/370** (auch **S/370**) war eine Großrechner-Architektur der Firma IBM. Das System/370 war eine evolutionäre Weiterentwicklung des System/360 und wurde im Sommer 1970 von IBM angekün-digt.	No entry found (not even in IBM's copyright and trade-mark information)

Bezeichnung	Kommentar: Wikipedia (W) / Autor (A)	Trademarks
TAL oder T/TAL	W: **Tandem Application Language**. TAL war eine effektive, maschinenabhängige Systemprogrammiersprache (für Betriebssystem, Compiler etc.), die aber auch für – nicht portable – Anwendungen genutzt werden konnte. Seitentitel: NonStop A: Alternativ wurde die Sprache auch mit T/TAL = „**Tandem Transaction Application Language**" bezeichnet	No entry found
TANDEM NonStop	W: Das **NonStop**-Verfahren bezeichnet besonders fehlertolerante Computersysteme mit hoher Verfügbarkeit, die im Bereich unternehmenskritischer, transaktionsintensiver Anwendungen verwendet werden. Sie wurde ab 1974 von Tandem Computers entwickelt und 1976 mit dem System Tandem NonStop I erstmals auf den Markt gebracht. Seitentitel: NonStop	No entry found
TCP/IP	W: **Transmission Control Protocol/ Internet Protocol** (**TCP/IP**) ist eine Gruppe von Netzwerkprotokollen. Im Kern handelt es sich um das Internet Protocol (IP), das Transmission Control Protocol (TCP), das User Datagram Protocol (UDP) und das Internet Control Message Protocol (ICMP). Im weiteren Sinne wird auch die gesamte Internet-Protokollfamilie als TCP/IP bezeichnet. Seitentitel: Transmission Control Protocol/ Internet Protocol	Not applicable
TimeMachine	W: **Time Machine** (englisch für Zeitmaschine) ist eine Datensicherungs software von Apple, die seit Mac OS X Leopard (10.5) in das Betriebssystem macOS integriert ist. Seitentitel: Time Machine (Apple)	E: Withdrawn opposition of Apple Inc. against a european trademark with the same name (28/11/2006)
Times	W: **Times New Roman** (oder **Times**) ist eine Barock-Antiqua-Schrift, die ursprünglich 1931 von Stanley Morison und Victor Lardent entworfen wurde. Es handelt sich um eine serifenbetonte Schrift. Seitentitel: Times New Roman	No entry found However, Monotype Imaging Inc. seems to possess the trademark.

Bezeichnung	Kommentar: Wikipedia (W) / Autor (A)	Trademarks
TNS 440	W: Das Gesamtsystem aus Hardware, BS 3 und Programmiersystem wurde auch unter dem Namen **TNS 440** (Teilnehmer-System 440) vermarktet. Seitentitel: TR 440	No entry found
TR 440	W: **TR 440** (gesprochen: T-R-4-40) ist die Bezeichnung des von AEG-Telefunken, Fachbereich Informationstechnik, aus dem „Telefunken-Rechner TR 4" weiterentwickelten Großrechners.	No entry found
TSO	W: Die **Time-Sharing Option** (TSO) ist ein interaktiver Kommandozeileninterpreter für IBM-Großrechner-Betriebssysteme z/OS. Seitentitel: Time-Sharing Option	No entry found (not even in IBM's copyright and trademark information)
TTL	W: Die **Transistor-Transistor-Logik** (**TTL**) ist eine Schaltungstechnik (Logikfamilie) für logische Schaltungen (Gatter), bei der als aktives Bauelement der Schaltung planare npn-Bipolartransistoren verwendet werden. Seitentitel: Transistor-Transistor-Logik	No entry found
UML	W: Die **Unified Modeling Language** (vereinheitlichte Modellierungssprache), kurz **UML**, ist eine grafische Modellierungssprache zur Spezifikation, Konstruktion, Dokumentation und Visualisierung von Software-Teilen und anderen Systemen. Seitentitel: Unified Modeling Language	I: Registered trademark of Object Management Group (OMG®)
URL	W: Ein **Uniform Resource Locator** (Abk. **URL**; englisch für einheitlicher Ressourcenzeiger) identifiziert und lokalisiert eine Ressource, beispielsweise eine Webseite, über die zu verwendende Zugriffsmethode (zum Beispiel das verwendete Netzwerkprotokoll wie HTTP oder FTP) und den Ort (engl. location) der Ressource in Computernetzwerken. Seitentitel: Uniform Resource Locator	Not applicable
USB	W: Der **Universal Serial Bus** (**USB**) [...] ist ein bit-serielles Datenübertragungssystem zur Verbindung eines Computers mit externen Geräten. Seitentitel: Universal Serial Bus	No entry found for „USB" in general, whereas USB-C is a trademark of Intel Corporation

Bezeichnung	Kommentar: Wikipedia (W) / Autor (A)	Trademarks
Verdana	W: **Verdana** ist eine serifenlose Linear-Antiqua-Schrift, die von dem Schriftdesigner Matthew Carter für Microsoft geschaffen und 1996 veröffentlicht wurde.	U: Verdana is a trademark of MICROSOFT CORPORATION (USA)
Visual Basic	W: **Visual Basic for Applications** (**VBA**) ist eine Skriptsprache, die ursprünglich für die Steuerung von Abläufen der Microsoft-Office-Programmfamilie entwickelt wurde. Seitentitel: Visual Basic for Applications	E: European Trademark for MICROSOFT CORPORATION (USA) U: American Trademark for MICROSOFT CORPORATION (USA)
Windows	W: **Microsoft Windows** [...] bzw. **Windows** ist ursprünglich eine von Microsoft entwickelte grafische Benutzeroberfläche, aus der später eine Reihe von eigenständigen Betriebssystemen entstanden ist. Seitentitel: Microsoft Windows	G: National & Regional Trademark Registration for European Union et.al. Owner: MICROSOFT CORPORATION (USA)
z/OS	W: **z/OS** ist ein Betriebssystem für IBM-Großrechner, das seit 2001 vertrieben wird. Seine Wurzeln reichen bis in die 1950er Jahre zurück.	G: National & Regional Trademark Registration for European Union et.al. Owner: INTERNATIONAL BUSINESS MACHINES CORPORATION (USA)

Anmerkungen

- Verlagsnamen sind in aller Regel geschützt und müssen hier daher nicht aufgeführt werden.
- Die mit W: gekennzeichneten Kommentare wurden im Oktober 2022 aus Wikipedia-Artikeln entnommen. Auf die sonst üblichen Wikipedia-Zitatmerkmale – also: Datum der letzten Bearbeitung, Versions-ID der Seite und Permanentlink – wurde verzichtet, weil dies die Tabelle erheblich aufgebläht hätte, ohne einen nennenswerten Nutzen zu stiften. Falls die Bezeichnung des potentiellen Schutzobjekts in der linken Spalte nicht mit dem Seitentitel bei Wikipedia übereinstimmt, ist dieser zusätzlich angegeben.
- Mit A: gekennzeichnete Kommentare stammen vom Autor. Sie wurden im allgemeinen dann erforderlich, wenn kein passender Wikipedia-Artikel gefunden werden konnte.
- In der Spalte „Trademarks", die durchgehend in englischer Sprache verfasst ist, sind die Registereinträge – sofern vorhanden – mit G: für „Global Brand Database", E: für EUIPO = „European Union Intellectual Property Office", U: für „United States Patent and Trademark Office" und I: für „Internet" (Firmenquellen) gekennzeichnet.
- Als „Not applicable" sind Einträge bezeichnet, bei denen aufgrund inhaltlicher Kriterien hochwahrscheinlich kein Schutzrecht vorliegt, ein solches aber als theoretisch möglich erscheint oder früher bestanden haben könnte. Das betrifft beispielsweise die Namen älterer Programmiersprachen, deren Abkömmlinge aber ihrerseits geschützte Namen haben können.
- Mit „No entry found" sind diejenigen Einträge gekennzeichnet, bei denen die Suche nach einem Schutzrecht erfolglos verlief. In den meisten Fällen dürfte ein solches Recht vorhanden gewesen sein, ist aber mittlerweile erloschen (z.B. bei Rechnersystemen, die nicht mehr verkauft werden). IBM hält zahlreiche Schutzrechte (siehe https://www.ibm.com/legal/copytrade), anhand derer auch ablesbar sind, dass Trademarks für frühere Systemversionen oder Softwareprodukte existierten, aber nunmehr als verzichtbar angesehen wurde.

- Bei der Suche nach Trademarks diente die Global Brand Database als Ausgangspunkt. Dorthin gelangt man durch Aufrufen der Website der World Intellectual Property Organization (WIPO) unter https://www.wipo.int/madrid/en/. Diese Seite ist mit „Madrid – The International Trademark System" übertitelt. Sie bietet den mit „How to" benannten Punkt „Search before filing" an, der direkt zur Website der Global Brand Database unter https://branddb.wipo.int/branddb/en/ verlinkt.
  - Dort hat man die Wahl zwischen zwei verschiedenen Suchdialogen, wovon der alte Dialog allerdings nicht einmal „IBM" fand. Mit Hilfe des neuen Suchdialogs wurden die meisten Treffer erzielt. Bei „IBM" waren es 1.686 Treffer, also bei weitem zu viele.
  - Schränkt man durch alleinige Auswahl von „European Union" unter „Designation" den Suchradius ein, so wurden im Fall „IBM" immerhin noch 160 Treffer erzielt. Auch das sind noch sehr viele, aber die wichtigsten Einträge werden ganz am Anfang gezeigt. Dort steht eine „Regional Trademark Registration" für die EU, die auf die „INTERNATIONAL BUSINESS MACHINES CORPORATION (USA)" lautet.
  - Die Trademark Registrations sind als „National", „Regional" oder „International" klassifiziert, wobei im Fall „Regional" meist auch Rechte ausserhalb der EU bestehen. Daher wurden diese Treffer pauschal mit „National & Regional" in die Tabelle eingetragen, ohne das in jedem Einzelfall nachzuprüfen. Der Zusatz „et.al." macht das deutlich. Internationale Rechte beziehen sich stets auf eine abschließende Liste von Ländern, auf der regelmässig „Germany" auftaucht.
  - Da die internationalen Länderlisten sehr lang sind, wurden sie kräftig gekürzt. Wer sich für diese Details interessiert, kann jederzeit in der Global Brand Database nachsehen. Rechte für die USA sind dort auch im Fall „International" nicht immer registriert, aber das ist für die auf Deutsch publizierte und nicht in den USA erscheinende Buchreihe ohne Belang.
- Wenn diese Suche fehlschlug, weil keine oder viel zu viele Suchergebnisse angezeigt wurden, folgte ein Versuch mit der EUIPO-Datenbank. Auf der Homepage der EUIPO wird „eSearch plus" angeboten, das allerdings meist zu viele Treffer anzeigt, weil auch – mit der Sucheingabe übereinstimmende – Teilstrings als passend angesehen werden. Bei den 161 Treffern für „IBM" findet sich beispielsweise auch „Libman Brands UK Ltd." und manch andere, vollkommen unpassende Eintragung. Daher gehen nur drei Trademark-Einträge auf diese Quelle zurück, wovon einer zeigt, dass die Apple Inc. vergeblich versuchte, „TimeMachine" in Europa für sich schützen zu lassen.
- Erbrachte auch die EUIPO-Suche nichts Passendes, konnte immerhin noch ein US-amerikanisches Recht vorliegen, was zwar für eine deutsche Publikation nicht relevant, aber eventuell doch gut zu wissen ist. Hierfür gibt es die Anwendung „Trademark Electronic Search System (TESS)" des United States Patent and Trademark Office. Diese ist das beste der drei oben genannten website-basierten Trademark-Suchsysteme. Die zweistufige Darstellung der Treffer als Liste, aus der einzelne Einträge auswählbar sind, vereinfacht die Suche erheblich. Dort wurden vier relevante Treffer erzielt.
- Half auch das alles nichts, dann folgte eine internetbasierte Suche. Einige große Firmen führen öffentliche Trademark-Listen, die es es beispielsweise bei der IBM erleichtern, das Vorhandensein von aktiven Trademarks bei eindeutig IBM zuzuordnenden Produkten, welche bei der vorherigen Recherche nicht gefunden wurden, final auszuschließen. Auf diese Weise konnten vier aktive Trademarks festgestellt werden.
- Das jeweils erste oder einzige Vorkommen eines trademark-geschützten Begriffs laut Tabelle ist im Text der anderen Kapitel beziehungsweise Unterkapitel mit dem Zeichen „®" gekennzeichnet.

18.2.2 Haftungsausschluss

Die Verwendung der hier mitgeteilten Informationen liegt in der alleinigen Verantwortung der Leserinnen und Leser. Autor und Verlag, sowie alle anderen an diesem Werk Beteiligten können keinerlei Haftung oder irgendeine andere juristische Verantwortung für den Inhalt dieser Bände übernehmen.

18.2.3 Zitate

Die Buchreihe macht an vielen Stellen Gebrauch von Wikipedia-Zitaten. Diese wurden für die Bände eins und zwei im Juni und August 2022 auf den aktuellen Stand gebracht.

Wikipedia ist keine wissenschaftliche Zitatenquelle. Das gilt allerdings ebenso für die im – eingangs aufgeführten – Literaturverzeichnis genannten Fachbücher. Auch wenn die Buchreihe in vielerlei Hinsicht auf den Erkenntnissen der Informatik beruht, beansprucht sie doch keineswegs, einen definierten wissenschaftlichen Stand zu referieren oder irgendeine Form wissenschaftlicher Autorität darzustellen.

Leider erwies es sich in mehreren Fällen als unmöglich, die Zustimmung der jetzigen Rechteinhaber zu den vom Autor ursprünglich beabsichtigten Zitaten einzuholen. Diese Verlage haben anscheinend den Verkauf von Zitatrechten als Goldgrube entdeckt, in der man auch noch dann schürft, wenn das betreffende Buch vor Jahrzehnten erschienen ist. In der schnellebigen IT-Welt ist das zwar anachronistisch, aber unglücklicherweise ist dieses Verhalten üblich. Selbst wenn es sich nur um wenige Sätze handelt, will so mancher Verlag sie sich deftig vergolden lassen. Zudem ist es bemerkenswert, dass von einem Verlag, der seine Bücher per Print on Demand vertreibt, die Nennung einer Auflagenzahl verlangt wird – um darauf die Tarifierung zu stützen.

Daher mussten vor der Fertigstellung der beiden ersten Bände leider etliche Zitate gestrichen werden, was weder den Leser(inne)n, noch den zitatverweigernden Verlagen etwas bringt. Dort scheint man nicht zu begreifen, dass Zitate auch Werbung für Bücher sind, welche sonst nicht gekauft würden. Daher überwiegen die Wikipedia-Zitate bei weitem.

Es gibt zweierlei Zitate:

- Im Kapiteltext wurden die wissenschaftlichen Zitierregeln weitgehend eingehalten. Dort, wo das als sinnvoll erschien, um einen Kontext besser zu verstehen, wurde etwas umfangreicher als zwingend nötig zitiert – jedoch nicht mehr, als im Sinn der jeweiligen Sache erforderlich. Wer sich vertieft mit einzelnen Themen auseinandersetzen möchte, kann den Quellenhinweisen folgen.
- Zitate in den Endnoten dienen dazu, ergänzende Informationen bereitzustellen. Diese Informationen werden i.a. nicht kommentiert und entsprechen somit nicht dem wissenschaftlichen Standard, dass jedes Zitat in einen eigenständig formulierten Text eingebettet sein muss.

Alle Zitate sind mit einer vollständigen Herkunftsangabe versehen. Auslassungen einzelner Worte sind mit (..) gekennzeichnet, längere Auslassungen mit [...]. Auslassungen bedeuten nicht, dass die davon betroffenen Texte irrelevant sind, sondern sollen nur den Umfang der Zitate auf das Erforderliche einschränken helfen.

Text, der nicht als Zitat gekennzeichnet ist, gibt ausschließlich den Wissensstand und die Ansichten des Autors wieder. Plagiate wurden bewusst vermieden. Allerdings steht jede(r) Autorin oder Autor auf den Schultern ihrer oder seiner Vorgänger(innen) und übernimmt manchmal unbewusst deren Wortwahl und Meinungen.

18.2.4 Firmen, Personen und Namen

Es ließ sich nicht vollständig vermeiden, über Vorfälle zu berichten, die auf lebende Personen zurückgehen und die sich in heute noch existierenden Firmen ereigneten. In diesen – sehr seltenen – Fällen wurde jedoch auf strikte Anonymisierung geachtet. Die beteiligten Personen können sich darin zwar eventuell wiedererkennen, aber Dritten ist es unmöglich, diese Personen oder Firmen zu identifizieren.

Zahlreiche Namen aus der nicht-technischen Literatur wurden für den internationalen Schulsportwettbewerb verwendet, um die Datensätze anschaulicher zu machen. Mit „Erika Musterfrau" und „Hans Mustermann" allein ist kein Sportwettbewerb möglich. Der Autor hat dafür etliche Krimis gesichtet und anschließend die dort gefundenen Namen teils verfremdet, teils die Vor- und Nachnamen verwürfelt.

Im Fall des Buchs „Das Paradies der kleinen Sünder" von Andrea Camilleri (siehe Endnoten des Kapitels „9 Ranggruppenverarbeitung I" auf der Seite 231) hat der Verlag BLT (Bastei Lübbe AG) der Nutzung der Namen zugestimmt, wofür ihm herzlicher Dank gebührt. Aus Respekt vor Andrea Camilleri wurden sämtliche Namen so verändert bzw. neu zusammengestellt, dass sie nicht mehr mit den vollen Namen im seinem Buch übereinstimmen.

Persönliche Angaben zu den im Literaturverzeichnis genannten Autoren wurden in den Endnoten nur dann zitiert, wenn hierfür aussagekräftige Wikipedia-Einträge vorlagen.

18.2.5 Copyrights

Die Abbildungen im Kapitel „3.4.1 Exkurs zum Hintergrund von BDL" auf Seite 63 ff stammen aus dem Buch [7] (Seiten 24 und 61 - 64). Der Autor Alan R. Hevner hat dazu sein Einverständnis gegeben, ebenso die Verlagsgesellschaft Elsevier, welche die Academic Press Inc. im Jahr 2001 gekauft hat. Auch die Nutzung der BDL als Basis für den in dieser Buchreihe verwendeten Pseudocode wurde genehmigt. Dafür sei Mr. Hevner und Elsevier herzlich gedankt.

18.2.6 Bild- und Grafiknachweis

Alle anderen Grafiken mit Ausnahme der Titelgrafik und alle Fotos in diesem Band wurden vom Autor angefertigt. Sie sind urheberrechtlich geschützt, dürfen also ohne schriftliche Zustimmung des Verlags nicht kopiert oder anderweitig verwendet werden. Die Titelgrafik stammt von der Schwester des Autors , die im Alter von 22 Jahren verstarb. Auch diese Grafik ist urheberrechtlich geschützt.

18.2.7 Programme

Beispielprogramme, die z.B. den E-Mail-Versand behandeln, wurden aus mehreren Quellen im Internet bezogen und teilweise erheblich modifiziert. Diese Programme sind nicht urheberrechtlich geschützt, da sie keinen konkreten Urhebern zugeordnet werden können, die ein Schutzinteresse geltend machen könnten.

Alle Programme im zweiten Band stammen bis auf diese „Leihgaben" vom Autor. Sie wurden mit Ausnahme der COBOL-Version des ersten Beispiels für diese Buchreihe neu geschrieben. Sämtliche Band-2-Programme können kostenlos von der Verlags-Website heruntergeladen werden. Sie sind ausdrücklich freigegeben und können nach Belieben für Unterrichtszwecke, Eigenentwicklungen oder anderes verwendet werden.